바울 복음의 기원

*The Origin of Paul's Gospel*
by Seyoon Kim
Copyright © Mohr Siebeck Tübingen, Germany
1st edition 1981;
2nd edition 1984
(Wissenschaftliche Untersuchungen zum Neuen Testament: Reihe 2; 4 )

Korean Translation Copyright © 2018 by Duranno Ministry
38, 65-gil, Seobinggo-ro, Yongsan-gu, Seoul, Republic of Korea

This Korean edition published by arrangement with
Mohr Siebeck Tübingen, Germany

이 책의 한국어판 저작권은 Mohr Siebeck Tübingen과
독점 계약한 두란노서원에 있습니다.
저작권법에 의하여 한국 내에서 보호받는 저작물이므로
무단 전재와 무단 복제를 금합니다.

바울 복음의 기원

지은이 | 김세윤   옮긴이 | 홍성희
개정판 발행 | 2018. 2. 26.
등록번호 | 제1988-000080호
등록된 곳 | 서울특별시 용산구 서빙고로65길 38
발행처 | 사단법인 두란노서원
영업부 | 2078-3352   FAX | 080-749-3705
출판부 | 2078-3331

책값은 뒤표지에 있습니다.
ISBN 978-89-531-3086-9  03230

독자의 의견을 기다립니다.
tpress@duranno.com   www.duranno.com

두란노서원은 바울 사도가 3차 전도여행 때 에베소에서 성령 받은 제자들을 따로 세워 하나님의 말씀으로 양육하던 장소입니다. 사도행전 19장 8-20절의 정신에 따라 첫째 목회자를 돕는 사역과 평신도를 훈련시키는 사역, 둘째 세계선교(TIM)와 문서선교 (단행본·잡지) 사역, 셋째 예수문화 및 경배와 찬양 사역, 그리고 가정·상담 사역 등을 감당하고 있습니다. 1980년 12월 22일에 창립된 두란노서원은 주님 오실 때까지 이 사역들을 계속할 것입니다.

# 바울
# 복음의
# 기원

THE ORIGIN OF
**PAUL'S GOSPEL**

김세윤 지음

**두란노**

# 국역판을 위한 서문

  이 책이 드디어 우리말로 번역되어 국내에서 출판하게 된 것을 기쁘게 생각한다. 원래 독일(Tübingen: Mohr-Siebeck, 1981, 1984)과 미국(Grand Rapids: Eerdmans, 1982)에서 출판되어 그동안 주로 외국에서만 토론되던 이 책에 대해 국내의 제자들이나 후학들이 종종 문의해 왔던 바 이제 이 책이 수년간의 지체 끝에 이렇게 국역판으로 나오게 되니 어떤 부채를 갚은 것 같은 홀가분함을 느낀다.
  이 책이 완성된 1977년 이래 샌더스(E. P. Sanders), 레이제넨(H. Raisanen), 던(J. D. G. Dunn) 등과 그들의 추종자 내지 제자들이 표방하는 유대교와 바울 신학에 대한 새로운 해석들이 바울 신학계의 주된 논점이 되었다. 레이제넨과 던(*Jesus, Paul and the Law*, 1990)은 나의 이 책을 비판하였고 다른 한편 그들에 맞선 사람들은 나의 논지를 그들의 논증을 위해 활용하기도 하였다. 이 책의 2판을 위한 후기에서 레이제넨에게는 답을 하고, 샌더스의 논지에 대해서도 몇 가지 근본적인 문제를 제기하였다. 그러나 지금까지 어려운 여건과 다른 과제들 때문에 그들의 유대교와 바울 신학에 대한 해석을 광범위하게 다루지 못하고 지내는 아쉬움을 가지고 있다. 나는 그들의 "새로운 관점"이 분명 바울 이해에 부분적으로 공헌하는 바가 없지 않으나 전체적으로 설득력 있다고 보지는 않는다. 그러므로 그것에 비추어 이 책에서 천명한 나의 논지들을 근본적으로 수정해야 할 필요는 느끼지 않는다. 그러나 그들과의 비판적 토론은 바울 신학에 대한 나의 이해를 더욱 풍부하고 깊이 있게 할 것이므로 그것을 나는 하나의 과제로 삼고 있다. 여기서는 이 책에 대한 던의 비판에 나는 수긍하지 않으며 그에게 곧 답할 수 있기를 바라고 있다는 것을 밝혀 둔다.

그동안 몇 출판사들과 몇 번역가들이 이 책의 국역을 시도하였다가 포기하였는데 엠마오의 김성호 사장님과 그의 동역자들의 끈질긴 노력으로 이 책이 국내의 독자들 앞에 나오게 된 것을 감사하게 생각한다. 특히 그동안 어려운 건강 가운데서도 이 길고 복잡한 책의 번역과 교정을 위해 수년간을 쏟아낸 홍성희 선생께는 무어라고 감사의 말을 해야 할지 모르겠다. 그는 이 책의 번역에 아마 내가 이 책을 쓰는 데 들인 만큼의 시간과 정열을 바치지 않았을까? 그들 모두의 노력이 보람 있어 이 책이 국내외 신학 발전에 조금이나마 보탬이 되기를 바란다.

1994년 2월 2일
김 세 윤

# 새 국역판을 위한 서문

두란노가 필자의 *The Origin of Paul's Gospel* 을 우리말로 새롭게 출판하게 된 것을 기쁘게 생각한다. 이 책이 원래 독일 튀빙겐의 Mohr Siebeck 사의 '신약성경에 대한 학문적 연구 총서 '(Wissenschaftliche Untersuchungen zum Neuen Testament)의 한 권으로 1981년 처음 출판 되었으니, 이제 나이를 많이 먹은 책이다. 이렇게 늙은 책을 다시 출판할 가치가 있을까? 두란노의 동역자들이 여러 해 전부터 이 책의 새 국역판을 출판하기를 원하였을 때, 필자도 그런 질문을 하며 허락하기를 주저하였다.

그러나 두란노의 동역자들은 국내에서 이 책을 찾는 독자들이 많이 있다고 하며, 1994년에 이 책의 첫 국역본을 낸 엠마오 출판사와 이야기하여 이 책을 다시 국내에서 쉽게 구입할 수 있도록 하는 방법을 모색하기도 하였으나, 급기야는 Mohr Siebeck 사와 새로운 출판 계약을 체결하여 새 국역판을 내놓기를 원했다. 필자는 그들의 끈질긴 노력에 감동되어 이 새 국역판의 출판에 흔쾌히 동의한 것이다.

이 책이 지금까지 국내외의 신약 연구에 미친 영향은 필자가 아니라 다른 사람들이 평가할 일이다. 다만 이 책의, 그리고 이 책과 연관된 필자의 후속 저서들의 출판 과정들을 여기 간단히 밝혀, 독자들로 하여금 이 책의 내용에 대해서도 좀 더 잘 이해할 수 있도록 하며, 지속되는 이 책의 영향력도 가늠할 수 있도록 하고자 한다. 이 책이 Mohr Siebeck 사에서 1981년 처음 출판된 이래, 이듬해 미국의 Eerdmans 사가 미국판을 출판하였고, 이어서 1984년에는 Mohr Siebeck 사가 제2증보판을 냈었다. 그러다가 1990년대 중반부터 Eerdmans 사가 필자더러 당시 바울 신학에 대한 새관점이 한창 열띤 논쟁을 불러 일으키고 있는 것과 관계하여 좀더 증보한 새 판을 내기를 종용하였다. 그 요청에 응한 것이 2002년에 Eerdmans 사와 Mohr Siebeck사가 함께 출판한 필자의 *Paul and the New Perspective: Second Thoughts on the Origin of Paul's Gospel* (국역:《바울신학과 새 관점》, 두란노, 2002)이다. 그럼에도 불구하고 본서 *The Origin of Paul's Gospel*의 수요가 미국에서도 계속 있어서, 미국의 Wipf & Stock 사가 그것을 2007년에 다시 출판하게 되었다.

《바울신학과 새 관점 》에서 필자는 1977년에 출판된 샌더스(E. P. Sanders)의 책 *Paul and Palestinian Judaism*(《바울과 팔레스타인 유대교》)이 촉발하고 던(J. D. G. Dunn)과 라이트(N. T. Wright)가 대표적으로 개진한 바울신학에 대한 새 관점을 비판적으로 토론하였다. 특히 던(Dunn)이 바울의 칭의론의 다메섹 계시(AD 32-34)로부터의 기원설을 주장하는 본서《바울 복음의 기원》의 한 논지를 비판하며 그것의 안디옥 논쟁(AD 48/49)으로부터의 기원설을 주장하는 데 대해 자세히 대응하였다. 필자의 그 논지는 사실 본서에서도 밝히듯이 필자의 독창적인 주장이 아니고, 전부터 여러 영향력 있는 학자들이 주장하여 온 것을 필자가 더 강화한 것이다. 던은 필자의 칭의론에 관한 논지와 함께 본서가 담고 있는 필자의 또 하나의 논지, 즉 바울의 독특한 "형상 기독론"과 "아담 기독론"의 다메섹 계시로부터의 기원설도 신랄히 비판하였다. 후자는 전자와 달리 필자의 거의 독창적인 논지인데, 던은 필자가 구약과 유대교의 신현현(神顯現) 환상들(theophany visions)을 분석하며 전개한 논증 과정을 과거 불트만 학파의 영지주의 신화에 의거한 신약 기독론 해석 방법과 같이 억지스러운 것이라고 비판하기까지 하였다. 그래서《바울신학과 새 관점》에서 필자는 던의 그러한 비판에 대응하여 필자의 원래의 논지를 더욱 강화하면서, 던이 결국 그의 대작《사도 바울의 신학》(*The Theology of Paul the Apostle*)에서 자신이 앞서 그렇게 심히 비판했던 필자의 "형상 기독론"의 기원에 관한 논지를 수용하는 역설을 지적하지 않을 수 없었다. 하여간 칭의론에 관한 본서의 논지와는 달리 "형상 기독론"에 관한 본서의 논지는 학계에서 널리 토론되지 않았기에, 던이 결국 그의 대작에서 그것을 수용한 것은 다행이라고 생각한다—비록 자신의 독자적 논증도 없이, 그리고 필자의 원작임을 제대로 밝히지도 않고서지만 말이다.

《바울신학과 새 관점》에서 필자는 이와 같이 칭의론과 "형상 기독론" 그리고 바울이 로마서 11:25-26에서 밝히는 "비밀", 즉 하나님의 구원 계획에 대한 새로운 이해의 기원에 관한 본서의 논지들을 더욱 강화한 반면, 바울에 있어서 예수 전승의 중요성을 새롭게 부각하였다. 그것은 1990년 대 초부터 필자가 그 분야의 연구를 많이 추진하고 논문들을 써왔기 때문이다. 그래서 본서의 후속편인《바울신학과 새 관점》에서 본서의 전체적 논지를 보완하였다. 즉 바울 복음이 다메섹 계시에서만 기원한 것이 아니라, 예수 전승으로부터도 기원했다고 보아야 한다는 것이다. 그것을 필자는 비유로 이렇게 설명하였다: 바울 복음은 다메섹 계시를 아버지로 삼고, 예수 전승을 어머니로 삼아 태어난 자식이다. 거기에 바울 이전 교회의 사도적 케뤼그마가 형 노릇을 하고, 구약과 유대교 전승이 각각 조부모와 사촌 형제 노릇을 하였다. 그러므로 이제 독자들은 본서가 바울 복음 형성에 있어 다메섹 계시가 담당한 역할을 집중적으로 분석한 것을 이러한 보다 포괄적인 구도 속에서 이해해 주시면 좋겠다.

샌더스의 *Paul and Palestinian Judaism*이 출판된 이래 지난 40년 간은 그 책이 유발시킨 바울 신학에 대한 새 관점 논쟁이 전 세계 바울 신학계를 지배하였다. 그 논쟁은 바울 학도들로 하여금 바울의 칭의의 복음에 대해 이전보다 훨씬 더 포괄적으로 그리고 심도 있게 이해하게 하였다. 필자도 그 논쟁에 참여한 결과로 칭의에 대한 새로운 해석을 얻게 되었다. 필자는 그것을 이미 2012년에 두란노 주최 하에 서울에서 열린 강의에서 대중적 수준에서 발표하였고, 그것의 녹취를 글로 옮겨《칭의와 성화》라는 제목으로 두란노를 통하여 2013년에 출판하였다. 그런데 지난 해 11월 첫 주간 스웨덴의 예테보리(Göterborg)에 있는 루터 신학교에서 집중 강의와 종교개혁 500주년 기념 강연을 부탁받아,《칭의와 성화》에 이미 담겨 있는 필자의 논지들을 보다 엄격한 학문적인 논증을 통하여 개진한 책을 완성하였고, 그것이 곧 튀빙겐의 Mohr Siebeck 사를 통하여 *Paul's Gospel of Justification and Jesus' Gospel of God's Kingdom*(《바울의 칭의의 복음과 예수의 하나님 나라의 복음》)의 이름으로 출판될 예정이다. 이 새 책은 본서를 쓰면서 얻은 통찰들과 그 후속편인《바울신학과 새 관점》을 쓰면서 얻은 통찰들이 근간을 이루고 있다. 그러므로 본서가 나이를 많이 먹었지만서도 적어도 필자에게는 바울 복음 이해에 있어 아직도 유용한 역할을 하고 있다. 그러기에 여기 새롭게 출판된 본서가 국내의 신학도들과 목사들, 또는 신학서들을 읽는 데 익숙해진 평신도 독자들에게도 비슷한 도움을 조금이라도 줄 수 있기를 바라마지 않는다.

이제 본서를 새로운 국역판으로 내놓기 위해 애를 쓰신 두란노의 남희경 부장님과 박용범 목사님을 위시한 여러 동역자들께 감사하는 바이다. 원래 엠마오 출판사가 초판 국역본을 낼 때, 그 번역은 이제 고인이 된 홍성희 선생이 훌륭히 감당하였었는데, 이번 새로운 출판을 위하여 박상민 목사님이 그것을 꼼꼼히 대조하면서 특히 헬라어, 히브리어, 독일어, 그리고 인명이나 고대 문서들 등과 관련하여 번역의 질을 향상시켜 주셨다. 박 목사님의 노고를 치하하고 심심한 사의를 표하고자 한다.

김세윤

Pasadena, California

2018. 2. 5.

# 추천 서문

---

 신약성경의 메시지에는 어떤 경계선도 있을 수 없다. 그것은 모든 사람들을 대상으로 선포되어야 하는 것이다. 그러므로 이 독특한 책에 대한 학문적 연구는 몇몇 특정의 민족들이나 문화들에 제한될 수 없다. 그 속에 담긴 진리는 범세계적 타당성을 가지고 있고 불가분적이기 때문이다. 그러므로 오늘날 신약성경의 학문적 해석이 더 이상 서유럽과 북아메리카 신학자들의 전유물로만 머무르지 않고 에큐메니칼(그 말의 진정한 의미대로, 즉 "범세계적") 과제가 된 것은 대단히 환영할 일이다.
 이런 맥락에서 십자가에 못 박히고 부활하신 그리스도의 메시지가 오늘날과 마찬가지로 고대에도 아시아에 속한 것으로 간주되면서 동시에 아시아와 아프리카 대륙의 경계선상에 닿아 있는 땅에서 선포되었다는 것은 어쩌면 상징적 성격을 가지고 있는지도 모른다. 로마 사람 고넬료보다 앞선 "이방인 그리스도인"은 당시 에디오피아, 즉 나일강 상류에 자리한 모로에 왕국의 여왕 간다게의 신하였던 아프리카인이었다. 그는 막 세례를 받은 사람으로서 "기쁨으로 자기 길을 갔다." 즉 그의 에디오피아 고국으로 귀환하였다(행 8:39). 불과 몇 절 뒤 이

어서 누가는 시리아의 대도시 다메섹 근처에서 일어난 사울/바울의 소명에 대해서 보고하고 있다. 그 소명 후 새로 소명 받은 사울/바울은 "아라비아에서"(갈 1:17) 이미 처음으로 선교를 시도하였던 것 같다. 이 세계사를 뒤흔든 사건이 젊은 한국 신약학자 김세윤 박사가 쓴 이 책의 출발점인데 그것은 동시에 오늘날까지도 완성되지 않은 과제인 세계선교의 시작이었던 것이다. 누가와 바울 자신이 보고한 사건들은 복음이 유럽에 침투하거나 로마와 그리스에 첫발을 내딛기 여러 해 전에 일어났다. 그러므로 이제 곧 2000년이 경과한 뒤 신약성경에 대한 학문적 해석이 이미 오래 전부터 너무 비좁아져버린 옛 유럽 문화의 전통적 영역을 넘어서는 것은 처음부터 초대교회의 메시지가 그 핵심에서부터 의도한 바였으며 그 의도에 따라 이루어지고 있는 것이다. 바울은 이것을 로마서 10:18에서 시편 19편의 말씀으로 표현한다:

"그 소리가 온 땅에 퍼졌고
그 말씀이 땅 끝까지 이르렀도다."

김세윤 박사는 브루스(F. F. Bruce) 교수의 지도 아래 쓴 이 논문으로 맨체스터의 빅토리아 대학교에서 철학박사 학위를 받았다. 그것의 주제는 바울 복음의 기독론적 중심인데, 바울 스스로의 증언에 의하면 그것이 다메섹 근처에서 그리스도의 나타나심으로 그에게 계시되었다는 것이다. 계속 파고들며 미세하게 분석해 가는 이 연구는 한 젊은 한국의 신학자에게는 우선 언어적 관점에서만 보더라도 하나의 놀라운 성과이다. 이 연구에서 김 박사는 사도 바울의 기독론을 부활하시어 높임 받은 주님 자신의 소명의 열매인 것으로 밝히려고 노력한다. 이를 위해서 그는 학계에서 뜨겁게 토론되는 이 주제에 대한 최근의 주요 연구서들을 모두 점검할 뿐 아니라 더 나아가서 바울 사상의 종교사적 배경을 조명할 수 있는 당시의 유대교와 헬라자료를 살핀다. 이리하여 이 책은 독자에게 학계의 긴장된 토론에 대한 다양한 정보를 제공할 뿐만 아니라 동시에 저자 자신의 독일 학계의 다수 의견들에 대해서는 줄곧 비판적인 입장을 강조하여 천명한다.

김 박사가 그의 철저한 독립성에도 불구하고 가령 새로운 종교사적 자료를 제시한다거나 근본적으로 새로운 견해를 표방하기보다는 우선 바울 사도의 소명과 그의 기독론에 대한 지금까지의 해석들을 분석하는 것은 자신의 특별한 상황에 따른 것이다. 저자는 우선 자신에게 아주 생소한 학문의 영역 속으로 그에게는 새로운 여러 개의 언어들을 가지고 작업하여 들어가지 않으면 안 되었다. 그러므로 그는 우선 혼돈된 연구의 상황에서 자신의 독자적인 자료에 근거한 역사적 신학적 입장을 찾으려고 노력했던 것이다. 그는 이 점에서 전적으로 설득력 있게 성공하였다.

마지막으로 우리는 저자가 신약성경의 해석가로서 자신의 학문적 활동을 교회를 위한 사역으로 이해하고 있음을 강조해야 할 것이다. 바울신학의 기독론적 중심에 대한 신학적 역사적 이해를 위한 그의 값진 공헌은 제3세계 출신의 한 젊은 해석가의 증명서로서 우리의 특별한 관심을 받을 만하다.

마틴 헹엘 박사
(Prof. Dr. Martin Hengel)
Universität Tübingen

# 서문

이 책은 1977년 8월에 영국 맨체스터 대학교에 제출한 나의 박사(Ph.D.) 논문의 수정판이다. 전체적으로 볼 때 나는 그것을 내용면에서 상당히 수정해야 할 필요를 느끼지 않는다. 그러나 두어 곳에서 나의 논지들을 더욱 철저히 그리고 설득력 있게 전개할 수도 있었을 텐데 하는 아쉬움을 가지고 있다. "그 '사람의 아들'"(人子)의 문제와 왜 믿음이 의인화의 수단인가의 문제를 다루는 곳들 말이다. 나는 이 문제들을 훗날의 연구에서 다루길 바라면서 여기서는 내 논문의 원본에 몇 줄씩 덧붙여 나의 논지들을 좀 더 명확히 하는 것으로 만족할 수밖에 없다. 아직도 도서관 시설이 아주 부실한 아시아에 돌아와서 나는 이 논문을 맨체스터에서 완성한 이후 나온 연구서들을 참조하는 것은 실제로 불가능함을 알았다. 독자들이 이 점을 양해해 주시길 빈다.

이제 이 논문을 위한 연구를 하는 동안 다년간 나를 도와주신 분들께 감사를 표하는 즐거운 임무가 남았다. 우선 나의 작업을 줄곧 인내와 실제적 도움으로 지도하신 브루스(F. F. Bruce) 교수께 특별히 감사드리는 바이다. 그분의 권면과 지도는 아주 값진 것이었다. 나의 연구의 시초에 시간을 관대히 내주신 스몰리(S. S. Smalley) 교수에게도 빚진 바 크다. 거의 3학기 동안 베츠(O. Betz) 교수는 튀빙겐에서 극진한 친절함으로 나의 지도교수 역할을 담당하셨다. 내가 영국으로 돌아간 뒤에도 그분은 나의 연구에 관심을 줄곧 가지셔서 마지막 장을 제외한 나의 논문 전체를 읽고 권면도 해 주시고 도움되는 비판도 해 주셨다. 행엘(M. Hengel) 교수와 슈툴마허(P. Stuhlmacher) 교수도 나의 튀빙겐 시절에 이 논문의 여러 면들을 토론하는 데 시간을 내주셨다. 바이어하우스(P. Beyerhaus) 교수의 친절과 권면도 값진 것이었다. 엘리스(E. E. Ellis) 교수는 튀빙겐에서 나중에 또 케임브리지에서 이 논문을 읽고 나와 토론하는 데 그의 시간을 관대히 할애해 주셨다.

맨체스터, 튀빙겐 그리고 케임브리지 대학교들의 도서관 직원들, 맨체스터의 존 라이랜즈 도서관(Sir John Rylands Library), 튀빙겐의 개신교 신학부 도서관, 그리고 케임브리지의 틴데일 도서관(Tyndale Library)의 직원들께도 심심한 사의를 표한다.

행엘(M. Hengel), 예레미아스(J. Jeremias), 그리고 미헬(O. Michel) 교수들께서 이 논문을 WUNT2 시리즈의 한 단행본으로 출판하도록 받아주신 데 대해서 고맙게 생각한다. 행엘 교수는 나에게 편집자로서의 조언도 주시고 또 이 책에 추천 서문도 써 주셨는데, 그분이 베푼 이 도움과 영예를 인해서 다시 한 번 깊이 감사드린다.

출판사 사장 게옥 지이벡(Georg Siebeck jun.) 씨가 베푼 친절한 도움에 감사하고, 이 책의 식자를 맡은 Sam Boyd Enterprise(Singapore)의 리옹(S. C. Leong) 씨와 이 책의 인쇄를 담당한 튀빙겐 출판사의 인쇄인들께도 그들의 헌신적 노력을 인해 감사한다.

다음과 같은 기관들의 재정적 지원이 없었으면 이 연구는 이루어질 수 없었다:Fong Shien Trust, Overseas Missionary Fellowship, Albrecht-Bengel-Haus(Tubingen), 그리고 Clifton Theological Fund(Bristol). Albrecht-Bengel-Haus는 더 나아가서 이 책의 출판비

의 일부도 담당하였다. 이 기관들에게 어떻게 충분히 감사할 수 있을까?

이 책의 출판을 위해 도와준 친구들 중 교정을 함께 보아 준 튀빙겐의 베츠 교수와 리히텐베르거(H. I. Lichtenberger) 박사에게 특별히 감사한다. 영(M. Young) 선생은 헬라어 악센트를 점검하였고, 홍성희 선생과 김은순 양은 찾아보기를 만들었다. 그들의 헌신적 노력으로 많은 오류가 정정되었다. 여기 나의 심심한 사의를 기록해 둔다.

마지막으로, 내가 해외에서 떠도는 동안 나의 영적 부모 역할을 하신 애드니(David H. Adeney) 선생님 부부에게 내가 지은 사랑의 빚을 여기 기록해둔다.

서울, 1979. 5-1980. 1.
김 세 윤

# 제2판을 위한 서문

이 새 판을 위해서, 여러 인쇄 오류들을 정정한 것 외에 후기를 덧붙였다. 이 후기는 몇 서평자들이 제기한 중요한 문제들과 비평에 답함으로써 나의 논지들을 더욱 명확히 하고 강화하기를 바란다. 특히 레이제넨(H. Raisanen)의 도전을 나누고 또 이 책이 1977년 초 완성된 이후 출판된 바울에 관한 샌더스(E. P. Sanders)의 중요 저서들을 다루었으면 좋겠다는 일부 서평자들의 뜻에 어느 정도 응할 수 있는 기회가 주어진 것을 기쁘게 생각한다.

행엘(M. Hengel) 교수에게 또다시 빚을 졌는데 특히 후기를 쓰라고 나를 설득한 것에 대해 감사한다. 이 새 판의 출판을 담당한 튜빙겐의 J. C. B. Mohr(Paul Siebeck) 사와 Grand Rapids의 WM. B. Eerdmans 사에게도 감사한다.

1984년 부활절

김 세 윤

# 차례

국역판을 위한 서문 *4*
새 국역판을 위한 서문 *6*
추천 서문 *11*
서문 *14*
제2판을 위한 서문 *17*
약어표 *20*

서론 *24*
**제1장** ──────── 예비적 고찰 *27*

**제2장** ──────── 핍박자 바울
                  1. 회심 전의 바울 *73*
                  2. 핍박자 바울 *91*

**제3장** ──────── 다메섹 사건
                  1. '준비'가 있었는가? *101*
                  2. 부활하신 그리스도의 환상 *107*
                  3. 사도로 임명됨 *110*

**제4장** ──────── 바울의 복음: A. 계시
                  1. 복음의 계시 *125*
                  2. 비밀 *136*

**제5장** ──────── 바울의 복음: B. 기독론
  1. 서론 *173*
  2. 그리스도, 주, 하나님의 아들 *180*

**제6장** ──────── 바울의 복음: B. 기독론
  3. 그리스도의 하나님 형상(ἡ Εἰκὼν τοῦ θεοῦ)
    1) 성경 본문들(The Texts) *229*
    2) 개념의 기원에 관한 다양한 주장들 *269*
    3) 아담 기독론의 기원에 대한 가설들 *273*
    4) 그리스도 하나님의 형상(Εἰκὼν τοῦ θεοῦ) *325*

**제7장** ──────── 바울의 복음: C. 구원론
  1. 칭의(Justification) *457*
  2. 화목(Reconciliation) *530*
  3. 아들 됨, 변화됨, 그리고 새로운 창조 *538*

결론 *561*
제2판의 부록 *571*
참고문헌 *610*   성구 색인 *658*   인명 색인 *698*

# 약어표

## I. Reference Works

| | |
|---|---|
| Bauer-Arndt-Gingrich | W.F.Arndt & F.W.Gingrich, *A Greek-English Lexicon of the New Testament and Other Early Christian Literature* (E.T. & ed. of W.Bauer's *Griechisch-Deutsches Wörterbuch*) (Chicago, $^4$1952) |
| B-D | F.Blass & A.Debrunner, *A Greek Grammar of the New Testament and other Early Christian Literature*, tr. & ed. R.W.Funk (Chicago, 1961) |
| BDB | F.Brown, S.R.Driver, & C.A.Briggs, *A Hebrew and English Lexicon of the Old Testament* (London, 1953) |
| Beginnings | *The Beginnings of Christianity*, ed. F.H.Foakes-Jackson & K.Lake, 5 vols., (London, 1920-1933) |

| | |
|---|---|
| Begriffslexikon | Theologisches Begriffslexikon zum Neuen Testament, ed. L.Coenen, E.Beyreuther & H.Bientenhard, 3 vols. (Wuppertal, 1967-1971) |
| Liddell-Scott | H.G.Liddell & R.Scott, A Greek-English Lexicon, 9th ed. H.S.Jones & R.McKenzie (Oxford, 1968) |
| Moore i, ii, iii | G.F.Moore, Judaism in the First Centuries of the Christian Era, 3 vols. (Cambridge, Mass. 1927-1930) |
| Moulton i, ii, iii | A Grammar of the New Testament Greek, I. Prolegomena by J.H.Moulton (Edinburgh, ³1908); II. Accidence and Word-Formation by J.H.Moulton & W.F.Howard (1929); III. Syntax by N.Turner (1963) |
| $RGG^2$ | Religion in Geschichte und Gegenwart, 2nd ed. H.Gunkel & L.Zscharnack, 5 vols. (Tübingen, 1927-1932) |
| $RGG^3$ | Religion in Geschichte und Gegenwart, 3rd ed. K.Galling, 6 vols. with Register (Tübingen, 1957-1965) |
| Str.-Bill. | H.Strack & P.Billerbeck, Kommentar zum Neuen Testament aus Talmud und Midrasch, 6 vols., (München, 1922-1961) |
| TDNT | Theological Dictionary of the New Testament, E.T. by G.W.Bromiley, 9 vols. (Grand Rapids, 1964-1974), of ThWb: Theologisches Wörterbuch zum Neuen Testament, de. G.Kittel |

| | & G.Friedrich (Stuttgart, 1933-1979) |
|---|---|
| ThHAT | Theologisches Handwörterbuch zum Alten Testament, ed. E.Jenni & C.Westermann, 2 vols. (München, 1971, 1976) |
| ThWAT | Theologisches Wörterbuch zum Alten Testament, ed. J.Botterweck & H.Ringgren, I, II-(Stuttgart, 1973-) |
| W.Baumgartner, | Hebräisches und Aramäisches Lexikon zum Alten Testament, I, II(Leiden, 1967, 1974) |
| J.Jastrow, | A Dictionary of the Targumim, the Talmuds, and the Midrashic Literature (New York, 1926) |
| L.Köhler & W.Baumgartner, | Lexicon in Veteris Testamenti Libros (Leiden, 1953) |
| S.Krauss, | Griechische und lateinische Lehnwörter im Talmud, Midrasch und Targum, 2 vols. (reprint: Hildesheim, 1964) |
| I.Levy, | Neuhebräisches und chaldäisches Wörterbuch über die Talmudim und Midraschim, 4 vols., (Leipzig, 1876-1889) |
| C.F.D.Moule, | An Idiom-Book of New Testament Greek (Cambridge, $^2$1968) |

## II. Periodicals and Serials

As listed in *Journal of Biblical Literature* 95 (1976), pp.339-344, except:

| | |
|---|---|
| BNTC | Black's New Testament Commentaries |
| EvTh | Evangelische Theologie |
| ExpT | Expository Times |
| NCB | New Century Bible |
| NLC | New London Commentary on the New Testament (=NICNT) |
| StTh | Studia Theologica |
| TED | Translations of Early Documents |
| ThLZ | Theologische Literaturzeitung |
| ThZ | Theologische Zeitschrift |
| TynB | Tyndale Bulletin |
| ZThK | Zeitschrift für Theologie und Kirche |

## III. Others

| | |
|---|---|
| AnBib 17 (1963) | Studiorum Paulinorum Congressus internationalis Catholicus, *1961*, Vol. I, An Bib 17 (1963) |
| EVB i, ii | E. Käsemann, *Exegetische Versuche und Besinnungen*, i (Göttingen, $^5$1967); ii ($^2$1965) |
| E.T. | English Translation |
| FS | Festschrift |

# 서론

바울 복음의 기원은 어디에 있는가?

칼 바르트(Karl Barth)는 그의 획기적인 저서인 《로마서 주석》(*The Epistle to the Romans*)의 제2판 서문에서 몇 가지 성경 해석상의 근본적인 질문을 제기하고 있는데, 그것들은 현재까지도 상당한 적실성을 지니고 있다. 그는 당대에 유행하였던 성경 해석 방법에 대해 신랄하게 비판하였다:

> 율리커(Jülicher)의 저서를 성경 해석 방법의 전형으로 취하여 검토해 보면, 우리는 율리커가 성경 내의 단어들을 취급함에 있어서, 얼마나 시종일관 마치 그것들이 하나의 신비로운 기호인 것처럼 해독해 나가는지를 주목하게 된다. 그러나 그 작업이 다 끝난 후에도 대부분 단어의 의미는 여전히 이해하기 어려운 채로 남아 있다. 율리커는 서신서 자체 내의 원자료와 진지하게 씨름해 보지도 않은 채 얼마나 성급하게, 난해한 본문들을 바울의 독특한 교리나 의견일 뿐이라고 대충 처리해 버리는지! 또한 얼마나 성급하게, 어떤 문제는 바울 자신의 종교적 사상, 감정, 경험, 의식 또는 신념일 뿐이라고 설명해 버리는지! 그리고 이것이 제대로 들어맞지 않는다거나 그러한 설명이 불가능해 보일 때에는 또 얼마나 쉽게, 마

치 겁없는 윌리암 텔처럼, 바울이라는 배에서 뛰어내려 바울이 말한 그의 '인간성'이나, 그의 다메섹 도상에서의 체험-이것은 어떤 경우이든 해석 불가능한 모든 것을 설명해낼 수 있는 수단으로 사용되는 일화가 되어버렸다- 또는 후기 유대교나 헬레니즘의 사상, 아니면 '성경 해석상의 문제를 해결하는 것에 관한 한 거의 신적(神的) 능력을 가진 것으로 상상되는 고대 세계의 어떤 것(종교, 이념, 사상, 신화 등)'(any exegetical semi-divinity of the ancient world) 등에 돌려버림으로써 자기 자신을 구원하는지![1]

대부분 현대의 성경 해석은 바르트의 공격 대상이 되었던 해석 방식을 이런저런 식으로 답습하고 있다. 바르트 당대와 마찬가지로 오늘날 많은 바울 해석가들도 바울 신학과 고대 지중해 세계의 사상들 간의 소위 '병행구들'을 추출해내는 것으로 만족하고 있다. 그들은 바울 신학을 분석하여 그 다양한 요소들을 바울의 이런저런 배경들, 즉 후기 유대교, 헬레니즘 또는 '성경 해석상의 문제를 해결하는 데 거의 신적인 능력을 가졌다고 상상되는 고대 세계의 어떤 것' 등에 적절히 할당하는 것으로 바울 복음의 기원과 바울 복음 그 자체를 설명했다고 생각한다. 그러나 과연 그들이 옳은가? 그들은 과연 바울의 신앙과 선포의 근거가 무엇인지를 제대로 설명하였는가? 바울 복음을 바울 복음이 되게 하기 위하여 바울 복음을 형성하고 있는 요인(또는 요인들)은 무엇인가? 그리고 궁극적으로 바울 복음이란 무엇인가?

우리가 본서에서 고찰하고자 제시하고 있는 질문, 말하자면 바울 복음의 기원에 대하여 바르트가 어떻게 결론을 내렸는지 즉시 알 수는 없다. 이것은 바울 서신에 대한 역사적, 주경적 수고를 필요로 하는 작업이다. 그러나 우리가 바울 자신의 증언을 주의 깊게 경청한 후

---

[1] K. Barth, *The Epistle to the Romans*(E. T. Oxford, 1933, 1968), pp.

에 그 질문에 답변한다면, 바울이 그의 서신들에서 설명하고 있는 신학적인 진리들을 훨씬 잘 이해할 수 있으리라고 확신한다. 이것이 바로 바르트의 관심사였으며 모든 신중한 성경 해석학자들의 관심사 일 것이다.

바울은 그의 복음을 '예수 그리스도의 계시로 말미암아' 받았다고 증언한다(갈 1:12). 바울의 복음은 '사람의' 복음이 아니다. 이는 그가 사람에게서 받은 것도 아니요, 배운 것도 아니요(갈 1:12) 오직 다메섹 도상에서 하나님께서 '그의 아들을 (복음의 내용으로) 이방에 전하기 위하여 그를 내 속에 나타내시기를 기뻐하셨을 때에'(갈 1:16) 받은 것이다. 그러므로 그 복음과 사도의 임명을 받은 후에 '나는 혈육과 의논하지 아니하고 …예루살렘으로 가지 아니하고 오직 아라비아로 갔다…'(갈 1:16f.).

바르트가 전술한 서문 머리글에서 친히 갈라디아서 1:17의 두 구절을 인용하면서, 그 당대 성경 해석의 경향이 바울 신학의 어떤 요소들을 바울의 다메섹 경험에서 나온 것이라고 여기고 있다고 비난한 것은 어떤 면에서 역설적이라 할 수 있다. 그러나 다메섹 사건에 심리학적, 낭만적 해석을 가함으로써 '어떤 경우이든 모든 불가능한 것을 설명할 수 있는' 자료로 삼는 20세기 전환기의 해석학적 경향을 조금이라도 알고 있다면, 우리는 바르트의 통렬한 비평을 충분히 이해할 수 있으며, 그것에 동의할 수 있을 것이다.

우리는 다음 장에서 다메섹 사건을 탐구할 것인데, 그것은 바르트나 그 밖의 여러 사람들이 이미 정죄하였던 작업을 계속하려는 목적에서가 아니라 바울 자신의 증언을 신중하게 살펴보려 하기 때문이다. 그런 까닭에 앞으로 계속될 연구에서 우리는 심리학적, 낭만적인 접근방식은 엄격히 배제하고 오직 역사적, 언어학적 방법으로 바울 자신의 증언을 경청하는 데 초점을 맞출 것이다. 아울러 우리는 매순간 성경 해석에 요구되는 신학적인 경성함을 견지할 것이다.

# 제1장
# 예비적 고찰

사도행전 저자는 바울의 회심과 소명 기사를 세 번에 걸쳐 장황하게 반복하여 기술하고 있는 반면에(9:1-19; 22:3-16; 26:4-18) 바울 자신은 그것을 단지 서너 곳에 그것도 아주 간략하게 언급할 뿐이라는 사실이 종종 지적되곤 한다.[1] 이것은 바울이 그의 경험에 관하여 철저히 유보하는 데 기인한다고들 한다.[2] 이러한 이유 때문에 보른캄 (G. Bornkamm)은 바울의 다메섹 도상 경험이 그의 생애와 사상의 중심에 놓여서는 안 된다고 주장한다.[3]

[1] 바울이 자신의 그리스도께로의 회심과 사도직으로 부르심을 받은 경험을 언급한 서너 군데의 성경 본문이 고린도전서 9:1; 15:8-10;

---

[1] U. Wilckens, 'Die Bekehrung des Paulus als religionsgeschichtliches Problem,' *Rechtfertigung als Freiheit:Paulus Studien*(1974), p.11: "아주 소수의 몇 곳에서만…, 그것도 아주 짧게…, 지나가면서…" 이와 유사하지만 보다 부정적으로 주장한 인물들로는 G. Lohfink, *Paulus vor Damaskus*(1966), p.21: "아주 소수의 곳에서, 아주 짧게" 또한 G. Bornkamm, *Paulus*(1969), p.39.: "놀랍게도 드물게" cf. 또한 G. Bornkamm, 'Paulus', *RGG* v,c. 169.

[2] G. Lohfink, op. cit, p.121.

[3] G. Bornkamm, *Paulus*, p.39.

갈라디아서 1:13-17 및 빌립보서 3:4-11이라는 것은 일반적으로 인정받고 있는 사실이다. 그러나 이 본문들이 들어 있는 서신서가 바울이 편지를 보냈던 교회들의 절반 가량을 차지한다는 점을 고려한다면 이것은 단지 서너 군데'라고 가볍게 말해 넘길 수는 없을 것이다. 그리고 이 본문들이 전부가 아니다. 앞에서는 언급하지 않았지만 바울의 다메섹 도상 경험에 관하여, 다소간의 차이는 있지만 직간접으로 언급하는 본문들까지 포함한다면 그의 서신서 안에는 위의 세 곳 이외에도 많은 본문들이 있다.

② 많은 성경 해석가들은[4] 로마서 10:2-4이 그러한 본문 가운데 하나라고 인정한다. 바울이 로마서 10:2-10에서 이스라엘에 관하여 언급하는 내용은 특히 빌립보서 3:4ff.의 그의 자전적인 진술과 상응한다는 점이 주목받아 왔다.[5] 바울은 이스라엘의 비극을 그의 회심 경험에 비추어 이해한다. 바울이 다메섹 경험 이전에 하나님께 대하여 열심이 있었듯이 이스라엘도 하나님께 열심이 있다. 그러나 그것은 분별없는 열심이다. 하나님께서 그리스도로 의를 얻는 방편으로서의 율법의 마침이 되게 하셨으나, 이스라엘은 여전히 율법에 열심이었던 것이다. 하나님은 믿음이 있는 사람 누구에게나 그의 의를 주시지만, 이스라엘은 율법의 행위에 근거하여 그들 자신의 의를 구하려 하고 있다. 그러나 바울은 다메섹 도상에서의 그리스도 현현(Christo-phany)

---

4 F. F. Bruce, *Romans, An Introduction and Commentary*(1969), pp.200f.; O. Michel, *Der Brief an die Römer,* ([13]1966), pp.253f.; U. Wilckens, 'Bekehrung,' p.14: "Was heißt bei Paulus: 'Aus Werken des Gesetzes wird kein Mensch gerecht?'", *Rechtfertigung als Freiheit,* pp.98-104; W. Grundmann 'Paulus, aus dem Volkë Israel, Apostel der Völker', *Nov T* 4(1960), pp.268f.; P. Stuhlmacher, "Das Ende des Gesetzes", *ZThk* 67(1970), pp.3Off.; E. Käsemann, 'Paulus and Israel', *EVB* ii, p.195; H. G. Wood, 'The Conversion of St. Paul: Its Nature, Antecedents and Consequences', *NTS* 1(1945/55), p.279; cf. Bornkamm, *Paulus,* p.40.

5 Wilckens, 'Was heißt bei Paulus', pp.102ff.; E. Käsemann, op. cit., p.195; Stuhlmacher, op. cit., pp.30ff.; F. F. Bruce, op. cit., pp. 200ff.; cf. 또한 Grundmann, op. cit., pp.268f.

을 통하여 율법의 마침으로서의 그리스도에 관한 지식을 얻었다. 그리하여 그는 그리스도를 믿음으로 오는 하나님의 의를 얻기 위하여 율법에 근거한 그의 모든 의를 포기하였다. 그러나 이스라엘은 현재까지도 바울의 회심 전 상태에 머물러 있다.

③ 많은 학자들이 고린도전서 9:16-17에서 바울이 다메섹 도상에서 받은 그의 사도직에로의 부르심을 예시하고 있다는 것을 인정한다.[6] 빌립보서 3:12에서 자기가 그리스도에게 '잡힌 바 되었다'($κατελήμφθην$)[7]고 주장한 바울이 여기서는 이와 유사하게 그가 필

---

[6] A. Robertson & A. Plummer, *The First Epistle of St. Paul to the Corinthians*($^3$1929), p.189; H. Lietzmann & W. G. Kümmel, *An die Korinther I/II*($^5$1969), p.43; A. Schlatter, *Paulus der Bote Jesu*($^3$1969), p.276; H. Conzelmann, *Der erste Korintherbrief*($^{11}$1969), p.186, n.26; F. W. Grosheide, *Commentary on the First Epistle to the Corinthians* (1972), p.209; C. K. Barrett, *A Commentary on the First Epistle to the Corinthians* (1968), p.209; F. F. Bruce, *1 & 2 Corinthians* (1971), p.86; J. Munck, *Paul and the Salvation of Mankind* (1959), pp.22f.; L. Cerfaux, 'La vocation de S.Paul', *Euntes Docete* (1961), pp.8f.; J. Reumann, '$οἰκονομία$ - Terms in Paul in comparison with Lucan *Heilsgeschichte*', *NTS* 13 (1966/67), pp.158f.; H. Kasting, *Die Anfänge der urchristlichen Mission* (1969), p.56; J. Dupont, 'The Conversion of Paul and Its Influence on His Understanding of Salvation by Faith', *Apostolic History and the Gospel*, F. F. Bruce FS (1970), p.192. cf. E. Käsemann, 'Eine paulinische Variation des "amor fati"', *EVB* ii, pp.233f. 케제만(Käsemann)은 $ἀνάγκη\ γάρ\ μοι\ ἐπίκειται$가 박해자 바울을 불가항력적인 방법으로 그에게 임한 사도로의 강권적인 부르심을 예시한다는 해석을 거부하는 것 같다. 그러나 그가 "$ἀνάγκη$가 내게 지워졌다'는 말은 우리를 휘어잡는 숙명에 대해 하는 말이지 우리의 내면에 있는 감정이나 우리가 성취해야 하는 의무에 대해 하는 말이 아니다"라고 주장할 때, 그가 'Schicksal'(운명), 'Gefühl'(감정), 그리고 'Pflicht'(의무) 등을 구별하는 것은 이 경우 불필요한 듯이 보인다. 그리고 그 다음 말, "다메섹 사건에 대한 기억은 설명을 위한 하나의 보조 자료는 될지 몰라도 해석은 될 수 없다. 왜냐하면 바울이 지금 과거의 사건과 그것의 영향을 바라보는 것이 아니라, 자신의 섬김의 현재에 대해서 말하고 있기 때문이다"는 이해하기가 어렵다. 바울이 $ἀνάγκη\ γάρ\ μοι\ ἐπίκειται$'라고 말할 때 그는 그의 현재 직분을 언급하고 있는 것이 확실하다. 그러나 그의 현재 직분은 과거의 강권적인 위임에 의하여 결정된 것이다. 17절의 현재완료형 $πεπίστευμαι$가 이것을 상세하게 표현한다. 즉, 바울은 $οἰκονομία$를 맡았기 때문에 그에게 $ἀνάγκη$가 임한 것이다 (cf. Robertson-Plummer, *1Cor.*, p.189)

[7] Cf. Baur-Amdt-Gingrich, s.v.

연적으로, 또는 하나님의 강권에 의하여 숙명적으로($\dot{\alpha}\nu\dot{\alpha}\gamma\kappa\eta$)[8] 복음을 전해야 하는 직분을 맡았노라고 주장한다. 바울은 다메섹 도상에서 그리스도를 섬기기 위하여 징집되었다.[9] 그리하여 그는 이제 부득이 복음을 전해야 한다.

④ 고린도후서 3:4-4:6은 다메섹 도상의 바울의 그리스도 현현 경험을 은연 중 나타내는 또 다른 본문이다. 많은 학자들이 4:6에서 이에 대한 예증을 발견한다.[10] 빈디쉬(H. Windisch)는 이에 대하여 세 가지 유의할 사항을 지적하고 있는데, 고려할 만한 가치가 있는 견해라고 생각된다.[11] 첫째, 바울은 여기서 '개인적인 경험이 아니라 하나의 전형적인 경험'을 서술하고 있다.[12] 둘째, 바울은 '환상이 아니라 순전히 마음으로 본 것'(internal seeing)을 묘사하고 있다. 그리고 셋째, 그 구절은 그것이 사도행전 9장에 기술된 경험과 같은 것이라고 생각하지 않고도 얼마든지 이해될 수 있다. 첫 번째 지적은 4:1-6의 주어가 누구인가에 달려 있다. 만일 주어 '우리'가 3:18의 '헤메이스 판테스'($\dot{\eta}\mu\epsilon\hat{\iota}\varsigma$ $\pi\acute{\alpha}\nu\tau\epsilon\varsigma$, 우리 모두)라면, 여기서 바울은 그리스도인의 전형적인 회심 경험을 제시하고 있다고 말할 수 있을 것이다. 그러

---

**8** Cf. Baur-Arndt-Gingrich, s.v; W. Grundmann, $\dot{\alpha}\nu\dot{\alpha}\gamma\kappa\eta$, TDNT i, p.346; E. Käsemann, "amor fati", pp.233f.

**9** Bruce, Cor., p.86.

**10** A. Plummer, *The Second Epistle of St. Paul to the Corinthians*($^5$1948), p.92; R. V. G. Tasker, *2Corinthians*(1958), pp.71f.; P. Hughes, *Commentary on the Second Epistle to the Corinthians*(1971), pp.133f.; Bruce, Cor., p.196; C. K. Barrett, *The Second Epistle to the Corinthians*(1973), p.134; M. Dibelius & W. G. Kümmel, *Paulus*(1964), p.55; W. G. Kümmel, 'Römer 7 und die Bekehrung des Paulus', *Römer 7 und das Bild des Menschen im NT*(1974), pp.146f.; *Die Theologie des NT*($^2$1972), p.198; R. Bultmann, 'Ursprung und Sinn der Typologie als Hermeneutischer Methode', *Exegetica*(1967), p.374; O. Kuss, *Paulus*(1971), p.283; Stulmacher, "Ende", p.25; Cerfaux, op. cit., p.8; H. J. Schoeps, *Paul*(1961), p.54.

**11** H. Windisch, *Der zweite Korintherbrief*(1970), p.140.

**12** Cf. Schlatter, *Der Bote.*, p. 530.

나 4:1-6의 주어는 3:18의 '헤메이스 판테스'와 분명히 다르다. 그 이유는, 첫째로 회당의 유대인들과 대조되는 모든 그리스도인인 '헤메이스 판테스'에게 사도의 새 언약을 위한 사역(cf. 3:6)인 '텐 디아코니안 타우텐'(τὴν διακονίαν ταύτην, 이 직분)이 있다고 말할 수 없다는 데 있다. 둘째로 4:5에서 바울은 '헤아우투스'(ἑαυτοὺς, 우리)를 고린도의 그리스도인과 구별하고 있는 것이 분명하다. 그러므로 4:1-6의 주어 '우리'는 3:1-6에서와 마찬가지로 바울과 그의 동역자들, 특히 바울에게만 제한시켜야 한다.[13] 빈디쉬는 3:18과 4:1간의 주어의 변화를 인정하지만 4:6의 '우리'는 3:18에서처럼 다시 한번 넓은 의미로 사용된 것이라고 생각한다.[14] 그러나 그렇게 생각할 이유가 없다. 6절의 '호티'(ὅτι)절에 바울이 왜 자기 자신을 전파하지 않고 그리스도 예수의 주되심(5절)을 전파하는지 그 이유가 설명되어 있다.[15] 본 문맥에

---

[13] Plummer, *2Cor.*, pp.110, 120(그러나, cf. p.121); Strachan, *2Cor.*, p.92. 보다 더 깊은 연구를 위해서는 K. Dick, *Der schriftstellerische Plural bei Paulus*(1900), pp.95ff.를 참조하라. 딕(Dick)은 고린도후서 3-6장의 '우리'는 바울 자신을 가리키는 문학적인 복수형이라고 주장한다. Cf. Bruce, *Cor.*, p.194; Barrett, *2Cor.*, p.134. 바울은 주로 자기 자신에 관하여 주장할 때에도 종종 그의 동역자들을 연루시키는 경우가 있으며(Strachan, *2Cor.*, p.xxxv), 여기도 그러한 것 같다. 여기서 '우리'가 '우리 사도들'을 의미한다는 개연성은 없다. 그것은 바울이 '사도들'과 교회의 다른 그룹들과 대조하고 있는 것이 아니라 바울의 적대자들 - 만일 이 적대자들이 고린도후서 10-13장에 언급된 인물들과 동일인이라면 그들은 특히 스스로 사도적 지위를 주장했던 사람들이다(cf. 고후 11:5, 13) - 의 비난에 대하여 자기 자신과 그의 복음을 변호하고 있다. 그러나 그렇다고 하여 이 사실로부터, 바울은 고린도후서 4:6에 묘사된 경험과 고린도후서 4:1-6에 묘사된 사도 임명이 유독 자기에게만 해당한다고 주장하고 있으며, 그가 새 언약의 참 사도들이라고 인정한(cf. 갈 2장; 고전 4장; 15장) 여타의 사도들에 대해서는 그것을 부인했다고 결론지을 필요는 없다. 바울은 자신의 기독교 경험은 전형적인 것으로 보아, 다른 사람들의 회심을 묘사하기 위해 왕왕 그의 다메섹 경험을 사용한다(본서 pp.410, 395ff.; cf. Stuhlmacher, 'καινὴ κτίσις', pp.2/t.). 그러므로 고린도후서 4:6 바울의 다메섹 경험에 관한 언급은 다른 모든 그리스도인들에게도 적용될 수 있다.

[14] Windisch, *2Kor.*, p.131.

[15] 플루머(Plummer)와 빈디쉬(Windisch)는 5절을 괄호로 취급하지 않는다. Plummer,

서 5절의 '우리'는 바울(과 그의 동역자들)을, 6절의 '우리'는 일반적인 그리스도인들을 각각 언급한다고 생각하기는 어렵다. 그러나 만일 많은 주석가들이 생각하듯이 빈디쉬가 말한 6절의 '헤몬'(ἡμῶν, 우리의)이 모든 그리스도인들 아니면 모든 사도들, 또는 적어도 바울의 동역자들을 가리킨다는 주장이 옳다면, 6절은 바울이 자기 자신의 경험에 비추어 하나의 전형적인 회심 경험을 묘사하고 있는 것으로 이해해야 할 것이다.[16] 두 번째로 빈디쉬는 바울의 표현인 "하나님께서…우리 마음에 비추셨느니라"(ὁ θεὸς…, ὃς ἔλαμψεν ἐν ταῖς καρδίαις ἡμῶν…)를 지적하면서 이것은 바울이 갈라디아서 1:16에서 언급한 다메섹 도상에서의 그리스도의 현현(Christophany), 즉 "그 아들을…내 속에 나타내시기를…"(ἀποκαλύψαι τὸν υἱὸν αὐτοῦ ἐν ἐμοι,…)을 회상하는 것이라고 한다. 그렇다면, 과연 다메섹 사건이 순전히 주관적, 내적 경험인지, 아니면 객관적인 사건인지에 대한 심각한 논쟁은 더 이상 없을 듯하다. 그리고 그것은 사도행전의 저자뿐만 아니라 바울 자신도 그의 독자들에게 객관적으로 부활하신 그리스도께서 나타나신 사건이었음을 선포한 것이라는 점은 널리 인정되고 있다(고전 15:8). 갈라디아서 1:16의 '엔 에모이'(ἐν ἐμοι, 내 속에)라는 문구는 종종 단순 여격을 가리키는 것으로 취급되어 왔다.[17] 그러나 쉴리어(H. Schlier)는 '아포칼립테인'(ἀποκαλύπτειν, 계시하다)이 보통 단순 여격을 취하며 아무데서도 '엔'(ἐν)을 동반하여 나타나지 않는다는 사실(cf. 고전 2:10; 엡 3:5; 벧전 1:12)을 관찰하였다. 그래서 그는 "내 속에(ἐν

---

2Cor., p.119, 그리고 Windisch, 2Kor., p.138. 그러나 이 두 사람 모두 4절과 6절 간의 긴밀한 관계를 인정한다. 그러므로 바울 복음이 가려지지 않고 그 정반대로 광채가 나는지에 대한 궁극적인 이유를 제시하는 듯하다(4절).

16 Kümmel, *Theologie*, p.198; cf. Bruce, *Cor.*, p.196.
17 B-D, §220:1; cf. C.F.D. Moule, *An Idiom-Book of NT Greek*(1968), p.76; A. Oepke, *Der Brief des Paulus an die Galater*(²1957), p.33.

ἐμοί)라는 문구는 그 아들의 계시의 강렬함, 즉 사도의 삶 가장 깊은 곳에까지 파고 든 계시를 표현한 것"이라고 주장한다.[18] 어느 정도 유사한 해석이 고린도후서 4:6에서도 가능하리라고 본다. 다메섹 도상에서 그리스도의 나타나심은 부활하신 주님의 객관적인 나타남이었다. 이것이 바울의 삶의 깊은 부분에까지 영향을 미쳐, 그의 이해, 사상, 감정 그리고 의지의 좌소(座所)에,[19] 그에게 나타난 것은 다름 아닌 하나님께서 영광 중에 계시하신 그리스도였다는 확신을 갖게 하였다. 이러한 사실이 '우리 마음에'(ἐν ταῖς καρδίαις ἡμῶν)라는 문구에 표현된 것이 아닌가 하는 것이다.[20] 만일 이것이 사실이라면, 바울은 여기서 '순전히 마음으로 본 것'(그것이 무엇이든 간에)이 아니라, 바울의 마음에 '와 닿은' (성경적인 의미에서!), 부활하신 그리스도에 대한 하나님의 객관적인 계시를 묘사하고 있는 것이다.[21] 빈디쉬가 지적한 세 번째 요지는, 고린도후서 4:6의 용어들은 그것을 다메섹 사건을 언급하는 것으로 가정할 때 더 잘 이해된다는 사실을 아래와 같이 밝히는 것이다.

부정 과거 '엘람프센'(ἔλαμψεν 비추었다)은 과거의 어떤 특정한 시점, 즉 다메섹 사건을 시사한다. 창조주이신 하나님께서 다메섹 도상에서 바울의 마음에 '그리스도의 얼굴에 있는 하나님의 영광을 아는 빛'(πρὸς φωτισμὸν τῆς γνώσεως τῆς δόξης τοῦ θεοῦ ἐν προσώπῳ

---

**18** H. Schlier, *Der Brief an die Galater*([14]1971), p.55; cf. F. Mussner, *Der Galaterbrief*(1974), pp.86f.

**19** Cf. Baumgärtel and Behm, καρδία, *TDNT* iii, pp.606-613.

**20** 쉴리어도 빌립보서 3:12을 언급한다. 그의 책 *Gal.*, p.55. 바울이 빌립보서 3:12의 κατελήμφθην ὑπὸ Χριστοῦ Ἰησοῦ.로써 동일한 사실을 언급하고 있다고 할 수 있다.

**21** 이 해석은, 바울이 여기서 그이 회심 경험에 주관적인 요소와 객관적인 요소 모두를 부여하고 있다는 플루머의 관찰과 잘 부합한다: ὃς ἔλαμψεν ἐν ταῖς καρδίαις ἡμῶν은 전자(즉 주관적인 요소)를, 그리고 ἡ δόξα τοῦ θεοῦ ἐν προσώπῳ Χριστοῦ는 후자(즉 객관적 요소)를 각각 묘사한다(Plummer, *2Cor.*, p.122; cf. 또한 Dibelius-Kümmel, *Paulus*, p.55).

Χριστοῦ)를 비추셨다. 바울이 그의 서신 다른 어느 곳에서도 빛 또는 영광을 다메섹 도상의 그리스도의 나타나심과 관련하여 분명하게 언급한 적은 없다. 그러나 부활하신 그리스도께서 영광의 옷을 입고 바울에게 나타나셨다는 사실은 그의 다른 증언들에서 추론할 수 있다. 그는 부활하신 그리스도께서 그에게 나타나셨다고 몇 차례 주장한다(고전 15:8; 9:1). 그는 부활의 몸을 영광의 몸으로 특정지었으며(고전 15:43)[22], 주 예수 그리스도의 몸을 '영광의 몸'으로 부르고 있다(빌 3:21).[23] 성경에서 '독사'(δόξα 영광)는 보통 '신적이며 천상적인 광채' 또는 광채로 나타나는 '신적인 존재 양태'를 의미한다.[24] 그러므로 부활하신 그리스도께서는 바울이 신적 영광으로 감지하였던 빛의 광채를 동반하여 그에게 나타났던 것임에 틀림없다. 이제 이것이 바로 사도행전에 기록된 다메섹 사건과 관련된 세 군데 기사의 요지이다: 바울은 부활하신 그리스도를 만났을 때 홀연히 하늘로부터 큰 빛이 그를 둘러 비추는 것을 보았다(행 9:3; 22:6; 26:13). 그러므로 고린도후서 4:6의 빛과 영광이라는 주제는 다메섹 사건을 가리킨다.[25] 바울이 '그리스도의 얼굴에' 있는 하나님의 영광을 말하는 것은 의미심장하

---

22 Cf. 2Bar. 50:1-51:10; M. Thrall, 'The Origin of Pauline Christology', *Apostolic History and the Gospel*, Bruce FS, p.309.

23 이 구절로써 바울이 2Bar. 50:1-51:10, 그리고 부활의 몸은 점차적으로 변화하여 영광에 이를 것이라는 식의 유대주의적 사상을 재현하고 있는 것이 아니라는 사실이 분명해진다. 2Bar에는 부활과 변화 간의 괴리가 상정되어 있으며, 이 괴리는 살아 있는 자들과 부활한 자들을 구별하는 데 필요하다고 한다. 그러나 바울은 이러한 괴리를 생각하고 있지 않다. 데이비스(Davies)는 부활한 몸에 대한 바울의 이해와 랍비들의 이해를 비교하고 있다. W. D. Davies, *Paul and Rabbinic Judaism*($^3$1970), pp.305ff. 부활한 몸을(랍비들의 조야한 육체적인 이해에 반하여) '신령한 몸' 과 '영광의 몸'으로 생각한 바울의 이해는 바울에게 다메섹 도상에서 영광의 빛 가운데 신령한 실체로 나타나신, 부활하신 그리스도에 대한 그의 경험에 비추어 랍비적 이해를 수정한 것이라 할 수 있다.

24 G. von Rad & G. Kittel, δόξα, *TDNT* ii, pp.233-252.

25 Cf. Acts 22:11; Schoeps, *Paul*, p.54.

다. 바울은 이렇게 표현함으로써 그리스도의 얼굴에 있는 영원하고 계시된(드러난) 영광과 모세의 얼굴에 있는 쇠하여지고 가려진 영광을 대조하고 있다고 할 수 있다(3:7ff.).[26] 그러나 이보다 더 확실한 것은, 바울은 지금 그가 다메섹 도상에서 보았던 그리스도의 빛나는 얼굴을 반추하고 있다는 것이다(cf. 고전 9:1).[27] 이러한 경험을 통하여 바울이 옛 언약의 사역과 현재 수행하고 있는 새 언약의 사역을 대조하게 되었다고 볼 개연성은 얼마든지 있다.

바울은 다메섹 도상에서 그에게 비추신 하나님의 빛과 하나님의 빛의 창조를 비교한다. 불트만(Bultmann)은 이 본문에서 '엔트짜이트'(*Endzeit* 종말)와 '우어짜이트'(*Urzeit* 태초)의 동일시를 보지만[28] 본문의 대구(parallelism)는 창조와 바울의 회심 간의 대구가 아니라 창조와 사도직 간의 대구라고 생각한다. 즉, 이 구절의 강조점은 '프로스 포티스몬'(πρὸς φωτισμὸν 빛을)이라고 하는 목적어에 놓여 있다는 것이다.[29] 그러나 창조와 바울의 회심 간의 대구는 문장 구조상의 대구:

ὁ θεὸς ὁ εἰπών· ἐκ σκότους φῶς λάμψει,

ὃς ἔλαμψεν ἐν ταῖς καρδίαις ἡμῶν πρὸς φωτισμὸν

(어두운 데에 빛이 비치라 말씀하셨던 그 하나님께서

…빛을 우리 마음에 비추셨느니라)

라는 것에는 오해의 여지가 없다.[30] 더욱이 다메섹 도상에서 바울이 실

---

26  Windisch, *2Kor.*, p.140; Schlatter, *Der Bote*, p.530.
27  Plummer, *2Cor.*, p.121; Bruce, *Cor.*, p.196.
28  Windisch, *2Kor.*, p.139.
29  Bultmann, 'Ursprung', pp.374f.; cf. Barrett, *2Cor.*, p.135.
30  Cf. Windisch, *2Kor.*, p.139; Hughes, *2Cor.*, p.132.

제로 빛을 경험한 것과 아울러 회심을 어두움에서 빛으로 옮겨진 것으로[31] 보는 전통적인 생각으로 바울이 여기서 창세기 1:3을 인용하였다고 할 수 있다.[32] 원시의 혼돈 가운데서 빛을 창조하신 하나님께서 바울의 어두운 마음에 빛을 비추셨다. 이런 의미에서 바울의 회심은 하나님의 새 창조 행위였다(cf. 고후 5:17). 그러나 바울의 마음에 비추인 하나님의 빛은 그것 자체를 위하여 비췬 것은 아니다. 그것은 바울로 하여금 그 빛을 퍼뜨리도록 하기 위함이었다($\pi\rho\grave{o}\varsigma\ \phi\omega\tau\iota\sigma\mu\grave{o}\nu$). 회심 때에 새 창조의 빛을 경험한 바울은 그 빛을 전파함으로써 그것을 다른 사람들에게 전달해야 한다. 바울의 사도직은 하나님께서 다른 사람들에게 빛을 비추기 위한 도구이다. 그들이 바울이 선포한 빛을 경험하는 곳, 즉 그들의 회심 때에 그들에게 새 창조가 이루어진다. 그러므로 바울의 사도직은 하나님의 새 창조 행위의 도구이다. 이러한 부차적 의미에서는 바울의 선포와 하나님의 창조 사이에 대구가 있다고 볼 수도 있다.

'프로스 포티스몬 테스 그노세오스 테스 독세스 투 데우'($\pi\rho\grave{o}\varsigma\ \phi\omega\tau\iota\sigma\mu\grave{o}\nu\ \tau\hat{\eta}\varsigma\ \gamma\nu\acute{\omega}\sigma\epsilon\omega\varsigma\ \tau\hat{\eta}\varsigma\ \delta\acute{o}\xi\eta\varsigma\ \tau o\hat{u}\ \theta\epsilon o\hat{u}$)라는 문구를 정확하게 이해하기는 어렵다. '테스 그노세오스'($\tau\hat{\eta}\varsigma\ \gamma\nu\acute{\omega}\sigma\epsilon\omega\varsigma$)는 주체의 소유격(하나님의 영광을 아는 지식이 비추느니라 / the knowledge of God's glory illuminated)일 수도 있고,[33] 또는 대상의 소유격(하

---

**31** Cf. 행 26:18; 롬 2:19; 엡 5:8; 살전 5:4f.; 벧전 2:9. 유대 자료와 헬라 자료에서 뽑은 증거들을 보려거든 Windisch, *2Kor.*, p.139를 참조하라. 또한 H. Conzelmann, $\phi\hat{\omega}\varsigma$, *TDNT* ix, pp.325f., 332.

**32** Cf. Windisch, *2Kor.*, p.139. 바울은 창 1:3을 문자적으로 인용한 것이 아니라 그 의미에 따라 인용하고 있다. 바울이 사용한 용어들은 구약의 여러 본문들, 즉 삼하 22:29; 욥 37:15; 시 18:28; 112:4; 사 9:2 등의 영향을 받은 것 같다. 그는 창조와 그의 회심간의 대구를 보다 분명히 밝히기 위하여 $\dot{\epsilon}\kappa\ \sigma\kappa\acute{o}\tau o\upsilon\varsigma$를 강조하였다(cf. Plummer, *2Cor.*, p.120).

**33** Plummer, *2Cor.*, p.121; Windisch, *2Kor.*, p.140; Bruce, *Cor.*, p.196; 그리고 NEB도 여기에 포함시킬 수 있다.

나님의 영광을 아는 지식을 비추느니라 / the knowledge of God's glory is illuminated)일 수도 있으며,[34] 아니면 동격의 소유격(하나님의 영광을 아는 지식으로 이루어진 비췸 / illumination consists in the knowledge of God's glory)일 수도 있다.[35] 그러나 이 문구와 4절의 '톤 포티스몬 투 유앙겔리우 테스 독세스 투 크리스투'(τὸν φωτισμὸν τοῦ εὐαγγελίου τῆς δόξης τοῦ Χριστοῦ 그리스도의 영광의 복음의 광채)[36]간의 대구로 보아 본문은 주체의 소유격으로 취하는 것이 좋을 것 같다. 하나님께서는 '하나님의 영광의 지식으로 비췰 것을 기대하며(πρός)'[37] 바울의 마음에 비추셨다. '포티스몬'(φωτισμὸν 광채)의 암시적인 대상은 '헤마스'(ἡμᾶς 우리들)일 것이다.[38] 하나님께서는 그리스도의 얼굴에 있는 하나님의 영광의 지식으로 바울을 비추기 위하여 그의 마음에 비춰셨다.[39] 바울은 다메섹 도상에서의 하나님

---

[34] Lietzmann-Kümmel, *Kor.*, p.115; cf. 또한 H.D.Wendland, *Die Briefe an die Korinther*([12]1968), p.187.

[35] Barrett, *2Cor.*, p.134.

[36] Plummer, *2Cor.*, pp.120f.; cf. 또한 Windisch, *2Kor.*, p.139f. Lietzmann-Kümmel, *Kor.*, p.115는 φωτισμός의 의미를 4절의 능동적 의미('복음이 비춰다')에서 6절의 수동적 의미('γνῶσις는 우리 마음에 비춰는 하나님의 빛에 의하여 조명된다')로 변화된 것으로 본다. 이 견해는 리츠만(Lietzmann)이 τῆς γνώσεως를 대상의 소유격으로 취함으로 말미암은 것이다. 그러나 φωτισμός의 의미에서 그러한 변화를 찾는 것은 불필요한 듯 보인다.

[37] Plummer, *2Cor.*, p.121; Barrett, *2Cor.*, p.134.

[38] Cf. Lietzmann-Kümmel, *Kor.*, p.115; RSV.

[39] 이것은 Lietzmannn-Kümmel, *Kor.*, p. 115에서 τῆς γνώσεως를 대상의 소유격으로 취하면서 본문에 대하여 내린 해석과 거의 같은 의미이다.: 'die γνῶσις wird vom Licht Gottes, das in unsere Herzen strahlt, erleuchtet,… so daß mir leuchtend aufging die Erkenntnis der δόξα, die ich auf Christi Antlitz(...) strahlen sehe.' '그리스도의 얼굴에 있는 하나님의 영광은 그리스도의 영광'이다. 본질적으로 영광을 가지고 계신 하나님께서 그의 영광을 그리스도에게 수여하셨고, 그리하여 그 영광이 그리스도의 얼굴에서 빛날 수 있었다. 환언하자면, 하나님께서 그리스도를 영광스럽게 하셨고 이제 그리스도는 영광을 지니고 있다는 것이다. τῆς δόξης τοῦ Χριστοῦ에서 τῆς δόξης τοῦ θεοῦ ἐν προσώπῳ Χριστοῦ로 바뀐 것은 빛의 창조자요 홀로 영광을 소유하신, 본문에 기

의 계시로 말미암아 하나님에 의하여 높임 받고 영광 받은 그리스도를 알게 되었다. 이런 점에서 바울이 그의 회심 경험을 그리스도를 아는 과정으로 서술한 또 다른 본문인 빌립보서 3:4-11 말씀과 본문을 비교해 보는 것이 도움이 될 것이다.[40] 하지만 '포티스몬'($\phi\omega\tau\iota\sigma\mu\grave{o}\nu$)의 암시적 대상은 일차적으로 '헤마스'($\eta\mu\tilde{a}\varsigma$)가 아니라 짐작건대 '사람들' 또는 일반적인 '청중들'인 것 같다. 하나님께서는 '하나님의 영광을 아는 지식'으로 사람들에게 비췰 것을 기대하며 바울의 마음에 빛을 비추셨다.[41] 고린도후서 4장의 문맥이 바울의 사도적 사역의 정당성을 세우려는 데 있는 것과 같이 6절을 바울의 회심만 아니라 그의 사도로서의 부르심도 묘사하는 것으로 이해한다면 그 본문은 문맥에 더 잘 어울릴 것이다. 바울이 그리스도를 전파하도록 하기 위하여 하나님께서 바울에게 그리스도를 계시하셨다(cf. 갈 1:16). 어쨌든 여기서 바울이 회심과 부르심의 관점에서 다메섹 사건을 해석하고 있다는 점에서는 조금도 의심의 여지가 없다. 하나님께서 바울에게 그리스도를 계시하셨고, 그리하여 바울이 먼저 그리스도를 알았고 그 후에 그는 이 지식을 가지고 다른 사람들도 알게 하였다. 영광 받은 그리스도에 대한 이러한 앎이 바울 복음의 내용이고, 바울은 그리스도 예수가 높임 받으신 주라고 전파한다(4:3-5). 이것은 바로 하나님께서 바울에게 계시하신 하나님의 아들[42]이 그가 계시로 받은 복음

---

술된 사건의 주도자가 되시는 하나님에 대한 바울의 언급에 기인한다(cf. Windisch, *2Kor*., p.140). 마치 그리스도 자신이 자기에게 주어진 영광이 아니라, 본래 영광을 가지고 있는 것처럼 '하나님의 영광' 대신에 '그리스도의 영광이' 본문에 사용되었다면 아주 어색했을 것이다.

40 cf. Stuhlmacher, "Ende", p.31.
41 Plummer, *2Cor*., p.121; Bruce, *Cor*., p.196; Barrett, *2Cor*., p.134.
42 $\kappa\acute{u}\rho\iota o\varsigma$와 마찬가지로 '하나님의 아들' 칭호는 예수님의 높아지심을 암시한다. 롬 1:3f. 여기서는 흥미롭게도 복음을 정의하면서 두 칭호가 나란히 등장한다; 또한 고후 1:19.

이라고 시사하는 갈라디아서 1:11-16의 주제와 정확히 일치한다. 바울은 복음과 높임 받고 영광 받은 그리스도를 아는 지식으로 다른 사람들을 밝히라는 사명을 받는다. 여기에 이사야 42:6f.와 49:6의 '에베드 에흐바'(עבד יהוה 야웨의 종)의 소명이 반영되어 있는 듯하다: 종은 야웨에 의하여 '에이스 포스 에돈'($\epsilon\iota\varsigma\ \phi\hat{\omega}\varsigma\ \epsilon\theta\nu\hat{\omega}\nu$ 이방의 빛)이 되어 '눈먼 자들의 눈을 밝히기' 위하여 부름을 받는다. 바울은 이 본문에서 야웨의 종이 사명 받던 기사를 빌어 그의 사도적 사명을 묘사하고 있는 것 같다. 바울은 다른 곳에서도(갈 1:15) 종의 부르심을 들어 그의 소명을 묘사하고 있으므로 위와 같은 추론은 충분히 가능하다.[43] 이것은 바울이 믿지 않는 자들을 가리켜 복음의 빛에 어두운 자들(고후 4:4) 이라고 묘사한 것에 대한 설명도 될 수 있다. 그는 복음으로 '눈먼 자들의 눈을 밝히라'(사 42:7)는 사명을 받았음을 의식하고 있다. 그렇지만 어떤 이들은 자기들의 불신앙을 고집한다. 이것은 바울이 그의 사도적 사명을 진실 되지 못하게 수행한다든지 그의 복음이 '가려졌다'는 증거는 아니다. 오히려 그것은 그들의 마음이 어두워졌고 지금도 사탄에 의하여 어두워져 있어[44] 복음의 빛을 볼 수 없다는 증거다. 만일 여기에 종(עבד)의 부르심이 반영되어 있다고 보는 해석이 정확하다면, 이 본문과 사도행전 26:16-18 간의 병행은 주목할 만하다.[45]

이것으로써 바울이 고린도후서 4:3-6에서 다메섹에서의 그의

---

**43** Munck, *Paul*, pp.24ff.; T. Holtz, 'Zum Selbstverständnis des Apostels Paulus', *ThLZ* 91(1961), 324ff.; J. Blank, *Paulus und Jesus*(1968), pp.224ff.; Cerfaux, 'La vocation de Saint Paul', pp.12ff.; H. Windisch, *Paulus und Christus*(1931), p.137.

**44** 이런 식의 설명은 본문의 전후 문맥상 얼마든지 해 봄직하다. 높임 받은 그리스도를 아는 지식의 비추임이 없이는 모두 눈먼 자가 될 것이 뻔하기 때문이다. 그러나 그들 가운데 어떤 이들은 믿음으로 비춤을 받는다 해도, 다른 사람들은 자기들의 불신앙을 고집하게 되고 그리하여 계속 어두움 가운데 있게 된다.

**45** Cf. Plummer, *2Cor.*, p.121.

회심과 부르심의 경험을 피력하고 있다는 것이 분명해졌다. 그러나 다메섹 사건에 대한 언급은 여기 네 구절에만 국한된 것이 아니다. 그것은 사실 4:1에 이미 언급되어 있다. 1절의 부정 과거 '엘레데멘'(ἠλεήθημεν 우리가 긍휼하심을 입은)은 바울이 '엘레오스'(ἔλεος 긍휼)를 받은(cf. 딤전 1:12f.) 과거의 한 결정적인 순간을 가리킨다. 핍박자 바울이 다메섹 도상에서 직분에로 부르심을 받은 것은 하나님의 '엘레오스'(ἔλεος)이었다.[46] '이 직분'은 새 언약의 직분-바울이야말로 그 직분의 적격자였던-을 말하는 것이다(3:6).[47] 4:1의 '엘레데멘'(ἠλεήθημεν)처럼 3:6의 부정 과거 '히카노센'(ἱκάνωσεν 만족케 하셨다)도 다메섹 도상에서 받은 바울의 소명을 언급하는 것이다.[48] 바울은 자기가 하나님의 교회를 핍박했었기 때문에 '사도라 칭함을 받기에 적합하지(ἱκανός)않다'는 것을 알았다(고전 15:9; 고후 3:5). 그렇지만 하나님께서 그에게 새 언약의 직분을 주셨다.[49]

어떤 학자들은 고린도후서 3:16에도 바울의 회심 경험이 암시적으로 반영되어 있다고 생각한다. 그 구절에서 바울은 출애굽기 34:34a를 약간 변형시켜 언급한다.[50]:

ἡνίκα δ'ἂν εἰσεπορεύετο Μωυσῆς ἔναντι κυρίου λαλεῖν αὐτῷ περιῃρεῖ

---

[46] Barrett, *2Cor.*, p.127; Plummer, *2Cor.*, p.110; cf. 딤전 1:13, 16; 또한 고전 7:25. 바울은 그가 교회의 핍박자로서 얼마나 활발하였는지를 다루면서 그가 사도로 부르심을 받은 것은 순전히 하나님의 은혜라고 순간순간 강조한다. - 예컨대, 고전 15:9f.; 롬 1:5; 15:15f. 로마서 1:5의 ἐλάβομεν χάριν καὶ ἀποστολὴν과 본문의 ἔχοντες τὴν διακονίαν ταύτην καθὼς ἠλεήθημεν 사이에는 병행이 있다(χάρις와 ἔλεος, 그리고 ἀποστολή와 διακονία는 동의어이다).

[47] Windisch, *2Kor.*, p.131; Bruce, *Cor.*, p.190; Hughes, *2Cor.*, p.121.

[48] Plummer, *2Cor.*, p.85; Windisch, *2Kor.*, p.109; Blank, *Paulus*, p.191.

[49] Plummer, *2Cor.*, p.102; Hughes, *2Cor.*, p.112; W. C. van Unnik, '"With Unveiled Face"(2Cor III. 12 -18)', *Sparsa Collecta*(1973), p.206.

[50] Cf. Windisch, *2Kor.*, p.123.

το τὸ κάλυμμα ἕως τοῦ ἐκπορεύεσθαὶ
(그러나 모세가 여호와 앞에 들어가서 함께 말씀할 때에는 나오기까지 수건을 벗고 있다가…)

변형된 내용은 다음과 같다: a) 고린도후서 3:16에는 주어가 생략되어 있다; b) 출애굽기 34:34의 εἰσεπορεύετο ⋯ ἔναντι κυρίου λαλεῖν αὐτῷ가 ἐπιστρέψῃ πρὸς κύριον으로 대체되었다; c) 미완료 과거 περιῃρεῖτο와 εἰσεπορεύετο는 각각 περιαιρεῖται와 ἐπιστρέψῃ로 바뀌었다; 그리고 d) ἕως τοῦ ἐκπορεύεσθαι라는 문구가 생략되었다. 이러한 변경이 암시하는 바는 첫째로 바울이 출애굽기 34장의 모세에 관한 특정한 일화에서[51] 일반적인 원리를 이끌어내고 있다는 것과, 둘째로 그 원리에서 이끌어낸 것이 회심이라는 것이다.[52] 오늘까지 회당에서 토라를 읽을 때에[53] 수건이 이스라엘 사람들의 마음을 덮어 '그들은 모세의 질서(Mosaic order)는 잠시 있다가 사라지는 것이라는 사실을 알 수가 없으며, 복음 세대의 쇠하지 아니하는 영광을 인정할 수

---

51 Cf. Bruce, *Cor*, p.193. 헤르만(I. Hermann)은 이것을 이해하지 못하여 16절을 출애굽기 34:34의 인용이 아니라 '구약에서 잘 알려진 사상을 자유롭게 제시한 것'으로 간주한다. 그의 책 *Kyrios und Pneuma*(1961), p.38. 그는 계속하여, 본문은 '전혀 새로운 주장이며⋯ 구약의 본래 사상의 영역에 놓일 수 있는 것은 단지 단어들을 자유롭게 구사함으로써이다'라고 말한다. 이 견해와 반대되는 견해로서, 던(J. D. G. Dunn)은 16절을 기독교 Pesher로 옳게 분류한다('2Corinthians III.17-"The Lord is the Spirit"', *JTS* 21(1970), pp.314ff.).
52 특히 두 번째 변경인 ἐπιστρέφειν을 보라. 이 단어는 공간적인 돌아섬으로 사용되지 않는 한, 70인경과 신약성경에서 거의 회심에 대한 전문어이다. Cf. Bertram. ἐπιστρέφω, *TDNT* vii,722-729; Windisch, *2Kor*, p.123.; Hughes, *2Cor*., p.114; Lietzmann-Kümmel, *Kor.*, p.200; Barrett, *2Cor.*, p.122.
53 Cf. Acts 15:21.

가 없었다.'⁵⁴ '그러나 어떤 사람이든지⁵⁵ 주께로 돌아서면⁵⁶ 그 수건은 벗겨진다'⁵⁷(고후 3:16). 그리하여 그는 '수건을 벗은 얼굴로 주의 영

---

54  Bruce, *Cor.*, p.192; Plummer, *2Cor.*, p.101도 이와 유사한 견해임; Windisch, *2Kor.*, p.122; Hughes, *2Cor.*, p.111; van Unnik, op. cit., p.205. 본문(고후 3:13-16)의 명쾌한 분석에 대하여서는 van Unnik, op. cit., pp.202ff. 를 참조하라.
55  ἐπιστρέψῃ의 표기되지 않은 주어는 십중팔구 τις일 것이다.: '회당에 있는 사람은 어떤 사람이든지', '율법 낭송을 듣는 사람은'(Plummer, *2Cor.*, p.101.; cf. 또한 van Unnik op. cit., p.207.; Barrett, *2Cor.*, p.122.; Hughes, *2Cor.*, p.113.; Hermann, *Kyrios*, p.38.).
56  이 구절과 v.14C 간의 병행을 염두에 둘 때 여기서 κύριος로 그리스도로 취급해야 한다. 바울은 그가 종종 여느 곳에서 그러듯이 여기서도 구약에서 야웨에게 속하던 κύριος 칭호를 그리스도에게 이양한다(F. F. Bruce, "Jesus is Lord", *Soli Deo Gloria*, W. C. Robinson FS(1968), pp.23-36). 본문에서 바울은 더 이상 모세를 생각하지 않고, 오히려 회당의 유대인들을 생각하고 있다. 그들은 야웨에게 돌아갈 필요가 없다. Plummer, *2Cor.*, p.102.; Barrett, *2Cor.*, p.112; Wendland, *Kor.*, p.183.; Hermann, *Kyrios*, pp.39ff. 이 일반적으로 인정되는 견해에 반[反]하여 고린도후서 3:16-18의 κύριος를 그리스도에 대한 언급이 아니라 야웨에 대한 언급으로 보려는 던(J. D. G. Dunn)(op. cit.)과 그의 스승 모울(C.F.D. Moule)('2Cor 3:18b, καθάπερ ἀπὸ κυρίου πνεύματος', *NT und Geschichte*, Cullmann F S, pp.231-237)의 최근의 시도들은 설득력이 없다. 모울은 바울이 출애굽기 34:34 인용 시 도입한 변경들을 인식하면서도 바울이 여기서 출애굽기 34장의 특정 일화에서 어떤 일반적인 원리를 도출해 내고 있다는 사실을 이해하지 못하였다. 그래서 모울은 16절을 마치 출애굽기 34장 내에서 모세를 언급하고 있는 것으로 보려 한다. 그러나 바울은 지금 주께로 돌아가고 있는 유대인들에 관하여 논하고 있다(ἐπιστρέψῃ - περιαιρεῖται). 던(과 모울)은 이와 같은 논의에 있어 결정적인 요인은 문맥이라는 사실을 강조하면서도 14절의 병행구에 비중을 두어 살피지는 못하였다. 그들은 바울의 κύριος 사용에서 관한 토론은 전개하면서 그들 스스로 매번 서너 가지 이상의 '예외'를 거론함으로써 그 주장의 설득력을 잃게 하고 만다. 여하튼, 헤르만(Hermann)은 던과 모울의 의견을 이미 적절하게 거부해 버렸다(Hermann, *Kyrios*, pp.40f.). 모울과 던은 바울이 통상적으로 그리스도인은 하나님의 형상이 아니라 그리스도의 형상으로 변화한다고 말하는 것과(롬 8:29; 고전 15:49; cf. 또한 빌 3:21; 갈 4:19; 하나의 분명한 예외가 있다면, 여전히 논쟁의 대상이 되고 있는 골 3:9이다) 고린도후서 3:16-18에 사용된 언어는 고린도후서 4:4-6의 언어와 마찬가지로 다메섹에서 그리스도의 나타남에 비추어 고찰되어야 한다는 것 가운데 어느 것도 주목하지 못하였다. 후자에 관해서는, 본서 pp.337-406를 참조하라.
57  대부분의 주석가들은 περιαιρεῖται를 수동태로 취급한다. (수건을) 벗기시는 행위자는 '주'시다. 그러나 바렛(Barrett)은 그것을 중간태로 취급하여 그 주어를 '주'로 본다 (*2Cor.*, p.122.).

광을 보며, 그 영광을 반사한다'[58](고후 3:18). 이렇듯 회당에 있는 유대인의 상태와 그리스도께로 회심한 자들의 상태를 서로 대조하면서, 바울은 자기 자신의 경험에 관하여 말하고 있는 것이 틀림없다. 그가 다메섹 도상에서 주의 영광을 보았을 때(3:18; cf. 4:6), 그는 토라에 대한 자신의 이해가 잘못 되었음을 깨달았다. 바울이 그리스도를 만난 것은 곧 바울의 마음을 덮고 있던 수건-토라에 대한 진정한 이해와 복음을 받아들이는 것을 방해하던-을 벗겨버리는 사건이었다.[59]

[5] 성경 해석가들은 고린도후서 5:16에도 바울의 회심에 대한 암시적 언급이 있다고 한다.[60] 16절의 '호스테'($\ὥστε$)는 16절이 전술한 내용의 결과임을 시사한다. 그러므로 '아포 투 닌'($\ἀπὸ\ τοῦ\ νῦν$ 지금부터)은 14, 15절에 표현된 그리스도의 죽으심의 의의에 관해 바울이 도달한 결론(부정 과거분사 '크리난타스'[$κρίναντας$]) 이후의 시간, 즉 그의 회심 이후의 시간[61]을 가리킨다고 할 수 있다. 또는 그 문구는 그

---

**58** $καταπτριζόμενοι$는 '거울 속처럼 보다'(beholding as in a mirror)로, 혹은 '거울처럼 반사하는 것'(reflecting as a mirror)으로 번역될 수 있다. 이에 대해서는 주석가들마다 의견이 갈린다. 정확한 번역은 문맥 이해에 달려 있는 것으로 생각된다. 18절의 $ἡμεῖς\ δὲ\ πάντες$가 13절의 모세와 대조되는 것이라면 후자의 번역이 본문의 바른 의미일 것이다. 하지만 만일 그것이 유대인들과 대조되는 것이라면 전자의 번역이 바른 의미이다. 바울이 의도한 대조가 어느 것인지 판단하기는 어렵다. 바울이 둘 다 대조했을 수도 있다. 여기서 단어의 적당함에 대해서는 본서 p.411ff.를 참조하라. cf. Windisch, *2Kor.*, p.127.; 또한 Plummer, *2Cor.*, pp.104f.

**59** 모세에게 나타난 시내산의 신의 현현(출 33, 34장)과 고린도후서 3:1-4:6의 기초가 된다고 생각되는 바울에게 나타난 다메섹의 그리스도의 현현 간의 대조적 유형론에 대해서는 본서 pp.395-406의 부록을 참조하라.

**60** Windisch, *2Kor.*, p.184; Lietzmann-Kümrnel, *Kor.*, p.127; Plummer, *2Cor.*, p.177; Hughes, *2Cor.*, p.197; Bruce, *Cor.*, p.208; Stuhlmacher, 'Erwägungen zum ontologischen Charakter der $καινὴ\ κτίσις$ bei Paulus', *EvTh* 27(1967), pp.4f. Cf. G. Friedrich, 'Die Gegner des Paulus im 2.Korintherbrief', *Abraham unser Vater*, O. Michel FS, eds. O. Betz, *et al.*(1963), p.214.

**61** Plummer, *2Cor.*, p.176; Hughes, *2Cor.*, p.197; Barrett, *2Cor.*, p.170; cf. 또한 Moffatt 역 [譯]; NEB.

리스도의 죽으심과 부활로 말미암아 이루어진 종말론적 상황을 가리킬 수도 있다(14, 15절).[62] 그러나 이 옛 세상(또는 세대)에서 새 세상(또는 세대)에로의 객관적인 전환점이 바울의 회심의 순간에 개인적인 삶에서 실제로 일어났기 때문에 16절 '아포 투 뉜'($\dot{\alpha}\pi\grave{o}\ \tau o\hat{v}\ \nu\hat{v}\nu$)은 바울의 회심 이후의 시간을 가리킨다고 할 수 있다.[63] '카타 사르카'($\kappa\alpha\tau\grave{\alpha}\ \sigma\acute{\alpha}\rho\kappa\alpha$ 육체대로)는 목적어('우데나'[$o\dot{v}\delta\acute{\epsilon}\nu\alpha$ 아무도]와 '크리스톤'[$X\rho\iota\sigma\tau\acute{o}\nu$ 그리스도])[64]보다는 동사('오이다멘'[$o\check{\iota}\delta\alpha\mu\epsilon\nu$ 우리가 알다]과 '에그노카멘'[$\dot{\epsilon}\gamma\nu\acute{\omega}\kappa\alpha\mu\epsilon\nu$ 알았다])[65]와 함께 취급되어야 한다. 바울이 자신은 회심 이후 '육체적인 속성이 있는' 또는 '여전히 육체 가운데 살고 있는' 사람을 알지 않는다고 말했을 리 만무하기 때문이다.[66] 그보다 바울이 말하려고 하는 바는 그가 회심 이후 아무도 육체대로, 즉 세상적인 판단에 따라 알지 않는다는 것이다.[67]

16절은 이 원리의 한 구체적인 적용이다.[68] 이 주장에 대한 다양한 해석들 가운데[69] 가장 좋은 해석은 '그리스도를 육체대로 안다'는 것

---

62 Lietzmann-Kümmel, *Kor.*, p.205; Bultmann, 'Exegetische Probleme des zweiten Korintherbriefes', *Exegetica*, p.310.

63 Lietzmanm-Kümmel, *Kor.*, p.205; Stuhlmacher, '$\kappa\alpha\iota\nu\grave{\eta}\ \kappa\tau\acute{\iota}\sigma\iota\varsigma$', p.5. 빈디쉬는 별로 고심하는 기색도 없이 $\dot{\alpha}\pi\grave{o}\ \tau o\hat{v}\ \nu\hat{v}\nu$을 회심을 언급하는 것으로 받아들인다(*2Kor.* p.184.). Wendland, *Kor.*, p.202.도 유사한 견해를 표명한다.

64 Plummer, *2Cor.*, p.176; Lietzmann-Kümmel, *Kor.*, p.125; cf. Windisch, *2Kor*, p.185. 빈디쉬는 이 둘을 구별하는 것은 불가능하다고 생각한다.

65 Schlatter, *Der Bote*, p.559; Wendland, *Kor.*, p.202; Burce, *Cor.*, p.208; Barrett, *2Cor.*, p.170f.; O. Michel, '"Erkennen dem Fleisch nach"(2Kor.5.16)', *EvTh* 14(1954), p.23; C. F. D. Moule, 'Jesus in NT Kerygma', *Verborum Veritas*, G. Stählin FS, ed. O. Böcher U. K. Haacker(1970), pp.17f.

66 Windisch, *2Kor.*, p.185; cf. Wendland, *Kor.*, p.203; Moule, op. cit., p.18.

67 Cf. Wendland, *Kor.*, p.202; Bruce, *Cor.*, p.208; NEB; RSV.

68 Windisch, *2Kor.*, pp.184f.

69 다양한 해석에 대해서는 Windisch, *2Kor.*, pp.186ff.; Plummer, *2Cor.*, pp.177f.; E. Güttgemanns, *Der leidende Apostel und sein Herr*(1966), pp.284ff.를 참조하라. 굇게만

은 그를 그 당시 유행하던 메시아 이해에 따라 알거나 판단함을 의미한다는 것이다.[70] 많은 주석가들이 그 주장에 논쟁의 여지가 있다는 것을 인정하지만, 그들은 저마다 그 주장을 각기 다르게 해석함으로써 그 논쟁이 정확히 어떤 것인지를 규정하는 데는 각기 다른 의견을 보인다.[71] 바울은 자기들의 견해와 주장을 변호하기 위하여 역사적 예수의 특정한 모습들을 이용하고 있는 유대 적대자들과 논쟁을 벌인 것 같다.[72] 짐작건대 그 적대자들은 유대적 관점과 분석으로 그리스도를 판단한 것 같고,[73] 그들의 그리스도와의 관계를 자랑하면서(cf. 12

---

(Güttgemanns)은 바울이 여기서 역사적 예수를 아는 지식을 거부하고 있다는 견해를 신랄하게 공격한다. 하지만 고린도후서 5:16이 영지주의적 해석(그는 W. Schmithals, *Die Gnosis in Korinth*⟨³1969⟩, pp.286ff.의 견해를 따름)이라는 그의 견해를 받아들이기는 어렵다.

70 Cf. O. Michel, op. cit., p.26; Barrett, *2Cor*., p.171; F. F. Bruce, *Paul and Jesus*(1974), pp.22-25.

71 Plummer, *2Cor*., p.177; Windisch, *2Kor*., p.188; Schlatter, *Der Bote*, pp.563f.; Lietzmann-Kümmel, *Kor*., p.125; Wendland, *Kor*, p.203; Strachan, *2Cor*., p.110; Michel, op. cit., pp.26f.; Güttgemanns, op. cit., pp.282-304 참조.

72 Michel, op. cit., p.26.

73 예를 들어 유대의 민족적 메시아. Cf. Ibid., pp.26f.; Schlatter, *Der Bote*, pp.561, 563. 유대적 관점에서 볼 때 메시아가 십자가에 달렸다는 것은 물론 글자 그대로 모순이며(cf. 갈 3:13f.) 거리끼는 것이다(고전 1: 23). 그러나 유대 기독교 적대자들은 예수가 부활하였고 하나님께서 그를 높이 드셨다고 확신하게 되자, 예수를 다윗 반열의 민족적 메시아로 간주하였을 것이다. Cf. 행 15:16-18(이 본문에 관해서는, Bruce, *NT Histroy*, p.269; *This is That*⟨1968⟩, p.79를 참조하라); 롬 1:3f.(이 본문에 대해서는 본서 pp.186ff.를 참조하라) 이것은 어떤 사람을 κατὰ σάρκα(육체)로 아는 것과 그리스도 안에서 καινὴ κτίσις(새 창조)가 되었다는 것을 대조함으로써 제시된 것이다. 로마서 2:25-29; 4:1ff.; 9:3ff.; 고린도전서 10:18; 갈라디아서 4:21ff.에 의하면 바울은 유대인들과 그들의 주장을 하나님의 약속과 성령과 반대되는 '육체'로 간주하고 있음이 분명하다. 갈라디아서 6:12-16에서 바울은 믿는 유대인들과 이방인들로 이루어진 '하나님의 참 이스라엘'인 '새 창조'를 지적함으로써 유대인들이 육체의 할례-즉 언약 백성인 이스라엘의 일원이 되었다는 것-를 자랑하는 것을 아무런 가치가 없는 것이라고 규정한다(cf. 갈 3:26-29). 그러므로 바울은 갈라디아서 6:12-16에서처럼 고린도후서 5:16f.에서도, 참으로 문제가 되는 것은 이전의 이스라엘과 이방인을 나누는 구속사적 구분을 초월하는 그리스도 안에 있는 하나님의 καινὴ κτίσις라고 주장함으

절) 십중팔구 그들은 바울이 그리스도를 미워하여 그리스도를 따르는 자들을 핍박했었다는 사실을 은근히 드러내어 말했을 것이다.[74] 이것은 본문에서 바울이 왜 한편으로는 그가 육신을 따라 그리스도를 판단하는 것을 거부한다고 하면서, 동시에 다른 한편으로는 화목 사상을 강조하고 있는지 그 이유에 대한 설명이 될 수 있다. 처음에 바울은 그의 적대자들처럼[75] 유대적인 메시아 관념에 따라 그리스도를 판단하였다. 그리고 나서 그들과는 달리 그는 그리스도를 따르는 자들이 자칭 메시아라고 하여 하나님의 저주 하에 무력하게 정죄 받고 십자가에 달린 나사렛 예수를 (진짜) 메시아라고 선포하는 신성 모독의 죄를 범하였다고 생각하여 그들을 핍박하는 자가 되었다.[76] 그러나 이것은 육신적인 판단이었다. 이제 그가 예수의 죽음의 의미를 인식하게 되자 그는 더 이상 그러한 육신적인 판단에 의존하지 않게 되었다.

17절의 '호스테'($ὥστε$)는 그리스도께서 모든 사람을 대신하여 죽었으므로 산 자들이 그를 위하여 산다는 말씀의 결론으로서 16절과 대구를 이루는 주장을 소개한다(14절).[77] 그러나 동시에 17절은 16절의 바탕 위에 성립된 것 같다.[78] 새 창조(국역성경-새로운 피조물)는 그

---

로써, 메시아와 관련된 유대인들의 민족주의적 주장들을 무가치하다고 선언하고 있는 것 같다. 그리스도 안의 $καινὴ\ κτίσις$의 관점에서 이스라엘과 그들의 주장들은 단지 $κατὰ\ σάρκα$라고 밖에는 명명할 수 없는 것이다.

74 Cf. Friedrich. 'Gegner'. p.214. 그러나 바울이 예루살렘에서 스데반과 그의 친구들을 핍박하였다는 데 대한 프리드리히(Friedrich)의 회의는 갈라디아서 1:22에 근거하고 있다고 할 수 없다. 본서 pp.97ff. 그러므로 스데반과 '헬라파'들에 대한 바울의 핍박 사화로 인해 후에 '헬라파'와 바울간의 불화가 야기되었다는 그의 억측은 설득력이 없다.

75 Cf. Michel, op. cit., pp.26f.

76 Plummer, 2Cor., p.177; Schlatter, Der Bote, p.562; Michel, op. cit., p.26.

77 Plummer, 2Cor, p.179; Schlatter, Der Bote, p.564; Lietzmann-Kümmel, Kor., p.126; Michel, op. cit., p.23; Stuhlmacher, '$καινὴ\ κτίσις$', p.5.

78 Windisch, 2Kor., p.189; Plummer, 2Cor., p.179; Michel, op. cit., p.27; cf. Bultmann, 'Exegetische Probleme', Exegetica, p.310.

리스도의 죽으심과 부활로써 발생하였고, 모든 사람이 이에 참여한다 (14f). 그런데 '새 창조는 어떤 사람이든 그리스도 안에 있게 될 때, 즉 회심 때 그에게 일어난다.'[79] 바울은 그의 다메섹 도상 경험에서 이 신학적인 통찰을 얻었다. 그는 고린도후서 4:6에서 이미 다메섹 도상에서 하나님의 새 창조 행위가 자신에게 일어났다는 것을 시사하였다. 고린도후서 4:6에서 바울은 처음 창조 때 빛을 비추셨던 그 하나님이 그의 마음에 빛을 비추사 그를 어두움에서 나오게 하였다고 말하였다. 설사 바울이 지금 우리가 다루고 있는 고린도후서 5:17에서 '그리스도 안에 있음'을 통상적인 용어('티스'[$\tau\iota\varsigma$])로 일반화하여 새 창조라고 말하고 있기는 하지만 그가 주로 염두에 두고 있는 것은 특정한 그 자신의 경우-다메섹 사건-인 것이다. 이것은 전후 문맥상 명약관화하다: 17절은 바울의 변증적인 논의의 일부분이며, 그는 본문을 전후하여 주로 자기 자신에 대하여 진술하고 있다.[80] '엔 크리스토 ($\epsilon\nu$ $X\rho\iota\sigma\tau\hat{\omega}$ 그리스도 안에) 있음'은 세례와 함께 시작되고,[81] 세례로

---

**79** Barrett, *2Cor.*, p.174.

**80** 11-20절의 1인칭 복수는 시종일관 바울(과 차선으로 그의 동역자들)을 언급하는 것으로 생각하는 것이 좋다. Plummer, *2Cor.*, p.182; cf 또한 Schlatter, *Der Bote*, pp.565ff. Güttgemanns, *Apostel*, pp.313f. 혹자는 18절의 $\dot{\eta}\mu\hat{\alpha}\varsigma$는 모든 그리스도인들을, 그리고 $\dot{\eta}\mu\hat{\iota}\nu$(비슷하게 19절의 $\epsilon\nu$ $\dot{\eta}\mu\hat{\iota}\nu$도)은 바울과 그의 동역자들을 각각 언급하는 것으로 본다(예컨대, Barrett, *2Cor.*, p.175 cf. 또한 Windisch, *2Kor.*, pp.193f.; Bultmann, 'Exegetische Probleme', p.309). 그러나 바렛도 인정하다시피(*loc. cit.*) 18절 내에서 '우리 그리스도인들을'에서 '우리에게 ···직책을'로 바뀐 것은 '뜻밖이며 난해하다.' 18절의 $\dot{\eta}\mu\hat{\alpha}\varsigma$를 바울(과 그의 동역자들)을 언급하는 것으로 취한다고 해서 바울이 하나님께서 그리스도를 통해 바울(과 그의 동역자들)만을 하나님과 화목시키셨다고 말하려고 한다는 것은 물론 아니다. 하나님의 화목 사역의 보편성이 바로 다음 구절에 표명되고 있다(19절). 바울이 하나님께서 그와 화목시킨 것으로 사기 자신만 들어 설명하는 이유는 전후 문맥 가운데서 잘 이해할 수 있을 것이다. 바로 다음 구절을 보라. 또한 본서 제1장 각주 13을 참조하라.

**81** Cf. Bultmann, 'Exegetische Probleme'. p.310(n.23); F. Neugebauer, *In Christus*(1960), p.112(n.63a); Stuchlmacher. '$\kappa\alpha\iota\nu\dot{\eta}$ $\kappa\tau\iota\sigma\iota\varsigma$', p.28.

써 사람은 그리스도와 함께 죽고 살아나며(cf. 14절)[82] 마지막 아담이신 그리스도의 몸에 연합하게 된다.[83] 그러나 바울은 동일한 단어군인 '칼레인'(καλεῖν 부르다)을 그의 '사도적 소명'과 세례를 통해 그리스도인이 되는 개인의 부르심' - 두 경우에 모두 사용함으로써[84] 그는 그의 다메섹에서의 소명은 그리스도의 사도로서의 부르심뿐만 아니라 '엔 크리스토'(ἐν Χριστῷ 그리스도 안)에 있게 하는 부르심이었다는 사실을 암시한다. 다메섹에서 부르심을 받을 때 그리스도의 십자가로 말미암아 (옛) 세상은 바울에 대하여 십자가에 못 박혔고 바울은 (옛) 세상에 대하여 십자가에 못 박혔다(갈 6:14). 그래서 그는 이렇게 말할 수 있었다: "내가 그리스도와 함께 십자가에 못 박혔나니, 그런즉 이제는 내가 산 것이 아니요 오직 내 안에 그리스도께서 사시는 것이라"(갈 2:20). 그러므로 다메섹에서 부르심을 받았을 때 바울은 '카이네 크티시스 엔 크리스토'(καινὴ κτίσις ἐν Χριστῷ 그리스도 안에서 새로운 피조물)가 되었다.[85]

만일 바울이 그리스도의 대표적 성격의 죽음(vs. 14f.)이나 '엔 크리스토'(ἐν Χριστῷ) 문형을 언급하는 것이 그가 다메섹의 부르심을 자신에 대한 하나님의 새 창조 행위로 생각하고 있다는 사실을 암시

---

[82] Cf. R. C. Tannehill, *Dying and Rising with Christ*(1967), p.66. 그는 14절에서 그리스도와 함께 죽음 주제의 상이한 형식을 발견한다; cf. 또한 Lietzmann-Kümmel, *Kor.*, p.126; Windisch, *2Kor.*, p.189.

[83] Cf. Lietzmann-Kümmel, *Kor.*, p.205; Wendland, *Kor.*, p.181; Windisch, *2Kor.*, p.189; Tannehill, op. cit., p.69.

[84] Stuchlmacher, 'καινὴ κτίσις', pp.27ff.; A. Satake, 'Apostolat und Gnade bei; Paulus,' *NTS* 15(1968/69), pp.96ff.를 참조하라. 이것의 중요성에 대해서는 본서 pp.110ff.를 참조하라.

[85] 바울에게 있어 καινὴ κτίσις는 '새 창조'에 해당하는 우주적이며 구속사적인 집합어이다(갈 6:15; cf. 고후 5:17b) (cf. Stuhlmacher, 'καινὴ κτίσις', p.20). 그러나 고린도후서 5:17에서는 인간론적이며 개인적인 차원('새로운 피조물')도 비록 전면에 부각되지는 않았지만, 암시되어 있다(개인화를 나타내는 τίς를 주목하라). Tannehill, op. cit., p.68; Baur-Arndt-Gingrich, s.v.1 b.

적으로 드러내는 것이라 한다면, 고린도후서 5:18ff.은 다메섹 도상에서 그에 대한 하나님의 새 창조 행위가 실제로 발생하였다는 것을 명백하게 설명하는 구절이라 할 수 있다. 고린도후서 5:18ff.를 시작하는 말인 '타 데 판타'(τὰ δὲ πάντα 모든 것)는 vs. 16f.에서 바울이 말하고 있는 근본적인 변화를 가리키는 것이므로, 여기서 바울은 자신이 어떻게 '카이네 크티시스'(καινὴ κτίσις 새로운 피조물)가 되었는지를 설명하고 있다는 것은 분명하다. 바울은 그를 자신과 화목케 하신 하나님으로 말미암아 '카이네 크티시스'(καινὴ κτίσις)가 되었다고 주장한다. 이 시점에서 바울은 신년이나 속죄일에 행해지던 사죄와 속죄를 새 창조('베리아 하다솨' בריאה חדשה)와 비교하는 랍비들의 사상을 염두에 두고 있다.[86] 그리스도로 말미암아 시작된 새 세대에 속하는 새로운 존재를 지칭한다는 점에서[87] 바울의 '카이네 크티시스'(καινὴ κτίσις)에 관한 종말론적인 개념은 주로 종교·윤리적인 영역에서의 변화를 가리키는 회화적 표현인[88] 랍비적 개념과 동일시할 수는 없을 것이다. 그러나 랍비적 '베리아 하다솨'(בריאה חדשה) 개념과 바울의 '카이네 크티시스'(καινὴ κτίσις) 개념 간의 차이는 단지 예수 그리스도 안에서 이룩된 사죄와 속죄가 유대교에서 반복되어 나타나는 종말론적 사건의 절정이라는 바울의 믿음의 자연스러운 결과에 불과하다.[89] 만일 속죄일이나 그 밖의 다른 날의 사죄와 속죄가 회화

---

86 Cf. Str.-Bill. ii, pp.421f.; iii, p.519; Moore i, pp.334f.; E. Sjöberg, 'Wiedergeburt und Neuschöpfung im palästinischen Judentum', StTh 3(1950/51) pp.45ff. 어떤 경우 신년 또는 속죄일과 전혀 관련이 없는 일반적인 사죄가 새 창조와 비교되기도 한다: 예컨대, Lev. R. 30:3(to 레 23:40); Midr. Ps. 18:6(Str. - Bill. iii. p.519). Sjöberg. op. cit., pp.58f., 67f. 참조.

87 Cf. Stuhlmacher, 'καινὴ κτίσις', pp.20ff.

88 Cf. Sjöberg, op. cit., pp.62ff.; Stuhlmacher, 'καινὴ κτίσις', p.22.

89 Cf. Midr. Ps. 102: 3(216a) in Str.-Bill. ii, p.422. 이런 이유 때문에 새 창조인 새 언약의 종말론적 공동체에 입문할 때 행하는 쿰란 공동체의 정결과 갱생 사상은 - 이에 대해서는 1QH 3:19-22; 1QH 11:10-14(cf. 또한 1QS 11:13f.)이 예시하는 것 같다 - 여기

적으로 새 창조로 묘사할 수 있는 새로워짐에 영향을 주었다면, 예수 그리스도 안에서 이룩된 사죄와 속죄는 종말론적이요, 그러므로 실제적이요, 새로운 창조에 영향을 준다. 이제 고린도후서 5:18의 화목이라는 주제는 다메섹 사건을 암시적으로 언급하고 있다는 점이 분명해졌다.[90] 그 순간까지 바울은 그리스도를 따르는 사람들의 원수로, 그러므로 그리스도의 원수요, 궁극적으로는 하나님의 원수로 행동했었다. 그러나 하나님께서는 은혜로 그의 죄를 사하시어 그를 자기와 화목케 하셨다(cf. 롬 5:10). 우리가 앞에서 살펴본 것처럼, 바울은 자신이 과거에 교회의 핍박자였음을 상기시키고 그의 소명에 대하여 '카리스'($\chi\acute{\alpha}\rho\iota\varsigma$ 은혜)라는 용어를 사용함으로써 바울에게 있어서 다메섹

> 서 랍비적 사상보다는 바울의 개념과 더 근접한 병행구를 제공한다(cf. Stuchlmacher, '$\kappa\alpha\iota\nu\grave{\eta}$ $\kappa\tau\acute{\iota}\sigma\iota\varsigma$', pp.12ff., 16, 20; Sjöberg, 'Neuschöpfung in den Toten-Meer-Rollen', *St Th* 9⟨1956⟩, pp.130ff.). 그러나 여기서 반드시 지적하고 넘어가야 할 것은, 위에 언급한 쿰란 본문들에는 '새 창조'라는 단어 자체는 등장하지 않는다는 사실이다. 슈툴마허는 바울이 로마서 3:24ff.에서 그리스도의 속죄 사역에 대한 바울 이전의 해석을 유대주의의 속죄일에 행한 속죄에 대한 종말론적 대형(antitype)으로 인정하고 있다고 주장한다('Zur neueren Exegese von Röm 3:24-26', *Jesus and Paulus*, Kümmel FS. pp.315ff.). 슈툴마허는 화목된 사람을 $\kappa\alpha\iota\nu\grave{\eta}$ $\kappa\tau\acute{\iota}\sigma\iota\varsigma$(고후 5:17)로 보는 바울의 사상이 이를 암시한다고 생각한다. 과연 바울이 로마서 3:24ff.에서 그리스도의 속죄 사역을 속죄일의 속죄에 대한 대형인지 아닌지는 그 본문의 $\iota\lambda\alpha\sigma\tau\acute{\eta}\rho\iota\text{o}\nu$이 כפרת을 언급하는지, 아니면 단순히 '화해의 수단'의 일반적인 의미만을 지니는지에 대한 질문에 달려 있다 하겠다. E. Lohse, *Märryrer und Gottesknecht*($^2$1963), pp.149ff.의 견해를 반대하면서 슈툴마허는 전자의 의미를 고집한다. 그러나 그는 모리스(L. Morris)가 더욱 진척시킨 후자의 의미를 인식하지 못한 듯하다(The Meaning of 'ILA$\Sigma$THPION in Romans III. 25' *NTS* 2⟨1955/56⟩, pp.33ff.). 그러나 우리는 로마서 3:24ff.를 해석함에 있어, 바울이 본문과 다른 곳에서 그리스도 안에 있는 속죄를 최종적인 것으로 제시하였다는 데 의심하지 않는다(예컨대, 롬 4:25-5:11; 고후 5:19). 바울이 고린도후서 5:17ff.에서 그리스도로 말미암아 하나님께서 화목케 하심으로 그가 $\kappa\alpha\iota\nu\grave{\eta}$ $\kappa\tau\acute{\iota}\sigma\iota\varsigma$가 되었다고 이야기할 때, 그는 특별히 속죄일의 사죄와 속죄를 염두에 둘 필요는 없었다. 앞서 살펴보았고(각주 86), lQH 3:19-22; 11:10-14에 암시되었던 것처럼, 유대주의에서는 속죄일의 제의 의식과 무관한 속죄와 사죄도 새 창조에 비교되었기 때문이다.

90 Cf. 쉴라터(Schlatter)는 본문 고린도후서 5:16ff.에서 바울이 자기 자신의 경험을 염두에 두고 있음을 강조한다(*Der Bote*, pp.565ff.).

사건은 사도직에로 부르심을 입었던 사건이었음과 아울러 자신에 대한 하나님의 용서하심의 의미를 가지는 사건이었음을 되풀이하여 설명한다. 또한 바울은 그가 그리스도의 현현에서 경험한 하나님의 소명을, 속죄일의 배경을 상기시키는(cf. 사 6:6f.〈또한(also v.4b)〉와 레 16:12f.) 제의적 배경에서, 이사야가 용서함과 속죄함('카파르' כפר) 을 받은 신의 현현(사 6장)[91] 중에 소명 받은 것에 비추어 해석한다고 주장하는 학자도 있다.

이렇게 하여, 다메섹 도상에서 하나님께서 바울을 자기와 화목케 하심으로써 바울은 '카이네 크티시스'(καινὴ κτίσις 새로운 피조물) 가 되었다. 바울은 유대적 관념으로 자기를 평가하며 자신들과 그리스도와의 관계를 자랑하면서 바울이 과거에 그리스도를 대적하였다고 비난하는 그의 적대자들에게 다음과 같이 응수한다. 육신적인 방법으로 예수를 판단했고 그를 쫓는 자들을 핍박하였던 바울이 이제는 그리스도 안에서 새로운 피조물이 되었다. 옛적의 모든 가치와 판단들 및 관계들은 없어져 버렸고 변화되었다.[92] 이러한 일은 하나님께서 바울을 자기와 화목케 하심으로써 일어났다. 그래서 더 이상 그리스도와 하나님의 원수로서의 바울의 과거에 대하여 논란할 이유가 없는 것이다. 하나님께서 바울을 자기와 화목케 하신 일도 이미 순전한 은혜의 행위이지만, 그 은혜는 거기에서 그치지 않았다.: 하나님께서는 바울을 자기와 화목케 하셨을 뿐만 아니라 그에게 화목케 하는 직책을 주시고 화목하게 하는 말씀을 부탁하셨다.[93] 이것이 바울의 변증

---

[91] 본서 pp.161ff. 고린도후서 5:17b는 이사야 42:9; 43:18f.; 48:6(cf. 또한 65:17; 66:22)의 '이전 것들'과 '새 것들'의 대조를 암시하고 있는 듯하다. 제2이사야가 'καινὴ κτίσις' 의 묵시적 개념의 본원지라는 견해에 대해서는 슈툴미히의 'καινὴ κτίσις'. pp.10ff.를 보라. 바울은 과연 고린도후서 5:16ff.에서 이사야의 소명과 자기 자신의 소명을 함께 생각하고 있는가?

[92] Cf. Barrett, *2Cor*, pp.174f.; Foester, κτίζω, κτλ, *TDNT* iii, p.1034.

[93] 19절의 καὶ; θέμενος ἐν ἡμῖν을 μὴ λογιζόμενος αὐτοῖς의 병행구로 취급해서는 안 될

적 논쟁의 절정이다.[94]

신약에서는 유독 바울만이 하나님과 사람의 관계를 설명하기 위하여 '카탈라세인'(καταλλάσσειν 화목케 하다) / '카탈라게'(καταλλαγή 화목)를 사용한다. 심지어 신약성경 밖에서도 이 용어가 종교적인 의미로 사용되는 경우가 드물었다. 헬라화 된 유대교 안에서 간헐적으

---

다. 둘 다 ἦν … καταλλάσσων의 종속구들이다. 그 이유는 이렇다: a) 시제의 변화가 구조에 맞지 않기 때문이며 (Büchsel, καταλλάσσω, TDNT i, p.257); b) ἦν θέμενος에 과거완료의 의미를 부가할 수 없기 때문이며(Barrett, 2Cor., p.178); 이보다 더 근본적인 것은 c) 바울의 설교 사역이 어떻게 하나님의 화목케 하시는 일인 그리스도의 죽으심과 부활과 동등한 위치에 놓여질 수 있을지 이해하기가 쉽지 않기 때문이다. 'Die Predigt gehört selbst mit zum Heilsgeschehen'(Bultmann, 'Jesus und Paulus'. Exegetica, p.228j cf. 또한 p.132). 즉 설교는 개인들이 하나님의 객관적인 화목 사역을 인지하게 되고 그것을 소유하는 수단이 되는 한에 있어서 '구원 사건에 속한다.' 그러므로 그리스도 안에서 이룩하신 하나님의 객관적인 화목 사역과 불트만이 주장하는 대로의 설교간의 구별을 모호하게 하는 것은 잘못이다(cf. Barrett, 2Cor., p.178). 그래서 뷔셸(Büchsel)은 θέμενος를 직설법 동사와 더불어 시작된 구문의 계속을 나타내는 분사의 한 예로 취할 것을 제안한다(op. cit.; cf. B-D, ~468.1). 과연 καὶ θέμενος ἐν ἡμῖν을 18절의 δόντος ἡμῶν의 병행구로 취해야 한다고 할 수 있을까? 만일 그렇다면, 19절 ab의 ὡς ὅτι … τὰ παραπτώματα αὐτῶν은 διακονία τῆς καταλλαγῆς의 근거를 설명하는 괄호에 해당될 것이다 ὡς ὅτι에 대해서는 B-D, §396; Moulton i, p.212; 그리고 Plummer(p.183), Windisch(p.191), Barrett(pp.176f.) 주석들을 보라. 쉴라터 (Schlatter, Der Bote, p.566)에 따르면 바울이 19절의 문장을 ὡς로 시작한 것은 그가 자기 자신의 경험과 하나님께서 세상에 대하여 행하신 일을 비교하기 때문이라고 한다. 그러나 분사만으로는 후자가 전자의 근거라는 두 구문의 관계를 적절하게 표현하지 못하기 때문에 바울은 ὡς에 ὅτι를 첨가한다. 이것이 만일 옳다면, 이것은 ὡς ὅτι … τὰ παραπτώματα αὐτῶν이 괄호에 해당한다는 견해를 지지하는 것이다. 소유격 θεμένου 대신에 주격 θέμενος가 등장한 것은 19절의 λογιζόμενος, δόντος 그리고 καταλλάξαντος 또는 θεός 등의 어미 -ος의 영향 때문에 그랬을 것이다(브루스 박사는 필자에게 후자가 보다 개연성 있다고 말한 적이 있다).

94 Cf. Plummer, 2Cor., p.182. 바렛은 이러한 맥락을 보지 못하여, 18절 이하의 말씀에서 '바울에게 사도직을 주셨다는 주제를 더 직접적으로 다루기 위하여' 바울의 회심을 논하며(2Cor., p.175), Lietzman-Kümmel은 18, 19절에는 '인식할 수 있는 생각의 진보나 분명한 관계'가 없다고 주장한다(Kor. p.126). Güttgemanns, Apostel, pp.312ff.에는 18절 이하와 앞 절들 간의 관계에 대하여 주석가마다 생각이 다양함은 물론 명쾌한 설명조차 못하고 있다는 사실이 언급되어 있다. 그러나 굇게만 자신의 설명조차 납득하기 어렵다.

로나마 이 단어가 사용되었고 랍비적 유대교 안에서 이 단어에 대한 히브리어와 아람어의 상응어(רִצָּה / רָצִי 와 פַּיֵּס / פִּיֵּס)가 쓰이기는 했지만 그 말에 일관되게 사랑의 기도, 고백 또는 제사에 의하여 사람 편에서 하나님께 화해 또는 화목하는 것을 의미하였다.[95] 그러나 바울에게 있어 이는 사람과 화목되신 분이 하나님이 아니라, 사람이 하나님과 화목케 된 것이다. 그리스도의 죽음이 속죄의 제사였고, 속죄의 수단으로 그것을 마련하신 분이 하나님이셨다는 사상은 확실히 바울 이전의 사상이었다(고전 11:25ff.; 15:3; cf. 또한 롬 3:24ff.).[96] 그러므로 바울의 화목 교리를 작성할 자료는 기존해 있었던 것이다. 그러나 종교사(Religionsgeschichte) 안에서 하나님께서 패역한 인류를 자기에게 화목케 하셨다는 중대한 의미로서 신학 용어인 '카탈라세인'(καταλλάσσειν) / '카탈라게'(καταλλαγή)를 처음으로 사용한 사람은 바울이었다. 그리고 그는 자기가 하나님의 원수로 행하고 있을 때 하나님과 화목된 다메섹 도상에서의 그의 경험을 바탕으로 하여 이것을 사용하였다(cf. 롬 5:10).[97]

---

[95] Cf. Büchsel, op. cit., p.254; H. Vorländer, 'Versöhnung', *Theologisches Begriffslexikon zum NT* ii/2(1971), pp.1309ff.; Str.-Bill. iii. pp.519f.; L. Morris, *The Apostolic Preaching of the Cross*(³1965), pp.215ff.

[96] 로마서 3:25에 바울 이전 자료를 인용한 것이라는 사실은 널리 인정되고 있다. Bultmann, *Theology of the NT* i(1965), p.46; E. Käsemann, 'Zum Verständnis von Röm 3:24-26', *ZNW* 43(1950/51), pp.150ff.; *An die Römer*(²1974), pp.88f.; Lohse, *Märtyrer*, pp.149ff.; Stuchlmacher, 'Zur neueren Exegese von Röm 3:24-26', pp.3 15ff. 참조. 이 견해와 반대되는 것으로는 C.E.B. Cranfield, *The Epistle to the Romans*; (1975), pp.200f.(n. 1)를 보라.

[97] 이 견해는, '화목' 주제가 헬라 공동체의 송영에 기인한 것이고 고린도후서 5:19-21이 'ein vorpaulinisches Hymnenstück'라는 케제만의 견해('Erwägungen zum Stichwort "Versöhnungslehre im NT"', *Zeit and Geschichte*, Bultmann FS, ed. E. Dinkler〈1964〉, 99. 48-50) 및 전체적으로는 케제만의 견해를 거부하면서도 여전히 19절을 'ein(hellenistisches) Zitat'로 취하는 슈툴마허의 견해(*Gerechtigkeit Gottes bei Paulus* 〈1966〉, pp.77f.)와 상반된다. 슈툴마허가 다른 구절들을 바울 것으로 취하는 이유는 타당하지만 19절을 인용구로 생각하는 케제만의 주장을 수용한 것은 유감이다: a)

⑥ 바울이 그의 소명에 대하여 말하는 그 다음 본문으로는 에베소서 3:1-13을 들 수 있다.[98] 이 부분은 바울이 그가 어떻게 이방인을 위한 그리스도의 종이 되었는지를 설명하는 보록(補錄)이다. 그는 독자들이 그의 사도적 임무와 그가 계시로 받은 복음에 대하여 이미 들었을 것이라고 전제한다(εἴ γε ἠκούσατε… 2f.). 2, 3절의 일반적인 의미는 명약관화하지만 2절의 '오이코노미아'(οἰκονομία 경륜)의 정확한 의미는 당혹할 만큼 의견이 분분한 상태이다. 미턴(C. L. Mitton)은 골로새서 1:25에서 그것은 바울의 '임무'(assignment/개역한글에는 '경륜'이라 번역됨)를 의미하는 데 반해 에베소서 3:2에서는 그것이 '하나님의 계획된 경륜' 또는 '전략'의 의미를 지닌다고 주장한다.[99] 그는 이러한 골로새서와 에베소서 간의 '오이코노미아'(οἰκονομία) 의미의

---

ὡς ὅτι가 Einleitungsformel인지는 불확실하다. (본장의 각주 93)에 인용된 참고문헌을 보라; 슈툴마허 자신은 고린도후서 11:21의 ὡς ὅτι는 Einleitungsformel이라고 말한다.; b) 분사가 있다고 해서 반드시 그것이 예전적인 문체라고 할 필요는 없다(cf. 18절).; c) 바울은 로마서 5:16에서도 복수형 παραπτώματα를 사용한다.; 그리고 d) 19절의 세상을 화목하게 한다는 보편사상은 18절의 우리를 화목케 하셨다는 사실과 잘 부합된다. 전자는 후자의 근거이다(cf. Windisch, 2Kor., p.191). 그리스도 안에서 세상을 화목케 하시는 하나님의 객관적인 사역은 개인을 하나님에게 화목하게 하시는 것의 근거이다. 즉, 개인이 하나님께서 온 세상을 위하여 행하신 화목을 자기 것으로 삼을 때 개인의 화목이 이루어진다. 그래서 바울은 세상을 화목케 하시는 하나님의 사역을 근거로(19절) 개인들에게 하나님과 화목하라고 호소한다(20절). cf. Kasting, Anfänge, p.141; Lohse, Märtyrer, pp.159ff.; Büchsel, op, cit., pp.256f. 반면 19절에는 적극적으로 두 개의 독특한 바울적인 요소들인 καταλλάσσειν과 λογίζεσθαι가 보인다 (cf. Heidland, λογίζομαι TDNT iv, pp.286-292). 케제만의 견해에 대한 비평을 보려면 Kasting, Anfänge, p.141(n.49)을 참조하라.

**98** 에베소서의 바울 저작성에 대한 반론들이 집약된 W. G. Kümmel, *Introduction to the NT*([2]1977), pp.357-363과 근래의 바울 저작성 옹호를 주창하는 M. Barth, *Ephesians*(1974). pp.3-50; A. van Roon, *The Authenticity of Ephesians*(1974)를 보라.

**99** C. L. Mitton, *The Epistle to the Ephesians*(1951), pp.92ff.; cf. 또한 E. Lohse, *Die Briefe an die Kolosser und an Philemon*([14]1968), p.117; H. Merklein, *Das kirchliche Amt nach dem Epheserbrief*(1973), p.174.

차이를 들어 에베소서는 비(非)바울 서신이라는 결론을 내린다.[100] 혹자는 비록 에베소서 1:10과 3:9에서 '오이코노미아'(οἰκονομία)가 하나님의 구원 계획을 의미하기는 하지만, 에베소서 3:2의 '오이코노미아'(οἰκονομία)는 골로새서 1:25에서와 마찬가지로 바울의 사도직을 의미한다고 생각한다.[101] 그러나 로이만(J. Reumann)은 골로새서 1:25에서 그 단어는 우선적으로 하나님의 계획 또는 경영을, 그리고 부차적으로 바울의 사도직을 의미한다고 주장한다.[102] 그는 '오이코노미아'(οἰκονομία)가 에베소서 1:9; 3:2, 9에서는 단순히 하나님의 '경영'의 의미로 사용되었고, 에베소서 3:2, 9에서는 골로새서 1:25에서와 마찬가지로 그것을 알게 할 목적으로 사도인 바울에게 주신 신적 경영의 역할이 암시되어 있다고 주장한다.[103] 쉴리어는 에베소서의 세

---

**100** Mitton, op. cit., p.245; 또한 Kümmel, *Introduction*, p.360.

**101** O. Michel, *οἰκονομία*, *TDNT* v. p.152; M. Dibelius & H. Greeven, *An die Kolosser, Epheser, An Philemon*(³1953), p.73; J. Roloff, *Apostolat-Verkundigung-Kirche*(1965), p.113.

**102** J. Reumann, '*οἰκονομία* -Terms', p.163. 골로새서 1:25의 *οἰκονομία*에 '하나님의 계획 또는 경륜의 뉘앙스'가 있다는 견해를 지지하는 이유를 로이만(Reumann)은 세 가지로 제시한다.: a) 헬라 세계에서는 *οἰκονομία τοῦ θεοῦ* 문구가 우주에 대한 하나님의 경영을 의미하였다는 것; b) *τοῦ θεοῦ*가 주체의 소유격이라는 것; c) 전치사 κτά는 '직책보다는 계획을 암시한다'는 것 등. 로흐마이어(E. Lohmeyer) 역시 전치사 κτά에 근거하여 *οἰκονομία*는 'Amt' 보다는 'Ratschluß Gottes', 'Heilsplan Gottes'를 의미한다고 주장한다(*Die Briefe an die Philipper, an die Kolosser und an Philemon*⟨1964⟩, p.80). 그러나 로이만은 분사구문 τὴν δοθεῖσάν μοι는 만일 단지 부차적으로라면, 여기서 '직분' 의미도 요구한다는 데 동의하는 것 같으며 본절에 대한 마손(Masson)의 번역을 받아들인다.: '너희를 위하여 나에게 주신 하나님의 계획, 곧 그 실행[경륜]에 따라'(*L' Epitre de Saint Paul aux Colossiens*.⟨1950⟩, pp.111f.). Cf. J. T. Sanders, 'Hymnic Elements in Eph. 1-3', *ZNW* 56(1965), pp.230f.; C. F. D. Moule, *The Epistles of Paul the Apostle to the Colossians and to Philemon*(1957), p.80; 심지어 미헬(Michel)조차 골로새서 1:25과 에베소서 3:2에는 '*οἰκονομία*가 직분을 의미하는지 아니면 하나님의 구원 계획을 의미하는지 의심할 만한 여지가 있다: 이 둘은 옥중 서신에서 밀접하게 연결되어 있다'고 말할 정도이다(op. cit., p.153).

**103** Reumann, op. cit., p.164f.

구절 모두에서 '오이코노미아'(οἰκονομία)는 하나님의 '하일즈베어안 쉬탈퉁'(Heilsveranstaltung 구원실행), 다시 말해서 하나님의 '하일즈플란'(Heilsplan 구원계획)이 아니라 '하나님의 정책 실행'을 의미한다고 생각한다.[104] 쉴리어는 에베소서 3:2의 '카리스'(χάρις)를 사도직의 은혜(롬 1:5; 12:3; 15:15; 고전 3:10; 갈 2:9에서처럼)[105]로, 그리고 소유격 '테스 카리토스'(τῆς χάριτος)를 대상의 소유격[106] 또는 설명적 소유격으로 해석하면서 에베소서 3:2의 의미를 다음과 같이 설명한다: "바울이 편지를 쓰고 있는 대상인 이방인 그리스도인들은 사도직과 함께 바울에게 주신 은혜와 관련된 하나님의 경륜에 대하여 들었다. 하나님의 경륜은 이 은혜를 바울에게 주신 것과 바울이 그것을 전한 것으로 이루어진다."[107]

로마서 12:3; 15:15; 고린도전서 3:10; 갈라디아서 2:9에서처럼 에베소서 3:2, 7, 8에서 '카리스'(χάρις)+'디도미'(δίδωμι)의 부정 과거분사형+'모이'(μοι) 형식은 바울을 사도로 부르신 하나님의 부름을 나타낸다. 이러한 부름에는 두 가지 측면, 즉 복음 계시의 측면과 그것을 선포하라는 임무의 측면이 있다(cf. 갈 1:15f.). 에베소서 3:3-6은 전자, 에베소서 3:7ff.는 후자의 의미를 지닌다.

3절의 '호티'(ὅτι)는 2절의 설명을 소개한다.[108] 바울을 사도로 부르신 하나님의 '오이코노미아'(οἰκονομία)는 비밀이 바울에게 계시되었

---

104 H. Schlier, *Der Brief an die Epheser*(⁷1971), p.148. 그와 유사한 견해는 M. Barth, *Eph.*, pp.86ff., 328f

105 본서 pp. 46ff., 488ff.

106 T. K. Abbott, *The Epistles to the Ephesians and to the Colossians*(1897), p.79; M. Barth, *Eph.*, p.328.

107 Schlier, *Eph.*, p.148. 쉴리어는 이렇게 해석함으로써 에베소서 3:2에서 하나님의 경륜과 그 안에 있는 바울의 역할을 찾는 로이만과 의견을 같이한다. cf. M. Barth, *Eph.*, pp.358f.

108 Abbott, *Eph.*, p.79; Schlier, *Eph.*, p.148.

을 때 발생했다. 그 비밀은 '투 크리스투'(τοῦ Χριστοῦ 그리스도의) 비밀이다(4절). 이 비밀은 6절에서 더욱 자세히 정의된다.[109] "이는 이 방인들이 복음으로 말미암아 그리스도 예수 안에서 함께 상속자가 되고 함께 지체가 되고 함께 약속에 참여하는 자가 됨이라." 미턴은 에베소서 3장의 '무스테리온'(μυστήριον 비밀)은 골로새서 1:26f.의 그것과 전혀 다른 의미를 지닌다고 주장하였다.[110] 그러나 그는 두 가지 사실을 간과하였다: a) 골로새서 1:27과 에베소서 3:4에서 '무스테리온'(μυστήριον)은 한결같이 그리스도와 동일시되든지(만일 4절의 '투 크리스투'[τοῦ Χριστοῦ]가 동격의 소유격이라면),[111] 아니면 적어도 그리스도와 관련이 있다(만일 4절의 '투 크리스투'[τοῦ Χριστοῦ]가 대상의 소유격이라면).[112] 그리고 b) 골로새서 1:27에서 '무스테리온'(μυστήριον)은 단순히 그리스도 또는 '유대인이든 이방인이든 상관없이 그의 백성 안에 거하시는 그리스도의 내주'[113] 뿐만 아니라 '열국 가운데 전파되는 그리스도'를 가리키기도 한다.[114] '무스테리

---

109 부정사 εἶναι는 설명적 부정사이다. Abbott, *Eph.*, p.83; Schlier, *Eph.*, p.151; cf. 또한 M. Barth, *Eph.*, p.336.

110 C. L. Mitton, *Epistle*, p.89; cf. 또한 Kümmel, *Introduction*, pp.359f.

111 Schlier, *Eph.*, p.149; M. Barth, *Eph.*, p.331. 미턴은 골로새서 4:3의 (τὸ μυστήριον) τοῦ Χριστοῦ를 동격의 소유격으로 취한다(*Epistle*, p.89). 그러나 그는 에베소서 3:4의 동일한 문구를 고려하지 않고 단지 에베소서 3:6과 1:9에 근거하여, 골로새서에서는 μυστήριον이 그리스도와 동등시된 반면 에베소서에서는 그렇지 않다고 결론을 내린다.

112 Abbott, op. cit., p.80.

113 E. F. Scott, *The Epistles of Paul to the Colossians, to Philemon and to the Ephesians*($^9$1958), p.34. 미턴은 스콧(Scott)의 견해에 찬성하며 인용한다(*Epistle*, p.98).

114 E. Lohse, *Kol.*, p.121 (강조는 필자의 것). ἐν ὑμῖν을 '너희 안에'로 번역해야 할지 아니면 '너희 가운데'로 번역해야 할지의 문제는 여기서 지적한 문제의 핵심에는 영향을 끼치지 않는다. 하지만 후자가 더 나은 번역이라고 생각된다. Lohse, *Kol.*, pp.121f. 참조.

온'($\mu\nu\sigma\tau\eta\rho\iota o\nu$)은 '그리스도 안에서 행하시는 하나님의 종말론적 구속 행위'[115] 뿐만 아니라 그 은혜의 수혜자들 가운데 이방인들을 포함하는 구원 행위이기도 하다.[116] 그러므로 골로새서 1:26f.과 에베소서 3:4, 6의 '무스테리온'($\mu\nu\sigma\tau\eta\rho\iota o\nu$)에는 기독론적 측면과 구속사적 또는 교회론적 측면이 있다.[117] 두 서신서에서 그 단어 사용의 차이는 강조점의 차이인 것이다. 즉, 골로새서 1:26에서는 기독론적 측면이 강조된 반면 에베소서 3장에서는 구속사적 또는 교회론적 측면이 전면에 부각된다.[118]

메클라인(H. Merklein)은 에베소서 3장의 '무스테리온'($\mu\nu\sigma\tau\eta\rho\iota o\nu$ 비밀)이 갈라디아서 1:12, 15f.의 '유앙겔리온'($\epsilon\dot{\nu}\alpha\gamma\gamma\dot{\epsilon}\lambda\iota o\nu$ 복음)에 해당된다는 사실을 규명한다.[119] 바울이 갈라디아서 1:12에서 그가 '디 아포칼뤼푸세오스 예수 크리스투'($\delta\iota$ $\dot{\alpha}\pi o\kappa\alpha\lambda\dot{\nu}\psi\epsilon\omega\varsigma$ $'I\eta\sigma o\hat{\nu}$ $X\rho\iota\sigma\tau o\hat{\nu}$ 예수 그리스도의 계시로 말미암아) 복음을 받았다고 말한 것처럼 에베소서 3:3에서는 그 '무스테리온'($\mu\nu\sigma\tau\eta\rho\iota o\nu$ 비밀)이 '카타 아포칼뤼푸신'($\kappa\alpha\tau\dot{\alpha}$ $\dot{\alpha}\pi o\kappa\dot{\alpha}\lambda\nu\psi\iota\nu$ 계시로) 그에게 알려졌다고 주장한다.[120] 갈라디아서 1:12, 15f.에서 복음의 내용이 그리스도인 것처럼 에베소서

---

115 Kümmel, Introduction, p.359.
116 Cf. E. Schweizer, 'The Church as the Missionary Body of Christ', Neotestamentica(1963), p.327: '복음을 세상에 전파하는 것, 그리스도를 이방인들 가운데 전파하는 것은 수세기 동안 감추어졌던 비밀인데 이제 계시되었다. 그것은 하나님의 구원 계획의 종말론적 성취이다(1:26f.).'
117 Cf. Moule, Col., p.82f.; F. F. Bruce, The Epistle to the Colossians(1957), pp.218f.; M. Barth, Eph., p.331; Merklein, op. cit., p. 209.
118 Cf. Bruce, Col., pp.218f.; Merklein, op. cit., p.209; G. Bornkamm, $\mu\nu\sigma\tau\eta\rho\iota o\nu$ TDNT iv, p.820.
119 Merklein, op. cit., pp.193-209, 특히 208f.; cf. 또한 Dibelius-Greeven, Eph., p.74.
120 Merklein, op. cit., pp.196-199. 그러나 메클라인(Merklein)은 갈라디아서 1:12, 15f.와 에베소서 3장의 강조의 차이는 각 구절의 각기 다른 형식에 반영되었음을 주시한다.

3:4에서 비밀의 내용이 그리스도이다.[121] 그러나 에베소서 3:6에서 '무스테리온'(μυστήριον)을 정의하는 중에 그 강조점이 구속사와 교회론적 특성으로 옮아간다. 그렇다고 해서 갈라디아서 1:12, 15f.의 기독론적으로 정의된 복음과 에베소서 3:6의 교회론적 '비밀' 사이에 어떤 모순이 있는 것은 아니다. 오히려 논리적인 연관이 있다.[122] 갈라디아서 1:15f.에는 하나님께서 그의 아들을 바울에게 계시함으로 바울은 이방인 가운데 그리스도를 복음의 내용이라고 선포할 수 있었다고 기록되어 있다. 그리스도 안에서 행하신 하나님의 구원 행위의 여러 혜택들 안에 이방인들이 포함된 것은 하나님의 그리스도 계시의 내용의 일부분이든지 그렇지 않으면 적어도 그 총체적인 결과였다는 의미이다.[123] 반면 에베소서 3:6은 이 부분을 계시된 비밀의 내용으로 강조하고 있다.[124] 메클라인은 골로새서 1:26f.은 '무스테리온'(μυστήριον)이라는 용어를 사용하고 그것을 '이방인 가운데 전파된 그리스도'로 정의함으로써, 갈라디아서 1장의 그리스도의 계시를 에베소서 3:6에서 교회론적으로 해석하게 하는 '촉매'의 역할을 하게 되었다고 생각한다.[125] '촉매'라는 비유가 썩 내키지 않는 표현이기는 하지만 계시의 기독론적 정의에서 교회론적 정의로 그 강조점을 옮김에 있어 갈라디아서 1장부터 에베소서 3장까지 발전 단계-이 발전 단계는 골로새서 1:26f.을 통과해 지나간다-를 보았다는 점에서 그 비유는 적절하다는

---

**121** 메클라인이 이 점을 지적하지는 않았다.
**122** Ibid., p.208. 반대 의견. K. M. Fischer, *Tendenz und Absicht des Epheserbriefes*(1973), p.99.
**123** L. Cerfaux, *The Church in the Theology of St. Paul*(1959), p.176.
**124** Merklein, op. cit., p.208: "엡 3:6에 있어서 비밀의 내용은 예수 그리스도의 계시(갈 1장)를 그것의 구원사적 결과를 염두에 두고 교회론적으로 해석할 것이다. 저자가 예수 그리스도의 ἀποκάλυψις의 구원사적 결과를 ἀποκάλυψις의 대상 자체로 삼음으로써 그의 비밀은 교회론적 내용을 갖게 되는 것이다."
**125** Ibid., pp.208f.

생각이 든다.[126]

하나님의 '오이코노미아'(οἰκονομία 경륜) 속에는 바울에게 계시된 복음과 비밀 이외에 그를 복음의 일꾼 삼는 것도 포함되어 있다(7절).[127] 바울이 복음의 일꾼 되었다는 주장은 그가 그의 사도직으로의 부름의 의의를 복음 전파 사명으로 해석하는 로마서 1:1을 연상하게 한다.[128] 바울이 에베소서 3:8에서 자기 자신에 대하여 '모든 성도 중에 지극히 작은 자보다 더 작은 나에게'(Ἐμοὶ τῷ ἐλαχιστοτέρῳ πάντων ἁγίων)라고 묘사한 것은 고린도전서 15:9의 '사도 중에 지극히 작은 자'(ὁ ἐλάχιστος τῶν ἀποστόλων)를 생각나게 하는데, 그의 소명 이전 그의 과거를 그리스도의 교회를 핍박하던 자로 예시하는 것이다.[129] 하나님께서는 바울을 이방인을 위한 사도로 부르셨다(3절): 하나님께서 바울을 부르신 것은 이방인에게 복음을 전하게 하여(8절) 그의 선

---

[126] 갈라디아서 1장에서 골로새서 1:25ff.를 거쳐 에베소서 3장에 이르는 또 다른 발전 단계도 있을 수 있다: 갈라디아서 1장은 복음에 대하여 논하며 - 골로새서 1:25ff. 은 복음과 비밀에 대하여 말하면서 그것을 규정지으며 - 에베소서 3장은 (갈라디아서 1장의 복음 대신) 비밀에 대해서만 논한다는 것이다. 바울은 에베소서 3:1-13에서 이방인들이 그리스도 안에 있는 하나님의 구원에 참여한다는 비밀이 그에게 계시되었고 은혜로 말미암아 그가 이방인의 사도로 부름을 받았다는 사실을 강조한다. 이것은 갈라디아서 1, 2장과 같은 바울 본문들과 잘 부합된다. 그러나 또한 바울은 그 비밀이 τοῖς ἁγίοις ἀποστόλοις αὐτοῦ καὶ προφήταις ἐν πνεύματι 계시되었다고 말하고 있어 문제가 야기된다. 다른 사도들로부터 인정된 그의 εὐαγγέλιον τῆς ἀκροβυστίας를 얻는 데 많은 수고를 하였던 바울이(갈 1-2장) 과연 그것이 몸인 '사도와 선지자들에게' 계시되었다고 말할 수 있었을까? 그가 계시로 말미암아 복음을 받았다는 바울의 강조로 미루어 볼 때, 5절에서 바울은 사도들이 그의 복음을 나중에 받아들였음을 지적하고 있다고 할 수 있다(cf. Abbott, *Eph.*, pp.82f.).

[127] 7절은 2절을 받아 바울이 사도로 부름 받은 사건의 이면(異面), 즉 복음을 전하라는 실제적인 사명을 설명하기 시작한다.

[128] Cf, Lohse, *Kol.*, pp.110f.

[129] 고린도전서 15:9과 비교하여 에베소서 3:8에 자기 비하가 강조된 것을 종종 바울의 회심 전을 보다 더 어둡게 색칠하려는 신 바울적 경향을 암시하는 것으로 보기도 한다(cf. 딤전 1:15). Fischer, op. cit., pp.95ff.가 그렇다. 그러나 cf. Abbott, *Eph.*, p.86; Schlier, *Eph.*, p.152; M. Barth, *Eph.*, p.340.

포를 통하여 이방인들이 그리스도 안에 있는 구원에 참여하는 자가 되도록 하는 데 있다(6, 7절). 그리고 이를 위해 바울은 하나님의 비밀의 경영(경륜)을 비추라는 사명을 받은 것이다(9절).[130]

마지막으로, 바울이 받은 '카리스'($\chi\acute{\alpha}\rho\iota\varsigma$ 은혜, 2, 7, 8절)와 3절의 '에그노리스데'($\acute{\epsilon}\gamma\nu\omega\rho\acute{\iota}\sigma\theta\eta$ 알게 하셨다)와 관련된 '디도미'($\delta\acute{\iota}\delta\omega\mu\iota$ 주다)의 부정 과거형들로 미루어 바울은 비밀의 계시와 소명을 다메섹 사건으로 돌리고 있다고 첨언할 수 있을 것이다.

[7] 에베소서 3:1-23을 주해하는 과정에서 병행구인 골로새서 1:23c-29는 끊임없는 논쟁의 대상이 되어 왔다.[131] 이것은 바울이 골로새서 1:23c-29에서도 그의 사도적 사명을 이야기하고 있다는 의미이다.[132] 첫째로 바울은 에베소서 3:7에서처럼 그가 복음의 일꾼 되었다고 말한다(23절c). 그것과 관련하여 그는 교회의 일꾼도 되었다(25절). 바울이 이렇게 된 것은 이방을 위하여 그에게 '주신 하나님의 계획, 곧 그 실행(경륜)에 따라' 된 것이다.[133] 하나님께서 바울을 세우시고 그에게 사명을 맡기신 목적은 '바울로 하여금 복음 전파를 이루려 하는 데' 있다.[134] 하나님의 말씀 곧 복음은 '무스테리온'($\mu\upsilon\sigma\tau\acute{\eta}\rho\iota\sigma\nu$)과 동일하며 '무스테리온'($\mu\upsilon\sigma\tau\acute{\eta}\rho\iota\sigma\nu$)은 '크리스토스 엔 휘민'($X\rho\iota\sigma\tau\acute{\sigma}\varsigma\ \acute{\epsilon}\nu\ \acute{\upsilon}\mu\hat{\iota}\nu$ 너희 안에 계신 그리스도)과 동일하다. 이 말의 의미는 앞에서 에베소서 3장과 관련하여 이미 살펴보았다. 바울이 모든 사람들에게 전파한 분은 그리스도이다(28절 cf. 갈 1:16).

[8] 다메섹 도상에서 바울을 사도로 부른 부르심을 지칭하는 일련

---

**130** $\phi\omega\tau\acute{\iota}\sigma\alpha\iota$ 다음에 $\pi\acute{\alpha}\nu\tau\alpha\varsigma$가 생략된 독본을 취함(א*, A, 1739, etc.).
**131** 골로새서 1:23-27과 에베소서 3:1-7 간의 비교에 대해서는 Merklein, op. cit., pp.159f.를 보라.
**132** Lohse, *Kol.*, p.111에는 골로새서 1:24-2:5 문단의 제목이 "사도의 직분과 위임"이라고 붙여져 있다.
**133** 본장 각주 102.
**134** Abbott, *Eph.*, p.233.

의 부정 과거형 동사들이 있다. 다메섹 도상에서 하나님께서 그에게 사도적 사명을 주신 것을 묘사하기 위하여 바울이 사용한 '카리스'($\chi\acute{\alpha}\rho\iota\varsigma$)+동사 '디도미'($\delta\acute{\iota}\delta\omega\mu\iota$)의 부정 과거수동태형+'모이'($\mu o\iota$) 형식[135]을 우리는 이미 로마서 12:3; 15:15; 고린도전서 3:10; 갈라디아서 2:9; 에베소서 3:2, 7, 8 등에서 살펴보았다. 에베소서 3장에서처럼 로마서 15:15f.에서도 바울은 그가 은혜로 받은 사도의 사명의 목적을 설명하기 위하여 그 형식을 확대한다: "하나님께서 내게 주신 은혜로 말미암아 더욱 담대히 대략 너희에게 썼노니 이 은혜는 곧 나로 이방인을 위하여 그리스도 예수의 일꾼이 되어 하나님의 복음의 제사장 직분을 하게 하사 이방인을 제물로 드리는 것이 성령 안에서 거룩하게 되어 받으실 만하게 하려 하심이라." 로마서 1:5에 그 형식의 변화가 보인다. 여기서도 바울이 사도의 사명을 받은 어떤 특정한 시점을 지시하면서 동사 '람바노'($\lambda\alpha\mu\beta\acute{\alpha}\nu\omega$)가 부정 과거형[136]으로 되어 있다.[137] 바울은 로마서 1:5에서 '카리스'($\chi\acute{\alpha}\rho\iota\varsigma$ 은혜)에 '아포스톨래'($\acute{\alpha}\pi o\sigma\tau o\lambda\acute{\eta}$ 사도적 직분)를 첨가함으로써-물론 이것은 중언법이다.[138] - 그 '카리스'($\chi\acute{\alpha}\rho\iota\varsigma$)가 사도 직분의 '카리스'($\chi\acute{\alpha}\rho\iota\varsigma$)라는 것을 분명히 시사한다. 본문에 나와 있는 바울의 사도적 사명의 목적에 대한 주장에도 다음의 사실이 따른다: 예수 그리스도의 이름을 위하여 모든 이방인 중에서 믿어[139] 순종케 하기 위하여 그가 사도 직분

---

**135** Cf. O. Michel, *Römer*, pp.296, 364; Käsemann, *Römer*, pp.317, 374.

**136** 복수형 $\dot{\epsilon}\lambda\acute{\alpha}\beta o\mu\epsilon\nu$은 종종 바울 서신에서 그러하듯이 문학적 (기교의) 복수이다. Michel, *Römer*, p.40; Käsemann, *Römer*, p.11.

**137** Cf. Michel, *Römer*, p.40.

**138** B-D, §442.16; Bruce, *Romans*, p.74; Käsemann, *Römer*, p.12; cf. 또한 Michel, *Römer*, pp. 40f.

**139** $\pi\acute{\iota}\sigma\tau\epsilon\omega\varsigma$를 동격의 소유격으로 취함. Bultmann, *Theology* i, p.314; J. Murray, *The Epistle to the Romans*(1970), p.13; Käsemann, *Römer*, p.12. 그러나 cf. Michel, *Römer*, p.41; Bruce, *Romans*, p.74.

을 받았다는 것이다. 바울이 그의 사도 직분을 가리키기 위하여 '카리스'($\chi\acute{\alpha}\rho\iota\varsigma$)를 사용한다는 사실은 그가 사도로의 부르심을 교회의 핍박자였던[140] 자기에게 향하신 하나님의 순전한 은혜의 행위로 인식했음을 보여 준다. 동일한 사상이 이미 앞서 살펴보았던 두 본문에도 나타나 있다: '우리가 이 직분을 받아 긍휼하심을 입은 대로'($\check{\epsilon}\chi o\nu\tau\epsilon\varsigma$ $\tau\grave{\eta}\nu$ $\delta\iota\alpha\kappa o\nu\acute{\iota}\alpha\nu$ $\tau\alpha\acute{\upsilon}\tau\eta\nu$ $\kappa\alpha\theta\grave{\omega}\varsigma$ $\mathring{\eta}\lambda\epsilon\acute{\eta}\theta\eta\mu\epsilon\nu\cdots$ ; 고후 4:1)[141] 그리고 '(우리의 만족은 오직 하나님으로부터 나느니라) 그가 또한 우리를 새 언약의 일꾼 되기에 만족하게 하셨으니…'($\grave{\alpha}\lambda\lambda$' $\mathring{\eta}$ $\acute{\iota}\kappa\alpha\nu\acute{o}\tau\eta\varsigma$ $\mathring{\eta}\mu\hat{\omega}\nu$ $\acute{\epsilon}\kappa$ $\tau o\hat{\upsilon}$ $\theta\epsilon o\hat{\upsilon}$) $\ddot{o}\varsigma$ $\kappa\alpha\grave{\iota}$ $\acute{\iota}\kappa\acute{\alpha}\nu\omega\sigma\epsilon\nu$ $\mathring{\eta}\mu\hat{\alpha}\varsigma$ $\delta\iota\alpha\kappa\acute{o}\nu o\upsilon\varsigma$ $\kappa\alpha\iota\nu\hat{\eta}\varsigma$ $\delta\iota\alpha\theta\acute{\eta}\kappa\eta\varsigma\cdots$; 고후 3:6). 그리고 앞에서 살펴보았듯이 이 본문의 배경은 고린도후서 5:18이다: '모든 것이 하나님께로 났으며 그가 그리스도로 말미암아 우리를 자기와 화목하게 하시고 또 우리에게 화목하게 하는 직분을 주셨으니'($\tau\grave{\alpha}$ $\delta\grave{\epsilon}$ $\pi\acute{\alpha}\nu\tau\alpha$ $\acute{\epsilon}\kappa$ $\tau o\hat{\upsilon}$ $\theta\epsilon o\hat{\upsilon}$ $\tau o\hat{\upsilon}$ $\kappa\alpha\tau\alpha\lambda\lambda\acute{\alpha}\xi\alpha\nu\tau o\varsigma$ $\mathring{\eta}\mu\hat{\alpha}\varsigma$ $\acute{\epsilon}\alpha\upsilon\tau\hat{\omega}$ $\delta\iota\grave{\alpha}$ $X\rho\iota\sigma\tau o\hat{\upsilon}$ $\kappa\alpha\grave{\iota}$ $\delta\acute{o}\nu\tau o\varsigma$ $\mathring{\eta}\mu\hat{\iota}\nu$ $\tau\grave{\eta}\nu$ $\delta\iota\alpha\kappa o\nu\acute{\iota}\alpha\nu$ $\tau\hat{\eta}\varsigma$ $\kappa\alpha\tau\alpha\lambda\lambda\alpha\gamma\hat{\eta}\varsigma$). (또한 19절의 '화목하게 하는 말씀을 우리에게 부탁하셨느니라'[$\kappa\alpha\grave{\iota}$ $\theta\acute{\epsilon}\mu\epsilon\nu o\varsigma$ $\acute{\epsilon}\nu$ $\mathring{\eta}\mu\hat{\iota}\nu$ $\tau\grave{o}\nu$ $\lambda\acute{o}\gamma o\nu$ $\tau\hat{\eta}\varsigma$ $\kappa\alpha\tau\alpha\lambda\lambda\alpha\gamma\hat{\eta}\varsigma$]도 참조하라).

바울은 고린도 교회 성도들에게서 도전을 받자 그들에게 주께서 그에게 주신 사도적 권위를 상기시킨다(고후 10:8; 13:10). 여기서도 그는 다메섹 도상에서 받은 그의 사도적 사명을 가리키는 부정 과거형

---

**140** 이 사실의 의의에 대한 논의에 대해서는 본서 pp.488f.를 참조하라.

**141** Cf. 딤전 1:12f., 16; 그리고 고전 7:25, 부정 과거시제의 의의를 분명히 하는 데 고후 4:1과 고전 7:25를 비교하는 것이 도움이 된다. 고린도전서 7:25에서 바울은 완료형 $\mathring{\eta}\lambda\epsilon\eta\mu\acute{\epsilon}\nu o\varsigma$를 통하여 현재적 효과 즉 그가 다메섹 도상에서 주의 자비하심을 받았던 것에 대한 그의 현재의 충성됨($\pi\iota\sigma\tau\grave{o}\varsigma$ $\epsilon\hat{\iota}\nu\alpha\iota$)를 제기하고 있는 데 반하여 (cf. Robertson & Plummer, *1Cor.*, p.151), 고린도후서 4:1에서는 부정 과거형 $\mathring{\eta}\lambda\epsilon\acute{\eta}\theta\eta\mu\epsilon\nu$을 통하여 어떤 특정한 시간 곧 다메섹 도상의 사건에서 새 언약의 사역을 위하여 주의 자비하심을 받았다는 사건 그 자체를 강조한다.

동사 '에도켄'(ἔδωκεν)을 사용한다.[142] 하나님께서 바울에게 사도적 권위를 부여하신 목적은 교회를 세우려는 데 있었지 교회를 파하려는 데 있었던 것이 아니다. 우리가 앞에서 이미 살펴본 골로새서 1:25도 바울의 사도적 사명을 가리키기 위하여 '디도미'(δίδωμι)의 부정 과거형이 사용된 또 다른 예라고 할 수 있다. 거기서는 부정 과거형이 목적어 '오이코노미아'(οἰκονομία)와 함께 사용되었다. 바울은 그리스도께서 복음을 전파하기 위하여 자기를 보내었다고(또는 자기를 사도로 임명하였다고/'아페스테일렌'[ἀπέστειλεν]) 말한다(고전 1:17). 부정 과거형 동사가 바울이 그의 사도직의 적법성을 변증하는 맥락인 갈라디아서 2:8에 다시 등장한다: "베드로에게 역사하사('에네르게사스'[ἐνεργήσας]) 그를 할례자의 사도로 삼으신 이가 또한 내게 역사하사('에네르게게센'[ἐνήργησεν]) 나를 이방인의 사도로 삼으셨느니라."[143] 이 구절은 2:7 전체 구절이 아니라 다만 '내가 무할례자에게

---

**142** Cf. Plummer, *2Cor.*, p.281.

**143** Cf. NEB: 'For God whose action made Peter an apostle to the Jews, also made me an apostle to the Gentiles.' 주석가들은 종종 이 구절을 마치 바울이 하나님의 역사를 증명하는 그의 선교 사역의 성공을 근거로 그의 사도직의 적법성을 논증하고 있거나 한 것으로 해석한다(예컨대, Mussner, *Gal.*, p.116; Schlier, *Gal.*, p.78). 이러한 해석에 근거하여 이 구절을 극단적으로 조야하게 번역한 영역본은 RSV이다. 이 해석의 실수는 ἀποστολήν 앞에 있는 전치사 εἰς의 의미를 주시하지 못한 데 있다. 그 전치사는 목적 또는 목표를 표현한다(Baur-Arndt-Gingrich, p.264). 그러므로 εἰς ἀποστολήν 은 "어떤 것을 창조하기 위하여" 즉 "그를 사도로 만들기 위하여"를 의미한다(E. Burton, *The Epistle to the Galatians*⟨1921⟩, p.94). εἰς ἀποστολήν 문구를 정확하게 해석한 버튼(Burton)이 차선[대안]을 숙고한 끝에 문제의 견해를 수납한 것은 납득이 되지 않는다(ibid., pp.93f.). 본문에서 바울이 말하려고 한 것이 그를 사도로 만들기 위하여 그의 사역 가운데 역사하셨다는 것이었는가? 아니면 그의 성공적인 선교 사역으로 그가 사도가 되었는가? 부정 과거동사들(ἐνεργήσας와 ἐνήργησεν)은 하나님의 역사로 말미암은 베드로와 바울에게 사도직을 맡기심, 또는 방금 전에 언급한 그들의 선교 활동에 나타난 하나님의 역사라기보다는 직접적으로 그들에게 사도직을 맡기신 하나님의 역사를 가리키는 것으로 해석하는 것이 좋다(무스너[Mussner] 와 반대임. *Gal.*, p.117). 베드로와 바울에게(Πέτρῳ와 ἐμοί는 유익의 여격이다) 하나님께서 역사하셨다는 것을 그들의 '내적 경험'으로 생각할 필요는 없다(cf. Burton,

복음 전함을 맡은 것이 베드로가 할례자에게 맡음과 같은 것을 보았고'(πεπίστευμαι τὸ εὐαγγέλιον τῆς ἀκροβυστίας καθὼς Πέτρος τῆς περιτομῆς)의 근거를 제공하는 괄호적 논급에 해당한다.[144] 8절의 '에네르게게센'(ἐνήργησεν 역사하다)과 9절의 '도데이산'(δοθεῖσαν 주다)이 다메섹 사건에 주의를 환기시키고 있지만 7절의 완료형 '페피스튜마이'(πεπίστευμαι 내가 맡다)는 그 사건의 계속적인 효과를 전면에 부각시킨다: 즉 바울은 현재 다메섹 도상에서 하나님께서 그에게 사도의 직분을 맡기신 결과인 복음을 가지고 있다(cf. 고전 9:17). 그러나 데살로니가전서 2:4에서는 바울이 하나님께로부터 복음 전파를 부탁받은 시점이 관심의 초점이 된다(cf. 딤전 1:11; 딛 1:3).

[9] 마지막으로 하나님께서 다메섹 도상에서 바울을 사도로 부르신 사실을 간접적으로 암시하는 본문으로 로마서, 고린도전후서, 갈라디아서, 에베소서 그리고 골로새서 서론의 앞 구절들을 여기에 첨가할 수 있을 것이다. 바울은 자기 자신을 '사도로 부르심을 받은' 것으로(롬 1:1, 고전 1:1), 그리고 '하나님의 뜻으로 말미암아'(고후 1:1; 엡 1:1; 골 1:1), '하나님의 복음을 위하여 택정함을 입은' 것으로 소개한다.[145] 바울이 사도가 된 데에는 인간의 뜻이나 개입이 전적으로 배제

---

Gal., pp.93f.); 바울의 경우 그것은 다메섹 도상에서 일어난 하나님의 그리스도 계시일 것이다.

**144** Cf. Burton, *Gal.*, p.93. 주석가들은 종종 이 점에 실수를 범하여 2:8이 7절 전체의 괄호에 해당한다고 해석한다. 다시 한 번 무스너(Mussner, *Gal.*, p.117)는 이러한 실수를 한 가장 대표적인 예이다 Cf. 또한 Schlier, *Gal.*, p.77.

**145** ἀφωρισμένος가 바울의 출생 전 그를 구별해 냈음을 지적하는가', 아니면 '그가 실제로 사도로 부름 받아 효과적으로 헌신한 것, 그리하여 그것이 그의 소명과 관계된 것을 가리키는가?'(Murray, *Römans*, p.3). 갈라디아서 1:15과 비교해 볼 때 전자를 지적하는 것 같다: Michel, *Römer*, pp.35f.; Bruce, *Romans*, p.71; Käsemann, *Römer*, p.4. 그러나 갈라디아서 1:15과는 달리 로마서 1:1에서는 ἀφωρισμένος가 κλητός 다음에 등장한다. 이것은 후자를 암시하는 것 같기도 하다: K. L. Schmidt, κλητός TDNT iii, p.494; Kasting, *Anfänge*, p.56.

되었다. 이것은 갈라디아서 1:1에 대구법으로 강조되어 있다. 그리고 그 후 갈라디아서 1:11ff.에서 바울이 그의 소명과 경력에 대하여 서술한 내용은 1:1에서 언급한 주장을 제시하는 것 같다.

이상의 관찰들로 인해 증명된 것은 바울 서신에는 그의 다메섹 도상에서의 회심과 소명에 대한 진술이 풍부하게 들어 있다는 것이다. 확실히 이 진술들은 간명하며 사건 그 자체를 명시적으로 기술하기보다는 특성상 그 사건의 결과들을 예시하고 있다. 이것이 바로 바울과 사도행전 저자의 차이점이다. 그러나 그렇다고 해서 이것을 근거로 바울이 그의 다메섹 경험을 철저하게 숨기고 있다든가[146] 그것이 바울의 생애와 사상의 중심에 놓여서는 안 된다[147]고 말할 수는 없다. 사도행전의 저자와는 달리 바울이 그의 서신들에서 다메섹 경험을 직접 기술하지 않는 이유는 여러 곳에서 발견할 수 있다. 누가는 역사를 쓰고 있었던 반면, 바울은 그의 다메섹 경험을 이미 들어서 잘 알고 있는 교회들에게 서신으로 쓰고 있다는 것이 그 하나의 이유이다. 갈라디아서 1:13(cf. 또한 에베소서 3:2)의 '에쿠사테'($\dot{\eta}\kappa o \acute{v} \sigma \alpha \tau \epsilon$ 너희가 들었다)라는 단어는 갈라디아의 그리스도인들이 바울의 회심 이전의 과거에 관하여 이미 속속들이 알고 있었음을 시사한다. 그들이 그 사건의 전모를 알게 되었고, 또한 어떤 간접적인 풍문이나 전승을 통해서가 아니라 바울 자신의 보고를 통하여 다메섹 도상에서의 그리스도의 나타나심을 알게 되었다는 사실이[148] 고린도전서 15:3-8에 암시되어 있다. 여기서 바울은 그가 고린도 교회 교인들에게 전하였던 복음에 여타의 부활의 출현들과 함께 그에게 나타났던 그리스도의 나타나심을 증거하였던 것이 포함되어 있다고 말한다.[149] '너희에게 전

---

**146** Contra Lohfink, *Paulus vor Damaskus*, p.21.
**147** Contra Bornkamm, *Paulus*, p.39.
**148** Cf. Burtor, *Gal.*, p.44; Schlier, *Gal.*, p.49; Roloff, *Apostolat*, p.42.
**149** Cf. Lietzmann-Kümmel, *Kor.*, p.77; B. Gerhardsson, *Memory and Manuscript*(1961),

한 복음'(τὸ εὐαγγέλιον ὃ εὐηγγελισάμην ὑμῖν, 고전 15:1)이 고린도 전서 15:3b-5에 국한된다 하더라도, 바울은 그의 설교에서 그리스도 의 현현(8절)-그리스도께서 부활하셨다는 증거로 그에게 나타나신- 을 포함한 다른 부활의 출현들에 대한 보고들(6, 7절)을 '복음'에 포함 시켰던 것이다. 이것은 불가피하였다. 바울이 예수께서 죽은 자 가운 데서 다시 살아나셨다고 전파했을 때, 그는 청중들에게 예수님의 부 활-이것은 그 청중들에게는 지금까지 전대미문의 것으로 쉽게 믿을 수 없는 진리였다-을 확신시키기 위해서 그가 부활한 예수를 만났다 는 것을 비롯하여 그가 할 수 있는 한 상세하게 부활의 증거를 묘사했 어야만 했던 것이다. 고린도전서 15:3-8의 각 부분은 요리문답적 교 훈에 나타난 전승에 해당한다고 생각한 게하르드슨(B. Gerhardsson) 과 슈툴마허의 견해가 옳다면(필자로서는 수긍이 가는 견해이다) 8절 이 제시하는 전승은 바울의 회심 이전의 과거, 그리스도의 현현이 일 어난 상황, 그리스도의 나타남 그 자체, 그리고 그 결과들을 포함하 는 사도행전(9:1-19; 22:3-16; 26:4-18) 세 곳의 기사에 나타난 다메

---

pp.299f. 게하르드슨은 고린도전서 15:3-8을 '일련의 simanim'이 제시된 것으로 본 다. סימן은 단편적인 교훈 또는 전승을 하나의 핵심 단어 혹은 표어로 요약하는 제 목 또는 머리말에 해당하는 랍비어 이다. 그것은 기억의 기술로 사용되었다(ibid., pp.143ff., 153ff.). 고린도전서 15:3-8에 관하여 게하르드슨은 이렇게 말한다: '각각 의 개별 부분은 그리스도에 관한 몇몇 전승 본문을 가리키는 간결한 제목과 같은 명 칭이다'(p.299). 롤로프(J. Roloff)는 이 견해를 받아들인다(Apostolat, p.48). 슈툴마 허도 이와 유사하게 고린도전서 15:3-7은 '요리문답적 교훈을 결론짓는 신앙 고백' 이며 그와 같은 것으로서 본문은 '역사가 되어 버린 그리스도 안에서 행하신 하나님 의 구원 행위상에 고도의 요약된 형태로 말하는' 이른바 '역사적인 뉴스의 요약'이 라고 생각한다(Das paulinische Evangelium i⟨1968⟩, pp.266 - 276, 특히, pp.274f.). 초 대 교회는 그 요약된 내용이 언급하고 있는 구체적인 역사적 실체들을 알았다. 한 걸음 더 나아가 슈툴마허는 바울이 그 전승을 확대시켜 자기에게 나타나신 그리스 도 현현을 포함시켰다고 생각한다: "왜냐하면 그의 사도적 말씀의 권위를 인정하 고 교회들에게는 하나님의 사도 바울과의 역사는 반드시 알아야 할 사건의 일부이 다"(p.275).

섹 사건의 내용과 동일한 유의 것임이 틀림없다.[150] 바울은 교회들에게 다메섹 사건이 그의 복음의 본질적인 부분인 것을 알게 한 후 그의 서신서에서는 그들에게 그 사건을 상기시킬 필요가 있다고 느낄 때 단지 간명하게 언급하면 되었던 것이다. 고린도전서 15:8의 그에 관한 축약(siman)형 본문과 갈라디아서 1:13-17의 본문(이 둘은 모두 분명히 옛 일을 상기시키는 자로서 서두를 시작하고 있다(고전 15:2; 갈 1:13 '에쿠사테'[ἠκούσατε]; cf. 엡 3:2))도 그러하거니와 그 외에 고린도전서 9:1의 '내가 예수 우리 주를 보지 못하였느냐?'(οὐχὶ Ἰησοῦν τὸν κύριον ἡμῶν ἑόρακα)의 질문도 이 같은 배경 하에서 이해되어야 한다. 이런 배경 하에서 고찰해 보면 그 질문은 고린도 교회 교인들이 바울에게 나타났던 그리스도의 현현에 관해 알고 있었음과 그러므로 긍정적인 대답을 전제하는 수사법적 질문 형식인 것을 알 수 있다. 그러나 바울이 그의 교회들에게 다메섹 사건을 상기시킬 필요가 있었던 것은 그 사건 자체를 위해서가 아니라 그의 복음과 사도직의 신적 기원과 진정성을 재천명하려는 데 있었다. 그래서 그는 그의 서신들에서 그 사건을 상세하게 설명하기보다는 단지 그의 복음과 사도직에 관련하여 간단하게 언급할 뿐이었다.[151]

[10] 다메섹 사건이 바울의 설교와 요리문답적 전승의 일부분을 형성하였다는 사실은 바울 서신들에 언급되어 있는 바울의 회심과 부르심에 관한 일정하게 형식화된 문형뿐만 아니라 다른 성경 본문들

---

150 본서 pp.160ff., 378ff.
151 바울이 갈라디아서 1:13f.과 빌립보서 3:4ff.에서 유대주의와 관련된 그의 과거를 비교적 장황하게 묘사하는 내용은 이 주장과 모순되지 않는다. 갈라디아서 1:13f.에서는 바울이 그리스도의 계시로 복음을 받기 전에 사람에게서 그것을 받았을 가능성이 전혀 없었음을 증명할 필요가 있어 그러한 상황을 제시한다. 이와 비슷하게 빌립보서 3:4ff.에서 바울이 유대교에서 그의 특권과 업적을 언급한 것은 빌립보 교회 교인들에게 그 사실을 새롭게 알릴 필요가 있어서가 아니라 바울이 유대주의자들과 정면으로 부딪혔을 때 그들의 방법이 잘못되었다는 것을 말해 줄 필요가 있었기 때문이었다.

(예컨대, 딤전 1:11-14[152]; 행 9:1-19; 22:3-16; 26:4-18)에 들어 있는 전승의 보전에 대한 설명이 된다.[153] 사도행전에 기록된 세 곳의 다메섹 사건에 대한 기사의 배후에는 각기 다른 세 가지 전승이 있었다고 보는 초기의 경향에 반(反)하여,[154] 오늘날 대부분의 학자들은 이 세 곳의 기사가 하나의 전승에 기초하고 있다는 데 의견을 같이한다.[155] 세 기사들은 아나니아와 관련된 일화를 제외하고는 대체적으로 서로 일치하며, 몇 가지 변경된 것들은 표현상의 문제에 국한된 대수롭지 않은 것들이다.[156] 본질적인 점에 있어서 세 곳의 기사는 바울이 그의 서신서에서 친히 나타내고자 하는 것들과도 일치한다.[157] a) 바울은 교회를 핍박하였다. b) 변화는 다메섹에서 또는 그 이전에 일어났다. c) 그리스도께서 그에게 나타났다. d) 그리스도는 높임 받은 주님으로 빛 가운데 나타났다. e) 그는 바울을 이방인의 사도로 임명하셨

---

**152** 이것은 디모데전서가 바울의 친서가 아니라 제2의 바울 서신이라는 가정 하에서 그런 것이다. 최근 두 명의 학자가 목회 서신의 바울 저작성을 비교적 설득력 있게 주장한다. B. Reicke, 'Chronologie der Pastoralbriefe'. *ThLZ*101 (1976), pp.81-94; J. A. T. Robinson, *Redating the NT*(1976), pp.67-84.

**153** Stuhlmacher, *Evangelium*, pp.73, 275.

**154** 예컨대, E. Hirsch, 'Die drei Berichte der Apostelgeschichte über die Bekehrung des Paulus', *ZNW* 28(1929), pp.305-312와 K. Lake, 'The Conversion of Paul and the Events immediately following it', *The Beginning of Christianity* v, ed. F. J. Foakes-Jackson & K. Lake(1933), pp.188-191

**155** Haenchen, *Die Apostelgeschiche*([15]1968), p.276; G. Stählin, *Die Apostelgeschichte*([10]1962), pp.309f.; H. Conzelmann, *Die Apostelgeschichte*([2]1972), pp.66; Lohfink, op. cit., pp.29f.; S. G. Wilson, *The Gentiles and the Gentile Mission in Luke-Acts*(1973), p.161; Ch. Burchard, *Der dreizehnte Zeuge*(1970), pp.120f.(그러나 pp.125, 128f.에서 부르크하르트[Burchard]는 'überlieferte Geschichte von Paulus Bekehrung'과 'überlieferte Auffassung von Paulus Berufung'[p.129]을 억지로 구별하여 사노행선 9:1-18을 선사로 사도행전 26.12-18을 후자로 들림으로써 자가당착에 빠져 있다).

**156** Cf. Wilson, op. cit., p.161.

**157** J. Jeremias, *Der Schlilssel zur Theologie des Apostels Paulus*(1971), p.21; Lohfink, op. cit., p.18

다.¹⁵⁸ 게다가 사도행전 26:16-18과 9:15, 16은 바울이 그의 서신들에서 직접 설명하고 있는 것과 똑같이 야웨의 종과 선지자 예레미야의 소명 본문들을 예시하고 있음을 보여 준다.¹⁵⁹ 누가가 사도행전 26:4-18에 아나니아의 일화를 생략한 것은, 혹 그것이 그 경우에 적절하지 않다고 느꼈기 때문이었든지, 아니면 그가 바울이 아그립바 왕 앞에서 실제로 말한 내용의 요지를 제시하면서 그의 연설에 아나니아 일화를 포함시키지 않았음을 누가가 기억하였기 때문이었을 것이다. 만일 전자의 경우가 여기에 해당된다 할지라도 누가가 바울의 회심과 소명에서 아나니아의 역할을 평가함에 있어 바울과 다른 견해를 지니고 있는 것은 아니다.¹⁶⁰ 사도행전의 설교들에 대해 역사적 가치를

---

**158** 누가가 과연 바울을 사도로 생각하였는지에 대한 문제는 여기서 논의할 수 없다. Roloff, *Apostolat*, pp.199ff., 232ff.

**159** 본서 pp.30ff.의 고린도후서 4:6에 주석한 것과 아울러 Munck, *Paul*, pp.24-33를 참조하라.

**160** 누가가 아나니아를 언급하지 않고 바울의 회심과 소명을 기술할 수 있었다는 사실로 미루어 볼 때, 누가에게는 아나니아가 그다지 중요하지 않은, 없어도 될 만한 주의 대변자에 불과했음을 알 수 있다. - 이것은 누가가 아나니아를 바울 소명의 중재자로 소개함으로써 바울을 교회의 전승과 열두 사도 아래에 종속시켰다는 클라인(G. Klein)의 견해와 정면으로 부딪친다(*Die zwölf Apostel*⟨1961⟩, pp.144ff.; cf. Conzelmann, *Apg*, p.67; 클라인의 견해에 대한 건설한 비평을 보려면 Wilson, op. cit., pp.163ff.와 Roloff, *Apostolat*, pp.200-205f.를 보라). 바울은 아나니아를 언급조차 하지 않는다. 그 이유는 바울의 'οὐκ ἀπ' ἀνθρώπων οὐδὲ δι' ἀνθρώπου' 사도라는 주장이(갈 1:1; cf. 1: 11f.) 유대화주의자들이 아나니아의 의의를 곡해함으로써 야기되었기 때문일 가능성이 있으나 그 개연성은 희박하다. 왜냐하면, 바울은 갈라디아서 1, 2장에서 그가 예루살렘과는 단절되었다고 주장한 반면 다메섹의 교회와는 단절되지 않았다고 주장하고 있는 듯이 보이기 때문이다(cf. Munck, *Paul*, pp.18f.; Haenchen, *Apg*. p.277; Wilson, op. cit.,p.162). 어찌 되었건 간에 바울이 사도로서 임명을 받는 데 있어 인간의 역할이 전면 부인되었다는 관점에서 볼 때 바울에게 있어 아나니아의 역할은 실질적인 것이 아니었음이 분명해진다. 그러나 아나니아가 눈 먼 바울을 치유하여 그에게 세례를 베풀었고, 또한 그리스도의 나타나심의 중재와 해석에 바울을 도왔을 개연성은 있다(cf. Munck, *Paul*, pp.17f.; Roloff, *Apostolat*, pp.205f.). 누가는 사도행전 9, 22장에서 (의도적이지는 않은 것 같지만) 이러한 아나니아의 역할을 과장한다는 인상을 준다(cf. 행 26장과 본서의 각주 160)의 처음 부

부여하지 않으려는 현대적 경향에도 불구하고 후자의 가능성이 배제되지는 않는다. 여하튼 간에 사도행전의 기사 자체들 간에, 그리고 또한 그 기사와 바울 서신의 진술과의 사이에 존재하는 유사성으로 인해 우리는 사도행전의 세 기사 모두가 바울에게 소급된다고 생각하게 된다.[161] 그러므로 사도행전의 기사는 바울 서신에서 바울이 직접 설명하는 것과 병행하여 바울의 소명을 논하기 위한 자료로 사용될 수 있다.

다메섹 도상에서 바울의 회심과 소명을 가리키는 그의 많은 직간접적인 언급들은(고전 9:1; 15:5-10; 갈 1:13-17; 빌 3:4-11; 고후 3:4-4:6; 5:16-21; cf. 또한 행 22:3-16; 26:4-18) 바울의 복음과 사도직을 변호하는 논쟁적인 맥락에 등장한다. 그러나 이 구절들만 아니라 다메섹 사건을 예시하는 다른 구절들에서도 바울은 그의 복음과 사도직은 다메섹 도상에서 그리스도의 나타나심에만 근거하며, 그는 그 빛에 비추어서만 자기 자신을 이해한다는 점을 분명히 하고 있다. 다메섹 사건은 바울 신학과 사도로서의 그의 실존의 근거이다.[162] 이것이 자신의 삶의 다른 부분에 관해서는 필요한 경우에만 마지못하여

---

분을 비교해 보라. 롤로프는 여기서 아나니아의 의의가 강조되지 않은 것으로 보는데 아마 정확하게 본 것 같다⟨*Apostolat*, pp.205f.⟩. 아나니아가 바울에게 한 일은 바울이 교회에 인정받기 위한 '최소한의 프로그램'이었다). 바울이 갈라디아서 1장에서 아나니아의 역할에 대해서 침묵한 것은 그가 사도로 임명되는 데 있어 사람의 역할과는 전혀 무관하였다는 것을 주장함에 있어 그 사실을 언급하거나 그의 독자들에게 새롭게 주의를 환기시키는 것이 별 도움이 되지 않는다고 생각했기 때문이므로, 충분히 이해되는 일이다(이것은 앞에서 언급하였듯이 아나니아 일화를 포함하여 다메섹 사건이 갈라디아 교회에 알려진 경우에 그렇다는 말이다). 바울이 아나니아의 역할에 대한 의의를 아무리 적게 취급하였다 할지라도 그의 적대자들은 이것을 이용하여 바울을 계속 공격하였다.

**161** Munck, *Paul*, p.29: '교회가 들은 바 바울의 회심과 소명 이야기를 만든 사람은 사도(바울) 자신이다'; cf. Schoeps, *Paul*, p.54.
**162** Cf. Jeremias, *Schlüssel*, pp.20-27; Blank, *Paulus*, p.184; O. Kuss, *Paulus*, p.285; Kasting, *aufsätze*, p.56.

진술하는 바울이(예컨대, 고린도후서 11장, 12장), 왜 이 사건에 대해서는 예외적으로 계속 되풀이하여 언급하는가 하는 이유이다.[163] 그러나 이 문제는 다음 장에서 바울이 그 사건을 어떻게 해석하는지를 탐구함으로써 보다 세밀하게 살피게 될 것이다.

---

**163** Cf. G. Eichholz, 'Prolegomena zu einer Theologie des Paulus im Umriß,' *Tradition und Interpretation*(1965), p.175(그러나 cf.그의 *Die Theologie des Paulus im Umriß*,〈1972〉 p.29); Stuhlmacher, *Evangelium*, p.73.

# 제2장
# 핍박자 바울

## 1. 회심 전의 바울

다메섹 사건에 대한 바울의 해석을 고찰하기에 앞서 그 배경으로서 회심과 소명 전(前) 바울의 생애와 사상을 살펴보는 것이 필요하다.

바울의 생애에 관한 기본적인 자료들 중에는 그가 이스라엘인이며(롬 11:1; 고후 11:22; 빌 3:5) 베냐민 지파 출신이라는(롬 11:1; 빌 3:5) 바울 자신의 증언이 있다. 후자의 증언과 관련하여 그의 로마식 이름인 '바울' 이외에 베냐민 지파 중에 역사상 가장 위대한 인물이었던 이스라엘의 초대 임금인 '사울'이 그의 유대식 이름이었다는 사도행전(13:9)의 전승은 이것과 잘 부합한다.

사도행전에서 바울은 그가 '다소'에서 출생하였다(행 22:3)고 말한 것으로 전해진다. 다소는 로마령 길리기아의 수도였다. 다소는 동양과 서양의 경계에 위치하였으며, 통신과 교역의 중심지였다. 그러므로 이 헬라적 도시에서 헬라인들과 동양 사람들, 그리고 헬라 문화와 동양 문화가 서로 만났고 혼합되었다. 바울이 출생했을 무렵-짐작건대 서력(西曆)학, 그리고 일반 교육에 전력하는 학문의 중심지였다.[1] 그래서 어떤 학자들은 바울 서신에 나타난 헬라적 요소들을 바울의 이러한 다소 배경 탓으로 돌려왔다: 예컨대 그의 탁월한 헬라어 지식, 히브리어 성경보다는 70인경을 더 선호하였다는 사실, 그 이외에도 신비주의적 의식이나 황제 의식에서 빌어온 표상의 사용이라든지 헬라의 수사학, 특히 냉소적인 스토아적 논쟁법의 사용이라든지 양심, 자연, 자유, 의무 등등과 같은 당시에 유행하던 스토아적 개념들을 사용한 것이 그 증거라는 것이다.[2]

그러나 바울이 헬라 철학이나 수사학 등에 대한 공식적인 교육을 받은 것 같지는 않다. 그에게서는 위에 언급한 것과 같은 당시 유행하던 헬라 문화의 요소들 이외에는 그와 동시대인인 알렉산드리아의 필로(Philo)에게서 볼 수 있는 헬라 철학의 깊은 영향을 찾아볼 수가 없다. 그러므로 앞에 언급된 헬라적 요소들은 주로 어느 정도 헬라주의에 동화된 디아스포라 유대교에 의하여 간접적으로 영향을 받았으리라는 것이 훨씬 더 가능성 있는 이야기이다.[3] 만일 바울이 다소에서 성장하였다면 그는 부모님과 함께 그곳 회당에 정기적으로 출석하였을 것이다. 그의 부모님은 바울을 엄격한 유대교의 노선에서 양육하려고 혼신의 힘을 기울였을 것이지만(cf. 빌 3:5; 행 23:6), 동시에 바울은 학교 역할을 하였던[4] 회당에서 70인경 이외에 헬라의 문화적 요소들을 습득하였을 것이다.

그러나 반 우닉(W. C. Van Unnik)은 사도행전 22:3을 근거로 바울

---

1 Strabo, *Geographica* xiv. 5, 13, 673.
2 R. Bultmann, 'Paulus', *RGG*² iv, 1020; G. Bornkamm, 'Paulus', *RGG*³ v, 168; Dibelius-Kümmel, *Paulus*, pp.28f.; cf. Jeremias, *Schlüssel*, pp.8f.
3 Ibid., pp.10f.; Bornkamm, *Paulus*, pp.34f.
4 Str.-Bill. ii, pp.150, 662; iv, p.121; Moore, i, p.314; W. Schrage, συναγωγή, *TDNT* vii, pp.824f.

이 다소에서 출생하기는 하였으나 실제로는 예루살렘에서 성장하였을 가능성이 있다고 주장하였다.[5] 사도행전 22:3은 바울이 예루살렘의 그를 대적하는 군중들에게 이렇게 말한 것으로 전한다: "나는 유대인으로 길리기아 다소에서 났고, 이 성(예루살렘)에서 자라 가말리엘의 문하에서 우리 조상들의 율법의 엄한 교훈을 받았고…"[6] 이 보고에 따르면 바울은 예루살렘에 있는 그의 부모집(아나테드라메노스 $ἀνατεθραμμένος$)에서 어린 시절을 지내고 계속되는 학창 시절(페파이데우메노스 $πεπαιδευμένος$)을 가말리엘의 문하에서 보냈다. 이 보고는 바울의 가족이 바울이 어릴 때 아니면 갓난아이 때 예루살렘으로 이주하였음을 암시한다(cf. 행 26:4f.).[7]

하지만 불트만은 갈라디아서 1:22을 근거로 바울이 예루살렘에서 가말리엘의 문하생으로 교육 받았다는 기사의 신빙성을 부인한다.[8] 그러나 불트만이 갈라디아서 1:22에서 바울은 회심 전에 예루살렘에 오래 머물지 않았었다는 추론을 해낸 것은 그리 옳게 보이지는 않는다. 왜냐하면 55,000명의 주민이 살고 있는 성읍(예루살렘)에서[9] 사람들이 모든 랍비의 생도들을 알았을 것이라고 추정하는 것은 비현실적이며, 더구나 본문은 '유대의 교회들이' 바울과 면식이 있었다고 말하는 것이 아니기 때문이다.[10] 바울이 예루살렘에서 적어도 수년간을 보

---

5 W. C. van Unnik, 'Tarsus or Jerusalem. The City of Paul's Youth', *Sparsa Collecta*, pp.259-320.
6 이것은 Nestle판 헬라어 본문과 BFBS판 헬라어 본문의 구두점이다. 이 구두점에 대한 논의를 위해서 van Unnik, op. cit., pp.272ff.를 보라.
7 Ibid., pp.296 - 299.
8 Bultmann, 'Paulus', 1020f., H. Conzelmann, *Geschichte des Urchristentums* (1971), p.65; Haenchen, *Apg*., p.554에 Bultmann, op. cit.가 인용됨.
9 Jeremias, *Jerusalem in the Time of Jesus* ($^3$1976), pp.83f.
10 van Unnik, op. cit., p.301; H. Hübner, 'Gal 3:10 und die Herkunft des Paulus', *KD* 19(1973), p.228.

냈다는 것은 그가 유대교에 두각을 나타낸 바리새인이었다는 바울 자신의 증언에 암시되어 있다(갈 1:13f.; 빌 3:5f.). 헹엘(M. Hengel)이 주장하는 바와 같이, "바울이 갈라디아서 1:13f.과 빌립보서 3:5f.에서 서술하고 있는 것 같은 율법 연구는 정확히 말해서 '디아스포라' 바리새주의에 해당하는 것인데, 예루살렘에서만 가능하며"[11] 보른캄(G. Bornkamm)이 지적하였듯이, "우리가 접할 수 있는 자료에 의하면 바리새주의는 팔레스틴 운동이며, 예루살렘이 그 운동의 중심지이다. 디아스포라의 바리새주의에 관하여 우리가 아는 것이란 거의 없다."[12] 이와 같은 주장을 하면서 한편으로는 가말리엘이 바울의 스승이었다고 하는 누가의 보도에 대하여-이 보도에는 바리새주의를 높이 평가하여 바울을 회심 이후에도 정통 유대인으로 묘사하고자 하는 누가의 의도가 들어 있다- 왜곡된 논리를 가지고, 그것을 거부해 버린다는 것은 앞뒤가 맞지 않다.[13] 장로 가말리엘이 바울의 스승이 될 수 없을 뚜렷한 이유는 없다.[14]

그러나 만일 바울이 예루살렘에서 교육을 받은 것이 확실하다면, 그곳에서 성장했단 말인가? 예루살렘에 바울의 조카가 있었다는 사도행전(23:16)의 보도는 이 견해 쪽으로 기운다.[15] 그러나 자신이 '헤

---

11 M. Hengel, 'Die Ursprünge der christlichen Mission', *NTS* 18(1971/72), p.24; cf. 또한 그의 'Zwischen Jesu und Paulus. Die "Hellenisten", die "Sieben" und Stephanus(Apg 6:1-15; 7:54-8:3)', *ZThK* 72(1975), pp.172f.

12 Bornkamm, 'Paulus', 168.

13 Bornkamm, *Paulus*, p.35; cf. 그의 'Paulus', 168; Haenchen, *Apg.*, p.554.

14 Cf. J. Klausner, *From Jesus to Paul*(1946), p.310. 클라우스너(Klausner)는 바울을 b. Shab. 30b에 언급된 가말리엘의 무명의 제자라고 밝히면서 바울은 '배움에 있어 염치가 없는 사람'이었다고 한다. Cf. Bruce, *NT History*, p.225.

15 Cf. Bornkamm, 'Paulus', 168. 그는 예루살렘에 바울의 친척이 있다는 보도가 누가에 의하여 조작된 것이라고는 생각하지 않는다. 부르크하르트(Burchard)도 마찬가지로 '그 역사성과 상충되는 말은 하나도 없다'고 한다. 그의 *Zeuge*, p.32에서 부르크하르트는 계속해서 사도행전 22:3의 현재의 형식은 누가의 것이지만, 바울이 예루살렘에

브라이오스'('Εβραῖος 히브리인)라는(고후 11:22; 빌 3:5) 바울 자신의 증언이 과연 이 질문에 어떤 빛을 던질 수 있는가?

헹엘의 최근 연구 결과로 사도행전 6:1의 '헬라파'는 모국어로 헬라어를 사용하는 팔레스틴에 사는 유대인들이었고,[16] '히브리파'는 모국어로 아람어(또는 히브리어)를 사용하는 팔레스틴에 사는 유대인들이었다[17]는 견해가 확실해졌다. '헬라파' 가운데 많은 사람들은 팔레스틴에 살고자 이주해 온 헬라어를 사용하는 디아스포라였다.[18] 그리고 '히브리파'는 팔레스틴 본토박이거나, 아니면 적어도 어떤 특별한 방법으로 팔레스틴과 밀접한 관련을 맺고 있는 사람들이었다.[19] 디아스포라에서 '히브리파'란 팔레스틴에서 온 유대인들을 지칭하였고, 그들은 모국어로 헬라어를 사용하는 유대인들과 구별되어 독자적인 회당에서 모임을 가졌다.[20] 이러한 명칭으로써 최근에 이주해 온 유대인

> 서 성장하고 교육을 받았다는 전승(cf. 행 26:4f.; 23:6)은 누가 이전의 것이라고 판단한다. 부르크하르트는 이것과 정반대로, 바울의 다소 성장과 교육에 대한 전승이 우리에게는 남아있지 않다는 것을 덧붙이며 바울서신에 있는 헬라적 요소를 그의 다소 배경 탓으로 돌리는 '유치한 논쟁'을 종식할 것을 호소한다(Ibid., p.35). 그러나 부르크하르트가 누가 이전 전승의 역사성에 대해서는 개방적이지만 그것을 강하게 지지하지 않는 것은 공정하다(Ibid., pp.34f.).

**16** Hengel, 'Zwischen Jesus und Paulus', pp.157-169; cf. Bauer-Arndt-Gingrich, 'Ελληνιστής; H. Windisch, 'Ελληνιστής, TDNT ii, pp.511f.; H. J. Cadbury, 'The Hellenists', Beginnings v, pp.59-74; M. simon, *St. Stephen and the Hellenists*(1958), pp.9ff.; C.F.D. Moule, 'Once More, Who Were the Hellenists?' *ExpT* 70(1958/59), 100-102; Haenchen, *Apg.*, pp.213ff.; J.N. Sevenster, *Do You Know Greek?*(1968), pp.3Iff.; Bruce, *NT History*, pp.206ff.; O. Cullmann, *The Johannine Circle*(1976), pp.41f.

**17** Hengel, op. cit., pp.169-171; cf. Bauer-Arndt-Gingrich, 'Εβραῖος; Str.-Bill. ii, p.444; K. G. Kuhn & G. Gutbrod, 'Εβραῖος, *TDNT* iii, pp.359-369, 372-375, 389-391; 그리고 바로 앞의 각주 16).

**18** 팔레스틴으로 이주한 디아스포라 이외에, 팔레스틴에는 날 때부터 '헬라인'인 사람들도 있었다는 사실을 증거하기 위해서는 Bruce, *NT History*, pp.206ff.를 참조하라.

**19** Cf. Hengel, op. cit., p.169.

**20** Hengel, op. cit., 178f.; Gutbrod, op. cit., p.374f.; H. J. Leon, *The Jews of Ancient Rome*(1960), pp.147ff., 154ff.; Lietzmann-Kümmel, *Kor.*, p.150; Windisch, *2Kor.*,

들의 팔레스틴 기원과 함께 그들의 아람어와 팔레스틴 문화를 나타내 보여야 했을 것임에 틀림없다.[21] 이와 같은 디아스포라 내의 '히브리인'들이 얼마의 기간이 흐른 후에 '헤브라이오이'('Εβραῖοι)라는 명칭을 자신들에게 사용하지 못하게 되는 것인지는 확실치 않다.[22]

이러한 배경에 비추어 보아 바울이 '헤브라이오스 엑스 헤브라이온'('Εβραῖος ἐξ 'Εβραίων 히브리인 중의 히브리인: 빌 3:5)이라고 주장한 것은 다름 아니라 그는 팔레스틴과 밀접하게 관계된, 아니면 근래에 디아스포라로 이주해 온[23] 가문 출신이며, 아람어를 사용하거나 심지어 헬라어를 사용하는 환경 속에서도 팔레스틴의 관습을 따른다는 것[24]을 주장한 것을 의미한다. 그래서 빌립보서 3:5은 바울이 과연 예루살렘에서 성장했는지에 대한 문제를 해결하는 데는 별 도움이 되지 않는다. 그렇다면 고린도후서 11:22은 어떠한가? 여기서 논쟁적인 질문 형식 – '그들이 히브리인이냐?', 그들이 이스라엘인이냐?' 그리고 '그들이 아브라함의 후손이냐?' – 과 각 질문에 대한 바울의 '카

---

pp.350f.; Bruce, *Cor.*, p.240.

**21** 필로와 요세푸스의 εβραῖος 사용 예에서도 그러하다. Gutbrod, op. cit., pp.373f.; Hengel. op. cit., pp.170f. 참조.

**22** 로마와 고린도에서 발견된 '히브리인' 회당의 비문은 (헬라어와 아람어 등 이중 언어로 기록된 하나의 비문을 제외하고는) 모두 헬라어로 기록되었다. 이 사실은 '히브리인'들이 아람어를 사용하지 않고 헬라어로 말하기 시작한 후에라도 그들은 여전히 '히브리인'이라는 명칭을 유지하였음을 암시한다. Cf. Hengel, op. cit., p.179.

**23** 제롬에 따르면, 바울의 가족은 바울이 사춘기 시절에 전쟁 포로로 갈릴리의 기살라(Gischala)에서 다소로 옮겨갔다(*De viris illustribus*, 5)고 한다. 이러한 정보를 전부 다 믿기는 어렵다. 만일 바울이 예루살렘에서 랍비 교육을 받았다는 것이 사실이라면, Pirqe Aboth 5:21에 따라 생도는 15세 때 랍비 학교에서 교육을 시작하였던 것으로 보이므로 사춘기의 바울은 예루살렘의 랍비 학교에 있었을 것임에 틀림없다. 그러나 또한 바울의 가족이 최근 다소로 이주해 왔다고 제안할 수도 있을 것이다.

**24** E. Lohmeyer, *Die Briefe an die Philipper, an die Kolosser und an Philemon*([13]1964), p.130; M. Dibelius, *An die Thessalonicher I/II. An die Philipper*([3]1937), pp. 67f.; G. Friedrich, 'Der Brief an die Philipper', *NTD* 8(1962), p.117; F. W. Beare, *A Commentary on the Epistle to the Philippians*(1958), p.107.

고'(κἀγώ 나도 그러하다)라는 답변은 그 전후 문맥과 마찬가지이다 (고후 11:21b). 고린도의 바울의 적대자들은 특별히 그러한 명칭들을[25] 자랑했고, 바울도 그러한 자랑에 대해 그의 출신과 관련하여 그들보다 전혀 열등하지 않다고 응수해야 할 필요성을 느꼈다는 점을 분명히 보여 준다. 그러므로 '헤브라이오스'('Εβραῖος 히브리인)인 것을 자랑하던 고린도 교회의 바울의 적대자가 누구인가 하는 것은 바울 자신도 '헤브라이오이'('Εβραῖοι)라고 주장한 그 의미에 대하여 어느 정도 짐작할 수 있도록 해 준다. 만일 그들이 디아스포라의 '히브리' 회당 출신의 그리스도인들이라면[26] 바울이 자신을 '헤브라이오스' ('Εβραῖος)라 한 것은 바로 그가 그들처럼 팔레스틴 출신이며, 아람어를 사용하는 가문에서 태어났다는 것을 의미할 수 있다. 그러나 만일 그들이 팔레스틴 본토박이인 유대 그리스도인들이었다면[27] 바울의 주장은 그 이상을 의미한다고 보아야 할 것이다. 그들의 자랑에 필적하

---

[25] D. Georgi, *Die Gegner des Paulus im 2. Korintherbrief*(1964), pp.51-82. 세 명칭들이 '완전한 유대인' 개념을 지칭하기 위하여 사용된 단순한 동의어들이라는 것은 전혀 개연성이 없다(Gutbrod, 'Εβραῖος *TDNT* iii, p.390; Plummer, *2Cor.*, p.319; against Lietzmann-Kümmel, *Kor.*, p.150; G. Friedrich, 'Gegner', p.182; cf. Barrett, *2Cor.*, pp.293f.).

[26] 게오르기(Georgi)는 '히브리인'이라는 명칭에서 바울의 적대자들은 몇 세대 동안 디아스포라에 있었던 가문이 아니라 근래에 팔레스틴에서 살았던 가문 출신이었다고 추론해 낸다. 그의 *Gegner*, p.58. 게오르기는 그 적대자들이 심지어 팔레스틴에서 태어나 그곳에서 성장하였다고까지 생각한다. 그러나 그는 이 적대자들의 위상을 헬라적 유대주의의 영적 세계에 두며, 그는 '히브리인', '이스라엘 사람', '아브라함의 자손'으로 자랑하는 것이 선교와 변증에서 선전의 일부분으로 사용되었다고 믿는다 (pp.51-82).

[27] Kümmel in Lietzmann-Kümmel, *Kor.*, p.211; Barrett, *2Cor.*, pp.30, 294(하지만, 바렛이 어떻게 '히브리인'을 단지 유대인을 의미하는 것으로 생각할 수 있었고 〈p.293〉 큄멜이 '히브리인'이라는 단어에 근거하여 바울의 적대자가 팔레스틴 유대인들이라고 인정할 수 있었는지〈p.294〉는 분명하지 않다.; E. Käsemann, 'Die Legitimität des Apostels, Eine Untersuchung zu II.Korinther. 10-13' *ZNW* 41(1942), pp.36, 46; Barrett, 'Paul's Opponents in II Corinthians', *NTS* 17(1970/71), pp.251ff.; E. E. Ellis, 'Paul and his Opponents', *Prophecy and Hermeneutic*(1977), pp.103ff.

기 위하여 그것보다 더 긴밀한 팔레스틴과의 관계가 그에게는 요구된다.

사도행전 22:3에서 그리고 있는 바, 바울과 예루살렘간의 관계는 그 요구에 걸맞은 것이라 할 수 있다.[28] 그러나 제3의 가능성을 생각해 볼 수 있다: 바울의 적대자들은 예루살렘의 '헬라파' 사람들로서, 그들은 오랫동안 그곳에 살았기 때문에 헬라어뿐만 아니라 아람어도 사용하였다. 그리하여 그들이 다시 디아스포라 세계에 나왔을 때, 그들은 특별히 자기들이 팔레스틴 출신이며 아람어를 사용할 수 있음을 밝히면서[29] '히브리인'이라고 주장하였던 것이다. 그때 바울은 이것을 의식하

---

**28** 바울의 적대자들이 'Εβραῖοι라고 주장한 것 자체는 고린도후서의 바울의 적대자들이 팔레스틴 유대에 그 기원을 두고 있다는 증거에서 인출된 것이라고 함은 사실이다. 그러나 팔레스틴 유대의 기원을 옹호하는 대부분의 사람들이 그 기원을 입증하는 그 밖의 증거를 알고 있기 때문에 고린도후서 11:22의 'Εβραῖος에 대한 언급이 예루살렘에 대한 바울의 긴밀한 관계를 지적할 수 있다고 말하는 것은 순환논리가 아니다.

**29** 프리드리히는 그 적대자들이 스데반파의 헬라적 유대 기독교도들, 즉 사도행전 6:1의 '헬라파'라고 제안한다. 그의 'Gegner', pp.181-215. 사도행전에 나타난 '헬라파'의 특징과 고린도후서에 나타난 바울의 적대자들의 특징들 간의 유사성에 대하여 프리드리히가 묘사하고 있는 것들은 대체로 매우 인상적이다. 그러나 이에 대한 비평에 대해서는 Barrett의 'Paul's Opponents in II Corinthians', pp.235f.를 참조하라. 헹엘은 고린도후서에서 '바울은 유대적 기독교의 헬라 선교(게바 선교)의 밀사들과 만났으며, 프리드리히는 '이 헬라어 사용의 "배경"을 유대적 기독교의 팔레스틴 밀사들(Jewish-Christian-Palestine emissaries)이라고 올바르게 정의하였다고 생각한다. 비록 그들의 정확한 기원은 단지 가정에 의하여 결정될 수 있을 뿐이지만 말이다. 'Zwischen Jesus und Paulus', p.186(n.125). cf. 또한 Hengel, 'Ursprünge', p.28. 헹엘은 프리드리히처럼 고린도후서에 나타난 바울의 적대자들이 사도행전에 등장하는 '헬라파'라고 공공연하게 시인하기는 주저하는 것 같다. 헹엘이 이처럼 분류하는 것은 짐작건대 그 적대자들이 자신들을 '히브리인'이라고 칭하였다는 사실에 기인하는 것 같다. 프리드리히는 '히브리인'이라는 용어가 사도행전과 고린도후서에서 각기 다르게 사용되었고, 고린도후서에서는 그 용어가 단순히 '유대인'을 의미할 뿐이라고 말함으로써 이 문제의 난점을 회피하니(op. cit., pp.197f.) 그의 논리는 명쾌하지 못하다. 그러나 우리가 여기서 한걸음 더 나아가 고린도후서의 '히브리인' 용어를 프리드리히보다 더 만족스럽게 설명함으로써 고린도후서에 묘사된 바울의 적대자들을 처음에 바울과 함께 사역하였다가 나중에 그 단체를 떠나 흩어진 스데반파의 선교사들이었다고 선뜻 결론짓지 못하는 헹엘의 주저함의 근거를 제거할 수 있지 않을까?(cf.

고 그들처럼 자기도 '히브리인'이라는 동일한 주장으로써 그들의 자랑에 응수할 수 있었던 것이다.[30] 그러나 이러한 가능성 역시 사도행전 22:3에 묘사된 바울과 예루살렘 간의 긴밀한 관계를 전제한다. 바울의 탁월한 헬라어 구사력, 히브리어 성경보다 70인경을 선호한 점, 그리고 당시 통용되던 몇 가지 헬라적 요소들이 그의 서신 곳곳에 나타나고 있는 점 등이 바울이 초기에 예루살렘에서 성장하였다는 견해에 위배되는 것은 아니다. 세벤스터(J. N. Sevenster)는 주후 70년 이전까지 팔레스틴에서는 헬라어가 특별히 지적 수준이 높은 사람들이나 헬라화된 사람들만이 아니라 평민들 사이에서도 널리 통용되었음을 보여 주었다.[31] 그래서 심지어 '히브리인'들이나 또는 그들 가운데 어떤 사람들은 제2외국어로서 헬라어를 쉽게 사용할 수 있었다.[32] 사도행전의 내용에서 추정할 수 있는 것처럼(6:9; 7:58; 9:29)[33], 만일 바울이 예루살렘에 있는 헬라파들의 회당에 소속되어 있었다면(행 6:9)[34], 그의 탁월한 헬라어 구사력과 70인경 사용은 오히려 자연스러

---

Hengel, 'Ursprünge', p.28) 고린도에 있는 바울의 적대자들($\psi\epsilon\upsilon\delta\alpha\pi\acute{o}\sigma\tau o\lambda o\iota$)을 예루살렘의 '기둥들'($\acute{\upsilon}\pi\epsilon\rho\lambda\acute{\iota}\alpha\nu\ \acute{\alpha}\pi\acute{o}\sigma\tau o\lambda o\iota$)이 보낸 밀사들로 생각할 수 있지만(Käsemann, op. cit., pp.41ff.; Barrett, 'Paul's Opponents', pp.242f., 252f. 등이 그러함), -그럼에도 $\psi\epsilon\upsilon\delta\alpha\pi\acute{o}\sigma\tau o\lambda o\iota$(거짓 사도)와 $\acute{\upsilon}\pi\epsilon\rho\lambda\acute{\iota}\alpha\nu\ \acute{\alpha}\pi\acute{o}\sigma\tau o\lambda o\iota$(유명한 사도)가 고린도에 있는 바울의 동일한 하나의 적대자 그룹을 지적하는 것처럼 보이기 때문에 이것은 의문의 여지가 있다(대부분의 주석가들이 그러함: Bultmann, 'Exegetische Probleme des zweiten Korintherbriefes', *Exegetica*, pp.319f.; Ellis, op. cit., p.101)- 처음의 예루살렘 '헬라파들' 이 그 '기둥들', 특히 베드로의 밀사들로 행동하였다고 상상하는 것은 어렵지 않다. 왜냐하면 그들 간의 첫 갈등(행 6:1ff.)은 그리 오래 가지 않았을 뿐만 아니라, 특히 베드로 자신이 후에 '헬라파들'의 선교에 합류하였기 때문이다(갈 2:11).

30 Cf. I. H. Marshall, 'Palestinian and Hellenistic Christianity: some critical comments', *NTS* 19(1972/73), p.278.
31 J. N. Sevenster, *Do You Know Greek?* 특히 pp.176-191의 그의 결론을 참조하라.
32 Moule, op. cit., pp.100ff.; Hengel, 'Zwischen Jesus und Paulus', p.172.
33 Cf. Bruce, *The Book of the Acts*(1970), p.133; van Unnik, 'Tarsus or Jerusalem', p.299; Blank, *Paulus*, p.246.
34 누가가 한 개의 회당을 염두에 두고 있는지, 아니면 둘 또는 다섯 개의 회당을 염두에

운 일이 될 것이다. 더구나 랍비의 생도들은 종종 헬라 문화에 대한 교육도 받았던 것으로 보인다.[35] 그래서 바울은 가말리엘 문하에서 헬라어의 기초를 습득했을 것이며[36] 바울 서신서에 나타나는 몇몇의 헬라적 영향들은 그의 회심 후 수리아와 길리기아에서 14년을 머무는 동안(갈 1:21; 2:1)이나 그가 선교 여행을 하는 동안 습득한 헬라 세계에 대한 지식을 반영하는 것들이다.[37] 바울이 히브리어 성경보다 70인경을 더 선호하였다는 사실은 그가 예루살렘에 있는 헬라파들의 회당에서 70인경을 더 자주 대하였다는 것 외에, 바울이 선교 사역을 하는 동안 헬라어를 사용하는 그리스도인들을 상대하였다는 데에도 그 부분적인 이유가 있다. 그러나 바울이 이따금씩 70인경이 아니라 원어(히브리어 본문)를 사용했던 것은 그가 히브리어와 히브리어 성경을 잘 알고 있었음을 보여 준다.[38] 반 우닉(Van Unnik)이 바울의 모국어는 헬라어라기보다는 아람어였다고 강조한 것은 옳은 말이다.[39] 바울은 헬라어와 아람어 모두에 능통했으며, 바울이 예루살렘에서 성장하고 아람어로 교육받았을 가능성 때문에 다소 출생이라는 그의 배경이 나중에 그가 이방인 선교사가 되는 데 중요한 요인으로 작용했으리라는 견해의 근거는 약화된다. 바울이 다소에서 출생하였고, 로

---

두고 있는지에 대한 질문은 여기서 논의할 필요가 없을 것이다.

**35** b. Sotah 49b. 요세푸스는 (*Ant*, XX, 264에서 그가 헬라어를 마스터하는 데 보통 이상의 노력을 들였다고 주장하고 있긴 하지만) 헬라의 학식에 정통한 랍비적 훈련을 받은 유대인의 한 본보기이다.

**36** Bruce, *NT History*, p.125.

**37** Ibid., pp.224, 233; van Unnik, op. cit., pp.305f.

**38** E. E. Ellis, *Paul's Use of the Old Testament*(1957), pp.12ff.; cf. Jeremias, *Schlüssel*, p.12 참조.

**39** Van Unnik, op. cit., pp.304f 그리고 같은 책에 있는 그의 다음 논문들도 참조하라. *Sparsa Collecta*: 'Aramaisms in Paul'; 'Reisepläne und Amen-Sagen, Zusammenhang und Gedankenfolge im 2.Korintherbrief i, 15-24'; 그리고 '"With Unveiled Face," *The Exegesis of 2 Corithians* iii, 12ff.'

마 시민이라는 사실은(행 16:37; 22:25-28)-이것은 비교적 높은 사회적 지위를 전제하는데-바울에게 유대교 밖의 보다 넓은 세계인 (로마) 제국에 대한 지식을 부여하였을 것이다.[40] 그가 나중에 다소로 되돌아간 것은(행 9:32; 11:25; 갈 1:21) 그가 시민으로 있었던(행 21:39) 도시와 그의 관계가 명목상의 관계만은 아니었음을 보여 준다.[41] 예수님과 바울 시대에는 유대교의 선교 활동이 절정에 달했던 것으로 보이며, 디아스포라 유대인들은 그 선교 활동에 중요한 일꾼들이었다.[42] 그러므로 만일 바울이 다소에서 성장하였다면 그는 초기에 이방인들을 유대화시키는 문제를 숙지하였을 것이다. 그렇지만 보른캄(G. Bornkamm)이 주장하듯[43] "청년 바울은 다소 태생이고 그 도시의 디아스포라 회당에서 교육을 받았는데, 그리하여 그는 유대인으로서 이미 이방인 선교사가 될 것으로 예정된 것이었다"고 한다면, 너무 지나친 말이 될 것이다.[44]

갈라디아서 5:11에 근거하여 많은 학자들은 바울이 회심 전에는 유

---

**40** W. D. Davies, 'The Apostolic Age and the Life of Paul,' *Peake's Commentary on the Bible*, ed. H. H. Rowley & M. Black(1967), p.873.

**41** B. Rigaux, *Saint Paul, Les Epîres aux Thessaloniciens*(1956), p.5. 리구(Rigaux)를 반 우닉은 인용하지만('Tarsus or Jerusalem', p.300 (n.2)) 이 사실이 바울이 예루살렘에서 성장했다는 그의 견해에 영향을 주진 않는다고 주석한다.

**42** Hengel, 'Ursprünge', p.23에 따르면, '유대인의 선교에 대한 묘사는 절박하게 요구되는 것이다'(eine Darstellung der jüdischen Mission wäre ein dringendes Desiderat). 다음에 열거한 작품들에는 비록 단편적이고 적절하지는 않지만 유대인의 선교 활동들에 대한 요약된 내용이 실려 있다: E. Schürer, *Geschichte des j dischen Volkes im Zeitalter Jesu Christi* iii(1890), pp.162ff., 553ff.; *Beginnings* i, pp.164ff.; Str.-Bill. i, pp.924ff.; Moore i, pp.323ff.; K. G. Kuhn, προσήλυτος, *TDNT* vi, pp.730ff.; J. Jeremias, *Jesus' Promise to the Nations*(1958), pp.11ff.; Schoeps, *Paul*, pp.220ff.; F. Hahn, *Das Verständnis der Mission im NT*(1963), pp.15ff.; Georgi, *Gegner*, pp.83-187; Bornkamm, *Paulus*, pp.29ff.; Kasting, Anfänge, pp.11ff.

**43** Bornkamm, *Paulus*, p.33.

**44** Cf. W. D. Davies, op. cit., p.873.

대 선교사였을 것이라는 견해를 제시해 왔었다.[45] 그 구절은 이렇다: '형제들아, 내가 지금까지 할례를 전한다면 어찌하여 지금까지 박해를 받으리요? 그리하였으면 십자가의 걸림돌이 제거되었으리라'(ἐγὼ δέ, ἀδελφοί, εἰ περιτομὴν ἔτι κηρύσσω, τί ἔτι[46] διώκομαιE ἄρα κατήργηται τὸ σκάνδαλον τοῦ σταυροῦ). 이 구절에서 바울이 염두에 두었던 사람들은 유대 기독교 선동자들이었던 것 같다.[47] 그들은 갈라디아 교인들이 할례를 받도록 설득하기 위하여 고린도전서 7:18f.; 갈라디아서 5:6; 6:15에 묘사된 것과 같이 할례에 대한 바울의 태도를 오해하여 디모데가 할례를 받은 경우(행 16:3)를 지적하면서 바울은 목적 성취에 적합하다고 생각할 때는 여전히 할례를 권하였다고 주장했다. 바울이 회심 이후에도 할례를 선포한 적이 있었다고 감히 생각할 수 없기 때문에 조건절의 '에티'(ἔτι)는 '내가 그리스도인이 되기 전과 마찬가지로 지금도'로 이해해야 한다. 이 말씀 안에는 그가 여기서 회심 전에 할례를 전파했음을 암시하고 있다는 것이다. 이것은 바울이 유대인의 선교사였다는 견해를 확증하는 것으로 볼 수도 있다.

그러나 문제는 바울 당시의 유대교에서는 그 신조를 전파하기 위하여 종교 단체에서 파송받은 사람이란 의미의 '선교사'란 존재하지 않았다는 데 있다. 유대교 개종자에 관한 랍비들의 어록이든 헬라적 유대 선교 문서든, 양쪽 모두의 전승들에 이방인들을 유대교로 개종시키기 위하여 선교사들을 파송했다는 것을 암시라도 하는 구절이 전

---

**45** E. Barnikol, *Die vorchristliche und frühchristliche Zeit des Paulus*(1929), pp.18ff.; Bultmann, 'Paulus', 1021; Bornkamm, *Paulus*, p.35; Hübner, 'Herkunft', p.222; cf 또한 M. Hengel, 'Ursprünge', p.23.

**46** ἔτι가 D, G 사본 그리고 고대 라틴 사본들에는 부재할지라도 그것을 원본으로 읽어야 한다.

**47** Cf. Burton, *Gal.*, p.286; Schlier, *Gal.*, p.239.

혀 없다.[48] 오히려 이방인들에 대하여 비교적 개방적인 유대교라 할지라도 주로 이방인들을 자기들 스스로 유대교로 들어오는 개종자들, 또는 '하나님을 경외하는 자들'로 받아들이는 것으로 만족하였던 것으로 보인다.[49] 또는 기껏해야 일상생활을 영위하는 동안 개별적으로 자기들과 접촉한 이방인들을 유대교로 끌어들이는 유대인들이 있었을 뿐이었다.[50] '교인(유대교 개종자) 하나를 얻기 위하여 바다와 육지를 두루 다녔다'는 서기관과 바리새인이란, 아마도 한 사람의 개종자를 만들 가능성을 발견하였을 경우 그들은 종종 긴 여행도 감수할 수 있을 만큼 열정적이었다는 의미일 것이다. 만일 그들을 그들의 공동체(Gemeinde)에서 의도적으로 파송한 (전담) 선교사들로 생각할 수 있다면, 마태복음 23:15이 유대교에 그러한 선교사가 존재했음을 증거하는 유일한 구절일 것이다. 그러나 유대교에는 선교사를 지칭하는 칭호나 명칭이 없다는 사실로 미루어 그러한 추측은 불식된다.[51]

---

[48] Moore i, p.324; Jeremias, *Promise*, pp.16f.; Munck, *Paul*, pp.264ff.; Hahn, *Mission*, pp.16, 18.; Wilson, *Gentiles*, pp.2f.; Kasting, *Anfänge*, p.20. 유대교의 어떤 항목들의 보편성은 원심성이라기보다는 항상 구심성이었다. 헬라주의적 유대 선전 문서가 이방 독자들을 염두에 두고 썼는지, 아니면 유대 독자들을 염두에 두고 썼는지는 분명하지 않다. 다시 말해서 그 문서의 목적이 이방인들을 개종시켜 유대교로 포섭하려는 데 있었는지, 아니면 우상 숭배의 어리석음과 그 밖의 여러 이교 행습을 비난함으로써 이교의 영향에서 유대교를 보호하고 유대교를 찬양하려는 데 있었는지는 명확하지 않다(cf. Schürer, *Geschichte* iii, pp.162ff.; Jeremias, *Promise*, pp.12ff.; Munck, *Paul*, pp.267ff.; Kasting, *Anfänge*, pp.18f.)

[49] 유대교로 개종하는 데 있어 이방인들이 주도권을 잡아야 한다는 유대인의 주장을 참고하려면 Str.-Bill. i, pp.925ff.를 보라.

[50] Cf. K. H. Rengstorf, ἀπόστολος, TDNT i, p.418; Wilson, *Gentiles*, p.2. Josephus, *Ant*. xx 34-48에 따르면 상인 아나니아와 갈릴리 출신의 엄격한 유대인(바리새인?) 엘리에셀은 아디아벤 왕 이자테스(Izates)를 유대교로 개종시켰는데, 이것은 그러한 인물들에 대한 예가 된다 하겠다. 짐작건대 그들은 헬라 유냉 철학의 순회 설교사들의 모델에 나오는 순회 선교사들로 생각해서는 안 될 것이다(cf. Georgi, *Gegner* pp. 100ff.; 게오르기와 반대되는 견해를 보려거든 Kasting, *Anfänge*, p.20을 참조하라).

[51] O. Betz(구두로). cf. Rengstorf, op. cit., p.418: שְׁלִיחִים와 이와 같은 어원의 낱말들은 유대교의 '선교' 활동과 연결된 적이 없다; A. Oepke, 'Probleme der vorchristlichen Zeit des

그러므로 만일 갈라디아서 5:11이 바울이 그리스도인이 되기 전 얼마 동안 할례를 '전파하였음'[52]을 암시하는 것이라면 그것은 그가 유대인 선교사로서 그 일을 수행했음을 의미하는 것이 아니다. 짐작건대 할례를 옹호한 바울의 유대적 '선교' 활동들은 정규적인 직업 선교사로서의 사역이라기보다는 개인적으로, 그리고 간헐적으로 행한 개종시키는 활동들을 말하고 있는 것이라 생각할 수 있을 것이다.[53]

바울이 자신을 '율법으로는 바리새인이라'(빌 3:5; cf. 행 26:5)고 소개할 때 그는 그의 회심 전의 신학적 입장을 밝히고 있는 것이다. 사도행전 23:6에 따르면 바울의 부모도 바리새인이었다. 바리새인인 바울에게 있어 토라는 의를 획득하는 유일하고도 확실한 수단으로서 그의 삶을 결정짓는 요인이었다. 그래서 그는 성문 율법과 구전 율법을 배우고 지키는 데 대단히 열심이었고, 그의 동료들보다 지나칠 정도로 앞서 나아갔던 것이다(갈 1:14f.). 참으로 그는 '율법에 표명된 의의 표준대로는 흠이 없는 자'라고 말할 수 있었다(빌 3:6). 바울의 자신에 대한 이러한 증언은 주목할 필요가 있다. 바울은 팔레스틴의 랍비적 유대교에 대해서 알지 못했고 단지 헬라 문화로 오염된 디아스포라의 유대교만 알고 있었다든지[54] 또는 율법에 대한 그의 이해는

---

Paulus", *Das Paulusbild in der neuern deutschen Forschung*, ed. K. H. Rengstorf(1964), p.427.

**52** The περιτομὴν κηρύσσειν은 바울이 종종 사용하던 Χριστόν κηρύσσειν에 유비가 되는 바울적 표현(형식)으로 생각된다(고전 1:23; 고후 4:5; 빌 1:15). Cf. Schlier, *Gal.*, p.239; Oepke, *Gal.*, p.124.

**53** Cf. Rengstorf, op. cit., p.418; Oepke, *Gal.*, p.124; Schlier, *Gal.*, p.238.

**54** C. G. Montefiore, *Judaism and St. Paul*(1914), pp.93ff.; Schoeps, *Paul*, pp.213ff. Cf. 또한 Klausner, *From Jesus to Paul*, p.312. 이에 대한 반대 견해로는 W. D. Davies, *Paul and Rabbinic Judaism*(²1955), pp.1ff.; W. G. Kümmel, 'Jesus und Paulus', *Heilsgeschehen und Geschichte*(1965), pp.449f.; cf. 또한 O. Betz, 'Paulus als Pharisäer nach dem Gesetz: Phil. 3, 5-6 als Beitrag zur Frage des frühen Pharisäismus', *Treue zur Thora*, G. Harder FS, ed. P.v.d. Osten-Sacken(1977), pp.54-64.

랍비적이 아니라 묵시문학적이었다[55]고 주장해서는 안 될 것이다. 바울은 확실히 '묵시문학적 신학자'였지만[56] 그는 바리새인으로서 그러하였던 것이다. 바울 당시에는 '묵시문학이 바리새적 유대교와 전혀 관계가 없는 것이 아니었다.'[57]

하아커(K. Haacker)는 바울의 교회를 핍박하는 '열심'(갈 1:4; 빌 3:5; cf. 행 22:3f.)의 관점에서 바울이 기독교 이전에 가졌던 신학적 입장을 보다 자세하게 규정하려 하였다.[58] 하아커는 빌립보서 3:5f.의 대구법에서 여기서의 '열심'은 심리적인 상태만이 아니라 신학적인 개념까지 의미한다고 유추해 낸다.

---

[55] D. Rössler, *Gesetz und Geschichte*(1962)를 따라 빌켄스(Wilckens)는 율법에 대한 랍비적 이해와 묵시문학적 이해를 구별한다('Bekehrung', pp.20ff.): 랍비적 율법 이해에 따르면, 율법은 마땅히 순종해야 하는 일단의 하나님의 계명들이다. 반면 묵시문학적 율법 이해에 따르면, 율법은 하나의 통일체이며, 이 세대에서 이스라엘의 선택을 증명하는 구속사적 기능이 있다. 빌켄스(Wilckens)는 바울에게 이러한 묵시문학적 율법 이해가 있었다는 가정만이 바울이 회심 때 율법에서 그리스도에로의 구속사적인 전이(禮移)(롬 10:4)를 어떻게 간파하게 되었는지 설명할 수 있다고 주장한다. 그러나 뢰슬러(Rössler)는 이러한 결론에 이르기 위하여 그가 임의로 선택한 자료들 때문에 많은 학자들에게 신랄한 비평을 받아 왔다. 예컨대 Kümmel, op. cit., p.450; A. Nissen, 'Tora und Geschichte im Spätjudentum', *NovT* 9(1967), pp.241-277; H. D. Betz, 'Apokalyptik in der Theologie der Pannenberg-Gruppe', *ZThK* 65(1968), pp.260ff. 뢰슬러가 구별한 두 가지 이해-랍비적 이해와 묵시문학적 이해-는 랍비 문서와 묵시문학 모두에서 발견된다는 사실, 즉 이 둘 사이의 율법 이해에 있어 본질적으로 일치한다는 사실은 오늘날 일반적으로 인정되고 있다.

[56] Wilckens, 'Bekehrung', p.24; Kümmel, op. cit., p.450; cf. E. Käsemann, 'Zum Thema der urchristlichen Apokalyptik', *EVB* ii, pp.125ff.

[57] W. D. Davies, *Paul*, pp.9ff.(p.10에서 인용); 또한 같은 저서의 'Apocalyptic and Pharisaism', *Christian Origins and Judaism*(1972), pp.19-30; D. S. Russell, *The Method and Message of Jewish Apocalyptic*(1964), pp.25ff.

[58] K. Haacker, 'Die Berufung des Verfolgers und die Rechtfertigung des Gottlosen', *Theol. Beiträge* 6(1975), pp.5ff.

> κατὰ νόμον Φαρισαῖος,
> κατὰ ζῆλος διώκων τὴν ἐκκλησίαν
> (율법으로는 바리새인이요
> 열심으로는 교회를 박해하는 자로다.)

하아커의 말을 직접 들어 보면: '바리새인인 바울에게 율법은 모든 것을 지배한 규율이었듯이 핍박자인 바울에게 열심은 그가 핍박하게끔 한 규범, 즉 결정적인 동인이었다.'[59] 바울은 자기를 죽이려고 하는 예루살렘 군중에게 그가 그리스도인이 되기 이전 시기에 대하여 '(내가) 오늘 너희 모든 사람처럼 하나님께 대하여 열심이 있는 자라'(행 22:3)고 증언했는데 하아커는 이 구절에서 '열심'이라는 단어가 바울이 회심 전에 보여 주었고 지금 그 자신이 복종하고 있는 바 과격한 종교적 불관용(不寬容)에 대한 개념임을 가리킨다고 했다.[60] 하아커는 이것을 제시한 후 회심 이전의 바울을 마카비나 열심당 같은 영적 전통에 연결시킨다.

마타티아스가 율법에 대한 열심에서 안티오쿠스 에피파네스의 명령에 순응하여 우상에게 제사를 드렸던 한 이스라엘의 배교자를 죽였을 때 마카비 봉기는 발발되었다(마카베상 2:23ff.). 이러한 행동을 한 마타티아스는 하나님에 대한 열심에서 배교하는 이스라엘을 살해하고 '열심당'들의 전형이 된 비느하스에 비견된다(민 25:1-18; 시 106:31; 시락 45:23; 마카베 상 2:26, 54; 제4마카베 18:12).[61] 마카비 형

---

**59** Ibid., p.8. 이 점에서 하아커는 E. Lohmeyer, *Phil.*, p.130을 언급한다.
**60** Haacker, 'Berufung', p.8.
**61** Cf. W. R. Farmer, *Maccabees, Zealots and Josephus* (1956), pp.177f.; M. Hengel, *Die Zeloten* (1961), pp.69f.; Bruce, *NT History*, pp.88f.; Dupont, 'The Conversion of Paul', p.184.

제들은 어떤 의미에서 열심당들의 선각자들이었다.[62] 그리고 그들은 전형(prototype)인 비느하스와 그의 열심 및 그들의 투쟁에 있어서의 최우선의 동기가 종교라는 사실을 공유하였으며, 그들 투쟁의 대상은 우선적으로는 배교하는 이스라엘이며 그 다음에는 억압하는 이교 세력이었다.[63] 하나님과 율법에 대한 그들의 열심의 목표는 '범법자들을 자발적으로 처단함으로써 이스라엘의 순결함, 이스라엘의 신앙과 성전을 회복시키는 데' 있었다.[64] 배교자들을 죽이는 것은 배교로 인해 이스라엘 위에 내리신 하나님의 진노를 없애는 (이른바) 속죄제의 효과가 있는 것으로 생각했음이 분명하다.[65] 민수기 25:13에 대한 랍비들의 해석은 배교자를 죽이는 것과 제사를 드리는 것을 유비하고 있다: '…만일 어떤 사람이 악한 자의 피를 흘렸으면 그것은 마치 그가 희생 제사를 드린 것과 같다.'[66] 하아커에 따르면 요한복음 16:2은 그리스도인들이 '악한 자들'로서 죽임을 당할 자 가운데 포함될 수 있다는 증거 구절이 된다: '때가 이르면 무릇 너희를 죽이는 자가 생각하기를 이것이 하나님을 섬기는 (하나님께 희생 제사 드리는) 일이라 하리라.'[67] 이러한 예로부터 하아커는 바울이 율법에 대한 열심에서 그리스도인들을 핍박한 것이 그가 이러한 영적 전통에 속했음을 보여 준다고 결론짓는다.[68] 그런데 그가 속했던 전통은 열심당 조직[69]

---

62 Farmer, *Maccabees, passim*; Hengel, *Zeloten*, pp.176ff.

63 Ibid.; Haacker, 'Berufung', p.9.

64 Hengel, *Zeloten*, p.70.

65 Sifre Num 131. Cf. Hengel, *Zeloten*, p.161f., 164; Haacker, *'Berufung'*, p.9; Farmer, *Maccabees*, p.178.

66 Num. R.21:3. Cf. Hengel, *Zeloten*, p.164; Haacker, 'Berufung', p.10.

67 Ibid.; cf. Str.-Bill. ii, p.565.

68 Haacker, 'Berufung', p.10; cf. Farmer, *Maccabees*, pp.178f. Farmer 역시 이와 대단히 유사한 제안을 한다.

69 Cf. Hengel, *Zeloten*, p.184; Bruce, *NT History*, p.89.

이 아니라, 바리새 운동의 과격파인, 짐작건대 샴마이 학파였던[70] 듯하다.

만일 위와 같은 추측이 사실이라면 바울이 힐렐의 전통에 따라[71] 회심 전에 그 자신이 이방 선교에 직접 종사하고 있었거나 그렇지 않다 하더라도[72] 그에 대하여 개방적 태도를 가지고 있었을 것이라는 가정의 근거가 없게 된다. 이와는 정반대로, 그는 이방인들에게 적대적이었고 그들을 유대교로 개종시키는 데 별 관심이 없었다고 추정된다.[73]

---

**70** Haacker, 'Berufung', p.10. 예레미아스(J. Jeremias)는 그의 논문 'Paulus als Hillelit' in *Neotestamentica et Semitica*, Studies in Honour of M. Black(1969), pp.88-94에서 바울의 신학적 특성과 성경 해석법의 관점에서 볼 때 그는 힐렐파였다고 증명하려 하였다. 실제로 예레미아스는 바울이 가말리엘의 문하에 있었다는 사도행전 22:3에서 나오는 널리 인정된 믿음에 대한 확고한 근거를 찾고 있었다. 그러나 이 견해는 하아커와 휘브너(Hübner)에 의하여 비판을 받았다. K. Haacker, 'War Paulus Hillelit?', *Das Institutum Iudaicum der Universität Tübingen 1971-1972*, pp.106-120; 그리고 Hübner, 'Herkunft', pp.215-231. 하아커는 예레미아스가 증명한 바울이 힐렐파였다는 지적을 하나하나 면밀하게 검토하고 거기에 의문을 제기한다. 휘브너는 갈라디아서 3:10과 5:3의 기저에 깔려 있는 신학적인 배경을 검토한 후에 바울은 그와는 반대로 샴마이파였다는 결론에 이른다. 그리고 두 사람 모두 장로 가말리엘이 힐렐파였다는 전통적인 견해에 의문을 제기한다. 하아커는 자기의 견해를 지지하기 위하여 가말리엘 1세가 힐렐 학파와 연결되었다는 증거를 거의 찾지 못하고 오히려 그 반대로 가말리엘이 힐렐보다는 샴마이에 더 근접해 있음을 발견한 누스너(J. Neusner)를 인용한다. 누스너의 가말리엘 1세에 관한 연구 참조 - *The Rabbinic Traditions about the Pharisees before 70*, Part I(1971), pp.341-376.

**71** b. Shab. 31a에는 이방인들에 대한 샴마이의 태도와 힐렐의 태도가 대조되어 나타나 있다. 샴마이는 이방인들에 대하여 엄격하고 비우호적인 태도를 취했던 반면, 힐렐은 이와는 대조적으로 개종에 대한 그의 개방적인 태도와 이방인들에 대한 그의 온화함 때문에 세 명의 개종자를 얻었다고 한다. 이것과 관련하여 pirqe Aboth 1:12도 종종 인용된다: '힐렐은 종종 이렇게 말하곤 하였다: 화평을 사랑하고 추구하는 아론의 제자들이 되라. (동료) 피조물을 사랑하고 그들을 토라 가까이 데려오는 사람이 되라.' Cf. Moore i, pp.341f.

**72** Cf. Hengel, 'Ursprünge', p.23.

**73** 휘브너는 바울이 회심 전에 이방인들 사이에서 샴마이의 선교사였다고 생각한다. 그의 'Herkunft', pp.222f. 에서 휘브너가 주장하다시피 개종자는 할례를 받음과 아울러 전 율법-예외 없이 율법의 모든 개별 명령들(Moore i, p.331에 있는 언급들을 보라) -을 지킬 의무가 있다는 랍비적 전통이 그 배후에 깔려 있는 갈라디아서 3:10, 22; 5:3

## 2. 핍박자 바울

그러므로 바울이 교회를 핍박한 것은 율법과 조상들의 전통에 대한 '열심'에서 나온 것이었다(고전 15:9; 갈 1:13f.; 빌 3:6; 행 9:1ff.; 22:3ff.; 26:9ff.). 바울의 과격한 바리새적 신학 입장에 대해 전술한 내용으로 인해 바울이 그리스도인들을 핍박한 이유에 대한 이해가 용이해졌다: 바울은 그들을 율법의 배교자로 보았던 것이다. 이러한 사실은 스데반의 순교에 대한 누가의 묘사에서도 나타난다(행 6, 7장). 사도행전 6:11, 13f.에 따르면 예루살렘에 있는 헬라파 회당(들)에서 온 유대인들은 스데반이 성전과 율법을 훼방하였다고 하여 그를 고소한다. 이것이 누가의 창작물이 아니라 헬라파 유대 그리스도인들이 성

---

의 사상들에는 개종의 문제에 있어 바리새인인 바울은 예비 개종자에게 전 토라를 하나의 문장-'황금률'의 부정적 형식-으로 요약한 힐렐의 자유주의적 견해보다는 샴마이의 엄격한 견해(cf. b.Shab.31a)를 대표하였음이 암시되어 있다. 그러나 앞에서 이미 갈라디아서 5:11에 근거하여 회심 전의 바울을 유대의 선교사로 묘사할 수 있다는 사실은 부인되었다. 바울을 샴마이 학파와 연결시킴으로써 이러한 부인은 한층 강화된 것으로 보인다. Moore i, p.341은 R. Eliezer ben Hyrcanus(c. 90A.D.)를 이방인과 개종자에 대한 그의 태도에 있어 '샴마이의 정신을 지닌 진정한 후예'로 제시하고 있다. 엘리에제르(R. Eliezer)는 개종자들에게는 나쁜 경향이 있다든지(Mek. Ex 22:20) 출애굽기 23:4의 '원수'는 자기의 옛 길에 다시 빠진 개종자를 말한다(Mek. Ex 23:4)고 말하기도 하였다. 엘리에제르의 태도를 예루살렘 멸망 전 샴마이 학파의 전형으로 간주할 수는 없다손 치더라도(cf. 주후 70년 이후 점차 증가한 개종에 대한 부정적 태도를 보려거든 Str. -Bill. i, pp.924ff), 샴마이의 태도와 아울러 그의 태도는 적어도 샴마이 학파가 개종자들을 별로 탐탁하게 생각하지 않았음을 제시하는 것으로 생각된다. 개종자들에 대하여 부정적 견해를 가졌는데도 샴마이파에 속한 사람이 개종자를 만들기 위하여 선교사가 되는 일이 있었겠는가? 바울을 샴마이파로서 생각한 이러한 고찰은 앞에서 제시한 갈라디아서 5:11 해석을 강화시킬 뿐이다. 즉 이러한 고찰은 회심 전의 바울을 정규 선교사로 그리지 않고 오히려 기껏해야 바울이 개인적으로, 그것도 이따금씩 개종하는 일에 가담하였을 뿐임을 지적한다. 바울은 샴마이파로서 이방인을 개종시키는 데 자기가 주도권을 쥐지는 않았다. 그러나 만일 그가 개종하겠다는 사람을 만나면 그에게 엄중한 조건을 제시하여 그 사람에게 할례를 받으라고 하였을 뿐만 아니라, 할례를 받음과 아울러 전 율법을 지킬 의무가 있다는 것을 가르쳤던 것이다(cf. 갈 3:10; 5:3).

전과 율법에 대하여 비평하는 것에 대한 유대인의 비난을 반영하는 것이라고 주장할 만한 충분한 근거가 있다.[74] 오순절 마지막 날, 은사로서 성령의 부어주심을 경험한 헬라파 유대 그리스도인들은 모세 율법과 성전에 대한 예수님의 종말론적, 비평적 해석을 이어받았다.[75] 혹자는 헬라파 유대 그리스도인들이 그리스도 사건으로 말미암아 모세 율법이 완전히 폐지되었다고 생각하고는 그들이 율법과는 상관없는 이방 선교를 창시하였다고 주장한다.[76] 그러나 헬라파 사람들이 행한 율법에 대한 비평은 그렇게 진보적인 것 같지는 않다. 헬라파 사람들이 단지 성전 제의(祭儀)와 율법의 의식법적 측면만 폐지되었다고 보았고 십계명과 율법의 윤리적인 측면은 계속 지키고 있었다는 헹엘의 주장은 옳은 것 같다.[77] 스데반이 비판했던 대상이 성전과 율법이었음을 지목한 누가의 통찰은 이 견해를 지지한다고 할 수 있다.[78] 그런데 헹엘의 또 다른 관찰은 보다 더 중요한 의미를 지니는 것 같다. "나사렛 예수가 이곳을 헐고 또 모세가 우리에게 전하여 준 규례를 고치겠다"(행 6:14)고 전파하였다고 비난한 내용에 대하여 스데반은 예수님을 '율법의 마침'(롬 10:4)으로보다는 새로운 율법 수여자로 생각하였

---

**74** Cf. Hengel, 'Ursprünge', p.26.

**75** Hengel, 'Zwischen Jesus und Paulus', pp.191ff.를 보라. 여기서 헹엘은 헬라파 사람들의 성령으로 영감된 종말론적 열정이 율법과 성전에 대한 그들의 비평의 근거였음을 밝히며 그들 비평주의 맥의 개요를 서술한다; 또한 그의 'Ursprünge', pp.29ff. Cf. W. Manson, *The Epistle to the Hebrews*(1951), pp.25-46. 스데반파의 카리스마적 성격에 대해서는 Friedrich, 'Gegner', pp.199ff.를 보라.

**76** F. Hahn, *Der urchristliche Gottesdienst*(1970), pp.50f.; W. Schrage, "'Ekklesia' und 'Synagoge'", *ZTHK* 60(1963), pp.196ff.; W. Schmithals, *Paulus und Jakobus*(1963), p.20.

**77** Hengel, 'Ursprünge', pp.27ff.; 'Zwischen Jesus und Paulus', pp.191ff. 두 군데 모두에서 헹엘은 신약성경에 의식법과 윤리법 사이의 구분 같은 것은 존재하지 않는다고 생각하는 하안(F. Hahn, op. cit., p.50)과는 반대로 두 종류의 율법을 구별하는 것의 타당성을 논증한다. Cf. 또한 P. Stuhlmacher, *Evangelium*, pp.251f.

**78** Hengel, 'Ursprünge', p.27.

음이 암시되어 있다.[79] 헬라파 사람들은 예수께서 성전에 대하여 책망하신 내용(막 11:15-18과 병행구절; 14:58과 병행구절)을 염두에 두고, 그리고 예수님의 죽음은 '우리 죄를 위하여' 단번에 드리신 속죄제(고전 15:3)였다는 확신 속에서 성전의 제의를 단지 필요없는 것으로 여겼을 뿐만 아니라 적극적으로 반대해야 할 것으로 보았던 것이다. 예수께서 가르치신 바, 중요한 것은 계명들에 대한 외적 준수가 아니라 정결한 마음이었기 때문에(막 7:1-23과 병행구절) 그들은 의식법과 아울러 의식적 정결을 위한 결의법(決疑法)적 계명들도 공격 대상이 되었다. 그들은 의식법과 제의법의 외형주의를 비난하는 한편 메시아이신 예수께서 새롭게 계시하신 하나님의 뜻, 특히 사랑의 계명에 대해 마음에서 우러나오는 진정한 순종을 드려야 함을 강조하였다(막 12:28-34과 병행구). 헹엘이 제시한 것처럼[80] 헬라파 유대 그리스도인들은 예수님이 모세보다 우위에 계시며 그는 모세의 율법을 새롭고 철저하게 내면화된 윤리적 계명들로 대체하셨음을 정확하게 이해하였다. 이러한 사실은 일례로서 다음의 대조에 암시되어 있다: '옛 사람에게 말한 바… 하였다는 것을 너희가 들었으나, 나는 너희에게 이르노니…'(마 5:21ff.). 그리고 그들은 예수는 새로운 율법 수여자로, 그의 교훈은 그의 죽음과 부활로 시작되어 성령의 경험으로 확고하게 된 메시아 시대의 새로운 토라로 여겼다.[81]

이제 모세의 율법과 조상들의 유전에 '열심 있는 자'인 바울은 Pirqe Aboth 1:2에 따르면 세상을 받치고 있는 세 개의 기둥에 해당하는 율법과 성전제의-세 기둥 중 마지막은 선한 행위이다-를 비난하는 행위를 보아 넘길 수가 없었던 것이다. 그래서 바울은 그러한 공격을 하

---

**79** Hengel, 'Zwischen Jesus und Paulus', p.191.
**80** Hengel, 'Ursprünge', pp.28f.; 'Zwischen Jesus und Paulus', pp.191f. (특히 n.137), 195f.
**81** 모세의 율법에 대한 예수님의 태도에 대해서는 뱅크스(R. Banks)의 *Jesus and the Law in the Synoptic Gospels*(1975).

고 있는, 그리하여 자기 눈에는 배교자로 비치는 그리스도인들을 핍박하였다. 바울이 교회 핍박을 율법에 대한 그의 열심과 연결시킨 것 (갈 1:13; 빌 3:5f.; 행 22:3f.)으로 보아 그리스도인들이 율법을 비난한 것이 그가 그들을 핍박한 우선적 이유인 듯하다. 그러나 그것만이 유일한 이유인 것 같지는 않다. 그리스도인들이 십자가에 달려 죽은 나사렛 예수를 메시아로 선포한 것 또한 그의 분노를 격발시킨 원인이 되었던 듯하다. 바울은 갈라디아서 3:13에서 그리스도께서 우리를 대신하여 율법을 전부 다 지키지 않은 모든 사람들에게 내리는 율법의 저주를 짊어지셨음을 보이기 위하여 신명기 21:23을 인용한다: "나무에 달린 자는 하나님께 저주를 받았음이니라"(70인경). 본문에는 돌에 맞아 죽은 범법자의 시체는 해질 때까지(만) 달아 두는 것으로 그려져 있다. 그런데 4QpNah3-4 1:7f와 Temple Scroll of Qumran 64:6-13에는 신명기 21:23이 기독교 이전 시대에 이미 십자가에 적용되었고, 십자가에 달린 자는 하나님께 저주를 받은 자로 간주되었음이 보인다.[82] 그래서 유대인들은 십자가에 달린 예수를 하나님께 저주받은 자로 간주하였을 것임에 틀림없다. 그들에게는 십자가에 달린 예수가 메시아라는 그리스도인들의 선포는 어불성설이었다. 십자가에 달린 예수에 대한 유대인들의 감정은 트리포(Trypho)가 잘 표현하고 있다. 그는 신명기 21:23을 지적하면서 예수의 메시아성을 거부한다.[83] 신명기 21:23을 언급하고 있는 사도행전 5:30; 10:39; 13:29; 베드로전서 2:24에는 그리스도인들이 처음부터 예수를 메시아라고 전파한다고

---

[82] Y. Yadin, 'Pesher Nahum(4Qp Nahum) Reconsidered', *IEJ* 21 (1971), pp.1-12; G. Jeremias, *Der Lehrer der Gerechtigkeit*(1963), pp.133ff.; M. Hengel, 'Mors turpissima Crucis', *Rechtfertigung*, E. Käsemann FS, ed. J. Friedrich *et al.*(1976), pp.176ff.; M. Wilcox, '"Upon the Tree" - Deut. 21:22 , 23', *JBL* 96(1977), pp.85-99.

[83] Justin Martyr, *Dial.*, 39:7; 89:1-90:1; cf. the Gospel of Nichodemus, 16:7. 두 곳에 대한 논의를 위해서는 E. Fascher, *Jesaja 53 in christlicher und jüdischer Sicht*(1958), pp.22f.를 보라.

해서 신명기 21:23에 근거하여 유대인들로부터 반대를 받았음이 나타난다. 그리스도인들이 자기들 편에서 먼저 신명기 21:23을 예수님께 적용하였을 리는 만무하다. 오히려 그들은 그 구절을 유대인 적대자들에게서 취하여 역공의 무기로 사용했을 것임에 틀림없다. 하나님께서는 예수를 죽은 자들 가운데서 부활시키심으로써 그의 정당함을 입증하셨으며, 동시에 그의 메시아를 십자가에 못 박도록 이방인의 손에 넘겨준 유대인들을 정죄하셨다.[84]

갈라디아서 3:13은 차치하고라도 고린도전서 1:23과 갈라디아서 5:11도 바울 자신이 십자가가 거치는 것임을 발견한 증거 구절이다. 바울은 그리스도인이 십자가에 못 박힌 예수를 메시아로 선포하는 것을 하나님에 대한 모독 행위로 판단했음에 틀림없다.[85] 바울이 생각하기에 하나님께서 그가 저주한 사람을 메시아로 만들 수는 없었기 때문이다. 예수가 메시아라고 선포하는 것은 하나님에게 있어서는 자기 모순인 것이다. 그래서 하나님께 대한 '열심 있는 자' 바울은 그리스도인들을 핍박하고자 하는 충동에 사로잡히게 되었다. 신명기 21:23은 틀림없이 바울이 그리스도인들을 핍박할 때 내세운 선전 구호였을 것이다.[86]

반복해서 주장하건대 그리스도인들이 십자가에 못 박힌 예수를 메시아로 선포한 것이 비록 유대인들에게 거치는 것이긴 하였으나[87] 그

---

**84** Cf. B. Lindars, *NT Apologetic*(1961), pp.232-237; Bruce, *NT History*, p.228. 유대 적대자들은 신명기 21:23을 왜곡시켰으나 초대 교회 신자들은 그 구절에서 그리스도의 죽음에 대한 구원론적 교리를 발전시켰다(본서 pp.465ff.).

**85** Bruce, *NT History*, p.228; J. Jeremias, *Der Opfertod Jesu Christi*(1963), p.13.

**86** P. Feine, *Das gesetzesfreie Evangelium des Paulus*(1899), p.18은 이것을 처음으로 인식한 사람으로 인정되고 있다. G. Jeremias, op. cit., pp.133f.; J. Jeremias, op. cit., pp.14f., Bruce, *NT History*, p.228; J. Blank, *Paulus*, p.245; Stuhlmacher, "Ende", p.29; Ph. H. Menoud, 'Revelation and Tradition', *Interpretation* 7(1953), p.133; W. G. Kümmel, *Die Thelogie des NT*(1972), pp.133f.

**87** Bultmann, 'Paulus', 1021; Bornkamm, 'Paulus', 169; *Paulus*, p.38; W. Schrage,

들이 핍박하는 유일한 이유는 아니었다. 유대교에서는 메시아를 사칭하는 많은 사람들과 그들을 따르는 사람들이 있었다. 그러나 그들이 그러한 잘못된 주장 때문에 핍박을 받지는 않았다는 사실을 밝히기 위하여 랍비 아키바가 주후 132년에 바르 코흐바를 메시아로 선포했다는 일화가 종종 인용되곤 한다.[88] 그러나 비평가들은 예수님의 메시아 선포와 바르 코흐바의 선포 사이에 진정한 유사성이 없다는 것을 잊고 있는 것 같다. 바르 코흐바는 이스라엘을 로마에게서 구출하려 한 민족적 영웅이었다. 반면에 예수님은 율법에 따르면 하나님의 저주 하에 십자가에 달린 자였다(신 21:23). 그러므로 십자가에 못 박힌 예수를 메시아라고 선포하는 것은 확실히 하나님께 참람하게 행하는 것이요 율법을 범하는 일이 된다. 게다가 그것은 로마인들에게 메시아를 십자가에 못 박게 내어준 유대인들의 죄를 강력하게 질책하는 것이기도 하였다(행 5:30f.; 10:39f.; 13:29f.). 이러한 도발에 대한 '열심 있는 자' 바울의 대답은 핍박밖에 다른 것이 있을 수 없었다.

그런데 두 가지 공격-율법에 대한 비난과 십자가에 못 박힌 예수를 메시아로 선포함-은 같은 의미이다: 그리스도인들은 메시아 예수의 이름으로 율법을 비난하였던 것이다. 율법에 대한 그들의 비난은 예수의 모범과 교훈만이 아니라 그의 죽음과 부활의 구원론적 의의에도 근거하고 있다. 그러므로 바울은 양자택일에 직면하였다: 율법인가, 아니면 십자가에 못 박힌 그리스도인가?[89]

---

"'Ekklesia' und 'Synagoge'", pp.197f.; J. Dupont, 'The Conversion of Paul', pp.187ff.; Kasting, *Anfänge*, p.54.

88 Bornkamm, *Paulus*, p.38; Schrage, op. cit., p.198.

89 Bultmann, 'Paulus' 1021; Bornkamm, 'Paulus', 169. 그러므로 율법이냐, 그리스도냐 하는 양자택일은 바울의 묵시문학적 율법 이해에서라기보다는 십자가에 못 박힌 그리스도의 이름으로 율법을 비평한 헬라파 유대 그리스도인들에 의하여 바울에게 제시된 것이다(against Wilkens, 'Bekehrung', pp.16ff.). cf. Stuhlmacher, "Ende", p.29; Schrage, op. cit., p.198.

이러한 고찰에서 암시되는 바는 바울의 핍박을 정면으로 받은 사람들은 예루살렘에 거주하는 헬라파 유대 그리스도인들이었으리라는 사실이다. '히브리파' 그리스도인들은 전통을 잘 따르는 듯이 보인 반면, 헬라파 유대 그리스도인들은 성전 제의와 율법에 대하여 매우 비판적이었다. 확실한 것은 '히브리파' 그리스도인들 역시 적어도 야고보가 예루살렘에서 베드로에게서 지도권을 이양받기 전인 초기 몇 년 동안은 십자가에 못 박힌 예수를 메시아로 선포하였으며, 비록 '헬라파' 형제들과 같은 정도는 아니지만 예수의 영향 하에서 율법의 사슬을 완화하였음에 틀림없다.[90] 만일 갈라디아서 1:23의 인용문 '다만 우리를 박해하던 자가 전에 멸하려던 그 믿음을 지금 전한다 함을 듣고'에서 '헤마스'($\dot{\eta}\mu\hat{a}\varsigma$ 우리들)에 '유대의 교회들'(갈 1:22)이 포함된다면[91] 그 말이 암시하는 것과 같이 '히브리파' 그리스도인들도 바울의 박해를 완전히 면하지는 못하였을 것이다.[92] 그렇지만 그들은 율법

---

[90] Hengel, 'Zwischen Jesus und Paulus', p.199는 아그립바 1세의 핍박과 사도회의(즉, 주후 44년과 48/49년) 어간에 예루살렘에서 이러한 지도자의 교체가 있었다고 제안한다(cf. 행 12:17 & Haenchen의 논평 *Apg.*, p.335과 Stählin, *Apg.*, pp.169f. 갈 2:9을 보라). 그리고 그 교체와 더불어 예루살렘 교회는 율법 준수에 더 엄격해졌다고 한다. 이미 이와 유사한 제안을 한 몇 명의 학자들이 있다: T. W. Manson, *Studies in the Gospels and Epistles*(1962), pp.195ff.; O. Cullmann, *Petrus Jünger-Apostel-Mörtyrer*(²1960), pp.46f.; Πέτρος, *TDNT* vi, pp.109f.

[91] Oepke, *Gal.*, p.38; Mussner, *Gal.*, p.99; W. G. Kümmel, 'Römer 7 und die Bekehrung des Paulus', *Römer 7 und das Bild des Menschen im NT*(1974), p.152; Ch. Burchard, *Zeuge*, p.50; cf. Schlier, *Gal.*, p.63.

[92] 혹자는 갈라디아서 1:22에 의하면 예루살렘이나 유대에서 바울이 핍박 활동을 하였을 가능성이 배제된다고 주장하였다(Haenchen, *Apg.*, p.248; Stählin, *Apg.*, p.118; Bornkamm, *Paulus*, p.38). 그리하여 다메섹과 인근 지역이 바울의 핍박 활동의 무대로 제안되고 있다(Haenchen, *Apg.*, p.249; Bornkamm, 'Paulus', Conzelmann, *Geschichte des Urchristentums*, p.65; Stuhlmacher, *Evangelium*, p.74). 그러나 비평자들이 생각하는 것처럼 갈라디아서 1:22의 내용이 글자 그대로 바울은 유대에 있는 교회(이것은 일반적으로 인정되듯이 예루살렘 교회를 포함한다)의 어떤 신자에게도 알려지지 않았음을 의미한다고는 할 수 없다. 이것은 바울이 자기가 베드로를 만나러 예루살렘에 가서 14일을 그와 함께 지냈다고 말하고 있는 갈라디아서 1:18f.과 상충된다. 예루살

에 대한 자기들의 보다 보수적인 태도 때문에 '헬라파' 형제들보다는 고난을 훨씬 덜 당했으며 '헬라파' 형제들은 예루살렘에서 도망해 나간 반면, 그들은 그곳에 머무를 수가 있었던 것으로 보인다.[93] 그래서 바울이 박해한 주요 대상은 '헬라파' 그리스도인들이었다. 이점에 대하여 헹엘이 탁월한 필치로 묘사하고 있다: "자신이 하나님의 교회를 '심히 박해하고' 뿐만 아니라 '멸하였다'는 바울의 고백(에포르둔 아

렘에 머무는 동안 그는 '사도들 중에서' 오직 베드로와 야고보만 보았고, 짐작건대 다른 사도들은 다른 곳에 있었던 것 같다. 그래서 바울은 예루살렘 교회의 성도들 중 적어도 두 사람과는 이미 개인적인 연식이 있었던 것이다. 그렇다면 아무리 그의 방문이 개인적으로 또는 비밀리에 이루어진 것이라 할지라도 그가 그곳에서 다른 그리스도인들을 만나지 못했다고 상상할 수가 있을까? 갈라디아서 1:22의 의미는 바울이 비록 예루살렘 교회의 어떤 사람들과 개인적으로 아는 사이였다고 하더라도 (전) 유대의 교회들-바로 유대 지방의 교회들-에게는 개인적으로 알려지지 않은 것이라고 해석하는 것이 자연스러울 것 같다(cf. Burton, *Gal*., p.60; Schlier, *Gal*., p.63). 이러한 사실로 인해 우리는 바울이 예루살렘에 있는 그리스도인들을 핍박하였고 그리하여 그들 몇 사람들에게는 알려진 바가 되었으나, 그는 15일이 지난 지금도 여전히 갈라디아서 1:22의 말을 할 수 있었다고 생각하게 된다. 바울이 그리스도인들을 찾아 가가호호를 샅샅이 뒤졌다는 누가의 묘사가 사실이긴 하지만(행 8:3), 바울이 이런 식으로 모든 그리스도인들을 핍박했다고 생각할 수는 없을 것이다. 바울의 공격을 직접적으로 받은 그리스도인들의 수가 그렇게 많지는 않았을 것이다(cf. Oepke, *Gal*, p.39; Mussner, *Gal*., p.99). Blank, *Paulus*, p.246과 Hengel, 'Zwischen Jesus und Paulus', p.196f.는 예루살렘에서 있은 바울의 핍박 활동을 연구하는 데 많은 노력을 기울였고 그 결과 그들은 바울이 '히브리파' 그리스도인들과 전혀 관계가 없는 '헬라파' 그리스도인들만을 핍박하였으며, 그 결과 '히브리파' 그리스도인들에게는 알려지지 않은 것이라고 단언한다. 그러나 이러한 주장을 약간 수정하는 것이 보다 역사적으로 분별력 있는 일일 것이다: 즉 바울의 핍박 대상(목표물)은 주로 '헬라파' 그리스도인들이었기 때문에 '히브리파' 그리스도인들 중 많은 사람들이 그의 공격을 직접적으로 받지는 않았을 것이다. 그래서 바울은 갈라디아서 1:22과 1:23에서 주장하고 있는 말을 할 수 있었다라고.

93 헹엘이 제안하듯이('Zwischen Jesus und Paulus'. p.199). '히브리파' 그리스도인들은 유대에서 살아남기 위해서 보다 엄격한 율법 준수에 대한 그들의 견해를 그들 주위에 있는 유대인들의 압력에 맞추어야만 했다. 반면 '헬라파' 그리스도인들은 디아스포라의 개방적 성격 때문에 덜 적응해도 되었다. '히브리파' 그리스도인들의 적응으로 그들은 예수님의 태도와 메시지에 대하여 '다시 유대화 되는' 결과를 낳고 말았다 (Stälin, *Apg*., p.117).

우텐 ἐπόρθουν αὐτήν 갈 1:13; cf. 1:23 그리고 행 9:21)[94]은 스데반파를 추방한 것과 매우 잘 들어맞는다. 여기서는 구체적인 교회가 '멸하였다.'[95]

갈라디아서 1:13의 이러한 표현들은 바울이 핍박 시 힘을 사용했음을 시사한다. 게다가 바울이 그의 핍박 행위와 관련하여 '열심'을 언급한 것은(갈 1:14; 빌 3:6; cf. 행 22:3) 비느하스, 마타티아스, 그리고 이와 유사한 사람들의 예를 본받아 그의 눈으로 볼 때 배교자들인 그리스도인들을 폭력으로 핍박하였음을 암시한다.[96] 바울은 신명기 21:23에 근거하여 십자가에 못 박힌 예수를 저주하면서(cf. 딤전 1:13) 예수를 메시아 또는 주(主) 라는 이름으로 부르는 자들을 공격하였고, 그들에게 강제로 예수를 모독하는 말-짐작건대 그를 저주하는 말-을 하게 하였다(행 26:9-11).[97] '예수를 저주할 자'(고전 12:3) 라는 형식은 이미 바울이 그가 핍박한 사람들에게 강제로 시킨 말이었던 것 같다.[98] 바울은 이렇게 하기를 거부하는 사람은 누가 되었든지 심판에 회부하였다. 그것은 바울이 훗날 예수 그리스도의 이름 때문에 유대인들의 손에 넘겨져 경험하였던 바로 그 심판이었다(고후 11:24f.).[99] 예루살렘의 헬라파 유대 그리스도인들이 그 핍박으로 흩

---

**94** πορθεῖν이라는 단어는 신약성경에서 오로지 이 세 군데에만 등장한다.

**95** Hengel, 'Zwischen Jesus und Paulus', p.172; cf. 또한 Bruce, *NT History*, p.215. 바울이 스데반 핍박에 동조하였다는 견해를 지지해 주는 근거를 위해서는 Burchard, *Zeuge*, pp.26-31(특히 p.23)을 보라. Cf. Bruce, op. cit., p.226; Blank, *Paulus*, p.245.

**96** K. Haacker, 'Berufung', pp.8ff.; Dupont, 'The Conversion of Paul', pp.183ff.

**97** G. Jeremias, *Lehrer*, p.135; J. Jeremias, *Opfertod*, p.14; Bruce, *The Book of the Acts*, p.490.

**98** G. Jeremias, loc. cit.; J. Jeremias, loc. cit. ΑΝΑΘΕΜΑ ΙΗΣΟΥΣ 형식이 유내인의 기독교 박해의 문맥에서 기인한 것이라는 견해를 보려면 J. D. M. Derrett, 'Cursing Jesus(1Cor xii.3): The Jews as Religious "Persecutors"', *NTS* 21(1975), pp.544-554. Cf. 또한 A. Schlatter, *Der Bote*, pp.332ff.

**99** 회당에서 실시하는 태장으로 종종 죽는 일까지도 발생했다. Hengel, 'Zwischen Jesus

어졌을 때 그는 다메섹까지 그들의 뒤를 추적하였다. 그러나 그것은 그의 생애에서 가장 결정적 순간에 이르는 계기가 되었다.

---

und Paulus', p.189(n.133).

# 제3장
# 다메섹 사건

## 1. '준비'가 있었는가?

바울의 교회 핍박은 그가 회심 전에 적어도 헬라파 유대 기독교의 케뤼그마의 일부를 알고 있었음을 전제로 한다: 예수는 메시아이시다; 그는 십자가에 못 박혔다. 그러나 하나님께서 그를 죽은 자 가운데서 부활시켜 '주'가 되게 하셨다; 그리고 그로 말미암아 모세의 율법이 구원의 방법으로는 근본적으로 평가 절하 되었고 어떤 부분은 완전히 폐지되었다. 이러한 지식의 전제 없이는 바울의 핍박 행위를 설명할 수 없다. 이러한 지식을 그의 회심에 대한 '준비'로 간주할 수 있을지에 대한 여부는 해석상의 문제이다.[1] 그러나 분명한 것은 그 지식이 바울을 설득하여 그를 회심으로 이끌었다고는 생각할 수 없다는 사실이다.[2]

---

1 Cf. Blank, *Paulus*, pp.247f.; Kasting, *Anfänge*, p.55; Bornkamm, *Paulus*, pp.45f; Stuhlmacher, "Ende", pp.28f.; Kuss, *Paulus*, p.286.

2 Contra R. Bultmann, *Theology* i, p.187: 바울은 헬라파 교회의 케뤼그마를 통하여 기독교 신앙을 갖게 되었다. Cf. Blank, *Paulus*, p.248: "그것들(앞서 언급한 바울에게 알려

그렇지만 바울의 회심에 대한 심리적인 준비를 규명해 보려는 많은 시도가 있어 왔다.[3] 종종 박해 하에 있는 그리스도인의 절개가 핍박자 바울에게 깊은 인상을 주었을 것이며 그의 광적인 핍박을 유대교에 대한 그의 억눌린 내적 회의의 표현이었으리라는 추측이 제기되곤 한다. 혹자는 사도행전 26:14의 격언에 담겨 있는 "가시채를 뒷발질하기가 네게 고생이니라"와 로마서 7장에 묘사된 율법 아래 있는 사람의 갈등 속에서 심리적인 준비를 찾았다. 그러나 사도행전 26:14의 격언은 단지 하나님을 대항하는 것은 득이 될 것이 없다는 의미로 이해할 수 있으며 또한 그렇게 이해하는 것이 옳은 것 같다(cf. 행 26:9). 그러므로 그 격언에 그리스도인들이 전파하는 말씀이 정당성이 있어서 그것에 설득당할 것을 염려한 바울이 그에 저항하기 위하여 오히려 그리스도인들을 핍박하였는데, 그리하여 바울의 양심에 찔림을 받았다는 따위의 의미는 조금도 들어있지 않다.[4] 그리고 큄멜(W. G. Kummel)은 로마서 7장을 바울의 자전적 기술로 해석할 수 없음을 증명하였다.[5] 큄멜은 세밀한 주석을 통하여 로마서 7:7-25의 1인칭 단수는 자전적인 것이 아니라 수사학적 또는 문체상의 인칭이며,[6] 여기서 바울은 기독교적 관점에서 구원을 필요로 하는 비기독교인, 즉 율법 아래 있는 사람을 묘사하고 있다는 결론에 도달한다.[7] 그러나 큄멜이

---

진 케뤼그마의 요지들)은 바울이 어떻게 하나님의 교회의 핍박자가 되었는지를 밝혀 준다. 그러나 그것들은 그가 어떻게 십자가에 못 박힌 자의 사도가 되었는지 더 이상 설명해 주지 않으며 또한 할 수도 없다. 그것은 역사적으로나 심리적으로 어떤 것에서 도출해 낼 수 있는 것이 아니다.

**3** Kümmel, *Römer* 7, pp.154ff.와 그 책에 인용된 참고문헌.
**4** Cf. Ibid., pp.155ff.; Munk, *paul*, pp.20ff.; Haenchen, *Apg*., p.611.
**5** Kümmel, *Römer* 7, 특히 pp.74ff.
**6** Ibid., pp.87ff., 118-126.
**7** Ibid., pp.118, 132ff. 이 견해는 오늘날 유럽의 저자들 사이에서 널리 인정되고 있다. 예컨대 Bultmann, 'Römer 7 und die Anthropologie des Paulus', *Exegetica*, pp.198ff.; G. Bornkamm, 'Sünde, Gesetz und Tod', *Das Ende des Gesetzes*(1958), pp.53ff.; P.

로마서 7장의 '나'는 모든 사람을 가리키며 로마서 7장은 어떤 특정한 경험이 아니라 죄의 율법이 사람을 사망으로 이끌며 그러므로 율법 아래 있는 사람은 무기력의 상태에서 헤어나오지 못한다는 생각을 '일반적'으로 다소간 이론적으로 묘사한 것이라는 결론에 만족한다.[8] 반면 케제만은 로마서 7:9-11에서의 주어는 온 인류를 자기와 연합시키고 있는 아담이고, 그리하여 율법과 관계된 그의 경험은 해당 절(롬 7:9-11)에서 율법과 관계된 사람의 경험의 전형이며[9] 로마서 7:14ff.에서 주어는 '아담의 그림자 안에 들어있는 사람'[10]이라고 보다 구체적으로 해석한다. 또한 케제만은 바울이 아담의 상황과 그가 기독교적 관점에서 바라본 율법 하에 있는 아담적 인간을 묘사하고 있음을 강조한다.[11]

이것은 주로 로마서 7장을 자전적으로 그리고 심리학적으로 해석하려는 시도에 대한 반대 견해로 제시된 올바른 고찰이다. 그러나 이 견해를 로마서 7장에는 바울이 과거 바리새인 시절 그가 실제로 경험

---

Althaus, *Der Brief an die Römer*([10]1966), pp.74ff.; S. Lyonnet, *Les étapes du mystère du salut selon l'épître aux Romains*(1969), pp.113ff.; U. Luz, *Das Geschichtsverst ndnis des Paulus*(1968), pp.158ff.; E. Käsemann, *Römer*, p.183; R. Schnackenburg, 'Römer 7 im Zusammenhang des Römerbriefes', *Jesus und Paulus*, W. G. Kümmel FS, ed. E. E. Ellis & Grässer(1975), pp.283ff. 한 가지 지적하고 넘어갈 사실은 여기에 언급한 저자들은 로마서 7장의 세부적인 내용에 대하여 서로의 이해가 상당히 다르다는 것이다. Cf. J. D. G. Dunn, 'Rom, 7:14-25 in the Theology of Paul', *ThZ* 31(1975), pp.257-273. 던은 로마서 7장에서 바울이 그리스도인의 경험을 묘사하고 있다는 고전적인 견해를 변호한다.

**8** Kümmel, *Römer* 7, p.132.
**9** Käsemann, *Römer*, p.186; 또한 Lyonnet, op. cit., pp.113ff.; Schnackenburg, op. cit., pp.293f. 로마서 7:7-13을 이와 비슷하게 아담과 '공인'(corporatepersonality)으로 해석한 초기의 저자들을 보려면 Kümmel, *Römer* 7, pp.85ff.를 참조하라. Cf. Bornkamm, op. cit., pp.58f.; Luz, op. cit., pp.166f.; C. H. Dodd, *The Epistle of Paul to the Romans*(1970), pp.123ff.
**10** Käsemann, *Römer*, p.190; Schnackenburg, *op. cit.*, p.295.
**11** Käsemann, *Römer*, p.183 *et passim*.

했던 것 – 그것이 무엇이 되었든 간에 – 이 전혀 반영되어 있지 않다는 의미로 이해할 수는 없다.[12] 경건한 유대인이라면 어느 누구라도 그러하듯 열심 있고 장래가 촉망되는 바리새인인 바울도 마찬가지로 율법이 죄를 짓는 데 박차를 가하는 것이라고 말할 수는 없었다.[13] 그러나 금령은 금지된 것을 하고 싶은 욕망을 자극한다는 대단히 인간적인 경험을 바울이 의식하지 못하였으리라고는 생각할 수 없다. 제4에스라(7:65ff., 116ff.; 8:35; 9:36 등)가 보여 주는 바, 깊은 죄의식과 율법 성취에 대한 비관에도 불구하고, 열심 있고 장래가 촉망되는 바리새인인 바울이 '죄 아래 팔려'(롬 7:14) 율법으로 말미암아서는 의를 얻을 수 없다고 하는 과격한 생각을 하였다고는 믿기 어렵다. 그러나 동시에 바울에게는 인간이라면 누구나 가지고 있는 선을 행하려는 의지와 실제로는 악을 행하고 있다는 인식 사이의 내적 갈등이 없었다. 그는 한 번도 율법을 지킬 능력에 대하여 회의를 해 본 적이 없으며 실제로 그 문제로 인하여 고민해 본 적이 없다고도 생각할 수 없을 것이다.[14] 바울에게는 이러한 인간적인, 너무나도 인간적인 경험들이 없었으리라 하는 것은 바울을 두 번 신격화시키는 것이다. 즉 이것은 바울이 보통 사람이 겪는 일반적인 경험과는 아무 상관없는 초인(超人)이었지만 그런 것을 경험하지도 않았으면서도 로마서 7장에 그

---

**12** 그러나 이것은 자주 로마서 7장의 자서전적, 심리적 해석에 나타난 분명한 주장에서 사람들이 받고 있는 인상이라는 사실을 인정해야만 한다.

**13** 그러나 cf. j. Yoma vi. 41, 43d와 *A Rabbinic Anthology*, ed. C. G. Montefiore and H. Loewe(1983), p.302에 있는 주석.

**14** Cf. Kümmel, *Römer* 7. pp.115ff. 불트만과 마찬가지로('Römer 7,' pp.201ff.) 로마서 7:14ff.의 $\theta\acute{\epsilon}\lambda\epsilon\omega$(원하다)을 개별적 주체의 소원이 아니라 '일반적인 인간 존재의 초주관적인 경향' 이라는 가당치 않는 견해를 고수하는 경우에 있어서만 이 견해는 부정될 수 있을 것이다. 불트만의 견해에 대한 비판은 다음의 문헌을 참조하라: G. Schrenk, $\theta\acute{\epsilon}\lambda\omega$, *TDNT* iii, pp.50ff.; P. Althaus, *Paulus und Luther über den Menschen* (1963), pp.469ff.; O. Kuss, *Der Römerbrief*($^4$1963), pp.469ff.

가 마치 경험한 것처럼 생생하게 그릴 수 있었다는 말이 된다.[15] 더욱이 이러한 생각은 그리스도 안에서 율법으로부터 자유를 얻었다고 말하는 바울의 주장을 그 주장과 관련된 경험적 실재와 분리시키는 것이다. (죄의) 율법의 멍에를 경험해 보지 못한 사람은 그 멍에에서의 자유도 알 수 없기 때문이다. 쿰란 종파의 감사의 찬양시들(특히 IQH 1:21ff.; 3:23ff.; 4:29ff.)과 IQS의 마지막에 있는 노래(9:26~11:22, 특히 11:9ff.)에 바울이 바리새인 시절에 그러했었다고 주장한 것처럼 (빌 3:6) 자기 자신이(보다 덜 의로운 자들에 비하여) 완전한 의를 주장할 수 있었던 열렬한 유대인이라고 할지라도 그 율법을 완전하게 지킬 능력에 대해서는 종종 의심을 했을 수 있다는 점이 잘 나타나 있다.[16] 그래서 쿠스(O. Kuss)는 로마서 7장에 율법 아래서의 바울 자신의 개인적 경험이 반영되어 있다는 가능성을 배제하는 해석에 대하여 이의를 제기했다.[17] 확실히 로마서 7:7-25은 바울이 과거 유대교에 있었을 때의 모습을 그대로 그리고 있는 것이라고 할 수는 없다. 오히려 그 구절들은 기독교적 관점에서 본 율법 아래 있는 아담적 인간에 대한 객관적인 경험을 묘사하고 있는 것이다. 거기에는 바울의 생애와 쉽게 들어맞지 않는 요소들이 있으며, 몇몇 일반적인 인간 경험들과 특히 사람의 율법 지킬 능력에 대한 의심 등이 급진적 어조로 들어 있다. 장래가 촉망되며 열심 있던 바리새인 바울은 회심 이후에야 비로소 율법 아래 있는 아담적 인간의 무력함에 대한 통찰을 가질 수 있었다. 그러나 바울은 이러한 사람, 특히 율법과 관련된 그의 공통된 인간 경험을 묘사함에 있어 자기 자신의 율법 아래에서의 경험을 고스

---

**15** Cf. Dunn, op. cit., pp.260f.

**16** Cf. W. Bousset and H. Greßmann, *Die Religion des Judentums*(⁴1966). pp.388-392, 402-409; G. H. Box, '4 Ezra', *Apoc. & Pseud.* ii, ed. charles, pp.555ff.; Davies, *Paul*, pp.11, 13; Betz, 'Paulus als Pharisäer', p.58.

**17** O. Kuss, *Römer*, pp.479f.

란히 사용한다.[18] 그는 달리 방도가 없었다.

이제 우리는 유대교 내에서 바울이 경험했던 것들의 일부가 로마서 7장에 반영되어 있다고 해석하는 것이 곧 로마서 7장에 바울 회심 이전에 바울의 마음속에 이미 회심의 준비가 내재해 있었음이 나타난다는 논리로 당연하게 귀결되는지 아닌지를 물어야 할 것이다. 쿠스에 의하면 로마서 7장에 바울의 회심 준비가 나타난다고 한다.[19] 쿠스는 바울이 빌립보서 3:5f.과 갈라디아서 1:14에서 그의 과거 바리새인 시절을 긍정적으로 인정한 것이 쿠스 자신의 결론에 전혀 방해가 되지 않는다고 주장한다. 바울이 두 구절에서 그것을 인정한 것은 자신의 유대 적대자들의 주장에 대한 역공과 바울에게도 그들이 자랑하는 특권이 있었음을 주장하려는 그의 필요에 의하여 나온 것이기 때문이다. 그러므로 이 본문들에서 바울은 여기서 실제로 말한 것 이외의 다른 내용에 대하여는 말을 할 필요가 없었고, 따라서 그렇게 언급되지 않는 내용은 사실이 아니라고 규정지어 말할 수는 없는 것이다.[20] 이러한 주장에 일말의 의미가 담겨 있으리라는 것은 의심할 바 없는 사실이다. 그러나 바울이 내적 갈등에 대한 그의 경험과 율법을 지킬 수 있는 그의 능력에 대한 의심의 문제를 그의 회심에 연결시키고 있다는 증거가 없기 때문에 쿠스의 주장이 전적으로 타당한 것은 아니라고 주장한 리구(B. Rigaux)는 확실히 수긍된다.[21] 갈라디아서 1:14과 빌립보서 3:5f.에 묘사되어 있는 회심 전의 바울의 모습에는 바울에겐 그러한 일반적인 경험이 전혀 문제 되지 않았다는 것과 오히려 바울

---

**18** Cf. ibid., H. Ridderbos, *Paulus: ein Entwurf seiner Theologie*(1970), p.99; Michel, *Römer*, pp.170f.; Dodd, *Romans*, pp.105f.; Barrett, *The Epistle to the Romans*(1957), p.152; Bruce, *Romans*, pp.148f.; P. Althaus, *Paulus und Luther*, pp.40f.

**19** Kuss, Römer, pp.479f.

**20** Ibid., p.480.

**21** B. Rigaux, *The Letters of St. Paul*(1968), pp.50f.

은 유대교에서 그가 이룬 업적을 지극히 만족하게 여겼다는 것이 암시되어 있다. 그 묘사에는 만일 바울이 그러한 갈등과 의심을 발견하였다면(경건한 쿰란 교도의 특징에 대한 케제만의 언급을 인용하자면), 그는 '토라의 기치 아래 투쟁하기 위해 투구를 더욱더 단단히 조여 매는' 사람이었지,[22] 사람이 율법을 지킴으로써 의를 얻을 수 있다는 근본적인 믿음에 대하여 회의를 느낄 사람이 아니라는 것이 암시되어 있다. 그래서 만일 본 문맥에서 '준비'라는 것이 율법에 대한 바울의 회의로 인해 그가 율법과 상관없이 그리스도의 복음을 받아들일 준비를 한층 더 용이하게 한 것을 의미한다면, 로마서 7장의 율법 아래 있었다는 바울의 회상을 그의 회심에 대한 준비, 즉 심리학적으로 전제되어진 준비로 보기는 어렵다.

## 2. 부활하신 그리스도의 환상

바울의 회심은 예루살렘 밖으로 도망간 그리스도인들을 잡기 위하여 그가 다메섹으로 가는 도중 부활하신 그리스도와 만남으로써 이루어졌다. 바울은 그 사건을 그리스도께서 자기에게 나타났다는 그리스도의 현현(Christophany)으로 묘사한다. 그리스도께서 바울에게 나타났고(옵데 $\H{\omega}\phi\theta\eta$, 고전 15:8; cf. 행 9:17; 26:16), 바울은 그리스도를 보았다(헤오라카 $\dot{\epsilon}\acute{\omega}\rho\alpha\kappa\alpha$, 고전 9:1).[23] 바울은 그리스도의 현

---

[22] Käsemann, *Römer*, p.193.

[23] W. Michaelis, $\acute{o}\rho\acute{\alpha}\omega$, *TDNT* v, pp.315-367(특히 355-360)에 따르면 단어 $\H{\omega}\phi\theta\eta$가 부활의 나타남을 가리키는 전문어로 사용될 때는 감각적, 또는 정신적 인지로서의 봄(seeing)이 아니라 말씀 계시에 우선적인 강조가 있다. 마르크센(W. Marxsen)도 이와 비슷하게 바울이 다메섹 도상에서 부활하신 예수 그리스도를 본 것이 아니라 예수님에 관한 진리의 계시('덮힌 것을 제치다'라는 의미의)를 받았다고 주장한다(*The Resurrection of Jesus of Nazareth*〈1970〉, pp.98-111). 그러나 고린도전서 9:1과 15:8에 나타난 바울의 언어를 설명하려는 그의 시도는 공정한 주해와는 동떨어진, 너무 임의적이라서 여기서 우리는 그것을 시시콜콜하게 다 논박하지는 않을 것이다. 다

현을 부활하신 그리스도께서 그의 제자들에게 나타나신 것과 동류의 것으로 간주하였고, 그리하여 그는 자신을 그리스도 부활의 증인들 가운데 한 사람으로 생각한다(고전 15:5-11).[24] 그리스도의 나타남은 다른 말로 해서 '예수 그리스도의 계시'(아포칼립시스 예수 크리스투 $ἀποκάλυψις$ $’Ιησοῦ$ $Χριστοῦ$)이다(갈 1:12)[25]: 그것은 하나님

---

만 갈라디아서 1:1, 16의 $ἀποκάλυψις$(계시)/$ἀποκαλύπτειν$(계시하다) 개념에 대한 그의 잘못된 해석에 대해서는 본서 pp.131ff.를 보라. 렝스트로프(K. H. Rengstorf)는 70인경, 유대교 그리고 신약의 $ὤφθη$ 단어의 사용을 탐구하여 미카엘리스(Michaelis)에 반대하면서, 부활의 나타남을 보도함에 있어 $ὤφθη$는 '가시적으로 된다는 구체적인 의미, 고로 눈으로 지각한다는 의미로' 이해해야 한다고 강조한다(*Die Auferstehung Jesu*⟨1960⟩, pp.48-62, 117-127, p.119에서 인용). 린드블롬(J. Lindblom)은 단어 $ὤφθη$가 심지어는 분명하게 지시되지 않은 곳에서라도 그것이 꿈이든 환상이든 혹은 물리적인 눈으로 보는 것이든 항상 봄(a seeing)을 암시한다는 점을 강조한다(*Gesichte und Offenbarungen*⟨1968⟩, pp.88ff.). 다메섹에서 그리스도가 나타남의 성격에 관한 다양한 질문들을 던이 주의 깊게 논의하면서(*Jesus and the Spirit*⟨1975⟩, pp.97-109⟨특히 104-109⟩) 그는 다메섹의 그리스도 계시는 바울 편에서의 '환상적인 감지'(visionary perception)를 포함하였다고 주장한다(p.106). 그러나 던은 바울이 '겨우 그 경험 자체-"내가 예수를 보았다"- 만을 이야기했지 그 이상은 주장할 수 없었으며(p.109, 강조는 던의 것) 그러므로 바울은 그의 경험을 묘사하지 않고 있다'(p.107)고 주장함으로써 실수를 범하고 말았다(본서 제 1장 그리고 pp.131ff, 378ff.).

24 이러한 사실은 바울이 다메섹 도상에서 그리스도의 나타남을 부활의 나타남에 대한 전통적인 목록에 삽입시켰다는 사실에서 뿐만 아니라 부활의 나타남을 가리키는 전문어인 $ὤφθη$를 다른 부활의 나타남에서와 꼭 마찬가지로 다메섹의 그리스도의 나타남에도 그가 사용했다는 사실에서도 보여지는 바이다.

25 갈라디아서 1:16의 관점에서 $’Ιησοῦ$ $Χριστοῦ$는 목적격적 소유격인 것 같다(Burton, *Gal*, pp.41ff.; Stuhlmacher, *Evangelium*, p.71; Mussner, *Gal*., p.68). 그러나 11, 12절의 직접적인 문맥에서 $’Ιησοῦ$ $Χριστοῦ$는 $παρὰ$ $ἀνθρώπου$('사람에게서')와 $ἐδιδάχθην$('가르침을 받았다')와 상반되는 위치에 있기 때문에 그것은 주격적 소유격일 가능성이 있다(Oepke, *Gal*., p.29). 혹자는 이것을 목적격적 소유격, 주격적 소유격 둘 다로 취급한다(Schlier, *Gal*., p.47; Blank, *Paulus*, p.213). 만일 $’Ιησοῦ$ $Χριστοῦ$가 주격적 소유격이면 $ἀποκαλύψεως$('계시의')의 대상은 물론 $τό$ $εὐαγγέλιον$('복음')이 된다. 그러나 바울이 곧 본문(갈 1:16)에서도 그렇게 한 것처럼, 대개 복음을 기독론적으로 정의하고 있기 때문에(롬 1:3f.; 고전 15:3-5) 설사 $’Ιησοῦ$ $Χριστοῦ$가 주격적 소유격으로 취급된다고 하더라도 예수 그리스도로 말미암는 $ἀποκάλυψις$('계시')의 내용은 여전히 예수 그리스도 자신이다. 그러므로 $ἀποκάλυψις$ $’Ιησοῦ$ $Χριστοῦ$ 문구는 예수 그리스도의 자기 계시를 의미한다.

께서 그의 아들, 곧 부활하신 그리스도를(cf. 롬 1:4) 바울에게 계시한 것이었다(갈 1:16). 바울이 그리스도의 현현에 대하여 '아포칼립시스'($ἀποκάλυψις$ 계시)라는 단어를 사용한 것은 그리스도의 현현이 '파루시아'(재림-또는 오심)의 예시 또는 선취적 실현이었다는 것과 그리스도께서 마지막 날에 그가 오실 때 보여줄 형상으로서 바울에게 계시되었다는 것을 암시한다.[26] 다메섹 도상에서의 '아포칼립시스 예수 크리스투'($ἀποκάλυψις$ $Ἰησοῦ$ $Χριστοῦ$ 예수 그리스도의 계시)는 부활의 나타남과 선취적인 파루시아(재림-또는 오심)라는 점에서 바울의 생애에서 독특한 사건이었고, 그러므로 나중에 일어나는 카리스마적인 '아포칼립시스 퀴리우'($ἀποκάλυψις$ $κυρίου$ 주의 계시)와는 전혀 유(類)가 다른 것이었다(고후 12:1).[27] 부활하시고 높임 받은 분으로서 그리스도는 영광의 광채를 동반하여 바울에게 나타났다(고후 4:6; 행 9:3; 22:6; 26:13).

이 객관적이고 외적인 사건은 바울 존재의 중심부에 영혼을 뒤흔드는 영향을 주었다(고후 4:6; 갈 1:16). 그것은 바울에게 있어 내적인 빛을 얻고(고후 4:6) 그가 율법으로 획득한 의 위에 하나님의 심판이 내림을 경험한 사건이었다. 그러므로 그것은 부활하고 높임 받은 그리스도를 아는 지식을 얻고 그를 믿음으로 말미암아 얻는 하나님의 의를 얻기 위해서 바울 자신의 의를 포기해야 하는 결단의 순간이었던 것이다(빌 3:7-9). 그것은 바울이 예수님에 대한 그의 잘못된 판단(고후 5:16; 갈 3:13)에서 그를 하나님의 높임 받은 메시아로, 하나님의 아들로, 그리고 주(主)로 아는 그리스도에 대한 바른 지식(고후

---

[26] 신약성경에서 $ἀποκάλυψις$ $Ἰησοῦ$ $Χριστοῦ$('예수 그리스도의 계시')라는 문구는 파루시아(재림-또는 오심)를 지시한다(고선 1:7; 살선 1:7; 벧전 1.7, 13). Cf. A. Oepke, $καλύπτω$, *TDNT* iii, p.583; Schlier, *Gal.*, pp.47, 55; Cerfaux, 'La vocation de S. Paul', p.17f.; Stuhlmacher, *Evangelium*, p.71; Dupont, 'The Conversion of Paul', p.192.

[27] H. Grass, *Ostergeschehen und Osterberichte*($^{2}$1962), pp.229ff.: Lindblom, *Gesichte*, pp.110f. 특히 Dunn, *Jesus*, pp.98-103.

5:16; 갈 1:16; 빌 3: 8)으로 바뀌게 된 순간이었다. 이렇게 하여 바울의 생애에 완전한 변화가 일어나게 되었다: 즉 그리스도의 원수가 그의 종이 되었다. 참으로 바울은 그리스도 안에서 새로운 피조물이 되었다(고후 5:17).

## 3. 사도로 임명됨

그러나 다메섹 경험은 단지 바울의 사적인 회심의 문제만은 아니었다. 사실 종종 주목되고 있듯, 바울은 그것을 회심보다는 사도로 임명된 것과 관련하여 설명한다. 부활하신 그리스도께서 그에게 나타나셨다. 그리하여 교회를 핍박하였기 때문에 사도라 불릴 자격이 없던 바울이 사도가 되었던 것이다(고전 15:8ff.; 또한 9:1). 바울은 그가 다메섹 도상에서 그리스도로부터 이러한 부르심을 들었는지, 아닌지에 대해서는(행 26:11-18) 그의 서신서에서 언급하지는 않는다. 하지만 그러했을 가능성이 배제되지 않았다.[28] 사실 그것에 관하여 언급하고 있다고 생각되는 두 가지 요인이 있다: 첫째, 구약과 유대교에서는 말씀(Word)에 의한 계시가 없는 신의 현현은 알려지지 않았다.[29] 둘째, 바울은 자기에게 나타나신 그리스도의 현현을 항상 예수님 자신에 대한 그의 증거의 말씀과 그의 사도 임명의 말씀이 수반되는 것으로 묘사되는 다른 부활의 나타남과 같은 성질의 것으로 생각한다(마 28:9-10과 병행구; 28:16-20; 〈막 16:14-18〉; 눅 24:13-35, 36-43; 요 20:19-29; 21:1-23; 행 1:3-9).[30] 어쨌든 바울은 다메섹 도상의 그리스

---

**28** Kümmel, *Römer* 7, p.159.

**29** Michaelis, op. cit., pp.329-340; G. Kittel, ἀκούω *TDNT* i, pp. 217ff.

**30** Cf. Rengstorf, op, cit., pp.124f.; Michaelis, op cit., p.356. 베츠(O. Betz)는 바울이 단지 하나님 우편에 앉아계신 부활의 그리스도만을 보았을 뿐이며, 예레미야 1:4-10, 이사야 49:1-6, 그리고 특히 이사야 6:1-13 등의 성경은 바울에게 이방인의 사

도의 현현을 부활하신 주님께서 사도들을 임명하신 부활의 나타남으로 생각한다(마 28:16-20; ⟨막 16:14-18⟩; 눅 24:36-43; 요 20:19-23; 21:15-19; 행 1:8).[31]

사도로서의 부르심에 대한 동일한 사상이 갈라디아서 1:16의 다메섹 도상에서 그리스도의 나타남에 대한 바울의 묘사에도 충분히 나타나 있다: '(복음으로서의) 그의 아들을 이방에 전하기 위하여(히나 유앙겔리조마이 아우톤 $\mathit{ἵνα\ εὐαγγελίζωμαι\ αὐτὸν}$)[32] 그를 내 속에 나타내시기를 기뻐하셨을 때에…'. 이 구절에서는 다메섹 도상의 그리스도의 현현이 바울에게는 그의 복음(갈 1:12 참조)과 이방 선교를 위한 그의 사도직 임명의 구성 요소가 된다는 것이 명백하게 나타난다. 앞에서 관찰한 것처럼 이것을 입증하기 위하여 바울은 계속해서 다음과 같이 호소한다: 그는 '복음 전할 부탁을 받았다'(살전 2:4); '무할례자에게 복음 전함을 맡았다'(갈 2:7); '하나님의 복음을 위하여 택정함을 입었다'(롬 1:1); 주 예수 그리스도로 말미암아 지도의 직분을 받아 그 이름을 위하여 모든 이방인 중에서 믿어 순종케 한다'(롬 1:5); '하나님께서 내게 주신 은혜로 말미암아 … 이방인을 위하여 그리스도의 일꾼이 되어 하나님의 복음의 제사장 직분을 하게 되었

---

도로 부르심을 받은 그리스도의 나타남을 해석하는 열쇠를 제공하였다는 견해를 취한다('Die Vision des Paulus im Tempel. Apg. 22, 17-21 als Beitrag zur Deutung des Damaskuserlebnisses', *Verborum Veritas*, G. Stählin FS, ed. O. Böcher and K. Haacker⟨1970⟩, pp.117ff.). 바울이 그리스도의 나타남과 그때의 그의 소명을 이사야와 예레미야의 본문에 비추어 해석하고 있다는 것은 확실하다(본서 pp.161ff.). 그러나 이것이 바울이 자기에게 나타나신 그리스도에게서 부탁의 말씀을 들었다는 것을 꼭 배제하는 것은 아니다. 바울이 그리스도에서 나타나셨을 때 그의 부름을 듣고는 성경에 비추어 그의 소명의 의의를 알기 위하여 선지자의 소명에 관한 본문을 펴들고 그것을 묵상하였다는 것은 오히려 자연스러운 일이다. 하늘에서 들리는 소리가 어떠한 것인지에 대한 물음은 그리스도의 부활의 몸이 어떠하냐는 물음과 동질의 것이다.

**31** Cf. Roloff, *Apostolat*, pp.52f.; Dunn, *Jesus*, pp.110-114.
**32** Cf. Burton, *Gal.*, p.53; Schlier, *Gal.*, p.56.

다'(롬 15:15f.); 그리스도께서는 나를 복음 전하는 사도로 임명하셨다 (고전 1:17) 등등.[33]

하지만 바울이 이방 선교를 위하여 부르심을 받은 것이 참으로 다메섹 도상의 그리스도의 현현과 일치하는가에 대해서는 종종 의문이 제기되었다.[34] 개중에는 바울이 회심 후 수년 동안은 유대인들에게 복음 전하는 자로서 활동하였으나, 유대 선교의 실패에 이어 안디옥에서 이방인 선교가 성공을 거두자 하나님께서 자기를 이방인들에게로 돌리시기를 원하신다는 확신을 가지게 된 것이라고 주장하는 학자들도 있다. 그들은 바로 그때 바울이 이방 선교에로의 결정적인 소명을 하나님에게서 받았다고 생각하며 그 전승이 사도행전 22:17-21에 반영되어 있다고 한다.[35]

게히터(P. Gaechter)는 이러한 관점에서 바울이 갈라디아서 1:16; 고린도전서 15:9f.과 사도행전 26:16b-18에서 그리스도의 현현과 그의 사도로서의 임명을 결합시켜서 표현하고 있는 것은 역사적 발전의 결과라고 설명한다: 즉 바울은 주후 46-48년경 이방 선교야말로 그가

---

**33** 본서 pp.61ff; cf. Kasting, *Anfänge*, pp.56f.

**34** R. Liechtenhan, *Die urchristliche Mission*(1946); pp.78ff.; A. Fridrichsen, 'The Apostle and his Message', pp.13, 23; E. P. Blair, 'Paul's Call to the Gentile Mission', *Biblical Research* 10(1965), pp.19-33; Oepke, *Gal.*, p.33; W. D. Davies, 'The Apostolic Age and the Life of Paul', *Peake's Comm.*, p.874; cf. Rigaux, *Letters*, pp.61f. P. Gaechter, *Petrus und seine Zeit*(1958), pp.408-415. 리구(Regaux)는 다메섹 도상에서 하나님께서 바울을 부르신 일이 없으며, 단지 바울 스스로 이방 선교에의 소명을 생각해 낸 것이라고까지 말한다. 게히터(Gaechter)에 따르면 다메섹 사건에서 생각해야 할 것은 하나님께서 바울을 부르신 것이 아니라 바울의 주관적인 요소, 즉 그가 율법에 대한 그의 헌신이 철저하게 잘못된 것임을 발견하고 그가 그리스도에게 완전히 헌신해야 한다는 것을 깨닫고 그리스도를 섬기는 존재로서 자신을 발견하기 시작했다는 사실이라는 것이다. 다행히도 이 견해를 취하는 사람은 게히터뿐이다. 그래서 이 견해만을 독자적으로 취급하지는 않을 것이다. 하지만 과연 이방선교를 맡은 바울의 소명이 다메섹 도상에서 그리스도의 나타남과 일치하는지 않는지에 대한 보다 의미심장한 물음 하에서 이 문제를 간접적으로 다룰 것이다.

**35** Fridrichsen, loc. cit.; Blair, loc. cit.; Liechtenhan, loc. cit.; Gaechter, loc., cit.

해야 할 과업이라는 확신에 도달하여 그리스도께서 다메섹 도상에서 자기에게 이방 선교를 맡기신 것을 기억하게 되었다. 그리하여 그는 그리스도의 현현과 이방 선교에 대한 그의 소명을 연결하였다는 것이다.[36] 이와 마찬가지로 혹자는 바울에게 자기 아들을 계시하신 하나님의 목적을 바울이 이방인에게 그리스도를 전하게 하는 것으로 설명하는 갈라디아서 1:16의 '히나'($\mathit{i}\nu\alpha$)절은 바울이 갈라디아서를 쓸 당시 그리스도 현현의 목적에 대한 바울의 이해를 반영하는 것이지 바울이 이방 선교에로의 소명을 받은 시기에 관해서는 아무것도 시사해 주는 바가 없다고 생각한다.[37]

그러나 이 두 가지 해석들이 갈라디아서 1:16의 논쟁적인 문맥을 공정하게 다루었다고 할 수 없다. 바울은 갈라디아서 1, 2장에서 유대 적대자들의 도전에 대항하여 그의 복음과 사도직의 적법성을 변호하고 있으며 그리하여 그의 복음과 사도직의 신적 기원을 나타내 보임으로써 율법과 상관이 없는 이방 선교의 적법성을 변호한다(갈 1:1, 11f.). 그래서 그는 둘이 밀접하게 결합되어 있는 그의 복음과 사도직의 기원으로서 다메섹 도상에서의 그리스도의 현현을 언급한다. 이 문맥에서 만일 바울이 처음부터 이방 선교를 향한 소명의식이 없었더라면 그리스도의 현현에 구체적으로 그에게 이방 선교를 맡기신 목적이 있었다고 그가 그렇게 확신을 가지고 무방어적으로 말할 수는 없었을 것이다. 만일 바울이 유대인 가운데서 몇 년 동안 선교 사역을 수행한 후에야 비로소 그 목적을 인식하게 되었다면, 갈라디아서 1:16에서 이방인을 구체적으로 언급해 가면서 변호한 바울의 증거는 그의 적대자들로부터 쉽게 부정되고 말았을 것이다: '당신이 지금

---

**36** Gaechter, *Petrus*, pp.413f.

**37** Blair, 'Paul's call', p.23; Oepke, *Gel*. p.33; Liechtenhan, op. cit., p.78; Jeremias, *Schlüssel*, p.26; cf. also H. Frh. von Campenhlausen, 'Der urchristliche Apostelbegriff', *StTh* 1(1948), p.112.

주장하는 것처럼 다메섹 도상에서 율법과 상관이 없는 이방인의 선교사로 하나님으로부터 부름을 받았다면 회심 후 그렇게도 오랫동안 그 소명을 드러내지 않은 이유는 무엇인가? 왜 수년 전까지 줄곧 유대인 가운데 다녔는가?'[38] 바울이 나중에야 그리스도 현현의 목적을 그의 이방 선교에의 소명으로 인식하게 되었다는 이론에 따르면, 이러한 질문에 바울은 다음과 같이 답변했을 것이라고 한다: "예, 그러니까 그때에는 내가 그 소명을 의식하지 못하였다. 그러나 후에 나는 그리스도의 현현이 나를 이방인들에게 가서 복음을 전하라고 하는 하나님의 소명이라는 것을 깨닫게 되었다." 그러나 이것은 바울의 사도직의 신적 기원에 대한 그의 주장을 완전히 파기하는 것이거나 그렇지 않다면 그것의 신빙성을 유린하게 되는 것이다. 바울의 적대자들은 이렇게 말했음직하다: "그렇다면 당신은 그리스도께서 나타나실 때에 부름을 받은 것이 아니다. 단지 당신이 다메섹 도상에서 겪은 경험을 하나님의 부르심으로 해석한 것에 불과하다-그것도 그 사건이 일어난 후에야! 이것이야말로 사실 당신 스스로 '사도' 되었다는 자가당착이 아닌가?" 그러므로 이와 같은 논쟁적인 문맥을 고찰해 볼 때 갈라디아서 1:16은 바울이 다메섹 도상에서 그리스도의 현현을 경험했을 때 이방 선교에의 소명을 받았다고 말하는 것으로 해석해야 마땅할 것이다.

이 견해에 의하면 바울은 다메섹 도상에서의 예수 그리스도의 계시

---

[38] 여기에 제시된 대화의 요지를 말하기 위하여 바울의 적대자들 또는 갈라디아의 그리스도인들이 다메섹 사건 직후 수년간의 그의 활동에 대하여 상당히 알고 있었다는 것을 전제할 필요는 없다. 단지 바울이 그가 말한 내용의 부정확성을 빌미로 그의 적대자들에게 공격할 기회를 주지 않도록 하기 위하여 바울은 가능한 한 정확하게 말할 필요가 있었다는 논쟁적인 상황을 고려에 넣는 것으로 충분하다. 그리고 바울이 처음부터 그의 이방 선교에의 소명을 의식하지 못하였다면 갈라디아서 1:16에 있는 것과 같은 주장을 함에 있어 바울에게 심리적으로 주저함이 있었으리라는 점을 생각해 보는 것으로 충분하다.

를 언급함으로써 그의 복음의 신적 기원을 증명하고서는(갈 1:11f.) 단지 그에게 계시된 하나님의 아들이 그가 받은 복음이었다는 취지에서만 어떤 결론을 내린 것이 아니라, 여기서 한 걸음 더 나아가 그것은 동시에 그의 소명을 의미하였다는 결론을 내리기에 이른다. 16절의 '그를(그 아들을) 이방에 전하기 위하여'(ἵνα εὐαγγελίζωμαι αὐτὸν ,τὸν υἱὸν αὐτοῦ. ἐν τοῖς ἔθνεσιν) 구문의 특히 밑줄 친 부분은 다음의 특기할 만한 두 가지 사상을 압축적으로 표현한다: 첫째, 하나님의 계시된 아들이 복음의 내용이다; 둘째, 바울은 이 복음을 이방에 전하기 위하여 부르심을 받았다. 갈라디아서 1, 2장의 보다 광범위한 문맥이 전제하는 바울의 복음과 사도직에 대한 도전에 따르면 바울이 이 두 가지를 상호간에 밀접하게 연합된 것으로 보고 변증하고 있다고 하지만, 엄밀히 말해서(갈라디아서 1:11 이후의) 직접적인 문맥은 단지 전자만을 요구한다. 그러나 바울은 계속해서 후자를 포함한다. 사실 전면에 부각되는 것은 후자이다. 갈라디아서 1:15f. 전체 문장을 고려할 때 바울은 자기가 복음을 받은 것이 사도로 임명받는 데 필수적인 것으로 보고 있다고 말할 수 있을 정도이다. 이것은 바울의 복음과 사도직이 분명히 불가분하게 결합되어 있다는 사실을 보여 줄 뿐만 아니라, 이 양쪽 모두가 함께 다메섹 도상의 그리스도의 현현에 근거하고 있다는 것을 확실하게 보여 준다.[39] 이것을 근거로 바울이 다메섹 도상에서 그리스도께서 나타나실 때 그의 복음을 받았고 그 후에야 그는 그 그리스도의 현현에 그에게 이방 선교를 맡기신 목적이 있었음을 깨닫게 되었다고 말할 수는 없을 것이다.[40] 바울이 말하듯이 (갈 1:11) 그가 다메섹 도상에서 예수 그리스도의 계시로 말미암아 복음을 받았다면, 그는 그때 그곳에서 이방 선교에의 소명도 받은 것이

---

**39** Cf. O. Haas, *Paulus der Missionar*(1971), p.16.
**40** Cf. Blair, 'Paul's Call', pp.28f., 32f.

다. 갈라디아서 1:15f.(cf. 또한 행 26:16-18; 9:15)에서 바울이 그의 소명을 선지자들의 소명(사 49:1-6; 렘 1:5 등등)[41]에 비추어서 해석하고 있다는 사실이 바울이 그의 소명을 다메섹 도상에서 받았다는 견해의 반증이 되지 않는다.[42] 바울이 구약의 선지자의 소명에 관한 본문을 묵상함으로써 자기의 소명에 대한 확신에 이르게 되었다고는 믿을 수 없지만 바울이 다메섹 도상에서 그리스도께서 나타나셨을 때에 소명을 받은 후 구약에 비추어 그의 소명의 의의를 알기 위하여 이 본문들을 묵상하였다고 생각하는 것은 자연스럽다.

그러나 바울이 다메섹 도상에서 그리스도께서 나타나셨을 때 그가 이방 선교에의 소명을 받았다고 말한다고 해서 바울의 의식 가운데에 그 소명과 그 소명의 중대성에 대한 확신이 서는 데까지 발전의 과정이 있었으리라는 것과 범세계적인 선교가 완전히 성취되는 데에는 시간이-어쩌면 10여 년 이상이-걸렸을 것이라는 생각을 부인하는 것은 아니다.[43] 단지 만일 그가 회심 때에 이방 선교에의 분명한 소명을 하나님께 받았다면 그는 즉시 범세계적인 이방 선교로 뛰어들었어야 했을 것이라고 주장하는 것은 전혀 비현실적이라는 것뿐이다. 바울이 소명을 받았을 당시에는 어떤 식으로 또한 어떤 방법으로 그것을 수행할 수 있을는지, 그에게는 전혀 선례도 어떤 모델도 없었다. 이러한 상황 가운데에서 바울이 하나님의 말씀이 선포되고 있

---

41 본서. pp.161ff.

42 Contra Gaechter, *Petrus*, pp.409f.

43 Cf. Hengel, 'Ursprünge', pp.18-23; Burchard, *Zeuge*, p.164(n.12); Roloff, *Apostolat*, p.56. 이 단계에서는 특별히 롤로프가 '사도'의 개념과 그것으로써 묘사된 내용을 구별한 것을 주목하라. 다메섹 도상에서 바울이 이방 선교에의 사도적 임무를 받았다고 주장할 때, 그것은 물론 바울이 '사도'라는 칭호를 받았다는 말은 아니다! 이는 단지 바울이 이방인들에게 복음을 전파하도록 부름을 받고 보냄을 받았다는 것을 의미한다. 바울은 나중에 이 사실을 '사도'라는 기존의 개념을 사용하여 그의 사도적 임무로 해석하였다.

고 많은 '하나님을 경외하는' 이방인들을 만날 수 있으리라 기대되는 낯익은 회당으로 발걸음을 돌린 것은 너무나 자연스러운 일이었다. 그래서 바울이 회심 직후 수년 동안 회당에서 복음을 전파한 것으로 보인다(행 9:19-22)는 사실은 여기서 주장되고 있는 견해의 반증이 되지 못한다.[44] 사실 바울은 한창 세계 선교에 몰두하고 있는 동안에도 어디를 가든지 정기적으로 회당에서 복음 전파를 했던 것 같다(행 13:5-14; 14:1; 17:1f., 10, 17; 18:4, 19; 19:8). 사도행전의 이러한 묘사는 순전히 누가의 구속사적인 구조나 이방 선교에의 소명에 대한 바울의 확신이 결여되어서가 아니라, 단지 역사적인 사실을 반영하는 것이다.[45] 바울이 후에 세계적인 선교 사역을 수행하면서도 이방인들뿐만 아니라 유대인에게도 복음을 전하였다는 사실은 누가뿐만 아니라 바울 자신도 시사하고 있다(고전 9:20ff., 32f.; 고후 11:24; 살전 2:15f.) 개척 선교자인 바울에게 있어 디아스포라의 그물같이 연결된 회당들은 오직 그의 선교 사역을 위하여 하나님의 섭리로 미리 준비해 두신 기관이라고 할 수 있었다. 회당 조직은 순회 유대인 바울에게 일시적인 거처와 간이 직업을 제공하였다.[46] 또한 회당장은 회중 가운데 적합한 어떤 사람을 청하여 예배 시에 성경을 봉독한 후 '권면의 말씀'을 하도록 하는 관례가 있었는데, 회당 조직은 바울에게 복음을 전파할 훌륭한 기회도 제공하였다(cf. 행 13:14ff.).[47] 더욱 중요한 것은

---

[44] Contra Gaechter, *Petrus*, pp.411 f.; Blair, 'Paul's Call', pp.23f.

[45] W. Schrage, συναγωγή, κτλ, *TDNT* vii, p.835; G. Bornkamm, 'The Missionary Stance of Paul in 1 Corinthians 9 and in Acts', *Studies in Luke-Acts*, P. Schubert FS, ed. L. E. Keck & J. L. Martyn(1968), p.200; Bruce, *NT History*, p.261; I. H. Marshall, *Luke: Historian and Theologian*(1970), pp.184f.; Stuhlmacher, *Evangelium*, p.99; Hengel, 'Ursprünge', p.21, Contra W. Schmithals, *Paulus und Jakobus*, pp 46ff ; Kasting, *Anfänge* p.57.

[46] Hengel, 'Die Synagogeninschrift von Stobi', *ZNW 57*(1966), 170ff.; Schrage, op. cit., p.826.

[47] Moore i, p.305; Bruce, *NT History*, p.137; cf. 또한 Str.-Bill. iv, pp.171ff.

회당 조직 속에는 기독교 선교사인 바울에게 잘 준비된 청중인 '하나님을 경외하는 자들'-이들은 유대 공동체의 유대 개종자들과는 달리 전체적인 율법의 멍에를 지지도 않고 또한 할례도 받지 않았으면서도 어느 정도 유대교를 신봉하는 이방인들이었다[48]-이 있었다는 것이다. 그들에 대한 바울의 복음 전파는 대단한 성공을 거두었고 바울은 그들을 이방 세계에의 가교(架橋)로 삼았다(행 13:16; 14:1; 17:4, 12, 27; 18:4; 19:8ff.).[49] 그래서 회당은 바울이 어디를 가든지 선교 사역의 확실한 출발점이 되었던 것이다. 게다가 이방의 사도였던 바울은 이스라엘의 구속사적인 특권 때문에 이스라엘의 구원에 대한 관심을 끝까지 한 번도 잃어버린 적이 없었다(cf. 롬 1:16; 9:1ff.; 11:13f.).

바울이 다메섹 사건 직후 수년간 회당에서 유대인에게 복음을 전파하였다는 것이 그가 다메섹 도상에서 그리스도께서 나타나셨을 때 이방 선교에의 부르심을 받았다는 견해의 반증이 되지 못하는 반면 여기서 우리가 주장하고 있는 견해를 옹호하는 증거, 즉 이 기간 동안 바울이 회당 사역을 넘어 그의 선교 사역을 진작시켰을 것이라는

---

**48** φοβούμενος 또는 σεβόμενος τὸν θεόν (하나님을 경외하는 자) 혹은 줄여서 θεοσεβής 에 대한 이 전통적인 이해(예컨대. Moorei, pp.325f.; K. G. Kuhn, προσήλυτος TDNT vi pp.731f., 743f.를 보라)에 반대하여, 앞서 K. Lake Beginnigs v, pp.84ff.에서 천명된 것과 같이 최근에 캐스팅(Kasting)은 이 단어들이 그와 같은 이방인 그룹에만 해당하는 전문용어가 아니라 경건한 유대인과 이방인 모두를 지칭하는 일반적인 존칭어라는 견해를 취하였다(Anfänge, p.27). 그러나 다음과 같은 학자들은 전통적인 견해를 고수한다: H. Bellen, 'Συναγωγὴ τῶν 'Ιουδαίων καὶ θεοσεβῶν : Διε Αυσσαγε εινερ Βοσπρανιδχηεν Φρειλασσυνγσινσχηριφτ (CIRB 71) zum Problem der "Gottesfürchtigen"', Jahrbuch fur Antike und Christentum 8/9(19651/55), pp.171-176; K. Romaniuk, 'Die "Gottesfürchtigen" im NT', Aegyptus 44(1964), pp.66-91. 그 용어들이 앞에서 묘사한 것과 같은 이방인들을 지칭하는 전문어는 아니라 할지라도, '사도행전에서는 그 단어들이 적어도 이러한 부류의 사람들에게 적용되었다는 것은 사실이다'; '이 본문들(사도행전에 이러한 용어들을 포함하고 있는 본문들)에 의하면 φοβούμενοι τὸν θεόν과 σεβόμενοι τὸν θεόν은 유대인은 아니지만 유대인의 유일신을 믿고 회당에 참여했던 사람들을 묘사하는 문구로 사용되었다'(Lake, op cit., pp.87f.).

**49** Bruce, NT History, p.261 참조.

증거는 몇 가지 있다. 첫째, 이것과 관련하여 생각해야 할 것은 바울이 이전에 핍박하였었으며 회심 후 다메섹에서 합류한 사람들이 '헬라파' 유대 그리스도인들이었다는 사실이다(행 9:19b-22). 예루살렘에서 추방된 이 '헬라파' 유대 그리스도인들이 유대인의 선민주의(특수주의: Particularism)를 극복하는 일보를 내딛고 비유대인들에게 복음 전파를 시작케 한 장본인들이었다(행 8:4ff., 26ff., 40; 11:20ff.). 이러한 상황 가운데에서 바울이 가졌던 이방 선교에의 소명은 비록 확실히 새로운 것이기는 하였지만 완전히 새로운 것은 아니었다.[50] 갈라디아서 1:17의 바울의 증언에 따르면, 그는 다메섹 도상에서 환상을 본 직후에 아라비아, 즉 나바티아 왕국으로 갔다. 그곳에 체류한 목적이나 기간을 확실하게 알 수는 없다. 하지만 바울이 다메섹에서 나바티아의 왕 아레타스를 피하여 도망해야 했던 사실(고후 11:23; cf. 행 9:24f.)은 그가 '아라비아에서 선교 사역에 관여하였으며 그리하여 나바티아 왕국의 적대감을 초래하였음을 암시한다.[51] 바울이 아라비아

---

[50] 헹엘은 '헬라파'의 이방선교에 대하여 다음과 같이 쓰고 있다: '우선 헬라파 유대 그리스도인들은 아마 공개적이고 대규모적인 "이방선교"를 한 것이 아니고 사마리아인들이나 하나님을 경외하는 이방인들을 이제 구성되어 가는 하나님의 새 백성의 공동체 속으로 동등한 권리를 가진 자들로 받아들이는 일을 하였을 것이다. 진정한 의미로의 이방인 선교는 그 뒤 안디옥에서 비로소 처음 이루어졌을 것이다'〈행 11:19ff.〉('Ursprünge', p.30). cf. 하안은 '헬라파'의 이방선교를 보다 적극적으로 판단한다(Hahn, *Mission*, pp.48-50); Kasting, *Anfänge*, pp.103ff. 헹엘은 바울이 유대선교에서 이방선교에로의 거보(巨步)를 내딛는 시점에서 이러한 '헬라파' 그리스도인들을 만나야만 했다는 것은 결정적으로 중요한 일이었다고 생각한다(op. cit., p.24). cf. 또한 Stuhlmacher, *Evangelium*, p.74.

[51] K. Lake, 'The Conversion of Paul', *Beginnings* v, pp.192-194; Haenchen, *Apg.*, p.67; Bruce, *NT History*, p.230; Conzelmann, *Apg.*, p.67; Bornkamm, *Paulus*, pp.48f. 바울이 다메섹 나바티아의 총독에게서 도망한 것과 관련된 문제에 대하여는 Lake, op cit., pp.193f.; II. Windisch, *2Kor*., pp.363ff.; Dibelius-Kümmel, *Paulus*, p.45를 보라. 나음에 열거한 저자들은 바울이 다메섹 나바티아의 총독에게서 도망한 사건을 언급하지 않은 채, 갈리디아서 1:15-24의 바울의 진술에서 그가 '아라비아'에서 선교 사역을 시작하였다고 추론한다: Dibelius-Kümmel, *Paulus*, pp.45, 63; Schlier, *Gal.*, p.58; Stuhlmacher, *Evangelium*, p.84; Kasting, *Anfänge*, p.56; Ch. Burchard, *Zeuge*, p.126.

에서 다메섹으로 돌아온 후 그는 그 도시의 '헬라파' 유대 그리스도 인들과 더불어 회당에서 유대인과 하나님을 경외하는 자들에게 복음을 전하였을 것이라고 추정할 수 있다(행 9:19b-25). 바울의 다메섹 체류는 나바티아의 통치자를 피해 달아난 것으로 끝이 난다. 바울은 14일간 예루살렘을 방문한 후 수리아와 길리기아 지역으로 갔다(갈 1:21; 행 9:30). 그것은 그의 회심 후 2, 3년이 지난 때였다(갈 1:18).⁵² 그 지역에서 그는 두 번째 예루살렘 방문 때까지 13년을 사역하였다(갈 2:1).⁵³ 바울이 그 기간 동안 선교 사역에 활발하게 종사하였다는 것은 유대에 있는 교회들이 "우리를 박해하던 자가 전에 멸하려던 그 믿음을 지금 전한다"(갈 1:23)⁵⁴는 말을 계속 들었다는 소식에 의하여 암시되고 있다. 이 기간 중의 어느 때인가(주후 약 45년?)에 이방 선교를 돌아보고 확증하러 안디옥에 내려간 바나바가 다소에 있는 바울을 만나 선교 사역의 확장을 돕고 그를 안디옥으로 데려왔다(행 11:22-26). 이것으로 보아 바울은 '이미 이방인과 관련된 사

---

**52** 갈라디아서 1:18의 μετὰ τρία ἔτη(3년 후에)를 아라비아에서 다메섹으로 돌아간 것으로(Mussner, *Gal.*, p.93) 보지 않고 (대다수의 주석가들처럼) 바울이 회심한 후부터의 3년으로 볼 경우.

**53** 갈라디아서 2:1의 διὰ δεκατεσσάρων ἐτῶν을 바울의 첫 번째 예루살렘 방문(갈 1:18)으로부터 14년으로 취급할 경우-대부분의 주석가들이 그러함.

**54** 게히터(Gaechter, *Petrus*, p.412)와 블레어(Blair, *Paul's call*; p.412)는 갈라디아서 1:23f. 으로부터 바울이 수리아와 길리기아에서 유대인들에게 선교 사역을 수행하였다는 사실을 추론해 낸다. 게히터와 블레어는 만일 바울이 이방인들에게 복음을 전하였다면 예루살렘에 있던 유대 그리스도인들이 그것으로 인해 '하나님께 영광 돌리지는' 않았을 것이라고 생각한다. 그러나 이것을 올바른 추론이라고 할 수 없는 것이 그것은 초기 몇 년 동안에 벌써 나중에 갈라디아에서 바울과 유대인들 사이에 존재했던 유의 긴장이 바울과 예루살렘에 있었음을 전제하고 있기 때문이다. Burton, *Gal.*, p.65 를 보라: '율법과 상관없는 복음을 이방인에게 전파하는 것에 대한 격렬한 반대가 아직은 유대의 교회에서는 나타나지 않았다…바울의 자유주의를 반대하던 자들이 최근에 예루살렘 교회에 들어와 유해한 영향을 끼쳤다는 분명한 암시를 하고 있는 갈라디아서 2:4을 특히 주목하라.

역에서 일종의 좋은 평판을 얻었던' 듯하다.[55] 만일 그렇다면 바울은 안디옥에 오기 이전에도 이방인 선교에 적극적으로 관여하였던 것이다.[56] 그러므로 바울이 이방인들에게 복음을 전파하기 시작한 시기는 (비록 회당에서 그들에게 부분적으로 한 것이기는 하지만) 후기보다는 초기라는 견해를 지지할 만한 증거가 있으며, 이것은 여기서 제시되는 갈라디아서 1:16의 바울의 증언, 즉 바울이 다메섹 도상에서 그리스도께서 나타나실 때에 이방 선교에의 소명을 받았다는 해석을 지지해 준다. 이것은 또한 누가가 세 곳의 다메섹 사건에 대한 묘사에서 전달하고 있는 내용과 본질적으로 일치한다. 사도행전 9:15; 22:25과 26:16ff.에서 명약관화하게 나타나는 두 가지 요지는 다음과 같다: 1) 다메섹 도상의 그리스도의 현현에서 바울은 그리스도의 자기 계시에서 본 것을 증거하라고 부르심을 받았다.[57] (그래서 사도행전 9:20에 따르면 바울은 즉시 다메섹에서 복음을 전파하기 시작하였으며, 그 복음 전파의 내용은 예수가 '하나님의 아들'이라는 것이었다-cf. 갈 1:16). 2) 바울은 그들에게만이 아니라 이방인들에게도 보냄을 받았다. 이렇게 누가는 다메섹 사건을 통하여 바울이 그의 메시지를 받고 이방인 가운데에서 선교 사역을 수행하라는 소명을 받은 것으로 이해한 점에서 바울과 일치한다. 하지만 다메섹 도상에서 그리스도께서 나타나셨을 때 바울이 이방인에게만 아니라 유대인들(행 9:15), 아니 '모든 사람'(행 22:15)에게 보냄을 받은 것으로 전하고 있는 점에서 누가는 바울과 차이가 있다. 사도행전 9:15의 '휘온 테 이스라엘'(υἱῶν τε Ἰσραήλ 이스라엘 자손들)이라는 문구는 바울이 그리스

---

**55** Davies, 'The Apostolic Age and the Life of Paul', *Peake's Comm*., p.874.

**56** Contra Blair 'Paul's Call', pp.26ff.

**57** 사도행전 26:1ff.의 관점에서 볼 때 누가가 바울의 소명을 사도행전 9:15f.과 22:15이 암시하는 것처럼 간접적으로 아나니아를 통하여 이루어진 것으로 이해하였다고 생각할 필요는 없다. 본서 pp.69ff.

도의 이름을 전하라고 분부를 받은[58] '톤 에드논 테 카이 바시레온'($τῶν ἐθνῶν τε καὶ βασιλέων$ 이방인과 임금들)만으로 되어 있는 전승에 누가가 첨가한 것일 수도 있다. 그래서 누가는 사도행전 22:15에 그가 서술하려고 한 바울이 성전에서 환상을 본 일화(행 22:17-21)[59]에 비추어 바울이 증인으로 서야 할 대상을 통칭어인 '모든 사람'으로 묘사하였던 것이다. 누가는 그 환상이 바울이 처음 예루살렘에 방문한 기간에 발생했다고 생각한 듯하다(행 9:26-30). 그 환상에서 주님은 바울이 예루살렘에 머물고 그곳에서 증거하고 싶어 하는 것과는 반대로, 바울에게 "떠나가라 내가 너를 멀리 이방인에게로 보내리라"(행 22:21)고 명하신다. 누가는 다메섹 도상에서의 바울의 소명을 묘사한 직후에 이 일화를 소개함으로써 다메섹 도상에서의 소명이 바울에게 있어 그리스도를 일반적으로 '모든 사람'(행 22:15)에게 증거하라는 것이며, 바울을 구체적으로 이방인에게 보낸 것은 그 뒤인 예루살렘 성전에서 발생한 것이라고 말하고 있는 것처럼 보인다. 그러나 만일 그렇다면 바울의 파송에 대한 이러한 이해는 바울의 소명과 그를 이방인에게 파송한 것이 다메섹 도상에서 그리스도께서 나타나셨을 때 발생한 것이라고 하는 사도행전 26:16ff.의 다메섹 사건에 대한 누가의 기사와 상충된다.[60] 그러나 여기서 바울의 파송에 대한 누가의 견

---

**58** $υἱῶν τε 'Ισραήλ$(이스라엘 자손들)이 $τῶν ἐθνῶν τε καὶ βασιλέων$(이방들과 임금들) 뒤에 위치하고 있다는 사실이 이것을 암시한다. Burchard, *Zeuge*, p.123.

**59** Haenchen, *Apg.*, p.556.

**60** 사도행전 26:18에 묘사되었고, 또한 사도행전 22:21에 ($ἐξ$) $ἐαποστέλλειν$이 $ἔθνη$와 결합되어 있는 바울을 보냄의 목적에 비추어 볼 때, 관계절 $εἰς οὕς ἐγὼ ἀποστέλλω σε$('내가 너를 그들에게 보내리라')는 $ἐκ τῶν ἐθνῶν$(이방인에게서)만을 언급하는 것으로 취급해야 할 것 같다. Haenchen, *Apg.*, p.612와 Burchard, op. cit., p.113이 그렇다. 그러나 스텔린(Stählin, *Apg.*, p.309)과 콘첼만(Conzelmann, *Apg.*, p.149)은 그것을 $λαός$(백성)과 $ἔθνη$, 즉 유대인과 이방인 모두를 언급하는 것으로 취급한다. 후자의 가능성(즉, 두 부류의 사람을 모두 언급하는 것)은 바울이 주의 부르심에 순종하여 이방 세계뿐만 아니라 예루살렘과 유대에서도 복음을 전했다는 바울 자신의 증거에 의

해라고 하는 전체적인 문제에 대한 토론에 착수한다는 것은 거의 불가능하다.[61] 단지 여기서는 다음의 두 가지 사실을 확정하는 것으로만 만족해야 할 것 같다: 1) 누가는 다메섹의 그리스도의 나타나심에서 바울이 그의 메시지와 이방인(누가는 이방인만을 지칭하는 것이라고 생각하지 않았을지라도)에게 선교 사역을 수행하라는 소명을 받았다고 본 점에서 바울과 일치하고 있다는 사실[62]; 2) 바울이 그의 서신서에서 한 번도 언급하지 않은 점으로 미루어 성전에서 본 환상(행 22:17-21)-그 배후에는 전승이 있었을 것이다.[63]-은 바울에게 결정적으로 중요한 것은 아니었던 것 같다는 사실 등이다.

그래서 다음과 같은 결론을 내릴 수 있다: 바울은 다메섹 도상에서 그리스도께서 나타나셨을 때 그의 복음과 이방 선교에의 소명을 받았다.[64] 이러한 사실만이 바울의 사도적 소명 속에 있는 강제력의 요

---

하여 암시된다(행 26:19f.). 그래서 부르크하르트(lo. cit.)는 사도행전 26:17-20 안에 있는 이러한 부조화가 혹시 누가의 전승 처리 때문이 아닌가 하고 의심한다.

[61] 우리가 이들의 의견에 전적으로 동의하지 않는다 하더라도 다음의 학자들을 언급할 필요가 있겠다: Burchard, op. cit., esp. pp.166-168; J. Jervell, 'Paul: The Teacher of Israel', *Luke and the People of God* (1972), pp.158ff.; O. Betz, 'Die Vision des Paulus', pp.113-123.

[62] Cf. Stählin, *Apg.*, pp.310f.

[63] Cf. Conzelmann, *Apg.*, p.135; Burchard, *Zeuge*, pp.163ff.; Blair, 'Paul's Call', pp.19ff.; but cf. also Betz, 'Vison', pp.115ff.

[64] 다음의 학자들이 이 견해를 취한다: Dibelius-Kümmel, *Paulus*, pp.46, 61; Wilckens, 'Bekehrung', pp.12ff.; Stuhlmacher, *Evangelium*, p.82; Blank, *Paulus*, p.230; Kasting, *Anfänge*; p.57; Betz, 'Vison', p.117; Hengel, 'Ursprüng', 22f.; Hass, *Paulus der Missionar*, pp.16; Hahn, *Mission*, pp.82f.; Dunn, *Jesus*, pp.110-114. 리구는 다메섹 도상의 그리스도의 나타남에는 '나중에 계시될 소명의 종균(the germ of a yocation)이 포힘되었다'(*Letter*, p.62)고 밀힘으로써 바울이 다메섹에서의 그리스노의 현현에서 이방 선교에의 부르심을 받았다는 견해와 그는 점차적으로 그리고 그 후의 또 다른 환상을 통하여 이방의 사도가 되었다는 전혀 상반되는 견해 사이의 중도적 입장으로 방향을 돌리려고 한다. 그렇다면 도대체 여기서 '종균'(germ)이란 무엇을 말하는 것인가?

소를 적절하게 설명할 수 있다: 바울은 자기가 그리스도에게 '잡힌 바' 되었다고 느꼈으며(빌 3:2), 복음을 전해야 한다는 처절한 신적인 강권 하에 있었다(고전 9:16f.). 바울이 (그리스도의) 원수로 행동했으나 그리스도께서는 그를 잡아 그를 그의 종으로 삼으셨으며(롬 1:1; 갈 1:10; 빌 1:1) 그에게 복음 전파의 사명을 맡기셨다. 이제 그 후부터 바울은 그의 주되신 예수 그리스도로부터 끊길 수가 없었고 복음 전파의 숙명(아낭케 $ἀνάγκη$)을 떨쳐버릴 수가 없었다. 그래서 바울은 '헬라인이나 야만인에게 빚진 자'로 있었다(롬 1:14).

# 제4장
# 바울의 복음: A. 계시

## 1. 복음의 계시

바울은 다메섹 도상에서 '예수 그리스도의 계시로 말미암아 그의 복음을 받았다(갈 1:12, 16). 바울은 그가 예루살렘의 사도들에게서 복음을 전수받았으면서 그것을 사람의 뜻과 기호에 맞추기 위하여 그 복음에서 자의적으로 율법의 요구와 할례의 의무를 제거함으로써 '인간적인'[1] 복음으로 왜곡시켰다고 하는 갈라디아 유대주의자들의 주장에 대항하여 위와 같은 말을 하였다(갈 1:10-12).[2] 바울은 '전

---

[1] 갈라디아서 1:11의 κατὰ ἄνθρωπον ('사람을 따라': 개역성경에는 사람의 뜻을 따라'로 되어 있음)는 바울 복음의 특징을 묘사함에 있어 '신적'인 것에 대비되는 '인간적'인 것을 표현하는 일반적인 개념인 것 같다(Burton, *Gal.*, pp.37f.; Schlier, *Gal.*, p.44).

[2] 여기서 만일 갈라디아의 바울의 대적자들에 관한 논쟁의 전 과정을 묘사하려 한다면 그것은 상궤(常軌)를 벗어나는 일이 될 것이다. 하지만 적어도 바울이 갈라디아서 1, 2장에서 맞닥뜨린 대적자들이 누구인가에 대한 몇 가지 다양한 의견들을 여기서 밝히는 것이 좋을 것 같다. 갈라디아의 바울의 대적자들이 갈라디아의 그리스도인들에게 구원을 얻기 위하여 율법을 지키며(갈 2:16; 3:2, 21b; 4:21; 5:4), 특히 할례를 행하라는 압박을 가해 온 것이 분명하다는 사실에 비추어 그들은 짐작건대 예루살렘에서 온 유대화의 신봉자인 유대 그리스도인들이라고 하는 것이 전통적인 견해

였다. 그리고 바울이 계속해서 예루살렘 당국과는 독립적으로 그의 사도직과 복음을 변호했다는 사실에 비추어, 유대화주의자들은 바울이 예루살렘 당국의 위임과 전승에 의존했다고 하면서 그의 사도직과 복음의 적법성을 부정하였다고들 생각하였다 (cf. Kümmel, *Introduction*, pp.298ff.). 그러나 슈미탈(W. Schmithals)은 이러한 전통적인 견해의 '결정적인' 취약점이 논리적인 자가당착에 있음을 발견한다: '갈라디아서에서 예루살렘의 사도들이 바울이 자기들에게 의존한다고 비난한다고는 도저히 생각할 수 없다. 여기 바울의 적대자들이 예루살렘 사도들의 대표자들이었다 해도 마찬가지이다: 그들은 바울이 자신들과 같이 예루살렘의 사도들에게 의존적이라고 비난한다는 것은 생각할 수 없다. 그런 이유로는 그의 사도로서의 권위를 깎아내릴 수 있을지는 몰라도 그의 복음을 비판할 수는 없다. 그런 주장은 바울의 사도직을 깎아내린다 해도 그의 복음에 대해서는 찬사가 될 것이다.'(*Paulus und die Gnostiker*〈1965〉, p.16. 이미 롭스(J. H. Ropes)는 이렇게 보았었다(*The Singular Problem of the Epistl to the Galatians*〈1929〉, pp.20f.). 슈미탈의 견해는 이렇다: '그 대적자들은 참 사도가 사도직과 복음을 하나님이나 그리스도에게서 직접 받은 반면 바울은 그의 사도직과 복음을 사람, 즉 예루살렘의 사도들에게서 받았다고 비난한 유대 기독교 영지주의자들이었다(op. cit., pp.18ff.). 그러나 이 견해는 퀴멜에 의하여 견지할 수 없다는 것이 판명되었다. Kümmel, *Introduction*, pp.299ff., and R. McL. Wilson, 'Gnostics-in Galatia?', *StEv* 4(1968). pp.358-367. 게오르기는 그 대적자들이 바울이 예루살렘 의존성을 비난한 것이 아니라, 그가 (예루살렘?) 전통을 무시한 것을 비난한 것이라고 생각한다 (*Die Geschichte der Kollekte des Paulus für Jerusalem*〈1965〉, p.36〈n.113〉). 게오르기의 견해를 추종하는 사람이 두 명 있는데, 한 사람은 뤼어만(D. Lührmann)으로서 그는 그 대적자들이 바울 복음의 적법성을 인정해 줄 수 있는 전승을 바울이 결여했다고 바울을 비난하였다고 믿는다. 즉 시내산에서 모세에게 준 율법의 '계시'에 근거한 예루살렘 전승을 바울은 결여했다는 것이다(*Das Offenbarungsverständnis bei Paulus und in paulinischen Gemeinden*(1965), pp.71ff.); 그리고 또 다른 한 사람은 슈툴마허로서 그는 게오르기의 논지를 더욱 발전시키면서 다음과 같이 주장한다: '적대자들은 바울이 안디옥 교회의 사도에 불과하다; 그러므로 (율법을 타파하였기 때문에) 불법적인 복음의 선포자라고 비판하였다'(*Evangelium*, p.67). 그러나 그럴 경우 이 세 사람은 바울이 갈라디아서 1, 2장에서 그의 예루살렘으로부터의 독립성을 주장하지 않으면 안 되었는지, 그 이유를 만족스럽게 설명할 수 없게 된다. 이들이 제시하는 이유 때문에 바울이 비난을 받았다면, 바울은 갈라디아서 1:11f.보다는 고린도전서 15:1-11에서 그가 말한 것으로써 자기 자신을 보다 잘 변호하였을 것이다! 그래서 슈미탈이 지적한 전통적인 견해의 약점을 피하면서 앞에서 언급한 우리가 취한 견해가 바울의 그의 복음과 사도직에 대한 그의 예루살렘으로부터의 독립성을 증명할 필요를 적절하게 묘사하는 그래도 가장 문제가 적은 견해라고 생각된다(cf. Burton, *Gal*., pp.liv f.; R. Bring, *Commentary on Galatians*〈1961〉, p.6; J. Jeremias, 'Chiasmus in den Paulusbriefen', *Abba*〈1960〉, pp.285f.). 바울의 대적자들의 마음에 바울 사도직과 그의 복음이 문제시되었던 것은 그가 사도직과 복음을 예루살렘 사도들에게서 받았기 때문이($ἀπ'$

승을 받다'에 해당되는 전문용어 '파라람바네인'($παραλαμβάνειν$ [카발 קבל])과 랍비들의 전승 학습을 가리키는 또 다른 전문용어 '디다스케인'($διδάσκειν$)을 사용하여 이러한 그들의 비난을 단호히 부인한다.[3] 바울은 다음과 같이 엄중하게 선언한다: $Γνωρίζω\ γὰρ\ ὑμῖν,$ $ἀδελφοί,\ τὸ\ εὐαγγέλιον\ τὸ\ εὐαγγελισθὲν\ ὑπ'\ ἐμοῦ\ ὅτι\ οὐκ\ ἔστιν$ $κατὰ\ ἄνθρωπον\ οὐδὲ\ γὰρ\ ἐγὼ\ παρὰ\ ἀνθρώπου\ παρέλαβον\ αὐτὸ$ $οὔτε\ ἐδιδάχθην\ ἀλλὰ\ δι'\ ἀποκαλύψεως\ Ἰησοῦ\ Χριστοῦ$ (형제들아 내가 너희에게 알게 하노니 내가 전한 복음은 사람의 뜻을 따라 된 것이

---

$ἀνθρώπων$ 1:1; $παρὰ\ ἀνθρώπου$ 1:12) 아니라, 그들이 그렇게 믿고 있듯이 바울이 이방인들에게 율법과 할례를 준수하라고 요구하지 않음으로써 인간의 뜻과 기호에 맞게 ($κατὰ\ ἄνθρωπον$) 복음을 인간적인 복음으로 왜곡시켰기 때문이라는 생각이 든다. 바울이 갈라디아서에서 그의 복음과 사도직이 예루살렘과 무관하다는 것을 애써 증명하는 모습에는 그가 예루살렘의 사도들로부터 복음과 사도직을 받았다는 비난을 받고 있다는 사실이 암시되어 있긴 하지만, 그의 예루살렘 의존성 때문에 그의 사도직과 복음의 적법성이 의문시되었다는 암시는 전혀 없다. 이와 관련하여 두 가지 사실을 주목할 수 있다. 첫째, 갈라디아서에서 바울은 고린도전서(고전 9:1f.; 15:9-11; 고후 3:1ff.; 10-13장)에서 그가 행한 그의 사도직에 대한 변호를 하지 않고 있다는 것이다. 갈라디아에서 그의 사도직의 적법성에 대한 바울의 변호는 부차적인 관심에 불과하다. 둘째, 바울은 그의 복음을 예루살렘의 사도들에게서 받은 것이 아니지만 그들이 이것을 인준하였음(갈 2:2, 7f.)을 애써 증명함으로써 오히려 그의 복음의 변호에 초점을 맞추고 있다는 사실이다. 그러나 바울은 그가 예루살렘과는 무관하다는 것을 아주 분명하게 해 둘 필요가 있었다. 그것은 그 단언이 사실이 아니며 그의 복음과 사도직을 무시하는 것이기 때문에서만 아니라, 보다 더 중요한 것은 그가 예루살렘 복음을 왜곡시켰다는 비난의 근거를 바울이 친히 뒤엎어야 했기 때문이다 그래서 바울은 갈라디아서 1:10-12에서 이렇게 말하고 있다: '제가 예루살렘의 신적인 원복음을 사람의 뜻으로써 그것을 인간적인 것($κατὰ\ ἄνθρωπον$ 사람의 뜻을 따라)으로 바꾸었다는 비난은 전혀 근거가 없습니다. 왜냐하면 ($γάρ$ 12절) 이미 그것의 전제가 잘못되었기 때문입니다: 유대화주의자들의 단점과는 정반대로 (그들은 그렇다고 할지 모르겠습니다만. 단언하건대, 저는 확실히 -12절의 $οὐδὲ\ γὰρ\ ἐγὼ$에 대해서는 Oepke, *Gal.*, p.29를 참조하라) 저의 복음은 어떤 사람에게서($παρὰ\ ἀνθρώπου$) 받은 것이 아니라 예수 그리스도의 계시로 말미암아 (그에게서) 직접 받은 것입니다'(cf. Bornkamm, *Paulus.*, p.42). 바울은 이렇게 말하고는 계속해서 그것을 증명해 나간다. 먼저 그가 예루살렘과는 무관하다는 것을 증명하고 그 다음에는 그의 복음의 참됨(the truth of his gospel)을 심지어 예루살렘의 '기둥들'(갈 2:9)도 인정하였다고 제시한다.

**3** Blank, *Paulus*, p.212.

아니니라 이는 내가 사람에게서 받은 것도 아니요 배운 것도 아니요 오직 예수 그리스도의 계시로 말미암은 것이라-사역)(갈 1:11, 12).

하지만 바울은 동일한 형식을 사용하여 고린도전서 15:1-11에서는 Γνωρίζω δὲ ὑμῖν, ἀδελφοί, τὸ εὐαγγέλιον ὃ εὐηγγελισάμην ὑμῖν, ὃ καὶ παρελάβετε(형제들아, 내가 너희에게 알게 하노니 내가 너희에게 전한 복음은 너희가 … 받은 것이요-사역)라고 또한 엄숙하게 천명하고 있어서 앞에 나온 갈라디아서에서의 바울의 주장과 어떻게 조화를 시킬 수 있는지의 의문이 제기된다. 이 두 주장 사이에는 '상반된 모순'이 있는가?[4] 이 두 주장 사이의 긴장을 해결할 수는 없는 것인가?[5]

여러 가지 해결 방안 중에서 가장 낫다고 생각되는 것은 복음의 본질과 형식(또는 형식적 표현)[6]을 구별하여, 바울이 갈라디아서 1:12에서는 전자를, 고린도전서 15:1ff.에서는 후자를 각각 언급하고 있다고 보는 견해이다.[7] 이러한 접근방법 내에서도 다양한 의견이 제시되는 근본적인 이유는 바울이 다메섹 도상에서 '예수 그리스도

---

[4] J. T. Sanders, 'Paul's Autobiographical Statements in Galatians 1-2', *JBL* 85(1966), p.337. 이 논문은 아주 독단적이다.

[5] E. Dinkler, 'Tradition im Urchristentum', *RGG*³ vi, 971.

[6] '본질'(essence)과 '형식'(form)은 바울의 용어가 아니다. 그래서 복음에 대한 바울의 이해를 설명하기 위하여 그러한 개념을 소개하는 것은 적법하지 않다고 생각할 수 있을 것이다. 하지만 로마서 1:3f.과 4:24f.과 로마서 1:16f.과 고린도전서 1:18ff.과 같은 본문들을 비교해 볼 때 바울이 우리가 사용한 '본질'과 '형식' 동의 개념으로 오늘날 가장 잘 대표할 수 있는 각기 다른 두 방법으로 복음을 정의했다고 제안하는 것이 가능하다. Cf. W. Baird, 'What is the Kerygma', *JBL* 76(1957), pp.190f.

[7] Cf. Schlier, *Gal*., p.48; P. H. Menoud, 'Revelation and Tradition', *Interpretation* 7(1953), pp.137ff.; W. Baird, 'What is the Kerygma ?', pp.190f.; K. Wegenast, *Das Verständnis der Tradition bei Paulus und in den Deuteropaulinen*(1962), pp.68f.; J. Roloff, *Apostolat*, pp.84ff 또 다른 제안으로는 O. Cullmann, *Die Tradition als exegetisches, historisches und theologisches Problem*(1954), p.20; A. Fridrichsen, 'The Apostle and His Message', pp.8ff.를 보라.

의 계시'로 말미암아 십자가에 못 박히신 예수가 부활하여 높임 받은 주이시며 고린도전서 15:3ff.의 전승은 이러한 복음의 본질을 문형화하여 표현한 것이라는 기독교 케뤼그마의 진리를 깨닫게 되었다는 데 있다. 바울이 그의 복음을 '예수 그리스도의 계시'로 말미암아 받았다고 말할 수 있었던 이유는 그가 복음의 진리, 즉 하나님의 구원 사건으로서의 그리스도를 사람의 선포로 말미암아서가 아니라 그의 아들을 자기에게 나타내 보이신 하나님의 계시로 말미암아 인식하였다는 데 있다. 베게나스트(K. Wegenast)의 말로 표현하자면,

> 본문(갈 1장 이하)의 의미는 복음은 십자가에 못 박히고, 죽고, 부활한 예수가 하나님에 의하여 아들로 계시된 그리스도이며, 그만이 구원 얻는 유일한 길(possibility)이라는 것이다. 그러므로 선포된 그리스도(cf. 1:16, ἵνα εὐαγγελίζωμαι αὐτὸν)이신 예수 안에 선포된 구원을 제외하고는 설사 어떤 케뤼그마적 전승(예컨대, 갈 1:4)을 사용할 수는 있을지언정 복음은 어떤 형식이나 전승이 아닌 것이다. 그러므로 바울에 따르면 복음은 모든 전승에 우선한다.[8]

그러나 이 복음은 분명히 사도의 말로 선포되어야 하며 구체적인 메시지이어야 한다. 그리스도 안에서 행하신 하나님의 구원 사역이 역사-예수 그리스도의 생애, 죽음, 부활-안에서 발생한 것이기 때문에 복음은 하나님의 구원 사건으로 해석되는 예수 그리스도에 관한 역사적인 사실들에 관한 진술을 통해서만 계시될 수 있는 것이다.[9]

그런데 예수 그리스도에 관한 역사적인 사실들은 전승의 대상이

---

[8] Wegenast, op. cit., p.44.

[9] Cf. Menoud, op. cit., pp.137ff.; Baird, op. cit., p.91; esp. Roloff, *Apostolat*, pp.87ff.

다. 고린도전서 15:3ff.의 전승은 복음을 밝히는 그러한 전승이다. 사실 그것은 규범적인 전승이다.[10] 바울은 다른 사람에게서 그 전승을 복음으로 받아 다른 사람에게 전하였는데, 그 전승이 그의 복음을 그렇게 표현하기 때문이다.[11] 여기서 계시로서의 복음(갈 1:12ff.)과 전승으로서의 복음(고전 15:1ff.)간의 관계에 대한 보다 자세한 정의를 묻는 복잡한 질문으로 더 깊이 들어갈 필요는 없을 것이다. 이에 대해서는 의견이 다양하다.[12] 현재의 목적으로는 앞에서 밝힌 것처럼 갈라디아서 1:12과 고린도전서 15:1ff.에 있는 바울의 주장의 상호 보충적인 성격을 주목하는 것만으로 충분하다. 그와 아울러 우리가 발견할 수 있는 것은 갈라디아 본문에서 바울이 그의 복음을 사람에게서가 아니라 '예수 그리스도의 계시'로 말미암아 직접 받았다고 주장한 것은 여기서 그의 관심사가 그의 복음의 기원과 본질이었기 때문이다. 반면에 고린도전서 15:1ff.에서 그가 고린도 교회 교인들에게 전파한 복음은 초대 기독교 전승을 재현한 것이라고 말하는 것은 그곳에서 그의 관심사는 그가 그들에게 실제로 복음을 전파하였을 때 사용한 문구(Wortlaut, $\tau\acute{\iota}\nu\iota$ $\lambda\acute{o}\gamma\psi$ $\epsilon\acute{v}\gamma\gamma\epsilon\lambda\iota\sigma\acute{\alpha}\mu\eta\nu$ $\acute{v}\mu\hat{\iota}\nu$)를 상기시키고, 모든 사도들의 공통된 케뤼그마인 그리스도의 부활(고전 15:11)을 강

---

**10** 전승의 규범성이 고린도전서 15:1f., 11의 바울의 언어에 암시되어 있다 하지만 바울 자신에게 나타난 것을 포함한 예수 그리스도의 부활의 나타남에 관한 일련의 진술들로써 그가 자신에게 전수된 전승(고전 15:3b-5)을 확장시키는 것에서 볼 수 있듯이 (고전 15:6-8) 바울이 그 전승을 복음 전파에 규범적이라고 생각하고 있다는 사실이 곧 그가 그 단어를 글자 그대로 신성불가침하다고 생각했다든가 그의 복음이 그 전승에 구속되어 있다는 의미는 아닌 것이다. Cf. Roloff, *Apostolat*, p.86; Wegenast, op. cit., p.69; Stuhlmacher, *Evangelium*, pp.70f.

**11** Schlier, *Gal.*, p.48; Baird, op. cit, pp.190f.; Wegenast, op. cit., pp.68f.; Roloff, *Apostolat*, pp.86, 88.

**12** 다음의 학자들 간의 논쟁을 참조하라: H. Schlier, 'Kerygma und Sophia', *Die Zeit der Kirche*(1972), pp.206-232, esp.214-217; Wegenast, op. cit., pp.42ff.; Roloff, op. cit., pp.84-90. 논쟁의 훌륭한 개요를 슈츠(Schütz)의 책에서 발견할 수 있다: J. H. Schütz, *Paul and the Anatomy of Apostolic Authority*(1975) pp.54ff.

조하는 데 있었기 때문이다.

바울이 '예수 그리스도의 계시로 말미암아'($\delta\iota$' $\dot{\alpha}\pi o\kappa\alpha\lambda\dot{\upsilon}\psi\epsilon\omega\varsigma$ $\dot{I}\eta\sigma o\hat{\upsilon}$ $X\rho\iota\sigma\tau o\hat{\upsilon}$)(갈 1:12), 즉 하나님께서 자기에게 그의 아들을 계시하심(아포칼립테다 $\dot{\alpha}\pi o\kappa\alpha\lambda\dot{\upsilon}\pi\tau\epsilon\iota\nu$)으로써 그의 복음을 받았다고 말할 때 그는 묵시 문학적 전문어로서 '아포칼립테인'($\dot{\alpha}\pi o\kappa\alpha\lambda\dot{\upsilon}\pi\tau\epsilon\iota\nu$ 계시하다) / '아포칼립시스'($\dot{\alpha}\pi o\kappa\dot{\alpha}\lambda\upsilon\psi\iota\varsigma$ 계시)라는 단어를 사용하고 있는 것 같다.[13] 이것은 바울이 다메섹 사건을 언급하면서 '계시로 내게 비밀을 알게 하신 것은'($\ddot{o}\tau\iota$ $\kappa\alpha\tau\dot{\alpha}$ $\dot{\alpha}\pi o\kappa\dot{\alpha}\lambda\upsilon\psi\iota\nu$ $\dot{\epsilon}\gamma\nu\omega\rho\dot{\iota}\sigma\theta\eta$ $\mu o\iota$ $\tau\dot{o}$ $\mu\upsilon\sigma\tau\dot{\eta}\rho\iota o\nu$)이라고 말하는 에베소서 3:3에 의하여 확증된다. 여기서는 '아포칼립시스'($\dot{\alpha}\pi o\kappa\dot{\alpha}\lambda\upsilon\psi\iota\varsigma$ 계시)가 묵시 문학적 용어의 보충어인 '뮈스테리온'($\mu\upsilon\sigma\tau\dot{\eta}\rho\iota o\nu$ 비밀)과 함께 등장한다(cf. also 골 1:25f.).[14] 이것은 한 걸음 더 나아가 다메섹 도상에서 그에게 계시된 그리스도의 얼굴에 있는 하나님의 '독사'($\delta\dot{o}\xi\alpha$ 영광)를 보았다는 바울의 증언(고후 4:6; cf. 또한 3:18)에 의하여 확증된다. 하나님의 '독사'($\delta\dot{o}\xi\dot{\alpha}$ 카보드 예호바 כבוד יהוה)의 계시는 선지서, 묵시 문학, 그리고 랍비 문학에서 종말론적인 대망의 부분이었다.[15] 그러므로 바울이 그의 다메섹 도상의 경험을 묘사하기 위하여 묵시 문학적 언어와 사상의 형식을 적용하고 있다는 것이 명백해졌다. 뤼어만(D. Luhrmann)은 묵시 문학 있는 계시 개념을 두 가지로 요약하였다:

---

**13** Cf. Oepke, $\kappa\alpha\lambda\dot{\upsilon}\pi\tau\omega$, $\kappa\tau\lambda$, TDNT iii, pp.578f.; Lührmann, *Offebarungsverstandnis*, pp.74f.; Stuhlmacher, *Evangelium*, p.76; Jeremias, *Schlüssel*, p.21; Bornkamm, *Paulus*, p.44; U. Wilckens, 'Der Ursprung der Überlieferung der Erscheinung des Auferstandenen', *Dogma und Denkstrukturen*, E. Schlink FS, ed. W. Joest u. W. Pannenberg(1963), pp.84ff.

**14** 예컨대, 단 2:19, 22, 28, 30, 47; 1En 16:3; 30:3; 61:5; 106:19; 4Ezra 10.38; 2Bar 48.3. Cf. Bornkamm, $\mu\upsilon\sigma\tau\dot{\eta}\rho\iota o\dot{\upsilon}$ TDNT iv, pp.815f.; Lührmann, op. cit., pp.98ff.

**15** G. v. Rad & G. Kittel, $\delta\dot{o}\xi\alpha$, TDNT ii, pp.245ff.; W.Pannenberg, 'Dogmatische Thesen zur Lehre von der Offenbarung', *Offenbarung als Geschichte*, ed. W. Pannenberg(1963), p.93.

묵시 문학에 있어 계시는 새로운 세대를 가져오는 하나님의 종말론적 행위이나, 동시에 꿈과 환상(의 해석)[16]으로서 종말론적 계시를 선취적으로 나타내는 것이기도 하다. 이것은 하나님의 종말론적 행위에 대한 소망과 율법에 대한 순종을 강화한다.[17]

그렇다면, 이러한 배경에 비추어 볼 때 갈라디아서 1:12, 16의 바울의 주장을 어떻게 이해하여야 할 것인가? 먼저 생각해야 할 것은 바울이 갈라디아서 1:12, 16에서 예수 그리스도에 대한 하나님의 계시로 묘사하고 있는 것이 그리스도의 부활의 나타남(고전 9:1; 15:8ff.)이라는 사실이다.[18] 바울은 하나님께서 부활하신 그리스도를 그에게

---

[16] 이 시점에서 묵시 문학가들의 천상적 실체에 관한 환상과 꿈 자체는 계시가 아니라 단지 그 해석만 계시라는 제2바룩서 76:1의 오해에 근거한 뤼어만의 견해를 정정하는 것이 좋겠다(op. cit., pp.40, 75, 100f.). 제2바룩서 56:1과 76:1을 비교해 보면 뤼어만의 견해와는 반대로 그 해석뿐만 아니라 천상적 실체에 관한 환상과 꿈도 계시라는 사실이 드러난다(cf. 단 2:28). 그러므로 고린도후서 12:1의 환상과 계시(ὀπτασίας καὶ ἀποκαλύψεις κυρίου) 등 바울의 동의어 사용은 그의 창작물이 아니라 계시에 대한 묵시문학적 이해와 동일한 선상에 있는 것이다(cf. 계 1:1 Contra Lührmann, op. cit., p.40). Stuhlmacher, Evangtlium, pp. 76f.(n.3)를 참조하라.

[17] Lührmann, op.it., p.104; similarly U. Wilckens, loc. cit. 그러나 쿰란교도의 상당히 다른 계시 개념에 대해서는 O. Betz, Offenbarung und Schriftforschung in der Qumransekte(1960), passim; Lührmann, op. cit., pp.84ff.를 보라.

[18] 보른캄과 뤼어만은 바울이 여기서 '예수 그리스도의 계시'라는 말로써 다메섹 도상의 부활하신 그리스도의 환상을 언급하고 있다는 것을 부인한다. 뤼어만에 따르면, '예수 그리스도의 계시'는 여기서 종말론적 계시의 환상으로의 선취적 나타남도, 그리스도 사건 그 자체도 아니라고 한다. 그것은 오히려 '그리스도 사건을 인간들과 관계시켜 해석한 것, 즉 새로 시작된 하나님의 행위로 발생한 인간들을 위한 사건이라고 해석한 것'(op. cit., pp.73-81, 107, et passim. Quotation from p.79)이다. 그러나 보른캄에 따르면 갈라디아서 1:12, 16의 '예수 그리스도의 계시'는 '하나님의 주권자적 행위로 말미암아 새로운 세대를 출범시킨, 그리고 복음 가운데 선포되는 하나의 객관적인 세대의 교체를 가져오는 사건'이다(Paulus, p.44; 그는 이미 이와 유사한 견해를 'Paulus', RGG v,169에서 그리고 보다 세련된 견해는 'Revelation of Christ to Paul on the Damascus Road and Paul's Doctrine of Justification and Reconciliation. A Study in Galatians 1,' Reconciliation and Hope, L. L. Morris FS, ed. R. Banks⟨1974⟩, pp.91ff.

계시해 주심으로 말미암아 이전에 기독교인들이 예수가 메시아이며 부활하였다고 선포하던 내용이 사실인 것을 알게 되었다. 유대교에서는 부활이 이 세대의 종국을 고하고 새 세대의 시작을 의미하는 하나님의 종말론적 행위로 기대되었기 때문에 메시아의 계시와 (그의) 죽음에서 바울은 예수 그리스도 안에서 행하신 하나님의 구원 행위로 말미암아 종말이 임하였다고 확신하였다. 그래서 바울은 "때가 차매 하나님께서 그의 아들을 보내시고…"(갈 4:4)라고 말할 수 있었다. 옛 세대에서는 하나님의 진노가 지배적인 요인이었으나, '이제는' 그리스도 안에 있는 하나님의 구속의 행위로 말미암아 '율법과 상관이 없는 하나님의 의가 나타났다'(롬 3:21ff.). 그래서 바울은 '보라 지금은 은혜 받을 만한 때요, 보라 지금은 구원의 날이로다'라고 외치는 것이다(고후 6:2).

그러나 이 종말론적 구원의 때가 아직 완전히 실현된 것은 아니었다. '이 악한 세대'(갈 1:4)는 여전히 계속되며; '이 세대의 신'이 여전히 활동하며(고후 4:4; cf. 또한 고전 2:6, 8; 갈 4:9; 골 2:20); 그리스도의 주되심이 아직은 보편적으로 인정되지 않고 있다(고전 15:24f.).

---

에서 천명하였다). 만일 뮈어만에게 있어 바울에게 나타난 '예수 그리스도의 계시'가 하나님께서 바울에게 그리스도 사건의 의의를 알려주는 것을 의미한다면, 보른캄에게 있어 그것은 그리스도 사건 그 자체를 의미하는 것으로 생각된다. 그렇지만 두 사람 모두 그리스도 사건과 다메섹에서의 계시를 정확하게 이해하고 있는 것 같지 않다. 뮈어만의 견해에 대한 비평을 보려거든 Stuhlmacher, *Evangelium*, p.81을 참고하라. 보른캄의 견해는 만일 우리가 그것을 정확하게 이해하였다면 무조건적으로 받아들일 수는 없을 것이다: 그의 견해는 갈라디아서 1: 16의 ἐν ἐμοί 이해에 방해가 된다. 이 두 사람이 '예수 그리스도의 계시'라는 말로써 그리스도의 부활의 나타남을 의미하였다는 사실을 부인하고 있는 것은 근본적으로 오류를 범한 것이라고 생각된다. 짐작건대, 케르텔게(K. Kertelge)가 그리스도 사건과 다메섹 계시의 관계를 정확하게 표현하였다고 생각된다: 즉 갈라디아서 1:12, 16에 표현된 바울에게 하나님의 아들로 나타난 예수 그리스도의 계시는 '그리스도 안에서 선취된 하나님의 하나의 종말론적 자기 계시가 바울의 소명과 관계하여 연장됨'이라는 것이다.('Apokalypsis Jesou Christou⟨Gal 1, 12⟩', *Neues Testament und Kirche*, R. Schnackenburg FS, ed. J. Gnilka⟨1974⟩, p.275).

'그리스도께서 죽은 자들 가운데서 다시 살아나셨으나' 그는 단지 '잠자는 자들의 첫 열매'에 불과하며(고전 15:20), 일반적인 부활은 아직 발생하지 아니하였다. 우리의 구원의 첫 열매로 이미 성령의 종말론적 선물을 가진 우리 그리스도인들은 '양자 될 것, 곧 몸의 구속을 기다리며' 탄식한다(롬 8:23). 즉 우리는 그리스도의 '아포칼립시스'($ἀποκάλυψις$ 계시)(고전 1:7; 살후 1:7; cf. 또한 골 3:4), 그의 파루시아(재림-또는 오심)(고전 15:23; 살전 2:19; 3:13; 4:15; 5:23; 살후 2:1, 8f.; cf. 또한 빌 3:20)를 기다린다. 그리스도의 계시는 마지막 심판(롬 2:5; 14:10; 고전 3:13; 고후 5:10)과 우리 구원의 완성(롬 8:18ff.; 고전 15:5ff.; 빌 3:20f.)을 가져올 것이다.

이것은 곧 그리스도의 초림과 그가 이미 가져온 구원은 그의 최종적인 계시와 우리의 최종적인 구원의 임시적인 실현임을 뜻한다. 바울은 이러한 사실을 다메섹 도상의 '예수 그리스도의 계시'($ἀποκάλυψις\ Ἰησοῦ\ Χριστοῦ$)로 말미암아 터득하였다. 그 계시는 한편으로, 메시아가 예수라는 개인으로 임하였다는 기독교 선포를 확증하여 주었으며 다른 한편, 이미 하늘에서 준비되고 있는 종말의 때에 일어날 심판의 주요 구원의 주이신 예수 그리스도의 최종적인 계시를 드러내었다.

바울이 하늘의 하나님 우편에 있는 부활하고 높임받은 그리스도의 환상을 '예수 그리스도의 계시'($ἀποκάλυψις\ Ἰησοῦ\ Χριστοῦ$)로 묘사하고 있는 한 그(그리스도)는 유대 묵시 문학 속에서의 환상들이 그러하듯 마지막 때에 계시될 천상적 실체이며 그러기 때문에 그것은 예수 그리스도의 종말론적 계시($ἀποκάλυψις$)의 예표(anticipation) 또는 선취(prolepsis)였던 것이다.[19] 그러나 동시에 그것은 바울에게 있

---

**19** Schlier, *Gal.*, pp.47, 55; Stuhlmacher, *Evangelium*, pp.71, 76-82; cf. Wilckens, op. cit., p.86; contra Lührmann, op. cit., pp.107f., et passim.

어 전적으로 미래적 사건에 속한 환상이 아니라 이 세상에 이미 오셨고 또한 마지막 때에 다시 오실 분에 대한 환상이었다는 점에서 유대 묵시 문학에 묘사된 환상들과는 근본적으로 다르다. 바울의 복음이 묵시 문학가들의 메시지와 근본적으로 구별되는 점이 바로 여기에 있다. 후자는 종말에 계시될 미래 구원에만 관심을 둔 반면 전자는 종말에 있을 그 구원의 완성(consummation)을 바라보면서 메시아이신 예수 안에 이미 실현된 구원을 선포한다. 이렇듯 예수께서 종말에 오실 메시아로서 뿐만 아니라 이미 오신 메시아로서 다메섹 도상에서 계시되었기 때문에, 예수 그리스도 안에서 행하신 하나님의 구원 행위를 선포하는 바울의 복음은 환상을 통하여 사람에게 보여지는 계시가 단지 종말론적 계시의 선취에 불과한 묵시문학적 구도를 뛰어넘게 되는 것이다.[20] 그러나 예수 그리스도의 다메섹 계시가, 그것이 종말에 나타날 최종적인 계시인 파루시아(재림)가 선취적으로 나타난 것이라는 점에서 환상을 통한 묵시문학적 계시의 특성을 지니고 있는 한, 바울의 복음에 선포된 구원에는 종말에 있을 최종적인 구원의 선취라는 특성이 있다. 그래서 이미 오신 메시아이시며 또한 종말에 오실 분으로서의 예수의 계시에 대한 바울의 경험에서 구원을 현재적 실체로 선포하며 그러나 종말 때에 그것이 완성될 것을 대망하는 바울 복음의 특성이 생겨나게 된 것이다.[21]

---

**20**  이 부분에서 필자는 슈툴마허의 도움을 많이 받았다. 하지만 이 시점에서 마땅히 비평도 가해야 할 것이다: 즉 슈툴마허는 유대 묵시문학에 묘사된 계시와 다메섹 계시의 차이를 생각하지 않는 것 같다(cf. *Evangelium*, pp.76ff.).

**21**  Cf. Stuhlmacher, 'Gegenwart und Zukunft in der paulinischen Eschatologie', *ZThK* 64(1967), p.429: '바울은 고전 9:16f.에서 갈 1:12-17에서와 마찬가지로 구약에 주어진 묵시적 개념들로 그 소명의 과정을 기술하고 있다 - 이 기술이 중요한 것은 그것이 지금 우리가 다루고 있는 구원의 현재와 미래의 긴장이 바울에게 그의 소명의 시작부터 주어진 것임을 보여주고 있기 때문이다.' 하지만 슈툴마허가 철저하게 묵시문학적 구도에서 그리고 동시에 우리가 여기서 행한 것처럼 바울과 묵시문학 간의 차이를 강조하지 않고 바울을 이해하면서 어떻게 이러한 결론을 도출해 낼 수 있는지는

## 2. 비밀

성령은 현재 구원과 최종적인 구원 사이에 가교를 놓는다. 그는 우리의 최종적인 구원의 '첫 열매'(ἀπαρχή)요, '보증'(ἀρραβών)이기 때문이다(롬 8:23; 고후 1:22; 5:5; 엡 2:14). 그러나 유대 묵시 문학가들에게 주어진 계시와 마찬가지로 예수 그리스도의 선취적 계시를 선포하는 복음은 파루시아(재림)에 있을 예수 그리스도의 '계시'(ἀποκάλυψις) 때까지는 '비밀'(μυστήριον)로 남아 있다.[22] 그것이 비밀인 것은 복음의 내용인 그리스도 안에서 발생한 구원과 파루시아에 있을 그 구원의 완성이 계시를 받은 자(믿는 자)에게는 나타났으나 이 세상에서 믿음이 없는 눈먼 자에게는 여전히 가려져 있기 때문이다(고후 4:3f.). 오직 예수 그리스도의 최종적인 계시, 곧 파루시아에서만 그것은 모든 사람들에게 나타날 것이며, 감추임과 계시의 변증법적인 구조로부터 자유롭게 될 것이다.[23]

---

분명하지 않다. 단지 슈툴마허는 그의 논문 말미에 그 차이를 언급할 따름이다: '바울이 종말론적 예언들같이 모든 구원을 더 이상 미래에서만 기대하지 않는 것은 그리스도와의 만남의 결과이고 그에게 사고의 전환이 이루어졌음에 대한 확실한 증거이다'(p.449, n.56).

22 Cf. 비밀의 묵시문학적 개념을 보른캄은 이렇게 정의한다: '비밀들은 최종적으로 계시되기로 예정된 하나님의 경륜이다. 그 비밀들은 이미 하늘에 참으로 존재하며 그곳에서 볼 수 있는 최종적인 사건들과 상태들로서 마지막 날에 감추었던 데에서 나타나 명명백백한 사건들이 된다'(μυστήριον, *TDNT* iv, p.816). 보다 깊은 연구를 위해서 다음의 도서를 참고하라. R. E. Brown, 'The Semitic Background of the NT Mysterion', *Biblica* 39(1958), esp. pp.434-448 and *Biblica* 40(1959), pp.70ff.; O. Betz, *Offenbarung*, pp.83ff.; J. Coppens, '"Mystery" in the Theology of Saint Paul and its Parallels at Qumran', *Paul and Qumran*, ed. J. Murphy-O'Connor(1968), pp.132ff. 에베소서와 쿰란 문서에 나타난 비밀 개념 사용의 유사성에 관한 특별 연구를 보려거든 다음의 책들을 참고하라. K. G. Kuhn, 'Der Epheserbrief im Lichte der Qumrantexte', *NTS* 7(1960/61), p.336; 그리고 또한 J. Coppens, op. cit., pp.151f.; F. Mussner, 'Contributions made by Qumran to the Understanding of the Epistle to the Ephesians', *Paul and Qumran*, pp.99f.

23 선취적 계시의 묵시문학적 현상에 본래부터 있는 숨김(concealment)과 계시

그래서 바울은 비밀 개념을 복음과 그 복음의 내용인 그리스도에게 적용한다. 이것은 무엇보다도 먼저 고린도전서 1:18-2:16에서 명확하게 나타난다. 바울은 그가 고린도에 온 이유가 그리스도의 복음을 전파하려는 데 있다고 말하는 대신 '하나님의 비밀을 전하려는 데' 있다고 말할 수 있었다(고전 2:1).[24] 십자가에 달리신 예수 그리스도는 '하나님의 비밀'(고전 1:23; 2:2) 또는 '비밀한 가운데 있는'(ἐν μυστηρίῳ) 하나님의 지혜였다(2:7).[25] 본문에서 바울의 관심사는 구변과 지식의 영적 은사를 '풍성하게' 받은 후(고전 1:5) 이 은사를 자랑하고 자기들의 뛰어난 지식과 지혜를 과시함으로써 서로간의 분쟁을 조성하여 이 은사를 이 세상(세대)의 인간적인(또는 세상적인) 지혜로 바꾸어 버린 고린도의 '신령한 자들'(pneumatics)의 오류를 지적하

---

(revelation)의 변증법에 대해서는 Stuhlmacher, *Evangelium*, pp.77ff.를 보라. Cf. Bornkamm, μυστήριον, *TDNT* iv, pp.820f.

**24** τὸ μυστήριον τοῦ θεοῦ(하나님의 증거) 대신에 τὸ μυστήριον τοῦ θεοῦ(하나님의 비밀)로 읽음. '주해론적 관점에서 μαρτύριον τοῦ θεοῦ(하나님의 증거)라고 읽는 것은 사본의 지지를 잘 받고 있기는 하지만(BDGP 등등), 보다 제한적이지만 초대 사본(p⁴⁶ ℵ* AC 등등)의 지지를 받고 있는 μυστήριον(비밀)보다 열등하다. μυστήριον이라고 읽는 것은 1:6의 수집인 듯하다. 반면 본문의 μυστήριον은 7절의 사용례를 위하여 준비된 것이다.' (B. M. Metzger, *A Textual Commentary on the Greek NT*⟨1971⟩, p.545.) So also J. Weiss, *Der erste Korintherbrief*(1910), pp.45f.; Lietzmann-Kümmel, *Kor.*, p.11; Bornkamm, op. cit., p.818(n.141).

**25** ἐν μυστηρίῳ('비밀한 가운데')가 λαλοῦμεν('말하는 것이니'-개역성경의 난외주에 표기한 것처럼)보다는 θεοῦ σοφίαν('하나님의 지혜를'-개역성경의 본문에 명기된 대로)과 관계한 것으로 취하는 것이 더 나은 듯하다. 왜냐하면 빌켄스(U. Wilckens) (*Weisheit und Torheit*⟨1959⟩, p.64. n.1)가 주장하듯이 μυστήριον은 70인경이나 묵시문학이나 신약성경에서 항상 형식(fonn)보다는 내용(content)을 지칭하고 있기 때문이다. 더욱이 연이어 나오는 설명적 주석 τὴν ἀποκεκρυμμένην(감취었던 것인데)을 보면, ἐν μυστηρίῳ가 λαλοῦμεν보다는 θεοῦ σοφίαν과 더 잘 연결됨을 알 수 있다(Barrett, *1Cor.*, p.70) 그러나 바이스(J. Weiss)는 본문의 λαλεῖν ἐν μυστηρίῳ 구문과 병행구로서 고린도전서 14:6을 언급하면서 해당 문구를 동사와 연결시킨다. 그의 *1Kor.*, pp.54f. 그렇지만 바이스는 결론적인 문구 "비밀의 형식으로 (하나님의 지혜를 말하는 것은) 쉽게 '비밀이다'라는 뉘앙스를 풍긴다"는 것을 인정한다.

려는 데 있다.²⁶ 이러한 오류에 비추어 볼 때 그들 사이에 시기와 분

---

26 고린도전서의 기조가 되는 고린도의 상황을, 우리로서는 가장 초기의 자료를 주후 2 세기 것으로 알고 있는, 영지주의에 비추어 보려는 시대착오적인 시도(e.g. Wilckens, Weisheit, 또한 그의 σοφία TDNT vii, p. 519)에 엘리스(E. E. Ellis)는 오히려 고린도전서의 지혜와 지식 현상은 지혜가 선지자와 묵시 문학가들에게 주어진 카리스마적인 은사로 묘사된 구약과 유대 묵시문학적 배경에 비추어 설명될 수 있음을 웅변적으로 증명하였다(그의 "Wisdom" and "Knowledge" in 1Corinthians', *TynB* 25⟨1974⟩, pp.82-98). 엘리스는 무엇보다도 지혜와 예언, 구약의 지혜자와 선지자의 관계를 보이고는, 선지자의 특성과 지혜 교사의 특성이 어떻게 묵시문학적 선견자에게 합체되었는지를 보여준다. 그는 쿰란의 마스킬림(maskilim)과 고린도전서의 신령한 자간의 유사성이 특히 돋보인다는 것을 발견한다: '쿰란의 마스킬림은 하나님의 비밀을 받고 전수하는 자이며, 지혜를 소유하고 지식을 해석하는 자이다. 그들은 성숙한 생활로 이끌며 영들을 분별한다. 이런 점에서 그들은 초기의 선지자들과 비슷할 뿐만 아니라, 바울 공동체의 신령한 자들과 대단히 유사한 점이 있다'(p.95). 따라서 엘리스에 의하면 지혜 있다고 주장하는 고린도의 그리스도인들은 선지자들처럼 행동하고, 영감된 말씀과 지식 등 영적 은사를 받은 사람들이다. 그러나 그들의 문제는 '그들이 그리스도의 말과 지식의 은사를 "풍성히" 받고는 "그 은사들을 마치 자기들 스스로 성취한 것인 양 자랑"한다는 데 있다. 그들은 하나님의 전을 "세우기" 위하여 은사를 받았는데도, 오히려 자랑과 시기와 투기와 분쟁으로 하나님의 전을 파괴하고 있었다. 그 결과 그들이 가진 지혜는 심지어 자기들도 발견하지 못한 미묘한 변화가 이루어져 하나님의 능력이 아닌 사람의 말의 나타남이라는 단순한 영민함(cleverness)으로 전락했다. 그리하여 그들은 "위로부터의 지혜"와 "이 세상의 지혜"를 분간하지 못하게 되었던 것이 분명하다(cf 약 3:13-15, 17)' (E. E. Ellis, "Christ Crucified", *Reconciliation, and Hope*, Morris FS, pp.74f.). 이것은 빌켄스의 가정, 즉 고린도의 신령한 자는 영지주의적 구속자 신화라고 추측되는 패턴대로 강림과 승천을 통하여 κύριοσ τῆς δόξης(영광의 주)로 높아지신, 하나님의 선재하신 지혜로서의 그리스도를 견지하고, 그리하여 십자가에 대한 여지는 조금도 남겨 두지 아니한 영지주의적 지혜 기독론(Sophia-Christology)을 대표한다는 사상(Weisheit, 특히 pp.205ff.; *TDNT* vii, pp.509ff.)보다 고린도의 상황을 훨씬 더 민감하게 설명한다고 생각된다. 이러한 가정에 반대하면서 다음의 두 가지 주장을 제시하는 바이다. 첫째, 주후 1세기의 그와 같은 발전된 신화를 지지할 만한 종교사학적인 근거가 없다. 기독교 이전의 유대 지혜 문서에 있는 인격화된 지혜가 말(言)의 형상이나 신적 속성을 실체화시킨 경향이 아니라 단지 신화를 반영하는 것으로 이해되어야 하긴 했어도(Wilcken, *Weisheit*, pp.160ff.; *TDNT* vii,pp.507ff.) 그 신화는 후기 영지주의의 구속과 신화와는 거리가 멀다(본서 pp.273ff). 둘째, 바울이 고린도전서에서 고린도의 지혜 기독론을 주장한다고 하고 그 후 바울이 그것을 부분적으로는 인정하고 부분적으로는 수정했다고 한 빌켄스의 처리는 정당화될 수가 없다. '하나의 지혜 기독론에 대한 시사들(그것 이상은 없다!)은 정작 바울의 적대자들의 입속에서 나오지 않고 바울 자신의 입속에서 나

쟁이 나타난 것에서 볼 수 있듯 사실상 그들은 신령한 자가 아니라는 것을 바울은 그들에게 상기시킨다(고전 3:1ff.). 그리고 그들의 잘못된 지혜관에 대하여 바울은 '십자가에 못 박히신 그리스도'가 참된 지혜요 하나님의 지혜라는 사실을 지적한다(고전 1:24, 30). 지금 '십자가에 못 박히신 그리스도'는 세상적 표준에 의하면 지혜가 아니고 다만 미련한 것이다(고전 1:21, 23). 그리스도는 오직 부르심을 입은 사람들에게만 하나님의 지혜로 알려지고 있다(고전 1:24, 30). 이렇게 되는 게 사실인 것이, 그리스도는 '비밀한 가운데 있는'(ἐν μυστηρίῳ) 하나님의 지혜, 즉 감추인 지혜이기 때문이다(고전 2:7). '십자가에 못 박히신 그리스도'가 '비밀한 가운데 있는'(ἐν μυστηρίῳ) 하나님의 지혜인 이유는 그가 '십자가에 못 박히신 메시아를 통하여 세상을 구원하시는 하나님의 지혜로운 계획'[27] 곧 '하나님이 우리의 영광을 위하여 만세 전에 미리 정하신 것'이며(고전 2:7) '자기를 사랑하는 모든 자를 위해 예비하신' 구원(고전 2:9)[28]을 나타내었기 때

---

온다: 1:24과 30; 2:6ff〈10:1ff도 참조〉즉, 바울이 고린도인들의 의견에 맞서 자신의 견해를 역설하는 곳에 그들이 나타난다'(K. Niederwimmer, 'Erkennen und Lieben', *KD* 11〈1965〉, p79. 강조는 니더빔머〈Niederwimmer〉의 것). 빌켄스의 가정에 대한 니더빔머의 또 다른 두 개의 반대와 다음의 책에서 보인 빌켄스의 저서를 서평한 쾌스터(H. Köster)의 비평을 보라. *Gnomon* 33(1961), pp.590-595; by R. McL. Wilson, 'How Gnostic were the Corinthians?', *NTS* 19(1972/73), pp.72f.; and by R. Scroggs, 'Paul: ΕΟΦΟΣ and ΠΝΕΓΜΑΤΙΚΟΣ, *NTS* 14(1967/68), pp.33ff. 엘리스가 고린도의 지혜 문제를 훌륭하게 설명하였다고 한다면. 스크록스(R. Scroggs)는 고린도전서와 유대 묵시문학적 지혜 전승 간에는 많은 용어와 사상의 병행구가 있음을 밝힘으로써 고린도전서 2:6-16에 기록된 바울의 하나님의 지혜 해석의 배경은 유대 묵시문학적 지혜 전승인 것을 훌륭하게 증명하였다고 할 수 있다. Cf. R. G. Hamerton-Kelly, *Pre-Existence, Wisdom, and the Son of Man*(1973), pp.112ff. Hamerton-Kelly는 이와 유사하게 세 1에녹서로 내표되는 유내 묵시문학적 진승을 본문의 바울 사상의 배경으로 보고는 있으나, 고린도전서 1-4장의 고린도 교회의 문제를 야기시키는 자들이 필로 유(類)의 헬라적 신비주의를 대표한다고 납득되지 않는 증명을 하려 한다.

**27** Barrett, *1Cor.*, p.68.
**28** 이것은 바울이 '십자가에 못 박히신 그리스도'를 하나님의 지혜와 하나님의 구원 계

문이다. 이러한 하나님의 지혜는 이 세상을 주관하는 영적 세력들과 사람들에게는 전적으로 감추어져 있다(고전 2:7-9). 그러나 이제 하나님께서는 성령을 통하여 바울과 그의 동료들[29]에게는 그것을 계시하셨다. 그리하여 그들은 온전한 자들(고전 2:6), 곧 하나님의 영을 받은 후 십자가에 못 박히신 그리스도 안에 있는 하나님의 지혜를 분별할 수 있는(cf. 고전 2:10-3:1) 참된 신령한 자들 중에서 이 '엔 뮈스테리오'($\dot{\epsilon}\nu$ $\mu\nu\sigma\tau\eta\rho\acute{\iota}\omega$ 비밀한 가운데 있는) 지혜를 말하는 것이다.[30] 이렇게 해서 바울과 그의 동료 사도들은 '오이코노무스 뮈스테리온

---

획(Heilsplan)으로, 구원 그 자체(Heilsput)를 하나님의 구원 계획을 통하여 이룩되는 종말론적인 복으로 명명하는 듯한 두 기복이 심한 의미들을 정당화하려는 시도이다. Cf. Barrett, *1Cor.*, p.68; Conzelmann, *1Kor.*, pp.80, 82.

29  10절 이하의 $\dot{\eta}\mu\epsilon\hat{\iota}\varsigma$ / $\dot{\eta}\mu\hat{\iota}\nu$ (우리들)은 설사 바울과 그의 동료들 이외에 이차적으로 다른 '신령한 자들'에게까지 확대될 수 있을지라도, 우선 바울(과 그의 동료들)을 언급하는 것으로 생각하는 것이 좋다. 이 단어들은 우선 6절의 주어를 언급하기 때문이다. J. Lindblom, *Gesichte und Offenbarungen*, pp.154f.; R. Scroggs, op. cit., pp.50, 53.

30  전후 문맥으로 보아 바울은 그가 고린도 교인들에게 전파한 $\tau\grave{o}$ $\mu\nu\sigma\tau\acute{\eta}\rho\iota o\nu$ $\tau o\hat{\nu}$ $\theta\epsilon o\hat{\nu}$ (2:1; 3:1f.)와 오직 온전한 자들에게만 말하고(2:6f.) 미성숙함 때문에 고린도 교회들에게는 말할 수 없었던(3:1f.) $\theta\epsilon o\hat{\nu}$ $\sigma o\phi\acute{\iota}\alpha\nu$ $\dot{\epsilon}\nu$ $\mu\nu\sigma\tau\eta\rho\acute{\iota}\omega$를 구별한다. 스크록스는 이것을 근거로 바울의 케뤼그마와 소피아(지혜)를 엄격히 구별하면서(op. cit., pp.35, 37, 54f.) 전자는 '십자가에 못 박히신 그리스도'이고 후자는 바울에게 있기는 하지만 드러나지 않은 '비의적인 지혜 교훈'이라고 주장한다(p.35; cf. H. Conzelmann, 'Paulus und die Weisheit', *NTS* 12〈1965/66〉, pp.238ff.). 그러나 그와 같은 본질적인 구별은 바울이 하나님의 지혜를 그의 케뤼그마의 내용인 그리스도와 동일시한 사실로 말미암아 각하(却下)된다(1:24, 30). 바울이 지혜를 소유하면서도 그것을 나타내지 않았다는 스크록스의 반복된 주장은 고린도전서 2:6ff.가 스크록스가 행한 고린도전서 1:18-2:5과 단절된 경우에, 또는 독자들이 바울이 방금 주장한 내용(특히 1:24, 30)을 잊고 있는 경우에만 성립될 수 있다. 바울이 그리스도를 하나님의 지혜와 동일시했다는 사실에 비추어 볼 때, $\theta\epsilon o\hat{\nu}$ $\sigma o\phi\acute{\iota}\alpha\nu$ $\dot{\epsilon}\nu$ $\mu\nu\sigma\tau\eta\rho\acute{\iota}\omega$는 그러므로 그 내용상 하나님의 비밀인 '십자가에 못 박히신 그리스도'를 배제한 비의적 교리(esoteric doctrine)가 될 수 없다. 그래서 $\theta\epsilon o\hat{\nu}$ $\sigma o\phi\acute{\iota}\alpha\nu$ $\dot{\epsilon}\nu$ $\mu\nu\sigma\tau\eta\rho\acute{\iota}\omega$는 '십자가에 못 박히신 그리스도' 안에 포함된 하나님의 놀라우신 구원 계획을 자세하게 나타내 보이는 것 내지는 설명하는 것으로 생각해야 한다(Robertson-Plummer, *1Cor.*, pp.38f.; Bruce, *Cor.*, p.38; Bornkamm, *TDNT* iv, p.819; Niederwimmer, op. cit., p.86). 여기서는 고린도전서 2:6ff.와 1:18-2:5 간의 모순을 생각할 필요가 없다(Weisheit, pp.52, 85; Conzelmann, *1Kor*, p.81).

데우'(οἰκονόμους μυστηρίων θεοῦ[31] 하나님의 비밀을 맡은 일꾼)가 되었다(고전 4:1).

고린도전서 2:10의 부정 과거형 '아페칼륍센'(ἀπεκάλυψεn '보이셨으니')에 비추어 볼 때, 우리는 하나님께서 그의 감추인 지혜를 바울에게 계시한 때가 언제인지를 묻지 않을 수 없다. 그런데 다음의 세 가지 사실을 고려해 보면 바울은 여기서 다메섹 도상에서의 예수 그리스도의 '계시'(아포칼륍시스 ἀποκάλυψις)를 말하고 있는 것이라 생각된다. 첫째, 역사적으로 그것은 바리새인인 바울에게 '십자가에 못 박히신 그리스도'를 더 이상 '거치는 것'(스칸달론 σκάνδαλον : 고전 1:23 갈 3:13)으로 생각지 않고 그 대신 '비밀한 가운데 있는'(엔 뮈스테리오 ἐν μυστηρίῳ) 하나님의 지혜로 생각하게 한 다메섹 도상에서의 '예수 그리스도의 계시'(ἀποκάλυψις Ἰησοῦ Χριστοῦ)였다. '비밀한 가운데 있는'(엔 뮈스테리오 ἐν μυστηρίῳ) 하나님의 지혜를 계시하기 위한 성령의 중보적 사역에 대하여 바울이 고린도전서 2:10에 언급한 내용은 그가 여기서 염두에 두고 있는 것이 다메섹 계시-이

---

[31] 묵시문학과 쿰란 문서에는 대개 그 단어(רז / סוד / μυστήριον)의 복수형이 등장하지만 바울은 세 군데(고전 4:1; 13:2; 14:2)를 제외하고는 항상 단수 μυστήριον을 사용한다. 에베소서 5:32에서 단수 μυστήριον은 창세기 2:24의 알레고리적 의미를 지시한다. 바울은 고린도전서 15:51과 데살로니가후서 2:7에서 단수 μυστήριον으로써 파루시아 때 살아 있는 자들의 육체적 변화와 '무법'의 구체적인 종말론적 사건들을 언급한다. 이와 유사하게 고린도전서 13:2에서 복수 μυστήρια는 하나님의 계획에서는 감추어 있다가 성령의 영감으로 선지자들에게 선취적으로 계시된 구체적인 종말론적 사건들을 의미하는 것 같다. 방언 말하는 자에 의하여 이야기되는 '비밀'(고전 14:2)은 인식할 수 없는 것이긴 하지만 같은 의미일 것이다. 바울은 '비밀'이라는 단어를 그리스도, 복음 또는 그리스도께서 구현하는 하나님의 구원 계획에 적용함에 있어 항상 단수를 사용한다(고전 2:1 엡 1:9; 3:3f., 9; 6:19; 골 1:26f.; 2:2; 4:3; 롬 11:25; 16:25; cf. 딤전 3:9, 16). 그렇다면 바울은 고린도전서 4:1의 복수 μυστήρια로써 그리스도의 비밀만이 아니라 사도들에게 계시된 하나님의 종말론적 경륜의 복수를 언급한단 말인가? 혹은 그것이 그리스도의 비밀이 아직은 용어상 τὸ μυστήριον으로 확정되지 않은 바울 사상의 초기 단계를 반영하는가? Cf. R. E. Brown, 'The Semitic Background', *Biblica* 39, p.440.

것과 관련하여 그는 한 번도 성령의 중보적 사역을 언급하지 않았다 (고린도전서 2:10의 회고인 에베소서 3:5은 예외)-라기보다는 오히려 고린도후서 12:1ff.에 언급된 후기 카리스마적 계시 중 하나를 암시하는 것 같다. 그러나 바울이 다른 곳에서 그가 다메섹 계시로 말미암아 그의 복음과 그것을 이방인 중에서 전파하라는 사도적 소명을 받았다고 분명하게 증언(갈 1:12, 15f.; cf. 고후 4:6)하고 있는 것에 비추어 볼 때, 그가 다메섹 계시에서가 아니라 그 후 또 다른 계시에서 그리스도 안에 나타난 하나님의 지혜로운 구원 계획을 알게 되었다고 결코 생각할 수가 없는 것이다. 바울은 그 후 '주의 환상과 계시'(고후 12:1ff.)로 말미암아 십자가에 못 박히신 그리스도 안에 나타난 하나님의 지혜로운 경륜을 보다 심도있게 배울 수 있었을지는 모른다. 그러나 그것의 결정적인 계시는 다메섹 도상에서 그에게 임하였다. 설사 바울이 그의 다메섹 경험을 구약에 나타나는 선지자들의 소명과 비견되는 자신의 부르심[32]과 하나님의 계시(갈 1:12, 16)로 묘사하는 것을 보면 그는 그 사실을 전제하고 있다고 생각할 수 있다. 구약과 유대교에서는 선지적 계시와 묵시적 계시는 통상 성령의 중보적 사역에 의하여 이루어졌다.[33] 본문에서 성령의 중보 사역을 바울이 강조한 것은 고린도 교회의 '신령한 자들'에게 성령으로 말미암아 주어지는 지혜가 참으로 무엇인지를 보이려는 그의 필요에 비추어 잘 이해할 수 있다.

---

**32** 본서 pp.161ff.

**33** 예컨대, 창 41:38; 민 24:2; 삼하 23:2; 왕상 22:24; 사 61:1; 겔 2:2; 8:3; 11:5; 슥 7:12; 시락 48:12f., 24; 제에녹서 91:1; 레위의 증거기 2:3; 제4에스라 14:22; IQH 12:11ff.; cf. IQS 9:18을 보라. 에스겔 2:2은 천상의 환상과 영이 선지자의 소명에 함께 나타난다는 점에서 특히 두드러진다. Cf. 계 1:10. F. Baumgärtel & E. Sjöberg, $\pi\nu\epsilon\hat{u}\mu\alpha$, *TDNT* vi, pp.362f. 계시의 중보자로서 성령을 이해한 쿰란 교도에 대해서는 Betz, *Offenbarung*, pp.119ff.를 보라. 랍비적 נבואה רוח 이해에 대해서는 Str.-Bill. ii, pp.127ff.를 보라. 다메섹 계시(갈 1:12ff.)와 '주의 환상과 계시'(고후 12:1) 간의 관계에 대해서는 Stuhlmacher, *Evangelium*, pp.77ff.(n. 1)을 보라.

둘째, 바울이 '십자가에 못 박히신 그리스도'를 '영광의 주'(퀴리오스 테스 독세스 κύριος τῆς δόξης : 고전 2:8)라고 칭한 것은 다른 본문에서 그가 그의 다메섹 경험을 암시한(고전 9:1; 고후 3:18; 4:4-6; cf. 갈 1:16), 즉 그에게 나타났던 부활하신 그리스도에 대한 그의 묘사를 생각나게 한다.[34] 고린도전서 2:6-16와 유사한 용어나 주제들이 여러 유대 묵시문학과 지혜 문서에서 발견되는 것처럼[35] '영광의 주'라는 칭호도 역시 제1에녹서(22:14; 25:3, 7; 27:3, 4; 63:2; 75:3)에 자주 등장한다. 제1에녹서 63장에서 그 칭호가 마지막 날에 이 세상 통치자들이 '영광의 주와 지혜의 주'를 믿지 않고 그에게 영광 돌리지 않았으므로 심판받게 될 것이라는 주제와 함께 등장한다는 사실은 놀라울 정도인데, 이것은 고린도전서 2:6ff.의 주제의 병행구로 간주될 수 있다.[36] 그 칭호가 오직 제1에녹서와 고린도전서 2:8(cf.약 2:1)에만 등장하는 것으로 여겨지므로 바울이 제1에녹서나 제1에녹서로 대표되는 유대 묵시문학적 전통에서 그것을 취해왔다고 생각할 수도 있다. 그러나 그 칭호를 묵시문학적 전통에 비추어 추적해 보는 것 자체로서는 바울이 어떤 연유에서 제1에녹서에 하나님께 붙였던 칭호를 예수님께 적용하게 되었는지 설명이 되지 않는다. 에녹서 63장과 고린도전서 2:6ff.의 용어와 주제의 병행은 바울이 여기서 그의 사상을 개진함에 있어 제1에녹서 63장에 의존하여 그 칭호를 그 곳에서 취했다는 추론을 이끌어 낼 수 있을 만큼 충분히 밀접한 관련이 있는 것은 아니다. 그 문제는 바울의 다메섹 경험에 비추어 가장 잘 설명될 수 있다. 우리가 앞에서 살펴본 것처럼[37] 바울은 다

---

**34** 이것은 이미 페인(P. Feine)이 인정한 것이다. *Theologie des NT*(1919), p.320 본서 pp.325, 386.

**35** Scroggs, op. cit., pp. 37ff. 참조.

**36** Cf. Ibid., p.46.

**37** 본서 pp.32ff, 388ff.

메섹 도상에서 그에게 계시된 높임 받은 예수 그리스도와 함께 나타난 대단히 밝은 빛을 하나님의 영광으로, 그리하여 그 높임 받은 예수를 하나님의 영광으로 옷 입은 주로 인식하였다(고후 3:18; 4:4-6; 행 9:4ff.; 22:6, 11; 26:13). 그래서 바울이 다메섹 도상에서 자기에게 나타난 높임 받은 그리스도의 계시를 언급할 때에 그는 '그리스도의 영광'(고후 4:4), 또는 '주의 영광'(고후 3:18)에 대하여 말하였고, 높임은 예수의 몸을 '영광의 몸'(빌 3:21)으로 특징지어 표현하였다. 그러므로 십자가에 못 박히고 부활하고 높임 받은 예수 그리스도에게 '영광의 주'라는 칭호를 붙인 것은 이 상황에 가장 잘 부합된다. 만일 바울이 제1에녹서나 제1에녹서로 대표되는 유대 묵시문학적 전통에 있는 이 칭호를 이전에 알고 있었다면 그가 그러한 칭호들이 자기에게 계시된 높임 받은 예수 그리스도를 적절하게 묘사하리라고 생각했을 수도 있다. 그러나 바울이 제1에녹서와는 독립적으로 그의 다메섹 경험에 비추어 스스로 그 용어를 생각해 내 사용하지 못했으리라는 강력한 이유도 없다.[38]

---

**38** 고린도전서 2:8은 바울 서신 가운데 κύριος(주)라는 칭호를 십자가와 직결하여 등장하는 두 본문 중 하나이다(다른 본문은 갈라디아서 6:14임). 바울은 통상적으로 십자가와 관련해서는 Χριστός(그리스도)라는 칭호를 사용하는 반면(고전 1:17, 23; 2:2; 고후 13:3f.; 갈 3:1; 6:12; 빌 3:18), κύριος 칭호는 예수의 높아지심, 우주와 교회에 대한 현재 그의 주되심, 그의 주되심에 대한 교회의 고백 그리고 파루시아 주제들을 위해 유보하고 있기 때문에 고린도전서 2:8의 예는 인상적이다. 갈라디아서 6:14에서 바울은 육체를 자랑하고 할례 받은 갈라디아인들의 육체에 표를 남긴 것을 자랑하는 갈라디아의 대적자들을 겨냥해서 자기의 자랑은 ἐν τῷ σταυρῷ τοῦ κυρίου ἡμῶν Ἰησοῦ Χριστοῦ(우리 주 예수 그리스도의 십자가) 밖에 없다고 주장한다. 유대주의자들은 설사 실천하지는 않았을지 모르지만, 바울이 다른 곳에서 세상에 있는 것들을 자랑하는 사람들을 겨냥하여(고전 1:31; 고후 10:17) 인용한 Ὁ καυχώμενος ἐν κυρίῳ καυχάσθω(렘 9:23- '자랑하는 자는 주 안에서 자랑하라')는 명령을 잘 깨달았을 것이다. 그러나 여기서 바울은 단순히 주만이 아니라 '주의 십자가'가 그리스도인이 자랑할 유일한 대상인 것을 밝힘으로써 그리스도인의 자랑의 근거와 세상적인 자랑의 그것을 날카롭게 대조한다. 십자가가 세상에 속한 사람에게는 거치는 것이며(고전 1:23; 갈 5:11) 핍박의 원인(갈 5:11; 6:12)이 되기 때문이다. 바울은 십자가를 κύριος

칭호와 결부시킴으로써 세상에 속한 사람에 대한 십자가의 거침성을 한층 부각시키며, 동시에 십자가가 왜 그리스도인에게는 자랑의 근거가 되는지를 가장 효과적으로 설명한다. 십자가가 그리스도인에게 자랑의 근거가 되는 것은 그것이 주-세상에 속한 사람들이 생각하듯이 십자가 위에서 패배하신 분이 아니라, 신앙의 사람이 인정하듯이 바로 그 십자가 위에서 세상과 세상의 권세자들을 이기신-의 십자가이기 때문이다(cf 고전 2:6ff.). 그리스도인은 십자가로 말미암아 세상과는 인연을 끊고 καινή κτίσις(새로운 피조물)가 되었다. 그리하여 그에게는 가치의 전도가 일어났다: 즉 세상에서는 어리석고 거치는 것인 십자가가 그리스도인에게는 영광의 근거이며 세상에서는 영광의 근거인 육체가 그에게는 부끄러움의 근거이다. 이 철저한 가치 전도는 십자가에 못 박히신 분이 주시라는 고백으로 매우 효과적으로 표현된다. 동일한 사상의 패턴이 고린도전서 2:8에 표현되었다. 이 세상의 관원들이 십자가에 못 박은 그분이 다름 아닌 '영광의 주'이다. 세상에서 멸망하는 자들에게는 패배와 부끄러움, 어리석음과 거치는 것의 표인 십자가가 부르심을 입은 사람들에게는 승리와 자랑, 지혜와 영광의 표이다. 바울은 갈라디아서 6:14에서 κύριος 칭호를 십자가와 연결하여 세상적인 자랑의 근거와 그리스도인의 자랑의 근거 간의 절대적인 대조를 표현한 것처럼 본문, 즉 고린도전서 2:8에서도 κύριος 칭호를 십자가와 연결함으로써 세상의 지혜와 하나님의 지혜 간의 절대적인 대조를, 그리고 하나님의 지혜가 세상에는 철저히 감추어졌음을 표현한다(Cf. Lührmann, *Offenbarungsverständnis*, p.137). 이와 유사한 사상 패턴을 빌립보서 3:17-21에서도 인지할 수 있다. 비록 본문에서는 κύριος라는 칭호가 십자가와 직접 연결되어 있지는 않다 하더라도 세상의 것들과 육체의 영광에 사로잡혀 '그리스도의 십자가의 원수'로 살고 있는 사람(cf. 빌 3:10f.)과 (3:10f.의 내용이 암시하는 바) 십자가의 표 아래서 살고 있지만 '구원하는 자, 곧 주 예수 그리스도'를 기다리며 하늘의 시민으로 살고 있는 그리스도인 간에 동일한 대조가 있다. 그러므로 여기서도 적어도 σταυρός-κύριος (십자가와 주) 역설이 그 배경에 자리 잡고 있다. 여기서 바울이 그리스도인들은 하늘로서 '구원하는 자, 곧 주 예수 그리스도'를 기다린다고 말할 때, 그는 자기가 부활하시고 높임 받은 주 예수 그리스도가 종말에 하늘로부터 계시될 것임을 배운 다메섹 도상에서 자기에게 나타나신 주 예수 그리스도의 선취적인 파루시아를 기억하고 있는 것이다(본서 pp.134f.) 바울이 높임 받은 예수의 몸을 '영광의 몸'이라고 칭한 사실이 이를 지지한다(본서 386f). 그리고 전후 문맥이 이를 확증한다고 생각된다. 본문 빌립보서 3:18-21은 사실 바울이 자기의 다메섹 이전 바리새인으로서의 실존과 다메섹 이후 그리스도인으로서의 실존을 철저히 대조함으로써 육체를 자랑하는 유대인들의 자랑에 반박한 앞 절의 결론적인 요약에 해당되므로(3:2-16. Gnilka, *Der Philipperbrief*(1968), p.203). 본문에서 바울이 여전히 그의 다메섹 경험을 의식석으로 기억하며 글을 쓰고 있다는 것은 지극히 자연스럽다. 이 세 본문 모두 세상적인 실존과 그리스도인의 실존을 대조하고 있으며 이러한 대조의 근본적인 문제는 십자가에 대한 그들의 태도에 있다는 것을 σταυρός,κύριος 역설로써 증명한다. 세상에 속한 사람에게 있어 십자가는 어리석음과 거치는 것이며, 그래서 그는 십자가를 대적한다. 그리고 십자가의 거치는 것 때문에 교회를 핍박한 바리새인인 셋째, 현재의 본문인 고린도전서 2:6-10은(2:1과 4:1과 아울러) 골로새서 1:23c-29 및 에베소서 3:1-13과 매우 유사한데, 이 두 본문은 앞에서 살펴본 것처럼[39] 바울의 부르심-하나님의 비밀이 그에게 계시되었던 바로 그 부르심-을 다룬다. 이 세 본문은 적어도 세 가지 공통되는 특징이 있다. 첫 번째는 다알(N. A. Dahl)이 '계시 구도'(Revelation-Schema)라고 부르는 영원부터 감추어 왔다가 이제는 계시된 비밀이 바로 그것이다.[40] 두 번째는 비밀의 계시를 받은 사람은 먼저 바울과 그의 동료들[41]이고 그 다음에 그들의 설교를 통하여 그 비밀의 계시를 받는 그리스도인이라는 사실이다.[42] 세 번째 공

---

바울이 이런 사람의 전형이다- 그러나 그리스도인에게 있어 십자가는 하나님의 지혜요 영광의 근거이다. 그리고 이제 그리스도의 사도 바울은 이 그리스도인의 전형이다. 바울에게 전자에서 후자로의 변개는 하나님께서 그에게 십자가에 못 박히신 분이 영광의 주라고 계시한 때에 일어났다 .이제 우리는 앞에서 지적한 첫 번째 요지로 돌아간 셈이다.

39 본서 pp.54-61.

40 N. A. Dahl, 'Formgeschichtliche Beobachtungen zur Christusverkündigung in der Gemeindepredigt', *Neutestamentliche Studien für R. Bultmann*, ed. W. Eltester(1957), pp.4f. Cf. 또한 로마서 16:25f. '비밀' 과 '감춰었다'는 개념이 결여된 구조의 변화는 목회 서신과 비바울 서신에 등장한다(딤후 1:9-1; 딛 1:2f.; 벧전 1:19-21⟨cf. 1:10-12⟩; 요일 1:1-3). 뤼어만은 바울이 그것을 고린도의 영지주의적 적대자들에게서 인용하여 바로 그것을 수정했다고 생각한다(*Offenbarungsverständnis*, pp.133ff.). 그러나 이 견해에 반대하며 콘첼만(Conzelmann)은 바울의 영향권 밖에서는 그 구도 자체가 독립된 주제로서 이외에는 등장하지 않는다고 지적한다(*1Kor.*, p.75). 콘첼만은 그것이 바울학파 내에서 발전하였고 고린도전서 2:6ff.에서 우리는 그것을 초기 상태로(in statu nascendi) 가지고 있는 것이라고 생각한다. 그는 거기에는 영지주의적 주제(*contra* Lührmann, loc. cit.)는 없고 헬라적 σωτήρ-ἐπιφάνεια-종교(구원자 현현 종교) 주제가 포함되었다고 주장한다. 그러나 고린도전서 2:6ff.; 골로새서 1:24ff.; 에베소서 3:1ff.; 로마서 16:25f.에 헬라적 σωτήρἐπιφάνεια 종교의 흔적은 없다.

41 에베소서 3:5에는 수신자들이 하나님의 '거룩한 사도들과 선지자들'이라고 정식으로 명명되어 있다.

42 골로새서 1:24ff.에서는 바울이 고린도전서 2:10과 에베소서 3:3처럼 비밀의 계시를 받았다고 분명하게 말하지 않으므로 골로새서의 본문은 그 비밀이 하나님의 성도들에게 직접(26절) 계시되었다(ἐφανερώθη)는 인상을 줄 수 있다. 그러나 전후 문맥은

통점은 그 비밀이 그리스도와 그리스도께서 체현하는 하나님의 구원 계획을 지칭한다는 것이다. 그러나 고린도전서 2:1ff.에서 골로새서 1:24ff.를 거쳐 에베소서 3:1ff. 이르기까지 비밀을 정의하는 데 있어 강조점이 달라진다. 고린도전서 2장에서 하나님의 비밀, 또는 '비밀한 가운데 있는'(ἐν μυστηρίῳ) 하나님의 구원 계획은 단지 그리스도나 그리스도 안에 나타난 하나님의 구원 계획을 암시할 뿐이다. 그러나 골로새서 1:24ff.에서 비밀은 보다 구체적으로 '너희 안에 계신 그리스도'(Χριστὸς ἐν ὑμῖν), 즉 이방인들에게 전파된 그리스도로 정의되고 있다. 그러므로 그 비밀은 이방인들로 하여금 구원에 참여하게 하는 하나님의 구원 계획을 의미한다. 이러한 사상은 이방인들이 복음으로 말미암아 그리스도 예수 안에서 함께 상속자가 되고 함께 지체가 되고 함께 약속에 참여하는 자가 된다는 것(엡 3:6)이 '그리스도의 비밀'이라는(엡 3:4) 에베소서 3장에서 보다 명확하게 밝혀진다. 그러나 이것들은 본질적인 차이는 아니다: 여기서 우리가 다루고자 하는 것은 세 가지 각기 다른 비밀이 아니라 하나의 비밀, 곧 그리스도이다.

다메섹 도상에서 예수 그리스도의 계시(ἀποκάλυψις)가 주어졌을 때 바울은 그리스도를 하나님의 계시, 즉 하나님께서 만세 전에 결정하여 지금 나타나게 된 하나님의 구원 계획의 체현으로 인식하였다. 바울은 골로새서 1:23c-29과 에베소서 3:1-3에서 그리스도 안에 있는 구원을 받는 사람들 중에는 이방인도 포함된다고 하는 하나님의 구원 계획이 비밀이라고 강조한다. 그러나 바울은 그것을 강조함에

---

바울(과 그의 동료들)의 설교로써 그 비밀이 신자들에게 계시되었다는 것을 분명하게 암시한다(Lührmann, op. cit., pp.117f.; Lohse, *Kol.*, pp.120ff.). 이와는 달리 뤼어만이 한편 2차적 바울 서신인 에베소서 3장과 골로새서 1장에서 생각하는 것과 또 다른 한편 바울의 '친저서'(genuine letters)에서 신자들에 대한 계시의 중개자로서의 사도직에 대하여 이해하는 것의 차이점을 보려고 하는 시도는 그 근거가 거의 없다 (op. cit., p.122; cf. 또한 pp.93-97).

있어서, 그의 아들을 자기에게 계시하신 하나님의 목적이 그(바울)로 하여금 하나님의 아들을 이방인에게 전파하려는 데 있다고 말함으로써 그가 갈라디아서 1:16에서 이미 암시하였던 것을 보다 명시적으로 언급한다.

이방인들이 복음을 선포함으로써 그리스도 안에 있는 구원에 지금 참여하도록 하는 하나님의 뜻이 다메섹 도상에서 하나님의 구원 계획의 일부로서 바울에게 계시되었다면, 로마서 11:25f.에 언급된 '비밀'($\mu\nu\sigma\tau\acute{\eta}\rho\iota o\nu$)도 예수 그리스도의 '계시'($\acute{\alpha}\pi o\kappa\acute{\alpha}\lambda\upsilon\psi\iota\varsigma$) 때에 계시된 것인가? 바울은 로마서 11장에서 이스라엘이 믿지 아니하므로 이방인들이 구원을 얻게 되었다고 거듭 주장한다(11, 12, 15, 28-30절): 복음이 지금 이방인에게 전파된 것은 이스라엘이 복음을 거절하였기 때문이라는 것이다(cf. 행 13:46; 18:6; 22:18ff.; 28:28). 그러나 바울은 이 실제적인 선교 상황에서 하나님의 구원 계획이 실행되고 있음을 깨닫는다. 이스라엘이 복음에 대하여 강퍅하게 된 배후에는 이방인을 먼저 구원으로 이끌고 그 후 이방 선교의 결과로 모든 이스라엘을 구원하신다는 하나님의 목적이 있다. 바울은 이방 그리스도인들이 믿지 않는 이스라엘에 대하여 만족감과 자부심을 가질 수 있다는 것을 직시하면서 로마서 11:25f.에서 그들에게 그 비밀을 알라고 엄중히 명령한다: (이 비밀은) 이방인의 충만한 수가 들어오기까지 이스라엘의 일부가 완악함에 있게 된 것이라. 그리하여 이처럼 온 이스라엘이 구원을 얻으리라. 기록된 바, '구원자가 시온에서 오사 …'($\H{o}\tau\iota$ $\pi\acute{\omega}\rho\omega\sigma\iota\varsigma$ $\acute{\alpha}\pi\grave{o}$ $\mu\acute{\epsilon}\rho o\upsilon\varsigma$ $\tau\hat{\wp}$ $\mathrm{I}\sigma\rho\alpha\grave{\eta}\lambda$ $\gamma\acute{\epsilon}\gamma o\nu\epsilon\nu$ $\mathring{\alpha}\chi\rho\iota\varsigma$ $o\mathring{\upsilon}$ $\tau\grave{o}$ $\pi\lambda\acute{\eta}\rho\omega\mu\alpha$ $\tau\hat{\omega}\nu$ $\acute{\epsilon}\theta\nu\hat{\omega}\nu$ $\epsilon i\sigma\acute{\epsilon}\lambda\theta\eta$ $\kappa\alpha\grave{\iota}$ $o\mathring{\upsilon}\tau\omega\varsigma$ $\pi\hat{\alpha}\varsigma$ $\mathrm{I}\sigma\rho\alpha\grave{\eta}\lambda$ $\sigma\omega\theta\acute{\eta}\sigma\epsilon\tau\alpha\iota\cdot$ $\kappa\alpha\theta\grave{\omega}\varsigma$ $\gamma\acute{\epsilon}\gamma\rho\alpha\pi\tau\alpha\iota,$ $\H{H}\xi\epsilon\iota$ $\acute{\epsilon}\kappa$ $\Sigma\iota\grave{\omega}\nu$ $\acute{o}$ $\rho\upsilon\acute{o}\mu\epsilon\nu o\varsigma,$ $\kappa\tau\lambda$)

이 비밀이 다메섹 도상에서 바울에게 계시된 것인지 아닌지의 질문에 답변하기에 앞서 그 내용을 정확하게 이해할 필요가 있다. 대다수의 주석가들은 '카이 후토스'($\kappa\alpha\grave{\iota}$ $o\mathring{\upsilon}\tau\omega\varsigma$)를 시간적인 의미인 '그리고 그때에'(and then)로 이해한다.⁴³ 그러나 본문에서 '후토스'(οὕτως) 앞에 있는 절(clause)이 시간의 종속절이나 분사절 또는 절대적 소유격⁴⁴이 아니기 때문에 시간적인 의미로 번역하는 것은 정확하지 않은 것 같다.⁴⁵ 그래서 '후토스'(οὕτως)는 다음에 나오는 '카도스'(καθώς)와 관련하여 '다음과 같은 방법'('in the following way'…as)으로 해석되어야 한다고 제안되기도 하였다. ⁴⁶이렇게 해석될 수도 있는 것은 분명하다. 하지만 만일 그렇게 된다면 여기서 전형적인 인용 형식인 '카도스 게그랍타이'(καθώς γέγραπται)로 소개된 이사야 59:20f.과 27:9의 혼합 인용은 '온 이스라엘이 구원을 얻으리라'는 주장에 대한 성경적 증거로서가 아니라, 주로 온 이스라엘이 구원을 얻는 방법을 예언하는 기능을 하게 되는 것이다. 이것은 논리의 비약인 것 같다. 로마서 11:11부터 계속해서, 특히 로마서 11:25ff.의 현재 본문에서 바울의 관심사가 이스라엘의 넘어짐이 결정적이 아니라는 것을 주장하는 데 있기 때문에 그는 이스라엘의 구원받을 방법을 설명하기 전에 '이방인의 충만한 수가 들어오기까지 이스라엘의 더러는 완악하게 되었다'는 앞의 주장에서 긍정적인 결론을 이끌어내면서 무엇보다도 이스라엘이 구원받을 것이라는 점을 분명하게 천명하기를 기대했던 것이다.⁴⁷ 환언하자면 '후토스'(οὕτως)를 관계 분사로서 '카도

---

**43** 예컨대, Michel, *Römer*, p.278; Althaus, *Römer*, p.107; Barrett, *Romans*, p.223; latest Käsemann, *Römer*, p.300.

**44** Liddell-Scott, S.V., 1, 7 참조.

**45** Luz, *Geschichtsverständnis*, p.293; P. Stuhlmacher, 'Zur Ipterpretation von Römer 11:25-32', *Probleme biblischer Theologie*, G. v. Rad FS, ed. H. W. Wolff(1971), pp.559f.; cf. Leenhardt, *Romans*, pp.293f.

**46** Bauer-Arndt-Gingrich, S.V., 2; C. Müller, *Gottes Gerechtigkeit und Gottes Volk*(1964), p.43; C. Plag, *Israels Wege zum Heil*(1969), p.37(n.148); Stuhlmacher, 'Interpretation', p.560.

**47** Contra Luz, Geschichtsverständnis, p.294. 루츠(Luz)는 οὕτως를 καθώς와 관계된 것으로 취하지 아니하고, 여기서 바울의 관심사는 '이스라엘 회개의 특성과 방법'에 관

스'(καθώς)와 함께 취급하여 관심을 이스라엘의 운명에서 이스라엘 구원의 방법으로 전환시킨다면, 이 전환은 비약이라는 말이다. 본문의 '후토스'(οὕτως)를 해석하는 방법이 달리 없다면 논리적인 흐름에는 다소 어긋난다 할지라도 이 해결을 받아들일 수밖에 없을지 모른다.

그러나 이러한 문제를 피하면서 '후토스'(οὕτως)를 정확하게 해석할 수 있다. 그것은 그 단어를 추론적인 것으로 취급하여 '그래서'(so) 또는 '그러므로'(therefore)로 해석하는 것이다.[48] 그렇다면 때 '카이 후토스'(καὶ οὕτως)는 앞의 '호티'(ὅτι)절의 추론(논리적인 귀결)을 인도하는 것이 된다.[49] 만일 이 해석이 옳다면 '뮈스테리온'(μυστήριον)은 엄밀히 말해서 '호티'(ὅτι)절인 '이방인의 충만한 수가 들어오기까지 이스라엘의 더러는 완악하게 된 것이라'에 국한되고, '온 이스라엘이 구원을 얻으리라'는 다음 주장은 이스라엘의 부분적인 완악함이 어떤 결정적인 기간에 국한된다는 사실에서 추론한 결과가 되는 것이다. 그러나 바울은 접속사 '카이'(καὶ)로써 비밀과 거기서 나오는 추론을 매우 긴밀히 연결하고 있기 때문에[50] 그의 마음속에는 그 추론이

---

한 것이라고 생각한다. οὕτως에서 '이스라엘이 기대하지 않은 역설적인 방법으로 구원될 것이라는 바울의 사상을 도출해 낸다는 것은 어디까지나 이치에 맞지 않는 억지 주장이다.

**48** Cf. Liddell-Scott, S.V., II; Bauer-Amdt-Gingrich,s.v.,1b.

**49** D. Zeller, *Juden und Heiden in der Mission des Paulus*(1973), p.251; cf. also Murray, *Romans* ii, p.96. 미헬 역시 시간적인 해석을 선택하기에 앞서 이 해석을 고려한다 (Römer, p.280).

**50** οὕτως가 추론적으로 사용될 때 그것은 대개 문장 처음에 위치한다(예컨대, 롬 1:15; 6:11). 그러나 καὶ οὕτως로 인도된 추론이 앞서 논의된 것과 보다 밀접하게 연결되었다는 것을 제외하고는 앞의 단어 καὶ는 그 의미에 아무런 영향도 주지 않는 것 같다 (cf 롬 5:12. Cranfield, *Romans*, p.272⟨n.5⟩ 참조). 로마서 11:26의 οὕτως의 위치는 그것을 καθώς와의 상관관계보다는 추론적인 것으로 취해야 함을 지지하는 또 하나의 근거이다. 만일 οὕτως가 καθώς와 상관관계가 있다고 한다면 οὕτως는 동사 σωθήσεται 바로 전, 후에 놓여야 더 적절할 것이다(cf. 빌 3:17; 눅 24:24). 이러한 주장에 반대

비밀의 일부분을 형성하는 것처럼 보인다. 이러한 주장에 의하면 '카도스 게그랍타이'($καθώς\ γέγραπται$)는 통상대로 앞의 주장, 즉 '온 이스라엘이 구원을 얻으리라'는 주장에 대한 성격적 증거를 인도하며, 그렇게 함으로써 그것이 11절부터 계속해서 이 절정을 향하여 움직이는 문맥의 일반적인 경향과 상당히 부합한다는 것을 강조한다. 그래서 우리는 '뮈스테리온'($μυστήριον$ 비밀)에는 두 가지 요소가 있다는 사실을 제안하는 것이 좋을 것 같다: '이방인의 충만한 수가 들어오기까지 이스라엘의 더러는 완악하게 된 것이라'는 것과 '온 이스라엘이 구원을 얻으리라'는 것이 그것이다.[51] 만일 이것이 옳다면, 바울은 설사 다음 세 가지-1) 이스라엘이 더러 완악해지는 것, 2) 이방인의 충만한 수가 들어오는 것, 그리고 3) 온 이스라엘의 구원-의 시간적 순서도 분명히 염두에 두고 있었긴 하겠지만 그가 비밀을 소개함으로써 강조하려는 것은 이스라엘의 궁극적인 구원의 시간적인 순서가 아니라 오히려 이스라엘의 궁극적인 구원의 사실 그 자체인 것이다.[52]

---

하면서 $οὕτως$가 문장 처음에 위치하였고 그것은 바울의 선교 원리를 설명하려고 마지막에 성경을 인용하는 도입구 $καθώς\ γέεραπται$에 의하여 설명된다고 하는 로마서 15:20f.가 인용될 수 있는 것이다. 그러나 그곳에서는 $οὕτως$의 위치가 강조의 목적으로 문장 처음에 등장한 것이라는 식으로 쉽게 설명된다. 즉 로마서 15:20f.에서 바울의 관심사는 그의 선교 방법의 원리를 제시하는 데 있다. 만일 로마서 11:26의 $οὕτως$의 위치를 이와 비슷하게 마치 바울이 이스라엘은 이사야(59:20f.; 27:9)가 예언한 방법대로 구원받을 것이라는 사실을 서술하는 것만이 아니라 그것을 강조하고 있기나 한 것처럼 그것을 강조로 설명한다면, 우리가 앞에서 주목한 논리적인 순서가 깨어지는 보다 심각한 문제가 야기된다.

51 $οὕτως$를 $καθώς$와 상관관계가 있는 것으로 취할 경우, 비밀은 두 부분으로 구성되어 있는 것이 된다: 1) 이방인의 충만한 수가 들어오기까지 이스라엘의 더러는 완악하게 된 것'과; 2) 이사야가 예언한 것처럼(59:20f.; 27:9) 온 이스라엘이 구원을 얻을 것 등 $καί\ οὕτως$를 시간의 불변사로 취하는 사람들의 경우는 그 비밀이 세 부분으로 되어 있다고 분석한다: 1) 이스라엘의 더러는 완악하게 된 것; 2) 이러한 상태는 이방인의 충만한 수가 들어오기까지 계속될 것이다; 3) 이것이 발생할 때 온 이스라엘이 구원을 얻을 것이다(Zahn, *Römer*, p.253; Michel, *Römer*, p.280).

52 Luz, *Geschichtsverständnis*, p.293; Zeller, *Juden*, p.251.

이 하나님의 구원 계획이 다메섹 도상에서 그리스도께서 나타나실 때 바울에게 계시되었는가? 불트만처럼 그 비밀이 바울의 '사색적인 백일몽'(Speculative fantasy)[53]에서 얻어진 것이라고 생각하는 사람이라면 이 질문에 부정적으로 대답할 것이다. 바울이 여기서 명시적으로 계시를 언급하지는 않는다. 하지만 그는 '뮈스테리온'($\mu\nu\sigma\tau\acute{\eta}\rho\iota o\nu$)이라는 용어를 하나님의 구원 계획에 적용함으로써 그것이 그의 사색을 통하여 얻어진 어떤 것이 아니라 하나님의 계시라는 사실을 암시한다. 확실히 바울이 여기서 '뮈스테리온'($\mu\nu\sigma\tau\acute{\eta}\rho\iota o\nu$)이라는 말을 사용한 의도는 우선적으로는 이방 그리스도인 독자들로 하여금 자기 자신들의 지혜에 자긍하지 않도록 하려는 데 있으며, 다음은 자신의 지혜나 자만심으로 인한 교만에 대한 정죄의 원칙을 바울 자신에게도 적용하는 것이다.[54] 바울이 '뮈스테리온'($\mu\nu\sigma\tau\acute{\eta}\rho\iota o\nu$)으로 말하고자 하는 내용이 인간의 생각의 결과가 아니라 하나님의 계시라는 사실은 인간이 하나님의 부요함이나 지혜와 지식의 깊이를 헤아릴 수도 없으며 그 비밀이 나타내는 하나님의 판단과 방법의 기이함을 파악할 수도 없다고 겸손히 고백함으로써 로마서 9~11장의 하나님의 구원사의 전개, 특히 로마서 11:25ff.에 묘사된 하나님의 비밀의 드러냄과 전개의 최후를 장식하며 바울이 끝을 맺은 로마서 11:33-36의 송영에 의하여 확정된다.[55] 바울은 그 송영에서 제기한 '누가 주의 마음을 알

---

**53** R. Bultmann, *Theology* ii, p.132. 이와 비슷하게 Scroggs, op. cit., '특별한 종말론적 사색'(p.46); '그의(바울의) 지혜 교훈의 단편'(p.53). 불트만의 견해와 반대되는 견해로는 Käsemann, *Römer*, p.299와 Luz, *Geschichtsverständnis*, p.293을 보라.

**54** Cf. Luz, *Geschichtsverständnis*, pp.292f.; Käsemann, *Römer*, p.299.

**55** 이 송영에서 바울은 하나님과 그의 방법은 근본적으로 인지할 수 없는 것이라고 고백하고 있으며, 그리하여 그가 방금 계시로 나타났다고 한 것은 단지 절대적인 타당성을 주장할 수 없는 역사 가운데 나타난 하나님의 방법을 헤아리려고 하는 시도에 불과하다는 오해(Delling, $\acute{\alpha}\nu\varepsilon\xi\varepsilon\rho\varepsilon\acute{\nu}\nu\eta\tau o\varsigma$, *TDNT* i, p.357; cf. Conzelmann, *Outline*, p.252; Luz, *Geschichtsverständnis*, pp.299f.)에 반대한다. 그러면서 케제만은 만일 그렇다면 그것은 바울의 전 케뤼그마와 모순된다고 바르게 지적한다(*Römer*, pp.306f.). 고린도

았느냐?'(Τίς ··· ἔγνω νοῦν κυρίου)(롬 11:34a)라는 수사학적 질문을 고린도전서 2:16에서도 하고 있으며, 거기서 그는 자기가 '그리스도의 마음'(νοῦν κυρίου)을 가졌다고 대답한다. 짐작건대 여기서 바울은 그가 하나님의 지혜, 즉 그가 받은 성령뿐만 아니라 그 성령으로 말미암아 계시된 하나님의 구원 계획을 아는 지식을 가졌다고 말하려고 하는 것 같다(고전 2:12).[56] 이것이 바로 성령을 통하여 하나님께서 당신의 감추인 지혜, 즉 영적 세력들과 사람들 모두에게 완전히 감취어진 그의 지혜로운 구원 계획을 바울(과 그의 동료들)에게 계시하셨다는 고린도전서 2:6-16의 바울의 주장에 대한 결론적인 단평이다. 그래서 로마서 11:33ff.의 송영에 의하면 인간이 하나님의 경륜과 방

전서 1, 2장과의 병행구를 이끌어내면서 행한 케제만의 송영 주해는 매우 교훈적이다.

[56] 이사야 40:13의 히브리 본문은 יהוה이며, 이것을 70인경은 νοῦς로 번역하였다(여기서만 그렇고 다른 모든 곳에서 יהוה는 πνεῦμα로 번역된다). 바울이 하나님의 지혜 계시에 있어 성령의 중보적 역할을 논의하는 마지막에 이사야 40:13을 인용하고 있기 때문에, 짐작건대 그는 히브리어 원본을 알고 있었다고 생각된다(Scroggs, op. cit., pp.53f.). 이것이 사실이라면 우리는 바울이 고린도전서 2:16에서 히브리어 본문을 따라 이사야의 질문을 인용하고, ἡμεῖς δὲ νοῦν Χριστοῦ ἔχομεν(그러나 우리는 그리스도의 성령을 가졌느니라)고 대답하기를 기대하게 될 것이다(cf. 고전 7:40). 그러나 바울이 여기서 히브리어 본문이 아니라 70인경을 따른 이유가 무엇인가? 어떤 주석가들은 여기서 νοῦς(마음)와 πνεῦμα(성령)는 동일한 의미라고 생각하지만(Conzelmann, 1Kor., p.87; Käsemann, Römer, p.307), 스크록스(Scroggs, op. cit., p.54⟨n.1⟩)와 베엠(J. Behm, νοῦς, κτλ, TDNT iv, p.959)은 이렇게 쉽게 동일시하는 것을 반대한다. 인용문의 νοῦς κυρίου(주의 마음)의 의미는 아주 간단한 것처럼 생각된다-즉 주의 사상, 작정, 또는 계획 등(Bauer-Arndt-Gingrich, s.v.,4; Behm, TDNT iv, p.959; cf. Bultmann, Theology i, p.211). 바울의 ἡμεῖς δε. νοῦν Χριστοῦ ἔχομεν이라는 주장에서 그가 γινώσκειν보다는 오히려 ἔχειν 동사를 사용하고 있다는 점에서 바울이 70인경을 따른 이유가 무엇인지에 대한 질문의 대답을 찾을 수 있을 것 같다: 즉 바울은 여기서 동시에 두 개의 사상, 즉 그가 하나님의 성령을 가졌다는 것과 그러므로 그는 성령을 통하여 계시된 하나님의 지혜, 곧 그의 **구원 계획**(Heilsplan)을 알고 있다는 것을 표현하고 싶어 했음이 명백하다. 이것은 너무 잘 맞아서 답답해 보이기는 하지만, 그가 하나님의 성령과 그 성령만이 계시하실 수 있는 참된 지혜-하나님의 지혜-를 받았다고 주장하는 고린도전서 2:6-16에서 그가 행한 하나님의 지혜 해석에 딱 들어맞는 결론이 될 것이다.

법을 스스로 헤아려 안다는 가능성이 부정되고 있지만, 그것이 곧 사람이 하나님의 직접적인 계시로 말미암아 그것들을 알 수 있다는 능력까지 부정하는 것은 아니다. 오히려 송영에 의하면 하나님의 경륜과 방도를 아는 지식의 계시적 성격이 강조되고 있다. 그러므로 로마서 11:25f.의 비밀은 단순한 인간의 사색이 될 수가 없고 성령을 통하여 바울에게 계시된 '주의 마음'(νοῦν κυρίου)이다.[57]

바울이 비밀의 계시를 받을 수 있었던 것은 유대 묵시 문학가들의 경우와 상당히 유사하게[58] 그가 경험한 '환상과 계시' 중의 하나를 통해서든지(고후 12:1ff.), 아니면 기독교의 선지자들과 방언 말하는 자들처럼 카리스마적인 영감을 통해서든지(고전 13:2; 14:2; 엡 3:5),[59] 또는 쿰란 종파의 의의 교사처럼(lQpHab 7:4f.)[60] 성령의 영감으로 인한 성경 해석을 통해서(cf. 엡 5:32)였을 것이다. 바울이 그 비밀이 자기에게 언제, 어떻게 계시되었는지 분명하게 서술하고 있지 않기 때

---

**57** 여기서 단지 그 비밀은 바울이 하나님의 이스라엘 선택에 비추어 이스라엘의 현재의 완고함을 해석한 것에서 유래했다고 주장하는 것은 바울의 심중에 있는 것과 위배된다(contra Bornkamm, μυστήριον, TDNT iv, pp.822f. 또한 F. Leenhardt, Romans, p.292).

**58** 유대 묵시 문학가들의 환상과 계시에 대한 묘사 배후에는 어떤 순전한 황홀경 경험(또는 황홀한 계시 경험)이 있다는 견해에 대해서는 Bornkamm, TDNT iv, pp.815f, D. S. Russell, The Method and Message of Jewish Apocalyptic (1964), pp.164ff.를 보라.

**59** 신약성경의 선지자와 예언의 성격에 대해서는 G. Friedrich, προφήτς, TDNT vi, pp.828ff., esp. 848-856; J. Lindblom, Gesichte und Offenbarungen, pp.162ff.; E. E. Ellis, 'The Role of the Christian Prophet in Acts', Apostolic History and the Gospel, pp.55ff.; D. Hill, 'Prophecy and Prophets in the Revelation of St. Hohn', NTS 18(1971/72), pp.401-418; 'On the Evidence for the Creative Role of Christian Prophets', NTS 20 (1974), pp.262-294를 보라. 여기서 바울의 '환상과 계시'(고후 12:1ff.)가 사실은 기독교의 선지자들과 방언 말하는 자들이 황홀경에 빠졌을 때 경험했던 것들과 통일한 것일 수가 없다고 말하려는 것이 우리의 의도는 아니다.

**60** O. Betz, Offenbarung, esp. pp.82-88; Lührmann, Offenbarungsverständnis. pp.84ff.; P. Benoit , 'Qumran and the NT', Paul and Qumran, pp.22f.; cf. also Luz, Geschichtsverständnis , p.288(n.96) 참조.

문에 많은 사람들은 그 비밀의 내용을 분석하고 그 비밀의 요소와 병행구가 된다고 생각되는 것을 구약과 유대교 그리고 원시 기독교 전승에서 찾음으로써 이 질문들의 해답을 찾으려 하였다. 그러나 우리는 먼저 바울이 로마서 11:26f. 에 인용한 이사야 59:20f.과 27:9에서 그 비밀을 얻었다는 견해는 배격해야 할 것이다.[61] 인용된 성경이 온 이스라엘이 구원을 얻으리라는 비밀의 후반부에 대한 증거가 되기는 하지만 그 인용된 성경에는 비밀의 다른 부분, 즉 비밀 본래의 주제가 포함되어 있지 않기 때문이다.

뮐러(C. Muller)는 바울이 로마서 11:25f.에서 이스라엘의 궁극적인 재건이 이루어지기 전 한정된 기간 동안 예루살렘 혹은 이스라엘이 종말론적으로 이방인에게 굴복할 것이라는 전승을 영적으로 해석하고 재형성한다는 견해를 제안한다(단 9:24-27; 슥 12:3 (70인경)〈cf. 14:1-11〉; Tes Zeb. 9; Test Benj. 10; Ass. Moses 12; 제4에스라서 5:23ff.; 9:26-10:58; 눅 21:24; 계 11장).[62] 그러나 이러한 제안은 로마서 11:25f.의 비밀이 이방인에 대한 이스라엘의 굴복이나 이스라엘의 궁극적인 재건 때에 있을 이방인의 심판에 관하여 언급하고 있는 것이 아니므로 옳다고 인정할 수 없다.[63]

혹자는[64] 그 비밀을 시온이 높이 들리고, 하나님의 영광 또는 메시아가 그곳에 나타나고, 이스라엘이 회복되고 열방이 야웨께 경배하며 메시아(와 이스라엘)를 섬기기 위하여 그들의 선물을 가지고 시온으로 몰려들 날을 내다보는, 시온을 향한 이방인들의 종말론적인 순례

---

**61** A. Pallis, *To the Romans* (1920), p.131.

**62** C. Müller, *Gottes Gerechtigkeit*, pp.38ff.; 이와 비슷하게 P. Borgen, 'From Paul to Luke', *CBQ* 31(1969), 172ff.

**63** Luz, *Geschichtsverständnis*, pp.81(n.22), 289; Zeller, *Juden*, p.250; Plag, *Israels Wege*, p.56(n.233); cf. Käsemann, *Römer*, pp.299f.

**64** Plag, *Israels Wege*, pp.43ff., 56ff.; Stuhlmacher, 'Interpretation', pp.560f.; Käsemann, *Römer*, p.299; also E. Käsemann, 'Paulus und der Frühkatholizismus', *EVB* ii, p.244.

의 전승으로 밝혀보려 하였다.[65] 이러한 견해를 지지하기 위하여 플락 (C. Plag)은 바울이 로마서 11:25에서 '에이세르케스다이'($\varepsilon\dot{\iota}\sigma\acute{\varepsilon}\rho\chi\varepsilon\sigma\theta\alpha\iota$ 들어가다)의 독립된 사용으로써 염두에 둔 것은 이방인들이 하나님의 나라에 들어간다는 것이 아니라, 많은 주석가들이[66] 생각하듯이 시온에 온다는 것[67]이었다고 주장한다. 그러나 플락 자신도 인정하고 있는 바 '에이세르케스다이'($\varepsilon\dot{\iota}\sigma\acute{\varepsilon}\rho\chi\varepsilon\sigma\theta\alpha\iota$)라는 단어가 이방인의 종말론적인 순례를 언급하고 있는 본문에 등장한 경우란 한 번도 없다. 그리고 그 단어의 통상적인 해석에 대한 그의 반론에는 타당성이 없다. 그것은 공관복음서에서 대부분의 독립적인 '에이세르케스다이'($\varepsilon\dot{\iota}\sigma\acute{\varepsilon}\rho\chi\varepsilon\sigma\theta\alpha\iota$) 사용이 전후 문맥에서 언급하는 것으로 쉽게 지지될 수 있는 것이 사실이지만, 누가복음 11:52와 그 병행구인 마 23:13은 그 단어를 '하나님의 나라에 들어가다'($\varepsilon\dot{\iota}\sigma\acute{\varepsilon}\rho\chi\varepsilon\sigma\theta\alpha\iota\ \varepsilon\dot{\iota}\varsigma\ \tau\dot{\eta}\nu\ \beta\alpha\sigma\iota\lambda\varepsilon\acute{\iota}\alpha\nu\ \tauο\hat{\upsilon}\ \theta\varepsilonο\hat{\upsilon}$)에 해당하는 전문용어로 사용하고 있는 것이 분명하다(cf. 마 7:13; 병행구 눅 13:24).[68] 젤러(D. Zeller)도 '에이세르케스다이'($\varepsilon\dot{\iota}\sigma\acute{\varepsilon}\rho\chi\varepsilon\sigma\theta\alpha\iota$)에 '그 반대'(jenseitige)의 의미를 부여하는 것은 선교적인 상황에 부합되지 않는다고 주장하면서 통상적인 해석을 반대한다.[69] 그러나 하나님 나라에 들어감에 관한 대부분의 언급들이 미

---

**65** 이방인의 종말론적인 순례 사상이 여러 다양한 형식으로 등장하는 소여(所與)를 여기서 다 나열할 수는 없다. Str.-BiII. iii, pp.144ff.; J. Jeremias, *Jesus' Promise*, pp.57ff.를 보라.

**66** E. g., Sanday-Headlam, *Romans*, p.335; Michel, *Römer*, p.280; Murray, *Romans* ii, p.93; Käsemann, *Römer*, p.300; H. Windisch, 'Die Sprüche von Eingehen in das Reich Gottes', *ZNW* 27(1928), pp.171f.; Luz, *Geschichtsverständnis*, pp.288f.(n.98).

**67** Plag, *Israels Wege*, pp.43f. 플락은 L. Baeck, 'The Faith of Paul', *JJS* 3 (1952), p.108의 영감을 받았고; Stuhlmacher, 'Interpretation', pp.560f.(n.29)의 지지를 받았다.

**68** Cf. T. W. Manson, *The Sayings of Jesus*(1949), p.103; C. H. Dodd, *The Parables of the Kingdom*, Fontana Ed.(1969), p.108; J. Jeremias, *The Parables of Jesus*($^3$1976), pp.55, 58.

**69** Zeller, *Juden*, p.254.

래 종말론적인 의미를 지니고 있는 것이 사실이지만, 누가복음 11:52 과 그 본문의 마태복음 병행구(마 23:12)는 분명히 현재적인 과정으로서의 하나님 나라에 들어가는 것을 묘사한다.[70] 그러므로 '에이세르케스다이'($\epsilon i\sigma \acute{\epsilon}\rho \chi \epsilon \sigma \theta \alpha \iota$)를 기독교의 신앙을 받아들여-현재 선취적으로 실현되었으나 미래에 있을 완성을 기다리는-하나님의 왕권의 영역에 지금 들어가고 있음을 나타내는 선교 용어로 간주할 수 있는 것이다.

그러나 로마서 11:25f.의 비밀의 배경에서 시온을 향한 이방인의 종말론적인 순례 전승을 찾으려는 시도에 있어서의 진정한 문제는 그 전승에는 항상 시온의 높아짐, 이방인의 순교의 전제로서 그곳에 하나님이나 메시아의 나타남이 있고 그 일 이전에 있을 이스라엘의 재건을 상징하는 데 반해 로마서 11:25f.의 비밀은 시온의 높아짐에 대한 언급이 전혀 없다는 것과,[71] 이스라엘의 구원을 이방인의 구원 후

---

[70] W. Grundmann, *Das Evangelium nach Matthäus*(1972), p.490; 래드(G. E. Ladd)는 보다 많은 본문들(마 11:11f.와 병행구인 눅 16:16; 마 21:31; 막 12:34)을 이러한 의미로 해석한다(*Jesus and the Kingdom*⟨1966⟩, pp.192ff.). 예레미아스는 빈디쉬(op. cit., pp.163ff.)를 따라 하나님 나라에 들어감에 관한 모든 말씀은 미래적이라고 생각한다 (*Parables*, p.125⟨n.46⟩).; W. G. Kümmel, *Promise and Fulfilment*(1966), pp.52f.도 마찬가지이다. 그러나 예레미아스와 큄멜은 이것과 관련하여 누가복음 11:52과 마태복음 23:13을 논하지는 않는다.

[71] 슈툴마허(P. Stuhlmacher, 'Interpretation', p.563)가 제시하는 것처럼 로마서 11:26에 인용된 성경(사 59:20f. 와 27:9)에서 시온의 높아짐과 메시아의 현현 주제를 인식할 수가 있을까?(인용문의 $\rho v \acute{o} \mu \epsilon v o \varsigma$⟨구원자⟩는 데살로니가전서 1:10에서처럼 그리스도를 언급한다. Cf. 이사야 59:20이 메시아적인 의미로 해석된 b.Sanh. 98a.) 이 질문에 대답하기에 앞서 첫 번째 질문을 분명히 할 다른 질문이 있다. 즉, 바울이 인용문에서 지칭하고 있는 것이 그리스도의 초림인가 아니면 재림인가 하는 질문이 바로 그것이다. 그것이 그리스도의 재림을 지칭한다고 생각되는 다음의 두 가지 사실을 인용문에서 관찰할 수 있다: 1) 미래형 $\H{\eta}\xi \epsilon \iota$ 와; 2) 통상 종말론적인 화에서의 구원자를 의미하는 칭호 $\acute{o}$ $\rho v \acute{o} \mu \epsilon v o \varsigma$(Luz, *Geschichtsverständnis*, p.294). 그러나 $\H{\eta}\xi \epsilon \iota$의 미래형은 이미 이사야 59:20에 존재하고(Luz. loc. cit.) 예언에 있어 동사의 미래형은 이미 발생한 예언의 성취를 증명하기 위하여 인용될 때에도 사용된다(예컨대, 로마서 15:12)(Zeller, *Juden*, p.261). 그리고 바울에게 있어 메시아이신 $\acute{o}$ $\rho v \acute{o} \mu \epsilon v o \varsigma$는

이미 도래하셨다!(Zeller, *Juden*, p.26; Sanday-Headlam, *Romans*, p.336) 루츠(Luz, *Geschichtsverständnis*, pp.294f.)는 그것이 예수님의 재림을 언급하는 것이 아님을 다음의 논증으로 증명한다: 1) '재림(parousia)이 바울에게 성경 증거의 대상인 적은 한 번도 없었다'; 2) "'구원자"의 구원 사역, 다시 말해서 죄의 제거와 언약 체결이 바로 예수님의 오심으로 말미암아 기존하게 된 은혜라고 생각하는 것은 아무 무리가 없다'; 3) '그의 재림 때 그리스도가 시온에서 나오신다는 것은 데살로니가전서 4:15ff의 견지에서 볼 때 단일의 특징적인 주장이다. 그래서 만일 "시온에서 오사"라는 진술을 이렇게 해석하고 여기서는 단지 시편 14:7; 53:7과 같은 성경의 상기로서 등장한 것이 아니라면, 오히려 그것은 메시아의 초림으로 생각해야 할 것이다'; 4) 바울이 양자택일해야 할 것은 '그리스도의 초림'(Christ's coming in the world)인가 아니면 '재림'(parousia)인가가 아니다. 그리스도의 과거 구원 행위는 장래의 심판에서 구원을 초래한다; 5) 이사야 59:20f.은 유대주의에서 메시아적인 의미로 해석되었다. 그러므로 그 인용이 극단적으로 재림을 언급한다고 보기 어렵다. 이러한 질문들에 대하여 다음과 같이 대답할 수 있을 것이다: 1) 바울은 종종 재림(살후 2:8-10)과 그와 관련된 몇 가지 주제들-예컨대, 사망의 최종적인 멸망(고전 15:54ff.)과 마지막 심판(롬 14:11)-을 묘사하기 위하여 성경을 인용한다.(cf. E. E. Ellis, *Paul's Use*, p.116); 2) 바울이 이사야 59:20의 70인경 ἕνεκεν Σιών(시온을 위하여)을 로마서 11:26에서 ἐν Σιών(시온에서)으로 대체한 것은 하늘의 예루살렘에서 오시는 그리스도의 재림을 염두에 두었기 때문이었을 것이다(cf. 갈 4:26; 살전 1:10; 빌 3: 20f.)(cf. Michel, *Römer*, p.281; Stuhlmacher, 'Interpretation', p.561; Käsemann, *Römer*, p.301); 그리고 3). 바울에게 있어 메시아는 이미 오셨으나 다시 오실 분이시다.' 그러므로 바울이 메시아 예언을 그리스도의 초림뿐만 아니라 재림에도 적용한 것은 얼마든지 있을 수 있는 일이다. 재림에 대한 언급이 예컨대 고린도전서 1:23에 묘사된 사람이-유대인이든지 이방인이든지-ἀπολύτρωσις(구원)을 위하여 십자가에 못 박히신 주를 만나는 것이지 영광 중에 오시는 구원자와 만나는 것이 아니라는 바울의 확신과 모순된다는 젤러의 계속되는 논증은(*Juden*, p.260) 힘이 없다. 왜냐하면 이스라엘은 심지어 재림 때에라도 오직 그리스도의 십자가 위에서의 사역의 기초와 그를 믿는 그들의 믿음으로써만 ἀπολύτρωσις를 받을 것이기 때문이다. 바울이 달리 생각하였다고 할 수가 없다 (cf. Stuhlmacher, 'Interpretation', p.562. against Plag, *Israels Wege*, 특히 pp.37. 55ff.). 그러므로 인용문의 내용을 고려해 보면 그것은 그럴 필요는 없지만 재림을 언급할 수 있다. 그러므로 그것의 가부(可否)는 문맥에서 결정되어야 한다. καὶ οὕτως가 καθώς와 관련 있는 것으로 취급된다면 바울은 당연히 그 인용문으로써 재림을 언급하는 것이 된다(Stuhlmacher, 'Interpretation', 특히 pp.560ff.이 그러함; cf. Käsemann, *Römer*, p.301). 그러나 만일 καὶ οὕτως에 대한 우리의 해석이 옳다면, 바울은 반드시 그럴 필요는 없지만 재림을 언급하고 있다고 할 수 있다. 바울이 여기서 관심을 갖고 있는 것은 이스라엘의 구원 시기 또는 방법이 아니라 그 구원의 확실성이기 때문에 그는 그 확실성의 근거로써 인용을 하는 것이다. 그러므로 바울이 여기서 염두에 두고 있는 것이 그리스도의 초림이냐 재림이냐 하는 것은 적절하지 않은 것은 아니나 부차적인

에야 이루어질 것으로 생각한다는 데 있다.[72] 그래서 케제만과 슈툴마허는 바울이 여기서 이방인의 종말에 있을 순례의 주제들을 재형성하여 기독교적으로 만들어서 이스라엘과 이방인 간의 구원의 순서를 뒤바꾸어 놓았다고 주장한다.[73] 그러나 이러한 상황에서 우리가 슈툴마허의 주장에 동조하여 '시온을 향한 이방인의 순례를 대망하는 구약 및 유대인의 소망의 성취와 이스라엘의 종말론적인 영광받음'[74]을 말하는 것이 과연 정당한지에 대해서는 다분히 회의적이다. 케제만에 따르면 그 비밀은 '완전히 새롭게 형성되어 정반대로 변형된 유대교-유대적-기독교의 전승을 매우 잘 드러내 보여 주는 예를 제공하는데'[75] 그와 같이 '새로 형성된 전승은 그(즉 바울)를 … 받은 계시를 전달하는 사람 … 하나의 선지자로 성격 지운다.'[76] 그러나 설령 우리가 그 비밀의 배후에서 이스라엘 재건의 전승과 시온을 향한 이방인의 종말에 있을 순례를 추적할 수 있다손 치더라도, 만일 바울이 선교 현장에서 경험한 이스라엘의 복음 배척으로 인하여 구속사를 다시금 묵상하게 되었고 시온을 향한 이방인의 종말론적인 순례에의 전승으로부터 그 비밀을 얻게 된 것이 아니라면 우리는 여전히 그가 어떻게

질문이다. 그래도 만일 로마서 11:15의 견지에서 이사야 59:20f.과 27:9의 예언이 언제 실현될 것이냐고 묻는다면 바울은 '그리스도의 재림 때' 실현될 것이라고 대답할 것이다. 이러한 해석이 옳다면, 우리는 로마서 11:25f.의 비밀이 시온의 높아짐에 대하여 언급하는 바는 없다고 결론 내려야 할 것이다. 심지어 $καὶ\ οὕτως$를 $καθώς$와 관련된 것으로 생각하고, 그리하여 그 인용문이 우리가 시온에 오시는 메시아의 현현과 이스라엘의 재건 주제를 보게 되는 재림을 언급한다 할지라도, 이러한 것들이 이방인들이 들어온 후에 발생할 것을 묘사하고 있는 까닭에 여전히 어려움은 존재한다.

72 Cf. Zeller, *Juden*, p.255.
73 Käsemann, *Römer*, p.299f.; Stuhlmacher, 'Interpretation', pp.560f. See also Käsemann, 'Frühkatholizismus', p.244.
74 Stuhlmacher, 'Interpretation', p.561. 그러나 슈툴마허에 대항하여 Zeller, *Juden*, p.255는 '이방인들이 시온에 밀려들지도 않고 이스라엘이 영광 받지도 않는다'고 말한다.
75 Käsemann, *Römer*, p.299.
76 Ibid., p.300.

그것을 매우 '강제로'($γεωαλτσαμ$) 재형성하여 그것을 '비밀', 곧 하나님의 계시로 말미암아 알게 된 종말론적인 진리라고 칭할 수 있게 되었는지를 설명해야만 한다. 그러나 그러한 논리는 바울의 '뮈스테리온'($μυστήριον$ 비밀)이라는 용어 사용 및 로마서 11:33ff.의 송영과 부합하지 않는다.

어떤 학자들은 로마서 11:25f.의 비밀과 관련하여 또 다른 전승, 즉 복음이 종말 이전에 먼저 만국(모든 이방인)에게 전파되어야 한다는 마가복음 13:10(병행구, 마 24:14)의 독립된 어록을 상정한다.[77] 그 어록의 진정성에 관한 복잡한 문제-거기에는 초대 교회의 역사에 대한 문제뿐만 아니라 예수님의 종말론에 관한 포괄적인 문제 등이 포함되어 있다-를 여기서 다 다룰 수는 없다.[78] 슈툴마허는 그 어록이 마가의 창작물이고, 전승사적으로 로마서 11:25ff.의 비밀보다 후대의 것이라고 주장한다.[79] 이것이 사실이라면 마가복음이 우리로 하여금 바울이 언제, 어떻게 그 비밀을 얻게 되었는지 확신을 갖는 데 별 도움을 줄 수 없다는 것은 너무도 당연하다. 비록 이 말씀이 예수께서 직접 하신 말씀이라 할지라도-그것이 전혀 불가능한 것이 아니다-그리고 또한 그 말씀이 바울에게 알려졌다 할지라도 우리는 바울

---

[77] O. Cullmann, 'Der eschatologische Charakter des Missionsauftrags und des apostolischen Selbstbewußtseins bei Paulus', *Vorträge und Aufsätze*, 1925-1962(1966), p.328; Stuhlmacher, 'Interpretation', pp.565f.; Käsemann, *Römer*, p.300; cf. Luz, *Geschichtsverständnis*, p.289. Zahn, *Römer*, pp.522f. 잔(Zahn)은 비밀의 말씀의 근거가 이스라엘의 완악함(마 12:38-45; 13:11—16; 23:29-36; 요 9:39-41; ⟨12:37-43⟩), 그의 재림 때까지 있을 중간기 동안의 이방인의 회개(마 22:7ff.; 24:14), 그리고 마지막으로 이스라엘의 회심(마 23:39와 병행구인 눅 13:35)에 관한 예수님의 말씀이라고 믿고 있다.

[78] S. G. Wilson의 포괄적인 논의를 보라(*Gentiles*, pp.18-28); 거기에다가 Kümmel, *Promise*, pp.85f.; Hahn, *Mission*, pp.70ff.을 보라. 로기온(logion)의 진정성을 부정하는 이 사람들에 대해서는 G. R. Beaslley-Murray, *A Commentary on Mark Thirteen* (1957), pp.44f.; cf. Jeremias, *Promise*, pp.22f.

[79] Stuhlmacher, 'Interpretation', pp.565f.

이 그 비밀을 시온을 향한 이방인들의 종말론적인 순례 전승에서 이 끌어낸 것이라 말할 수 없는 것처럼 어록에서 직접 끌어냈다고 주장할 수 없다. 그것은 그 어록에 이스라엘이 완악해진다든지 이스라엘이 궁극적으로 구원받을 것이라는 사상이 포함되어 있지 않기 때문이다. 기껏해야 마가복음 13:10의 전승이 바울이 그 비밀을 얻기 위하여 어떤 방법으로든 이용했음직한 요소들 가운데 하나였을 것이라고 생각할 수 있을 것이다. 여기서 우리는 앞 문단 마지막에서 우리가 제기하였던 질문으로 다시 돌아온 셈이다.

'뮈스테리온'($\mu \upsilon \sigma \tau \acute{\eta} \rho \iota o \nu$)을 이사야 6장에 비추어 이해하는 것이 최선의 설명이 될 듯하다. 바울은 갈라디아서 1:15f.에서 그가 이방인의 사도로 부름 받은 것을 이사야 49:1-6의 '에벤 야웨'(야웨의 종)의 소명기사에서 취한 언어로 묘사하고 있다는 것은 널리 인정된 사실이며, 그럼으로써 본문은 바울이 그의 사도적 소명을 에벧($E\beta\epsilon\delta$ 종)의 소명에 비추어 이해하였다는 것을 암시한다.[80] 그러나 구약의 가장 유명한 소명기사 가운데 하나인 이사야 6장은 바울의 소명과 관련하여서는 그렇게 많은 주목을 받지 못하였다. 이것은 마땅히 그 둘을 관련시켜 생각해 보아야 했음에도 그러하다. 필자가 아는 한에서는 베츠(O.Betz)가 바울이 그의 다메섹 경험을 이사야 6장에 비추어 해석했음을 밝히려 한 유일한 학자이다.[81]

침멀리(W. Zimmerli)는[82] '선지자의 소명 기사의 양식사 및 전승사'(Formund Traditionsgeschichte der prophetischen Berufungserzahlung)를 분석한 후 구약의 소명기사의 유형을 두 가지로 요약, 묘사하였다.

---

[80] 예컨대. Munck, *Paul*, pp.24ff.; L. Cerfaux, 'La vocation de saint Paul', *Euntes Docete*(1961), pp.13ff.; T. Holtz, 'Selbstverständnis des Apostels Paulus', *ThLZ* 91(1966), 324ff.

[81] O. Betz, 'Die Vision des Paulus im Tempel von Jerusalem', *Verborum Veritas*, pp.118ff.

[82] W. Zimmerli, *Ezechiel*(1969), pp.16-21; cf. H. Wildberger, *Jesaja*(1972), pp.234ff.

그 중 하나는 예레미야의 소명 기사로 대표되는 유형이다(렘 1:4-10): 이 유형에는 환상의 요소가 없든지 또는 있다고 하더라도 야웨의 말씀을 받는 것이 주제이고 환상은 그것에 종속되는 정도이다. 이 유형은 한 걸음 더 나아가 야웨와 소명 받은 자 간의 매우 긴밀한 인격적인 만남으로 특징지어지며, 그때 소명 받은 자는 야웨의 부름에 주저하고 거부하며, 야웨는 친히 확신의 말씀과 표징을 줌으로써 이 문제를 해결한다. 모세의 소명 기사 또한 이 유형에 속하는 것으로 들 수 있다 (출 3:1-22; 4:1-17; 6:2-12; 7:1-7).[83] 또 다른 유형은 이사야의 소명 기사로 대표되는 유형이다(사 6장). 이 유형에서는 선지자가 하늘 보좌의 환상 중에 말씀을 맡는 사건이 일어난다. 에스겔의 소명 기사 역시 이 유형에 속한다(1:1-3:15).[84] 침멀리는 이 두 가지 유형이 바울의 소명 기사에 반영되어 있음을 발견한다: 후자의 유형은 사도행전 9:3ff.; 22:6ff.; 26:12ff.에 있는 누가의 바울 소명 기사에서 발견되고, 전자의 유형은 갈라디아서 1:15ff.의 바울 자신의 진술에서 발견된다.[85] 그

---

**83** Cf. 기드온의 소명(삿 6:11-18)과 사울의 소명(삼상 9:21).

**84** Cf. 엄밀한 의미에서 소명 보고라고 할 수 없을지는 모르지만, 이사야의 소명 기사(사 6장)와 아주 가까운 병행구인 이믈라의 아들 미가야의 위임(왕상 22:19-22)도 여기에 해당한다. Zimmerli, *Ezechiel*, pp.18f.

**85** Ibid., pp.20f.; 또한 Wildberger, *Jesaja*, p.236. 스텍(O. H. Steck)은 그의 최근 논문 'Formgeschichtliche Bemerkungen zur Darstellung des Damaskusgeschechens in der Apostelgeschichte', *ZNW* 67(1976), pp.20-28에서 이사야의 환상을 Berufungsbericht(소명 보고)의 형식으로 분류한 침멀리의 분류에 의문을 제기한다. 스텍에 따르면 이사야 6장의 환상은 '어전 회의에 있어 특이한 위임 수여'(Vergabe eines außergewöhnlichen Auftrags in der Thronversammlung)에 해당하는 독립된 양식(Gattung)이다(p.26). 스텍은 한걸음 더 나아가 누가의 다메섹 사건 기사와 두 양식 간의 양식사학적 연결을 부인한다. 그렇지만 스텍은 다음의 사실은 인정한다: "사도행전의 보고들이 아마 전승을 이어받아 바울의 그리스도에 의한 소명과 선지자들의 소명의 상응함을 보여주려고 했을 가능성이 많은 것은 26:17f.에 있는 언급 같은 세부 사항들이 시사해 준다."(p.27) 더욱이 소명 보고의 양식과 특이한 위임 양식, 그리고 이 양식들과 사도행전의 다메섹 사건 보고 간의 스텍의 구별은 지나치게 엄격한 것 같다. 어쨌든 침멀리의 견해에 대한 스텍의 비명은 우리가 여기서 주장한 바 바울이

런데 우리가 앞에서 살펴본 것처럼, 바울이 갈라디아서 1:12, 16과 다른 곳(고전 9:1; 고후 4:6)에서 그의 부르심을 묘사하기 위하여 사용하는 '아포칼륍테인'($ἀποκαλύπτειν$)/'아포칼륍시스'($ἀποκάλυψις$)라는 단어는 그가 다메섹의 소명에서 그리스도의 나타나심의 환상을 보았음을 암시한다. 그리하여 바울이 부활하신 그리스도의 복음[86] 선포의 일부로서 그의 다메섹의 부르심을 교회들에게 이야기할 때에 그는 그것을 누가의 기사 패턴, 즉 이사야의 (소명) 기사 패턴을 따라 진술했음에 틀림없다.[87] 그러므로 바울이 그의 부르심과 에벧(종)

---

그의 다메섹 소명을 이사야 6장과 49:1-6에 비추어 이해하였다는 사실에 본질적으로 영향을 주지는 않는다.

**86** 본서 pp.65ff.

**87** 롤로프는 '바울이 자기를 가리켜 선지자라 부른 적은 한 번도 없었다'는 사실을 주목하면서 바울의 사도직 을 구약의 선지자직과 동일시하는 것을 금한다(Apostolat, pp.43f.). 이것은(바울이 자신을 구약의 선지자라고 부르지 않은 사실-역자 주) 바울의 사도로서의 역할이 구약 선지자들의 그것과 근본적으로 다른 구속사의 시대에 속한다는 바울 자신의 의식에 기인한다. 구속사의 시대는 구약의 선지자들이 예언한 높아지신 예수 그리스도의 복음을 전파하는 시대이다(cf. 롬 1:2). 하지만, 바울과 구약 선지자들 간의 비교점은 존재하며 그것은 바로 한 사신(使信)의 사역을 수행하기 위하여 하나님께서 부르시고 보내신다는 것이다. 그리하여 롤로프는 이 둘 간의 '유형론적 상응'에 관하여 말한다. 하지만 롤로프가 이러한 사실을 올바르게 확인하면서도 계속해서 다음과 같이 주장한다는 것은 이상하다: "그러므로 바울은 선지자들의 소명 체험을 전혀 언급하지 않는다. 갈 1:15f.에는 구약의 소명 기사들에서 중심을 차지하는 보냄의 말씀(예컨대, 암 7:14f. 사 6:9f. 렘 1:7f. 겔 2:3ff.)에 대한 시사가 완전히 결여되어 있다. 이것은 렘 1:10(LXX)을 분명히 시사하는 행 9:15에서의 바울의 소명에 대한 기술과도 분명히 차이를 보인다"(p.44). 이미 앞에서(본서 pp.65ff.) 살펴본 것처럼 바울이 다메섹 사건 보고와 누가의 그것을 이 점에서 대립시킨다는 것은 잘못이다. 바울이 보냄의 말을 언급하지 않았다는 롤로프의 지적은 שׁלח / שׁליח(cf. 사 6:8f.; 렘 1:7; 겔 2:3 등등. K. H. Rengstorf, $ἀποστέλλω, κτλ$, TDNT i, pp.400ff.; cf. 또한 Roloff, Apostolat, pp.10ff., 36) 개념이 그 배후에 있는 그가 $ἀπόστολος$라는 바울의 주장은 언급하지 않더라도, 그가 말한 바 $οὐ γὰρ ἀπέστειλέν με Χριστὸς βαπτίζειν ἀλλὰ εὐαγγελίζεσθαι$(그리스도께서 나를 보내심은 세례를 주게 하려 하심이 아니요 오직 복음을 전케 하려 하심이라. 고전 1:17)와 같은 바울의 말을 접하게 되면 사실 무근이라는 것이 밝혀진다. 갈라디아서 1:16의 $ἵνα$ 구문은 이미 보냄말(Sendewort)을 암시하지 않았다는 말인가? 정확히 말해서 바울의 사도직과 구약의 선지자직간의

의 소명 간의 유형론적 상응을 보면서 그의 부르심의 의의를 이사야 49:1-6의 에벧의 소명에 비추어 해석했지만 바울이 다메섹의 부르심에서 그가 경험한 것을 이사야의 (소명)기사의 패턴으로 진술했을 가능성이 있다. 보다 정확히 말하자면, 바울은 그의 다메섹 부르심을 이사야 49:1-6과 이사야 6장 양쪽 모두에 비추어 인식하였다고 할 수 있다. 바울에게는 현대의 비평가들이 생각하는 것과는 달리 이사야서의 통일성이 전혀 문제가 되지 않았고 이사야 6장과 49:1-6 모두 하나님께서 그의 종을 부르신 사건을 다루고 있는 것이었기 때문에 바울은 이 둘을 혼합하여 자기의 다메섹 경험의 의미를 비추는 데 전혀 어려움이 없었던 것이다.

이러한 주장을 지지하기 위하여 우리는 무엇보다도 먼저 바울 자신의 다메섹 소명 보고와 이사야 6장의 소명 기사 간의 병행 주제들을 나열해 보는 것이 옳을 듯하다. 첫째, 이사야와 바울 모두 영광의 (사 6:1/ 고후 4:6) '퀴리오스'($\kappa\acute{u}\rho\iota o\varsigma$)(사 6:1// 고전 9:1)를 보았다. 물론 이사야는 '퀴리오스'($\kappa\acute{u}\rho\iota o\varsigma$)이신 야웨를 본 반면, 바울은 '퀴리오스'($\kappa\acute{u}\rho\iota o\varsigma$)이신 부활하고 높임 받은 그리스도를 본 것이다. 그러나 이러한 차이는 전혀 문제가 되지 않는 것이 잘 알려진 것처럼 바울은 구약의 칭호 '퀴리오스'($\kappa\acute{u}\rho\iota o\varsigma$)를 하나님에게서 그리스도에게로 종종 바꾸어 적용하기 때문이다(예컨대, 롬 10:13; 고후 3:16ff.; 빌 2:9ff.!). 아니 요한복음 12:41에 따르면 이사야는 예수의 영광을 보았으며 그에 관하여 말한 것이었다.[88] 둘째 병행은 이사야와 바울 모두 소명 받을 때 죄사함과 속죄를 받았다는 사실에 있다(사 6:7// 고

---

사신(使信)의 사역을 위한 소명과 보냄 주제의 유형론적 상응이 있기 때문에 우리는 바울이 선지자의 소명과 보냄을 묘사할 때 사용한 패턴으로 그의 소명과 보냄을 서술해 주기로 기대해야 할 것인가? 그리고 바울이 갈라디아서 1:15f.에서 에벧(종)의 소명을 암시한 것은 이를 확증하지 않는단 말인가?

[88] 탈굼역에 따르면 이사야는 '보좌에 앉아 계신 주의 영광을 보았다…'(J. F. Stenning ed. and tran., *The Targum of Isaiah*⟨1953⟩, p.20). Cf. O. Betz, 'Vision', p.118.

후 5:16ff.; 고전 15:8ff.; 등).[89] 셋째, 이사야가 하나님이 나타나셨을 때 '보냄을 받은'(חלשׁ/ἀποστέλλειν 사 6:8) 것처럼 바울은 그리스도가 나타나셨을 때 '보냄을 받았다'('아포스텔레인'⟨ἀποστέλλειν⟩/'아포스톨로스'⟨ἀπόστολος⟩ 고전 1:17; 9:1; 롬 1:1; 등등).[90] 네 번째 병행은 본 문맥에서 가장 중요한 것으로서 이사야가 환상 중에 자기가 하나님의 보좌에서 일어나고 있는 회의에 참석하여 하나님의 경륜을 들었다고 설명하는 것처럼(사 6:8ff.) 바울도 '아포칼륍테인'(ἀποκαλύπτειν)/'아포칼륍시스'(ἀποκάλυψις)(갈 1:12, 16; 엡 3:3)와 '뮈스테리온'(μυστήριον)(고전 2:1, 6ff.; 골 1:26ff.; 엡 3:4ff.) 개념으로 그가 환상 중에 보좌에 앉으신 그리스도로부터 복음과 하나님의 경륜을 받았음을 암시한다.[91] 이러한 병행들에 비추어 볼 때 바울이 그의 다메섹 경험을 이사야의 소명 기사에 비추어 이해하고 그것

---

[89] Cf. Ibid., pp.118f.

[90] 베츠는 고린도전서 9:1의 바울의 질문(Οὐκ εἰμὶ ἐλεύθερος; οὐκ εἰμὶ ἀπόστολος; οὐχὶ Ἰησοῦν τὸν κύριον ἡμῶν ἑόρακα; - '내가 사도가 아니냐? 예수 우리 주를 보지 못하였느냐?)에서 부활하신 그리스도를 본 것이 참 사도의 필수요건이라는 초대 그리스도인의 견해(cf. 고전 15:5ff.; 행 1:22) 그 이상을 본다: '고전 9:1의 질문은 사 6장에 지향해 있고 거기에서 그것의 증명하는 힘을 얻는다 … 이사야도 자신의 소명에 대해 "나는 주를 보았다(εἶδον τὸν κύριον 사 6:1)"고 말할 수 있었고 이 주의 질문에 "내가 여기 있습니다! 나를 보내소서!(ἀπόστειλόν με 사 6:8)"라고 대답했기 때문에 바울에게 이상과 소명은 동의어였던 것이다!(Ibid., p.118).

[91] 이 시점에서 빌트베르거(Wildberger)의 *Jesaja*, p.236에서 몇 문장을 인용하는 것이 의미 있을 것이다: 이사야는 천상적 존재들과 같이 하나님의 어전회의에로 받아들여졌다. 이로써 첫 번째 형태(즉, 예레미야의 형태)와는 다른 예언의 이해를 보여준다. 선지자는 신적(神的) 사도(使者)로 기능한다. 이 자격으로 그는 하늘의 어전회의에 참석한 것이다. "왜냐하면 주 여호와는 자기의 종들, 선지자들에게 자신의 비밀(סוד)을 계시하지 않고는 아무것도 집행하시지 않기 때문이다"(암 3:7). 자신의 전승사적으로 다른 뿌리를 가진 소명 기사에도 불구하고 예레미야도 이 사상을 익히 알고 있었는데, 그에 의하면 선지자는 여호와의 어전회의(다시 סוד)에 서서(עמד) 그곳에서 발생하는 사건들을 보고(ראה) 말씀을 들었다는 것으로(참 선지자로) 합법화된다는 것이다(23; 18: 22). סוד는 רז와 마찬가지로 μυστήριον으로 번역된다. 또한 R. N. Whybray, *The Heavenly Counsellor in Isaiah xl* 13, 14(1971), 특히 pp.39-53을 보라.

을 이사야 6장의 패턴으로 이야기했으리라 생각하기는 어렵지 않다. 이사야 6장에 대한 바울의 기존 지식이 그에게 다메섹 도상의 경험의 길잡이가 되었는지 아니면 그가 이사야의 경험과 병행되는 다메섹 경험을 하고 난 후 그의 경험을 독자들(청중들)에게 이야기를 하는 데 있어 이사야 6장의 패턴이 도움이 된다는 것을 발견하게 되었는지는 확실히 말할 수가 없다. 다만 우리에게 중요한 것은 바울이 그의 다메섹 경험을 이사야 49:1-6과 이사야 6장에 비추어 이해하고 있다는 사실이다.

이제 바울의 다메섹 소명의 근본적인 사실은 그가 이방인들에게 복음을 전파하기 위하여 부르심을 받았다는 것이다. 철저한 유대인이었던 바울은 틀림없이 이 소명에 충격을 받았을 것이다. 왜냐하면 혹시 이방인이 구원을 받을 수 있었다고 하더라도 그 당시에 이방인이 유대인보다 먼저 구원을 받을 가능성을 묘사하는 신학은 알려진 바조차 없었기 때문이다. 그러나 바울은 이방인에 대한 이러한 신학적인 선입관과 심리적인 편견에도 불구하고 그가 이방인의 사도로 부르심을 받았다는 그의 사도적 직분을 처음부터 확신하였다.[92] 이러한 확신에 근거하여 그는 틀림없이 처음부터 로마서 11:25f.의 비밀이 계시하는 바 유대인에 대한 하나님의 뜻을 이해하고 있었을 것이다. 바울은 이사야 6장과 49:1-6에서 그의 다메섹 소명의 전형(prefigurement)을 보았을 때 이러한 이해를 얻었다. 혹은 바울이 하나님께서 다메섹 도상에서 이방인의 사도로 부르실 때 그 소명과 함께 로마서 11:25f.의 비밀을 들었고 나중에 이사야 6장과 49:1-6에서 그 소명의 확증을 발견하게 되었다고 말할 수 있을는지도 모르겠다. 어떻든 간에 이사야 6장과 49:1-6이 결합하여 바울의 이방인 사도직

---

92 바울이 그의 사도의 경력 중에 유대인들에게 선교함으로써 실망의 경험을 한 후에야 비로소 이방인에게로 향했다는 견해와 반대되는 견해를 보려면 본서 pp.112ff.를 참조하라.

과 로마서 11:25f.의 비밀의 의미를 매우 분명하게 설명해 준다.

첫째, 이사야가 선지자로서 막 일을 시작하려는 때에 보았던 환상 중에서 받은 하나님의 경륜, 즉 이스라엘의 마음이 둔해지게 하겠다는 하나님의 뜻에서 바울은 그가 로마서 11:25f.의 비밀에서 말하고 있는 이스라엘의 완악함에 대한 하나님의 뜻을 보았다.[93] 이사야는 그의 선교를 통해 이스라엘의 마음을 둔하게 하라는 사명을 받은 반면(사 6:10 맛소라 사본) 바울은 그의 복음 전파로 말미암아 유대인을 강퍅케 하는 그를 향한 하나님의 위임을 의식하지 못하였다는 사실-이것은 사실 그의 선교지에서 일어난 일을 정확히 묘사한 말이다-을 근거로 방금 개진한 견해에 반대를 제기할 수도 있을 것이다. 그러나 맛소라 본문의 이스라엘의 마음을 둔하게 하라는 이사야를 향한 하나님의 명령법(imperative)적인 서술이 70인경에서는 이스라엘의 완악함에 관한 직설법적인 서술로 바뀌었다는 것을 인식한다면 어려움이 전혀 제기되지 않는다. 신약에서는 이스라엘이 복음을 받아들이기를 거부한 그들의 완악함을 묘사한 이사야 예언의 성취를 증명하기 위하여 일반적으로 70인경이 인용된다(마 13:14f.와 병행구인 막 4:12; 눅 8:10; 행 28:26f.). 요한복음 12:40은 하나님께서 유대인들의 눈을 멀게 하였고 강퍅케 하였다는 말로 이사야를 소개한다. 로마서 11:25f.의 비밀은 이스라엘의 더러는 완악해졌다는 것과 그러한 상태는 이방인의 충만한 수가 들어오기까지 계속될 것이라는 것이 하나님의 뜻이라는 암시를 한다는 점에서 요한복음 12:40과 깊은 관련이 있다. 로마서 11:25f.이 요한복음 12:40처럼 이스라엘의 완악함이 하나님의 뜻에 기인함을 알고 있었다는 점에서 로마서 11:25f.은 히브리어 본문의 의미를 견지하고 있는 셈이다. 그러나 요한복음 12:40처럼 로마서 11:25f.의 비밀은 직설법적인 진술로서 이스라엘의

---

[93] Cf. Betz, 'Vision', p.119.

완악함을 말한다. 그러므로 로마서 11:25f.은 70인경을 따르고 있다. 바울이 성경을 인용할 때 히브리 성경보다는 70인경을 훨씬 더 선호하였다는 관점에서 볼 때[94] 바울이 이사야 6장의 70인경을 읽고 거기서 이스라엘의 완악함에 대한 하나님의 뜻을 직설법적인 진술로 발견하였다고 생각하는 것은 전혀 어려운 일이 아니다.

둘째, 로마서 11:25의 '아크리스 후'($ἄχρις\ οὗ$ ~하기까지)는 이사야의 '주여, 어느 때까지(헤오스 포테⟨$ἕως\ πότε$⟩)니이까?'라는 질문 및 하나님의 대답인 '~때까지(헤오스 안⟨$ἕως\ ἄν$⟩)니라'(사 6:11)와 형식적으로 관련이 있다.[95] '주여 어느 때까지니이까?'(아드-마타이⟨עד-מתי⟩)라는 질문은 구약에서 종종 이스라엘의 운명에 대한 애통의 부르짖음으로 등장한다(예컨대, 시 74:10; 79:5; 90:13; 94:3; 등등).[96] 그러나 그것은 때로는 하나님의 계획이 계시되는 환상의 맥락에 등장하기도 한다(사 6:11; 단 8:13; 12:6; 슥 1:12; cf. 계 6:10f.).[97] 어느 때는 질문 없이 '~때까지'($ἕως$ 또는 $ἄχρις\ οὗ$)를 포함하여 이스라엘의 운명을 내용으로 한 하나님의 계획에 관한 진술이 묵시문학에 등장하기도 한다(예컨대, 단 9:25ff.; Tobit 14:4-7; Test. Levi 16:5; Test. Jud. 22:5; 23:5; Test. Naph 4:5; Test. As. 7:2f.; 눅 21:24).[98] 그러나 바울이 그리스도의 나타나심 중에 받은 이스라엘의 완악하게 되는 것이 어떤 일정한 기간에 국한된다는 내용의 계시와 병행을 발견한 것은(P. Borgen이 칭한 것처럼) 일반적으로 이 '종말론적 시기의 문

---

**94** Ellis, *Paul's, Use*, pp.12ff의 통계를 보라.

**95** $ἕως\ ἄχρις\ (οὗ)$의 동의법적 사용에 대해서는 B-D, §383:1-2; Moulton iii, pp.1101f.를 보라.

**96** Cf. E.Jenni, מתי, *ThHAT* i, 933-936.

**97** Cf. Zeller, *Juden*, pp.249f.

**98** Cf. ibid; Müller, *Gottes Gerechtigkeit*, pp.38ff.

형'(eschatological epoch formula)[99]이 아니라 구체적으로 이사야 6:11
에서였다.

바울이 이방인의 사도로 부름 받은 것은 논리상 이스라엘의 완악함과 관련이 있다. 말하자면 하나님께서는 조만간 이방인의 선교를 위한 여지를 만들어 두기 위하여 이스라엘을 완악하게 한 것이다(롬 11:11ff., 15, 28ff.). 이스라엘이 완악하게 되고, 또 계속 그런 상태로 있는 한 바울은 복음을 이방인에게 전하고, 그리하여 그는 이방의 빛이 되어 '나의(하나님의) 구원을 베풀어서 땅 끝까지 이르게' 할 것이다(사 49:6).

그러나 언젠가 이방 선교가 완료되고 이방인의 충만한 숫자가 하나님 나라에 들어오면 이스라엘의 완악함은 끝나고 모든 이스라엘이 구원을 받게 될 것이다. 이스라엘의 완악함이 한정된 기간에 국한된다는 사실에서 이스라엘의 궁극적인 구원의 소망을 유추해 냄에 있어 바울은 70인경에는 없으나(단 L.C.O는 예외임) 맛소라 사본에는 있는 이사야 6:13의 말미에 있는('거룩한 씨가 이 땅의 그루터기니라') 소망의 말씀의 도움을 받았을 것이다.[100] 탈굼역본은 이것을 미드라쉬 형식으로 확대한다: '잎이 지면 말라버리나 씨를 보존하기 위하여 수분을 가지고 있는 밤나무나 상수리나무처럼, 이스라엘의 포로들은 함께 모일 것이며 자기 땅으로 돌아가리라. 이는 거룩한 씨가 그들의 식물이기 때문이다.'[101] 혹시 바울은 야웨께서 종에게 사명을 주어 이스라엘을 모으고 회복시키며 열국의 빛이 되게 한다는 내용인 이사야 49:5, 6a의 도움을 받았을 수도 있다. 로마서 11:25f.의 비밀에 암시되어 있는 내용은 바울의 이방인 선교로 말미암아 이방인

---

**99** P. Borgen, 'From Paul to Luke', p.172.
**100** Cf. Betz, 'Vision', p.119(n.15).
**101** Stenning, op. cit., p.22의 번역임.

의 충만한 수가 들어온다는 자기의 사도직을 유대인의 구원과 이방인 구원의 핵심으로 이해했다는 것이기 때문에 이사야 49:5f.는 이스라엘 구원의 조건을 창출하면서(cf. 롬 11:13f.; 15:19) 바울로 하여금 이방 선교의 끝에 이스라엘의 궁극적인 구원이 있을 것이라는 소망을 확신 있게 추론하게 하는 데 중요한 역할을 한 것으로 생각된다.

그러므로 바울의 이방인 사도직, 곧 이스라엘의 구원을 위해 중요한 의미를 가진 그의 이방인 사도직에 대한 견해, 그리고 앞의 두 내용과 직결된 로마서 11:25f.의 비밀의 내용들은 이사야 6장과 49:1-6에 비추어 해석할 때 가장 잘 설명될 수 있다.[102] 바울의 사도적 소명에 있어 이사야 6장의 중요성을 살펴볼 때, 우리는 누가가 바울을 보도하면서 성령이 이사야를 통하여 예언한 바 유대인들이 그들의 완악함 때문에 복음을 거부하였고, 그래서 구원의 복음이 이방인에게로 보내졌다(행 28:25ff.)고 말한 것이 전적으로 적절하였음을 알게 된다.[103]

로마서 11:25f.의 비밀에 있어 핵심 단어인 '포로시스'($\pi\omega\rho\omega\sigma\iota\varsigma$ 완악함)가 사실은 이사야 6장에 등장하지 않는다는 것이 바울이 그의 다메섹 경험을 이사야 6장에 비추어 봄으로써 그 비밀을 얻었다는 견해와 상충될 수 없다. 그것은 바울은 로마서 11:7에서와 마찬가지로 본문에서도 이스라엘의 마음의 둔함, 귀의 막힘, 눈의 감겨짐에 관한 이사야 6:10의 내용을 요약하는 단어를 사용하고 있는 것 같기 때문이다. 또한 바울이 로마서 11:8f.에서 이스라엘의 완악함을 증명하기 위하여 이사야 6:10이 아니라 신명기 29:3, 이사야 29:10, 그리고 시편 69:23f.을 인용했다는 것도 이 견해에 대한 적절한 반증이 되지 못한다. 왜냐하면 이스라엘의 완악함을 언급하는 많은 구절 가운데

---

[102] 베츠는 로마서 11:16b-24에 있는 바울의 감람나무 표상이 이사야 6:13의 영감을 받은 것이 아닌가 하고 생각한다('Vision', p.119⟨n.15⟩).

[103] Cf. Ibid., p.119.

에서 바울이 그에게 이스라엘의 완악함을 첫 번째로 증거한 단 하나의 본문만을 항상 붙들어야 할 이유가 없기 때문이다. 바울은 로마서 11:8f. 에서 랍비의 방법대로 토라(신 29:3), 선지서(사 29:10) 그리고 성문서(시 69:23f.)를 인용하면서[104] 전 성경이 이스라엘의 완악함을 예언했다고 분명하게 증명하고 싶어한 것 같다. 마지막으로 바울이 '하나님의 노하심이 끝까지(εἰς τέλος)[105] 저희(유대인들)에게 임하였느니라'고 말한 데살로니가전서 2:14ff.에 비추어 볼 때 로마서 11:25f. 의 비밀은 유대인들의 궁극적인 구원에 대한 소망과 함께 나중에 이스라엘의 운명에 대한 바울의 견해에 일어난 변화를 대표한다고 결론내릴 수도 있을 것이다.[106] 하지만 데살로니가전서 2:14ff.는 짐작건대 유대인들의 교회가 바울의 이방 선교에 대한 광적인 반대를 하는 데 직면하여 만들어진(cf. 행 17:1-9; 마 23:29-38; 병행구인 눅 11:46-52) '반추되지 아니한 전통적인 서술'일 것으로 보인다.[107] 이러

---

**104** Cf. Michel. *Römer*, p.269.

**105** εἰς τέλος의 의미가 '마침내'(in the end, finally)인지, '끝까지'(to the end, until the end)인지, '영원히' (forever)인지 아니면 '결정적으로 완전히'(decisively, completely) 인지 결정하기가 쉽지는 않다(cf. Bauer- ArndtGingrich, s.v., l,d,g). 여러 주석들 외에 다음의 책들을 참조하라: E. Bammel, 'Judenverfol-gung und Naherwartung', *ZThK* 56(1959), pp.308f.; Hahn, *Mission*, pp.105f. (n.3); Luz, *Geschichtsverständnis*, p.290. 만일 εἰς τέλος의 의미가 여기서 '끝까지'라면, 유대인들이 '끝까지' 하나님의 진노 하에 있고 그러므로 끝에 하나님의 진노가 그들에게서 제거된다는 암시를 지닌 데살로니가 2:16c가 로마서 11:25f.의 비밀과 잘 어울린다(Hahn, *Mission*, p.106〈0.3〉).

**106** Cf. E. Bammel, op. cit., pp.313f.; A. Schweitzer, *The Mysticism of Paul the Apostle*(²1956), p.185; E. Best, *The First and Second Epistle to the Thessalonians*(1972), p.122.

**107** Luz, *Geschichtsverständnis*, pp.290f.; Hahn, *Mission*, p.105(n.3); O. Michel, 'Fragen zu lThessalonicher 2, 14-16: Antijüdische Polemik bei Paulus', *Antijudaismus im NT?* ed. W. Eckert et al.(1967), pp.58f.. E. Best. op. cit., pp.121f. 데살로니가전시 2:13-16 이 후기 반유대적 삽입구라는 견해를 최근에 표명한 것을 보려거든 B. A. Pearson, '1Thessalonians 2:13- 6: a Deutero-Pauline Interpolation', *HTR* 64(1971), pp.79-94; H. Boers, 'The Form critical Study of Paul's Letters. 1 Thessalonians as a Case Study', *NTS* 22(1976), pp.140ff. 특히 151f.를 참조하라.

한 추론의 가능성이 이스라엘 구원의 소망에 대한 여지를 조금도 남겨두지 않은 이사야 6:11-13(70인경)에서 보인다. 그렇지만 이사야는 남은 자에 대한 소망을 제시한다(사 4:3ff.; 8:18; 10:20f. 등등). 마찬가지로 바울은 이스라엘이 궁극적으로 구원받을 것을 처음부터 알면서도 불식간에 '이스라엘은 끝장났다!'고 말할 수 있었을 것이다. 그러므로 데살로니가전서 2:14ff.과 비교해 보더라도 그것은 바울이 다메섹의 소명 시에 로마서 11:25f.의 비밀을 받았으며 그것을 이사야 6장과 49:1-6에 비추어 이해하였다는 우리의 결론에 영향을 주지 않는다. 이 장에서 고찰한 결과를 간략하게 요약하면: 바울은 다메섹 도상의 그리스도의 현현 때에 그리스도 안에 이루어진 구원에 관련된 좋은 소식, 곧 복음의 계시를 받았는데 그 구원은 예수 그리스도의 죽음과 부활 안에서 이미 실현되었으며, 그리스도의 재림 때에 있을 그 완성을 기다리고 있는 터였다. 그리고 그 복음과 함께(또는 그것의 일부로서) 비밀, 곧 유대인과 이방인 모두를 위한 그리스도 안에 체현된 하나님의 구원 계획을 계시로 받았다.

다음 장에서 우리는 이 복음의 내용을 보다 면밀하게 검토할 것이다.[108]

---

**108** 원래 우리는 본장에서 바울의 사도로서의 자기 이해, 그의 구속사 개념, 구속사에서 그의 이방 선교에의 역할에 대한 이해 등을 탐구하려 하였었다. 그리고 본장을 우리는 바울 사도와 다메섹에서 그리스도의 나타나심에 비추어 그의 신학을 묘사함으로써 끝맺으려 하였다. 하지만 시간과 공간의 제약 때문에 우리는 여기서 멈추고 그것을 다른 기회에 개진하도록 미룰 수밖에 없다.

# 제5장
# 바울의 복음: B. 기독론

## 1. 서론

바울은 다메섹 도상에서 받은 복음을 무엇보다도 먼저 기독론적으로 정의한다: 그것은 예수 그리스도, 하나님의 아들(갈 1:12, 16), '하나님의 형상이신 그리스도의 영광'(고후 4:4) 또는 '측량할 수 없는 그리스도의 풍성'(엡 3:8)이다. 그래서 바울의 사도적 선포 ($εὐαγγελίζεσθαι$-$κηρύσσειν$)[1]의 주제는 '주'이며(고후 4:5) 하나님의 아들(갈 1:16; 고후 2:19)인 십자가에 못 박히고(고전 1:23) 부활한(고전 15:12) 예수 그리스도이다. 바울이 복음에 의거하여 그리스도 안에 나타난 하나님의 구원 행위를 이해하고 있다는 사실은 로마서 1:2-4과 고린도전서 15:3-5에 있는 바울의 복음의 기독론적 정의에서 분명해진다. 그러나 십자가에 못 박히고 부활한 예수 그리스도가 복음인 이유는 무엇인가? 그것은 그리스도가 인간과 세상을 위하여 하나님

---

[1] 신약성경에서 두 단어가 동의어로 사용되었다는 사실을 참고하려면 G. Friedrich, $εὐαγγελίζομι$, $κτλ$, *TDNT* ii, p.718; idem, $κηρύσσω$ *TDNT* iii, p.711을 보라.

의 구원 행위를 체현하시기 때문이다. 다시 말해서 하나님께서 예수 그리스도의 죽음과 부활을 통하여 메시아 시대의 약속하신 구원을 가져왔기 때문이다. 이런 이유로 하여 복음은 기독론적으로 뿐만 아니라 구원론적으로도 정의될 수 있다(롬 1:16). 사실 바울에게 있어 기독론과 구원론은 별개의 두 교리가 아니라 한 교리이다. 전자는 후자의 근거이며 후자는 전자의 인간론적, 우주론적 적용이다(예컨대 그리스도의 죽음이 고린도전서 15:3에는 '우리 죄를 위하여'⟨ὑπὲρ τῶν ἁμαρτιῶν ἡμῶν⟩로 묘사되었다).[2] 하지만 편의상 바울 복음을 관조하는 각기 다른 두 관점을 제시하기 위해 기독론과 구원론을 나누어 생각할 수 있을 것이다.

바울이 그의 복음을 다메섹 계시에서 받았다고 주장하고(갈 1:12, 15f.), 그의 복음과 사도직이 도전을 받을 때마다 되풀이하여 다메섹 계시에 호소함에도(고전 9:1; 15:3-11; 고후 4:1-6; 5:16-21; 갈 1:11-

---

[2] 바울 신학에 있어 인간론과 구원론보다 기독론이 우월하고 우선한다는 견해에 대해서는 E. Käsemann, 'Zur paulinischen Anthropologie', *Paulinische Perspektiven*(1972), pp.9-60, 특히 26ff.를 참조하라. 또한 P. Stuhlmacher, "Ende", pp.14-39; Cullmann, *Christology*, pp. 1ff.; Ridderbos, *Paulus*, pp.39ff.; Blank, *Paulus*, pp.301f.도 참조하라. 반대로 불트만(*Theology* i, p.191)은 바울 사상에 있어 우선권을 잘못 세움으로써 바울 신학과 인간론, 그의 기독론과 구원론 간의 연결에 대한 그의 귀중한 통찰력을 망쳐버렸다. 즉 그는 바울 신학의 중심을 인간론으로 만들었고 결과적으로 바울의 전 사상을 개인이 그가 전 인류와 연대감을 가지고 존재하는 세상과 거의 관계 없이 또는 전혀 관계 없이 (순전히) 개인으로만 인식되는 '인간론'으로 전락시켜 버렸던 것이다. 이런 식의 바울 신학에 대한 이해와 관련하여 바울의 회심 경험의 의의에 대한 바울의 해석은 주로 그의 이전의 자기 이해를 포기하고 새로운 자기 이해를 얻은 것으로 해결된다('Paulus', *RGG* iv, 1022f.; *Theology* i, p.188). 다메섹 경험에는 바울의 바리새적 자기 이해에 대해 내리신 하나님의 심판과 결과적으로 바울이 그것을 포기하고 새로운 자기 이해의 획득이 포함된 것은 사실이다(빌 3:3ff.). 그러나 이것은 그의 그리스도에 대한 지식, 그가 십자가에 죽으시고 부활하신 그리스도와 만난 것의 결과였던 것이다(빌 3:7ff.)(특히, Blank, *Paulus*, p.231; 또한 Stuhlmacher, op. cit., p.22). 그러므로 그의 복음의 내용은 '새로운 자기 이해' 또는 '참된 실존'에 관한 어떤 교리가 주된 것이 아니라 사람으로 하여금 새로운 자기 이해를 할 수 있도록 하는 예수 그리스도인 것이다.

16; 빌 3:3-14) 불구하고 불트만은 그의 다메섹 경험에서 그의 신학을 유추하려는 시도를 경고하면서 그러한 시도를 '오류'(Irrweg)라고 한다.[3] 하지만 불트만은 이상하게도 곧이어 '(바울의) 회심의 구체적인 내용에 관한 질문은 … 곧 그의 신학 자체에 대한 질문이다'[4]라는 말을 부연함으로써 자기 자신의 경고를 불식시키는 듯 보인다. 슈툴마허가 지적하듯이[5] 이것은 정확히 말해서 바울이 다메섹 계시에서 경험한 것이 그의 신학을 구성하고 있음을 보여 준다. 바울이 그의 부르심에 관하여 서술한 내용들은 '그가 복음의 내용을 개진하는 중간 중간에 완전히 얽혀 짜여 들어가 있다'고 보른캄은 바르게 관찰하였다.[6] 그러나 보른캄은 이로부터 다음과 같은 이상한 결론을 도출해 낸다: '빌립보서 3장과 갈라디아서 1장에서 바울은 그의 부르심에 대한 증언을 하고 있는데 그곳에서 그는 자신의 회심과 보내심에 대한 이해는 완전히 이 후의 사역 중의 설교나 그의 신학의 내용에 의해 결정된 것이며, 특별 계시(revelatio specialissima)를 통하여 받았다고 하는 그의 독단적 주장에 의한 것이 아님을 밝혀준다'[7] 이러한 결론은 다음의 두 가지 면에서 오류를 범하고 있다. 첫째, 바울이 예수 그리스도의 특별 계시를 받았고 그것을 통하여 그의 복음을 얻었다고 주장한 것은 갈라디아서 1:12, 15f.에 분명하게 제시되었다.[8] 둘째, '바울의 설교

---

[3] Bultmann, 'Paulus', 1027; cf. Bornkamm, Pauulus, pp.39, 44f. 일찍이 있었던 다메섹 사건에서 바울 신학의 여러 다양한 면들을 도출해 내려는 시도와 이에 대한 반대들은 E. Pfaff, Die Bekehrung des Hl. Paulus in der Exegese des 20. Jahrhunderts(1942), pp.161ff.을 보라.

[4] Bultmann, 'Paulus', 1027.

[5] Stuhlmacher, "Ende", p.20(n.15).

[6] Bornkaamm, Paulus, p.39.

[7] Ibid., pp.44f.; cf. Bultmann, 'Paulus'. 1027.

[8] 본서 p.132f., n.18에서 보른캄이 이것을 부정하게 된 갈라디아서 1:12, 16의 $ἀποκαλύπτειν/ἀποκάλυψις$ 개념에 대한 그의 잘못된 해석을 다루었다.

와 신학의 내용'은 '그의 회심과 파송에 대한 이해'에 의하여 결정된 다고 말하는 것이 그것을 그 반대로 말하는 것보다 더 낫다는 사실은 바울 자신의 증언과도 일치한다. 바울이 이전에 가졌던 '그의 설교와 신학의 내용'을 가지고 그의 다메섹 경험을 그것과 부합되게 해석하게 되었다고는 생각할 수가 없기 때문이다. 바울의 신학은 그의 다메섹 체험이 본질적이며 그 구성적 요소를 이루고 있다는 특성을 지닌다는 사실은, 일찍이 어떤 학자들이 바울의 다메섹 경험에서 바울 신학을 도출하기 위하여 사용하였던 미심쩍은 심리적 접근 방식의 도움을 받지 않고도 바울 신학을 역사적으로 접근하는 최근의 성서 해석자들[9]에 의하여 널리 인정되고 있다. 이것은 특히 슈툴마허가 그의 여러 저서들에서 제시하였다.[10]

그러나 바울 신학이 그의 다메섹 경험에 기인한 것이라고 주장한다고 해서 바울이 다메섹의 계시에서 그의 서신에 나타난 바 그의 전 신학을 다 얻었다고 말하는 것은 아니다. 단지 그의 신학의 주류의 기원이 그 근본적인 사건에 있다는 것이다. 이것을 쿠스의 말을 빌어 표현하자면, '사도(바울)의 후기의 전(全) 발전은 싹이 트는 것처럼 이 근

---

**9** E.g., O. Michel, 'Die Entstehung der paulinischen Christologie'. *ZNW* 28(1929), pp.324ff.; Dibelius-Kümmel, *Paulus*, pp.42ff.; Wilckens, 'Bekehrung', p.12; Bruce, *NT History*, pp.228f.; Blank, *Paulus*, pp.184ff.; Dupont, 'The Conversion of Paul', pp.176-194; Kümmel, *Theologie*, pp.133f.; Haacker, 'Berufung', pp.1-19; Jeremias, *Schlüssel*, pp.20ff. T. W. Manson, *On Paul and John*(1967), p.12. 맨슨(Manson)은 다음과 같이 주장한다: ' 바울에게 있어 그 사건(즉 그의 회심)의 의미가 무엇인지 우리가 이해하고 인식하는 한에서 우리는 그의 신학의 중심을 이해할 수 있다.' Cf. J. D. G. Dunn, *Jesus and the Spirit*(1975), pp.4, 110ff. 초기의 저자들에 대해서는 Pfaff, op. cit를 보라.

**10** 'καινὴ κτίσις', pp.27f.; 'Erwägungen zum Problem von Gegenwart und Zukunft in der paulinischen Eschatologie', pp.428ff.; *Evangelium*, pp.69ff.; 'Christliche Verantwortung bei Paulus und seinen Schülem', *EvTh* 28(1968), pp.165ff.; 무엇보다도 "'Das Ende des Gestzes': über Ursprung und Ansatz der paulinischen Theologie", *ZThK* 67(1970), pp.15-39; 그의 최근의 논문, 'Achtzehn Thesen zur paulinischen Kreuzestheologie', *Rechtfertigung*, Käsemann FS, pp.511ff.

본적인 사건에 포함되어 있었으며' 그의 서신에 증거된 성숙한 신학은 다메섹 도상에서 발생한 것에 대한 바울의 해석이요, 그가 유추한 결과들이다.[11] 또한 바울이 나사렛 예수가 그리스도이며 그가 하나님의 구원 행위'라는 근본적인 깨달음 이외에 얼마만큼의 신학적 통찰을 그의 사역 초기부터 가지고 있었는지, 그리고 그의 신학 중 얼마나 많은 부분이 그와 같은 근본적인 깨달음으로부터 파생된 결과인지를 정확하게 알기는 어렵다는 점에서 누구나 쿠스와 의견을 같이할 것이다.[12]

그러나 바울의 교회 핍박으로 보아 그가 다메섹 사건 이전에 알았음직하고 그리스도의 나타나심으로 그것이 사실임을 확증한 초대 기독교의 케뤼그마, 이방에 복음을 전하라는 부르심에 그가 신속하게 응답한 것, 그리고 다메섹 사건에 그 기원을 둔 그의 신학적 요소들의 특성 등—이 모든 것은 적어도 우리로 하여금 바울이 다메섹 사건 직후 그의 신학을 형성한 범위를 대강 정하는 데 도움을 준다. 바울은 늦어도 사도 총회(예루살렘 공의회, 주후 49년경-역주) 때까지, 또는 그의 첫 번째 세계 선교 여행의 전야에 그의 신학의 주류를 얻기 위하여 다메섹 사건으로부터 필요한 모든 결과들을 도출해 내었을 것임에 분명하다. 헹엘은 바울이 그의 초기 서신에서 마지막 서신에 이르기까지 그의 기독론의 본질은 발전하지 않고 있으며, 반대로 그가 편지를 쓰고 있는 교회들이 익히 알고 있는 그의 기독론적 칭호들, 형식 그리고 기독론적 관점들을 전제하고 있음을 관찰하였다. 이것은 곧 이런 기독론적 요소들이 그 교회들을 세운 바울의 선교적 설교에 귀속됨을 암시한다. 이러한 사실로부터 헹엘은 다음과 같은 결론을 내린다: '서방을 향한 대선교 여행이 시작되기 전인 40년대 말에 이미

---

[11] Kuss, *Paulus*, pp.286f.
[12] Ibid.

바울의 기독론은 그 본질적인 내용에 있어 충분히 발전되어 있던 상태였다.'[13] 마찬가지로 본질상 율법의 행위가 아니라 믿음으로 말미암아 은혜로 의롭게 된다는 교리와 함께 바울의 구원론에 대해서도 동일하게 말할 수 있다. 즉 바울은 자기가 회심하고 부르심을 받은 지 15~16년이 지난 후 예루살렘에 올라가(대략. 주후 48년) '기둥같이 여기는 사도들' 앞에 '내가 이방인 가운데서 전한 복음'(갈 2:1ff.)-갈라디아에서 논의되고 있는 믿음으로만 의롭게 된다는 복음을 제시하였다고 말한다. 이것은 바울이 수리아와 길리기아 지방에서 선교 활동을 하던 때에 이미 그의 칭의 교리가 그의 복음의 한 부분으로서 분명하게 형성되어 있었음을 암시한다.[14] 이 뒤에 도식으로 나타낸 바울 신학의 해설에서 바울은 다메섹 계시를 해석함에 있어 그의 신학의 발전을 서서히 가져왔다고 하기보다는, 물론 그의 신학의 주류는 그의 선교지의 상황 특히 적대자들과의 논쟁에 비추어 계속해 심화되고 다듬어졌기는 하다-그런 의미에서 발전되었기는 하지만-다메섹 계시 바로 직후 그의 신학의 주류를 분명하게 형성하였다고 하는 것이 보다 예리한 가정임이 드러날 것이다.

다시금 말하거니와 바울 신학이 그의 다메섹 경험에 기인하였다고 주장한다고 해서 바로 그 순간까지는 바울의 머리가 신학적으로 백지

---

[13] M. Hengel, 'Christologie und neutestamentliche Chronologie: zu einer Aporie in der Geschichte des Urchristentums', *Neues Testament und Geschichte*, Cullmann FS(1972), p.45. c.K. Barrett, *From First Adam to Last*(1962), p.3. 바렛은 한걸음 더 나아가 심지어 이렇게까지 주장한다: '···우리는 바울이 1세기의 40년대, 50년대, 60년대에-여기에 우리는 30년대도 첨가할 수 있을 것이다-그분(즉, 예수님)을 어떻게 이해하였는지 아는데, 바울은 그의 회심과 그의 서신서를 처음 쓸 당시 사이에 예수님에 대한 그의 견해가 근본적으로 바뀌었음을 조금도 암시하지 않는다. 오히려 그 반대이다'(강조는 바렛의 것).

[14] 갈라디아서 2:1의 '십사 년'이 다메섹에서 소명 받은 후부터의 기간이고 바울이 갈라디아서 2:1ff.에 언급한 방문을 사도행전 11:27ff.에 언급된 기근으로 인한 구제 방문과 동일시할 수 있다면, 바울 기독론이 형성된 최신 연대는 2년에 이르게 된다(주후 46년경).

상태(a tabula rasa)였다고 말하는 것은 아니다.¹⁵ 또한 바울이 유대교의 메시아 신앙, 율법에 대한 이해, 그리고 그 밖의 다른 사상과 개념들, 초대 기독교의 케뤼그마, 그리고 짐작건대 그가 선교지에서 만난 여러 사상과 개념들이 제공하는 해석학적인 기본 개념과 사상들과 아무 상관이 없이 그의 다메섹 경험에서 그의 모든 신학을 도출하였다는 의미는 아니다. 바울은 랍비의 생도로서 그리고 헬라의 디아스포라에 뿌리를 둔 열심 있는 바리새인으로서 유대교의 주요한 신학적인 동향들, 즉 묵시문학적 유대교, 랍비적 유대교, 팔레스틴 유대교 그리고 헬라적 유대교 등을 잘 알고 있었음이 분명하다. 그리고 바울은 교회를 핍박하는 자로서 예수 자신과 그의 선포 내용은 알지 못했다고 하더라도 적어도 교회의 선포 내용은 익히 알고 있었다. 그러나 이러한 것들 자체가 바울을 그리스도인으로 만든 것도 아니요 그의 신학을 산출해 낸 것도 아니다.¹⁶ 바울의 배경과 그의 신학을 낳게 한 다메섹 경험의 관계를 다음과 같은 도식으로 나타내 보일 수 있을 것이다:

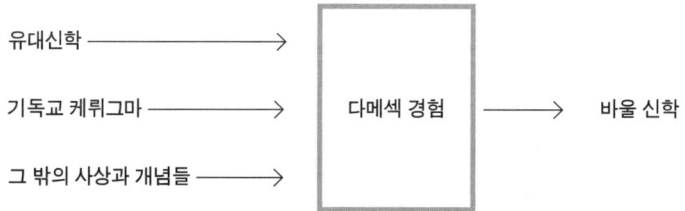

---

**15** Cf. Blank, *Paulus*, p.184.
**16** Ibid. 불트만이 바울은 헬라파 교회의 케뤼그마에 의하여 기독교 신앙을 갖게 되었다고 말한 것은 확실히 정확하지 않다(*Theology* i, p.187).

그래서 이 배경은 바울이 다메섹 경험을 해석하고 그의 신학을 산출할 수 있는 어떤 기본 개념과 사상들을 바울에게 제공하였던 것이다. 그의 기독교 신학의 관점에서 그 배경을 보자면, 그의 배경에 담긴 요소들은 다메섹 계시가 그의 신학 형성의 촉매 작용을 할 때까지는 일시 정지하여 있었다.[17] 그리하여 다메섹 경험에는 바울 신학의 근본적인 특성이 담겨 있는 것이다. 그러므로 바울 신학을 바로 이해하기 위해서는 바울이 그의 배경에 비추어 다메섹 경험을 해석하면서 그 경험에서 그의 신학의 본류를 어떻게 도출해 내었는지를 살펴야 할 것이다.

## 2. 그리스도, 주, 하나님의 아들

우리가 앞에서[18] 다메섹 사건을 직접 언급하고 있거나 예시하고 있다고 입증했던 본문들에는 그리스도(고후 4:4-6; 5:16ff.; 갈 1:12; 엡 3:1-13; 빌 3:3ff.; 골 1:27), 주(고전 9:1; 고후 3:16-18; 4:5; 10:8; 13:10; 빌 3:8) 그리고 하나님의 아들(갈 1:16; cf. 행 9:20) 등 기독론적 칭호들이 등장한다. 이것은 곧 바울이 다메섹 계시에서 (비로소) 예수를 그리스도, 주, 하나님의 아들로 인식했음을 의미하는가? 이 칭호들은 바울 이전의 것으로 널리 인정되고 있기 때문에 바울은 그의 회심 전에 그리스도인들이 이 칭호들을 십자가에 못 박힌 나사렛 예수에게 사용했음을 알고 있었고 이것으로 인해 그는 그리스도인들을 핍박했던 것 같다. 바울의 생각에는 그리스도인들이 율법에 의하여 하나님의 저주를 받아 십자가에 못 박힌 사람을(신 21:23; 갈 3:13) 메시아요, 주요, 하나님의 아들로 선포한 것은 명백히 신성모독이었다.

---

**17** Cf. Dunn, *Jesus*, p.4. 던은 특별히 바울의 다메섹 경험이 아니라 '그의 일반적인 종교 경험'을 언급하면서 이와 비슷한 지적을 한다.

**18** 본서 제1장.

그러나 다메섹에서 그리스도의 나타나심을 체험한 바울은 나사렛 예수가 죽은 자가 아니라 산 자이며 하나님의 저주를 받은 자가 아니라 하나님에 의하여 높임 받은 분이라는 것을 깨닫게 되었고, 그러므로 그리스도인들이 그에 관해 선포한 내용이 옳았음을 알게 되었다. 그래서 그는 자기에게 나타났던, 십자가에 못 박히고 부활한 나사렛 예수를 해석하기 위해 이 칭호들을 채용한 것이다.

그렇다면 바울의 회심 전(주후 32-34년경) 초기 그리스도인들이 나사렛 예수를 메시아, 주 그리고 하나님의 아들이라고 선포했을 때 그 칭호들이 의미했던 것은 무엇인가? 이러한 질문은 신약의 기독론의 발전에 대한 작금의 신약 학계의 격전장으로 우리를 안내한다.[19] 그에 대한 다양한 가설들을 개괄하고 여기서 어떤 비평적인 결론에 도달한다는 것은 불가능하다. 그래서 우리는 이 질문에 특별한 주의를 기울여 연구한[20] 헹엘의 논지를 제시하고 바울이 어떻게 다메섹에서의 그리스도의 현현 체험이 그 칭호들과 그에 관련된 사상들을 확증해 주는 것으로 확신하여 그것들을 받아들이게 되었는지, 그리고 그가 다메섹 경험에 비추어 초대 교회의 기독론적 발전을 어떻게 진작시켜 나갔는지를 살펴보는 것으로 만족해야 할 것 같다.

헹엘은 그의 명 논문에서 다음과 같이 주장한다: '초대 기독교 기독

---

**19** 이 분야에 대단히 많은 문헌 가운데서 다음에 열거한 것들은 특별히 주목할 만하다: W. Bousset, *Kyrios Christos*($^2$1921); Bultmann, *Theology* i, part I; Cullmann, *Christology*; V. Taylor, *The Names of Jesus*(1953); idem, *The Person of Christ*(1958); F. Hahn, *Christologische Hoheitstitel*(1974); W. Kramer, *Christ, Lord, son of god*(1966), 1부; R. H. Fuller, *The Foundations of NT Christology* ($^3$1974); W. Thüsing, *Erhöhungsvorstellung und Parusieerwartung in der ältesten nachösterlishen Christologie*(1969); R. N. Longenecker, *The Christology of Early Jewish Christianity*(1970); I. H. Marshall, *The Origins of NT Christology*(1976); C. F. D. Moule, *Origin of Christology*(1977). 마지막 두 책은 너무 늦게 출간되어서 본 연구에는 사용되지 못하였다.

**20** Hengel, 'Christologie und neutestamentliche Chronologie', *Neues Testament und Geschichte*, pp.43-67

론의 기원에 관한 진정한 문제는 그 본래 의미에서 "바울 이전인" 초기의 4, 5년에 속하는 문제이다.'[21] 그런 다음 헹엘은 예수님의 사역과 선포에서 시작하여 부활, 성령 강림, 선교 위임 등의 사건들과 예수의 메시아 됨과 그의 죽음의 구원론적인 의의에 대한 성경적 증거를 제시할 필요에 의하여 자극된 초대 교회의 기독론적인 발전들의 다양한 단계에 이르는 그 기간의 기독론적인 발전 과정을 개괄적으로 고찰한다. 이 개요에서 헹엘은 초대 교회가 이 사건들과 필요에 의하여 어떻게 예수가 높임 받아 보좌에 앉으신 오실 심판자 -人子이고, 하나님 백성의 구원자시요 통치자이신 다윗의 자손 메시아이고, 그의 고난으로 말미암아 속죄 사역을 완수하신 하나님의 종이고, 주이시며 하나님의 아들이라고 인정하고 천명하게 되었는지를 보여 준다. 그런 다음에 그는 이러한 결론을 내린다:

> 소위 '바울 이전' 기독론의 기초는-선재 기독론(pre-existence Christology)과 아들의 보내심 사상은 예외-바울의 회심 시에 이미 확립되어 있었음이 분명하다. 교회의 초석이 되었던 그 근본적인 사건의 '역동적이고 창조적인 추진'으로 인하여 대단히 짧은 시간 내에 신약성경에 두드러지게 나타나는 기독론적인 기초가 놓이게 되었다. 다소 출신의 디아스포라 바리새인에게 부활하신 분이 마지막으로 나타난 것은 여러 가지 점에서 초대 교회의 첫 번째 기간, 즉 전 미래적 발전에 있어 결정적인 기간을 종결지었다. 그 후

---

**21** Ibid., p.63. 이러한 결론은 신약의 기독론 발전에 있어 '시간과 공간'의 문제를 면밀히 고려하고, 바울 이전의 신약의 기독론의 발전을 두 교회 구도(팔레스틴의 유대파 교회-헬라파 교회) (예컨대., Bousset, op. cit.; Bultmann, op. cit.)와 세 교회 구도(팔레스틴의 유대파 교회-헬라의 유대파 교회-헬라의 이방인 교회)(예컨대 Hahn, op. cit.; Kramer, op. cit.; cf. Fuller, op. cit.)로써 설명하려는 만연된 시도들을 비평적으로 검토한 끝에 내려진 것이다. 또한 I. H. Marshall, 'Palestine and Hellenistic Christianity: Some Critical Comments', *NTS* 19(1972/73), pp.271-287도 참조하라. 이 논문은 헹엘의 논문과는 상관없이 독자적으로 수행된 것이지만 종종 다른 자료와 증거로써 헹엘의 논문을 보충한다- 또한 그의 *Origins*, pp.32 42를 보라.

사도 총회 이후 바울의 '세계 선교'에 후기 14-16년의 풍부한 열매를 가져온 기독론적 발전의 새 시대가 동텄다.[22]

우리가 헹엘의 논지를 견지하게 된다면 바울이 다메섹 도상에서 자기에게 나타난 나사렛 예수를 어떻게 그리스도와 주와 하나님의 아들로 인식할 수 있었는지 쉽게 알 수 있을 것이다. 다메섹에서 그리스도께서 나타나신 날은 바울의 부활절이었다. 그리하여 부활절 경험에서 발전된 초대 교회의 기독론적 이해들이 그 순간 바울에게 사실로 확증되었던 것이다. 그러므로 바울은 십자가에 못 박히신 나사렛 예수가 메시아요, 주요, 하나님의 아들이시라는 기독교 신앙 고백만이 아니라 그 신앙 고백 속에 담겨 있는 사상들을 받아들였다. 그러나 이것은 바울이 자칭 메시아라 하여 십자가에 못 박혀 죽은 나사렛 예수를 하나님께서 그의 정당성을 입증하시고 그를 메시아로 확정하셨음을 깨달은 이후 단지 유대교의 다양한 모든 메시아 개념들을 예수님에게 전가시켰다는 의미가 아니라, 바울의 메시아 신앙과 개념들이 이제 예수가 자신이 누구인지를 보여 준 것에 의하여 결정되었음을 의미한다.[23] 이것이 바로 바울이 '예수는 그리스도(메시아)이시다'는 가장 초

---

**22** Hengel, 'Christologie', pp.64-67(강조는 헹엘의 것). 우리가 보류해 둔 헹엘의 개요에는 몇 가지 중요한 지적이 있다는 것을 언급하지 않았다. 우리는 대체로 예수님의 '人子'라는 자기 칭호에서 뿐만 아니라 그가 하나님을 '아바라 부른 것과 자신을 '아들'로 명명한 것에서도 예수님의 메시아적 자아의식을 보게 된다(마 11:27과 병행구인 눅 10:22; 막 12:6과 병행구인 마 21:37; 눅 20:13; 막 13:32). Cf. Jeremias, *Abba*, pp.1-67; I. H. Marshall, 'The Divine Sonship of Jesus', *Interpretation* 21(1967), pp.91ff.; Dunn, *Jesus*, pp21-40. 우리는 부활절 후 교회에게만 해당된다기보다는 이미 예수님의 선포에 나타난 메시아, 다윗의 자손, 하나님의 종, 주 등등의 칭호들로 대표되는 적어도 다양한 기독론 사상의 싹들을 보게 된다. 그러나 현재 우리의 관심은 예수님에게서 시작되어 바울에게 이르는 기독론 발전의 과정에 있지 않고, 오히려 바울의 회심 당시 기독교 발전의 단계에 있다.

**23** 브레데(W. Wrede)의 견해에 반대하여 이 문제를 잘 제시한 F. F. Bruce, *Paul and Jesus*(1974), pp.25f.를 보라: "사실 이 문제의 진리는 정확히 말해서 이와는 정반대에

기의 기독교의 신앙 고백을 고유 명사인 '예수 그리스도'로 만들면서 '그리스도'라는 칭호를 고유 명사인 '예수'와 밀접하게 연결시킨 이유인 것이다. 그리고 이것은 예수의 메시아됨이 바울의 기독론과 그의 다른 신학에 근본적인 것이긴 하지만 그리스도, 주, 하나님의 아들이라는 칭호들로써 표현된 바울의 기독론이 다른 어떤 것, 유대인들의 메시아 개념보다 훨씬 고상한 어떤 것을 의미하는 이유다.[24]

---

있다. 영광스러운 예수께서 그에게 나타나시고 그가 예수는 주시라는 사실을 알게 되었을 때, 그것은 더 이상 예수를 그의 이전의 그리스도 이해에 맞추는 문제가 되지 않았던 것이다: 바울은 다른 말로 이것을 표현하였다. 즉 '그리스도는 내가 이전에 상상하였던 그런 분이 아니었다. 참 그리스도는 십자가에 못 박히시고, 죽은 자 가운데서 부활하여 영광스럽게 되신 예수이다. 그러므로 내가 이전에 '세상적으로' 상상하였던 그런 그리스도에 관해서라면 나는 더 이상 그리스도를 알지 아니한다.'… 물론 예수가 그리스도였다면 바울의 메시아 개념과 그의 예수에 대한 전 태도는 가히 혁명적이었다."

24. N. A. Dahl, 'Die Messianität Jesu bei Paulus', *Studia Paulina*, J. de Zwaan FS(1953), pp.83-95. 특히 다알(Dahl)이 $Χριστός$라는 단어가 '메시아'를 가리키는 칭호로 사용되었는지를 밝히기 위하여 바울의 $Χριστός$ 사용을 개괄한 후에 다음과 같이 말한 그의 책 pp.86f를 참조하라: "사실은 이렇다: 즉 '그리스도' 칭호는 전부터 존재하는 어떤 메시아 사상에서가 아니라 예수 그리스도가 어떤 분이었는가에서 그 내용을 얻는다. 기독교적 해석(interpretatio christiana)가 완전히 이루어진 것이다. 그럼에도 불구하고 '그리스도' 칭호는 고유한 이름 '예수'에 비하여 어떤 독특성을 갖는다. '그리스도' 칭호가 내용적으로 더욱 채워져 있고 예수의 본질과 의미를 더 뚜렷이 표현한다. 여기서 "성품"(Person), "직분"(Amt)은 구분해서는 안 된다. 예수가 어떤 분이고 무엇을 하는가는 그가 그리스도로서 어떤 분이고 무엇을 하는 것이다. '그리스도' 칭호는 바울에 있어서 예수 그리스도의 성품과 사역으로부터 분리시킬 수 없는 칭호이다. 이런 상황에서 우리가 구체적인 구절에서 '그리스도' 칭호가 그냥 이름(고유명사)으로만 쓰인 문장과 칭호의 의미를 견지하는 문장은 더 이상 구분할 수 없게 되는 것은 당연하다. 여기서 진정으로 의미 있는 질문은 "예수의 메시아 됨이 바울의 기독론적 선포 전체에서 어느 정도, 그리고 어떤 방법으로 표현되는가이다." 여기서 한걸음 더 나아가 다알(Dahl)은 예수의 메시아 되심은 바울의 전 기독론, 구원론, 종말론 그리고 교회론의 근본이 됨을 증명해 보인다. Cf. Hengel, 'Christologie', p.57. 이것은 '그리스도'가 바울 서신에서 단지 대명사로 사용되었을 뿐이라는 크라머(Kramer)의 견해보다는 만족스런 견해인 것으로 생각된다. 바울 자신이 그 단어(그리스도)의 원의를 '잠재적으로 의식하고 있었을 것'이라고 우리가 추정할 수 있지만 말이다(*Christ*, pp.64f.).

바울이 전에는 나사렛 예수를 하나님의 저주받은 자로 생각하였지만 이제는 그리스도인들과 함께 그가 십자가 위에서 우리를 위하여 율법의 저주를 대신 지신 메시아이며(갈 3:13; 롬 8:3; 고후 5:21), 그의 죽음은 우리를 위한 하나님의 속죄 제사였다는(롬 3:21ff.; 고후 5:19ff.) 사실을 믿게 되었다. 바울은 '그리스도'라는 칭호를 늘 예수 그리스도의 십자가상에서의 죽음과 부활을 구원의 사건이라고 천명하는-신앙 및 설교의 내용과 연결시키는데, 크라머(W. Kramer)는 이것을 '신앙 문형'(pistis-formula)이라 칭한다(예컨대, 롬 5:6ff.; 6:3f., 8f.; 7:4; 8:34; 14:9; 고전 1:33; 8:11; 15:3, 12ff.; 갈 3:1; 6:12; 빌 3:8ff. 등등). 여기서 바울은 이미 확립된 일정한 문형을 따르는 것처럼 보인다(cf. 고전 15:3ff.).[25] 하지만 이것이 과연 십자가에 달렸던 메시아에 대하여 바울이 예전에 가지고 있었던 반대의 입장(cf. 갈 3:13; 6:12; 고전 1:23)과 그리고 이후에 얻게 된 자각-그 십자가에 못 박혀 죽은 메시아가 참으로 하나님의 구원 사건이라는-을 반영하는 것인가?

어쨌든 바울이 이전에 '예수는 주시다'라는 기독교의 신앙 고백을 시내산의 하나님에 대한 모독으로 간주하였다면, 이제 그는 나사렛 예수는 참으로 그의 교회와 전 우주의 주라는 것을 믿게 되었다. 바울은 그가 하나님에 의해 높임 받고 시편 110:1(cf. 고전 15:25; 빌 2:9)의 성취로서 하나님 우편에 앉아, 영광 중에 신령한 형상을 입고(고후 3:17f.), 심판과 구원을 이루기 위하여 재림할 채비를 갖추고 있음을[26] 깨달았기 때문에 그(나사렛 예수)를 '퀴리에'($\kappa\acute{\upsilon}\rho\iota\epsilon$' 주여)(행 9:5; 22:8; 26:15)라고 부를 수밖에 없었던 것이다.[27] 그래서 바울은 이제 구원

---

[25] Cf. Kramer, *Christ*, pp.19-64, 133ff.; G. Bornkamm, 'Taufe und neues Leben bei Paulus', *Das Ende des Gesetzes*(1966), p.40.

[26] 예수 그리스도의 다메섹 $\acute{\alpha}\pi o\kappa\acute{\alpha}\lambda\upsilon\psi\iota\varsigma$(계시)가 바울에게는 파루시아의 선취적 실현이 었다는 견해에 대해서는 본서 pp.109, 134f를 보라.

[27] '$\kappa\acute{\upsilon}\rho\iota\epsilon$'는 천사의 나타남, 또는 신현한 인물을 가리키는 양식사적 지칭인 것으로 생각

은 '예수는 주시다'라는 신앙 고백과 '하나님이 그를 죽은 자 가운데서 살리셨다'(롬 10:9)는 믿음에 의거하고 있음을 믿게 되었으며, '마라나다'(주여, 오시옵소서)라는 그리스도인들의 기도가 그의 기도가 되었다(고전 16:22). 그러나 부활하고 높임 받은 예수를 주로 인식한 바울의 경험은 예배에서의 제의적 환호와 신앙 고백적 문형의 차원을 넘는 독특한 개인적 차원이 있다. 왜냐하면 다메섹 도상에서 교회와 우주의 주이신, 부활하고 높임 받은 예수가 그의 전권으로 바울을 사로잡고(빌 3:12) 그를 그의 사도로(고전 9:1-27), 다시 말해서 그의 종(둘로스⟨δοῦλος⟩ 롬 1:1 고후 4:5; 갈 1:10; 빌 1:1)으로 삼았기 때문이다.[28] 바울은 그가 '나의 주'라는 표현을 사용한 유일한 문맥인 그의 회심과 부르심을 '나의 주 그리스도 예수를 아는 지식의 고상함'이라고 천명한 빌립보서 3:8에서 이와 같은 생각을 표현한다.[29]

마지막으로, 하나님의 우편에 앉은 예수의 환상으로 인해 바울은 그리스도인들이 고백하는 것처럼(롬 1:3f.)[30] 나사렛 예수는 참으로

---

된다. 예컨대, 다니엘 10:16; 제4에스라 5; 6; 7; 제3바룩 3; 4; 5; 6; Philo, *Somn.* i 157; 사도행전 10:4, 14; 요한계시록 7:14(?)을 보라. 헹엘은 절대형인 ὁ κύριος(주)가 현현한 천상적인 인물을 지칭하는 이러한 방법에서 발전되었을 가능성을 제안한다: 즉 제자들이 부활절에 높임 받을 '人子'와 '메시아-하나님의 아들'이신 부활의 그리스도를 보았을 때 그들은 그를 '마리'(κύριε- 주여)라고 부를 수 있었을 텐데, 이것은 지상에 계시던 예수에게 그들이 '마리'(mari)라고 부르던 것과 일관성은 있다. 지금은 이보다 더 깊은 의미가 있으며, 이것에서 ὁ κύριος라는 절대형이 발전되었을 수 있다. Cf. M. Wener, *Die Entstehung des christlichen Dogmas*(1954), pp.308ff.

**28** Cf. Blank, *Paulus*, p.205.
**29** Cf. Jeremias, *Schlüssel*, p.21; also Manson, *On Paul and John*, pp.13f.
**30** 가장 초기의 예루살렘 유대 기독교로 거슬러 올라가야 할 로마서 1:3f.에 있는 바울 이전의 고백에 대해서는 주석들 이외에 다음과 같은 최근의 문헌들을 참조하라: E. Schweizer, 'Röm. 1, 3f. und der Gegensatz von Fleisch und Geist vor und bei Paulus', *Neotestamentica*(1963), pp.180ff.; H. Schlier, 'Zu Röm 1, 3f.', *Neues Testament und Geschichte*, Cullmann FS, pp.207ff.; Blank, *Paulus*, pp.250f.; Hengel, *Der Sohn Gottes*(1975), pp.93ff. O. Betz, *What Do We Know about Jesus?*(1968), pp.94ff.(또한 87ff.). 베츠는 이 고백의 배후에는 구약성경과 Qumran(4QFlor.)을 포함한 기독교 이

후의 유대교에 나타난 이스라엘의 다윗계 메시아에 대한 소망의 원천이었던 사무엘하 7:12-14의 나단의 신탁이 놓여 있다는 사실을 강조한다(이 전승의 발전에 대한 설명을 보려거든 D. C. Duling, 'The Promises to David and Their Entrance into Christiany - Nailing Down a Likely Hypothesis', *NTS* 19(1974), pp.55-77을 참조하라). 하나님께서 나단을 통하여 다윗에게 약속하신 내용은 이렇다: '…내가 네 몸에서 날 자식 (זרע/σπέρμα)을 네 뒤에 세워(והקימתי/καὶ ἀναστήσω, I will raise up) 그 나라를 견고케 하리라. …나는 그 아버지가 되고 그는 내 아들이 되리니.' 베츠는 로마서 1:3f. 의 신앙 고백에서 예수님의 부활 또는 하나님께서 그를 '일으키신다'는 것은 하나님께서 죽은 자를 부활시키신다는 사상과 그가 메시아 왕을 보좌에 앉힌다는 사상 모두 동일한 히브리어 동사 הקים으로 표현되는 것처럼 나단의 예언에 따라 하나님께서 그를 메시아 왕이 되도록 높이시거나 보좌에 앉히신다는 것으로 해석된다는 것을 발견한다(Duling, op. cit., pp.70f.). 이러한 해석이 확실히 옳다고 할 수 있는 것이 하나님께서 부활시키신 예수님의 메시아직을 확증하는 같은 목적을 위해 사도행전 13:33-37에 동일한 신탁이 사용되었기 때문이다. D. Goldsmith, 'Acts 13:33-37: A Pesher on II Samuel 7', *JBL* 87⟨1968⟩, pp.321ff.; J. W. Doeve, *Jewish Hermeneutics in the Synoptic Gospels and Acts*⟨1954⟩, pp.172ff.). 그래서 하나님께서 부활절에 '일으키신' 나사렛 예수에게서 제자들은 나단을 통해 다윗에게 약속하신 하나님의 약속대로 그를 메시아 왕, 곧 하나님의 아들이 되도록 하나님께서 '일으키시고' 높이시고, 우편에 앉히신 다윗의 자손을 보았던 것이다. 로마서 1:2-4에서 바울과 원 고백 (original confession)은 모두 사실은 예수가 '다윗의 자손'임을 확증하는 것과는 상관없이 단지 사무엘하 7:12ff의 전승에 기초하여 예수가 다윗의 가계(혈통)에서 태어났다는 것과 그가 하나님의 아들 되신다는 사실만을 천명할 뿐이라는 튤링(Duling, op. cit.)의 주장은 매우 독단적이다: 듈링에 따르면, 예수에게 그 칭호를 부여한 것은 '기껏해야 1세기 후반이며'(p.68). 공관복음 밖에서는 예수가 단지 '다윗의 자손' 칭호와 상반되는, 널리 알고 있던 자료인 무명의, 약속 전승의 비유적 자료와 연결되었을 뿐이라고 한다(p.71. 강조는 튤링의 것). 즉 예수는 단지 '다윗의 씨', '다윗의 줄기' 등 등(pp.68, 71, 75 등등)과 같은 비유들로 표현된 약속 전승의 본문들로 이해될 뿐이라는 것이다. 로마서 1:2-4(과 사도행전 13:33-37)의 분명한 암시는 차치해 두고라도, 다양한 '약속 전승'(예컨대, 사무엘하 7:12ff.) 본문이 후에 구약성경과 유대교 내에서 융합되었다는 튤링의 증명(pp.62ff.)과 기독교 이전의 유대교에서 '다윗의 자손'이란 칭호가 사용되었다는(마음에 내키지는 않지만 시인하는) 그의 인정(pp.68f.)으로 인해 그의 논문은 아주 이상야릇한 것이 되어 버렸다. 분명한 사실은 칭호로서의 '다윗의 자손'은 바울에게 있어 어떤 구실을 못한다는 것이다. 하지만 이것은 예수의 메시아직에 대한 정치석, 국가적 이해를 회피하려는 바울의 바람이있다는 것으로 설명될 수 있을 것 같다. 이제 4QFlor. 1:1-3은 다른 지지 본문들(출 15:17f.; 암 9:11)과 융합된 사무엘하 7:10-14의 Pesher(해석)라는 것이 분명해졌다(W. R. Lane, 'A New Commentary Structure in 4QFlorilegium', *JBL* 78⟨1959⟩, pp.343ff.). 1:11에서는 하나님께서 그의 아들로 일으키실 미래의 다윗의 자손이 '다윗의 싹'(צמח דויד)으로 밝혀졌고, 그러므로 여기서 나단의 신탁은 관련된 메시아적 신탁들과 혼합되었음이 암시되고 있다(렘 23:5f.; 33:15f.; 슥 6:12f.; cf. 사 4:2; 슥 3:8. Cf. Duling, op. cit., pp.64ff., 듈링 역시 4QPB에 있는 이와 유사한 융합을 보여 준다). *Conf. Ling.* 62f. 에 있는 필로의 스가랴 6:12 주해 배후에 이와 유사한 주해의 전승이 있는가? 거기서 필로는(MT의 צמח의 LXX번역을 따라) ἀνατολή(일어나는) '사람'을 만물의 아버지가 일으키신 (ἀνέτειλε) πρεσβύτατος υἱός(가장 존귀하신 아들)이며 다른 곳에서 πρωτόγονος(먼저 나신 자)라고 불리우는 '하나님의 εἰκών(즉 로고스⟨Logos⟩)과 조금도 다르지 않은' ὁ ἀσώματος ἐκεῖνος(저 육체를 입지 않은 사람)과 동일시한다. '그리하여 탄생하신 아들은 그의 아버지의 길을 따르며, 그 아버지가 공급하신 원형을 바라며 다른 유(類)를 형성하였다.' 여기서 우선 주목해야 할 것은 첫째로 ἀνατέλλειν(צמח) 개념은 듈링이 제시하는 것처럼 사무엘하 7:12ff.의 신탁에 합의된 ἀνιστάναι(קום)과 '약속 전승'의 핵심과 밀접하게 관련되어 있다는 사실이다. op. cit., pp.61 ,67f., 75ff.; cf. H. Schlier, *TDNT* i, pp.351-353, 쉴리어는 ἀνατολή가 회당에서는 메시아를 지시하는 명칭이 되었다고 주장한다(cf. 눅 1:78). 그리고 둘째로, 어떻게 필로가 4QFlor.처럼 ἀνατολή(=צמח)와 (하나님의) 아들 칭호들을 함께 거론하면서 이들을 서로 동일시하였는가에 주목할 필요가 있다. 스가랴 6:12에서는 ἀνατέλλειν 동사가 자동사로 되어 있는 반면 필로는 그것을 여기서는 타동사로 사용한다. 그것은 사무엘하 7:12-14; 예레미야 23:5f.과 그밖의 성경에 포함되어 있는 바 하나님께서 (능동적으로) '일으키시는' 다윗의(또는 하나님의) 아들 또는 다윗의 싹 사상의 영향 때문인 것으로 생각된다. 만일 그렇다면 셋째로, 이것은 필로가 ἀνατολή를 (하나님의) 아들과 동일시하는 것과 아울러 필로는 다양한 신탁들을 다윗의 메시아와 융합시킨 4QFlor.이 증거하는 것과 같은 전승을 익히 알고 있었음을 암시한다. 넷째로, 만일 필로가 '(하나님께서) 그를 다른 곳에서 πρωτόγονος(맏아들)이라고 부르고 있다'(*conf. Ling*.63)고 말하면서 하나님께서 다윗의 자손을 '맏아들'(MT בכור /LXX 시편 88:28 πρωτότοκος)로 만들겠다고 약속하신 시편 89:28과 사무엘하 7:12ff. 본문에서 유추하였거나 그 본문과 밀접하게 관련된 다른 본문들을 언급한다면, 이러한 우리의 주장은 보다 믿을 만하다 (필로가 로고스를 지칭하기 위하여 πρωτότοκος를 피하고 πρωτόγονος를 선호한 것에 대해서는 K. L. Schmidt, *TDNT* vi, p.875를 보라). *Conf. Ling.* 62f 에서 다양한 메시아 본문들이 혼합되었음을 본다는 것이 옳다면 그 본문은 듈링(Duling, op. cit., p.67) 이 후기 구약성경과 유대 본문에 있는 메시아 약속에 대한 다양한 본문들이 누가(累加)적으로 혼합되는 경향이 있다고 칭한 것을 확증하는 셈이다. 분명한 차이점들은 확실히 있다: 즉 필로는 ἀνατολή를 로고스와 동일시한 반면, 4QFlor. צמח는 다윗의 메시아와 동일시하며, 이와 상당하게 필로는 부정과거형(ἀνέτειλε)을 사용하는 반면 4QFlor.는 미래형(מתי הקו)을 사용한다. 하지만 사실 진정한 종말론이 없는 필로가 여기서 메시아적 전승을 플라톤적이며 스토아적인 로고스 교리로 전향하고 있지는 않는가? Cf. A. J. M. Wedderburn, 'Philo's "Heavenly Man",' *Nov T* 15(1973), pp.316ff. *Conf. Ling.* 62f.로 인하여 필로가 4QFlor.로써 표현된 메시아 약속에 대한 주경학적 전통에 익숙했음이 증명되었다고 판단한다면, 즉 이 두 주해 사이에 본래적인 연관

사무엘하 7:12-14(cf. 또한 시 2:7)에 있는 하나님의 약속의 성취로서 성령을 따라 부활로 말미암아(또는 부활한 때로부터) 하나님의 아들이 된 다윗의 혈통에서 나고 높임을 받아 보좌에 앉은 메시아임을 확신하였다. '퀴리에'(κύριε)가 하나님이 나타나거나 천사가 나타날 때 천상적인 인물을 지칭하는 적절한 호칭이었던 것처럼, '하나님의 아들' 또는 '하나님의 아들과 같은 이'는 신의 현현(epiphany) 때의 천상적 인물을 지칭하는 일반적인 명칭이었다.[31] 천사가 '하나님의 아들'이라 불릴 수 있었다면 하물며 하나님의 보좌에 앉은 분으로 나타난 높임 받은 다윗 계열의 메시아에게는 더욱 그 칭호가 적용됨 직하지 않은가?[32]

로마서 1:3f.에 인용된 바울 이전에 존재하였던 신앙 고백의 문형 자체가 하나님의 아들의 선재성을 암시하지는 않는다.[33] 그러나 몇몇 학자들이 제안하듯이 바울은 그 신앙 고백을 '그(하나님의) 아들에 관하여'로 시작하여(롬 1:3) 그것을 동격형인 '우리 주 예수 그리스도'로 마감함으로써 그의 복음을 메시아적인 왕으로서 다윗의 후손으로 성육하고 후에 부활로 말미암아 하나님의 아들, 즉 우주적인 주로 확증되신 선재하신 하나님의 아들에 관한 것으로 이해하였음을

---

관계가 있다고 한다면, 우리는 바울이 필로의 *Conf. Ling.* 62f., 146 등등에서 그 주제의 병행구를 찾을 수 있는 메시아적 아들 기독론을 견지하면서 동시에 아들 기독론과 εἰκών(형상) 기독론을 견지하면서 필로와 4QFlor. 사이에 서있는지 그 이유를 쉽게 이해할 수 있을 것이다. 이러한 고찰은 바울(과 신약성경의) 아들 기독론의 기본적인 유대 배경을 확고히 하기도 한다. 본서 pp.435ff., 537ff.

**31** Cf. Hengel, *Sohn*, pp.36, 57(n.48). 본서 pp.363ff.

**32** Cf. Ibid., p.57(n.48).

**33** Schlier, 'Zu Röm. 1. 3f.' p.213. 쉴리어는 바울에게 전해진 신앙 고백의 본래 형태는 다음과 같다고 추측한다: Jesus Christus aus dem Samen Davids bestellt zum Sohn Gottes aus der Auferstehung der Toten(예수 그리스도는 다윗의 씨에서 나시고, 죽음에서 부활하여 하나님의 아들로 임명되셨다). Cf. Fuller, *Christology*, p.165.

보여 준다.[34]

이것이 매우 가능성 높은 것은 하나님 아들의 선재성이야말로 바울의 아들 기독론(Son-Christology)의 본질적인 요소이기 때문이다(cf. 예컨대, 롬 8:3; 갈 4:4; 골 1:13ff.). 앞서 언급한 논문에서 헹엘은 바울이야말로 지혜의 특징을 높임 받은 예수에게 적용함으로써 하나님 아들의 선재와 보내심, 그리고 그의 창조에서의 실행자로서의 역할이라는 개념을 초대 교회에 첫 번째로 소개한 인물이었다고 제안하였다.[35] 그러나 3년 후 헹엘은 하나님의 아들에 관한 그의 논문에서 이러한 주장을 철회하면서, '바울 이전 또는 보다 정확히 말해서 바울 가까이 있는(짐작건대 수리아에 있는) 공동체'로부터 바울이 두 가지의 문형 - 즉 선재하신 아들을 이 세상으로 보냄의 형식(sending formula)과 그 아들을 죽음에 내어줌의 형식(giving-up formula)-을 취해 왔다고 말한다.[36] 헹엘이 이렇듯 관점이 변화하게 된 이유를 어디서도 분명하게 밝히지는 않으나, 다만 후기의 입장에 더 무게를 두는 듯이 보이는 두 가지 암시적인 요인들을 찾아 볼 수는 있다: 그 하나는 바울이 이미 '하나님의 아들'이라는 칭호를 다메섹 사건과 연결시키고 있다는 것이고[37] 또 다른 하나는 하나님의 아들에 관하여 앞서 언급한 주장들이 비(非)바울적인 본문에도 등장하는 확고한 틀을 갖추고 있는 문형

---

**34** Stuhlmacher, 'Theologische Probleme des Römerbriefpräskripts', *EvTh* 27(1967), pp.382f.; Käsemann, *Römer*, p.11; Cranfield, *Romans*, p.58; Hengel, *Sohn*, pp.94f.; Schweizer, πνεῦμα, κτλ, *TDNT* vi, p.417. 그러나 블랭크(Blank, *Paulus*, p.255)는 이 견해에 반대한다. 만일 ἐν δυνάμει(능력으로)가 바울이 삽입한 것이고 ὁ υἱὸς θεοῦ ἐν δυνάμει(능력으로 하나님의 아들)이 예수가 높임 받은 주라는 의미라면 이것은 보다 더 명확하다.

**35** Hengel, 'Christologie', pp.62f., 66.

**36** Hengel, *Sohn*, pp.23ff., 104ff.

**37** Ibid., pp.23f.

이라는 것이다(예를 들어, 요 3:17; 요일 4:9, 10, 14; 요 3:16).³⁸

그러나 이 두 요인들을 가지고 그 문형에 포함된 사상이 분명히 바울 이전의 것이라고 성격 지우기에는 그 근거가 충분하지 못하다. 그 이유는 우선 다메섹 계시의 대상으로 바울이 '하나님의 아들'을 언급했다고 해서 그것이 그 사건 이전에 발전된 형태의 아들 기독론이 존재하였다는 것을 증명하지는 않기 때문이다. 그래서 우리가 바울이 부르심을 받았을 당시 초대 교회의 아들 기독론은 로마서 1:3f.에 인용된 고백의 단계에 머물러 있었으리라고 생각하지 못할 이유는 없다. 왜냐하면 바울이 높임 받아 보좌에 앉은 예수를 봄으로 말미암아 한편으로는 그 신앙 고백의 진실성에 대한 확증을 받고, 다른 한편으로는 그가 초기 단계에 있던 아들 기독론을 심화시켜서 그 아들의 선재하심 및 이 세상으로 보냄을 받았다는 주장을 할 수 있게 한 다른 요인들의 깨우침을 받게 되었던 것으로서, 그리하여 아들 기독론은 바울의 다메섹 체험에 관한 증언의 핵심 부분이 되었기 때문이다. 헹엘의 두 번째 요인이 많은 학자들이 결론 내린 바, 그 아들의 보냄(sending)과 내어줌(giving-up)에 관한 진술들이 바울 이전의 문형들이고, 그러므로 거기에 암시된 그 아들의 선재에 관한 사상이 바울 이전 것이라는 주장의 유일한 근거가 된다는 것은 사실이다.³⁹ 그러나

---

**38** Ibid., p.26.

**39** Kramer, *Christ*, pp. 111ff.; Hahn, *Hoheitstitel*, pp.315ff.; E. Schweizer, 'Zum religionsgeschichtlichen Hintergrund der "Sendungsformel" Gal. 4,4f., Röm. 8,3f., Jn 3,16f., 1Jn.4,9' *ZNW* 57(1966), pp.199-210; idem, υἱός, *TDNT* viii, pp.374ff.; Mussner, *Gal.*, pp.271ff. Käsemann, *Römer*, p.206. 케제만은 여기서 한걸음 더 나아가 다음과 같이 선언한다: '선재하신 아들의 보내심이라는 주제를 기독론으로 적용하는 것은 전형적인 요한의 표현이나 … 바울에게 있어서는 희귀하다.' 그러나 우리가 증명하려는 것처럼 이것은 옳지 않다. 이와 반대로 블랭크(Blank, *Paulus*, pp.262f.) 는 갈라디아서 4:4는 완전히 바울적인 구조라고 주장한다. 벵스트(K. Wengst)는 심지어 '보내심'의 형식의 존재까지 부정한다(*Christologische Formeln und Lieder des Urchristentums*⟨1972⟩, p.59⟨n.22⟩).

여기서 우리는 헹엘의 후기 주장에 반대하면서 그의 초기 주장을 거론해야 할 필요를 느낀다. 일찍이 헹엘은 바울 서신 중의 (신앙 고백적) 문형이나 형식 체계를 연상케 하는 모든 구절을 바울 이전의 것으로 주장하는 크라머의 결론에[40] 대하여 그 잘못을 지적하면서 다음과 같이 말하였다: 서신서의 저자인 바울이 16년 내지 18년간의 '기독교 선(先) 역사' 기간에도 존재하고 있었으며, 그 기간 중에 바울 자신이 어떤 경우에는 '바울 이전의' 신앙 고백 형식의 발전에 참여했으리라는 문제는 그 저자(크라머)의 의식 속에는 거의 들어있지 않은 듯하다.[41] 헹엘은 현금의 신약 학자들(크라머가 그 예가 되는) 사이에 있는 편만한 경향에 대하여 다음의 말로써 아주 구체적으로 경고하고 있다: 개별적인 기독론적 그리고 구원론적 문형들이 항상 후기의 비바울적인 문맥에도 등장한다는 증거만으로 그 형식들을 '바울 이전의 것, 즉 원래는 그 사도(바울)에게 낯선 자료였음을 확증하기에는 불충분하다.'[42] 그러고는 헹엘은 다음과 같은 질문을 던진다: 즉 바울은 서방을 향한 그의 선교를 착수하기 전에 수리아와 길리기아 지방에 있는 갓 선교를 받은 교회의 기독론의 발전에 참여하였는가?[43] 바울이 그의 회심(약, 주후 32-34년)과 그의 전 세계적인 선교(약, 주후 49년) 사이의 기독론의 발전에 만일 완전히 지배적일 정도가 아니라면, 상당한 정도로는 신학적 영향력을 발휘하였으리라는 것이 몇 가지 사

---

**40** Kramer, *Christ*, 제I부, 특히 p.15. 거기서 그는 이 과정을 제시한다.

**41** Hengel, 'Christologie', pp.53f

**42** Ibid., p.46. Cf. H. Frh. v. Campenhausen, 'Das Bekenntnis im Urchristentum', *ZNW* 63(1972), p.231(n.124), 캄펜하우젠(Campenhausen)은 디벨리우스와 다알의 경고에도 아랑곳하지 않고, 고상한 문체로 기록된 모든 문장을 '문형'(formula)으로 취급하는 어떤 학자들의 과도한 열심을 비난한다. Dibelius, 'Zur Formgeschichte des NT(außerhalb der Evangelien)', *Theol. Rundschau* 3(1931), pp.225f.와 N. A. Dahl, 'Christusverkündigung', p.3.

**43** Hengel, 'Christologie', p.46.

실에서 암시된다: 그가 전에 바리새인과 랍비 교육을 받았다는 사실, 또한 그가 이방 선교를 위하여 부름을 받았다는 사실, 그리고 바울은 바나바와 함께 안디옥 교회의 대표자였으며 예루살렘의 사도회의에서 이방인 선교가 율법과 상관없음을 인식시켰다는 사실 등.[44] 이제 이러한 사실에 입각한 고찰은 아들의 보냄과 내어줌의 형식이 바울 이전의 것이라는 견해에 대한 유일한 근거의 기반을 무너뜨리는 것처럼 보인다. 그러나 그 검토 자체로서는 그 형식과 그 안에 포함된 사상이 바울의 것이라는 사실을 입증해 주는 것도 아니다. 그 검토는 단지 그 형식들이 바울 이전의 것이라는 견해를 옹호하는 근거의 타당성을 불식시키는 것밖에는 안 되는 것이다. 그러므로 이러한 검토로 말미암아 그 형식의 친저성(親著性)과 그 안에 포함된 사상의 기원에 관한 질문의 여지만 남게 되었다.

이러한 상황에서 이 문형에 관하여 다음의 네 가지 가능성들을 생각해 볼 수 있다: 1) 그 문형들은 바울의 다메섹 경험 이전에 발전되었다는 의미에서 '바울 이전'의 것이다; 2) 그 문형들은 바울이 수리아와 길리기아 지방에서 활동하는 동안 다른 사람들이 발전시킨 것을 바울이 취하게 된(nebenpaulinisches) 자료이다; 3) 그 문형들은 바울과 그의 동역자들이 공동으로 발전시킨 산물이다. 또는; 4) 그 문형들은 전적으로 바울에게서 나온 것이다. 두 번째 가능성이 후기의 헹엘의 견해인 듯 보인다.[45] 그런데 앞의 두 가능성들에 대해서는 앞서 우리가 살펴보았듯이 긍정적인 증거가 없는 듯하다. 그래서 헹엘이 원래 제시한 것처럼 혹시 사실은 바울이 초대 기독교의 기독론이 형성되는 데 참여한 것이 아닌지 검토할 가치가 있다. 그것에 바울이 참여하였다고 해서 그 발전 과정에 있어서 다른 그리스도인들과의 협력을

---

[44] Ibid., p.62f.
[45] Hengel, *Sohn*, pp.24, 105.

완전히 배제해야 한다는 것은 아니다. 오히려 그 말의 진의는 바울이 이 일에 있어 주도적인 또는 결정적인 역할을 했다는 데 있다. 하나님 아들의 선재성, 창조에서의 중보 그리고 보내심과 내어줌의 사상은 바울의 작품들이며, 이들은 바울의 다메섹 경험이 궁극적인 근거가 된다는 것이 우리의 명제이다.

이 명제를 증명하기 위하여 우리는 다시금 신약의 아들 기독론의 발전을 탁월하게 묘사한 헹엘의 저작을 이용하도록 하겠다. 확신하기로는 우리의 명제는 헹엘에 의하여 확증된 것, 즉 신약의 아들의 선재, 창조에서의 중보 그리고 보내심의 사상은 예수 그리스도가 토라-호크마(Torah-Hokmah, 율법-지혜)를 대신하셨다는 초대 그리스도인들의 신앙에서 나온 필연적인 결과이기 때문이다.[46] 헹엘은 헬레니즘과 구약/유대교의 종교사학적인 자료를 간략하지만 주의깊게 관찰함으로써 이러한 결론에 도달한다. 그는 이른바 헬라적인 병행구들-비의 예전(mystery-cults), 신인($\theta\epsilon\hat{\iota}o\varsigma$ $\dot{\alpha}\nu\dot{\eta}\rho$ 神人), 영지주의적 구속자 신화, 그 밖의 것들-을 자세히 검토하여 이것들이 일반적인 의미에서는 신약 기독론, 그리고 특별한 의미에서는 신약의 아들 기독론의 배경이 되었다고 하는, 되풀이해서 나오고 있는 주장의 허구성을 명백하게 규명하였다.[47] 헹엘은 '하나님의 아들' 명명과 선재 사상, 창조에서의 실행자로서의 역할 그리고 세상에로의 '보내심'에 대한 구약과 유대교의 사용을 검토한 후, 초대 교회의 기독론 이해에 있어 초대 교회가 사용한 '본질적이며 건설적인 자료'가 바로 여기에 있다고 결론을 내린다.[48] 헹엘은 로마서 1:3f.에 있는 바울 이전의 고백의 발홍을

---

46 Ibid., pp.104ff.; also 'Christologie', pp.62f.

47 Hengel, *Sohn*, esp. pp.39-67, against e.g., Bultmann, *Glauben und Verstehen* i, pp.253f.; G.u.V.ii, p.251; *Theology* i, pp.121ff.; Conzelmann, *Outline*, pp.78ff.; *Hohn Hoheitstitel*, pp.292ff., 209ff.(또한 120ff.); cf. Fuller, *Christology*, pp.203ff.

48 Hengel, *Sohn*, pp.35-39, 67-89(p.90에서 인용).

아주 설득력 있게 설명한 후[49] 예수님의 높아지심에 대한 고백에서 하나님의 아들(메시아 임명)로, 그의 선재에 대한 사상으로, 창조에서의 실행자로 그리고 세상에로의 보내심까지의 단계가 어떻게 이루어졌는지를 질문한다.[50] 이에 대해 헹엘은 이러한 발전은 주로 유대 지혜문학에서 발전되어 실체화되고 인격화된 신적 지혜의 특성을 지닌 예수에 대한 초대 교회의 진술을 통하여 온 것이라고 대답한다.[51] 사실 이러한 주장 자체는 전혀 새로운 것이 아니다. 그 주장은 이미 1914년 빈디쉬에 의해 제시된 것이었으며[52] 그 후 그 주장은 계속해서 확증되었다.[53]

이러한 사실이 정확하다는 것은 유대 지혜문학을 일견해 보기만 하여도 증명될 수 있다. 익히 알고 있다시피, 잠언 8:22-31은 세상이 창조되기 전에 이미 존재하고 있었던 실체화되고 인격화된, 그리고 하나님 곁에 가까이 있던 지혜를 소개한다:

여호와께서 그 조화의 시작 곧 태초에 일하시기 전에
나를 가지셨으며(창조하셨으며).

---

49 Ibid., pp.93-104.
50 Ibid., pp.104f.
51 Ibid., pp.106-120; 그리고 'Christologie', pp.62f.
52 H. Windisch, 'Die göttliche Weisheit der Juden und die paulinische Christologie', *Neutestamentliche Studien*, G. Heinrici FS(1914), pp.220-234 정확하게 말해서 빈디쉬는 바울의 그리스도의 선재성과 창조에서의 중보직 사상을 지혜에 비추어 설명하기는 하지만, 아들의 세상으로 보내심이라는 사상은 이와 관련하여 다루지 않는다.
53 C. F. Burney, 'Christ as the APXH of Creation', *JTS* 27(1926), pp.160ff.; W. D. Davies, *Paul and Rabbinic Judaism*(³1970), pp. 147ff.; A. Richardson, *Introduction to the Theology of the NT*(⁴1969), pp.155ff.; E. Schweizer, 'Zur Herkunft der Präexistenzvorstellung bei Paulus', *Neotestamentica*, pp.105ff.; 'Aufnahme und Korrektur jüdischer Sophiatheologie im NT', Ibid., pp.110ff.; 'Zum religionsgeschichtlichen Hintergrund der "Sendungsformel"', *ZNW* 57(1966); Hamerton-Kelly, *Pre-existence*, pp.103ff.; cf. Fuller, *Christology*, pp.212, 216.

만세 전부터, 상고부터, 땅이 생기기 전부터
내가 세움을 입었나니,
아직 바다가 생기지 아니하였고,
큰 샘들이 있기 전에 내가 이미 났으며,
산이 세우심을 입기 전에,
언덕이 생기기 전에 내가 이미 났으니,
하나님이 아직 땅도, 들도,
세상 진토의 근원도 짓지 아니하셨을 때라.
그가 하늘을 지으시며
궁창으로 해면에 두르실 때에 내가 거기 있었고,
그가 위로 구름 하늘을 견고하게 하시며
바다의 샘들을 있게 하시며
바다의 한계를 정하여 물로 명령을 거스리지 못하게 하시며
또 땅의 기초를 정하실 때에
내가 그 곁에 있어서 창조자가 되어
날마다 그 기뻐하신 바가 되었으며 항상 그 앞에서 즐거워하였으며
사람이 거처할 땅에서 즐거워하며
인자들을 기뻐하였었느니라.

이 성경구절에서 명확하게 표현된 것은 지혜의 선재(즉 세상이 창조되기 이전에 존재했다는 것) 사상이다. 그뿐 아니라 적어도 그 지혜의 창조에 있어 실행자적 역할도 암시되어 있다(cf. 또한 잠 3:19; 욥 28:23-27). 지혜의 선재성과 실행자적 역할에 대한 동일한 사상이 시락서 24:3ff.에 등장하는 바, 시락서에서는 지혜가 스스로 창세기 1장의 창조 기사를 언급하여 자신을 찬양한다:

나는 지극히 높으신 분이 말씀하신 말씀이며

안개와 같이 온 지면에 덮여 있다.

나의 거처는 높은 하늘이며

구름 기둥에 내 보좌를 두었다.

나는 홀로 하늘의 주위를 만들었으며 심연의 깊음을 가로질렀다.

바다의 파도와 온 땅과

모든 백성과 나라들이 나의 지배하에 있었다.

이 모든 것들 중에서 나의 거처를 찾았노니

내가 어느 지경에 거처를 둘꼬?

그때에 세상을 창조하신 이가 내게 명하시며

나를 창조하신 이가 내가 거할 곳을 정하여 이르시기를,

'너는 너의 거처를 야곱에 두며

이스라엘에서 너의 혈통을 찾으라' 하셨도다.

시간이 시작되기 이 전에 주께서 나를 창조하셨으며,

내가 영원히 있으리로다.

내가 성소에서 주의 목전에서 주를 섬겼으며,

그리하여 내가 시온에 세움을 입었도다.

주께서 나의 거처를 주께서 사랑하는 시온성에 두셨으며,

예루살렘에서 나에게 권세를 주셨도다.

주께서 존귀히 여기시는 백성 가운데에서 내가 뿌리를 취하였음이여,

주께서 그 백성을 주의 특별한 소유로 삼으셨도다

(시락서 24:3-12. 사역(私譯)(cf. 또한 시락서 1:4ff.; 42:21).

동일한 사상이 솔로몬이 기도하는 지혜서 9:1f., 9에도 등장한다: '우리 조상의 하나님, 긍휼하신 주께서 당신의 말씀으로 만물을 만드셨고, 지혜로 사람을 빚으셨도다. …지혜가 주와 함께 있었고, 주의 하신 일을 익히 아시며 주께서 세상을 만드실 때 주의 곁에 있었나이

다…'(cf. 또한 7:21).

다른 확실한 종교사학적 배경에는 부재한, 앞서 언급한 본문들은 실체화된 지혜의 선재성과 창조에 있어 중보 사상이 그리스도를 선재하신 분이요 창조의 실행자라는 바울과 초대 교회의 이해의 배경이 되고 있다는 사실을 이미 증명하고 있는 것처럼 보인다. 그런데 바울이 신적 지혜의 특성들을 예수 그리스도에게로 전가시켰다는 다른 세 가지 증거가 더 있다. 그 중 첫 번째 것은 바울이 광야의 이스라엘 백성들과 함께하였던 '신령한 반석이 그리스도였다고 말하는 고린도전서 10:1-4이다. 이것은 필로의 신명기 8:15 해석과 비교될 수 있는데, 필로는 신명기의 '굳은 반석'을 신적 지혜와 동일시하였다.[54] 이와 비슷한 사상이 솔로몬의 지혜서에도 등장하는데, 거기서는 지혜가 출애굽 때에 이스라엘을 인도하였고 하나님께서 이스라엘 백성에게 '굳은 반석에서 물'을 공급하게 한 매개체도 언급되고 있다(지혜서 10:17f.; 11:4). 그래서 고린도전서 10:1-4에서 바울이 그리스도를 신적 지혜로 생각하였을 개연성이 아주 높다.[55] 이와 관련하여 또 다른 본문 로마서 10:6f.도 자주 언급된다. 로마서 10:6f.에서 바울은 우리가 믿음에서 나오는 의를 얻기 위하여 그리스도를 끌어 내리거나 올리려고 하늘에 올라갈 필요도 음부에 내려갈 필요도 없다고 말한다. 왜냐하면 사도들이 전한 말씀이 우리 가까이 있기 때문이라는 것이다. 바울은 이것을 신명기 30:12-14에 대한 미드라쉬를 통하여 말하고 있다. 바룩서 3:29ff.에서도 추구해야 하는 대상으로서의 '지혜'를 언급하면서 신명기의 본문을 빌어서 이야기하고 있다는 점을 들어, 혹자는 바울도 여기 로마서 10:6f.에서 그리스도를 지혜로 생각하였으리라고 유추

---

[54] Philo, *Leg. Alleg.* ii,86; *Quod Det. Pot.* 115ff.
[55] Windisch, op. cit., p.223; Davies, *Paul*, pp.152f.; Schweizer, *Neotestamentica*, pp.106f.; Hengel, *Sohn*, p.114.

하기도 한다.[56]

둘째로, 바울이 그리스도를 '하나님의 형상'(에이콘 투 데우⟨$\epsilon\dot{\iota}\kappa\grave{\omega}\nu$ $\tau o\hat{u}$ $\theta\epsilon o\hat{u}$⟩, 고후 4:4; 골 1:15; cf. 또한 빌 2:7)으로 지칭하였다는 것은 분명 그가 그리스도를 지혜의 용어로 이해하였음을 암시한다(cf. 지혜서 7:25f.). 이에 대해서는 후에 다시 언급하기로 하겠다.[57] 마지막으로, 우리에게는 바울이 그리스도를 지혜와 동일시한 분명한 본문이 있다. "오직 부르심을 받은 자들에게는 유대인이나 헬라인이나 그리스도는 하나님의 능력이요 하나님의 지혜니라(고전 1:24)와 '너희는 하나님으로부터 나서 그리스도 예수 안에 있고 예수는 하나님으로부터 나와서 우리에게 지혜와 의로움과 거룩함과 구속이 되셨으니…'."(고전 1:30; cf. 또한 골 2:3)가 바로 그것이다. 그러므로 바울에는 지혜 기독론[58]이 있으며 그의 그리스도의 선재하심과 창조에서의 실행자 사상은 바울이 신적 지혜의 특성들을 그리스도에게 전가시킨 결과라는 점이 분명해졌다.

하나님께서 당신의 선재하신 아들을 보낸다는 사상 역시 유대의 지혜 사상의 배경에 비추어 고찰할 수 있다.[59] 하나님께서 당신의 선지자, 말씀, 성령 또는 사자를 보내신다는 사상은 이미 구약에서 알려진 사항이었다. 시빌라인의 신탁(the Sibylline Oracles)은 하나님의 메시

---

56 Windisch, op. cit., p.224; Schweizer, *Neotestamentica*, p.107; Käsemann, *Römer*, p.227; cf. 데이비스의 정당하지 못한 반대 의견. Davies, *Paul*, pp.153f. 본서 pp.216f.

57 본서 pp.437ff.

58 그러나 콘첼만이 "바울 학파" "방법론적으로 '지혜'가 관여되는 곳에는 지혜 학파로서의 신학이 발생한다"는 등을 말한 것은 너무 지나쳤다('Paulus und die Weisheit', *NTS* 12⟨1965/66⟩, p.233).

59 신약성경의 선재하신 아들 파송 형식과의 유비를 제공하지 못하는 헬라어로 된 헬라 자료의 검토를 위해서는 슈바이처의 "Sendungsformel", pp.199ff.을 참조하라. Cf. Hengel, *Sohn*, pp.39ff.

아 왕 파송에 대하여 말한다(Sib. III. 286, 652; V. 108, 256, 414f.).⁶⁰
이 사상은 신약에도 등장한다(선지자의 파송: 마 23:34; 눅 11:49;
13:34; 천사의 파송: 마 11:10; 막 1:2; 눅 1:19, 26; 7:27; 행 22:6). 사
도행전 3:20에서 베드로는 유대인들에게 회개하고 하나님께로 돌이
킬 것을 촉구한다. 그리하면 '주께서 너희를 위하여 예정하신 그리스
도 곧 예수를 보내시리라'는 것이다. 그러나 선지자든지 엘리야든지
아니면 메시아적인 왕의 보내심이 언급된 이 본문들은 보내심을 받
은 자들의 선재 사상이 결여되어 있고 그래서 '보낸다'는 내용에는 단
지 '위임' 사상만 담겨 있을 뿐이다.⁶¹ 자기가 하나님의 보냄을 받은 자
라는 예수님의 의식은 요한복음서와 공관복음서에 많이 표현되어 있
다(마 15:24; 눅 4:18, 43; 막 9:37과 병행구; 마 10:40; 눅 9:48; 10:16).
이 본문들 가운데에서 가장 인상적인 것은 하나님께서 당신의 종, 선
지자 및 당신의 아들인 예수를 보내었다는 사실을 언급하는 악한 농
부 비유이다(막 12:1-11와 병행구인 마 21:33-44; 눅 20:9-18). 그러
나 이 본문들과 '아들' 칭호가 등장하는 공관복음의 다른 곳에서는 아
들의 보내심이 종과 선지자의 보내심과 유비되고 있기 때문에 그 아
들의 선재 사상은 등장하지 않거나 또는 적어도 명확하게 언급되어
있지 않다.⁶²

그러나 하나님께서 당신의 말씀, 성령 또는 천사들을 보내신다는
구약의 사상과 유비되는 유대의 지혜 문서에는 지혜가 하늘에서 땅
으로 내려왔다는 사상(Sir.24) 뿐만 아니라 하나님께서 선재하신 지

---

**60** Hengel, *Sohn*, p.112.
**61** Cf. Rengstorf, *ἀποστέλλω*, *κτλ*, *TDNT* i, pp.400ff.
**62** Hahn, *Hoheitstitel*, pp.315f.; Schweizer, "Sendungsformel", pp.207, 210: "여기(즉, 막 12:1-9)선재 기독론이 곁들여 있는지도 모르지만 그렇다 해도 전혀 성찰되지 않은 아마 의식적이기도 않은 식으로 되어 있는 것이다(p.2, 10). Cf. 하지만, Hamerton-Kelly, *Pre-existence*, p.100f.

혜를 보내신다는 사상이 들어 있다(Wis 9:10-17).[63] 그래서 슈바이처(E. Schweizer)는 신약성경에 있는 하나님이 자기의 선재하신 아들을 보낸다는 것을 가리키는 문형은 유대의 지혜 사상에 근거한 것이라고 주장한다.[64] 슈바이처는 특히 갈라디아서 4:4-6과 지혜서 9:10-17간의 두 접촉점을 주시한다. 이를테면 갈라디아서 4:4-6에서 아들의 보내심과 성령의 보내심이 연결되어 있는 것의 병행구를 지혜서 9:17의 지혜와 성령의 이중 파송에서 찾을 수 있다는 것이다. 그리고 바울이 갈라디아서 4:4에서만 사용한 동사 '엑사포스텔레인'($\dot{\epsilon}\xi\alpha\pi o\sigma\tau\acute{\epsilon}\lambda\lambda\epsilon\iota\nu$, 보내다)은 지혜서 9:10에서도 등장한다.[65] 그러나 이런 병행구들 자체는 우리로 하여금 바울이 의식적으로 지혜서 9:10-17에 의존하였다고 추정할 만큼 그렇게 긴밀하지도 본질적이지도 않다.[66] 그렇지만 바울이 그리스도의 선재성과 창조에서의 실행자로서의 역할을 지혜의 그것과 관련하여 생각했음이 분명하므로 하나님께서 그의 아들을 세상에 보내셨다는 것 역시 그가 지혜를 세상에 보내셨다는 것으로 생각했으리라 자연스럽게 추정할 수 있다. 유대인의 사고에 있어 지혜와 같이 예수 그리스도는 처음부터 하늘에 존재하셨던 분으로 생각되며, 또한 지혜처럼 그가 세상에 출현하신 것은 하나님께서 그를 보내

---

**63** 지혜문학에 등장하는 지혜의 어떤 속성들은 필로에 의해 로고스에 적용된다. 예컨대, 필로는 로고스를 하나님의 '맏아들'($\dot{o}$ $\pi\rho\omega\tau\acute{o}\gamma o\nu o\varsigma$, Somn. i.215; Conf Ling. 146)로 칭하며, 출애굽기 23:20의 하나님께서 파송한 천사를 신적 로고스인 '하나님의 맏아들'과 동일시하며(Quaest. Ex. ii. 13; Agric.51) 그것을 하나님의 '천사장'($\dot{\alpha}\rho\chi\acute{\alpha}\gamma\gamma\epsilon\lambda o\varsigma$, Rer. Div. Her. 205)이라고 부른다.

**64** Schweizer, "Sendungsformel", p.207; 또한 Hengel, Sohn, p.112.

**65** Schweizer, "Sendungsformel", p.207.

**66** 바울이 솔로몬의 지혜서를 알고 그것을 사용했는지의 여부에 대하여는 E. Grafe, 'Das Verhältnis der paulinischen Schriften zur Sapientia Salomonis', Theologische Abhandlungen, C. v. Weizsäcker FS(1 892), pp.251ff.; Sanday-Headlam, Romans, pp.51ff.; Ellis, Paul's Use, pp.77ff.; K. Romaniuk, 'Le Livre de la Sagesse dans le NT', NTS 14(1967/68), pp.503-513을 보라.

셨다든지 그분이 하늘에서 강림하신 것으로 자연스럽게 간주되는 것이다.[67]

여기서 우리는 예수의 선재성과 창조 때에 실행자로서의 역할을 하였다는 사상은 '아들'이라는 칭호뿐만 아니라(골 1:13ff.) '그리스도'(고전 8:6; 10:4; 고후 8:9; 빌 2:6)[68] 및 '주' (고전 8:6; 고후 8:9) 칭호와 함께 등장한다는 것을 주목하게 된다. 그러므로 예수의 선재성과 창조에서의 중보직 사상은 단지 '아들' 칭호에 한정되지 않는다. 이렇게 생각하는 것이 타당한 이유는 지혜의 속성들은 예수님께 적용될 때 '아들' 칭호를 요하지 않기 때문이다. 하지만 '보냄'의 형식은 시종일관 '아들' 칭호와 연결되어 있다(롬 8:3; 갈 4:4; cf. 롬 1:3; 요 3:17; 요일 4:9, 10, 14). 그 이유는 이 칭호가 예수의 선재성과 창조에서의 실행자적 역할 이외에도 그와 하나님과의 긴밀한 관계, 그가 하나님의 속성을 지녔다는 것, 그리고 그의 기원은 신성에 있다는 사실을 암시한다는 데 있는 것 같다.[69] 더욱이 상속자인 아들은 보냄을 받을 때 그의 아버지에게서 아버지의 전권 대사라는 특별한 인준을 받

---

67 반대로 C. H. Talbert, 'The Myth of a Descending-Ascending Redeemer in Mediteranean antiquity', *NTS* 22(1976), pp.418-440. 탈버트(Talbert)는 강림하고 승천하는 신적 인물의 신화를 포함하는 그리스·로마의 자료와 지혜에 관한 구약적/유대적 자료들 그리고 개인 또는 국가를 구원할 목적으로 강림하는 천사들에 관한 유대적 자료들을 한데 연결한다. 그 후 탈버트는 신약의 케뤼그마를 '선재-강림(구속적 행위)-승천(구속적 행위)-파루시아의 패턴'으로 요약하고는(p.435, et passim) 바울, 요한, 히브리서의 저자 그리고 2, 3세기의 그리스도인들이 각각이 독립적으로(!) 헬라적 유대의 강림-승천의 구속자 신화(지혜-로고스-천사-제사장 모두가 서로 동일함)의 도움을 입어 그것을 그리스도에게 적용한다. 그러나 이것도 그리스도인들이 왜 그리고 어떻게 나사렛 예수가 하나님께서 세상에 보내시고 그의 죽으심과 부활로써 구원을 이루시고 하늘에 오르사 재림하시게 되는지에 대한 설명은 되지 못한다.

68 (고린도전서 10:4을 제외하고는) 이 본문들에서는 '그리스도'라는 칭호가 '예수'라는 칭호와 불가분리적으로 연결되어 있다. 그러므로 그것은 메시아를 지칭하는 칭호적 의의가 아니라 고유명사로서의 기능을 하는 것이다. 본 장의 각주 24)를 참조하라.

69 Schweizer, υἱός, *TDNT* viii. p.375; 또한 Hengel, *Sohn*. pp.23. 99ff.; Blank. *Paulus*, pp.283f., 300f.

는다는 셈족의 대리인(대표자)에 관한 이해와도 부합되는 '보냄'의 문형이 '아들' 칭호와 함께 결합된 것은 짐작건대 예수께서 특별히 하나님의 권위를 지닌 대리자라는 사상도 표현하려는 데 있는 것 같다(cf. 막 12:1-11과 병행구).[70]

'내어줌'(giving-up)의 문형 역시 '하나님의 아들' 칭호와 더불어 등장하는 것은 그것이 아브라함이 그의 아들 이삭을 제물로 바친(창 22:12, 16)[71] 아케다(Akedah)의 모델을 따른 것이기 때문만은 아니다. 그 형식은 '하나님의 아들' 칭호로써 버림받은 인류를 향한 하나님의 사랑의 광대함을 표현하고 있기 때문인 것으로 생각된다(롬 8:32; 갈 2:20; cf. 요 3:16; 요일 4:10; 롬 5:10).[72] 그래서 신약에 있는 '하나님이 그의 아들을 보낸다'는 사상이 유대 지혜문학에 있는 하나님께서 '보낸' 지혜에 대한 사상과 유비가 있기는 하지만 '하나님의 아들' 칭호는 '보냄'의 문형을 위하여 선택된 것이다. 그것은 앞의 사상을 동

---

**70** 이 점에 있어 필자는 베츠의 사적 대담에서 많은 도움을 받았다. 파송과 대표에 대한 유대인의 이해에 관해서는 K. H. Rengstorf, ἀπόστολος, TDNT i. pp.414-420을 보라.

**71** 이 점에 대해서는 다음의 책들을 참조하라: G. Vermes, *Scripture and Tradition in Judaism*(1961), pp.218ff.; N. A. Dahl, *The Atonement-an Adequate Reward for the Akedah?*(Ro 8:32)', *Neotestamentica et Semitica*, Black Fs, pp.15-29; Wilcox, "Upon the Tree", pp.94ff. 하지만 블랭크는 창세기 22장이 단지 '그의 아들을 아끼지 아니하신…' 이라고 기록되어 있는 로마서 8:32a에만 반영되어 있다고 지적한다. Black, *Paulus*, pp.294-298. 이와 마찬가지로 Käsemann, *Römer*, p.237.

**72** 하나님의 크신 사랑 사상이 지대한 관심사로 등장하지 않는 곳에서는 '내어줌'의 형식이 다른 칭호들과 연합되어 있다: 즉 로마서 4:25; 엡 5:2, 25. Cf. Kramer, *Christ*, pp.118f. 그러나 이 본문들에는 원래 '하나님의 아들' 칭호로 되어 있던 것이 '주' 또는 '그리스도'라는 칭호로 대체되면서, '특정 칭호가 가지고 있는 복잡한 전승 자료에 나타난 상황을 더 이상 인식할 수 없는'(p.18) 후기의 단계를 반영하게 되었다는 크라머의 견해는 거부해야 할 것이다. 갈라디아서 2:20에는 하나님께서 그의 아들을 '내어주신 것'이 아니라 하나님의 아들이 나를' 위하여 자신을 포기하셨다고 한다. 하지만 이 본문에서도 관심사는 사랑, 즉 하나님의 사랑과 동일한 그리스도의 사랑이다. 바울이 곧바로 οὐκ ἀθετῶ τὴν χάριν τοῦ θεοῦ(내가 하나님의 은혜를 헛되게 하지 않는다: 갈 2:21)고 첨가한 이유가 바로 여기에 있다.

일하게(또는 거의 동일하게) 잘 표현하는 다른 칭호를 제외한다면 필로가 지적한 지혜, 즉 '하나님의 딸' (Fuga 50ff.; Virt. 62; Quaest, Gen. iv. 97; cf. 잠 8:30; 지혜서 8:3)은 남성인 예수님에게는 전혀 어울리지 않는다![73]

마침내 우리는 바울과 초대 교회가 그리스도를 인격화한 신적 지혜에 비추어 이해하고 그리스도에게 그 지혜의 속성들을 전가시킨 내용이 무엇인지를 묻는 시점에 도달했다. 빈디쉬에 따르면 이미 유대교에서는 메시아상이 지혜의 상과 합치되어 있었다.[74] 빈디쉬는 다음의 두 가지 사실에서 이러한 결론을 도출해 낸다. 첫째, 그는 제1에녹서에서 '사람의 아들'이 지혜와 비슷하게 묘사된 몇몇 본문들을 발견했다: 지혜와 마찬가지로 '사람의 아들'은 선재하며 세상에 감추어져 있다(48:2, 6); 지혜는 '사람의 아들' 안에 거한다(49:3); 지혜처럼(92:1) '사람의 아들'은 감추인 것들을 판단할 능력이 있다(49:4); 그리고 '사람의 아들'처럼 지혜도 세상에 알려지지 않으며 천사들 가운데 거한다(42). 둘째, 빈디쉬는 70인경에 미가 5:1과 시편 110:3(70인경으로는 109편)이 메시아를 지혜의 상으로 나타낼 목적을 가지고 번역되었다고 생각한다. 빈디쉬에 따르면 미가 5:2의 구절($\kappa\alpha\grave{\iota}$ $\alpha\acute{\iota}$ $\check{\varepsilon}\xi o\delta o\iota$ $\alpha\grave{\upsilon}\tau o\hat{\upsilon}$ $\acute{\alpha}\pi'$ $\acute{\alpha}\rho\chi\hat{\eta}\varsigma$ $\acute{\varepsilon}\xi$ $\acute{\eta}\mu\varepsilon\rho\hat{\omega}\nu$ $\alpha\grave{\iota}\hat{\omega}\nu o\varsigma$)은 선재하신 메시아 사상을 담고 있으며, 잠언 8:22f.($\kappa\acute{\upsilon}\rho\iota o\varsigma$ $\check{\varepsilon}\kappa\tau\iota\sigma\acute{\varepsilon}\nu$ $\mu\varepsilon$ $\acute{\alpha}\rho\chi\grave{\eta}\nu$ $\acute{o}\delta\hat{\omega}\nu$ $\alpha\grave{\upsilon}\tau o\hat{\upsilon}$ $\varepsilon\grave{\iota}\varsigma$ $\check{\varepsilon}\rho\gamma\alpha$

---

[73] Cf. 스롤(M. E. Thrall)은 이 점을 간과하였다. 그의 'The Origin of Pauline Christology', Apostolic History and the Gospel, Bruce FS, p.311. 빈디쉬는 바울이 $\Sigma o\varphi\acute{\iota}\alpha$라는 칭호를 그리스도에게 적용하지 않은 이유를 이런 식으로 설명한다: "바울은 $\kappa\acute{\upsilon}\rho\iota o\varsigma$를 하나의 여성명사로 칭하는 것을 수줍어한 것 같다. 메시아 예수, 하나님의 아들이 그에게 스스로를 계시한 분이었다. 그분께 그는 지혜의 중요한 특성들을 부여하였다. 다시 말하면 하나님의 아들이 지혜의 특성들을 수용함으로써 바울의 의식 가운데 지혜를 제쳤다"(op. cit., p.227) 빈디쉬에 따르면 이와 동일한 수줍음 때문에 요한도 $\Sigma o\varphi\acute{\iota}\alpha$ 칭호를 그리스도에게 사용하는 것을 피하였고, 그 대신 서두에 남성 $\Lambda\acute{o}\gamma o\varsigma$를 선택했던 것이다.

[74] Windisch, op. cit., pp.227ff.

αὐτοῦ ··· πρὸ τοῦ αἰῶνος ἐθεμελίωσέν με ἐν ἀρχῇ)과 시락 24:9(πρὸ τοῦ αἰῶνος ἀπ' ἀρχῆς ἔκτισέν με)을 상기시킨다. 그런데 빈디쉬에 따르면, 보다 특기할 만한 것은 시편 110:3(70인경 109:3)의 이 세상 창조 전의 메시아 '탄생' 사상이 단지 지혜의 기원과 유비관계에 있다는 ἐκ γαστρὸς πρὸ ἑωσφόρου(ἐξ) ἐξεγέννησά σε이다(cf. 잠 8:24f.; 시락 24:3). 그래서 빈디쉬는 시편 110:1과 지혜서 9:4, 10을 비교해 보면 70인경이 어떻게 지혜를 메시아와 동일시할 수 있었는지를 알 수 있다고 한다. 즉 '두 인격은 보좌에 앉아 계신 하나님을 수행하는 분으로 생각된다. 그런데 오직 한 분만 하나님 곁에 앉아 계신 분으로 생각하고 있던 사람들에게 그 둘은 하나로 합체되어야 했다.'[75] 그래서 빈디쉬는 바울이 잠언 8장에 비추어 시편 110:1을 이해하는 데 시편 110:3(70인경)의 도움을 받았으며 그 결과 메시아를 지혜와 동일시하는 유대교를 계승하게 된 것이라고 주장한다.

그러나 데이비스(W. D. Davies)는 빈디쉬의 주장에 설득력이 없다고 한다. 데이비스는 미가 5:2(70인경)과 잠언 8:22, 시락 24:9을 비교해 보고, 또한 시편 110:3(70인경)과 잠언 8:24f., 시락 24:3을 비교해 보면 70인경 번역자들이 메시아를 지혜와 동일시했다는 어떠한 증거도 찾을 수 없다고 주장한다.[76] 유대교에서 참으로 메시아와 지혜를 합체시킨 사실이 있었다면, 선재성 이외에 지혜의 다른 속성들-예를 들면 창조와 역사에 있어서의 역할과 같은-도 메시아에게 전가된 흔적이 유대 자료에서 발견되어야 할 것이다. 그러나 문제는 발견되지 않는다는 데 있다.[77] 시락 24:8-12에 지혜가 선지자의 약속에 따라 메

---

**75** Ibid., p.229.

**76** Davies, *Paul*, pp.160ff.

**77** Cf. Ibid., p.162. 여기서 데이비스는 어떤 인물 또는 사물의 선재-예컨대 토라, 모세, 성전, 메시아-그 자체는 랍비적 유대교에 있어 아무런 특별한 의미가 없었던 것이라는 사실을 밝히기 위하여 녹스(W. L. Knox)에게 호소한다. *St. Paul and the Church*

시아의 보좌가 있는 시온에 거하기 위하여 하늘로부터 내려온다는 기록이 있는 것으로 보아 시락의 본문은 확실히 지혜상과 메시아상을 연결시키는 경향을 나타내고 있다.[78] 하지만 심지어 이 본문 안에서도 메시아와 지혜의 분명한 일치는 보이지 않는다.[79] 그렇다면 빈디쉬가 처음에 지적한 요점은 무엇인가? 빈디쉬 이후 다니엘서와 제1에녹서의 '사람의 아들'에 관한 서술과 지혜에 관한 묘사가 서로 유사하다는

---

of the Gentiles(1939), pp.112f. Cf. Bousset-Greßmann, *Die Religion des Judentums*, pp.262ff.; Moore ii, p.344 후기 유대교에 와서야 비로소 메시아를 창조와 연결시키는 일이 일어났다: 랍비 라키쉬(Simeon b. Lakish)(주후 3세기 중엽)는 창세기 1:2의 '하나님의 영'을 '메시아의 신'(Gen. R. 2:4; Lev.R. 14:1; cf. Pes.R. 33:6)이라고 밝혔다. 그리고 Pes. R. 36:1을 창세기 1:4의 빛을 '메시아의 빛'이라고 밝혔다. 두 번째로 언급된 전승은 주후 7세기보다 초기의 것 같지는 않다. 두 전승 모두 창조 또는 역사에 있어 메시아의 역할보다는 메시아의 선재성과 이스라엘에 대한 그의 종말론적 역할을 염두에 둔 것이다. 이 사실은 특히 Pes.R. 33:6에 분명하게 나타난다. 이 랍비 본문에 대해서는 Hengel, *Sohn*, pp.110f.을 참조하라.

**78** Cf. Hengel, *Judentum und Hellenismus*(1973), pp.284ff.; *Sohn*, p.79.
**79** Cf. H. Gese, 'Natus ex virgine', *Probleme biblischer Theologie*, G. vo Rad FS, p.87: "후기 지혜 신학에서 태초에 지음 받은 하나님의 아이로 소개될 수밖에 없었던(잠 8:22ff.) 실체화된 지혜는 여호와의 질서의 대표로서 시온의 왕과 같은 기능을 가진다. 지혜를 이스라엘에 대한 여호와의 계시와 동일시함은 그것이 선재한 하나님의 로고스로서(시락 24:3ff.) 언약궤같이 오로지 시온에만 מנוחה, 즉 거처지를 정할 수 있다는 사상을 낳았다(V 7ff).··· 이렇게 지혜 신학과 시온 메시아 사상은 뿌리에서 연결되었는데, 이 연결이 하나님의 아들의 보냄을 말하는 신약의 비교적 초기의 구절들(갈 4:4f.; 롬 8:3f.; 요 3:16f.; 요일 4:7)에 전제되어 있다···시온 신학의 이와 같은 지혜 신학적 해석은 υἱός의 선재 사상을 낳았는데 그렇게 되자 다윗 시대를 Urzeit로 보고 미 5:1과 같이 거기서 종말의 메시아 사상의 시초적 원천을 가르친 전승은 새 연모를 가지게 된 것이다." 시락서 24장에 있는 지혜와 토라와의 연결은 신약성경의 하나님의 아들의 선재와 파송 사상을 이해하는 데 본질적인 전제가 된다는 사실을 아래에서 밝힐 것이다. 하지만 게제(Gese)가 주장하는 내용이 곧 지혜 신학에서 지혜와 메시아가 연결되었다는 것이 신약의 사상을 이해하는 전제가 된다는 것이라면, 우리는 그에 반대하며 다음과 같이 주장한다. 즉 로마서 1:3f.에 인용된 고백은 그 주제가 다윗의 메시아(즉 다윗의 자손-하나님의 아들)이기는 하지만, υἱὸς θεοῦ(하나님의 아들)의 선재와 파송 사상을 포함하지는 않는다는 사실이다. 맨슨은 지혜 문학에는 메시아가 점하는 곳은 없다고 지적하면서 지혜와 그리스도를 동일시한 것은 교회에서 처음으로 일어난 현상이라고 결론을 내린다(W. Manson, *The Epistle to the Hebrews*, p.95).

점을 지적하면서 '사람의 아들'이 묵시문학적이요 신화론적인 지혜일 것이라고 주장하는 여러 학자들이 나타났다.⁸⁰ 그러나 제1에녹서 48: 1-7과 49:2-4에서 지혜의 몇몇 속성들이 '사람의 아들'에게 적용되었고, 그래서 우리가 '사람의 아들' 상을 지혜상과 가장 근사한 것(혹은 유사한 것)이라고 말할 수 있다 하더라도, 우리는 여기서 이들이 동일하다는 근거는 찾아볼 수 없다. 콜페(C. Colpe)는 이렇게 주장한다: '유대의 지혜 사상은…부분적이긴 하지만…사람의 아들 사상과 동일한 전승에 속한다. 하지만 (둘 사이의) 관련이 있는 곳에는 지혜가 사람의 아들을 현시하거나(Eth. En 48:7) 사람의 아들에게 지혜가 있는 것으로 나타난다…둘 사이의 이러한 상호관계로 인해 사람의 아들이 지혜의 또 다른 번안이라고 하는 것은 가당치 않다. 또한 Eth. En 42장의 사람의 아들 개념과 지혜 신화 사이에는 세세한 부분에서 상당한 차이가 있다.'⁸¹ 그래서 제1에녹의 비유서에서 지혜의 속성들이 '사람의 아들'에게 적용되는 한에서 우리는 신약성경이 지혜의 속성들을 예수님에게 적용하는 것과의 유비를 볼 수 있다.⁸² 그러나 보다 정확하게 말하자면 제1에녹서에는 '사람의 아들'과 지혜가 동일시되었다기보다는 '사람의 아들'은 지혜의 표상으로 나타나고 있다고 해야 할 것이다.⁸³ 그러므로 우리는 이러한 배경에 비추어 초대 교회가 예수를 사람의 아들로 생각했기 때문에 예수를 신적 지혜의 자리를 차지한 분으로 보게 되었으리라고 추론할 수 없는 것이다.

이제 우리는 예수께서 친히 자기 자신을 신적 지혜와 동일시하셨

---

**80** Muilenburg, 'The Son of Man in Dan. and the Eth. Apoc of Enoch', *JBL* 79(1960), pp.197-209(p 209에서 인용); 비슷한 사상. F. Christ, *Jesus Sophia*(1970), pp.69f.; cf. 또한 E. Larsson, *Christus als Vorbild*(1962), pp.131f.

**81** C. Colpe, ὁ υἱὸς τοῦ ἀνθρώπου, *TDNT* viii, pp.411f.; 또한 Davies, *Paul*, pp.159f.

**82** Cf. Hengel, *Sohn*, p.117.

**83** 지혜와 '人子같은 이'와의 관계에 대한 보다 정확한 정의는 본서 pp.416ff.에 다루었다.

는지를 상고해 보아야 할 것이다. 이 질문에 대해 공관복음서 가운데 다음의 다섯 본문이 종종 논의된다. 즉 마태복음 11:16-9(병행구, 눅 7:31-35); 마태복음 11:25-27(병행구, 눅 10:21f.); 마태복음 11:28-30; 마태복음 23:34-36(병행구, 눅 11:49-51); 그리고 마태복음 23:37-39(병행구 눅 13:34f.)가 바로 그것이다. 여기서 이 본문들을 다 분석할 수는 없을 것이고, 그래서 우리는 다른 학자들이 해놓은 고찰의 결과들에 의존해야 할 것 같다. 크리스트(F. Christ)는 이 본문들의 편집사적 과정을 면밀히 검토한 끝에 마태와 누가뿐만 아니라 이미 Q[84]자료도-사실상 Q자료 이전의 전승도-예수를 지혜와 동일시하였고, 그리하여 예수님은 친히 자신을 지혜로 이해했을 가능성이 있다는 여지를 남겼다고 결론을 내린다.[85] 그러나 석스(M. J. Suggs)는 그 자료를 동일한 방법으로 면밀히 검토한 끝에, Q자료에서 예수는 지혜의 대리자-실은 가장 위대한 대리자-최종적인 선지자 또는 사신으로 등장한다는 결론을 내린다. 단지 마태복음에서만 예수는 지혜와 동일시되며, 따라서 토라(유대교에서는 이미 지혜와 동일시되었음)와 동일시될 뿐이다.[86] 학자들의 중론은 후자의 판단을 더 선호하는 쪽으로 기운다.[87] 석스가 은근

---

[84] Wilckens, σοφία, *TDNT* vii, p.515; D. R. Catchpole, 'Tradition History', *NT Interpretation*, ed. I. H. Marshall(1977), pp.169f.

[85] F. Christ, *Jesus Sophia*, pp.61ff.(Passim, 특히 pp.153f.).

[86] M. J. Suggs, *Wisdom, Christology and Law in Matthew's Gospel*(1970), *passim*

[87] 예컨대, J. M. Robinson, 'LOGOI SOPH N: on the Gattung of Q', Trajectories through Early Christianity by J. M. Robinson and H. Koester(1971), pp.112f.; H. Koester, 'The Structure of Early Christian Beliefs', Ibid., p.221; Hamerton-Kelly, *Pre-existence*, pp.35f., 46, 83, 96f.; R. Banks, *Jesus and the Law in the Synoptic Tradition*(1975), pp.259f.(n.2); cf. 또한 Davies, *Paul*, pp.155ff. 그러나 뱅크스(R. Banks)는 마태가 예수를 지혜와 토라와 동일시하였고 그를 '성육신한 지혜'와 '토라의 구현체'로 보는 석스(Suggs)의 견해를 반대한다(Suggs, op. cit., pp.118, 130 등등): '이것은 참으로 확인할 수 있는 것이 아니다. 예수님의 교훈이 토라가 섰던 자리를 차지하고 있는 것만은 확실하다. 하지만 그것을 예수가 성육신하신 토라라고 묘사하는 것은 부적절하다. 마태가 예수님을 지혜의 자리에 놓으려 했다는 석스의 증거를 염두에 둘 때, 예수를 지혜

히 부인하기는 하지만,[88] Q자료는 역사적인 예수의 자기 이해를 충실하게 표현한다.

다시 말해서 예수는 그 사람의 아들로서(마 11:16-19; 병행구, 눅 7:31-35),[89] 그리고 (하나님의) 아들로서(마 11:25-27; 병행구, 눅 10:21f.)[90] 지혜의 가장 위대한 그리고 최종적인 대리자라는 것이다. 더욱이 예수님의 선포와 교훈에는 지혜 교훈의 흔적이 담겨 있고, 그래서 마치 현자의 말이 유대교에 수집되어 있던 것처럼 초대 교회에서 그의 어록들은 Q자료에 나타나고 있는 '지혜의 말씀'($λόγοι\ σοφοῦ$)으로 수집되었을 것이다.[91] 그러나 지혜의 대리자가 지혜 자체와 '동일시'[92]되는 일이 어떻게 있을 수 있었겠는가? 제1에녹의 비유서에서 지혜의 어떤 속성들이 그 사람의 아들에게 전가된 것과 같이 그 속성들이 예수가 지혜의 대리자로 표현될 때 예수에게 이와 비슷

---

와 "동일시" 또는 "동등시" 하기보다는 예수를 그의 독특한 인격 내에서 지혜에게 부가했던 역할을 담당한 분으로 말하는 것이 보다 적절할 것이다'(op. cit., p.259 ⟨n.2⟩; cf. pp.229ff.). 이 질문에 대해서는 크리스트(F. Christ)의 논조가 더 적절하다: "예수가 지혜의 자리를 차지함으로써, 지혜는 새로운 의미를 갖게 되었다. 옛 지혜의 새 지혜에 대한 관계는 연속성과 불연속성의 복잡한 혼합을 제시한다. 예수가 지혜이다. 동시에 그 관계는 반제적이기도 하다. 진정한 지혜로서 그리고 "성취된" 참 율법으로서 예수는 구약과 유대교의 지혜를 대치한다"(op. cit., p.153). D. E. H. Whiteley, *The Theology of St. Paul*(1963), pp.111f.도 참조하라.

**88** Suggs, *Wisdom*, 특히 pp.18, 33f.

**89** Cf. Ibid., pp.48ff.; F. Christ, *Jesus Sophia*, pp.69ff.; Hamerton-kelly, *Pre-existence*, pp.96ff

**90** Cf. Suggs, *Wisdom*, pp.91ff.; F. Christ, *Jesus Sophia*, pp.87ff.; 또한 K. Berger, 'Zum Problem der Messianität Jesu', *ZThK* 71(1974), pp.17ff.; Taylor, *Names*, pp.60ff.; J. Jeremias, *Abba*, pp.47ff.

**91** J. M. Robinson, op. cit., 특히, pp.112f.; Koester, op. cit., pp.220f; Hengel, *Sohn*, pp.116f.

**92** 쉼표를 삽입함으로써 지적하려고 하는 것은 뱅크스와 크리스트가 정의한 의미로 우리는 이것과 관련된 '동일시하다 / 동일시'라는 단어를 사용한다는 사실이다. 본장의 각주 87) 참조.

하게 전가되었다고 헹엘은 주장한다.[93] 그러나 우리가 앞서 고찰해 보았듯이 제1에녹서에서는 '사람의 아들'과 지혜 사이의 진정한 '동일시'를 찾아볼 수 없기 때문에, 제1에녹서의 '사람의 아들'은 신약성경이 예수와 지혜를 '동일시'하는 것에 참된 유비를 제공하지 못한다. 그러므로 예수의 교훈에는 나중에 예수 자신과 지혜를 '동일시'하는 준비(preparation)가 들어 있었으며[94] 그 '동일시'의 결정적인 원인은 다른 곳에서 찾아야 한다는 헹엘의 주장은 정확해 보인다.

헹엘은 초대 교회가 예수님은 부활로 말미암아 그 사람의 아들과 하나님의 아들로 높임 받았고 보좌에 앉으셨다는 신앙 고백의 논리적인 차서로서 지혜의 속성들을 예수님에게 전가시킨 과정을 제시한다.[95] 헹엘에 따르면, 이러한 고백에 의하면 바로 어떻게 예수께서 한편으로는 천사와 지혜-토라처럼 다른 중보적 존재들과 연관되어 있으면서 다른 한편으로는 성전 제사와 토라처럼 유대교에 있어 구원의 수단과 관련되는지의 질문이 제기된다. 게다가 잘 알려진 종말 (*Endzeit*) = 태초(*Urzeit*)(cf. 바나바서 6:13)의 구도와 관련하여, 종말론적인 메시아 시대가 도래하였다는 초대 교회의 의식은 원초적인 관심인 창조의 시작에 있어 예수님의 역할에 대한 관심을 불러일으킨다. 헹엘은 선재(先在) 사상이 유대교에서는 어떤 현상의 구원론적 의의를 표현하는 보편적인 수단이었다는 사실도 주목한다. 그러므로 종말론적인 구원주(미 5:1; 시 110:3), '사람의 아들'(제1에녹서 48:6; 62:7)과 그의 이름(제1에녹서 48:3; cf. 69:26) 그리고 메시아의 명칭[96] 등은 모두 창조 전에 존재했던 것으로 추측된다. 헹엘에 따르면 예수님의 선재 사상이 초대 교회의 기독론에 소개될 때 이러한 모든 요인들이

---

93 Hengel, *Sohn*, p.117.
94 Ibid., pp.116f. Cf. 또한 F. F. Bruce, *This is That*(1968), pp.16f.
95 Hengel, *Sohn*, pp.105ff.
96 Str.-Bill ii, pp.333ff. 참조.

작용하였다. 예수님의 선재 사상과 더불어 제기되는 논리적인 귀결은 하나님의 아들이신 선재하신 예수를 하늘에서 세상으로 보낸다는-성육신 사상이다. 이에 대하여 헹엘은 다음과 같이 주장한다:

> 선재 사상이 소개된 후 높임 받은 하나님의 아들이 창조와 구원의 실행자라고 하는 유대교에서의 지혜의 기능을 흡수하게 된 것은 당연한 일이다. 옛날부터 독특한 방법으로 하나님과 연관되어 있던 선재한 지혜조차도 더 이상 그보다 우월한 자인 부활하고 높임 받은 예수에 비견되는 독립된 실체로 간주될 수 없었다. 오히려 지혜의 모든 기능들이 예수에게 양도되었다. 이는 '그 안에 모든 지혜와 지식의 보화가 감추어져 있기 때문이다'(골 2:3) 오직 이러한 방법으로써만 나사렛 예수 안에 나타난 하나님의 계시의 탁월성과 최종성이 궁극적으로 또한 결정적으로 표현되었다.[97]

계속해서 헹엘은 다음과 같이 주장한다:

> 그런데 만일 하나님의 아들이 중보자로서의 지혜의 기능을 전 포괄적으로 흡수하게 되었다면 지혜와 동일시되던 토라의 기능도 또한 완전히 사라져버린 셈이었다. 유대인들에게 율법은 권위가 있었으며, 그 기능은 세상의 질서와 구원에 존재론적인 근거를 갖고 있다. 전에 바리새인이요 서기관이었던 바울은 여기서 결정적으로 근본적인 결과들을 이끌어내었다. 바울 이전의 다른 사람들도 메시아이신 예수의 메시지 속에 있는 하나님의 진정한 뜻을 해석한 결과로 율법에 어떤 변화가 생겨야 한다고 생각했다. 그러나 바울의 예리한 표현인 '그리스도는 모든 믿는 자들에게 의를 이루기 위하여 율법의 마침이 되셨다'(롬 10:4)는 원칙으로 율법의 요구에 도전한 포괄적이며 최종적이고 종말론적인 하나님의 계시로서, 십

---

**97** Hengel, *Sohn*, p.113(강조는 헹엘의 것).

자가에 달리고 높임 받은 예수의 독특한 구원 기능에 대한 근본적인 표현이다. 구원을 가져오는 자는 바로 모세가 아니고 하나님의 그리스도뿐이다.[98]

우리가 앞서 살펴보았고, 보다 자세한 내용은 앞으로 살펴볼 것이지만,[99] 그리스도가 율법의 마침이 되셨다는 통찰은 바울이 다메섹 경험에서 얻은 것이었다. 율법으로 말미암아 하나님의 저주의 선고로 (신 21:23) 십자가에 못 박혔던 나사렛 예수가 높임 받고 보좌에 앉으신 하나님의 아들로 바울에게 나타났던 것이다. 기독론의 발전과정에 대한 헹엘의 묘사가 옳다면 지혜의 전포괄적인 중보적 기능은 적어도 바울의 회심 때, 즉 예수께서 부활하신 후 2년 내지 4년 이내에 예수에게 전가되었을 것임에 틀림없다. 헹엘 자신은 초대 교회가 그렇게 일찍이 부활의 결과로 그렇게 생각하게 되었고, 지혜의 속성들을 예수에게 양도하였으며, 하나님 아들의 보냄의 형식과 내어줌의 형식이라는 문형을 만들었다고 단언하는 것에 주저한다. 그래서 헹엘은 이러한 발전이 바울 이전에 있던 교회가 아니라 바울과 동시대 (nebenpaulinischen)의 교회(즉 수리아에 있는 교회)에서 발생했다고 말하는 것이 더 정확하다는 것을 강조한다.[100] 그러나 만일 이 발전이 정말로 바울 인근의 교회에서 발생한 것이라면 훈련받은 신학자인 바울이 이 과정에서 한 역할은 무엇이었겠는가? 바울이 그리스도가 율법의 마침이었다는 통찰을 얻게 된 것이 다메섹의 계시에서였고 그래서 그 후부터는 그리스도를 지혜와 관련하여 생각하게 되었으리라는 점을 고려해 보면, 이 과정에서 바울의 신학적인 공헌이 결정적일 수

---

**98** Ibid., pp.115ff.
**99** 본서 pp.28f, 465, 523ff.
**100** Hengel, *Sohn*, p.24.

없었을까?

    이것이 분명히 그러했다는 사실은 또 다른 내용을 검토함으로써 확인될 수 있다. 선재 사상이 예수 그리스도의 속성의 일부임이 드러나게 된 과정에 어떤 요인들이 작용했는가에 대하여 헹엘이 묘사한 내용은 넓은 의미에서 옳다고 말할 수 있다. 하지만 초대 교회가 예수 그리스도를 먼저 지혜 용어로 이해하여 지혜의 전포괄적인 기능을 그리스도에게 전가하였고 그 후 그리스도를 토라와 관련하여 생각하게 되었다는 헹엘의 주장은 초대 교회가 생각했던 사고의 순서를 혼동한 것이라는 느낌이 든다. 예수께서는 당대의 토라 해석을 공격하였고 자신이 토라의 완성(마 5:17f.; 11:13; 병행구, 눅 16:16)[101]이라고 주장하셨다. 그의 교훈 때문에 그는 계속해서 당시의 율법학자들과 논쟁을 벌였다. 또한 예수는 십자가에 달림으로 토라에 의하여 하나님께 저주받은 자라는 선언을 받은 셈이 되었다. '헬라파' 그리스도인들은 성전 제의와 당시의 토라 해석에 비판적이었다는 이유 때문에 예루살렘에서 추방당했다.[102] 그러므로 초대 교회가 높임 받은 그리스도를 다른 어떤 것보다 우선 토라와 관련하여 생각했으리라는 것은 거의 확실하다. 그래서 초대 교회가 먼저 예수 그리스도를 구원의 수단으로서 토라의 자리를 차지한 분으로 생각하였고, 단지 그 결과 그를 지혜 용어로써 생각하게 된 것이라고 보는 편이 타당할 것이다. 만일 그렇다면 바울의 회심은 이러한 과정에 있어 결정적인 이정표였다. 그래서 헹엘 자신도 주장하듯 바울 이전의 교회(예컨대 '헬라파' 그리스도인들)가 '메시아이신 예수의 메시지에 나타난 하나님의 참 뜻을 해석함으로써 토라에 일어나게 된 변화를 심사숙고하고 있었다'면 바로 바울이야말로 '그리스도는 모든 믿는 자에게 의를 이루기 위하여

---

[101] Banks, op. cit., 특히 pp.234f.
[102] 본서 pp.91ff.

율법의 마침이 되시니라'(롬 10:4)라고 결정적으로 천명한 사람이었다.[103] 그리고 바울의 이러한 선언은 다메섹 경험에서 나온 것이었다.

토라에 의하여 하나님의 저주를 선언 받은 나사렛 예수가 바울에게 높임 받고 보좌에 앉으신 메시아, 즉 하나님의 아들로 계시되자(롬 1:3f.; cf. 삼하 7:12-14) 바울은 그의 토라에 대한 열심이 메시아와 그의 백성 그리고 결국에는 바로 하나님께 죄를 짓는 것임을 알게 되었다. 그때 바울은 그리스도께서 하나님의 뜻의 체현자요 구원의 수단으로서 토라의 마침이 되셨고, 그리스도는 친히 하나님의 계시와 구원의 참된 중보자로서 토라를 능가하는 분이라는 사실을 알게 되었다. 이리하여 바울은 그리스도를 지혜와 관련하여 생각하였다. 이전에 토라가 하나님의 지혜의 구현체요, 지혜와 동일한 것으로 생각되었다면(시락 24:23; 바룩 3:37f.; 제4마카베 1:17; 7:21-23; 8:7), 이제는 (토라 대신에) 그리스도가 하나님의 참된 계시, 곧 하나님의 지혜의 참된 체현으로, 아니 지혜 그 자체로 계시되었다. 그래서 바울은 그리스도를 지혜와 '동일시'하였고 그에게 지혜의 속성들-랍비적 유대교에서 토라가 가지고 있다고 생각한 선재와 창조 시의 중보직-을 그리스도에게 전가하였다.[104] 이러한 견해가 옳은 추론이라면 하나님께서 그의 선재하신 아들을 세상에 보내시고 그를 버리셨다는 형식들

---

**103** Hengel, *Sohn*, p.115; cf. 또한 그의 두 논문, 'Die Ursprünge der christlichen Mission', *NTS* 18(1971 /72), pp.27ff.; 'Zwischen Jesus und Paulus. Die "Hellenisten", die "Sieben" und Stephanus(Apg. 6,1-15; 7, 54-8,3)', *ZThK* 72(1975), pp.191f., 195f.; 본서 pp.91ff.

**104** 예를 들어, Gen. R. 1:4; b.Pes. 54a; b.Ned. 39b; b.Shab. 88b-89a; Sifre Dt 11:10; Pirqe Aboth 3:23. Moore i, p.526; Davies, *paul*, pp.170f. 참조 여기서 우리가 논의한 내용은 바울이 그리스도를 새로운 토라라고 생각한 까닭에 그리스도를 지혜와 동일시하였다는 데이비스의 견해에 비교될 수 있다(Ibid., pp.141-176). 그러나 바울이 그리스도를 새로운 토라라고 생각했다는 데이비스의 견해는 종종 문제점이 있는 것으로 지적되곤 한다. 다음 저자들의 비평을 참조하라: F. Feuillet, *Le Christ Sagesse de Dieu*(1966), pp.191ff.; Thrall, op. cit., pp.310f.; cf. 또한 Banks, op. cit., pp.233ff.; Hengel, *Sohn*, p.107(n.123).

의 발전에 있어 바울의 공헌이 지대하였으리라는 것은 쉽게 상정할 수 있을 것이다.

바울이 다메섹의 계시에서 그리스도가 토라를 능가하는 분이요 그래서 참된 지혜가 되심을 인식하게 되었다는 것은 우리가 앞서 바울의 다메섹 경험에 근거하여 살펴보았던 본문인 고린도후서 3:4-4:6에서 분명하게 볼 수 있다.[105] 이 본문에서 바울은 토라라는 옛 언약에서의 모세의 사역과 그리스도의 복음이라는 새 언약에서의 그리스도의 사역을 대조한다. 전자는 죽이는 문자의 사역이었으나 후자는 살리는 성령의 사역이다. 전자는 영광을 수반하였으나 후자는 훨씬 더 큰 영광을 수반한다. 전자는 잠시 있다가 없어지며 그 영광도 쇠하는 것이지만, 후자는 영원히 거하며 영광 중에 있다. 그래서 모세는 그의 얼굴을 수건으로 가려 이스라엘 백성이 결국에는 없어질 토라라는 옛 언약의 종국을 볼 수 없었으나, 바울은 큰 확신과 자유함을 가지고 새 언약의 사역을 수행한다. '더욱이 이스라엘 백성의 마음이 완악하여졌다'(고후 3:14). 모세 언약과 이스라엘 백성의 이러한 상태는 변화하지 않았다. '오늘날까지 (회당에서) 옛 언약을 읽을 때 동일한 수건이 그대로 있다'(고후 3:14). 그리하여 이스라엘 백성들이 토라를 읽을 때 수건이 그들의 마음을 그대로 가리고 있다. 그러나 누구든지 주 곧 부활하신 그리스도에게 돌이킬 때, 그 수건이 벗어지고 그는 성령께서 주시는 자유함을 얻는다. 바울은 토라에 대한 맹종으로 다메섹을 향하여 가고 있을 때 그에게 나타나신 그리스도의 얼굴에 비친 하나님의 영광의 찬란한 빛을 보았고, 그때 그는 이 진리를 깨달았으며, 그리스도 복음의 새 언약의 임무를 받았다. 바울이 이전에 하나님의 계시인 토라를 빛으로, 그리하여 사람에게 빛을 주는 것으로 생각했었다면(cf. 시 19:8; 119: 130; 잠 6:23; 제2바룩 17f.; 지혜서 18:4; Sifre

---

**105** 본서 pp.30ff., 388ff.

Num. 6:25 등등),[106] 이제 바울은 참된 하나님의 빛이요 창조의 빛이신(특히 고후 4:6)[107] 그리스도의 인격에서 하나님의 완전한 계시를 보았던 것이다. 이 고린도후서의 본문에 의하면, 바울은 다메섹 계시를 통해 그리스도가 토라를 능가하는 분이라는 사실을 알게 되었을 뿐만 아니라 동시에 그리스도가 참된 지혜라는 사실도 인식하게 되었음을 알 수 있다. 여기서 분명해지는 것은, 이 빛 주제에 의하면 하나님의 계시의 수단인 지혜가 빛으로 간주될 뿐만 아니라(지혜서 7:10, 25-30), 바울이 그것을 그리스도와 동일시함으로써 '하나님의 형상'($\epsilon i \kappa \omega \nu \tau o \hat{u} \theta \epsilon o u$, 고후 4:4)으로도 간주된다는 점이다. 다음 장에서 우리는 바울이 이 '아이콘 투 데우'($\epsilon i \kappa \omega \nu \tau o \hat{u} \theta \epsilon o \hat{u}$)라는 용어로써 다메섹 도상에서 하나님의 영광 중에 그에게 나타나신 그리스도를 묘사하려 했다는 것과 바울이 그리스도께서 하나님의 계시로서 토라를 능가하는 분이심을 깨달았다는 것과 아울러 '아이콘 투 데우'($\epsilon i \kappa \omega \nu \tau o \hat{u} \theta \epsilon o \hat{u}$) 개념으로써 그리스도를 하나님의 지혜와 '동일시하였다'는 사실을 살펴보려고 한다. 지혜서 7:26에 따르면 지혜는 '영원한 빛과 하나님의 능동적인 능력의 흠 없는 거울이며 그의 선한 형상으로부터 비치는 광채이다.'

 로마서 10:1-13에 나타난 사상은 고린도후서 3:4-4:6과 동일하다. 고린도후서의 본문에서와 마찬가지로 바울은 로마서에서 유대인이 의를 추구하는 방식과 이제 그리스도 안에 열려진 의를 얻는 방식을 대조하고 있다. 유대인이 의롭다 함을 얻는 것은 모세의 율법을 지킴으로써 이루어진 반면 그리스도 안에서 열려진 새로운 방식은 믿음을

---

[106] Cf. Conzelmann, $\phi \hat{\omega} \varsigma$, $\kappa \tau \lambda$. *TDNT* ix, pp.322ff.

[107] Cf. W. L. Knox, *St. Paul and the Church of the Gentiles*, p.133: '태초에 하나님께서 창조하신 원래의 빛은 모세에게 내리신 단순한 빛의 반영인 토라와 동일시된 것이 아니라, 그 자신이 원시의 빛이신 예수의 인격 안에 계시된 하나님의 참된 지식과 동일시된다.' Cf. 또한 Davies, *paul*, pp.148f.

통하여 이루어지는 것이다. 로마서에서 바울은 유대인들은 하나님에 대한 열심이 있어서 부지런히 의를 추구하고 있음을 인정한다. 그러나 고린도후서 본문에서 바울이 모세의 언약이 수건으로 가려졌으며 이스라엘 백성의 마음이 완악해졌기 때문에 그들은 문자 사역의 덧없음과 옛 언약에 표현된 정죄는 이해할 수 없으며 언약의 성령과 의의 사역을 받아들일 수 없다고 주장하였던 것처럼 여기 로마서 본문에서도 그는 이스라엘 백성의 열심이 사리에 맞는 것이 아니며($o\mathring{v}\ \kappa\alpha\tau'\ \epsilon\pi\acute{\iota}\gamma\nu\omega\sigma\iota\nu$) 하나님의 의를 오해하고 있다($\mathring{\alpha}\gamma\nuo\hat{v}\nu\tau\epsilon\varsigma$)고 주장한다. 바울은 고린도후서에서 모세의 언약이 그리스도에 의하여 끝장 났고 그리스도 안에 있는 새 언약으로 대체되었다고 암시하였는데 로마서 10:4에서도 그는 그리스도가 믿음으로 말미암아 의를 이루기 위하여 율법의 마침이 되었다고 주장한다. 고린도후서 본문에서 바울이 높임 받은 그리스도인 주께로 돌이킬 때 우리가 하나님의 참된 계시와 구원을 얻을 수 있다고 주장했는데 로마서 본문에서도 그는 우리가 '예수는 주이시다'고 고백하고 하나님께서 그를 죽은 자 가운데서 살리신 것을 믿으면 의와 구원을 얻는다고 선언한다. 고린도후서에서 바울이 하나님의 참된 계시와 구원은 사도들이 전한 복음 선포-예수 그리스도는 주라는 선포(고후 4:5)-를 믿는 자에게 주시는(cf. 고후 4:4) 것이라고 주장하였듯, 로마서에서 그는 믿음으로 말미암아 얻는 하나님의 의는 사도들이 선포한 말씀을 믿는 자들에게 주어진다고 주장한다. 이 두 본문-고린도후서와 로마서-간에 나타나는 병행구들은 더 많이 있다.[108] 그러나 여기에 제시한 예만으로도 두 본문에 나타난 구조와 사상의 유사성을 증명하기에 충분하다.

---

[108] 케제만은 또 다른 병행구를 도출해 낸다(*Römer*, pp.272, 274f.): 즉 로마서 10:5f. $M\omega\ddot{v}\sigma\hat{\eta}\varsigma \cdots \gamma\rho\acute{\alpha}\phi\epsilon\iota$와 $\mathring{\eta} \cdots \mathring{\epsilon}\kappa\ \pi\acute{\iota}\sigma\tau\epsilon\omega\varsigma\ \delta\iota\kappa\alpha\iota\sigma\sigma\acute{v}\nu\eta \cdots \lambda\acute{\epsilon}\gamma\epsilon\iota$ 사이의 대조는 고린도후서 3:6ff의 $\gamma\rho\acute{\alpha}\mu\mu\alpha$와 $\pi\nu\epsilon\hat{v}\mu\alpha$의 대조와 병행을 이룬다. 이런 주장을 하는 또 다른 학자가 있다: Stuhlmacher, *Gerechtigkeit*, pp.93f.; cf. 또한 Michel, *Römer*, p.256.

그렇다면 고린도후서에서만 아니라 로마서에서도 바울이 그리스도를 토라의 마침이요 고로 참된 신적 지혜로 제시하고 있고, 고린도후서와 로마서에서 똑같이 그가 다메섹 계시에 근거하여 이 사실을 증명하고 있다는 것은 놀랄 만한 일이 아니다. 이미 앞에서 주장하였듯이 로마서 10:6ff.에 나타난 바울의 신명기 30:12ff.에 대한 미드라쉬(midrash)는 바룩 3:29ff.에 비추어 전승사적으로 살펴보아야 할 것이다.[109] 바룩 3:29ff.에서 신명기 30:11ff. 의 '계명'(מצוה/$\dot{\epsilon}\nu\tau o\lambda\dot{\eta}$)은 추구의 대상인 지혜($\sigma o\phi\acute{\iota}\alpha$)와 교호적으로 사용되는 것 같은 '에피스테메'($\dot{\epsilon}\pi\iota\sigma\tau\dot{\eta}\mu\eta$) 또는 '프로네시스'($\phi\rho\acute{o}\nu\eta\sigma\iota\varsigma$)(특히 바룩 3:12, 23을 보라)로 대치된다. 그러나 바룩 3:9과 4:1에 의하면 바룩 3:29ff.의 지혜는 다른 것이 아니라 이방인들에게는 전혀 알려지지 않고 오직 이스라엘에만 계시된 토라($\dot{\eta}\ \beta\acute{\iota}\beta\lambda o\varsigma\ \tau\hat{\omega}\nu\ \pi\rho o\sigma\tau\alpha\gamma\mu\acute{\alpha}\tau\omega\nu,\ \dot{o}\ \nu\acute{o}\mu o\varsigma\ \dot{\epsilon}\nu\tau o\lambda\grave{\alpha}\varsigma\ \zeta\omega\hat{\eta}\varsigma$)를 언급하고 있는 것이 분명하다. 이제 바울은 로마서 10:6ff.안에 들어 있는 그의 미드라쉬에서 신명기 30:12ff.와 바룩서 3:29ff.에 추구하여야 할 대상으로 토라-지혜를 언급하고 있는 것을 그리스도로 대치하고 있다. 이것은 우리가 이미 앞에서도 살펴보았던 바 바울

---

109 케제만은 다음과 같이 추론한다(*Römer*, pp.276f.): '신명기 30:11f.에 대한 유대인들의 생각이 교회와 회당에서 유대적 기독교에 의하여 적용되고 바울에게 이런 형태로 도달했던 것은 분명히 반(反) 유대적이었다'(p.277). 하지만 바울 이전에 이미 신명기 30:11ff.이 이런 식으로 그리스도인들에 의하여 사용되었다는 견해를 주장하려고 케제만이 제시한 증거는 의심스럽다: 'Erniedrigung und Erhöhung' 주제, $\dot{\alpha}\nu\alpha\beta\alpha\acute{\iota}\nu\epsilon\iota\nu$와 $\kappa\alpha\tau\alpha\beta\alpha\acute{\iota}\nu\epsilon\iota\nu$(cf. 요 1:51; 3:13)의 결합, 그리고 그리스도께서 하데스(음부)로 내려가셨다가 하늘로 다시 가셨다는 대조(cf 벧전 3:19; 엡 4:8) 등은 케제만도 비바울적인 것이라고 생각한다. 그렇지만 앞의 두 개는 이미 신명기 30:12ff.에 나타나 있는 바이다! 그리고 마지막 요지(N.B. 그리스도께서 하데스와 하늘로 여행하셨다는 사실은 로마서 10:6f.의 명확한 가르침이 아니다)는 세상에 있는 사람들의 탐구의 목표, 곧 나사렛 예수인 그리스도를 신명기 30:11ff.과 Bar. 3:29ff.의 토라-지혜를 대신하여 우주의 두 극단적인 영역에서 관찰한 자연적인 결과이다! 그래서 바울이 신명기 30:11ff.과 Bar. 3:29ff. 또는 바룩서의 전승을 직접적으로 사용하지 않을 이유가 없었다. 신명기 30:11ff.에 대한 랍비들의 해석과 예증에 대해서는 Str.-Bill iii. pp.278ff.을 보라.

에게 있어서 그리스도는 토라를 능가하는 분이시며 따라서 신적 지혜의 참된 체현으로 인식되고 있으므로 납득되는 일이다.[110] 그래서 바울의 미드라쉬는 로마서 10:4-'그리스도는 모든 믿는 자에게 의를 이루기 위하여 율법의 마침이 되시느니라'-의 천명과 일맥상통한다. 사실 믿음에 근거하여 의를 얻는 방법과 율법에 근거하여 의를 얻는 모세식 방법을 대조하고 있는(5절) 미드라쉬는 자기의 의를 세우려는 유대인들의 무익한 노력을 공박하는 내용을 나타내 보인다(3절). 유대인들은 하나님의 의에 대하여 무지한 채, 그래서 그 의에 굴복하지 않은 채, 자기의 의, 곧 율법에 근거한 의를 세우려 하고 있다. 유대인들은 모세의 법에 따라 불가능하며 헛된 노력인 율법을 지킴으로써 의를 얻으려 하고 있다. 그러나 모세와 대조되어 인격화된 의, 곧 고린도후서 3:4ff.에 의하면 '성령과 의의 사역' 또는 '믿음과 의의 사역'[111]이라고도 부를 수 있는 '믿음에 근거한 의'는 말하기를 우리가 의를 얻기 위해 불가능한 수고를 할 필요가 없고, 단지 '예수는 주시다'라고 고백하고 하나님께서 그를 죽은 자 가운데서 살리셨다는 것을 믿음으로써 사도들이 전한 선포의 말씀에 응답하기만 하면 된다고 한다. 토라를 능가하시고 그리하여 참된 지혜와 의의 참된 체현인 그리스도께서 사도들의 설교의 말씀에 임재해 계시기 때문이다. 그렇다면 바울이 이러한 통찰을 처음으로 얻게 된 것은 언제, 어디서인가? 그것은 바울이 하나님과 율법에 대한 맹목적인 열심($\zeta\tilde{\eta}\lambda o\varsigma$)을 가지고 자기의 의를 맹렬히 추구하면서(롬 10:2f.과 빌 3: 6ff.를 비교해보라) '예수 그리스도가 주'라는 그리스도인들의 선포에 대적하던 다메섹

---

**110** 그래서 바울이 신명기 30:11ff.와 Bar. 3:29ff.의 토라-지혜를 그리스도로 대체하고 신명기 30.12ff.의 단어들이 사실 그리스도를 언급하는 것이라고 보았던 것은 다드(Dodd)가 선언하는 것처럼(*Romans*, p.177). '순전히 환상적인' 성경 해석은 아닌 것이다. Cf. M. Black, 'The Christological Use of the OT in the NT', NTS 18(1971/1972), p.9.

**111** Cf. Käsemann, *Römer*, p.272와 Stuhlmacher, *Gerechtigkeit*, pp.93f.

도상에서였다.

그러므로 바울이 그리스도를 신적 지혜와 '동일시' 한 것이 다메섹 계시에 근거하였음이 분명해졌다. 그래서 이제 초대 교회에서 그리스도를 지혜와 '동일시'하고 지혜의 속성들을 그리스도에게 전가한 장본인이 바울이었으리라는 개연성이 높아졌다. 계속해서 우리는 바울이 다메섹 계시에서 이방인에게 전파하기 위하여 받은 복음의 내용이 하나님의 아들이었다(갈 1:15f.)는 바울의 주장에 대한 이론적인 근거를 고찰함으로써 우리의 주장을 보다 강화시켜 나가는 것이 좋을 듯하다. 하나님의 아들이 복음의 내용인 연유가 무엇인가? 이 질문에 대한 최상의 답변은 '보냄'의 형식에 관한 고찰에서 나온다. 바울은 로마서 8:3f.과 갈라디아서 4:4f.에서 다음과 같이 주장한다: 때의 충만함, 곧 구원에 대한 하나님의 모든 약속의 성취의 때가 이르매 하나님께서 그의 선재하신 아들을 보내어 여자에게서 나게 하시고, 율법 아래 있는 유대인으로 나게 하셨으며, 우리를 위하여 그리고 우리를 대신하여 율법의 저주를 담당하게 하심으로써 처음에는 구원의 수단으로 주셨으나 사실은 멍에요 정죄의 수단이었음이 판명된 율법의 마침이 되게 하셨다(cf.롬 7:7-25; 갈 3:23ff.). 하나님께서 그의 아들을 이런 식으로 보내신 목적은 우리를 죄와 율법에서 구속하시고 우리를 그의 아들 삼으시려는 데 있었다. 이것은 로마서 8:3f.과 갈라디아서 4:4f.을 의역한 것이다. 우리는 이 구절을 본서 마지막 장에서 보다 자세하게 고찰하게 될 것이다. 단지 이렇게 의역한 내용에서 명백하게 드러난 것은 첫째, 바울에게 있어 하나님의 아들의 보내심은 하나님의 구원 약속을 성취하였다는 점이요 둘째, 하나님의 아들은 구원의 수단으로서 율법을 능가하였다는 점이다. 바울이 그의 복음-하나님의 종말론적 구원은 율법의 행위가 아니라 예수 그리스도를 믿는 믿음으로 말미암아 얻는다고 선언하는 복음-을 단순히 '하나님의 아들'

로 축약할 수 있었던 이유가 바로 여기에 있다.[112] 이제 거듭 말하거니와 바울은 그리스도가 의를 얻는 수단으로서 율법을 능가하였다는 계시를 다메섹 도상에서 얻었다. 이 계시는 하나님의 아들의 계시와 한가지요 동일한 것이다. 이것이 바울이 자신이 전하는 바 율법으로부터 자유한 복음이 하나님께로서 말미암은 것인지의 진정성을 증명하려 하는 자리인 갈라디아서에서 하나님의 아들의 다메섹 계시를 끄집어내는(갈 1:15f.; also 행 9:20) 이유이다. 또한 바울이 고린도 교회에 전한 설교의 내용이 '하나님의 아들'이었고, 그분 안에서는 하나님의 모든 약속이 '예'(yes)가 된다(고후 1:18ff.)고 주장한 이유가 여기에 있는 것이다.

마지막으로 방금 살펴본 사실에서 우리는 로마서 1:2ff, 16f.에 나타난 유명한 복음의 이중 정의도 이해할 수 있다. 첫째, 바울은 초대 교회의 고백을 사용하여 '하나님의 복음'을 '하나님의 아들에 관한 것'으로 정의한다. 바울이 갈라디아서 4:4에서는 단지 암시만 하였으나, 로마서 1:2에서는 하나님의 아들에 관한 이 복음이 성경에 있는 선지자들을 통하여 하신 하나님의 약속들을 성취한 것이라고 분명하게 선언한다(cf. 고후 1:18ff.). 그리고 그는 그 복음을 '하나님의 아들에 관한 복음이요, 이 아들로 말하자면 육체로는 다윗의 씨에서 나셨고 성결의 영으로는 죽은 자 가운데서 부활하여 능력으로 하나님의 아들로 인정되신 분'(롬 1:3f.)으로 제시한다. 3, 4절에 인용된 바울 이전의 신앙 고백에는 하나님의 아들로 인정되신 다윗 계열의 메시아의 선재 사상이 들어있지 않지만[113] 서론에 해당하는 '그의 아들에 관하여'($\pi\epsilon\rho\grave{\iota}\ \tau o\hat{\upsilon}\ \upsilon\acute{\iota}o\hat{\upsilon}\ \alpha\mathrm{\mathring{\upsilon}}\tau o\hat{\upsilon}$)와 더불어 바울의 글은 갈라디아서 4:4의 보냄의 형식에서와 마찬가지로 다윗의 혈통에서 나신 하나님

---

112 Cf. Bornkamm, 'The Revelation of Christ', pp.97f.
113 본서 p.190.

의 선재하신 아들의 성육신 사상을 전해 준다(로마서 1:3의 περὶ τοῦ υἱοῦ αὐτοῦ τοῦ γενομένου ἐκ σπέρματος Δαυὶδ κατὰ σάρκα…와 갈라디아서 4:4의 ἐξαπέστειλεν ὁ θεὸς τὸν υἱὸν αὐτοῦ(γενόμενον ἐκ γυναικός…를 비교해 보라). 그러므로 바울에게 있어 부활로 말미암아 하나님의 주권적인 아들로 인정되신 다윗 계열의 메시아는 바로 우리를 죄와 율법에서 구속하시기 위하여 하나님께서 세상에 보내신 (하나님의) 선재하신 아들인 것이다. 그러고서 바울은 로마서 1:16f.에서 다시 한 번 복음을 '모든 믿는 자에게 구원을 주시는 하나님의 능력이요 첫째는 유대인에게며 또한 헬라인에게라 복음에는 하나님의 의가 나타나서 믿음에서 믿음에 이르게 하나니…'라고 정의한다. 이전에는 토라가 구원의 수단이었다면[114] 이제는 구원을 주시는 하나님의 능력인 복음이 그러하다. 이전에는 율법을 지킴으로써 의를 얻을 수 있었다면, 이제는 복음 안에 계시되고 믿음으로 얻을 수 있는 하나님의 의가 존재한다. 이제 우리는 바울에게 있어 하나님의 약속의 성취인 하나님의 아들은 그의 성육신, 죽음, 부활로 말미암아 구원을 이루었고 그래서 구원의 수단, 곧 의를 얻는 수단인 율법을 능가하게 되었기 때문에 복음의 내용이라는 점을 살펴보았으므로, 로마서 1:2-4과 16f.절에 나타난 복음에 대한 이중의 정의가 비록 전자는 기독론적으로 정의되었고 후자는 구원론적으로 정의되었다 하더라도 어떻게 해서 하나요 같은 것인가를 이해할 수 있다. 복음은 하나님께서 그의 아들을 보내셔서 행하신 일과 관계하며 복음 선포에는 죄인을 의롭다고 선언하고 의롭게 하는, 곧 그를 새롭게 창조하는 하나님의 은혜가 계시되어 있기 때문에 그것은 모든 믿는 자에게 구원을 주

---

**114** Cf. Mek.Ex. 15:13; 18:1; b.Pes. 148a. 이 자료들에는 토라에 하나님의 구원 능력이 내재해 있는 것으로 보인다. W. Grundmann, δύναμις, *TDNT* ii, pp.297, 309; cf. 또한 Käsemann, *Römer*, p.19.

시는 하나님의 능력이다.[115] 그러므로 복음에 대한 정의를 빌어서 표현하자면 바울에게 있어 '하나님의 아들'은 율법의 마침이 되시고, 믿는 자를 죄와 율법에서 구속하시고 그리하여 구원의 수단인 율법을 능가하신 분이시다.[116]

---

[115] 바울은 자기가 세우지 않은 교회에 서신을 보낼 때, 그도 그 교회와 똑같은 공통된 믿음의 기반 위에 서 있음을 나타내기 위하여 그 서신의 서두에 기존해 있는 신앙 고백문을 인용한다고 하는 신학자들 사이에 널리 인정받고 있는 견해에 만족치 못하는 학자들은 로마서 1장에 나오는 복음에 대한 두 가지 정의는 상호 간에 매우 밀접한 관련이 있다고 한다. 즉 기독론적 정의는 구원론적 정의의 기반이 되며 후자는 전자의 해석이라는 점을 지적한다: cf. Bornkamm, *Paulus*, pp.128f., 249ff.; Stuhlmacher, 'Römerbriefpräskript', pp.384f.; "Ende", pp.25ff.; also Käsemann, *Römer*, p.21. 그러나 이들은 바울이 복음을 정의할 때 쓰는 하나님의 아들이란 칭호는 우리가 여기서 나타내려 하는 의미를 지니기 때문에 그 두 가지 정의는 결국 같은 뜻이라는 점을 명확히 하지 못하였다.

[116] 하나님의 아들을 통한 구원, 이른바 칭의(justification)는 믿음으로 이미 이루어진(시작된) 것이다. 그러나 그 완성은 종말에 이루어질 것이다. 따라서 자신이 데살로니가에서 선교사로서 선포한 복음(Cf. to. εὐαγγέλιον ἡμῶν in 1Th 1:5; to. εὐαγγέλιον (τοῦ θεοῦ) in 2:2ff. Cf. E. Best, *Thess.*, pp.85ff. U. Wilckens, *Die Missionsreden der Apostelgeschichte*(1974), pp.81ff.; Stuhlmacher, *Evangelium*, p.259)을 언급하고 있는 구절이 데살로니가전서 1:10에서 바울은 데살로니가의 교인들이 '(하나님께) 죽은 자들 가운데서 살리신 그의(하나님의) 아들 예수가 하늘로부터 올 것을 기다리는데, 그 예수는 장차 진노로부터 우리를 구할 것이다'라고 말한다. 데살로니가전서 1:9f.에 나와 있는 회심 설교의 구도는 헬라화된 유대 회당의 일신론적 말씀 선포에 그 전승사적(traditionsgeschichtliche) 뿌리를 두고 있다는 사실이 널리 인정되고 있다(see, e.g., Bultmann, *Theology*, i, pp.74, 79f.; Bornkamm 'Glaube und Vernunft bei Paulus', *Studien zu Antike und Urchristentum*(1970), p.125; Stuhlmacher, *Evangelium*, pp.260f.). 그러나 슈툴마허가 *Evangelium*, pp. 261f.에서 지적하였듯이 데살로니가전서 1:9f.에 반영되어 있는 기독교의 선교의 말씀과 회당에서 가르치던 그것과는 세 가지 근본적인 차이점이 있다: 1) 데살로니가전서 1:10에 나타나 있는 임박한 종말에 대한 기대; 2) 데살로니가전서 1:10에 나타나는 중심 주제는 메시아라는 점; 3) 유대 회당에서 선포되던 선교적 메시지의 일신론은 토라, 특히 토라의 의미를 전체적으로 포함한다고 할 수 있는 첫째 계명이 그 핵심으로 되어 있는 반면에 데살로니가전서 1:9f.에는 토라에 관한 언급이 없다는 점이다("살전 1:9f.에는 토라가 아니라 기독론과 그리스도를 통하여(할례와 율법 없이) 열려진 하나님께로의 통로가 강조되어 있다") (Stuhlmacher, *Evangelium*, p.262). 슈툴마히는 여기서 데살로니가전서 1:9f.은 사도행전 6장에 나타나 있는 '헬라파'의 선교적인 말씀 선포의 양식이라고 말하고 있는 것이다(p.262). 데살로니가전서 1:9f.에서 바울이 기존에 있던 헬

라파 그리스도인의 선교적 말씀을 빌어서 쓰고 있다는 견해는 많이 제시되고 있다 (Dibelius, *An die Thessalonicher*(³1937), pp.6f.; Bultmann, loc. cit.; Bomkamm, loc. cit.; Wilckens, loc. cit.; Best, *Thess.*, pp.85ff.). '헬라파'들이나 다른 헬라화된 유대인 기독교의 선교사들이 데살로니가전서 1:9f.와 유사한 내용과 양식을 가지고 그들의 선교 말씀 선포에 사용했으리라는 것은 상당히 가능성이 큰 추론이다(cf. 행 14:15ff.; 히 6:10. 그러나 바울 이전에 그들이 그들의 설교의 말씀을 바울이 데살로니가전서 1:10에서 했던 것과 같은 방식으로 하나님의 아들 칭호와 연관시켜 선포했었다는 확고한 증거가 있는가? 이에 대한 어떤 증거도 없다. 사도행전 14:15ff. 나 히브리서 6:1f.에도 '하나님의 아들'이란 칭호는 보이지 않는다. 데살로니가전서 1:10에서 바울이 파루시아를 언급할 때 통상적으로 사용하던 '주' 칭호 대신 파루시아와 관련하여 '아들' 칭호를 사용하고 있음은 매우 놀라운 일이다(Kramer, *Christ*, pp.173ff.를 보라). 그리하여 크라머는 '파루시아에 대하여 언급하는 내용과 하나님의 아들 칭호가 관련된 것은 후에 나타난 것이다. 그러나 그럼에도 불구하고 그것은 상당히 초기, 즉 바울 이전에 있었다'고 단언한다(p.126). 그러나 크라머는 이와 같은 연관이 바울 이전에 만들어졌음을 뒷받침할 만한 아무런 확고한 증거도 제시하지 못한다. 왜냐하면, 우선 첫째로 데살로니가전서 1:9f.에 진술된 내용은 전혀 가감이 없이 바울이 빌어다 사용한 바울 이전에 존재했던 양식으로 여기고, 그 양식이 바울 이전의 것이므로 그 안에 포함된 모든 요소들도 역시 바울 이전의 것이라고 결론 내리는 것은 납득되지 않는다. 이것은 데살로니가전서 1:9f.에 관련된 일반적 전제이다(위에 인용된 문헌을 보라). 그러나 바울은 그의 글에 기존하고 있는 혼합된 문형을 인용할 때에도 그 자신의 해석을 그 문형 안에 삽입하기도, 확대하기도, 그 내용을 수정하기도 한다는 것(예컨대, 롬 1:2ff.; 3:23ff.; 고전 15:3-8)이 일반적인 입장이다. 그렇다면 여기 데살로니가전서 1:9f.에서는 바울이 그렇게 하지 않았다는 이유가 무엇인가(만일 애당초 바울이 여기에 바울 이전의 '문형'을 인용하고 있는 것이라면 말이다)? 또 바울 자신이 파루시아와 '아들' 칭호를 관련시키지 못할 이유가 무엇인가? 둘째로 크라머는 여기 데살로니가전서 1:10처럼 순수하게 종말론적 의미에서의 예수의 개념을 '바울 신학의 통상적 흐름과 어울리지 않는다'고 말한다(p.124)(Wilckens, op. cit., p.82; also G. Friedrich, 'Ein Tauflied hellenistischer Judenchristen', *ThZ* 21(1965). p.506의 이와 유사한 논증을 참조하라). 그러나 이는 잘못된 생각이다. 데살로니가전서 1장에서 보이는 바울의 관심은 그곳에서 자신이 전했던, 임박한 미래적 종말론에 대한 그들의 곡해에서 비롯된 데살로니가 교인들의 이탈을 바로 잡아 주는 데 있지 아니한가? 또 바울은 때로는 현재적인 실재로서의 구원을 말하면서(예컨대, 고후 6:2; 롬 3:21; 5:11; 갈 4:4), 때로는 미래의 소망으로 그것을 언급하고 있지 아니한가(예컨대, 롬 13:11; 고후 4:14; 빌 4: 5)? 우리가 바울이 구원을 말하는 곳마다 반드시 '미래적 종말론'과 '실현된 종말론'이 정확히 균형을 이루는 내용을 기대해야 하겠는가? 슈바이처는 υἱος, *TDNT* viii, pp.370, 382f.에서 원래 묵시적 말씀에는 '人子'로 되어 있던 것을 바울이 데살로니가전서 1:10에서 '하나님의 아들'로 대체하고 있는 것이라고 제안한다(G. Friedrich도 op. cit.

토라를 대신하여 복음의 내용이 되신 예수님께 다른 칭호들이('그리스도' 또는 '주') 사용될 수 있었다(cf. 롬 10:4ff.; 고전 1:17-30). 앞서 우리가 살펴보았듯이 예수의 선재와 창조에서의 중보적 역할을 표현하기 위하여 '하나님의 아들'을 비롯하여 이 칭호들도 지혜 기독론과 연결되었다. 그런데 복음에 대한 정의로는 변함없이 일관되게 '하나님의 아들' 칭호가 사용된 것은 그 칭호가 토라를 대신하여 참된 신적 지혜가 되시고 창조 때부터 하나님과 친근한 관계에 계시고, 창조에서 그의 실행자로 활동하셨으며 우리를 죄와 율법에서 구속하기 위하여 세상으로 보냄을 받은 높은 분을 표시하는 데 가장 적절하였기 때문이었다.[117] 십자가에 못 박힌 예수가 토라를 대신하였기 때문에

---

pp.512ff.에서 같은 제안은 한다). 공관 복음서에 마지막 심판이나 파루시아에 관련하여 '人子' 칭호가 종종 등장하는 것을 보아 위의 제안은 상당히 가능성이 있는 주장이다. 바울이 여기 데살로니가전서 1:10에서 본래의 '人子'를 '(하나님의) 아들'로 대체한 것이든 혹은 그 전체 구절을 바울이 작성한 것이든 간에 우리는 바울이 그의 εὐαγγέλιον과 관련하여 '하나님의 아들'이라는 칭호를 사용할 때 그 칭호는 그에게 있어서 어떤 의미를 나타내는가 하는 이제까지의 우리의 고찰에 비추어 보면 여기서 바울이 '하나님의 아들' 칭호와 파루시아를 연결시키는 배후의 논리를 잘 이해할 수 있다. 믿는 자들이 장차 진노에서 구원함을 받을 것, 다시 말해 온전한 의인화는 파루시아에서 일어날 것이기 때문이다(이곳에 '하나님의 아들'이란 칭호가 적합한 또 다른 이유에 대하여는 본서 pp.383, 426을 보라). 따라서 데살로니가전서 1:10에서 '(하나님의) 아들'이 지닌 의미에 대한 우리의 이해는 데살로니가전서 1:9f.은 헬라화된 유대교의 선교적 메시지 안의 토라를 기독론으로 대체한 것이라고 하는 스툴마허(Stahlmacher)의 고찰을 확증해 주며 우리가 왜, 어떻게 하여 이런 대체가 이루어졌는지를 이해하는 데 도움을 준다. 그러나 스툴마허가 데살로니가전서 1:10을 바울 이전의 헬라화된 유대 그리스도인들의 진술이라고 생각하는 반면에, 우리는 그것이 현재형인 것을 미루어 볼 때 그것은 완전히 바울이 쓴 것이거나 혹은 적어도 그 진술 안에 들어 있는 '(하나님의) 아들' 칭호는 바울이 삽입한 것이라는 견해로 기울게 된다(본서 pp.383, 426). 따라서 갈라디아서 1:16이나 로마서 1:2ff.과 같이 데살로니가전서 1:10도 마찬가지로 '하나님의 아들' 칭호는 바울 복음의 내용을 이루고 있는 요소임을 보여 주는데(데살로니가전서 1:5; 2:2ff. 안에 들어 있는 εὐαγγέλιον을 주목하라), 그것은 의를 얻는 수단으로서 예수가 토라를 파기했음을 나타내기 때문이다.

[117] '바울의 사상에서 '하나님의 아들'이란 칭호와 그에 관련된 개념들은 상대적으로 크게 중요한 주제는 아니다'라고 하는 크라머의 주장에 반대하여, 행엘은 *Sohn*, p.23에

예수는 지혜와 '동일시'되었고, 그 후 논리상 예수를 하나님의 아들이요 신적 존재로 이해하게 되었다는 사실에는 역설, 곧 십자가에 못 박힌 분이 하나님의 아들이라는 역설이 존재한다.[118]

이 모든 주장이 옳다면 바울의 지혜 기독론은 다메섹 계시에 근거하고 있으며, 고로 30년대 초반의 초대 교회에서 최초로 예수를 신적 지혜와 '동일시' 한 인물은 다름 아니라 바울이었을 개연성이 짙어진다.[119] 만일 바울이 예수님의 지혜 어록을 알고 있었다면, 그는 이 어

---

서 바울이 예수 그리스도와 하나님의 밀접한 관계, 또는 하나님과 인간 사이에서 중보자로서의 그리스도의 기능 등을 표현하기 위한 그의 신학적 선포의 절정에서 늘 그 칭호를 사용한다는 사실을 지적한다. Hengel, *Sohn*, p.23에서 인용된 Blank, *Paulus*, p.283; Bousset, *Kyrios Christos*, p.151도 이와 유사한 주장을 한다. 바울이 그의 선교적 말씀이나 복음을 정의하거나 축약하여 나타낼 때 '하나님의 아들'이란 칭호를 사용한다는 고찰을 하고서도(*Sohn*, pp.20ff.), 헹엘은 바울이 그렇게 하는 것은 그 칭호가 토라를 능가하며, 신성의 지혜로 판명 난 자를 가장 포괄적으로 이해하기 쉽게 표현하기 때문이라는 점을 명백히 하지 못하였다. 그러나 그 칭호가 그렇게 중요한 의미를 지님에도 불구하고 *κύριος*-많은 면에서 그 칭호와 유사한 의미를 나타내는-보다 바울 서신에 훨씬 적게 등장하는 이유에 관한 탁월한 해석을 위하여는 Hengel, *Sohn*, p.29를 보라.

118 Cf. Hengel, *Sohn*, p.119. Barrett은 *Adam*. p.71에서 다음과 같은 현명한 말을 하고 있다(그렇게 상세하거나 면밀하지는 않지만): '그(즉 바울)는 아마도 참 인간이요, 참 신이라는 신앙 고백의 대상이 되는 존재의 역설과 맞닥뜨린 최초의 신학자였을 것이다.'

119 위에 언급된 논쟁이 옳다면 위의 논지들은 처음 그리스도를 지혜와 동일시한 것은 고린도의 대적자들이며, 그들이 그것을 영지주의의 구원자 신화-빌켄스에 의하면 당시의 유대의 영지주의의 지혜 신화에서 많이 발견되는-의 패턴에 따라 지혜 기독론(Sophia-Christology)으로 발전시켰는데 바울이 고린도전서 1-2장에서 그것을 개정하여 사용하고 있는 것이라고 하는 Wilkens의 논지(*Weisheit*, esp. pp.205ff.; *σοφία*, *TDNT* vii, esp. pp.519ff.)는 말할 것도 없이 예수를 일종의 지혜의 전권 대사나 지혜 교사로 생각하는 고린도의 대적자들의 잘못된 개념에 대응하여 바울이 예수를 지혜와 '동일시'한다는 견해와는 상충된다(Suggs, *Wisdom*, pp.60f.). 바울은 다메섹의 계시로 인하여 그리스도가 토라를 능가하였음을 알았으며 따라서 시작부터 일찍이 그리스도를 지혜와 '동일시' 한 것도 그 자신이었다! 고린도 교인들이 자신들에게 주어진 방언과 지식의 은사들을 그들의 지혜의 표징이라고 생각하여(본서 pp.137ff.) 사도들과 심지어는 그리스도까지도 그들에게 있어서 지혜의 전달자나 지혜 교사 정도라고 오해하였으리라는 것은 있음직한 일이다(ct. Suggs, *Wisdom*, pp.60f.; Koester

록으로 말미암아 이 세상에 사실 때 지혜의 궁극적인 대표자로 가르치시고 행동하신 예수께서 자신을 십자가와 부활로 말미암아 지혜의 체현으로 계시하셨다고 하는 자기의 신념을 돈독하게 하였을 것이다. 십자가에 못 박히신 나사렛 예수가 높임 받고 하나님의 우편에 앉으신 분으로 바울에게 나타나자 바울은 그분이 메시아요, 주요, 하나님의 아들이신 것을 알아차렸다. 이것은 단지 그분이 그 당시 그리스도인들이 그의 부활로 말미암아 하나님의 아들로 인정되신 분으로 고백

---

op. cit., pp.222f.; 지혜와 관련하여 고린도전서 1-2장과 Q자료 간의 유사점에 관하여는 Suggs, *Wisdom*, pp. 82ff.과 그 외에 J. M. Robinson, 'Kerygma as Hermeneutical Language Event', *Trajectories*, pp.42f.를 보라). 그러나 바울이 고린도 교인들의 오해를 바로잡아 준 근거는 단순히 그가 주변에서 그저 전달받는 지혜 기독론(Sophia-Christology)에 있는 것이 아니라 그가 일찍부터 지니고 있던 그의 기독론의 핵심 요소에 있다. 위에 언급된 우리의 논리 전개에 비추어 볼 때, 우리는 바울이 고린도 교인들이 자신들의 지혜에 대하여 품고 있던 자만심과 지혜의 본성에 대한 오해를 바로잡아 주면서 그렇게도 강조하여 설파하던-하나님의 지혜로서 십자가에 못 박힌 그리스도라는 역설(고전 1:24, 30)을 보다 더 잘 이해할 수 있게 된다: 오직 십자가에 달린 자로서, 그리하여 유대인에게는 거리끼는 것이요 헬라인에게는 어리석은 것으로서만이, 하나님의 지혜이신 그리스도는 하나님의 구원의 능력이 되신다. 왜냐하면 엄밀하게 말하여 그리스도는 십자가상에서 토라를 파기한 것이며 그 자신이 진정한 하나님의 계시요 진정한 구원의 수단, 곧 '하나님으로부터 온 지혜와 의로움과 거룩함과 구속함이 되셨음'(고전 1:30)을 입증한 것이다. '분명히 예수의 선재성을 말해주는 이와 같은 지혜 기독론의 전통적 흐름이 우리가 바울의 서신에서 유추해낼 수 있는 것보다 더 광범위하게 존재하였다'(Hengel, *Sohn*, p.114)는 것은 사실이다. 이것은 우리가 요한복음 서문의 로고스 기독론과 히브리서 1장(cf. also 계 3: 4)을 일견만 해보아도 알 수 있기 때문이다. 또한 우리는 공관복음서 내의 지혜 기독론을 이미 고찰한 바 있다. 그러나 우리가 초기 기독교회 안에서 선재하였으며 의인화된 신성의 지혜를 예수와 '동일시'하기 시작한 사람이 바울이었다고 한 것은 그의 다메섹 경험으로 인해 그가 그렇게 하였으리라, 그것도 단번에 그렇게 하였으리라는 것을 우리가 고찰해 보았기 때문이다. 이것은 초기 교회 내에서 초기 단계에 일찍이 이루어졌다. 이제 바울에 의해 계발된 지혜 기독론이 시리아에 있던 초기 기독교의 일반적 전승 속으로 흘러들어 갔거나 또한 제1복음서, 제4복음서의 저자나 히브리서의 기자가 그것을 빌어다 사용하였을 수도 있다. 또는 그들은 바울이나 상호 간에도 독립석으로 예수 지혜의 가르침으로부터 직접 지혜 기독론을 발전시켰을 수도 있을 것이다. 우리는 전자의 가능성에 생각이 기울기는 하지만 그것을 규명하기 위해 여기서 오래 머물 수가 없겠다.

하던 다윗 계열의 메시아라는 의미에서만 아니라 보다 깊은 의미로서는 그가 태초부터 하나님과 친밀한 관계에 있으면서 창조 때 하나님의 대리자로 행동하셨고, 우리를 죄와 율법에서 구속하시기 위하여 하나님에 의하여 세상으로 보냄을 받은 분이라는 의미에서 그러하다. 바울은 십자가에 못 박힌 나사렛 예수가 하나님 우편에 앉으신 분이라는 계시로 말미암아 그리스도께서 십자가에 달리심으로써 신적 계시와 구원의 중보자로서 토라를 대신하셨고 그러므로 그는 이전에 지혜로 묘사되었던 바로 그분이라는 사실을 알게 되었다. 그러므로 다메섹 도상에서 바울에게 계시된 하나님의 아들이야말로 바울 복음의 내용인 것이다(갈 1:15f.; 롬 1:2ff., 9; 고후 1:19f.; 살전 1:10; 행 9:20)!

# 제6장
# 바울의 복음 : B. 기독론

## 3. 그리스도의 하나님 형상 ἡ Εἰκὼν τοῦ θεοῦ

### 1) 성경 본문들(The Texts)

바울이 다메섹에서의 그리스도의 현현을 암시하는 본문에서 그리스도를 '하나님의 형상'(에이콘 투 데우⟨εἰκὼν τοῦ θεοῦ⟩)라 말하는 것은 의미 있는 일이다(고후 3:16-4:6).[1] 후에 자세히 살펴보겠지만 바울의 이러한 인식은 바울의 아담 기독론(cf. 창 1:27)과 지혜 기독론(cf. 지혜서 7:26)으로 이어지게 된다.[2] 그러므로 바울이 그리스도를 '하나님의 형상'(εἰκὼν τοῦ θεοῦ)로 인식하게 된 것이 다메섹의 계시를 통해서였는지 그리고 지혜 기독론과 아담 기독론이 그 인식에 뿌리를 두고 있는 것인지를 고찰해 보는 것은 가치 있는 일일 것이다.

그리스도를 '하나님의 형상'(εἰκὼν τοῦ θεοῦ)으로 칭하는 것(고후 4:4; 골 1:15; cf. 동의어로 볼 수 있는 빌 2:6의 '모르페 데우'⟨μορφὴ

---

**1** 본서 제1장 ④

**2** Cf. Windisch, *2. Kor.*, p.137; Plummer, *2Cor.*, pp.106, 118; Lietzmann-Kümmel, *Kor.*, p.20f; Barrett, *2Cor.*, pp.125, 132f.

θεοῦ³))과 그리스도인들이 그리스도의 형상을 본받는다, 또는 그 형상으로 변화받는다는 사상이 신약 중에서 바울 서신에만 명료하게 나타난다는 사실은 의미심장한 일이다. 바울은 로마서 8:29에서 하나님이('그의 택하신 자들로) 그 아들의 형상을 본받게 하기 위해 미리 정하셨다'고 말한다(προώρισεν συμμόρφους τῆς εἰκόνος τοῦ υἱοῦ αὐτου). 고린도후서 3:18에서도 비슷한 말을 한다(ἡμεῖς δὲ πάντες ἀνακεκαλυμμένῳ προσώπῳ τὴν δόξαν κυρίου κατοπτριζόμενοι τὴν αὐτὴν εἰκόνα μεταμορφούμεθα ἀπὸ δόξης εἰς δόξαν). 고린도전서 15:49에서는 우리가 흙에 속한 자, 곧 타락한 아담의 형상을 입은 것처럼, 하늘에 속한 자, 즉 마지막 아담의 형상을 입게 될 것이라 한다(καθὼς ἐφορέσαμεν τὴν εἰκόνα τοῦ χοϊκοῦ, φορέσομεν καὶ τὴν εἰκόνα τοῦ ἐπουρανίου)(cf. 고전 15:52). 골로새서 3:9f.에도 유사한 생각이 나타난다(ἀπεκδυσάμενοι τὸν παλαιὸν ἄνθρωπον σὺν ταῖς πράξεσιν αὐτοῦ καὶ ἐνδυσάμενοι τὸν νέον τὸν ἀνακαινούμενον εἰς ἐπίγνωσιν κατ' εἰκόνα τοῦ κτίσαντος αὐτόν)(cf. 엡 4:24). 빌립보서 3:21에서도 이와 비슷한 말을 한다. 즉 하늘의 시민권을 가지고 있는 우리는 주 예수 그리스도를 기다리고 있다(ὃς μετασχηματίσει τὸ σῶμα τῆς ταπεινώσεως ἡμῶν σύμμορφον τῷ σώματι τῆς δόξης αὐτοῦ κατὰ τὴν ἐνέργειαν τοῦ δύνασθαι αὐτὸν καὶ ὑποτάξαι αὐτῷ τὰ πάντα). 갈라디아 성도들이 다른 길로 빠지려는 것을 개탄하면서 바울은 말한다(τέκνα μου, οὓς πάλιν ὠδίνω μέχρις οὗ μορφωθῇ Χριστὸς ἐν ὑμῖν; 갈 4:19). 또한 로마에 있는 성도들을 권고하면서 말한다(μὴ συσχηματίζεσθε τῷ αἰῶνι τούτῳ, ἀλλὰ μεταμορφοῦσθε τῇ ἀνακαινώσει; 롬 12:2). 그는 다메섹에서 그리스도의 나타나

---

3 R. P. Martin, *Carmen Christi : Phil. ii. 5-11*(1967), pp.99-133, esp. 107-120. 본서 329ff.를 보라.

심을 본 후 생긴, 그 이후 늘 마음에 품고 다니는 하나의 원칙을 이야 기한다: (내가) 그리스도와 그 부활의 권능과 그 고난에 참예함을 알려하여, '그의 죽으심을 본받고자 한다'(συμμορφιζόμενος τῷ θανάτῳ αὐτοῦ)(빌 3:10; cf. 롬 6:5). 우리가 차후에 살펴보겠지만 그리스도인이 '새로운 피조물'(καινὴ κτίσις)이라고 하는 바울의 인식도 결국은 그리스도인이 마지막 아담인 그리스도의 형상으로 변화된다는 사상의 일환이다.

히브리서 1:3의 찬송시[4]에서 하나님의 계시에 대한 완전하고 최종적 전달자인 하나님의 아들을 '하나님의 영광의 광채 그 본체의 형상'(ἀπαύγασμα τῆς δόξης καὶ χαρακτὴρ τῆς ὑποστάσεως αὐτου⟨sc. θεοῦ⟩)로 지칭하고 있음을 보면 바울의 그리스도에 대한 '하나님 형상'(εἰκὼν τοῦ θεοῦ)으로서의 인식에서 발전한 두 가지 기독론 중에서 지혜 기독론(나머지 하나는 아담 기독론)과 비슷한 생각이 나타난다(특히 히 1:2f.와 골 1:13ff.을 비교해 보라). 이들은 지혜서 7:26을 연상시키는데, 여기서 지혜는 '영원한 빛의 광채(ἀπαύγασμα)요, 역동적인 하나님의 능력과 그 선하심의 형상(εἰκών)의 흠이 없는 거울(ἔσοπτρον)이다'[5]라고 묘사되어 있다. 더욱이 양쪽에 보어로 쓰인 단어-하나님의 영광의 '광채'(ἀπαύγασμα)와 하나님의 본체의 '모습'(impress) 혹은 '정밀한 표상'(an exact representation)(χαρακτὴρ)[6]은 '형상'(εἰκὼν⟨τοῦ θεοῦ⟩)과는 비슷한 말, 아니 동의어라고까지 볼 수 있는 개념들이다.[7]

---

[4] 이곳에 찬양시가 인용되었다는 견해에 대해서는 Bornkamm, 'Das Bekenntnis im Hebräerbrief', *Studien zu Antike und Urchristentum*, Ges. Aufsätze ii(1959), pp.188ff; R. Deichgräber, *Gotteshymnus und Christushymnus in der frühen Christenheit*(1967), pp.137ff.; most recently O. Hofius, *Der Christushymnus Phil 2, 6–11*(1976), pp.80ff.

[5] Cf. Philo, *Op. Mund.* 146; *Quod Det. Pot.* 83; *Plant.* 18.

[6] Bauer-Arndt-Gingrich, s. v.

[7] Cf. G. Kittel, ἀπαύγασμα, *TDNT* i, p.508; U. Wilckens, χαρακτήρ, *TDNT* ix, pp.421f.; F.-

더 나아가, 히브리서에서 아들로서의 예수는 그 형제들인 그리스도인들(히 2:5ff.)의 맏형 (cf. $\pi\rho\omega\tau\acute{o}\tau o\kappa o\varsigma$, 히 1:6)이라는 관계로 나타나는데, 이것도 로마서 8:29(cf. 갈 4:4ff.)에 나타난 바울의 생각과 유사하다. 히브리서에서 이 둘의 관계는 이중의 유대관계로 정의된다. 한편 그리스도인은 (하나님의) 아들들이고, 아들이신 그리스도께서 선도하는 구원, 성화, 온전케 하심, 영광에 들어감에 동참하게 되기 때문에 그리스도의 형제들이다(히 2:10f.; cf. 5:9; 6:20; 10:14; 12:2). 다른 한편, 그리스도와 그리스도인은 그리스도께서 그리스도인과 함께 '같은 혈육'에 속하였기 때문에 형제이다(히 2:11ff.). 이와 같은 관계성을 놓고 보면 선재하신 이들이 우리를 악과 사망의 권세의 굴레에서 구하고(히 2:14ff.), 또한 우리로 하여금 하나님의 아들 되게 하려고 육신을 입고 왔다는 히브리서 기자의 생각은 바로 로마서 8:3f. 나 갈라디아서 4:4ff. 등에서 '보냄의 형식'(sending formula)을 통해 나타내려 했던 바울의 생각과 근본적으로 동일하다는 것을 알 수 있다. 이제 형제라는 관점에서 아들인 그리스도와 자녀들인 그리스도인의 유대는 바울에게 있어서 그리스도인이 그리스도의 형상을 '본받는다'($\sigma\upsilon\mu\mu\acute{o}\rho\phi\omega\sigma\iota\varsigma$)는 개념(롬 8:29)과 연관되게 된다. 결국 히브리서 1, 2장(특히, 히 2:5-18)에서의 아담 기독론 혹은 인자(人子) 기독론은 바울의 형상($\epsilon\grave{i}\kappa\acute{\omega}\nu$)-기독론 및 빌립보서 2:6-11의 배경을 이루고 있는 사상과 많은 유사성이 있음이 확인된다. 시편 8:4-6의 말씀을 낮아진(erniedrigte), 그리하여 높임 받은(erhöhte) 그리스도에 적용하는 히브리서 2:6-9에 보면 그리스도는 하나님께서 아담에게 부여했던 만물의 지배권과 영광(창 1:26, 28)을 되찾은 둘째 아담으로 이해되고

---

w. Eltester, *Eikon im NT*(1958), pp.149ff.; O. Michel, *Der Brief an die Hebräer*(1966), p.98; F. F. Bruce, *The Epistle to the Hebrews*(1971), p.6; E. Käsemann, *Das wandernde Gottesvolk*(1961), pp.61ff.

있다.[8] 이 모든 것은 히브리서 기자가 그리스도를 둘째 아담의 의미에서 '하나님의 형상'(εἰκὼν τοῦ θεοῦ)으로 인식하고 있음과 또한 그리스도인들이 그리스도의 형상을 본받는다, 혹은 그 형상으로 변화 받는다는 사상을 분명히 잘 알고 있었음을 보여준다.

그러나 히브리서의 기자는 한 번도 그리스도를 둘째 아담이라는 의미로 '하나님의 형상'(εἰκὼν τοῦ θεοῦ)이라는 문구를 사용한 적이 없다(물론 1:3에서 '지혜'의 의미로 사용했던 것은 제외하고). 또한 히브리서에는 아들이신 그리스도의 형상을 본받는다거나 그 형상으로 변화 받는다는 사상도 나타나지 않는다. 그러나 특별히 2:10에서 하나님께서 구원의 창시자를 고난을 통하여 온전케 하심으로 말미암아[9] 많은 이들을 이끌어 영광에 이르게 하는 일을 시작하였다고 말할 때, 히브리서 기자의 의식 속에는 아담이 잃어버렸던 옛 영광과 만물의 통치권을 되찾아 가진 이(2:6-9)인 그리스도의 형상을 그리스도인들이 '본받는다'(συμμόρφωσις)는 개념이 들어있다고 볼 수 있다. 그러나 히브리서 기자는 그러한 개념의 서술은 짧게 끊어버리고 대신에 아들의 성육신 안에서 일어난 '아들'과 '아들들'의 유대를 강조한다. 그래서 히브리서 기자가 이 둘 사이에 존재하는 '같은 점'(likeness)을 말할 때는 '아들'이 '아들들'과 같이 되기 위해 성육신한 것에 그 강조점을 두고 있다(2:14ff.). 그가 이와 같이 아들의 성육신을 강조하는 것은 그에게 있어서는 대제사장으로서의 그리스도에 대한 인식이 매우

---

**8** Bruce, *Hebrews*, pp.34ff.; Michel, *Hebräer*, pp.138, 159. 케제만은 *Gottesvolk*, pp.61ff.에서 히브리서의 아들 기독론의 배경에는 영지주의의 구세주 신화가 놓여 있다고 지적한다. 그러나 케제만의 견해에 대한 반대의 주장을 위하여, Michel, *Hebräer*, pp.64ff., 143ff., *et passim*과 본 장의 각주 33)을 보라. 때때로 빌립보서 2:6-11과 히브리서 1-2장 사이에 존재하는 구조와 생각의 유사성이 시석본다. 이와 같은 이해에 관해서는 see E. Lohmeyer, *Kyrios Jesus*(1961), pp.77ff.; Käsemann, *Gottesyolk*, pp.61ff.; most recently Hofius, loc. cit.를 보라.

**9** Michel, *Hebräer*, p.147 : '하나님은 구원의 주를 고난으로 말미암아 온전케 하심으로 많은 자녀들을 이끌어 영광에로 이끌어 가는 일을 시작하셨다.'

중요했기 때문이다. 아들이신 그리스도는 범사에 형제들과 같이 되어야 한다(ὁμοιωθῆναι). 이는 하나님의 일에 자비하고 충성된 대제사장이 되어 백성의 죄를 구속하기 위함이다(2:17; cf. 4:14ff.; 5:5ff.). 이것은 '하나님 형상'(εἰκὼν τοῦ θεοῦ)이라는 그리스도에 대한 개념은 그의 신학 용어(theologoumenon)가 아님을 보여 준다.[10]

이제까지 히브리서에 관해 논술한 내용은 요한의 책들에도 적용된다. 요한은 결코 '에이콘'(εἰκών)이라는 용어를 사용하지 않았다. 그러나 요한이 그리스도가 창조의 중재자였고 선재하신 '로고스'(Λόγος)요, 또한 독생자로서(μονογενὴς παρὰ πατρός 또는 ὁ ὢν εἰς τὸν κόλπον τοῦ πατρός), 성육신하여서 인간에게 보이지 아니하는 하나님을 계시한 자라고 말한 것은(요 1:1-18) 분명히 그리스도를 '(보이지 않는) 하나님의 형상'(εἰκὼν τοῦ θεοῦ ⟨τοῦ ἀοράτου⟩)이라 지칭하여(골 1:15; 고후 4:4) 표명하고자 했던 바울의 의도와 일치한다. 그리스도는 하나님의 계시자이기 때문에 그를 본 자는 하나님을 본 것이다(요 12:45; 14:9). 그러므로 그리스도를 하나님의 계시자라고 하는 요한의 인식은 지혜 기독론의 관점에서 그리스도는 '하나

---

**10** Cf. Michel, *Hebräer*, p.70. 그는 히브리서 1:3의 찬양시가 전체 서신의 표제로서 쓰인 것임에도 불구하고 뒤의 두 절은 서신 속에 설명이 되어 있는 반면에, 앞의 두절 ὃς ὢν ἀπαύγασμα τῆς δόξης καὶ χαρακτὴρ τῆς ὑποστάσεως αὐτοῦ, φέρων τε τὰ πάντα τῷ ῥήματι τῆς δυνάμεως αὐτοῦ에 관한 해설은 나타나 있지 않다고 지적한다. 이 사실을 지혜 기독론은 아들이신 그리스도의 선재함과 우월성에 대한 전체를 제공하여 준다는 중요한 기능을 채우기 위한 것일 뿐 히브리서의 핵심적 주제는 아니라는 것을 가리키는 듯하다. 미헬(p.135)은 더 나아가 '우리는 여기에 복음서(요한복음을 포함해서) 전승에 대한 풍부한 지식이 담겨 있고, 바울의 결정적 주장들이 승리를 거두어 아주 자명한 것으로 재생되어 있다는 인상을 줄곧 받는다'라고 한다. 그렇다면 우리가 위에서 확인한 바 있는 바울과 히브리서 사이의 유사성이 있다 하여도 이것으로 인하여 우리가 바울이 εἰκών이라는 주제를 히브리서나 혹은 히브리서 안에 구현되어 있는 전통으로부터 얻었다는 결론을 내릴 수 있는 근거가 못된다. 그 역도 마찬가지이다. Cf. T. W. Manson, 'The Problem of the Epistle to Hebrews', *BJRL* 32(1949), pp.1-7; H. W. Montefiore, *The Epistle to the Hebrews*(1964), pp.9-28.

님의 형상'(εἰκὼν τοῦ θεοῦ)이라고 하는 바울의 이해와 일치한다. 또한 요한이 '그가 나타나시면(하나님의 자녀인) 우리가 그와 같아질 것은(ὅμοιοι αὐτῷ ἐσόμεθα)[11] 그의 계신 그대로를 볼 것임을 인함이라'고 말한 것은 그리스도를 εἰκὼν τοῦ θεοῦ라는 인간적 관점에서 본 개념과 그리스도인이 그리스도의 형상을 '본받는다'(συμμόρφωσις)고 하는 바울의 생각(cf. 고후 3:18; 고전 15:52; 빌 3:21)과 일치하고 있음을 보여 준다. 그러므로 이러한 자료로 보아서는 요한에게도 그리스도가 하나님의 '형상'(εἰκών)이라는 인식이 있었음이 분명하다.[12] 그러므로 요한이 위와 같은 이해에도 불구하고 '에이콘'(εἰκών)이라는 용어를 전혀 사용하지 않았다는 것은 주목할 만한 일이다. 더욱이 '로고스'(λόγος)와 '에이콘'(εἰκών)은 동일한 개념의 언어군에 속하기 때문에 이 '로고스'(λόγος)란 용어가 요한으로 하여금 곧 '에이콘'(εἰκών)이라는 개념을 연상시켰을 것이라는 점에서 더욱 그러하다.[13] 요한이 이 용어의 사용을 기피한 까닭은 분명치 않다.[14] 그러나

---

[11] 여기서 언급하는 것은 하나님이라기보다는 그리스도이다.

[12] So R. Bultmann, *Das Evangelium des Johannes*(1968), p.56; L. H. Brockington, 'The Septuagintal Background to the NT use of Δόξα', *Studies in the Gospels*, Essays in Memory of R. H. Lightfoot, ed, D. E. Nineham(1955), p.8; Eltester, *Eikon*, p.151; Jervell, *Imago*, p.191; P. Schwanz, *Imago Dei*(1970), pp.59ff. 그러나 슈반츠(Schwanz)가 하나님의 εἰκών으로서의 그리스도의 개념을 가지고 요한의 다양한 주제들과의 직접적인 접촉을 찾으려 한 것은 지나친 해석이다.

[13] 필로(Philo)는 λόγος를 εἰκὼν τοῦ θεοῦ라 칭한다: *Conf. Ling.* 97, 147; *Fuga* 101; *Somn*, i. 239; ii. 45, etc.

[14] Eltester(*Eikon*, p.152)는 요한이 이 용어를 기피한 것은 그것이 너무도 범우주적 무게를 담고 있기 때문이라고 한다(Bultmann, *Johannes*, p.56을 좇아서). 그러나 이 말은 옳지 않다. λόγος도 또한, 아니 오히려 더욱 범우주적 무게를 느끼게 하는 용어가 아닌가? 그리고 요한이 1:1-3에서 λόγος라는 용어를 사용하여 표명하고자 했던 것이 바로 그리스도의 범우주적 역할이 아닌가?(Cf. Schwanz, *Imago Dei*, p.206, n.300). 슈반츠에 의하면(p.84) : '요한은 영지주의적 개념들을 수용하면서도 동시에 εικον개념이나 이원론적 인간관을 나타내는 문형들은 제외하고 또 수용한 개념들도 그리스도 사건에 맞춤으로써, 기독교적 이해를 영지주의적 형식으로 그러나 영지주의적 내용에

한 가지 분명한 것은 그리스도를 '하나님의 형상'(εἰκὼν τοῦ θεοῦ)으로 인식하는 것은 히브리서 기자와 마찬가지로 요한의 신학 용어가 아니었다는 점이다.

그러므로 비록 요한이나 히브리서에 바울의 '에이콘'(εἰκών)-기독론이나 인간론과 유사한 생각이 들어 있다 하더라도 그 점이 계시자로나 인간론적인 관점에서 그리스도를 '하나님의 형상'(εἰκὼν τοῦ θεοῦ)이라고 칭한 것은 바울의 독특한 신학 용어였다는 사실을 바꾸어 놓지는 못한다. 그러나 그리스도를 '하나님의 형상'(εἰκὼν τοῦ θεοῦ)으로 보는 인식이나 그리스도인들이 그 형상으로 변화된다는 사상은 사실 바울 이전에 선포되던 복음의 내용이라는 주장이 최근 많은 학자들에 의해 제기되었다.

첫째, 예르벨(J. Jervell)은 바울이 고린도후서 3:1-17에서는 랍비식 논쟁을 펼치고 있으며 반면에 고린도후서 3:18에서는 '하나님을 봄'을 통하여 변화를 받는다는 헬라적 용어를 사용하고 있다고 지적한다. 예르벨은 이 문제를 던져놓고 그 해결을 위해 다음과 같이 논증한다. 바울은 여기서 하나님의 형상에 대한 자신의 해석과 랍비들의 설명을 동시에 기술하고 있다. 처음 고린도후서 3:1-17에서는 순수한 랍비의 해석을 소개하고, 그 다음 고린도후서 3:18-4:6에서는 헬라파 교회에서 주장하는 개념과 사상을 말하고 있다는 것이다.[15] 그러나 예르벨은 '하나님을 봄'으로 변화 받는다는 용어가 애당초 조

---

는 반하여 표현해 내고 있다'라고 한다. 그러나 이러한 해석은 아무리 좋게 보아도 혼란스럽다. 만일 요한이 'gnostische Begriffichkeit'을 사용했으면서도 εἰκών이나 이 원론적인 인간론의 형식과 같은 '영지주의'의 용어를 기피한 것이라면 그는 어떻게 크리스천의 이해를 'in gnostischer Form und doch gegen den gnostischen Inhalt'로 표현할 수 있었겠는가! 신약에 사용된 εἰκών이라는 개념이 영지주의적이라는 슈반츠의 전제 자체가 이미 문제성이 많다.

**15** J. Jervell, *Imago*, pp.173f.

금이라도 헬라적인 주변의 정황으로부터 빌어온 것이라면[16] 왜 헬라파 교회가 아닌 바울 자신이 직접 그것을 빌어 사용할 수 없었는지에 대한 이유는 해명하지 못한다. 예르벨은 '포티스모스'(φωτισμός, 고후 4:4, 6)와 '카이네 크티시스'(καινὴ κτίσις, v. 6)의 사상은 세례의 맥락에 속하는 것이고 '호스 에스틴 에이콘 투 데우'(ὅς ἐστιν εἰκὼν τοῦ θεοῦ)라는 문구는 세례의 찬양시 안에 들어있는 신앙 고백이고, 소유격의 문장 구조(vs. 4, 6)는 기도문의 형식이며, '하나님을 봄' 혹은 '그리스도의 영광을 봄'이라는 사상은 예배의식의 맥락에서 이해된다고 말하면서, 고린도후서 4:4-6이 찬양시는 아니지만 세례의 찬양시를 반영한 흔적을 보여 준다고 주장한다. 그리고 예르벨은 바울의 서신 중에서 오직 여기에만 '람포'(λάμπω), '아우가조'(αὐγάζω), '포티스모스'(φωτισμός), '카톱트리조마이'(κατοπτρίζομαι) 등의 단어가 나타난다는 점으로 미루어 보아 고린도후서 4:4-6(또한 3:18도?)에서 바울은 헬라파 교회의 세례의 아이디어들을 사용하고 있다고 결론짓는다.[17] 고린도후서 3:16-18; 4:4-6에서 세례를 연상시키는 용어를 몇개 발견할 수 있음은 사실이다. 그러나 이것이 바울이 기존하는 헬라파 교회의 기도문이나 세례의 찬양시에서 여기 이 구절들을 인용하였다는 것을 의미하지는 않는다. 바울이 그의 다메섹에서의 회심과 부르심을 묘사함에 있어서 다른 곳에서는 그리스도인의 세례에 적용

---

**16** 하나님을 바라봄으로 말미암아 변화함을 받는다는 사상과 관련된 바울과 헬라의 신비 종교 사이의 언어의 유사성은 See J. Behm, μορφή, TDNT iv. pp.757f.; Lietzmann-Kümmel, Kor., pp.114f.; Windisch, 2. Kor., p.128. 그러나 이런 주장을 위해 자주 인용되는 본문들인 Herm iv. 11ab; x.6; xiii.3; Apuleius, Metamorphoses, xi. 23f. 중에서 단지 Herm. x.6만이 고전 3:18과의 느슨한 병행관계를 보여 주는 듯 보이는 정도이다. 또 그렇다 할지라도 바울의 사상과 헬라의 신비 종교의 사상 사이에 내용의 근원적인 상이점에 대해 베엠(Behm, op, cit., pp.758f.)이 잘 지적해 주고 있다. See also Kümmel, Theologie, pp.198f.; Jervell, Imago, p.173.

**17** Jervell, Imago, pp.16f., 209.

하는 용어들을 사용하고 있는 것이다.[18] 위에 언급된 개념이나 사상들은 우리가 이미 살펴보았듯이 바울의 다메섹 체험이라는 관점에서 적절하게 설명될 수 있다.[19] 그러므로 바울이 바울 이전의 교회에서 들었던 세례에 관련된 용어로 자신의 다메섹 체험을 서술하고 있다고 주장하는 것만큼은 바울이 자신의 다메섹 체험의 관점에서 세례를 묘사하고 있다고 주장하는 것도 가능하다. 이렇게 바울의 서신 중에 희귀하게 등장하는 단어 몇 개를 가지고 논쟁하는 일은 별로 유용하지 못하다. 왜냐하면 이 단어들이 헬라파 교회 내에서 그렇게 보편적이었거나 혹은 특별하게 의미심장했었다는 아무런 증거가 없기 때문이다.[20] 4절과 6절의 소유격의 문장 구조는(두 경우 모두 그리스도의 영광이라는 말이 첨부되어 문장이 길어졌는데) 당시의 기도문에 호소하지 않고도, 고린도후서 3:7-4:6에서 바울이 설정해 놓은 대비, 즉 모세가 나누어준 '가려진 영광'과 영원한 영광이신 그리스도가 나누어주는 '복음' 사이의 대비에 비추어도 충분히 쉽게 설명될 수 있다. 예르벨은 고린도후서 4:4의 '그(그리스도)는 하나님의 형상이니라'(ὅς ἐστιν εἰκὼν τοῦ θεοῦ)라는 문구는(바울 이전의) 헬

---

**18** Cf. Satake, 'Apostolat', pp. 96ff.; Stuhlmacher 'καινὴ κτίσις' pp.27ff.

**19** 본서, 제1장. ④

**20** 단 하나의 가능성 있는 예외는 φωτισμός이다. φωτισμός는 αὐγάζω나 κατοπτρίζομαι와 마찬가지로 바울 서신뿐 아니라 신약 전체에서도 단 한 번 나오는 단어이다. 그러나 φῶς는 상당히 중요한 신학적 용어이며 (특히 요한에게 있어서) φωτίζω는 그 문자적 의미로 뿐 아니라 영적, 지적인 안목이 밝아지게 된다는 데에 은유적인 의미로도 나타난다(엡 1:18; 3:9; 딤전 1:10; 히 6:4; 10:32; 마지막 두 곳에서는 세례를 언급한 듯하다. cf. Michel, *Hebräer*, p.241; Bruce, *Hebrews*, p.120; Conzelmann, φῶς, κτλ *TDNT* ix, p.355). 전문적 용어로서 φωτισμός는 Justin Martyr(*Apol*. I,61.12; Dial, 122:5)에 최초로 나타난다. 그러나 φῶς와 그 같은 종류의 어군은 바울이 이곳에 자신이 솔선해서 φωτισμός란 단어를 사용할 수 있으리라고 생각할 수 있을 정도로 당시 매우 보편적인 종교적 언어였다. 이 단어는 그 자체로 너무도 자연스럽게 빛과 함께 나타나서(cf. 행 9:3; 22:6, 11; 26:13) 그의 영적, 지적에 대하여 말하고 있는 본문임을 시사한다.

라파 교회 내의 세례의식이라는 삶의 정황(Sitz im Leben)에서 나온 신앙 고백의 형식이라고 주장한다.[21] 예르벨이 고린도후서 4:4, 골로새서 1:15(ὅς ἐστιν εἰκὼν τοῦ θεοῦ τοῦ ἀοράτου)과 빌립보서 2:6(ὃς ἐν μορφῇ θεοῦ ὑπάρχων)(cf. 히 1:3) 등이 관계사 문장이라는 점에 근거하여 그 모두를 신앙 고백의 형식이라고 단언하는 것이 정당한지의 여부는 지금 이 시점에서 우리의 관심사가 아니다. 현재 우리의 관심사는 위에 언급된 본문들이 실제로 바울 이전에 속한 것인지 하는 점이다. 예르벨은 고린도후서 4:4의 '호스 에스틴 에이콘 투 데우'(ὅς ἐστιν εἰκὼν τοῦ θεοῦ)가 바울 이전에 존재한 신앙 고백의 형식이라는 자신의 견해에 대해, 그것이 골로새서 1:15과 빌립보서 2:6의 형식과 비슷하다는 점 이외에는 어떤 뚜렷한 근거를 제시하고 있지 못하기 때문이다. 그가 제시하고 있는 다른 두 가지 이유는 완전히 억지이다. 첫째 그는 바울이 '하나님의 형상'(εἰκὼν τοῦ θεοῦ)의 개념을 아무런 부연 설명 없이 사용하고 있다는 점을 들어, 이것은 이 개념(혹은 이 신앙 고백)이 고린도 교회에 잘 알려져 있었음을 시사해 준다고 말한다.[22] 그러나 고린도후서 3:7-4:6에서 바울이 "하나님과 그의 영광을 봄"이란 말을 많이 하고 있는 것으로 보아(특히 3:18을 보라 : "우리가 다 수건을 벗은 얼굴로 거울을 보는 것같이 주의 영광을 보매…") 여기 바울이 '하나님의 형상'(εἰκὼν τοῦ θεοῦ)으로서의 그리스도의 개념을 느닷없이 소개하고 있는 것이라고 보기는 어렵다. 그리고 이 개념이 고린도 교회에 이미 잘 알려져 있었다고 하여도 그것이 다른 사람들의 선포를 통해서였다고 생각할 수 있는 만큼은 바울이 전도한 결과였다고도 볼 수 있지 않은가? 실제로 우리가 믿듯이 '하나님의 형상'(εἰκὼν τοῦ θεοῦ)으로서의 그리스도에 대

---

21 Jervell, *Imago*, pp.198, 209, 214.
22 Ibid. pp.209, 214.

한 개념이 다메섹의 그리스도의 현현에 그 뿌리를 두고 있다면, 그가 고린도 지방에서 선교 사역을 수행하는 중에 고린도인들에게 자신의 선포 내용의 일부로서 다메섹 체험을 이야기함으로써[23] 그 개념을 소개하였으리라는 추측을 하기는 어렵지 않다. 둘째로 예르벨은 헬라파 교회에서는 '형상'($\epsilon i\kappa\omega\nu$)이란 개념을 범우주론적 의미에서 선재하는 이에 대해 사용했던 반면(골 1:15; 히 1:3; 요 1:1) 바울은 그 개념을 부활하신 이에 대해 사용하고 있다(고후 4:4; 롬 8:29; 고전 15:45ff.)고 지적한다. 대부분의 경우에 바울이 '형상'($\epsilon i\kappa\omega\nu$)의 개념을 부활하신 그리스도에게 적용하고 있는 것은 사실이다. 그러나 이것이 바울에게 있어서 그리스도가 그 부활로 인해 처음으로 '하나님의 형상'($\epsilon i\kappa\omega\nu\ \tau o\hat{u}\ \theta \epsilon o\hat{u}$)이 되었다는 의미는 아니다. 바울에게 있어서 그리스도는 그의 부활로 말미암아 그리스도가 과거, 현재, 미래에 걸쳐, 태초에서 종말까지, 어떠한 분이시라는 것을 나타내시게 된 것이다. 이러한 내용은 '형상'($\epsilon i\kappa\omega\nu$)-기독론과 밀접한 관련이 있는 아들 기독론으로 가장 잘 설명될 수 있을 것이다. 그리스도인들이 그 형상을 본받도록 미리 정해져 있는(롬 8:29)[24] 그 아들은 바로 하나님에 의해 인간의 형상을 입고 이 세상에 보내신 바 되고, 그의 죽음과 부활을 통해 하나님의 아들로 인정되신 바로 그 선재하신 아들이다(롬 8:3; 갈 4:4; 롬 1:2-4). 로마서 8:29과 고린도전서 15:45ff.에서의 '형상'($\epsilon i\kappa\omega\nu$)-기독론이 아담 기독론인 반면에, 골로새서 1:15에서의 '형상'($\epsilon i\kappa\omega\nu$)-기독론은 근본적으로 지혜 기독론이다. 전자가 마지막 아담으로서의 종말론적인 그리스도의 역할을 가리킨다면 후자는 창조와 계시에 있어서의 그리스도의 역할을 강조한다. 고

---

[23] 본서 66ff.

[24] 로마서 8:29의 '아들'이 부활하신 그리스도를 지칭하는 것(Jervell, *Imago*, p.209가 주장하듯)인지 선재하신 그리스도를 말하는 것인지는 분명치 않다. 아마도 이러한 구별 자체가 바울에게는 인위적이며 이례적인 것으로 생각될 것이다.

린도후서 3:18-4:6에는 이 두 가지가 합하여 나타난다: 여기 '하나님의 형상'(εἰκὼν τοῦ θεοῦ)으로서 그리스도는 계시의 직능(4:4ff.)과 마지막 아담으로서 '선형'(先型, Vorbild)(3:18)의 역할을 모두 담당하고 있다. 이것은 바울에게 있어서 이 두 가지 역할 모두에 대해 '형상'(εἰκών)이란 개념을 사용하는 일이 얼마나 자연스러운 것이었는지를 보여 준다. 더욱이 골로새서 1:15이 순수한 바울의 말이라면 예르벨의 주장은 물론 그 근거를 잃게 된다. 그러므로 그리스도를 '하나님의 형상'(εἰκὼν τοῦ θεοῦ)으로 보는 사상이 바울 이전에 존재했는지 혹은 순수한 바울의 것인지에 대한 질문은 곧 골로새서 1:15-20(과 빌립보서 2:6-11)이 바울 이전의 것인지 혹은 바울의 것인지의 해답에 달려 있다고 볼 수 있다. 고린도후서 3:18-4:6에서 바울이 '형상'(εἰκών) 개념을 (바울 이전의) 헬라파 교회에서 빌어 와서 사용했다는 견해에 대한 예르벨의 모든 주장은 큰 의미가 없다. 최근 거의 대부분의 학자들이 골로새서 1:15-20의 찬양시는 바울의 찬양시가 아니라고 생각하고 있기 때문에,[25] 그것을 바울의 것으로 취하는 소수의 학자들에게[26] 동조하기 위해서는 비평적 안목에 있어서의 독립성 이외에도 상당한 용기가 필요한 실정이다. 이 찬양시가 바울의 저

---

25 예컨대, E. Käsemann, 'Eine urchristliche Taufliturgie', *EVB* i, pp.34-51; E. Schweizer, 'Die Kirche als Leib Christi in den paulinischen Antilegomena', *Neotestamentica*, pp.293ff.; Jervell, *Imago*, pp.209ff.; Deichgräber, *Christushymnus*, pp.152f.; Lohse, *Kol.*, pp.77ff. See further the history of exegesis with bibliography in H. J. Gabathuler, *Jesus Christus, Haupt der Kirche-Haupt der Welt*(1965)를 보라.

26 E. Lohmeyer, *Die Briefe an die Philipper, an die Kolosser and an Philemon*(1930), pp.41ff.; E. Percy, 'Zu den Problemen des Kolosser-und Epheser-briefes', *ZNW* 43(1950/51), pp.183ff.; M. Dibelius, *An die Kolosser, Epheser, an Philemon, neubearbeitet*, v. H. Greeven(1953), pp.10f.; C. Maurer, 'Die Begründung der Herrschaft Christiüber die Mächte nach Col 1, 15-20'; *Wissenschaft und Dienst* NF 4(1955), pp.79ff.; C. F. D. Moule, *Col.*, pp.60ff.; A. Feuillet, *Le Christ, Sagesse de Dieu*, pp.246ff. Most recently again Kümmel, *Introduction*, pp.342f. Cf. also N. Kehl, *Der Chistushymnus im Kolosserbrief*(1967), pp.163f.

작이 아니라고 주장하는 사람들은 두 가지 중요한 근거를 내세운다. 그 한 가지는 이 본문 중에 들어 있는 몇몇 단어들이 바울의 것이 아니라는 점이다.[27] 기독론적 술어인 '하나님의 형상'($\epsilon i\kappa \omega \nu$ $\tau o\hat{u}$ $\theta \epsilon o\hat{u}$)은 고린도후서 4:4의 일종의 형식화된 문장(formula-like sentence)에만 나타난다. '호라토스'($\acute{o}\rho a\tau \acute{o}\varsigma$, v.16)는 신약 안에서 이곳에 단 한 번 나오는 용어(hapax legomenon)이며, 또한 '아오라토스'($\acute{a}\acute{o}\rho a\tau o\varsigma$, v.15f.)도 상당히 희귀한 단어인데(롬 1:20; 딤전 1:17; 히 11:27), '아오라토스'($\acute{a}\acute{o}\rho a\tau o\varsigma$)의 반대 개념으로는 전혀 나타나지 않는다. '드로노이'($\theta \rho \acute{o}\nu o\iota$, v.16)는 바울 서신 중 여기에 단 한 번 쓰였으며 '퀴리오테스'($\kappa \nu \rho \iota \acute{o}\tau \eta \varsigma$, v.16)는 한 번 더 사용되고(엡 1:21) 있을 뿐이다. 자동사 '쉬네스테케나이'($\sigma \nu \nu \epsilon \sigma \tau \eta \kappa \acute{\epsilon} \nu a\iota$, V.17)도 바울 서신 중 여기에 단 한 번 나온다. 기독론적인 맥락에서 바울은 '아파르케'($\acute{a}\pi a\rho \chi \acute{\eta}$, 고전 15:20)를 사용하지, 결코 '아르케'($\acute{a}\rho \chi \acute{\eta}$, v.18)를 쓰지 않는다. '프로테우에인'($\pi \rho \omega \tau \epsilon \acute{u} \epsilon \iota \nu$)과 '에이레노포이에인'($\epsilon \iota \rho \eta \nu o\pi o\iota \epsilon \hat{\iota} \nu$)은 신약에서 여기에 단 한 번 나온다. '카토이케인'($\kappa a\tau o\iota \kappa \epsilon \hat{\iota} \nu$, v.19)은 바울 서신 중 이곳 외에는 골로새서 2:9과 에베소서 3:17에만 나타나고 '아포카탈랏세인'($\acute{a}\pi o\kappa a\tau a\lambda \lambda \acute{a}\sigma \sigma \epsilon \iota \nu$)은 에베소서 2:16에만 나온다. 바울은 그가 그리스도인들의 전통적 표현법을 빌어 쓸 때만(롬 3:25; 5:9; 고전 10:16; 11:25, 27; cf. 엡 1:7; 2:13) '그리스도의 피'(v.20)라는 말을 사용한다. $a\hat{\iota} \mu a$ $\tau o\hat{u}$ $\sigma \tau a\nu \rho o\hat{u}$ $a\acute{u}\tau o\hat{u}$(v.20)에 관련된 병행 구절은 없다. 그러나 이러한 모든 관찰들도 이 찬양시를 바울이 쓰지 않았다는 주장에 그렇게 강력한 설득력을 주지 못하는 듯하다. 무엇보다 우선, 기독론적 술어인 '에이콘 투 데우'($\epsilon i\kappa \omega \nu$ $\tau o\hat{u}$ $\theta \epsilon o\hat{u}$)가 고린도후서 4:4같이 하나의 형식화된 문장에만 나타난다는 사실이 무엇을 입증하는가? 고린도후서 4:4에서 바울이 골로새서 1:15-20과 같은 찬양시

---

27 Lohse, *Kol.* pp.78f.; Deichgräber, *Christushymnus*, pp.152f.

에서 그 신앙 고백의 형식을 인용해 온 것이라는 사실을 증명하는가? 왜 바울 자신이 그리스도가 '하나님의 형상'($εἰκὼν\ τοῦ\ θεοῦ$)이라는 신앙 고백의 형식문을 만들어 고린도후서 4:4과 골로새서 1:15의 두 구절 모두에 썼다고는 생각할 수 없는가?[28] '호라토스'($ὁρατός$), '아오라토스'($ἀόρατος$), '드로노이'($θρόνοι$), '퀴리오테스'($κυριότης$), '쉬네스테케나이'($συνεστηκέναι$), '카토이케인'($κατοικεῖν$), '프로테우에인'($πρωτεύειν$), '에이레노포이에인'($εἰρηνοποιεῖν$) 등의 바울 서신에 희귀하게 나오는 단어에 대한 고찰이 무엇을 증명해 주는가? 바울이 표명하고자 하는 어떤 주제의 필요에 따라 이러한 단어들을 사용했으리라고 생각지 못할 무슨 이유라도 있는가?[29] 로마서 1:20에서 하나님의 보이지 아니하는 본질을 표현하면서 '아오라토스'($ἀόρατος$)를 사용했던 그 사람에게 왜 '호라토스'($ὁρατός$)나 '아오라토스'($ἀόρατος$)와 같은 단어를 쓰는 일이 이색적인 일로 취급되어야 하는가? '카탈라그'(katallag)-라는, 같은 어근으로부터 파생되어 나온 다양한 형태의 단어는 신약에서 바울만이 사용하고 있다는 점을 유의해 볼 필요가 있다.[30] 그리스도의 주권이 강조되어 있고, 첫 창조와 새 창조가 병행하여 나타나 있는 성경 본문 안에서 '아파르케'($ἀπαρχή$) 대신에 '아르케'($ἀρχή$)를 사용한 것은 그리스도를 새 창조의 창시자로 지칭하고 그의 부활로서 새 창조가 시작되었음을 나타내기 위해 엄정하게 선택한 것은 아닐까? 바울 서신 중에 그리스도의 피에 대해 언급한 모든

---

**28** $εἰκὼν\ τοῦ\ θεοῦ$가 '지혜'의 서술어이며 따라서 바울 이전의 것일 뿐만 아니라 기독교 이전의 것이라고 하는 다이히그레버(Deichgräber)의 주장은 의미가 없다. 아무도 이것이 '지혜'의 서술어이며 창세기 1:27에도 나타난다는 사실을 부정하지 않기 때문이다. 다만 문제는 누가 최초로 이것을 그리스도에게 적용하기 시작하였는가 하는 것이다. 바울인가 혹은 그 이전의 누구인가? $πρωτότοκος$에 대한 다이히그레버의 주장에도 같은 논리가 적용된다.

**29** So Moule, *Col*, pp.61f.

**30** Percy, 'Zu den Problemen', p.186.

본문이 바울 이전의 전승에 기원을 두었다는 것은 확실하게 입증된 사실이 아니다(특히 롬 5:9). 그리고 어쨌든 바울이 본래 그 신학 용어를 다른 사람에게서 전수받은 것이라 할지라도, 그가 로마서 3:25에서 자신의 칭의(Justification) 교리를 위한 결정적 논증에 이 신학 용어를 사용하고 있다는 사실은 그가 그것을 온전히 자신의 것으로 만들었다는 것을 증거하지 않는가? 로마서 5:1-11에서와 마찬가지로 여기서도 역시 화목과 화평이라는 주제로 인하여 바울은 그리스도의 피를 강조하게 되었던 것으로 보인다. 왜냐하면 그리스도의 피는 곧 속죄의 수단이기 때문이다(롬 3:25).

여기 찬양시가 바울의 것이 아니라는 데 대한 두 번째 논증은, 이 찬양시에는 기존의 찬양시에 편집상의 손질을 가한 흔적이 있다는 데 근거하고 있다. 비평학자들은 리듬, 병행구, 시적인 구조 등을 고려하여 이 시의 원래의 모습을 재구성하여 만들어 보일 수 있다고 주장한다.[31] 그러나 이 본래의 찬양시라고 재구성해 놓은 것이 여러 학자들에 의해 각각 다양한 형태로 엄청나게 많은 수가 나와 있다.[32] 본래의 찬양시라고 재구성한 것을 만들어 내놓고, 비평 학자들은 골로새서의 저자가 그것을 가지고 개정한 것이라고 주장하는 것이다. 이제 이 찬양시에 대한 바울의 저작을 부정하는 비평학자들이 확신하듯이 골로새서가 2차적 바울적인 것(deutero-Pauline)이라면 이 찬양시 역시 바울 이전의 것이 아닐 것이다.

만일 이 찬양시가 바울과 동시대의 헬라파 교회나 헬라파 유대인들에 그 기원을 두고 있다면, 그리고 그것이 바울 이후의 것이 아니라

---

31 Deichgräber, *Christushymnus*, p.152.
32 See, e. g., Käsemann, 'Taufliturgie'. pp.36f.; J. M. Robinson, 'A Formal Analysis of Colossians 1 : 15-20', *JBL* 76(1957), pp.270ff,; E. Bammel, 'Versuch zu Col 1:15-20', *ZNW* 52(1961), pp.88ff.; Schweizer, *Neotestamentica*, pp.294ff.; Gatathuler, op. cit., pp.125ff.; Deichgräber, op. cit., pp. 146ff.

면,³³ 찬양시에는 바울이 초기의 교회에 결정적 영향을 끼쳤던 형식인, 특정적으로는 '에이콘'($\epsilon\iota\kappa\omega\nu$)-기독론, 전체적으로는 지혜 기독론에 대한 증언이 담겨 있을 것이다. 그러나 우리는 바울이 골로새서의 저자임을 믿고 있으므로, 찬양시가 편집된 것이라고 하는 비평학자들의 이론이 옳다면 우리는 원래의 찬양시가 바울 이전의 것이라는 데 승복해야 할 것이다. 그러나 그들의 주장이 과연 옳은가? 이들이 재구성 한 찬양시 형식의 다양성은 퀴멜의 근원적인 비평이 옳다고 입증해 주는 듯하다. '확고한 형식에 따라 쓰인 찬양시가 존재해 왔었다는 가정도, 그 형식 속에 들어 있는 문장의 각각 편린들 모두가 골로새서의 저자에게서 나왔으리라는 가정도 아직 확실하게 증명된 것이 아니다.³⁴ 추측에서 만들어 낸 리듬, 병행구, 시의 형식, 신학적 주제 등에 근거하여 본래의 찬양시를 재구성해 보려는 시도는 어떤 것이든 주관적일 수밖에 없으며, 찬양시의 원래 의도와는 거리가 먼 구조를 만들

---

**33** Jervell, *Imago*, p.209, and Deichgräber, op. cit. p.154 : the (pre-Pauline) Hellenistic Church. Lohse, *Kol.*, pp.84f.; Schweizer, *Neotestamentica*, p.313; 골로새서 1:15-20의 배후에서 우리는 문제들(헬라적인 세계에 속한 사람들의 문제들)에 대하여 바울과 그 외의 일반 크리스천들이 답변으로서 찬양시의 작시를 시도했던 그리스도인들의 그룹을 본다. 가바둘러(Gabathuler, op. cit., p.141)는 이 찬양시가 바울 전 그리고 바울 동시대의 헬라파 교회의 전승에 속한다고 확신한다. 그러나 또한 그는 '그리스도의 몸에 대한 말씀은 우주론적으로 오해되고, "再바울화"(repaulinisiert)되기는 했으나 그 기원은 바울의 영향에로 거슬러 올라간다'(p.141. n.809)고 말한다-힘겨운 억지 재구성! 이 찬양시가 본래 기독교 이전의 영지주의의 *Urmensch*(우어멘쉬, 태초의 인간) 구세주에 대한 추상적 드라마에서 나온 찬양시라고 하는 케제만의 견해도 근거가 희박하다. 이제는 케제만 자신도 *Urmensch* 신화를 재구성하기 위해 줄곧 기독교 이후의, 상호 모순적인 자료를 써왔다'는 것을 인정하고, '이 논쟁은 현재 두 개의 부정적 결론들로 특징 지워지고 있다: (첫째) "구원받은 구원자" 신화가 기독교 이전의 그리고 기독교 밖의 영지주의의 중심을 이루지 않았다는 것…'이라고 말한다(*Römer*, p.134). 이러한 그의 말은 케제만이 그의 초기의 다른 연구-'Kritische Analyse von phil 2:5-11' *EVB* : PP.51-95를 포함한-와 함께 골로새서의 찬양시에 대한 그의 견해를 철회하는 것으로 받아들일 수 있겠다.

**34** Kümmel, *Introduction*, p.343.

어 내는 결과를 초래할 수도 있다.³⁵ 바울이 여기에서 그가 일찍이 그의 독자들의 상황에 비추어 여기저기 해설적인 주석을 붙여지었던 찬양시를 사용하고 있다거나, 혹은 그 독자들의 상황을 고려하여 찬양시적인 문체 안에서, 그들의 언어를 이용해 그리스도에 대한 자신의 신앙을 표현하고 있다고 생각하는 것은 우리가 상상할 수 있는 범주를 벗어나는 일이 아닐까?

빌립보서 2:6-11의 찬양시를 바울이 쓴 것이라고 변증하는 일도 골로새서 1:15-20의 경우와 마찬가지로 용기와 비평적 독립성이 요구된다. 왜냐하면 최근 거의 대부분의 학자들이 이 찬양시가 바울 이전의 것이라는 주장을 거의 확실한 사실로 받아들이고 있는 반면에, 이러한 바울의 저작설에 반대하는 주장에 동조하지 않고 남아 있는 학자는 소수에 불과하기 때문이다.³⁶ 마틴(R. P. Martin)은 바울의 저작설에 반대하는 다양한 논증들-언어, 문체, 신학적 문제들-을 설명하고, 바울의 저작설을 옹호하는 입장에서 그들에 대한 답변을 제시한다.³⁷ 바울의 저작설에 대한 찬반 토론을 검증해 본 마틴의 판단은 결국 그 둘은 팽팽한 평형을 이루고 있다는 것이었다: '두 입장 모두가 문제성이 있고 또한 모두가 절대로 확실하게 입증되지 못한다.'³⁸ 그래서 그는 이 본문에 대한 자신의 주석이 완결될 때까지 저작에 관한 해답을 내는 것은 보류해 두자고 제안한다. 그러고는 어떠한 새로운 토론도 없이 그는 바울의 저작설을 반대하는 결론을 내어 놓는다.³⁹

---

**35** Moule, Col. 61; cf. also Deichgräber, *Christushymnus*, p.150; Lohse, *Kol.*, p.82.
**36** 바울의 저작을 주장하는 학자들 중 몇 명이 Deichgräber, *christus-hymnus*, p.120(n.2)와 R. P. Martin, *Carmen Christi*, pp.55ff.에 토론되고 있다. 최근에 다시 큄멜도 *Introduction*, p.335에서 '바울 자신이 전통적 자료에 근거하여 이 찬양시를 구성했다는 데 반대할 어떤 뚜렷한 근거도 없다'고 하였다.
**37** Martin, *Carmen Christi*, pp.45-61.
**38** Ibid., p.61.
**39** Ibid., pp.287ff.

그러므로 우리는 이에 대해 비평을 가한 학자의 말에 동의하지 않을 수 없다: 나는 마틴의 주석 결과가 어떻게 되어 바울의 저작에 반대하는 입장으로 기울게 되었는지 알 수가 없다.'[40]

이렇게 언어를 가지고 하는 토론에서는 결코 결론을 내리지 못할 것 같으므로, 우리의 논쟁을 신학적 문제로 제한하기로 하겠다. 그닐카(J. Gnilka)는 이 문제가 '가장 결정적인 것'이라고 말한다.[41] 빌립보서 2:8의 '십자가의 죽음'($\theta\alpha\nu\acute{\alpha}\tau o\upsilon$ $\delta\grave{\epsilon}$ $\sigma\tau\alpha\upsilon\rho o\upsilon$)은 바울이 부연 해석한 부분이라고 삭제시키면서, 많은 학자들은 이 찬양시에는 바울의 구원론에 대한 사상의 특성-다시 말해 '십자가와 부활'(이것은 낮춤과 높임〈Erniedrigung와 Erhohung〉으로 대치되어 있다)과 그리스도의 '우리를 위한'($\dot{\upsilon}\pi\grave{\epsilon}\rho$ $\dot{\eta}\mu\hat{\omega}\nu$) 십자가상에서의 구원의 사역에 대한 바울의 사상-이 결핍되어 있다고 주장한다.[42] 그러나 마틴이 했듯 '십자가의 죽음'($\theta\alpha\nu\acute{\alpha}\tau o\upsilon$ $\delta\grave{\epsilon}$ $\sigma\tau\alpha\upsilon\rho o\upsilon$)이 실제로 바울이 해석하여 부연한 문구인가에 대한 검증이 있어야 한다: '바울이 기존의 어떤 자료에 자기 자신의 해석이 들어 있는 문구를 첨가해 넣은 본문을 보면, 때로는 바울이 첨가해 넣은 그 문구에도 분명히 바울의 사상이 아닌 교리가 담겨 있는 경우가 있다. 슈바이처가 그리스도의 구속 사역에 대한 바울의 관심이 나타나 있지 않다고 말한 본문들 중에는 사도 바울 자신이 직접 문구를 첨가해 넣은 본문도 들어 있다. 이러한 사실은 어떠한 특정 개념이 결핍되어 있다고 하여 그것을 가지고 저작의 문제를 결정짓는 기준으로 삼았던 모든 접근 방법의 약점을 드러내지 않는가?[43] 이것이 사실이라는 것은 바울이 로마서 10:6ff.에서 구원의 사건, 케

---

**40** I H Marshall, 'The Christ-Hymn in Philippians 2:5-11. A Review Article,' *TynB* 19(1968), p.120.

**41** J. Gnilka, *Der Philipperbrief*(1968), p.132.

**42** esp. E. Schweizer, *Erniedrigung und Erhöhung*(1955), pp.111ff.를 보라.

**43** Martin, *Carmen Christi*, pp.58f.

뤼그마의 내용, 즉 우리의 믿음과 신앙 고백의 대상을 서술하면서 십자가나 '우리를 위한'(ὑπὲρ ἡμῶν) 그리스도의 죽음에 대한 언급이 없는 것을 보아도 알 수 있다.⁴⁴ 문제는 바울이 과연 구원 사건을 서술할 때마다 그의 구원론을-그 다양한 측면의 구원론을!-전체적으로 모두 표현했을 것으로 기대해야 하는가 하는 점이다.'⁴⁵

그러나 최근에 호피우스(O. Hofius)⁴⁶는 이 찬양시를 바울이 지었다는 것에 반대하는 비평학자들 사이에는 일반적 견해(communis opinio)로 되어 있는 주장, 즉 '십자가의 죽음'(θανάτου δὲ σταυρου) 은 바울이 주관적 해석으로 첨언한 부분이며, 그는 이 문구를 삽입함으로써 예수의 죽음이 구원의 사건이었음을 나타내고, 그리하여 본래 찬양시의 성육신-승천의 형식으로부터 예수의 십자가-부활의 형식까지 가교를 놓으려 시도한 것이었다는 주장에 반대하여 찬양시의 형식과 내용에 근거하여 다음과 같은 상당히 설득력 있는 논증을 한다.⁴⁷

'다나투 데 스트아우루'(θανάτου δὲ σταυρου) 문구가 만일 본래의 찬양

---

**44** Cf. Marshall, *op. cit.*, p.120 빌 2:8ff과 롬 10:4-11사이의 유사점에 대해서는 J. Munck, *Christ and Israel*(1967), pp.88f.를 보라. 로마서 10:6ff에서 바울이 유대 그리스도인들의 전승을 사용하고 있다는 케제만의 견해에 대한 반대는 p.207, 주109)를 보라.

**45** Martin, *Carmen Chriti*, p.56에서 잘 설명하고 있다: '만일 이 부분이 원래 교회의 주께 바쳐지는 찬양시나 신앙 고백문 형식으로 지어진 것이라면 예외적인 단어나 구조가 사용되었으리라는 기대를 할 수 있을 것이다. 추측건대 저자는 이 찬양시를 쓰려고 하는 찬송과 경배의 내용을 담고 있는 특정한 그림을 마음속에 가지고 있었을 것이다. 그런데 이 한편의 짤막한 헌사 안에 그(그리스도)와 그의 사역에 대한 모든 진리가 담겨있어야 한다고 요구하는 것은 부자연스러운 일이다. 저자는 자신의 생각들 중에서 몇 가지를 선택하여 시에 표현하였을 것이다. 이 한 가지 사실로도 바울의 글에서 우리가 발견할 수 있는 진리들이 이 찬양시에 모두 나타나 있지 않은 이유를 설명하기에 충분하다.'

**46** O. Hofius, *Christushymnus*, p.317.

**47** E. Käsemann, 'Kritische Analyse', p.82; Gnilka, *Phil.*, pp.124, 132f.

시에 들어 있었다면, 찬양시가 바울의 저작임을 반대하는 '가장 결정적인 논지', 즉 바울 구원론의 특성인 십자가가 담겨 있지 않다는 이유는 그 근거를 잃고 만다. 왜냐하면 찬양시 안에서 그 문구가 예수의 죽음에 대해 구원 사건으로의 대속적 성격보다는 그의 낮아짐(Erniedrigung)의 절정으로서의 예수 죽음의 부끄러움의 성격을 나타내고 있기는 하지만, 적어도 그것의 대속적 성격이 암시되어 있기 때문이다.[48] 저작의 문제를 담고 있는 또 다른 고찰이 있다: 찬양시에 담겨 있는 생각과 단어들의 개념은 빌립보서 전체에 녹아 들어가 있으며,[49] 찬양시에 표명되어 있는 사상은 전체적으로 바울의 다른 서신들, 특히 로마서 1:4-15과 유사성을 지니고 있다.[50] 이런 점에 비추어 볼 때 '찬양시 안에 바울이 어떤 개념들을 사용할 때 그는 그것이 자신의 생각을 그려낸 것인지 혹은 어떤 다른 사람의 영감을 표현한 것인지-어느 쪽이 더 개연성이 있는가는 검증되어야 한다.'[51]

양식사 학파에서 한 세대가 지나는 동안 그들의 방법론을 바울 연구에 적용한 결과, 바울은 그의 선배 그리스도인들로부터 신앙고백의 형식, 케뤼그마 형식, 예배의식이나 교리적 전통에서 많은 전승 자료를 전수받았으며, 따라서 그는 독자적인 천재가 아니라 초기 교회

---

**48** 호피우스(Hofius)는 op. cit., p.17. Cf. 1Cor 1:18ff.에서 십자가는 구원과 치욕이라는 예수의 죽음의 성격을 모두 나타낸다고 하였다-cf. Martin, *Carmen Christi*, pp. 49f. (n.4). 호피우스는(op. cit., p.1) θανάτου δὲ σταυροῦ가 이 찬양시의 필수적인 부분이라는 견해에도 불구하고 이 찬양시는 바울 이전의 것이며, 이 문구는 바울의 해석 부분이라고 주장한다. 그러나 이 문구가 바울의 해석 부분이라는 견해에 반대하여 찬양시의 형식과 내용을 토대로 논증을 한 디벨리우스(M. Dibelius)는 이 시에 대한 바울의 저작설을 지지한다(*Phil.*, pp.73, 81).

**49** Martin, *Carmen Christi*, pp.58f.(n.2)에 있는 도표의 해설을 보라. cf. also L. Cerfaux, *Christ in the Theology of St. Paul*(1959), p.376; N. Flanagan, 'A Note on Philippians iii. 20-21'. *CBQ* 18(1956), pp.8f.

**50** See Marshall, op. cit., pp.118ff.

**51** Ibid., p.120.

내의 그와 동시대의 동료들, 선배들과 불연속성을 보이는 것만큼 동시에 연속선상에 서있다는 주장을 내어 놓게 되었다. 그러나 바울 이전의 신앙 고백문의 양식에 대한 추적은 너무 지나친 감이 있다.[52] 만일 현재의 속도로 이 연구가 진행된다면, 마치 19세기의 비평학자들이 모든 바울의 서신을 바울의 것이 아니라고 애써 선언했던 것과 같이 오래지 않아 바울의 글 중에 찬송의 언어나 문체로 쓰인 모든 문장은 바울 이전의 것, 혹은 바울의 것이 아니라고 주장될 것은 아닐는지 의아스럽다.[53] 이 비평학자들이 바울의 서신 중에서 이 본문, 저 본문을 들어서 바울 이전의 것, 혹은 바울의 것이 아니라고 제시하는 근거

---

[52] Cf. H. Frh. v. Campenhausen, 'Das Bekenntnis im Urchristentum', *ZNW* 63(1972), p.231(n.124).

[53] 바울에서 바울 이전의 신앙 고백문의 양식을 추적하는 쌍둥이 형제로 소위 본문을 '전수받아 고쳤음'(take-over-and-correct)을 추적해 보는 연구가 있다. 다시 말해 바울이 그의 반대자들에게서 취하여 부분적으로 개편하였다고 추정되는 바울의 서신 안에 들어 있는 본문들이나 어떤 개념, 형식문들에 대한 연구이다. 우리는 이러한 연구방법들이 원칙적으로 성경의 탐구에 있어서 가치 있는 방법이며, 심지어 때로는 그들이 실속 있는 결론을 발견해낸다는 점을 부정하고 싶지는 않다. 다만 우리는 이러한 탐구에서 온당치 못한 기준을 적용하는 것이나, 정당한 근거 없이 너무 경솔하게 바울 서신의 이 본문, 저 본문을 모두 바울의 것이 아니라고 선언해 버리는 비평학자들의 지나친 열심을 반대할 뿐이다. 그들의 지나친 열심은 바울 서신의 본문 중에서 더 많은 본문을 바울 이전의 것으로 선언하면 할수록 더 나은 비평적 해석이라 생각하는 것이 그 지배적인 분위기인 듯하다. 이런 방법론을 통해 바울 이전 혹은 전혀 바울의 것이 아닌 본문으로 판명된 모든 바울 서신 중의 구절들을 모아 검토하려면 긴 연구가 필요할 것이다. 만일 이러한 본문을 모두 제쳐두면 진짜 바울이 쓴 것은 거의 남지 않을 것이다. 그래서 이제는 헹엘의 답변('Christologie und neutestamentliche Chronologie' *NT und Geschichte*, Cullmann FS(1972), pp.43ff.)과 또 다른 주장들에 유의함으로써(v. Campengausen의 말을 빌어 표현하자면) 계속하여 머리의 수가 늘어나는, 형식문에(혹은 바울 이전의 자료에) 굶주린 Hydra를 태워버릴 수 있는 Hercules가 있어야 하겠다(Hydra는 그리스 신화에 나오는 괴물로서 머리가 아홉인 큰 뱀인데 머리를 자르면 그 자리에서 새로 두 개의 머리가 생긴다고 하며 Hercules에게 죽임을 당했다고 함-역주). 그렇지 않으면 우리는 머지않아 바울을 현대 판매 상인의 원조처럼, 다시 말해 헬라파 유대인들이나 헬라주의적인 신학자들이 시리아의 공장에서 만들어낸 이미 준비된 상품을 전 기독교계에 부지런히 팔러 다니고 때로는 그의 적수의 상품을 넘겨받느라고 바쁘게 다니는 인물로 그려내게 될 것이다.

가 얼마나 희박한가 하는 것은 우리가 이 책의 앞부분에서 이미 밝힌 바 있다(지금 현재의 이 토론에서만이 아니다). 이제 우리는 빌립보서 3:20f. 바울 이전의 찬양시라는 주장을 검토하기 위해 바울 이전의 자료를 추적해내려는 시도 중에 빠져든 임의성과 억지스러움을 가장 잘 보여 준다고 생각되는 두 명의 학자의 예를 들어 토론해 보고자 한다. 그들은 귓게만(E. Guttgemanns)와 벡커(J. Becker)이다.[54] 귓게만의 불필요한 제안이 아니라면[55] 우리는 이러한 그들의 임의적인 논증을 검토하는 데 시간을 낭비하지 않았을 것이다.

로흐마이어(E. Lohmeyer)의 힌트를 좇아서[56] 귓게만과 벡커는 이 본문(빌 3:20-21)이 본래 여섯 행의 찬양시라고 주장함으로써 논증을 시작한다. 벡커는(pp.18, 26) 이것을 원래의 헬라어가 아닌 독일어로, 여섯 행의 찬양시로 만들어 보았는데, 그가 재구성하여 내어 놓은 찬양시는(헬라어로 하여) 다음과 같다(p.18):

1 a τὸ πολίτευμα ἡμῶν ἐν οὐρανοῖς ὑπάρχει,
  b ἐξ οὗ καὶ σωτῆρα ἀπεκδεχόμεθα κύριον Ἰησοῦν Χριστόν,
2 a ὃς μετασχηματίσει τὸ σῶμα τῆς ταπεινώσεως ἡμῶν,
  b σύμμορφον τῷ σώματι τῆς δόξης αὐτου,
3 a κατὰ τὴν ἐνέργειαν τοῦ δύνασθαι αὐτὸν,
  b καὶ ὑποτάξαι αὐτῷ τὰ πάντα.

그러나 여기 이 찬양시가 참으로 '구절체간 평행법'(parallelismus

---

**54** Güttgemanns, *Der leidende Apostel*, pp. 240-247; Becker, 'Erwägungen zu Phil. 3, 20-21', *ThZ* 27(1971), pp.16-29; also G. Strecker, 'Redaktion und Tradition im Christushymnus Phil. 2, 6-11', *ZNW* 55(1964), pp.75ff., who follows Güttgemanns.

**55** 'Jede von dieser These abweichende Exegese muß für die gemachten Beobachtungen eine zureichende Begründung abgeben'(op. cit., p.141, n.1).

**56** Lohmeyer, *Phil.*, pp.156f.

membrorum) 안에서 만들어진 것이라 말할 수 있을까?[57] 그들은 여기 관계대명사(ἐξ οὗ와 ὅς)는 이 본문이 찬양시로서의 관계사 문제를 가지고 있음을 시사하는 것이라 주장한다(Guttgemann. pp. 242f.; Becker, pp.26f.). 그러나 그저 단순하게 관계사가 들어 있다고 해서 그 본문을 찬양시로 생각할 수 있는가? 그렇다면 로마서 1:5, 6; 고린도전서 1:7-9; 4:5; 고린도후서 13:3; 빌립보서 3:7ff. 등과 다른 수많은 본문들도 찬양시임에 틀림없겠다! 그들은 이 찬양시는 본래 '토 폴리테우마 헤몬 엔 우라노이스 휘파르케이'(τὸ πολίτευμα ἡμῶν ἐν οὐρανοῖς ὑπάρχει; 우리의 시민권은 하늘에 있다)로 시작되는데, 바울이 이 절에서 '헤몬'(ἡμῶν)을 맨 앞으로 끌어내어 vs.18ff에 대한 강조적 대조 어구를 만들었다고 주장한다. 그러나 그닐카가 지적했듯이 'τὸ πολίτευμα ἡμῶν ἐν οὐρανοῖς ὑπάρχει로 시작되는 찬양시도 주목할 만큼은 나타나곤 한다'[58] 벡커는 디모데후서 2:11-13의 찬양시를 지금 이 본문과 병행하는 것으로 그려내려

---

**57** 귓게만에 의하면 "이 절들이 한 동시의 성격을 가지고 있다는 결정적인 증거는 특히 v.21에 운율을 강하게 나타내는 구성을 가지고 있고 그곳에 헬라적 성격을 가진 어휘들이 집중되어 있다는 사실이다. 물론 이 고양된 언어가 바울의 산물일 수도 있을 것이다. 그러나 우리가 아는 모든 유비들에 따라 우리는 그 반대로 추정하게 된다"(pp.243). 이것이 바로 귓게만의 전형적인 논쟁방법인데, 모든 점에서 문제투성이이다. 이 위의 여섯 행이 "운율을 강하게 나타내는 구성"이라고 불릴 수 있을까? 단어에 대한 검증은 아래를 보라. 그러나 v.21이 "헬라적 성격을 가진 어휘들"을 가지고 있다는 지적이 이 본문의 찬양시의 특성에 대한 질문과 관련이 있는가? v.21의 κατὰ τὴν ἐνέργειαν이라는 문구가 2차적 바울 서신들(deutero-Paulines) 예배의식 속에서 형식화된 표현방법임을 규명하기 위하여 그는 에베소서 1:5b, 7b, 9b, 11, 19b; 3:7; 4:16; 골로새서 1:11, 29을 인용한다. 그러나 그는 왜 로마서 2:16; 9:11; 11:5; 12:6; 고린도전서 3:10; 고린도후서 13:10; 갈라디아서 1:4; 빌립보서 4:19 등은 인용하지 않았는가? 이 모든 것이 다 찬양시인가? "우리가 아는 모든 유비들…"-무슨 유비들?

**58** Gnilka, *Phil.*, p.209. 그닐카에 반대하는 벡커의 논쟁(op. cit., p.26)은 전혀 설득력이 없다. 귓게만이 추정한 ἡμῶν의 위치가 옮겨졌다는 점이 이 본문이 찬양시라는 가정을 유추적으로 확인해 준다는 논리는 우리의 이해를 벗어나고 있다. 이러한 논증은 빌립보서 3:20f.은 찬양시이며 그 첫 행은 τὸ πολίτευμα ἡμῶν κτλ로 시작한다는 것을 미리 전제한다. 그러나 바로 빌립보서 3:20f.가 찬양시라는 점이 지금 이 시점에서 입증이 필요한 부분인 것이다!

한다(pp.26f.). 그러나 디모데후서 2:11-13을 얼핏 보기만 해도 그러한 시도가 얼마나 무모한가를 알 수 있다. 귓게만은 빌립보서 3:20f.와 2:6-11 사이의 외관상의 접촉점에 호소한다.[59] :

| | | | |
|---|---|---|---|
| μορφή(형상) | (2:6, 7) | - σύμμορφον(같은 형태) | (3:21) |
| ὑπάρχων(이다/있다) | (2:6) | - ὑπάρχει (이다/있다) | (3:20) |
| σχῆμα(형체) | (2:7) | - μετσχηματίσει(변형 시킬 것이다) | |
| | | | (3:21) |
| πᾶν γόνυ κάμψη | (2:10) | - τοῦ δύνασθαι αὐτὸν καὶ | |
| | | ὑποτάξαι αὐτῷ | (3:21) |
| (모든 무릎이 꿇을 것이다) | | (자신에게 굴복시킬 것이다) | |
| κύριος Ἰησοῦς Χριστός | (2:11) | - … κύριον Ἰησοῦν Χριστόν | (3:20) |
| (주 예수 그리스도) | | (주 예수 그리스도) | |

위와 같은 병행들(적어도 첫째, 셋째, 넷째의 병행)은 이 두 본문의 말씀이 동일한 주변 정황의 언어와 사상으로부터 나왔음을 보여 준다(Gutt, p.241). 그렇다 해도 이것이 귓게만이 제안한 것같이 빌립보서 3:20f.가 바울 이전의 찬양시라는 것을 증거하는 것은 아니다. 비록 빌립보서 2:6-11이 바울 이전의 것이라 할지라도 그닐카가 주장했듯이 빌립보서 3:20f.는 전통적인 신앙고백문의 양식과 동일한 자료들을 이용하여 바울이 지었을 수도 있는 것이다.[60] 그런데 바로 이 빌립보서 3:20f. 빌립보서 2:6-11

---

**59** Güttgernanns, op. cit., pp.241f. Already Flanagan, op. cit. (p.149, n.2). 벡커는 op. cit., pp.16f.에서 빌립보서 3:17-4:1과 2:1-12 사이에는 구조적 병행이 있다고 믿는다. 그리고 그날 이 사실로부터 빌립보서 3:20f.가 구조적으로 빌립보서 2:16ff와 유사하다는 점으로 볼 때, 그 구절은 전통적인 기독론의 내용을 담은 훌륭한 공간을 제공한다고 추론한다. 그러나 불행하게도 우리는 이것을 그의 희망사항이라고 말할 수밖에 없다!

**60** Gnilka, *Phil.*, p.209; Luz, *Geschichtsverständnis*, p.312; Lohrmeyer, *Phil.*, pp.156f.

사이의 병행 때문에 우리가 앞 문단에서 제안한 바 있는 빌립보서 2:6-11이 바울의 것이라는 주장을 뒷받침하는 증거로 빌립보서 3:20f. 사용될 수 있다.

빌립보서 3:20f.가 바울 이전의 것이라는 견해를 더욱 확고히 하기 위해 귓게만과 벡커는 본문 내의 단어를 가지고 논증을 계속한다. '폴리테우마'($πολίτευμα$, 시민권)는 신약에 단 한 번 등장하는 단어이다. 그러나 천상의 예루살렘이라는 개념을 알고 있던 바울이(갈 4:24ff.; cf. 고후 5:1ff.; 빌 1:21ff.; 히 11:13ff.; 13:14) 솔선해서 그 단어를 사용했을 수도 있으리라고 생각 못할 이유가 무엇인가? 벡커는 복수 형식화 된 '엔 우라노이스'($ἐν οὐρανοῖς$, 하늘에)는 바울의 것이 아니라고 한다. 그런데 고린도후서 5:1; 데살로니가전서 1:10(cf. 역시 고후 12:2) 등에 복수형 '우라노이'($οὐρανοί$, 하늘)가 등장하는 것에 대한-에베소서나 골로새서에 나오는 본문들은 언급도 않은 채-그의 곤욕스러운 설명은 그저 놀라울 뿐이다. 일반적으로 적어도 고린도후서 5:1은 바울 이전의 것으로 보고 있지 않다.[61] 벡커는 바울은 '휘파르케인'($ὑπάρχειν$, 이다/있다)이라는 단어를 다만 지상의 환경을 묘사할 때만 사용하는 데 반하여 여기 빌립보서 3:20과 2:6에서는 천상의 것을 묘사하는 데 사용하고 있다고 주장한다(p.20). 그러나 '휘파르케인'($ὑπάρχειν$)은 '에이나이'($εἶναι$, 이다/있다)에 상당하는 동사이다. 그리고 그것이 천상의 것을 말하는지 지상의 것을 묘사하는지는 뒤따르는 전치사구에 의해 결정되는 것이다. 바울이 너무 지상의 것에만 사로잡혀 있어서 주제의 필요성에 따라서 중립적인 동사 '휘파르케인'($ὑπάρχειν$)으로 천상의 환경을 묘사하는 데 사용할 수 없었을까[62](빌 3:14, 19!)? '소테르'($σωτήρ$, 구주)란 직함은 바울의 서신에서는 여기에만 나타난다(엡 5:23을 제외하고는). 반면에 바울의 것이 아닌 서신

---

**61** 물론 Becker, op. cit., p.19만 제외하고; "고후 5:1ff.에서는 바울의 표현에 영향을 끼친, 바울이 외부에서 빌려 온 사상들이 있는 것으로 생각해야 한다."

**62** Cf. Gnilka, *Phil*., p.209.

이나 목회 서신에는 매우 자주 나타난다. 그러나 '소사이'($\sigma\hat{\omega}\sigma\alpha\iota$, 구원하다)/'소테리아'($\sigma\omega\tau\eta\rho\acute{\iota}\alpha$, 구원)의 개념을 그렇게도 자주 사용했던 사람에게 이 직함이 그렇게 낯선 것이라 생각할 수 있을까? 그닐카가 지적했듯,[63] 빌립보서 3:20f.는 데살로니가전서 1:10과 내용상 밀접한 병행을 이루고 있다: $\mathit{\dot{\alpha}\nu\alpha\mu\acute{\epsilon}\nu\epsilon\iota\nu\ \tau\grave{o}\nu\ \upsilon\acute{\iota}\grave{o}\nu\ \alpha\grave{\upsilon}\tau o\hat{\upsilon}\ \dot{\epsilon}\kappa\ \tau\hat{\omega}\nu\ o\grave{\upsilon}\rho\alpha\nu\hat{\omega}\nu\ \cdots\ \mathit{'I}\eta\sigma o\hat{\upsilon}\nu\ \tau\grave{o}\nu\ \rho\upsilon\acute{o}\mu\epsilon\nu o\nu\ \dot{\eta}\mu\hat{\alpha}\varsigma\ \dot{\epsilon}\kappa\ \tau\hat{\eta}\varsigma\ \dot{o}\rho\gamma\hat{\eta}\varsigma\ \tau\hat{\eta}\varsigma\ \dot{\epsilon}\rho\chi o\mu\acute{\epsilon}\nu\eta\varsigma}$ (여러분은 하늘로부터 오실 그의 아들을 기다립니다…(그는) 장차 있을 진노로부터 우리를 구해 낼 예수입니다.) 그러므로 데살로니가전서 1:10에서와 마찬가지로, 바울은 여기 빌립보서 3:20에서도 전통적인 용어를 사용하여 하늘로부터 오실 종말론적인 구세주에 대한 희망을 간결한 형식으로 표명하고 있다고 볼 수 있다. 이러한 설명에 반대하여[64] 벡커는 '빌립보서 2:6-11의 그리스도에 대한 찬송시는 예컨대 그 마지막 연을 보면 전통으로부터 전수받은 형식화된 환희의 탄성의 영향 아래 있다. 그렇지만 빌립보서 2:6-11은 다양한 전승 자료를 모아서 재구성해 놓은 본문(Abschnitt) 정도가 아니라, 바울 이전의 찬양시이다'라고 말한다(p.20). 그러나 그의 논증은 그닐카보다 훨씬 설득력이 없다. 빌립보서 2:6-11의 찬양시로서의 특성은 찬양시 마지막 연의 전통적 양식에 의해 결정된 것이 아니기 때문이다. 그렇다면 벡커는 예컨대 고린도전서 12:3도 그것이 전통적 신앙고백인 '주 예수'($\kappa\acute{\upsilon}\rho\iota o\varsigma\ \mathit{'I}\eta\sigma o\hat{\upsilon}\varsigma$)를 담고 있을 뿐 아니라 빌립보서 3:20f의 이른바 '구절체간 평행법'(Parallelismus membrorum)보다 더 깔끔한 시적인 문체인 X자형 교착 배열법으로 쓰여졌으므로 찬양시로 여기겠는가? 바울이 여기서 '구주'($\sigma\omega\tau\acute{\eta}\rho$)를 사용했다는 사실이 어찌하여 바울 이전의 찬양시를 인용했음을 가리킨다는 판단 기준이 되는지는 도저히 이해가 되지 않는다. 더욱이 신약에서 '구주'($\sigma\omega\tau\acute{\eta}\rho$)란 직함은 오히려 후기에 사용되었

---

**63** Ibid., p.207.
**64** Cf. Ibid.

음을 분명히 보여 주는 단어 사용상의 통계로 볼 때 더욱 그러하다.[65] 벡커는 빌립보서 3:20에 '헤몬'(ἡμῶν, 우리)/'휘몬'(ὑμῶν, 너희)이 들어 있지 않은 '주 예수 그리스도'(Κύριος Ἰησοῦς Χριστός)가 사용된 것이 이 본문이 바울 이전의 찬양시라는 또 다른 증거가 된다고 한다(pp.21f.). 그는 로마서 10:9; 고린도전서 12:3; 빌립보서 2:11; 고린도전서 8:6 등의 예를 들어 '헤몬'(ἡμῶν, 우리)/'휘몬'(ὑμῶν, 너희)이 들어 있지 않은 '주 예수 그리스도'(Κύριος Ἰησοῦς Χριστός)는 예배의식의 언어라는 표시라고 주장한다. 바울은 자신의 서신 첫 머리의 문안 인사에서만 '헤몬'(ἡμῶν, 우리)이 들어 있지 않은 '주 예수 그리스도'(Κύριος Ἰησοῦς Χριστός)를 사용한다. 벡커는 그 이유를 '파테르 헤몬'(πατὴρ ἡμῶν, 우리 아버지) 바로 뒤에 또 다른 '헤몬'(ἡμῶν, 우리)을 사용할 경우 문체가 흐트러질 우려가 있기 때문이라고 설명한다. 그리고 그는 바울이 그의 서신 맨 마지막의 축복 인사에서 또한 '헤몬'(ἡμῶν, 우리)이 없는 '퀴리오스 예수스'(κύριος Ἰησοῦς, 주 예수)를 사용하고 있다고 지적한다(고전 16:23; 고후 13:13; 빌 4:23; 몬 25절). 벡커에 의하면 이 또한 그냥 평범한 '주 예수 그리스도'(Κύριος Ἰησοῦς Χριστός)는 예배의식적인 용어임을 보여 주는 것이다. 그러나 그는 갈라디아서 6:18에 '우리 주 예수 그리스도의 은혜'(Ἡ χάρις τοῦ κυρίου ἡμῶν Ἰησοῦ Χριστοῦ)라는 문구가 들어 있는 것을 간과하였다.[66] 더욱이 벡커가 서신의 마지막 축복 인사는 예배 의식적이라고 해석하면서, 반면에 서신의 문두에 '헤몬'(ἡμῶν, 우리)이 생략된 것은 문체상의 문제라고 설명하는 이유가 뚜렷하지 않다. 또 더 나아가 로마서 13:14; 14:14; 고린도후서 4:14; 11:13; 데살로니가전서

---

65 Cf. 귓게만의 이상한 논리 : '이 문서들(즉, σωτήρ 칭호가 나오는 2차적 바울 서신들과 다른 서신들)은 대부분 바울 서신들보다 훨씬 후에 쓰인 것들이다. 그래서 그들은 바울 이전 또는 바울과 동시대의 헬라적 기독교를 더욱 강하게 표현하고 있다'(op. cit. pp.241f. 나의 강조).

66 ἡμῶν은 ℵ p.69, 1739, pc. 사본에만 생략되어 있다.

4:1, 2; 빌레몬서 5 등에 그저 단순한 '주 예수 (그리스도)'(κύριος Ἰησοῦς ⟨Χριστός⟩)가 나오는데, 여기서 이것들이 예배 의식적 용어나 혹은 형식화된 문장 내의 용어라고도 말하기가 어렵다. 벡커는 "여기서 사도 바울이 이 모든 곳들에서 전승에 의해 영향을 받지 않고 문장을 만들었는지의 문제는 그냥 남겨 두어도 좋다"(p.21)와 같은 설명으로 다 해결된다고 생각하는가? 물론 '주 예수 그리스도'(Κύριος Ἰησοῦς Χριστός)라는 신앙고백과 그 직함은[67] 바울이 그 신앙의 선배들로부터 전수받은 것이며, '우리'(ἡμῶν)의 삽입 여부와는 상관없이 그 직함은 종종 예배 의식적 문제의 반영이기도 하다. 그러나 바울의 '주 (우리) 예수 그리스도'(κύριος ⟨ἡμῶν⟩ Ἰησοῦς Χριστός)의 사용에 대한 연구 결과는 바울이 '찬송의 문체를 쓰는 곳'에 이 형식을 사용하고 있음을 명백하게 보여 준다.[68] 그러므로 빌립보서 3:20f. 안에 이 양식이 쓰였다는 것은 다만 바울이 여기서 바울 이전의 기독론적 직함-지금은 상당 부분이 바울의 것이 된-을 이용하여 그리스도에 대한 찬양을 표현하고 있다는 사실을 증명할 뿐이다.[69] 만일 벡커가 그것을 가지고 빌립보서 3:20f.가 바울 이전의 찬양시라는 증거로 삼으려 한다면 우리는 그에게 고린도전서 12:3을 바울 이전의 찬양시라고 보는 편이 더 나을 것이라고 경고해 줄 것이다. 희귀한 단어인 '타페이노시스'(ταπείνωσις, 낮다)가 바울 서신 중 이곳에 단 한 번 쓰이고 있다는 사실이(신약 전체에도 네 번 더 쓰였을 뿐이다: 마 18:4; 23:12; 행 8:33; 약 1:10) 빌립보서 3:20f.가 바울 이전의 것임을 시사해 주는가?(Becker, p.20) 동일한 어근에서 파생된 단어들이 바울 서신에 자주 등장한다. 벡

---

[67] Kramer, *Christ, Lord, Son of God*, pp.91, 154는 ἡμῶν이 들어 있거나 들어 있지 않거나 본질적인 상이함은 전혀 없다고 결론짓는다.

[68] Ibid., p.216.

[69] 귓게만이 빌립보서 2:6-11과 3:20f. 안의 κύριος Ἰησοῦς Χριστός와 ὑπάρχειν가 병행한다는 사실에서 의미심장함을 찾으려 하는 시도에 대한 그닐카의 비평은 상당히 설득력 있다 : "ὑπάρχειν과 주 예수 그리스도의 병행점들은 아무런 특수 의미도 나타내지 않는다"(*Phil.*, p.209).

커는 그러한 단어들은 '지상의 인간 존재로서의 하나의 불가능한 모습'을 그리는 데 사용되고 있는 반면에 오직 여기 빌립보서 2:8과 3:21에서는 이 단어가 보다 근본적으로 천상에서 이루어질 모습과 대조되는 노예로서의 인간 존재라는 개념의 배경을 시사하는 데 사용되고 있다는 점을 지적한다(p.22). 그러나 이러한 상이점은 꾸며지고 추정된 것이다. 왜냐하면 그 단어군은 그 자체로 중립적이어서, 그것은 겸손과 교만의 대조(롬 12:16; 고후 10:1; 빌 2:3), 이 지상에서의 약하고 비천한 자와 강하고 교만한 자의 대조(고후 7:6; 11:7; 빌 4:12), 또한 지상에서의 비천한 존재와 천상에서의 영광스러운 존재와의 대조(빌 2:8; 3:21) 등에 사용될 수 있기 때문이다. 그렇다면 바울이 자신이 쓰고 있는 글의 주제의 필요에 따라 이 언어군을 사용하여 위에 세 번째로 언급한 대조를 표현하려 했을 수 없다고 말할 무슨 이유가 있는가?(cf. 고후 5:1ff.) 귓게만(pp.245f.)과 벡커(p.22)가 바울은 '죄에 매인 육체'(τὸ σῶμα τῆς ἁμαρτίας)(롬 6:6)와 '이 죽음의 몸'(τὸ σῶμα τοῦ θανάτου τούτου)(롬 7:24)을 말함에 있어서 그리스도인들은 이미 그로부터 구속된 몸으로 나타내고 있는 데 반해서, 빌립보서 3:21에 있는 '낮은 몸'(τὸ σῶμα τῆς ταπεινώσεως)은 다만 미래에 있을 변화를 바라고 있는 "구원 없는 상태" 안에 있는 그리스도인의 존재를 말하는 것이라고 주장할 때는 그들이 과연 바울의 종말론의 특성인 '이미'(already) 그러나 '아직'(not yet) 사이의 긴장 구조를 이해하고 있는지 의심스럽다. 바울 역시 그리스도인의 실존을 '여러분의 죽을 몸'(τὰ θνητὰ σώματα ὑμῶν)이라 칭하여(롬 8:11; cf. 6:12; 고후 4:11) '우리 곧 성령의 처음 익은 열매를 받은 우리까지도 속으로 탄식하며 양자될 것 곧 "우리 몸의 구원"(τὴν ἀπολύτρωσιν τοῦ σώματος ἡμῶν)을 기다린다'(롬 8:23)고 말하고 있지 않은가?(pace Becker, p.22) 또한 바울은 우리의 현재 '육체의 몸'(σῶμα ψυχικόν)은 부활의 날에는 '영의 몸'(σῶμα πνευματικόν)으로 변화될 것이라고 말하고 있지 않는가?(고전 15:35-54) 빌립보서 3:21의 '낮은 몸'(τὸ σῶμα τῆς ταπεινώσεως)은 그의 '구원'($ἀπολύτρωσις$)을 아직 기다리고 있는(롬 8:23) '여러분의 죽을 몸'($τὰ\ θνητὰ\ σώματα\ ὑμῶν$)(롬 8:11)과 똑같이 그리스도인 실존의 'heislos'를 묘사하는 것이다.

빌립보서 3:21의 '낮은 몸'($τὸ\ σῶμα\ τῆς\ ταπεινώσεως$)은 바울이 천상의 그리스도의 영광스러운 몸과 대조되는 개념을 간결하게 표명하기 위하여 사용할 수 없을 정도로 이례적인 문구인가? 특히 '부활된 몸'의 특성을 '영광스러움'으로 기술하고 있는(고전 15:42f.) 이가 바로 바울이라는 점에 비추어 보아 더욱 그러하다. 벡커는 빌립보서 3:21에는 있는 '몸'($σῶμα$)은 고린도전서 15:44과 같이 인간의 존재(man is)로서의 의미보다는 인간이 지니고 있다(man has)는 의미로서 '형상'(Gestalt)의 개념에 가깝다고 주장한다. 즉 그는 불트만에 호소하면서 바울은 여기서 자신의 특정적인 방식으로가 아니라 그의 반대자들이 주장하는 '몸'($σῶμα$)의 개념을 사용하고 있다고 논증한다(pp.22f.). 그러나 이 또한 그의 추정에 불과하다. 우리는 예컨대 로마서 8:11, 23 등에 나타난 '몸'($σῶμα$)의 개념과 빌립보서 3:21의 '몸'($σῶμα$)에 대한 인식 사이에 어떠한 차이점이 있는지 대체 알 수가 없다. 이 둘 모두가 우리가 가지고 있으며 또한 우리 존재로서의 '몸'($σῶμα$)을 말하고 있는 것으로 볼 수 있기 때문이다. 벡커는 또한 '형체'($μορφη$)와 그 파생어들이 바울에게서는 지상의 그리스도인의 존재에 영향을 주는 과정에 사용되고 있는 반면에, 빌립보서 3:21의 '본받는다'($σύμμορφος$)는 그리스도와 같이 된다고 하는 종말론적 사건을 말하고 있다고 지적한다(p.23). 빌립보서 3:21과 유사한 구절인 로마서 8:29은 이미 검토하였고 또한 앞으로도 다시 토론할 것이므로, 우리는 여기서 이것을 가지고 벡커에 반대하는 논쟁을 장황하게 하지 않기로 하겠다. 그러나 여기서 지적하고 싶은 것은 벡커가 현재적 종말론과 미래적 종말론을, 마치 그들이 서로 전혀 달라서 상호 연관이 없는 시스템인 것처럼 임의적으로 구분한다는 점이다. 고린도후서 3:18은 그리스도의 형상으로 변화되는 과정은 '영광에서 영광으로'($ἀπὸ\ δόξης\ εἰς\ δόξαν$), 다시 말하여 미래에 있을 완성을 향하여 다가가는 종말론적 과정임을 보여 준다. 고린도전서 15:49 역시 우리가 '하늘에 속한 자의 형상'을 입는다고 말하고 있는데, 그것은 미래적 종말론의 관점에서, 빌립보서 3:21의 우리 몸이 그리스도의 영광스러운 몸으로 변화될 것이라는 말과 내용상 동일하지 않은가? 벡커는 '쉼모르포스'($σύμμορφος$) 혹은 '메타모르포시스'($μεταμόρφωσις$)라는 용어가 신약 중에서 바울의 서신에만 나온다는 두드러진 사실을 잊지 말아야 할 것이다(아니 오히려 깨달아야 할 것이다). 벡커에게 있어서는 심지어 '에네르게이아'($ἐνέργεια$, 역사하다)란 단어조차도 문제가 된다(p.23). 그러나 그 단어가 신약 중에서 바울의 글에만 나타나고(엡 1:19; 3:7; 4:16; 빌 3:21; 골 1:29; 2:12; 살후 2:9, 31) 또한 같은 어근에서 파생되어 나온 단어들($ἐνεργεῖν$ / $ἐνέργημα$ / $ἐνεργής$)이 바울에만 빈번하게 등장한다는 사실을 떠나 생각하더라도 바울의 그렇게 무해무득한 단어를 사용한 것이 무엇이 문제가 되는가?! 마지막으로(!) 벡커는 고린도전서 15:24-28에서와 같이 빌립보서 3:21의 '모든 것을 그에게 복종시키다'($ὑποτάξαι αὐτῷ τὰ πάντα$)도 시편 8:6을 기독론적으로 사용해 온 전승으로 거슬러 올라간다고 주장한다(pp. 23f.). 이 말은 옳다. 그러나 이것으로는 고린도전서 15:25-28이 바울 이전의 것임을 증명할 수 없듯이 빌립보서 3:20f.가 바울 이전의 것임도 입증하지 못한다. 벡커는 그의 단어 연구에 대하여 다음과 같이 결론짓는다: "이렇게 좁은 공간 안에 언어적으로 유별난 점들이 가득 차 있다는 점, 그리고 이면에는 바울 신학과 신학적으로 또는 내용적으로 상이한 점들이 아주 자주 눈에 띈다는 것은 빌 3:20f.가 이 전승에 근거하고 있다는 논지를 뒷받침한다"(p.25). 그러나 우리들의 검증 결과는 다만 두세 가지의 표현 방법들-'주 예수 그리스도'($κύριος\ Ἰησοῦς\ Χριστός$), '모든 것을 복종시키다'($ὑποτάξαι αὐτῷ τὰ πάντα$), 그리고 어쩌면 하늘로부터 오는 구세주를 기다린다는 개념까지 포함해서-정도가 전승된 것으로 나타났다. 그러나 좀더 세밀한 것은 후에 다시 살펴보겠지만, 빌립보서 3:21의 '호스'($ὅς$)절에 들어 있는 개념은 바울의 독특한 사상이다. 그러므로 그렇게도 자의적인 논쟁을 통하여 도달한 벡커의 결론에 동의하기가 어렵겠다.

궛게만(pp.244ff.)과 벡커(p.28)가 이 본문과 바울의 신학적인 차이점을 찾아내기 위해 토론하는 것을 보면 성경 해석학자들이 얼마만큼 독단적이 될 수 있는지를 알 수 있다. 궛게만에 따르면 그 차이점은 세 가지가 있다. 첫째가 바울의 다른 곳에서의 진술과는 대조적으로 여기서는 그리스도인들의 부활이 그리스도로 인하여 일어나는 것으로 되어 있다. 그러나 궛게만 자신도 이어 부연 설명을 한다: '그러나 고린도전서 15: 44f.에 비추어 이 점(즉, 차이점이라고 주장된 점)은 제한되어야 한다…'(p.244, n.26). 그것은 제한되어야 할 뿐 아니라 완전히 철회되어야 한다. 여기서 우리가 빌립보서 3:21은 엄밀히 말해 그리스도인들의 부활을 언급하고 있는 구절이 아니고 파루시아(재림) 때 그들이 변화될 것과 그때는 그리스도가 중보자(agent)가 될 것임을 말하고 있는 구절이라는 점과, 이렇게 그리스도인들이 그리스도의 형상으로 변화 받게 될 때 그리스도가 그 중보자가 되리라는 사상은 이미 고린도후서 3:18에 나타나 있다는 점은 잠시 제쳐놓을 수도 있다. 비록 우리가 여기 빌립보서 3:21이 그리스도를 그리스도인들의 부활의 중보자라 말하는 것이라고 시인한다 할지라도, 이런 사고가 바울에게 있어서 전혀 이례적이라 생각되지는 않는다. 고린도전서 15:45에서 바울은 이미 그리스도를 마지막 아담인, '생명을 주는 영'($\pi\nu\epsilon\hat{\upsilon}\mu\alpha\ \zeta\omega o\pi o\iota o\hat{\upsilon}\nu$)이라고 칭하고 있기 때문이다. 궛게만은 자신이 추정한 두 번째 차이점으로 '이 구절에서는, 바울이 다른 곳에서 그러한 것처럼 파루시아(재림) 때에 살아있는 그리스도인과 죽어 있는 그리스도인들의 숙명을 구분하지 않는다; 이 구절은 다만 살아 있는 그리스도인만을 생각하고 있다. 여기서 부활의 과정을 묘사하는 데 헬라적 신비종교에서 빌어 온 표현법을 쓰고 있다. 반면에 바울은 다른 곳에서 살아 있는 사람에 대하여 언급하는데 '알랕테스다이'($\dot{\alpha}\lambda\lambda\dot{\alpha}\tau\tau\epsilon\sigma\theta\alpha\iota$, 변화된)를 사용한다'는 점을 지적한다. 그러나 그닐카가 이러한 종류의 논쟁의 독단성에 대해 적절한 말을 하고 있다: 'Soter가 가져오리라는 변화=개조는 바울이 살아 있는 자들, 즉 파루시아(재림) 때까지 살아 있는 자들에 대해서만 하는 말로 이해되어야 한다. 그러므로 바울이 (빌 3: 21)에서 변화와 부활을 구분하지 않는다는 주장은 옳지 않다. 바울은 후자(죽은 자들의 부활)에 대해서 이곳의 구체적인 상황에서는 언급할 가치가 없다고 본 것이다'(Phil., p.209). '메타스케마티제인'($\mu\epsilon\tau\alpha\sigma\chi\eta\mu\alpha\tau i\zeta\epsilon\iota\nu$, 변화) 혹은 '쉼모르포시스'($\sigma\upsilon\mu\mu\acute{o}\rho\phi\omega\sigma\iota\varsigma$, 같은 형태)는 신비주의의 용어이든 아니든 간에 바울에게 중요한 개념이다. '알랕테스다이'($A\lambda\lambda\acute{\alpha}\tau\tau\epsilon\sigma\theta\alpha\iota$, 변화된, 고전 15:51)는 종말의 변화됨에 대한 일반적 개념이다. 그것의 특정한 개념은 그리스도의 형상으로 '메타모르푸스다이'($\mu\epsilon\tau\alpha\mu\rho\rho\phi o\hat{\upsilon}\sigma\theta\alpha\iota$, 변화) 된다는 것이다. 지금 방금 말한 것이 귓게만이 추정한 세 번째의 차이점 또한 동의할 수 없는 주장임을 입증한다: '빌 3:20f.는 바울의 다른 곳에서의 이해와는 달리 부활을 하나의 완전한 새 창조로 이해하지 않고 옛 몸의 개조로 이해하는데, 이것으로 헬라 교회의 신학을 더욱 강하게 반영하고 있다.'

바울이 고린도전서 15:51ff.에서 부활한 몸을 변화된($\acute{\alpha}\lambda\lambda\acute{\alpha}\tau\tau\epsilon\sigma\theta\alpha\iota$) 몸이라 말하지 않았는가? 우리가 차후에 다시 보겠지만, 바울에게 있어서는, 부활한 몸=그리스도의 몸을 본받게 된 몸=새로운 피조물의 등식은 이미 전제된 사실이다. 그러므로 귓게만의 주장은 이중으로 지지될 수 없다. 그가 다른 학자들에게 자신의 불합리한 '관찰'에 대해 '근거'를 제시해 보라고 요구하는 것은 자신의 무모함을 드러낼 뿐이다. 더 나아가 이 시점에서 그가 '헬라파 교회의 신학'에 호소하는 것은 바로 유령에게 호소하는 것이다! 이제 우리는 벡커의 또 다른 납득하기 어려운 주장들로 돌아가 보자. 벡커는 바울이 교회를 향하여 이 지상의 것들에 마음을 두고 있는 '십자가의 원수들'과는 달리 '푯대를 향하여 그리스도 예수 안에서 하나님이 위에서 부르신 부름의 상을 위하여 달려가는'(빌 3:14) 자신을 본받으라고 권면하고 있는 것으로 보아, 20절의 말씀이 여기 본문에서 바울의 목표로 보기에 충분하다고 한다. "v.21에 뒤이어 나오는 것은 사상의 진전의 관점에서 볼 때 기대되는 것도 아니고 요구되는 것도 아니다." 이러한 그의 독단적인 주장에 대해 우리는 21절은 20절에 들어있는 분명한 축복의 말씀-그것으로 지상에서 고난받는 그리스도인들이 '십자가의 원수들'에 대항하며 살아가는 데 희망을 삼을 수 있는-을 더욱 확고하게 만드는 데 필요한 구절이라고 쉽게 말할 수 있다. 벡커는 바울의 십자가의 신학(theologia crucis) 및 구원의 현재(Heilsgegenwart)와 구원의 미래(Heilszukunft) 사이의 긴장관계 안에서 살아가는 그의 실존적 태도가 뚜렷이 드러나는 빌립보서 3:2-15과는 대조적으로, 빌립보서 3:20f.는 십자가의 신학이나 현재와 미래 사이의 긴장도 나타나지 않는다고 주장하면서 다음과 같이 말한다: 이곳에는 하나님의 의에 대한 어떠한 언급도 없다. 그리스도의 십자가와 부활에 대해서는 언급도 없거니와 암시조차도 되어 있지 않다. 오히려 데살로니가전서 1:10b에서와 같이 '승천'의 개념으로부터 발전된 미래적 구원론만 보인다. 그러므로 데살로니가전서 1:10b와 같이 빌립보서 3:20f.도 바울 이전의 것으로 보아야 한다는 것이다. 우리는 벡커의 전체적인 논증이 얼마나 독단적인가를 보이기 위해 그의 주장 중에서 마지막 부분을 좀 장황하게 적어 보았다. 왜냐하면 이 마지막 부분은 빌립보서 3:20f.는 바울이 기존에 있었던 찬양시를 인용한 것이며 그 앞의 이전 구절들과는 아무런 관련이 없다는 전제를 가지고 있는 사람만이 할 수 있는 주장이기 때문이다. 그러나 '빌립보서 3:20이 그 자체로서 완벽한 바울 이전의 찬양시이다'라는 사실이 우선 입증되어야 한다. 만일 그러한 전제 없이 빌립보서 3:20f.을 문맥 속에서 읽어 보면 그것은 현재의 본문에 너무나 잘 조화되며, 또한 그것은 이미 얻은 구원의 열매들과 종말에 있을 구원의 완성 때에는 결국 사라져 버릴 것이지만 지금은 계속되는 고난 사이에 존재하는 현재의 그리스도인의 변증적 실존(고후 4:7-5:5)의 문제를 다루고 있어, 전형적인 바울 신학을 담고 있다. 우리는 벡커에게 바울 서신의 전체를 통해 한 번에 두 구절씩을 취하여 그 구절에서 얼마만큼 자주 그가 나열해 놓은 바울의 신학 모두를-그리스도의 십자가와 부활, 하나님의 의, 십자가의 신학, 현재와 미래 사이의 변증적 실존‥‥-아니 이 중에 한 가지 이상만이라도 발견할 수 있는지를 살펴보라고 권고해 주고 싶다. 그리고 그에게 예컨대, 로마서 12:1f.; 13:11-14; 고린도전서 13:11-13; 15:53f.‥‥등도 불행히도 그 본문들 속에 위에 열거된 내용들이 포함되어 있지 않다는 이유 때문에 바울 이전의 것으로 취하겠는가 묻고 싶다. 귓게만(p.245)과 벡커(pp.25, 28)가 빌립보서 3:20f.를 바울 이전의 찬양시라고 주장하기 위해 바울과 이 본문 사이의 차이점, 아니 그 이상의 긴장관계에 대해 말할 때 바울 서신에서 바울 이전의 신앙 고백의 양식을 찾으려는 현대 비평학자들의 표준적인 관행을 따르고 있다. 그러나 그들은 결코 그들 자신에게 가장 원초적이고 명백한 질문을 해 보지 않는다: 어찌하여 대체 바울은 비평학자들이 주장한 바에 의하면, 자기 자신의 신학과 그렇게도 명백한 차이점을 가지고 있는 바울 이전의 신앙 고백의 형식을 인용하였을까? 바울은 너무도 어리석어서 현대 비평학자들(그들은 결단코 바울 자신보다도 더 바울적임에 틀림없다!)이 그를 위해 그렇게도 쉽게 발견할 수 있었던 그러한 차이점을 볼 수 없었던 것일까?

그러므로 빌립보서 3:20f.의 개념들이나 언어, 형식으로부터 그 본문이 바울 이전의 찬양시라고 주장한 귓게만과 벡커의 논증은 전혀 근거가 없다. 이 본문은 바울 자신이 기술한 것이다.[70]

마지막으로, 로마서 8:29 역시 몇몇 비평 학자들에 의해 바울 이

---

[70] So Luz, *Geschichtsverständnis*, p.312; Gnika는 *Phil.*, pp.208ff.에서 바울이 자신의 적대자의 가르침으로부터 인간의 변화됨이라는 개념을 빌어와서 그것을 옳게 수정하려 했다고 추론하고 있는데 그러나 이것은 근거 없는 이야기이다. See now also R. H. Gundry, *Soma in Biblical Theology* (1976), pp.178-82.

전의 것으로 주장되고 있다.[71] 그 언어, 문체, 내용에 근거하여 로마서 8:29이 바울 이전의 것이라고 하는 주장은 결코 확정적인 것이 아니다. '프로기노스케인'($προγινώσκειν$, 미리 알다), '프로오리제인'($προορίζειν$, 미리 정하다), '프로토토코스'($πρωτότοκος$, 맏아들), '독사제인'($δοξάζειν$, 영화롭게 하다/로마서 8:30의 의미에서) 등의 단어들을 가지고 한 논증은 애매모호하다. 이 단어들은 신약에 드물게 나타나기 때문이다. 바울이 다른 곳(롬 11:2; 고전 2:7; 엡 1:5, 11)에서도 '프로기노스케인'($προγινώσκειν$, 미리 알다)과 '프로오리제인'($προορίζειν$, 미리 정하다)이란 용어를 사용했다는 그 사실이 바로 바울에게 이 단어들이 이례적인 것들이 아니었음을 증명한다. 그러므로 루츠(U. Luz)가 다음과 같은 말로 경솔하게 바울 언어의 특성을 포기해 버리는 것은 수긍할 수 없다 : "여기 사용된 동사들(즉 '에이나이'⟨$εἶναι$⟩까지 포함하여 5개) 중 '칼레오'($καλέω$)와 '디카이오우'($δικαιόω$)만이 바울적인 것이다."[72] 내용에 대한 논증도 역시 설득력이 없다. 실러(Schille)는 바울에게 있어서 세례 받은 사람이 그리스도와 같이 된다는 의미는 그리스도와 함께 그들이 죽는다는 것만을 가리키는 데 반하여 8:29f.에서는 죽음에 대한 언급이 없다고 주장하는데, 이것은 고린도전서 15:49; 고린도후서 3:18; 빌립보서 3: 20f. 등에 비추어 볼 때 전적으로 옳지 않은 말이다.[73] 바울이 '쉼모르포시스'($συμμόρφωσις$, 본받음)와 영광 받음을 미래의 사건으로 기대하고 있는 반면에 그가 이곳에 인용하고 있는 전승은 아마도 그 부정 과거

---

[71] Jervll, *Imago*, p.272; K. Grayston, 'The Doctrine of Election in Romans 8:28-30'. : *StEv* ii, *TU* 87(1964), pp.576f.; G. Schille, *Frühchristlich Hymnen*(1965), pp.89f.; Luz, Geschichtsverständnis, pp.250ff.; P. v. d. Osten-Sacken, *Römer 8 als Beispiel paulinischer Soteriologie*(1975), pp.67ff.; Käsemann, *Römer*, p.233.

[72] Luz, op. cit., p.251.

[73] So Osten-Sacken, op. cit., p.67(n.29) against Schille, op. cit., p.89(n.7).

형과 함께 그것들을 현재의 사건으로 생각한다[74]는 루츠의 주장도 역시 동의할 수 없다. 바울은 '쉼모르포시스'($συμμόρφωσις$, 본받음)와 영화롭게 됨을 현재의 과정(고후 3:18)으로 여기고 있었을 뿐 아니라 '누구든지 그리스도 안에 있으면 새로운 피조물'(고후 5:17)이라는 사실도 알고 있었다.[75] 문체가 (예배 의식적) 형식이라든지 찬양시처럼 보인다고[76] 하는 문체에 대한 논증도 그리 결정적인 것은 아니다. 바울이 예배의식적인 신앙 고백문을 작성하지 못할 이유가 없기 때문이다.

로마서 8:29f.가 전승된 자료라는 사실을 입증해 주는 것처럼 보이는 유일한 주장은-그것이 본래 바울이 저술한 것이든 그렇지 않든 간에-문맥 안에 들어 있는 연쇄식 논법에 대한 고찰에서 나온다. 우선, v.29bc ($συμμόρφους\ τῆς\ εἰκόνος\ τοῦ\ υἱοῦ\ αὐτοῦ,\ εἰς\ τὸ\ εἶναι\ αὐτὸν\ πρωτότοκον\ ἐν\ πολλοῖς\ ἀδελφοῖς$ / 그의 아들의 형상을 본받게 하여, 그로 하여금 많은 형제들 중에서 맏아들이 되게 하셨다)가 여기의 연쇄식 논법을 깨뜨리고 있음은 명백하게 인지된다.[77] 이 사실로 미루어 보면 연쇄식 논법은 본래 스스로 완전히 독립적으로 존재하던 전통적 자료이며,[78] 바울이 이것을 인용하면서 v.29bc를 끼워 넣

---

[74] Luz, op. cit., p.251.
[75] Cf. Osten-Sacken, op. cit., p.67(n.29), 279ff. against 루츠. 본론에서는 루츠와 실러와의 논쟁에서 반론을 전개하던 오스텐-작켄(Osten-Sacken)이 마지막에는 그들의 결론을 수용하고 있음은 이상한 일이다.
[76] Schille, op. cit., p.89(n.8); Luz, op. cit., p. 251., Käsemann, *Römer*, p.233; Osten-Sacken, op. cit., p.68.
[77] So Grayston, op. cit., p.578; Luz, op cit., 251f.; Osten-Sacken, op. cit., p. 68.
[78] 그것은 아마 이런 형태의 것이었을 것이다 :

$ὅτι$   $οὕς$   $προέγνω$
              $(τούτους\ καὶ)$   $προώρισεν$
       $οὕς\ δὲ$   $προώρισέν$
              $τούτους\ καὶ$   $ἐκάλεσεν$

었을 것으로 생각할 수 있다. 이 견해를 뒷받침해 주는 세 가지의 고찰이 더 있다: 서창부(敍唱付)인 하부 '호티'(ὅτι)와 이 구절의 파격 구문적 성격[79]; v.28의 '오이다멘'(οἴδαμεν)…[80]; vs. 29f.의 전후에는 1인칭이 쓰인 반면 이 구절은 3인칭으로 쓰이고 있다는 점이다.[81] 최소한 여기 논법의 나머지 부분이 바울의 신학이나 언어와 서로 대립되지 않는다는 사실은 말할 필요도 없거니와, 위에서 밝혔듯이 명백하게 나타나 있는 바울적인 요소들(καλεῖν δικαιοῦν)에만 비추어 보아도 바울이 본래 이 연쇄식 논법을 직접 만들어 내었거나 아니면 적어도 초대 교회 안에서 그것이 형성되는 과정에 신학적, 개념적으로 기여했던 것 같다.[82] 그런데 당장의 우리의 관심은 v.29bc를 누가 썼는가 하는 것이다. 루츠는 골로새서 1: 3-20을 지적하면서, 그리고 오스텐-작켄(Osten-Sacken)은 "이미 전승된 것으로 증명된 구절 빌립보서 3:20f."[83]라고 지적하면서, 여기에 삽입된 문구 역시 본래 바울 이전에

```
        καὶ      οὓς      ἐκάλεσεν
                          τούτους καὶ      ἐδικαίωσεν
                 οὓς δὲ   ἐδικαίωσεν
                          τούτους καὶ      ἐδόξασεν·
```

**79** Schille, op. cit., p.90; Luz, op. cit., p.251.
**80** Jervell, *Imago*, p.272; Grayston, op. cit., pp.575ff.; Schille, op. cit., p.90.
**81** Luz, op. cit., p.251; Jervell, *Imago*, p.272.
**82** Pace Grayston, op. cit., pp.576f. Cf. F. Hahn, 'Taufe und Rechtfertigung', *Rechtfertigung*, Käsemann FS, ed. F. Friedrich *et al*. (1976). pp.115f. 이 형식, 또는 저 형식이 바울 이전에 존재하던 것이라는 주장을 하는 사람들은 그러한 결론을 내리기 전에 헹엘의 주장을 유의해 볼 필요가 있다. 그는 바울이 초대 교회의 시초부터 바로 그 안에 존재하고 있었던(c.32- 34A.D.) 사람이었다는 가장 주목할 만한 사실을 지적한다. 그리고 그와 함께 다음과 같은 질문을 해 볼 필요가 있다 : "사도회의 전 정보부록으로 캄캄한 14-16년 동안 바울 스스로가 답비 훈련을 받은 신학적 권위자로서 그런 종류의 문형들의 형성에 어느 정도까지 적극적으로 동참하였는가, 또는 그가 어느 정도까지 정말로 남의 것을 넘겨받았는가?"('Christologie', p.46).
**83** Luz, op. cit., pp.251f. : Osten-Sacken, op. cit., pp.73f.(quotation in p.73). 오스텐-자켄은 빌립보서 3:20f.는 바울 이전에 있었던 찬양시라고 하는 귓게만과 벡커의 견해에

존재한 전통적 자료라고 주장한다. 여기서 루츠가 골로새서 1:13-20
이 바울 이전의 것, 즉 바울이 회심하기(A.D. 32-34) 이전에 나온 것
으로 증명할 논리적 준비가 되어 있는가? 만일 그렇지 못하다면 비록
골로새서 1:13-20이 바울의 것이 아니라 할지라도(이 점에 대해서는
우리가 위에서 부인한 바 있다), 바울이 '에이콘'($Εἰκών$) 기독론을 초
기의 교회에 소개하였으며, 그것이 이 찬양시에 반영되었다고 보는
것이 가능치 않은가?[84] 우리가 이미 살펴보았듯이 '에이콘'($Εἰκών$)
기독론과 그리스도인들이 그리스도의 형상으로 변화 받는다는 사상
은 바울이 쓴 글에만 나타나는 것으로 보아도 이것이 다만 이론적 가
능성만은 아니다. 이제까지 우리가 검토해 본 본문들은 제쳐 두고라
도, 고린도전서 15:49; 갈라디아서 4:19; 빌립보서 3:10(cf. 로마서 6:5
도 역시)과 같이 위와 같은 사상을 담고 있으나 바울의 저작성에 대한
논쟁은 일어나고 있지 않은(혹은 좀 더 조심스럽게 말하자면, 우리가
아는 한도 내에서는 아직은 논쟁되고 있지 않은) 본문들이 있다. 로마
서 8:29bc에 함축되어 있는 또 다른 사고, 이른바 그리스도는 하나님
의 아들이고 그리스도인은 하나님의 양자들이라고 생각하여 이 둘의
관계를 형제라는 관점에서 보는 사고방식 역시 바울 특유의 것이다
(갈 3:26-4:7; 롬 8:14ff.).[85] 그러므로 로마서 8:29, 30의 나머지 부분은

---

호소한다. 그러나 우리는 이미 그러한 주장들은 만들어진 증거들에 의한 것이라는 사
실을 살펴본 바 있다. 고린도후서 3:18 역시 바울 이전의 것이라는 주장을 위해 오스
텐-작켄은 S. Schulz, 'Die Decke des Moses', *ZNW* 4p(1958), 18ff.에 호소하는데, 그
의 논지에 대하여 반 우닉은 '조금치의 증거'도 발견할 수 없었다고 말하였다('"With
Unveiled Face" (2Cor, iii 12-18)' *Sparsa Collecta*, p.197).

[84] 여기 다시 헹엘의 의견을 진지하게 검토해 볼 필요가 있다. 특히 어떤 개념이나 양식
이 바울 서신 이외에서 발견된다는 사실 하나로 그것들을 바울 이전의 것으로 취급해
버리려는 학자들에 있어서 더욱 그러하다 : "몇 개의 기독론적, 구원론적 문형들이 다
른-항상 뒤늦은-非바울 문서에도 나타난다는 사실만으로 그것을 '바울 이전'의 것,
즉 바울 사도에게 원래 낯선 것이었다고 볼 수는 없는 것이다"('Christologie', p.46).

[85] So Hengel, *Sohn*, p.24. 우리가 살펴본 바와 같이, 같은 사상이 히브리서 2:10ff에도

몰라도 로마서 8:29bc는 분명히 바울의 것이다.[86]

이렇게 하여 우리는 '에이콘'($E\iota\kappa\acute{\omega}\nu$)-기독론과 그리스도인들이 그리스도의 형상으로 변화 받는다는 사상은 명백하게 바울의 것이라는 결론을 내릴 수 있다.

### 2) 개념의 기원에 관한 다양한 주장들

이제, 어떻게 하여 바울이 그리스도를 '하나님의 형상'($\epsilon\iota\kappa\grave{\omega}\nu\ \tau o\hat{\upsilon}\ \theta\epsilon o\hat{\upsilon}$)이라 칭하게 되었으며 구속받은 자들이 그리스도의 형상을 본받게 된다, 혹은 그 형상으로 변화한다고 하는 구원론적 개념을 발전시키게 되었는가 하는 문제가 생기게 된다. 라슨(E. Larsson)은 메시아는 신적인 형상의 특별한 계시자라고 하는 구약의 개념과 후기 유대교에서 발전된 '인자'(人子)와 '지혜'의 개념이 바울의 '에이콘'($E\iota\kappa\acute{\omega}\nu$)-기독론의 배경이 되고 있다고 한다.[87] 만일 참으로 구약과 유대교에서 메시아가 신의 형상을 특별히 계시하는 자로 인식되었다면, 나사렛의 예수를 메시아로 인지했던 바울이 어떻게 하여 '하나님의 형상'($\epsilon\iota\kappa\grave{\omega}\nu\ \tau o\hat{\upsilon}\ \theta\epsilon o\hat{\upsilon}$)이라는 직함을 예수 그리스도에게 부가하게 되었는지는 명백해진다. 그러나 불행히도 이것은 사실이 아니다.[88] 라슨은 구약 안에서 메시아, 혹은 메시아로서의 모습을 하나님의 형상으로 그리고 있는 구절을 찾을 수 없게 되자, 시편 8:4ff.; 2:7; 110:1; 45:6f. 등과 심지어는 에스겔서 28장에 호소하면서 여기 구절들 안에 나타난 왕이나 메시아적 왕들이 특별한 신의 형상을 가지고 있다고

---

나타난다. 그러나 전승사적으로 볼 때 히브리서가 바울의 영향을 반영하고 있는 듯 하다.

[86] So Grayston, op. cit., p.578; cf. also H. Paulsen, *Uberlieferung und Auslegung in Römer* 8(1974), pp.159f.

[87] E. Larsson, *Vorbild*, pp.138, 170ff.

[88] So Jervell, *Imago*, p.119.

주장한다. 초기 교회 내의 다른 사람들처럼 바울도 시편 8:4ff.; 110:1 등을 기독론적으로 해석하는 것은 사실이다(예, 고전 15:25ff.).[89] 그러나 문제는 이것이다: 시편 8:4ff.가 참으로 후에 하나님의 형상으로서 기독론적으로 이해된 '사람' 혹은 '인자'(人子)를 말하고 있는 것인가? 분명히 그 구절은 아담의 창조에 대한 창세기의 기사를 염두에 두고[90] 하나님의 형상과 밀접한 관련이 있는, 아담에게 주어진 영예, 영광, 지배권[91]을 말하고 있다. 그렇다고 하여 바울이 이 시편 8:4-6에 근거하여 예수 그리스도를 '하나님의 형상'($\epsilon$ἰκών τοῦ θεοῦ)으로 칭하게 되었다는 것이 납득되는 설명인가? 시편 8:4ff.가 '구약에 메시아를 신의 형상에 대한 특별한 계시자로 보는 개념이 있다'고 하는 전제에 충분한 근거를 제시하지 못한다면 시편 2:7; 45:6f.; 110:1은 더욱 그러하다. 이 중에 가장 희망이 없어 보이는 것이 에스겔서 28장에의 호소이다. 라슨은 신의 형상의 계시자로서의 '왕적인 메시아'의 개념은 '인자'(人子)라는 아이디어 안에 이어지게 되었다고 주장하면서 이것을 '구약의 메시아 사상의 특별한 형태였다'고 생각한다.[92] 예수 이전의 구약이나 유대교 안에 '인자'(人子)("그 '사람의 아들'")가 메시아로서의 개념으로 존재하였었는가라는 논쟁의 여지가 많은 질문은 제쳐두고라도[93] '인자'(人子)가 한 번이라도 하나님의 형상으로 지칭된 적이 있었다는 증거가 없으므로[94] 이 견해는 지지될 수 없

---

**89** C. H. Dodd, *According to the Scriptures*(1952), pp.32ff.를 보라.

**90** H. J. Kraus, *Psalmen* 1(1961), pp.67ff.; A. A. Anderson, *The Book of Psalms* 1(1972), pp.100ff.; F. H. Borsch, *The Son of Man in Myth and History*(1967), p.114.

**91** Cf. G. V. Rad, εἰκών *TDNT* ii, p.391; Jervell, *Imago*, pp.100ff.

**92** Larsson, *Vorild*, pp.121ff.(122), 128ff.

**93** 본서 pp.420f.

**94** *Contra*. Larsson, *Vorbild*, p.122. 또는 '하나님의 형상'의 개념을 가진 신의 현현 때에 사용되는 용어인 '한 사람의 아들 같은 이'에 관련된 또 다른 방식의 고찰은 본서의 pp.346-378을 보라.

다. 의인화(personified)된 '지혜'가 하나님의 형상이라 불린 것(지혜서 7:25ff.)과, 후에 자세히 살펴보겠지만, 그리스도를 선재한 '지혜'로 보는 바울의 인식이 그의 '에이콘'(Eἰκών)-기독론의 두 가지 구성 요소 중에 하나(그 나머지 하나는 그리스도를 마지막 아담이라고 보는 인식)를 형성하고 있는 것은 사실이다. 그러나 라슨이 구약의 왕적인 메시아의 개념에서 시작하여 '인자'의 모습을 거쳐 의인화된 지혜의 개념까지를 모두 동일시함으로써 그가 메시아로서 하나님 형상됨(die messianische Gottebenbidlichkeit)이라 칭하고 있는 것을 모두 하나의 선상에 직결시키는 것은[95] 너무 무모한 시도이다. 우리는 이미 기독교 이전의 유대교 안에서 한편으로는 메시아와 지혜의 합치된 모습을 찾으려는 시도, 다른 한편으로는 '인자'(人子)와 '지혜'를 서로 동일시했던 증거를 찾으려는 시도를 부정한 바 있다.[96] 그러므로 바울이 그리스도를 '하나님의 형상'(εἰκὼν τοῦ θεοῦ)으로 인식하고 있는 것에 대하여 구약과 유대교에서 메시아를 신의 형상의 특별한 계시자로 인식하였다고 하는 관점에서 설명하고자 하는 라슨의 시도는 성공적이 못 된다.[97]

'하나님의 형상'(εἰκὼν τοῦ θεοῦ)의 개념이 창세기에 나오는 하나님의 아담 창조기사에서 나왔고(창 1:26), 바울이 그리스도를 마지막 아담이라 칭하고 있으므로(고전 15:45), 바울이 그리스도를 '하나님의 형상'(εἰκὼν τοῦ θεοῦ)이라 칭하는 것은 아담 기독론의 일부이며, 그것은 창세기 1:26에 근거한 것이라는 주장이 종종 제시된다.[98] 앞으

---

[95] Ibid., pp.130ff.
[96] 그들의 관계에 대한 좀 더 정확한 정의에 대해서는 pp.194ff., 393ff.를 보라.
[97] 마찬가지로 통의할 수 없는 기빌한 주장 : "후기 유대 자료에서 우리는… 구약에서와 마찬가지로-묘사된 하나님의 형상에 대한 사상들을 발견하게 된다. 하나님의 백성(경건한 자들, 지혜로운 자들)은 그들의 인자 또는 지혜와의 관계로 말미암아 이 '메시아적 인물들'이 지니고 있는 하나님의 형상에 참여하게 된다"(*Vorbild*, p.148).
[98] A. E. J. Rawlinson, *The NT Doctrine of the Christ*(1926), p.132; G. Kittel, εἰκών,

로 자세한 것은 고찰해 보겠지만 두 가지 개념은 서로 밀접하게 관련되어 있다. 그러나 문제는 어떤 것이 바울의 사고의 순서에서 우선적이었을까 하는 것이다. 많은 학자들이 추측하듯이 그리스도에 대한 마지막 아담으로서의 개념이 바울로 하여금 그리스도를 '하나님의 형상'(εἰκὼν τοῦ θεοῦ)으로 칭하도록 이끌었던 것이었을까? 다른 설명의 길은 없을까? 이 질문은 아직도 많은 논쟁을 일으키는 문제인 아담 기독론의 배경을 검토해 봄으로써만이 해결될 수 있다.

그러나 이 문제에 대한 토론에 들어가기 전에 우리는 몇몇 신학자들이 바울의 그리스도에 대한 하나님의 형상으로의 인식의 배후에는 바울의 지혜 기독론이 놓여 있다고 믿고 있는 사실을 주목해 보아야 한다.[99] 이들의 확신은 헬라파 유대교에서 지혜가 하나님의 형상으로 지칭되고 있다(지혜서 7:26)는 사실[100]과 바울이 그리스도를 의인화(personified)된 신성의 지혜라 칭하고 있는 점에 근거하고 있다. 실제로 그리스도가 '하나님의 형상'(Εἰκών)이라는 인식은 바울에게 있어서 아담 기독론만큼이나 지혜 기독론과도 밀접한 관련이 있음을 볼 수 있다. 바울의 '에이콘(Εἰκών)-기독론' 안에 들어있는 '아담 기독론'의 요소들을 설명하기 위하여 '지혜'를 '에이콘(Εἰκών)-기독론'의 배경으로 제안하는 학자들은 종종 필로가 로고스를 천상의 인

---

TDNT ii, pp.395f.; M. Black, 'The Pauline Doctrine of the Second Adam' *SJT* 7(1954), pp.174ff.; Scroggs, *The Last Adam*(1966), p.97ff.; also Jervell, *Imago*, pp.174f., 200f.(but on p.217 he seems to contradict himself).

99 Windisch, *2. Kor.*, p.237; Eltester, *Eikon*, pp.133f; Hengel, *Sohn*, p.118.

100 See also Philo, *Leg. Alleg*, i. 43. See further *Op. Mund*. 24; *Leg. Alleg*. iii. 96; *Plant*. 18-20; *Conf. Ling*. 97, 147; *Fuga* 101, 등의 여러 곳에서 신적인 Logos는 하나님의 εἰκών으로 지칭되었다. 필로는 Logos와 Sophia가 동일시된다고 하는 일반적인 견해에 반대하여(e.g., Jervell, *Imago*, p.69) 웨더번(A. J. M. Wedderburn)은 '그 둘의 개념과 배경이 서로 겹치는 부분이 있기는 해도, 결코 그들을 혼용할 수는 없다'고 주장한다('Philo's "Heavenly Man"', *NovT* 15(1973), pp.321f.).

간과 동일시하는 데에 호소한다.[101] 그러나 필로의 천상의 영적인 '인간'(Anthropos)은 '영지주의적인 인간'(Gnostic Anthropos)과 동일하지 않다: 그러므로 필로가, 헬라적 유대교에 지혜와 영지주의적 인간이 합치된 모습이 나타난다고 하는 증인도 되지 못하거니와, 따라서 그러한 배경으로부터 바울의 에이콘($Eikών$)-기독론이 파생되어 나왔다는 주장도 확증될 수 없는 것이다.[102] 오히려 필로는 로고스와 창세기 1:26f.의 '천상의 인간'을 동일시함으로써 그리스도를 신성의 '지혜', 곧 하나님의 형상($Eikών$)으로 보는 바울의 관점이 그리스도와 창세기 1: 26f.의 아담의 개념의 연합으로 쉽게 발전할 수 있었던 주변 여건을 조감해 준다.[103] 만일 바울이 그의 '지혜 기독론'에서 그리스도를 하나님의 형상($Eikών$)으로 보는 관점을 이끌어낸 것이라면, 우리는 쉽게 그 인식과 아담 기독론 두 가지 모두를 다메섹 사건과 연관시킬 수 있다. 우리가 앞에서 고찰한 바와 같이 바울의 지혜 기독론은 다메섹 체험에 그 뿌리를 두고 있기 때문이다. 그런데 우리는 그리스도에 대한 하나님의 형상($Eikών$)으로의 인식과 마지막 아담으로의 인식을 다메섹의 그리스도의 현현과 직접 연결시킬 수 있는 강력한 근거가 있다고 믿는다. 이러한 근거들을 규명하게 되면 위의 둘 사이에 간접적 연결고리를 제시하던 지혜 기독론의 증거는 다만 그러한 근거들을 확인해 주는 역할만을 하게 될 것이다.

### 3) 아담 기독론의 기원에 대한 가설들

그러나 이러한 근거들을 규명하기 전에 우리는 바울의 아담 기독론의 배경에 관한 문제부터 다루어야 하겠다. 우선, 바울의 아담 기독론

---

**101** Eltester, *Eikon*, pp.139ff.; Hengel, *Sohn*, p.118; cf. also Dibelius-Greeven, *Kol.*, pp.8f., 10f.; E. Brandenburher, *Adam und Christus* (1962), p.118.

**102** 본 장의 주 155).

**103** So Hengel, *Sohn*, p.118.

이 영지주의의 '우어멘쉬'(Urmensch, 태초의 인간) 구원자의 신화-이 신화에는 '우어멘쉬'(Urmensch), 곧 신성의 인간($ἄνθρωπος$), 그의 물질세계로의 떨어짐과 그로부터의 구원 등의 내용이 들어있다-에 근거하고 있다고 하는 한때는 상당한 영향력을 가졌던 제안부터 언급하고자 한다. 이 견해는 종교사학파에 의해 선도되었는데, 그들 중 가장 영향력 있는 학자들로는 라이첸슈타인(R. Reitzenstein)과 부세트(W. Bousset)가 있었으며,[104] 불트만과 그의 제자들은 신약의 해석 작업을 하는 중에 이것을 그들에게 가장 중요한 전제로 삼았다.[105] 그러나 최근 들어 이러한 영지주의의 '우어멘쉬'(Urmensch) 구원자의 신화 혹은 '구원받은 구원자 신화'(redeemed redeemer myth)의 가설은 비평적 연구들에 의해 밀려나게 되었다.[106] 그리고 이 신화는 여러 가지 자료에서 나온 조각 그림을 모아 맞추어 만든 근래의 작품으로 판명되었다. 콜페는 '신화'에 대한 자신의 연구 결과를 다음과 같이 명료하게 표명한다:

'구원받은 구원자'의 양식(이것 자체가 다양한 의미를 가지고 있다)과 '우어멘쉬(Urmensch)-신화'는 오직 다음과 같은 여러 가지 실체화의 과정을 무시함으로써만이 얻어진다. a) 우어멘쉬(Urmensch)가 구원자로부터 분리된다. b) 여러 가지 모습의 구원자들은 우어멘쉬(Urmensch)로부터, 또

---

**104** E. g., R. Reitzenstein, *Die hellenistischen Mysterienreligionen*($^3$1927), pp.348f., 423; W. Bousset, *Kyrios Christos*($^2$1921), pp.140ff.

**105** E. g., Bultmann, *Thelogy* i, pp.174ff., 251, 289f.; E. Käsemann, *Leib und Leib Christi*(1933), pp.163ff.; G. Bornkamm, *Ges. Aufsätze* i, p.83; *Paulus*, p.135. 이 가설의 발전에 관한 역사적 고찰에 대해서는 see Colpe, *Schule*, ch.1(pp.9-68); also Schenke, *Gott "Mensch"*, ch.2(pp.16-33.)

**106** 콜페(Colpe)의 책 *Die religionsgeschichtliche Schule*의 주제는 그 책의 부제목인 "Darstellung und Kritik ihres Bildes vom gnostischen Erlösermythos"(학파의 영지주의적 구원자 신화에 대한 서술과 비판)가 가리키듯이 그 가설에 대한 전체적인 검토이다.

한 서로서로로부터도 분리된다. c) 위의 세계에 속하는, 구원하는 빛으로 이루어진 존재는 아래 세계에 속하는 구원받아야 할 빛으로 이루어진 존재와 서로 분리된다. d) 이 두 가지의 빛으로 이루어진 존재는 서로서로 분리되며, 또한 다양한 모습의 구원자들과도 분리된다…만일, 신화의 본문들이 제시하듯이, 이들 본체가 분리되고 서로 동일시되지 않게 된다면 '우어멘쉬(Urmensch) 구원자'와 '구원받은 구원자'의 양식은 매우 희귀한 경우에만 나타나게 될 것이다.[107]

그는 이 가설들의 오류를 펼쳐 보인다 :

> 영지주의의 구원자 신화는 먼 옛날 그 언젠가, 동방의 머나먼 그 어느 곳, 좀 더 지역을 좁혀 상상해 보자면 '이란' 정도의 곳에서 발생하여 시·공을 넘어 떠돌아다니다가 어떤 집단의 여기저기에, 예컨대 '지혜서', 필로, 아담에 관한 유대인들의 관념 및 묵시적인 글들 안에 그 편린을 남겼다가 그것들은 점점 자라나 한데 뭉쳐서 한때는 마니교 안에서 커다란 합체를 이루었다. 그러다가 결국은 만데파(Mandeans)와 함께 그것들의 구성 요소로 다시 분해되어 버린 것이다.[108]

그래서 콜페는 이 형식이 영지주의를 연구함에 있어서 해석학적으로 올바르거나 적합한 기준이 되지 못한다고 생각한다.[109] 콜페는 영지주의의 '우어멘쉬'(Urmensch)('천상의 인간', '속사람'이라는 의미)가 자아에 대한 그들의 통념을 나타내는 것이라는 사실을 인식하고[110] 다른 곳

---

**107** Colpe, *Schule*, p.185.
**100** Ibid., p.191.
**109** Ibid., p.189.
**110** Cf. G. Quispel, 'Der gnostische Anthropos und die jüdische Tradition', *Gnostic Studies* 1(1974), pp.173-195; Schenke, *Gott "Mensch"*, pp.69ff.

에서의 '자아'나 '영'의 실체들과 마찬가지로 여기 '우어멘쉬'(Urmensch) 도 예수 그리스도와의 모습과 독립적으로 구원자의 직능을 가질 수도 있었으리라는 개연성은 인정하고 있으나, 그럼에도 불구하고[111] 기독교 이전의 영지주의에 '우어멘쉬'(Urmensch) 구원자의 개념이 존재했었다는 그 어떤 증거도 찾을 수 없다고 주장한다.[112] 이것은 비평적 방법이긴 하지만, 기독교 이전의 영지주의에 '인간 구원자'(Anthropos-redeemer)의 신화는 존재하지 않았으며 사실은 예수 그리스도란 인물의 출현이 그 이전에 여러 곳에 숨어 있던 편린들이 영지주의의 '인간 구원자'의 모습으로 만들어지는 데 촉매 역할을 하였다고 하던 학자들의 주장을 확증해 준다.[113] 콜페의 이러한 결론은 그 후 여러 사람들의 연구에 의해 계속 확증되었다.[114] 그러므로 한때는 영지주의의 구원자 신화를 주장하는 학자들 중 선두주자였던 케제만이 이제는 현대의 신학자들이 그러한 신화를 재구성하여 만들어내기 위하여 사용한 참고문헌들 거의가 처음부터 끝까지 기독교 이후에 만들어진 모순된 자료임을 인

---

[111] Colpe, *Schule*, pp.205ff.(also p.202, n.1)

[112] Cf. Ibid., p.207; more definitily in his 'Gnosis', *RGG* ii, 1652, and in 'NT and Gnostic Christology', *Religions in Antiquity*, Essays in Memory of E. R . Goodenough, ed. J. Neusner(1968), p.235.

[113] E.g., Quispel, op. cit., p.195; Wilson, *Problem, passim*(esp. pp.218-28); E. Schweizer, *Lordship and Discipleship*(1960), pp.125ff. See also A. D. Nock, 'Gnosticism', *Arthur Darby Nock; Essays on Religion and the Ancient World*(1972), pp.956ff.; Schenke, *Gott "Mensch"*, pp.148, 155; Jervell, *Imago*, pp.145f. (n.91).

[114] 콜페(Colpe)는 *Schule*에서 시몬 마구스(Simon Magus)의 전승(p.202., n.2)과 도마의 행전에 나오는 진주의 찬양시(the Hyrnn of the Pearl)에 관하여 언급하면서(p.207) 그 자신이 전자의 경우 신약에 나타난 예수 그리스도의 모습과는 독립적으로 그 보다 먼저 영지주의의 구원자 신화가 발생했을 가능성을 말한다. 그러나 최근의 비평적 연구 조사 결과도 사도행전 8장의 사마리아의 시몬이나 3세기의 마니교의 진주의 찬양시나 어느 것도 기독교 이전의 영지주의의 것이라는 증거가 없다는 것이 밝혀졌다. see Bergmeier, 'Quellen vorchristlicher Gnosis', *Tradition und Glaube*, K. G. Kuhn FS(1971), pp.200-21; K. Beyschlag, 'Zur Simon-Mahusn-Frage', *ZThK* 68(1971), pp.395-426; also his *Simon Magus und die christliche Gnosis*(1974).

정하고 시인했다는 것은 놀랄 만한 일은 아니지만 상당히 의미심장한 일이다 :

> 이제 이 토론은 부정문으로 표현되는 두 가지 결론으로 말미암아 종교사적(religionsgeschichtlich)으로 성격지워지게 된다: '구원받은 구원자 신화'는 기독교 이전의 영지주의에서나 기독교적 영지주의에서나 그 핵심을 형성하고 있지 않다… 그런데 결코 확실한 것으로 밝혀진 것도 아닌, 상상으로 꾸며낸 것이 실상은 어떠했던 간에, 둘째로, 바울 서신들과 2차적 바울 서신들에 나오는 아담-그리스도 유형론의 핵심문제는 그것으로 해결이 안 되는 것은 말할 나위도 없고 이해조차도 안 되는 것이다. 왜냐하면 아담과 그리스도는 여기서 그 본체상 절대 관련이 있을 수 없는 정반대의 인물로 남아 있기 때문이다.[115]

그럼에도 불구하고, 바울의 아담-그리스도의 유형론을 설명하기 위해 영지주의의 배경에 호소하려는 시도가 계속되어 왔다. 브란덴부르거(E. Brandenburger)가 그 대표적 학자인데, 그는 〈로마서 5:12-21(및 고린도전서 15장)에 관한 가장 광범위한 주석적 · 종교사학적 고찰〉을 제시하였다.[116] 그의 기본적인 주제는 아담-그리스도 유형론은 본래 바울의 구성이 아니며 고린도 교회 내에 있던 바울의 적대자들이 주장하던 두 아담의 교리(two Adam-Arthropoi doctrine)를 차용하여 적용한 것이라는 것이다.[117]

---

**115** Käsemann, *Römer*, pp.134f.

**116** E. Brandenburger, *Adam und Christus*.

**117** Ibid., pp.68-157. U. Wilckens, 'Christus, der "letzte Adam", und der Menschensohn', *Jesus und der Menschensohn*, A. Vögtle FS(1975), p.389에 의하면 이 논지는 '반박될 수 없는' 것이다. Hamerton-Kelly, *Pre-Existence*, pp.132-143 역시 그것을 받아들이고 고린도전서 15장에 대한 브란덴부르거(Brandenburger)의 해석을 거의 수용한다.

브란덴부르거에 의하면, 고린도의 이단자들은 후메네오와 빌레도와 유사한 부활의 교리, 이른바 '부활은 이미 지나갔다'(ἀνάστασιν ἤδη γεγονέναι, 딤후 2:18)라는 이단적 교리를 주장하고 있었다. 이것은 그들이 '불멸의 영적인 본성 혹은 (영적인) 지식을 소유하고 있다'거나 (부활의) 현재적인 성취라는 그들의 의식을 표현하고 있는 것이다.[118] 이것이 바로 바울이 고린도전서 15:21f.에서 이러한 광신적 태도에 응수하면서 '생명도 사람으로 말미암았다'(καὶ δι᾽ ἀνθρώπου ζωή)를 사용하여 대조법의 문장을 완성시키지 않고 22절 하반부에서 '삶을 얻으리라'(ζωοποιηθήσονται)와 같이 미래형을 사용함으로써 그 대조어법을 깨뜨리고 있는 이유이다. 이러한 사실로부터 브란덴부르거는 바울이 고린도의 광신도들에게 반론을 제기하면서 늘 지니고 있던 개념을 변경하고 있다고 추론한다. '여기의 도식에 잘 조화되고 있는 두 "판테스"(πάντες, 모든 사람)가 이후 바울의 논증에서 전혀 불필요하다는 사실 이외에도 22절 후반부의 진술에서 "판테스"(πάντες)는 실제로 바울의 다른 곳에서의 선포와 반대되는 입장에 서있다는 점을 인식하고 있는 자에게는 이러한 (나의) 추론은 확신이 될 것이다'라고 브란덴부르거는 말한다.[119]

바울이 가르치는 몸의 부활이 얼마나 어리석은 것인가를 조소하며 '포스'(πῶς, 어떻게), '포이오 소마티'(ποίῳ σώματι, 어떠한 몸으로)를 묻는 질문에 대하여 고린도전서 15:35-49에서 바울은 '소마 프네우마티콘'(σῶμα πνευματικόν, 신령한 몸)이 존재한다는 것과 우리 그리스도인들은 지금 현재 지상에서 육의 몸을 입고 있는 것과 같이 신령한 몸을 입게 될 것이라는 사실을 입증하려 한다. 그는 무엇보다 우선 창세기 2:7로부터 '마지막 천상의 신령한 아담'(Adam-Anthropos)

---

**118** Brandenburger, *Adam*, pp.70f.
**119** Ibid., p.72.

의 존재를 증명한다.[120] 그런데 이 성경적 증거는 두 가지의 전제 위에 놓여 있다: 첫째는 결정적인 단어인 '첫째'($\pi\rho\hat{\omega}\tau o\varsigma$)와 '아담'($'A\delta\acute{a}\mu$)이 본문에 삽입되었다는 것이고; 둘째는 바울의 논리에 절대로 필요한 전제로서 '마지막 아담은 살려 주는 영이 되었다'($\acute{o}$ $\acute{e}\sigma\chi\alpha\tau o\varsigma$ $'A\delta\grave{a}\mu$ $\epsilon\acute{i}\varsigma$ $\pi\nu\epsilon\hat{u}\mu\alpha$ $\zeta\omega o\pi o\iota o\hat{u}\nu$, v.45b)에서 볼 수 있는, 이른바 두 아담(Adam-Anthropoi)의 존재와 육($\psi\nu\chi\acute{\eta}$)과 영($\pi\nu\epsilon\hat{u}\mu\alpha$)의 대조이다.[121] 이 증명은 다만 고린도인들이 두 번째의 전제를 인정할 때에야 확증될 수 있다. 고린도인들도 이것을 인정하고 있었다는 사실은 46절에 삽입된 진술로 보아 확인된다. 여기서 두 가지 점은 명백해진다: 1) 고린도에 있는 '$\tau\iota\nu\epsilon\varsigma$'(티네스)에게(누구에게나), 질적인 면에서나 존재론적 순서에 있어서나, 영적인 또는 천상의 신령한 아담(Adam-Anthropos)이 우선이었고, 반면에 육적이며 지상의 육신은 이차적인 것으로 경시되고 있었다. 2) 바울은 고린도의 이단자들과 공통된 언어와 개념을 사용함으로써, 그들 사이의 논쟁의 근본으로 삼고 있다. 그러나 동시에 그는 그 개념의 배경의 오류를 지적함으로써, 고린도의 이단자들이 생각하던 개념과는 내용상 전혀 다른 논리를 만들어 내었다.[122]

그리하여 브란덴부르거는 고린도전서 15:42ff.의 중심 사상을 이해하기 위해서 무엇보다 먼저 종교사적(religionsgeschichtliche) 자료를 연구해 볼 것을 제안한다. 그가 소개하는 증거 자료들은 거의 모두가 2세기나 그보다 늦은 기독교 이후의 시대에 속한 것들이며, 극소수만이 1세기에 속한 것들이다. 그런데 이것은 별다른 성과가 없다. 왜냐하면 브란덴부르거는 주로, 어떤 의미로든 헬라적 유대인들의 주변 정

---

[120] Ibid., p.73.
[121] Ibid., pp.73f.
[122] Ibid., pp.74f.

황을 가리키고 있는 본문, 그리고 전혀 기독교에 의해 영향을 받지 않은 이교적인 자료와 기독교 이전의 개념이나 또는 비기독교적 개념인 것을 명백하게 드러내고 있는 기독교적 증거들을 가지고 논증을 해 나가기 때문이다.[123]

그리하여 브란덴부르거는 〈Zosimus의 전승〉, 〈Naassene의 설교〉, 〈요한의 외경〉, 〈poimandres〉, 내그하만디(Nag-Hammadi)에서 출토된 두 가지 기독교적 영지주의의 문헌인 〈아르콘의 실체〉(the Hypostasis of the Archons)와 〈세계의 기원에 대하여〉(On the Origin of the World), 그리고 만다야(Mandaean)문서(the Mandaean texts) 등의[124] 마법적 파피루스들 안[125]에 들어있는 〈유대의 영지주의화된 기도문〉(the Jewish Gnosticising Prayers)이라는 것을 조사 연구하였다. 브란덴부르거에 의하면 이러한 문헌들은 고린도전서 15:45ff. 배경의 가장 기본적인 윤곽과 상응하는 관념의 세계를 볼 수 있게 해 준다.[126] 그러나 이러한 관념의 세계는 고린도전서 15:45ff.나 다른 어떤 기독교적 사고의 체계와도 무관하다. 그러므로 위에 나열한 문서들 배후에 놓여 있는 더 오랜 전승과 고린도전서 15:45ff.의 공통적인 배경을 찾아보아야 한다.[127]

그리고 브란덴부르거는 〈후기 유대교에 있었던 초기의 형태들〉이라는 표제의 논문에서 몇몇의 유대 문헌들을 지칭하면서 그들 중 대부분이 기독교 이전의 것이라고 한다. 선택받은 자의 축복으로 '카보드 아담'(כבוד אדם)을 언급하고 있는 쿰란의 문서들은(IQS 4:23;

---

**123** Ibid. pp.76f.
**124** K. Preisendanz ed. and tr., *Papyri Graecae Magicae I*($^{2}$1973), pp.12f.(I. 195-222), 112-115(IV. 1167-1227).
**125** Brandenburger, *Adam*, pp.77-109.
**126** Ibid., p.109.
**127** Ibid., p.109.

IQH 17:15; CD 3:20) '어떤(특정한) 아담에 대한 통념'(Adam-Speculation)을 전제하고 있다.[128] 지혜서 10:1f.에도 〈유대의 영지주의화된 기도문〉 비슷한 아담에 대한 관념이 들어있다.[129] 〈Vita Adae et Evae〉와 〈모세의 묵시〉(the Apocalypse of Moses)에 들어 있는 아담의 타락과 낙원으로의 귀향의 아이디어와 IEn 71(그리고 2En 21f.)에 들어 있는 에녹이 그 사람의 아들로 등극할 것이라는 사고에서 브란덴부르거는 위에서 언급한 영지주의적 문서들에서와 유사한 아담에 관한 관념(Adam-Speculation)의 흔적을 발견한다.[130] 그러나 브란덴부르거는 필로에게서 가장 중요한 기독교 이전의 아담에 관한 관념을 찾는다. Op. Mund 134ff.에서 그는 Corp. Herm I, XIII와 Mithrasliturgy의 것과 유사한 영지주의적인 배경을 찾아내었다.[131] 플라톤적인 사상으로서의 천상의 인간에 대한 필로의 개념은 Leg. Alleg. i : 31f.가 보여 주는 바와 같이 영지주의적 Adam-Anthropos의 이차적 해석이다.[132] Adam-Anthropos에 관한 관념과 관련이 나타나는 신비주의적 용어를 가지고 브란덴부르거는 신비주의적, 영지주의적 사상들로 특정지워지고 영지주의적 Adam-Anthropos에 관한 관념이 들어 있는 헬라적 유대교와 필로의 주변 여건이 있었다고 결론 짓는다.[133] 마지막으로 브란덴부르거는 그의 별주에서 다니엘 7장, 제4에스라 13장 및 제1에녹서(70장 이하를 제외한)에 나타나는 '사람의 아들'(人子)의 모습과 아담을 찬양하는 경향이 있는 유대인들의 아담에 관한 통념을 간략하게 고찰해 보고는, 그 양쪽 모두에 영지주의적 Adam-

---

**128** Ibid., p.111.
**129** Ibid., pp.112f.
**130** Ibid., pp.113-117.
**131** Ibid., pp.117-121.
**132** Ibid., pp.122ff.
**133** Ibid., pp.129ff.

Anthropos에 대한 관념의 영향이 있다고 말한다.[134]

고린도전서 15:21f., 48f.의 배경에 특별한 관심을 돌리면서 브란덴부르크는 세 가지 점을 지적한다 : 1) 흙($\chi o\ddot{\iota} \kappa o\acute{\iota}$)과 하늘($\dot{\epsilon}\pi o\upsilon \rho\acute{\alpha}\nu\iota o\iota$)은 각각 흙에 속한 자($\ddot{\alpha}\nu\theta\rho\omega\pi o\varsigma$ $\dot{\epsilon}\kappa$ $\gamma\hat{\eta}\varsigma$)와 하늘에 속한 자($\ddot{\alpha}\nu\theta\rho\omega\pi o\varsigma$ $\dot{\epsilon}\xi$ $o\dot{\upsilon}\rho\alpha\nu o\hat{\upsilon}$)와 그 본체에 있어서 동일하다(v.48); 2) 그들은 그들 각각의 형상을 입는다(v.49); 그리고 3) 그들은 그들 각각의 Anthropos 안에-아담 안에($\dot{\epsilon}\nu$ $\tau\hat{\omega}$ $'A\delta\alpha\mu$)이든지, 혹은 그리스도 안에($\dot{\epsilon}\nu$ $\tau\hat{\omega}$ $X\rho\iota\sigma\tau\hat{\omega}$)이든지-거하게 된다(v.22).[135] 그 자손들에게 숙명적 결과를 지어다 준 조상(Stammvater)에 대한 구약의 유대인들의 사고나 아담을 영혼의 '구프'(גוף)라고 생각하는 랍비적인 관념 등은 깨끗이 잊어버린 채 브란덴부르크는 위의 세 가지 특징들의 배경을 고린도전서 15장과 전혀 관련이 없는[136] 그가 일찍이 영지주의적 Adam-Anthropos에 관한 관념을 발견했었던 그 문헌들 안에서 찾아내고 있다. 그 문서들(Od. Sol.과 함께)은 다음의 사상과 다양한 방식으로 연관 지어져 있다 :

> 열등한 사람 Adam-Anthropos와의 근원적인 연대로 말미암는, 다시 말해 제한받는 아담의 육신(Adam-soma) 안에 있다는 사실, 혹은 지상의 육적인 아담의 형상(Adam-eikon)을 '입고' 있다는 사실로 말미암은 인간에 대한 존재론적 결정 요인은, 긍정적 의미로는 천상의 신령한 Adam-Anthropos와의 동일시함을 통하여 생기는 (인간에 대한) 기본적 결정 요인과 상응한다. 천상의 Anthropos 안에서 구속받은 존재 혹은 그의 형상을 옷 입음 등의 개념들은 사실 그 근본적인 개념에 대한 다양한 표현일

---

**134** Ibid., pp.131-139.
**135** Ibid., pp.139f.
**136** Ibid., pp.140-143.

뿐이다.[137]

브란덴부르거의 남은 마지막 작업은 고린도전서 15장과 로마서 5장에 나오는 '사람'(Anthropos)의 구속적 역할을 영지주의의 문헌들에 나오는 그것과 일치시키는 일이다. 고린도전서 15:21과 로마서 5:12ff.의 Anthropos는 명백하게 이 지상에서의 역사를 가지고 있다. 고린도전서 15:47에서 말하고 있는 '하늘에 속한 사람'($ἄνθρωπος\ ἐξ\ οὐρανοῦ$)이라는 문구는 고린도 교회의 영지주의자들도 역시 천상의 인간-구원자(heavenly Anthropos-redeemer)가 지상의 육체적 범주 안으로 들어온 것으로 생각하고 있었음을 시사해 준다. 그런데 가장 오래 되어 그리스도인들의 영향을 받지 않은 영지주의적 Anthropos에 관한 관념에는 천상의 Adam-Anthropos의 구속적인 역할이 수동적이며 천상의 세계로만 제한되어 있다는 점은 주목할 만하다. 브란덴부르거는 그저 외견상으로만, 내키지 않는 마음으로 이 사실을 시인하고는 '고린도 교인들과 다른 그리스도인들의 영지주의의 형식 안에서 그리스도의 모습이 외관상 기독교 이전의 영지주의적 Adam-Anthropos의 규정된 형식으로 그려졌다-예컨대 그리스도는 '선재하는 첫 천상의 신령한 Adam-Anthropos와 동일시되었다'(고전 15:46!)라고 말함으로써 이 문제를 해결하려 한다.[138] 이렇게 되어 형성된 그리스도의 모습이 이미 존재했던 구원론적 사유에 영향을 주어 구속 사건을 선도했던 천상의 인간-구원자의 '내려감'과 '올라감'을 이야기하지 않을 수 없게 되었다는 것이다. 아마도 여기에는 초대 교회에서 예수를 '그 사람의 아들'(人子)로 이해했었던 것도 한몫을 담당하였을 것이다. 또한 사자(messengers), '돕는 자', '지혜'(*sophia*)의 내려

---

[137] Ibid., pp.143-151(quotation p.147).
[138] Ibid., p.155.

옴이라는 영지주의적 주제도 한 역할을 담당하였을 것이다.[139]

이렇게 하여 브란덴부르거는 고린도전서에 15장과 로마서 5장에 나타난 주제는 바울이 고린도 교인들의 영지주의적인 Adam Anthropos에 관한 관념을 빌어서 개정한 것이라고 결론짓는다 :

> 육신적이며 육적(fleshly-physical)인 한 '사람'(Anthropos) 안에서 온 인류는 죽을 수밖에 없는 열등한 범주에 속한 존재로서, 사망과 속박의 권세 아래 숙명적으로 묶여 있다: 그러나 천상의 인간-구원자(heavenly redeemer-Anthropos)의 내려옴과 올라감을 통하여 하나의 사건이 시작되었는데, 이 사건으로 말미암아 본래 본질적으로 신령한 존재였던 인간은 모두 천상의 신령한 사람(Anthropos) 안으로 구속함을 받는다.[140]

이 외견상으로는 인상적으로 보이는 그의 논증은 과연 어느 정도의 설득력이 있는가? 전혀 없다. 우선 자세히 살펴보면 브란덴부르거가 고린도전서 15:21ff.로부터, 바울의 이 주제는 고린도의 영지주의적인 그리스도인들의 두 종류의 아담에 대한 교리(doctrine of two Adam-Anthropoi)를 차용해서 개조했다는 유추를 하려는 시도부터가 설득력이 없다. 고린도의 '누구나'($\tau\iota\nu\epsilon\varsigma$)가 '부활이 없다'($\dot{\alpha}\nu\dot{\alpha}\sigma\tau\alpha\sigma\iota\varsigma$ $o\dot{\upsilon}\kappa$ $\ddot{\epsilon}\sigma\tau\iota\nu$, v.12)고 말할 때 그들은 '부활이 이미 지나갔다(일어났다)'($\dot{\alpha}\nu\dot{\alpha}\sigma\tau\alpha\sigma\iota\nu$ $\ddot{\eta}\delta\eta$ $\gamma\epsilon\gamma o\nu\dot{\epsilon}\nu\alpha\iota$)와 유사한 그 어떤 것을 의미했었다고 하는 브란덴부르거의 전제부터 동의할 수 없다. 만일 그랬다면 바울은 어찌하여 고린도전서 15:20에서 그렇게도 열심히 그리스도의 부활을 증거하려 애썼겠는가? 그 전제는, 다른 곳이 아니라도 우

---

**139** Ibid., pp.155f.
**140** Ibid., p.157.

선 19절과 32절[141]에서 걸리고 만다. 그러므로 처음부터 틀린 전제를 가지고 바울이 고린도전서 15:22에서 '삶'($ζωή$)을 '삶을 얻으리라'($ζωοποιηθήσονται$)로 대치함으로써 두 종류의 Adam-Anthopoi의 조화로운 형식을 만들어 내었다고 엉뚱한 결론을 내리는 것은 부당하다고 본다. 더욱이 그의 전제가 옳다고 인정하더라도 우리는 브란덴부르거의 주장을 받아들일 수 없다. 왜냐하면 바울은 사실 21절에서 깨끗하고 완벽한 대조법의 병행구를 만들어 놓고 있기 때문이다 :

$ἐπειδὴ\ γὰρ\ δι'\ ἀνθρώπου\ θάνατος,$
$καὶ\ δι'\ ἀνθρώπου\ ἀνάστασις\ νεκρῶν Α$
(사망이  사람으로 말미암았으니
죽은 자의 부활도 사람으로 말미암는도다.)

여기서 '죽은 자의 부활'($ἀνάστασις\ νεκρῶν$)이란 분명히 '삶'($ζωή$)과 동일한 것을 의미하거나, 혹은 적어도 '삶'($ζωή$) 만큼은 훌륭하게 '사망'($θάνατος$)과 반대의 개념을 이룬다. 사실 '죽은 자의 부활'($ἀνάστασις\ νεκρῶν$)이 '삶'($ζωή$)보다 바울의 현재 목적에 더 잘 들어맞는데, 바울은 바로 한 사람 아담에 의해 죽음이 시작되었던 것처럼, 한 사람 그리스도로 인해 부활-다시 말해 아담 때문에 인류가 짊어져야 했던 숙명의 반전-이 시작되었다는 사실을 표현하기를 원했던 것이다. 결국 '죽은 자의 부활'($ἀνάστασις\ νεκρῶν$)은 바울의 현재의 주제가 아닌가? 미래형 '조오포이에데손타

---

[141] So Conzelmann, 1Kor., pp.309f. 우리는 폭난적인 재분튜라고막에 생각할 수 없는 수장-이른바 바울이 고린도인들의 영지주의적인 입장을 '오해'하였다고 하는 제안에 대해서 토론할 필요를 느끼지 않는다. 또한 부활에 대한 해석학적 입장의 모든 날카로운 문제들을 토론하는 것도 지금 여기서의 우리의 관심사가 아니다. 이 문제에 대한 모든 중요한 제안들에 대해서는 콘첼만이 잘 정리해 놓았다(pp.309ff.).

이'($ζωοποιηθήσονται$, 삶을 얻으리라)라는 용어는 바울의 종말에 대한 관점-그리스도의 부활 안에서 부활의 첫 열매(그러므로 확고한 보증)를 보며, 그러나 파루시아 때의 일반적 그리스도인들의 부활을 내어다 보는(살전 4:13ff.를 보라)-에서 볼 때 명확하게 이해된다. 고린도인들의 영지주의적 Adam-Anthropos 교리를 통해 표현된 실현된 종말론을 바울이 올바르게 고쳐주고 있음은 의문의 여지가 없다(이 다음 다음의 문단을 보라).

22절 외 두 번의 '판테스'($πάντες$, 모든 사람)가 여기 바울의 논증에서 불필요한 것이라는 브란덴부르거의 판단은 다만 아담-그리스도를 상응시키는 구도가 바울 이전의 것이라고 하는 그의 편견을 드러낼 뿐인데, 22절의 판테스($πάντες$)가 바울의 평상시의 가르침에 위배된다고 하는 그의 견해는 설득력이 없다. 바렛이 이미 바울의 보편 구원론적(universalistic) 선포와 제한 구원론적(particularistic) 선포의 맥락 안에서 판테스($πάντες$)에 대한 적절한 이해를 제시하였다.[142] 22절의 두 판테스($πάντες$)가, 고린도의 영지주의자들에 아담-그리스도에 대한 상응구도를 주장하였다고 하는 브란덴부르거의 가정을 확증해 주는 것이 아니라, 오히려 사실상 그것을 가장 효과적으로 부인하는 것으로 보인다. 왜냐하면 브란덴부르거에 의하면 고린도전서 내내 동일한 영지주의적 경향을 가지고 있는 고린도 교회의 이단자들이[143]

$ὥσπερ\ γὰρ\ ἐν\ τῷ\ Ἀδὰμ\ πάντες\ ἀποθνήσκουσιν,$

$οὕτως\ καὶ\ ἐν\ τῷ\ Χριστῷ\ πάντες\ ζῳοποιηθήσονται$

(or $ἔχουσιν\ ζωήν$)

---

[142] Barrett, *From First Adam to Last*(1962), pp.113f.; cf. also Wedderburn 'The Theological Structure of Romans v. 12', *NTS* 19(1972/73), pp.353f.

[143] Brandenburger, *Adam*. pp.70f. 여기 우리의 논쟁은 엄밀하게 브란덴부르거 자신의 근거에 대한 것이다. 만일 우리가 확신하듯이(pp.124f., 주.26), 고린도인들의 영성이 영지주의적이 아니라면 모든 질문은 애초에 제기되지도 않았을 것이다.

아담  안에서 모든 사람이 죽은 것같이

그리스도 안에서 모든 사람이 삶을 얻으리라

(혹은 삶을 가지게 된다).

와 같은 말을 할 수 있으리라고는 상상도 못할 일이기 때문이다. 고린도 교회의 이단자들(브란덴부르거에 의하면 영지주의자들)이, 지식($\gamma\nu\hat{\omega}\sigma\iota\varsigma$)도 지혜($\sigma o\phi\acute{\iota}\alpha$)도, 또한 영적인 은사도 가지지 못한 것으로 여겨졌던 자들은 육에 속한 자($\psi u\chi\iota\kappa o\acute{\iota}$), 육신에 속한 자($\sigma\acute{\alpha}\rho\kappa\iota\nu o\iota$) 또는 어린아이($\nu\acute{\eta}\pi\iota o\iota$)라고 칭하면서(고전 2:6-3:4, 18; 8:1f, 등)[144] 자기 자신들은 신령한($\pi\nu\epsilon u\mu\alpha\tau\iota\kappa o\iota$) 혹은 완성된($\tau\acute{\epsilon}\lambda\epsilon\iota o\iota$) 그리스도인들이라고 하여, 자신들을 명백하게 그들과 구분하였다는 사실이(비록 Valentinian 영지주의자들[145]과 같지는 않았으나), 브란덴부르거의 추론에 반증이 되는 것이 아닐까? 어쨌든 바울이 그의 초기의 서신에서부터 늘 즐겨 써 오던 문구인 '그리스도 안'($\epsilon\nu\ \tau\hat{\omega}\ X\rho\iota\sigma\tau\hat{\omega}$)이 고린도 교회 내의 그 적대자들에게서 빌어 온 것-그것도 A.D. 54년이라는 시점에 와서!-이라는 주장은 납득할 수 없다.[146]

고린도전서 15:35-49이 바울이 고린도의 영지주의자들의 두 종류의 Adam-Anthropoi 교리를 빌어 와 개정한 것이라는 브란덴부르거의 추론은 자기 자신의 가정에서까지도 걸리게 된다. 브란덴부르거는 바울이 45절에서 창세기 2:7로부터 '마지막 아담은 살려주는 영이 되었다'($\acute{o}\ \acute{\epsilon}\sigma\chi\alpha\tau o\varsigma\ \H{A}\delta\grave{\alpha}\mu\ \epsilon\acute{\iota}\varsigma\ \pi\nu\epsilon\hat{u}\mu\alpha\ \zeta\omega o\pi o\iota o\hat{u}\nu$)라는 문장을 추출해 냄으로써, 아니 오히려 창세기의 본문 안에 그 문장을 삽입해 넣음으로

---

**144** Wilckens, *Weisheit*, pp.81-91; *sophía*, *TDNT* vii, pp.519ff.; Bornkamm, *Paulus* pp.88f.; B, A, Pearson, *The Pneumatikos-Psychikos Terminology in 1Corinthianns* (1973), pp.27ff.; cf. also Bultmann, *Theology* i, pp.158, 180f.; Lietzamann-Kümmel, *Kor*. p.171; Wendland, *Kor*., pp.26, 28.

**145** Pearson, op. cit., pp.79ff.를 보라.

**146** Cf. Scroggs, *Last Adam*, p.xx.

써 '신령한 몸'(σῶμα πνευματικόν)의 존재를 입증하려 애쓰고 있다고 하면서, 또한 바울의 증명은 오로지 고린도인들이 두 가지의 대조되는 '인간상'(Anthropoi)-즉 하나는 '신령한 자'(πνευματικός), 다른 하나는 '육에 속한 자'(ψυχικός)-에 대한 전제를 잘 알고 있어야 설득력 있게 된다고 말함으로써, 자기모순에 빠지고 말았기 때문이다. 또한 그는 vs.21f.에서 '삶'(ζωή)을 '삶을 얻으리라'(ζωοποιηθησονται)로 대치하는 바울의 자의적인 개정으로 그 본래 구도가 변형된 고린도인들의 두 가지 인간상에 대한 교리를 발견한다고 하면서, vs.45ff. 에서는 '마지막 아담은 살려주는 영이 되었다'(ὁ ἔσχατος 'Ἀδὰμ(ἐγένετο) εἰς πνεῦμα ζωοποιοῦν)는 문장으로부터 (고린도인들의 주장과) 동일한 것을 추론해 내고 있기 때문이다. 브란덴부르거가 주장하듯, 만일 고린도의 교인들이 부풀어 오른 열정 속에서: '사망이 육에 속한 사람으로 말미암았으나, 생명(삶)이 신령한 사람으로 말미암으리라'(διὰ τοῦ ψυχικοῦ ἀνθρώπου θάνατος ἀλλὰ διὰ τοῦ πνευματικοῦ ἀνθρώπου ζωή)라는 말을 함으로써 그리스도 안에서 이미 '삶'(ζωή)을 얻었다고 주장했다면, 분명히 '마지막 아담은 살려주는 영이 되었다'(ὁ ἔσχατος 'Ἀδὰμ,ἐγένετο. εἰς πνεῦμα ζωοποιοῦν)란 문장은 그들의 견해대로의 완전한 표현이 아닌가? 그렇다면 왜 바울이 vs.21f.에서는 그것을 개정하여 쓰면서 45절에서는 그 자신이 그것을 정정하지 않은 채(물론 ἔσχατος란 단어의 순서의 개정은 있었으나) 그대로 사용하고 있는가?(cf. also 고후 3:6, 17f.)

이와 같은 고찰은 바울이 두 종류의 Adam-Anthropoi에 관한 고린도교인들의 영지주의적 교리를 빌어 와 개정하였다는 전제에 전반적인 의문을 일으킨다. 창세기 2:7을 인용하면서 바울이 '첫째'(πρῶτος)와 '아담'('Ἀδὰμ)을 삽입해 넣었다는 사실은 그리 중대한 일이 아니다. 왜냐하면 창세기 2:7의 아담은 필로와 마찬가지로 당시 랍비들에 의해서도 종종 '첫 사람'이라고 불렸기 때문이다(אדם־הראשון 혹은

אדם־הקדמרני).[147] '육'($\psi\upsilon\chi\acute{\eta}$)과 '영'($\pi\nu\epsilon\hat{\upsilon}\mu\alpha$)을 대비하는 것도 고린도의 영지주의자들이 두 가지의 인간상의 교리를 주장했음을 가리키는 것이 아니다. 야고보서 3:15f.와 유다서 10절 '육에 속한 자'($\psi\upsilon\chi\iota\kappa\acute{o}\varsigma$)와 '신령한 자'($\pi\nu\epsilon\upsilon\mu\alpha\tau\iota\kappa\acute{o}\varsigma$)의 구분이 당시 일반적인 그리스도인 사이의 전통이었거나 그렇지 않으면 그들이 바울에 의존하고 있는 듯이 보이는(특히 고전 1-3장) 반면에,[148] 바울이 갈라디아서에서 '신령한 자들'($o\acute{\iota}\ \pi\nu\epsilon\upsilon\mu\alpha\tau\iota\kappa o\acute{\iota}$)(N.B. : 갈 5:16-6:1)을 사용한 것은 바울이 그러한 구분을 고린도 교인들에게서 빌어 온 것이 아니라 오히려 바울이 그들에게 그것을 소개하였으며, 그 후에 그들이 그것을 남용하고 있음을 시사해 준다.[149] '영'($\pi\nu\epsilon\hat{\upsilon}\mu\alpha$)과 '육'($\psi\upsilon\chi\acute{\eta}$)의 구분, '육'($\psi\upsilon\chi\acute{\eta}$)에 대한 부정적 평가, '신령한 자'($\pi\nu\epsilon\upsilon\mu\alpha\tau\iota\kappa\acute{o}\varsigma$)와 '육에 속

---

**147** Str.-Bill. iii, p.478; Philo, e. g., *Op. Mund* ., 140, 148; Abr. 56. So A. J. M. Wedderburn, *Adam and Christ : An Investigation into the Background of / Corinthians XV and Romans V* 12-21(Cambridge, 1970), p.138.를 보라 : 그의 출판되지 않은 박사학위 논문 pp.177ff.에서 웨더번은 고린도전서 15:35-49에 대한 주석을 해 놓았는데 브란덴부르거의 해석에 반대하여 좀 더 광범위한 다른 해석 방법을 제시한다.

**148** Cf. Wedderburn, *Adam*, pp.195f.; Pearson, op. cit., p.13f.

**149** So Wedderburn, *Adam*, pp.187, 196. $\psi\upsilon\chi\iota\kappa\acute{o}\varsigma$-$\pi\nu\epsilon\upsilon\mu\alpha\tau\iota\kappa\acute{o}\varsigma$라는 문구를 좀 더 광범위한 기독교적 문헌 안에서 고찰해 보지 않았다는 것이 주엣(R. Jewett)의 논쟁에 있어서의 치명적인 약점이다. 주엣은 빌켄스와 브란덴부르거를 따라서 그 용어는 바울이 고린도의 영지주의자들에게 빌어 온 것이라고 한다.(그의 *Paul's Anthropological Terms*(1971), pp.340-46, 352-56을 보라). 그는 결코 야고보서 3:15f.나 유다서 19절을 언급하지 않는다 : 그러나 더욱 이해하기 곤란한 것은 $\psi\upsilon\chi\iota\kappa\acute{o}\varsigma$-$\pi\nu\epsilon\upsilon\mu\alpha\tau\iota\kappa\acute{o}\varsigma$란 용어를 토론하는 맥락에서 갈라디아서 6:1을 언급하지 않는다는 것이다. 면밀하게 말하여 그가 '영지주의자들이나 바울이나 모두 $\psi\upsilon\chi\iota\kappa\acute{o}\varsigma$라는 용어를 마치 실제적으로는 $\sigma\alpha\rho\kappa\iota\kappa\acute{o}\varsigma$와 동의어인 것처럼 사용한다'고 강조하기 때문에(p.353)갈라디아서 5:16 6:1 안에 들어 있는 $\psi\upsilon\chi\iota\kappa\acute{o}\varsigma$-$\pi\nu\epsilon\upsilon\mu\alpha\tau\iota\kappa\acute{o}\varsigma$의 내소법이 고린도전서 2장과 5장에 들어 있는 그것과 동일하다는 사실을 인식하지 못하는 것이 아닐까? 이 점이 우리에게 더욱 이상하게 생각되는 것은 일찍이 그가 다른 맥락에서 '$\pi\nu\epsilon\upsilon\mu\alpha\tau\iota\kappa\acute{o}\varsigma$의 범주'라는 제목 하에 사실상 갈라디아서 6:1과 고린도전서 2:12-15을 함께 취급하고 있기 때문이다(p.189).

한 자'($\psi υχικός$)의 대조가 영지주의적이라는 주장에[150] 반대하여, 우리는 여기서 이 문제에 관한 웨더번의 훌륭한 연구를 소개하고자 한다.[151]

결국 고린도전서 15:46이 브란덴부르거의 가설을 확증하지 못한다. 많은 학자들이 46절은 필로가 가끔 내세웠던 교리를 바울이 개정한 것이라고 생각하는[152] 반면 브란덴부르거는 이것은 바울이 천상의 신령한 자와 지상의 육에 속한 자를 각각 '첫 사람'과 '둘째 사람'으로 확고하게 말하고 있는 고린도인들의 영지주의적 교리를 개정한 것이

---

[150] E. g. Bultmann, *Theology* i. pp.165, 174, 181, 204; H. Jonas, *Gnosis und spätantiker Geist*(1954), pp.210-214; Wilckens, *Weisheit*, pp.89ff. See 'The History of Research' in Jewett, op. cit., pp.340ff. 피어슨(Pearson)이 $πνευματικός$-$ψυχικός$의 용어법을 연구한 결과에 따르면 Naassene Sermon, Justin's Book of Baruch, Hyp. Arch, 발렌타인 문헌에만 이 대조가 나타나고. Ap. John과 Soph. Jes. Chr.에는 $ψυχή$/$ψυχικός$가 나타나는데 그것은 $πνεῦμα$의 개념에 반대되는 부정적 의미로 나타난다($πνευματικός$의 반대 개념이 아니다. 이 단어는 후자의 두 가지 자료에는 나타나지 않는다). 그러나 Naassene Sermon, Justin's Book of Baruch, Soph, Jes. Chr. 발렌타인 문헌이 기독교의 영향을 은연중에 드러내고 있다는 것은 분명하다. 피어슨이 이 점을 지적하면서 (pp.66f., 69, 71) 왜 영지주의자들이 $πνευματικός$-$ψυχικός$ 용어를 창세기 2:7에 대한 그들의 주석에서 이끌어 내었다고 주장하는지는 이해하기 어렵다-그 자신도 입증하지 못하면서. Cf. E. Schweizer, $πνεῦμα$, *TDNT* vi, pp.395ff.

[151] Wedderburn, *Adam*, pp.185-96 웨더번은 유다서 19절의 $ψυχικοί$의 정의를 '성령을 가지지 못한 사람들'이라고 내리고 그것을 그의 결론의 열쇠로 삼아 다음과 같이 말한다: '이런 종류의 어휘는 그들 중에 존재하는 성령의 새로운 현상을 정당화하기 위해서와 그리고 다른 사람들의 조직과 자신들과 상이점을 제시하기 위하여 유대의 지혜에 관한 사유의 전통 안에서 유대인 크리스천들에 의해 만들어진 것이라는 의견을 제안하는 바이다'(p.196). 또한 pp.124f.(특히 주 26)를 보라. 쇼트로프(L. Schottroff)는 $ψυχή$/$ψυχικός$가 영지주의에서 항상 부정적 평가를 받는 것은 아니라고 주장한다(*Der Glaubende und die feindliche Welt*(1970), p.142(see also pp.13ff.). 웨더번의 설명은 고린도전서 15:44ff.를 제외한 모든 바울의 본문에 적용된다. 해설은 pp.374(주 397도 보라), 421, 432ff. 하게 될 것이다.

[152] Op. *Mund.*, 134; *Leg. Alleg.* i. 31, 92-94; ii.4; *Quaest. Gen.* ii. 56. See, e. g., Barrett, *1Cor.*, pp.429f. ; Héring, *1Cor* ., p.178; Davies, *Paul*, pp.51f .; Cullmann, *Christology*, pp.167f. Cf. also Borsch, *The Son of Man*, p.242.

라 주장한다.[153]

그러나 이 두 견해 모두가 46절에 사용된 명사에서 걸리고 만다: 바울은 여기서 '호 프네우마티코스 안드로포스'(ὁ πνευματικός ἄνθρωπος, 신령한 사람), '호 푸쉬키코스 안드로포스'(ὁ ψυχικός ἄνθρωπος, 육에 속한 사람)가 아니라 '토 프네우마티콘'(τὸ πνευματικόν), 토 푸쉬키콘(τὸ ψυχικόν)이라고 말하고 있다![154] 비록 이러한 지적이 반드시 옳다고 말할 수는 없으나, 그렇다고 하여 브란덴부르거의 가설이 옳다고 주장할 수도 없다. 필로에게서 발견되는 창세기 1:26f.와 2:7의 '첫 사람'의 창조에 대한 적어도 네 가지의 서로 다른(심지어는 대조되는) 해석들 가운데서[155] 필로가 실제로 창세기

---

**153** Brandenburger, *Adam*, pp.74f. 그에게 있어서 필로의 교리는 단지 영지주의의 두 가지 인간 신화와 같은 종류일 뿐이다(본 장의 주 155).

**154** So Schmithals, *Gnosis*, p.133; Wedderburn, *Adam*, p.197 그러나 슈미탈은 바울이 여기에서 '인간의 영적인 본체는 육적인 몸보다 오래되었다'는 견해를 비평하고 있는 것이라 생각한다. 그러나 이에 대한 반론으로는 웨더번(Wedderburn)의 'philo's "Heavenly Man"'. pp.30ff.를 보라.

**155** 로고스, 천상의 인간 및 지상의 인간간의 관계성에 대한 여러 가지 복잡하고 혼란스런 필로의 자료들 중에서 아마도 다음에 열거하는 것들이 가장 두드러진 점일 것이다:
 a) 필로가 창세기 1:27의 말씀이 지상에 속한 육적인 인간(창 2:7의)의 반대되는 개념으로, 천상에 속한 영적인 인간을 가리키는 것이라 해석할 때, 그는 창세기 1:27과 2:7에서 인간 창조에 관한 두 가지 이야기를 설명하는 듯하다(*Op. Mund*. 134; *Leg. Alleg*; 31, 92-4; ii : 4; *Quaest. Gen*. ii : 56) 천상의 인간은 ὁ κατ᾽ εἰκόνα ἄνθρωπος로 지칭되며 κατ᾽ εἰκόνα θεον(하나님의 모양대로)창조되었다고 되어 있다. 그러나 이곳에서 로고스는 언급되고 있지 않다(*Quaest. Gen*. i : 4를 제외하고, 아래의 c)항을 보라).
 b) 그가 창세기 1:27(때로는 창세기 2:7과 합하여서)을 정신이나 혼을 가진 지상의 인간을 가리키는 것이라 해석할 때, 로고스는 하나님의 εἰκών이며 인간(또는 인간의 정신/혼)은 로고스의 형상을 따라 그것을 수단으로 하여 창조된 것이라고 말하는 것이다(*Leg. Alleg*. iii. 96; *Quis Rer. Div*. 230f.; also *Op. Mund* 25, 69, 139. *Plant*. 19f. *Quis. Rer. Div*. 56; *Quaest. Gen*. ii. 62). 이곳에서 필로는 로고스가 천상의 (영적인) 인간이라고 말하지 않는다.
 c) 로고스를 인간 창조에 대한 두 가지 기사의 맥락 안에서 생각해 볼 때, 그때는 천상

1:26f.는 천상의 인간으로, 창세기 2:7은 지상의 인간을 말하는 것으로 해석하여 첫 천상의 신령한 인간과 두 번째 지상의 경험적 인간을 명백하게 대비한 두 가지 인간상에 대한 교리를 펼쳤다고 하는 입장을 우리는 분리해 낼 수가 없다. 사실 웨더번도 필로가 시간적 개념에는 별로 관심이 없었다는 점은 인정한다.[156] 또한 영지주의자들도 천상의 '인간'(Anthropos)이 지상의 인간보다 시간적으로 앞서 있다고 주장하지 않는다.[157] 그러나 보다 근본적으로, 우리가 차후에 살펴보겠지만, 고린도 교회의 이단자들이(혹은 그 문제에 있어서만은 바울도) 그리스도를 영지주의의 천상의 신령한 '인간'과 동일시했으리라는 것은 상상도 할 수 없는 일이다.[158] 그러므로 46절 안에서 바울이 천상의

> 의 인간이 로고스 즉 원형(原型)의 모사라고 말하여진다. 그리고 *Urbild-Abbild*의 관련이 드러난다 : (하나님)-로고스-천상의 인간-지상의 인간(*Quaest. Gen.* i : 4).
> d) 필로는 때로는 로고스를 천상의 인간과 동일시한다(*Conf. Ling.* 41, 62f., 146f.). 그러나 이것을 영지주의의 인간의 개념의 영향으로 생각해서는 안 된다. Contra Käsemann, 'Taufliturgie', pp.40f.; Eltester, *Eikon*, pp.139ff. (34ff.); Brandenburger, *Adam*, pp, 117ff.: cf. also Jervell, *Imago*, pp.57ff., 64(n.139) 왜냐하면 *Quaest. Gen* i. 93은 분명히 그 추측에 반대되는 생각을 담고 있기 때문인데 그곳에서 필로는 분명히 창세기 2:7을 가리켜 ὁ οὐράνος ἄνθρωπος도 육과 영이 결합된 존재라고 말하고 있다. 그러므로 그것은 영지주의의 영향으로 보는 것보다는 오히려 로고스에 대한 플라톤적이나 스토아적인 개념에 비추어서 창세기 1:27을 그 나름대로 해석하는 방법 중의 하나이며 또한 역시 로고스를 '신의 현현을 가져오는 자'(Theophanieträger)의 개념으로 파악하는 그의 방법으로 보는 편이 옳다.(이 점에 관하여는 402ff.) So Wedderburn, "Heavenly Man", pp.3of-26; Schenke, *Gott "Mensch"*, pp. 123f.; further H, Hegermann, *Die Vorstellung vom Schöpfungsmittler im hellenistischen Judentum und Christentum*(1961), pp.85-87, 97f.; L. Schottroff, *Der Glaubende*, pp. 127ff. Cf. also Colpe, *Schule*, p.202(n.3); Hengel, *Sohn*, p.118. 위에서 언급한 웨더번의 논문에 필로의 해석에 관해 좀 더 자세하게 구분되어 있다.

156 Wedderburn, "Heavenly Man", pp.303-326.
157 예를 들어, Apoc. Adam Seth에는 영적인 천상의 인간(the Heavenly man of Gnosis)이 아담의 뒤를 이어 온다고 되어 있다. See A. Böhlig and P. Labib, *Koptisch-gnostische Apokalypsen aus Codex V von Nag Hammadi*.(1963), pp.86ff,; Schottroff, *Der Glaubende*. p.142.
158 이 점에 관해서는 우리는 단순히 Käsemann, *Römer*, pp. 134f.만을 언급하기로 하겠

신령한 인간이 시간적으로 우선한다는 영지주의자들의 교리를 반박하는 논리를 펼치고 있다고 보는 것은 불가능하다.[159] 이제까지의 토론으로 보아[160] 바울이 여기에서 반론을 펼치고 있다는-애당초 여기

---

다. 그런데 46절에서 바울이 헬라화된 유대인들의 사고-'이미 필로에 의해 재구성된 *Urmensch* 신화를 따르고 있는'(p.134)-에 직접 반대되는 논쟁을 벌이고 있다고 하는 그의 주장에는 반대한다.

[159] Cf. Schottroff, *Der Glaubende*, p.142. 그는 바울이 그의 적대자들의 주장-천상의 인간 및 영적인 본성이 시간적으로 우선한다고 하는-에 반대하는 논쟁을 하고 있다는 것을 부정한다. 실상 브란덴부르거 자신도 우선 순위(priority)를 이해함에 있어서 시간적인 판정에서만이 아니라 '질적이며 존재론적 순위'의 관점에서 이해하려 한다(*Adam*, p.75). 그러나 45절과 47절에 들어 있는 ἔσχατος와 δεύτερος라는 단어를 보아 슈미탈은 이 의미를 '*Verlegenheitsauskunft*'라고 옳게 파악하고 있다(*Gnosis*, p.138; similarly also Wedderburn, "Heavenly Man", (p.304).

[160] 세 가지 제안을 첨언한다면 :

a) Schweizer, πνεῦμα, *TDNT* vi, p. 420에 따르면, 바울은 영지주의적인 믿음-영적인 σῶμα가 본래의 것이고, 그러한 사람에게 적절한 것이고, 현재는 육적인 몸 아래에 감추어져 있으며, 그리하여 그것은 죽음 이후에도 살아남아 있는 것으로서 따라서 애초에 부활이라는 것이 필요 없다고 하는-을 반박하고 있는 것이라 한다. 그러나 슈바이처 자신도 지적하였듯이 '44절에도 그(바울)의 적대자들은 이것에 대해 아무것도 알고 있지 않다는 사실을 전제하고 있는 것 같다.'

b) 쇼트로프(Schottroff, *Der Glaubende*, pp.115-69)는 고린도전서 15장에서 바울은 영지주의적인 이원론적인 인간론-사람 안에 부정적인 ψυχή와 신성의 πνεῦμα가 모두 들어 있다고 하는-과 직면하고 있으며, 46절에서 바울은 "구원이 완전히 부정적으로 결정된 존재(그러므로 부정적인 ψυχή와 신적인 πνεῦμα로 혼합된 자가 아닌 자)에게 온다는 것"을 주장하고 있다고 한다. 쇼트로프는 나아가 이렇게 말한다: "바울의 v.46에서의 논쟁은 그러므로 실제로 이원론적 사상에 적중하는 것이다. 왜냐하면 저질의 *Urmensch* 또는 부정적 ψυχικόν 구원을 받아 새로운, 두 번째의 빛음을 얻는 그 πρῶτον일 수 없기 때문이다." 고린도전서 15장에 대한 그녀의 해석을 전체적으로 동의하고 따르기는 어렵다. 그 중에서도 다음이 가장 이해되지 않는다: 우리는 그녀가 바울이 한 말이라고 하는 말을 46절에서 찾아보지 못하겠다. [예를 들어, 그렇다면 여기에서 πρῶτον-ἔπειτα의 의미는 무엇인가?] '만일 그것이 바울이 고린도전서 15:46에서 논쟁하고 있는 것이 사실이라면 그는 그런 말을 하는데 이상한 방식을 택하겠다.'(Wedderburn,. "Heavenly Man". p.302 n.1) 마지막으로,

c) Pearson, op. cit., pp.24ff.은 고린도 교회의 적대자들은 창세기 2:7에 관한 그들의 주석에 근거한 '비육신적인 것의 불멸의 교리'를 주장하였다고 믿는다. 그것은 헬라화된 유대인의 해석의 전승을 따른 것인데 사람에게 영적인 '호흡을 불어 넣은 것'을 강조하였다. 그리고 그는 바울이 여기에서 그 교리를 창세기 2:7에 대한 자신의 해

에 바울이 반론을 제기하고 있는 것이라면 말이다-그 저쪽의 견해가 어떤 것인지 확실히 밝혀지지 않았다.[161] 그러나 지금 이 시점에서 단언할 수 있는 것은 고린도전서 15:21f.와 45ff.에서 바울이 아담과 그리스도를 유비시키는 고린도 교회의 교리를 빌어 와 개정하고 있다는 가정에는 전혀 근거가 없다는 것이다.[162]

---

석과 대조하고 있다고 한다. 그러나 그의 과장된 주장에도 불구하고 피어슨은 창세기 2:7의 말씀에 근거하며 부정적인 ψυχή/ψυχικός 와 신성한 πνεῦμα/πνευματικός를 대조하고 있는 단 하나의 헬라화된 유대의 문헌도 제시하지 못하였다. pp.11f.에 인용된 본문들이 그것을 입증하기에 적절한 것인가? 피어슨이 소개하고 있는 필로의 문헌들(pp.18ff.)은 오히려 그의 생각과는 반대로 πνεῦμα와 ψυχή가 거의 동의어로 쓰였음을 증거하고 있다!

[161] 콘첼만(*1Kor*., p.342)의 신중한 판단도 그러하다. 이 상황에서 웨더번의 제안("*Heavenly Man*", p.302)은 완전히 만족스럽지는 않지만 적어도 고려해 볼 만한 가치가 있다고 생각한다. 'Paul and Immortality', *SJT 24*(1971), pp.464ff.에서 브루스의 제안도 그러하다.

[162] 쇼트로프(Schottroff, *Der Glaubemde*, p.161)도 같은 주장을 한다. 보쉬(Borsch)는 *The Son of Man*. p.242에서 만일 고린도의 성도들이 영지주의적 교리를 주장했다면 '바울은 아마도 더 격렬하게 더 직접적으로 그것을 공격했을 것이다'라고 말하고 있는데 그의 주장은 옳다. 콘첼만은 *1Kor*. pp.318ff.에서 고린도전서 15:21f.에 관한 브란덴부르거의 견해를 대부분 받아들이고 있는데, 여기서의 그의 새로운 논증은 바울이 여기에서 그 사상을 자신의 증거를 들어 소개하고 있으므로, 그는 그것을 '전승'에서 취한 것임에 틀림이 없다는 것이다. 그러나 얼마나 오랫동안 하나의 서문이 새로운 사상을 새롭게 소개하는데 충분한 것으로 생각되어야겠는가? 고린도전서 15장(및 로마서 5장)의 아담-그리스도 유형론은 창세기 1~3장과 크리스천의 케뤼그마를 알고 있는 누구나 쉽게 이해할 만한 것이 아닌가? 케제만은 *Römer*, p.134(pp.136ff.도 역시 참조하라)에서 그것을 바울 이전에 존재했던 것으로 성격 짓는다. 즉 그는 그것은 고린도전서 15:46에서 나타나는 바울의 논쟁뿐만이 아니라 로마서 5:12-21과 고린도전서 15:21f., 45ff.사이에는 여러 가지 변화가 있다는 점, 고린도전서 15:25, 27에 메시아적으로 해석되던 성경 본문들(시편 110:1; 8:7)이 들어 있다는 사실, 그리고 그것은 골로새서 3:9f. 에베소서 4:24 및 εἰκών이라는 주제를 담고 있는 다른 성경 구절들 안의 세례나 의식의 맥락 안에서도 나타난다는 점 등으로 미루어 볼 때 그러하다는 것이다. 이러한 방식의 논증은 바울이(만일 그가 저자라면) 그 유형론에 관한 체계적인 학술논문을 작성했다고 믿는 자들에게만 영향을 줄 수 있다. 그러나 우리에게 그것은 다만 아담-그리스도 유형론은 바울 신학의 핵심적 위치를 차지하며, 다른 바울 신학의 핵심 교리들과도 중요한 관련을 가지고 있다고 하는 우리의 논지를 확인해 준다고 생각된다. C. Colpe(*TDNT* viii, p.471)와 웨더

그렇다면 바울 자신이 영지주의적인 '인간' 신화의 자료를 가지고 아담-그리스도의 유형론을 만들어 내었는가? 이 점에 있어서는 웨더번이 브란덴부르거와 논쟁하며 이 문제를 주제로 다루고 있는 그의 케임브리지 박사 논문이 상당히 유용하다.[163] 그의 답변은 '아니오'이다. 그는 고린도전서 15:21f., 45ff.; 로마서 5:12-21 등 세 곳의 성경 본문을 'the two Man'(두 사람), 'in Adam and in Christ'('아담의 안과 그리스도의 안'), 'the contrast of $\psi\nu\chi\acute{\eta}$ and $\pi\nu\epsilon\hat{\upsilon}\mu\alpha$' ($\psi\nu\chi\acute{\eta}$와 $\pi\nu\epsilon\hat{\upsilon}\mu\alpha$의 대조), 'a question of order?'(순서의 문제?), 'bearing the image of the two Men'(두 사람의 형상을 옷 입음), 'the reighn of sin and death'(죄와 죽음의 지배), 'sin and the Law'(죄와 율법), 'the one and the many'(한 사람과 많은 사람)(브란덴부르거에 의하면 이 모든 중심 사상은 기본적으로 영지주의적 배경을 드러내 놓고 있다) 등의 소제목 아래 고찰해 본다. 그리고 그는 이 사상들은 전체적으로, 따라서 아담-그리스도의 유형론도, 구약-유대교의 배경, 초기 그리스도인들의 케뤼그마와 바울의 그리스도에 대한 개인적 체험, 특히 다메섹 도상에서의 체험의 빛 아래에서 적절하게 설명될 수 있음을 보여 주었

번(*Adam*, p.55)은 모두 고린도전서 15:21에서 최초로 그 유형론을 소개한 사람이 바울이라고 주장한다. 웨더번은 또한 다른 곳과 같이 고린도전서 15장에서도 바울은 그의 독자들이 구약과 유대교를 어느 정도까지는 알고 있다고 전제하고 있음에 주목한다. 그런데 우리는 바울이 고린도에서의 그의 첫 번째 선교에서 이미 그리스도 안에 이루신 하나님의 구원의 행위를 아담-그리스도 유형론의 관점에서 설명했었을 수도 있으리라는 가능성도 생각해야 한다. 만일 우리가 이 유형론이 바울의 다메섹 체험에서 비롯되어 나왔다는 것을 규명할 수만 있다면, 이 제안은 상당히 타당성 있는 주장이 될 것이다.

163 우리는 이미 앞에서 이에 관하여 언급한 바 있나. *Adam and Christ*. 출간되지 않는 논문 중 몇 부분들이 다음 세 가지 저널에 재편집된 소논문으로 실려 있다: 'The Body of Christ and Related Concepts in 1Corinthians', *SJT* 24(1971) pp.74-96; 'The Theological Structure of Romans v. 12', *NTS* 19(1972/73), pp.339-354; 'Philo's "Heavenly Man"' *NovT* 15(1973), pp.301-326.

다. 이렇게 하여 스크록스[164]와 더불어, 브란덴부르거의 논지를 부정해 버린 웨더번은 아담-그리스도의 유형론을 바울의 구약-유대교적 배경과 기독교적 배경에서 찾으려는 스크록스의 논리를 전혀 직면하지 않고, 대부분을 당시 랍비들의 자료를 더 발전시킨다. 스크록스가 브란덴부르거가 사용한 영지주의적 자료를 전혀 직면하지 않고, 대부분을 당시 랍비들의 자료를 가지고 논증하는 반면에, 웨더번은 영지주의적인 자료들을 비평적으로 검토하고, 랍비들의 자료 대신에 구약과 초기 유대교의 자료를 사용한다. 이리하여 웨더번은 전체적으로 스크록스의 것보다 더 훌륭한 논문을 만들어 내었으며 동시에 아담-그리스도의 유형론을 영지주의의 배경에 비추어 해석하는 것은 실상 바울의 사상을 곡해하게 할 뿐 아니라 영지주의 자체도 오해하는 것이라는 사실을 보여 주었다.

이미 인정된 바와 같이 아담-그리스도의 유형론을 영지주의적 '인간구원자 신화의 관점에서 이해하려는 시도에 있어서 첫 번째 부딪치는 난점은 그 신화가 기독교 이전의 것이라는 명백한 증거가 없다는 사실이다. 그래서 브란덴부르거는 필로의 글들을 '기독교 이전의 문서 중 가장 유력한 증거'라 하고,[165] DSS, Wis 10:1f., Vita Adae, Apoc. Mos., lEn71(그리고 2En 21f.) 등 같은 유대의 문헌들 안에서 그것의 후기 유대교에서 이전의 문형과 초기의 문형('Vor-und Fruhformen')을 찾으려 한다.[166] 그러나 이미 위에서 지적한 대로, 필로를 영지주의적인 인간 신화를 위한 증거로 삼으려는 시도는 널리 부인되어 왔다.[167] 웨더번은 그러한 시도가 잘못되었다는 점과, 실제로는 영지주의에서 그들의 인간 신화를 위해 하나님의 형상으로 인간이 창조되었다

---

**164** Scroggs, *The Last Adam* (1966).
**165** Brandenburger, *Adam*, pp.117ff.
**166** Ibid., pp.109ff.; also pp.131ff.
**167** 본 장의 주 155).

고 하는 창세기의 기사에 대한 필로와 유대인들의 주석을 빌어서 썼다고 보는 것이 더 타당한 해석이라는 것을 명백하게 보여 준다.[168] 이리하여 그는 이제껏 지지를 얻어 오던 견해, 이른바 영지주의지들이 창세기 1-3장의 아담의 모습의 관점에서 영과 자아에 대한 헬라적 사유를 표현함으로써 '인간 신화'가 생겨났다고 하는 견해를 확증한다.[169] 그러나 어떤 학자들은 그러한('인간-구원자 신화' 혹은 '구원받은 구원자 신화'와는 별개의) '인간 신화'가 기독교의 시작과 같은 시기나 혹은 그 이전에 나타났을 개연성을 완전히 배제하지 않는다.[170] 만일 이것이 참으로 사실이라면, 브란덴부르거는 비록 그가 사용하는 자료들이 필로와 그 외 몇몇 유대의 문헌들을 제외하고는 거의 모두가 기독교 이후의 것이라 할지라도, 이 배경에 비추어서 아담-그리스도의 유형론을 설명해 보려는 가능성을 주장해 볼 수 있을 것이다.

웨더번이 위의 이러한 가능성에 대하여 적절한 방식으로 고찰해 보지 않은 채, 단순하게 창세기에 대한 헬라적 유대인들의 관념은 '천상의 인간'에 대한 후기 영지주의의 전통에 영향을 주었으며 그 거꾸로는 아니다[171] 라고 전제해 버림으로써 브란덴부르거의 발판을 온통 잃게 만든 것은, 그렇지 않았으면 더욱 훌륭한 연구였을 웨더번의 연구

---

**168** Wedderburn, *Adam*, pp.115-164; also "'Heavenly Man", pp.306-326; similarly Colpe, 'Leib-Christi-Vorstellung', p.182. 웨더번은 '소논문 *Poimandres*에서 우리는 필로가 영지주의 천상의 인간 신화를 좀 더 철학적으로 주석해 놓은 해석에서 나온 발전된 단계의 연결고리를 발견한다'고 생각한다(*Adam*, pp.162ff.).

**169** So already C. H. Dodd, *The Bible and the Greeks* (1935), pp.146ff.(esp. p.146, n.1); also Quispel, 'Der gnostische Anthropos und die jüdische Tradition', *Gnostic Studies* i, pp.173-195; Wilson, *Gnostic Problem*, esp. pp.208ff.; Schenke, Gott "Mensch", esp. pp 69ff

**170** Quispel, op. cit., p.195; Schenke, op. cit., p.71. 그러나 둘 모두 다 이 점을 입증하지 못한다(p.71에서의 솅케〈Schenke〉의 간략한 논리로도 그의 견해를 증명키 위한 만족스러운 근거를 제시하진 못한다).

**171** Wedderburn, *Adam*, p.164.

에 하나의 중요한 약점이다. 그리하여 바울의 아담-그리스도의 유형론의 주제를 토론하면서, 이 주제는 바울의 유대교적 유업과 기독교적 배경을 가지고도 적절하게 아니 오히려 더 훌륭하게 이해될 수 있기 때문에 가설적인 영지주의적 배경을 소개할 필요가 없다는 점에 중점을 두면서, 브란덴부르거의 영지주의적 가정의 약점을 충분히 예리하게 지적하지 못하였다. 그러므로 영지주의적 자료에 대한 검토라든가, 바울이 가지고 있었던 구약과 유대교적 배경과 기독교적인 체험이 아담-그리스도의 유형론을 이해하는 데 적절한 배경을 제공한다고 하는 웨더번의 전체적인 입장에는 동의하면서, 우리는 브란덴부르거의 논지에 몇 가지 근본적인 결함만을 지적함으로써 그의 긍정적인 작업을 좀 더 보충하고자 한다.

비록 브란덴부르거가 그렇게도 많은 자료를 사용하여 재구성해 낸 영지주의적 Adam-Anthropos의 신화가 옳다 하더라도(여기에도 많은 점에서 의문이 있지만)[172], 그것이 한 그리스도인이(그가 바울이든 또는 고린도 교회의 영적인 성도이든 간에) 그리스도를 아담의 유형(type)이나 대형(對型: antitype)으로 이해하는 데 있어서 배경을 제시할 수 없다. 무엇보다도 우선, 고린도전서 15:45ff.에서 바울이 두 가지 인간상에 대한 영지주의자들의 순서를 거꾸로 놓고 있다는 브란덴부르거의 전제에 대하여-어떻게 그리스도를 선재하신 하나님의 아들로 이해하고 있는 바울이 순서를 이렇게 거꾸로 놓을 수 있는가? 만일 바울이 영지주의자들이 말하는 순서를 알았다면 오히려 거기에 동의했어야 하지 않겠는가? 만일 바울이 어떤 이유로든지 그것을 개정해야 할 필요를 느꼈다면 그것을, 예컨대 "물론 선재하신 하나님의 아들 그리스도는 지상의 아담에 앞서지만, 그의 성육신으로 그는 창세

---

[172] Cf. ibid., pp.115-164; Schottroff. Der Glaubende. pp.120ff.; above all Schenke, Gott "Mensch".

기의 '첫 사람인 아담'에 뒤이은 '두 번째 사람' 마지막 아담이 되셨다"와 같이 정확하게 기술하였어야 하지 않았을까? 사실 바울은 고린도전서 15:45ff.에서 주로 역사적인 면에서 아담과 그리스도의 시간적 순서를 비교하고 있는데, 이것은 바울이 영지주의의 두 가지 인간상에 대한 도식을 인지하고 있었다면 그렇게 할 수 없을 일이었다.[173] 그런데 브란덴부르거의 논지에 있어서 근본적인 문제는 영지주의의 인간 신화와 바울의 아담-그리스도의 유형론과의 핵심적인 차이점을 무시하고 있다는 점이다: 전자(실재의 여부는 고사하고 어쨌든 브란덴부르거가 재구성하여 만든 대로의 '인간 신화')는 자아(혹은 영)가 천상에 그 기원을 두고 있음, 그것이 지상의 육신으로 내려옴, 몸에서 풀려남, 다시 하늘로 올라감 등을 신화적으로 말하고 있는 반면; 후자(바울의 아담-그리스도 유형론)는 두 역사적 인물-태초의 아담과 종말의 아담-에 관심이 있는데, 그들은 본래 본질에 있어서 서로 관련되어 있는 것이 아니라 오히려 서로 대조되는 관계에 놓여 있다.[174]

---

[173] Cf. Käsemann, *Römer*, p.134; a. Vögtle, '"Der Menschensohn" und die Paulinische Christologie', *AnBib* 17(1963), p.211.

[174] 케제만이 이 문제에 관하여 가장 간단명료하게 서술해 놓았다. 그가 영지주의의 '구원받은 구원자' 신화('rdeeemed redeemer' myth)를 바울의 아담-그리스도의 유형론에 적용하는 데 반대하는 진술을 하였지만 그는 너무도 오랫동안 이 가설을 위한 옹호자였다! 그것은 브란덴부르거의 논지에도 매우 잘 적용된다. 케제만은 기독교 이전의 영지주의에 '구원받은 구원자' 신화라는 것이 존재하였건 아니었건 간에 "바울과 2차적 바울의 아담-그리스도 모형론은 그 중심 문제에 있어 그것으로부터 해답을 얻기는커녕 이해될 수도 없는 것이다. 왜냐하면 아담과 그리스도는 바울에 있어 양극에 대립되어 있지, 어떠한 원래적 동질성에 의해 연결되어 있지 않다. 단지 땅 위의 첫 피조물에 불과하지 타락한 하늘적 존재가 아닌 아담이 아니라, 그에 의해 그의 타락에 연루된 세상이 구원받는 것이다-그리스도는 '소생한 아담(Adam redivivus)'으로 이해되는 것이 아니고 종말에 나타나는 하나님의 아들로 이해된다. 두 존재의 비교점들은 그들의 본질 면이 아니라, 그들에 의해서 세상이 변하게 되었다는 그들의 기능 면에만 있는 것이다. *Urmensch* 신화로 설명할 수 있는 것은 오직 둘 다에 'Anthropos' 칭호가 부여되었다는 것인데, 그것도 복잡한 재구성의 과정 끝에나 가능한 것이다"라고 말한다(*Römer*, p.135.). Cf. also Schottroff, Der Glaubende, pp.122f.; D. E. H. Whiteley, *The Theology of St. Paul*(1964), p.117.

이 핵심적인 차이점에서 브란덴부르거의 논지에 많은 문제점이 파생된다. 바울에게는 물질의 세계에 갇히게 된 천상의 신령한 ($πνευματικός$) 아담이라는 사상이 없었으며, 따라서 이러한 아담이 그의 자아($μορφή$와 $πνεῦμα$)를 회복하거나 획득하기 위해 천상으로 올라감으로써 구원함을 얻는다는 사상도 없었다. 몇몇 영지주의의 문헌, 특히 만다야(Mandaean)에 보면 영혼(=천상의 아담)이 물질세계의 옷이나 벽을 벗어 버리고 빛의 옷을 입게 된다거나 본래의 형상을 얻게 된다는 의미의 말을 하고 있는 것은 사실이다. 그러나 브란덴부르거가 계속해서 주장하고 있지만 그럼에도 불구하고 비기독교적 영지주의 안에는 '(흙에 속한 혹은 육신적인) 아담 안'($ἐν τῷ ⟨σαρκικῷ$ 혹은 $ψυχικῷ⟩ \ ’Αδάμ$) 존재로서의 구원하는 자(Salvandus) 혹은 '⟨신령한⟩ 아담 안'($ἐν τῷ ⟨πνευμάτικῷ⟩ \ ’Αδάμ$) 존재로서의 구원받는 자(Salvatus)에 대한 실제적 증거는 찾아볼 수 없다.[175] Od.Sol. 8:22(cf. 17:4f., 13ff.)에 보면 바울적인 문구인 '엔 크리스토'($ἐν Χριστῷ$, 그리스도 안)와 병행하는 문구가 나타나는데, 이것은 분명히 그리스도 안에 '거함'이라는 요한 특유의 용어이지만 그리스도를 교회의 머리로 이해하는 바울적인 개념을 보여 준다.[176] 이 ⟨유대의 영지주의화된 기도문⟩(Jewish Gnosticizing Prayers), ⟨Naassene의 설교문⟩, ⟨Mandaean 문헌⟩ 등과 같이 모호한 문헌들에 근거하여서 천상의 인간이 구원론적 기능을 가지고 있었다고 말하는 브란덴부르거가 과연 옳은지도 확실치 않지만[177] 그 점에 있어서 그가 옳다 할지라도 그러한 문헌들에

---

**175** So Jewett, *Anthropolgical Terms*; Schottroff, *Der Glaubende*, pp.122f.; Schenke *Gott "Mensch"*, p.155; "영지주의 신 '사람'에 대한 교리(즉 브란덴부르거가 'Adam-Authropos 신화'라 부르는 것)는…그러나 내용적으로 그리스도의 몸 사상과는 아무런 접촉점도 보여주지 않는다. 그러므로 후자를 전자로부터 유도해 내려는 노력은 불가능한 것이다."

**176** So Wedderburn, *Adam*, p.167.

**177** Brandenburger, *Adam*, pp.77-79, 86(n.10), 100f. 이전에 지적하였듯이 오늘날의 많은

나타나는 천상의 '인간'-구원자(Anthropos-redeemer)의 개념과 그리스도를 마지막 아담이라 할 때의 바울의 의식 사이에는 브란덴부르거 자신도 인정하고 있는 바, 근본적인 상이점이 있다: 바울에게 있어서 마지막 아담인 그리스도는 그의 성육신, 삶, 죽음 그리고 부활을 통하여 구원자가 되었다. 반면에 '천상의 Adam-Anthropos의 구원론적인 역할은 거의 시종일관 피동적인 성격을 지니고 있으며 천상의 세계로 그 범주가 제한되어 있다.'[178] 이러한 상이점으로 미루어 볼 때 어떻게 고린도 교회의 영지주의자들이나 바울이 이미 규정되어 존재하고 있던 영지주의의 '인간' 신화의 구도 안에서 그리스도의 모습을 그려내고, 그리스도를 천상의 영적인 '인간'과 동일시하는 일이 있을 수 있었겠는가? 이러한 문제점을 해결하기 위하여 브란덴부르거가 인자(人子)로서의 예수, '지혜'에 대한 초대 교회의 이해와 사자(messengers), '돕는 자'(helper)에 대한 영지주의적 인식을 언급하고 있는데 그것은 그의 무모함에서 나온 시도라고밖에 생각할 수 없다.[179]

쇼트로프(L. Schottroff)는 이 문제에 관하여 다음과 같이 주장한다. 영지주의의 "두 종류의 '인간'의 원형-천상의 신령한 '인간'과(긍정적인 면인) '영'($\pi\nu\epsilon\hat{u}\mu\alpha$) 및 (부정적인 측면인) '육'($\psi u\chi\eta$)으로 이루어

---

학자들은 기독교 이전에 Anthropos 구원자의 신화가 존재하였다는 사실을 부인한다.

**178** Ibid., p.154.

**179** Cf. F. H. Borsch, *The Chridtian and the Gnostic Son of Man* (1970), p.114. 그는 '그 사람의 아들'(人子)이라는 직함은 크리스천 영지주의자들(내지는 비크리스천들) 사이에서 전통적 크리스천 사이에서 보다 더 보편적이었다고 주장하면서, 그러나 다음과 같이 말한다: '(영지주의의 문헌들 중) 상당히 많은 경우에, 그곳에 언급되어 있는 (그리고 드문 경우 상세히 설명되어 있는) 범주적인 '人子'가 천상의 예수로 이해되어야 한다는 것을 가리키는 흔적이 없다. 심지어는 이렇게 되어 있는 경우에도 (*Sophia Jesu Christ*의 중심 단원과 Irenaeus의 *Against Heresies* I. 12:4 안에서와 같이) 그것은 종종 그들 사이를 동일시하는 데 있어서 뒤늦은 그것도 전체적으로 충분하지 못한 암시를 하는 것으로 마감하고 만다.' 영지주의의 구원자의 관점에서 Sophia의 모습을 이해하려는 시도에 대한 반론을 위하여는 pp.124f. 주 26)를 보라.

진 지상의 '인간'-에 대한 '이원론적 대조'(dualistic antithesis of two prototypes)는 바울의 기독론적 아담-그리스도의 유형론에 유비를 제시하지 못한다. 바울에게 있어서 마지막 아담인 그리스도는 단순히 천상에 머물러 있는 영적인 존재가 아니라 그의 부활을 통하여 '살려 주는 영'($\pi\nu\epsilon\hat{\upsilon}\mu\alpha\ \zeta\omega\pi o\iota o\hat{\upsilon}\nu$)이 된 나사렛의 예수이다. 바울은 영지주의적인 '(영·육)혼합 인간론'('Vermischungsanthropologie')을 빌어서 '재구성'한 부정적인 쪽, 곧 구속함을 받지 못한 사람-Salvandus의 원형으로 생각하였다…."[180] 그러나 그의 이러한 논증도 별 성과가 없다. 하늘의 영적인 인간이 물질세계로 떨어졌다는 관점에서 인간의 존재를 설명하는 영지주의의 신화의 자아나 영의 개념은 어떠한 방식으로든 바울의 사상에 영향을 줄 수가 없다.[181]

만일 이와 같이 영지주의의 '구원함을 받은 구원자'의 신화나 '인간' 신화가 바울의 아담-그리스도 유형론의 배경이 아니라면, 혹시 종종 '우어멘쉬'(*Urmensch*, 태초의 인간)나 '우어멘쉬(*Urmensch*) 구원자'라는 총칭 아래 두 가지의 첫 사람 모습이 혼동되고 혼합되어 나타나는 낙원의 왕, 곧 완전한 첫 인간의 신화에서 그 배경을 발견할 수 있지는 않을까?[182] 그러한 신화는 근동 지역에 널리 퍼진 것으

---

**180** Schottroff, *Der Glaubende*, pp.133f.

**181** 그 신화에 근거하여 바울의 아담-그리스도 유형론을 이해하려 하는 빌켄스의 새로운 시도('der "Letzte Adam"', pp.388-403) 역시 받아들일 수 없다. 빌켄스는 브란덴부르거의 논지를 그대로 받아들이고 그것을 쇼트로프의 주장과 결합시켜서 바울이 '*Urmenschlehre*의 모델' $\delta\iota'\ \dot{\alpha}\nu\theta\rho\dot{\omega}\pi o\upsilon$-$\delta\iota'\ \dot{\alpha}\nu\theta\rho\dot{\omega}\pi o\upsilon$를 취하여 바울 자신의 그리스도에 대한 종말론적 개념을 가지고 내용을 정정하여 만들었는데, 그것은 유대인들과 초대 그리스도인의 '그 사람의 아들'(人子)의 개념과 구체적으로 동일한 구조를 가지고 있다고 제안하였다(특히 pp.396ff.를 보라). 그러나 빌켄스가 그의 이론을 브란덴부르거 이론의 바탕 위에 쌓아올린 이상 우리가 브란덴부르거의 주장에 대하여 위에서 내어 놓았던 반론은 빌켄스에게도 그대로 적용된다. 빌켄스가 이룬 업적은- 그것도 부지중에-본 장의 주 174)에 인용했던 이 문제에 관한 케제만의 판단 중의 마지막 문장이 옳다는 것을 입증한 일이다.

**182** 종교학파의 대표적 학자들과 최근 그들을 따르는 학자들이 내어 놓은 다양하고 혼

로 생각되고 있다. 그것은 인도의 야마 야미(Yama-Yami)나 이란의 가요마트(Gayomart)의 모습 이외에도 창세기의 아담이나 후기 유대의 관념에 나타나는 '사람의 아들'(人子)의 모습으로 대표된다.[183] 태초(Urzeit)와 종말(Enzeit) 사이에 상존하는 '우어멘쉬'(Urmensch)에 대한 관념 안에도 역시 각각의 두 세대를 대표하는 '우어멘쉬'(Urmensch)와 구원자의 병행이 있다고 주장한 무르멜슈타인(B. Murmelstein)은 유대교 안에도 그와 같은 두 존재의 병행이 있었음을 입증하려 시도하였다. 즉 유대교 안에도 아담과 메시아를 유비시켜서, 메시아를 첫째 아담이 잃어버렸던 영광을 되찾을 두 번째 아담으로 생각하는 경향이 있었다는 것이다. 그러면서도 무르멜슈타인은 다음과 같이 말한다: '그것이 완전한 유비관계를 이루기 위해서는 아담 자신이 장차 올 구원자라는 사상이 부족하다'; 그러나 그는 '이 생각은 기독교의 둘째 아담에 대한 교리 및 첫째 아담을 그와 동일시하는 사상으로 인하여 유대교에서는 억제되어 있다고 주장한다.[184] 그러나 무르멜슈타인은 자신의 주장을 성립시키기 위해 바울의 아담-그리스도의 유형론이 아담과 그리스도를 동일시하는 것이 아니라 오히려 대조적으로 그리고 있다는 사실과 거리가 먼, 이와 전혀 상관이 없는 여러 가지 자료들을 임의적으로 끼워 맞추고 있어서 그의 결론은 전혀

---

돈스러운 여러 신화적인 모습과 가설들에 대하여는 Colpe, *Schule*와 Schenke, *Gott "Mensch"*를 보라. 그러나 Borsch, *The Son of Man*, pp.68ff.도 보라. 그는 그 여러 가지 모습간의 내적인 밀접한 관련성을 강조한다.

**183** 가장 최근에 또 Borsch, *The Son of Man*, esp. pp.75ff., 132ff.

**184** B. Murmelstein. 'Adam, ein Beitrag zur Messiaslehre'. *Wiener Zeitschrift für die Kunde des Morgenlandes* 35(1928), pp.242-275; 36(1929), pp.51-86; esp. 35, pp.245ff., 253ff.(quotation from p.258). W. Staerk, *Die Erlösererwartung in denöstlichen Religionen* : (Soter II) (1938)이 외견상 유사한 의견을 내어 놓고 있다. 그러나 이것은 나에게 유용하지 않다. 스테어크(Staerk)에 대한 반론을 위하여는 Jervell, *Imago*, p.119(n.174)를 보라.

설득력이 없다.[185]

쿨만(O. Cullmann)도 역시 무르멜슈타인과 비슷한 주장을 한다. 그는 근동 지역의 비(非)이스라엘적 종교 안에 '이상적인 천상의 인간'(혹은 '신적인 Urmensch')을 '첫 사람'과 동일시하는 사상이 있었으며, 이 사상은 '종말의 풍성한 태초(Urzeit)에로의 귀환'이라는 개념과 연관되어 첫 사람이 종말에 인류를 구원하기 위해 오리라는 기대로 이어져 왔다고 믿는다.[186] 쿨만은 계속 다음과 같은 논리를 전개 한다; 그러나 유대교는 첫 사람이 죄의 근원이었음을 알고 있었기 때문에 종말의 '인간' 혹은 '사람의 아들'(人子)과 첫 사람과의 관계를 명료하게 그려낼 수 없었다. 그리하여 유대교에서는 '우어멘쉬'(Urmensch)의 개념과 장차 올 '人子'의 사상이 서로 분리되어 발전하게 되었으며, 그렇게 되어 종말론적 구원자가 '사람'(בר נשא)이라고 불리는 것에서 명백히 볼 수 있는 바, 그 두 가지 개념은 서로에게 속해 있는 것임에도 불구하고, 유대교 안에서는 더 이상 그 둘을 근본적으로 동일시하지는 않았다.[187] 이상적인 '우어멘쉬'(Urmensch)와 첫 사람 사이의 관련성 문제에 대해 고심하던 유대인들은 이 문제를 극복하는 두 가지 방법을 발견하였다: 그 한 가지는 두 인물을 동일시하는 데에 강조점을 두지 않는다는 것이며, 다른 한 가지는 아담의 타락에 강조점을 두지 않는다는 것이다.[188] 천상의 인간에 대한 동방적 관념의 영향의 결과가 유대교 안에 두 가지 형태로 나타났다: 1) 그는 천상의 존재로서 현재는 감추어졌었다. 그는 종말에 가서야 '성도들의 나라'를 건설하고, (열방을) 심판하기 위하여 하늘의 구름

---

[185] Scroggs, *Last Adam*, pp. x-xv; Wedderburn, *Adam*, p. 8-11; 그의 방법론에 대한 비평을 위해서는 see also Colpe ὁ υἱός τοῦ ἀνθρώπου, *TDNT* vii, p.410(n.67)를 보라.

[186] Cullmann, *Christology*, p.143.

[187] Ibid,, pp.143f.

[188] Ibid., p.145.

을 타고 나타날 것이다. 분명히 종말론적 성격을 가진 이러한 인물은 다니엘서, 제1에녹서, 제4에스라서 안에서 발견된다; 2) 그는 태초의 첫 사람과 동일시되는 이상적인 '천상의 인간'이다. 이 형태는 (Pseudo-Clementine), 〈베드로의 설교〉와 랍비들의 아담에 대한 관념 안에 나타나는데 필로에 의해 발전된다.[189] 바울의 기독론이 너무도 철저하게 그의 종말론 안에 구현되어 있어서 그가 두 번째 아담을 '마지막 아담'(고전 15:45) 혹은 '(장차) 올 아담'(롬 5:14)이라 칭하는 것이나 데살로니가전서 4:17에서 주께서 하늘의 구름을 타고 올 것을 언급한 것은 바울이 종말에 올 '人子'를 전혀 모르는 개념으로 묵살해 버린 것이 아니라는 사실을 시사해 준다. 그러나 동방의 '우어멘쉬'(Urmensch) 개념에 바탕을 둔 두 가지의 유대적 개념 중에서 바울의 주된 관심은 아담과 연관된 한쪽- 즉 성육신한 인간 '두 번째 아담'의 개념 및 '성육신한 인간'과 종말에 올 '마지막 인간'의 관련 문제-에 쏠려 있다.[190] 바울은 예수의 자기 인식에 따라서, '人子'와 아담의 관계에 대한 유대인들의 문제에 대하여 그리스도인으로서의 해결을 제시하였다: 바울은 성육신한 천상의 인간을 '마지막 인간'인 '人子'와 동일시한다. 바울의 이 논리는 필로가 창조 때 두 가지 아담상이 있었다고 가정하고 천상의 인간을 창세기 1:27의 아담과 동일시하려 한 시도에 반대하는 논증에서 나온 것이다.[191] 천상의 인간인 예수를 아담과 동일시하는 것을 거부하면서 바울은 다음 이중의 방식으로 두 인물을 관련시킨다: 1) 긍정적 방식으로 표현하면, 그(예수)는 아담과 하나님의 형상을 드러내는 사명을 나누어 가진다; 2) 부정적 방식으로 말하자면 그는 아담이 초래한 죄를 대속해야만 한다.[192]

---

**189** Ibid., pp.150f.
**190** Ibid., p.166.
**191** Ibid., pp.166ff.
**192** Ibid., pp.169f.

쿨만의 이와 같은 견해를 비평하기 전에 우선, 그와 비슷한 제안을 하고 있는 보쉬(F. H. Borsch)의 주장을 검토해 보기로 하겠다. 그도 역시 아담과 '人子'에 대한 사유는 '우어멘쉬'(Urmensch) 혹은 '낙원의 왕'의 신화에서 나왔다는 전제로부터 그의 논리를 전개하기 시작하기 때문이다. 보쉬에 따르면 바울이 사용하는 '한 사람', '마지막 아담', '그 사람', '두 번째 아담' 등과 같은 용어는 바울이 유대인들의 인간에 대한 관념과 또한 예전부터 내려온 '人子'에 대한 유대교의 가르침에서 빌어 와 바울 자신의 목적에 따라 개조한 것이었다('人子'라는 셈족어를 헬라어로 번역하기에 가장 적절한 단어는 '호 안드로포스'⟨ὁ ἄνθρωπος⟩였다).[193] 바울은 이에 앞서는 아담(Adam-Man)의 문제에 대하여는 필로와 비슷한 견해를 가졌었고, 그리고 아마도 첫 번째 천상의 인간은 부활을 통해 되돌아오리라 생각하였다. 보쉬는 바울이 이렇게 이전에 자신이 가지고 있던 견해를 고린도전서 15:46에서 변경하고 있음을 발견한다.[194] 바울이 고린도전서 15:24ff.에서 시편 8:6; 110:1을 인용한 것을 보면 바울은 그의 마음속에 '人子'의 그림보다는 다스리는 왕(King-Man)의 그림을 품고 있었음을 알 수 있다.[195] 로마서 5:12-21에서 '바울은…실상 인간에 대한 사유와 그에 대한 그의 그리스도인적 해석을 가지고 위험한 유희를 하고 있다.'[196]

그러나 그리스도 사건에 비추어 바울은 그리스도와 첫 사람을 동일시하는 사상을 포기하고 대신에 그 둘을 유형론적인 관계 속에서 생각하게 되었다.[197] 쿨만과 비슷한 논리로 보쉬는 이렇게 하여 바울이

---

[193] Borsch, *The Son of Man*, pp.240ff. J. Jeremias. 'Ἀδάμ, *TDNT* i, pp.142f.도 쿨만과 보쉬와 비슷한 견해를 가지고 있다. Cf. also M. Black, 'The Pauline Doctrine of the Second Adam', *SJT* 7(1954), pp.173ff.

[194] Borsch, *The Son of Man*, p.242f.

[195] Ibid., pp.243f.

[196] Ibid., p.245.

[197] Ibid., p.245.

첫 사람의 죄를 인정하지 않고 오히려 그 첫 사람의 영광을 찬양하는 일부 유대인들의 생각을 거부하고 두 번째 '인간'을 아담의 유형과 비교하는 관점에서 보는 동시에, 그 둘을 대조하는 관점에서 보게 되었다고 확신한다.[198]

그러나 이와 같은 시도에 있어서 쿨만과 보쉬의 근본적인 문제점은 실제로 유대교 안에 그와 같은 아담에 관한 관념과, 특히 '우어멘쉬'(Urmensch) 신화에서 나온 '人子'의 개념이 존재했었는지가 불분명하다는 점이다.[199] 비록 궁극적으로 보아서 '人子'의 개념이 '우어멘쉬'(Urmensch) 신화에서 파생되어 왔다고 하더라도 다니엘서, 제1에녹서, 제4에스라서에 나타나는 '한 사람의 아들(人子) 같은' 인물은 '우어멘쉬'(Urmensch) 신화에 나오는 '人子'의 독특한 성격과 더 이상 공통점을 찾을 수 없다.[200] 더욱이 쿨만 자신도 인정하는 바,[201] '人子'의 모습은 창세기에 나오는 태초의 아담이든 후기 유대교의 사유 안에 나타나는 영광 받는 아담이든 어느 누구와의 관련도 찾아볼 수 없다.[202] 이러한 상황에서, 쿨만이 '아담 문제'('Adam Problem')라 칭

---

**198** Ibid., pp.245ff.

**199** 이것은 Colpe, *Schule*, pp.149f., 162ff., 194ff.에 의해 완전하게 부인되었다; 그의 ὁ υἱὸς τοῦ ἀνθρώπου TDNT viii, pp.408ff. (esp. n.65 on p.410); J. A. Emerton. 'The Origin of the Son of Man Imagery, *JTS* 9(1958), p.231; B. Lindars, 'Re-Enter the Apocalyptic Son of Man' *NTS* 22(1976), p.60; cf. also Käsemann, *Römer*, p.135; Jervell, *Imago*, pp.41f.(n.73); Wedderburn, *Adam*, pp.87-93, 111, 114.

**200** Vögtle. "Der Menschensohn", pp.202ff.; see also Colpe, ὁ υἱὸς τοῦ ἀνθρώπου TDNT viii, pp.408ff. 이것은 '사람의 아들'이라는 개념이 동방의 *Urmensch* 신화에서 도출되었다고 보는 학자들에 의하여 받아들여진다. see e.g., E. Sjöberg, *Der Menschensohn im äthiopischen Henochbuch*(1946), pp.192ff.; S. Mowinckel, *He that Cometh*(1956), pp.434ff., cf. also Borsch, *The Son of Man*, p.153.

**201** Cullmann, *Christology*, pp.143ff.

**202** Vögtle, "Der Menschensohn", pp.203f.; Sjöberg, *Menschensohn*, p.193; Käsemann, *Römer*, p.135; Lindars, 'Re-Enter', p.60, against M. D. Hooker, *The Son of Man in Mark*(1967), p.72. 모빙켈(Mowinckel, op. cit., p.431)은 랍비의 전설에 등장하는 아

하는, 이른바 아담과 '우어멘쉬'(Urmensch)(후에 두 번째 '인간', 다시 말해 유대교 안에서 '人子'가 된) 사이의 문제를 바울이 인식하고 있었으며, 그 문제에 대한 그리스도인으로서의 해결책을 내어놓았다는 주장을 이해할 수 있겠는가?[203] 그런데 우리가 차후에 고찰해 보겠지만, 선견자들인 다니엘(7:13), 에녹(제1에녹서 46:1ff.)과 에스라(제4에스라 13:2ff.)가 보았던 '한 사람의 아들(人子)과 같은' 천상의 인물은 '인성'으로 특성지워지는 인물이 아니다. 다니엘서 7:13의 '케바르 에노쉬'(כבר אנש)라는 표현과 그에 상응하는 제1에녹서 46:1ff. 와 제4에스라서 13장에 나타난 표현을 보면 그 묘사들이 '인간'에 관한 관념을 담고 있다고 생각되지 않는다. 그 문구는 인간의 형상과 모습을 하고 나타나는 천상의 존재에 대한 상징적 표현이다. 그것은 환상이나 신의 현현을 나타내는 전형적인 용어이다. 실상 '케바르 에노쉬'(כבר אנש)라는 인물은 에스겔이 선지자로 위임받을 때 그의 환상 중에 '데무트 케마르에 아담'(דמות כמראה אדם)(겔 1:26)으로 나타난 야웨 하나님과 관련이 있으며, '우어멘쉬'(Urmensch)와는 아무 상관이 없다. 그러므로 환상 중에 '케바르 에노쉬'(כבר אנש)의 모습으로 나타난 천상의 인물을 동방의 '인간'에 대한 관념의 일부로 보려는 것은 잘못된 시도이다. 그러므로 쿨만과 보쉬가 '바울의 아담-그리스도 유형론은 우어멘쉬(Urmensch)에 대한 유대인들의 해석에서 파생된 개념을 따라서 만들어져 나온 것'이라고 주장하는 데는 전혀 근거가 없다.[204]

---

담과 제1에녹서에 나오는 '그 사람이 아들'이 다른 것은 유대인들이 서로 다른 지역에서 서로 다른 시대에 나타난 다양한 형태의 Urmensch 신화를 알게 되었기 때문이라고 확신한다. 이런 식의 논리라면 어떤 사람도 자신이 원하는 어떤 논지라도 입증할 수 있겠다!

**203** Cf. Scroggs, *Last Adam*, pp.xvif.
**204** 맨슨(W. Manson)이 *Jesus the Messiah*(1943), p.188에서 펼치고 있는 논증은 다소 설득력을 가진다. 그는 바울이 그리스도의 선재하시며 범우주적인 직능과 '사람'이라

많은 학자들은 바울이 예수의 자기 호칭인 '그 사람의 아들'('人子')로부터 그의 아담-그리스도 유형론을 이끌어낸 것이라 확신한다: 그 중의 몇 학자들은 '한 사람의 아들('人子') 같은 이'에 관련된 유대교의 묵시적 상징주의와 바울의 아담-그리스도 유형론에 있어서의 몇 가지 주제에 대한 '우어멘쉬'(Urmensch) 신화의 궁극적인 영향을 배제하지 않는다. 그러나 이러한 영향력을 부차적인 것으로 여기면서 바울의 아담-그리스도 유형론은 예수의 자기 칭호에서 직접 유래하였음을 강조한다.[205] 이러한 견해를 뒷받침하기 위해 다음과 같은 주장들이 제시된다: 1) 바울이 본래부터 예수의 자기 칭호를 알고 있었을 가능성은 바울이 그리스도의 파루시아를 언급하는 중에 복음서들 안에서 '그 사람의 아들'('人子')의 파루시아와 관련되어 나오는 사상과 그림 언어들이 나타나는 사실로 미루어 강력히 지지된다(예, 고전

는 직함을 결코 연관시키지 않는다고 지적한다. 그것은 라이첸슈타인(Reitzenstein) (과 및 따라서 쿨만과 보쉬를 비롯한 이점에서 그를 따르는 학자들)이 주장하는 바-바울의 기독론의 바탕에는 이란의 Urmensch 신화가 놓여 있다고 하는-가 옳다면 그렇게 기대되는 것인데도 그러하다. 그런데 바울은 이러한 직능들을, '사람'으로가 아니라 '하나님의 형상'으로 이 세상보다 우선하여 존재하던 분-'하나님의 아들'이라는 칭호와 주로 연관시킨다(빌 2:6). Similarly also Vögtle, "Der Menschensohn", p.217 : "바울은 선재하는 하나님의 아들의 진정한 성육신을 가르치고 있다. 그가 부활되고 하늘로부터 스스로를 계시하는 그리스도를 '하늘의 사람'이라고 부르는 것은 사실이다. 그러나 그는 실제로 인간인 HOMO homo factus est 사상을 나타내지는 않는다." ὁ δεύτερος ἄνθρωπος ἐξ οὐρανοῦ은 '천상의 인간'('Heavenly Man')으로서의 선재하신 그리스도의 성육신을 가리키는 것이 아니라 부활하신 그리스도의 파루시아를 가리키는 말이다. so Vögtle, 'Der Menschensohn', p.209(with literature in n.2); E. Schweizer, 'Menschensohn und eschatologischer Mensch im Frühjudentum', Jesus und der Menschensohn, Vögtle FS, p.113; J. D. G. Dunn, '1Cor 15:45-Last Adam, Life-giving Spirit', Christ and Spirit, Moule FS, eds. B. Lindars and S. S. Smalley(1973), pp.140f. Cullmaun에 의해 대표되는 이와 같은 논지의 견해에 대한 민론을 위해시는 Vögtle, "Der Menschensohn", pp.204-18을 보라.

**205** Rawlinson, *The NT Doctrine of Christ*, pp.122ff.; T. W. Manson, *Teaching*, 232ff.; W. Manson, *Messiah*, pp.197ff; A. M. Hunter, *Paul and His Predecessors*(²1961), pp.86f; Dodd, *Scriptures*, p. 121; Michel, *Römer*, p.137; Wedderburn, Adam, pp.112ff.; cf. also M. Black, 'The Second *Adam*', pp.173ff.; Colpe, *TDNT* viii, pp.470ff.

4:5; 15: 23; 고후 5:10; 빌 3:21; 특히 데살로니가전서에는 도처에 나타나는데, 어떤 학자들은[206] 1:10의 경우 바울이 본래의 '그 사람의 아들'('人子')을 '그의 아들'로 대치하고 있는 것이라 생각한다)[207]; 2) 복음서 안에는 '호 휘오스 투 안드로푸'($\dot{o}$ $\upsilon\dot{\iota}\dot{o}\varsigma$ $\tau o\hat{\upsilon}$ $\dot{\alpha}\nu\theta\rho\dot{\omega}\pi o\upsilon$)로 나타나고 있는 셈족의 숙어인 '바르 에노쉬'(בר-(א)נשא)는 '사람'이라는 의미이며 따라서 헬라어로는 그냥 '안드로포스'($\ddot{\alpha}\nu\theta\rho\omega\pi o\varsigma$)로 번역될 수 있다. 그러므로 바울이 그리스도를 '안드로포스'($\ddot{\alpha}\nu\theta\rho\omega\pi o\varsigma$)라 칭하는 것은(롬 5:15; 고전 15:21, 47), 그가 '바르 에노쉬'(בר-(א)נשא)를 번역한 것이라 생각할 수 있는데, 그때 그의 이방인 독자들이 이해할 수 없거나 오해할 우려가 있는 '호 휘오스 투 안드로푸'($\dot{o}$ $\upsilon\dot{\iota}\dot{o}\varsigma$ $\tau o\hat{\upsilon}$ $\dot{\alpha}\nu\theta\rho\dot{\omega}\pi o\upsilon$)라는 문자적 번역을 피하고 숙어의 의미를 살려서 그냥 '안드로포스'($\ddot{\alpha}\nu\theta\rho\omega\pi o\varsigma$)를 쓴 것이다. 그런데 '아담'(אדם) 역시도 '사람'이라는 뜻이기 때문에 바울은 예수의 자기 호칭인 '그 사람의 아들'('인자')을 '아담'(אדם)이나 혹은 '안드로포스'($\ddot{\alpha}\nu\theta\rho\omega\pi o\varsigma$)로 재해석할 수 있다. 이렇게 하여 바울은 예수가 자기 호칭으로 표현하고자 했던 예수 특유의 대표적 인성(representative humanity)에 대한 예수 자신의 인식을 잘 드러낸 것이다. 마지막으로; 3) 고린도전서 15:27에서 '사람의 아들'('人子')에 대해 예언되어 있는 기사(시 8:6)를 그리스도에게 적용한 것은 바울이 고린도전서 15장에서 아담-그리스도 유형론을 설명하고 있는 중에도 '그 사람의 아들'로서의 그리스도를 그의 마음속에 가지고 있었음을 가리킨다.

그러나 이러한 주장에 대해 푀그틀레(A. Vogtle)가 강력한 반론을 제기하였다.[208] 그는 바울이 예수의 자기 호칭인 '그 사람의 아들'('人

---

**206** 본서 pp.427f.

**207** See more examples in K. Smyth, 'Heavenly Man and Son of Man in St. Paul', *AnBib* 17(1963), pp.226f.

**208** Vögtle, "Der Menschensohn", pp.204-218.

子')과 '그 사람의 아들'의 말씀을 분명히 알고 있었음과 이 칭호가 초대 교회 안에서 시편 8편을 기독론적으로 해석하도록 유도하였으리라는 개연성을 확신한다.[209] 그러나 그는 바울이 이 칭호를 전혀 사용하지 않았다고 단호하게 주장한다. 그는 무엇보다 우선 바울이 그리스도의 파루시아나 그리스도의 죽음과 부활에 관련된 기술을 할 적에도, 이 두 경우 모두 복음서에서는 '그 사람의 아들'('人子')이라는 칭호가 쓰였음직한 말씀임에도 불구하고 '호 휘오스 투 안드로푸'(ὁ υἱὸς τοῦ ἀνθρώπου)도, 또한 그것의 대체 칭호로 추정할 수 있는 '호 안드로포스'(ὁ ἄνθρωπος), '그 두 번째 사람', '그 천상의 인간' 및 '그 새로운 인간' 등도 사용하지 않았다는 사실을 지적한다.[210] 두 번째로 바울이 그의 이방인 독자들이 오해하지 않도록 하기 위해 셈족어의 숙어를 문자적으로가 아니라 그 숙어의 의미를 살려서 헬라어 '호 안드로포스'(ὁ ἄνθρωπος)로 번역하였다고 하는 주장에 반대하여 푀그틀레는 '호 휘오스 투 안드로푸'(ὁ υἱὸς τοῦ ἀνθρώπου)는 복음서 전체를 통하여, 요한복음이나 누가복음서에서조차도, 일관되게 어떤 주저함도 없이 정확한 바로 그 형식으로 쓰이고 있음을 지적한다.[211] 그러나 이러한 푀그틀레의 견해에 대해서는, 예수의 자기 호칭('그 사람의 아들')의 독특성을 인지하고 있었던 복음서의 저자들은 예수의 말씀을 기록할 때 그것을 문자적으로 번역하여 그 형식을 견지하였던 반면에, 바울은 그 서신 중에 전수된 예수의 말씀과 관련이 없이 그저 숙어적인 번역을 사용했을 수 있다는 반론이 제기될 수도 있다. 그런데 여기의 진정한 문제점은 바울은 결코 이 절대적 용법의 '호 안드로포스'(ὁ ἄνθρωπος)를 그리스도의 직함으로 사용한 적이

---

**209** Ibid., pp.204, 217.
**210** Ibid., pp.204f.
**211** Ibid., p.205.

없다는 사실이다. 바울이 중성의 '안드로포스'(ἄνθρωπος)를 사용하여 두 아담을 대조해 놓은 것(롬 5:12, 15의 이중의 '한 사람으로 인하여'⟨ἑνὸς ἀνθρώπου⟩; 고전 15:21의 이중의 '한 사람으로 말미암아'⟨δι ἀνθρώπου⟩; 고전 15:47의 '첫 사람'⟨ὁ πρῶτος ἄνθρωπος⟩-'둘째 사람'⟨ὁ δεύτερος ἄνθρωπος⟩은 '양쪽의 아담 모두와 공유하는 우리의 인성을 강조하고 그 둘 사이의 연관성을 강조하기 위한 것이다.'[212] '호 에이스 안드로포스'(ὁ εἷς ἄνθρωπος) I. X.(롬 5:15)는 한정적, 절대적 용법이 사용된 '그 사람의 아들'(bar-nasha) 칭호를 언급하고 있는 것이 아니다; 정관사 '호'(ὁ)는 '에이스'(εἷς) 때문에 필요한 것이며, 그것은 "많은 사람"과의 대조로 인해 생기게 된 것이다.[213] 고린도전서 15:47도 비슷한 경우이다. 정관사는 '데우테로스'(δεύτερος, 둘째) 때문에 필요해서 붙여진 것이며 '호 프로토스 안드로포스'(ὁ πρῶτος ἄνθρωπος)-'호 데우테로스 안드로포스'(ὁ δεύτερος ἄνθρωπος)의 대조는 '두 인간 설화'(two-Anthropoi myth)에서 파생되어 나온 것이 아니라 바울의 '첫 사람 아담'과 '마지막 아담'인 그리스도와의 대조(v.45)로부터 나온 것이다. 만일 바울이 예수의 자기 칭호를 '호 안드로포스'(ὁ ἄνθρωπος)로 번역하여 그것을 '아담'(אדם)에 상응하는 하나의 직함으로 사용하려는 의도를 가지고 있었다면 '첫 사람'(ὁ πρῶτος ἄνθρωπος)-'마지막 사람'(ὁ ἔσχατος ἄνθρωπος)이라는 대조와 일치하는 '마지막 사람 아담'(ὁ ἔσχατος ἄνθρωπος Ἀδάμ)-'마지막'(ὁ ἔσχατος)이라는 대조는 만들어 내지 않았을 것이다(전자의 대조에서의 '안드로포스'(ἄνθρωπος)는 후자 대조에서의 '아담'(Ἀδάμ)의 번역일 뿐이기 때문이다). 마지막으로 고린도전서 15:27에서 시편 8:6을 인용하고 있는 사실로부터 나온 논쟁과 관련하여 풀러(R.

---

212  E. Best, *One Body*. pp.38-41(quotaion from p.39); so also Vögtle. "Der Menschensohn". pp.208f., quoting Best.
213  Vögtle. "Der Menschensohn". p.209.

H. Fuller)는 문맥을 고려하지 않는 성경주석(atomistic exegesis) 풍조를 가상하여 바울이 시편 8:6을 인용할 때 그의 심중에는 시편 8:4이 자리 잡고 있었으리라는 추정은 위험한 침묵으로부터의 논증(*argumentum e silentio*)이다'라고 믿는다.[214] 푀그틀레는 '人子'라는 문구가 아니라, 오히려 시편 8:6의 만물($\pi\alpha\nu\tau\alpha$)이 복종하게 된다는 개념이 바울로 하여금 그 구절을 메시아적 본문인 시편 110:1과 연관시켜 생각하게 한 것이 아닐까라고 생각한다.[215] 그러나 푀그틀레 자신도 인정하듯이, 히브리서 1:13-2:9(cf. also 엡 1:20-22; 벧전 3:22)를 고려해 볼 때 여기의 시편 두 구절(8:6과 110:1)이 '그 사람의 아들'(人子)이 '주'(*Kyrios*)로 높임 받게 될 것에 대한 성서적 증언(*testimonium*)으로 제시되는 데에 상당히 일찍부터 서로 연관되어 사용되었을 가능성이 있다(cf. 막 14:62과 병행구절).[216] 만일 바울이 시편 8:4의 '人子'라는 호칭 때문에 고린도전서 15:27에서 시편 8:6을 인용한 것이라면(cf. also 엡 1:20-22; 벧전 3:22), 창세기 1:26f.의 인간(אדם)의 창조를 명백하게 암시하고 있는 시편 8편의 '사람'(אנוש/$\check{\alpha}\nu\theta\rho\omega\pi o\varsigma$)이나 또는 '人子'(בן אדם/$\upsilon\grave{\iota}\grave{o}\varsigma\ \check{\alpha}\nu\theta\rho\acute{\omega}\pi o\upsilon$)이라는 칭호에서, 바울이 그리스도를 아담이 잃어버린 지배권과 영광을 되찾을 '마지막 아담'으로 생각했을 수 있을 것이다.[217] 따라서 바울이 시편 8편을 통해 예수의 자기 칭호로부터 아담-그리스도의 유형론을 얻어내었을지도 모르는데, 즉 그 안에서 바울은 아마도 예수의 자기 칭호 안에 내포된 주장-이른바 인류의 대표자('인간'/the Man)로서의 주장을

---

**214** Fuller, *Foundation*, p.233.

**215** Vögtle, "Der Menschensohn", p.207.

**216** Cf. Dodd, *Scriptures*, pp.117-22; A. Richardson, *An Introduction to the Theology of the NT*(1969), p.139; Black, 'The Second Adam', p.173; Michel, *Hebräer*, pp.71, 138.

**217** Cf. Bruce, *Hebrews*, pp.34ff,; Michel, *Hebräer*, p.138; Ellis, *Paul's Use*, pp.95ff,; Richardson, *Theology*, pp.138f.

보았을 가능성이 있다는 것이다. 그러나 이것은 단순한 가능성일 뿐 결코 확실한 것은 아니다.[218] 이것이 좀 더 확실한 주장이 되기 위해서는 바울이 실제로 예수의 자기 칭호 '그 사람의 아들'(人子)을 '호 안드로포스'(ὁ ἄνθρωπος)로 번역하였고, 예수가 그 칭호를 가지고 자신이 새로운 인류를 대표하는 인간(the Man)임을 주장한 것이며, 그러한 그리스도의 모습을 보여주기 위하여 시편 8편을 사용하였다고 하는 좀 더 분명한 증거들이 필요하다.[219]

물론 바울이 그의 아담-그리스도의 유형론으로 표현하고자 하는 신학적 진리들은 그리스도 안에 이루신 하나님의 구원의 사건에 대한 그의 이해 및 아담과 그의 타락에 대한 유대적 관념들의 배경-특히 한편으로는 이 세상에 죄를 들어오게 하고 그의 자손들에게 죽음을 가져 온 책임이 아담에게 있다고 하는 인식과, 다른 한편으로는 각각의 개개인에게 자신의 죄와 죽음에 대한 책임이 있다고 하는 인식을 가지고 있는 유대적 배경-하에서 이해되어져야 한다.[220] 따라서 웨

---

218 Whiteley, *Theology*, p.117; Fuller, Foundation, pp.133f.; Kümmel, *Theologie*, p.139; Käsemann, *Römer*, p.135에 의해 바울의 아담-그리스도 유형론을 예수의 자기 칭호로부터 해석하려는 시도가 부인되었다. 그러나 여기서 시편 8편과 관련하여 말한 것에 비추어 볼 때 그것을 부인하는 데 있어서의 전형적 방식의 논증-이른바 '그 사람의 아들'(人子)이라는 예수의 자기 칭호로부터 두 사람, 곧 첫 사람과 마지막 사람의 병행 내지는 대조가 도출되어 나올 수 없다는-을 사용하는 것은 적절치 못하다(see, e.g., Vögtle, "Der Menschensohn", p.207; Kümmel, *Theologie*, p.139).

219 O. Moe, 'Der Menschensohn und der Urmensch', *StTh* 14(1960), pp.212-129에 따르면, 예수가 자기 칭호로써 나타내고자 했던 의미는 예수가 '첫 사람의 아들'로서 (p.126), 자신이 아담의 영광의 유업(창 1:27f.; 시 8:6ff.)만이 아니라 인류의 죄를 속죄하고 하나님이 본래 의도하신 대로(창 3:15) 이 세상과 인간의 위상을 회복시킬 책임을 가진 사람이라는 것이었다. 바울이 그리스도를 '마지막 아담'이나 '두 번째 사람'으로 이해하는 것도 예수의 이와 같은 자기 인식을 나타낸다. 그러나 그렇다면 바울이 왜-누가가 그러했었다고 모(Moe)가 발견한 것처럼(눅 3:38)-그리스도를 '첫 사람의 아들'이라고 부르거나 또는 그를 '아담의 아들'로 나타내지 않는 것일까?

220 이것이 바로 브란덴부르거가 그것들을 영지주의의 배경 하에서 이해하려는 시도를 반대하여 스크록스가 *Last Adam*에서 그리고 웨더번이 *Adam*에서 밝히려는 것이다.

더번이 바울의 아담-그리스도의 유형론을 예수의 자기 칭호에 제한시키지 않고 그 뒤에 놓여 있는 좀 더 광범위한 유대적 배경을 살피는 것은 적절한 것이다. 이 배경에 대한 그의 고찰-그는 이것을 '유대적 준비(Jewish preparation)'라고 부르는데-은 세 가지 면으로 나누어 이루어진다. 이 '유대적 준비'(또는 적어도 그것의 일부)는 우리 논지의 전제도 되기 때문에, 여기서 우리는 웨더번의 제안을 개괄적으로 간략하게 살펴보고자 한다.[221]

'태초의 상태로 회복될 것에 대한 기대'라고 하는 첫 번째 표제 아래 웨더번은 구약과 유대교에 존재하는 다양한 형태의 종말론적 희망을 분석하는데 이 희망에는 인간과 세상이 타락 이전의 상태로 회복될 것에 대한 기대, 메시아 시대에 있을 새로운 창조에 대한 소망, 모세의 인도 아래 행해졌던 출애굽의 원형을 따르는 새로운 모세인 메시아의 선도로 이루어질 새로운 출애굽(이것은 때로 새 창조로 인식되기도 하였다)에의 희망 등이 속한다.[222]

그는 또한 '아담의 영광'(כבוד אדם)이 공동체 안에 회복될 것을 기대하는 쿰란 공동체의 희망에 대해서도 고찰하였다(1QS 4:23; CD 3:20; 1QH 17:15; cf. also 4QpPs 37 3:1f.; 1QH 8:4-14a). 〈아담의 책들〉(the Books of Adam)이나 다른 문헌들 곳곳에서 또한 종말에 아담이 되돌아올 것(본인이 직접)이라는 기대-구원자로서는 아니지만-가 나타나 있는 것을 볼 수 있다.

그리고 두 번째로 웨더번은 유대인들은 그들의 역사를 기술함에 있

---

죄와 죽음에 관한 유대인의 개념 중에서 '결정론'과 '개인의 책임'사이의 긴장관계에 대히여는 see Scroggs, *Last Adam*, pp.17ff., 32ff.; Wedderburn, *Adam*, pp.57-66.

**221** Wedderburn, *Adam*, pp.66-112.

**222** 태초(*Urzeit*)와 종말(*Endzeit*)사이의 상호관계의 여러 가지 형태에 대한 상세한 묘사에 관하여는, see N. A. Dahl, 'Christ, Creation and the Church', *The Background of the NT and Its Eschatology*, Dodd FS, ed. D. Daube and W. D. Davies(1956), pp.424-429.

어서 소수의 대표적 인물들의 행위의 관점에서 서술하는 유대교의 경향을 검토한다. 그것은 그들의 종말론적 희망들을 담고 있는데, 때로는 역사적 인물 중 하나, 즉 모세나 엘리야와 같은 인물이 종말에 되돌아올 것에 대한 기대를 가지기도 하지만, 좀 더 보편적 희망으로 그들의 역사 속에 이어져 내려 온 선지자나 지도자들의 끊이지 않은 고리 중 마지막 연결고리로서 이제 종말에는 메시아나 종말의 선지자가 올 것이라는 기대를 가지고 있었다. Wis 10:11에 보면 아담은 바로 이러한 이스라엘의 역사 속에 지속적으로 나타나던 지혜로운 영웅들 중에 최초의 인물로 묘사되어 있다(cf. Wis 7:27); 그리고 〈The Book of Jubilees〉에는 아담으로부터 야곱에 이르기까지 22명의 인류의 지도자들이 언급되어 있으며, 아담을 창조하실 때의 하나님의 목적은 아담에게 내려주신 하나님의 축복을 이어받은 야곱 안에서 실현되었다고 암시되어 있다(2:20; 19:24-29; 22:13). 이 모든 것을 규명한 후 웨더번은 더 나아가 다음과 같이 말한다: '그러나 훨씬 더 보편적인 견해는 아담을 죄인으로 보고, 그를 그 이후에 나타나는 의인들과 대조하여 보는 견해인데, 이 의인들은 아담이 손상시켜 놓은 것이나 실패한 것을 바로 잡을 자로 보았다.'[223] 제4에스라 3:4-36에서 에스라는 아담의 타락과 그 이후의 인류의 역사를 이야기하고 있는데, 그는 그것을 의인 노아와 그의 권속, 이스라엘 민족의 조상(아브라함, 이삭, 야곱 및 그의 열두 아들들), 그리고 다윗 등에 대한 하나님의 선택과 구원의 관점에서 기술하고 있다. 그러나 웨더번이 말한 것처럼 여기서 제4에스라서 저자가 아담을 노아, 아브라함, 이삭, 야곱 및 다윗 등과 대조시키려는 의도를 가지고 있었는지는 그리 명확하지 않다. 그의 관심은 오히려 하나님이 선택하신 몇몇의 의인을 제외한 온 인류와 이스라엘의 보편적인 죄성을 드러내어 보여 주는 데 있는 것 같

---

[223] Wedderburn, Adam, pp. 66-112.

다.²²⁴ 〈에녹의 책들〉을 보면 에녹이 낙원에 이끌려 갔었던 것으로 되어 있다. 그곳에서 에녹은 '태초부터 그곳에 살고 있는 첫 조상들과 의인들을 보았다'(IEn.70).; 그는 하나님이 선택하신 '인간의 죄에 대한 구원자요 너의 권속들을 돕는 자로 불리며 너의 아들들과 모든 족속을 축복하라'고 요청받는다(2En.64:3-5). 그러나 이러한 구절들로부터 에녹이 아담과 대조되는 인물이라거나 또는 새 세대를 위한 새로운 조상(Stammvater)으로 여겨졌다고 추정하는 것은 지나친 일이다. 필로가 제시하는 노아의 상에서도 우리는 아담과 노아 사이의 대조보다는 그 비교를 볼 수 있다. 필로가 노아를 저주받은 세대의 '마침'(τέλος)이며, 무죄한 세대 '시조'(ἀρχή)라고 말하는 것은 사실이다.²²⁵ 노아는 인류의 두 번째 세대의 '시조'(ἀρχή)인 것이다.²²⁶

그러나 필로가 그 마음에 아담과 노아 사이의 대조보다는 그 둘 사이의 병행이나 비교를 그리고 있었다는 사실은 *Quaest. Gen.ii 17*를 보면 명백해진다. 그곳에서 필로는 지구상에 첫 인간으로 태어난 (γηγενής) 아담이 창조되던 때인 춘분 때에 홍수가 발생하였던 이유를 설명하면서 다음과 같이 말한다: '홍수로 인하여 인류가 멸망한 이후 노아가 인류의 시조가 되므로, …그는 지구상에 첫 인간으로 태어났던 사람(γηγενῇ)과 가능한 한 비슷하게 만들어졌다.' 필로는 이렇게 말한 후 계속하여 *Quaest, Gen. ii : 56*에서 두 번째로 시작된 인류의 조상으로서 노아는 피조되고, 지상적인(τῷ πλαστῷ καὶ γηίνῳ) 인간이 아니라 '참 영적 존재의 모습과 형상을 따라 만들어진 자와 동일하다'고 하는데, 이렇게 말함으로써 그는 자신의 플라톤적인 전제-

---

**224** 제4에스라서 3장과 비슷한 방식으로 인물들에 관한 이야기들을 읽어나가는 속죄일을 위한 סדר עבודה 중의 유대인들의 의식은 단지 웨더번이 억지로 꾸민 해석을 산출해 낸다. *See Service of the Synagogue, Day of Atonement*, Part II(1904). pp.159f.

**225** *Praem*, 23; cf. *Abr*. 46; *Quaest. Gen*. i. 96.

**226** *Vit, Mos* ii. 60; cf. 65; *Abr*. 46; 56; *Quaest, Gen*, ii. 56.

종종 그로 하여금 창세기의 인간 창조에 관한 두 가지 기사(창 1:26f 과 2:7)를 따로 나란히 놓고 보도록 만드는-에 기인한 자가 당착을 드러내 보이고 있다. 말하자면 그가 기록한 이 문장의 잉크가 채 마르기도 전인 *Quaest, Gen. ii*:66에서 그는 아담이 에덴에서 축출당한 후에 농사일을 한 것과 노아가 방주에서 나와 그러한 일을 한 것 사이에 유사점을 그려낸다. 따라서 필로는 아담과 노아 사이에서 '타락한 자'와 의인이라는 대조를 보기보다는 그 둘이 각각 첫 번째 인류와 두 번째 인류의 시조가 된다는 점에 있어서 병행관계에 놓여 있음에 더 관심이 있는 듯하다. 그러나 웨더번이 후기 유대교에서 아브라함, 모세, 엘리야 등과 아담을 대조적으로 보고 있다고 말하는 데는 더 확고한 근거를 가지고 있다. Gen.R.14:6에 보면 랍비 레위가 '아브라함은 아담의 타락 이후 이 세상에 와서 모든 것을 바른 자리에 되돌려 놓기 위하여 아담 이후에 창조되었다'고 말 한 것으로 기술되어 있다. 2Bar.17:18에는 930년이라는 긴 세월을 살았으나 그의 죄로 인하여 아무 쓸모없는 삶을 살았던 아담과, 120년을 살았지만 그의 순종을 통하여 이스라엘에게 율법과 빛을 가져다 준 모세가 대조되고 있다.[227] Gen.R. 19:7에 의하면, 아브라함, 이삭, 야곱, 레위, 고라, 암람과 모세-이 7명의 의인들이 아담 이래 7세대를 지나는 동안 인류의 죄로 인해 칠층 천에까지 벗어나 있던 '하나님의 영광'(*Shechina*)을 다시 지상으로 되돌려 왔다: 그리고 7명의 의인들 중 제일 끝에 서있던

---

227 필로는 모세가 제7일에 구름으로 덮여 있는 산으로 불려 올라갔던 그 부르심을 '첫 탄생보다 더 좋은 두 번째 탄생'이라고 한다. '왜냐하면 첫 탄생은 육과 섞인 것으로써 타락한 부모로부터 난 것인 반면에, 두 번째 탄생은 아무것과도 섞이지 않은, 지배자의 순수한 영혼으로부터 난 것이기 때문이다. 그(모세)는 처음에 흙에서 형성된 인간이었으나 그와 분리되어 제7일에 부르심을 받은 것이다. 첫 탄생은 육신을 가진, 흙에서 난 것이었으며 두 번째의 탄생은 육신이 없이 하늘에서 난 것이기 때문이다'(*Quaest. Ex*. ii. 46). 필로가 한 사람(모세)의 의로운 순종과 다른 이(아담)의 범죄로 인하여 두 인물을 대조하고 있는 것일까?

모세는 '맨 아래쪽'의 일층 천에서 그것을 가져왔다.²²⁸ Lev.R.27:4에는 죄를 지어 그 생명을 박탈당한 아담과 죄를 짓지 않고 영원한 삶을 살게 된 엘리야가 대조되어 있다(see also Gen.R.21:5; Eccl. R.3:15). 또한 아담과 메시아의 대조도 나타난다. 메시아가 아담으로 인해 인류에게 내려진 죄와 저주를 말살하고 타락 이전의 상태를 회복하리라는 사상은 Test. Levi 18:10f.에 가장 명백하게 나타나 있다. 그러나 웨더번은 그것을 그리스도인들이 창작해 낸 것으로 여긴다.²²⁹ 랍비들의 사상 중 한 흐름에서는 아담이 잃어버린 7가지-그의 광채, 그의 불멸성, 그의 높음, 땅의 과실, 나무의 열매, 그리고 태양과 달(luminaries)-가 메시아의 시대에 회복될 것이라고 기대하였다.²³⁰ 〈아담의 책〉에 기록된, 모든 영혼이 창조된 이후에야 메시아가 올 것이라는 사상도 주목할 만하다.²³¹ 이렇게 웨더번이 다루었던 자료들을 고찰해 본 결과 우리는 그가 내린 결론에 어느 정도의 보완 수정을 할 필요를 느끼게 되었다. 즉 유대교 안에서 아담은 때로는 이스라엘 역사 속의 의로운 영웅들과 대등하게 나타난다. 그는 필로에서는 노아와 병행되는 인물로 등장한다. 그리고 가끔씩, 특히 후기 랍비들의 전통에서 아담은 아브라함, 모세, 엘리야 및 메시아와 대조되어 나타난다.

그리고 웨더번은 Pseudo-Clementine 문헌-아담, 에녹, 노아, 아브라함, 이삭, 야곱, 모세와 그리스도에 이르는 인물들을 일련의 '참

---

**228** See Scroggs, *Last Adam*, pp.53f. 그는 초기 랍비들의 전승에는 아담과 모세를 뚜렷하게 비교하는 경향이 거의 없다는 사실을 지적하고 두 인물 사이에 유형론을 성립시키려는 시도를 거부한다-(*contra*, Murmelstein, op. cit., pp.51ff. Jeremias, μωυσῆς, *TDNT* iv, pp.856f.).

**229** With M. de Jonge, *The Testaments of the Twelve Patriarchs*(1953), p.90; O. Eissfeldt, *The OT : An Introducton*(1965), p.633.

**230** Gen R, 12:6; Num. R. 13:12; cf. also Ex.R. 30:3-collected together in Str.-Bill i, pp.19f.

**231** Gen. R. 24:4. See Str.-Bill, ii, pp.173f.

선지자'의 성육신으로 보고 따라서 그리스도를 제2의 아담(*Adam redivivus*)이라고 생각하는-안에서 유대 그리스도인 특유의 교리를 고찰한다. 웨더번은 또한 쇼엡스(H. J. Schoeps)와[232] 더불어 Pseudo-Clementine에서 아담을 영화롭게 표현한 것은 반-바울적인 논쟁이며, 참 선지자의 전통에의 그 강조는 반 마르시온적 논쟁이라고 생각하여, 그는 그것이 신약 시대 때의 유대인의 신앙에 대한 증거도 되지 못할 뿐 아니라, 또한 바울의 아담-그리스도 유형론을 이해하는데 어떤 도움도 되지 못한다고 한다. 이제 유대인들의 조상(*Stammvater*)에 대한 개념 및 조상(*Stammvater*)과 그의 후손들과의 연대관계에 대한 그들의 사상에 대하여 슈바이처가 적절하게 요약해 놓은 것을 소개하여야 하겠다.[233] 우리는 이미 필로가 어떻게 노아를 옛 저주받은 세대의 조상(*Stammvater*)인 아담과 동일 선상에 놓고, 그를 새로운 무죄한 세대의 시조로 묘사하고 있는가를 살펴보았다. 필로에 따르면 에노스는 그의 희망으로 인하여 '인간'이란 의미의 이름을 부여받았다. 따라서 에노스만이 '참 인간'이요 순수하고 영적인($\lambda o \rho \iota \kappa \acute{o} \nu$) 세대의 창시자인데 이러한 의미에서 그는 혼합된 인종의 창시자들인 그의 선조들과 대조를 이룬다(*Abr.* 7-10; *Praem*.14). 지상적 인간으로 태어난 아담과는 대조적으로 그의 선지자적 부르심으로 인하여 영적인 존재로 두 번째로 다시 태어나게 된 모세는 하나님의 사랑받는 세대($\tau \grave{o} \ \theta \epsilon o \phi \iota \lambda \acute{\epsilon} \varsigma \ \rho \acute{\epsilon} \nu o \varsigma$)를 위한 길잡이($\dot{\eta} \gamma \epsilon \mu \grave{\omega} \nu \ \tau \hat{\eta} \varsigma \ \acute{o} \delta o \hat{\upsilon}$)였다

---

**232** Schoeps, *Urgemeinde, Judenchristentum. Gnosis*(1956), pp.25, 65.

**233** Schweizer, 'Die Kirche als Leib Christi in den paulinischen Homologumena', *Neo testamentica*, pp.280-282. 이 사상은 종종 '집단적 개인'(corporate personality)의 개념에 포함된다. H. Wheeler Robinson의 소논문 두 편, 'The Hebrew Conception of Corporate Personality(1936)'와 'The Group and the Individual'(1937)을 보라. 이 두 논문은 *Corporate Personality in Ancient Israel*, ed. J . Reumann(1964)에 함께 실려 있다. R. P. Shedd, *Man in Community*(1958), 제1장. '집단적 개인'(Corporate Personality) 문제와 그 개념이 내포하고 있는 다양한 의미에 대한 상세한 설명은 Wedderburn, 'The Body of Christ', pp.83f.를 보라.

(*Conf. Ling*.95). 야곱-이스라엘은 '로고스'의 많은 이름 중의 하나이다(*Conf. Ling*.146); 그는 '피조되지 않은 자(the Uncreated One)의 가장 최초의 자녀'이다(Post.63); '하나님을 본 자로서 그는 하나님을 직접 대면할 수 있는 사람들 중의 하나이며(*Praem*.43ff.); 또한 그는 혼합되고 썩어질 지상의 본성을 가진 에서와는 달리 순수하고 불멸인, 천상의 본성을 가진 자이다(*Quaest. Gen*. iv. 164). 필로의 마지막 말과 에서를 첫 세대의 대표로, 야곱을 둘째 세대의 대표로 나타내고 있는 제4에스라서를 비교해 보라.[234] ⟨the Book of Jubilees⟩는 '야곱'이라는 개인의 이름으로 이스라엘 민족을 지칭하는 구약의 전통을 따르는데 그렇게 하여 조상(*Stammvater*)과 그의 자손들(*Stamm*)의 유대관계에서의 완전한 일치를 이루고 있음과 전체 자손들(*Stamm*)은 그의 머리로서의 조상(*Stammvater*)과 한 사람(One individual man)으로 여겨지고 있음을 나타낸다(예컨대, 2:24; 19:18, 29; 22:13; cf. also Test. Zeb. 9:4). 위에서 살펴 본 바와 같이 야곱은 아담 이래 인류의 22명의 수장 가운데 마지막 인물, 따라서 아담과 노아와는 병행하는 인물(주의 : 대조가 아니다!)로 여겨진다(Jub.2:23; 19:23ff.; 22:13). 야곱의 씨가 우주의 회복을 성취할 것이다(Jub.19:25).[235]

---

234 슈바이처는 'eschatologischer Mensch', pp.106f.에서 그의 새로운 논지(다음 각주를 보라)를 위해 다음과 같은 견해를 제시한다. 즉 여기 두 세대는 서로 나란히 있는 것 ('*nebeneinander*')으로 생각된다는 것이다-그러나 그렇지 않다. 그들은 전후로 나타난다(*nacheinander!*). so G. H. Box, in Charles, *Apoc. & Pseud*. ii, p.573.

235 슈바이처는 그의 최근의 논문 'eschatologischer Mensch'에서 유대의 묵시가들과 필로의 노아, 야곱, 모세 같은 인물들에 대한 기술들을 이해함에 있어서, 그것들을 구속사적인 조상-자손(heilsgeschichtliche Stammväter-Stamm)의 관점에서만이 아니라 진정한 천상의 인간과 열등한 지상의 인간이라는 두 종류의 인간(인류)에 관한 정체적-이원론적인 사상(static-dualisticidea)으로부터 이해하려 한다. 슈바이처는 에노스, 노아, 야곱, 모세에 대한 필로의 기술 안에서 진정한 천상의 인간은 '현자'(wise man)의 집단 안에 살아 있다는 정체적 이원론적인 사상과 새로운 인류와 새 세상을 창시하고 선도하는 *Stammväter*에 관한 구원사적인 견해가 결합하여 들어 있다는 자기 의견의 타당성을 제시한다. 그러나 필로가 좀 더 관심을 기울이는 것은 아

바울의 아담-그리스도 유형론을 위한 '유대적 준비'(Jewish preparation)를 설명하기 위한 세 번째 요소로써 웨더번은 유대인들의 '천상의 인간 혹은 인자(人子)의 출현에 대한 기대'를 지적한다. 그는 아담과 종말론적 구원자 모두가 서로 상호간의 동일시함 없이도 천상의 인물로 표현될 수 있었음을 증명하려고 한다. 그리하여 그는 유대교 안에서 나타나는 아담에 관한 찬양들-아담이 타락 이전에는 낙원의 왕이었다, 천상의 천사적 존재였다, 그는 지구의 네 모퉁이 모든 곳의 요소로 이루어진, 동에서 서에까지 이르는 혹은 땅에서 하늘까지 이르는 거대한 몸을 지니고 있었다, 또는 남성과 여성을 한 몸에 지닌 모습이었다는 등-을 고찰하였다. 웨더번은 마지막 두 가지의 개념 안에 우주를 하나의 거대한 인간(macro-anthropos)으로 보는 헬라적 사상, 아담이라는 이름의 헬라어 네 글자에 관한 사색, 남성과 여성이 한 몸에 공존하는 인간에 대한 헬라적 개념 등의 영향이 들어 있음을 인정한다. 타락 이전 상태의 아담에 대한 찬양은 작가의 이상적 존재에 대한 인식과 그들의 실제 상황은 그에 훨씬 미치지 못한다는 의식의 표현이다. 그들은 하나님의 인간을 향한 계획과 의도에 대한 그들의 이해를 표현하였는데, 그것은 태초의 황금시대는 아담이라는 한 인격체 안에 실현되었으나, 지금은 가로막혀 있는, 그러나 이

담과 노아 사이의 대조가 아니라 병행(유비)관계임을 명심해야 할 것이다. Pseudo-Clementine *Kerygma of Peter*는 남성 중심의 진정한 선지자와 여성 중심의 선지자를 이원론적으로 구분하고 있다. 그러나 당혹스럽게도 전자의 표제 아래 그리스도를 아담과 동일시한다. 슈바이처가 Dream Vision(1En. 85-90)의 에티오피아 편집본에서 그 두 가지 견해를 결합시키려는 기발한 시도를 하고 있는데 그 역시 받아들일 수 없다, 그것은 아브라함, 야곱, 다윗 등과 같이 구속사적으로 중요한 인물들이 '인간'이 아닌 존재로 등장하기 때문만이 아니라 메시야까지도 '인간'이 아닌 '흰 황소'로 지칭되고 있기 때문이다(1En.90:37ff.). 이러한 사실은 에티오피아 편집본에서 '황소'로 나타내던 노아와 '양'으로 표현되던 모세가 '인간'으로 바뀌게 된 것은(89:1과 36) '황소'와 '양'이 각각 방주와 장막을 어떻게 만들었는지를 설명하려는 것이 그 동기가 되었음을 보여 준다(so Charles, *Apoc. & Pseud*, ii, pp.151, 253).

제 장차 올 세대에서는 모든 인간이나 모든 신실한 자를 향해 실현될 것이었다.[236] 아마도 아담을 그 본래의 권위와 축복을 회복한 회개한 죄인으로 묘사하는 배경에도 비슷한 동기가 놓여 있을 것이다. 웨더번은 이렇게 유대교 안에 아담을 찬양하는 현상이 있었음을 고찰한 후, 더 나아가 그들의 '사람' 또는 '人子'의 모습으로 나타날 메시아에 대한 기대에 관하여 검토한다. 베르메쉬(G. Vermes)를 좇아, 그도 1QH 3:9f.나 사무엘하 23:1; 스가랴 13:7; 민수기 24:7, 17; 예레미야 31:21; 이사야 66:7; 6:12 등과 같은 성서의 본문들에 나타나는 '인간'이란 칭호(איש/זכר/גבר)는 후기 유대교(특히 탈굼들)에서 이해한 바와 같이 메시아적인 의미를 지니고 있으며[237] 그러한 본문들은 '하나님의 백성을 다스릴 하나님의 기름부음을 받은 자에 대한 유대인들의 평소의 기대를 담고 있는 것'[238]이라고 믿는다. 메시아적 본문인 스가랴 6:12의 맛소라 본문에 '이쉬'(איש)가 '가브라'(גברא, 탈굼), '아네르'(ἀνήρ, 70인경), '안드로포스'(ἄνθρωπος, 필로, Conf. Ling .62) 등으로 번역된 것을 지적하면서, 그는 그들의 그러한 기대 안에 '우어멘쉬'(Urmensch) 신화의 영향이 있다고 보려는 것은 근거가 없다고 여긴다. 실상 그는 필로가 로고스를 '인간' 또는 '하나님의 사람'이라고 지칭한 것은 천상적 인간 신화의 개념이 아니라 하나님이 선택한 사람이라는 개념의 배경에서 이해해야 한다고 믿는다. 그런 다음 웨더번은 다니엘 7장, 에녹의 비유(the Similitudes of Enoch)와 제4에스라 13장 등에 나타나는 '인자'(人子)의 사상에 대해 주의 깊게 토론한다.

---

[236] so with emphasis Scroggs. *Last Adam*. pp.24ff., 52 *et passim*; cf. also Colpe, *TDNT* viii. pp.410f.

[237] G. Vennes. *Scripture and Tradition in Judaism* (1961), pp.56-66. 그는 '이러한 명사들은 스가랴서 안에서의 *zemah*(가지, 순)나 성경 이후의 많은 문헌에서 볼 수 있는 *Mashiah*(기름부음을 받은 자) 등과 같이 고유명사의 특성을 가지게 된 것'이라 믿는다(p.63).

[238] Wedderburn, *Adam*. p.94.

우리는 이미 몇몇 학자들이 '인자'(人子)가 들어있는 본문들을 바울의 아담-그리스도의 유형론의 배경으로 사용하고 있는 방법론에 의문을 제기한 바 있다. 위에서 지적하였듯이, 웨더번 자신도 바울의 아담-그리스도 유형론의 직접적 배경은 예수의 자기 칭호 안에서 발견한다.

이 단원의 서두에서 말했던 바와 같이, 바울의 아담-그리스도 유형론의 다양한 주제들을 이해하기 위하여는 아담 및 그의 타락에 대한 유대인들의 통념과 메시아의 도래와 더불어 이 세상과 인간이 타락 이전의 상태로 회복될 것이라고 하는 그들의 기대를 고찰해야 할 필요가 있다. 따라서 웨더번이 그려낸 '유대적 준비'는 바울의 아담-그리스도 유형론에 있어서 광범위한 배경을 이룬다고 볼 수는 있다. 그러나 웨더번이 말하는 것은 바울이 그리스도를 '마지막 아담'이라고 칭하는 것에 대한 배경은 말할 것도 없이 바울이 아담과 그리스도를 대조시키고 있는 것에 대한 직접적 배경이나 혹은 병행하는 배경도 제공해 주지 못한다. 그것은 웨더번 자신이 말하고 있듯 '…우리는 바울이 이러한 종말론적 "사람들"과 아담을 연관시켜 보는 전통에 의존하고 있다고 여기거나 또는 그 둘을 동일시하는 전통에 반대하고 있다고 간주하려는 어떠한 유혹도 거부해야 할 것'이기 때문이다.[239] 그렇다고 해서 그것이 바울이 그의 아담-그리스도 유형론을 예수의 자기 칭호로부터 유추해 내었으리라는 가능성을 구체적으로 높여 주는 것은 아니다.[240]

이제까지의 토론의 결론은 바울의 아담-그리스도 유형론의 기원은

---

[239] Wedderburn, 'The Body of Christ', p.92.
[240] 최근에 슈바이처에 의해 아담-그리스도 유형론을 '사람의 아들'(人子)이라는 개념과 연관시키려는 시도가 있었지만(Eschatological Mensch', esp.pp.112f.) 그것도 여기 이러한 견해를 바꾸어 놓지는 못한다.

아직까지 명확하게 밝혀지지 않았다는 것이다.[241]

### 4) 그리스도 하나님의 형상 Εἰκὼν τοῦ θεου

그렇다면 이제 우리는 바울의 아담 기독론과 '형상'(εἰκών)-기독론 사이의 우선순위를 바꾸어 놓고, 과연 바울이 앞서 가지고 있었던 그리스도에 대한 '하나님의 형상'(εἰκὼν τοῦ θεοῦ)이라는 개념으로부터 그리스도를 마지막 아담으로 보는 사상이 유추될 수 없는가를 살펴볼 것을 제안한다. 이 견해를 위해 우리는 그리스도를 '하나님의 형상'(εἰκὼν τοῦ θεοῦ)으로 보는 사상은 바울의 다메섹 사건에 그 뿌리를 두고 있다고 하는 우리의 근원적인 논지를 상신토록 하겠다: 바울은 다메섹 도상에서 영광 중에 나타난 높임 받은 그리스도를 '하나님의 형상'(εἰκὼν τοῦ θεοῦ)으로 보았다(Paul saw the exalted Christ in glory as

---

[241] So Käsemann, *Römer*, p.136. Cf. also Conzelmann, *1, Kor.*, pp.338-341. 그는 이 문제를 미결인 채로 남겨둔다. 케제만의 '가설'(주저함으로 내어 놓은)은 그 유형론과 유대의 Sophia 신화를 관련시키는 것이다. 그에 따르면 헬레니즘 시대에 유대교는 '창조 때의 중보'라는 역할의 사상을 위하여 유대교의 Sophia 신화에 Urmensch 신화의 주제를 받아들였다는 것이다. 그러나 초대 교회가 마련한 새로운 상황 안에서(후에 영지주의에서는 더욱) 그러한 주제는 그들의 본래 개념으로 다시 재설명되었을 수 있다. 이제 신약에서 Sophia의 특성들이 그리스도에게 적용되었다는 사실은 명백하다. 따라서 헬라화된 유대교가 창조의 중재자라는 개념과 더불어 그의 칭호인 로고스와 Anthropos를 초기 기독교로 넘겨주었음이 분명하다.(cf. Philo, *Conf. Ling*, 146). 이 같은 자료가 초기 교회에 의해 받아들여진 것은 그것으로 선재하신 그리스도를 새로운 인류의 창시자로 묘사할 수 있었기 때문이었다. "이것으로 그러나 선재하는 그리스도가 어떤 경로를 통하여 종말의 *Urmensch*로 불리게 되었는가만이 겨우 설명되었다(이것이 나중에 기독교적 영지주의에서 더 발달되어 갔다). 반면에 아담-그리스도 모형론 자체는 아직까지 설명되지 않았다"(p.136). 이상이 케제만의 주장인데, 우리는 이미 유대의 지혜 문서 안에 나타나는 Sophia와 필로의 로고스 및 Anthropos를 *Urmenschlehre*와 연결시키려는 시도를 거부한 바 있다. 그런데 필로의 로고스와 Anthropos나 다른 유대의 지혜 문서에 등장하는 Sophia나 모두 종말론적인 Anthropos가 아니기 때문에 바울이나 초대 교회가 이러한 사상들로부터 선재하신 그리스도가 종말론적인 *Urmensch*라는 사상을 이끌어 낼 수가 없는 것이다 (pp.261f.).

the εἰκὼν τοῦ θεοῦ on the road to Damascus).

이 논지는 우리가 다메섹의 그리스도의 현현에 관한 연구를 시작한 초기부터 우리에게 계속 그 자체를 시사해 주고 있는데, 이 논지를 연구하는 과정 중에서 우리는 극소수의 학자들이 그저 지나치는 과정으로 취급했던 것이긴 하지만 같은 요지의 발언을 했음을 발견하곤 상당히 고무된 적이 있다. 페인(P. Feine)은 '근본적인 성령의 체험으로서의 바울의 회심'에 대한 그의 토론 과정 중에 다음과 같이 말하고 있다: '바울에게 그 자신을 계시하시고 그의 삶을 충만함으로 압도했던 그분은 바로 그리스도였다. 바울은 이 신성의 그리스도를 하나님의 형상(고후 4:4; 골 1:15), 하나님의 능력(고전 1:24), 그리고 또한 "영광의 주"(τὸν κύριον τῆς δόξης)(고전 2:8)라고 부른다. 따라서 그는 천상의 그리스도를 그의 외관상의 형상을 명시하여 칭하고 있는 것이다.'[242] 바이스(J. Weiss)는 바울이 그리스도를 하나님의 '형상'(εἰκών)이라 칭하는 배경에는 '그리스도는 하나님의 본질, 즉 하나님의 영광(δόξα)의 반짝이는 광채의 반영'이라는 사상이 놓여 있다고 해석한다.[243] 이와 관련하여, 미헬은 바울 기독론의 기원에 관한 그의 소논문에서 다음과 같이 말하고 있다: '그렇다면 우리는 이제 더 이상 후기 유대교의 메시아 사상에 대한 고집을 버리고 바울의 다메섹 체험 자체를 붙들게 된다.'[244] 마틴은 빌립보서 2:6에 나타난 '엔 모르페 데우 휘파르콘'(ἐν μορφῇ θεοῦ ὑπάρχων, 근본 하나님의 본체)이라는 문구를 검토하면서 다음과 같이 말한다: '고린도서에서(고후 4:4, 6) 그리스도는 다메섹 도상에서 사울에게 나타났던 부활하고 높임 받은 그 천상의 존재-그 이전에 스데반에게 나타났던 존재와 동일한(행

---

[242] P. Feine, *Theologie des NT*(1919), p.320.
[243] Weiss, *Das Urchristentum*(1917), pp.367f
[244] Maichel, 'Entstehung', pp.329f.

7:55)-로 묘사되어 있다…'²⁴⁵ 그리고 바로 뒤이어 "하나님의 형상"은 구약의 배경에 비추어 이해해야 한다'는 의견을 개진하면서 다음과 같이 말한다:

'모르페 데우'(μορφὴ θεοu, 하나님의 형상)는 하나님의 '에이콘'(εἰκών, 형상)='독사'(δόξα, 영광)와 상응하는 말이다; 따라서 그것은 창조 때의 아담, 곧 첫 사람에 대한 표현이다(창 1:26, 27). 아담은 영원 전부터 그 자신이 보이지도 않고 말로 표현할 수도 없는 하나님의 '형상'이신, 영원한 하나님의 아들의 영광을 담고 있었다. 두 아담 모두가 천상의 빛을 소유한 자로 생각되었다. 바울이 가말리엘의 문하에서 첫 아담의 '영광'에 관해 배웠던 것을 … 그(그리스도)가 영광의 빛 안에서 그 자신을 바울에게 나타내셨을 때 마지막 아담에게 전가하였던 것이다.²⁴⁶

큄멜과 뒤퐁(J. Dupont)도 역시 고린도후서 4:4은 다메섹의 그리스도의 현현을 담고 있다고 생각한다.²⁴⁷ 이와 관련하여, 바울이 그리스도의 부활한 몸을 '신령한 몸'(고전 15: 44ff.)과 '영광의 몸'(빌 3:21)으로 표현하고 있는 것은 다메섹에서의 그리스도의 현현에 근거하고 있다고 하는 케네디(H. A. A. Kennedy)의 주장²⁴⁸도 주목해 볼 필요가

---

**245** Martin, *Carmen Christi*, p.111.

**246** Ibid., p.119.

**247** Kümmel, *Theologie*, p.145; Dupont, 'Conversion', p.192. Cf. also R. V. G. Tasker, *The Second Epistle of Paul to the Corinthians*(1958), pp.70f. See also F. F. Bruce, *Paul : Apostle of the Heart Set Free*(1977), pp.122f. 바렛도 또한 바울이 고린도후서 4:4에서 그리스도를 하나님의 형상이라고 칭한 것을 그의 회심과 연관시킨다(2Cor., p.133). 그런데 그는 이것을 그리스노께서 δόξα로 나타나신 그 형제의 관점에서기 이니리 창조와 회심 때의 하나님의 중보자로서의 지혜의 개념이라는 관점에서 연관시킨다 (cf. Wis 2:27).

**248** Kennedy, *St. Paul's Conceptions of the Last Things*(1904), pp.89-93; Dupont, 'Conversion', p.192도 역시 빌립보서 3:21의 '영광의 몸'이라는 표현을 다메섹 도상

있다. 그러나 이들 학자 중에 아무도 적절한 방식으로 그들의 견해를 입증하여 완벽한 결론을 이끌어 내려는 시도를 하지 않았음은 유감스러운 일이다.

### a) 언어학적 자료(The Linguistic Data)

전술한 우리의 논지를 입증하기 위해 첫째로 할 일은 바울 서신에 나타난 '에이콘'($\epsilon i \kappa \omega \nu$) 및 '모르페'($\mu o \rho \phi \eta$)라는 용어와 그들의 동계어, 동의어들을 좀 더 엄밀하게 정의하는 것이다. 여기서 각기 다른 기간에 각기 다른 저자들에 의해 사용된 이 단어군의 용법을 모두 살피는 일은 불가능하다.[249] 다양한 참고문헌들을 통해[250] 우리는 '에이콘'($\epsilon i \kappa \omega \nu$)의 가장 포괄적인 정의는 외관(likeness), 초상(representation), 모양(appearance), 모습(form)의 의미를 지니고 있는 '형상'(image)이라는 것을 알아낼 수 있다. 이 단어 자체로는 그것의 원형과 비교하여 불완전성이나 질적으로 열등하다는 뜻을 담고 있는 것도 아니요,[251] 또한 완벽하게 동일한 상을 의미하는 것도 아니다.[252] 그것은 본래의 형상이나 원형의 본질에의 참여라는 의미를 지닐 때도 있기는 하지만, 우선적으로는 출현, 상징, 계시라는 의미를 가진 기능적인 용어이다.[253] 헬라어 성경이나 영지주의에서와 같이 바울에게 있어서도 '모르페'($\mu o \rho \phi \eta$)와 '에이콘'($\epsilon i \kappa \omega \nu$)은 어느 정도 동의어로 쓰이고 있다는 사실은 널리 받아들여지고 있다.[254] 70인경에서는 히브리

의 그리스도의 현현에서 비롯된 생각을 언급하고 있는 것으로 본다.
**249** See Eltester, *Eikon*, esp. pp.1-25; J. Behm, $\mu o \rho \phi \eta$, *TDNT* iv, pp.742ff.
**250** Liddell-Scott, s. v.; Bauer-Arndt-Gingrich, s. v.; H. Kleinknecht, $\epsilon i \kappa \omega \nu$, *TDNT* ii, pp.388ff.; also Eltester, *Eikon*, pp.1-25.
**251** Kleinknecht and Kittel, *TDNT* ii, pp.389, 395.
**252** J. B. Lightfoot, *Saint Paul's Epistles to the Colossians and to Philemon*(1904), p.143
**253** Cf. Kleinknecht, *TDNT* ii, p.389.
**254** So, e. g., J. Hering, *Le Royaume de Dieu et sa venue*(1959), p.161; A. N. Hunter,

어 '체렘'(צלם, 형상)[255]이나 그것의 아람어 상당어인 '체렘'(צלם)을 '에이콘'(εἰκών)으로 번역한다. 그러나 한 군데, 다니엘서 3:19에서는 '모르페'(μορφή)로 번역하고 있다. 예르벨이 '에이콘'(εἰκών)과 '모르페'(μορφή)가 동의어적으로 나타나는 영지주의적 문장들을 편리하게 정리해 놓은 것이 있다.[256] 그들 중에 가장 흥미를 끄는 구절이 *Corp. Herm.* I:12이다:

> ὁ δὲ πάντων πατὴρ ὁ νοῦς ὢν ζωὴ καὶ φῶς ἀπεκύησεν Ἄνθρωπον αὐτῷ ἴσον οὗ ἠράσθη ὡς ἰδίου τόκου περικαλλὴς γάρ τὴν τοῦ πατρὸς εἰκόνα ἔχων ὄντως γὰρ καὶ ὁ θεὸς ἠράσθη τῆς ἰδίας μορφῆς … [257]
> 존재하는 것들 모두의 아버지인 마음이 생명과 빛이신 분으로서 인간을 자신과 동등한 자로 창출하셔서, 그를 자신의 아이로 사랑하게 되었다. 왜냐하면 그는 그를 창출하신 이의 형상(εἰκών)을 가진 자로서 비교할 수 없이 아름다웠기 때문이다. 신은 정말로 자신의 형태(μορφή)와 사랑에 빠졌고…

시빌라의 신탁(*Oracula Sibyllina*) 역시, 비슷하게 창세기 1:26f.를 언급하면서 '에이콘'(εἰκών)과 '모르페'(μορφή)를 상호간에 번갈아 쓰고 있다. VIII. 440에는 창세기 1:26f.를 다음과 같이 의역한다.

> ποιήσωμεν ἰδοὺ πανομοίιον ἀνεῦρα μορφῇ ἡμετέρῃ καὶ δῶμεν ἔχειν ζωαρκέα πνοιήν … [258]

---

*Predecessors*, p.43; Cullmann, *Christology*, p.176; Eltester, *Eikon*, p.133; Jervell, *Imago*, pp.204ff.; Feuillet, *Le Christ sagesse de Dieu*, pp.344ff.

**255** See BDB, s.v.

**256** Jervell, *Imago* p.167.

**257** Cited from the edition of A. D. Nock and A.-J. Festugière(1945).

**258** Cited from *Die Oracula Sibyllina*, ed. J. Geffcken(1902).

모든 면에서 우리와 똑같은 형태(μορφή)로 사람을 만들자. 그리고 그에게 생명을 지탱하는 숨을 갖도록 하자.

그런데 VIII. 265-8에서는 동일한 성경구절을 의역하면서 처음에는 '에이콘'(εἰκών)으로 그 다음은 '모르페'(μορφή)를 사용한다. 따라서 이것은 C. H. I. : 12 만큼 명백하게 이 두 용어가 서로 바뀌어 사용될 수도 있음을 보여주는 것이다(cf. also Or. Sib. III. 8: ἄνθρωποι θεόλαστον ἔχοντες ἐν εἰκόνι μορφήν…〈하나님이 자신의 형상(εἰκών)으로 조형한 형태(μορφή)를 가진 인간들…〉). 교회의 많은 교부들이 빌립보서 2:6의 '근본 하나님의 본체'(ὃς ἐν μορφῇ θεοῦ ὑπάρχων)를 고린도후서 4:4과 골로새서 1:15의 '하나님의 형상이시다'(ὅς ἐστιν εἰκὼν τοῦ θεοῦ)와 병행하는 문구로 취하였다.[259] 로마서 8:29(그 아들의 형상을 본받게 하기 위하여〈…συμμόρφους τῆς εἰκόνος τοῦ υἱοῦ αὐτου〉)과 고린도후서 3:18(그와 같은 형상으로 변화하여〈…τὴν αὐτὴν εἰκόνα μεταμορφούμεθα〉)은 바울의 '에이콘'(εἰκών)과 '모르페'(μορφή)의 사용법에 있어서 그 둘이 사실상의 동의어는 아니라 할지라도 상호간에 매우 밀접한 관련이 있었음을 시사한다.

그러나 이 두 용어 사이에 어떤 차이점이 있다고 보는 학자들도 있다. 바울 서신 중 로마서 8:29; 고린도후서 3:18; 빌립보서 2:6 등의 세 구절에서(고후 4:4과 골 1:15에는 전치사가 없는데 비해 여기에는 전치사 '엔'(ἐν)이 있음에 주의하라) 우리는 이 두 용어 사이에 뉘앙스에 있어서의 세미한 차이점을 엿볼 수 있다. 그러나 그것의 차이점이 어떠한 것이라고 지적해 내기는 용이하지 않다. 베엠(J. Behm)은 '에이콘 투 데우'(εἰκὼν τοῦ θεοῦ)와 '모르페 데우'(μορφὴ θεοῦ)가 일

---

[259] For references see Jervell, *Imago*, pp.203f.

상 동일한 의미를 지닌다는 주장을 거부하면서 '하나님의 형상($\epsilon\dot{\iota}\kappa\grave{\omega}\nu$ $\tau o\hat{u}$ $\theta\epsilon o\hat{u}$)'이란 그리스도를 말하는 반면 '모르페 데우'($\mu o \rho \phi \grave{\eta}$ $\theta\epsilon o\hat{u}$) 는 하나의 의상—그것을 보아 그의 신적인 본성을 알 수 있는—이라 할 수 있다'[260] 라고 말하는데, 이렇게 말할 때도 그는 '에이콘 투 데 우'($\epsilon\dot{\iota}\kappa\grave{\omega}\nu$ $\tau o\hat{u}$ $\theta\epsilon o\hat{u}$)를 어떻게 이해하는가 하는 점은 명백히 밝히지 않고 있다. 그러나 여기 베엠이 뜻하는 바, '모르페'($\mu o \rho \phi \acute{\eta}$)의 의미를 어떤 본질이나 본체에 반하는 외견상 나타나는 형상이라 받아들여[261] 비평적 학자들은 이에 대해 헬라주의적, 특히 영지주의적인 문헌들에 서 '모르페'($\mu o \rho \phi \acute{\eta}$)는 단순히 겉으로 나타나는 형상만을 의미하는 것 이 아니라 본체, 본질이나 본성을 의미한다는 점을 지적함으로써 이 의를 제기해 왔다.[262] 그렇다고 해서 케제만이 베엠의 주장에 반론을 제기하면서 그러하였던 것처럼 너무 지나치게 극단으로 치우쳐서 '모 르페'($\mu o \rho \phi \acute{\eta}$)의 개념을 주로 본질적인 의미만으로 이해하지 않도록 유의해야 한다. 케제만은 베엠과의 논쟁에서 빌립보서 2:6f.의 '모르 페'($\mu o \rho \phi \acute{\eta}$)는 주로 본질·본체를 나타낸다는 관점에서 이해해야 한다 고 주장하며, 그것을 '존재양식(Daseinsweise)'이라고 번역한다.[263] 이 에 대해서는 불트만의 판단이 아마도 가장 만족할 만하다:

> Morphē는 그 안에서 인간이나 사물이 나타나는 모양이나 형상을 말

---

**260** Behm, *TDNT* iv, p.752.

**261** 이것은 베엠이 그 단어의 헬라적 용법을 충분히 검토한 후 제시한 그의 결론에 비추 어 볼 때 타당한 추론이다: "전체적으로 보면, 풍부한 뉘앙스들 중 절대 다수의 경우 $\mu o \rho \phi \acute{\eta}$는 어떤 감각되어지는 것, 인식되도록 그려내는 것(그것이 실재하는 것인지 그냥 겉으로 나타나기만 하는 것인지에 대한 생각과 관계없이)을 표현한다"(*ThWb* iv, p.753).

**262** Käsemann, 'Krtische Analyse', pp.65ff.; Jervell, *Imago*, p.204(n.122); Schweizer, *Erniedrigung*, pp.95f.

**263** Käsemann, 'Kritische Analyse', pp.66ff. 여기서의 케제만의 이해에 대한 비평을 위해 서는 Schweizer, *Erniedrigung*, p.95(n.382)을 보라.

한다. 70인경에서는 그것이 '에이도스'(εἶδος, 모양, 형상), '호모이오마'(ὁμοίωμα, 모습, 상), '호라시스'(ὅρασις, 외관), '호푸시스'(ὄψις, 외형) 등과 동의어로 쓰이고 있다. 그러나 그것의 본질에 대조되는 개념으로가 아니라 바로 그 본질의 표현으로써 쓰이고 있는 것이다. 그러므로 Morphē 의 헬라적인 용법에서 신적인 본성을 칭하는 데 쓰였다고 하는 것은 납득할 수 있는 일이다.[264]

불트만은 더 나아가 바울이 사용한 '모르페'(μορφή)라는 단어(빌 2:6) 및 그의 동계어인 '쉼모르푸스다이'(συμμορφοῦσθαι)(롬 8:29), '메타모르푸스다이'(μεταμορφοῦσθαι)(롬 12:2; 고후 3:18)와 '스케마'(σχῆμα)라는 단어(빌 2:8; 고전 7:31) 및 그의 동계어 '수스케마티제스다이'(συσχηματίζεσθαι)(롬 12:2; 고전 11:13ff.)와 '메타스케마티제인'(μετασχηματίζειν)(빌 3:21; cf. also 고전 4:6)들은 본체와 본체의 변화라는 관점에서 이해되어져야 할 것임을 밝힌다.[265] 그러나 바울의 사용법에 있어서의 이러한 단어군의 의미를 분석하면서 불트만은 '모르페'(μορφή)의 기본적인 의미, 이른바 '모양'이라는 의미를 다소간 간과하고 있는데, 그렇게 함으로써 그는 자신이 내린 이 단어의 정의에 대해 충실하지 못하였다(그는 그 단어는 어떤 것의 본체의 표현으로써의 모양이라고 정의하였다).[266] 슈바이처는 '쉼모르푸스다이'(συμμορφοῦσθαι), '메타모르푸스다이'(μεταμορφοῦσθαι), '모르푸스다이'(μορφοῦσθαι) 등의 단어를 바울이 어떻게 사용하는가를 면밀히 고찰하였다. 그는 이 단어가 고전 헬라어에서의 개념과 같이 본질

---

**264** Bultmann, *Theology* i, pp.192f.

**265** Ibid.

**266** '형체'로서의 μορφή의 의미는 그리스의 파피루스에서나, C. Spicq, 'Note sur *MOPΦH* dans les papyrus et quelques inscriptions', RB 80(1973), pp.37-45에 의한 비문들에서 그 예를 많이 찾아볼 수 있다.

이 모양에 의해 결정되어진다는 의미로서의 '모양'이 아니라, 구약적 사고를 담고 있다고 보아야 하는데 구약적 개념에서는 헬라어에서처럼 실체(Stoff)와 모양을 구분하는 것이 아니라 물체의 본질은 그것의 모양과 밀접한 관련이 있다고 생각한다고 말한다.[267]

우리는 빌립보서 2:6f.의 '모르페'($\mu o \rho \phi \acute{\eta}$)와 관련하여 그것이 형태, 모양(form)이라는 기본적인 의미를 담고 있다고 하는 관점에서 해석되어져야 한다고 강조하면서, 여기서 스픽(Spicq)이 '물질'에 관해 다음과 같이 말한 것을 인용하여 이를 확인코자 한다: '우리가 그것의 정확한 신학적 의미를 집어낼 수는 없지만, 그것은 변화됨 혹은 육신이 되어 모습 갖추기 등을 언급할 때 상용되는 자연스러운 단어였다.'[268] 따라서 빌립보서 2:6f.의 '모르페 데우'($\mu o \rho \phi \grave{\eta}\ \theta \epsilon o \hat{\upsilon}$)라는 문구가 어떤 방식으로든 '하나님의 모습'이라는 의미를 담고 있는 한, 그것은 하나님의 형상(image), 모양(likeness), 모습(form), 초상, 표상(representation)의 뜻인 '에이콘 투 데우'($\epsilon i \kappa \grave{\omega} \nu\ \tau o \hat{\upsilon}\ \theta \epsilon o \hat{\upsilon}$)란 문구와 상응하는 문구가 된다. 스픽은 '모르페'($\mu o \rho \phi \acute{\eta}$)와 '에이콘'($\epsilon i \kappa \acute{\omega} \nu$) 사이의 두 가지 미세한 차이점을 지적한다: 1) 'icon은 어떤 본체의 형상을 닮은 것이기 때문에(since it resembles that of which it is an image) 그것은 변하지 않는다. 반면에 morphe는 근본적으로 변화될 수 있는 것인데… 변화되지 않는 본질의 그 무엇을 지닌 한에 있어서 다양한 모양을 가진다'; 2) '보이지 않는 것이나 추상적인 것이 실체화되어

---

**267** Schweizer, *Erniedrigung*, p.96(n.383).
**268** Spicq, op. cit., p.45. 빌립보서 2:6의 $\mu o \rho \phi \acute{\eta}$ 단어에 대한 다양한 이해와 해석에 대하여는 Martin, *Carmen Christi*, pp.100-133을 보라. Cf. also Hofius, *Christus-hymnus*, pp.57f., 그는 빌립보서 2:6f.에서의 $\mu o \rho \phi \acute{\eta}$의 의미는 찬양시 자체 내의 문맥 속에서 찾아야지 그 단어의 종교사적인 고찰로부터 나온 복잡한 개념에서 찾아서는 안 된다고 주장하면서 슈바이처의 번역을 그대로 받아들인다: 즉 그것은 '지위'(Status), '위상'(Position), '입장'(Stellung)의 의미를 가진다는 것이다(*Erniedrigung*, pp.95f.).

나타난 존재로서의 형상은 morphē theou와 상응할 수 없다'[269] 이렇게 스픽이 지적하는 '에이콘'($\epsilon$ἰκών)과 '모르페'($\mu$ορφή)의 상이점은 두 가지 종류의 증거들로 인하여 정확하다고 볼 수 없게 된다. 즉 한편으로는 '에이콘'($\epsilon$ἰκών)도 하나의 실체를 지닌 여러 형태를 표현하는 데 사용된다는 증거들과[270] 다른 한편으로는 '모르페'($\mu$ορφή)도 역시 보이지 않는 하나님께서 눈에 보이게 나타나심을 묘사하는 데도 쓰이고 있다는 증거들[271]이 있어서 스픽의 주장이 부분적으로는 옳지 않다는 것이 드러난다. 그러나 전체적으로 볼 때 스픽의 주장은 옳은 듯하다. 그리고 그가 말하는 이러한 상이점들로 인해 바울이 한쪽에는 '에이콘'($\epsilon$ἰκών)이란 단어를, 다른 한쪽에는 '모르페'($\mu$ορφή)와 그 동계어들을 사용하되 그가 바울 서신에서 보여주는 방법대로 사용한 것 같다. 바꾸어 말하자면 이러한 상이점들은 바울이 그 단어들을 그러한 방법으로 사용했기 때문에 생긴 결과일 수도 있다.

헬라어 단어 '에이콘'($\epsilon$ἰκών)이 신의 현현의 맥락에서 눈에 보이는 신의 형상을 묘사하기 위하여 사용되었다는 몇몇 증거가 있다. 이러한 사용법은 올림피아에 있는 페이디아(Pheidia)의 제우스 상에 새겨져 있는 경구에 명백히 나타나 있다:・

"Ἡ θεὸς ἦλθ' ἐπὶ γῆς ἐξ οὐρανοῦ εἰκνα δείξων φειδιά ἤ σὺ γ'ἔβης τὸν θεὸν ὀψόμενος.[272]

신이 하늘로부터 땅 위에 형상을 보이며 오셨다. 그래서 너는 신을 보면

---

**269** Spicq, op. cit., pp.44f.

**270** References in Eltester, *Eikon*, p.11(n.55).

**271** 예; Preisendanz ed., *Papyri Graecae Magicae*, in Behm, *TDNT* iv, p.747에서 인용한 인용문.

**272** *Anthologia Palatina* XVI. 81(ed. F. Dübner, II, p.542)에서 인용. Cf. the references from the magical papyri cited by Behm *TDNT* iv, p.747: e. g., ἐπικαλοῦμαί σε, κύριε, ἵνα μοι φανῇ ἡ ἀληθινή σοῦ μορφή(Preisendanz ed., *PGM* XIII. 581f.).

서 왔다.

그러나 우리가 여기서 그러한 사용법의 그리스-헬라적인 증거 자료를 수집하기 위하여[273] 멈추어 서기 보다는 차라리 '에이콘'($\epsilon i\kappa\omega\nu$)에 상응하는 히브리어인 '데무트'(דמות)가 종종 신의 나타나심에 사용되었다고 하는 증거로 나아가고자 한다. 왜냐하면 바울이 고린도후서 4:4이나 골로새서 1:15 등에서 그리스도를 '하나님의 형상'($\epsilon i\kappa\omega\nu$ $\tau o\hat{u}$ $\theta\epsilon o\hat{u}$)으로 지칭한 것은 그리이스-헬라적 배경이 아니라 구약-유대교(헬라주의적인 유대교도 포함하여)의 배경에 서 있음이 분명하므로 후자(히브리어 데무트〈דמות〉)가 바울의 이해와 좀 더 관련이 깊을 것이기 때문이다.

고린도후서 3:16ff.이 출애굽기 34장을 반영하고 있다면, 고린도후서 4:4ff.와 골로새서 1:15ff.는 창세기 1장과 실체화된 지혜'의 모습이 반영되어 있다는 것에는 의심의 여지가 없다. 예르벨은 이 점을 분명히 인지하고 있으면서도[274] 바울의 하나님의 '에이콘'($\epsilon i\kappa\omega\nu$)으로의 그리스도에 대한 개념을 하나님의 '에이콘'($\epsilon i\kappa\omega\nu$)으로서의 신적인 '인간'(Anthropos)이라는 영지주의적인 개념의 배경 하에서 이해하려 한다.[275]

예르벨은 비록 골로새서 1:15-20과 빌립보서 2:6-11의 찬양시들이 우선적으로는 하나님과 그리스도와의 존재론적 관계에 대해 말하는 것이 아니라 인간의 구원에 관해 말하고 있는 것이긴 하지만, 그

---

**273** Rosetta Stone에 새겨져 있는 프톨레미 에피파네스를 $\epsilon i\kappa\acute{o}\nu o\varsigma$ $\zeta\acute{\omega}\sigma\eta\varsigma$ $\tau o\hat{u}$ $\Delta\iota\acute{o}\varsigma$라고 선포하는 글귀의 배면에 이와 동일한 신의 현현에 대한 사고가 들어있는가?

**274** Jervell, *Imago*, pp.173ff., 200f.

**275** Ibid., pp.214ff.; Eltester(*Eikon*, pp.137ff)도 케제만에 호소하면서 바울에게 있어서 $\epsilon i\kappa\omega\nu/\mu o\rho\phi\eta$의 개념은 영지주의적 신화의 배경을 가지고 있다고 주장하는 선두주자였다.

리스도를 하나님의 '에이콘'(εἰκών)이라고 하는 진술은 간접적으로 나마 그리스도와 하나님의 관계에 대한 무엇인가를 가리키고 있다고 주장한다.[276] 그의 이러한 주장은 옳다. 그러나 예르벨이 고린도후서 4:4에서의 바울의 질문은 그리스도의 '독사'(δόξα)와 하나님의 '독사'(δόξα)와의 관계에 그 초점을 맞추고 있는 것이며, '바울은 이 질문에 대한 답변에서 명백하게 그리스도에 관련하여서 eikon 개념을 언급하고 있다'고 주장함으로써[277] 자기 주장의 비현실성을 드러내고 있다. 이제 곧 우리는 고린도후서 4:4의 '그리스도의 영광'(δόξης τοῦ Χριστοῦ)과 '그리스도의 얼굴에 나타난 하나님의 영광'(δόξα τοῦ θεοῦ ἐν προσώπῳ Χριστοῦ)이 어떻게 하여 다메섹의 그리스도의 나타나심에 수반되어 나타났던 것과 같은 '독사'(δόξα)를 묘사하는 것인지를 살펴보게 될 것이다. 이 시점에서 우리는 다만 예르벨이 고린도후서 4:4의 '에이콘'(εἰκών) 개념을 '그리스도 안에 하나님의 거함, 혹은 현존함'이라고 하는 영지주의적 이해로 해석하려고 하는 시도의 억지스러움을 지적해 두고자 한다. 사실 바울이 그리스도를 하나님의 '에이콘'(εἰκών)이라고 하는 인식에는 그리스도 안에 하나님이 거하심, 혹은 하나님과 그리스도의 존재론적 관련성에 대한 의미를 함축하고 있는 듯하다. 우리는 이미 '에이콘'(εἰκών)이라는 단어가 영지주의적인 작품들뿐만이 아니라 고대의 다른 문헌들에서도 그러한 의미를 가지고 사용되고 있었다는 사실을 지적한 바 있다.[278] 그러나 예르벨이 고린도후서 4:4-6에서 '독사'(δόξα)와 '거함'이라고 하는 요한의 중심 사상을 가지고 유추해 내려고 하는 '에이콘'(εἰκών)에 대한 존재론적 정의는[279] 계시와 계시의 실행자라는 의미로서의 직능적

---

276  Jervell, *Imago*, p.214.
277  Ibid.
278  See Kleinknecht *TDNT* ii, pp.387f.
279  Jervell, *Imago*, pp.216ff.

인 정의에 비하여는 이차적이라 할 수 있다. 바울이 그리스도를 '에이콘'($\epsilon i\kappa\omega\nu$)으로, 그리스도인들을 '카트 에이코나(안드로포이)'($\kappa\alpha\tau'$ $\epsilon i\kappa\acute{o}\nu\alpha\langle\ddot{\alpha}\nu\theta\rho\omega\pi o\iota\rangle$)로 구분지었다는 사실이(골 3:9f.; 엡 4:24) 신적인 '인간'(Anthropos)을 '에이콘'($\epsilon i\kappa\omega\nu$)으로, 지상의 아담을 '카트 에이코나 안드로포스'($\kappa\alpha\tau'$ $\epsilon i\kappa\acute{o}\nu\alpha$ $\ddot{\alpha}\nu\theta\rho\omega\pi o\varsigma$)로 말하고 있는 필로적 영지주의적 사상을 담고 있는 것이라는 주장을 가지고[280] 예르벨이 바울이 그리스도를 하나님의 '에이콘'($\epsilon i\kappa\omega\nu$)이라고 칭하는 것의 기본이 되는 자료를 발견하였다고 할 수는 없다. 필로와 다른 몇몇 영지주의자들이 창세기 1:26f.의 '카트 에이코나'($\kappa\alpha\tau'$ $\epsilon i\kappa\acute{o}\nu\alpha$)에 대한 그들의 서로 다른 주석에서 만들어 내는 구분은[281] 바울 자신의 구분과 상응하는 점이 없다. 바울이 그리스도인들이 그리스도의 '에이콘'($\epsilon i\kappa\omega\nu$)을 '본받음' 혹은 그것으로 '변화함'(롬 8:29; 고후 3:18)이나 하나님의 (혹은 그리스도의) '카트 에이코나'($\kappa\alpha\tau'$ $\epsilon i\kappa\acute{o}\nu\alpha$, 형상을 따라)…새롭게 하심을 받는 새사람을 입었다(골 3:9f.)고 말할 때, 그는 신적인 인간과 첫 피조물인 지상의 아담과의 관계를 말하는 것이 아니라 마지막 아담이신 그리스도와 구원(두 번째의 창조)받은 그리스도인들과의 관계를 언급하고 있는 것인데, 이것에 대해서 예르벨은 '필로적 영지주의'의 자료로부터 어떠한 유사성도 제시하지 못한다. 어쨌든, 골로새서 3:9f.(엡 4:24)에 나타난 바울의 어휘 사용과 천상의 '인간'을 '에이콘'($\epsilon i\kappa\omega\nu$)으로, 지상의 아담을 '카트 에이코나 안드로포이'($\kappa\alpha\tau'$ $\epsilon i\kappa\acute{o}\nu\alpha$ $\ddot{\alpha}\nu\theta\rho\omega\pi o\iota$)로 구분하여 표현하고 있는 필로적 영지주의 언어

---

**280** Ibid., p.217.

**281** 한 사람은 전체 문구가 관계를 묘사하는 것으로 간주하고, 다른 사람은 $\epsilon i\kappa\omega\nu$은 하나님과 인간 사이에 개별적인 본질로, $\kappa\alpha\tau\acute{\alpha}$는 관계를 설명하는 것으로 생각한다. See Wedderburn, Adam, pp.124ff.; Schenke, Gott "Mensch", esp. pp.64ff. 필로가 보통 경우에는 로고스를 $\epsilon i\kappa\omega\nu$이라 칭하는데 반하여 Conf. Ling, 146에서는 그것을 $\acute{o}$ $\kappa\alpha\tau'$ $\epsilon i\kappa\acute{o}\nu\alpha$ $\ddot{\alpha}\nu\theta\rho\omega\pi o\varsigma$라고 지칭하고 있음에 주목하라.

사이에 이렇게 억지 병행을 찾으려는 것이나 골로새서 1:15ff.[282] 및 빌립보서 2:6ff.[283]로부터의 논쟁들이나 모두, 우리가 이미 살펴본 것 같이, 바울이 그리스도를 영지주의적 '인간'(Anthropos)의 관점에서 이해하였다고 주장하려 하는 논리 전개 안에 놓여 있는 문제점들을 불식시키지 못한다. 그러나 우리가 이제 앞으로 토론하려 하는 바, 바울이 일단은 구약-유대교의 전통적 관점에서 그리스도를 하나님의 '에이콘'($\epsilon i \kappa \omega \nu$)으로 인식하면서도, 한편으로는 자신의 헬라적 주위 환경 속에서 이 헬라어 어휘 '에이콘'($\epsilon i \kappa \omega \nu$)이 이미 가지고 있었던 함축적 의미나 중심 사상 중의 어떠한 요소들을 그 개념 안에 포함시켰을 개연성은 있다. 또한 이것이 후에 영지주의적 관념에 중요한 개념이 되었다; 바로 이 요소들이 예르벨이 바울이 영지주의로부터 빌어 온 것이라고 그토록 증명하려 했던 그것일 것이다.[284] 이 요소들이 명확하게 어떤 것들인가 하는 것은 본 장과 다음 장에서 바울의 '에이콘'($\epsilon i \kappa \omega \nu$)과 '모르페'($\mu o \rho \phi \eta$)에 관한 자료들을 검토하는 과정 중에 다소간은 드러날 것이다. 그러나 이 시점에서는 바울이 그리스도를 하나님의 형상으로 이해하는 것은 우선적으로 구약-유대교적 배경 아래서 보아야 하며, 그러므로 그 호칭 안에서, 그리스도의 존재나 본질을 신적인 것으로 정의 내리는 데 관심이 있는 그리스-헬라적 사고가 아니라 구약-유대교적 사고 – 그리스적 생각처럼 형상과 본질을

---

**282** Jervell, *Imago*, pp.218ff., esp. 225f.; also Eltester, *Eikon*, pp.137ff.

**283** Jervell, *Imago*, pp.227ff.

**284** 예르벨이 바울의 $\epsilon i \kappa \omega \nu / \mu o \rho \phi \eta$에 있어서의 영지주의적 요소를 지나치게 강조하는 것은 라슨(*vorbild*, p.114)도 비판하고 있다. 생케가 영지주의적 자료를 분석하는 예르벨의 방법론을 다음과 같이 예리하게 비평하는데, 이것도 현재의 토론과 관련이 있다; "나의 견해로는 예르벨의 책은 강조점들을 변조하고 차이점들을 감추는 등의 용납될 수 없는 해석기법으로 상처를 입고 있다. 이 방법으로는 누구나 무엇이든 그가 원하는 대로 증명할 수 있을 것이다. 이렇게 예르벨은 그의 책의 모든 부분들에서 기껏해야 절반만 진실인 결과에 도달한다"(*Gott "Mensch"*, p.121. n.2).

구분하는 것이 아니라 사물의 외관과 그 본질을 연관시켜서 보는[285] - 를 우선적으로 보아야 한다.

이제 다시 히브리어 '데무트'(דמות)와 헬라어 '에이콘'(εἰκών)에 상응하는 다른 셈족어의 단어로 돌아가 보자. 70인경에는 보통 εἰκών이 히브리어 '체렘'(צלם)이나 아람어 '체렘'(צלם)의 번역으로 나타난다. '체렘'(צלם)은 '형상'이라는 의미인데 이것은 그림이나 조각상의 대상물의 형상적인 복사, 초상이라는 의미도 되고, 또는 마음이나 꿈속에 맺어진 모양이라는, 대상물의 실체가 아닌 그림(non-physical picture)을 의미하기도 한다.[286] 그러나 70인경에 '데무트'(דמות)가 '에이콘'(εἰκών)으로 번역된 곳이 한 곳 있다. 그것은 창세기 5:1인데 그곳에는 창세기 1:26f.에 있는 하나님의 인간에 대한 창조 기사가 한 문장으로 요약되어 있다:

ביום ברא אלהים אדם בדמות אלהים עשה אתו

ᾗ ἡμέρᾳ ἐποίησεν ὁ θεὸς τὸν Αδαμ κατ' εἰκόνα θεοῦ ἐποίησεν αὐτόν

하나님이 사람을 창조하실 때에 하나님의 모양대로 지으시되

동사 '다마'(דמה, 'be like' 'resemble'; 닮다, 비슷하다)에서 파생된 추상 명사인 '데무트'(דמות)의 기본적인 뜻은 '초상, 닮

---

[285] Schweizer, *Erniedrigung*, p.96.

[286] Köhler-Baumgartner, *Lexicon in Veteris Testamenti Libros*(1953) : Nachbildung, Abbild, Bildnis, Zeichnung, Bild, (vergängliches)Bild, BDB : image, likeness, mere, empty image, semblance, See further H, Wildberger צלם, *ThHATY* ii, 555ff.; L. Koehler, 'Die Grudstelle der Imago-Dei-Lehre', *ThZ* 4(1948), pp.16ff.; K. L. Schmidt, 'HOMO Imago Dei im Alten und Neuen Testament', *Eranos-Jahrbuch* 15(1948), pp.169ff.; J, Barr, 'The Image of God in the Book of Genesis-A Study of Terminology', *BJRL* 51(1968), pp.15ff.; D. J. A. Clines, 'The Image of God in Man', *TynB* 19(1968), pp.70ff.; C. Westermann, *Genesis*(1974), pp.201ff.

은 얼굴'('likeness')이다.[287] 70인경에 이것은 보통 '호모이오마'(ὁμοίωμα)/'호모이오시스'(ὁμοίωσις)라고 번역되어 있다. 다르게 번역된 세 곳 중에 두 곳이 창세기 5:1과 3절인데 그곳에는 '에이콘'(εἰκών)과 '이데아'(ἰδέα, '외형')로 번역되어 있다.[288] 최근의 몇몇 주석가들은 '체렘'(צלם)과 '데무트'(דמות)는 같은 셈족어계에 속하는 단어들로서 종종 상호간에 바뀌어 쓰이기도 하며 거의 동의어와 같다고 주장한다.[289] 이점은 창세기 1:26에서 하나님께서 아담을 창조하신 것을 '베찰메누 키드무테누'(בצלמנו כדמותנו, 우리의 형상을 따라 우리의 모양대로)로 묘사하고 있는 것과 창세기 5:3에서 아담이 셋을 낳는 것을 '비드무토 케찰모'(בדמותו כצלמו, 자기의 모양 곧 자기의 형상)라 표현하고 있음을 비교해 보면 알 수 있는데, 여기에서는 그 두 가지 명사와 전치사가 서로 바뀌어 사용될 수 있다는 사실을 보여 준다. 또 다른 예로 에스겔 23장을 들 수 있다. 그곳에 보면 14절에서는 바벨론 사람의 그림에 대해 '체렘'(צלם)을 사용하고 있는데, 바로 직후인 15절에서는 '데무트'(דמות)를 쓰고 있다. 역대하 4:3에는 용기의 모양에 대하여 '데무트'(דמות)를 사용하였는데 사무엘상 6:5, 11에서는 비슷한 곳에 '체렘'(צלם)을 사용하였다. 이사야 40:18에서는 우상의 형체와 같은 구체적인 '형상'에 대해 '체렘'(צלם)을 사용하였는데, 꼭 같은 뜻으로 '데무트'(דמות)도 종종 사용된다. 결국 창세기 1:26에 나타나 있는 인간 창조의 기사는 창세기 5:1의 '데무트'(דמות)와 창세기 9:6의 '체렘'(צלם)—두 단어 중 어느 것으로도 요약 설명될 수 있

---

**287** BDB : Iikeness, similitude; Baumgartner, *Hebräisches und Aramäisches Lexikon*, 1. Lief.(1967); Gleichheit, Gestalt, Nachbildung, Abbild, See further E. Jenni, צלם, *ThHAT* i, 451ff.; Preuss, דמה / דמות *ThWAT* ii, 273ff.

**288** 나머지 한 군데가 이사야 13:4이지만 그곳에는 ὅμοιος로 번역되어 있다.

**289** 이것은 Westermann이 강조하여 주장한다. *Genesis*, pp.201ff.; see further Jenni, op, cit., 454; Preuss, op. cit., 276; Schmidt, op, cit., p.165ff.

다는 것이다. 창세기 1:26에 두 단어가 결합되어 사용된 것은, 그것이 단순히 강조를 위한 것이 아니라면 하나님과 인간 사이의 유사성을 분명하게 하기 위한 것이지 그 두 단어 사이의 상이점을 말하려는 것이 아니다.

쉬미트(K. L. Schmidt)는 '베체렘 키드무트'(בצלם כדמות)를 하나의 이사일의(二詞一意, hendidays : 두 개의 명사 또는 형용사를 연결하여 형용사+명사 또는 부사+형용사의 뜻을 갖는 것-역주)로 본다. 그렇지만 그는 이 두 단어의 병행하는 두 가지 개념 사이에 약간의 차이점이 있다고 생각하는데 그것은 첫 번째의 개념(צלם)을 두 번째의 개념(דמות)이 보충 설명하고 있다는 것이다.[290] 현재 널리 받아들여지고 있는 이 견해는[291] 바아(J. Barr)가 대략 잘 설명하고 있다: '$D^emut$가 첨가된 것은 selem이라는 단어의 의미를 $d^emut$란 단어가 의미하는 범위와 겹쳐지는 부분으로 그 뜻을 한정시키기 위함이다.'[292] 어떻게 '데무트'(דמות)가 '체렘'(צלם)의 의미를 한정하고 정의하는가 하는 세밀한 문제는 지금 여기서의 우리 관심사가 아니다.[293] 이 시점에서 우리에게 중요한 점은 '데무트'(דמות)가 '형상'이라는 의미로서 '체렘'(צלם)과 동의어로 사용될 수 있다는 것이다. 70인경도 창세기 1:26의 '베찰메누 키드무테누'(בצלמנו כדמותנו)를 이사일의(二詞-意)인 '카트 에이코나 헤메테란 카이 카드 호모이오신'($\kappa\alpha\tau'\ \epsilon\iota\kappa\acute{o}\nu\alpha$

---

**290** Schmidt, op. cit, pp.166-169.
**291** 본 장의 주 289)에 인용된 저자들을 보라.
**292** Barr, op. cit., p.24.
**293** see Clines, op cit, pp.91ff. 그는 그 두 용어가 완전히 동의어라는 사실을 부정하면서 דמות가 צלם의 의미를 '강화시킨나'는 견해와 그것이 צלם의 실체적인 의미를 '약화시킨다'는 견해 두 가지를 모두 부인한다. 그리고 다음과 같이 말한다: 'דמות는 그것이 어떠한 종류의 형상인지를 결정짓는다: 그것은 단순한 형상(image)이 아니라 "(닮은)모양"-형상("likeness"-image)이다; 즉, 그냥 단순히 대표하는(representative) 것이 아니라 그것이 표상하는 묘사적인(representational) 의미를 갖는다'(p.91).

ἡμετέραν καὶ καθ' ὁμοίωσιν)으로 번역하였을 뿐 아니라[294] 우리가 이미 살펴본 바 한번은 실제로 '데무트'(דמות)를 '에이콘'(εἰκών)으로 번역하였다(창 5:1)는 점에서 볼 때 이 사실('데무트'〈דמות〉와 '첼렘'〈צלם〉)이 '형상'이라는 의미에서 거의 동의어로 사용될 수 있다는 사실)을 정확하게 이해하고 있는 듯하다.

이 두 히브리 단어의 동의어적 성격은 그에 상응하는 두 헬라어 단어 '에이콘'(εἰκών)과 '호모이오마'(ὁμοίωμα)/'호모이오시스'(ὁμοίωσις)에서도 마찬가지로 나타난다.[295] 슈나이더(J. Schneider)는 헬라어 용법에서 '호모이오마'(ὁμοίωμα, '유사하게 만들어진 것', '복사, 복제')는 '에이콘'(εἰκών)의 동의어라고 확언한다. 그는 다음과 같이 말한다: '에이콘'(εἰκών)과 '호모이오마'(ὁμοίωμα)는 종종 동의어로 쓰일 수 있다. 예를 들면 Plato, phaedr. 250b 등이 있다: 필로는 '호모이오마타'(ὁμοιώματα)와 '에이코네스'(εἰκόνες)를 천상의 원형에 대한 지상의 모형이라는 의미로 사용한다. 그러나 이 두 단어가 때론 구별되어 쓰이기도 한다. 이 상이점은 다음과 같이 말할 수 있다: '호모이오마타'(ὁμοιώματα)가 그 유사성을 강조하기는 하지만 그 원형과 모형 사이의 내적인 것에는 아무런 상관이 없는 반면에, '에이콘'(εἰκών)은 그 대상물을 대표하여 나타낸다'[296] 그러나 헬라적 사고방식에서와 같이 외형과 본질의 구분을 뚜렷하게 두지 않는 셈족의 언어에서 그와 같은 구별은 그렇게까지 중요한 의미를 가지지 않을 수 있다. 그러므로 70인경에서 '호모이오마'(ὁμοίωμα)는 a) "모

---

294   이 문구의 이사일의적 성격에 관하여는 see Schmidt, op. cit., p.166; also Jervell, *Imago*, p.22.

295   See J. Schneider, ὁμοίωμα/ὁμοίωσις, *TDNT* v, pp.190f.; Jervell, *Imago*, pp.22, 117, 165f.

296   Schneider, op. cit., p.191. 그는 ὁμοίωσις와 εἰκών 사이에 유사한 특성이 있음을 확언한다(p.190). 이 특성은 아마도 구상명사(concrete noun) ὁμοίωμα보다는 추상명사(abstract noun)에 있어서 더 맞는 것이 될 것이다.

형"("닮은 사람〈꼴〉"이라는 의미에서의 "형상")이라는 뜻과 b) "형체"라는 뜻의 두 가지 의미를 가지고 있다고 하는 슈나이더의 고찰이 옳다면[297] 히브리어 성경에서 '데무트'(דמות)와 '체렘'(צלם)이 동의어로 쓰인 것과 마찬가지로 70인경에서도 '데무트'(דמות)와 '체렘'(צלם)이 동의어로 사용되고 있는 것이다.[298]

이렇게 '데무트'(דמות)와 '체렘'(צלם)을 동의어로 이해하는 사고방식이 유대교로 이어졌다.[299] 예르벨은 랍비적 유대교에서는 이 두 단어가 전혀 구분 없이 사용된다는 사실을 고찰한다: '베체렘 우베데무트'(בצלם ובדמות)는 종종 인간 창조라는 의미를 가진 형식화된 문형 같이 사용되며 또는 그 둘 중 한 가지 개념만 사용되기도 한다.[300] 헬라어를 사용하는 영지주의자들이 대부분 '에이콘'(εἰκών)만을 그들 논리 체계의 핵심 개념으로 삼아 창세기 1:26과 관련하여서도 이 단어만을 사용하는 반면에, 셈족어(아람어와 시리아어)를 사용하는 영지주의자들은 같은 목적에 '데무트'(דמות)만을 사용하였다는 예르벨의 지적은 상당히 주목해 볼 만하다.[301] 또다시 예르벨은 만다야(Mandaean) 문헌에서 '데무트'(דמות)가 '에이콘'(εἰκών)과 '모오르페'(μορφή)—양쪽 모두의 의미로 쓰이고 있음을 밝혀낸다.[302] 가장 흥

---

**297**  Ibid., p.191.
**298**  70인경에 사무엘상 6:5의 צלם이 두 번 ὁμοίωμα로 번역되어 있다는 사실은 흥미롭다.
**299**  See Jervell, *Imago*, pp.21f.(n.21), 90, 165. 그런데 그는 후기 자료에는 따로 이 두 단어가 구별되고 있다는 점에 주목한다(p.90, n.77). Irenaeus 이래로 초기 그리스도인들의 해석에 있어서의 이러한 구별에 대하여는; see A. Strucker, *Die Gottebenbildlichkeit des Menschen in der christlichen Literatur der ersten zwei Jahrhunderte*(1913), pp.87, 101ff.
**300**  Jervell, *Imago*, p.90.
**301**  Ibid., pp.165ff. Mandaean 문헌 안에 들어있는 수많은 참조문에 대하여는 K. Rudolph, *Die Mandäer 1 Prolegomena*(1960), pp.127-161을 보라; further Od. Sol. 7:4; 17:4; 34:4; *Die schatzhöhle, syrisch u. deutsch I-II*, ed. C. Bezold(1883-889), 2:3ff.
**302**  Jervell, *Imago*, pp.167f., 204.

미로운 현상은 후기 유대교에서 '에이콘'(εἰκών)이 איקונין, איקון דיוקן 등의 형태의 외래어로 쓰이고 있다는 사실이다.[303] 예루살렘 탈무드와 초기의 미드라쉬에서는 איקונין과 그 변화된 형태들만 나타나는 반면에 바벨론 탈무드, 후기의 미드라쉬와 Targum Pseudo-Jonathan 등에는 איקונין과 דיוקן 모두가 그 변화된 형태들과 함께 등장하고 있다.[304] 그것은 Tannaitic 시대의 초기에 아마도 그리이스-로마의 통치자들의 '에이콘'(εἰκών), 즉 그들의 조각상들과 관련되어 소개되었던 듯하다.[305] 왜냐하면 가장 초기의 문헌들로 보이는 Lev.R. 33:4(Hillel 에 대한 이야기)이나 Mek.Ex 20:16, 두 곳 모두에 왕의 조각상에 대하여 איקונין을 사용하고 있으며, 왕의 형상으로서의 조각상과 하나님의 형상으로서의 인간 사이에 유사점을 그려내고 있기 때문이다. 이에서 신의 형상으로서의 인간에 대해 איקונין이라는 어휘를 사용하는 것이 자연스럽게 발전하게 되었다.[306] Tg. Jon.에서는 창세기 1:26의 דמות(בדיוקנא), 1:27의 צלם(בדיוקביה), 5:1의 דמות(כדיוקנבא), 9:6의 צלם(בדיוקניה)을 דיוקן으로 번역하고 반면에 5:3의 צלם(לאיקוניה)

---

**303** 다양한 형식에 대하여는 see S. Krauss, *Griechische und lateinische lehnwörter im Talmud, Midrasch, und Targum* ii(1964), pp.40, 202, 604. M. Jastrow, *A Dictionary of the Targumim, the Talmuds and the Midrashic Literature* i(1926), p.297. Jastrow 는 דיוקן은 איקון에 경건한 양식으로 변화된 형태(reverential transformation)라고 생각한다; J. Levy는 *Neuhebräisches und chaldäisches Worterbuchüber die Talmudim und Midraschim* i(1876), pp.394f에서 그것을 δύοεἰκών의 결합된 형태라고 설명한다. Jervell, *Imago*, p.97(n.101)도 Levy의 견해를 지지하는데 그는 דיוקן은 Urbild와 Abbild 양쪽 모두를 말하는 *Bild*를 가리킨다고 확신한다.

**304** איקונין과 דיוקן이 등장하는 랍비 문헌들의 예를 찾아보기 위하여는, see Krauss, *Lehnwörter*, pp.40f., 202f.; Levy, *Wörterbuch*, i, pp.70, 394f. So also 4EZra 8:44 : '… 그러나 당신의 형상과 같이 지음을 받은 … 그 사람의 아들은'(Syriac; *wlywquk' tdmy*; Latin: et tuae imagini(nominatus quoniam) similatus est; Greek probably; καὶ τῇ εἰκόνι σου ὡμοιώθη).

**305** Cf. M. Smith, 'The Image of God : Notes on the Hellenization of Judaism', *BJRL* 40(1958), pp.475ff.

**306** 그와 같은 용법의 예를 보기 위하여는 본 장의 주 304)의 인용문을 보라.

와 4:5의 פנים(איקונין)은 איקונין으로 번역한다.[307] 그러므로 Pseudo-Jonathan은 유대교에서 '체렘'(צלם)과 '데무트'(דמות)가 동의어적으로 쓰였다는 것을 확인해 주는 셈이 된다. 그런데 랍비의 문헌들에 종종 나타나는 דמות דיוקני란 문구는 더욱 의미심장하다. b.B.Bat.58a을 보면 랍비 바나크가 아브라함의 동굴을 탐사한 후 아담의 동굴에 다다랐을 때 bath qol을 들었다고 쓰여 있다 : '너는' דמות דיוקני를 보았다. 그러나 דיוקני 자체는 보지 못하리라.' 그러므로 아담은 하나님의 형상(דיוקן)이고 아브라함은 아담의 형상이다. b.Mo'ed Kat.15b에는 '나(하나님)는 그들 위에 דמות דיוקני를 세웠노라'라는 말이 나온다. 이 두 가지 예문에서는 דיוקן은 하나님의 원형(Urbild)으로, דמות는 하나님의 형상(모형; Abbild)으로 나타난다. 그런데 창세기 28:12의 야곱의 이야기인 b.Hul.91b에는 '그들(천사들)은 올라가서 위에 있는 דמות를 본다; 그리고 내려와서 דמות דיוקני를 본다'[308]는 말이 나온다. 후기의 랍비적 유대교에서 사용한 דמות דיוקן이란 문형은 필로나 영지주의[309]에서 볼 수 있는 바, '에이콘'(εἰκών)의 개념 안에서 Urbild(원형)와 Abbild(형상, 모형)를 구별하는 헬라적 사고가 반영된 것으로 보인다. 여기 예문들 안에서 '데무트'(דמות)는 계속하여 변함없이 '형상'(Abbild)이라는 명백한 의미를 가진다.

'체렘'(צלם)이나 '데무트'(דמות)와 동일한 의미를 지닌 히브리어

---

**307** see C. C. Rowland, *The Influence of the First Chapter of Ezekiel on Jewish and Early Christian Literature*, 출판되지 않는 Cambridge Ph. D. Thesis(1974). pp.142f. 롤랜드(Rowland)는 위의 연구와 특별히 창세기 5:1과 5:3의 비교 고찰에서 דיוקן은 인간의 창조 때의 원형(prototype)으로서의 하나님의 형상을 표현하는데 사용되었으며, 반면에 איקונין은 아담이 그 형상으로 셋을 낳았다는—그 형상에 사용되었다는 결론을 이끌어 낸다. 그러나 그는 다른 유대의 문서들에서는 그와 같은 구별이 나타나지 않는다는 사실도 함께 주목한다.

**308** See further examples in Levy, *Wörterbuch*, p.395.

**309** Cf. Jervell, *Imago*, pp.97ff.

단어들이 몇 개 더 있다. 그것들 중에 현재 우리의 연구와 관련이 있는 것으로 '마르에'(מראה, '외관'), '테무나'(תמונה, '모양', '형체')와 '타브니트'(תבנית, '모양', '모형') 등이 있다. 그 단어들은 '데무트'(דמות)와 연관되어 나타나기도 하고 '데무트'(דמות)와 동의어로 쓰이기도 한다. 이러한 단어들의 그 같은 용법은 우리가 이제 곧 고찰하게 되겠지만 보통 하나님의 현현 환상을 묘사하는 데 나타난다.[310] 이 단어들 외에 '카보드'(כבוד, δόξα/영광)와 '파네'(פנה, πρόσωπον/얼굴) 정도가 여기에 첨가될 수 있겠는데, 이들 역시 특별히 하나님의 현현에 대한 환상의 맥락 안에서 '데무트'(דמות)나 '체렘'(צלם)의 동의어나 또는 그와 관련된 의미로 나타난다.[311]

이 역시 다음 문단에서 살펴보게 될 것이다.

### b) 신의 현현 환상 (Epiphany Visions)

이제 우리가 해야 할 일은 '데무트'(דמות) 및 그에 연관된 단어들이 신의 현현 때 계시된 천상의 존재나 하나님을 묘사함에 있어서 '외관'(likeness), '형체'(form), '형상'(image)이라는 의미로 통상 쓰이고 있었다는 사실을 입증하는 일이다. 이것은 물론 선지자 에스겔이 소명 받는 장면의 환상에 가장 명백하게 나타난다. '여호야긴 왕이 사로잡힌 지 오 년'에(겔 1:2) 부시의 아들 에스겔은 그발 강가에서 하나님의 현현을 통해 선지자로 부르심을 받았다. 하늘이 열리고 그는 하나님의 이상(מראות אלהים)을 보았다(겔 1:1). 그는 '북방으로부터 오고 있는 폭풍과 그 주위에 찬란한 빛과 번쩍이는 불꽃을 지닌 커다

---

310 이것들과 및 이 외의 מסכה, פסל과 סמל 등 세 단어에 대하여는, See Barr, op. cit., pp.15ff. 여기 이 세 단어는 현재 우리의 연구와는 상관이 없다. 왜냐하면 그것들은 각각 '주조된 우상'(cast idol), '새겨진 우상'(graven idol), '조상'(statue)의 의미를 지니는데 신의 현현에 관한 환상과는 아무런 연관이 없기 때문이다.

311 Cf. Jervell, *Imago*, pp.45. 100ff., 168.

란 구름을 보았다'(겔 1:4, NEB의 사역). 불꽃 가운데에 금과 은이 섞인 것 같은 번쩍임이 나타났는데 그것은 거울처럼 보이는 그 무엇이 었다.[312] 그 거울 속에서 그는 네 생물의 형상(דמות)을 보았는데 그 모양(מראה)은 사람의 형상(דמות)이었다. 다시 말해 네 생물은 각각 네 얼굴(פנים)을 가졌는데 그 얼굴들의 모양(דמות)은 그 넷의 앞은 사람과 같은 모습, 오른쪽은 사자와 같은 모습, 왼쪽은 소의 모습이고, 뒤는 독수리와 같은 모습이었다(겔 1:10). 그 생물들 사이에서 그는 타는 숯불과 횃불의 모양(ὅρασις)을 가진 어떤 것을 보았다(겔 1:13, 70인경). 그리고 그는 네 생물 곁의 땅 위에 각각 하나씩 바퀴가 넷 있는 것을 보았는데, 그 모양(מראה/εἶδος)은 황옥의 번쩍임 같았다(겔 1:16).[313] 네 생물의 머리 위에는 얼음(또는 수정)바다와 같이 빛나는 궁창의 형상(דמות)이 펼쳐 있었다(겔 1:22).[314] 그는 그 궁창 위에 보좌의 형상(דמות כסא)같은 것을 보았는데 그 모양(מראה)은 남보석 같고 사람의 모양을 한 존재(דמות כמראה אדם)가 그 보좌의 형상(דמות כסא) 위에 앉아 있었다(70인경 …καὶ ἐπὶ τοῦ ὁμοιώματος τοῦ θρόνου ὁμοίωμα ὡς εἶδος ἀνθρώπου ἄνωθεν)(겔 1:26). 에스겔은 그의 허리 모양(מראה)의 이상은 금과 은이 섞인 것 같은 번쩍임, 즉 불의 모양(מראה)과 같았으며, 그 이하의 모양(מראה)도 불과 같다고 보았다. 그 인물은 사면이 광채로 둘러져 있었다(1:27). 그 광채의 모양(מראה)은 무지개와 같았다. 이와 함께 에스겔은 그가 이상 중에 본 하나님의 현현에 대한 묘사를 다음과 같이 결론짓는다 : '이는 주님의 영광의 형상의 모양이라'(1:28). 그런데 여기 1:28의 '마르에 데

---

**312** So O. Procksch, 'Die Berufungsvision Hesekiels', *Beiträge zur alttestamentlichen Wissenschaft*, K. Budde FS(1920), p.142(n.1) : "עין은 여기서 오로지 '거울'만을 의미함에 틀림없다."

**313** Ibid., p.142; "금으로 된 투명한 거울같이."

**314** Ibid., p.142; "얼음판 거울같이 환한."

무트 케보드-예호바'(מראה דמות כבוד-יהוה) 매개가 에스겔 1장 전체에 묘사된 신의 현현에 대한 언급이 아니라, 오히려 에스겔이 이상 중에 본 신의 현현의 환상의 절정, 다시 말하여 1:26f.에 보좌에 앉은 사람의 모양으로 나타난 인물에 대한 묘사일 가능성이 크다. 이에 대해 그 나머지 부분은 부수적인 주변 상황을 소개하는 묘사라고 볼 수 있다. 왜냐하면 에스겔서 전체를 통하여 '케보드-예호바'(כבוד יהוה) (또는 '에로헤 이스라엘'(אלהי ישראל))는 그룹 위의 보좌에 앉아 있는 것(또는 움직이는 것)(9:3; 10:4, 18f.; 11:22f.)으로 나, 혹은 의인화(personified) (3:12, 23; 8:4; 43:2-5; 44:4)되어 묘사되어 있기 때문이다.³¹⁵ 그러므로 에스겔서 안에서 '케보드-예호바'(כבוד יהוה)는 종종 선견자 에스겔에게 밝은 빛 안에서 인간의 모습으로 나타나신-야웨의 친히 거하심을 말한다.³¹⁶ 에스겔은 그의 선지자적 사역의 도중에 되풀이하여 '케보드-예호바'(כבוד יהוה)나 또는 그가 선지자로 부름을 받을 때 이상 중에 보았던 다른 존재들을 보게 된다. 8:2f.에서 그는 손 같이 생긴 '모양'(תבנית/ὁμοίωμα)의 것을 펴서 자신의 머리를 잡는, 제1장에서와 꼭 같은 '사람의 형상 같은 것'(איש-דמות כמראה)³¹⁷을 본다. 10:1에서는 그룹들 위의 궁창에 남보석과 같은 것이 '보좌 형상 같은 것'(כמראה דמות כסא)으로 나타난 것을 본다; 10:8에서 그룹들은 '사람의 손 같은 것'(תבנית יד-אדם)을 가진 것

---

**315** Cf. Zimmerli, *Ezechiel*, p.58; A. Feuillet, 'Le Fils de 1' homme de Daniel et la Tradition biblique, RB 60(1953), p.182; J. Maier, *Vom Kultus zur Gnosis*(1964) pp.119f.

**316** 에스겔서 1장의 '카보드'(כבוד)에 그 뿌리를 두고 있는 후기 '메르카바'(מרכבה) 신비주의와 שעור קומה에 관한 관념이 하나님이 마차 보좌 위에 사람의 형상으로 나타나시는 것을 표현하기 위한 전문 용어*(term. thechn)*로 사용되곤 하였다. See G. Scholem, *Major Trendsin Jewish Mysticism*(1941), pp.35f.(n.16); Maier, *Kultus*, pp.136ff., 144; Rowland, *Influence*, p.22 et passim; Quispel 'Gnosticism and the NT', *Gnostic Studies i*. pp.210f.

**317** 70인경(ὁμοίωμα ἀνδρός) 및 대부분의 주석가들과 같이 איש는 MT에서의 אש의 의미와 같은 것으로 읽어야 한다.

으로 나타난다; 10:9f.에서 그룹들 곁에 네 바퀴가 있는 것을 보는데, 그 바퀴들의 모양(מראה)은 황옥 같으며 모두 같은 모양(דמות)을 가지고 있었다; 그리고 10:20ff.에서 그는 그룹들의 날개 아래 있는 '형상'(דמות/ὁμοίωμα)을 보는데, 그 얼굴의 형상(דמות)은 그가 그발 강가에서 보았던 그 모양(מראה)과 꼭 같았다. 40:2f.에서 에스겔은 다시 하나님의 이상(מראות אלהים) 중에 그 모양(מראה)이 놋의 모습인 한 사람을 보게 된다. 끝으로 43장에서 에스겔은 자신이 그발 강가에서 보았던 것과 같은 이상과 천상의 전 안에서 '여호와의 영광'(יהוה כבוד)(1-5절)을 보는데, 이것을 이스라엘의 족속에게 전하라는 명령을 받는다(10절, 70인경).[318] 그러므로 이 같은 신의 현현들의 묘사에서 에스겔은 환상 중에 본 천상의 것(존재)들의 모습, 형상 및 형체(=모양)를 그려내기 위하여 지상에 있는 것들 중에 유사한 것들의 예를 들어 그것과 같은 '데무트'(דמות), '마르에'(מראה), '아인'(עין), 그리고 '타브니트'(תבנית)[319]라고 표현하는 것이다. 지금 우리 연구 목적을 위한 가장 흥미로운 묘사는 금과 은이 섞인 거울(כעין החשמל (מתוכה); 겔 1:4)에 반영된 불타는 바퀴 위의 보좌에 앉으신 하나님이 '인간의 형상' 혹은 '사람과 같은 모양'(דמות כמראה אדם)으로 나타나셨다는 서술이다(겔 1:26). 여기에서 두 가지 사실을 고찰할 수 있다. 첫째는, 에스겔이 하나님을 직접 본 것이 아니라 거울에 비친 모습, 즉(거울에 비친) 하나님의 형상을 보았다는 것이다.[320] 이것은 하나님을 직접 본 사람은 살아남을 수 없다는 구약의 신앙(예: 출 33:20;

---

**318** Cf. Targum; לרמותח דביא.

**319** In the LXX εἶδος renders מראה and עין; ὁμοίωμα, דמות, מראה, עין and תבנית; ὁμοίωσις דמות and תבנית; and ὅρασις מראה and עין.

**320** Procksch, 'Berufungsvision', p.144; 에스겔 보는 것은 하나님의 영광의 원형이 아니라 다만 εἰκών τοῦ θεοῦ 이다.

삿 13:22; 사 6:5)이 반영된 것인 듯하다.[321] 그러나 에스겔이 이러한 신앙을 반영하고 있고 '데무트'(דמות)와 '마르에'(מראה) 같은 단어 들을 사용하였다고 하여 그가 여기에서 기본적으로 하나님의 보이지 않는 본성이나 또는 하나님의 형상을 묘사하는 것이 불가능하다는 사실을 말하고 있다고 생각하기는 어렵다. 오히려 그 반대로 에스겔은 여기서 비록 거울에 비친 형상이기는 하지만 하나님을 보았고, 그가 본 하나님은 사람의 모양이었다는 사실을 증언하고 있는 것이다.[322] 이와 같은 인간의 형상으로 나타나는 신의 현현(anthropomorphic-theophany), 즉 하나님께서 선견자에게 사람의 모양으로 나타나시는 것은, 우리가 앞으로 살펴보겠지만, 에스겔에게만 나타난 독특한 현상이 아니라 구약에서 보편적 사상이었다.[323] 둘째, 에스겔이 하나님을 인간의 형상 또는 모양으로 보았다고 할 때 그는 인간이 하나님의 형상을 따라 '그의 모양대로'(בצלם כדמות) 지음을 받았다고 하는 창세기 1:26f.의 대선언(great statement)을 역으로 묘사하고 있다는 것이다.[324] 현재 우리의 연구를 위한 이러한 고찰들의 함축적 의미들은 후에 다시 살펴보게 될 것이다. 지금은 신의 현현에 관한 묘사들을 좀 더 검토해 보도록 하겠다.

다니엘서 7장에서 다니엘은 꿈속에서 네 마리의 짐승이 바다에서

---

321  바아(J. Barr)는 'Theophany and Anthropomorphism in the OT', *VT Supplement* vii(1960) p.34.에서 그는 다음과 같이 정확한 고찰을 하고 있다: '신성이 보이지 않는 본질을 지녔다는 사실은 그 거룩함 때문에 그를 보는 사람은 죽는다는 사실만큼 중대한 의미를 지닌 것은 아니었다.' 예외적인 경우에나 특별한 사람에게 하나님은 자신을 나타내 보이셨다.

322  So Rowland, *Influence*, p.88; also Zimmerli, *Ezechiel*, p.81*.

323  cf. Barr, 'Theophany'; pp.31ff.

324  Procksch, 'Berufungsvision', p.148: "거울에 반사된 하나님의 형상은 אדם דמות כמראה이라고 기술되어 있는데(v.26) 이것은 인간이 בצלם אלהים 창조되었다는(창 1:27) 제4장 문서의 사상의 이면이다." Similarly also v. Rad, *OT Theology* i, p.146. Cf. also Feuillet, 'Fils', p.190; Barr, 'Theophany', p.38.

나오는 이상을 보았는데 그는 지상의 유사한 것들을 들어 이 짐승들을 비유적으로 묘사하고 있다: 즉 그들은 사자와 같고(כ/ὡσεί), 곰과 같고, 표범과 같고, 사람과 같고, 사람의 눈 같았다. 그리고 그는 바퀴 위의 불꽃 보좌를 보는데 그 위에는 신적인 존재, 즉 옛적부터 항상 계신 자(the Ancient of Days)가 앉아 있었다. 이 인물 역시 지상의 것에 비유하여 묘사되어 있다 : 그의 옷은 눈과 같이(כ/ὡσεί) 희고 그 머리털은 깨끗한 양의 털과 같다. 그리고 다니엘은 '한 사람의 아들(人子) 같은 이'(one like a son of man/ כבר אנש)가 하늘 구름과 함께(70인경에는 구름을 타고) 옛적부터 항상 계신 자에게 오는 것을 본다. 이 인물은 옛적부터 항상 계신 자 앞에 인도되고 권세와 영광과 나라를 받는다. 여기서 '인자(人子)는 하나의 칭호가 아니라는 사실이 분명해진다: 다니엘이 본 것은 '그 사람의 아들'(人子/ he son of man)이 아니라 '한 사람의 아들(人子) 같은 이(one like a son of man)였다. 이것은 '다니엘이 본 인물은 사람과 같은 모양, 또는 형상을 지녔다'는 사실을 표현하기 위하여 그것을 그림적으로 기술한 문구이다.[325] 그의 출현에 동반되어 나오는 구름은 그가 신적인 존재임을 암시해 준다. 구약에서 구름은 보통 신의 현현에 수반되어 나타나기 때문이다.[326] 따라서 다니엘이 이상 중에 본 '한 사람의 아들(人子) 같은 이'는 인간의 모양, 형상으로 나타난 신(deity)이다. 여러 종류의 근동

---

**325** Colpe ὁ υἱὸς τοῦ ἀνθρώπου TDNT viii, pp.419f.; Wedderburn, Adam, pp.95ff.; H. R. Balz, *Methodische Probleme der neutestamentlichen Christologie*(1967), pp.62f.; U. B. Müller, *Messias und Menschensohn injüdischen Apokalypsen und in der Offenbarung des Johannes*(1972), pp.30, 32; cf also Moule, 'Neglected Features in the Problem of "the Son of Man"', *NT und Kirche*, Schnackenburg FS(1974), p.414.

**326** 푀이에(Feuillet)는 구약에서 구름이 언급된 약 100여 군데의 본문들 중에서 약 30곳 정도가 순수한 자연 현상을 묘사한 것이며 나머지는 신의 현현을 언급한 것이라는 사실을 관찰하였다. 그리고 또한 그는 천사들의 나타남에는 구름이 언급되지 않는다는 사실도 주목한다. See Feuillet, 'Fils', pp.187f.; Emerton, 'the Son of Man Imagery', pp.231.; Colpe, *TDNT* viii, pp.420f.

(이란, 바벨론, 이집트 등) 신화와 영지주의적 인간 신화가 유대의 묵시문학에[327] 나타나는 인물의 출처가 되지 못한다는 사실이 밝혀짐에 따라 다니엘서 7장에 나오는 '옛적부터 항상 계신 자'와 '한 사람의 아들(人子) 같은 이'라는 두 신의 가능한 출처로서 엘과 바알이라는 두 신이 등장하는 가나안 신화에 호소하는 주장이 대두된다.[328] 그러나 이 가설에도 어려움이 없는 것은 아니다. 우가릿 문서 안에 들어 있는 가나안 신화와 다니엘서 7장의 서술 사이의 유사성이 그렇게 명백하지 않기 때문이다.[329] 다니엘서의 저자가 어떻게 그 신화를 알게 되었는지 상상하기는 더욱 어렵다.[330] 우리에게는 신의 현현에 대한 구약 유대교의 전통 안에서 이 인물의 모습을 찾는 것이 이 인물에 관한 최상의 설명이 되리라고 생각된다. 이에 대해서는 후에 좀 더 언급이 될 것이다. 이 단계에서 우리는 신의 현현 때에 나타나는 하나님과 다른 천상의 존재의 묘사를 집중하여 고찰하고자 한다. 그러므로 우리는 다니엘서 8:15의 설명으로 나아가 보기로 하겠다. 여기서 다니엘은 '사람의 모양 같은 존재'(כמראה-גבר / ὡς ὅρασις ἀνθρώπου) 인 가브리엘을 본다. 가브리엘이 두 번째로 나타났을 때 다니엘은 이 가브리엘에 관하여 '내가 처음에 이상 중에 본 그 사람(האיש) 가브리엘'(9:21)이라고 말한다. 그리고 10:5f.에서 다니엘은 '세마포 옷을 입

---

[327] See Colpe, *TDNT* viii, pp.408ff.; Müller, *Messias*, pp.30ff.

[328] Emerton, 'the Son of Man Imagery', pp.225-242; Colpe, *TDNT* viii, pp.415-419는 이 것을 가능성 있는 가설'로 본다; cf. also Rowland, *Influence*, p.92.

[329] See Colpe, *TDNT* viii, pp.417ff.; cf. also Müller, *Messias*, p.34.

[330] 에머튼(Emerton)은 그 신화가 유대인들이 가나안 땅에 정착한 이후에 또는 다윗의 예루살렘 함락 이후에 유대의 제례의식 속에 스며들어가 그 영향력이 유대의 제례의식 속에 그대로 살아남아 있다고 하는 그의 주장을 설득력 있게 만드는데 많은 곤란을 겪고 있다(op. cit., pp.240ff.). 만일 에머튼의 주장이 옳다면, 두 신성에 관한 그 신화가 오랜 동안의 동면 후 다니엘에 와서-정확히 말해 그것도 그렇게도 이방의 예배의식과 타협치 않는 다니엘서에 와서 갑자기 그 모습을 드러내고 있다는 것은 참으로 기이한 일이다! Cf. Wedderburn, *Adam*,. p.97; Colpe, *TDNT* ii, p.418.

은 사람'(cf. 겔 9:2)을 보는데 에스겔은 이 사람을 묘사함에 있어서 에스겔 1:26f.(과 8:2)에서 인간의 형상으로 하나님을 묘사하였던 것을 상기시키는 방법, 즉 이 지상의 유사한 것을 들어 '…같은'(like/כ/ ὡσεί)이라는 전치사를 사용하여 그 사람의 몸의 각각의 부분을 설명하고 있다. 10:16에서 다시 다니엘은 '인자 같은 이'(כדמות בני אדם) (Th : ὡς ὁμοίωσις υἱοῦ ἀνθρώπου)의 존재(천사?)를 보았는데 10:18에서 이 인물을 '사람의 모양 같은'(כמראה אדם)(70인경과 Th : ὡς ὅρασις ἀνθρώπου)으로 묘사하고 있다.[331] 신적인 존재나 천상의 존재들이 사람의 형상이나 모양을 가진 것으로 서술되어 있는 다니엘서의 이 본문들을 다니엘서 3:25의 느부갓네살 왕이 천상의 존재를 '신의 아들과 같은' 존재(דמה לבר־אלהין/ Th : ὁμοία υἱῷ θεοῦ/ 70인경 : ὁμοίωμα ἀγγέλου θεοῦ)로 보았다는 기사와 비교해 보는 것도 우리의 연구에 도움이 되리라 생각한다.[332]

다니엘서 7:13처럼 묵시적인 선견자가 이상 중에 나타난 천상의 존재를 서술해 놓은 문헌들로는 제1에녹서 13장; 제4에스라 13장; 요한계시록 1장 등이 있다. 이들이 다니엘서의 영향 아래 쓰였다는 것은 일반적으로 인정되고 있다. 제1에녹서 46:1에서 에녹은 이상 중에 '세월의 머리를 가지고 계신 자'(one who 〈has〉 a head of days)와 그 생김새가 사람의 모양을 가진 존재를 본다. 에녹은 이 후자의 얼굴이 은혜로 가득 차, 마치 '거룩한 천사들 중의 하나 같다'고 묘사한다. 제1에녹서 46:2 이후 제1에녹서 62:7을 제외하고는 전 에녹의 비유서를 통하여 이 인간의 형상 혹은 모양으로 나타난 존재가 '저(이) 사람의 아들(人子)'(that〈or this〉 son of man) 또는 '그 사람의 아들(人子)'(the

---

**331** 이것은 דמות와 מראה가 신의 현현의 언어에서 동의임을 부수적으로 보여 준다.
**332** Cf. Hengel, *Sohn*, p.36(n.43).

son of man)이라고 지칭된다.³³³ 다니엘 7장에서와 마찬가지로 여기서도 그것은 칭호가 아니다.³³⁴ 에녹의 비유서 후반에 나타나고 있는 '그 생김새가 사람의 모양인 자'에 대한 짧은 호칭인 '이(또는 저) 사람의 아들(人子)'('this(or that) son of man' = 'the son of man')은 46:1에 언급된 사람의 모양으로 나타난 존재를 가리키는 것인데, 이것은 다니엘 9:21의 '그 사람'('the man'/הָאִישׁ)이 다니엘이 처음 이상 중에 사람의 모양을 가진 이'로 보았던 바로 그 가브리엘에 대한 짧은 호칭인 것과 마찬가지이다(8:15).³³⁵ 이와 비슷한 서술 방법이 제4에스라 13장에서 발견된다. 에스라는 꿈 속의 이상 중에 '사람의 형상'('*yk dmwt' aḇrnṣ*')을 한 존재가 바다 위로 올라오는 것을 본다(v3). 그리고 이 존재는 나머지 에스라서 전체를 통해 '이 사람', '그 사람', 또는 '한 사람' 등의 짧은 호칭으로 언급된다. 다니엘서 7장과 에녹의 비유서에서와 마찬가지로 여기서의 '사람'이나 '사람의 아들'(人子) 등은 칭호가 아니다. 다만 이상 중에 사람의 모습으로 보인 초자연적 존재에 대한 그림적인 묘사일 뿐이다: 바다에서 올라와서 하늘의 구름과 함께 나타난 존재는 사람 같아 보였다(또는 사람의 형상을 지녔다). 그리고 이 인물은 이 이상을 본 선견자에게 주어진 신적인 해석을 통해 하나님의 아들로 규정지어진다('나의 아들'; 라틴어 역본 : *filius meus*; 시리아 역본 역시 그러하다)(vs. 32, 37, 52).³³⁶

---

**333** 에티오피아어의 지시사('이'와 '저')가 아마도 헬라어 정관사로 번역되었을 것이다. See Charles, *The Book of Enoch* (1912), pp.86f.

**334** 제1에녹서에서 그것을 칭호로 취급하지 않는 여러 가지 이유에 관하여는 see Colpe, *TDNT* viii pp.423ff. Contra Charles, op. cit., pp.86f.

**335** So Müller, *Messias*, p.41. 제1에녹 62:7의 '사람의 아들'에 지시사가 없는 것은 아마도 부주의해서 빠뜨린 것 같다. 찰스(Charles)는 이와 같은 부주의가 에티오피아 번역본의 특성이라는 것을 발견하였다(Charles, op. cit., p. 86).

**336** 그러나 J. Jeremias παῖς θεοῦ, *TDNT* v, pp.681f.(π196)는 B. Violet을 좇아 제4에스라서의 역본들의 본래 헬라어 원본에는 이 구절들에 υἱός가 아니라 παῖς가 사용되었음에 틀림없다고 말한다. Cf. 4에스라 7:28; 14:9.

요한계시록도 천상의 실체를 나타내는 다른 묵시적 문헌들이 그러하듯 전치사 '호스'(ὡς)나 그에 상응하는 단어인 '호모이오스'(ὅμοιος)로 시작되는 그림 언어나 상징어들로 가득 차 있다. 우리가 아마도 '신의 현현적 언어' 혹은 묵시적 언어라고 칭해야 할 그와 같은 문구들은 선견자들이 이상 중에 본 천상의 것들을 지상의 것들 중 유사한 것을 들어 비유적으로 나타낸 것이다. 다니엘서, 에스겔서 또는 구약의 다른 묵시적 본문들에서 많은 부분을 빌어 와 사용하고 있는 이 요한계시록에 나타난 그림 언어들을 검토해 보는 것이 지금 우리의 관심사가 아니다. 우리는 이 중에서 요한이 승천하신 그리스도를 '인자(人子)와 같은 이'로 보았다고 기술하고 있는 두 곳의 본문에 주된 관심이 있다. 요한은 자신이 소명을 받는 이상 중에(계 1:13ff.) '인자(人子)와 같은 이'(one like a son of man/ ὅμοιον υἱὸν ἀνθρώπου)를 보고 그를 묘사함에 있어서 다니엘서 7:9에 '옛적부터 항상 계신 자'와 다니엘서 10:5f.(cf. 겔 1:24)에 '세마포를 입은 사람'에게 사용된 그림 언어를 빌어 쓰고 있다. 이렇게 요한에게 '한 사람의 아들(人子) 같은 이'로 나타났던 승천하신 그리스도가 후에 2:18에서 '그 눈이 불꽃 같고 그 발이 빛난 주석 같은 하나님의 아들'과 동일시되고 있음은 놀라운 사실이다(cf. 1:14f.).[337] 요한은 14:14에서 다시 승천하신 그리스도를 금 면류관을 쓰고 구름 위에 앉으신 '인자(人子) 같은 이'로 보게 된다(ὅμοιον υἱὸν ἀνθρώπου).[338] '요한계시록'의 이 두 구절은 주목해야 할 만한 곳이다. 왜냐하면 이 두 본문이 신약 중 유일하게 '인자'(人子)가 칭호로 사용되지 않은 곳이기 때문

---

**337** 요한계시록 중에서 요한계시록 2:18이 '그 사람의 아들'(人子)이라는 칭호가 등장하는 유일한 곳이다.

**338** 이 본문에 관한 여러 가지 문학적, 주석적 문제점에 대하여는 Müller, *Messias*, pp.190-199와 그곳에 인용된 문헌들을 보라; Johannesapokalypse', *Jesus und der Menschensohn*, Vögtle FS, pp.417f.

이다. 그리스도가 일곱 교회에 보내는 편지에 공관 복음서에 나타난 '인자'(人子)(그 사람의 아들)의 말씀과 같은 말씀이 있긴 하지만(계 3:5=눅 12:8=마 10:32) '인자'(人子)라는 칭호는 나타나지 않는다.[339] 요한은 아마도 셈어판의 다니엘 7:13에 의존하여, 천상의 주님의 모양을 상징어 혹은 신의 현현에 사용되는 언어(epiphanic language)를 차용하여 그려 냈을 뿐이다. 이같은 사실로 하여 이 두 본문은 신약에 들어있는 다른 묵시적인 본문인, 스데반이 하늘이 열리고 인자(人子)가 하나님 우편에 서신 것은 본 내용이 기술된 사도행전 7:26과 구분된다.

〈아브라함의 언약〉(the Testament of Abraham)[340] 역시 현재 우리가 다루고 있는 신의 현현에 사용되던 언어 또는 묵시적 언어의 연구와 관련이 있다. 그곳에 보면 아브라함은 그룹들의 마차를 타고 하늘로 가다가 두 개의 문을 보게 되는데, 그 문들 중 하나는 좁은 길로, 다른 하나는 넓은 길로 인도하는 길로 연결되어 있다. 아브라함은 그 문의 바깥쪽에서 '황금보좌 위에 앉아 있는 한 사람'을 보았는데 '그의 모습은 무섭고, 주의 형상($ὁμοία\ τοῦ\ δεσπότου$)이었다'(Rec. A. XI).[341]

---

339  See Ibid., pp.419f.

340  A. M. Denis, (*Introduction aux pseudepigraphes grecs d' Ancien Testament*(1970), pp.36f.)는 히브리어 원본의 년대를 A.D. 1세기경으로 잡는다. 반면에 두 개의 헬라어 교정본은 좀 더 후대의 것으로 잡는다.

341  하나님을 되풀이 하여 $δεσπότης$라 칭하고 있는 Test. Abr. Rec. A. XIII; XVI에 비추어 보아 이곳의 $δεσπότης$도 역시 하나님을 지칭하는 것임에 틀림없다. 롤랜드가 여기의 $δεσπότης$가 아벨을 가리키는 것으로 규명하려는 시도(*Influence*, p.136)는 신빙성이 없다. 만일 아브라함이 Rec. A. XI에서 아담을 아벨 같은 존재로 묘사하고 있다는 정도로 아벨에 관하여 알고 있었다면 Rec. A. XIII에서 Rec. A. XII의 보좌에 앉은 인물이 누구인지 미카엘에게 물을 수도 없거니와 또한 그로부터 그가 아벨이라는 것을 배울 필요도 없었을 것이다. Rec. A. XVI에서 하나님을 $ἀόρατος$라고 말하는 것은 사실이다. 미카엘도 그와 비슷하게 반복하여 $ἀ\ σώματος$(e.g. Rec. A. XI; XV)라고 칭해진다. 그렇지만 아브라함이 그를 자신의 수행자로 보고 있을 뿐만이 아니라, 사라는 '실체가 없는 영적인 이'의 발을 껴안았다(Rec. A. XV)! 우리는 여기

그리고 그는 그의 '해설자 천사'(angelus interpres)인 미카엘로부터 그 영광스런 인물은 아담, 즉 ὁ πρωτόπλαστος라는 사실을 듣는다. 문 안 쪽의 두 문 사이에서 아브라함은 불과 같아 보이는 경외스러운 보좌를 보았는데 그 위에 태양같이 보이기도 하고 하나님의 아들 같아 보이기도 하는 놀라운 사람(ἀνὴρ θαύμαστος ἡλιόρατος ὅμοιος υἱῷ θεοῦ)이 앉아 있는 것을 본다(Rec. A. XII).[342] 이 화염 보좌와 그 위에 앉아 있는 인물에 대한 묘사는 분명히 에스겔서 1장과 다니엘서 7장, 제1에녹서 14장에 서술된 내용을 상기시킨다. 그러나 놀랍게도 미카엘은 보좌 위에 앉아 영혼들을 심판하는 그 경외로운 사람은 아담의 아들 아벨이라고 말한다. Rec. A. XII에 나오는 보좌에 앉은 인물에 대한 서술은 에스겔 1:26f.와는 정반대이다: 후자에는 하나님이 '사람과 같은 모양'(דמות כמראה אדם)으로 나타나신 반면에 전자에는 사람(ἀνὴρ)이 '하나님의 아들 모양'(ὅμοιος υἱῷ θεου)으로 나타난다. 끝으로 우리는 의인화(personified)된 죽음(사신; Death)이 하나님의 명령으로 밝은 의상을 입고, 자신의 모습을 태양과 같이 보이도록 하여, 대천사의 형상(ἀρχαγγέλου μορφὴν περικείμενος)을 취하고 있다는 기사를 발견하게 된다.

그가 아브라함에게 다가오자 아브라함은 처음에는 그를 하나님의 총사령관(ἀρχιστράτηγος)인 미카엘로 잘못 인식하고는 그에게 인사를 건넨다: '잘 오셨습니다. 태양 같은 분, 태양의 형상을 가진 분, 도움 주시는 분, 영화로우신 분, 빛을 지닌 분, 놀라운 사나이, … 당신은 누구십니까? 그리고 어디서 오셨습니까?'(χάροις ἡλιόρατε, ἡ

---

서 보이지 않는 천상의 실재를 환상에서 본다는 문제에 직면하게 된다. 그래서 아브라함은 한편으로는 하나님은 보이지 아니하신다고 말하며, 다른 한편으로는 아담이 주(δεσπότης) 하나님같이 나타났다고 말할 수 있었다. 아담이 하나님같이 나타난다는 것은 아담이 영광의 빛나는 광채, 권세, 존엄을 가지고 나타났다는 의미인데 그것은 인간의 상상 속에 하나님의 나타나심과 연관되는 속성들이다.

**342** Cf. E. Stone, *The Testament of Abraham: the Greek Recensions* (1972), pp.26-33.

λιόμορφε, συλλήτωρ ἐνδοξότατε, φωτοφόρε, ἀνηρ θαυμάσιε ··· καί εἴ σύ, καὶ πόθεν ἐλήλυθας); 사신(죽음)이 자신의 신분을 털어 놓자 아브라함은 그것을 믿지 않고 다음과 같이 선언한다: '당신은 천사들과 사람들의 영광이요 아름다움입니다. 당신은 모든 현상들보다 더 좋은 형상을 가진 분입니다.'(··· σὺ εἶ ἡ δόξα καὶ τὸ κάλλος τῶν ἀγγέλων καὶ τῶν ἀνθρώπων, οὐ εἴ πάσης μορφῆς εὐμορφότερος···)

물론 이 이야기는 허구이다. 그렇지만 이 이야기가 이제까지 우리가 검토해 왔던 모든 자료들에 들어있는 기본적인 사상을 담고 있기 때문에 살펴볼 가치가 있다: 이른바 신의 현현의 이상 중에 보이는 하나님이나 천사들은 사람과 같은 모양으로 나타나며, 아벨과 같이 승천한 사람은 '태양과 같다'(ἡλιόμορφος)든지 또는 '하나님의 아들 같다'(ὅηοιος υἱῷ θεοῦ)고 묘사될 정도로 영광스러운 형상을 가지고 나타난다는 것이다. 엔돌(Endor)의 예언 기사에 대한 요세푸스의 해석은 이점에서 상당히 도움이 된다. 원래의 본문에서는 영매자가 신접한 술법을 통하여 사무엘의 영혼을 불러낸다. 사무엘이 나타나자 그녀는 사울에게 '내가 신(אלהים)이 땅에서 올라오는 것을 보았다'고 소리친다. 사울은 그에게 '그 모양(תאר)이 어떠한가?'라고 묻는다. 그녀는 '한 노인이[343] 올라오는데 그가 겉옷을 입고 있다'고 대답한다. 이 대답에 사울은 그가 사무엘인 줄 알고 그의 얼굴을 땅에 대고 절을 하였다'(삼상 28:13f.). 구약 중에서 단 한 군데 이곳에만 죽은 자의 영이나 혼에 대하여 '엘로힘'(אלהים)이라는 호칭이 사용되었으므로, 원본에 이미 사무엘의 영혼이 보통 인간의 상상으로는 하나님과 연관되어 있고, 특별하며, 초자연적인 모습의, 눈에 보이는 형상으로 나타났음을 시사하고 있다.[344] 요세푸스는 이 원본의 의도를 잘 파악하여, 그 의

---

**343** MT : זקן אישׁ; cf. LXX; ἄνδρα ὄρθιον.
**344** Cf. H. J. Stoebe, Das erste Buch Samuelis(1973), pp.485f.

미를 좀 더 확실하게 하기 위해 다음과 같이 해석, 번안해 놓았다: 그 여자는 사무엘이 나타나자 '신과 같이 위엄있는 사람'(ἄνδρα σεμνὸν καί θεοπρετῆ)을 보았다고 소리쳤다. 그녀가 놀라는 것을 보고 사울이 질문하자 '그녀는 하나님과 같은 형상을 지닌 누군가가 일어나는 것을 보았다고 대답하였다'(βλέπειν ἔιπεν ἀνελοντα τῷ θεῷ τινὰ τὴν μορφὴν ὅνοιον). 사울이 그녀가 지금 보고 있는 사람의 나이와 모습, 형상을 설명해 보라고 명령하자, 그녀는 그가 노인이고, 영광스러운 모습이며, 제사장 차림이라고 묘사하였다'(τοῦ δὲ τὴν εἰκόνα φράζειν καὶ τὸ σχῆμα τοῦ θεαθέντος καὶ τὴν ἡλικίαν κελεύσαντος, γέροντα μὲν ἤδη καὶ ἔνδοξαν ἐσήμινεν, ἱερατικὴν δὲ περικείμενον διπλοίδα)(Ant. vi. 332f.). 요세푸스의 이 짤막한 글 속에, 우리가 이 제껏 살펴본 다양한 신의 현현이나 묵시적 이상에 관한 기사들 중에 들어있는 여러 가지 개념들(예를 들면 εἰκών, σχῆμα, δόξα, ἄνδρα θεοπρεπῆ, τινὰ τὴν μορφὴν ὅμοιον τῷ θεῷ 등)이 한꺼번에 이렇게 많이 등장하고 있음은 매우 흥미로운 사실이다: 비록 여기 영매자가 술법을 통하여 사무엘에 대한 이상이 하나님과 천상의 세계에 관한 묵시적인 환상은 아니라 할지라도, 그것은 후자와 마찬가지로 초자연적인 것에 대한 환상이라는 공동의 성격을 지닌다. 따라서 여기 사무엘을 본 것에 대한 서술이 후자에 관한 묘사와 정확하게 일치하는 것이다.[345]

끝으로 우리는 여기에 관련된 묵시적인 본문 두 가지를 간략하게 검토하고 넘어가고자 한다. 제4에스라 5:37에 보면 이스라엘의 숙명과 하나님께서 불공평한 듯이 보이는 것에 관한 에스라의 불평에 대한, 천사 우리엘의 답변이 나온다:

---

**345** Cf. b.Sot.36b : 보디발의 아내가 요셉의 옷자락을 붙잡았을 때 요셉의 아버지의 영상이 와서 창문을 통해 그에게 나타났다...(אביו נראתה לו בחלון באתה דיוקנו של); further, b. Yom 69a : (בבית מלחמתי דמות דיוקנו של הז מנצחת לפני)

닫혀진 방들을 나에게 열어 그 안에 갇힌 영혼들을 보여다오;

그대가 이제껏 보지 못했던 얼굴의 모습을 나에게 보여다오

또는 목소리의 모습을 나에게 보여다오;

그리하면 나도 그대에게 보여주리

그대가 나에게 보여달라고 요구한 것을[346]

이것은 시리아 역본을 번역한 것인데, 여기에는 '형상'이란 단어로 dmwṭ가 쓰이고 있다.[347] 라틴역, 아람어 역본 한 군데와 아르메니아 역본들에는 제3행이 빠져 있고, 반면에 시리아 역본, 에티오피아 역본과 다른 아람어 역본들에는 제3행이 포함되어 있다.[348] 그런데 라틴어 역본에서는 제4행의 '목소리의 형상'을 voics imaginem라고 표현하고 있다.[349] 여기서 기억해야 할 것은 시리아어를 사용하는 영지주의에서는 창세기 1:26f.라 연관되어 dmwṭ가 주로 쓰이는데, 그것은 헬라어를 사용하는 영지주의에서 쓰이는 '에이콘'($\epsilon i\kappa\acute{\omega}\nu$), '모르페'($\mu o\rho\phi\acute{\eta}$)라는 단어와 그 의미가 같다는 사실이다.[350] 라틴어 역본에 'vocis imaginem'이라고 번역되어 있는 점과 위의 사실로 미루어 볼 때, 힐겐펠트(A. Hilgenfeld)가 각양 다른 역본들을 기초로 하여, 현존하고 있지도 않는 헬라어 본문을 재구성해 만들어 놓은 것은 반드시 수정되어져야 마땅할 것이다: 내게 어디서도 보지 못한 사람들의 형상을 보

---

**346** Translation by G. H. Box, The Ezra-Apocalypse(1912), p.57.

**347** See the syriac text edited by A. M. Ceriani, Monumenta sacra et profana, Tom V, p.55. 이 단어는 제4에스라 13:3에도 역시 등장한다 : 'yḳ dmwṭ' aḇrnš

**348** B. Violet, Die Ezra-Apokalypse, 1. Teil(1910), pp.74f.에 들어 있는 서로 다른 역본들의 개요를 보라.

**349** see the Latin text edited by R. L. Bensley, *The Fourth Book of Ezra : the Latin Versions*, Texts and Studies III. 2(1889). Box, op. cit., p.57(n.1)는 'Imago vocis'라는 문구를 Vergil, *Georgic* iv. 50.에서 인용한다.

**350** 본서 pp.343f.

이며, 또는 소리의 형상을 내게 보이며(…καὶ δεῖξόν μοι εἰκόνα ὧν οὐδέποτε εἶδες ἀνρώπων ἢ δεῖξόν μοι φωνῆς εἰκόνα.)³⁵¹ 이제 우리엘이 에스라에게 이러한 말을 한 것은 자신이 이러한 일들을 할 수 없는 것과 마찬가지로 에스라도 이 세상적인 존재로서 하나님의 심판의 신비와 그의 백성을 향하신 하나님의 사랑의 목표를 이해할 수 없다는 사실을 그에게 밝히기 위함이었다(v.40). 그런데 여기 이 말 배후에 깔려 있는 생각이 우리에게 흥미를 준다. 궁켈(H. Gunkel)이 이에 대해 잘 설명해 놓은 것이 있다: '고대 사회에서는 소리도 역시 이 세상에 존재하는 모든 다른 사물들과 마찬 가지로 형체(Gestalt)를 가지고 있어서 볼 수 있다고 확신하였다. 그런데 인간이 하등한 신체 기관을 가지고 있기 때문에 하나님의 눈에는 보이는 수많은 형체들이 인간에게는 보이지 않을 따름이라는 것이다. 고대 사회에서는 하나님과 신성의 것을 같은 식으로 생각한다: 모든 보이지 않는 것은 본래 그러한 것이 아니라 다만 보통 인간의 눈에 보이지 않을 뿐이다.³⁵² 그래서 제4에스라 5:37에서 '형상'은 일상적으로는 보이지 않는 것의 보이는 형체 또는 모양의 의미로 사용된 것이다. Test. Benj. 10:1에서 벤야민은 다음과 같이 말한다:

> 요셉이 애굽에 있을 때 내가 그의 모습과 그의 얼굴의 형태를 보기를 간절히 원했다. 그리고 내가 낮에 깨어 있을 때 나의 아버지 야곱의 기도로 말미암아 나는 그를 그의 모습 그대로, 그 전체를 보았다.
> ὅτι δὲ Ἰωσὴφ ἦν ἐν Αἰγύπτῳ, ἐπεθύμουν ἰδεῖν τὴν εἰδέαν αὐτοῦ καὶ τὴν μορφὴν τῆς ὄψεως αὐτοῦ καὶ δί εὐχῶν Ἰακὼβ τοῦ πατρός μου εἶδον ἐν ἡμέρᾳ γρηρορῶν, καθ' ὃ ἦν πᾶσα ἡ εἰδέα αὐτοῦ.³⁵³

---

**351** A. Hilgenfeld, *Messias Judaeorum*(1869), p.51.
**352** H. Gunkel in Kautzsch ed. *Apok. u. Pseud* ii, p.362; so also Box, op. cit., p.57(n.1).
**353** From the text edited by M. de Jonge, *Testamenta XII Patriarcharum*(1964), p.84. 그리

여기 이상 중에 누군가의 '모습'(μορφή)과 '형태'(εἰδέα)를 본다는 사상이 나타나는데, 본문에서 이 두 단어는 모두 분명 '에이콘'(εἰκών)의 동의어이다. 따라서 우리가 마지막으로 살펴본 두 본문, 즉 Test. Benj. 10:1과 4Ezra 5:37은 우리가 이제껏 이상에 관하여 다양하게 서술해 놓은 기사를 가지고 검증해 왔던 사실을 확증해 준다.

우리는 이제, 이제까지 묵시적 환상에 관한 서술들로부터 확인한 몇 가지 두드러진 점을 요약 정리해 볼 수 있을 것 같다.

1) 선견자들은 '데무트'(דמות, 형상) 혹은 '마르에'(מראה, 모양), 다시 말해 다른 경우라면 보이지 않을 하나님이나 천상의 존재 또는 보이지 않는 존재의 '에이콘'(εἰκών, 형상), '에이데아'(εἰδέα, 형태) 또는 '모르페'(μορφή, 모습)를 그의 이상 중에 본다.

2) 천상의 초자연적인 것들을 묘사할 때는 보통 지상의 것들 중 유사한 것을 들어서, 비유적으로 설명하게 된다. 따라서 이상에 관해 서술한 대목에는 '케'(כ, 같은), '마르에'(מראה, 모양), '데무트'(דמות, 형상), '타브니트'(תבנית, 모양, 모형), '아인'(עין, 외형)과 이에 상응하는 헬라어 '호스'(ὡς, 같은), '에이도스'(εἶδος, 모습), '호라시스'(ὅρασις, 보이는 모습), '호모이오스'(ὅμοιος, 같은), '호모이오마'(ὁμοίωμα, 같은 것), '호모이오시스 모르페'(ὁμοίωσις μορφή, 모습 같은), '에이콘'(εἰκών, 형상)과 같은 그림 언어 혹은 상징적 언어들이 사용되는데 이것은 이상 중에 본 천상의 존재(것)들이 지상에 있는 무엇 무엇 '같았다', 즉 지상의 무엇 무엇의 '형체', '모양', '모습'을 지녔다는 기본 개념을 표현하기 위함이다. 아마도 이러한 단어들이 '묵시적 언어' 또는 '선지자적 언어'라고 불린 듯하다.[354]

---

중요하지는 않지만 몇 가지 역본들을 찾아보려면 Cf. R. H. Charles ed., *The Greek Versions of the Testament of the Twelve Patriarchs* (1966), p.228.

**354** Cf. Balz, *Probleme*, p.86(n.5); Müller, *Messias*, p.32. 일반적으로 묵시적 문학에 사용되었던 상징주의에 대하여는, see Russell, *Method*, pp.122ff.

3) 이상 중에 나타난 신적인 존재들은 거의 어김없이 사람 '같다'고 묘사된다: 에스겔서 안에서 하나님은 '사람과 같은 모양'(כמראה אדם דמות)으로 나타나시며(1:26-cf. also 1:28: '여호와 영광의 형상의 모양' מראה דמות כבוד־יהוה) 또한 '사람의 형상 같은 것'(כמראה־איש דמות)으로 나타나신다(8:2f.); 세 군데에서 신의 모습은 그 생김새가 '인간의 모양을 지닌 존재(제1에녹서 46:1) 또는 사람의 아들(人子)의 모양(또는 형상 / dmwṭ') 같은 존재'(4Ezra 13:3)로서 '인자 같은 이'(כבר אנש)(단 7:13)로 나타나 보인다; 요한계시록 1:13f.; 14:14에서 보좌에 앉은 그리스도는 '인자 같은 이'(ὅμοιον υἱὸν ἀνθρώπου)처럼 나타나셨다; 다니엘 8:15; 10:16ff.에서는 가브리엘과 같은 천사가 '사람 모양'(כמראה־גבר)(단 8:15) 또는 '인자 같은 이'(כדמות בני אדם) (단 10:16)나 '사람의 모양 같은'(כמראה אדם)(단 10:18)으로 나타나 보인다. 이 본문들은 모두 천상의 신적인 인물—하나님이나 천사—을 사람과 같은 '모양', '형상', '모습'을 지녔다고 묘사하고 있다.

4) 하늘로 승천한 사람이나 초자연적인 영역(Jenseits) 안에 존재하는 사람은 이상 중에 하나님 또는 하나님의 아들 같아 보인다 : Test. Abr.에서 아벨은 '태양의 형상'(ἡλιόρατος)과 '하나님의 아들과 같은 모습'(ὅμοιος υἱῷ θεοῦ)으로 나타난다(Rec. A. XII); 사무엘상 28:13f. 에서 사무엘의 영혼은 '신적 위엄'(θεοπρεπῆ)과 '하나님과 같은 형상을 가진 자'(τῷ θεῷ τὴν μορφὴν ὅμοιον)로 보인다. 다니엘 3:25 역시 이와 관련 있다: 불타는 용광로 안에 세 명의 유대 청년 옆에 있던 천사의 존재가 처음에는 느부갓네살에게 사람처럼 보였다(N.B. : '네 사람'). 이것은 이 제4의 존재가 세 명의 사람과 함께 있었고 따라서 느부갓네살이 자연히 불타는 화덕 안에는 사람들만 있으리라고 생각했을 것 때문만이 아니라 그 인물이 사람의 형상(또는 모양)을 가지고 있었기 때문이었다. 그런데 동시에 그는 다니엘과 그의 두 친구보다 좀 더 고귀한 모습을 지녔다. 그래서 느부갓네살은 후에 그 인

물이 '신들의 아들 모양'(דמה לבר-אלהין)이었다고 설명하였다. Test Abr, Rec. A. XVI에서 의인화된 죽음(사신/Death)이 역시 '천사의 형상'(μορφὴ ἀρχαγγέλου)에서 '태양의 형상'(ἡλιόμορφος)으로 나타남을 주목하라. 마지막에 언급된 두 가지 요점 사이에 존재하는 상이점은 간단한 합리적 설명이 가능할 듯하다. 둘 모두가 이상 중에 보인 영광스럽고, 고귀하며, 초자연적인 모양과 관련이 있다. 일단 그 인물이 하나님이나 신적인 존재라는 것이 알려지면, 그의 모습이 '하나님 같다'고 묘사될 수는 없는 일이다. 그것은 선견자에게 보인 인물이 사람이라는 것을 알게 되면 그 사람의 모양을 사람 같다'고 묘사할 수 없는 것과 마찬가지 이유이다. 이러한 관점에서 우리가 이제부터 말하고자 하는 마지막 요점을 이끌어 낼 수 있다.

5) 두 번 인자(人子)와 같은 모습으로 나타난 천상의 존재는 본질적으로 하나님의 아들과 동일시된다(계 2:18의 υἱὸς τοῦ θεοῦ; 그리고 아마도 4Ezra 13:32; 37, 52의 παῖς τοῦ θεοῦ). 이와 같은 동일시는 요한계시록 2:18의 경우 두 가지 이유에서 특별히 의미심장하다; 첫째는 요한계시록 안에 '하나님의 아들'(υἱὸς τοῦ θεοῦ)이란 칭호는 이곳 단 한군데에만 나타난다는 것이다; 그리고 둘째는, 요한계시록 2:8에서 선견자는 하나님의 아들을 묘사하는 데 있어서, '그 눈이 불꽃 같고 그 발이 빛난 주석 같다'고 하여 1:14f.에서 '인자(人子)와 같은' 인물을 묘사하는 데 사용했던 단어들을 쓰고 있는데 이렇게 하여 그는 '인자(人子)와 같은' 모습으로 나타난 인물이 하나님의 아들이다. 다시 말해 메시아이신 예수는 하나님 우편으로 높아졌다(롬 1:3f.)는 사실뿐 아니라, 아마도 그가 이상 중에 본 인물은 '하나님의 아들 같은' 모습으로도 나타나 보였다는 것을 암시한다(계 2:1, 8, 12; 3:1, 7, 14에 있는, 6개의 서로 다른 교회에 보낸 편지의 서두에 있는 '인자(人子) 같은 이'라는 묘사를 참조하라). 좌우간 우리가 위의 자료들로부터 이끌어낼 수 있는 합리적 추론은 이상 중에 나타나 보이는 영광스럽고,

초자연적 인물은 그 자체만으로는 '인자(人子) 같은(='사람 같은') 이'로나 '하나님의 아들 같은'(='하나님 같은') 존재로나 어느 쪽으로든 묘사될 수 있다는 것과 선견자가 그 두 가지 묘사 중에 어떤 것을 선택하여 사용하는가 하는 것은 그 인물이 이미 알려진 바(또는 후에 밝혀진바)에 따라 신적 존재인가 또는 승천한 인간인가 하는 사실에 달려있다는 것이다.

여기서 토론하고 있는 기사들 중에 몇몇은 명백한 허구인 것도 있고, 어떤 것들은 묵시적 선견자들이 이상 중에 신의 현현을 본 경험을 토대로 한 실제의 이야기도 있다. 초기 구약의 흐름으로부터 시작하여 후기 유대교의 '메르카바'(מרכבה) 및 שעור קומה 신비주의의 문헌에 이르기까지 이어져 내려오는 신의 현현과 선지자들의 묵시적인 이상을 본 경험에 대한 뚜렷한 전승의 관점에서[355] 볼 때 이러한 경험들의 진정성은 의심할 여지가 없다. 그것이 꾸며진 허구의 이야기들이라도, 그것들이 선지자들의 경험을 토대로 한 실제 이야기의 모방인 이상에는, 그러한 기사들은 실제로 묵시적 이상 중에 나타난 인물이나 존재들의 보편적인 모습을 확증해 주는 것이다. 여기서 예를 들어 에스겔이 이상 중에 본 것이 그가 이전에 가지고 있었던 하나님과 천상의 존재에 대한 자신의 선입견적인 상상이나 실제로 보았던 성전의 기구들 또는 그 밖의 비슷한 것들 때문에 그렇게 보게 되었던 것인지, 혹은 후의 묵시가나 신비주의자들이 그들의 선조들의 경험적 이야기에 영향을 받아서 그같이 보게 된 것인지는 검증할 수가 없다.[356] 그러한 선견자들의 경험 속에 일어나는 심리적인 작용에 대한 올바른 설명이 어떤 것이든 우리는 여기서 신의 현현을 이상 중에 보게

---

**355** 유대의 신비주의에 관하여는; see G. Scholem, *Major Trends*; also his *Jewish Gnosticism, Merkabah Mysticism and Talmudic Tradition*(1960).

**356** 몇몇 묵시적 선견자들의 체험과 그 안에 관련된 심리학적 기전의 신빙성에 관하여는; see Russell, *Method*, esp. pp.158-202.

되는 실제의 경험이 있었으며, 위에 언급한 다섯 가지의 조항이 그와 같은 환상을 묘사한 기사들 중에 공통적으로 나타나는 모습이라는 것을 확인한 것으로 만족해야 한다.

우리는 이렇게 선지자와 묵시가들이 경험한 이상들을 검토하는 맥락 안에서 구약 안에 다른 선지자들이 목격한 수많은 신의 현현, 천사들의 나타남, 묵시적 환상들도 살펴보아야 할 것이다. 이러한 기사들 중 많은 것들이 하나님의 모습을 사람의 형상으로 묘사하고 있으므로, 이 사실은 의심할 여지없이 우리가 방금 도달한 결론을 강력히 지지해 주며, 따라서 그리스도를 하나님의 형상으로 인식하는 바울의 이해에 관련된 우리의 논지를 뒷받침한다. 이를 위해 바아가 이미 여러 증거들을 검토하여 〈구약에 나타나 있는 신의 현현과 신인 동형법〉(*Theophany and Anthropomorphism in the OT*)[357]이라는 상당히 함축적 의미를 지닌 제목의 논문을 내놓았는데 이것이 우리의 논증에 도움이 될 듯하여 간략하게 살펴보고자 한다.

바아는 논문의 시작부터, '신인 동형법'(anthropomorphism)이란, 그와 같은 신에 대한 묘사법을 통해 실질적인 하나님의 손, 코와 눈, 말씀하심, 걸으심, 기뻐하심 등을 말하려는 것이 아니라, 그 같은 모습으로 하나님이 자신을 나타내 보이셨다는 의미의 단어로 이해되어야 함을 명백히 하고 있다. 바아에 의하면 구약에서 '하나님의 모습의 형체를 파악해 보려는 시도는 하나님께서 그 자신을 나타내 보여 주시는 신의 현현 때에 이루어진다.'[358] 바아는 '히브리적 사고에서 "형체"(form)와 "외관"(appearance)은 상호 연관되어 있어서 '형체'라는 개념에 대하여 "외관"의 개념이 덜 중요하게 취급되는 성경의 본문

---

[357] In VT *Supplement* 7(1960), pp.31-38.
[358] Ibid., pp.31f.

은 없다'고 말한다.³⁵⁹ 신의 현현은 보통 히브리어에서 '보다'(to see)라는 의미를 가진 단어 way-yēra를 사용한, '그리고 여호와가 그 자신을 보이도록 하셨다. 그 자신을 보여 주셨다'(and Yahweh let himself be seen, showed himself)라는 문구로 시작된다. 그러나 신의 현현에 대한 진술 중 어떤 때에는 그 모습의 형체를 묘사하려 하지 않은 경우도 있다. 그러나 그러한 경우에도 신의 현현에 관한 묘사의 흔적이 남아있다: 예를 들어 사무엘상 3장의 사무엘에게 보인 신의 현현에서 '서서'(way-yityaṣṣab)(v.10)라고 표현을 한 것은 아마도 서있는 인간의 모습으로 나타난 신의 현현에 대한 일반적 묘사의 흔적인 듯하다 : 창세기 18:2; 28:13; 아모스 7:7; 9:1의 niṣṣa(서다)를 참조하라. 그러므로 '이스라엘의 초기에 이미 하나님께서 자신을 인간의 형상으로 나타내 보이셨다는 뚜렷한 전승의 증거가 있는 것이다.'³⁶⁰ 창세기 19:1f.에 보면, 여호와께서 아브라함에게 나타나셨을 때, 아브라함은 그 앞에 서 있는 '세 사람'을 보았다고 되어 있다. 창세기 32:23-33에서는 엘로힘이 야곱에게 나타나서 그와 씨름하였다고 한다. 그러므로 야곱은 '엘로힘을 대면하여' 본 것이었다(v.30). 바아는 이와 같은 신의 현현에 관한 서술에서 제기되는 의문은 '하나님이 근본적으로 인간의 형상으로 인식되어졌는가 하는 문제가 아니라 '하나님이 형체로 나타나셨을 때 인간의 모양으로 보이는 그 존재가 하나님이라고 바로 알아 볼 수 있을 정도로 자연스럽고도 특유의 모습을 하고 계신 것인가' 하는 점인데, 그에 대한 대답은 '긍정적이다'라고 말한다.³⁶¹ 바아는 '이스라엘 역사의 초기부터 신인 동형적 표현은 상당히 당혹스러운 것이었으며, 그리하여 꿈이나 천사의 중재 같은 순화시키는 방책이 소개되었다'고

---

**359** Ibid., pp.32.
**360** Ibid., pp.32.
**361** Ibid., pp.33.

하는 일반적인 견해를 부정한다: '그 정반대로 꿈이라는 방식으로 하여 신인 동형적인 모습이 더욱 직접적으로 전달될 수 있으며, 더 강력한 환상을 제공할 수도 있다.'[362] mal'ak(사자〈使者〉)의 이야기도 역시 신인 동형을 순화시키는 방책은 아니다; '만일 mal'ak의 이야기가 어떤 역할을 한다면 그것이 신인 동형법을 순화 또는 둔화시킨다기보다는 그것에 수반되는 것으로 이해하는 것이 옳다'(예, 창 18:1-19:1).[363] 구약에는 하나님이 보이지 아니하시는 분이라는 사실보다는 그분은 너무도 거룩하고 경외스러운 분이기 때문에 인간이 직접 보면 죽는다는 사상이 더 강조되어 있다. 그러므로 어떤 예외적인 경우에, 특별한 사람에게만 하나님은 자신을 나타내 보이신다. 그리하여 바아는 출애굽기 33장, 이사야 6장, 에스겔 1장에 나타나 있는 신의 현현에 관한 기사를 검토해 보았다. 그렇게 하여 그는 이사야 6장과 에스겔 1장에서 신의 현현에 관한 오랜 두 가지 주제가 보전되어 있는 선지자적 전승을 발견하였다: 즉 '신의 현현은 특별한 사람에게 나타난다는 것과 그 나타남은 인간의 형상으로 보인다는 것'이다.[364] 바아는 여호와의 모습을 대표하고 있는(또는 모습을 수반하고 있는) 존재, (아마도) 천사적 존재인 mal'ak가 mal'ak으로 불리기보다는 사람으로 더 자주 지칭된다는 점에 주목한다: 예를 들면 다니엘 8:15; 9:21; 10:5f, 16ff. 등이 있다. 바아에 의하면 다니엘 7:13의 ke-bar 'enash(한 사람 같은 이)라는 존재 역시 '일종의 천사적 신인 동형의 모습'(an angelic anthropomorphic appearance)을 가졌다.[365] 그리고 바아는 현재 우리의 연구를 위해 가장 중요한 질문을 던진다. 즉 신인 동형적인 신의 현현의 전승과 인간이 하나님의 형상으로 창조되었다는 사상 사이에 어떤

---

[362] Ibid., pp.33.
[363] Ibid., pp.33f.
[364] Ibid., pp.37.
[365] Ibid., pp.37.

직접적인 연관을 그려낼 수 있는가 하는 것이다. 이에 대한 바아의 견해는 다음과 같다:

> 하나님께서 인간의 모양으로 나타난다고 하는 것이 결코 인간이 하나님의 모습을 공유하고 있다는 사상을 의미하지는 않는다. 그러나 하나님이 나타나실 때 그 형상이 인간의 모습으로 나타나 보인다는 사실의 당연함 내지는 타당성은 '하나님의 형상'(selem' elohim)의 사상을 발전시켜 보전하고 있는 사람들이 가지고 있는 생각의 한 단면인 것 같다.

바아는 계속 말한다:

> selem(형상)이란 단어는 분명히 우리로 하여금 인습적인 종교에서 조각상이 지니고 있던 것과 같은 의미에서의 현시 또는 나타냄과 같은 뜻을 연상케 한다. 그러므로 현대 신학자들은 Image에 대한 해석에 있어서 그것을 너무 지나치게 관계성, 능력, 순응력(adaptability)의 관점에서만 인식하려고 하여 나타내 보임(manifestation)이나 모양이라는 측면을 무시하는 경향이 있다고 생각된다.[366]

바아의 주장의 첫 번째 부분은[367] 현재 우리의 연구에 상당히 중요

---

**366** Ibid., pp.38

**367** 그것을 폰 라트(v. Rad)가 좀 더 긍정적으로 진술한 내용과 비교 검토할 필요가 있다. '이스라엘은 심지어 야웨도 인간의 형상을 지닌 것으로 인식하였다... 야웨교의 사상에 이스라엘이 하나님을 신인 동형적으로 생각했다고도, 또는 그 역으로, 사람을 신의 모습으로 여겼다고도 말할 수 없다. 선지서나 시편 안에 있는 수많은 본문들저림, 에스겔 1:26에 매우 조심성 있게 진술되어 있는 내용은 특별히 중요하다. "하나님의 영광"이 빛나는 현상은 분명히 사람의 모습으로 나타난다. 에스겔서 1:26이 창세기 1:26에 나오는 '형상의 소리'(the Imago doctrine을 위한 locus classicus의 예비 구절이 되었다는 것은 옳은 주장이다'(OT Theology i, pp.145f.). Cf. p.206의 n.2에 인용된 작가들.

하다. 그런데 그의 주장의 두 번째 부분은 우리에게 창세기 1:26f.나 고린도후서 4:4, 골로새서 1:15 등의 구절에 나타나 있는 imago dei(하나님의 형상)라는 개념에서 '나타내 보임'이나 '모양'이라는 기본적인 의미를 완전히 무시할 수는 없다는 명쾌한 해석을 던져 준다. imago dei가 인간의 속성 중에 어떤 면을 뜻하는가 하는 문제는 현대 신학자들에게만 있는 논쟁거리가 아니었다. 랍비 이전 시대나 랍비 시대의 유대교 신학자들, 초대 기독교의 신학자들, 영지주의자들 모두가 imago dei를 신학적이나 인간학적 측면에서 매우 중요한 주제로 다루었으며, 그들은 서로 다른 다양한 견해들을 내놓았다. 이러한 견해들에 대하여 최근의 많은 신학자들이 연구 검토해 왔다.[368] imago dei라고 하는 인간에 대한 이해 속에는 인간의 하나님과의 관계성, 나와 당신의 관계(I-Thou relationship) 안에서 하나님의 상대방으로서의 존재, 하나님의 대리 통치자나 대리자로서의 존재, 그리고 많은 인간들의 실존에 있어서의 본성이라는 의미가 함축되어 있을 것이다. 그렇지만 '체렘'(צלם)이나 '데무트'(דמות)라는 단어에서 형체의 닮음이나 신체에 대한 묘사라는 개념을 전혀 배제한 이해가 가능할까? 많은 랍비들은 분명히 그렇게 이해하지 않았다. 교회의 교부들이나 현대의 신학자들보다는 훨씬 더 많은 랍비들이 imago dei라는 개념을 신

---

**368** 예르벨은 그의 저서 *Imago dei*에서 imago dei에 관한 유대와 영지주의의 개념에 대한 가장 포괄적인 고찰을 하였다. 그러나 이 책을 읽을 때는 주의를 요한다. 그가 랍비들의 개념에 관해 고찰해 놓은 내용은 M. Smith, 'On the shape of God and the Humanity of Gentiles', *Religions in Antiquity*, Goodenough memorial volume, pp.315-326에 의해 광범위하게 정정을 받고 있다. 스미스(Smith)는 인간의 육신이 하나님과 같은 모양이라는 관점에서의 imago dei의 이해, 즉 그 개념에 대한 신인 동형적 이해의 중요성을 강조하면서, 랍비들에게 있어서는 비단 이스라엘 사람들뿐만 아니라 (예르벨의 주장처럼 op. cit., pp.86ff.) 모든 인간이 imago dei를 입고 있다고 주장한다. 창세기 1:26f.에 대한 유대인, 초대 기독교 및 영지주의자들의 이해에 대하여는, see further Schenke, *Gott "Mensch"*, pp.120-143 창세기 1:26f에 대한 기독교 내에서의 주석의 역사에 대하여는 Westermann, *Genesis*, pp.203-214의 별주를 보자.

인 동형적으로 이해하였다.³⁶⁹ 고린도전서 15:49에서는 우리가 흙에 속한 형상($\epsilon i\kappa \omega \nu$) 또는 하늘에 속한 형상($\epsilon i\kappa \omega \nu$)을 '입는다'(bearing) 고 말하고 44절에서 '흙에 속한 자의 형상'($\epsilon i\kappa \acute{o}\nu a$ $\tau o\hat{v}$ $\chi o\ddot{\iota}\kappa o\hat{v}$)과 '하늘에 속한 자의 형상'($\epsilon i\kappa \acute{o}\nu a$ $\tau o\hat{v}$ $\acute{\epsilon}\pi o\nu \rho a\nu \acute{\iota} o\nu$)은 '육신의 몸'($\sigma \hat{\omega}\mu a$ $\psi \nu \chi \iota\kappa \acute{o}\nu$)과 '영의 몸'(⟨$\sigma \hat{\omega}\mu a$⟩ $\pi \nu \epsilon \nu \mu a\tau \iota\kappa \acute{o}\nu$) 사이에 병행을 이루고 있다. 이곳에서 보면 '영의 몸'($\sigma \hat{\omega}\mu a$ ⟨$\pi \nu \epsilon \nu \mu a\tau \iota\kappa \acute{o}\nu$⟩)이 '물질적'인 것과 마찬가지로 '에이콘'($\epsilon i\kappa \omega \nu$)도 물질적인 의미를 내포하고 있으며, 따라서 '모양'(likeness)의 뜻을 지닌 것으로 보인다. 어쨌든 고린도후서 4:4과 골로새서 1:15에서 그리스도를 '하나님의 형상'($\epsilon i\kappa \omega \nu$ $\tau o\hat{v}$ $\theta \epsilon o\hat{v}$)으로 묘사한 것은 '그리스도는 (보이지 않는) 하나님의(보이는 물질계로의) 나타나심'이라는 의미를 명백하게 전달하는 것이다. 그리고 그것은 그리스도가 하나님의 모양대로라는 것을 강하게 시사하고 있다. 이렇게 그리스도가 하나님의 모양이라는 사실은 우리가 위에서 언급한, 인간이 *Imago dei*라고 하는 개념에 포함될 수 있는 모든 의미가 그들의 온전함 속에, 그들의 본질에 내재되어 있음을 의미할 수 있다. 그러나 다시 한 번 말하거니와 '에이콘'($\epsilon i\kappa \omega \nu$)이라는 단어가 가지는-눈에 보이는 물질계의, 형체적인, 신체적인 모양이라는 의미를 전적으로 배제할 수는 없다.³⁷⁰

이러한 맥락에서 Wis 7:26에서 '지혜'(Wisdom)나 필로에 있어서의 로고스가 하나님의 형상($\epsilon i\kappa \omega \nu$)으로 지칭될 때 그것은 의인화(personified)되고 실체화(hypostatized)된 '지혜'와 로고스라는 사실도 역시 명심해야 한다. 사실 '지혜'나 로고스가 하나님의 형상($\epsilon i\kappa \omega \nu$)

---

**369** See Smith, loc. cit.; *Schenke*, loc. cit.; Westermann, loc. cit.

**370** Larsson, *Vorbild*, p.187. 그는 구약-유대교의 전승이나 바울이 인류가 아담의 타락으로 하나님의 형상을 온통 잃어버렸다고 단언한 적이 없는 이유는 그들은 그것을 신인 동형적 용어로 생각하였기 때문이라고 유추한다(cf. also pp.123ff., 152, 163f., etc.).

으로 불리는 것은(만일 그것이 후자로부터 비롯된 것이 아니라면) 그 존재는 신의 현현의 계시자라는 사상과 밀접한 관계가 있다. 여기 헤거만(H. Hegermann)이 지혜문학과 필로에 나타나 있는 '지혜'와 '로고스'의 개념을 연구하여 그것들을 신의 현현을 가져오는 자'(Theophanieträger)로 훌륭히 설명해 놓은 것이 있는데, 그가 이 연구에서 '에이콘'(εἰκών)이라는 개념에 어떤 특별한 주의를 기울이지는 않았지만(이는 그가 골로새서의 찬양시를 해석하는 데 상당한 관심을 가지고 있었다는 점에서 볼 때 이상한 일이다), 그의 연구 결과[371]는 우리의 연구에 매우 유용하다. 지혜문학과 필로는 구약에 나오는 신의 현현에 관한 기사들을 해석하면서 거기서 하나님 자신이 직접 나타난 것이 아니라, '지혜' 또는 로고스가 하나님의 대신으로 나타난 것으로 말한다. 그리하여 Wis 10:1f.에서는 아담의 타락 이전과 이후에 일어난, 하나님께서 아담에게 나타나심과 그를 보호하심에 대한 창세기의 기사를 다음과 같이 재편성하고 있다:

> '지혜는 인류의 첫 조상이 아직 홀로 창조되었을 때에 그를 지켜 보호한 분이다. 그녀('지혜')는 그의 타락 이후 그를 구원했으며, 그에게 만물을 지배할 능력을 부여하였다'(NEB의 사역).

Wis 10:6f.에서는 소돔을 멸하고 롯을 구하려고 천사들을 동반하고 여호와가 나타나셨던 것을(창 18f.) '지혜'가 나타났던 것으로 해석하고 있다. Wis 10:10에도 벧엘에서 야곱에게 나타난 것은 '지혜'였으며 지혜가 '그(야곱)에게 하나님의 왕국을 보여 주었고 거룩한 것들(또는 거룩한 천사들)에 관한 지식을 주었다'(창 28)고 되어 있다. 출애굽 때에 이스라엘인들을 '낮에는 보호하는 덮개로 밤에는 별들의 반

---

**371** Hegermann, *Schöpfungsmittler*, pp.67-87; also pp.37ff.

짝임으로' 인도한 것도 바로 '지혜'였다(Wis10:17).[372]

Wis 7:26에서 그의(하나님의) 선하심의 '에이콘'($\epsilon\iota\kappa\omega\nu$)을 '지혜'라고 지칭하고 있는 것이 의인화된 '지혜'가 신의 현현의 계시자라는 사상과 관련 있다는 사실은 필로가 '지혜'를 '하나님의 모습과 형상'($\epsilon\iota\kappa o\nu\alpha$ $\kappa\alpha\iota$ $o\rho\alpha\sigma\iota\nu$ $\theta\epsilon o\hat{u}$)이라고 지칭하고 있는 것(Leg. Alleg. i. 43)에서도 확증된다. 신의 현현에서 나타나 보인 것은 하나님의 이상이며 형상인 '지혜'이다. 여기서 '에이콘'($\epsilon\iota\kappa\omega\nu$)과 '호라시스'($o\rho\alpha\sigma\iota\varsigma$)의 두 단어는 다음과 같은 연합 관계 안에서 서로 마주보고 서 있는 의미를 가진 것으로 해석될 수 있다 : '지혜'가 하나님의 형상($\epsilon\iota\kappa\omega\nu$)이기 때문에 그녀(지혜)는 하나님의 모습($o\rho\alpha\sigma\iota\varsigma$)이며, 또한 역으로 그녀(지혜)는 하나님의 모습($o\rho\alpha\sigma\iota\varsigma$)이기 때문에 하나님의 형상($\epsilon\iota\kappa\omega\nu$)이다.

그런데 우리의 전체 논지를 위한 가장 중요한 증거는 창세기 31:13에서 야곱에게 보인 신의 현현에 대한 필로의 해석에서 얻을 수 있다. 그것은 Somn. i. 227-241에서 발견하게 된다.[373] 그곳에서 필로는 창세기 31:13을 70인경 판으로 소개하고 있다: 나는 하나님과의 교제에 대한 소망을 가지고 있는 사람에게 말해졌던 대로 하나님 대신 너에게 나타났던 하나님이니라'($\epsilon\gamma\omega$ $\epsilon\iota\mu\iota$ $\dot{o}$ $\theta\epsilon\dot{o}\varsigma$ $\dot{o}$ $\dot{o}\phi\theta\epsilon\iota\varsigma$ $\sigma o\iota$ $\epsilon\nu$ $\tau\dot{o}\pi\omega$ $\theta\epsilon o\hat{u}$)(227). 그리고 그는 인용된 문장이 두 분의 하나님이 존재한다는 의미를 함축하고 있는 것인지를 묻는다: '왜냐하면 우리는 그것을 "나는" "나의 장소에서" '너에게 나타났던 하나님이다"가 아니라 "하나님의 장소에서"라고 하여 마치 그것이 또 다른 존재를 가리키는 것처럼 읽게 되기 때문이다'(228). 이에 대해 필로는 다음과 같이 답변한다: '진정한 하나님, 그는 한 분이시다. 그러나 부적절하게

---

[372] On Wis 10에 대하여는 Ibid. pp.39, 77을 보라.
[373] Cf. Ibid., pp.71ff.

그렇게 불리는 자는 하나 이상이다. 따라서 지금의 경우에서 그 거룩한 단어는 '나는 하나님이다'("I am the God")라고 하는 정관사가 붙은 말씀으로 이것은 진정한 하나님을 가리킨다. 반면에 "하나님의 장소에서 너에게 나타났던"이라는 말씀에는 in the place "of the God"이 아니라 단순히 "of God"이라고 표현되어 있다. 부적절하게 그렇게 불리는 존재 앞에는 정관사가 빠져 있는 것이다…'(229). 그리고 필로는 인간을 두 종류로 구분한다: 그 하나는 지적인 인간으로서, 그는 영적이며 하나님께 대한 경배로 충만한 영혼을 가진 자이다. 그리고 다른 하나는 아직도 육신에 갇혀 있는 영혼을 가진 어리석은 자이다.' 필로는 전자에게는 하나님께서 자신을 자신 그대로 계시하시지만 후자에게는 '그 자신을 천사의 모양(ἀγγέλοις εἰκαζόμενον)으로 가장하여 계시하시는데, 그러나 그분은 불변하시는 분이므로 그 자신의 본성을 변치 않으신 채, 다른 형체 안에서도 그의 존재라는 인상을 가지도록 하신다. 그래서 그들은 그 형상을 모사된 형상으로 여기지 않고 본래의 형상으로 생각하게 된다'(ἀλλὰ δόξαν ἐντιθέντα ταῖς φαντασιουμέναις ἑτερόμορφον, ὡς τὴν εἰκόνα οὐ μίμημα, ἀλλ αὐτὸ τὸ ἀρχέτυπον ἐκεῖνο εἶδος ὑπλαμβάνεν εἶναι)(232). 그리고 필로는 다음과 같은 옛말을 인용한다: '신은 이 사람 저 사람의 모양으로 여러 도시들을 돌아다니며(τὸ θεῖον ἀνθρωποις εἰκαζόμενον ἄλλοτε ἄλλοις περινοστεῖ τὰς πόλεις ἐν κύκλῳ) 허물과 죄들을 살피고 다닌다.' 필로는 이 말을 인용하고는 '이것이 사실은 아닐는지 몰라도 아직도 유익한 말이다'(233)라고 말한다. 왜냐하면 성서는 존재하시는 이, 즉 하나님에 대해 좀 더 거룩하고 고상한 개념을 담고 있지만 (Scripture which entertains holier and nobler conceptions of Him that Is ⟨τοῦ ὄντος, i.e., God⟩), 지혜가 없는 자들에게 가르침을 베풀기 위하여 하나님을 사람같이 서술하고(likened God to man/ἀνθρώπῳ μὲν εἴκασεν) 있기 때문이다(234): 필로는 이 점을 설명하면서 하나님의 얼굴, 손, 목소리, 분노, 위로 아래로 움직이심 등 성서 내의 신인 동형적인 언어의 예를 든다. 그 같은 언어는 '실제 사실과 관련이 있는 것이 아니라 가르침을 받는 자들의 유익에 관계된 것이다'(235). '왜냐하면 사람들 중에는 선천적으로 어리석어서 육신적인 서술이 없이는 하나님에 관한 어떤 개념도 파악할 수 없는 이들이 있기 때문이다…'(236). 필로는 성서 안에서 이와 같은 두 가지 유형을 찾아 설명한다: '그 하나는 진리를 견지하는 것으로서 "하나님은 사람과 같지 아니하다"(민 23:9)는 사상을 제시하며, 다른 하나는 어리석은 부류의 사고방식을 가지고 있는 자로서 이러한 사고에서 "사람이 그 아들을 징계함같이 네 하나님 여호와께서 너를 징계하실 것"'(신 8:5)이라는 말씀이 나온다. 이러한 설명과 함께 필로는 다시 창세기 31:13의 구절로 되돌아간다:

> 그렇다면 하나님께서 사람의 모양으로 나타나 보일 필요가 있는 사람들에게 그러한 모습으로 보이시려 할 때에 하나님의 천사의 모습으로 가장한 모양에 대하여 우리가 왜 더 이상 의아하게 생각해야 하겠는가?(… εἰ ἀγγέλοις, ὁπότε καὶ ἀνθρώποις ἕνεκα τῆς τῶν δεομένων ἐπικουρίας ἁπικουρίας ἀπεικάζεται;). 하나님께서 "나는 하나님의 장소에서 너에게 나타나 보인 그 하나님이다"라고 말씀하실 때, 우리는 하나님께서 진정한 하나님을 볼 수 없는 자들을 위해서, 본질은 변하지 않은 채 나타나 보이는 것에 한하여, 천사의 자리를 취하고 있는 것이라 이해한다. 그것은 마치 태양을 직접 쳐다 볼 수 없는 사람들이 햇무리 위에 나타나는 광륜을 보고 그것을 태양이라 하며, 달 주위의 후광을 달 자체라고 하듯이 어떤 이들은 하나님의 형상, 그의 천사, 말씀(the Word)을 하나님으로 여기기 때문이다(…οὕτως καὶ τὴν τοῦ θεοῦ εἰκόνα τὸν ἄγγελον αὑτοῦ λόγον, ὡς αὐτὸν ακτανοοῦσιν)(238f.).

그리고 필로는 천사를 향한 하갈의 말을 예로 들어 이 점을 설명한다: '당신은 나를 감찰하시는 하나님이십니다'(창 16:13). 이집트인인 그녀는 지고한 신(the supreme Cause)을 볼 자격이 없었다. 그래서 그녀는 천사를 보고 그를 하나님으로 여겼던 것이다.[374] 벧엘에서 야곱에게 보였던 신의 현현의 경우에 있어서도 마찬가지이다(창 28:10-22). "그러나 지금 우리가 다루고 있는 본문에서(창 31:13) (야곱의) 생각은 발전하여 모든 능력을 가진 최고의 주권자에 대한 정신적 형상($\phi\alpha\nu\tau\alpha\sigma\iota o\hat{\upsilon}\sigma\theta\alpha\iota$)을 형성하기 시작하였다. 그리하여 그분 자신이 "나는 그 하나님이다"—즉 네가 이전에(벧엘에서) 그 형상을 보고 나 자신이라고 생각하여($\dot{\epsilon}\gamma\dot{\omega}$ $\epsilon\dot{\iota}\mu\iota$ $\dot{o}$ $\theta\epsilon\dot{o}s$", $o\hat{\upsilon}$ $\tau\dot{\eta}\nu$ $\epsilon\dot{\iota}\kappa\acute{o}\nu\alpha$ $\dot{\omega}s$ $\dot{\epsilon}\mu\dot{\epsilon}$ $\pi\rho\acute{o}\tau\epsilon\rho o\nu$ $\dot{\epsilon}\theta\epsilon\acute{\alpha}\sigma\omega$), 가장 거룩한 비문을 새긴 돌기둥을 헌납하였던 그 하나님이라고 말씀하신다. 비석에 새긴 글의 취지는 하나님 한 분만이 나(하나님)의 승리인 '능력의 말씀에 의거하여 이 세상을 견고하고 확고하게 유지하시는' 창조주라는 것이다(240f.).

이러한 필로의 해설에는 적어도 두 가지의 모순점이 보인다. 첫째 필로는 하나님께서 그 자신을 어리석은 자에게 사자의 모습(the form of angels)으로 가장하여 나타나신다고 말하고는 동시에 그 자신이 하나님의 형상을 그의 사자, 말씀이라고 부른다(232, 238f.). 둘째로 필로는 마지막에 가서 '나는 하나님의 장소에서 너에게 나타났던 하나님이다'라는 문장을 '나는 하나님의 형상($\epsilon\dot{\iota}\kappa\acute{\omega}\nu$)으로 너에게 나타났던 그 하나님이다' 또는 '나는 그 형상이 너에게 나타났던 그 하나님이다'라고 바꾸어 쓴다. 첫 번째 것은 신의 현현에 관한 필로의 이해의 빛 아래서 명료하게 설명될 수 있는, 다만 표면상으로만 모순처럼 보이는 것이다. 신의 현현 때에 선견자는 하나님의 형상($\epsilon\dot{\iota}\kappa\acute{\omega}\nu$)을 본다. 하나님이 영적이고, 따라서 보이지 않는 완전한 존재($\dot{o}$ $\ddot{\omega}\nu$)인 이

---

[374] *Quaest. Gen*, iii. 34에도 같은 생각이 나온다.

상에는, 하나님의 형상은 사자(=the Logos)—그 형상($\epsilon i\kappa \acute{\omega}\nu$)으로 가장하여 하나님께서 자신을 어리석은 자에게 나타내 보이는(또는 하나님을 계시하는)—일 수밖에 없다. 필로는 이와 같은 이유로 인하여 그렇게 외관상 모순되게 보이는 언어를 사용하여야 했던 것이다.[375] 두 번째의 모순점도 같은 맥락에서 설명될 수 있다.[376] 어떻든 여기서 필로의 사상을 명백하게 하는 것이 우리의 연구를 위해 가장 중요한 일이다: 신의 현현 때에 하나님께서는 '천사의 형상($\epsilon i\kappa \acute{\omega}\nu$)으로 가장하여' 나타나신다(그것은 또한 사람의 형상$\langle\epsilon i\kappa \acute{\omega}\nu\rangle$임에 틀림없다-특히 233, 238을 보라).[377] 다시 말하자면 신의 현현에서는 하나님 자신이 직접 나타나 보이는 것이 아니라 하나님의 형상($\epsilon i\kappa \acute{\omega}\nu$)이 나타나는 것이다. 따라서 벧엘에서 야곱은 하나님 자신을 직접 본 것이 아니고 하나님의 형상($\epsilon i\kappa \acute{\omega}\nu$)을 본 것이었다. 그리고 신의 현현에서 보여지는 하나님의 형상($\epsilon i\kappa \acute{\omega}\nu$)은 로고스(the Logos), 곧 하나님의 사자이다.[378] 필로가 로고스를 '하나님의 형상'($\epsilon i\kappa \acute{\omega}\nu$) 또는 '호 카트 에이코나 안드로포스'($\acute{o}~\kappa\alpha\tau$' $\epsilon i\kappa \acute{o}\nu\alpha~\acute{\alpha}\nu\theta\rho\omega\pi\sigma\varsigma$)라고 칭하는 *Conf. Ling.* 62; 146f.와 같은 본문들이 필로가 로고스를 '신의 현현을 가져오는 자'(*Theophanieträger*)로 이해하였다는(다시 말해 필로는 신의

---

[375] 두 가지 서로 다른 욕구로 어려움이 생긴다는 것은 말할 나위가 없다: 한편으로 필로는 $\acute{o}~\mathring{\omega}\nu$으로서의 하나님의 보이지 아니하는 이상적인 본성을 그대로 유지시키기를 원하지만, 다른 한편으로는 그는 그와 같은 그 하나님의 본성과 신의 현현에 관한 성경의 기사를 또한 연결지어야 하는 것이다. 그는 이 문제를 하나님의 $\epsilon i\kappa \acute{\omega}\nu$과 로고스의 중보자로서의 개념으로 해결하려 한다. 헤거만은 지혜 문서와 필로에 있어서 로고스/지혜에 대한 하나님의 중보자로서의 개념은 이 우주를 형성하고 질서를 유지하고 지탱하는 하나님의(= 영)이라는 사고에 그 뿌리를 두고 있다고 주장한다: 즉 지혜/로고스는 의인화 된 하나님의 영, $\delta \acute{\upsilon}\nu\alpha\mu\iota\varsigma$라는 것이다(op. cit., pp.26, 27ff.; 71, *et passim*).

[376] 이 같은 접근방식은 필로가 주어진 전승을 수정하였음을 밝히려 하는 헤거만의 설득력이 없는 시도보다는 조금 더 전망이 있어 보인다(op. cit., pp.71-73).

[377] 때때로 천사들이 사람의 형상으로 나타난다: *Quaest. Gen.* i.92.

[378] 어리석은 자에게 신의 현현을 계시하는 자로서의 로고스, 천사에 대한 동일한 사고에 대하여는 see also *Quaest. Ex.* ii. 13.

현현을 하나님의 형상(εἰκών), 즉 로고스의 나타남이라고 이해하였다는) 증거도 될 수 있다; 그리고 또한 그 본문들은 형상〈εἰκών〉이라는 개념에서 시작하여 로고스와 창세기 1:26f.의 아담(또는 그보다는 아담의 이상적인 원형)을 동일시하게까지 하였던 사고의 과정에 대한 증거가 된다.[379]

c) 하나님의 형상(εἰκών τοῦ θεοῦ)으로서의 그리스도의 개념의 기원 : 다메섹 도상의 그리스도의 현현

우리가 이제까지 구약과 유대의 문헌들로부터 인용하여 살펴본 증거들로 인하여 바울이 그리스도를 '하나님의 형상'(εἰκών τοῦ θεοῦ)으로 지칭한 것을 다메섹의 계시와 유사한 이전의 묵시적 환상이나 신의 현현에 관한 이상에 비추어 생각하는 데 강력한 근거를 가지게 되었다. 따라서 우리는 바울이 하나님의 형상(εἰκών)으로서의 그리스

---

[379] Cf. Hegermann, op. cit., pp.73ff., 84ff. : "그러므로 로고스를 원형적 인간으로 보는 사상은 그 사상에서 나타나는 신의 현현 본문들의 해석의 전승에서, Anthropos 신화에 전혀 호소할 필요 없이 설명된다"(p.85). 위에서 묵시문학과 요세푸스의 문헌들에서 발견한 내용들을 상기해보면, 우리는 필로가 로고스를 대천사(archangel), 하나님의 아들(Conf. Ling. 62f.), 게다가 로고스에 대한 '신의 현현을 가져오는 자'(Theophanieträger)로서의 개념에서 δεύτερος θεός(Quaest. Gen. ii.62)로 칭하고 있는 것을 쉽게 이해할 수 있다. 신의 현현에서 하나님의 '천사의 모습으로 가장하여' 나타난다는, 이 가장 확연하게 나타나는 곳은 Somn. i 227-241이지만 Conf. Ling. 134-148에서도 엿볼 수 있는 내용이다. 따라서 신의 현현에서 하나님의 형상이 나타나 보인다. 하나님의 형상은 로고스인데, 그는 '하나님의 아들과 같이' 또는 '하나님과 같이' 나타난다. 그리하여 그를 본 선견자들은 그를 하나님 자신으로 여긴다. 따라서 로고스는 하나님의 형상, 하나님의 아들, 둘째 하나님 등으로 불릴 수 있으며, 또한 대천사나 하나님의 대리자라 칭할 수 있다(Somn. i. 241). 신의 현현을 가져오는 자로서의 지혜/로고스의 개념이 저스틴 마터(Justin Martyr)나 다른 초대 교회의 교부들에게도 전승되고 있음은 흥미로운 사실이다. Dial. 56-63에서 저스틴은 아브라함, 야곱과 모세에게 나타났던 하나님은 창조주, 성부 하나님을 섬기는 또 다른 하나님 이심과 성경에서 그는 '주의 영광', '아들', '지혜', '천사', '하나님', '로고스' 등으로 불린다는 것(61), 그리고 이 형상이 예수 그리스도 안에 성육신되었다는 사실을 증거하고 있다. See Hegermann, op. cit., pp.76f.

도라는 개념을 얻게 된 것은 그리스도의 현현을 체험한 다메섹 도상에서였다는 주장을 제기하고자 한다.

일찍이 우리는 바울이 다메섹 도상에서 하늘로부터 비추는 영광의 밝은 빛 안에서 승천하신 그리스도를 보았으며 그에게 보인 이상은 이전에 선지자들이나 묵시적 선견자들에게 보인 하늘의 궁정에 대한 이상과 유사하다는 점을 규명한 바 있다.[380] 우리가 방금 전에 검토해 본, 묵시적 선견자들이 신의 현현 이상 중에 본 하나님이나 천상의 인물에 대하여 서술해 놓은 본문들의 관점에서 볼 때, 우리는 바울이 밝은 빛으로 둘러싸인 인물을 '한 사람의 아들 같은 이'(=한 사람 같은 이'), '하나님의 아들 같은 이' 또는 '하나님 같은 이'의 모습으로 보았으리라고 추론할 수 있다. 그 인물이 사람의 생김새를 가졌으므로 그는 '한 사람의 아들 같은 이' 또는 '사람과 같은 모양'(אדם דמות כמראה)이다.[381] 동시에 그가 밝은 빛에 둘러싸여서 하늘로부터 높임 받은 모습으로 나타났으므로 그는 '하나님(의 아들) 같은 이'이거나 또는 '하나님의 형상'($\epsilon\grave{\iota}\kappa\acute{o}\nu\alpha\ \tau o\hat{\upsilon}\ \theta\epsilon o\hat{\upsilon}$)을 가진 자이다.[382] 그래서 바울은 다음과 같이 묻지 않을 수 없었다: '주여 누구십니까?'($\tau\acute{\iota}\varsigma$

---

[380] 본서 p.30ff., 161ff.

[381] 에스겔서 1:26에 대하여 폰 라트는 다음과 같이 말한다: '하나님의 영광이 빛으로 나타난 현상은 분명히 사람의 모습으로 나타났다'(v. Rad, *OT Theology* i, p.146). 같은 현상이 다메섹의 그리스도의 현현 때에 일어났음이 분명하다.

[382] 바울은 $\epsilon\grave{\iota}\kappa\acute{\omega}\nu$이란 개념을 $\delta\acute{o}\xi\alpha$의 빛과 결합시킨다(롬 8:29f.; 고전 11:7; 고후 3:18; 4:4, 6; cf. also 롬 1:23). Cf. Michel, 'Entstehung'. pp.329f. M. R. James, *The Lost Apocrypha of the OT*(1920), p.9 그는 다음과 같은 외경의 글귀를 인용한다: '그도 (셋) 역시 그의 얼굴에 빛나는 광채로 인하여 신으로 불렸다… 모세 역시 이 은혜를 지니고 있어서 40일 동안 유대 백성들과 이야기힐 때 스스로를 수긴으로 가렸다.' 같은 글귀 안에 셋은 또한 그 얼굴의 빛남 때문에 '하나님의 아들'(Son of God)로 불린다. Lev. R. 1:1에서 비느하스는 천사라고 불리고 있는데 그것은 '성령이 그 위에 머무를 때 비느하스의 얼굴이 횃불과도 같이 불타고 있었기 때문이었다.' 사도행전 6:8-15도 비슷한 기사가 있다. See further Str. Bill. ii, pp.665f.

εἰ, κύριε)(행 9:5; 22:8; 26:15).[383] 그분이 바로, 바울 자신은 십자가상에서 하나님의 저주를 받아 죽었다고 생각했으나 그리스도인들이 하나님께서 그를 죽음에서 일으키시고 높이셨다고 선포해 왔던 나사렛 예수라는 사실을 알게 되었을 때, 그는 예수 그리스도의, 경외심을 가지게 만드는 그 빛나는 얼굴을 묘사함에 있어서 그를 '하나님의 아들 같았으며' '하나님의 형상'(εἰκόνα τοῦ θεοῦ)을 가지고 있었다고 말할 수밖에 없었다. 나사렛 예수가, 하나님께서 죽은 자 가운데서 그를 일으키사 하나님의 우편으로 높이신 다윗 계열의 메시아로서 하나님의 아들이라고 하는 그리스도인들의 선포의 내용을 익히 알고 있었던 바울은 이제 나사렛 예수는 진정으로 하나님의 아들이었음을 확

---

[383] 보우커(J. W. Bowker)는 '"Merkabah" Visions and the Visions of Paul', *JSS16*(1971), pp.157-173에서 사도행전에 나오는 다메섹 사건에 관한 기사와 요하난 벤 자카이(Johanan b. zakkai)의 מרכבה(메르카바) 환상에 관한 기사 사이의 병행을 그려 보려 하는 재미있는 시도를 하였다. 이렇듯 자신이 유추해낸 병행에(그 외에 고린도후서 12장에) 근거하여 보우커는 מרכבה 신비주의에 익숙해 있던 바울이 다메섹 도상에서 그리스도의 현현이 있었을 때 그는 그것을 에스겔서 1장과 2장의 내용에 비추어 심사숙고하였음이 분명하다고 추론한다. 그러나 그 병행이란 것이 단지 매우 피상적일 뿐'이며(Rowland, *Influence*, p.xxii, n.59) 에스겔 2:1-7의 내용으로부터 바울의 부르심의 의미를 설명하려는 보우커의 시도는 지나친 감이 있다. 그의 논문은 다만 바울의 다메섹 환상은 מרכבה 환상의 일반적인 형식으로 볼 수 있다는 것과 바울은 그 환상을 이사야서 6장, 49장 및 예레미야서 1장과 함께 에스겔서 1장과 2장에 비추어 해석하였을 수도 있었다는 것을 보여줄 뿐이다. 물론 우리가 지금 현재 개진하고 있는 논지는 다메섹 환상은 에스겔서 1장, 2장과 (바울이 에스겔서 1장, 2장의 내용에 직접 의존하고 있다고 하는 관점에서가 아니라 선지자적 묵시적 신의 현현 환상의 양식(Gattung)과 양식사(Gattungs-und Formsgeschichte) 그리고 아마도 전승사(Traditionsgeschichte)-본서 pp.406ff.)적 관점에서와 및 바울이 자신의 부르심의 환상을 이사야서 6장, 49장, 예레미야서 1장과 아울러 에스겔서 1-2장에 비추어 해석하였다는 관점에서)밀접한 관련이 있다고 하는 것이다. מרכבה 신비주의가 이 전승 위에 서 있는 이상 그것과 다메섹의 환상 사이의 병행을 그려내는 일은 가능하다. 그러나 바울이 다메섹 도상에서 에스겔서 1장과 2장을 묵상하고 있었다든가, 또는 다메섹의 그리스도의 현현은 바울이 מרכבה 신비주의를 잘 알고 있었기 때문에 그 결과로 발생한 것이라고 하는 보우커의 주장은 근거가 없는 이야기이다.

인하게 되었다. 왜냐하면 바울은 하늘의 보좌에 앉은 예수와[384] 및 그가 실제로 '하나님의 아들같이' 나타나신 것을 보았기 때문이다. 이러한 사실은 바울이 다메섹에서의 그리스도의 현현을, 하나님께서 아들을 자신에게 계시($ἀποκάλυψις$)하신 사건이라 부르는 데에서도 확인된다(갈 1:16; 행 9:20). 바울은 아마도 이집트나 메소포타미아의 세속 군주 제도 속에서 종종 왕을 '하나님의 아들'이나 또는 '하나님의 형상'이라고 선언한다는 사실을 알고 있었을 것이다.[385] 그리고 또한 '지혜'(Wisdom)나 로고스를 각각 하나님의 딸과 아들이라 하며(특히 신의 현현을 가져오는 자의 의미로서) '하나님의 형상'이라고도 칭한다는 점도 알고 있었을 것이다. 만일 그렇다면, 우리는 바울이 나사렛 예수가 단순히 '하나님 같은 이'라거나 '하나님의 형상'($εἰκὼν\ τοῦ\ θεοῦ$)을 가졌다는 점을 인식했을 뿐 아니라 하나님의 아들로서 예수는 '하나님의 형상'($εἰκόνα\ τοῦ\ θεοῦ$)이라는 사실도 쉽게 인식하였을

---

[384] 하안(Hahn)은 *Hoheitstitel*, pp.128ff.에서 아주 초기의 팔레스틴 기독교에서는 예수가 하나님 우편에 앉아있다고 하는 것은 단지 미래의 종말 사건으로 생각했던 것인데 그것이 후기에 오면서 예수의 파루시아(재림)가 지연되자 예수가 현재의 높임 받음과 보좌에 앉음의 사상으로 바뀌게 된 것이라는 의견을 제시한다. 만약 그의 제안이 옳다면, 그같이 생각이 변화되는 과정은 다메섹의 그리스도의 현현이 있었던 시기(즉, 32-34A.D.)까지는 완성되었음에 틀림없다. 그러나 예수 자신의 말씀을 좇아(막 14:61f와 그 병행구) 초기의 팔레스틴 교회에서 이미(즉 다메섹 사건의 이전) 예수의 부활을 사무엘하 7:12ff.; 시편 2편; 8편; 110편(이 성경 본문들은 일찍부터 예수의 메시아 되심을 성경적으로 입증하기 위하여 모아져 있었다) 등에 비추어 하나님의 우편으로 높임 받은 것으로 해석하였다(cf. Hengel, 'christologie', p.66). 예수 그리스도가 하나님의 아들로 높임 받았으며 보좌에 앉으셨다는 신앙 고백은 진정한 의미에서 바울 이전의 신앙 고백의 문형인 로마서 1:3f.에서 이미 발견된다(see Betz, *What Do We Know about Jesus?* p 97; Hengel, Sohn, pp.93ff.).

[385] See H. Wildberger, 'Das Abbild Gottes', *ThZ* 21(1965), pp.483-491; Clines, op. cit., pp.83ff. 근동의 왕-사상이 창세기 1:26의 배경을 이루고 있는지와 구약이 사고에 계속 영향을 미쳤는지(예; 시 8편)는 여기서 토론할 수가 없다. See Westermann, *Genesis*, pp. 209-213.

것이라는 것을 알 수 있다.[386] 또한 우리는 비록 바울이 위에 언급한 두 가지의 개념(이집트나 메소포타미아에서 왕을 '하나님의 아들' 또는 '하나님의 형상'이라 하는 것과 지혜와 로고스를 '하나님의 딸, 아들' 또는 '하나님의 형상'이라 하는 것)을 몰랐다고 하더라도, 신의 현현을 가져오는 자(*Theophanieträger*)인 지혜/로고스를 하나님의 형상 ($\epsilon$ἰκών)의 본체라고 확인하고 있는 필로나 솔로몬의 지혜서 안에서 나타나는 사고방식에 비추어, 그가 '하나님 같은 모양'으로 나타난, 다시 말하여 '하나님의 형상으로 나타난, 하나님의 아들이신 나사렛 예수를 곧 '하나님의 형상'($\epsilon$ἰκών τοῦ θεοῦ)이라 확인할 수 있었으리라는 것을 이해할 수 있다. 신의 현현 때에 하나님의 형상($\epsilon$ἰκόνα)을 가지고 나타나 보였던 로고스나 지혜가 하나님의 형상($\epsilon$ἰκών)이었던 것과 마찬가지로 바울에게 하나님의 형상($\epsilon$ἰκόνα)을 가지고 나타나 보인 그리스도는 바로 하나님의 형상($\epsilon$ἰκών)이었다. 예수 그리스도에 관한 이와 같은 인식이 다메섹 도상의 그리스도의 현현에서 생겨났다(시간적으로는 잠시 후의 일인지 또는 오랜 후일지는 몰라도 어쨌든 그리스도의 현현에 비추어 생겨났다)는 사실은 우리가 이미 언급한 갈라디아서 1:16이 아니더라도 바울 서신 중의 수많은 본문 가운데서 찾아볼 수 있다. 무엇보다 우선 고린도전서 15:49의 바울의 선언을 인용해 보자: '우리가 흙에 속한 자의 형상을 입은 것 같이 또한 하늘에 속한 이의 형상을 입으리라'(καὶ καθὼς ἐφορέσαμεν τὴν εἰκόνα τοῦ χοϊκοῦ, φορέσομεν καὶ τὴν εἰκόνα τοῦ ἐπουρανίου). 고린도전서 15:47-49에 있는 '하늘에서 오신 하늘에 속한 자(둘째 사람)'(ὁ δεύτερος ἄνθρωπος. ἐξ οὐρανου ὁ ἐπουράνιος)과 '하늘에 속한 자의 (형상)'(τὴν εἰκόνα. τοῦ ἐπουρανίου)이라는 구절은 다메섹의 그리스도의 현현에 비추어 보아야 가장 잘 이해할 수 있다. 왜냐하면 그 내

---

**386** Cf. Hengel, *Sohn*, p.36.

용은 우리가 이제껏 관찰하여 본 바, 하늘의 법정에서 일어나는 신의 현현 장면을 연상시키기 때문이다. 에스겔이 하늘이 열리고 하나님께서 하늘로부터 사람의 모양과 형상으로 나타나심을 본 것과 같이(겔 1장), 다니엘이 하늘의 구름과 함께 '한 사람의 아들(人子) 같은 이'가 오는 것을 본 것과 같이 바울 역시 다메섹 도상에서 영광의 그리스도가 '하늘에 속한 자'(ὁ ἐπουράνιος), 하나님의 아들로서 '하늘로부터'(ἐξ οὐρανοῦ) 나타나신 것을 보았던 것이다.[387] 따라서 '하늘에 속한 자의 형상'(εἰκὼν τοῦ ἐπουρανίου)이란 하나님의 형상인 그리스도의 형상을 일컫는 것인데 바울은 그것을 다메섹 도상의 그리스도의 현현 때에 본 것이다. 다메섹에서의 그리스도의 현현에 관한, 비슷한 암시적 언급은 데살로니가전서 1:10에서도 발견된다. 그 곳에서 바울은 '우리는 그의(하나님의) 아들이 "하늘로부터"(ἐκ τῶν οὐρανῶν)오는 것을 기다린다'라고 말한다. 그리스도는 하나님의 아들로서 보좌에 앉아 있는 다메섹의 환상은 파루시아의 예표이다. 그래서 바울은 하나님의 아들이 하늘로부터 오실 것에 대한 확신을 가지고 기다린다(cf. also 살전 4:16; '주께서⋯하늘로 좇아 강림하시리니'⟨ὅτι αὐτὸς ὁ κύριος ⋯ καταβήσεται ἀπ' οὐρανοῦ ⋯⟩).

롤랜드(C. C. Rowland)는 골로새서 1:15의 '보이지 않는 하나님의 형상'(εἰκὼν τοῦ θεοῦ τοῦ ἀοράτου)을 에스겔 1:26에 비추어 해석함으로써 그곳의 '보이지 않는'(τοῦ ἀοράτου)의 의미를 옳게 파악하고 있다: '그렇다면 그리스도는 보이지 아니하시는 하나님의 형상-어쩌면 그 이상의 의미로서의 모습이다. 보이지 아니함에 대한 강조로 보아 여기서 그리스도를 단순히 일반적인 용어로서 계시의 위치

---

[387] Cf. Manson, *Teaching*, pp.233ff.; Larsson, *vorbild*, pp.319f.; Barrett, *Adam*, pp.75f; Wedderburn, *Adam*, p.186. 하늘의 열림은 신의 현현의 환상의 전조이다. e.g., 3 Macc. 3:18; 2Bar. 22:1; Test. Lev. 2:6; 5:1; 18:6; Mt 3:16 and par.; Acts 7:56; 10:11; Rev 10:1

에 놓고 보는 것이 아니라 그가 하나님의 형상이나 모습임을 나타낸 다고 하는 추론이 신빙성이 있다. 그리스도는 신성을 육신적으로 체현한 분이며, 그는 하나님과는 달리 보이는 존재이다.'[388] 비록 롤랜드가 '사실'을 파악하지는 못하였지만[389] 그리스도가 보이지 아니하는 하나님의 형상으로서 나타나 보인 것은 바로 다메섹 도상에서였다는 것은 틀림이 없다. 롤랜드가 골로새서 2:9의 어려운 구절 '그(그리스도) 안에는 신성의 충만이 육체로 거하신다'($ὅτι\ ἐν\ αὐτῷ\ κατοικεῖ\ πᾶν\ τὸ\ πλήρωμα\ τῆς\ θεότητος\ σωματικῶς$)를 שעור קומה나 '메르카바'(מרכבה)에 대한 묵시적 이상에 비추어 해석하려 한 시도는 옳다. 신약 안에서의 그 단어의 두 가지 서로 다른 사용법에서 유형성이 강조되고 있음에 주목하면서(눅 3:22; 딤전 4:8), 롤랜드는 '소마티코스'($σωματικῶς$)는 '육신의 형체로'라고 번역해야 하며, 그것은 그리스도의 영광 받은 육신을 언급하는 것이라고 한다.[390] 또한 골로새서 2:9의 서술은 골로새서 1:15f.에 나타난 '에이콘'($εἰκών$)의 개념과 병행한다고 한 예르벨의 고찰도 옳다.[391] 우리는 골로새서 2:17의 '소마'($σῶμα$, 육체)는 '에이콘'($εἰκών$, 형상)과 동의어이며(cf. 히 10:1), 따라서 골로새서 2:9의 '소마티코스'($σωματικῶς$, 육체로)는 '에이코니코스'($εἰκονικῶς$, 형상으로)로 번역될 수도 있다는 그의 주장에도 동의한다.[392] 그러나 이러한 고찰에서 이끌어낸 그의 결론 – '소마티

---

**388** Rowland, *Influence*, pp.291f.(나의 강조) 그리스도는 엄밀하게 말하여 그가 신성의 보이는 체현이기 때문에 계시의 중보자요 *locus*이다.

**389** 이것은 유감스러운 일이다. 특히 그가 계속 이어서 '다른 말로 하자면 그(그리스도)는 바로 나타나 보일 수 있는 하나님의 *Kabod*이다(cf 고전 4:4)'라고 말한 것으로 보아 거의 이러한 인식에 도달할 뻔하였다는 점에서 그러하다(Ibid, p.292).

**390** Ibid., pp.266f. Similarly L. Cerfaux, *Christ in the Thelogy of St. Paul*(1959), p.427. $δωματικῶς$라는 용어에 대한 다양한 해석에 관해서는. see Moule, *Col.*, pp.92f.

**391** Jervell, *Imago*, p.223.

**392** Ibid., p.224.

코스'($σωματικῶς$) - 은 육신으로서의 그리스도를 말하는 것이 아니라 '최고도의 실재'(the highest degree of reality)[393]를 의미하는 것이라 하는-은, 그가 이와 같은 불필요한 이원론을 내세우는 한 수긍하기 어렵다. 바로 골로새서 2:9의 진술이 1:15f.의 진술과 병행하고 있기 때문에, 그것을 다메섹 도상에서의 그리스도의 현현에 비추어 이해하는 것이 마땅하다. 누가복음 3:22에서 이에 대한 훌륭한 증거를 찾아볼 수 있는데, 거기에는 예수님의 세례시에 '성령이 형체로 비둘기같이 그의 위에 강림하셨다'($καὶ\ καταβῆναι\ τὸ\ πνεῦμα\ τὸ\ ἅγιον\ σωματικῷ\ εἴδει\ ὡς\ περιστερὰν\ ἐπ'\ αὐτόν$)라고 기록되어 있다. 성령이 보이는 육신의 형체로 예수 위로 강림하였던 것과 마찬가지로 높임 받은 그리스도가 바울에게 '육신의 형체로'-형체를 가진 육체적 존재라는 의미로든 인간의 육신의 모양이라는 의미로든-나타났던 것이었다. 그러므로 바울이 그리스도를 하나님의 형상($εἰκών$)으로 인식했던 것과 마찬가지로, 그는 그리스도를 신의 '영광'(כבוד)의 체현, 곧 신격(deity; $θεότης$)으로 보았다. 분명히 그리스도를 하나님의 형상($εἰκών$)이라 칭하는 것에 그리스도의 형체나 겉모습이라는 단순한 의미보다는 훨씬 더 많은 뜻이 함축되어 있는 것처럼, 골로새서 2:9의 진술은 그리스도 안에 신의 영광이 육신으로 나타났다는 단순한 의미보다 훨씬 심오한 의미가 들어있다. 그런데 우리는 바울이 그리스도가 하나님의 형상($εἰκών$)이며 신성의 체현이라는 개념을 가지게 된 것은 그가 다메섹 도상에서 높임 받은 그리스도를 그같이 보았기 때문에 비롯된 것이며, 그 외의 좀 더 깊은 신학적 통찰들은 자신이 사명을 부여받을 때 보았던 이상에 대한 신학적인 묵상의 결과일 뿐이라는 주장을 제기하고자 한다. 다시 말해서 바울은 그리스도가 하나님의 형상($εἰκών$)이라는 개념을 점차 심오한 교리로 발전시켜 나갔

---

[393] Ibid., pp.223f.

지만, 그러나 그 개념의 출발점은 바로 다메섹 도상의 그리스도의 현현이었다는 것이다.[394]

빌립보서 3:20f.도 역시 이러한 논리에 훌륭한 방증이 된다. 우리는 이미 바울이 하나님의 아들로서 또는 '하늘로부터 오실'($\dot{\epsilon}\xi$ $o\dot{v}\rho\alpha\nu o\hat{v}$) 주로서, 높임 받은 그리스도의 파루시아(재림)를 기다리는 것은 다메섹 도상에서 그 자신이 경험했던 선취적인 파루시아(proleptic parousia)에 근거하고 있다는 점을 살펴본 바 있다. 여기 빌립보서의 본문은 그것을 '그의(그리스도의) 영광의 몸'(cf. 고전 15:43)이라 칭하여 우리의 견해를 확증하여 주는데, 이것은 고린도전서 15:49, 로마서 8:29, 고린도후서 3:18의 그리스도의 '형상'($\epsilon\dot{\iota}\kappa\dot{\omega}\nu$)과 완전히 동일하다. 바울은 다메섹 도상에서 높임 받은 그리스도께서 영광의 밝은 빛 가운데서 그에게 나타났을 때 그리스도의 영광의 몸을 보았다.[395] 바울은 그리스도를 '영광의 주'($\kappa\acute{v}\rho\iota o\varsigma$ $\tau\hat{\eta}\varsigma$ $\delta\acute{o}\xi\eta\varsigma$)(고전 2:8)로 보았다.[396] 만일 이제까지의 우리의 해석이 옳다면 바울이 어떻게 그리스도의 영광스러운 몸을 '프뉴마티콘'($\pi\nu\epsilon\nu\mu\alpha\tau\iota\kappa\acute{o}\nu$)(고전 15:43ff.)이라고 칭할 수 있었는지를 설명하는 데는 어려움이 없어진다(고전

---

[394] 이 발전 과정은 지혜/로고스가 하나님의 형상이라고 되어 있는 필로와 지혜서 안의 병행을 가지고도 설명될 수 있을 것이다. 이를 밝히기 위하여 여기서 그것을 자세히 논의하기는 어렵다. 다만 우리는 헤거만(Hegermann)의 *Schöpfungsmittler*이라는 책을 소개하는 것으로 대신하겠다. 이 책에는 이러한 가능성이 명백하게 제시되어 있다. 물론 그리스도가 하나님의 형상이라는 개념에 대한 바울의 사고의 발전에는 그가 다메섹에서 체험하여 습득한 그리스도에 대한 이해만큼이나 그의 믿음의 선진들에게서 전수받은 이해도 영향을 끼쳤을 것이다.

[395] Rowland, *Influence*, p.xxii(n.57)에 의하면 숄렘(Scholem)이 빌립보서 3:21의 $\sigma\hat{\omega}\mu\alpha$ $\tau\hat{\eta}\varsigma$ $\delta\acute{o}\xi\eta\varsigma$라는 문구는 קומה שעור 사유의 영향을 보여준다는 의견을 제시한다(*Von der mystischen Gestalt der Gottheit*(1962), p.276, n.19-나에게는 크게 유용하지 않다). 이에 대해 우리는 다만 그것은 그와 같은 관념의 영향을 보여 주는 것이 아니라 다메섹의 그리스도의 현현(-진짜 환상!)의 증거를 담고 있는 것이라는 점을 지적해 두고자 한다.

[396] 본서 143ff.; cf. also Feine, *Theologie*, p.321.

15:43ff.의 '프뉴마티콘'⟨πνευματικόν⟩은 또한 고전 15:49; 롬 8:29; 고후 3:18의 그리스도의 형상⟨εἰκών⟩과 실질적으로 동일하다). 다메섹 도상에서 바울이 보았던 그리스도의 몸은 그리스도의 실제 몸이었다. 그런데 동시에 그리스도의 몸이 영광의 빛으로 빛나고 있었다. 그것은 보통 평범한 이 세상의 육체적인 몸이 아니었다. 그것은 영적인 몸이었다.[397] 그리하여 바울은 그리스도인들의 부활한 후의 몸은 자신이 보았던 그리스도의 몸 같을 것이라는 사실을 알게 되었다: 그것이 즉 '신령한 몸'(σῶμα πνευματικόν)인 것이다. 그러나 이 깨달음은 그리스도가 '영'(πνεῦμα)이라는 개념(고전 15:45; 고후 3:17f.)을 얻게 되기까지의 작은 일보였다.[398] 다메섹 도상에서 바울은 그리스도를 영적인 존재로, 아니 실제로는 성령으로 보았던 것이었다.[399]

---

[397] 위에서 p.317, 주 248) 지적한 바와 같이 케네디는 이미 빌립보서 3:21의 영광의 몸과 고린도전서 15:44ff.의 '신령한 몸' 양쪽 모두를 다메섹의 그리스도의 현현에서 터득한 것의 암시적 언급으로 보고 있다. 반면에 뒤퐁은 전자만을 그것으로 본다. 여기서 우리가 기억해야 할 것은 신의 현현이 성령에 의해 중보될 뿐만 아니라(예, 겔 1-3; 8:3; 11:24; 1En 37:4; 계1:10) 천사나 하나님의 얼굴과 같은 빛을 가지고 빛나는 얼굴은 그 위에 머문 성령의 영향임을 가리킨다는 점이다(e.g., Lev.R. 1:1; Num.R. 10:5; cf. also Acts 6:8-15; further Sjöberg, πνεῦμα, TDNT vi, pp.381f.). 따라서 고린도전서 15:44ff.의 πνευματικός-ψυχικός 반제형식은 영지주의나 다른 출처로부터 나온 것이 아니라 다메섹의 그리스도의 현현에서 비롯된 것이다(본서 pp.288ff.).

[398] 솔로몬의 지혜서에 보면 지혜는 πνεῦμα 동일시되고 있다: 1:6; 7:7, 22(see Bieder, πνεῦμα, TDNT vi, pp.371f.). 이와 같은 동일시는 지혜가 하나님의 선하심의 형상이라는 사상(7:26)과 무관하지 않은 듯하다. 슈바이처는 πνεῦμα, TDNT vi, p.422에서 역시 바울이 고린도후서 3:17f.에서 κύριος를 τὸ πνεῦμα와 동일시하는 것은 '높임 받은 주의 신령한 몸을 본 것에서 비롯되어 나온 것'이라 한다.

[399] 만일 고린도후서 3:18의 πνεύματος가 gen.qualitatis라면(so Plummer, 2Cor., pp.108f.; Hughes, 2Cor., p.120; Lietzmann-Kümmel, Kor., pp.114f.; cf. also Windisch, 2. Kor., pp.129f.), 그리스도가 영적인 존재(='영')라고 하는 체험으로부터 그리스도를 τὸ πνεῦμα와 동일시하기까지의 사고의 과정을 이해하기가 용이해진다. cf. Schweizer, op. cit., p.419 : '그리하여 높임 받은 그리스도가 πνεῦμα라고 선포된다. 설령 17절 하반부에서 πνεῦμα와 κύριος가 구분된다 할지라도, 이것은 단지 17절이 두 존재의 신원을 말하는 것이 아니라는 사실을 평이하게 만드는 것이다. πνεῦμα는 κύριος의 존재 양식을 정의하는 것이다. πνεῦμα κύριος라는 언급이 나타나 있는 곳은 그의 존

이와 같은 사실은 우리로 하여금 바울이 그리스도를 '하나님의 형상'($\epsilon\iota\kappa\omega\nu$ $\tau o\hat{u}$ $\theta\epsilon o\hat{u}$)이라는 개념으로 인식하게 된 것은 바로 다메섹의 그리스도의 현현 경험에서였다는 논리를 위한 가장 확실한 증거라 여겨지는 고린도후서 3:1-4:6의 본문을 상기시킨다. 우리는 이미 이 본문이 다메섹의 그리스도의 현현을 얼마나 명백하게 반영하고 있는가 하는 점을 살펴보았다.[400] 그리고 마틴, 뒤퐁, 큄멜 등의 학자들이, 바울이 4:4에서 그리스도를 '하나님의 형상'($\epsilon\iota\kappa\omega\nu$ $\tau o\hat{u}$ $\theta\epsilon o\hat{u}$)이라 칭하는 것을 다메섹에서의 그리스도의 현현을 암시적으로 언급하고 있는 것으로 보고 있다는 사실도 주목하여 보았다.[401] 이전과 같이, 위의 본문 중에 가장 명백한 증거가 되는 구절, 즉 4:6로부터 우리의 논증을 시작해야 하겠다. 우리가 제1장에서 검토한 것처럼, 대부분의 성경 해석가들이 지지하는 바, 그 구절에서 바울은 다메섹 도상에서 높임 받은 그리스도가 그에게 나타났을 때 그리스도의 얼굴에서 빛나던 신의 영광의 밝은 빛을 언급하고 있는 것이다. 이 구절 안에 우리의 현재의 연구를 위해 특별히 중요한 표현 두 가지가 들어있다. 첫째는 그리스도의 '얼굴'($\pi\rho o\sigma\omega\pi o\nu$)이다. 신의 현현에 대한 이상을 묘사한 본문들을 살펴보아 이끌어낸 결론에 비추어 볼 때, 우리는 왜 묵시문학이나 영지주의적 문헌에서 반드시 사람의 얼굴이 하나님의 형상을 나타내도록 되어 있는가 하는 이유를 쉽게 이해할 수 있

---

재 양식이 묘사된 것이며, 이것은 그가 그러한 양태로 그의 공동체를 만나는 능력을 의미한다.' Also Hermann, *Kyrios*, I. Abschnitt, esp. pp.38-57 : "이 영은 주 그리스도가-그의 승귀 후 이런 방식으로-사람에게 자신을 나타내고 사람에 의해서 체험될 수 있으므로 이 영은 주 그리스도이다"(p.57). 우리가 다메섹의 그리스도의 현현에 비추어 고린도후서 3:17f.의 용어에 대하여 설명했던 내용은 바울의 실제 체험의 뚜렷한 근거와 함께 이러한 이해를 제시해 준다.

400 본서 p.30ff.
401 본서 p.325ff.

다.[402] 심장이 인간의 전 존재를 대표한다면 얼굴은 그 겉모습을 대표한다. 따라서 신의 현현의 이상 중에서 나타난 존재의 얼굴이, 그 환상을 보고 있는 선견자의 특별한 주목을 받을 것은 당연한 일이다. 중요한 표현 중 둘째는 '하나님의 영광'($δόξα \ τοῦ \ θεοῦ$)이다. 영광은 늘 신의 현현에 수반된다. 그것은 신의 현현에서 신적 인물의 주변이나 하나님 주위에서 빛나는 빛으로 여겨졌다. 신의 현현에 관한 묘사에서 종종 영광의 빛은 그 현상에 수반된 것으로만 간주된 것이 아니라, 실제로 하나님의 형체, 또는 하나님의 모습으로 여겨지곤 했다. 폰 라트(von Rad)가 말하듯 하나님의 영광에 대한 이러한 이해는 신의 현현 환상 중에 하나님의 영광의 광채가 사람의 외형으로 형성되어 나타난 것을 보게 되는 것에 그 뿌리를 두고 있는 듯하다.[403] 어쨌든, 우리가 살펴본 바와 같이 '여호와의 영광'(כבוד יהוה)은 에스겔서에서 이미 실질적으로 이상 중에 보좌 위에 앉으셔서 사람의 형체(또는 모습)로 나타나시는 하나님을 표현하는 하나의 전문 술어로 쓰이고 있다(겔 1:28; 9:3; 10:4, 18f.; 11:22f. 등). 이와 같은 상징은 묵시문학을 거쳐 랍비들의 문헌에 보이는 '메르카바'(מרכבה) 신비주의에까지 이어져 내려온다.[404] 그렇다면 바울이 하나님께서 바울의 인생 깊숙이 하나님의 빛을 비추신 것은 (바울이) 그리스도의 얼굴 안에서 얻은 하나님의 영광에 대한 지식을 가지고 (다른 사람들을) 깨우치게 하기 위함이었다[405]라고 말할 때, 그는 그리스도의 얼굴에서 하나님의 형상(form : $εἰκών$)을 보았음을 시사하고 있는 것이라 볼 수 있다. 비

---

**402** E.g., Vita Adae 13:2; 2En. 44:1; *Schatzhöhle*, 2:12ff.; Od.Sol. 17:2. See Jervell, *Imago*, pp.45, 168, 175. 사마리아 문학에서 발견되는 동일한 사상에 관하여는 see J. Macdonald, *The Theology of the Samaritans* (1964), p.178.

**403** v. Rad, *OT Theology* i, p.146; Windisch, *2.Kor.*, pp.115, 137; cf. also Michel, 'Entstehung', p.330.

**404** 본 장의 주 316.

**405** 이와 같이 번역한 이유에 관하여는 본서 pp.36f.

록 고린도후서 4:6에서 '하나님의 영광'($\delta o \xi \alpha\ \tau o \hat{u}\ \theta \epsilon o \hat{u}$)이 전문적 술어의 의미로 사용된 것은 아니라 할지라도 위와 같은 해석은 가능하다. 왜냐하면 어떤 경우라도 이 구절의 언어는 바울이 높임 받은 그리스도로 확인된, 하나님 같은 모습의 얼굴로 나타나 보이는, 신적인 빛을 보았음을 말해 주고 있기 때문이다. 바울은 거의 어김없이 '영광'($\delta o \xi \alpha$)과 '형상'($\epsilon i \kappa \omega \nu$)을 결합시켜 쓰고 있는데 이 사실은 이 두 단어가 결국 실질적으로는 동의어임을 암시한다(롬 1:23; 8:29f.; 고전 11:7; 고후 3:18; 4:4).[406] '영광'($\delta o \xi \alpha$)과 '형상'($\epsilon i \kappa \omega \nu$)이 이와 같이 동의어로 사용되었다는 사실은 당시의 유대교 문헌에 의해서도 증명된다.[407] 여기 고린도후서 3:18은 특히 흥미롭다: "우리가 다 거울을 보는 것 같이 '주의 영광'($\tau \grave{\eta} \nu\ \delta o \xi \alpha \nu\ \kappa \nu \rho i o \nu$)을 보매 '그의 형상'($\tau \grave{\eta} \nu\ \alpha \grave{\nu} \tau \grave{\eta} \nu\ \epsilon i \kappa o \nu \alpha$)으로 변화할 것이다…" 이 구절에서 대명사구인 '그의'($\tau \grave{\eta} \nu\ \alpha \grave{\nu} \tau \grave{\eta} \nu$)는 명백하게 '주의 영광'($\delta o \xi \alpha\ \kappa \nu \rho i o \nu$)을 가리키는 말이다. 따라서 '그의 형상'($\tau \grave{\eta} \nu\ \alpha \grave{\nu} \tau \grave{\eta} \nu\ \epsilon i \kappa o \nu \alpha$)은 여기서 '영광'($\delta o \xi \alpha$)과 '형상'($\epsilon i \kappa \omega \nu$)이 동의어임을 말해준다.[408] : '주의 영광'($\delta o \xi \alpha\ \kappa \nu \rho i o \nu$)을 보는 것이 그의 '형상'($\epsilon i \kappa \omega \nu$)을 보는 것이다. 그러므로 고린도후서 4:6에 있는 '그리스도의 얼굴에 있는 하나님의 영광'($\delta o \xi \alpha\ \tau o \hat{u}\ \theta \epsilon o \hat{u}\ \epsilon \nu\ \pi \rho o \sigma \omega \pi \omega\ X \rho \iota \sigma \tau o \hat{u}$)이라는 문구는 고린도후서 4:4에 있는 '하나님의 형상이신 그리스도의 영광'($\delta o \xi \alpha\ \tau o \hat{u}\ X \rho \iota \sigma \tau o \hat{u},\ \delta \varsigma\ \epsilon \sigma \tau \iota \nu\ \epsilon i \kappa \omega \nu\ \tau o \hat{u}\ \theta \epsilon o \hat{u}$)이란 문구의 또 다른 표현일 뿐임이 확실하다.[409] 바울이 다메섹 도상에서 보았던 하나님의 '영광'($\delta o \xi \alpha$)은 그것이 그리스도의 얼굴에서 비췄었으므로 그리스도의 '영광'($\delta o \xi \alpha$)이다.

---

**406** So Jervell, *Imago*, pp.180ff., 194f., 280f., 299f. 325f.; also Conzelmann, *1.Kor.*, p.219; cf. also Larsson, *Vorbild*, p.185.
**407** See Jervell, *Imago*, pp.100ff.
**408** Cf. Larsson, *Vorbild*, p.281.
**409** So Bruce, *Paul*, p.123.

하나님의 '영광'(δόξα)이 그리스도의 얼굴에서 비춰었을 때, 그리스도가 바울에게 하나님의 '형상'(εἰκών)으로 나타나셨다. 따라서 갈라디아서 1:16에서 바울이 다메섹 도상에서 하나님의 아들로 그에게 나타났던, 높임 받은 그리스도가 자신의 '복음'(εὐαγγέλιον)의 내용이라고 말하는 것과 마찬가지로, 바울은 여기에서도 역시 하나님의 형상으로 그에게 계시된 하나님의 영광이 바로 바울에게 선포하도록 주어진 '복음'(εὐαγγέλιον)의 내용이라고 말하고 있다(고후 4:6). 예수 그리스도가 하나님의 아들이라고 선포하는 것(갈 1:16)은 예수 그리스도가 하나님의 형상이라고 선포하는 것(고후 4:4)과 같은 내용이다. 이와 같은 복음의 선포 안에 그리스도의 영광 또는 하나님의 영광이 나타났다(4:4). 이 모든 것이, 우리가 신의 현현의 이상에 대한 기사들로부터 파악한 사실들에 비추어 볼 때 완전히 명료해진다. 따라서 마틴, 큄멜, 뒤퐁 등의 학자들이 6절과 마찬가지로 4절에도 다메섹에서의 그리스도의 현현에 대한 암시가 들어있다고 하는 것은 옳은 지적이라 할 수 있다.

고린도후서 3:16-18을 고찰해 보아도 같은 결론에 도달한다. 우리는 이 본문에 다메섹의 그리스도의 현현이 암시되어 있다는 것에 대해 제1장에서도 논증하였고 바로 앞의 단락에서도 같은 주장을 한 바 있다. 사실상 '영광'(δόξα)과 '형상'(εἰκών)의 개념에 관한 한 고린도후서 3:18은 4:4, 6과 밀접한 병행을 이루고 있다.

> 16절과 18절은 모두 모든 그리스도인들에게 적용되는 것이다. 그런데 바울은 그 구절들 안에서 자신의 경험을 '전형적인 것으로'(as typical) 그리스도인들에게 적용하고 있다.[410] 여기에서 '전형적'이라는 말을 사용한 것이 바울이 모든 그리스도인들도 바울이 회심 때에 가졌던 그와 같은 극

---

**410** 본서 pp.30ff.

적인 환상 체험을 가져야 한다고 말했다는 의미는 아니다. 우리가 말하고 자 하는 것은 모든 그리스도인들은 복음의 선포를 듣고 회심할 때에 바울 의 다메섹의 경험과 동일한 체험을 해야 한다는 것인데, 즉 그리스도 안 에서 이루어진 완전한 하나님의 계시를 보고 주님께로 돌이키는 체험을 해야 한다는 의미이다. 바울이 그리스도의 얼굴에서 하나님의 영광과 형 상을 보았다는 것은 물론 얼핏 보기에는 회심과 관련이 없어 보인다. 전 자의 체험은 '육적'인 사건, '봄'(seeing)에 관련되는 반면에 후자는 순수 한 영적인 체험이기 때문이다. 그렇지만 그 두 가지 체험은 본질적으로(in essence) 동일하다. 이것이 바울이 영적인 측면과 함께 육적인 면을 가지 고 있는 자신의 다메섹 체험을, 모든 그리스도인들의 회심의 체험에 대한 하나의 전형적인 예로 들어 사용할 수 있었던 이유이다; 다시 말하자면 3:16-18(4:4 역시)에서 바울은 그리스도인의 전형적 회심의 체험을 상징 적으로 또는 회화적으로 묘사하기 위하여 다메섹의 체험을 말하고 있는 것인데, 이것은 바울이 4:6에서 사도로서의 사명을 부여받을 때의 체험의 전형을 묘사하는 데 다메섹의 체험을 말하는 것과 마찬가지이다.

16절에서 바울은 다메섹 도상에서 그가 높임 받은 그리스도를 보 고 그리스도에게로 돌아섰던 사건을 출애굽기 34:34의 언어를 빌어서 진술하고 있다. 출애굽기 34:34에서는 모세가 시내산으로 올라가 하 나님의 존전으로 나아가는 사건이 묘사되어 있다. 그때에 모세가 그 의 얼굴에 썼던 수건을 벗었던 것처럼, 높임 받은 주님을 보았을 때, 바울의 심장 위에 덮여 있어서 하나님의 의지의 진정한 계시를 이해 할 수 없도록 방해하던 수건이 벗겨졌다. 이와 같은 벗겨짐은 바울 이 영적인 존재로, 성령으로 체험했던 주님에 의해 효력이 나타난다 (v.17f.).[411] 모세의 언약과 그 추종자들의 심장이 수건으로 덮여 있어

---

[411] 본 장의 주 398)과 399).

서 유대인들이 진정한 하나님의 계시를 이해하지 못하고 있는 반면에, 모든 그리스도인들은 다 '수건을 벗은 얼굴로 거울을 보는 것 같이 주의 영광을 보게 되어 저와 같은 형상으로 화하여 영광에서 영광에 이르게 된다'(v.18). 바울이 나사렛의 예수를 추종하는 자들을 박해하기 위하여 다메섹으로 갔던 그 길은 모세의 율법에 대한 눈먼 순종이었다. 그때 높임 받은 그리스도가 신의 영광의 광채 안에서 그에게 나타났다. 그는 그리스도의 얼굴에서 '주의 영광'($δόξα\ κυρίου$), '여호와의 영광'(כבוד יהוה), '반영하다'(to reflect)나 또는 '거울 속과 같이 보다'(behold as in a mirror) 중 어떤 것을 택해야 할지 결정하기가 어렵지만, 우리는 그 두 가지 의미가 다 가능하다고 취했었다.[412] 이제 우리가 이제껏 검토해 온 신의 현현의 이상에 대한 묘사들, 특히 에스겔 1장의 서술에 비추어 보면 그 단어의 첫째 의미는 '거울 속을 보는 것같이 보는 것'임을 알 수 있다. 신의 현현 환상 중에 하나님은 금과 은, 수정 또는 얼음이 섞인 빛나는 하늘과 궁창에 둘러싸인 보좌 위에 나타나신다.[413] 그와 같은 상황 안에서 하나님을 보는 것은 거울 속에 비친 하나님을 보는 것과 같다. 즉 거울에 비친 하나님의 형상을 보는 것과 같다.[414] 에스겔 1:5에 보면 불 가운데 거울이 있는데 그 거울 속에 하나님의 보좌와 '사람과 같은 모양'(כמראה אדם)(또는 '여호와 영광 형상의 모양'(כבוד יהוה) (מראה דמות כבוד יהוה))이 나타난다. 그러므로 에스겔은 '거울 속의' 하나님을 본 것이었다.[415] 고린도후서 3:18에서 바울은 '카톱트리조메노이'($κατοπτριζομενοι$, 거

---

[412] 제1장의 주 58); p.403

[413] See Rowland, *Influence*, p.13 *et passim*.

[414] 시혜서 7.26 및 다른 유대의 헬라화된 문헌이나 유대의 영시주의적 문헌에서 발견되는 $εἰκών$과 거울의 결합(때로는 동의어적임)은 이러한 현상에 비추어 해석되어야 할 듯하다 Cf. Jervell, *Imago*, p.185; also Windisch, *2.Kor.*, p.128, who cites Philo, *Leg. Alleg*. iii. 101f.

[415] So Procksch, 'Berufungsvision', pp.142, 144.

울을 보는 것같이)라는 단어로서 그것과 똑같은 인상을 전달하고 있는데, 그것은 다메섹 도상에서 그리스도가 그에게 나타났을 때 받았던 인상이다. 바울은 높임 받은 그리스도를 거울 속에 비추인 것 같은 모양으로 보았다. 그것은 두 인간이 서로 얼굴을 맞대고 보는 것과는 달랐다. 그것은 간접적이었으며, 어느 정도 불분명했다. 그럼에도 불구하고 번쩍이는 광채에 둘러싸여 나타난-수정 거울에 반영된 듯이 보이는-그리스도의 겉모습은, 바울이 그것을 영광 받은 인간의 형체의 모양이라는 것을 인식할 수 있을 정도로는 충분히 명료하였으며, 바울은 그 형체를 '하나님의 형상'($\epsilon$ἰκών τοῦ θεοῦ)으로 인식하였다. 바울은 다른 곳에서 또한 다음과 같이 말한다: '우리가 지금은 거울로 보는 것같이 희미하나 그때에는 얼굴과 얼굴을 대하여 볼 것이다'(고전 13:12). 이 상징성은 다메섹의 그리스도의 현현과 그것이 바울의 마음속에 심어 놓은 희망을 잘 반영하고 있다: 그는 파루시아 때에 그리스도를 좀 더 확실하게, 즉 얼굴과 얼굴을 대하여 보는 것같이 보게 될 것이다. 지금 현재 우리가 다루고 있는 본문 중에서 18절의 '주의 영광'(δόξα κυρίου)은 출애굽기 24:17의 '여호와의 영광'(יהוה כבוד)의 반영이라고 할 수 있는데, 그것은 하나님의 영광이다. 그런데 이 하나님의 영광이 그리스도의 얼굴에서 나타났으므로(고후 4:6) 그것은 또한 그리스도의 영광이라 할 수 있다(고후 4:4). 마찬가지로 18절의 '그와 같은 형상'(τὴν αὐτὴν εἰκόνα)은 하나님의 형상을 말하는 것이다. 그런데 이 하나님의 형상이 그리스도의 얼굴에서 나타났으며 바울에게 나타났던 분은 그리스도이므로 그것은 바울이 보았던 그리스도의 형상을 가리키는 말이기도 하다. 우리는 여기서 「하나님-하나님(=그리스도)의 형상-그리스도의 형상-그리스도의 형상에 동화된 믿는 자」들의 형상과 같은 점차적 유출이라는 영지주의자들의 도식을 말하고 있는 것이 아니다. 그것보다는 오히려 신의 현현 현상에 비추어 바울이 거울 안에서 보았던 하나님의 형상은 바로 그리스도의 형상이었다고 이해해야 한다는 것이다. 이렇게 신의 현현 현상에 비추어 볼 때만이 우리는 바울이 어떻게 한편으로는 '하나님의 형상'으로서의 그리스도를 말하면서 동시에 다른 한편으로는 그리스도의 형상을 말할 수 있었는가가 이해된다(cf. 롬 8:29; 고전 15:49)[416] 선견자들은 이상 중에 하나의 형상을 본다. 그와 같이 바울도 다메섹의 그리스도의 현현 때에 하나의 형상을 보았다. 그것은 하나님의 형상이었는데 높임 받은 그리스도로 확인되었다. 그리하여 바울은 그 형상을 그리스도의 형상이라고도 말할 수 있었다. 우리는 필로에서 이와 완전한 병행을 살펴본 바 있다.[417] 따라서 18절의 '주의 영광'($\delta \acute{o} \xi \alpha$ $\kappa \nu \rho \acute{\iota} o \nu$)과 '그의 형상'($\acute{\eta}$ $\alpha \acute{v} \tau \grave{\eta}$ $\epsilon \acute{\iota} \kappa \acute{\omega} \nu$)은 바울이 다메섹 도상에서 하나님의 형상과 영광으로 보았던 그리스도의 형상과 영광을 가리키는 말이다. 다른 곳에서와 마찬가지로(롬 8:29; 고전 15:49; 빌 3:21) 바울은 여기에서도 그리스도인들이 그리스도의 형상으로 변화 받을 것에 관해 말하고 있다. 그러나 이 측면에 관한 문제, 다시 말하여 형상($\epsilon \acute{\iota} \kappa \acute{\omega} \nu$)-기독론이 가진 구원론적인 의미에 대하여는 다음 장에서 검토하도록 하겠다.

## 부록 : 〈시내산의 신의 현현과 다메섹의 그리스도의 현현 사이의 대비적 유형론〉(고린도후서 3:1-4:6)

우리가 제1장과 이번 장에서 고찰한 결과로 볼 때, 바울이 고린도후서 3:1-4:6에서 다메섹에서의 그리스도의 현현을 언급하고 있다는 것은 너무도 명확해졌다. 분명히 바울은 그의 적대자들의 비판에 대하여 자신의

---

[416] 이 의문은 통상 무시되거나 또는 주석가들에 의해 부적절한 방법으로 이해되곤 하였다.
[417] 본서 pp.377f. : 하나님의 형상(=로고스)=신의 현현 중의 로고스의 형상.

사도권과 복음을 변증하기 위해 그것을 언급하고 있는 것이다.[418] 그들은 바울이 적법한 방법으로 사도로 임명받은 것이 아니라고 비난하였다: 바울은 천거서를 내보이지도 못하는 사실이 증명하듯, 아무에게도 인정받지 못하는 자칭 사도였다. 그들은 또한 바울이 이방인 개종자들에게 모세의 율법에 순종할 것을 요구하지 않음으로 말미암아 복음을 왜곡시켰다고 비난하였다(4:2).[419] 그들은 바울이 전하는 복음은 시내산에서 모세에게 주어진 하나님의 계시로부터 스스로 떨어져 나감으로 인하여 이해하기 어렵다는 의미에서 '가려진' 복음이라고 하였다. 그들은 '케칼륌메논'(κεκαλυμμένον, 가려지다)이라는 단어를 써서, 바울이 자기의 복음은 '계시'(아포칼립시스⟨ἀποκάλυψις⟩)를 통해 주님으로부터 직접 받은 것이라고 하는 바울의 선포를(갈 1:12) 조롱하였다.[420] 더 나아가 그들은 바울이 자기의 복음과 사도권의 부족함을 가리기 위하여 자기 자신을 과장하고 있으며(갈 3:1; 4:5; 5:12) 부적절한 방식을 쓰고 있다(4:2)고 비난하였다.[421] 바울이 복음을 함부로 변경하고 궤휼을 행하면서 그리스도보다는

---

**418** 고린도 교회 내에 존재하던 바울의 적대자는 과연 어떤 사람들이었던가 하는 첨예한 문제를 여기서 검토하는 것은 불가능한 일이다. 이 문제에 관한 최근의 논문인 E. E. Ellis의, 'Paul and his Opponents', *Prophecy and Hermeneutic*(1977), pp.78-113를 보라. Further, G. Friedrich, 'Gegner des Paulusim 2. Korintherbrief', *Abraham unser Vater*, O. Michel FS, ed. O. Betz *et al.*(1963), pp.181-215; C. K. Barrett, 'Paul's Opponents in II Corinthians', *NTS* 17(1970/71), pp.233-254; D. Georgi, *Die Gegner des Paulus im 2.Korintherbrief*(1964); E. Käsemann, 'Die Legitimität des Apostels', *ZNW* 41(1942), pp.33-71.

**419** Barrett, *2Cor.*, pp.128ff.; cf. also Plummer, *2Cor.*, p.112; Windisch, *2.Kor.*, p.133; Strachan, *2Cor.*, p.91; Hughes, *2Cor.*, p.123.

**420** A. Fridrichsen, 'The Apostle and His Message', *Uppsala Universitets Arsskrift*(1947), pp.14f. 그러나 퀌멜은 별다른 이유가 없음에도 이러한 추측을 반대한다. Lietzmann-Kümmel, *Kor.*, p.201.

**421** τά κρυπτά τῆς αἰσχύνς란 도리에 어긋나는 종교의 전도자들이 그들의 (거짓) 가르침을 강화하기 위하여 사용하던 부정한 방법들을 가리키는 말이다. Cf. Plummer, *2Cor.*, p.111; Windisch, *2.Kor.*, pp.132f.; Bruce, *Cor.*, p.195; Lietzmann-Kümmel, *Kor.*, p.115.

자신을 선포하고 있다는 것이었다(4:2-5).[422]

바울은 이러한 비난에 대하여, 우선은 자신의 사역의 열매, 다시 말해 고린도 교회를 들어 호소함으로써, 그 다음으로는 자신이 복음과 사도권을 부여받은 다메섹 도상의 그리스도의 현현을 언급함으로써 공박한다. 사실 바울은 비난에 대해 방어할 뿐 아니라 그들의 비난을 그들에게 되돌려 줌으로써 대응공격을 가한다. 첫째, 모세의 율법을 경시한다고 바울을 비난하던 적대자들이 내어 놓은, 천거서의 문제에 대해서 바울은 구약은 돌판에 새겨진 것이고 신약은 성령께서 사람의 마음에 새긴 것이라고 대조함으로써 대응한다. 이것은 모세의 언약이 성문화된 법전(written code; $\gamma\rho\acute{\alpha}\mu\mu\alpha$)이라는 특성에 따른 것이다. 이러한 대조 안에는 예레미야에 의해 말씀된 새 언약의 예언(렘 31:33; cf. also. 겔 11:19; 36:26)이 성취되었다는 것이 분명히 드러나 있다. 하나님께서 바울로 하여금 하나님의 새 언약을 위한 일꾼이 되도록 자격을 부여하셨다. 그리하여 바울은 그 일을 고린도인들에게 수행하였고 그들은 그리스도인이 되어 그들의 마음에 쓰인 새 언약을 지니게 되었다. 따라서 그들은 바울의 사도권이 진정한 것이며 효과적이었다는 사실을 증거하는 보이는 징표, 즉 그의 천거서이다. 이 새 언약은, 옛 언약처럼 죽이는 의문에 의한 것이 아니라, 영적인 것($\pi\nu\epsilon\acute{\upsilon}\mu\alpha\tau\sigma\varsigma$), 다시 말해 생명을 주는 영에 의한 것이다. 이리하여 바울은 옛 언약의 사역과 새 언약의 사역을 완전히 대비하여 비교하고(3:7-11), 옛 언약을 위한 일꾼인 모세와 새 언약의 일꾼인 바울을 각각 이스라엘과 교회에 대한 그들의 사역 결과를 가지고 비교한다(3:12-4:6). 바울은 이것을 비교함에 있어서 시내산에서 모세에게 나타난 신의 현현과 다메섹 도상에서 자신에게 나타난 그리스도의 현현을 들어 대조하여 설명한다.

바울이 고린도후서 3:1-4:6에서(특히 3:7-18에서) 여호와께서 이스라엘과 언약을 맺고 모세에게 두 번째 율법판을 주시는 본문인 출애굽

---

[422] Cf. 2Cor 3:1; 5:12; Fridrichsen, op. cit., p.15; Hughes, 2Cor., p.130; Strachan, *2Cor.*, p.92.

기 33-34장에 기록된 시내산의 신의 현현을 암시하고 있다는 것은 분명하다.[423] 율법을 처음 받을 때도 시내산에서 신의 현현 중에 받았었다(출 19:16ff.). 그것을 받을 때의 과정은 다음과 같이 자세히 기술되어 있다. 모세와 아론과 그들의 동반자들이 올라가서 '이스라엘의 하나님을 보니, 그 발아래에는 청옥을 편 듯하고 하늘같이 청명하였다'(출 24:10f.)(이것은 우리가 앞에서 검토해 본 신의 현현의 장면〈특히 에스겔 1장〉을 연상시킨다). 그리고 모세가 구름이 가린 시내산에 올라가니 כבוד יהוה가 그곳에 머물렀다(출 24:15ff). 40일이 지난 후 모세가 율법이 새겨진 두 개의 돌판을 들고 내려왔다(출 31:18). 그러나 그의 백성들이 금송아지를 만드는 패역을 행하고 있는 것을 본 모세가 그 돌판을 던져 깨뜨려 버렸다(출 32:19). 그의 백성의 죄를 사하고 그들의 여정에 여호와께서 동행해 주실 것을 탄원하는 과정에서 모세는 하나님께 기도한다: '나에게 당신의 영광을 보이소서.' 그러나 사람은 여호와를 직접 보고는 살지 못하므로 여호와는 모세에게 하나님이 모세의 곁을 지나가실 때 뒷모습만을 보도록 허락한다(출 33:18ff.). 그리곤 여호와의 명령으로 모세가 다시 처음 것과 같은 두 개의 돌판을 가지고 시내산으로 올라가고(출 34:1ff.) 그곳에서 여호와께서 이스라엘 백성과 언약을 맺는다(출 34:10, 27). 40일이 지난 후

---

[423] S. Schulz, 'Die Decke des Moses : Untersuchungen zu einer vorpalinischen Überlieferung in II.Cor. 3, 7-18', *ZNW* 49(1958), pp.1-30. 그는 미드라쉬가 바울 이전에 있었음을 규명하려 한다. 그는 바울의 적대자들이 그것을 먼저 사용하였는데, 바울이 그 후에 그것을 취하여다가 정정하여서 그들을 반대하여 논쟁하는데 사용하였다고 믿는다. 이러한 논지는 G. Friedrich, op. cit., pp.184f.에 의하여 받아들여졌다. Georgi, *Gegner*, 특히 pp.274-282도 보라. 그러나 반 우닉은 '"With Unveiled Face", An Exegesis of 2 Corinthians iii 12-18', *Sparsa Collecta*, part one(1973), p.197에서 그것을 부인한다: '사도(바울)가 그 이전에 존재했던 문헌이나 가르침을 인용했다는 한 조각의 증거도 없거니와 바울 자신이 왜 출애굽의 이야기를 이것처럼 적용할 수 없었는지의 연유도 명백하지 않다.' cf. 역시 Ellis, op. cit., p.103. 3:7-17에서는 바울이 하나님의 형상에 관한 랍비의 해석을 소개하고 있으며, 3:18-4:6에서 헬라파 교회의 개념과 사상을 사용하여 그 해석에 반대하는 자신의 해석을 말하고 있는 것이라고 하는 예르벨의 견해(J. Jervell, *Imago*, pp.173f.)도 역시 설득력이 없다. 본서 p.236ff.

모세는 언약의 말씀, 즉 십계명이 새겨진 돌판을 들고 산에서 내려온다(34:27f.). 언약의 돌판을 들고 내려왔을 때는 '그가 여호와와 말씀하였으므로 얼굴 피부에 광채가 났다'(출 34:29). 백성들에게 자기가 시내산에서 여호와께로부터 받은 명령을 전한 후, 모세는 백성들이 자기의 얼굴에 광채가 나는 것을 보고 두려워하므로 수건으로 자기의 얼굴을 가렸다(출 34:30ff.). '그러나 모세가 여호와 앞에 들어가서 함께 말씀할 때에는 나오기까기 수건을 벗고 있었다.'(출 34:34)

이것이 지금 우리가 다루고 있는 본문을 쓸 때 바울이 염두에 두고 있던 이야기이다. 고린도후서 3:1-4:6에서 옛 언약의 사역과 새 언약의 사역을 비교하며 바울이 마음속에 두었던 생각은 그 각각의 일꾼들이 옛 언약과 새 언약을 받을 때에 보이는 두 가지의 근본적인 유사점이 있다는 것이다: 1) 모세가 시내산에서 영광 중에 나타나신 하나님을 보았듯이(3:7ff.) 바울은 다메섹 도상에서 영광 중에 나타나신 그리스도를 보았다(3:16-18; 4:4-6); 2) 모세가 옛 언약을 위한 사역자로서의 임무를 받은 것이 그때였듯이(3:7ff.) 바울이 새 언약을 위한 일꾼으로서의 임무를 받은 것도 그때였다(3:6; 4:1, 4-6). 그러므로 모세에게 옛 언약의 일꾼으로서의 임무가 영광 중에 주어졌듯이, 바울에게 새 언약의 일꾼으로서의 임무가 영광 중에 주어진 것이다(3:7-12). 그러나 모세는 옛 언약을 위한 단 한 사람의 일꾼이었음에 반해 바울은 새 언약을 위한 많은 일꾼들 중의 한 사람일 뿐이다. 그런데 새 언약을 위한 다른 모든 사역자들이 모세에게 나타난 시내산의 신의 현현에 비견될 만한 신의 현현이나 그리스도의 현현 중에 새 언약을 위한 사역자로서의 임무를 부여받은 것은 아니라는 사실을 바울도 인지하였음에 틀림없다. 그러나 여기에서 바울은 그러한 것들을 고려하지 않는다. 모세와 모세의 율법에 호소하는 유대주의자들에 의해 공격받고 있는 것이 그가 선포하고 있는 복음과 그의 사도권인 이상, 그는 단지 자기 자신과 새 언약을 위한 그의 사역 – 모세와 구약을 위한 그의 사역에 대비되는 – 만을 생각한다. 여기 본문에서 '우리'는 다른 곳에서와 같이 바울 자신의 근본적인 주장에 동조하는 그의 동역자들을 의미할 수도 있지만, 바울 자신을 가리키는 문체적 복수형이라고 볼 수 있다.⁴²⁴ 문크(J. Munck)는 여기 본문에서 모세는 그리스도와 대비되고 있는 것이 아니라 바울과 대비되고 있다고 하고 또한, 여기 본문에서 '유대교와 기독교는 각각 모세와 바울의 모습으로 의인화되어 나타난다'고 올바른 지적을 하였다. 이방인을 고려해보는 한 이방인을 향한 사도가 기독교를 체현한다는 것이 놀라운 일은 아니다 - 그것이 모세가 유대교를 체현했던 것만큼 명백한 사실이라는 것은 당연한 논리이다.⁴²⁵ 그러므로 여기 본문에서 바울은 옛 언약의 일꾼인 모세와 새 언약의 일꾼인 바울 자신 사이에 대비적 유형론을 세우고 있다.⁴²⁶ 바울이 새 언약을 위한 다른 사역자들을 알고 있었다면, 바울은 그들 중에서 자신의 사명을 모든 사도적 사명에 대한 전형적인 예로 제시하는 것이다.

EX.R. 23:15에서 팔레스틴의 랍비 Berekia(c. 340)가 출애굽기 33:18ff.를 모세가 여호와의 형상(דמות)을 보았다는 의미로 해석하고 있음은 흥미롭다. 민수기 12:8에서 여호와는 모세에게 '여호와의 형상'('테무나트 예호바'〈תמונת יהוה〉)(70인경 : $δόξα\ κυρίου$; Tg. Onk. 〈דמנת יקראיוי〉)을 보도록 하는 특권을 준다고 말씀하시는데 다른 선자자들은 이상이나 꿈속에서나 볼 수 있는 것이었다. Lev.R. 20:10에서 Sikinin의 팔레스틴의 랍비 Joshua는 출애굽기 33-34장을 논하는 문맥에서 민수기 12:8을 인용하고 있는 팔레스틴의 랍비 Levi(C. 300)의 말을 전하고 있다. 이와 같은 랍비들의 토론을 보면 바울이 출애굽기 33-34장으로부터 모세가 시내산의 신의 현현에서 하나님 또는 그의 형상을 보았다고 생각할 수 있었으리라는 추측을 하게 된다. 만일 바울이 랍비들의 그러한 토론을 알지 못했다 할지라도 바울 자신이 출애굽기 24:9f.와 민수기 12:8에 비추어 보

---

**424** 제1장의 주 13).
**425** Munck, Paul, pp.58-61(quotation f. p.58); cf. also Jeremias, $Μωυσῆς$, *TDNT* iv, p.869.
**426** Cf. Ibid.

아 이러한 생각을 할 수 있었을 것이다. 여기서 우리는 또한 출애굽과 시내산에서 율법을 계시하신 사건을 두 번째 창조하고 생각하는 유대인들의 관념을 상기할 필요가 있다: Qaest Ex. ii : 46은 출애굽기 24:16에 대한 주석인데, 거기에 보면 필로가 이세상의 창조와 '(하나님을) 바라보는 민족'(beholding nation/ἡ τοῦ ὁρατικοῦ γένους ἐκλογή), 곧 이스라엘을 선택하심의 사이, 또한 하나님께서 이 세상을 위하여 세우신 자연법과 시내산에서 계시하여 주신 율법 사이에 병행을 그리고 있다.[427] 랍비들의 문헌에도 창조와 시내산의 계시 사이에 병행을 그리고 있는 것이 많은데, 거기에 보면 시내산에서 율법을 계시해 주실 때 함께하였던 하나님의 영광(כבוד)은 아담이 본래 가지고 있었으나 타락으로 잃어버렸던 영광과 비교되어 있다: 즉 시내산에서 율법을 계시하실 때 태초의 영광은 회복되었다.[428] 이와 같이 시내산의 계시를 두 번째 창조로, 또는 태초의 영광의 회복으로 생각하는 유대인들의 관념은 고린도후서 4:6에 나타난 다메섹에서의 복음의 계시를 새 창조와, 또한 태초에 있었던 영광의 빛의 회복으로 생각하는 바울의 이해와 좋은 병행을 이루고 있다. 위에서 인용한 필로의 글은 계속하여 시내산에서 하나님의 부르심으로 말미암아 모세 안에 이루어진 변화에 대하여 언급한다. 그것은 육신과 결합된 존재로부터 '섞이지 않은, 순전한 영혼'으로의 변화였다. 필로는 신적인 부르심을 '새로운 탄생'(δευτέρα γένεσις)이라 칭하고 새로운 탄생인 모세와 땅으로부터 태어난(earth-born) 아담을 대조한다. 몇몇 랍비들이 아담의 타락으로 인하여 인류 안에서는 약화되거나 없어져 버린 하나님의 형상(또는 그 형상의 어떤 측면)이 율법의 계시로 말미암아 이스라엘에게 회복되었다(비록 이스라엘이 후에 죄를 범함으로 다시 그것을 잃게 되지만)고 생각했다는 증거들도 있다(예; Num. R. 16:24; Ex. R. 32:1; Mek. Ex.

---

**427** Cf. Hegermann, *Schöpfungsmittler*, p.34.
**428** See Jervell, *Imago*, pp.100ff., 113ff. 예르벨이 인용한 많은 증거들 중의 몇몇은 좀 더 신중하게(with reservation) 다루어져야 할 것이다.

20:19)[429] 더욱이 70인경은 출애굽기 34:29을 '...ὅτι δεδόξασται ἡ ὄψις τοῦ χρώματος τοῦ προσώπου αὐτοῦ ἐν τῷ λαλεῖν αὐτὸν αὐτῷ'([모세는] 그가 그[하나님]와 이야기하는 중에 자신의 얼굴 피부의 모습이 영광 받은 것을 [몰랐다])로 번역하고 있다. 출애굽기 34:29의 모든 탈굼 역본들도 이와 비슷하게 모세의 얼굴이 빛나는 것은 영광의 빛, 즉 하나님의 영광이 빛이 그 얼굴에서 나오기 때문이라고 상세히 설명한다. 이들 중 Tg. Jon.이 가장 흥미롭다: '그리고 모세는 자신의 모습의 광채(אייקונין יייי)가 영광스럽게 빛나고 있는 것을 몰랐는데 그것은 모세가 하나님과 말씀을 나누던 때에 주님의 쉐키나(Shekinah)의 영광의 광채로부터 와서 그에게 나타나게 된 것이었다.'[430] 고린도후서 3:18의 분사 '카톱트리조메노이'(κατοπτριζόμενοι)의 우선적 의미는 '거울 속처럼 보다'(to see as in a mirror)라고 하면서, 우리는 바울이 의도적으로 '반영하다'라고 하는 그 단어의 두 번째 의미도 부차적으로 나타내려 했을 수도 있다는 가능성을 열어 놓았다.[431] 이는 '영광에서 영광으로'(ἀπὸ δόξης εἰς δόξαν)라는 문구로서 뒷받침된다고 생각된다.[432] 하나님의 영광을 거울을 보는 것같이 보아, 그 보는 사람은 그의 얼굴에 반영된 영광을 가지게 된다. 이 해석이 옳다면, 70인경과 출애굽기 34:29의 탈굼역들은 고린도후서 3:18에 대하여 흥미로운 병행을 제공하는 것이다. 이러한 모든 고찰로 미루어 볼 때 다메섹 도상의 그리스도의 현현에 근거하여 고린도후서 3:18; 4:4, 6 등을 쓸 때 바울의 마음속에는 시내산의 신의 현현을 염두에 두고 있었음을 알

---

429 See Ibid., pp.113ff.; 본서 pp.441ff.
430 Translation by M. McNamara, *The NT and the Palestinian Targum to the Pentatench*(1966), pp.172f. 고린도후서 3:18에서 εἰκών이 언급된 것은 Tg. Jon.Ex 34:29 등과 같은 전승에 의한 것이라고 하는 그의 제안(pp.172f., n.62)은 너무 지나친 감이 있다. 왜냐하면 탈굼은 모세의 אייקונין을 말하고 있는 반면에 고린도후서 3:18에 보면 바울은 그리스도(=하나님)의 εἰκών을 언급하고 있기 때문이다.
431 Similarly also Jervell, *Imago*, pp.184f 본서 p.393.
432 van Unnik, op. cit., p.208.

수 있다. 다시 말해 바울은 시내산에서 모세에게 나타난 신의 현현과 다메섹에서 자기 자신에게 나타난 그리스도의 현현 사이에 하나의 유형론을 그려내고 있는 것이다.

그런데 이 유형론은 대조적인 것이라 할 수 있다. 바울은 이 유형론에서 그 둘 사이의 병행관계뿐 아니라 대조를 그리고 있는데, 바울의 의도는 옛 언약의 사역보다 새 언약의 사역이 우월하다는 것, 아니 사실은 옛 언약은 새 언약에 의해서 파기된 것이라는 점을 증명하려는 데 있으므로, 대조를 그리고 있는 내용이 훨씬 중요하기 때문이다. 그 대조는 다음과 같은 도표로 나타낼 수 있다 :

| 옛 언약의 사역 | 새 언약의 사역 |
| --- | --- |
| I. 그것은 의문으로 된 것 (3:6f.) 죽이는 것(3:6) 정죄의 직분(3:9) 없어질 것(3:11) 더 적은 영광 | I. 그것은 영으로 한 것 (3:6, 8) 살리는 것(3:6) 의의 직분(3:9) 영원한 것(3:11) 더욱 넘치는 영광(3:7-11) |
| II. - 그것의 일꾼인 모세는 이스라엘 자손들이 장차 없어질 것의 결국을 주목하지 못하게 하려고 수건을 썼다(3:13). <br> - 따라서 옛 언약은 아직도 수건으로 가린 채 남아 있다(3:14). <br> - 그 신봉자들인 이스라엘 백성도 그들의 마음에 수건이 덮여 있어서, 그들은 하나님의 계시를 이해할 수 없다(13:14f.; 4:3f.). <br> - 함축된 내용: (하나님의 형상과 영광은 시내산에서 이스라엘에 회복되었다; 그러나 그들의 범죄로 말미암아 그것을 잃게 되었다. 율법에의 순종으로는 다시 회복되지 못한다). | II. - 그것의 일꾼인 바울은 확신, 희망, 자유함, 정직함을 가지고 행동한다(3:4, 12; 4:1ff.). <br> - 새 언약은 하나님의 영광을 계시한다(3:16-18; 4:4, 6). <br> - 그 신자들인 그리스도인들은 그리스도 안에서 수건이 벗겨져서 주님의 영광을 본다. <br> - 그리스도인들은 영으로 일하시는 그리스도의 형상으로 변화 받을 것이다(3:16, 18; 4:4-6). |

시내산의 신의 현현과 다메섹의 그리스도의 현현 사이의 병행으로 바울은 옛 언약과 새 언약과의 사이, 모세와 자기 자신과의 사이에 유형론을 인식하게 된다. 그런데 다메섹의 계시가 너무도 그 내용과 상황이 특별하였으므로 바울은 그것을 대조적인 유형론으로 보았다. 특별한 상황이란 바울이 옛 언약에 순종하여, 그리고 십자가에 못 박힌 나사렛의 예수를 추종하는 자들이 선포하는 새 언약에 반대하여, 다메섹으로 가는 길이 있다는 것이다. 그 내용은 십자가에 못 박힌 예수가 영광 중에 높임 받은 모습으로 나타나신 것, 새 언약에 의해 옛 언약이 파기되었음을 계시하신 것, 바울을 새 언약의 일꾼으로 사명을 부여하신 것 등이 포함된다.

바울은 이 대조적 유형론을 유대주의자들인 자신의 적대자들에 대해 방어·공격하기 위해 사용하는데, 그들은 모세와 모세의 율법에 호소하면서 바울의 사도권에 의문을 제기하고 바울이 복음을 왜곡시키고 부정한 방법으로 일을 하고 있다고 비난하고 있었다. 무엇보다 우선, 바울은 3:6-11에서 옛 언약의 직분보다 새 언약의 직분이 우월하다는 것, 아니 사실은 새 언약에 의해 옛 언약은 파기되었다는 것을 밝힌다(3:15). 3:12에서 바울은 3:6-11에서 자신이 벌인 논쟁의 결론을 적고 있다: 그러므로 바울은 새 언약의 직분이 지속되리라는 희망을 가지고 있으므로 아무것도 숨기지 않고 매우 솔직하게 할 수 있다.[433] 3:13에서 바울의 이러한 솔직함은 모세가 그 얼굴에 수건을 덮어 쓰고 있는 것과 대비되는데[434] 그리하여 이스라엘 족속은 앞으로는 사라져 버릴 옛 언약의 결국을 보지 못할 것이다. '더욱이'[435] 이스라엘 사람들의 마음은 둔하다'(3:14). 모세의 언약의 말

---

**433** παρρησία에 대한 이와 같은 의미를 위하여는 Bauer-Arndt-Gingrich, s.v.1을 보라.

**434** Van Unnick, op. cit., pp.202ff.는 '얼굴 또는 머리의 베일을 벗는다'는 말은 헬라어 παρρησία에 상응하는 아람어 표현이라는 사실을 명백하게 규명하였다. 따라서 모세가 그의 얼굴을 가렸다는 것은 바울의 παρρησία와 정반대의 '숨긴다, 감춘다'는 의미로 이해하여야 할 것이다.

**435** ἀλλά에 한 이러한 의미에 대하여는 B-D, §448.6; van Unnik, op. cit. p.203을 보라.

씀과 이스라엘 사람들은 변화하지 않았다. '왜냐하면[436] 오늘날까지 회당에서 옛 언약의 말씀을 읽을 때'(3:14), 다시 말해 율법이 읽혀짐으로써 모세의 사역이 되풀이될 때[437] 그 수건이 벗겨지지 않은 채 그대로 남아 있으며, 모세(=율법)가 읽힐 때마다 수건이 그들의 마음을 덮고 있기 때문이다.(3:15). 그러나 사람이 주님께로 돌이킬 때 그 수건은 사라지게 되며 그는 자유함을 얻게 될 것인데[438] 그것은 영으로 역사하시는[439] 주님께서 주시는 것이다. 모든 그리스도인들은 이와 같은 경험을 가지고 있다.[440] 따라서 그들은 '수건을 벗은 얼굴', 즉 정직함, 솔직함, 자유함을 가지고 있다. 그들은 그러한 자유함을 가지고 주님의 영광을 보며, 주 그리스도의 형상으로 변화된다. 바울은 옛 언약의 말씀과 그 신봉자들, 또한 새 언약의 말씀과 그 신자들 양쪽을 모두 다 알고 있는데 그것은 바울이 다메섹 도상에서 옛 언약에 대한 눈먼 맹종에서 주님과 주님의 새 언약으로 돌아섰기 때문이다.

그리하여 바울은 새 언약의 직분에 대한 확신을 가지고, 그 직분의 불완전성으로 인하여 무엇인가를 숨기고 있는 것은 자신이 아니라 모세이며, 가려져 있는 것도 그의 복음이 아니라 모세의 율법이라고 말한다. 바울은 옛 언약의 직분과 새 언약의 직분 사이와 또한 모세와 자기 자신 사이에

---

**436** γάρ에 대한 이러한 의미에 대하여는 van Unnik, op. cit. p.265를 보라. 그는 Bauer-Arndt-Gingrich에 호소한다.

**437** Van Unnik, op. cit., p.205.

**438** ἐλευθεερία는 '수건으로 가리다'의 반대되는 의미이다. 그것은 속박을 의미한다(그리고 문맥 안에서 3:12의 παρρησία와 동의어로 쓰이고 있다).-cf. van Unnik, op. cit., pp.206ff.; Bruce, Cor., p.193; Barrett, 2Cor., p.124.

**439** Cf. Hermann, *Kyrios*, pp.38ff.

**440** 이러한 숙어적 의미 이외에(이 위의 사주 434을 보라) 문자적 의미도 역시 '베일을 벗긴 얼굴로'라는 문구를 뜻할 수 있다. 그리스도인들은 그들의 얼굴에서 베일이 벗겨지는 경험을 하게 되었다. 그리하여 그들은 이제 하나님의 계시와 영광을 볼 수 있다. 반면에 유대인들은 그들의 마음에 베일이 가려 있어서 하나님의 계시와 영광을 보지 못한다.

이와 같은 대조를 그려 보이고 있는데 그것이 바울이 그의 적대자들에 대한 방어로 가장 효과적인 방법이기 때문이다. 왜냐하면 그들은 모세와 모세의 율법에 호소하면서 특별히 바울이 그것을 무시한다고 비난하기 때문이었다. 4:1-6은 13:12-18의 논쟁을 더 명료한 태도로 이야기한다: 은밀한 방식을 행하는 것은 바울이 아니라 모세의 추종자들이다; 하나님의 말씀을 왜곡시키는 것도 바울이 아니라 그들이다; 가려진 것은 바울의 복음이 아니라 그들의 마음이다.[441] 영광의 예수 그리스도의 계시를 통하여 옛 언약을 대치하는 새 언약을 받은 바울로서는 모세가 그 사역을 감당하였던 옛 언약에 구속받을 이유가 전혀 없었다. 그러나 바울의 적대자들은 아직까지도 모세의 율법의 신봉자들인 한에 있어서는 그들의 마음이 가렸고(3:14f.), 눈이 어둡다(4:4).[442] 그럼에도 불구하고 그들이 자신들을 그리스도의 사도라고 천명하는 한 그들은 하나님의 말씀을 어렵고 복잡하게 하며 부정한 방식을 사용하는 것이다(4:2).

d) 신의 보좌-현현 전승과 '인자 같은 이'(케바르 에노쉬 ⟨כבר-אנש⟩)란 인물에 관한 전승사적 고찰

이제 우리의 토론의 주제로 다시 돌아가 보자. 우리는 이제껏 바울이 다메섹 도상에서 그리스도가 '하나님의 형상'($\epsilon i\kappa\grave{\omega}\nu\ \tau o\hat{u}\ \theta\epsilon o\hat{u}$)이라는 개념을 얻게 되었음을 밝히려 하였다. 이를 위해 처음에는 다메

---

**441** Lietzmann-Kümmel은 *Kor.*, pp.115, 201에서 바울의 대적자들이 바울의 복음이 '가렸다'고 비난한 것은 아마도 3:13ff.에서 바울이 '수건'이라는 그림 언어를 쓴 것에서 기인하였을 것이라고 추측한다. 그들의 비난이 고린도후서 3:13ff.에 나타나 있는 바울의 이해 – 출애굽기 34:30ff.에서 모세가 스스로를 수건으로 가린 것을 모자란 언약을 감춘 것이라는 관점에서 본 – 때문이었다는 것은 가능한 설명이다.

**442** 4:3의 οἱ ἀπολλύμενοι 와 4:4의 οἱ ἄπιστοι 는 불신자에 대한 통상적 용어이다. 그러나 논쟁적 문맥으로 보아 아마도 바울이 이들 중에 유대주의화된 그의 대적자들을 포함시키고 있으리라는 가능성이 있다(Lietzmann-Kümmel, *Kor.*, p.115도 그러하다. 그러나 큄멜(p.201)은 이 같은 짐작은 확실한 것은 아니라고 한다).

섹의 그리스도의 현현과 우리가 검토한 신의 현현의 환상들 사이의 양식사적 연결 고리를 이끌어 내었고, 그리고 바울이 사실 다메섹 도상에서 높임 받은 그리스도를 하나님의 형상으로 보았다는 바울 서신의 본문을 살펴봄으로써 입증하였다. 이제 의문은, 그렇다면 과연 다메섹의 그리스도의 현현과 신의 현현 환상들 사이에 다른 연결 고리, 이른바 전승사적 연결 고리가 있는가 하는 점이다. 여기서 우리는 앞서 우리가 설명한 논지가 이 새로운 고찰과 불가분의 관계임을 분명히 해두고자 한다. 앞으로 가능한 전승사적 연결 고리를 밝혀보고자 하는데, 만일 그것이 증명되면, 우리가 방금 전에 주장했던 입장이 강화될 것이란 이유 이외에도 바울의 신학과 연관된 어떤 다른 요소를 밝혀낼 수 있지 않을까 하는 것 때문이다.

1920년에 이미 프록쉬(O. Procksch)가 그와 같은 연결고리가 있음을 시사한 적이 있다. 우리는 이미 프록쉬가 에스겔 1:26에서 거울에 비친 하나님의 형상을 '사람과 같은 모양'(דמות כמראה אדם)이라고 서술한 것은 인간이 하나님의 형상으로 창조되었다(창 1:26f.)는 사상을 역으로 묘사한 것이라고 주장하였다는 사실을 언급한 바 있다. 동시에 그는 다니엘 7:13의 인물을 에스겔서 1장의 거울에 비친 하나님의 형상이 실체화된 존재로 보았다: '그는 거울의 틀에서 빠져나와 실체화된 "하나님의 형상"(εἰκὼν τοῦ θεοῦ)이다: 그 안에 하나님의 범우주적인 통치권이 체현되어 있다. 실체화된 "하나님의 형상"(εἰκὼν τοῦ θεοῦ)은 탈굼에 나타나는 מימרא에 해당한다. 예수 그리스도 안에서 "하나님의 형상"(εἰκὼν τοῦ θεοῦ)(골 1:15;고후 4:4)과 "하나님의 말씀"(λόγος τοῦ θεοῦ)(계 19:13; 요 1:1ff.)이 실체로 체현되었다.'[443] 프록쉬와 별도로 에스겔서 1장과 다니엘서 7장 사이의 유사성에 대해 주목한 학자는 많

---

**443** Procksch, 'Berufungsvision', pp.149f. He often repeated this view. See, e.g., his 'Der Menschensohn also Gottessohn', *Christentum und Wissenschaft* 3(1927), pp.432f.; *Theologie des AT*(1950), pp.416f.

으나 그들은 다니엘서 7장의 '인자 같은 이'(כבר-אנש)라는 천상의 존재에 대한 환상이 에스겔 1:26ff; 8:2f. 등에서 인간의 모습으로 나타나신 하나님에 관한 이상에 그 뿌리를 두고 있음은 언급하지 않는다.[444] 그런데 푀이에(A. Feuillet)는 최초로 에스겔서 1장과 창세기 1:26f. 사이에 연관이 있다는 프록쉬의 주장을 받아들이고,[445] 에스겔서와 다니엘서 사이, 특히 에스겔서 1장과 다니엘서 7장 사이에 존재하는 문자적, 신학적 연결 고리를 밝혀냄으로써 그 두 장 사이에 연관이 있다고 한 프록쉬의 견해를 더 발전시켰다.[446] 그의 결론은 다니엘서 7장의 '인자 같은 이'(כבר-אנש)는 '보이지 않는 하나님의 나타남의 일종'이라는 것과[447] 다니엘서에 나오는 인자(人子)는 분명히 하나님의 범주에 속하며, 에스겔이 사람의 형상으로 보았던(겔 1:26) 하나님의 영광의 화신의 일종'이라는 것이다.[448] 블랙(M. Black)도 역시 최근 두 편의 논문에서 다니엘 7:9-13을 열왕기상 22:19-22; 이사야 6장; 에스겔서 1장, 8장, 10장 등의 신의 현현 보좌 환상 전승에 속한 것으로 보며, 푀이에와 같이 '인자'(人子)라는 인물을 에스겔 1:26ff.에 비추어 이해한다.[449] 블랙은 두 번째의 논문에서 계속하여 제1에녹서를 통하여 보좌 환상에서 '인자'(人子)의 전승의 발전을 추적한다. 우리는 이제 발

---

[444] E.g. J. Bowman, 'The Background of the Term "Son of Man"', *ExpT* 59(1948), p.285; R. B. Y. Scott, "Behold, He Cometh with Clouds." *NTS* 5(1958/59), p.129. 보우맨(Bowman)도(pp.285f.) 역시 에스겔서 1장과 다니엘서 7장이 에녹의 비유서와 *Merkabah* 신비주의에 영향을 미쳤다는 것에 주목한다.

[445] Feuillet, 'Fils', p.190.

[446] Ibid., pp.180-202.

[447] Ibid., p.187.

[448] Ibid., pp.188f.

[449] Black, 'Die Apotheose Israels : eine neue Interpretation des danielischen "Menschensohns"', *Jesus und der Menschensohn*, Vögtle FS, pp.95-99; 'The Throne-Theophany Prophetic Commission and the "Son of Man" : A Study in Tradition-History', *Jews, Greeks and Christians*, W. D. Davies FS(1976), pp.56-73.

쯔(H. R. Balz)의 논문⁴⁵⁰을 살펴보고자 한다(그의 논문이 블랙의 논문보다 먼저 발표되었지만 편의를 위해 순서를 후로 잡았다). 블랙은 발쯔의 주장을 몰랐던 듯하며, 또한 발쯔는 푀이에의 논문을 알지 못했던 듯하다. 발쯔는 종말론적 인간에 대한 사상의 근원에 관련한 '우어멘쉬'(Urmensch) 가설을 거부하고 푀이에보다 더 분명하게 프록쉬의 주장을 취하는데 발쯔는 그의 주장을 '결정적인 그러나 지금까지 주목받지 못한 새로운 시발점'이라고 보았다.⁴⁵¹ 발쯔는 a) 에스겔서 1장, 8-11장, 40장, 43장, 다니엘서 7장, 제4에스라 13장에 나오는 신의 현현의 환상 기사의 분석, b) 하나님의 역할과 속성들('지혜', '말씀', '영광' 등)을 실체화시키고, 그들을 하나님에게서 분리하여 의인화, 신격화시켜 표현하는 구약과 유대교의 경향의 검토, c) 메타트론(metatron; 하나님과 보좌를 공유하는 존재-역주)과 같은 천상의 중보자에 대한 유대적 통념의 고찰을 통하여 다음의 결론에 이른다: 다니엘서 7장의 '인자 같은 이'(כבר-אנש)라는 인물은 에스겔서 1장의 신의 현현 때에 나타난 '하나님의 영광'이 '분리된 것'(Abspaltung)이다. 에스겔서 1장의 환상 전승은 하나의 독자적이고 메시아적이며, 제사장적인 인물을 제시해 준다. 다니엘 7:1-14의 저자는 인간의 형상으로 나타난 하나님의 영광과 그의 중개자이자 제사장적 대표자를 '옛적부터 계신 이'와 '한 사람 같은 모습을 한 이'라는 환상을 묘사하는 언어로 두 영광스러운 천상의 존재를 형성함으로써 결정적 발전을 이루었다.⁴⁵² 발쯔는 더 나아가 제1에녹서, 제3에녹서와 슬라브 에녹서(Slavonic En 2En.) 등에서 이러한 '인자'(人子) 전승의 발전 과정을 추적한다.⁴⁵³

그러나 에스겔서 1장의 보좌 환상의 전승에 대하여 가장 철저한 연

---

**450** Balz, *Probleme*, pp.80-106.
**451** Ibid., p.80.
**452** Ibid., p.94.
**453** Ibid., pp.96ff.

구는 롤랜드의 케임브리지 학위 논문 〈유대교와 초대 기독교 문헌에 나타나 있는 에스겔서 1장의 영향〉(The Influence of the First Chapter of Ezekiel on Jewish and Early Christian Literature; 1974)으로 이루어졌다. 여기 우리의 연구에서 이 논문의 세밀한 부분 하나 하나를 토론하기는 불가능하므로 그의 연구 과정의 대략을 요약하여 살펴볼 수밖에 없겠다. 롤랜드는 긴 서론 후, 제1장에서 에스겔서 1장의 보좌 환상의 영향이 당대에 널리 퍼져 있었음을 입증하기 위하여 제1에녹서 14장, 다니엘서 7장, Apoc.Abr.17f., 4QS 1. 요한계시록 4장, 영지주의의 문헌 등에 나오는 천상의 어차(御車) 보좌(메르카바〈מרכבה〉) 위에 나타나는 신의 현현에 관한 기사들을 검토한다. 제2장에서 롤랜드는 '에스겔 1:26f.의 인간의 모습이 유대교나 기독교의 문헌들에서는 어떻게 쓰이고 있는가'에 집중하여 논술한다. 그는 무엇보다 먼저 에스겔 8:2의 '사람과 같은 모양'(דמות כמראה איש)은 1:26에서 사람의 모습(דמות כמראה אדם)으로 나타나신 하나님을 가리킨다는 것을 증명한다. 롤랜드는 그러나 8:2에는 보좌에 관한 언급이 없다는 것을 지적하면서 그것은 하나님의 목적을 위해 그의 사자로서의 역할을 수행하기 위해 하나님의 형체가 보좌로부터 분리된 것이라고 한다.[454] 그는 비록 다니엘서 7장에 나타나는 몇몇의 인물 – 두 신적 존재를 포함한 – 은 에스겔서 1장의 배경으로 설명하기가 힘들기는 하지만 후자는 전자에 대하여 결정적 자료를 제시한다고 생각한다.[455] 그는 계속하여 다음과 같이 논증한다. 에스겔 8:2과 다니엘 7:13사이에는 유사점이 있다. 그 둘은 모두 구약의 '여호와의 사자'(מלאך־יהוה)라는 존재의 개념에 비추어 이해하여야 하는데 그는 구약에서 신의 현현 때에 하나님을 대표하여 하나님의 현존을 전하는 하나님의 사자이다.

---

**454** Rowland, *Influence*, p.92.
**455** Ibid., p.92.

다니엘 7:9과 13절은 발쯔의 주장처럼 에스겔 1:26ff.에 나타난 하나님의 영광과 역할이 실체화된 존재를 보여 주는 것이 아니다. 그보다는 오히려 하나님과 그의 대리자(그 형상으로 하나님을 나타내 보여주는) 사이를 밀접한 관계로 보는 구약적 사고의 발전으로 보아야 한다. 이러한 구약적 사고는 엘과 바알이 등장하는 가나안 신화에서 온 것이었다.[456] 여기 다니엘서 7장은 후에 어차(御車) 보좌(메르카바) 신비주의가 그러했듯이 이위일체론(二位一體論;binitarianism)을 나타내는 것이라 생각할 수 있다. 다니엘 10:6에 나타난 인물과 에스겔 1:26f.에서 인간의 형상으로 나타난 하나님 사이에는 '에스겔 8:2의 …인물'을 매개로 하여 연관을 가지게 된다.[457] 에스겔 8:2, 다니엘 7:13, 10:6에 나타나는 인물들은 '하나님의 자기 계시'라 여겨진다. 그렇지만 이러한 신성에 더하여 이들 인물들, 특히 다니엘 7:13과 다니엘 10:6에 나오는 인물들은 어떤 의미에서는 신성에서 분리된 존재임을 강하게 시사한다. 우리가 다니엘서와 에스겔서에서 만나는 존재는 지혜처럼 본질이 발전된 초기 단계의 존재를 보여 준다.'[458] 이 사실을 규명한 후, 롤랜드는 더 나아가 계시록 1:13ff., Apoc. Abr., 에녹의 비유서들과 Test.Abr. 등에서 '이러한 높임 받은 하나님의 사자의 모습'이 나타난 기사들을 검토한다.[459] 그 중에서, 특히 Tg. Jon.에서 외래어 איקונין 과 דיוקנא가 사용된 흥미로운 사실에 주목한다. 그리고 그는 랍비들

---

**456** Ibid., pp.92-94. 다니엘서 7장의 배경에 가나안의 신화가 있다는 것을 규명하려는 시도에 대해서는 우리가 이미 부인한 바 있다. 본서 p.352.

**457** Ibid., p.100.

**458** Ibid., p.101. 따라서 발쯔의 견해에 반대하는 논쟁에서(pp.91f., 94) 롤랜드도 결국 에스겔서 8장과 디니엘서 7장에 나오는 '사람과 같은' 인물은 하나님의 '자기 계시'의 실체화된 발전'이라고 말하게 된다! pp.156ff.도 보라. 발쯔는 '9:2ff.에 나타난 천사의 기사에만 그 모든 관심을 집중하고 있다'(p.91)고 비난하는 것은 분명 온당치 못하다.

**459** Ibid., pp.102-140.

의 문헌에 종종 나타나는 사상, 즉 야곱의 איקונין이 보좌 위에 새겨져 있다고 하는 창세기 28:12에 대한 탈굼의 전승을 검토한다.[460] 그 전승은 천사들에게는 보좌에 새겨져 있는 그의 형상을 보는 것이 금지되어 있어서(cf. IEn 14:21) 천사들이 지상으로 내려와 야곱을 보고 보좌에 새겨진 형상을 알게 된다고 전한다. 롤랜드는 '영광의 보좌에 새겨진 איקונין과 에스겔 1:26f.에 언급되어 있는 사람의 모습은 동일한 것'이라고 보며[461] 에스겔 1:26f.와 창세기 1:26f. 사이에도 또한 관련이 있다고 생각한다.[462] 그러고서 그는 이위일체론의 경향을 보여 주는, 하나님의 몸(שעור קומה)에 대한 후기 유대인들의 통념에서 천상의 '사람과 같은' 인물이 발전된 사실과 그것이 또한 신약의 천사 기독론(특히, 히브리서 1-2장)에 끼친 영향을 간략하게 고찰한다.[463] 롤랜드는 제3장에서 랍비 요하난 벤 자카이(Johanan b. Zakkai)와 그의 생도들 및 랍비 아키바(Akiba)와 그 당대의 랍비들의 자료가 실린 탄나 자료(Tannaitic Source)에 기록된 어차(御車) 보좌 신비주의에 대하여 고찰하여, 에스겔 1장에서 비롯된 전승이 랍비들의 사상에 얼마나 중요한 영향을 끼쳤는가를 추적한다.[464] 여기에서 우리의 연구를 위해 가장 흥미로운 것은 랍비 엘리야 아부야(Elisha b. Abuyah, 별명은 아커 〈Acher〉)에 관한 유명한 전승인데, 그는 다른 세 명의 랍비 아키바, 벤 아자이(Ben Azzai), 벤 조마(Ben Zoma)와 함께 하늘의 천당으로 들어가서 하늘 보좌에 새겨진 메타트론을 보고 감동하여 하늘에는 두 권능자(two powers)가 있지 않은가 하고 외쳤다.[465]

---

**460** For references see Maier, *Kultus*, p.129, n.131.
**461** Rowland, *Influence*, p.148.
**462** Ibid., p.150.
**463** Ibid., pp.152ff.
**464** Ibid., pp.159-238.
**465** Ibid., pp.224-238.

제4장과 마지막 장에서 롤랜드는 이 유대의 어차(御車) 보좌 신비주의(merkabah mysticism)에 비추어 골로새서에 나오는 거짓 가르침과 바울의 그에 대한 대응 – 양편 모두를 설명하려 한다.[466] 그는 골로새서에 나오는 거짓 가르침은 한편으로는 엄격한(유대교적인) 도의적, 제의적 준수를 가리키고, 다른 한편은 하늘의 영역, 특히 천사의 권세에 너무나 예민한 흥미를 가진 것을 말하는 것이라 성격 짓는다. 이러한 특성들은 어차(御車) 보좌 신비주의의 특성과 일치하는데, 유대의 신비주의자들 역시 하늘의 영역에 대한 신비적 환상을 체험하기 위한 준비로서 제의의식의 준수와 엄격한 금욕을 실행하였던 것이다. 그는 또한 골로새서와 어차(御車) 보좌 신비주의 사이에 용어와 그 주제에 있어서의 병행점을 이끌어 내고 있는데, 예를 들면 1:16의 '왕권들'($\theta\rho\acute{o}\nu o\iota$), 난해한 구절인 2:18 등이 있다. 그리고 그는 바울의 응대도 어차(御車) 보좌와 관련이 있음을 입증한다. 롤랜드는 2:8ff.와 '육적인 몸'(2:11), '통치자들과 권세들'($\tau\grave{\alpha}\varsigma\ \grave{\alpha}\rho\chi\grave{\alpha}\varsigma\ \kappa\alpha\grave{\iota}\ \tau\grave{\alpha}\varsigma\ \grave{\epsilon}\xi o\upsilon\sigma\acute{\iota}\alpha\varsigma$) (2:15), '옛 사람'($\tau\grave{o}\nu\ \pi\alpha\lambda\alpha\iota\grave{o}\nu\ \check{\alpha}\nu\theta\rho\omega\pi o\nu$)(3:9) 등의 문구의 배경에 그리스도의 영광스러운 몸에 대한 바울의 믿음을 보는데, 그것이 거짓 가르침에 대한 바울의 답변의 기본이 된다: '무엇보다 우선 첫째로, …그리스도는 그의 죽음으로 육적인 몸을 벗어버리고, 죽음의 권세와 그 법의 세력에서 벗어나게 되었다. 그리스도의 죽음에 참여한 자는 이와 같은 은혜를 입게 된다… 둘째로, 부활한 그리스도의 몸은 신성의 충만함으로 가득 차 있다…그러므로 거짓 교사들처럼 부활하고 영광 받은 그리스도 이외의 곳에서 신성을 찾을 이유가 없다.'[467] 그

---

466 Ibid., pp.239-298. 여기에서 *merkabah* 환상 전승은 에스겔서 1장에서 발단된 것이라고 설명하는 다른 학자들이었다는 것을 기억할 필요가 있다. 예, Scholem, *Major Trends*, esp. pp.40-79; Jewish Gnosticism; Maier, *Kultus*, 3. Teil. 그러나 그들은 에스겔 1:26ff.의 하나님이 사람의 형상으로 나타나심의 전승의 발전에 대하여 특별한 관심을 기울이지 않는다. 그런데 그것이 바로 여기 우리의 관심사이다.

467 Rowland, *Influence*, p.272.

런데 1:15-20의 찬양시는 골로새서 안에 과연 에스겔서 1장에서 비롯된 전승의 영향이 있는지의 시금석이 된다. 1:16의 '왕권들'(θρόνοι), '주권들'(κυριότητες), '통치자들'(ἀρχαί)과 '권세들'(ἐξουσίαι) 등의 의미에서 지상의 대리적인 권세라는 뜻을 배제할 수는 없다 할지라도, 그것들은 우선적으로는 천상의 권세들을 가리킨다. 롤랜드는 헬라화된 유대인들의 '지혜'(Wisdom)에 대한 개념과 '로고스'(Logos)에 대한 필로의 개념이 이 찬양시에 대한 최상의 배경이라고 보는 일반적 견해에 이의를 제기하면서, 여기 찬양시에서의 그리스도에 대한 묘사와 요한계시록의 서장에 나오는 높임 받은 그리스도에 대한 서술 사이에 밀접한 병행이 있음을 규명하고는, 비록 '신의 현현을 가져오는 자'(Theophanieträger)로서의 지혜/로고스의 개념이 보좌 환상의 전승 안에서 있는 것은 아니지만, 요한계시록에 나오는 그리스도에 대한 묘사와 이 찬양시에 나오는 그리스도에 대한 서술은 모두 에스겔 1장에서 비롯된 보좌 환상의 전승에 비추어 해석하려 한다. 동일한 지역, 이른바 소아시아 지역에 연관된 이 두 책이 공통된 인물을 많이 보여 주고 있다는 것은 종종 지적되고 있는 사실이다. 골로새서 2:9에서 바울이 신성의 충만함이 그리스도의 영광스러운 몸 안에 나타나 있다고 주장하고 있는데 요한계시록 1:13ff.에서도 천상의 그리스도가 에스겔서 1장과 다니엘서 7장, 10장의 언어로써 신성의 영광스러운 분으로 묘사되고 있다. 두 책 모두에 그리스도는 '죽은 자들 가운데서 먼저 나신 자'(πρωτότοκος ⟨ἐκ⟩ τῶν νεκρῶν)(골 1:18; 계 1:5)이며, 또한 창조 이전부터 계신 분(골 1:15에는 '모든 피조물보다 먼저 나신 자'⟨πρωτότοκος πάσης κτίσεως⟩, 계 3:14에는 '하나님의 창조의 시작이 되는 자'⟨ἡ ἀρχὴ τῆς κτίσεως τοῦ θεοῦ⟩)로 나타나 있다. 요한계시록 4:11에 있는 천상의 무리가 하나님을 찬양한 내용('주께서 만물을 지으신지라 만물이 주의 뜻대로 있었고 또 지으심을 받았나이다'⟨σὺ ἔκτισας τὰ πάντα καὶ διὰ τὸ θέλημά σου ἦσαν καὶ ἐκτίσθησαν》)은 골로새서 1:16('만물이 그에게서 창조되되…만물이 다 그로 말미암고 그를 위하여 창조되었다'〈ἐν αὐτῷ ἐκτίσθη τὰ πάντα … τὰ πάντα δι' αὐτοῦ καὶ εἰς αὐτὸν ἔκτισται》)과 유사한데 그 둘은 모두 어차(御車) 보좌(merkabah) 본문에 자주 나타나는, 하나님을 창조주로 찬양하는 내용이다. 골로새서 1:15에서 그리스도를 '하나님의 형상'(εἰκὼν τοῦ θεοῦ)의 개념으로 표현한 것에 대하여 롤랜드는 이는 Wis 7:26이나 필로가 말하는 로고스의 개념보다는 에스겔서 1장의 전승과 창세기 28:12에 대한 탈굼의 전승에서 이해해야 한다고 말한다:

> 에녹의 비유서, Apoc.Abr., 요한계시록 4장에서 우리는 보좌에 앉아 계시는 하나님께서 말씀하시기를 삼가하시는 것이나 혹은 하나님을 묘사하는데 있어서 신인 동형적인 모습이 없는 것 등을 주목하게 된다. 동시에 거기에는 에스겔 1:26에서 발전된 듯 보이는, 하나님의 속성을 가진 영광스러운 천사의 존재가 등장한다. 우리는 여기 '보이지 아니하는 하나님의 형상'(εἰκὼν τοῦ θεοῦ τοῦ ἀοράτου)이란 문구를, 이러한 사람의 모습을 한 천사의 존재에 비추어 볼 때 이해할 수 있게 된다. 그렇다면 그리스도는 보이지 않는 하나님의 형상(image), 아니 그보다 모습(features)이다.[468]

롤랜드가 말한 이 마지막 문장에 우리는 그저 기꺼이 동의할 따름이다. 그러나 위에서 이미 언급한 바와 같이 롤랜드의 가장 주된 약점 중의 하나는 – 그렇지 않았다면 훨씬 탁월한 연구가 되었을 – 그가 지혜 문서와 필로의 글 안에서 '신의 현현을 가져오는 자'(Theophanietrager)로서 실체화되고 의인화되어 나타나는 '지혜'(Wisdom)와 '로고스'(Logos)의 개념들을 신의 현현에 대한 환상

---

[468] Ibid., p.291.

의 전승이라는 맥락에서 추적해보지 않았다는 점이다. 우리가 이미 앞에서 간략하게 살펴보았듯, 그러한 전승사적 연구에 대하여는 헤거만이 훌륭한 견해를 많이 내놓았다.[469] '신의 현현을 가져오는 자'로서의 '지혜'/'로고스'의 개념을 자세히 연구해 보면 우리는 구약의 신의 현현에 관한 환상의 전승이 어떻게 두 가지 계열의 전승으로 발전하게 되었는가에 대한 뚜렷한 그림을 얻게 된다: 그 하나는 하나님이 인간의 모습으로 나타난다는 것과 하나님의 그러한 모습과 영광이 점차적으로 '사람과 같은'(כבר-אנש)모습을 가진 천상의 존재로 실체화된다는 사실에 관련된 묵시적 전승이며, 그 다른 하나는 '지혜'/'로고스'를 '신의 현현을 가져오는 자', 다시 말해 신의 현현 중에 하나님의 형상을 나타내 보여 주는 중보자로 표현하는 필로와 지혜문학의 전승이다. 필로의 글들 중에 *Conf. Ling*.146과 같이 로고스를 '천사장'(ἀρχάγγελος)('하나님의 이름'(ὄνομα θεοῦ)('사람의 형상 같은 자'(ὁ κατ᾽ εἰκόνα ἄνθρωπος)('보는 자'(ὁ ὁρῶν)( '이스라엘'(Ισραήλ) 등으로 지칭하고 있는 본문들로 인하여 이와 같은 연구를 하게 되는 것인데, 이러한 칭호들은 '신의 현현을 가져오는 자'로서의 '여호와의 사자'(מלאך-יהוה), 메타트론(cf. 3En 12:4f.), 창세기 1:26f.의 아담(또는 아담의 원형), 벧엘(창 28:12ff.)과 얍복 강가(창 32:34ff.)에서 하나님을 보았던 야곱(별칭 이스라엘) 등과 전승사적 연결고리를 가지고 있기 때문이다. 이 동일한 신의 현현 환상 전승에서 비롯한 두 가지 흐름의 전승은 제3에녹서에 나오는 메타트론

---

**469** Hegermann, *Schöpfungsmittler*, part A. 분명히 푀이에(A. Feuillet)는 위에 인용된 그의 논문 'Le Fils de l' homme et la tradition biblique'. RB 60(1953)의 두 번째 부분, pp.321-346에서 지혜 문서를 통하여 신의 현현 환상의 전승사(*Traditionsgeschichte*)를 추적한다. 그러나 불행히도 우리가 그것을 읽어볼 수가 없다. 필로와 솔로몬의 지혜서에는 신의 현현을 가져오는 자로서의 지혜/로고스의 개념만이 아니라 천상의 보좌에 앉아 있는 지혜(예. Wis 9:10; cf. 역시 잠 8:22ff. 70인경)나 또는 로고스(예. Wis 18:15; philo, *Somn*. i 157)의 사상도 나타나지 않는다.

의 모습 안에서 하나로 결합되어 나타난다[470](제1에녹서에서는 그와 같은 현상이 없는데 반하여).[471] 이 두 가지 전승의 합류가 골로새서와 요한계시록의 높임 받은 그리스도의 모습 안에서도 나타난다. 이 점을 인지하지 못한 롤랜드는 한편, 골로새서와 요한계시록의 기독론과 다른 한편, 지혜문학 및 필로 안에서의 '지혜'/'로고스'의 개념 사이에 진정한 병행관계가 있는지에 대해 헛된 이의를 제기하는 것이다.[472] 골로새서와 요한계시록 안에서 '모든 창조물보다 먼저 나신 자'($\pi\rho\omega\tau\acute{o}\tau o\kappa o\varsigma\ \pi\acute{a}\sigma\eta\varsigma\ \kappa\tau\acute{\iota}\sigma\epsilon\omega\varsigma$), '창조의 시작이 되신 자'($\dot{a}\rho\chi\grave{\eta}\ \tau\hat{\eta}\varsigma\ \kappa\tau\acute{\iota}\sigma\epsilon\omega\varsigma$), 창조시의 그리스도의 중보자적 역할, 요한계시록 19:13에서 '하나님의 말씀'이라고 한 그리스도에 대한 칭호 등과 같은 진정한 지혜 기독론적 주제들을 설명해 내기에 어려움을 느낀 롤랜드는 이 두 책의 기독론의 배경으로 '지혜와 천상의 사람–두 가지 흐름의 결합'[473]이라는 오히려 더 어려운 설명을 만들어 내고는, 이를 위해 케제만에 호소한다. 그러나 케제만은 구약의 신의 현현의 전승과는 전혀 다른 자료로부터 '천상의 인간'의 개념을 유추해 냄으로써 그에 대해 롤랜드와는 다르게 이해하였다. 그렇지만 어찌되었든 롤랜드는 에스겔서 1장의 신의 현현의 환상 전승에 비추어 골로새서와 요한계시록에 들어있는 기독론 중의 한 측면을 해석하는 데 중대한 공헌을 하였다.

세부적인 부분에 있어서는 동의할 수 없는 측면이 있음에도 불구하고 우리는 위에 언급한 저자들이 에스겔서 1장과 8장에 나타난 신의 현현의 기사 및 다니엘서 7장의 천상의 인물인 '한 사람의 아들(人子) 같은 이'에 대한 묘사와 후기의 묵시문학과의 사이에 전승사적인 연

---

**470** Cf. Hegermann, *Schöpfungsmittler*, pp.82f.
**471** 본서 p.205ff.
**472** Rowland, *Influence*, pp.275ff.
**473** Ibid., p.287.

결 고리가 있다고 생각한 점에서 근본적으로 옳다고 생각된다. 몇몇
의 학자들에 의한 비평이 없는 것은 아니지만[474] 다니엘서 7장, 제1에
녹서 37-71장, 제4에스라 13장 등에 묘사되어 있는 천상의 인물인 '케
바르 에노쉬'(כבר אנש, 인자 같은 이)는 에스겔 1:26ff.; 8:2ff. 등에서
'사람의 형상과 같은 모습'(דמות כמראה אדם)으로 나타났던 '야웨의
영광'(כבוד-יהוה)이 실체화된 존재라고 하는 그들의 주장은 묵시문
학 안에 그러한 존재가 등장하게 된 데 대한 최상의 설명인 것 같다.[475]
이와 같은 발전은 제3에녹서의 메타트론이라는 개념에서 그 절정을
이루는데 그 개념 안에서 구약의 신의 현현의 환상 전승이 진전된 하
나의 줄기, 이른바 '신의 현현을 가져오는 자'로서의 지혜/로고스의
개념이 동일한 전승에서 진전된 또 하나의 줄기, 즉 묵시적 전승의 천
상의 인물인 '케바르 에노쉬'(כבר אנש)와 융합되고 있다.

이러한 발전의 배경에 깔려 있는 체험적, 심리적 근거를 여기서 설
명하기는 어렵다. 그렇지만 다니엘서 7장, 제1에녹서 37-71장, 제4에
스라서 13장에 나오는 천상의 존재 '케바르 에노쉬'(כבר אנש)의 신
분과 역할에 관련한 우리의 견해를 밝힐 필요는 있다. 이것을 충분하
게 토론하자면 우리의 연구 범위를 벗어나게 될 것이다. 따라서 여기
서 우리는 여러 학자들이 제안해 놓은 다양한 주장들 중에서 최상의
설명으로 생각되는 견해를 약술하는 것으로 만족하여야겠다. 다니엘
7:13의 '케바르 에노쉬'(כבר אנש)는 이스라엘 중 신실한 자를 상징하
는 사람[476]이라고 하는 어떤 학자들의 주장과는 정반대로 여기 이 인

---

[474] See, e.g., Müller, *Messias*, pp.34f. 뮐러가 제안한 비평의 세 가지 요점은 그 주장을 뒷
받침하는 긍정적 증거에 큰 무게를 주지 못한다.
[475] 구약의 신의 현현의 기사에 나오는 인물 מלאך와 다니엘서의 인물 כבר אנש 사이의
연결 고리에 관련한 바아의 주장을 취하여 누군가가 이 문제에 관한 상당히 가치 있
는 연구를 할 수 있을 것이다.
[476] 예컨대, Moule. 'Neglected Features', pp.414ff.

물이 구름과 함께 온다는 표현은, 우리가 이미 살펴보았듯이, 그가 하늘의 신적인 인물임을 명백하게 시사해 준다. 이 환상에 대한 해석에서 이 인물은 '지극히 높으신 자의 성도들'(18절)과 동일시되는 것 같다. 그런데 네 짐승에 대한 해석에 있어서 그들을 왕들로 이해하는, 각각을 개인으로 보는 해석(individual understanding)도 있고(17절),[477] 동시에 왕국으로 이해하는 집단적 해석(collective understanding)도 있어서(23절 이하) 그 두 가지 해석이 교차되어 나타나고 있음을 알 수 있다. 이것을 보면 '케바르 에노쉬'(כבר אנש)란 인물의 해석에 있어서도 그와 같은 두 가지 해석이 가능할 수 있다. 만일 그렇다면 네 짐승이 네 제국들을 상징하는 동시에 그 대표자를 의미하는 것처럼, '케바르 에노쉬'(כבר אנש)란 인물 역시 '지극히 높으신 자의 성도들'을 상징하는 동시에 그 대표자(혹은 머리)를 의미할 수 있다. 브레켈만스(C. H. W. Brekelmans)가 노트(M. Noth)[478]와 그의 추종자들의 주장에 반론을 제기하고, 외경과 위경, 쿰란 문헌 등에서 '카도쉼'(קדשים, 거룩)이 천사들과 하나님의 백성들-양쪽 모두에게 사용되었다(cf. also 시 34:10; 신 33:3)는 사실을 규명하였으므로[479] 다니엘서 7장의 '지극히 높으신 자의 성도들'은 문맥이 가리키는 대로 이스라엘의 신실한 자들을 지칭 한다고 볼 수 있다.[480] 그리하여 '케바르 에노쉬'(אנש כבר)란 신적 존재는 '지극히 높으신 자의 성도들'을 상징하는 인물이

---

**477** 70인경과 데오도시안 역은 βασιλεῖαι를 쓴다. 그것은 아마 본래적 번역이 아니라 23절 이하의 문맥으로 미루어 보아 짐승에 대한 양쪽 모두의 일치하는 해석을 분명하게 전하기 위하여 택한 것인 듯하다.

**478** M. Noth, "Die Heiligen des Höchsten", *Gesammelte Studien zum AT*(1957), pp.274-290.

**479** Brekelmans, 'The Saints of the Most High and Their Kingdom' *Oudtestamentische Studien 14*(1965), pp.305-326.

**480** Ibid., pp.326-329; most recently also A. Deissler, 'Der "Menschensohn" und "das Volk der Heiligen des Höchsten" in Dan 7', *Jesus und der Menschensohn*, Vögtle FS, pp.81-91, following Brekelmans.

라고 생각하는 M. 블랙은 더 나아가 여기서 '다니엘이 의도했던 것은 바로 종말에 있을 이스라엘의 하나님처럼 됨(apotheosis)이었다'[481] 라고 말한다.

그러고 나서 블랙은 밀릭(J. T. Milik)과 논쟁하면서[482] 계속 '〈에녹의 비유서〉 또는 〈에녹의 두 번째 환상〉(the Second vision of Enoch/제1에녹 37-71)은 외경 제2에스라서와 동시대, 즉 A.D. 1-2세기경에 나온 유대인의 책'이라는 사실과 더 나아가 그 주제와 사상은 첫째 환상(the First Vision)으로부터 취한 것으로써, 잃어버린 옛 자료를 보존하고 있는 것이라는 사실을 증명하였다.[483] 이렇게 현재 논증을 위한 〈에녹의 두 번째 환상〉의 유용성을 입증한 후, 그는 제1에녹서에 나오는 다양한 보좌 환상들(14:18-22; 46:1-3; 60:1ff.; 71:5-14; 90:20-23, 31-33, 37f.)을 서로 비교해 보고, 찰스(R. H. Charles)와 함께 그것들이 이사야 6장, 에스겔 1장, 다니엘 7장의 영향을 나타내 보이고 있음에 주목하였다.[484] 우리가 여기서 이 문제에 대한 긴 토론으로 들어갈 수는 없다. 우리가 할 수 있는 최상은 블랙의 전승사적 연구 결과를 인용하고, 부분적으로 동의한 후, 그 의견에 대한 하나의 대안을 제시할 수 있을 뿐이다. 그의 결론은 다음과 같다 :

신약 이전의 시대에 〈에녹의 비유서〉가 존재했었다는 실제적 증거는 신빙성이 없어졌지만, 그렇다고 하여 기독교 이전의 시대에 다니엘 7:13의 인물을 개인으로 보는 해석 - 그것이 에녹의 해석이든 또는 소위 메시아로서의 해석이든 - 의 전승이 있었다는 사실까지 부인할 수는 없다. 그러

---

**481** Black, 'Throne-Theophany', p.62; also 'Apotheose', p.99.
**482** T. Milik, 'Problèmes de la Littérature Hénochique à la Lumière des Fragments Araméens de Qumrân', *HTR* 64(1971)-나는 이 논문을 읽어보지 못하였다.
**483** Black, 'Throne-Theophany', p.66.
**484** Ibid., pp.67ff.

므로 종말에 이스라엘이 하나님처럼 됨이라는 개념과 함께, 기원전 1세기에 제2의 에녹이나 혹은 메시아적 구원자에 대한 기대가 존재하였는데, 그 둘 모두 역시 신적 인간의 존재로 생각되었다. 그러나 개인적 해석이라 할지라도 그들은 '하나님처럼 된 이스라엘'(apotheosized Israel)의 머리 또는 내포적 대표로서의 '포괄적 개인'(corporate personalities)으로 이해되었다. 이러한 '사람의 아들'(人子) 메시아 사상의 기원과 발전은 보좌 환상 전승의 발전 과정 중의 이스라엘의 선지자적 사명에서 찾아볼 수 있다.[485]

이에 대해 우리는 다니엘서 7장 자체 안에 '케바르 에노쉬'(אנש כבר)란 인물이 이미 개인적으로도, 집단적으로도 해석되어 있기 때문에, 신약 이전 시대에 이 인물에 대한 그와 같은 이해가 존재하지 않았을지라도 예수와 신약의 저자들이 직접 다니엘서 7장의 해석을 보고 그 인물을 개인으로, 메시아적으로 이해하기 시작했을 수도 있었음을 밝히고자 한다. 최근에 신약 시대 이전에는 '그 사람의 아들'(人子)이라고 하는 메시아적 칭호는 존재하지 않았다는 점이 명백해졌다.[486] 그러나 이 사실이 신약 시대 이전에 다니엘서 7장의 '케바르 에노쉬'(כבר אנש)라는 천상적 인물이 이미 천상의 메시아로 인식되었을 가능성과 여러 유대의 묵시적 그룹들이 하늘로 높임을 받아 종말에 이 지상으로 심판주, 구세주로서 다시 오리라고 믿고 있는 에녹 같은 인물들(cf. Test. Abr. Rec. A. XIff.에 나오는 아벨, 11Q Melch. 10ff.에 나오는 멜기세덱)과 동일시되었을 가능성까지 배제하는 것은

---

**485** Ibid., p.73(emphasis by Black); cf. O. Michel, υἱός τοῦ/ ἀνθρώπου, Begriffslexikon II/2, pp.1154f.; Lindars, 'Re-Enter', esp. pp.54-60.

**486** Leivestad, 'Exit the Apocalyptic Son of Man', *NTS* 18(1971/72), pp.243-267; Moule, 'Neglected Features', pp.413ff.; Vermes, *Jesus the Jew*(1973), pp.160ff.; also Lindars, 'Re-Enter', p.58.

아니다.⁴⁸⁷ 그러나 이러한 개념을 담고 있는 분명한 증거들, 이른바 에녹의 비유서와 제4에스라 13장 등은 적어도 현존하는 판에 있어서는 그 저작 연대가 신약의 복음서들보다 후대의 것이므로 우리는 예수 자신이 다니엘서 7장의 인물 '케바르 에노쉬'(כבר אנש)를 메시아적으로 해석하기 시작하였을 수도 있다는 강력한 개연성을 생각하게 된다.⁴⁸⁸ 이것으로 우리가 에녹의 비유서와 제4에스라 13장이 신약에 의존하여 그들의 메시아 상을 개발시켰다고 말하려는 것은 아니다. 그들은 신약과는 관계없이 독립적으로, 그러나 신약과 유사하게 메시아 상을 개발했을 수 있다.⁴⁸⁹ 우리가 주장하고자 하는 것은 예수 당시에 다니엘서 7장의 천상의 인물 '케바르 에노쉬'(כבר אנש)가 그 자체로 메시아적 칭호는 아니지만 천상의 메시아에 대한 묘사로서 개인적으로, 메시아적으로 해석될 수 있었다는 가능성과 예수 자신이 그 이전의 어떠한 전승과도 관련 없이 독립적으로 이러한 개념으로 해석하기 시작하신 분이라는 사실이다. 만일 에녹의 비유서나 제4에스라 등 외경의 무명 저자들이 그 같은 해석을 할 수 있었다면 왜 예수는 그러한 해석을 할 수 없었겠는가?

'예수가 사람의 아들'(人子)이란 표현을 사용했음을 부인하는 것은 "올바른 역사적 접근방법"이 아니다.'⁴⁹⁰ 왜냐하면 복음서 안에서 그것은 분명히 예수의 자기 칭호이며 다른 사람들의 설교나 기독론적 고백에서는 사용되지 않기 때문이다. 모울(C. F. D. Moule)은 신약 이전

---

**487** So Black, 'Throne-Theophany', esp. p.73; Lindars, 'Re-Enter' p.58; Michel, op. cit., pp.1154f.

**488** 다니엘서가 쿰란 공동체 중에서 상당히 선호되는 책이었음에도 불구하고 이제껏 출간된 책들에서는 다니엘서 7장의 환상이 발견되고 있지 않다는 것(כבר אנש 란 인물을 멜기세덱과 동일시하는 한 곳을 제외하고는)은 주목할 만한 점이다. Cf. Lindars, 'Re-Enter', p.56.

**489** Cf. Moule, 'Neglected Features', p.416.

**490** Michel, op. cit., p.1158.

에는 사실상 정관사와 함께 쓰인 '사람의 아들'(人子)이라는 표현이 없었다는 사실을 지적하면서 예수가 자신을 '그 사람의 아들'(人子)이라 지칭할 때 예수는 다니엘서의 '케바르 에노쉬'(כבר אנש)를 염두에 두고 그렇게 한 것이라고 강조한다.[491]

에녹의 비유서에 이와 비슷한 표현이 나온다 : 제1에녹서 46:2 이후 지시사(이것은 보통 헬라어 관사의 에티오피아어 번역이라 이해되고 있다)와 함께 쓰인 '사람의 아들'이라는 표현이 쓰이기 시작하는데, 그것은 그 생김새가 46:1에 나온 사람의 모양을 가진 다른 존재, 다시 말하여 다니엘 7:13에 등장하는 '케바르 에노쉬'(כבר אנש)를 가리키는 말이다. 따라서 "그 '사람의 아들'"(人子)이라는 자기 칭호로서 예수는 "나는 다니엘이 환상 중에 보았던 그 '사람의 아들'(人子)이다"라는 말을 효과 있게 전달하고 있는 것이다.[492]

여기서 우리는 프록쉬의 그동안 거의 주목받지 못했던 논문인 〈Der Menschensohn also Gottessohn〉이 이 논지에 상당히 도움이 된다는 사실을 알게 된다.[493] 프록쉬는 세 가지 범주로 나뉘는 '그 사람의 아들'(人子)의 모든 말씀들 – 현재의 상황에 관련된 말씀, 장차의 고난에 관한 말씀, 묵시적 영광에 연관된 말씀 – 을 자세히 검토해 보고 그 말씀들은 '그 사람의 아들'(人子)이 곧 '하나님의 아들'임을 의미한다고 볼 때만이 적절하게 이해할 수 있게 된다고 말한다. 다시 말해 예수는 '그 사람의 아들'이라는 수수께끼 같은 자기 칭호를 사용하여 그것을 듣는 청중들로 하여금(만일 그들에게 들을 귀가 있다면!) 예수

---

**491** Moule, 'Neglected Features', pp.419ff.

**492** 이 점에서 우리의 해석은 모울의 해석과 나뉜다. 모울은 다니엘서 7장의 인물 אנש כבר를 진정한 하나님의 백성의 인간적 상징으로 생각한다. 그리하여 그는 예수께서 그의 능력 안에서 권위가 행사될 때마다 그 권위에 대해 언급한 것은 하나님께 바쳐진 백성에 초점이 맞추어진 것이라고 이해한다(Ibid., p.422).

**493** 본 장의 주 443).

가 자신을 '하나님의 아들'로 선포하고 있다는 결론을 이끌어 내도록 하였던 것이었다.[494] 마가복음 2:1-12과 병행구, 누가복음 6:1-5과 병행구, 마가복음 8:38과 병행구, 요한복음 1:51 등 같은 '그 사람의 아들'(人子)의 말씀은 이 놀라운 명제를 입증한다고 본다. 그러나 복음서 안에서의 '그 사람의 아들'(人子)의 문제는 너무도 복잡하기 때문에 우리가 여기서 이 명제를 증명하여 확실하게 규명하려는 시도는 포기할 수밖에 없겠다. 그러므로 우리는 다만 여기서 우리가 이미 살펴본 신의 현현 환상에서의 '사람의 아들(人子) 같은 이'와 '하나님의 아들 같은 이'에 대한 묘사의 성격에 비추어 볼 때 이 명제는 상당히 명백하다는 주장을 제안하고자 한다.[495] 다니엘 7:13에서 천상의 존재는 '사람의 아들 같은 이'(כבר אנש)라고 묘사되고 있는데, 그것은 그가 하늘의 신적 존재로 보였기 때문이었다. 만일 그가 다니엘 3:25에 나오는 천사적인 존재처럼, 높임 받았으나 아직 인간적인 존재였다면 그는 '하나님의 아들 같은 이'(כבר אלהין)라고 묘사되었을 것이다. 따라서 예수도 다니엘서 7장의 천상의 인물인 '케바르 에노쉬'(אנש כבר)를, '케바르 에노쉬'(כבר אנש)의 모습으로 나타났으나 사실상은 하나님의 아들이라고 이해하였을 가능성이 크다. 그렇다면 예수가 다니엘 7:13을 염두에 두고 자신을 '그 사람의 아들'(人子)이라고 지칭

---

**494** Cf. M. D. Hooker, *The Son of Man in Mark* (1967). 그녀는 예수의 '그 사람의 아들'이라는 자기 칭호에 내포된 권위 주장을 강조하면서, 그것을 다음과 같은 짤막한 문장으로 나타내는데, 우리의 주장과 비슷하다: "예수는 이스라엘처럼 '사람의 아들'이라는 칭호로 불릴 수 있었는데 그것은 예수와 하나님과의 관계가 오직 '하나님의 아들'로서 묘사될 수 있기 때문이다"(p.192). 그러나 자기 칭호에 대한 그녀의 해석은 전체적으로는 현재 우리의 견해와 상당히 다르다. 우리의 해석은 또한 라이브스타드(Leivestad)의 다음과 같은 견해와도 정반대이다. 그녀는 '그 사람의 아들'이라는 예수의 자기 칭호는 "메시아 비밀"과는 관련이 없으며 '그 사람의 아들'의 지상에서의 천함, 고난, 죽음과 관련된 말씀들은 십자가에 달린 메시아라는 말씀 같은 역설에 대한 강조가 없다고 한다(예, 고전 1:23)(pp.263f.). 뒷부분의 주장에 관하여는 프록쉬(Procksch)의 'Menschensohn', pp.437ff.를 보라.

**495** 본서 pp.346-365.

했을 때, 그는 하나님의 아들이라는 자신의 진정한 신분을 계시한 것이며 동시에 숨긴 것이었다. 예수는 다니엘의 환상 중에 '케바르 에노쉬'(כבר אנש)로서 예표적으로 나타났던 – 그러나 이제는 계시된 – 하나님의 아들이다. 그런데 이 지상에서 하나님의 아들이라는 그의 진정한 신분은 그가 부활을 통하여 하나님의 아들로 분명하게 밝혀지고 선포되어지기 전까지는 '그 사람의 아들'(人子)이라는 자기 칭호 안에 숨겨져 있다. 어떻게 하여 그와 같은 자기 이해가 가능한가 하는 점은 신의 현현 환상의 전승 – 예를 들어 에녹의 비유서와 제3에녹서 안의 에녹의 전승, '지혜'의 전승, 또는 야곱 – 이스라엘의 איקונין(형상)이 영광의 보좌 위에 새겨져 있다고 하는 창세기 28:12에 대한 탈굼과 랍비들의 전승 등 – 안에 있는 비슷한 예로서 설명될 수 있다.[496] 예수가 자신이 하나님과 독특한 의미로 아버지와 아들의 관계[497]라고 가르친 것과 또한 제자들을 그 관계에 참여하도록 불러 모은 사실들도 예수가 자신은 다니엘의 환상 중에 '한 사람의 아들(人子) 같은' 이로 나타났던,[498] 신실한 이상적 이스라엘의 내포적 대표자인 하나님의 아들이라는[499] 완전한 인식을 가지고 자신을 '그 사람의 아들'(人子)이라고 지칭하였다는 견해를 뒷받침해 준다. 그러나 위에서 언급한 바

---

**496** 이에 관한 약간의 힌트는 Rowland, *Influence*, pp.120-132, 141-151과 Balz, *Probleme*. pp.96ff.에서 얻을 수 있다. Cf. Justin. *Dial*, 126:1-2. 초기 교회(특히 유대인들)의 천사 기독론이 설명을 하는 데 도움이 될 것이다. 이에 관하여는 see Werner, *Entstehung*, pp.302ff.; J. Daniélou, *Theology of Jewish Christianity*(1964), pp.117ff.; R .N. Longenecker, *The Christology of Early Jewish Christianity*, pp.26ff.; Rowland, *Influence*, pp.152ff.

**497** See Jeremias, *Abba*, pp.15-67; *NT Theology* I, pp.61ff., 178ff.

**498** 본서 pp.542f.

**499** 본서 pp.430ff. See G. Fohrer & E.Lohse, υἱὸς, *TDNT* viii, pp.351-353, 359ff. 이스라엘이나 의인 및 지혜로운 이스라엘인(=진정한 이스라엘)을 하나님의 아들들이라고 칭하는 구약/유대교의 전승에 대하여는 Hengel, *Sohn*, pp.68ff.을 보라.

와 같이 여기서 이에 관련된 연구를 더 계속할 수가 없다.[500]

그런데 예수의 자기 호칭에 대해 우리가 방금 주장한 바가 옳다면 바울은 이 점에서 예수를 잘 이해하였다. 우리는 이미 다메섹 도상에서 높임 받은 예수 그리스도가 바울에게 영광 중에 나타났을 때 바울은 처음에 그를 하늘의 신적인 존재인 '데무트 케마르에 아담'(אדם דמות כמראה)(사람의 모습 같은 형상) 또는 '케바르 에노쉬'(אנש כבר)(한 사람의 아들 같은 이)로 보았으며, 그 후 그가 나사렛의 예수임을 알게 되자 그를 '하나님의 형상'($\epsilon \dot{\iota} \kappa \acute{o} \nu \alpha$ $\tau o \hat{\upsilon}$ $\theta \epsilon o \hat{\upsilon}$)을 가진 '하나님의 아들 같은' 존재로 인식하였다. 이것이 바로 바울이 갈라디아 1:16에서 진술한 내용 – 다메섹 도상에서 하나님께서 '그의 아들을 바울에게 계시하셨다'($\dot{\alpha} \pi o \kappa \alpha \lambda \acute{\upsilon} \psi \alpha \iota$ $\tau \grave{o} \nu$ $\upsilon \acute{\iota} \grave{o} \nu$ $\alpha \dot{\upsilon} \tau o \hat{\upsilon}$)고 하는 – 이다. 빌켄스는 이 구절에서 바울에게 주어진 하나님의 아들의 계시와 사도행전 7:56에서 스데반에게 주어진 '그 사람의 아들'(人子)의 계시 사이에 병행관계가 있음을 지적하였다.[501] 스데반도 높임 받은 예수가 하나님의 우편에 서 있는 것을 이상 중에 보고 그를 '하나님의 아들'이라 칭할 수도 있었다. 스데반이 그 대신에 '그 사람의 아들'(人子)이라고 칭한 이유는 산헤드린 법정에서의 예수의 말씀(눅 22:69과 병행구)을 그대로 쓰고 싶었기 때문으로 보인다. 바울과 스데반이 본 이 두 환상들 사이에 병행관계가 있음에 근거하여 슈바이처는 '갈라디아 1:16에는 아마도 묵시적 인자(人子) 사상이 반영되어 있다'[502]고 말한다. 우리는 슈바이처가 비록 자신이 고찰한 현상 뒤에 있는 참 논리를 파악하지는 못하였으나 그 고찰이 옳았다는 것은 알 수 있다. 바울은

---

**500** 우리는 이 주제를 차후의 연구과제로 다루게 되기를 바란다(*"The Son of man" as the Son of God*(Tübingen, 1983; Grand Rapids, 1985); 한역 "그 '사람의 아들'"-하나님의 아들(두란노).

**501** Wilckens, 'Ursprung', pp.83f.(n.67).

**502** Schweizer, *ὁ υἱὸς τοῦ θεοῦ TDNT* viii. p.383.

다메섹 도상에서 다니엘이 그러했던 것처럼 '한 사람의 아들(人子) 같은' 모습의 하늘의 존재를 보았기 때문에 이 체험을 한 즉시 다니엘 7:13을 머리에 떠올렸을 것이다. 이것으로 하여 바울은, 예수가 '그 사람의 아들'(人子)이라고 하는 자기 칭호를 가지고 자신이 바로 다니엘에게 '케바르 에노쉬'(כבר אנש)로 나타났던 하나님의 아들임을 나타내고자 했다는 사실을 이해하게 되었음에 틀림없다. 난해해 보이는 예수의 자기 칭호 '그 사람의 아들'(ὁ υἱὸς τοῦ ἀνθρώπου)은 바울의 이방인 청중들에게는 아무런 의미도 전달할 수 없을 뿐 아니라 오해할 여지가 있었으며 심지어는 유대인 청중들에게까지도 '하나님의 아들'이라는 의미로 받아들이기에는 쉽지 않은 용어였다. 더욱이 바울에게 나타난 높임 받은 그리스도는 바로 나사렛의 예수였으므로 바울은 자연스럽게 '그 사람의 아들'(人子)이라는 호칭보다는 '하나님의 아들'이 보다 적합한 호칭임을 발견하게 되었다. 이러한 이유들 때문에 바울은 '그 사람의 아들'(ὁ υἱὸς τοῦ ἀνθρώπου)이라는 호칭을 피하고 '하나님의 아들'이라는 칭호만을 사용하는데, 이는 다메섹의 그리스도의 현현과 관련된 맥락(갈 1:16; 행 9:20)에서뿐 아니라 다니엘 7:13ff.와 '인자'(人子)의 (다시) 옴에 관한 예수의 묵시적 말씀에 비추어 볼 때 '그 사람의 아들'(人子)이라는 칭호가 더 잘 어울릴 듯한 데살로니가전서 1:10(cf. 고전 15:28)과 같은 묵시적인 본문 안에서도 그러하다. 우리는 이미 데살로니가전서 1:10은 다메섹의 그리스도의 현현을 반영하고 있는 내용이라고 지적한 바 있다: 바울에게 나타난 높임 받은 그리스도의 예표적인 파루시아가 하늘로부터 오실 그리스도에의 기다림과 소망의 근거가 된다. 그러나 갈라디아서 1:16과 같이 여기에서도 바울은 높임 받은 그리스도의 환상을 '하나님의 아들'의 환상이라고 상기하면서 우리는 하늘로부터 오실 하나님의 아들을 기다린다고 말한다.[503] 그렇지만, 바울은 '하나님의 아들'이라는 칭호를 가지고 예수가 '그 사람의 아들'(人子)이라는 자기 호칭으로 나타내고자 하였던 진정한 의도를 정확하게 나타내고 있다.[504]

e) 어차(御車) 보좌-신의 현현 전승 및 그리스도의 몸으로서와 진정한 이스라엘로서의 교회의 개념

우리는 이미 부활하신 그리스도의 몸을 '신령한 몸'($\sigma\hat{\omega}\mu\alpha$ $\pi\nu\epsilon\upsilon\mu\alpha\tau\iota\kappa\acute{o}\nu$)(고전 15:43ff.)과 '영광의 몸'($\tau\grave{o}$ $\sigma\hat{\omega}\mu\alpha$ $\tau\hat{\eta}\varsigma$ $\delta\acute{o}\xi\eta\varsigma$)(빌 3:21)으로 보는 바울의 생각과 그리스도 안에 신성의 모든 충만함이 체현되어 있다고 한 골로새서 2:9의 진술에는 다메섹의 그리스도의 현현이 반영되어 있다고 제안한 바 있다. 이것은 신의 현현 환상(우리는 다메섹의 그리스도의 현현도 이 일종으로 생각한다)에 대한 양식사적 분석을 통하여 보면 명백해진다. 그런데 만일 바울이 이 신의 현현 환상이나 어차(御車) 보좌 환상 전승에 익숙해 있었다면(롤랜드나 그 밖의 다른 몇몇 신학자들은 이 전승은 유대교 신학에 있어서 상당히 중요한 부분이었다고 한다), 그리고 그것과의 관련 안에서 다메섹의 그리스도의 현현을 보았다면, 이 다메섹의 체험은 바울이 교회에 대하여 그리스도의 몸이라는 개념을 가지게 되는 데 일조

---

[503] 따라서 설사 우리가 데살로니가전서 1:10에서 바울이 '그 사람의 아들'에 관한 세례의 찬양시를 '하나님의 아들'이라는 칭호로 재해석하고 있는 것이라는 프리드리히의 견해('Ein Tauflied hellenistischer Judenchristen', *ThZ* 21(1965), pp.502ff.; so also Schweizer, op. cit., p.370)에 찬성할 수는 없지만, 우리는 그가 데살로니가전서 1:10은 '하나님의 아들' 대신에 '그 사람의 아들'로도 충분히 훌륭하게 의미가 통한다고 고찰한 것은 옳다고 인정할 수 있다.

[504] cf. 또한 요한계시록 2:18; Didache 16:8에 대한 그레고리안 역은 다음과 같다; 그때에 세상은 큰 영광과 권세를 가지고 구름을 타고 오실 우리 주 예수 그리스도, 그 사람의 아들이시며 동시에 하나님의 아들이신 그분을 보게 될 것이다…'(cited from Hennecke-Schneemelcher, *NT Apocrypha* ii, p.628).

했을 수 있다. 숄렘(G. Scholem)은 고린도후서 12:2-4에서 바울이 하늘에 올라갔다 온 경험을 말하고 있는 것에 근거하여 바울이 아마도 '메르카바'(מרכבה, 어차〈御車〉 보좌) 신비주의를 잘 알고 있었으리라는 견해를 제시하였다.[505] 숄렘은 또한 빌립보서 3:21의 '영광의 몸'($τὸ\ σῶμα\ τῆς\ δόξης$) 역시 שעור קומה로부터의 영향을 보여 준다고 생각하는데, שעור קומה는 하나님의 몸에 관한 관념으로서 유대의 신비주의에서 말하는 내용의 일부였다.[506]

웨더번은 처음에 발표한 논문에서, 교회를 그리스도의 몸으로 비유한 그림 언어는 다음과 같은 여러 가지 요인들이 창조적으로 상호 작용을 하여 나온 결과라고 말하고 있다: 그리스도와 그 사역, 특히(우리를 위한; $ὑπὲρ\ ἡμῶν$) 그의 죽음의 대표적 성격에 대한 이해; 세례 때의 그리스도와의 연합 안에서, 성찬식 때의 그의 몸을 나눔 안에서 실제로 표현되는 바, 모든 그리스도인들은 그리스도 한 분 안에 함께 있다는 믿음; 대표성과 연합에 대한 유대인들의 사상; 육신과 그 지

---

**505** Scholem, *Jewish Gnosticism*, pp.17f.; also Rowland, *Influence*, p.199 고린도후서 12:1 의 $ὀπτασίας\ καὶ\ ἀποκαλύψεις\ κυρίου$든지 또는 적어도 그 중의 일부는 다메섹의 환상과 동일한 종류일 것이다. 따라서 그것들은 바울이 다메섹의 환상에서 도출해 내었던 그리스도에 관한 개념을 확증하고 심화시켰을 것이다. 그러나 그것들이 바울의 신학에 근본적으로 새로운 어떤 것을 제공하였는지는 의문이다. 왜냐하면 갈라디아서 1:12-16에서 바울은 자기는 자신의 복음을 $ἀποκαλύψεως$(단수!) '$Ἰησοῦ\ Χριστοῦ$ 이른바 다메섹 도상에서 하나님이 그의 아들을 바울에게 나타내시어 받았다고 말하고 있기 때문이다. 그때에 하나님의 아들로 계시된 예수 그리스도가 바울이 이방인에게 전파하도록 사명을 부여받은 바로 그 복음이었으며 따라서 그는 즉시 그리스도를 선포하기 시작하였던 것이다. Cf. Lührmann, *Offenbarungsverständnis*, pp.57f.; Stuhlmacher, *Evangelium*, pp.77ff.(n.1).

**506** Scholem, *Von der mystischen Gestalt der Gottheit*(1962), p.276(n.19) cited from Rowland, *Influence*, p.xxii(n.57). 설사 이런 경우라 할지라도 우리가 앞에서 살펴보았듯이, 그 문구를 다메섹의 환상에서 비롯되었다고 이해하기 위하여 바울이 קומה שעור에 관한 관념을 특별히 잘 알고 있었으리라는 전제를 할 필요는 없다. 숄렘이 로마서 13:14에 있는 바울의 권면('주 예수 그리스도로 옷 입자')과 계시를 얻기 위하여 하나님의 이름이 적힌 의복을 입고 다니던 메르카바-신비주의자들의 관습을 비교하는 것(*Major Trends*, pp.77, 368〈n.131〉)은 지나친 감이 있다.

체에 대한 헬라적인 비유 등[507] 웨더번은 여기에다 그리스도와 그의 백성이 일체라고 하는, 바울이 다메섹 도상에서 얻은 깨달음을 덧붙인다.[508] 물론 다른 학자들도 이미 사도행전 안에 기록된(9:4f.; 22:7f.; 26:14f.), 부활한 그리스도와 바울 사이에 있었던 다메섹 도상에서의 대화도 바울이 교회가 그리스도의 몸이라는 개념을 가지는 데 일조하였다는 주장을 제시한 바 있다.[509] 그것은 '사울아 사울아 네가 어찌하여 나를 박해하느냐?…주여 누구시니이까?…나는 네가 박해하는 예수라'고 이어진 이 대화에서 바울은 예수와 그의 백성이 일체라는 사실을 깨달았을 것임에 틀림없기 때문이다: 예수의 추종자들을 박해하는 것은 곧 예수를 박해하는 것이었다.[510]

만일 다메섹의 그리스도의 현현을 어차(御車) 보좌(메르카바) 환상 전승과 관련하여 본다면 우리는 그 안에서 바울이 '교회는 그리스도의 몸'이라는 개념을 가지게 된 데에 일조하였을 가능성이 있는 요인을 두 가지 정도 더 생각해 볼 수 있다. 그 첫째가 שעור קומה이다. 문자적으로는 '몸의 측량'이라는 의미인데, 그것은 메르카바 환상을 보는 사람들에게 '사람의 형상의 모습'(דמות כמראה אדם)으로 나타나 보이는(겔 1:26) 하나님의 영광스러운 몸에 대한 관념이었다. 그것

---

[507] Wedderburn, 'The Body of Christ and Related Concepts in 1Corinthians', *SJT* 24(1971), pp.74-96.

[508] Ibid., p.86.

[509] E.g., J. A. T. Robinson, *The Body*(1952), p.58; Jeremias, *Schlüssel*, p.27.

[510] 이와 같이 그리스도를 그의 백성과 동일시하는 것은 신약 안에서 독특하다. 이에 대해 고린도전서 8:12이 상당히 밀접한 병행을 이룬다. 이것은 아마도 여기 대화의 역사적 진정성에 대한 훌륭한 증거가 된다-다시 말해 그것은 바울의 진정한 증언이라는 것이다. 우리는 부르크하르트가 고린도전서 8:12은 언급도 않고 그것의 진정성을 부정하면서, 바울이 여기서 비난하고 있는 것은 그리스도인들(따라서 그리스도)을 박해하였다는 '도덕적' 죄가 아니라 그리스도를 부인하는 '교만'(the hubris), 즉 '실존적'인 죄('existential' sin)라고(*Zeuge*, p.94) 설명할 수 있다는 것을 납득하기가 어렵다. 마치 부르크하르트가 διώκειν이라는 단어에서 그처럼 훌륭하고 멋진 의미를 산출해낼 수 있는 Humpty-Dumpty라도 되는 듯이!

은 인간 육신의 모양으로 하나님의 지체를 묘사하고, 그들을 측량하며, (때로는 아가에서 연인의 모습을 묘사한 표현들을 사용하며) 그 각 지체들을 비밀의 이름으로 불렀다. Hekhaloth의 문헌들에서는 랍비 아키바나 랍비 이스마엘(Ishmael) 같은 탄나의 권위있는 자들에게도 그것이 쓰였다. 숄렘은 이러한 관념은 A.D. 1세기 후반이나 2세기 초에 발생한 것으로서, 그 후에 그리스도인들과 이교도 영지주의자들에 의해 이 관념이 받아들여진 것이라는 주장을 내어놓았다.[511] 만일 바울이 이와 같은 관념을 알고 있었다면 그가 교회가 그리스도의 몸이라는 개념과 (성찬식에서 빵으로 상징되는) 개개의 그리스도인들은 그 몸의 지체라는 생각(고전 12:12-27)은 '너희를 위해'($ὑπὲρ\ ἡμῶν$) 주어진 십자가에 못 박히신 그리스도의 몸에 관한 그리스도인들의 전승 이외에도 바울이 다메섹에서 이상 중에 본 영광스러운 그리스도의 몸을 קומה שעור에 관한 관념에 따라 숙고하여 얻게 된 것이었다.

두 번째로 우리가 고려해 볼 가치가 있는 요인은 몇 가지 메르카바 환상에 연관된 몇몇 인물의 '집단적 개인'[512](Corporate personality)의 개념이다. 우리는 이미 다니엘서 7장의 천상의 존재인 '케바르 에노쉬'(כבר אנש)(한 사람의 아들 같은 이)가 어떻게 하여 한편으로는 대표자로서 개인의 의미를 가지는 동시에 다른 한편으로는 진정한 이스라엘을 상징하는 (집단의) 의미로 해석되는가를 살펴보았다. 이것을 야곱의 '형상'(איקונין 또는 איקון)이 영광의 보좌 위에 앉아 있다 (또는 새겨져 있다)는 창세기 28:12의 기사에 관련된 탈굼 및 랍비의 전승과 비교해 보아야 한다(예; Tg. Jon.; Tg. Neof.; the Fragment Tg.;

---

511 이 모든 것들에 대하여는 Scholem, *Jewish Gnosticism*, pp.36-42을 보라.
512 웨더번은 'The Body of Christ', pp.83ff.에서 '그리스도의 몸'이라는 개념과 관련하여 '집단적인 개인'(corporate personality)이라는 용어의 애매한 사용을 비평하면서 대표성(representation)과 유대관계(solidarity)라는 용어 사용을 주장한다. 그러나 그는 여기서 지금 우리가 고려하고 있는 것과 같은 그러한 두 가지 현상을 묘사함에 있어서는 어떤 용어가 최적의 것인지는 말하지 않는다.

Gen.R. 68:12; b.Hul. 91b; Hekhaloth R. 9). 이에 대한 탈굼 역본들의 해석은 거의 동일하며 또한 매우 흥미롭다. 탈굼 역본의 해석에 따르면 야곱의 아버지의 집에서부터 야곱과 동행한 천사들은 하늘로 올라가 그들의 동료 천사들에게 영광의 보좌에 (새겨져) 있는 것은 야곱의 형상이라는 것을 알려준다. 그리고 그 보좌에 어떤 형상이 (새겨져) 있는지 알려면 내려와서 야곱을 보라고 초청한다. 왜냐하면 그들은 보좌에 새겨진 형상을 보고 싶어 했지만 그들에게는 그것을 직접 보는 것이 금지되어 있었기 때문이었다. 그래서 주의 천사들이 오르락 내리락 하며 야곱을 바라보았다는 것이다. 여기서 롤랜드는 보좌 위의(위에 새겨 있는) 야곱의 '형상'(איקונין)은 에스겔 1:26ff.의 '사람의 모습 같은 형상'(דמות כמראה אדם)의 발전이라는 견해를 제시한다. 만일 그렇다면 탈굼과 랍비의 전승은 에스겔 1:26에서 비롯되어 다니엘 7장; 제I에녹서 46ff.; 제4에스라서에 나오는 '케바르 에노쉬'(כבר אנש)(한 사람의 아들 같은 이)로 발전해 이어져 온 어차(御車) 보좌-환상 전승의 일부이다.[513] b.Hul. 91b는 이 전승의 기원을 탄나에게로 돌리고 있지만 그 발생의 정확한 연대를 추적하는 것은 불가능하다. 그런데 만일 요한복음 1:51의 배경에 이 전승이 놓여 있다고 하는 학자들의 주장이[514] 옳다면 바울 역시 그 전승을 알고 있었을 가능성은 크다. 이 전승에는 창세기 28:12의 '보'(בו, 3인칭 남성 단수 접미사)가 사다리를 가리키는 것인지 야곱을 가리키는 것인지를 가리려는 랍비들의 토론도 속해 있다(Gen.R. 68:12). 요한복음 1:51

---

513  Rowland, *Influence*, pp.141-151; also Jervell, *Imago*, pp.116f.
514  E.g., H. Odeberg, *The Fourth Gospel*(1968), pp.35ff.; Bultmann, *Johannes*, p.74(n.4); Schweizer, 'Die Kirche als Leib Christi in den paulinischen Homologumena', *Neotestamentica*, p.284. Cf. also Philo, *Conf. Ling*.146. 이곳에서 야곱-이스라엘은 ὁ κατ᾽ εἰκόνα ἄνθρωπος, 대천사, 하나님의 πρωτογονος, λόγος 등으로 이해되고 있다; similarly also The Prayer of Joseph(on the latter see J. Z. Smith, 'The Prayer of Joseph', *Religions in Antiquity*, pp.254-294).

의 말씀에서는 야곱에 대한 탈굼과 랍비의 전승을 전제하면서 창세기 28:12의 말씀을 천사들이 야곱 위로 오르락 내리락 한다고 보는 해석을 받아들인 것 같다. 그런데 요한복음에는 야곱이 '그 사람의 아들'(人子)로 대치되어 있다. 만일 야곱에 대한 탈굼과 랍비의 전승이 천상의 인물 '케바르 에노쉬'(כבר אנש)에 대한 전승과 마찬가지로 동일한 메르카바 전승의 일부라면 이것(야곱이 '그 사람의 아들'로 대치된 것)은 물론 충분히 납득할 만하다. 하나님께서 야곱에게 주신 이스라엘이라는 이름 때문에 유대의 문학 안에서 야곱은 종종 이스라엘 민족의 내포적 대표자(the inclusive representative)로, 즉 그 안에 이스라엘 민족(*Stamm*) 전체를 내포하고 있는 조상(*Stammvater*)으로 이해되었다.[515] 창세기 28:12에 대한 탈굼과 랍비의 전승에서도 야곱 – 이스라엘을 이와 같은 방식으로 이해한 듯하다. 어쨌든, 이러한 개념이 요한복음 1:51의 요소 중에 하나인 것은 예수가 나다나엘을 '참 이스라엘'이라고 부르고 이어서 나다나엘은 예수를 '이스라엘의 왕'이라고 고백하는 대화(요 1:47-49)에서도 시사되고 있다. 여기서 야곱 – 이스라엘이 '그 사람의 아들'(人子)로 대치됨으로써 '그 사람의 아들' 예수는 새로운 이스라엘의 내포적 대표자로 나타난다. 이것은 천상의 인물 '케바르 에노쉬'(כבר אנש)가 이상적인 이스라엘의 내포적 대표자로 나타나는 다니엘 7:13ff.의 내용과 일치한다. 도드(C. H. Dodd)가 부르니(C. F. Burney)의 글을 인용하여 이 점을 잘 설명하였다. :

> '이스라엘 민족의 조상으로서 야곱이 자신의 인격 속에 이상적 이스라엘을 한 가능성으로(in posse) 요약하듯 종말에 오신 우리 주님은 '그 사람의 아들'(人子)로서 이스라엘을 본질적으로(in esse) 요약한다.'[516] 물론 요

---

**515**  See Schweizer, *Neotestamentica*, pp.281f.
**516**  Burney, *The Aramaic Origin of the Fourth Gospel* (1922), p.115.

한에게 있어서 '이스라엘'은 유대 민족이 아니라 그리스도 안에서 거듭난 새로운 인류, 즉 '진리로부터' 나서 그리스도를 왕으로 모신 자들의 공동체이다. 좀 더 깊은 의미에서 그리스도는 그들의 왕일 뿐 아니라 그들의 내포적 대표자이다: 그들은 그 안에 있고 그는 그들 안에 있다.[517]

이렇게 볼 때 바울이 보좌 환상에서 인간의 모습으로 나타나는 인물을 이상적 이스라엘의 내포적 대표자의 관점에서 보는 이러한 전승을 알았을 가능성은 크다. 그렇다면 다메섹 도상에서 바울과 나눈 대화에서, 부활하신 그리스도가 자신을 그의 백성과 동일시하였다는 사실은 바울에게 이 전승이 옳다는 것을 확인하여 주었음에 틀림없을 것이다. 따라서 높임 받은 그리스도를 환상 중에 본 다메섹의 체험은 바울이 그리스도에 대하여 그 안에 그의 백성을 내포하는 존재라는 개념을 가지게 만드는 데, 그리고 그리스도인들을 새로운 참 이스라엘(갈 6:16; 빌 3:3)로 이해하게 되는 데에 일조하였을 수 있다. 다니엘이 이상 중에 예표적으로 나타난 이상적 이스라엘의 내포적 대표자로 보았던 천상의 인물 '케바르 에노쉬'(כבר אנש)는 이제 그리스도 안에서 실체가 되었던 것이다. 그러므로 그리스도는 이상적 이스라엘의 내포적 대표자이다. 그러나 이 이상적 이스라엘은 그들의 메시아를 거부한 유대 민족이 아니라 그리스도를 믿음으로 그의 백성이 되어 그에게 속한 자들, 그 안에서 새롭게 창조된 자들(고후 5:17), 또는 그의 형상으로 변화 받은 자들(고후 3:18; 롬 8:29; 고전 15:49)의 공동체이다. 새로운 인류의 내포적 대표자로서 그리스도는 그들을 그 안에 내포한다; 그것을 역으로 말하자면, 새로운 인류인 교회는 그리스도의 몸인 것이다.

---

**517** Dodd, *The Interpretation of the Fourth Gospel*(1970), p.246; cf. also Schweizer, *Neotestamentica*, p.284.

따라서 메르카바 환상 전승의 두 가지 요소들 – 이른바 שעור קומה 의 관념과 환상 중에 나타나는 천상의 인물을 이상적 이스라엘의 내 포적 대표자로 보는 개념 – 이 다른 요소들과 함께, 바울이 교회를 그 리스도의 몸이라 생각하는 개념과 그림 언어가 형성되는 데 도움을 주었을 수 있었을 것이다. 그 개념과 그림 언어는 그리스도와 그의 백 성의 관계를 묘사하는 데 있어서 너무도 적절하고 심오함을 담고 있 기 때문에 주석가들은 다메섹의 그리스도의 현현과 또한 특히 별나 고 기이한 שעור קומה 관념과의 연관 속에서 이 개념을 보지 못하는 수가 많다. 이 점에 관해서는 연구할 점이 많이 있으나 우리는 여기서 그것을 더 이상 검토할 수 없다.

### f) 하나님의 아들과 하나님의 '형상'(εἰκών)

그리스도가 하나님의 아들이라는 개념은 그리스도가 하나님의 형 상이라는 개념과 밀접한 관련이 있다. 우리는 이미 바울이 갈라디아 서 1:16에서 '하나님의 아들'의 관점으로 복음을 정의한 것은 고린도 후서 4:4-6에서 '하나님의 형상'(εἰκὼν τοῦ θεοῦ)의 관점으로 복음을 정의한 것과 동일한 맥락에서 이루어진 것이라는 견해를 제시한 바 있다. 골로새서 1:13-15에서 이 두 가지의 일치성이 명백하게 드러난 다: '그의 사랑하는 아들의 나라로… 그는 보이지 아니하는 하나님의 형상이요.'(εἰς τὴν βασιλείαν τοῦ υἱοῦ τῆς ἀγάπης αὐτοῦ· ὅς ἐστιν εἰκὼν τοῦ θεοῦ τοῦ ἀοράτου). 이와 같은 그 둘 사이의 밀접한 연관 은 로마서 8:29에도 나타나는데, 그곳에서는 믿는 자들의 하나님의 아 들 됨이라는 개념이 하나님의 아들의 형상을 닮는다는 관점에서 기술 되어 있다. 우리는 하늘로부터 오실 하나님의 아들을 기다리고 있다 (살전 1:10). 그렇게 되면 우리는 그의 형상, '하늘의 형상'(τὴν εἰκόνα τοῦ ἐπουρανίου)을 가지게 될 것이며(고전 15:49) 우리의 천한 몸은 그의 '영광의 몸'(σῶμα τῆς δόξης)으로 변화 받게 될 것이다(빌 3:21).

하나님의 아들 됨과 하나님의 형상과의 관계의 이러한 구원론적 측면은 다음 장에서 좀 더 자세하게 다루게 될 것이다. 그러나 바울에게 있어서 예수는 하나님의 아들이기 때문에 하나님의 '형상'(εἰκών) (그 역도 마찬가지이다)이라는 사실은 이미 명백하게 밝혀졌다. 이것이 바울이 과연 왕을 신의 아들과 형상으로 생각하는 동양의 사상이나 또는 하나님의 아들(또는 딸)과 형상으로서의 지혜/로고스의 개념을 알고 있었는지를 시사해 주는 것인가 하는 점은 분명치 않다. 그것은 어찌되었든, 우리는 하나님의 아들과 하나님의 형상으로서의 그리스도에 대한 개념을 신의 현현의 환상에 관한 묘사들의 배경에서 본다면 다메섹의 그리스도의 현현이라는 한 가지만으로 적절하게 설명될 수 있다고 하였다.[518] 부활하신 그리스도가 '하나님의 아들같이' 나타남을 본 것은 그가 하나님의 형상(εἰκών)을 가지고 있다고 본 것과 같다. 그리고 하나님의 형상(εἰκονα)을 가지고 '하나님의 아들 같은' 모습으로 바울에게 나타난 부활하신 그리스도는 하나님의 아들이고 하나님의 형상(εἰκονα)이다. 바울은 동일한 시간에, 이른바 다메섹의 그리스도의 현현에서, 부활하신 그리스도를 하나님의 아들로, 또한 하나님의 형상으로 보았다. 그러므로 갈라디아서 1:16과 고린도후서 4:4-6 사이에는 병행관계가 있는 것이다.

### g) 형상(εἰκών)-기독론에서 발전된 두 가지 기독론

이와 같이 두 가지 개념 모두의 근원이 되는 출처는 바울이 소명을 받았던 다메섹의 환상이었지만, 거기서 출발하여 바울이 그리스도의 인격과 사역을 고찰하여 그 개념을 더 깊이 있게 발전시켰을 것이라는 사실은 의심할 여지가 없다. 물론 이러한 발전에 가장 핵심이 되는 자료는 나사렛의 예수가 메시아요, 하나님의 아들이라고 하는 초대

---

[518] 본서 pp.351ff.

기독교인들의 케뤼그마였다. 바울은 다메섹 도상에서 그리스도의 현현을 체험하기 이전 이러한 케뤼그마에 대하여 극렬하게 분노했었기 때문에 그 그리스도의 현현에서 그는 본래의 설교가들이 의도했던 것보다 더 깊은 의미로 이 선포의 진실성을 알게 되었다. '하나님의 아들같이' 그에서 나타난 부활하신 그리스도는 그리스도인들이 선포한 대로 진정한 하나님의 아들이다. 그런데 그리스도는 단순히 다윗 계열의 메시아라는 의미만으로의 하나님의 아들이 아니다. 그는 초월적이며 형이상학적인 하나님의 아들이다(롬 1:3f.; cf. 고후 5:16). 발전된 두 가지의 기독론 즉 지혜 기독론과 아담 기독론은 하나님의 아들과 하나님의 형상으로서의 그리스도의 개념으로 분별된다.

### h) 지혜 기독론

지난 장에서 우리는 바울이 초대 교회 안에서 최초로 예수님의 자기 계시 – 의인화되고 실체화된 하나님의 지혜의 최종적인 대표자라고 하는 – 위에 지혜 기독론을 확립시켰다는 것을 밝히려 하였다. 그는 그리스도의 선재하심과 창조 때에 중보자의 역할을 들어 지혜 기독론을 설명한다. 우리는 지혜 기독론의 발전의 결정적인 요인은 그리스도께서 하나님의 계시나 구원의 수단으로서 토라를 능가한다는 다메섹 도상에서의 바울의 깨달음이라고 제안하였다. 그리스도가 토라를 능가한 이상 하나님의 계시와 '지혜'는 유대인들의 생각과 같이 토라 안에서가 아니라 그리스도 안에서 발견된다. 지혜를 체현한 자는 토라가 아니라 그리스도이다. 그리하여 바울은 신성의 지혜의 모든 속성과 기능을 그리스도께로 돌리기 시작하였다: 즉 선재하심과 창조 때의 중보 역할, 계시와 구원 등. 바울은 이와 같은 속성과 역할들을 특별히 '하나님께서 인류를 구원하기 위해 이 세상으로 아들을 보내셨다'는 문형(롬 8:3; 갈 4:4)과 골로새서 1:15, 20의 찬양시를 가지고 명백하게 설명한다.

지난 장에서 이 주제를 가지고 논술을 하면서 우리는 다음 장(이번 장)에서 이 논지에 대한 증거를 좀 더 제시하겠다고 하였다. 우리는 바울이 다메섹 도상에서 하나님의 형상(εἰκών)으로서의 그리스도의 개념을 얻었다는 사실을 확인하였으므로 그리스도에 대한 두 가지 개념 – 토라의 마침으로서와 하나님의 형상으로서의 개념 – 이 어떻게 바울로 하여금 그리스도를 신성의 '지혜'로 인식하게 하였는지를 알 수 있다. 왜냐하면 지혜 문서나 필로 안에서 '신의 현현을 가져오는 자'(Theophanieträger)로서의 지혜/로고스는 우리가 이미 살펴본 바와 같이 다메섹의 그리스도의 현현과 동일하게 신의 현현 환상의 전승에 속해 있을 뿐 아니라, 특별히 Wis 7:26에서는 지혜는 '영원한 빛으로부터 나오는 밝음이요, 하나님의 역사하시는 능력의 흠 없는 거울이요, 그의 선하심의 형상(εἰκών)'[519]이라고 천명하고 있기 때문이다. 그리하여 부분적으로 형상(εἰκών) – 기독론에서 비롯된 지혜 기독론이 그리스도를 하나님의 형상(εἰκών)이라 칭하고 있는 고린도후서 3:16-4:6과 골로새서 1:15ff.에 나타나 있는 것이다. 두 곳 모두에 그리스도는 계시와 창조의 실행자(agent)로 나타나 있는데 그것은 바로 신성의 지혜의 역할이었다. 다메섹의 그리스도의 현현으로 바울의 어두웠던 눈과 마음이 열려 그리스도의 얼굴에서 하나님의 영광의 빛을 보게 되었으며, 또한 그리스도를 하나님의 영광 또는 신성의 체현으로(골 2:9), 하나님의 형상(εἰκών)으로 보게 되었다. 그리스도의 얼굴에서 바울의 마음으로 비추었던 그 빛은 바로 처음 창조된 그 빛이었다. 그러므로 바울 자신에 있어서는 새로운 창조가 일어난 셈이었다. 그렇지만 그것만이 전부가 아니었다: 그는 그리스도 안에 있는 하나님의 영광에 관한 지식을 가지고 다른 이들을 깨우치도록 하라는 사명을 받았던 것이다. 그리스도는 하나님의 영광 또는 신성의

---

[519] 필로에 있어서 하나님의 εἰκών으로서의 로고스와 지혜에 대하여는, 본 장의 주100).

체현, 하나님의 형상(εἰκών), 다시 말해 하나님의 계시라는 것이 바울이 다메섹 도상에서 받은 복음이었다. 바울이 그곳에서 받은 사도적 사명에 따라 그 복음을 신실하게 전함으로써 그 복음을 믿는 자들에게 새로운 창조와 깨달음이 일어나게 되었다(cf. 고후 5:17ff.). 골로새서 1:15-20에 있는 찬양시, 특히 그 전반부에 신성의 지혜로서의 그리스도에 관한 진술이 훨씬 더 완전하고 조직적으로 나타나 있다: 그리스도, 하나님의 아들은 보이지 않는 하나님의 형상, 곧 보이지 않는 하나님이 보이도록 나타나신 것이다; 그는 하나님의 계시의 중보자(agent)이시다. 그는 모든 창조 중 첫째이며 따라서 그는 선재하신 자이다. 온 우주가 그 안에서, 그를 통해, 그를 위해 창조되었으며 따라서 그는 창조의 실행자요 유지자요 목적이시다. 그는 또한 부활로 말미암은 새로운 창조와 세상 만물을 하나님과 화목케 하는 중보자이시다.

우리는 지난 장에서 '하나님의 아들' 칭호는 그리스도와 하나님의 영원 전부터의 친밀한 관계성을 함축하여 '지혜 기독론'을 담기에 가장 좋은 칭호임을 확증하였다. 그것은 '보냄의 형식'과 '내어줌의 형식'에도, 또한 복음을 정의하는 데도 그 칭호가 쓰이고 있는 것을 보아도 알 수 있다. 지난 장에서 우리는 그리스도가 십자가 위에서 토라를 파기하였다고 하는 바울의 다메섹 도상에서의 깨달음으로부터 발전된 지혜 기독론이 어떻게 하여 바울로 하여금 그리스도는 하나님의 아들이며 따라서 신적인 존재라는 인식에까지 이르게 하였는가를 살펴보았다. 이번 장에서는 부활하신 그리스도를 다메섹 도상에서 본 것이 바울로 하여금 직접 그리스도를 신적인 존재로 인식케 하였음을 살펴보고 있다: 그리스도는 다윗 계열의 메시아라는 개념을 뛰어넘는 초월하신 하나님의 아들이다; 그리고 그는 '하나님의 형상'(εἰκὼν τοῦ θεοῦ)인데, 이는 하나님의 형상이라고 말할 수 있는 하나의 인간이라는 의미(창 1:26f.; 고전 11:7)가 아니고 바로 하나님의 아들이라는 의미에서 그러하다. 신적인 존재로서 그리스도는 하나님의 온전한 계시이다. 여기서 '에이콘'(εἰκών, 형상)이란 단어는 단순히 실체의 그림자나 또는 희미한 형상이라는 의미를 갖는 것이 아니다. 그것은 그리스도는 하나님의 충만함을 체현한 분으로서(골 2:9) 보이지 않는 하나님의 온전한 나타남이라는 의미이다. 이와 같이 그리스도는 초월하신 하나님의 아들이라는 개념과 하나님의 완전한 계시라는 인식은 물론 그리스도를 신성의 '지혜'와 동일시함으로써 더 심오해진다. 우리는 기능적 기독론의 관점만으로는 그와 같은 개념들을 이해할 수 없다. 그와 같은 개념들 안에는 기능적 관념과 존재론적 관념이 함께 결합되어 들어있다.[520] '… ἐν Χριστῷ Ἰησοῦ, ὃς ἐν μορφῇ θεοῦ ὑπάρχων οὐχ ἁρπαγμὸν ἡγήσατο τὸ εἶναι ἴσα θεῷ …'(빌 2:6). 하나님이 약속하신 때가 왔을 때, 하나님은 그의 선재하신 아들을 이 세상으로 보내시어 여자에게 나게 하시고 죄 있는 육신의 모양으로 율법 아래 있게 하셨다. 그것은 그를 속죄의 제물로 삼으심으로 말미암아 하나님께서 그 육체에 죄 값을 치르게 하여 우리를 율법 아래에서 구원하고 하나님의 자녀가 되게 하기 위함이었다(롬 8:3과 갈 4:4). 그러므로 영원하신 하나님의 아들이 우리의 구원자가 되기 위하여 육신이 된 것이며, 그 안에서 특히 십자가 위에서의 그의 죽음 안에서 하나님은 잃어버린 인류를 구원하신 것인데, 다시 말해 그의 죽음 안에 하나님의 사랑이 온전하게 드러난 것이었다. 영원 전부터 하나님의 형상으로 계시던 그는 완전한 하나님의 계시이다. 우리는 이 모든 심오한 기독론은 다메섹의 그리스도의 현현으로부터 발전한 것이라고 주장하고 있는데, 바울은 다메섹의 그리스도의 현현 때에 그리스도를 하나님의 아들과 하나님의 형상으로, 그리고 또한 토라(율법)를 능가

---

**520** Cf. A. Schlatter, *Die Theologie der Apostel*(1922), p.338 : "어쩌면 바울은 '하나님의 형상'이라는 개념 속에 聖父와 聖子의 영원한 관계를 이해하는 사고 구조를 가지고 있었던 것 같다"; also Ridderbos, *Paulus*, pp.52-60; Hengel, *Sohn*, p.119

하여 대치하는 분으로 보았던 것이다.

i) 아담기독론

'형상'($\epsilon\iota\kappa\omega\nu$) - 기독론에서 발전된 또 다른 줄기의 기독론은 아담기독론이다. 다메섹 도상에서 그리스도를 하나님의 '형상'($\epsilon\iota\kappa\omega\nu$)으로 인식한 바울은 자연스럽게 창세기의 유명한 본문(창 1:26f.)을 연상하였을 것인데, (이것은 로고스를 하나님의 '형상'($\epsilon\iota\kappa\omega\nu$)으로 인식한 필로가 같은 본문을 연상한 것과 마찬가지이다) 그곳에는 하나님께서 아담을 '형상대로 모습을 따라'(בצלם כדמות)(70인경 : $\kappa\alpha\tau$' $\epsilon\iota\kappa\acute{o}\nu\alpha$ $\kappa\alpha\grave{\iota}$ $\kappa\alpha\theta$' $\acute{o}\mu o\acute{\iota}\omega\sigma\iota\nu$) 창조하셨다는 기사가 창조의 절정으로 기술되어 있다.

구약에서나 또는 성경 이후의 유대교에서나 어디에도 아담의 타락함으로 말미암아 하나님의 형상을 잃어버렸다고 하는 명백한 진술은 보이지 않는다. 그러나 앞에서 우리가 살펴본 바와 같이 아담이 타락으로 인하여 인류는 여섯 가지 것을 잃어버렸다고 하는 랍비들의 사상의 조류가 있었다. 그 잃어버린 여섯 가지는 인간의 얼굴의 광채(זיו), 영원한 생명, 그의 똑바로 선 자세, 혹은 키(קומה), 지상의 열매, 나무의 열매, 그리고 해, 달과 별 같은 빛(מאורות) 등이었는데 그들은 메시아 시대가 도래하면 그것들이 회복되리라고 기대하고 있었다(예, Gen.R.12:6). 물론 이러한 사상은 아담을 새로운 조상(*Stammvater*)인 노아, 아브라함, 이삭, 야곱과 그 열두 아들(the Patriachs), 모세, 다윗과 비교하여 생각하는 유대인들의 사상의 일환이라 볼 수 있다. 새로운 조상, 의로운 영웅들은 아담이 잃어버렸던 것을 회복하는, 또는 아담이 손상하였던 것을 바로잡는 역할을 할 것으로 기대되었다. 그런데 그들을 통한 회복은 부분적이고 일시적이었다.

따라서 메시아가 태초=종말(*Urzeit=Endzeit*)의 도식에 따라 타락 이전의 상태를 완전하게 회복시키리라는 소망은 자연스러운 것이었다.⁵²¹ 그런데 아담이 타락하여 잃어버렸다고 하는 여섯 가지 중에서 처음의 세 가지는 랍비들이 아담 안에 있었던 하나님의 형상으로 생각하는 것들이었다.⁵²² 아담이 잃어버렸던 얼굴 위의 광채(זיו)는 바로 결국은 하나님의 형상(צלם 또는 דמות)과 동의어라 할 수 있는 '하나님의 영광'(כבוד)이다(예, Gen.R. 11:2). 사해문서를 보면 쿰란 공동체가 '아담의 영광'(כבר אדם)의 회복을 열렬히 기대하는 모습이 나타나 있다(IQS 4:23; CD 3:20; IQH 17:15 등). 그렇다면 당시에 아담의 타락으로 인하여 하나님의 형상을 잃어버렸음을 암시하는 랍비들의 사상이 있었다는 말이 된다(예, Gen.R. 8:12⁵²³; Dt.R. 11:3; Num.R. 16:24). 그러나 이러한 견해와 병행하여 아담의 타락 이후에도 아담과 인류는 하나님의 형상을 보존하고 있었다는 견해 또한 존재한다. 실상 후자의 견해가 더 널리 퍼져 있었으며, 그것은 종종 인간의 존엄성의 표징이나 인간 사이의 도덕적 행위의 근거를 나타낼 때에 쓰인다(예, b.B.Bat.58a; Lev.R. 34:3; Gen.R. 24:7; Mek.Ex 20:16). 그러나 세 번째 견해는 하나님의 형상을 개개인의 윤리적 행위나 율법을 충족시키는 정도와 관련시키고 있다 : 율법을 잘 지키는 사람은 하나님의 형상을 보존하고 있는 자이다(또는 하나님의 형상이다); 그러나 범죄한 사람은 그것을 잃는다(예, b.M.o'ed Kat.15b; EX.R. 32:1; Gen.R. 8:12⁵²⁴). 이러한 다양한 견해들이 서로 상충한다고 볼 필요는 없다. 스미스(M. Smith)가 이 문제를 정확하게 판단하였다 : '하나님의 모습은 종종 복합적인 관계성 안에서 이해되어 온 듯하다. 랍비들은 그 중

---

**521** 본서 pp.315ff.
**522** Jervell, *Imago*, pp.113f.(also pp.96ff.); Schenke, Gott *"Mensch"*. pp.127-130을 보라.
**523** 이 본문에 관하여는 M. Smith, 'Shape of God', p.324. with Kittel, $\epsilon\iota\kappa\omega\nu$, *TDNT* ii, p.394를 참조한다.
**524** 바로 앞의 각주를 보라.

에 몇 가지는 잃어버리고 나머지는 남아있다고 생각한 것이다.[525] 다시 말해 랍비들은 아담의 타락과 그 이후의 개개인의 범죄로 인하여 하나님의 형상이 감소되었다고 생각하였다.[526]

그런데 지금 우리의 논지를 위해 중요한 것은, 어떤 랍비들이 적어도 암시적으로는 아담(과 그 안에 포함된 인류)이 그의 타락으로 인하여 하나님의 형상을 잃어버렸다고 기술한 문헌을 찾아 그것을 확인하는 일이다.[527] 이에 대한 가장 좋은 예들은 출애굽과 시내산에서 율법을 부여받은 사건에 대한 랍비들의 묵상에서 찾아 볼 수 있다. 우리는 이미 후기 유대교에서 출애굽과 시내산의 계시를 제2의 창조와 태초의 영광을 회복한 사건으로 보고 모세와 아담을 대립시켜 보고 있는 구절들을 살펴본 바 있다.[528] 시내산에서 하나님의 영광, 사람 얼굴의 광채와 영생이 이스라엘에게 회복되었다. 여기서 Dt. R.11:3에 나오는 아담과 모세 사이에 있었다는 '누가 더 위대한 자인가' 하는 논쟁은 무척 흥미롭다: 아담은 자신이 하나님의 형상으로 창조되었다는 사실을 들어 자신의 위대함을 역설한다. 모세는 아담이 그것을 유지하지 못했던 반면에 자신은 하나님께서 자기에게 주신 얼굴의 광채를 가지고 있노라고 응수한다. 여기에도 시내산에서 하나님의 영광과 형상이 회복되었다고 하는 사상이 엿보인다. 그런데 랍비들은 이스라엘이 금송아지를 만드는 범죄를 저지름으로써 또 다시 그것들을 잃어버렸으며, 그와 함께 영생도 잃어버렸다고 주장한다. 그리하여 그들은

---

**525** Smith. op. cit., p.324.

**526** So Larsson, *Vorbild*, p.183ff. 그도 역시 유대교 안에서나 바울에 있어서나 하나님의 형상을 잃어버렸다고 하는 분명한 서술이 보이지 않는 것은 '형상'에 대한 의인법적인 개념 때문이라는 견해를 제시한다(p.187).

**527** So L. Ginzberg, *Legends of the Jews* v(1925), p.113; Jervell, *Imago*, pp.112ff.; Schenke, Gott "Mensch", p.129; Smith, op. cit., p.324; against Moore i, p.479; Kittel, op. cit., p.393.

**528** 본서 pp.319f., 400f.

아담이 잃어버린 이 모든 것을 궁극적으로 회복시켜 줄 메시아 시대를 바라게 되었던 것이었다.[529]

바울 역시 유대교 신학자들같이 사람이 아담의 타락 이후에도 하나님의 영광과 형상을 유지하고 있었다고 생각하였다(고전 11:7). 그런데 또한 그들같이 하나님의 형상이 타락으로 인하여 감소되었다고 생각하고 메시아 시대가 오면 그것이 회복되리라는 소망을 가지고 있었다. 그 유대의 신학자들이 시내산의 계시나 또는 메시아 시대의 의의를 더 크게 생각하면 할수록 아담의 타락을 더욱더 부정적으로 보았을 것이다. 이와 같이 바울도 예수 그리스도 안에서 보았던 것의 의미를 크게 생각할수록 아담의 타락을 더욱 부정적으로 판단하였다. 따라서 다메섹 도상에서 그리스도 안에서 하나님의 형상을 보았던 바울은 그것이 아담의 타락으로 인하여 잃어버렸었던 것이라 생각했을 것이다. 하나님의 영광 – 당대에는 하나님의 형상과 동의어로 생각되었던 – 에 관하여는 바울이(다른 랍비들과 같이) 로마서 3:23에 명백하게 천명하고 있다: '모든 사람이 죄를 지어 하나님의 영광에 이르지 못하였다.' 스크룩스는 '비록 바울이 사실을 확연하게 아담의 타락과 관련시켜 말하고 있지는 않지만, 그러한 생각이 그의 마음속에도 없었다고는 볼 수 없다'고 지적한다.[530] 왜냐하면 모든 사람은 최초로 죄를 지은 아담과의 유대관계의 결과로 말미암아 그들 개개인의 죄를 짓게 되는 것이기 때문이다(cf. 롬 5:12).

그런데 다메섹 도상에서 하나님의 형상으로 나타난 그리스도와 그 그리스도의 얼굴에서 하나님의 영광이 빛나고 있음을 보았을 때 바울은 메시아 시대에 그것들이 회복되리라던 그의 소망이 그리스도 안에서 실재화되었다는 것을 알게 되었다. 그리스도의 얼굴에서(고후 4:6)

---

[529] 이 모든 것을 위하여는 Str-Bill. iv, pp.886ff.; also Jervell, *Imago*, pp.114ff.을 보라.
[530] Scroggs, *Last Adam*, p.73.

바울은 본래의 하나님의 영광(כבוד) 즉, 아담의 얼굴에 있던 광채가 빛나는 것을 보았는데, 그것은 태양보다 더 밝은 빛을 발하였었으나 아담의 타락으로 잃어버렸던 것이었다.[531] 그 안에 하나님의 영광이 회복된 그리스도가 바로 부활한 나사렛의 예수였으므로, 바울은 또한 아담의 죄로 인해 잃어버렸던 생명(חיים, 즉 영생 또는 불멸)이 그리스도 안에서 지금 회복되었다는 것을 알게 되었다. 이같이 바울은 아담의 타락으로 잃어버렸던(또는 감소되었던) 하나님의 형상이 그리스도 안에서 완전히 회복되었음을 발견했다. 시내산에서 있었던 이와 같은 회복은 단지 부분적이고 일시적인 것이었다; 그리스도 안에서만 궁극적인 회복이 실재화되는 것이다(고후 3:7-4:6). 이 일시적 회복 때문에 시내산에서 계시를 받은 사건이 새로운 창조의 사건으로 여겨져 왔었다. 그렇다면 바울이 다메섹 도상에서 알게 된 사건 – 그리스도 안에서 이루신 하나님의 구원의 행위는 얼마나 더 엄청난 사건으로 여겨야 할 것인가(고후 4:6; 5:17; 갈 6:15)?! 이리하여 다메섹 도상에서 그리스도 안에서 하나님의 영광과 형상을 본 바울은 그리스도를 아담과 대조하게 되었던 것이다.

  바울이 다메섹 도상에서의 그리스도의 현현으로부터 하나님의 형상이라는 그리스도에 대한 개념을 얻게 되었음을 밝히려 했던 단원에서 우리는 아담과 그리스도를 대조하고 있는 성경 본문인 고린도전서 15:42-49을 살펴본 바 있다.[532] 그곳에서 우리는 바울이 그리스도를 마지막 아담으로 기술하고 있는 모든 것은 그가 다메섹에서 본, 높임 받은 그리스도를 가리키고 있다는 사실을 발견하였다: 그리스도는 '하늘로부터'(ἐξ οὐρανοῦ) 온 인간이며 따라서 '하늘에 속한 자'(ὁ ἐπουράνιος)이다; 그는 영광스러운 '신령한 몸'(σῶμα πνευματικόν)

---

**531** Cf. Black, 'The Second Adam', p.174; Scroggs, *Last Adam*, p.96.
**532** 본서 p.382.

을 가졌으며 사실상의 '살려주는 영'(πνεῦμα ζωοποιοῦν)이다(cf. 고후 3:16ff.). 그리스도와는 반대로 첫 사람 아담은 '흙에서 났음'(ἐκ γῆς χοϊκός)이며 따라서 '흙에 속한 자'(ὁ χοϊκός)이다. 그는 천한 '육의 몸'(σῶμα ψυχικόν)을 가졌으며 그저 '산 영'(ψυχή ζῶσα)일 뿐이다. 바울은 아담과 그리스도를 이와 같이 대조 비교한 후에 조상(Stammvater)과 그 자손(Stamm) 사이에는 연대관계가 있다고 하는 유대인들의 사고를 반영하여, 각각의 대표자에 따라서 옛 인류와 새로운 인류를 대조해 보인다: 아담이 '흙에 속한 자'(ὁ χοϊκός)이듯 아담에 의해 대표되는 옛 인류는 '흙에 속한 자들'(οἱ χοϊκοί)이다; 그러나 그리스도가 '하늘에 속한 자'(ὁ ἐπουράνιος)이듯 그에 의해 대표되는 새 인류는 '하늘에 속한 자들'(οἱ ἐπουράνιοι)이다. 온 인류와 함께 믿는 자들도 본래는 전자에 속해 있었다. 그러나 모든 사람의 부활이 있을 그날에 그들은 궁극적으로 그리고 온전하게 전자로부터 후자로 구원될 것이다: '우리는 흙으로 빚은 사람의 형상을 지니고 있으나, 하늘로부터 온 사람의 형상을 입게 될 것이다.' 빌립보서 3:20f.에도 같은 사상이 나타나 있다: 우리가 지금 현재 지니고 있는 몸은 타락한 아담의 연약하고 천한 몸이다; 그러나 하늘에서 오실 그리스도는 우리의 그 천한 몸을 변화시켜 자신의 영광스러운 몸과 같게 하실 것이다. 완전한 변화는 종말에 대한 소망이다. 그러나 그 일은 현재 이미 시작되었다. 왜냐하면 우리가 거울을 보듯이 그리스도의 영광을 보면서 조금씩 더한 영광으로 그리스도의 형상으로 변화받게 되기 때문이다. 그 영광은 성령으로 역사하시는 그리스도에게서 나오는 것이다(고후 3:18). 이 과정은 또한 '옛 사람과 그 행위를 벗어버리고 자기를 창조하신 이의 형상을 따라 지식 안에서 새롭게 되어가고 있는 새 사람을 입었다'(골 3:9f.; cf. 엡 4:24). 다시 말해 새롭게 창조되었다고 표현될 수도 있다. 이러한 새롭게 됨 또는 새 창조는 인류에게만 국한되는 것이 아니다; 그것은 전(全) 피조물을 포함한다. 지금 현재 피조물들은 헛된 것에 복종하고 있는데 그것은 스스로의 의지로 그렇게 하는 것이 아니고 하나님께서 그렇게 하도록 하신 것이다. 그것은 그 피조물의 지배자였던 아담의 범죄로 말미암아 아담과 함께 피조물도 저주를 받은 것이었다. 그러나 그것들도 하나님의 자녀들의 영광이 드러날 때, 곧 파루시아(재림) 때에 썩어질 것의 굴레에서 벗어나리라는 희망을 가지고 있다(cf. 골 3:4). 그래서 전 피조물들은 하나님의 자녀들이 나타나기를 애타게 기다리고 있다. 그래서 그것들도 썩어질 것의 종살이하는 데서 벗어나기를 바라는 것이다(롬 8:19ff.). 이 점에 관한 문제는 다음 장에서 좀 더 세밀하게 논술하기로 하겠다. 그러나 바울이 그리스도 안에서의 구원을 새로운 창조, 하나님의 영광 및 형상과 아담의 타락으로 잃어버렸던 생명의 회복이라는 관점에서 기술하고 있다는 점은 이미 명백해졌다. 첫 사람인 아담이 옛 인류, 타락한 인류의 조상(*Stammater*)이며 피조물들이 헛된 것에 복종한 데 대한 책임이 있는 반면 그리스도는 '첫 열매'($\pi\rho\omega\tau\acute{o}\tau o\kappa o\varsigma$)로서 새로운 인류, 구속함을 받은 인류의 조상(*Stammvater*)으로서(롬 8:29; 골 1:18), 모든 피조물이 구원받을 것에 대한 책임이 있다(고전 15:21f., 42-49).[533]

---

[533] 고린도전서 15:44-49에 아담의 타락에 관한 언급이 없다는 것은 사실이다. 창세기 2:7을 언급한 것은 바울이 그리스도를 아담과 대조시키되 아담이 타락했다는 의미에서가 아니라 아담은 창조된 존재라는 의미에서 그 둘을 대조하고 있음을 시사하고 있는 듯하다(So Bultmann, *Theology* i, p.174; also Barret, *1Cor.*, p.374). 그러나 바울이 이미 우리의 현존을 죽을 몸, 천한 몸, 연약한 몸으로 말하면서 그것을 우리의 새롭게 부활된 존재인 죽지 않을 몸, 영광스럽고 강한 몸과 대조시켜 놓고 있으므로(고전 15:42f.) 아담의 타락과 타락한 인류에 대한 사상이 그 안에 이미 내포되어 있다고 볼 수 있다. 왜냐하면 바울에게 있어서 이 세상에 죄와 죽음을 가져온 것은 아담이며, 모든 사람이 죄를 지어 영원한 생명을 잃어버리고 하나님의 영광에 이르지 못하게 된 것은 바로 이러한 아담과의 유대 때문이라는 것은 분명하기 때문이다(롬 5:12; 3:23; 고전 15:22; 빌 3:20f.). 그럼에도 바울이 고린도전서 15:44-49에서 아담의 타락에 관하여 드러나게 언급하지 않고 그리스도와 아담을 대조하고 있는 이유는 바울에게 아담은 늘 하나의 죄인이었기 때문이다. 그에게 아담은 그저 타락한 첫

지난 단원들에서 언급되었던, 아담과 그리스도의 대조가(그것이 겉으로 드러나게이든지 또는 은연중에 함축된 의미로서이든지) 나타난 본문들은 거의 대부분이 아담과 그리스도로 각각 대표되는 옛 인류와 새로운 인류를 묘사하고 있다. 그곳에는 예수의 지상 사역보다는 다메섹 도상에서 바울이 보았던 부활하고 영광스러운 하늘의 그리스도의 모습이 드러나 있다. 그러나 로마서 5:12-21에서의 아담과 그리스도 사이의 대조적인 유형은 좀 더 구원론적, 구원사적 관점에서 범죄와 순종, 죄와 은혜, 율법과 은혜, 정죄와 칭의, 죽음과 삶의 대조로 나타난다. 여기서는 기본적으로 이 세상에 죄와 죽음을 가져온 아담의 범죄 행위와 죄인에게 의롭다 함과 생명을 가져다 준(십자가상에서 그 절정을 이룬) 그리스도의 순종의 행위를 대조하고 있다. 로마서 5:12-21의 중심 사상의 하나가 이미 고린도전서 15:21f.에 나타나 있으므로, 고린도전서 15장과 로마서 5장 사이에 아담-그리스도 유형론의 발전이 있었다고 보기보다는, 아담-그리스도 유형론은 바울의 신학에서 기본이 되는 주제 중의 하나이며 그것은 여러 가지 목적으로 여러 가지 주제와 관련하여 사용되었다고 이해해야 한다.[534] 로마서 5:12-21에서 그것은 은혜로 의롭다 함을 받는다고 하는 바울의 근본적인 교리와 관련하여 나타나는데 그것은 그 자체가 다메섹의 경험으로부터 개발되어 나온 것이었다. 우리는 여기서 이 복잡하고 심오한 본문을 자세히 해석하기는 곤란하다. 그러나 우리의 현재 관심사가

---

사람일 뿐이다. 그는 어떤 랍비들이 멋지게 그려낸 것 같은 타락 이전의 영광스러운 아담은 알지도 못하였다. 아담이 타락 이전에 어떠한 존재였는지는 그에게 관심 밖의 일이었다. 그리스도 안에서 하나님의 형상과 영광 및 영원한 생명이 회복된 것을 보았던 바울에게 있어서, 이러한 그리스도와의 대조에서 아담은 시초부터 타락한 인류의 타락한 조상(*Stammväter*)이었다. 이것이 바로 심지어는 창세기 2:7에서조차도 바울이 천하고, 연약하고, 죽을 수밖에 없는 아담을 보는 이유였다.

534 Cf. Black, 'The Second Adam', p.173 : '…둘째 아담의 교리는 바울의 구속과 부활의 기독론의 뼈대 – 기본 구조는 아닐지라도 – 를 제공하였다.'

바울의 아담-그리스도의 유형론이 바울의 다메섹 체험에서 비롯되었음을 밝히는 것이므로 이 본문 안의 두 가지 독특한 요소에 바울의 다메섹 체험이 반영되어 있다고 하는 웨더번의 견해를 주목하게 된다: 그 첫째는, 바울이 온 인류의 죄악성에 대한 확신을 가지게 된 것은, 예를 들어 제4에스라서나 쿰란 공동체의 찬양시 안에 표현되어 있는 유대인들의 관념을 단순히 그대로 답습한 것이 아니라, 율법에 따른 그의 의에 대한 열심이 오히려 하나님과 메시아를 거역하는 죄로 이끌었으며, 구원은 오직 은혜로만 말미암는다고 하는 다메섹 도상의 체험에서 나온 엄청난 자각의 결과였다.[535]

둘째로 의롭다 함을 주는 그리스도의 은혜에 대한 그의 당시의 체험은 '로마서 5:15-17의 랍비식 קל וחומר 논쟁과 15절과 20절의 "($ὑπερ$) $ἐπερίσσευσεν$"의 뒷받침을 이루는 논리를 제공한다.'[536]

빌립보서의 찬양시(빌 2:6-11)의 배경에 아담-그리스도의 대조가 그 배경으로 깔려 있으리라는 생각은 의문점이 없는 것은 아니지만 그 가능성은 상당히 크다. 선재하신 신성의 그리스도가 성육신하시고, 십자가에서 죽기까지 순종하셨으며 우주적 주님으로 높임을 받으셨다는 구원사적 드라마의 서술 뒤에 그와 대조되는 아담의 그림이었다. 아담은 하나님의 형상으로서 피조물을 대리 통치할 수 있는 그의 지위에 만족하지 못하고 '하나님같이 될 길'을 모색하다가 결국 불순종으로 말미암아 죽음의 형벌을 받게 되었다(창 1-3장).[537] 일찍이 우리는 '모르페'($μορφή$)와 '에이콘'($εἰκών$)은 상호 간에 서로 밀접한 관련이 있는 단어이며, 때로는 동의어로도 쓰인다는 사실을 살펴보았다. 따라서 비록 6절의 '엔 모르페 데우'($ἐν\ μορφῇ\ θεοῦ$)가 '에이콘 데

---

**535** Wedderburn, *Adam*, pp.227f.

**536** Ibid., p.274.

**537** See Martin, *Carmen Christi*, *passim* (esp. pp.161ff.).

우'(εἰκὼν θεοῦ)와 완전히 동의어는 아니라 할지라도, 그것들이 서로 밀접한 관련이 있음은 틀림없다. 바울이 선재하신 그리스도가 '엔 모르페 데우'(ἐν μορφῇ θεοῦ)였다고 확언하는 것은 그가 하나님의 형상이라고 하는 그리스도의 개념을 가지고 골로새서 1:15에도 기술되어 있는 '그리스도의 선재하심'에로 거슬러 올라가 그 둘을 합하여 확대 해석한 결과이다.

이제, 이 모든 아담과 그리스도의 대조는 그리스도를 '마지막 아담'이라 지칭하지 않고도 설명될 수 있다. 즉 유대교의 신학자들은 아담을 인류 또는 이스라엘의 조상(Stammvater)이나 그들의 의로운 영웅들과 대조하고 비교하되 그들 중 어떤 영웅의 이름도 – 심지어 모세의 이름까지도 – 거론하지 않았다. 그들은 메시아 시대가 오면 아담이 잃어버린 것을 회복하게 되리라는 기대는 가지고 있었지만, 그 기대 때문에 메시아를 '마지막 아담'이라 칭하지는 않았다. 그렇다면 무엇이 바울로 하여금 그리스도를 '마지막 아담'이라 칭하게 하였을까? 그 답변은 다시 한 번 바울이 다메섹 도상에서 그리스도를 하나님의 형상으로 인식하게 된 그 체험 안에 들어 있다. 그리스도를 하나님의 형상으로 인식한 바울은 자연스럽게 창세기 1:26f.를 머리에 떠올리게 되었다. 창세기의 이 본문에 따르면 하나님의 형상으로 창조된 것은 바로 아담이었다. 그러나 그는 자신의 소명에 신실하지 못하였기 때문에 그 하나님의 형상을 잃어버렸다. 그리하여 그리스도가 하나님의 형상인 것을 본 바울은 그리스도는 옛 인류의 아담과 대조되는 의미에서 새로운 인류의 아담으로 생각할 수 있었을 것이다. 아담과 그리스도는 대조적 유형론에서 각각 '태초'(Urzeit)의 아담과 '종말'(Endzeit)의 아담의 상징이 된다. 이렇게 하여 바울은 그리스도를 '아담'의 관점에서 인식하게 된 것이다.[538]

---

**538** 비슷하게, 하나님 형상으로서의 로고스의 개념은 필로를 창세기 1:26f.로 이끈다. 그

그러므로 바울은 그리스도를 '첫 사람 아담'에 반대되는 개념으로 '마지막 아담'이라고 칭하는 것일 뿐 아니라(고전 15:45), 그는 그것으로 아담과 그리스도를 '두 사람'으로 대조하고 있는 것이다: '첫 사람'-'둘째 사람'(고전 15:47); '사람을 통해'-'한 사람을 통해'(롬 5:12-21).[539] 아담은 옛 인류의 시조가 된 첫 사람이었다; 그리스도는 새로운, 종말의 인류의 시조가 된 '둘째 사람'이다.

따라서 아담 기독론이 근본적으로 그리스도의 인성을 말하는 것인 반면에 지혜 기독론은 그리스도의 신성을 증언하는 것이다. 그리하여 아담 기독론에서는 인간론과 구원론이 발전되었으며, 지혜 기독론에서는 창조, 계시, 구원의 중보자로서의 그리스도의 역할에 대한 교리가 발전되었다. '하나님의 형상'($\varepsilon\grave{\iota}\kappa\grave{\omega}\nu\ \tau o\hat{\upsilon}\ \theta\varepsilon o\hat{\upsilon}$)으로서 그리스도는 하나님을 완전히 계시하는 하나님의 아들인 동시에 사람을 창조할 때의 하나님의 의도(첫 사람 안에서는 좌절된)를 완전히 구현한 '마지막 아담', 곧 새로운 인간이다. 더욱이 그는 진정한, 온전한 인류의 실질적인 중보자이다. 그는 그것을 유대인이나 이방인이나 누구든지 그를 믿는 자에게 회복하여 주었다. 그리하여 하나님께서 그 안에서 그를 통하여 새로운 인류를 창조하신다.[540] 아담-

---

러나 바울과는 달리 필로는 태초=종말의 도식(Urzeit =Endzeit schema)의 관점에서가 아니라 플라톤적인 이원론의 관점에서 생각하기 때문에, 그는 종종 로고스와 아담을 구분하되 그 둘을 '마지막 아담'과 '(첫) 아담'으로 구분하는 것이 아니라 천상의 이상적 인간과 지상의 육적인 인간으로 각각 구분한다.

539 Cf. 베스트(Best)는 *One Body*, p.39에서 바울이 이와 같은 도식으로 아담과 그리스도를 대조하고 있는 것은 '아담과 그리스도와 함께 공유한 우리의 공통된 인성을 강조하고 그 둘 사이의 연결 고리에 중점을 두기 위함이다'라고 올바르게 지적한다.

540 Cf. 스크록스는 *Last Adam*, pp.100ff.에서 바울이 아담 기독론을 사용하는 것은 그리스도를 '하나님의 인간을 향하신 의도의 완벽한 실현', '진정한 인성의 실현'(p.100) 및 '진정한 인성의 중보자'(p.102)로 그리기 위함이었다고 강조한다. 바르트(K. Barth)의 주장을 좇아(*Rudolf Bultmann, ein Versuch ihn zu verstehen/Christus und Adam nach Röm. 5*(1964), esp. p.75) 스크록스는 바울에게 있어서 그리스도에 대한 인간론적인 이해가 아담에 대한 그것보다 앞선다고 논쟁한다. 바울이 그리스도

그리스도의 유형론을 이와 같이 인간론이나 구원론에 적용시키는 주제는 다음 장에서 좀 더 세밀하게 논술하도록 하겠다.

그러나 여기서 우리는 지혜 기독론에서 나온 요소들과 아담 기독론에서 나온 요소들 양쪽 모두가 바울이 그리스도를 하나님의 형상(εἰκών)이라는 것과 우리가 그 형상으로 변화될 것을 언급하는 본문 안에서 함께 발견된다는 사실을 주목해 볼 필요가 있다. 예를 들어 고린도후서 3:18-4:6에 보면 하나님의 형상(εἰκών τοῦ θεοῦ)으로서 그리스도는 하나님의 계시(고후 4:4-6), 즉 '지혜'의 체현으로 나타나면서, 동시에 마지막 아담 – 하나님의 형상을 회복하여 우리로 그 형상을 본받도록 하고(고후 3:18) 새로운 피조물이 되게 하는(고후 4:6) – 으로 묘사된다. 이렇게 지혜 기독론과 아담 기독론의 요소들이 함께 동일한 본문에서 발견되는 것은 이 두 가지 기독론이 한 가지 뿌리, 즉 그리스도는 하나님의 형상이라는 개념에서 나온 것이기 때문이다. 바울에게 있어서 형상(εἰκών) - 기독론이 두 가지의 기독론으로 발전한 것은 구약과 유대교 안에서 신의 현현의 환상이 두 가지 계열로 발전한 것과 완전하게 상응한다: 한편으로는 하나님이 사람의 모습으로 나타나심과 사람이 하나님의 모양으로 나타남이며 다른 한편으로는 신의 현현을 가져오는 자, 계시자로서의 지혜/로고스의 개념이다. 따라서 이 두 가지 기독론은 상호간에 상

---

를 아담의 관점으로 생각하게 된 것은 그가 영지주의 랍비나 다른 어떤 것들 안에 나타나는 첫 사람에 관한 개념을 알고 있었기 때문이 아니라, 다메섹 도상에서 바울이 그리스도를 하나님의 형상으로 보았기 때문이라는 우리의 논지는 이 통찰이 옳다는 것을 확증해 준다. 물론 바르트도 스크록스도 바울의 아담 기독론의 기원에 대한 이러한 이해로부터 그와 같은 논리를 얻은 것이 아니다. 따라서 스크록스는 이러한 통찰에 조화를 이루기 위하여 바울이 느끼고 있었던 '절박한 요구'-인간을 향하신 하나님의 계획을 알기 원하는-를 추론적으로 그려내어 그것을 바울의 아담 기독론의 기원이라는 가설을 제시한다(p.100). 바울이 과연 그렇게 피상적으로 생각하였을까? 우리가 로마서 5장에 관한 바르트의 주석 중에 많은 점에서 동의할 수 없다는 것은 두말할 필요도 없다.

당히 밀접한 관련이 있다.[541]

### j) 결론

결론적으로 이번 장에서 다루었던 주제를 간략하게 요약해 보면: 바울은 다메섹 도상에서 높임 받은 그리스도를 '하나님의 형상'(εἰκών τοῦ θεοῦ)과 하나님의 아들로 보았다. 바울은 이와 같은 인식으로 인하여 한편으로는 그리스도를 의인화되고 실체화된, 하나님의 지혜의 관점에서 인지하게 되었고(동시에 그리스도가 토라를 파기하였다고 하는 깨달음과 함께), 다른 한편으로는 아담의 관점에서 이해하게 되었다. 따라서 바울의 지혜 기독론과 아담 기독론은 둘 다 바울의 다메섹의 체험에 뿌리를 두고 있는 것이다. 이러한 주된 논지와 함께 우리는 두 가지 요점을 더 제시하였다: 첫째 바울이 다메섹의 그리스도의 현현에 근거하여 그리스도를 하나님의 아들이라고 칭하는 것은 바로 예수가 '그 사람의 아들'(人子)이라는 자기 칭호로 의도했던 바와 완전히 일치한다는 것이다. 둘째는, 바울이 교회를 그리스도의 몸, 진정한 이스라엘이라는 개념으로 인식하고 있는 것도 다메섹 도상에서 그리스도의 현현을 목격한 데서 나온 것이라는 사실이다.

---

[541] Jervell, *Imago*, pp.214ff.는 εἰκών-기독론에서 그리스도의 신성만 볼 수 있다고 주장함으로써 이 점을 이해하지 못하였음을 보여 주는 반면, Scroggs, *Last Adam*, p.98은 "그리스도는 바로 진정한 인간이기에 하나님의 계시이다"라고 말함으로써 이 점을 불충분하게 이해하였음을 보여 준다. 쉴라터가 진리에 훨씬 더 가까이 도달하였다: "'하나님의 형상'이라는 사상은 바울의 모든 기독론적 언명들을 포함하는 기본 사상으로 쓰이기 쉽다." 그러나 쉴라터는 "그러니 바울의 사상을 서술함에 있어 거기에 너무 큰 건물을 지으려 해서는 안된다."(A. Schlatter, *Theologie der Apostel*, p.338, n.1)고 함으로써 그 개념을 중심으로 형이상학적, 또는 "영지주의적" 공상에 빠지는 것을 경고하는 것 같다. 예르벨(p.214, n.162)은 이 경고를 인지하고서도 εἰκών-기독론을 영지주의적으로 발전시키고 있다(본서 pp.335ff.).

바울 신학에 있어서의 주된 논지와 그에 수반되는 결과들은 다음의 도표로 잘 나타낼 수 있다고 본다:

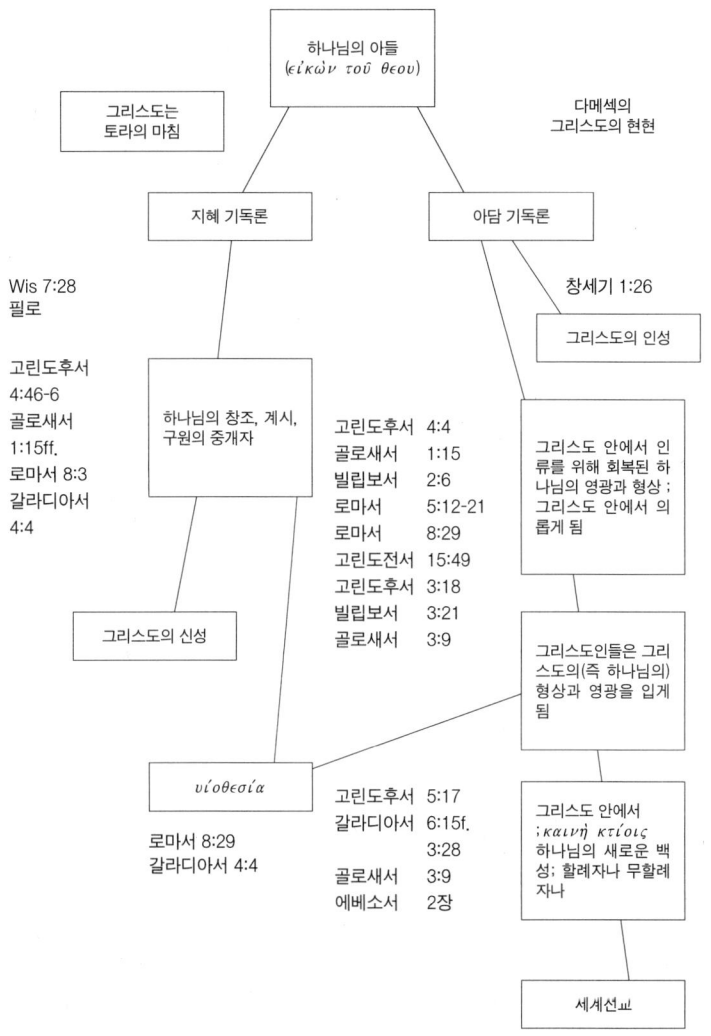

# 제7장
# 바울의 복음: C. 구원론

바울의 복음을 구원론적 관점에서 고찰하는 일은 너무도 엄청난 작업이어서 여기서 그것을 충분하다고 할 수 있을 정도로 논술하기는 어렵다. 그러나 우리의 현재 논문이 다메섹 도상의 경험에 그 기원을 두고 있는 바울 신학이라는 주제를 다루고 있으므로 이번 장에서도 바울의 구원론 중에서 그의 다메섹 도상의 체험과 연결되어 있는 것으로 보이는 것만을 살펴보고자 한다. 그것은 중요한 세 가지 용어로 대표될 수 있다. 즉, 칭의(justification), 화목(reconciliation), 변화(transformation)가 그것이다. 그러나 이렇게 세 가지의 교리를 택하여, 바울이 이들을 다메섹 도상의 체험으로부터 유추해낸 과정을 고찰해 보는 것으로 이번 장의 논지를 제한하는 데는 다음과 같은 문제점이 있다. 즉, 우리가 이미 앞서의 장들에서 언급했던 내용들을 단순히 반복하는 데 그치지 않고 그 이상의 내용을 여기에 짧고 간결하게 제시할 수 있겠는가 하는 것이다. 이미 이전의 단원들에서 이 문제에 관해 어느 정도는 다루었기 때문이다. 특히 바울의 기독론을 다루었던 제2장에서 우리는 계속 바울의 구원론에 대해 토론했었다. 구원론이란 다름이 아니라 바로 기독론의 인간론적(anthropological), 범세계적(cosmological) 표현이므로 이는 너무도 당연한 일이다. 그러므로 이번 장에서는 앞서의 단원들 중, 다양한 맥락에서 두서없이 토론되었던 이 세 가지 주제에 관해 좀 더 조직적으로 요약을 하고 더 나아가 그것들을 숙고해 보기로 하겠다.

## 1. 칭의(Justification)

율법의 행위로서가 아니고 '은혜로만'(*sola gratia*), '믿음으로만'(*sola fide*) 의롭다 함을 얻는다고 하는 바울의 칭의 교리는 그의 다메섹 도상의 경험에서 비롯되어 나온 것이라는 견해가 현재 신학계에 널리 받아들여지고 있다.[1] 그러나 이러한 입장에 대해 슈바이처 (A. Schweitzer)와 브레데(W. Wrede)를 따르는 신학자인 슈트레커 (G. Strecker)는 의문을 제기한다.[2] 그는 바울의 이 교리는 갈라디아에서 있었던 유대 그리스도인들과 바울과의 충돌 과정 중에, 따라서 바울의 다메섹 도상의 체험보다 훨씬 후에 확립된 것이라 주장한다.[3] 슈트레커는 자신의 주장을 뒷받침하기 위해 그가 바울 서신 중 최초의 것이라 생각하는 데살로니가전서에서 그의 논증을 시작한다. 즉, 그는 바울의 최초 서신인 데살로니가전서에는 칭의 교리가 존재하지 않음을 지적하면서, 갈라디아서가 기록되기 전까지는 바울에 있어서 율

---

1 See, e.g., Dibelius-Kümmel, *Paulus*, pp.45ff.; W. Grundmann, 'Paulus, aus dem Volk Israel, Apostel der Völker', *NovT* 4(1960), pp.267ff.; Bruce, *NT History*, pp.228f.; Blank, *Paulus*, pp.184-248; Dupont, 'The Conversion of Paul', pp.176-194; Jeremias, *Schlüssel*, pp.20ff.; Stuhlmacher, "Ende", pp.19ff.; Haacker, 'Berufung', pp.10ff.

2 W. Wrede, *Paulus* (1904), reprinted in *Das Paulusbild in der neueren deutschen Forschung*, ed. K. H. Rengstorf, p.67; A. Schweltzer, *The Mysticism of Paul the Apostle* ([2]1956), pp.220f.

3 Strecker, 'Befreiung und Rechtfertigung. Zur Stellung der Rechtfertigungslehre in der Theologie des Paulus', *Rechtfenigung*, E. K. Käsemann FS, eds. J. Friedrich *et al*.(1976), pp.479ff.

법은 관심 밖의 문제였으며 그는 토라를 아디아포론(adiaphoron) – 지 켜도 그만 안 지켜도 그만인 것 – 으로 여겼다고 한다.[4] 그러다가 갈라 디아에서 유대 그리스도인들이 이방인 그리스도인들에게 할례받기를 강요하자, 바울은 자신의 다메섹 체험을 통해 깨달았던 그리스도인의 신앙과 그의 소명에 대한 이해에서 출발한 위와 같은 교리를 이끌어 낸 것이었다. 그러나 그의 회심 당시에는 이 교리가 분명한 상태가 아 니었다.[5] 슈트레커가 바울의 다메섹 사건을 해석하는 과정을 보면 논 란의 여지가 많으나 여기서는 지면의 부족으로 더 이상 그에 대한 토 론은 않기로 하겠다.[6] 그러나 '나사렛 예수의 죽음과 부활 안에서 하 나님의 구원 사건이 이루어졌다'는 진리를 깨달은[7] 바울이 율법에 대 해 어떤 의문도 제기하지 않았으리라고 생각할 수 있을까? 유대교에 열심인 바리새인은 우선적으로 토라의 관점에서 하나님과 이 세상과 자신을 이해하였다(cf. 빌 3:5; '율법에 따르면 바리새인'⟨κατὰ νόμον Φαρισαῖος⟩).[8] 그렇다면 십자가에 달려 죽었다는 것은 율법에 의하면 하나님의 저주를 받은 것임에 틀림없는데, 바로 이 십자가에 달려 죽 은 나사렛의 예수를 하나님께서 살리시고 높이셨다는 사실을 알게 되 었을 때 그 열성적인 바리새인이었던 바울이 율법의 문제에 대해 전 혀 의문을 제기하지 않았으리라고 생각할 수가 있겠는가? 자신의 전 생애를 통해 율법을 행함으로 말미암아 구원을 얻을 수 있다고 믿어 온 바리새인인 바울이 어떻게 십자가에 못 박히고 죽음에서 일어난

---

4 Ibid., pp.480f.

5 Ibid., p.481.

6 Ibid., pp.481ff,

7 슈트레커에 의하면 이것은 바울이 다메섹 사건에서 배운 교훈이다(Ibid., pp.484ff.).

8 See Haacker, op. cit., p.8; O. Betz, 'Paulus als Pharisäer nach dem Gesetz. Phil.3, 5-6 als Beitrag zur Frage des frühen Pharisäismus', *Treue zur Thora*, G. Harder FS, ed. P. v. d. Osten-Sacken(1977), p.57: "바리새인은 율법 안에서 율법과 더불어 율법 아래 사는 자 이다."

예수 그리스도 안에 하나님의 역사가 이루어졌는가에, 혹은 이 그리스도 안에서 완성된 하나님의 구원의 사건이 어떻게 율법과 연관되는가에 관심을 가지지 않을 수 있었을까? 바리새인이었던 바울이 무슨 근거로 율법을 하나의 아디아포론(adiaphoron)으로 여기게 되었을까? 이전에 바리새인이었던 사람이 율법을 일개 하나의 아디아포론(adiaphoron)이라 생각하게 되었다면, 그가 그렇게 생각하게 되기까지 율법의 문제에 대해 심사숙고했으리라고 추측할 수 있지 않을까? 한 유대인이 율법의 문제에 관한 천착과 그 해결 받음이 없이, 이방인들에게 이방인을 향한 하나님의 구원의 사역을 전파할 수 있을까?

비평학자들은 바울이 이 칭의 교리를 선포한 것은 바울 선교 후기의 일이라고 주장한다. 그들은 자신의 주장의 근거로 이 교리가 바울의 서신 중 갈라디아서[9]의 논쟁적 문맥 안에 최초로 등장하고 있다[10]는 피상적인 관찰을 제시한다. 그러나 이들의 주장은 근본적 요소를 간과하고 있다. 즉, 바울이 갈라디아서에서 변증하고 있는 '율법으로부터 자유한 복음'(law-free-gospel)은 그가 이전에 갈라디아에서 선교할 때 전했던 바로 '그' 복음이라는 점이다(갈 1:11; '내가 전한 복음'⟨τὸ εὐαγγέλιον τὸ εὐαγγελισθὲν ὑπ' ἐμου⟩). 바울이 전했던 이 복음은 현재 비난을 받고 있었는데 그 비난의 근거는 율법의 준수를, 특히 할례를 경홀히 여긴다는 것이었다. 이러한 이유로 유대주의화된 유대 그리스도인들과 그들의 영향력 아래 있는 갈라디아의 교

---

[9] 갈라디아서가 바울 서신 중 최초의 것이라면, 물론 바울의 칭의 교리가 후기에 형성되었다고 하는 주장을 입증하기가 더 어렵게 된다. See F. F. Bruce, 'Galatian Problems: 4.The Date of the Epistle', *BJRL* 54(1972), pp.250-267; J. W. Drane, *Paul Libertine or Legalist?*(1975), pp.140ff.

[10] 현재는 빌켄스까지도 비평학자들에 동조한다('Christologie und Anthropologie im Zusammenhang der paulinischen Rechtfertigungslehre', *ZNW* 67(1976), p.68). 이 문제에 있어서 빌켄스의 "회심"의 "신학사적 문제"를 우리는 설명할 수 없다. 그러나 빌켄스의 새 견해에 대한 가장 좋은 답은 그가 그의 'Die Bekehrung des Paulus als religionsgeschichtliches Problem'에서 동원한 이전의 논증이다. pp.14f.

인들은 바울이 예루살렘의 사도들에게서 전수받은 복음의 원래 내용을 왜곡하고 있다고 주장하였던 것이었다.[11] 이들의 이러한 주장이 갈라디아서 1-2장에서 볼 수 있는 바울의 맹렬한 변증을 불러일으켰다. 즉, 그가 갈라디아에 전했던 복음, 율법에서 자유로운 복음은 전승이나 인간적 조직을 통해 인간으로부터 전수받은 것이 아니었다. 그것은 '기껏 인간의 것'이 아니므로 변경될 수도 없다. 그것은 바울 자신이 '예수 그리스도의 계시를 통해'(갈 1:12f.) 받은 것이었다. 바울은 자신의 삶에 대한 보고를 통해 이 기본 내용을 증명한다: 바리새인으로 성공적이었던 그의 과거; '조상들의 유전'에 대한 자신의 열심 – 이것은 토라와 장로들의 유전 모두에 대한 열심을 말하는데 이에 대한 자신의 열심은 교회를 핍박했을 정도로 대단했다; 예수 그리스도가 하나님의 아들임을 나타내신 하나님의 계시, 이방인에게 이 하나님의 구원 사건을 전하게 하시려고 바울을 부르심; 바울 자신의 이 부르심에 대한 즉각적 응답으로의 아라비아, 다메섹, 시리아, 갈리기아 등에서의 행적 등. 바울의 이러한 자전적 진술을 보면 바울은 다메섹에서의 '하나님의 아들의 계시'를 '율법을 떠난 하나님의 의의 계시로 즉시 이해하고 받아들였다는 사실을 알 수 있다. 이것은 바울이 갈라디아에 전했던 그 '율법에서 자유한 복음' – 지금 비난받고 있는 – 이 하나님의 아들 예수 그리스도의 계시를 통해 받은 것이라고 그 자신이 명백하게 밝히고 있기 때문만은 아니다: 바울이 하나님의 이방인을 향한 선교의 부르심에 즉시 응답하여 갈라디아에서 그 복음을 전하되 이방인들에게 율법의 준수와 할례의 의무를 요구하지 않았다는 사실은 갈라디아의 유대주의화된 유대 그리스도인들과 충돌이 있기 전 – 처음부터 율법의 행위로가 아니라 그리스도 안에 이루신 하나님의 구원의 행위로 얻게 되는 '의'를 전파했음을 말해 준다. 바울과 그

---

**11** 본서 pp.125ff.

동역자들이 '율법에서 자유한 복음'을 전했기 때문에 갈라디아서 2:1-10에 서술된 것과 같은 회의의 개최도 필요했던 것이다. 예루살렘 교회의 지도자들과 함께한 이 회의에서(이 회의는 아마도 사도행전 15장에 나타나 있는 사도회의(A.D. 49)일 수도 있고, 혹은 사도행전 11장에 있는 기근 구제를 위한 방문 중에 있었던 회의(A.D. 46)일 수도 있다)[12], 그는 '유명한 자들'에게 '이방 가운데서 전파하는 복음'($τὸ$ $εὐαγγέλιον\ ὃ\ κηρύσσω\ ἐν\ τοῖς\ ἔθνεσιν$)(갈 2:2)을 제출하였다. 즉, 지금 갈라디아에서 비난받고 있는 그 '율법에서 자유한 복음'을 제출하였다. 여기에서 그는 '거짓 형제'들의 '율법에서 자유한 복음'에 대한 도전을 물리치고, 그리스도 안에서 이방인을 위한 자유를 보증 받았다는 '복음의 진리'($ἀλήθεισ\ τοῦ\ εὐαγγελίου$)를 주장하며, '무할례자의 복음'($εὐαγγέλιον\ τῆς ἀκροβυστίας$)과 이방인 선교에 있어서는 율법에서의 자유함을 전하는 것이 옳다는 것을 성공적으로 증명한다. 그렇게 하여 결국 회의는, 한편으로는 '무할례자의 복음'($εὐαγγέλιον\ τῆς ἀκροβυστίας$)과 바울의 이방인을 향한 사도권을, 다른 한편으로는 '할례자의 복음'($εὐαγγέλιον\ τῆς\ περιτομῆς$)과 베드로의 유대인을 향한 사도권을 상호간에 인정하는 것으로 끝이 났다. 그리하여 이때 바울 및 바나바의 선교의 장과 예루살렘의 지도자들, 즉 야고보, 베드로, 요한들의 선교의 장이 나뉘게 된다.[13]

이러한 역사적 자료들을 살펴보면, 슈트레커나 빌켄스 등의 견해와는 대조적으로, 갈라디아에 선교를 시작하기 이전부터 바울은 율법의 문제를 깊이 묵상한 후 '율법에서 자유한 복음'에 대한 확신을 가지게 되었음을 알 수 있다. 사실 갈라디아서 1-2장에 나타난 바울의 '율

---

[12] 후자에 대하여는 F. F. Bruce, 'Galatian Problems: 1. Autobiographical Data', *BJRL* 51(1969), pp.305ff.를 보라.

[13] 바울의 복음과 관련하여 갈라디아서 1-2장의 중요함이나 자세한 점을 알기 위하여는 Stuhlmacher, *Evangelium*, pp.63-108을 보라.

법에서 자유한 복음'에 대한 변증은 그가 처음부터 일관되게 같은 복음을 전해왔다고 하는 주장이 그 핵심을 이루고 있다. 그가 이전에 아라비아, 다메섹, 시리아, 길리기아, 혹은 그 외의 어느 곳에서든지 이방인 사이에 토라와 할례를 강조하는 복음을 전한 적이 있었다면 갈라디아서 1-2장에서의 바울의 논쟁은 완전히 그 명분과 근거를 잃고 마는 것이다. 만일 바울이 그러한 복음을 전했던 적이 있다면, 바울의 적대자들은 바울 자신이 갈라디아에 전한 '율법에서 자유한 복음'은 다메섹에서 자신이 사도로 부르심을 받을 때 예수 그리스도의 계시를 통해 깨닫게 된 복음이라는 갈라디아서 1-2장에서의 바울의 주장에 대한 반박의 근거로 쉽게 이 사실을 제시하였을 것이다. 그러면 이렇게 예전에 유대교 안에서 토라와 조상들의 유전에 대해 그렇게도 커다란 열정을 가졌었던 한 바리새인이 이제는 이방인들에게 토라와 할례에의 순종은 제쳐두고 예수 그리스도 안에서 이루어진 하나님의 구원 사건을 선포하기 시작했다는 것은 무슨 의미를 가지는가? 그것은 그가 예전에 지니고 있던 믿음, 즉 바리새인의 가르침에 대해 반기를 들었다는 뜻이다. 이들은 구원은 할례와 토라에의 순종을 통해 하나님의 선민, 곧 언약 백성인 이스라엘 안에 포함되는 자에게만 주어지는 것이라 가르쳤다. 또한 이것은 바울이 유대교로 개종해 들어온 자들에게 할례를 강요하는 유대교의 관례에도 반기를 들었다는 의미이다(cf. 갈 5:11). 그렇다면 그렇게도 열성적이고 성공적 바리새인이었던 바울이 율법의 문제점에 대해 충분한 고찰도 하지 않은 채, 그와 같은 배역 행위를 할 수 있었겠는가? 이 모든 것을 미루어 보아, 다음과 같은 결론을 얻을 수 있다. 즉, 십자가에 못 박힌 예수가 그 앞에 높임 받은 하나님의 아들로 나타나신 것을 목격한 바울은 이제는 율법 안에가 아니라 예수 안에 하나님의 구원 사건이 이루어졌다는 복음이 자기에게 계시된 것으로 깨달았으며, 그리하여 그 즉시 그의 선교 사역 초기부터 이방인을 향해 '율법에서 자유한 복음'을 선포하기 시작했던 것이다. 데살로니가전서에 율법의 행위 없이 의롭게 된다는 교리가 들어있지 않다는 사실이, 이 교리가 바울의 선교 후기에 유대주의자들과의 충돌 과정에서 뒤늦게 계발된 교리라는 것을 증명하지 못한다. 다만 그것은 당시 데살로니가 교회 내에 존재하던 문제는 율법에 관련된 것이 아니었고, 그래서 바울이 이 교회에 보내는 서신에는 이 문제를 언급할 필요가 없었기 때문이었다.[14] 이렇게 다메섹 사건과 관련된 바울 자신의 자전적 진술을 고찰해 보면 바울의 칭의 교리 - 율법의 행위로가 아니라 '은혜로만'(sola gratia), '믿음으로만'(sola fide) 의롭다 함을 받는다 - 는 바울의 그리스도인으로서와 사도로서의 전 생애를 통해, 처음부터 그의 복음 안에 완전한 모습을 갖추고 있었음을 알 수 있다. 갈라디아서 1:11ff., 빌립보서 3:4ff., 고린도전서 15:8ff. 및 다메섹 사건을 서술해 놓는 다른 구절들에서 우리는 바울에 관한 모습을 그려볼 수 있다.[15] 그는 다소에서 히브리 부모 아래 태어났다. 그리고 랍비 가말리엘의 문하에서 수학하기 위해 예루살렘으로 갔다. 그는 바리새파에 속하게 되었는데 아마도 샴마이 학파로 대표되는 강경파였을 것이다. 바리새인으로서 그는 토라와 장로들의 유전에 매우 열심히 헌신하였다. 그가 토라와 장로들의 유전을 배우고 순종하는 데 어찌나 열심이었던지, 예루살렘에서 같이 동문수학하며 동년배를 앞질렀을 뿐만 아니라 '율법에 나타나 있는 의의 기준'으로는 흠이 없는 자였다(빌 3:6). 유대교를 향한 그의 열심은 토

---

**14** (본서 제5장). 몇몇 학자들은 이 교리가 역시 고린도전·후서에 나타나지 않는다는 사실을 지적한다. 그러나 이 주장에 반대하여, 고린도전서 1:30; 6:11, 고린도후서 5:21 등의 단편적 문장들뿐 아니라 고린도전서 1-2장; 고린도후서 3-4장을 보라. 이 교리가 갈라디아서나 로마서에서처럼 여기 고린도전·후서에는 확실하게 표명되어 있지 않은 이유는 데살로니가전·후서와 마찬가지로 고린도전·후서를 집필할 당시 고린도 교회의 문제나 관심사가 그것이 아니었기 때문이다.

**15** 좀 더 자세한 것은 본서 제2장-3장, 이후의 몇 문단과 본서 제7장 주1)에 인용된 저서들, 특히 슈툴마허가 다메섹 사건을 바울의 율법으로부터 자유한 복음의 기원으로 취급한 내용("Ende", pp.19ff)을 비교하라.

라와 장로들의 유전을 위협하는 어떤 변절자라도 심하게 핍박할 정도였다. 그래서 바울은 헬라파 그리스도인들(헬라어를 상용하는 유대인 그리스도인들)이 나사렛 예수를 메시아라 선포하고 그의 이름으로 율법과 성전 의식을 비판한다고 하여 교회를 심히 핍박하였다. 바울의 생각으로는 나사렛 예수가 하나님에 대한 신성 모독죄로 심판을 받아 나무에 달려 죽은 것은 분명히 율법에 따르면 하나님의 저주를 받은 것이었다(신 21:23; 갈 3:13). 그러므로 그리스도인들이 이렇게 십자가에 달린 메시아를 선포하는 것은 도저히 용납될 수 없는 하나님께 대한 모독이요, 율법과 장로들의 유전을 지켜오고 있는 지지자들에 대한 공격 행위였다. 이제 율법이냐 십자가에 달린 메시아냐 - 의 선택에서 율법에 열심인 바리새인인 바울은 그리스도인들을 심히 박해하였다.

바울이 피신 중인 헬라파 유대 그리스도인을 추적하여 다메섹으로 가는 도중에 하나님께서는 나사렛 예수를 높임 받은 하나님의 아들로 계시하였다(갈 1:16). 즉, 십자가에 달려 죽은 나사렛 예수가 부활하신 그리스도의 모습으로 그 앞에 나타나신 것이었다. 그리하여 바울은 부활하신 그리스도를 그의 주(고전 9:1)로, 하나님의 형상(고후 4:4-6)으로 만나게 되었다. 이 부활하고 높임 받은 예수 그리스도와의 만남은 바울의 사상(신학)과 인생에 커다란 변혁을 가져오게 된다. 이 만남에서 그는 그의 복음과 이방인을 향해 이 복음을 전할 사도로서 부르심을 받는다. 무엇보다 바울은 이 만남에서 그리스도인들의 선포가 옳았다는 확신을 가지게 된다. 십자가에 달린 나사렛 예수는 하나님에 의해 죽은 자 가운데서 다시 살아나셨으며, 그는 바로 메시아였다. 유대교에서 메시아의 나타남과 죽은 자의 부활은 종말에 있을 하나님의 구원 행위로 인식되어 왔으며, 그것은 이 세대가 끝나고 새 시대가 시작되는 표정으로 이해되었다. 그러므로 부활하신 그리스도를 만난 바울은 종말, 혹은 메시아의 구원의 시대가 예수 그리스도 안에서 하나님의 구원 행위와 함께 역사 속으로 침범해 들어온 것으로 생각하였다. 그래서 바울은 "때가 차매 하나님께서 그 아들을 보내사"(갈 4:4), "보라 지금은 은혜 받을 만한 때요 보라 지금은 구원의 날이로다"(고후 6:2)라고 선포하였다.

그 다음으로, 바울은 십자가에 달린 나사렛 예수는 율법에 선포된 것과 같이 하나님의 저주를 받은 것(신 21:23)이 아니라, 오히려 그 반대로 하나님에 의해 하나님의 아들로 높임 받은 것(cf. 롬 1:3ff.)이라는 사실을 깨달았다. 이것은 예수 위에 내려졌던 율법의 심판을 하나님께서 파기했다는 것을 의미한다. 이러한 인식에서 출발하여, 바울은 그렇다면 하나님의 뜻의 진정한 대변자는 더 이상 토라가 아닌 그리스도이며, 이제 하나님의 계시는 토라에서 벗어나 그리스도로 대체되었다는 깨달음에 이르게 되었다. 바울은 자신의 이러한 이해를 로마서 10:4에서 "그리스도가 율법의 마침이 되었다"[16]는 말로 표현하고 있다. 이 구절의 중요한 의미는 후에 다시 논하기로 하겠다.

그러나 바울이 다메섹 도상의 그리스도의 나타나심 속에서 깨달은 것이 율법과 십자가에 못 박힌 예수에 대한 새로운 인식만은 아니었다. 다른 한 줄기의 깨달음은 율법을 거역한 자에게 내려지는 정죄 율법의 실질적인 권세에 대한 깨달음이었다. 예수가 명분으로나, 실제로 보나 죄가 없으신(고후 5:21; 롬 8:3) 하나님의 아들, 메시아이신 이상 율법은 예수에게 잘못 저주를 내린 것이었다. 이 사실은 율법은 더 이상 하나님의 뜻을 나타내는 수단으로 존재할 수 없다는 의미를 나타낸다. 그러나 다른 편에서 볼 때, 예수는 실제로 율법의 저주 아래 떨어졌으며 그로 인해 나무에 달려 죽으셨다. 이것은 예수는 그 저

---

[16] Cf. esp., Stuhlmacher, "Ende", p.30; also his 'Achtzehn Thesen zur paulinischen kreuzestheologie', *Rechtfertigung*, Käsemann FS, pp.511ff.; J. Blank, 'Warum sagt Paulus: "Aus Werken des Gesetzes wird niemand gerecht?"', *Evangelisch-Katholischer Kommentar Vorarbeiten*, Heft 1(1969), p.94.

주를 우리를 위해(for us) – 우리의 입장에서(in our place), 우리의 유익을 위해(for our advantage) – 받으셨다는 것을 의미한다. 자신의 생명을 속죄물로 바침으로 말미암아 그리스도는 율법을 완전히 지키지 못하는 우리에게 마땅히 떨어져야 할 율법의 저주에서 우리를 속량하셨다(갈 3:10-13; cf. 벧전 2:24).[17] 이와 같이 다메섹 도상에서 십자가에 못 박히고 부활하신 그리스도를 만난 바울은 '그리스도의 죽음이 하나님의 구원의 사건, 곧 우리의 구원을 위한 속죄 제사였다'는 그리스도인들의 해석을 받아들이게 된다(고전 11:24ff.; 15:3; cf. also 롬 3:25f.). 그리고 바울은 이 해석을 자기 신학의 핵심으로 전개 발전시켰다.[18]

바울은 그리스도의 죽음의 구원사적 중요성을 짧은 문장으로 표현하여 선포하였다: 갈라디아서 3:13; 로마서 8:3; 고린도후서 5:21; 갈라디아서 4:4f.; 로마서 4:25; 5:6-10; 갈라디아서 1:4 등. 로마서 8:3에서 바울은 그리스도가 십자가에 달리신 것은 하나님이 죄에 대해 정죄하신 것이라고 해석한다. 율법은 육신으로 말미암아 연약해져서 우리를 정죄할 수도 없고, 죄와 죽음의 권세로부터 해방시킬 수도 없다. 그러나 하나님은 그 아들을 죄 있는 육신의 모양으로 보내셔서 그 육신 안에서 죄를 정하셨다. 이 어려운 구절 안에 들어있는 바울의 생각을 크랜필드(C. E. B. Cranfield)가 잘 풀이해 놓았다.

---

**17** Cf. Duncan, *Gal.*, pp.231ff.; Oepke, *Gal.*, pp.74f.; Mussner, *Gal.*, pp.231ff.; Schlier, *Gal.*, pp.136ff. 율법과 예수의 십자가 사건에 관련된 그의 사고의 두 주류 사이에는 어느 정도의 불일치가 있다. 심지어 그의 가장 최근의 논문인 'Achtzehn Thesen'에서도 슈툴마허는 이것을 명쾌하게 밝히지 못하고 있다. 그러나 이러한 부조화는 아마도 율법에 대한 바울의 변증적 태도와 밀접하게 관련되어 있다고 본다. 본서, pp.476ff. Cf. A.van Dülmen, *Die Theologie des Gesetzes bei Paulus*(1968), pp.210ff. 바울의 신명기 21:23의 사용이 창세기 22장의 아케다(Akedah)의 사상을 이끌어낸 것인지의 여부는 확실하지 않다(cf. M. Wilcox, "Upon the Tree", *JBL* 96(1977), pp.94ff.).

**18** See Stuhlmacher, 'Achtzehn Thesen', pp.512f. Contra E. Käsemann, 'Die Heilsbedeutung des Todes Jesu bei Paulus', *Paulinische Perspektiven*, p.79.

'바울은 그리스도의 죽음을 하나님께서 그리스도의 육신(flesh), 곧 그리스도의 인성(human nature) 안에' 하나님의 죄에 대한 진노의 전 분량을 지게 하셔서 전 인류의 모든 죄를 감당케 하심으로 말미암아 다른 육신은 그 진노를 받지 않도록 하는 구원의 사건으로 생각하였다.[19] 그러므로 그리스도 안에 있는 자, 생명을 주는 영의 지배 아래 있는 자들에게는 정죄함이 없다. 하나님이 죄를 정죄한 것은 우리 안에 율법의 요구가 채워져서, 우리가 죄와 죽음의 율법의 사슬에서 벗어나 더 이상 육신을 좇지 않고 성령을 좇아 살게 하려 하심이다.

갈라디아서 3:13이나 로마서 8:3과 비슷하게, 바울은 고린도후서 5:21에서 "하나님이 죄를 알지도 못하신 이를 우리를 대신하여 죄로 삼으신 것은 우리로 하여금 그 안에서 하나님의 의가 되게 하려 하심이라"고 말한다. 여기 '하나님의 의'(δικαιοσύνη θεοῦ)에서 소유격 '데우'(θεοῦ)는 필경 qen. auctoris(저자를 나타내는 소유격)로서, 하나님에 의해 주어지는 의를 말하는 것일 것이다. 그리고 '히나'(ἵνα)가 이끄는 절과 함께 이것은 "우리는 그 안에서 하나님에 의해 의롭다 함을 받는다"(We might be justified by God in him), 혹은 좀 더 나은 해석으로 "우리는 그 안에서 하나님에 의해 의인이 된다"(We might become the Justified of God in him)라는 의미를 나타낸다.[20] 여기 하나님이 죄

---

**19** Cranfield, *Romans*, p.383. 만일 여기 περὶ ἁμαρτίας가 70인경에서와 같이 속죄제물 (חטאת)이나 속건제물 (אשם)의 의미를 가진 전문 숙어로 사용된 것(예컨대 레 5:6; *et passim*; 사 53:10; cf. also 히 13:11)이라면 이러한 해석이 좀 더 명백하게 되었을 것이다. 많은 주석가들이 해석하듯이 이 문구가 '죄를 위하여', 혹은 '죄를 다루기' 위하여라는 뜻이라면(e.g., Michel, *Römer*, p.190; Cranfield, *Romans*, p.382), 그것은 문맥 안에서 하나의 pleonasm일 것이다: so Käsemann, *Römer*, p.206. See also RV; NEB; Bruce, *Romans*, p.161(also p.37); Schweizer, υἱός, *TDNT* viii, p.383; 'Die "Mystik" des Sterbens und Auferstehens mit Christus bei Paulus', *EvTh* 26(1966), p.256; cf. also Stuhlmacher, 'Achtzehn Thesen', p.512.

**20** So Bultmann, *Der zweite Brief an die Korinther*(1976), p.167; Windisch, *2.Kor.*, pp.198f.; Barrett, *2Cor.*, pp.180f.; Bauer-Amdt-Gingrich, s.v.3; and most commentators. Differently Stuhlmacher, *Gerechtigkeit*, pp.74ff.

를 알지도 못하는 그리스도로 '죄'를 삼으셨다는 것은 무슨 뜻인가? 바렛은 이것은 '그리스도가 죄로 인해 당연히 초래되는 결과인 하나님과의 관계는 깨어지고 그의 진노의 표적이 되는 자리에 서게 되었다'라는 의미라고 해석한다.[21] 그렇다면 그리스도가 우리를 위해 진노의 표적이 되었다는 것은 무슨 의미인가? 그것은 죄 없는 그리스도가 '우리를 위해'(for us), 즉 우리의 입장에서(in our place), 우리를 대표하여(on our behalf), 우리의 유익을 위해(for our advantage) 우리 죄를 지고 하나님의 진노를 당하셨다는 말이다. 이것이 바렛이 고린도후서 5:21a에 대한 해석을 통해 이끌어 내려 의도했던 결론은 아닐지 모른다. 그럼에도 불구하고 이 결론은 정확한 것으로 보인다. 갈라디아서 3:13, 로마서 8:3에서와 같이 여기 구절에서도 바울은 그리스도는 우리의 대신(substitute), 대표(representative)로 죄값을 치르느라 십자가의 형벌을 당하셨고[22] 그래서 우리는 그리스도와 우리를 연합시키는

---

21 Barrett, *2Cor.*, p.180.

22 Cf. Windisch, *2.Kor.*, pp.196ff.; Hughes, *2Cor.*, pp.211ff.; Bultmann, *2.Kor.*, pp.166f.; *Theology* i, pp.286f.; Morris, *Preaching*, pp.56ff., 281; W. Pannenberg, *Jesus-God and Man*(1968), pp.258-280(esp.p.265); H. Riesenfeld, ὑπέρ, *TDNT* viii, pp.509f. 그 구절의 두 번째 ἁμαρτία에서는 아마도 바울이. 70인경에서 종종 그러하듯이, '속죄제물'(sin-offering) 또는 '속건제물'(guilt offering)의 의미를 포함하였으며, 특히 이사야서 53장을 염두에 두고 있었던 것 같다(So Burce, *Cor.*, p.210; Cullmann, *Christology*, p.76; also Lohse, *Märtyrer*. p.154(n.2); cf. also Pannenberg, op.cit., p.265). 이 부분의 우리 성경 해석이 어떻게 하여 후커(M. D. Hooker)의 'Interchange in Chris' *JTS* 22(1971), pp.349-361에서 보여주는 주석과 의견을 달리하는지 명백히 해야 하겠다. 그녀는 십자가를 '그리스도의 삶 전체를 성격 짓는 순종의 완성으로 여기며 그것은 성육신에 의해 가려진다'(p.358)고 한다. 이러한 이유 때문에 그녀는 바울의 다음과 같은 진술 안에 들어있는 언어를 올바로 설명하지 못한다: 그리스도께서 '우리를 위하여 저주를 받은 바 되셨다'(갈 3:13); '하나님께서 (그리스도의) 육신의 죄를 정죄하셨다'(롬 8:3); '하나님께서 그를 죄로 삼으셨다'(고후 5:21). 바울의 신학에 있어서 십자가의 중심성에 관하여는 슈툴마허의 'Achtzehn Thescn'을 보라. '그리스도는 우리로 (그 안에서) 그와 같이 되게 하기 위하여 우리와 같이 되셨다'(Christ became what we are, in order that (in him)we might become what he is)(Hooker, op.cit., p.354, 그 뒤로도 계속 유사한 표현이 나온다)는 말은 옳다. 그러나 이 구도는 그리스도가 우리와 같이 된 것

이 어떻게 하여 (왜) 우리가 그와 같이 되는 결과를 가져오게 되는지에 대한 핵심적인 문제를 간과하고 있는 이상은 불완전한 것이다(예. pp.350f.에 나타나 있는 그녀의 당혹감을 보라). – 그런데 이것은 바울의 진술에 명백하게 함축되어 있다. 이리하여 우리는 그녀의 이 말을 '화목에 대한 바울의 이해를 푸는 진정한 열쇠'라고 취할 수가 없다(p.358). 우리는 또한 '그리스도가 고난 받은 것은 인간을 대신해서라기보다는 인간을 대표하여 받은 것'이라는 그녀의 진술(p.358, 후커에 의해 강조됨)도 부인한다. 만일 한 사람의 죄인이 다른 죄인들을 위하여 고난 받았다면, 그렇게 하여 그 사람이 죄 사함을 받았다면 물론 그의 고난은 대신적 성격보다는 대표적 성격을 지닌다. 그렇지만 만일 죄 없는 한 사람이 죄인들을 위하여 고난 받아서 죄인들이 그 죄의 사함을 받게 되었다면 그의 고난은 분명히 그 대표적(representative)인 성격만큼 대신적(substitutionary) 또는 대리적(vicarious) 성격을 지니는 것이 아닌가? 우리는 그녀의 다음과 같은 진술이 이례적임을 발견하게 된다: '하나님과 인간 사이에 화목을 이룬 것은 밖으로부터의 구세주의 사역에 의한 것이 아니라 (물론, 그것은 하나님의 목적 안에서 비롯된 것이기는 하지만 말이다) 인간 본성 내의 완전한 사랑과 순종의 결과 달성된 것이다'(p.358). 이것이 바울이 고린도후서 5:14-21에서 말하고 있는 것인가? (다른 본문들은 언급할 것도 없이) 비슷한 이유로 우리는 휘틀리(Whiteley)가 이 본문을 속죄에 대한 그의 '참예'이론의 관점에서 해석하려는 시도에 동의할 수 없다 (그의 해석은 후커의 해석과 비슷하다)(Whiteley, *Theology*, pp.130ff.). 이러한 본문들 안에서 우리는 바울이 그리스도 안에 이루어진 구원을 이해하는 데 있어서의 배경으로 '첫 열매의 가정'을 찾아볼 수 없다. J. D. G. Dunn, 'Paul's Understanding of the Death of Jesus', *Reconciliation and Hope*, 모리스(Morris FS, pp.123-141) 역시 바울의 예수의 죽음에 대한 견해를 대신적 성격으로보다는 대표적 성격으로 해석하려 한다. 우리 생각으로는 그는 후커와 휘틀리의 시도에서 한걸음 더 나아가 예수의 죽음에 관한 바울의 견해를 구약/유대교 안에서의 희생제사의 개념, 속죄제물과 희생양의 시각에서 설명한다. 그런데 그 설명은 우리로 하여금 예수 죽음의 대표적 및 대신적 성격들 모두를 분명하게 인식하게 한다. 던은 이 점을 인정한다(p.140; cf. also p.136). 그러나 그는 대표적 성격에 기울어져 그것으로 이치에 맞지 않는 논리를 개진함으로써 대신적 성격을 약화시키려 한다(pp.140f.). 던은 또한 예수의 죽음에 대한 바울의 해석 중에서 걸림돌 되는 형벌 언어(롬 8:3의 '정죄하다'; 갈 3:13의 '저주'; 고후 5:21의 '죄')를 간과해 버리고 그것은 단순한 내재적 과정이라고 대체해 버림으로써 예수 죽음의 정벌의 성격을 약화시키려 한다: '하나님의 진노는 죄의 가득 찬 파괴적인 결과가 작용하여 예수 안에서 그것들을 배출되도록 함으로써 죄를 파멸시키신다' – 이에 대해 던은 '예방 주사'에서 별난 '유사성'을 발견한다(p.139). 이것이야말로 던 자신이 그렇게도 비난하던(pp.131, 141), 바울 사상 중 길림이 되는 것을 제거해 버리는 일이 아닌가? Cf. Stuhlmacher, 'Achtzehn Thesen', pp.512f.; H. Ridderbos, 'The Earliest Confession of the Atonement in Paul', *Reconciliation and Hope*, Morris FS, pp.79ff. See Pannenberg, *Jesus-God and Man*, pp.258ff., 그는 특히 pp.264ff에서 예수의 죽음의 대리적 개념을 부정하는 현대의 도덕적 개별주의를 반대한다.

믿음과 세례로 말미암아 하나님의 심판대에서 죄 없다 함을 얻게 된다고 말하고 있다.

갈라디아서 4:4f.도 이러한 맥락에서 이해해야 한다. 바울은 하나님이 자신의 정하신 때가 차매 그의 선재하신 아들을 보내사 여자에게 나게 하시고 율법 아래 나게 하셨다고 한다. '여자에게 나게 하셨다'(γενόμενον ἐκ γυναικός)란 선재하신 아들이 인간, 곧 다른 모든 인간과 다른 바 없는 똑같은 진짜 인간이 되었다는 말이다. '율법 아래 나게 하셨다'(γενόμενον ὑπὸ νόμον)는 첫째로는 선재하신 아들이 유대인, 즉 율법의 굴레 아래 율법의 종으로 태어났다는 의미이다. 이것은 '율법 아래 있는 자'를 속량하기 위함이었다. 그러나 왜(혹은 어떻게) 아들이 율법 아래 낳은 것이 율법 아래 있는 자들을 속량하는 결과를 가져오게 되는가? 그것은 '율법 아래 나게 하셨다'(γενόμενον ὑπὸ νόμον)의 더 깊은 의미를 고찰해 봄으로써 알 수 있다. 이미 갈라디아서 3:13에서 바울은 그리스도가 율법에 종속된 것이 무엇을 의미하는가를 설명해 놓았다. 하나님의 아들인 예수 그리스도는 우리 대신(vicariously), 대표(representatively)로 율법의 저주를 받음으로 말미암아 율법의 저주에서 우리를 속량했다. 그래서 율법은 더 이상 율법 아래 있는 자들에게 어떠한 요구도 할 수 없게 되었다.[23] 여기서 '율법 아래 있는 자'들은 유대인만이 아니라 유대인이나 이방인이나 가릴 것 없이 '이 세상의 초등학문 아래'(ὑπὸ τὰ στοιχεῖα τοῦ κόσμου) - 여기에는 토라도 속한다 - 모든 인간을 가리킨다. 율법으로부터 속량 되었다는 것은 적극적 의미로는 하나님의 자녀로 입양되었

---

23 갈라디아서 3:13; 4:4f.와 병행하는 본문으로 골로새서 2:13f.가 있다: '또 범죄와 육체의 무할례로 죽었던 너희를 하나님이 그와 함께 살리시고 우리의 모든 죄를 사하시고 우리를 거스르고 불리하게 하는 법조문으로 쓴 증서를 지우시고 제하여 버리사 십자가에 못 박으시고 통치자들과 권세들을 무력화하여 드러내어 구경거리로 삼으시고 십자가로 그들을 이기셨느니라'(cf also 엡 2:14f.).

다는 의미이다.[24]

로마서 3:21-26은 '우리는 율법을 행함으로가 아니라 믿음을 통해 은혜로만 의롭다 함을 얻는다'고 하는 바울의 칭의 교리를 잘 표현하고 있다. 바울은 여기서 그리스도의 죽음에서 일어난 구속의 사건이 우리가 의롭다 함을 받는 기반이 된다고 제시한다: 모든 사람은 그리스도 예수 안에 있는 구속으로 말미암아 의롭다 함을 얻는다(v 24), 25-26절에서 바울은 하나님께서 예수 그리스도를 믿는 자들을 의롭다 하시기 위해 어떻게 구속 사건을 이루셨는가를 설명한다. 짤막하지만 문체적으로 뚜렷이 드러나는 이 구절은 바울의 칭의와 속죄의 교리를 이해하는 데 있어서 상당히 어렵고도 중요한 자료를 제공한다. 따라서 이 구절에 대한 해석들도 다양하게 나타난다. 이 여러 가지 해석들 중에 어느 것 한 가지를 지적하여 분명히 옳은 해석이라고 결론짓기는 거의 불가능하다. 혹 어떤 학자가 자기 자신이 확실하다고 확신할 수 있는 해석을 얻어내기 위해서는 아마도 이 구절을 따로 취해 그 해석만을 위한 논문을 작성하는 데 온 노력을 기울여야 할 것이다. 여기에서 그러한 작업을 할 수는 없다. 그래서 이 구절에서 바울이 의도하는 바를 그 중 가장 잘 나타낸다고 볼 수 있는 최근의 로마서 주석 중에서 두 가지를 여기 제시하고자 한다. 그 하나는 크랜필드의 것인데, 이는 기본적으로 전통적 해석 방법을 따르고 있다.[25] 다른 하나는 현대 독일 신학계의 해석 방법을 대표한다고 볼 수 있는 케제만의 것이다.[26] 여기 그들의 서로 다른 해석을 보여주는 25절에 대한 그들 나름대로의 번역을 실어본다.

---

[24] Schlier, *Gal.*, pp.194ff.; Mussner, *Gal.*, pp.268ff.; Bultmann, *Theology* i, p.297; Blank, *Paulus*, pp.269f.; Schweizer, υἱός *TDNT* viii, pp.383f. 등도 갈라디아서 4:4에 대하여 이와 같은 해석을 한다. 갈라디아서 4:4과 로마서 8:3에 '하나님의 아들' 칭호가 쓰인 것의 의미심장함에 관하여는 본서 pp.201ff.를 보라.

크랜필드: '…23 모두가 죄를 지어 하나님의 영광을 잃었다. 24 그래서 그리스도 예수 안에 완성된 구원으로 그의 은혜에 의하여 값없이 의롭다함을 얻는다.[25] 25 하나님은 그리스도의 피를 흘림으로 말미암아 그를 속죄의 제물(propitiatory sacrifice)로 삼았다. 그런데 그 덕은 우리가 믿음으로 얻게 된다. 그것은 자기의 의로 우심을 증거하시기 위함이었다. 이는 하나님이 오래 참으시는 가운데 과거의 죄를 간과해 오셨기 때문에 필요한 것이었다. 26 즉[26] 지금 현재 자신의 의로우심을 증거하셔서 그가 예수를 믿는 자를 의롭다 하시는 것도 의로우신 행위임을 나타내기 위함이었다.[27]

케제만: '… 23 모두가 범죄하매 하나님의 영광을 잃었다. 24 (그래서) 그들은 값없이 그의 은혜에 의해 그리스도 예수 안에 있는 구속으로 말미암아 의롭게 된다. 25 하나님은 그리스도를 속건 제물로 공개적으로 내놓으셨다. 그것은 그의 피로 말미암아 믿음으로(취해지는 것이다). 26 (이것은) 그의 의를 보여주기 위해 (일어난 것인데). 그리하여 하나님의 오래 참으심 중 저질러진 죄책들이 제거된 것이다. 즉, 이 현재의 운명적 시간에 그의 의를 보여 주심, 즉 그가 의롭고 예수에 대한 믿음으로 사는 자를 의롭다 하심

---

**25** Cranfield, *Romans*, pp.208-218. Barrett, *Romans*, pp.72-80; Kuss, *Römer*, pp.155-161; Murray, *Romans*, pp.116-121; Ridderbos, *Paulus*, pp.123ff.; cf. also Bultmann, *Theology* i, p.295.도 비슷하게 해석한다.

**26** Käsemann, *Römer*, pp.89-94. 예컨대 W. G. Kümmel, '$\epsilon\pi\alpha\rho\epsilon\iota\varsigma$ und $\H{\epsilon}\nu\delta\epsilon\iota\xi\iota\varsigma$', *Heilsgeschehen und Geschichte*, pp.260-270; Lohse, *Märtyrer*, pp.149-153; K. Kertelge, "Rechtfertigung" *bei Pauius* (1971), pp.48-62, 81-84; Bomkamm, *Paulus*, p.149; Stuhlmacher, 'Zur neueren Exegese von Röm 3, 24-26', *Jesus und Paulus*, Kümmel FS, pp.315-333 등도 같은 식의 해석에 속한다. 그렇지만 이와 같은 두 가지 그룹 안에서도 세세한 점에 있어서는 학자마다 다양한 견해가 있음은 두말할 나위가 없다.

**27** Cranfield, *Romans*, p.201. 여기의 고딕체의 글자들은 크랜필드가 헬라어 원어를 영어로 옮기는 데 있어서 숙어적이고 지적인 번역을 하기 위하여 원문에 삽입해 넣은 것이다.

을 보여 주심을 위해(일어난 것이다).'[28]

크랜필드는 v.25f.의 '디카이오쉬네'(δικαιοσύνη)를 하나님의 의로우신 본성(본질) 혹은 법적인 개념으로의 의라고 본다. 이 해석에 의하면 이 구절에서 나타내고자 하는 주제는 어떻게 공의로우시며 동시에 자비로우신 하나님이 자신의 공의로 불의와 타협치 않으신 채 죄인을 의롭다 하실 수 있는가 하는 문제이다. 하나님은 과거에 죄인들의 회개를 기대하며 죄를 간과(πάρεσις)하시는 가운데 죄인들에게 마땅히 떨어져야 할 그의 진노를 자제해 오셨다(롬 2:4; 행 17:30). 그러나 하나님이 이렇게 죄인의 죄를 간과하심으로 말미암아 공의로우시다는 하나님의 본성에 의문이 제기되었다. 진정으로 자비로우신 하나님은 죄인들을 기꺼이 용서하시길 원하셨다. 그러나 동시에 공의로우신 하나님은 죄인을 용서하시되 의로운 방법, 즉 자신의 공의로움에 걸림이 되지 않는 방법으로 용서하셔야 했다. 그리하여 하나님은 그리스도를 속죄의 제물로 삼으시고, 그에게 죄인들에게 마땅히 떨어져야 할 하나님의 진노를 대신 당하게 하셨다. 하나님의 이러한 구원의 행위는 그때까지 그가 과거의 죄인들의 죄를 간과해오심으로 제기된 의문의 답변으로 그의 공의로움을 증거(ἔνδειξις)하기 위해 필요했던 것이었다. 더 나아가 그것은 또한 지금 현재-그리스도 안에서 구원의 시대가 이 세대 안으로 이미 침범해 들어온 이 시간-에 그의 의를 나타내시는 데도 필요하였다. 그것은 예수를 믿는 죄인들을 의롭다 하 시는 것도 그의 의로우신 행위임을 증거하기 위함이었다. 즉, 그것은 하나님이 자신의 공의로운 본성의 양보함 없이 의로우신 방법으로 죄인에게 의롭다 함을 주기 위함이었다.

그러나 케제만은 '디아 피스테오스'(διὰ πίστεως, 믿음으로 말미

---

**28** Käsemann, *Römer*, p.84.

암아)를 제외한 25-26절은 유대 그리스도인의 전통적 예배의식 중 일부로서, 바울이 그것을 빌어와 v.26bc를 첨가함으로써 다소 다른 의미를 부여한 것이라고 본다. 여기서 '엔데익시스'($\check{\epsilon}\nu\delta\epsilon\iota\xi\iota\varsigma$)는 두 번 모두 '증거하다'(to prove)가 아니라 '보여주다'(to show)이고 '파레시스'($\pi\acute{\alpha}\rho\epsilon\sigma\iota\varsigma$)는 '간과하다'(passing over)가 아니라 '아페시스'($\check{\alpha}\phi\epsilon\sigma\iota\varsigma$)와 같이 '용서하다'(pardon)라는 뜻이며, '텐 파레신'($\tau\grave{\eta}\nu$ $\pi\acute{\alpha}\rho\epsilon\sigma\iota\nu$)는 '용서를 통하여'라는 뜻이다. 하나님의 '디카이오쉬네'($\delta\iota\kappa\alpha\iota\sigma\sigma\acute{\nu}\nu\eta$, 의)는 그의 본성의 공의로우심을 뜻하는 것이 아니라 그의 신실하심을 의미한다. 그래서 하나님이 그리스도를 속죄제물로 삼으신 것은 하나님이 이스라엘의 과거의 죄를 용서하심으로써 하나님과 이스라엘의 계약 관계에서 하나님의 신실하심을 보여주시기 위함이었다는 것이 본래 전승에서 의도하는 바였다. 그러나 바울은 유대 그리스도인의 전승에 v.26bc를 첨가함으로써 그리스도의 죽음 안에서 이루어진 화목의 의미에 대한 유대 그리스도인들의 전통적 해석 - 이스라엘의 과거의 죄를 용서하시고 이스라엘과의 언약을 종말에 다시 회복시킨다는 약속의 이루심이라는 - 에서 더 나아가 예수를 믿는 자는 누구나 의롭다 하시는 하나님의 전 피조물에 대한 신실하심을 나타내는 것이라고 확대 해석한다.

로마서 3:25ff.의 이 난해한 본문을 어떤 식으로 해석하든 분명한 것은 바울이 '십자가상에서의 그리스도의 죽음은 그 죽음을 통해 우리를 용서하시고 의롭다하시기 위해 하나님께서 제정하신 방법'이라고 이해하였다는 점이다(cf. 롬 5:5-11). 하나님이 그리스도를 화목제물 혹은 속죄제물로 내어주신 것은 타락한 인류를 위한 하나님의 구원 행위였다.

이렇게 그리스도의 죽음이 하나님의 구원 행위였다는 것을 깨달은 바울은 곧 '율법으로 (또는 율법의 행위로) 의롭다 함을 받을 사람이 없다'는 인식에 이르게 된다(갈 2:16; 3:11; 롬 3:20). 이러한 인식은 열성적 바리새인이었던 바울에게는 완전히 혁명적 사건이었다. 이 깨달음에는 몇 가지 핵심적 내용이 들어 있다.

첫째, 바울은 우리가 이미 살펴본 바와 같이, 예수 그리스도의 십자가상에서 예수에게 내려졌던 율법의 판결을 하나님이 완전히 뒤엎으셨으며 그러므로 예수는 진정한 하나님의 뜻을 계시하는 자로 율법을 능가한다는 사실을 이해하게 되었다.[29]

둘째, 바울은 그의 율법에 대한 열심은 오히려 십자가에 달리시고 부활하신 하나님의 뜻을 거역하고 그리스도의 증인들을 박해하는 죄를 범하게 할 뿐이었다는 사실을 깨닫게 되었다.[30] 열성적 바리새인이었던 바울은 율법의 인도함을 받아(신 21:23; 민 25:1-18; 시 106:28-31 등),[31] 그의 눈에는 도무지 율법에 대한 배도자로밖에 비치지 않는 그리스도인들을 핍박하였다. 그리하여 바울은 율법은 역설적으로 인간을 죄와 정죄함으로 인도할 뿐 의와 생명으로 인도하지 못한다는 사실을 발견하게 되었다(cf. 갈 2:19ff; 3:19ff.; 롬 5:20; 7:5; 8:3). 이것은 실로 혁명적 통찰이었다!

셋째, 그래서 바울이 예전에 성취하기를 희망했고 또한 사실은 율법을 지킴으로 말미암아 스스로 달성했다고 뽐내왔던 – '율법 안의'($\dot{\epsilon}\nu\ \nu\acute{o}\mu\tilde{\omega}$) 의로는 흠이 없던 의($\dot{\iota}\delta\acute{\iota}\alpha\ \delta\iota\kappa\alpha\iota\sigma\sigma\acute{\nu}\nu\eta$)가 이제는 의가 아닌 것으로 드러났다. 하나님으로부터 오는 의에 비추어 볼 때 자신이 생각했던 의는 기껏 '잃어버린 것'($\zeta\eta\mu\iota\acute{\alpha}$)이나 배설물'($\sigma\kappa\acute{\upsilon}\beta\alpha\lambda\alpha$)에 지나지 않았다(빌 3:6-9).

넷째, 바울은 사실 아무도 율법을 완전히 지킬 수 없다는 것을 발견하였다. 로마서 1:18-3:20의 대기소장에서 바울은 유대인이나 이방인

---

**29** So Stuhlmacher. "Ende". p.30; Blank. 'Warumsagt…'. p.94.

**30** So Grundmann, 'Paulus'. pp.270f.; Stuhlmacher. "Ende", pp.50f.; F. F. Bruce, 'Paul and the Law of Moses' *BJRL* 57(1975), p.262.

**31** 본서 pp.87ff.

이나 가릴 것 없이 모든 인간이 죄인이며, 그것은 그들이 율법을 지키지 않거나 혹은 하나님의 뜻에 따른 선한 일을 행하지 않기 때문이라 강변한다(롬 3:9, 23). 모든 인간의 이러한 실제적인 죄는 로마서 3:20에서 바울이 율법의 행위로 하나님 앞에 의롭다 함을 받을 사람이 없다고 천명하는 근거가 된다.[32] 그들의 율법의 행위는 다만 그들이 의롭지 못한 죄인임을 드러낼 뿐이다. 이러한 논지는 적어도 이론상으로는 율법을 온전히 지키는 자는 의롭다 함을 받을 수 있다는 것을 전제한다. 즉, 율법의 행위로 의롭다 함을 받지 못한다는 것은 유대인이든 이방인이든 인간은 아무도 율법을 온전히 지키지 못하기 때문이라는 말이다. 바울의 가르침에 종종 분명한 유대교적 교리가 반영되어 있음을 볼 수 있다(롬 2:7-13; 10:5; 갈 3:12). 이것은 다시 말해 율법은 아직도 하나님의 뜻의 진정한 계시이며 의와 생명을 얻기 위한 도구가 될 수 있다는 뜻이다. 실제로 바울은 율법이 거룩하고 의롭고 선하며 신령한 것으로서 생명에 이르게 할 것이라고 말하기도 한다(롬 7:10ff.). 그러나 율법과 칭의에 대한 이러한 가르침은 왜 율법을 행함으로는 의롭다 함을 얻지 못하는가에 대해 위에서 언급한 세 가지 이유와 조화되지 않는 듯이 보인다. 여기서 우리는 바울의 율법에 대한 변증적 이해와 맞닥뜨리게 된다. 이 복잡한 문제에 대하여는 많은 잉크가 소모되어 왔다.[33] 그러나 아직도 그것이 선명하게 밝혀지지 못하고 있다. 이러한 상황에서 우리는 슈툴마허에게서 비록 완전히 만족스럽다 할 수는 없으나 가장 문제성이 적다고 생각되는 설명을 발견

---

**32** Cf. U. Wilckens, 'Was heißt bei Paulus: "Aus Werken des Gesetzes wird kein Mensch gerecht"?' *Rechtfertigung als Freiheit*, pp.77-109.

**33** 본서 pp.475f에 인용된 논문들 이외에 Bultmann, *Theology* i, pp.259 -269; C. E. B. Cranfield, 'St. Paul and the Law', *SJT* 17(1964), pp.43-68; O. Kuss, 'Nomos bei Paulus', MThZ 17(1966), pp.173-227; A. van Dülmen, *Die Theologie des Gesetzes bei Paulus*; F. Hahn, 'Das Gesetzesverständnis im Römer und Galaterbrie', *ZNW* 67(1976), pp.29-63을 보라.

하게 된다.[34]

슈툴마허는 우선 하나님의 뜻과 모세의 율법을 구분함으로써 그의 논증을 시작한다. 하나님의 선한 의지는 본래 '생명으로'($\epsilon\iota\varsigma\ \zeta\omega\acute{\eta}\nu$) 이르게 하려는 것이었다(롬 7:10). 다시 말해 하나님이 인간에게 주신 생명을 보전하게 하시려는 것이 그 본래 의도였다. 그러나 아담이 이 선한 의지를 거역하였다. 이 타락으로 말미암아 죄와 죽음이 이 세상으로 들어오게 되고, 그리하여 생명을 위한 하나님의 본래 선한 의지는 죽음의 선고가 되고 말았다. 그래서 처음부터 하나님의 의지만으로는 인간의 생명을 보호할 수가 없었다. 그것은 인간이 '스스로를 주장하려는 의지'에 사로잡히고 죄의 주권 아래로 떨어졌기 때문이었다(롬 7:7ff.). 이렇게 죄로 인해 왜곡된 하나님의 뜻이 바로 모세를 통해 주어졌던 율법이었다(롬 5:13f. cf. 갈 3:19f.). 그러므로 율법 안에 하나님의 뜻 - 비록 그것이 왜곡되고 감추어진 형태로이긴 하지만 - 이 아직도 들어 있다. 그래서 율법은 모든 사람을 그리스도에게 인도하기 위해 죄 아래 가두는 초등교사로서의 구속사적 기능을 갖는다. 하나님의 아들이 보냄을 받음으로 종말론적 상황이 벌어졌다. 하나님의 아들은 토라의 저주를 대신 짊어지셨다. 십자가는 하나님의 선한 의지의 왜곡된 그림이었던 율법의 마침이 되었으며, 곧 그것은 하나님의 선한 의지가 죄의 사슬에서 자유로워졌음을 의미한다. 그리스도는 이제 자유로워진 하나님의 의지를 대표한다. 그리스도 안에서 하나님의 선한 의지는 다시금 생명을 얻게 하는 역할을 하게 된다. 그리스도는 이제 새로운 아담으로서 타락 이전의 낙원을 그 안에 혹은 그에게 회복시키실 분이다. 그러나 아직 '그리스도의 법'($\nu\acute{o}\mu o\varsigma\ X\rho\iota\sigma\tau o\hat{u}$)은 다만 그리스도의 몸(즉 교회) 안에서만 하나님의 의지를 실현하고 있다. 이 '그리스도의 법'($\nu\acute{o}\mu o\varsigma\ X\rho\iota\sigma\tau o u$)은 '육체'($\sigma\acute{a}\rho\xi$)를 거슬러 세례를 받

---

**34** Stuhlmcher, *Gerechtigkeit*, pp.94 -97; also "Ende", pp.35f. For a criticism of this view, see Hahn, 'Gesetzesverständnis', pp.61f.

은 그리스도인들에게 주어진 생명과 의를 보전하는 기능을 가진다. 그러나 그것은 생명 자체를 부여하는 권세는 아니다. 그리스도의 빛 안에서 – 모세의 율법 안에도 역시 있었으나 죄에 묶여 종노릇하던 사랑의 계명을 볼 수 있다. 이러한 하나님의 의지의 연속성으로 인해 바울은 그리스도의 법 안에서 모세의 율법에 보전되어 온 하나님의 진정한 의도를 보고(롬 13:9f.; 갈 5:6), 그리스도인들의 순종에서 하나님이 원하시는 방법으로 율법의 요구가 성취되었음을 깨달은 것이다(롬 8:4).

이렇게 바울이 모세의 율법이 하나님의 선한 의지를 왜곡되고 감추어진 형태로 담고 있다고 보았다는 슈툴마허의 해석이 옳다면 율법에 대해 바울이 의도하는 바는 누구도 율법을 지킴으로는 – 비록 온전히 지킨다고 할지라도 – 의롭다 함을 얻지 못함에 틀림없다. 바울이 율법을 온전히 순종하면 의롭다 함을 받을 수 있으리라고 말할 때는 모세의 율법 안에 들어 있는 하나님의 선한 의지를 고려하고 말한 것임이 분명하다. 그러나 모세의 율법 안에 이 하나님의 선한 의지가 죄로 인해 왜곡되어 있으며, 또한 하나님 앞에 인간 자신의 의와 자랑 ($καύχησις$)을 세우려는 육신의 의지에 사로잡혀 있기 때문에 아무도 하나님의 선한 의지를 실제로 하나님이 원하시는 방법으로 지킬 수가 없는 것이다.[35] 전 인류의 실제적인 범죄는 이 인간의 불가능성의 증세가 겉으로 드러난 것일 뿐이며 이것은 근본적으로 인간 존재와 율

---

[35] 빌켄스는 바울이 '율법의 행위로는 아무도 구원받을 자가 없다고' 한 말의 유일한 근거는 모든 인간의 실제상의 죄라고 하여 한쪽 측면만을 강조한다. 그리하여 그는 바울의 율법 자체에 대한 변증법적 이해를 보지 못하고 있다. 이 비평에 관하여는 Stuhlmacher, "Ende", p.36(n.46); Hahn, 'Gesetzesverständnis', p.61; also Blank, 'Warum sagt⋯', p.89를 보라. 반면에 블랭크는 그리스도 안에 이루어진 구원의 사건이 율법 자체에 위기를 가져온 것이라고 강조하여 빌켄스 연구의 긍정적인 측면까지도 과도하게 평가절하하고 결국에는 바울의 율법에 대한 변증적 이해를 불트만의 방식대로 (*Theology* i, pp.259-269) 인간론적인 변증, 곧 인간 존재에 관한 변증적 이해로 귀착시켜 버렸다(Ibid, pp.88ff.).

법의 심오한 문제로부터 나온다.[36] 그래서 아무도 사실은 율법의 행위로 구원받을 수 없다(갈 2:16; 롬 3:20) – 또한 이 말은 사실상 율법으로는 아무도 구원받을 수 없다는 의미이다(갈 3:11). 우리가 여기서 바울의 신학 중 율법의 문제를 명쾌하게 해명해 내었다고 말할 수는 없다. 그러나 한 가지 의심할 여지없는 명백한 사실은 바울이 다메섹의 계시에서 '아무도 율법으로는 (혹은 율법의 행위로 는) 의롭다 함을 받을 수 없다는 깨달음을 얻었으며 그래서 그는 율법 자체의 문제점을 직시하게 되었다는 것이다.[37]

'아무도 율법으로 (혹은 율법의 행위로) 의롭다 함을 받을 수 없다'는 인식과 '그리스도의 죽음과 부활[38]은 우리를 위한 구원의 행위였다'는 깨달음에서 바울은 논리적으로 다음과 같은 이해에 도달하게 된다: '그러나 이제는 율법 외에($\chi\omega\rho\grave{\iota}\varsigma\ \nu\acute{o}\mu o\upsilon$) 하나님의 의가 나타났다(롬 3:21).' 여기 율법 외에 하나님의 의가 나타났다는 말은 그것이

---

**36** Cf. Blank, 'Warum sagt⋯', p.89.

**37** Cf. Ibid., pp.91, 94; Stuhlmacher, "Ende".그리하여 바울에게 있어서 율법은 해결 곤란한 문제로 등장했으며, 그가 하나님의 은혜(와 및 인간의 믿음)와 율법의 행위를 과격하게 대조하게 된 것이 그가 토라에 대하여 '디아스포라' 유대인들과 같이 왜곡되게 이해하고 있어서가 아니라(Contra Schoeps, *Paul*, pp. 213ff.) 다메섹 경험으로 그가 그리스도의 십자가의 진정한 의미를 인식하고 자신의 율법에 대한 진정한 열심은 다만 하나님께 적대하는 죄를 짓도록 할 뿐이라는 사실을 알게 되었기 때문이었다. So Bruce, 'The Law of Moses', p.262.

**38** 신약에 있어서나 바울에게 있어서 십자가와 부활은 총체적으로 서로에게 속하며 그 둘은 합하여 하나의 하나님 구원 사건을 이룬다. 왜냐하면 부활 없이는 (바울의 경우에는 다메섹 도상에서 경험한 부활) 십자가는 의미가 없었을 것이기 때문이다. $\acute{\upsilon}\pi\grave{\epsilon}\rho\ \acute{\eta}\mu\hat{\omega}\nu$(우리를 위한) 속죄의 제물로서와 죄, 육신, 율법 및 사탄과 죽음을 이긴 승리로서의 십자가의 중대함은 오직 부활의 빛 안에서 그 모습을 드러내게 된다. 신약에서와 마찬가지로 바울에게 있어서도 십자가가 그 신학의 중심이 되는데, 십자가를 신학의 중심이 되게 하는 것은 바로 부활이다. Cf. W. Künneth, *Theologie der Auferstehung* ($^5$1968), pp.154ff.; Käsemann, 'Heilsbedeutung', pp.98f.; Stuhlmacher, "Ende", p.33.

율법의 행위를 떠나서(χωρὶς ἔργων νόμου) 얻게 된다(롬3:28)[39]는 의미일 뿐 아니라. 그것은 좀 더 근본적으로 율법이 육신으로 말미암아 연약하여서 할 수 없는 것을, 하나님께서 그 아들을 보내시고 그 육신에 죄를 징벌하심으로 이루셨다(롬 8:3)는 뜻을 가진다. 바울에 있어서 '하나님의 의'(Δικαιοσύνη θεοῦ)는 보통 법적인 개념을 지니는데, 하나님이 인간에게 선물로 주신 '의' 혹은 '의롭다 함을 얻은 신분'을 하는 것으로서,[40] 그것은 하나님이 그리스도를 속죄제물 혹은 화목제

---

**39** 크랜필드는 Romans, p.201에서 로마서 3:21에 있는 χωρὶς νόμου라는 문구를 그 의미에 있어서 28절의 χωρὶς ἔργων νόμου와 상응하는 것으로 여긴다. 그러나 그는 이 구절에 있는 동사 ὑπεφνέρωται의 시제에 대하여는 적절한 주의를 기울이지 않은 듯하다. 과거완료형의 시제를 가지고 바울이 말하고 있는 것은 하나님의 의의 계시로서 과거에 그리스도 안에 이루신 하나님의 구원의 역사는(vs.24ff.), 그 결과로 현재에도 적실성이 있다는 것이다. 따라서 χωρὶς νόμου는 우선 첫째로 그리스도 안에서 이루신 하나님의 역사적인 그 사역에 관련이 있음에 틀림없다.

**40** 소유격 θεοῦ는 통상, gen.auctoris로 여겨진다. 그러나 널리 인정받고 있는 바와 같이 적어도 두 본문, 즉 로마서 3:5과 3:28f.에서는 그것은 gen.subjectivus인데 그것은 그 '의'는 하나님이 부여하신 것이라는 의미이다. 로마서 3:5에서의 δικαιοσύνη θεοῦ는 죄인들을 심판하시는 그의 법적인 의를 가리킨다기보다는, 구약과 유대교에서 종종 그러하듯이 그의 언약에 신실하시고 그의 백성을 향한 구원의 긍휼함을 보여 주는 하나님의 성품과 행위를 가리키는 것일 것이다. 우리가 위에서 주목하였듯이 로마서 3:25f. 해석에 있어서 그것이 하나님께서 그의 언약과 그의 창조에 신실하심을 가리키는 것인지 또는 그의 법적인 공의를 가리키는 것인지에 대한 의견이 분분하다. 어떤 성경 주석가들은 다른 본문들 안에서도 δικαιοσύνη θεοῦ를 subj.gen.으로 보고 그것은 하나님의 구원 행위를 가리키는 것이라고 하기도 한다(예컨대 G. Schrenk, δικαιοσύνη, TDNT ii, pp.203f.; Dodd, Romans, pp.38ff.; Barrett, Romans, 그러나 이러한 견해는 바울이 δικαιοσύνη θεοῦ라는 문구를 늘 "신앙"과 함께 쓰고 있다는 사실을 경시한 것이다. 바울은 늘 δικαιοσύνη θεοῦ는 믿음으로 말미암아 받는 것 또는 가지게 되는 것이라고 말함으로써 그것의 선물로서의 성격을 강조한다. 그러나 그것이 하나님의 선물인 것은 하나님의 구원 행위가 전제된 결과이다. 따라서 어떤 곳에는 (예컨대 롬 3:21; 10:3) 하나님의 구원 행위라는 의미를 그 배경으로 두고 있기도 하다. δικαιοσύνη θεοῦ에 관한 토론은 그것이 하나님의 선물을 가리킨다고 하는 견해에 반해 케제만이 그것은 우선적으로는 하나님의 능력을 말하는 것이라고 주장하면서 새로운 국면을 맞이하게 되었다. 그것은 δικαιοσύνη라는 단어의 개념을 가지고 설명해야 할 것이 아니라 δικαιοσύνη θεοῦ라고 하는 묵시적 전문 용어로 생각하여야 한다고 주장하면서 케제만과 그의 주장을 받아들이는 슈툴마허는 그것을 하나님의 능

력, 그의 권세, 그의 *Recht*, 그의 구원 행위, 그의 언약과 창조물에 대한 신실하심, 그의 은혜 등의 여러 가지 의미로 묘사한다. Käsemann, 'Gottesgerechtigkeit bei Paulus', *EVB* pp.181-193; *Römer*, pp.21-27; Stuhlmacher, *Gerechtigkeit*를 보라 케제만에 의하면, 이 구절은 "타락한 세상을 자신의 Recht(의/권세)의 영역으로 – 약속의 형태로든 요구의 형태로든, 새 창조로든 죄 용서로든, 또는 우리의 섬김을 가능케 하는 형태로든 회복시키는 하나님, 그것을 확실한 소망의 상태로 회복시키고, 우리를 빌 3:12에 의하면 땅 위에서 부단히 새로운 시작을 하도록 하는 하나님에 대해서 말하고 있다"는 것이다(*Römer*, p.26). 케제만에 의하면 바울은 '의'의 '능력'으로서의 측면을 계속 견지하고 있다('Gottesger chtigkeit', p.186): "이 힘이 우리의 소유로 취해지고 그리하여 동시에 우리 속으로 들어가서 갈라디아서 2:20에서와 같이 '더 이상 내가 사는 것이 아니고 내 안에 그리스도가 산다'는 상태가 될 때 이 힘은 선물이 되는 것이다. 이로써 속격의 이중 방향성이 이해된다. 여기서 주어지는 선물은 절대로 그것을 주시는 이로부터 분리될 수 없는 것이다. 그것은 그것 속에 하나님 자신이 현장에 나타나고 그것과 더불어 하나님이 현장에 머무르신다는 점에서 능력의 성격에 참여하는 것이다. 이렇게 선물과 함께 요구, 의무, 섬김 등이 불가분의 관계로 연결되어 있다 – 하나님께서 현장에 나타날 때 우리는 그의 선물들 자체 속에서도 그의 주권을 체험하는 것이며 그의 선물들은 우리를 자신의 주권에 소속시키며 우리에게 의무를 지우는 수단들인 것이다"(Ibid., p.186). 그러나 δικαιοσύνη θεοῦ에 관한 이러한 견해는 많은 학자들에 의해 비판되고 있다. 예를 들어 Bultmann, '*Δικαιοσύνη θεοῦ*', *Exegetica*, pp.470-475; G. Klein, 'Gottes Gerechtigkeit als Thema der neuesten Paulus-Forschung', *VF* 12(1967), pp.1-11; Conzelmann, *Outline*, pp.214-220; E. Lohse, 'Die Gerechtigkeit Gottes in der paulinischen Theologie', *Die Einheit des NT*(1973), pp. 210-227를 보라 – 이들 모두는 θεοῦ의 소유격은 gen.auctoris이고 그 문구는 하나님의 선물을 가리키는 것이라고 주장한다(so also Cranfield, *Romans*, pp.92-99). 이 문제는 너무도 복잡하여 그것을 충분히 토론하자면 너무 많은 지면이 요구될 것이고 또 우리로서는 너무 멀리까지 나가게 될 것이므로 여기서 이 주제에 관한 비평적 토론으로 들어가는 것은 불가능하다. 게다가 슈툴마허도 로제(Lohse)가 그의 논문에서 했던 비평(Stuhlmacher, 'Zur neueren Exegese', p.331(n.62)을 인정하고 받아들인다고 드러내놓고 말하고 있으며, 케제만도 그의 주장 중 어떤 면을 거두어들이고 있는 듯하다. 예를 들어 케제만은 그의 초기의 논문에서는 θεοῦ는 gen. subj.이며 δικαιοσύνη θεοῦ는 구약/유대교에서와 마찬가지로 바울에 있어서도 하나님의 구원 행위를 일컫는 말이라고 거듭 강조하고 있는 반면에, 지금에 와서는 이 견해를 부인한다(*Römer*, p.24) 어쨌든 케제만은 δικαιοσύνη θεοῦ의 우선적인 의미는 능력이라고 주장하면서도 그 자신이 바울에 있어서 그것의 주된 의미는 선물이라고 말한다('Gottesgerehtigkeit', p.181(n.*)). "왜냐하여 만일 믿음으로 말미암는 의와 행위로 얻는 의가 날카롭게 대조된다면, 그 강조되는 의미는 분명히 '선물' 쪽에 있게 되겠기 때문이다"(Ibid., p.185). 그러므로 예를 들어 케제만은 로마서 3:21을 주석하면서 '종말론적인 하나님의 의가 무엇이든지 간에 그것은 어쨌든 διὰ πίστεως(믿음으로 말미암아) 인간에게 오게 될 선물이다'라물로 삼으셔서 이루어 놓으신 구속의 결과로 (혹은 구속을 통해) 나타난다. 그러므로 십자가에 달린 그리스도는 하나님께로부터 나와서 우리의 의와 구원이 되신다(고전 1:30). 이제 하나님의 의는 그리스도 안에 이루신 하나님의 구원 행위에 대한 선포-이 선포는 복음 안에 나타나 있다-에 믿음으로 응답하는 자들은 그 구원의 덕을 입게 된다. 이제 하나님 앞에서 우리의 구원의 근거가 되는 의가 복음 안에 하나님에 의해 주어졌다.[41] 그러므로 복음은 모든 믿는 자에게 구원을 이루는 하나님의 능력이다(롬 1:16f.). 여기 복음과 율법의 날카로운 대조가 이루어진다: '하나님의 의'($δικαιοσύνη\ θεοῦ$)는 '율법 외에'($χωρὶς\ νόμου$) 그러나 '복음 안에'($ἐν\ εὐαγγελίῳ$) 나타났다.

하나님의 의가 '율법 외에'($χωρὶς\ νόμου$) '그리스도 안에 이루어진 하나님의 구원의 행위로 말미암아 나타났는데, 그것은 '율법의 행위 없이'($χωρὶς\ ἔργων\ νόμου$) 얻어진다. 이 세 가지의 인식은 앞으로 바울의 칭의 교리에 핵심을 이루게 된다. 이러한 바울의 깨달음에 그의 다메섹 도상의 체험이 반영되어 있다는 것은 의심의 여지가 없다. 바울이 칭의 교리 중 제일 먼저 선포한 것이 하나님께서 불경건한 자($ἀσεβής$)를 의롭다 하셨다는 것이었다(롬 4:5). 바울에게 있어서 '의롭다 함'($δικαιοῦν$)이나 '의롭다 함을 받음'($δικαιοῦσθαι$)은 '하나님의 의'($δικαιοσύνη\ θεοῦ$)와 마찬가지로, 구약이나 유대교에서의 צדק 의 Hiphil이나 Qal 격과 동일한 법적인 개념을 가진다. 그것은 하나님의 법정에서의 판결이다. '디카이운'($δικαιοῦν$)은 어떤 사람의 편으로 판결을 내려 '그

---

고 말한다(*Römer*, p.87). 위에 언급한 것들 이외에 바울에게 있어서의 의의 의미에 관하여는 D. Hill, *Greek Words and Hebrew Meanings*(1967), pp.82-162.; K. Kertelge, "Rechtfertgung," pp.6-109; J. A. Ziesler, *The Meaning of Righteousness in Paul*(1972)를 보라.

**41** Cf. Bultmann, *Theology* i, pp.270f.: '엄밀하게 말하자면 의란 구원이나 '생명'을 얻기 위한 조건이다. 그러나 의와 구원간의 이와 같은 관계는 너무나 밀접하고 상호 불가분의 관계이므로 의 자체를 구원의 핵심 요소로 볼 수 있다.'

사람을 의롭다 하는 것'[42] 혹은 '그 사람을 무죄 방면 하는 것'을 말한다. 따라서 그 수동형인 '디카이우스다이'($δικαιοῦσθαι$)는 '의롭다 함을 받는 것' 혹은 의롭다고 선포되는 것', '무죄 방면을 받는 것'을 뜻한다. 그래서 칭의는 인간에게 의인의 지위를 부여하는 신적 행위에 의한 것이며, 이러한 하나님의 행위에 의해 인간은 의롭다고 인정받게 되는 것이다. 불트만은 '그리스도인의 칭의라는 개념이 실제로 한 인간이 의인으로 되는 것인가, 혹은 실제는 죄인인데 마치 의인인 것처럼 인정해 주는 것인가'라는 오래된 논쟁은 '디카이오쉬네'($δικαιοσύνη$, 의)를 도덕적 개념으로 오해한 데서 비롯되었다고 말한다.[43] '디카이오쉬네'($δικαιοσύνη$)는 도덕적·윤리적 개념이 아니고 재판관이신 하나님 앞에서의 법적, 관계론적 의미를 가지고 있다. 그러므로 칭의란 '어떤 사람을 의롭게 만드는 것인가' 혹은 '그가 실제로는 죄인인데 마치 의인인 것처럼 여겨주는 것인가' 등의 윤리적 차원의 논란의 대상이 아니다. 그것은 하나님께서 인간의 죄에 대해 무죄 판결을 내린 것이며 그럼으로써 인간은 실제로 의롭다 함을 얻은 것이다.[44]

'디카이오쉬네'($δικαιοσύνη$)는 이와 같이 법적인 의미를 가지고 있

---

42 Hill, *Greek Words*, p.160.

43 Bultmann, *Theology* i., pp.276f.

44 Ibid., pp.276f.; similarly Barrett, *Romans*, pp.75f.; cf. also Kertelge, "Rechtfertigung," pp.112–129. 케르텔게는 의롭다 함은 법적인 개념 이외에도 실제적인 효과를 지니는데 그것은 의롭다고 선언하는 그의 말씀, 하나님의 심판은 실제적인 능력을 가지고 있기 때문이라고 강조한다(p.115 *et passim*). 그러나 다행스럽게도 그는 '실제적인 효력이 있는' 의롭다 함을 다음의 관점에서 정의한다. 의롭다 함이란 "오로지 외적인 것으로만 남아 있을 선언만을 의미하는 것이 아니고, 하나님이 하나의 새로운 실제를 실제로 창조함을 의미한다. 하나님에 의해서 창조된 자의 새 실재는 그러나 인간의 정체적 구성으로 이해될 것이 아니고, 관계적 실재, 즉 하나님에 의해서 창조된 인간의 하나님과의 새로운 관계로 이루어진 실재, 하나님의 주권과 인간의 순종의 관계로 이루어진 실재로 이해되어야 한다"(p.127).

으며, 동시에 종말론적 개념을 지니고 있다. 유대인들은 하나님의 마지막 심판대 앞에서 칭의 혹은 하나님으로부터 무죄 판결받기를 기대하였다. 그러나 바울은 하나님의 의는 그리스도 안에 이루어진 구원을 통해 이미 나타났으며($\pi\epsilon\varphi\alpha\nu\epsilon\rho\omega\tau\alpha\iota$)(롬 3:21), 그것은 복음 안에 계시되었다($\dot{\alpha}\pi o\kappa\alpha\lambda\dot{\upsilon}\pi\tau\epsilon\tau\alpha\iota$)(롬 1:17)고 선포하였다. 이러한 묵시적 언어 – $\dot{\alpha}\pi o\kappa\alpha\lambda\dot{\upsilon}\pi\tau\epsilon\omega / \dot{\alpha}\pi o\kappa\dot{\alpha}\lambda\upsilon\psi\iota\varsigma$[45]를 가지고 바울이 나타내려 했던 것은 하나님의 의의 종말론적 계시가 그리스도의 죽음과 부활의 사건에서 이미 이루어졌으며, 또한 그 구원의 사건이 선포되는 곳에서 이루어지고 있다는 사실이었다. 종말은 이미 역사 속에 침범해 들어 왔으며, 그러므로 지금은 구원의 때이다(갈 4:4; 고후 6:2): 하나님의 심판은 지금 이루어지고 있다. 하나님께서는 현재 이 시간에 이미 믿는 자들을 의롭다 하신다. 그래서 바울은 고린도에 있는 교인들에게 '너희는 의롭다 하심을 얻었다($\dot{\epsilon}\delta\iota\kappa\alpha\iota\dot{\omega}\theta\eta\tau\epsilon$)…'(고전 6:11)고 말한다. 또한 로마에 있는 성도들에게도 '…믿음으로 의롭다 하심을 얻었으므로($\delta\iota\kappa\alpha\iota\omega\theta\dot{\epsilon}\nu\tau\epsilon\varsigma$)…하나님으로 더불어 화평을 누린다.' 또한 이방인 그리스도인들에게도 '의를 얻었다'($\kappa\alpha\tau\dot{\epsilon}\lambda\alpha\beta\epsilon\nu\ \delta\iota\kappa\alpha\iota o\sigma\dot{\upsilon}\nu\eta\nu$)(롬 9:30)고 한다. 그러나 동시에 바울은 갈라디아의 성도들, 곧 이미 의롭다 함을 받은 자들에게 '우리가 성령으로 믿음을 따라 의의 소망을 기다린다'(갈 5:5)고 말한다. 우리는 '장래 노하심에서 우리를 건지실 예수' – 하늘로부터 강림하실 하나님의 아들을 기다린다(살전 1:10; cf. 롬 5:9). 로마서 2:13에서 바울은 마지막 심판 때 의롭다 하심 얻기를 기대하는 유대인들의 희망을 반영하고 있다. 우리 그리스도인들도 역시 모두 다 반드시 그리스도의 심판대 앞에 드러나 각각 선악 간에 그 몸으로 행한 것을 따라 받는다'(고후 5:10; cf. also 롬 2:16;

---

[45] 본서 pp.130ff. 나아가 Lührmann, *Offenbarungsverständnis*, pp.145-153; Bultmann, *Theology* i, pp.275f.; Käsemann, *Römer*, p.27도 참조하라.

14:10; 고전 3:13ff.; 4:4ff.). 여기서 우리는 바울의 종말론과 구원론 사이에 존재하는 '이미'(already)와 '아직'(not yet) 사이의 뚜렷한 긴장을 보게 된다. 하나님은 이 시간에 그의 종말론적 심판을 '이미' 내리신다. 믿는 자들은 '이미' 의롭다 함을 받았다. 그러나 그리스도의 재림 때에 마지막 심판이 있을 것이며, 믿는 자들은 그때에 의롭다 함을 얻기, 곧 마지막 심판대의 진노에서 구원받기를 소망하고 있다. 바울은 우리가 의롭다 함을 얻은 현재의 상황을 설명함으로써 이 둘 사이에 존재하는 긴장의 문제를 해결한다. 우리의 현재의 구원은 성령에 의해 그 성취가 보장되어 있다. 이 성령은 재림 때 우리의 칭의가 완성되리라[46]는($ἀρραβών$ 고후 1:22; 5:5; 엡 1:1) 것과 첫 열매($ἀπαρχη$, 롬 8:23)[47]로서 우리에게 주어져 있는 것이다. 우리는 이 소망으로 구원을 얻었다(롬 8:24). 그러나 '소망은 우리를 부끄럽게 아니할 것이다(실망시키지 아니할 것이다)'(롬 5:5). '이제 우리가 그 피(그리스도의 피)로 말미암아 의롭다 하심을 얻었은즉 더욱 그로 말미암아 진노하심에서 구원을 받을 것이다'(롬 5:9).[48]

'하나님께서 불경건한 자를 의롭다 하신다'는 말은 하나의 역설이다. 구약에서는 하나님께서 사람끼리도 불경건한 자(רשׁע/$ἀσεβής$)를 의롭다 하는 것을 금했을 뿐 아니라(잠 17:15; 사 5:23). 명백하게 '나는 불경건한 자를 의롭다 하지 않겠다'(출 23:7; לא־אצדיק רשׁע /cf.

---

**46** 로마서 8:23; 고린도후서 1:12; 5:5의 $τοῦ\ πνεύματος$는 소유의 속격이나 부분의 속격이 아니라 동격의 속격이다(엡 1:14에서 명백히 가리키고 있듯). 따라서 $ἀπαρχή$와 $ἀρραβών$은 성령이다. 그런데 성령은 우리 안에서 하나님의 구원 사역을 나타내고 있으므로 우리는 의롭다 함 자체를 $ἀπαρχή$와 $ἀρραβών$의 일부로 여길 수도 있다(cf. Cranfield, *Romans*, v.418).

**47** 우리는 여기서 마지막 심판에 관한 바울의 견해에 관련된 문제의 고찰도 들어갈 수가 없다.

**48** 현재의 칭의와 미래의 칭의의 관계에 관련된 문제에 대하여는 cf. Kertelge, "*Rechtfertigung*", pp.128-158.

70인경 καὶ οὐ δικαιώσεις τὸν ἀσεβῆ …)고 천명하고 있다.⁴⁹ 유대교에서도 불경건한 자를 의롭다 하는 것은 불경하고 악한 행위라고 가르쳤다(CD 1:19). 더 나아가 불경건한 자의 피를 흘리는 것은 하나님께 드리는 제사로 인식되었다(Num.R. 21:3). 시편 106:30f.에서는 비느하스가 배교자들을 진멸시켰던 일을 가리켜 '이 일로 그를 의로 정하게 되었다'고 한다.⁵⁰ 앞에서 우리는 바울이 바로 이 사상에 입각하여 그리스도인들을 핍박하였다고 언급한 바 있다.⁵¹ 바울의 눈에 불경건한 배교자로 비친 그리스도인을 잔해하는 것은 바울의 생각으로는 바로 하나님께 제사를 바치는 행위이며(cf.:요 16:2), 그리하여 자신의 공덕과 의를 쌓는 일로 알았다. 그러나 다메섹 도상에서 그리스도의 현현을 체험한 바울은 자신이 하나님의 의지를 거역해 왔으며 그러므로 불경건한 자는 그리스도인들이 아니라 바로 자기 자신이었음을 깨닫게 되었다. 이 엄청난 깨달음은 하나님께서 그를 용서하시고 그리스도의 사도로 부르신(빌 3:9) 체험, 하나님께서 그를 의롭다고 인정하시는 체험과 함께 다가왔다. 이리하여 다메섹에서의 자신의 경험에서 바울은 하나님은 불경건한 자를 의롭다 하신다는 지식을 얻게 된 것이었다. 그래서 우리는 바울이 다메섹 도상에서 의롭다 함을 얻었던 그 체험에 비추어 볼 때에야 비로소 바울의 이 놀라운 선언의 의미를 바르게 파악할 수 있게 된다.⁵²

이렇게 그 자신의 체험이 바울의 칭의 교리의 체험적 기반을 제공한 것이라면 하나님의 의가 '율법 외에'(χωρὶς νόμου), 그리스도 안에, 하나님께서 이루신 구원의 사건 안에 나타났다는 깨달음은 그의

---

**49** Cf. Barrett, *Romans*, pp.88f.; Stuhlmacher, *Gerechtigkeit*, pp.226f.; also Cranfield, *Romans*, p.232(n.1).
**50** Cf. Haacker, 'Berufung', pp.8-10, 13ff.
**51** 본서 pp.87ff., 99f.
**52** Cf. Stuhlmacher, "Ende", pp.30f.

교리에 신학적 기초를 제공하고 있다. 아무도 율법의 행위로는 의롭다 함을 받을 수 없다. 칭의는 그리스도 안에 있는 하나님의 구원의 행위로 말미암는다. 그러므로 의롭다 함을 받을 사람은 율법을 지킨 사람들이 아니요, 오히려 하나님이 의롭다고 인정하시는 불경건한 자들이다. 이렇게 불경건한 자를 의롭다 하신다는 선포는 곧 바로 유대인들(유대교적 그리스도인들)의 교리에 정면으로 도전하는 '논쟁문형'('Kampfformel')이 되었다. 그들은 하나님은 경건한 자($εὐσεβής$)를 의롭다 하신다는 것과 율법의 행위로 얻어지는 의에 대해 가르쳤다.[53] 이것은 바울이 칭의에 대해 새롭게 깨달은 것과는 정반대의 가르침이었다. 그것은 케제만이 지적한 대로 바울 신학의 '가장 예리한 창끝'(die schärfste Angriffsspitze)이었으며, 그의 칭의 교리를 위한 '필수 불가결한 열쇠'였다.[54]

이렇게 아무도 율법의 행위로는 의롭다 함을 받을 수 없고, 그것은 그리스도 안에 있는 하나님의 구원 행위로 말미암는 것이며, 하나님은 불경건한 자를 의롭다 하신다는 말은, 곧 칭의는 하나님의 은혜로만 이루어진다는 의미가 된다. 이것이 바울의 칭의 교리 중 두 번째 핵심이다. 이 역시 바울의 다메섹 체험을 반영하고 있다. 하나님의 뜻을 거역하는 불경건한 자였던 바울을 의롭다 하시고 사도로 불러 주신 것은 이유 없이, 값없이 주신 완전한 하나님의 은혜였다.[55] 이것이 바울이 다메섹 사건을 회상할 때마다 하나님의 은혜를 되풀이 강조하였던 이유이다: '나는 사도 중에 가장 작은 자라 나는 하나님의 교회를 박해하였으므로 사도라 칭함 받기를 감당하지 못할 자니라. 그러나 내가 나 된 것은 하나님의 은혜로 된 것이니 내게 주신 그의

---

**53** Michel, *Römer*, p.117; Stuhlmacher, *Gerechtigkeit*, pp.226f.

**54** Käsemann, 'Der Glaube Abrahams in Röm 4', *Paulinische Perspektiven*, pp.148f.

**55** 은혜에 관하여는 H. Conzelmann and W. Zimmerli, $χάρις κτλ$, *TDNT* ix, pp.372-402을 보라.

은혜가 헛되지 아니하여 내가 모든 사도보다 더 많이 수고하였으나 내가 한 것이 아니요 오직 나와 함께하신 하나님의 은혜로라'(고전 15:9ff). 그 아들을 전하도록 바울을 불러 주신 것도 온전히 하나님의 은혜였다.

## 〈부록 : 바울과 그의 사도직의 은혜〉

앞에서 우리는 바울이 자신의 사도로의 부르심을 하나님의 '은혜'($\chi\acute{\alpha}\rho\iota\varsigma$)라 칭하고(롬 1:5) 또한 끊임없이 그것은 '나에게 주신 은혜'($\chi\acute{\alpha}\rho\iota\varsigma$ $\acute{\eta}$ $\delta o\theta\epsilon\hat{\iota}\sigma\alpha$ $\mu o\iota$)였다고(롬 12:3; 15:15; 고전 3:10; 갈 2:9; 엡 3:2, 7, 8) 강조하고 있는 것을 살펴보았다.[56] 빌립보서 1:7에서 바울은 빌립보의 교인들을 향해 그들은 바울과 함께 그의 '은혜', 즉 그의 사도로서의 사역에 참여한 자들이라고 말한다.[57] 이로 미루어 보아 바울은 자신을 사도로 부르신 것을 그를 향한 하나님의 '은혜'($\chi\acute{\alpha}\rho\iota\varsigma$)로 생각했음을 알 수 있다. 바울은 다른 경우에는 이 '카리스'($\chi\acute{\alpha}\rho\iota\varsigma$)란 용어를 믿음으로 말미암는 구원에만 연관시켜 사용한다(예, 롬 3:24; 5:2; 6:14). 자신의 사도 직분 이외에는 어떠한 직임이나 임무에도 '카리스'($\chi\acute{\alpha}\rho\iota\varsigma$)란 용어를 사용하지 않고 대신에 '카리스마'($\chi\acute{\alpha}\rho\iota\sigma\mu\alpha$, 은사)를 쓴다. 사다께(A. Satake)는 '카리스'($\chi\acute{\alpha}\rho\iota\varsigma$)라는 단어가 바울에게서 '칼레인'($\kappa\alpha\lambda\epsilon\hat{\iota}\nu$)/'클레토스'($\kappa\lambda\eta\tau\acute{o}\varsigma$)라는 단어와 그 사용법이 병행되고 있음을 주목하여 보았다.[58] 바울은 보통 '칼레인'($\kappa\alpha\lambda\epsilon\hat{\iota}\nu$)은 하나님이 인간을 믿음과 구원에로 부르실 때, 즉 그리스도인으로 부르실 때 쓰고 있으며(예, 롬 8:30; 고전 1:9;

---

**56** 본서, pp.61ff. 그곳에서 우리는 역시 바울이 다메섹의 부르심과 관련하여 얼마나 거듭하여 하나님의 $\ddot{\epsilon}\lambda o\varsigma$를 언급하는가를 고찰해 보았다.

**57** So A. Satake, 'Apostolat und Gnade bei Paulus', *NTS* 15(1968/69), p.99; cf. Gnilka, *Phil*., p.49.

**58** Satake, 'Apostolat', pp.96-103.

갈 1:6) '클레토스'($\kappa\lambda\eta\tau\acute{o}\varsigma$)는 이미 믿음으로 부름을 받은 자, 곧 그리스도인을 부르실 때(롬 1:6f; 8:28; 고전 1:2, 24) 사용한다. 바울은 이 '칼레인'($\kappa\alpha\lambda\epsilon\hat{\iota}\nu$)/'클레토스'($\kappa\lambda\eta\tau\acute{o}\varsigma$)를 다른 사람들을 어떤 직임에로 부르시는 데에는 결코 사용하지 않지만, 자기 자신의 사도로의 부르심에는 이 단어를 사용한다(갈 1:15; 롬 1:1; 고전 1:1). 이와 같은 두 가지 고찰을 통해 사다께는 바울에게 있어서 믿음으로의 부르심과 사도직으로의 부르심은 동시적 사건으로 일치하고 있을 뿐 아니라, 그의 사도됨(Apostelsein)은 다른 사람들의 그리스도인 됨(Christsein)과 똑같은 기반을 가지고 있는 것이라고 결론짓는다.[59] 또한 사다께는 바울이 이 점을 언급하고 있는 몇 가지 본문에 비추어 이 사실의 중요성을 드러내 보이고자 시도하였다. 사다께에 의하면, 빌립보서 1:19의 '투토'($\tau o\hat{\upsilon}\tau o$)(이것)는 바울의 매임으로 기인한 복음의 진보(vv.12-18)를 가리키며, 그래서 바울은 이러한 복음 전파의 성공이 그를 구원으로 이끌어 줄 것이라고 말하고 있다고 한다. 사다께는 고린도전서 9:27; 빌립보서 2:15; 데살로니가전서 2:19f. 을 보면, 바울이 자신의 구원은 자신의 선교 사역과 상당히 밀접한 관련이 있다 – 아니 실제로 자신의 구원은 선교 사역에 의존되어 있다고 생각하고 있다고 말한다. '다른 사람들을 구원에로 이끎으로써 그 자신이 구원받게 된다'(Er wird gerettet, indem er andere zum Heil bringt).[60] 고린도전서 9:23에는 같은 생각이 더욱 뚜렷하게 표현되어 있다. 바울은 몇 사람이라도 구원하기 위해 스스로 모든 사람에게 종이 되었다. 그가 이런 일을 복음을 위해 행한 것은 자신이 복음이 가져오는 축복에 참여하기 위함이었다. 바울에게 그의 선교 사역은 '그 자신의 구원을 위한 절대적 전제(조건)'이었다.[61] 바울의 이러한 생각에 비추어 볼 때 사다께의 앞서의 두

---

[59] Ibid., pp.97, 102.
[60] Ibid., p.105.
[61] Ibid., p.105. Cf. Barrett, *1Cor.*, p.216: '그가(바울이) 복음을 그 자신의 것으로 만드는 것은 전도자로서의 그 자신의 소명을 실행함 안에서이다.'

가지 고찰의 중대성은 더욱 명백해진다. 바울이 사도로 부르심을 받았다는 것은 그에게 있어서 구원의 약속 - 바울이 다른 사람들에게 구원을 전파하는 대로 그도 구원을 받으리라는 - 을 받은 것임을 의미한다. 이것이 바울이 왜 '칼레인'($καλεῖν$)/'클레토스'($κλητός$)라는 말을, 다른 사람들에게는 구원과 믿음으로의 부르심을 묘사할 때 적용하는 반면에, 자신에게는 사도직으로의 부르심을 표현할 때 사용하였는가 하는 이유이다. 그에게 믿음으로의 부르심과 사도직으로의 부르심은 시간적 의미에서 동시적일 뿐 아니라 보다 근본적 의미에서 동일하다. '바울은 엄밀하게 말해 바로 사도직으로의 부르심 안에서 그의 구원의 약속으로의 부르심을 보았다.'[62] 그러나 이것이 바울의 사도로서의 사역이 구원의 수단이 된다는 의미는 아니다. 그렇다면 그의 사도직은 더 이상 하나님의 은혜가 되지 못할 것이기 때문이다. 오히려 바울은 그의 사도직을 하나님께로부터 주어진 순수한 은혜로 이해하였다. 이것이 바울이 자신의 사도직만이 아니라 자신의 사도로서의 행위까지도 하나님의 은혜로 돌리는 이유이다(고전 15:10; 고후 1:12). '바울은 그의 사도직을 하나님의 은혜로 인식하였다. 하나님은 은혜로 그를 부르셨으며, 그에게 복음 전파의 사명을 맡기시어, 그로 하여금 다른 사람에게 구원을 전할 뿐 아니라 자신의 구원에도 이를 수 있도록 하셨다'.[63]

사다께가 주의를 기울여 보지 않은 바울 서신 중의 두세 가지 성경 구절을 고찰해 보면 사다께의 주장이 더욱 확실해진다. 그 중 하나가 고린도전서 9:16이다. 여기에서 바울은 '숙명($ἀνάγκη$)이 내 위에 놓여 있다. 내가 복음을 전하지 않으면 나에게 화가 있을 것이기 때문이다'라고 말한다. 바울은 복음을 전파하는 자들은 그의 복음을 듣고 회심한 자들에게서 물질적 지원을 받을 권리가 주님으로부터 주어졌으나 바울 자신은 그 권

---

[62] Satake, 'Apostolat', p.107.
[63] Ibid., p.106.

리를 누리지 않고 있다며 그 이유를 설명하는 맥락 안에 이 충격적인 말을 하고 있다. 바울은 자기의 자랑과 상을 빼앗기지 않기 위해 이 권리를 포기하였다. 왜냐하면 어떤 보상도 없이 복음을 전파하는 일에 그의 받을 상이 있기 때문이다. 바울에게는 아무런 대가 없이 전파 하는 일 자체가 그에 대한 보상이었다. 그것은 그 자신의 의지로 그 일을 선택한 것이 아니라 하나님으로부터 복음을 전하는 직분을 받은 것이므로 그에게 있어서 복음 전파는 어떠한 자랑의 근거나 상을 바랄 수 있는 일이 못되었던 것이다. 복음 전하는 일은 그에게 의무 – 아니 실은 '숙명'(ἀνάγκη)이었다 '아낭케'(ἀνάγκη)란 단어의 확실한 의미는 여기 '우아이'(οὐαί)라는 말을 살펴봄으로써 알 수 있다. '우아이 모이'(οὐαί μοι)는 구약에서 가공할 재난을 만났을 때의 공포의 부르짖음, 혹은 재난을 당하고 있는 자의 탄식의 부르짖음으로 많이 사용되고 있는 '호이 리(라누)'(אוֹי לִי ⟩ לָנוּ)의 형식을 상기시킨다. '오이'(אוֹי) + '레'(לְ) + 2인칭, 혹은 3인칭의 어미의 형식은 보통 위협적 상황을 나타낸다.[64] 그러므로 여기 이 구절에서 바울은 자신이 복음을 전하지 않을 때 그에게 내려질 재난에 대한 두려움을 표현하고 있는 것이다.[65] 그렇다면 여기서의 '아낭케'(ἀνάγκη)는 '숙명적으로 필연적인 일'을 의미한다.[66] 바울에게 있어서 복음을 전하는 것은 '숙명적으로 필연적인 일'이었다. 만일 그 일을 행하지 않으면 화가 그에게 임할 것이기 때문이었다.[67] 앞에서 우리는 바울이 이 구절에 자신이 다메섹 도상

---

**64** See G. Wanke, 'אוֹי / הוֹי', *ZAW* 78(1966), pp.215-218; Zobel, הוֹי, *ThWAT* ii, 382-388; E. Jenni, הוֹי, *ThHAT* i, 474ff.

**65** Cf. Käsemann, 'Eine paulinische Variation des "amor fati"', *EVB* ii, p.234.

**66** Cf. Ibid., pp.233f.; Conzelmann, *1.Kor*, p.186. 그러나 둘 모두가 바울이 사용한 ἀνάγκη를 그리스와 로마의 'fatum' 개념과 구별한다. Conzelmnn: "그러나 이것(즉 전자)은 인과본적 필연성으로 삭용하는 운명은 아니다. 그렇지 않다면 바울이 그것이 요구를 피할 경우를 생각할 필요도 없었을 것이다."

**67** 이것은 Käsemann, "amor fati", pp.234ff.의 주장보다 좀 더 단정적인 것이다. 그 외에도 그는 바울에게 있어서 복음 그 자체가 ἀνάγκη 즉 '바울이 다메섹에서 실제로 경험하였고 그를 그것의 봉사로 강요한 것 같은 식으로 인간에게 숙명적으로 덮쳐오

에서 사도로서의 부르심 받은 것을 반영하고 있다고 제안하였다.[68] 그러므로 고린도전서 9:16도 고린도전서 9:23과 마찬가지로 바울 자신의 구원의 문제는 그의 사도로서의 사역과 함께 묶여 있음을 보여 준다.[69] 같은 생각이 9:16에는 부정문의 형식으로 나타나 있으며, 9:23에는 긍정문의 형식으로 표현되었다.

로마서 1:14도 필시 이와 관련이 있다. 바울은 자신이 전 이방인에게 '오페이레테스'($\dot{o}\phi\epsilon\iota\lambda\acute{\epsilon}\tau\eta\varsigma$, 빚진 자)라고 선언한다. '오페이레테스'($\dot{o}\phi\epsilon\iota\lambda\acute{\epsilon}\tau\eta\varsigma$)란 본래 '채무자'라고 하는 상업적, 법적 개념을 가진 단어인데, 본래의 의미에서 파생되어 어떤 의무를 가진 사람, 어떤 의무 아래 놓인 사람의 뜻으로도 사용되었다.[70] 로마서 8:12; 갈라디아서 5:3에서 바울은 이 말을 분명히 파생된 의미로 쓰고 있다. 그러나 로마서 15:27에서는 본래의 의미로 사용되고 있다. 아니면 적어도 파생된 의미를 가지고는 완전한 해답을 얻을 수 없다.[71] 대부분의 주석가들은 로마서 1:14에서는 파생된 의미로 보고, 이 말은 바울이 이방인의 사도로 하나님에 의해 부름을 받았으므로, 그들에게 복음을 전할 의무를 가지게 되었다는 것이라 해석한다.[72] 쉴라터(A. Schlatter)는 바울은 여기서 예수님의 가르침 – 예수가 그 제자들에게 선물을 나누어 주신 것은 그 제자들이 다른 이들에게 그 선물을 나누어 주게 하기 위함이라는 – 을 반영하고 있다고 한다. 바울은 모든 사

---

는 하나님의 힘"이라고 생각한다(p.235). 그러나 여기서 바울이 $\dot{\alpha}\nu\acute{\alpha}\gamma\kappa\eta$를 사용하여 말하고자 하는 것은 복음 자체라기보다는 복음을 전파하라고 하는 그의 사도적 사명($o\dot{\iota}\kappa o\nu o\mu\acute{\iota}\alpha$)이라고 보는 편이 더 타당성이 있어 보인다.

**68** 본서 pp.29f.
**69** Cf. V. C. Pfitzner, *Paul and the Agon Motif*(1967), p.85.
**70** see F. Hauck, $\dot{o}\phi\epsilon\acute{\iota}\lambda\acute{\omega}$ $\kappa\tau\lambda$. *TDNT* v, pp.559-566.
**71** Cf. A. Schlatter, *Gottes Gerechtigkeit*(⁴1965), p.390; Michel, *Römer*, p.371; Cranfield, *Romans*, p.85.
**72** E.g., Barrett, *Romans*, p.26; A. Nygren, *Commentary on Romans*(1952), pp.62f.; F. J. Leenhardt, *The Epistle to the Romans*(1961), p.45; Cranfield, *Romans*, p.85.

람이 필요로 하는 것을 가지고 있기 때문에 모든 사람에게 빚진 자이다."[73] 이러한 이해에서 더 나아가 마이니어(P. S. Minear)는 다음과 같이 말한다: "십자가에서 죽으신 그분께 대한 의무는 그분이 대신하여 죽어 주신 자들에 대한 의무를 창출한다. 바로 이 '법'이 바울을 사도로 부르심의 특성에 특별한 힘을 내도록 하는 것이다. 하나님이 바울을 그리스도 안에 있는 믿음으로 이끄신 것은 '이방인을 향한 예수 그리스도의 일꾼'으로 (15:16) 보내시려 하신 것이었다. 바울이 이 부르심에서 하나님께 빚진 만큼, 그는 하나님이 바울을 불러 보내셔서 구원하시고자 하신 그 이방인에게 빚진 것이었다."[74] 그러나 여기 마이니어가 해석하고 있는 것보다는 오히려 '오페이레테스'(ὀφειλέτης)의 본래 의미를 취하는 편이 이 구절이 뜻하는 바를 보다 선명하게 드러내지 않을까? 바울이 이방인에게 빚지고 있다는 의미는 여기 마이니어가 말하고 있는 것 같은 '법' 때문은 아닐 것이다.[75] 바울이 여기에서 나타내고자 했던 것은 아마도 이방인을 위해, 즉 그들의 구원을 염두에 두시고 하나님께서 은혜로 바울을 불러 주신 것이기 때문에, 그의 사도로서의 부르심은 이방인에게 빚진 것이라는 점이다. 부정의 형식을 빌어 말하자면 이방인이 아니었으면 바울은 하나님에 의해 사도로 부르심을 받지 못했을 것이다. 그런 뜻에서 바울은 그의 사도로서의 부르심에 대해 이방인에게 빚을 지고 있는 셈이다. 그러나 만일 이 빚이 단지 사도로의 부르심에만 관련된 것이라면 이방인에게 진 빚이라 할 때 그 의미가 여기 ὀφειλέτης라는 강한 표현[76]에서 전달되는 것만큼 거창할 필요는 없을 것이다. 바울의 이 말에는 그의 사도로서의 부르심과

---

**73** Schlatter, *Gerechtigkeit*, p.31.
**74** P. S. Minear, *The Obedience of Faith* (1971), p.104.
**75** 마이니어는 로마서와 바울의 다른 서신 중의 다른 본문에서 각 그리스도인과 관련하여 '율법'의 더 이상의 적용을 살펴보려 시도하였으나(op. cit., pp.104ff.) 그것은 그리 성공적이지 못하였다 -so Käsemann, *Römer*, p.17.
**76** Cf. Michel, *Römer*, p.50.

마찬가지로 그의 구원도 이방인에게 빚지고 있다(그의 구원과 부르심은 동시적 사건이므로, 또는 그의 부르심의 형태로 구원이 왔으므로)는 의미가 들어 있다고 우리가 읽는다고 하여 이것이 지나친 해석일까? 바울은 자신이 이방인들을 위한 사도로서 소명을 받고 또한 구원을 받은 것이므로 그의 구원과 사도로서의 부르심에 관해서 이방인에게 빚지고 있다고 말한 것이 아닌가? 그렇다면 이 두 가지(구원과 소명) 모두에 대해 빚지고 있는 바울은 이방인에게 복음을 전할 의무가 있다. 이러한 일단의 해석은 단순히 추론에 불과하다. 그러나 이 해석이 옳다면 로마서 1:14도 바울의 구원은 그의 사도적 부르심에 달려 있다는 것을 암시하고 있다. 이렇게 고린도전서 9:16이나 로마서 1:14도 사다께의 결론을 뒷받침한다. 전체적으로 볼 때 그의 연구 결과는 놀랄 만하다. 그러나 그에게도 아주 문제점이 없지는 않다.

1) 바울이 '칼레인'(καλεῖν)이란 용어를 자신의 사도로서의 부르심에만 사용하며 다른 그리스도인에 대해 직임을 부여하는 일에는 결코 적용한 적이 없다는 사실은 사다께가 생각하고 있는 것만큼 중요한 일이 못된다. 이미 그 용어는 구약에서부터 하나님의 선택이나 사명을 부여하기 위해 종을 부르실 때 계속 사용해 오던 터였다(예, 출 31:2; 35:30; 사 41:9; 42:6; 49:1). 복음서 안에서도 예수님께서 제자들을 '부르시는' 기사를 볼 수 있다(막 1:20= 마 4:21). 바울은 이사야 49:1에 의거하여 자신의 다메섹에서의 부르심의 사건을 표현하고 있다. 따라서 여기에서 확실한 것은 바울이 하나님께서 사명을 위해 부르시는 것에도 구원으로 불러 주시는 것과 똑같은 단어를 사용하고 있다는 점이다. 그러므로 다른 그리스도인들과 관련하여 사명에로의 부르심에 '칼레인'(καλεῖν)이란 단어를 사용하지 않았다는 현상은 그저 우연한 일로 보인다: 그것은 아마도 바울이 다른 사람의 부르심을 특정하게 지적하여 언급할 기회가 없었기 때문일지 모른다. 고린도전서 12:28에 사도 바울은 일반적 의미에서 사도, 선지자, 교사, 능력 행하는 자 등을 언급하고 있으며, 어떤 개인에 대한 사도,

선지자 혹은 교사로의 특정한 부르심을 지적하여 말하고 있지 않기 때문에, 하나님께서 그들을 '에칼레센'(ἐκάλεσεν, 부르셨다) 대신에 그들을 '에데토'(ἔθετο, 세우셨다)라고 표현하고 있다고 보는 것이 타당하다. '부르신다'는 말은 이미 오랫동안 하나님이 사명을 주기 위해 그의 종을 부르시는 경우에 사용되어 왔기 때문에 바울이 다른 그리스도인의 사명에로의 부르심과 관련하여 이 단어의 사용을 고의적으로 기피하였다면 그것이 오히려 이상한 일일 것이다.

2) 사다께는 바울이 다른 그리스도인들의 직분에 대해서는 결코 '카리스'(χάρις, 은혜)란 말을 쓰지 않는다고 주장하나 반드시 그렇지는 않다. 바울이 다른 이들의 직임에 대해 자기 자신의 사도직과 관련하여 말할 때처럼 직접적으로 '카리스'(χάρις)라 하지는 않는다는 것은 사실이다. 그렇지만 갈라디아서 2:7-9에는 바울이 베드로의 사도직을 '카리스'(χάρις)라고 생각하고 있음이 엿보인다. 9절의 '나에게 주신 은혜'(τὴν χάριν τὴν δοθεῖσάν μοι)는 분명히 바울 자신의 다메섹의 부르심을 가리키는 말이다. 그러나 7-8절에서 바울이 자신의 사도직 안에서의 하나님의 역사와 또한 베드로의 사도직 안에서의 하나님의 역사를 똑같은 자리에 놓고 비교하고 있는 것으로 볼 때, 그가 베드로의 사도적 사명 역시 '카리스'(χάρις)로 이해하고 있었다고 보는 것이 틀린 생각은 아닐 것이다. 사다께는 여기 7절 이하의 내용은 예루살렘 총회 때 야고보, 베드로, 요한과 바울 및 바나바 사이에 있었던 합의 내용 중의 일부라는 이유를 들어 이러한 추론을 부정하려 한다. 사다께는 바울이 7절 이하에서는 예루살렘 총회의 합의 사항을 아무런 의견 제시 없이 인용하고, 곧 9절부터 다시 자기 자신의 이야기로 돌아가고 있는 것으로 미루어 보아 바울 자신이 베드로와 자신을 대응시켜 비교하고 있는 것이 아니라고 논증한다.[77] 그러나 최근에 7절 이하의 내용이 예루살렘 총회의 합의문이라는 견해 자체가

---

[77] Satake, 'Apostolat', pp.98, 102에서의 그의 논술에는 약간의 혼란이 있다.

부정되고 있다.⁷⁸ 7-9절은 바울 자신이 작성한 글이며, 그러므로 베드로와 자신에게 부여한 하나님의 사명을 대응시켜 비교한 것도 바울이 한 일이다. 바울의 사도직과 베드로의 사도직 모두가 하나님의 '은혜'($\chi\acute{\alpha}\rho\iota\varsigma$)라고 바울이 생각했다는 것은 8절에 명백히 드러난다.⁷⁹ 로마서 12:6에서 바울은 '우리에게 주신 은혜에 따라 받은 은사가 각각 다르다'($\check{\epsilon}\chi o\nu\tau\epsilon\varsigma$ $\delta\acute{\epsilon}$ $\chi\alpha\rho\acute{\iota}\sigma\mu\alpha\tau\alpha$ $\kappa\alpha\tau\grave{\alpha}$ $\tau\grave{\eta}\nu$ $\chi\acute{\alpha}\rho\iota\nu$ $\tau\grave{\eta}\nu$ $\delta o\theta\epsilon\hat{\iota}\sigma\alpha\nu$ $\dot{\eta}\mu\hat{\iota}\nu$ $\delta\iota\acute{\alpha}\phi o\rho\alpha$)라고 말한다. 사다께가 여기 '우리에게'($\dot{\eta}\mu\hat{\iota}\nu$)에 바울이 포함되어 있는지에 대해 논증하고 있는데⁸⁰ 이것이 상당히 비논리적이다. 부정 과거의 분사형으로 쓰인 '도데인산'($\delta o\theta\epsilon\hat{\iota}\sigma\alpha\nu$, 주셨다)은 여기 바울이 언급하고 있는 '카리스'($\chi\acute{\alpha}\rho\iota\varsigma$)와 함께 쓰여 모든 믿는 자들 - 로마교회의 성도나 바울을 막론하고 - 을 구원으로 이끄는 구원의 은혜를 말한다. 대부분의 주석가들은 일반적 의미의 '카리스'($\chi\acute{\alpha}\rho\iota\varsigma$, 은혜)가 개인에게 적용되고 구체화된 것이 '카리스마타'($\chi\acute{\alpha}\rho\iota\sigma\mu\alpha\tau\alpha$, 은사)라고 설명한다.⁸¹ 그렇다면 로마서 12:6에서 우리는 지금 토론하고 있는 내용과 관련이 있는 두 가지 점을 지적해 낼 수 있다. 그 하나는 모든 그리스도인은 '카리스'($\chi\acute{\alpha}\rho\iota\varsigma$)가 개인에게 적용되고 유형화된 의미로서의 '카리스마'($\chi\acute{\alpha}\rho\iota\sigma\mu\alpha$) 혹은 '카리스마타'($\chi\acute{\alpha}\rho\iota\sigma\mu\alpha\tau\alpha$)를 가지고 있다는 것이다.

다른 하나는 바울도 역시 '카리스마'($\chi\acute{\alpha}\rho\iota\sigma\mu\alpha$) 또는 '카리스마타'($\chi\acute{\alpha}\rho\iota\sigma\mu\alpha\tau\alpha$)를 가지고 있다는 점이다. 고린도전서 12:28의 첫 부분에 보면 바울은 자신의 사도직을 '은사'($\chi\acute{\alpha}\rho\iota\sigma\mu\alpha\tau\alpha$)로 여기고 있음을 알

---

78 Stuhlmacher, *Evangelium*, pp.93-96과 그곳에 인용되어 있는 문헌들을 보라. 더 나아가 Mussner, *Gal*, pp.117f.an.93을 보라.
79 그 본문의 각 구절의 주석을 위하여는 본서 pp.64f.
80 Satake, 'Apostolat', p.101.
81 So, e.g., Bultmann, *Theology* i, p.325; Barrett, *Romans*, p.237; Käsemann, *Römer*, p.318; already in his 'Amt und Gemeinde im NT', *EVB* i, p.117; Michel, *Römer*, p.298; Ridderbos, *Paulus*, p.325; Conzelmann, $\chi\acute{\alpha}\rho\iota\sigma\mu\alpha$, *TDNT* ix, pp.403, 405. 사다께 자신도 여기에 동의한다('Apostolat', p.103,n.1).

수 있다. 그 구절에서 바울은 사도직을 선지자나 교사 등의 다른 직임들과 함께 '은사'($\chi\acute{\alpha}\rho\iota\sigma\mu\alpha\tau\alpha$)로 생각하고 있다.[82] 이러한 두 가지 점이 사다께의 결론을 약화시킨다. 이러한 바울의 견해는 사다께가 주장하는 바-바울의 사도직은 '은혜'($\chi\acute{\alpha}\rho\iota\varsigma$)요, 다른 그리스도인들의 직분은 '은사'($\chi\acute{\alpha}\rho\iota\sigma\mu\alpha\tau\alpha$)라고 하는 구별을 불식시키기 때문이다.

3) 빌립보서 1:19도 문제점이 많다. 많은 주석가들은 이 구절의 '이것'($\tau o\hat{v}\tau o$)은 바울이 현재 처한 고난의 상황을 가리킨다고 해석한다.[83] 그러나 사다께는 이는 12-18절에 바울이 기술하고 있는 - 그의 얽매임에도 불구하고, 아니 오히려 그 얽매임 때문에 가능했던 복음의 진보를 말한다고 주장한다. 이 주장은 상당히 설득력이 있는데 특히 이미 18절에서 이 복음의 진보를 가리켜 '이것'($\tau o\hat{v}\tau o$)이라고 썼기 때문에 그러하다. 그러나 이 해석에도 문제점이 있다. 무엇보다 우선 18절의 '또한 기뻐하리라'($\dot{\alpha}\lambda\lambda\grave{\alpha}\ \kappa\alpha\grave{\iota}\ \chi\alpha\rho\acute{\eta}\sigma o\mu\alpha\iota$)로 미루어 보면, 바울이 여기서 새로운 내용을 기술하기 시작했다고 보는 것도 가능하다.[84] 그렇다면 18절의 해석은 다음과 같을 수 있다. v.18a에서 바울은 복음의 진보를 기뻐한다(… $\kappa\alpha\grave{\iota}\ \dot{\epsilon}\nu\ \tau o\acute{\upsilon}\tau\omega\ \chi\alpha\acute{\iota}\rho\omega$)고 말하면서, v.18b에서 지금 그는 미래를 바라보고 있는 것이다: '나는 또 기뻐할 것이다(미래에). 나는…을 알고 있기 때문이다.' 그렇다면 19절의 '이것'($\tau o\hat{v}\tau o$)은 18절의 것과는 다른 것일 수도 있다. 둘째로, 19절의 '이것'($\tau o\hat{v}\tau o$)은 욥기 13:16 인용의 일부이므로 여기서는 복음의 진보보다는 바울의 고난 받는 현재 상황을 가리킨다는 주장이 옳을 가능성이 더 많다. 욥이 결국에 가서는 자신이 옳다 인정함을 받으리

---

82  비록 사도직이 직접적으로 명백하게 $\chi\acute{\alpha}\rho\iota\sigma\mu\alpha$라고 지칭되고 있지는 않지만 그것은 문맥 안에서 분명하게 드러난다'. So Schütz, *Paul and the Anatomy of Apostolic Authority*, pp.251-259(esp. 251, 258); Käsemann, 'Amt', p.124.

83  E.g., Lightfoot, *Phil.*, p.91; Lohmeyer, *phil.*, p.51; W. Michaelis, *Der Brief des Paulus an die Philipper*(1935), p.22; K. Barth, *The Epistle to the Philippians*(1962), p.33; Gnilka, *Phil.*, p.66.

84  So RSV; NEB; Michealis, *Phil.*, p.22; Barth, *Phil.*p.,33; Gnilka, *Phil.*, p.65.

라는 확신에 차 있었던 것처럼 바울 역시 현재의 고난이 그를 구원으로 이끌어 줄 것을 확신하였다. 이러한 확신이 다음과 같이 말할 수 있는 근거가 되었다: '또한 기뻐하리라'(ἀλλὰ καὶ χαρήσομαι). 셋째로, 이 구절의 '너희의 간구와 성령의 도우심을 통하여'(διὰ τῆς ὑμῶν δεήσεως καὶ ἐπιχορηγίας τοῦ πνεύματος)에 대해서는 - 비록 바울이 빌립보 성도들의 기도와 성령의 도우심으로 이루게 된 복음의 진보로 인하여 자신이 구원에 이르게 되리라는 말을 하고 있으나 이렇게 복음의 진보와 바울의 구원 사이의 간접적 연결 고리를 추정하는 것보다는 직접 바울의 구원과 연결시켜 해석하는 편이 훨씬 자연스럽다.[85] 넷째로, 바울이 정말로 자신의 구원이 복음의 진보에 달려 있다고 생각하였다면 왜 이방인을 향한 복음 선포라는 자신의 사명이 성취되기 전(cf.롬 15:24)인 지금, 죽음으로서 그리스도와 함께 있게 되길 바라겠는가(v.23)? 이런 이유들로 인하여 빌립보서 1:19이 바울이 자신의 구원을 복음의 진보와 관련시켜 생각하고 있음을 나타낸다고 하는 주장은 옳지 않다고 볼 수 있다.

고린도전서 9:27도 사다께의 주장을 지지한다고 할 수 없다. 이 구절에서 바울이 내가 내 몸을 쳐 복종케 함은 내가 남들에게 효과적으로 복음을 전파하여 나 자신의 구원을 이루려 함이라'라고 말하는 것이 아니기 때문이다. 오히려 그 반대로 바울은 남들에게 복음을 전파하는 일에서 자신의 구원을 따로 떼어 놓고 있다! 또한 사다께와 같이 빌립보서 2:15f.와 데살로니가전서 2:19에서 바울이 자신이 전도한 사람들을 그리스도의 심판대에서 자기가 구원받을 근거로 생각한다는 결론을 이끌어내는 것도 받아들이기 어려운 주장이다. 왜냐하면 바울이 여기서 빌립보와 데살로니가의 성도들이 그리스도의 재림시 그리스도 앞에서 자신의 기쁨과 소망과 자랑의 근거가 된다고 말한 것이라면 고린도 교인을 향해서는 그것을 역으로 말할 수 있기 때문이다: '우리 주 예수의 날에는 너희가 우리

---

85  Contra Satake, 'Apostolat', p.104(n.1).

의 자랑이 되고 우리가 너희의 자랑이 되는 그것이라'(고후 1:14; cf. 빌 1:26). 확실히 바울이 여기에서 고린도 교인들의 구원에 자신의 구원이 달려 있다고 말하는 것은 아니다!

4) 바울이 자기에게 주어진 하나님의 은혜를 말할 때는 반드시 자신의 사도직에 관련된 언급을 하였다고 하는 사다께의 주장은 옳지 않다. 갈라디아서 2:19-21의 내용이 바울의 다메섹의 체험에 근거하고 있다고 보는 것은 가능한 추론이다.[86] 여기의 '나'($\epsilon\gamma\acute{\omega}$)가 모든 진실한 그리스도인을 가리키는 전형적 '나'($\epsilon\gamma\acute{\omega}$)라 할지라도, 바로 그 이유 때문에 그것은 바울로 대표되어질 수 있을 것이다. 여기에서 바울은 율법의 행위로 말미암아 칭의된다는 교리에 대항하여 논쟁하면서, 그는 율법으로 말미암아 그리스도와 함께 율법을 향하여는 죽었으며 이제는 그를 사랑하사 그를 위하여 자기 생명을 버리신 하나님의 아들을 믿는 믿음으로 산다고 말한다. 여기 그를 위한 그리스도의 자기의 내어줌이 '카리스'($\chi\acute{\alpha}\rho\iota\varsigma$)로 표현되어

---

[86] So, e.g., Burton, *Gal.*, pp.132f.; Schnackenburg, *Baptism in the thought of St. Paul*(1964), p.63; Jeremias, *Schlüssel*, p.22; Bruce, 'The law of Moses', p.262. 무엇보다도 바울이 자신의 복음의 진정성을 입증하기 위하여 자기의 자전적 진술을 하고 있는 내용의 절정에서 자신이 다메섹 도상에서 그것을 받았다고 하는 것 자체가 그 견해를 지지한다고 본다. 어떤 경우이든 강조적 용법의 $\epsilon\gamma\acute{\omega}$는 문체상의 $\epsilon\gamma\acute{\omega}$ 이상의 의미를 함축한다고 생각된다. 바울이 율법에 따라 교회를 핍박하였으나 다메섹 도상에서 하나님의 심판과 용서함을 받아 율법의 요구를 버렸다는 사실은 다음의 문장을 쉽게 이해할 수 있게 해준다: $\epsilon\gamma\grave{\omega}$ $\gamma\grave{\alpha}\rho$ $\delta\iota\grave{\alpha}$ $\nu\acute{o}\mu o\upsilon$ $\nu\acute{o}\mu\omega$ $\grave{\alpha}\pi\acute{\epsilon}\theta\alpha\nu o\nu$ $\H{\iota}\nu\alpha$ $\theta\epsilon\hat{\omega}$ $\zeta\acute{\eta}\sigma\omega$. 확실히, 이후로 이어지는 문장, $X\rho\iota\sigma\tau\hat{\omega}$ $\sigma\upsilon\nu\epsilon\sigma\tau\alpha\acute{\upsilon}\rho\omega\mu\alpha\iota$는 그 진술의 근거를 제시해 준다. 그리하여 바울이 여기서 우선적으로 염두에 두고 있는 것은 율법의 저주를 받아 그리스도께서 십자가에 못 박힌 사건(율법으로부터의 구속을 가져온)에 믿음과 세례로 그가 참여하는 일이다(갈 3:12f.; 롬 7:4). 그러나 율법에 대한 열정으로 그가 하나님께 반역하였던 것에 대한 암시 또한 포함되어 있다고 생각된다. 앞의 두 장에서 우리는 '하나님의 아들'이라는 칭호는 특별히 바울의 다메섹의 체험과 연관이 있다는 것을 고찰해 보았다. 빌립보서 3:8에서 바울이 다메섹 도상에서 그에게 나타났던 그리스도를 매우 개인적인 칭호인 '나의 주'라고 부르고 있다면 여기서 그는 마찬가지로 '나를 향한' 그리스도의 사랑을 매우 친근한 어조로 말하고 있다. '하나님의 은혜'도 역시 '나를 위하여' 그의 아들을 보내시고(sending) 내어 주신(giving-up) 하나님의 은혜와 및 다메섹 도상에서 바울을 부르시고 구원해 주신 것을 동시에 언급하는 이중적 의미를 가지고 있을 수 있다.

있다. 그는 바로 이 은혜 - 이로 말미암아 다른 모든 그리스도인같이 바울도 의롭다 함을 받게 되었던 - 를 폐하지 않는다. 로마서 5:2에서 바울은 예수 그리스도로 말미암아 '우리가 서 있는 이 은혜에 들어감을 얻었다…'고 한다. 그러므로 바울도 다른 그리스도인들과 마찬가지로 은혜에 들어감을 얻었고(과거형 '에스케카멘'⟨ἐσχήκαμεν⟩을 사용!) 지금 그 안에 서 있다. 이것은 '우리', 곧 바울 자신을 포함한 모든 믿는 자들은 믿음으로 의롭다 함을 얻었으며(부정 과거 '디카이오텐테스'⟨δικαιωθεντες⟩ 사용!), 그리하여 그 결과 '우리'는 지금 우리 주 예수 그리스도로 말미암아 하나님 안에서 화평을 누린다(롬 5:1)는 뜻의 또 다른 표현이다. 또한 바울이 자신을 포함한 모든 그리스도인들을 하나님께서 구원으로 부르시는 것에 대해 '칼레인'(καλεῖν)이라는 단어를 사용하는 예를 볼 수도 있다: 로마서 9:24; 데살로니가전서 4:7.

그러므로 바울이 자기의 구원을 자신의 사도적 사역에 달려 있다고 생각하였다는 사다께의 논지는 우리가 처음에 생각하였던 것만큼 설득력 있지 않다는 것을 알 수 있다. 바울이 자신의 사도로서의 부르심에 대하여 계속 '칼레인'(καλεῖν)이라는 단어를 사용하는 것은, 아마도 그가 교회에 대한 박해자요 하나님의 원수로 행할 적에 사도로 부르심을 받은 사실은 '카리스마'(χάρισμα)만으로는 설명할 수 없는 그 무엇, 즉 순전한 하나님의 은혜였음을 강조하기 위한 것이었다. 더욱이 바울은 '칼레인'(καλεῖν, 부르심)이나 '카리스'(χάρις, 은혜)라는 단어를 모든 그리스도인을 지칭하는 일반적 서술에는 사용하면서 자신의 구원을 언급하는 경우에는 매우 드물게 적용했다. 반면에 그는 자신의 사도직에 관련해서는 이 두 단어 모두를 자주, 직접적으로 사용하고 있는데 이것은 바울의 서신서에 그 자신의 구원을 특정하게 지적하여 언급하고 있는 대목이 드물기 때문이라 볼 수 있다. 그가 자신의 사도직과 관련하여 '칼레인'(καλεῖν)과 '카리스'(χάρις)를 사용하고 있는 구절들을 살펴보면 대부분 바울이 자신의 사도직의 권위와 진정성을 확립시키려는 경우라는 것을 알게 된다. 이것은 바울의 사도직이 종종 도전을 받았으며, 바울은 자신의 가르침을 권위 있게 전수해야 했기 때문에 필요한 것이었다. 그러나 자신의 구원에 대해서는 너무도 당연한 것이고, 또한 도전도 받지 않고 있었기 때문에 언급할 필요가 없었다. 바울이 자신의 다메섹 체험을 자신의 구원과 관련해서가 아니라 그의 복음과 그의 사도직에 관련하여 말하는 것은 우연한 일이 아니다. 그러나 이 말이 바울이 이 사건을 자기 개인의 구원의 시간, 다시 말해 하나님께서 그의 구원의 은혜를 받아들이도록 바울을 부르신 시간으로 인식하지 않았다는 의미가 아니다. 그렇다면 바울이 갈라디아서 2:19-21; 로마서 5:2; 9:24; 데살로니가전서 4:7과 같은 말을 하지 못했을 것이다. 더 나아가 빌립보서 3:4-14에서 보면 바울은 다메섹 사건을 그가 그리스도를 알게 되고, 또한 율법의 의를 버리고 하나님의 의를 받아들인 - 비록 이 구원은 종말의 성취를 바라보고 있는 터이지만 - 사건으로 생각하고 있음을 분명히 알 수 있다. 고린도후서 4:6도 보라.[87]

그렇지만 바울 자신의 구원이 그의 사도적 사역에 달려 있음을 은연중 암시하고 있다고 보이는 두 군데의 성경구절, 고린도전서 9:16, 23(어쩌면 로마서 1:14도 포함하여)이 남아 있다. 빌립보서 2:16 역시 또 다른 시각을 가지고 있다. 흠이 없는 빌립보 성도들은 그리스도의 심판대 앞에서 바울의 자랑의 근거가 될 것인데 그것은 바로 그들이 바울의 달음질도 수고도 헛되지 아니하였다는 증거가 되기 때문이다. 바울의 이러한 말의 배경이 되는 사상은 고린도전서 3:10-15; 4:1-5에 잘 설명되어 있다. 하나님의 종은 각각 마지막 심판 때에 자신이 부여받았던 사명에 대하여 진술해야 한다. 만일 그가 자신이 맡은 사명에 대해 신실하였다면 그는 하나님에게 상을 받을 것이나 그렇지 못했다면 그 자신은 구원은 받을 것이지만 상은 받지 못할 것이다. 바울은 이러한 심판대 앞에서의 자신의 사명을 진술할 때 한 부분으로 빌립보와 데살로니가 교인들을 제시하고 싶

---

[87] 본서 pp.30-40.

었다. 그래서 그들은 그리스도 앞에서 바울의 기쁨과 면류관, 자랑과 소망의 근거가 된다(빌 2:16; 4:1; 살전 2:19; also 고후 1:14). 바울이 자신의 구원이 그의 사도적 사역이나 그가 전도한 사람들의 구원에 달려 있다고 생각했다는 해석에서 이끌어 낸 사다께의 결론은 고린도전서 3:15에서 걸리게 된다. 생계를 지원받을 수 있는 권리에 대한 자발적 포기(고전 9:15ff.), 그의 남다른 노고, 마지막 심판 때 받을 상에 대한 그의 관심, 그의 수고가 헛되지나 않을까, 다시 말하여 그가 맡은 일에 대해 실패하지 않을까 하는 걱정 등에는 이전에 교회의 박해자로서 자기는 특별한 업적을 쌓아야 한다는 그의 의식이 반영되어 있다고 주장하는데, 과연 이러한 하르낙(Harnack)의 견해에 일말의 진리라도 들어 있을까?[88] 우리가 여기에서 토론하고 있는 성경구절들이 과연 바울이 예전에 교회의 박해자였기 때문에 자신은 사도로서 노력을 하여 죄에 대하여 보상해야 한다는 의식을 드러내고 있는 것일까?[89] 만일 바울이 이러한 생각을 마음속에 품고 있었다면 그의 남다른 노고, 그의 수고가 헛되게 되지 않을까 하는 우려, 마지막 심판 때 그가 전도한 사람들이 자기의 '자랑'($καύχησις$)이 되리라는 견해 등만이 아니라 로마서 1:14; 고린도전서 9:16, 23 안에 표현되어 있는 내용에 대한 설명도 훨씬 용이하게 될 수 있을 것이다.[90] 그러나 바울의 구원 자체에는 의문의 여지가 없다. 구원은 율법의 행위나 그의 사도로서의 사역으로 말미암는 것이 아니다. 그것은 오로지 하나님의 은혜로만 가능하다. 그렇지만 바울은 마지막 심판 때에 기껏 '불 가운데서 얻은 것 같은'($ὡς\ διὰ\ πυρός$) 구원이 아니라 하나님으로부터의 칭찬이라는

---

[88] A. v. Harnack, '$κόπος(κοπτιᾶν,\ οἱ\ κοπιῶντες$)im frühchristlichen Sprachgebrauch', ZNW 27(1928), p.5. 우리가 토론하고 있는 이 본문을 위해 그에 관한 주석서들과 함께, Pfitzner, Agon, pp.82-109를 보라.

[89] 1975년 여름 학기의 세미나에서 헹엘은 그러한 '보상'('Wiedergutmachungs') 가설을 제안하였다. 그런데 그에 앞서 나는 로마서 1:14의 $ὀφειλέτης$가 그러한 가설을 뒷받침할 수 있으리라는 것을 건의함으로써 그의 주목을 끈 적이 있었다.

[90] 골로새서 1:24의 어려운 개념도 또한 이러한 문맥에 속한 것일 수 있다.

상과 함께 구원을 받고 싶었다(고전 3:15; 4:5).[91] 이 때문에 이방인을 위해 부르심을 받았던 그가 복음을 그들에게 전하는 것이 '이전의 박해자의 숙명(ἀνάγκη)'이 된 것이다. 콘첼만(H. Conzelmann)이 고린도전서 9:23에 대해 '…이 말은 결코 구원과 구원의 사건(salvation and saving-event), 그리고 선택과 부르심(election and call)'에 대한 바울의 이해의 총체적 맥락에서 따로 떼어 놓아서는 안 된다. 구원을 위해 매진하라는 권유 - 이 구절에서는 자신에게 직접, 그 다음 구절에서는 그 글의 독자들에게 하고 있는 호소는 은혜로만(*sola gratia*) 선택받는다는 의식을 전제하고 있는 것이다(cf 빌 2:12ff; 3:12ff)[92]라고 말한 것은 정확한 해석이다.

이 장문의 부록은 바울의 다메섹 체험이 그의 은혜의 개념에 얼마나 단단히 뿌리박혀 있는가를 분명히 보여 준다. 자기가 의롭다 함을 얻고 사도로서 부르심을 받은 사건에서 하나님의 은혜를 사무치게 체험한 바울은 거기에서 의롭다 함을 얻는 것은 오직 하나님의 은혜로만 가능하다는 진리를 터득했다. 예레미아스와 하아커는 바울이 '카리스'(χάρις)라는 단어의 원래 의미와는 상관 없이 단어의 의미를 재창조하다시피하여 사용하고 있다고 생각한다.[93] 하나님의 은혜[94]란 도저히 받을 자격이 없는 죄인을 의롭다 하심으로 보이시는 하나님의 호의(갈 1:16)를 말할 뿐 아니라 보다 근본적으로 우리를 위한 그리스도의 대속적 죽음 안에 이루어진 하나님의 구원 행위 자체를 의미

---

[91] 우리는 여기서 고린도전서 3:10-15 내의 난해한 본문의 토론으로 들어갈 수는 없다. 주석서들을 참조하라.

[92] Conzelmann, *1Kor*, p.191. "복음에 의해 섬김에로 숙명적으로 강요받은 사람이 어떻게 동시에 사랑하는 자일 수가 있는가?"의 질문을 위해서 Käsemann, "amor fati", p.237의 1Cor 9:16에 대한 강해를 보라.

[93] Jeremias, *Schlussel*, pp.22f.; Haacker, 'Berufung', p.12. Cf. also Stuhlmacher, "Ende", pp.30f.

[94] Cf. Bultmann, *Theology* i, pp.288-292.

한다(롬 3:24ff.; 갈 2:20f.; 고후 6:1). 우리는 이 은혜로 말미암아 의롭다 함을 얻는다(롬 3:24; 5:16ff.). 우리가 이 복음의 선포에 대해 믿음으로 응답할 때 이 은혜를 덧입게 되며, 이 은혜로 의롭다 함을 받게 된다. 그래서 은혜란 기본적으로는 그리스도의 죽음 안에서 완성된 하나님의 구원의 행위를 의미하지만 또한 바울은 다른 여러 곳에서도 '은혜'란 용어를 사용한다. 즉, 값없이 주신 선물로서의 은혜($\delta\omega\rho\epsilon\acute{\alpha}$; 롬 3:24; 5:15ff.), 우리가 은혜 안에 서 있다(롬 5:2), 은혜 아래 있다(롬 6:14ff.), 심지어는 은혜로부터 떨어져 나간다는 말도 한다(갈 2:20f.), 그리고 은혜는 하나님의 사랑(롬 5:5ff.) 혹은 그리스도의 사랑(갈 2:20f.). 하나님의 긍휼(롬 11:32; 고전 7:25; 고후 4:1)과 같은 것이다. 로마서 3:21-26과 밀접한 대응을 이루는 내용인 로마서 5:5-11에서 바울은 우리가 우리 자신을 구원하기에는 너무나 연약한 죄인이었을 때 하나님의 기약한 시간에 그리스도께서 불경건한 우리를 위해 죽으셨다고 선포한다. 불경건한 자를 위해 대신 죽으심[95] – 이것은 전대미문의 선포이다. 혹시 자기의 은인[96]을 위해 죽는 자는 있을지 모르지만 의인을 위해 죽는 것도 흔치 않은 일이기 때문이다. 이 독특한 사건이 바로 하나님의 사랑을 증거한다: '우리가 아직 죄인 되었을 때에 그리스도께서 우리를 위해 죽으심으로 하나님께서 우리에 대한 자기의 사랑을 확증하셨다'(v. 8). 이 화목제물로서의 그리스도의 죽음은 우리가 의롭다 함을 얻는 기반 혹은 수단이 된다(v.9). 그러므로 칭의는 은혜로만 말미암는다. 이 '은혜로만'(*sola gratia*)이라는 구원의 원칙은 율법으로 의롭다 함을 얻으려 하는 가르침과 뚜렷한 대조를 이룬다. 로마서 3:21-24에서 '율법 없이'($\chi\omega\rho\grave{\iota}\varsigma$ $\nu\acute{o}\mu o\upsilon$) 나타난 하나님의 의

---

**95** 이 본문에서 $\acute{\upsilon}\pi\acute{\epsilon}\rho$의 의미는 '유익을 위하여'나 '대신으로'의 양쪽 모두의 의미로 생각할 수 있다–so Käsemann, *Römer*, p.128.

**96** 로마서 5:7 내의 $\tau o\hat{\upsilon}$ $\alpha\gamma\alpha\theta o\hat{\upsilon}$의 이러한 번역에 대하여는 Cranfield, *Romans*, pp.264f.를 보라.

는, 적극적 표현으로 말하자면 '믿음을 통하여'(διὰ πίστεως) 얻어지는 하나님의 의요, 하나님의 은혜로 주어지는 것으로 정의된다. 갈라디아서 2:21에서 바울은 율법을 통해 의를 얻으려는 행위는 하나님의 은혜를 폐하려 하는 것이나 다름없다고 말한다. 그것은 사실은 하나님의 은혜에서 떨어져 나가는 행위이다(갈 5:4). 믿는 자는 율법 아래 있지 않고 은혜 아래에 있다(롬 6:14f.; cf. 더 나아가 롬 4:4; 11:5f.).

아무도 율법으로는 의롭다 함을 받지 못하며 오직 그리스도 안에 있는 하나님의 은혜로만 의롭다 함을 받는다는 말은, 믿음을 통하여 의롭다 함을 얻게 된다는 의미이다. 이것이 바울의 칭의 교리 중 세 번째의 뚜렷한 입장이다. 이것은 로마서 3:21-31에 명료하게 드러나 있다. '율법 이외에'(χωρὶς νόμου) 나타난 하나님의 의는 '믿음으로 말미암아'(διὰ πίστεως) 얻어진다. 이렇게 하나님의 의가 믿음으로 말미암아 얻어진다고 하는 선포는 이 본문 안에 되풀이하여 강조되어 있다. 하나님께서는 예수를 믿는 자를 의롭다 하신다(v. 26). 인간이 율법의 행위로가 아니라 믿음으로 의롭게 되기 때문에 유대인이든 이방인이든 모두 의롭다 함을 얻을 수 있는데, 그것은 믿음을 통해서만이 가능하다(v. 22, 28ff). 실제로 바울은 로마서 1:16ff.에서 '믿음으로만'(sola fide) 의롭게 된다고 하는 이 진리를 복음의 핵심으로 선포하고 있다. 바울은 로마서 1:16ff.에서 복음을 표제 형식으로 정의하고, 로마서 전체를 통하여 그것을 설명한다: 복음은 모든 믿는 자에게, 즉 먼저는 유대인에게요 그리고 헬라인에게 구원을 주시는 하나님의 능력이다. 복음 안에 하나님의 의가 나타났으므로 복음이 제시될 때 그에 대한 믿음을 통해서만이 그 의를 얻게 된다. 그러면서 바울은 믿음으로만 의롭다 함을 얻을 수 있다는 진리를 확증하기 위해 히브리서 2:4을 인용한다. 이렇게 율법의 행위로가 아니라 믿음으로만, 은혜로만 의롭다 함을 얻게 된다는 그의 칭의 교리를 재천명하면서, 바울은 로마서 4장에서 그에 대한 성경적 증거를 제시한다. 로마서 4장에서 바울은 창세기 15:6의 '아브라함의 믿음이 저에게 의로 여기신바 되었다'고 말씀하고 있는 구절을 주석하고 있다. 이 논지를 설명해 나가다가 바울은 기쁨을 가지고 로마서 5:1의 말씀을 선포한다: '우리가 믿음으로 의롭다 하심을 받았으니 우리 주 예수 그리스도로 말미암아 하나님과 화평을 누리게 되었다….'

갈라디아서에서도 비슷한 선포와 성경적 가르침을 볼 수 있다. 갈라디아서 2:15f.에서 바울은 게바, 바나바 그리고 '믿음으로만'(sola fide) 의롭게 된다는 진리에서 흔들리고 있는 안디옥의 성도들에게 자신이 전했던 진리를 다시 천명하고 있다: '우리는 본래 유대인이요 이방인이 아니로되 사람이 의롭게 되는 것이 율법의 행위에서 난 것이 아니요 오직 예수 그리스도를 믿음으로 말미암는 줄 아는 고로 우리는 예수를 믿나니 이는 우리가 율법의 행위에서가 아니고 그리스도를 믿음으로 의롭다 함을 얻으려 함이라. 율법의 행위로서는 의롭다 함을 얻을 육체가 없느니라.' 그리고 갈라디아서 3-4장에서 이 '솔라 피데'(sola fide)의 칭의 교리에 대한 성경적, 구원사적 정당성을 입증하는 논리를 전개한다.

빌립보서 3:4-14에서는 바울이 이 교리를 자신의 자전적 진술을 통하여 설명한다. 바울은 여기에서 빌립보의 성도들에게 유대주의자들의 침투를 경계하라고 권고하면서, '율법을 통해 얻는 의'(δικαιοσύνη ἡ ἐκ νόμου)와 '믿음으로 말미암는 의'(δικαιοσύνη ἡ διὰ Χριστοῦ)를 대조하여 보여 준다. '율법을 통해 얻는 의'는 유대주의자들이 자신들을 위해 확보하려고 노력했던 – 바로 그들의 목표였다. 바울도 예전에는 이 의를 얻기 위해 그토록 애써왔으며 실제로 교회에 대하여 열심을 다해 핍박했던 것도 바리새인의 입장에서 배운 바대로의 율법에 비추어 보면 상당히 성공적인 노력이었다.

그러나 다메섹 도상에서 부활하신 그리스도를 만난 이후로, 바울은 그 모든 것을 '잃은 것'으로 여기기로 하였다. 바울은 자신이 물려 받아 가지고 있는 것, 성취한 것, 율법으로 비추어 볼 때 흠이 없던 의를 다만 '잃은 것'으로 여기게 되었는데, 그것은 '하나님으로부터 온 의'($δικαιοσύνη\ ἀπὸ\ θεοῦ$)(고전 1:30)이며 율법을 능가하는 그리스도 예수를 알게 되었기 때문이다. 사실 그가 이같이 모든 것을 배설물로 여김은 그리스도를 얻고 그 안에서 발견되려 함이었다. 다시 말해 아직도 그 마음속에 지니고 있는, 다메섹 도상에서의 그의 결단은[97] 그가 율법에 호소하여 세워 놓았던, 그가 율법으로 말미암아 얻었던 자신의 의는 모두 배설물로 여기고 하나님께서 믿음을 가진 자에게 그 믿음을 근거로 하여 주시는 의, 즉 그리스도 안에서 믿음으로 말미암아 주어지는 의를 얻겠다는 것이었다. 이렇게 하나님으로부터 믿는 자에게만 주어지는 '의'만이 바울이 현재 의롭다 함을 받은 존재라는 사실과 마지막 심판 때의 구원에 대해 안심하고 확신을 가질 수 있게 한다.[98] 그래서 여기 빌립보서의 본문 내용은 바울의 칭의 교리의 체험적 근거를[99] 제시하고 율법을 토대로 하여 얻는 의와 믿음에 의거하여 얻어지는 의를 대조하여 보여 주고 있다.

로마서 9:30-10:4에서 바울은 자신의 회심의 체험에 비추어서 이스

---

[97] 이 본문 안에 시제들이 뒤섞여 있는 점에 주목하라. 바울이 그리스도를 아는 지식의 뛰어난 가치 앞에 직면하여 그 자신의 의, 이른바 율법의 의나 유대교 안에서 그가 얻었던 다른 모든 것들은 잃어버릴 것이며 배설물이라고 인식하게 되고 또한 그리스도를 얻고 그 안에서 발견되려 하여 그러한 것들을 그렇게 여기기로 결단한 것은 다메섹 도상에서 한 번에 일어난 일이었다(7절 과거형 $ἥγημαι$; 8절의 부정 과거형 $ἐζημιώθην$). 그런데 이러한 가치 판단과 결단은 현재까지도 계속하여 바울이 견지하고 있는 것이었다(8절의 현재형 $ἡγοῦμαι$). 그는 그것을 끝까지 붙잡고 나아갈 터인데, 그것은 (다메섹 도상에서 시작된) 그리스도를 아는 지식과 얻는 일을 성취하고 그 안에서 발견되려 함이었다.

[98] 9절의 하만설($μὴ\ ἔχων\ ἐμὴν\ δικαιοσύνην$…)과 앞에 기술한 것과의 연관에 대하여는, Michael, *The Epistle of Paul to the Philippians* (1939), p.149; Barth, *Phil*., pp.99f.를 참조하라.

[99] Cf. Blank, *Paulus*, pp.211-237; Stuhlmacher, "Ende", pp.31f.

라엘의 믿음 없음의 비극을 그리고 있다.[100] 이스라엘은 바울 자신이 다메섹 도상에서 그리스도의 현현을 체험하기 이전과 꼭 마찬가지로 하나님에 대한 열심을 가지고 율법에 기초한 의, 곧 율법의 행위로 말미암는 의를 추구하고 있다. 이를 얻기 위한 그들의 엄청난 노력에도 불구하고 그들은 율법을 온전히 지켜서 의롭다 함을 얻는 데 실패했다. 반면에 그것을 추구하지 않았던 이방인들은 의롭다 함을 얻었다. 유대인들이 그리스도 안에서 하나님께서 이루어 놓으신 의, 그래서 지금은 믿는 자에게 선물로 주어지는 의에 대하여 무지하고 이해하지 못하므로, 하나님의 의를 받아들이지 못하고 아직도 율법에 의거한 자신들의 의를 이루려 하기 때문에 이러한 역설적인 일이 일어났던 것이다. 그리스도가 율법의 마침이 되었으며, 그래서 누구든지 믿음을 가진 자는 의롭다 함을 받게 된다는 진리를 유대인들은 모르고 있다. 반면에 바울은 다메섹 도상에서 이 진리를 깨달았다. 이제 이방인들은 믿음으로 말미암아 의롭다 함을 받게 되었다. 그러나 이스라엘에게는 '십자가에 달리신' 그리스도라는 추문이 걸림돌이 되었다. 그런데 바로 이 그리스도 안에 하나님께서 모든 믿는 자를 위한 '의'를 이루어 놓으신 것이었다. 5-13절에서 바울은 '율법의 의'(law-righteousness)와 '믿음의 의'(faith-righteousness)를 대조하고 있다. 율법을 근거한 의, 즉 율법을 온전히 지킴으로 의를 이루려는 것은 쓸모없고 불가능한 시도이다(갈라디아서 3:10-12에서 이미 바울은 율법은 우리를 저주로 이끌 뿐이라고 천명하고 있다). 반면에 의를 위한 쉬운 길이 있는데 그것은 믿음으로 말미암아 의롭다 함을 받는 길이다.

이러한 대비를 보여 준 후, 바울은 로마서 10:6-13에서 '믿음의 의'를 얻는 방법을 설명한다. 우리가 이 '의'를 얻기 위해 하나님의 의

---

**100** 빌립보서 3:4ff.과 로마서 10:2-4간의 대구법에 대하여는 본서 pp.28f.

를 체현하고 있는 그리스도를 모시러 하늘에 올라갈 필요도 없고 음부로 내려갈 필요도 없다.[101] '믿음'을 위해 바울이나 다른 전도자들이 전한 대로 이른바 '복음'이 우리에게 다가왔는데, 이 복음 안에는 '하나님의 의'의 체현이신 그리스도, 곧 부활하시고 승천하신 그리스도가 계시되어 있다. 우리는 다만 이 선포된 말씀에 믿음으로 응답하기만 하면 된다. 우리가 하나님께서 그리스도를 죽은 자 가운데서 살리신 것을 마음으로 믿고, 입술로 예수를 주로 고백하면 의롭다 함을 받고 구원받게 된다. 지금 우리가 고찰하고 있는 이 본문은 선포된 말씀에의 응답이 믿음의 핵심이라는 것을 명백하게 보여 준다. 믿음은 전파된 그리스도의 말씀을 들음에서 난다(롬 10:14-17). 그래서 믿음의 대상, 구원의 메시지는 로마서 10:9; 데살로니가전서 4:14; 고린도전서 15:3-5(2, 11) 등에서와 같이 '호티'($\H{o}\tau\iota$ 절)(또는 그에 상당하는 어구) 안에 요약되어 표명되어 있는 경우가 많다. 보통 그 내용은 그리스도 안에서 이루신 하나님의 구원의 역사, 곧 그리스도의 죽음과 부활이 된다. 이 '호티'($\H{o}\tau\iota$ 절) 안에 포함된 믿음의 내용은 종종 전치사구인 '피스테우에인 에이스 크리스톤 예순'($\pi\iota\sigma\tau\epsilon\acute{u}\epsilon\iota\nu$ $\epsilon\grave{\iota}\varsigma$ $X\rho\iota\sigma\tau\grave{o}\nu$ $'I\eta\sigma o\hat{u}\nu$)(갈 2:16; also 롬 10:14; 빌 1:29; 골 2:5) 혹은 목적격-소유격 문구(objective-genitive phrase)인 '피스티스 크리스투 예수'($\pi\acute{\iota}\sigma\tau\iota\varsigma$ $X\rho\iota\sigma\tau o\hat{u}$ $'I\eta\sigma o\hat{u}$)(갈 2:16, 20; 3:22; 롬 3:22, 26; 엡 3:12; 빌 3:9)로 축약되어 표현되기도 한다. 그러므로 구원을 주는 믿음이란 근본적으로 그리스도에 대한 믿음, 즉 그리스도 안에서 하나님께서 우리를 위해 구원을 이루어 놓으셨다는 말씀의 선포에 대한 믿음이다. 이러한 구원의 메시지를 받아들이는 것은 믿는 자가 이 선포를 진리로 믿고, 그 선포가 우리에게 제공하는 것뿐만이 아니라 동시에 그것이 우리에게

---

**101** 이 본문에서 토라를 능가하는 분으로서의 그리스도가 진정한 신성의 지혜로 여겨지고 따라서 하나님의 의의 진정한 체현이라고 생각되고 있다고 하는 논증에 대하여는 본서 pp.216ff.

요구하는 것에 순종하는 것까지를 말하는 것이다. 그것은 자기의 구원을 스스로 이루어보려는 시도의 포기이며 하나님께서 그리스도 안에서 이루신 구원의 역사에 대한 복종을 의미한다(롬 10:3, 16; 11:30-32). 하나님과 믿는 자 사이의 인격적 관계는 이러한 '믿음'으로 성립되는데, 이 관계는 믿는 자가 예수를 주로 고백하고, 예수의 주권 아래서 그에게 순종함으로써 겉으로 표현되게 된다(롬 1:8; 15:18; 고후 9:13). 믿음이라 말할 때 바울이 의도했던 개념들[102], 즉 신뢰, 소망, 경외, 지식의 요소들 모두를 우리가 여기에서 토론할 수는 없다. 그러나 요약해서 말하자면 복음 안에는 하나님께서 그리스도 안에서 이루신 구원이 들어있으며 또한 우리에게 순종을 요구하는 '우리 주'로서의 그리스도가 제시되어 있다. 바울이 '우리에게 의를 가져다주는 믿음'이라 말할 때 그 '믿음'이란 곧 이러한 복음을 받아들이는 것을 의미한다. '복음을 받아들인다'는 것은 그 자체로서 이미 앞에 언급한 믿음의 요소들을 모두 포함하는 것이다.

그렇다면 만일 우리가 믿음을 통해서만 구원받는다면, 믿음은 우리 칭의를 위한 조건(condition)인가? 이것이 이제부터 밝히고자 하는 다음의 주제이다. 바울이 '믿음을 통해'($\delta\iota\grave{\alpha}\ \pi\acute{\iota}\sigma\tau\epsilon\omega\varsigma$), 혹은 '믿음으로'($\acute{\epsilon}\kappa\ \pi\acute{\iota}\sigma\tau\epsilon\omega\varsigma$) 우리가 의롭다 하심을 얻는다, 또는 하나님의 의를 덧입게 된다고 할 때 '믿음'은 분명히 하나님께서 은혜로 우리에게 주시는 선물인 하나님의 의를 '덧입을 수 있는 수단(means)'으로 이해된다. 이렇게 믿음이 우리의 칭의를 위하여 절대 필요한 수단이라면 믿음은 역시 칭의의 조건(condition)이 된다. 이렇게 믿음이 칭의의 조건이 된다는 생각은 바울이 '믿음으로'($\acute{\epsilon}\kappa\ \pi\acute{\iota}\sigma\tau\epsilon\omega\varsigma$) 얻어지는 칭의와 '율법의 행위로'($\acute{\epsilon}\xi\ \acute{\epsilon}\rho\gamma\omega\nu\ \nu\acute{o}\mu o\upsilon$) 성취되는 칭의

---

[102] See Bultmann, $\pi\acute{\iota}\sigma\tau\epsilon\omega$, TDNT vi, pp.203-222; Theology i, pp.314-324; Kuss. Römer, pp.131-154; Käsemann, Römer, pp.100-103.

를 대조하여 보여 주는 곳에서 명백하게 드러난다(예, 롬 3:27ff.; 갈 2:16). 이들 구절에 보면 '에크 피스테오스'(ἐκ πίστεως)는 분명히 '엑스 에르곤 노우'(ἐξ ἔργων νόμου)와 병행구를 이루고 있다. '엑스 에르곤 노우'(ἐξ ἔργων νόμου)는 율법의 행위가 칭의를 위한 조건이라는 유대인들의 생각의 표현이다. 그러나 동시에 믿음을 하나의 행위로 취급하여 믿음이 하나님께서 믿는 자를 의롭다 하지 않을 수 없게 만드는, 곧 믿는 자가 하나님께 내세울 수 있는 공적을 쌓는 행위라는 생각은 철저하게 배제되어 있다. 믿음은 칭의의 조건이다. 이것은 믿음이 하나님 앞에 공적을 쌓는 행위여서가 아닌, 믿음이 하나님께서 우리에게 값없이 주시는 하나님의 의를 받아들이는 수단이기 때문이다.[103]

이제는 바울이 때로 칭의와 관련하여 믿음과 함께 세례를 언급하고 있는 구절들을 고찰해 보고자 한다. 이것을 위한 가장 명백한 예로 고린도전서 6:11이 있다. 어떤 학자들은 이 구절에 바울 이전의 칭의 교리가 반영되어 있다고 생각한다: '그러나 너희는 주 예수 그리스도의 이름과 우리 하나님의 성령 안에서 씻음(washed)과 거룩함(sanctified)과 의롭다 함(justified)을 얻었다.' 갈라디아서 3:23-25에서 바울은 다음과 같이 말한다: 그리스도와 함께 믿음이 오기 전에는 우리가 율법 아래 갇혀 있었다. 그래서 율법은 우리를 그리스도에게로 인도하는 초등교사였다. 이는 우리로 하여금 율법의 행위로가 아니라 믿음으로 의롭다 함을 얻게 하려 함이었다. 그러나 이제 믿음이 왔으므로 우리는 더 이상 초등교사 아래 있지 않다. '너희가 다 믿음으로

---

[103] Cf. Kertelge, *"Rechtfertigung"*, pp. 182ff.; Käsemann, *Römer*, p.101. 케제만이 이 문제를 잘 제기하고 있다: "우리가 꼭 그렇게 표현하고 싶다면, 바울에게 있어서 믿음은 구원을 위한 하나의 조건이 아니라 유일한 조건이라고 말해야 한다. 그 이유는 구원은 복음 가운데 우리에게로 오고 그 속에서 얻어야 하며 그 속에서만 얻을 수 있기 때문이다. 내용적으로 그것은 그것의 배타성 때문에, 즉 구원의 가능성들이라고 제시되거나 요구되는 다른 것들에 대항하는 의미로만 '조건'이 되는 것이다."

그리스도 예수 안에서 하나님의 아들이 되었다.' 바로 하나님과의 바른 관계를 가지게 된다는 의미를 가진 하나님의 자녀 됨은 믿음으로 말미암아 얻어진다. 우리는 믿음으로 말미암아 '그리스도 예수 안에서'(ἐν Χριστῷ Ἰησοῦ) 하나님의 아들 됨을 얻었는데 그리스도 예수는 아브라함의 자손으로서, 아브라함에게 하나님께서 하셨던 약속을 성취하는 분이다(갈 3:8, 14, 16). 27절에서 바울은 우리가 어떻게 '예수 안으로'(ἐν Χριστῷ Ἰησοῦ) 들어오게 되는가, 즉 그리스도와 연합하게 되는가를 설명한다: '누구든지 그리스도와 합하여 세례받은 자는 그리스도로 옷 입은 것이다.' 여기에는 하나님의 아들 됨과 의롭다 함을 얻기 위한 매개로서 믿음과 세례가 모두 언급되어 있다(갈 3:7과 3:29을 비교해 보라).

로마서 6:1-11에서 바울은 '은혜로만'(sola gratia) 의롭게 된다는 자신의 가르침을 곡해하는 것에 대하여 반격하면서 우리는 세례로써 그리스도의 죽음과 부활에 참여한 자라는 사실을 상기시킨다. 그리스도의 죽음과 부활에 참여하는 의식이라는 세례의 개념 저변에는 그리스도는 마지막 아담이며, 그의 죽음은 우리를 위한 대신적, 대표적 죽음이었다는 생각이 깔려 있다.[104] 그리스도의 죽음의 성격은 고린도전서 5:14에 명료하게 나타나 있다: '…한 사람이 모든 사람을 대신하여 죽었은즉 모든 사람이 죽은 것이라.' 죄 없으신 그리스도께서 우리 죄를 지고 저주를 받아 우리를 대신하고 대표하는 죽음을 죽었다. 그래서 십자가에서의 그의 죽음 안에서 우리 모두도 같이 죽은 것이다. 마지막 아담으로서의 그리스도는 그 안에 새 인류를 내포하고 있는 새 인류의 '조상'(Stammvater)이다. 그러므로 그의 죽음과 부활 안에서 우리도 죽고 다시 살아난다. 그러나 그리스도의 대신적, 대표적 죽음과

---

[104] So Schnackenburg, *Baptism*, pp.112-121; G. R. Beasley-Murray. *Baptism in the NT*(1962). pp.135-138; Grundmann. 'Paulus'. p.272; Kertelge. "Rechtfertigung", pp.234f.; cf. also Käsemann. *Römer*. pp.154. 156; Cranfield, *Romans*. p.299.

부활 안에서 이루어지는 우리의 죽음과 부활은 다만 그리스도의 죽음과 부활 안에서 우리가 죽고 부활하였다고 보아 주시겠다는 하나님의 결단이며 선포일 뿐, 세례를 통해 그리스도와 연합하고 하나님의 결단에 순응하는 자에게만 그러한 하나님의 결단은 비로소 실제로 개개인과 관련을 가지게 된다.[105] 세례로써 우리가 그리스도와 함께 죽고 다시 살아난다는 것은 우리의 세례 시에 우리와 함께 그리스도가 다시 죽고 부활한다는 의미가 아니다. 그것은 다음 두 가지 의미를 지닌다. 첫째 우리가 그리스도의 죽음과 부활 안으로 흡수되어 들어간다는 뜻이다. 슈나켄부르그(R. Schnackenburg)의 말을 빌어보면:

> 그리스도가 인류를 속량하기 위해 대신적, 대표적으로 죽고 부활하였기 때문에 우리 역시 그와 함께 장사 지낸 바 되고 또한 그와 함께 일으키신 바 되었다(골 2:12). 그래서 우리가 믿음과 세례로 말미암아 새 인류의 창시자인 그리스도와 연합하면 우리는 그 안에 이루어진 일에도 연합(참여)하게 되는 것이다. 곧, 그의 죽음은 우리의 죽음이 되고 그의 부활은 우리의 부활이 된다.[106]

두 번째 의미도 첫째 의미와 상응하는데 우리가 그리스도와 함께 그 죽음과 부활에서 실제로 고난 받았다는 뜻이다. 그러므로 우리의 삶 속에서 우리의 옛 생명, 곧 하나님과 불화했던 생명은 끝이나고 그리스도와 그의 왕국과 성령 안에서 새로운 생명이 시작된다.[107]

---

**105** Cf. Cranfield, *Romans*, p.299.
**106** Schnackenburg, *Baptism*, p.115.
**107** Beasley-Murray, *Baptism*, p.132. 그는 다음의 한 가지 의미를 덧붙인다: 세례는 받은 은혜에 부합하는, 육신의 '십자가에 못 박힘'과 성령의 능력 안에서의 새로운 삶을 요구한다. 그러한 '죽음'(dying)과 '다시 삶'(rising)은 세례라는 이벤트 안에서 시작된다. Cf. also Cranfield, *Romans*, pp.299f.

세례 시에 우리가 그리스도와 함께 죽었다 함은 죄에 대하여 우리가 죽었다는 뜻이다(롬 6:2). 그리스도가 모두를 위해 죄에 대하여 단번에 죽었기 때문이다(v.10). 세례 안에서 우리 옛 사람은 그리스도와 함께 십자가에 못 박힌다. 그래서 우리는 더 이상 죄의 종노릇을 하지 않는다. 죽은 자는 죄에서 자유롭기($\delta\epsilon\delta\iota\kappa\alpha\iota\omega\tau\alpha\iota$) 때문이다(v.6ff.). 이렇게 세례 시에 그리스도와 함께 죄에 대하여 죽는 것은 아버지의 영광으로 말미암아 그리스도를 죽은 자 가운데서 살리심같이 우리도 또한 새 생명 가운데서 행하게 하려 함이다(v.4).[108] 우리의 조상(*Stammvater*)인 그리스도가 대표로 죽은 것은 모두를 위해 죄에 대하여 단번에 죽은 것이요, 그의 사심은 하나님께 대하여 사심이다. 따라서 세례를 받음으로 예수 그리스도와 연합하게 된 우리도 그리스도 예수 안에서 우리의 죽음은 죄에 대한 죽음이요, 우리의 삶은 하나님께 대한 삶이란 것을 기억하여야 한다(vs. 10f.).[109] 이러한 논리를 가지고 바울은 구원 사건(Heilsgeschehen)에 대한 직설법의 서술(indicative)에서, 이 구원 사건에 근거한 윤리적 명령(imperative)으로 넘어간다: '그러므로 너희는 죄로 너희 죽을 몸에 왕 노릇 못하게 하고…'(vs.12f.).

로마서 6:1-11과 비슷한 논리가 갈라디아서 2:19f.에도 들어있다. 여기 *sola fide*(믿음으로만)의 교리를 변증하는 본문에서 바울은 세례의 개념을 암시하는 듯한 말을 한다. 바울은 로마서 6:6에서와 같이

---

[108] Beasley-Murray는 *Baptism*, pp.138f.에서, 비록 로마서 6:5-8에서 우리의 그리스도와 함께 죽음은 세례 때에 일어난 과거의 사건인 반면에 우리의 그리스도와 함께 부활할 것은 미래의 종말론적 사건으로 말하고 있긴 하지만 지금의 구절(4절)과 10절 이하에 보면 세례 때에 그리스도와 합하여 죽은 것과 마찬가지로 그때에 그리스도의 부활에 우리도 참여하고 있다는 것을 전제하고 있다(cf. 골 2:12). So also Kuss, *Römer*, p.299. 그러나 5절과 8절에서는 미래 시제를 사용함으로써 세례를 광신적으로 신봉하는 것을 경계하고 세례에서 선취적으로 실현된 것은 부활 때에 온전히 성취될 것임을 말하고 있다.

[109] Cf. Cranfield, *Romans*, pp.315ff.

그가 그리스도와 함께 십자가에 못 박혔음과 로마서 6:3, 10f.에서와 같이 그가 율법에 대하여 죽었음을 말한다. 그리스도와 함께 십자가에 못 박히고 율법에 대하여 죽었으므로 이제는 바울이 산 것이 아니다. 오직 그 안에 그리스도께서 사신 것이다. 옛 아담적인 인간은 세례 시에 그리스도와 함께 죽고 세례 때 주어진 새 생명은 부활하신 그리스도의 생명이다. 곧 바울이 육체 가운데 사는 것은 바울을 사랑하사 그를 위하여 자기 몸을 내어 주신 하나님의 아들을 믿는 믿음으로 사는 것이다. 비슷한 내용의 또 다른 구절도 있다: "너희는 그리스도의 몸으로 말미암아 율법에 대하여 죽임을 당하였으니 이는 다른 이 곧 죽은 자 가운데서 살아나신 이에게 가서…"(롬 7:4); 더 나아가 갈라디아서 5:24; 6:14; 에베소서 2:5f; 골로새서 2:12f. 등을 보라.[110] 골로새서 2:12f.에 보면 그리스도와 함께 우리가 죽고 다시 일으키심을 받는 것과 관련하여 세례와 믿음이 양쪽 다 언급되어 있다.

위에 열거한 성경 본문들을 보면, 비록 바울이 다른 구절들에서 믿음으로 말미암아 의롭게 된다고 주장한 것만큼 명료하게 세례를 통해 우리가 의롭다 함을 받는다고 말하고 있지는 않지만, 세례가 우리의 칭의에 관련되어 있다는 사실은 충분하게 표명하고 있다. 그렇다면 세례와 믿음과의 관계는 어떻게 정의해야 하는가 하는 문제가 제기된다. 슈바이처는, 실은 바울의 구원론의 핵심은 그리스도와의 연합, 즉 그리스도와 함께 죽고 부활함으로 말미암아 구원된다는 것인데, 이 믿음으로 말미암는 칭의의 교리는 바울의 논쟁적인 목적 때문에 그의 구원론의 핵심에서 갈라져 나와 개발된 바울의 구원론 중의 한 줄기에 불과하다고 주장한다.[111] 과연 그의 주장이 옳을까? 다메섹 도상의 체험에서 바울이 믿음으로 의롭다 함을 받는다는 진리를 체득

---

**110** 이 본문 및 그리스도와 합하여 죽고 일어난다는 개념을 담고 있는 다른 성경 본문들에 대하여는 R. C. Tannehill의 논문, *Dying and Rising with Christ*을 참조하라.

**111** Schweitzer, *Mysticism*, pp.219-226.

하게 되었다고 하는 우리의 주장에 약간의 진실이라도 담겨 있다면 슈바이처의 주장은 설득력을 잃을 수밖에 없다.

하안(F. Hahn)은[112] 세례를 통한 칭의의 교리는 바울 이전의 교회에 이미 존재하고 있었으며, 바울은 로마서 3:24-26a; 4:25; 6:7; 고린도전서 1:30b, 6:11 등에서 이 교리에 호소하고 있는 것이라고 주장한다. 하안이 주장하는 바로는 위에 열거한 구절들은 모두 칭의 교리의 형식화된 문장으로 바울 이전에 존재했던 문형이다. 즉 바울이 이 양식을 빌어서 바르게 정정하여 사용하였다는 것이다. 바울 이전의 전승에서는 칭의가 일과성 사건으로서의 세례와 관련이 있었다. 그래서 '신자가 되기 위한 일과성의식, 곧 세례 이후에 믿음은 그리 중요한 의미를 가지지 않았다. 반면에 바울은 하나님의 의롭다 하시는 행위는 믿는 자의 실존을 위해 계속 실재하는 것으로 보았다. 따라서 믿는 자는 결코 시들지 않는 믿음, 즉 선포된 말씀에 대해 지속적으로 날마다 새로운 응답을 하고 그에 대한 신뢰를 보임으로써 하나님의 의롭다 하심에 참여할 수 있다고 말하는 것이다.'[113]

그러므로 하안에 따르면, "바울에게는 칭의와 세례를 위해 회심을 어떤 식으로든 고려하는 것이 더 이상 긴요하지 않다. 그가 의식적으로 칭의의 복음을 세례에 대한 말씀들에 앞서 내세우는 것이 사실이지만, 그렇다고 해서 그가 신자가 되는 것 또는 어떤 특정한 믿음의 행위가 세례를 위한 전제 조건이 된다는 것을 말하는 것은 아니다. 그게 아니라 칭의의 복음을 앞세움은 그리스도인의 실존이 근본적으로 오로지 '믿음'($\pi\iota\sigma\tau\epsilon\acute{u}\epsilon\iota\nu$)으로만 적절히 기술될 수 있다는 의미를 나타낸다.[114] 그렇기 때문에, 세례는 부정 과거형(aorist)으로 쓰인 반면에 바울이 '피스테우

---

112 F. Hahn, 'Taufe und Rechtfertigung', *Rechtfertigung*, Käsemann FS, pp.95-124.
113 Ibid., p.117
114 Ibid., p.120.

에인'(πιστεύειν, 믿음)을 말할 때는 현재형을 쓰고 있다고 하안은 주장한다.[115] 그러나 이러한 하안의 견해에는 찬동할 수 없다. 그것에 반대하는 의견을 세 가지만 지적하여 말하자면:

첫째로 바울이 세례에 관한 전승과 그다지도 근본적으로 상반되는 의견을 가지고 있었다면, 왜 하안이 추론한 것과 같이 자주 그것을 인용하였을까? 만일 하안의 결론이 옳다면, 하안은 바울이 세례와 칭의를 관련시켜 '생각하는 것'이나 그의 칭의 교리에 세례를 '연결시키는 것'을 자신의 결론과 동시에 말할 수는 없다.[116]

둘째로, 하안은 로마서 5:1f.의 '그러므로 우리가 믿음으로 의롭다 하심을 받았으니 우리 주 예수 그리스도로 말미암아 하나님과 화평을 누리자 또한 그로 말미암아 우리가 믿음으로 서 있는 이 은혜에 들어감을 얻었으며…'(Δικαιωθέντες οὖν ἐκ πίστεως εἰρήνην ἔχομεν πρὸς τὸν θεὸν διὰ τοῦ κυρίου ἡμῶν Ἰησοῦ Χριστοῦ δι' οὗ καὶ τὴν προσαγωγὴν ἐσχήκαμεν (τῇ πίστει) εἰς τὴν χάριν ταύτην ἐν ᾗ ἑστήκαμεν…)라는 문장과 또한 9절의 부정 과거형(aorist)과 완료형(perfect)은 무엇이라고 생각하는 것인가? 그리고 또한 갈라디아서 2:16ff.와 로마서 9:30의 부정 과거형 표현은 어떠한가? 그것들은 과연 모두 '그 진술들이 들어 있는 각각의 문맥상 필요로 하여 그렇게 표현된 극소수의 예외'[117]에 불과한 것인가? 우리는 바울이 믿는 자들의 칭의를 말할 때 믿는 자들이 마지막 심판 때에 있을 칭의의 완성을 바라보고 있는 상태이기는 하지만 동시에 믿는 자 안에 칭의가 이미 이루어졌다고 말하고 있다는 사실을 고찰해 보았다.[118] 바울이 많은 곳에서 '디카이운'(δικαιοῦν)과 '피스테우에

---

**115** Ibid., p.121.
**116** Ibid., p.117. pp.122ff.에 있는 그 설명 – 어떻게 바울이 그 전송을 취하여 그 기사에 사용하였는가에 대한 – 은 찬동할 수 없다.
**117** Ibid., p.121.
**118** 본서 pp.483ff.

인'($\pi\iota\sigma\tau\epsilon\acute{u}\epsilon\iota\nu$)의 현재형을 쓰는 이유는, 그러한 구절들에서 그는 '믿음으로 말미암아 의롭게 된다'는 원칙을 선포하고 있기 때문이다.

셋째로, 하안이 로마서 10:9f. – 많은 학자들이 바울이 이 구절에서 칭의와 구원을 위한 세례시의 신앙 고백을 언급하고 있다고 생각하는 [119] – 에 관한 토론 없이 간과해 버렸다는 사실은 분명히 있다. 비록 이 구절이 바울 이전에 존재하던 신앙 고백문의 양식을 그대로 반영하고 있는 것이라 할지라도 칭의와 믿음 (및 세례) 사이의 관련에 관한 바울의 견해를 위한 이 구절의 중요성은 아무리 강조해도 지나침이 없을 것이다. 그러므로 여기 두 번째, 세 번째의 고찰로 미루어 볼 때 바울이 분명하게 칭의와 신앙 – 그것으로 한 사람이 그리스도를 믿게 되는 – 을 연관시킨다는 것이 명백하다. 말하자면 칭의는 그의 믿는 자 되기(Glaubigwerden)와 따라서 그의 회심 및 세례와 연관된다는 말이다. 확실히 바울은 믿는 자는 칭의 – 이것은 마지막 심판 때에 완성될 것인데 – 에 지속적으로 참여하기 위하여, 다시 말하여 하나님과의 올바른 관계 안에 있기 위하여 끊임없이 믿음을 가지고 있어야 한다는 것이다. 회심 때에 믿음의 일차적 행위로 말미암아 일어난 일과성 사건으로서의 칭의와 계속적인 믿음을 통하여 믿는 자들이 맺고 있는 하나님과의 올바른 관계로서의 칭의 – 이 두 가지 관점은 빌립보서 3:2-14에 잘 나타나 있다. 그곳에서 바울은 다메섹의 체험, 그의 현재의 결의 및 그의 미래에 대한 소망을 말하고 있는데 그의 현재의 결심과 미래의 소망은 다메섹의 체험에 그 바탕을 두고 있다.

실상 바울에게 있어서 칭의를 위하여 구원에 관련되는 믿음과 세례는 상호간에 불가분의 관계라는 것은 널리 인정되고 있다.[120] 실제 선

---

**119** E.g., Dodd, *Romans*, p.178; Michel, *Römer*, pp.258f.; Käsemann, *Römer*, p.279; also Bultmann, *Theology* i, p.312.

**120** E.g., Schnackenburg, *Baptism*, pp.121-127; Beasley-Murray, *Baptism*, pp.266-275; E.

교의 차원에서도 이 둘이 서로 불가분의 관계라는 것을 보편적으로 동의하고 있다. 세례는 믿음의 공식적 표명이다. 세례 때 믿는 자는 예수 그리스도를 '구주'로 공적으로 고백하고(롬 10:9f.), 그리스도의 주권 아래로 들어가며, 그리스도의 몸인 교회에 속하게 되기 때문이다.[121] 그래서 진실한 믿음은 믿는 자를 세례로 인도하고, 세례에서 '그리스도인 되기'가 완성되는 것이다. 마찬가지 논리로 믿음 없는 세례란 생각할 수 없다. 그래서 믿음은 세례보다 시간적으로 앞선다. 믿음이 세례 때에 공적으로 고백된다. 그리고 믿음의 공적 표명으로서의 일과성 사건인 세례 이후에도 믿음은 계속 요구된다. 이것은 믿는 자는 계속해서 하나님과의 관계성 안에서 있어야 하기 때문이다. 그러므로 세례는 믿음의 한 시점(moment)으로 간주할 수 있을 것이다.[122]

그러나 실제적인 선교의 차원을 넘어서서 믿음과 세례와의 관계에 대한 더 깊은 이해를 논하자면 의견들이 다양하다. 어떤 학자들은 바울이 칭의와 관련하여 언급한 믿음과 세례의 관계성에 대한 가르침으로부터 우리가 완벽한 조직적 논리 체계를 이끌어 내는 일은 불가능하다고 말한다.[123] 그러나 바울이 의롭다 함을 얻는 데 말씀과 믿음만으로는 충분치 못하고, 칭의를 위해 반드시 세례가 필요하다고 가르쳤다고 하는 주장이 과연 옳을까?[124] 로마서 1:16-5:21에서 바울은 자신의 칭의 교리를 개진하고 있다. 그런데 여기에는 세례가 언급되어 있지 않고 세례는 바울이 믿음으로 말미암는 칭의가 실제로 어

---

Lohse, 'Taufe und Rechtfertigung bei Paulus', *Die Einheit des NT*, esp. pp.240-244; Kertelge, "*Rechtfertigung*", pp.228-249, and the authors cited by Kertelge on p.229.

**121** 바로 직전의 각주에서와 같이.

**122** So Kertelge, "*Rechtfertigung*", p.230, citing W. Mundle, *Der Glaubensbegriff bei paulus*(1932), p.124.

**123** Lohse, 'Taufe', p.241; Kertelge, "*Rechtfertigung*", p.247.

**124** Kertelge, "*Rechtfertigung*", p.247. Similarly also Schnackenburg, *Baptism*, pp.121-127 under the heading: 'Baptism as a means along with faith of appropriating salvation'.

떻게 일어나고 어떤 의무들을 함축하는가를 설명하는 곳에 처음 나타난다.¹²⁵ 혹은 세례는 '믿음으로 말미암는 칭의'에 대한 설명 안에 이미 암시적으로 내포된 요소라고 할 수 있다. 바울은 우리가 '믿음을 통해'($\delta\iota\grave{\alpha}\ \pi\acute{\iota}\sigma\tau\epsilon\omega\varsigma$) 혹은 '믿음으로'($\acute{\epsilon}\kappa\ \pi\acute{\iota}\sigma\tau\epsilon\omega\varsigma$) 의롭다 함을 받는다는 사실을 계속해서 되풀이 강조하는 반면, '세례를 통해'($\delta\iota\grave{\alpha}\ \beta\alpha\pi\tau\acute{\iota}\sigma\mu\alpha\tau\sigma\varsigma$) 혹은 '세례로'($\acute{\epsilon}\kappa\ \beta\alpha\pi\tau\acute{\iota}\sigma\mu\alpha\tau\sigma\varsigma$) 의롭다 함을 받는다고는 한 번도 가르친 적이 없다. 그러므로 분명히 바울은 믿음과 동등한 의미로는 세례를 의롭다 함을 얻기 위한 수단으로 여기지 않았다는 것을 알 수 있다. 케르텔게(K. Kertelge)는 이 점에 대해 잘 설명하고 있다.

> 바울에 있어서 믿음이 '칭의'와 관련이 있으며, 그것은 칭의를 받아들이는 인간 편의 수단이라는 점은 너무도 명백하다. 그래서 '그렇다면 세례도 믿음과 똑같은 의미로서 칭의와 관련되는가'라는 의문이 제기될 수 있다. 이 질문에 대한 답변은 부정적이다. 바울은 그 어느 곳에서도 칭의의 근거로 '세례'를 말하고 있지 않기 때문이다. 그러나 동시에 그 답변은 긍정적일 수 있다. 세례 없는 믿음이란 있을 수 없고, 성례전에 근거하여 그리스도와 교제를 나눈다는 말은 믿음으로 말미암은 칭의를 전제하지 않고는 있을 수 없다는 사실을 바울이 잘 알고 있었을 것이기 때문이다. 하지만 성례전을 통하여 그리스도와 교제를 나눈다는 것이 믿음을 통한 칭의를 전제하고 있다고 해서, 그 말이 곧 성례전에 의거하여 의롭다 함을 얻게 된다는 의미는 아니다.¹²⁶

세례는 그리스도와 연합하여 죽고 부활한다는 신앙 고백을 공적으

---

125 Schnackenburg, *Baptism*, p.125.
126 Kertelge, *"Rechtfertigung"*, p.247.

로 극화(dramatize)하여 나타낸 하나의 의식이다. 그렇다면 바울이 이해한 '믿음'이라는 개념 안에 세례의 의식에서 극화되어 나타나고 있는 그리스도와 함께 죽고 부활한다는 생각이 포함되어 있는가?[127] 즉, '믿음' 안에 이미 우리가 그리스도의 대신적·대표적 죽음에 연합된다는 의미가 함축되어 있으며, 그것이 세례 시에 겉으로 표명되는 것인가? 이것은 '믿음이란 구원의 메시지를 받아들이는 것'이라는 믿음의 근본적 성격을 분석해 봄으로써 확인할 수 있다. 믿음은 예수 그리스도께서 '우리를 위해' – 우리를 대신하고 대표하여 죽으셨다는 케뤼그마를 받아들이는 것이다. 그리스도의 죽음의 대신적 성격은 죄 없으신 그리스도께서 우리의 죄로 말미암아 우리가 초래한 죽음을 우리의 입장에서 대신 짊어지셨다는 것을 말한다. 그리스도의 죽음의 대표적 성격이라 함은 '그 죽음 안에서 그리스도는 우리를 대표한다. 그래서 하나님의 결정으로 그의 죽음 안에 우리의 죽음이 내포된다'는 의미를 나타내는 것이다: '한 사람이 모든 사람을 대신하여(for all) 죽었은 즉 모든 사람이 죽은 것이다'(고후 5:14). 그리스도의 죽음의 이러한 두 가지 성격은 내포적 대신(inclusive substitution)이라는 개념 안에서 하나가 된다.[128] 그리스도의 죽음 안에 우리의 죽음이 내포된다. 이 그리스도의 죽음은 대신적 성격을 가진다. 그것은 죄없는 그리스도가 우리의 입장에서 죽었기 때문이다. 그 죽음은 또한 내포적 성격을 가진다. 그것은 우리를 위한 대표적 죽음으로서 그 안에 우리를 내포하기 때문이다. 그래서 우리는 하나님의 결정 안에서(in God's dicision) '그리스도 안에서, 그리스도와 함께 모두 죽었다'고 말할 수 있는 것이다. 이것은 다만 하나님의 결정이다. 이것이 우리를 위한 하나님의

---

[127] So Hill, *Greek Words*, p.144. 그러나 여기서 이끌어낸 그의 결론–믿음으로 의롭다 함을 받는다는 교리는 '그리스도와의 연합'의 교리에 비하여 이차적인 것이라고 하는–은 인정받지 못한다. Cf. V. Taylor, *Atonement*, pp.92-97.

[128] Cf. Pannenberg, *Jesus*, pp.263f.

객관적 구원의 사건이다. 믿음은 바로 이 메시지를 받아들이는 것이다. 예수 그리스도는 '우리를 위해' – 우리를 대신하고, 대표하여 죽었다. 즉 그리스도는 우리의 죽음을 죽은 것이며 그러한 그리스도의 죽음 안에 우리의 죽음이 내포된다는 것이 메시지의 내용이다. 이 구원의 메시지를 믿음으로 받아들임으로 십자가상에서의 그리스도의 죽음 안에서 우리는 그리스도와 연합하게 된다. 이렇게 믿음은 우리로 하여금 새 인류의 조상(Stammvater)이요, 마지막 아담인 예수 그리스도와 연합하게 한다; 믿음은 우리를 '그리스도 안에'($\acute{\epsilon}\nu\ X\rho\iota\sigma\tau\hat{\wp}$) 거하게 한다.[129]

이렇게 우리가 믿음으로 그리스도와 연합하게 되는 것이라면,[130] 이제 우리는 왜 믿음이 칭의를 위한 수단이 되는가를 좀 더 잘 이해 할 수 있다. 그것은 믿음이란 그리스도의 죽음과 부활이 하나님의 구원 행위라는 것을 받아들임이며 또한 하나님께 순종함을 의미하는 것이기 때문만은 아니다. 믿음은 '구원의 메시지를 받아들임'으로써 우리를 그리스도와 연합하게 하는데, 이 연합으로 인하여 그리스도의 순종은 우리의 순종이 되고 그의 대신적, 대표적 죽음 안에서 그리스도가 감당하였던 하나님의 정죄와 율법의 저주를 받음(롬 8:3f.; 고후 5:21; 갈 3:13)은 곧 우리의 정죄 받음이 되고, 그리스도가 그 모든 세력을 멸하고 얻은 자유함이 우리의 자유함이 된다(cf. 롬 4:25). 그렇기 때문에 믿음이 우리 칭의의 수단이 된다는 것이다. 세례는 그리스

---

**129** 노이게바우어(F. Neugebauer)에 의하면 $\acute{\epsilon}\nu\ X\rho\iota\sigma\tau\hat{\wp}$(그리스도 안에) 있다는 것은 "그리스도 사건에 의해 결정됨 그리고 그 사건 속으로 내포됨"('Das paulinische "In Christus"', *NTS* 4(1957/58), p.132)을 의미하며, $\acute{\epsilon}\nu\ X\rho\iota\sigma\tau\hat{\wp}$가 의미하는 것은 $\pi\acute{\iota}\sigma\tau\iota\varsigma$ 안에서 표현된다. 그러므로 $\acute{\epsilon}\nu$(또는 $\delta\iota\alpha$.) $\pi\acute{\iota}\sigma\tau\epsilon\omega\varsigma$와 $\acute{\epsilon}\nu\ X\rho\iota\sigma\tau\hat{\wp}$는 상호간에 바꾸어 쓸 수 있다(*In Christus*, pp.171ff.). 그의 주장은 여기 우리의 견해를 뒷받침하는 것 같다. 그러나 우리는 여기서 그것을 세세한 점까지 살펴볼 수가 없다; 노이게바우어의 때로 문제성 있는 논지를 토론해 볼 수도 없다.

**130** 이 견해는 케제만에 의해 부정되었다(*Römer*, p.100).

도 안에 이루신 하나님의 구원의 역사와 그의 주권에 대한 신앙 고백을 공적으로 표명하는 것이며, 물에 잠기고 물에서 다시 나오는 것으로써 그리스도와 함께 죽고(장사 지낸 바 되고) 부활한다는 신앙 고백을 상징적으로 극화하여 나타내는 의식이다(롬 6:4).[131]

이렇게 믿음이 우리를 그리스도의 죽음과 부활에 연합하게 하기 때문에 바울은 갈라디아서 2:16-21의 우리 칭의에 대한 논쟁에서 세례에 관한 언급이 없이 '믿음으로만'(sola fide) 가능한 '그리스도와 함께 죽음'을 말할 수 있었던 것이다. 반면에 '솔라 피데'(sola fide, 믿음으로만), '솔라 그라티아'(sola gratia, 은혜로만)라는 그의 칭의의 교리가 '(하나님의 은혜를 더하기 위해) 우리가 좀 더 죄를 짓자'고 하는 반(反)율법적 교리(antinomian doctrine)로 곡해되자 로마서 6:1ff.에서 바울은 세례에 관한 그의 주장을 뚜렷이 밝히고 있다: 세례는 우리를 의인되게 하는 믿음의 의미, 곧 그리스도와 합하여 죄에 대하여는 죽고 또한 그와 합하여 하나님께 순종하는 새 생명으로 살아난다고 하는 신앙의 고백을 극화하여 공적으로 분명하게 나타내는 의식이다. 그래서 갈라디아서 3:26ff.에는 우리의 존재가 '그리스도 안에'(ἐν Χριστῷ) 거하게 되는 수단으로 믿음과 세례가 나란히 언급되고 있으며, 여기에서 세례는 믿음의 극화로서뿐이 아니라 '믿는 자 되기'(Gläubigwerden)의 완성으로 나타난다.

---

[131] Beasley-Murray, *Baptism*, p.133; Dodd, *Romans*, p.107; Barrett, *Romans*, p.123; Kuss, *Römer*, p.298; Schnackenburg, *Baptism*, p.127; J. D. G. Dunn, *Baptism in the Holy Spirit*(1970), p.141. 케제만은 Römer, pp.154f.에서 로마서 6:4에 관한 이러한 해석에 대하여 강력한 어조로 반론을 제기한다. 그러나 '그리스도와 합하여 못 박힘'이란 표현이 그것과 조화될 수 없다고 하는 그의 반대는 그리 무게를 싣고 있지 못하다. 왜냐하면 세례 시에 물에 잠기고 물 위로 올라옴의 행위를 그리스도와 연합하여 죽고(장사 지낸 바 되고) 살아나는 것의 표상으로 그 상징성을 발전시킨 바울이 우리가 세례에서 그리스도의 죽음에 참여함의 의미를 좀 더 예리하게 나타내기 위하여 우리가 그리스도와 연합하여 죽음, 즉 그와 함께 십자가에 못 박힘의 특별한 형식을 언급할 수 있으리라는 것은 너무나도 가능성이 높기 때문이다.

간략히 말하자면 세례는 믿음의 한 시점(moment)인데, 그것은 시간적 의미로뿐만이 아니라 좀 더 근본적으로는 믿음 안에 이미 세례의 의미가 함축되어 있다는 의미로서 그러하다. 이와 같은 고찰로 미루어 볼 때 바울의 구원론을 논함에 있어서 한편에서는 '법적'(juridical) 인 의미, 또 다른 한편에서는 '신비적'(mystical)인 의미의 두 갈래로 나누어 논쟁하고 있다는 자체가 얼마나 잘못된 것인지 알 수 있다. 이 둘은 서로에 속해 있으며, 사실은 하나이다.[132]

이제까지의 살펴본바 – 다메섹 도상의 체험에 비추어 살펴본 바울의 칭의의 교리를 놓고 보면 로마서 10:4의 '텔로스'($\tau\acute{\epsilon}\lambda o\varsigma$)는 '목표'(goal)나 '성취'(fulfilment)보다는 '마침'(termination)의 의미가 강하다는 결론을 얻게 된다. 그리스도는 아브라함에게 하나님이 하셨던 약속의 성취(갈 3:14; cf. also 고후 1:20)이고, 이 복음은 그 선지자들을 통하여 성경에 미리 약속하셨던 것(롬 1:2)이며, 그리스도 안에 종말론적으로 나타난 하나님의 의는 '율법과 선지서', 이른바 (구약) 성경에서 증거를 받은 것이라는 점들을 바울은 잘 알고 있었다. 로마서 3:31에서는 심지어 우리가 '믿음'으로 말미암아 율법을 폐하는 것이 아니라 굳게 세운다고 말한다(그러나 갈 2:18과 비교하라). 그러나 바울은 동시에 하나님이 십자가에서 죽은 예수를 일으키심으로 말미암아 그의 뜻에 반하여 내려졌던 율법의 판결을 뒤엎으셨으며, 그러므로 예수는 하나님의 뜻의 계시자로서 율법을 능가한다(갈 3:13)는 것도 잘 알고 있었다. 그리스도는 (그와 함께 우리도) 율법에 대하여 죽었다(롬 7:4; 갈 2:19). 바울은 고린도후서 3:4-4:6에서 토라와 함께 모세를 통해 주어졌던 '옛 언약은 그리스도로 말미암아 주어진 새 언약에 의해 대치되었다'고 말한다.[133] 바울은 갈라디아서 3:6-4:31

---

[132] Cf. E. Schweizer, 'Die "Mystik des Sterbens und Auferstehens mit Christus bei Paulus', *EvTh* 26(1966), pp.239-257.

[133] 고린도후서 3:4 -4:6과 로마서 10:1-13 사이의 병행에 관하여는 본서 pp.216ff.

에서 아브라함에게 주어졌으나 그리스도 안에서 성취된 하나님의 약속과 율법을 구별하여, 아니 사실은 대조하여 설명하고 있는데, 바울은 율법을 이 세상의 속박하는 세력 – 그리스도가 우리를 그로부터 속량하신 – 의 범주 안에 넣고 있다. 우리는 이미 바울의 율법에 대한 이해에 내포된 변증적 논리를 밝혀내는 작업을 포기한 바 있다.[134] 그러나 동시에 우리는 바울이 하나님의 의가 '율법 외에'($\chi\omega\rho\grave{\iota}\varsigma\ \nu\acute{o}\mu o\upsilon$: 롬 3:21), '그리스도 안에'($\acute{\epsilon}\nu\ X\rho\iota\sigma\tau\hat{\omega}$: 롬 3:24ff.) 혹은 '복음 안에'($\acute{\epsilon}\nu\ \epsilon\grave{\upsilon}\alpha\gamma\gamma\epsilon\lambda\acute{\iota}\omega$: 롬 1:17) 나타났으며 그러므로 하나님의 의는 '율법의 행위로가 아니라'($\chi\omega\rho\grave{\iota}\varsigma\ \acute{\epsilon}\rho\gamma\omega\nu\ \nu\acute{o}\mu o\upsilon$: 롬 3:28) 믿음으로 말미암아 얻어진다는 진리를 단호하게 천명하고 있음을 보았다.[135] 로마서 10:4은 이렇게 '율법 외에'($\chi\omega\rho\grave{\iota}\varsigma\ \nu\acute{o}\mu o\upsilon$) 그리스도 안에 이미 나타난 신적인 의에 대한 무지 때문에 율법으로 말미암는 자신의 의를 세우려 애쓰는 이스라엘의 열심에 대하여 말하고 있는 맥락이므로 바울이 이 구절에서 '텔로스'($\tau\acute{\epsilon}\lambda o\varsigma$)라 할 때는 '목표'(goal)나 '성취'(fulfilment) 대신에 '마침'(termination)으로 보는 편이 옳을 것이다. 그러므로 이 구절은 그리스도가 하나님의 뜻의 계시자로서 율법을 대치하였고, 그래서 율법은 이제 더 이상 구원의 수단으로서의 기능을 갖지 못하며, 이 '하나님의 의'는 믿음을 가진 모든 자에게 주어지게 된다는 의미이다.[136] 이 구절에 뒤따라 나오는 내용에서 율법을 가져온 자로서의 모

---

**134** 본서 pp.476ff.

**135** 본서 pp.482ff.

**136** So, e.g., Sanday-Headlam, *Romans*, pp.283ff.; Schlatter, *Gerechtigkeit*, p.311; Michel, *Römer*, p.255; Murray, *Romans*, ii, pp.49ff.; Käsemann, *Römer*, p.270; Luz, *Geschichtsverständnis*, pp.139ff.; Stuhlmacher, "Ende", p.30. For the view that $\tau\acute{\epsilon}\lambda o\varsigma$ here means 'goal' or 'fulfilment', see e.g., K. Barth, *A Shorter Commentary on the Romans* (1959), p.126; Cranfield, 'The law', pp.48ff.; R. Bring, 'The Message to the Gentiles', *StTh* 19(1965), pp.35ff. 어떤 성경 주석가들은 이것은 두 가지 의미를 모두 가진다고 한다; 예를 들어 Barrett, *Romans*, pp.197f.; Bruce, 'The Law of Moses', p.264; M. Black, *Romans* (1973), p.138 등이 그러하다. 모울은 바울이 여기서 의미

세와 믿음으로 말미암는 의를 의인화(personified) 하여 대조·묘사하고 있는 것도 분명히 이 견해를 뒷받침해 준다.

'그리스도는 모든 믿는 자에게 의를 이루기 위하여 율법의 마침이 되시니라'(롬 10:4). '모든 믿는 자에게… 먼저는 유대인에게요 그리고 헬라인에게'(롬 1:16). 하나님께서는 율법의 행위로서가 아니고 그리스도 안에 있는 그의 은혜와 믿음에 근거하여 인간을 의롭다 하시므로 유대인과 마찬가지로 이방인도 오직 믿음으로 의롭게 될 수 있다. 이것이 바울이 자신의 칭의 교리를 주장할 때마다 펼치던 논리이다. 갈라디아서 3-4장에서는 진정한 아브라함의 자손, 언약의 백성인 이스라엘인이 되기를 원하는 이방인들에게 반드시 할례를 받아야 하고 율법을 준수해야 한다고 가르치는 유대주의자들의 칭의 교리에 반대하여, 바울은 믿음 없는 유대인들의 '아브라함의 자손 됨'을 부정하고 그 대신에 유대인이나 이방인이나 가릴 것 없이 아브라함이 가졌던 것과 동일한 믿음을 가진 자들이 아브라함의 자손이라고 주장한다. 창세기 12:3; 18:18에 나타나 있는 아브라함을 향한 하나님의 약속, '모든 족속이 너로 말미암아 복을 얻을 것'이라는 말씀은 믿음에 근거하여 이방인들을 의롭다 하시겠다는 '하나님의 계획'을 보여 주는 것이다. 그러므로 믿음으로 말미암은 자는 믿음이 있던 아브라함과 함께 복을 받는다(롬 3:8f.). 바울은 3:13f.에서 그리스도가 우리를 위하여 저주 받은 바 되어 율법의 저주에서 우리를 속량하신 목적은[137] '그리스도 예수 안에서 아브라함의 복이 이방인에게 미치게

---

하는 것은 '그리스도가 율법주의의 마침을 가져왔다'는 것이라고 하는데('Obligation in the Ethic of Paul', *Chrisitian History and Interpretation*, J. Knox FS, eds. W. R. Farmer et al.(1967), p.402) 이와 같은 그의 주장은 타당성이 없다.

[137] 13절에 있는 ἡμᾶς는 유대인만을 가리키는 것이 아니라, 쉴리어가 *Gal*., pp.136f.에서 명백하게 규명해 놓았듯이, 유대인과 이방인 모두를 일컫는 말이다. 그 견해를 위해 그가 함께 묶어서 보는 이유에 대해서는 한 가지 더 부연할 것이 있다. 갈라디아서 4:5f.에서 바울은 '우리'(we/us) 안에 '너희들'(you), 즉 갈라디아의 그리스도인들을

하고 또 우리로 하여금 믿음으로 말미암아 성령의 약속을 받게 하려 함'이었다고 말한다. 하나님께서는 아브라함과 그 자손들에게 의인들이 받을 복과 생명을 약속하셨다. 율법은 그 약속보다 430년 후에야 주어진 것으로서, 그것은 하나님의 약속의 말씀을 헛되이 만들 힘, 곧 하나님의 언약을 뒤엎을 만한 권세도 없거니와 그 약속된 복을 우리에게 가져다 줄 수단도 되지 못한다. 그보다 율법은 그리스도가 오시기까지 초등교사의 자격으로 우리를 그 아래 가두어 두는 구원사적(Heilsgeschichte) 기능을 지니고 있었다. 약속의 때가 차매 하나님께서는 율법으로부터 우리를 속량하기 위해 그의 아들 예수 그리스도를 보내셨다. 그리하여 그리스도 안에서 의롭다 함을 받는 근거가 되는 믿음을 가지고 우리는 하나님의 아들의 명분을 얻게 된다. 믿음은 우리로 하여금 하나님의 아들이신 그리스도와 연합하게 하므로 우리는 모두 믿음으로 말미암아 하나님의 자녀가 된다. 이 그리스도와의 하나 됨은 세례 의식에서 겉으로 보이게 된다: '유대인이나 헬라인이나… 다 그리스도 예수 안에서 하나이니라 그리고 너희가 그리스도에 속한 자면 다 아브라함의 자손이요 약속대로 유업을 이을 자니라'(갈 3:28f.). 이와 같이 아브라함은 육신적 의미로 유대인의 조상이 아니라, 유대인이나 이방인의 구별 없이 모든 믿는 자의 조상이라는 사고방식은 로마서 4장에도 나타난다. 그러므로 우리가 의롭다 함을 받는 것은 그리스도 안에 이루신 하나님의 구원 행위에 근거하며, 이것이 모든 믿는 자에게 효력이 있다고 하는 바울의 구원론은 유대인과 이방인 사이의 벽을 허물고 유대인들과 마찬가지로 이방인들도 믿음으로 하나님으로부터 의롭다 함을 받고 하나님의 자녀가 될 수 있다는 주장으로 귀결된다.

---

포함시키고 있음이 명백하게 나타난다: 3:23-27과 4:21-31에서도 비슷하다. 반면에 3:28d의 ὑμεῖς는 이방인 그리스도인들과 함께 유대 그리스도인들도 포함되어 있다. *Contra K. Stendahl, Paul among Jews and Gentiles*(1977), pp.22f.

이러한 바울이 주장하는 칭의 교리의 결론의 중요성은 바울 자신이 로마서에서 복음의 정의를 내리면서, 이 결론을 복음의 내용의 한 부분으로 명백하게 천명하고 있음(1:16)에서 잘 알 수 있다. 여기에서도 유대인의 이방인에 대한 구원사적(Heilsgeschichte) 우선권은 언급된다.[138] 그러나 진정으로 충격적인 사실은 이방인들에게는, 아니 심지어는 율법의 멍에와 할례의 짐을 짐으로써 유대인의 대열에 들게 된 개종자들(proselytes)에게조차도 소망이 없어 보이는 유대인들의 구원의 교리와는 달리, 바울은 '복음은 유대인에게나 이방인에게나 똑같은 근거 – '믿음'으로 구원을 주시는 하나님의 능력'이라고 선포하고 있다는 점이다. 바울의 이러한 생각은 이후 로마서 3:21-31에 더 자세하게 펼쳐진다. 그런데 그전에 로마서 1:18-3:20에서 바울은 이방인들과 마찬가지로 유대인들도 모두 죄를 지어서 하나님의 영광에 이르지 못했음(3:23)을 지적한다. 그러므로 그들 사이에 구별은 없다. 하나님은 그 둘 모두에게 그리스도 안에 있는 하나님의 은혜로 구원을 주시는 것이며, 또 그 둘 모두는 믿음으로 구원을 받아들이게 된다. 29절 이하에서 바울은 율법의 행위로가 아니라 믿음으로 의롭다 함을 얻는다는 자신의 가르침을 뒷받침하기 위해 하나님은 유대인에게뿐 아니라 이방인에게도 똑같이 홀로 한 분이신 하나님이라는 유일신론을 말한다. 한 분이신 하나님께서는 할례자(유대인)나 무할례자(이방인)나 같은 근거, 곧 믿음에 의거하여 의롭다 하신다. 여기에서 할례와 율법을 신봉하는 선민적인 구원사(particularistic Heilsgeschichte)는 믿음과 은혜에 근거한 복음의 보편적 구원사(universalistic Heilsgeschichte)로

---

[138] 바울이 말하는 것이 이방인들이 복음을 받아들이기에 앞서 유대인들이 먼저 구원을 받아야 한다는 의미가 아니라는 사실은 자명하다. 그것보다는 하나님의 선민으로서의 유대인에게 구원이 첫 번째 우선적으로 그 해당자로서의 효력이 있다(available)는 의미인데, 그것은 바울은 유대인들이 전체적으로는 실제적으로, 시간적으로는 이방인들이 구원받은 이후에야 구원될 것임을 알고 있었지만 원칙이 그러하다는 것이었다(롬 11:25f.). Cf. Munck, *Paul*, pp.247ff.

넘어가는 것을 볼 수 있다. 이것이 로마서 10:4에 천명되어 있는 내용이며 그 결과는 12절에 그려져 있다: '유대인이나 헬라인이나 차별이 없음이라. 한 주께서 모든 사람의 주가 되사 저를 부르는 모든 사람에게 부요하시도다.' 이 말씀은 이방인들이 믿음을 가지고 의롭다 함을 받은 반면에, 아이러니컬하게도 유대인들은 메시아에 대한 그들의 믿음 없음 때문에 하나님의 의를 얻지 못하게 됨으로 말미암아 제기된 구원사적 문제를 설명하는 중에 들어 있다. 로마서 9-11장에서 이 문제를 다룬 후에, 바울은 로마서 14-15장에서 '연약한' 유대 그리스도인들과 '강한' 이방 그리스도인들을 향해 그리스도께서 그들 모두를 기쁘게 받아준 것같이 그들도 서로 받아들일 것을 권고하고 있다. '내가 말하노니 그리스도께서 하나님의 진실하심을 위하여 할례의 추종자가 되셨으니 이는 조상들에게 주신 약속들을 견고하게 하시고 이방인들도 그 긍휼하심으로 말미암아 하나님께 영광을 돌리게 하려 하심이라'(15:8f.).

로마서 10:12에서 바울은 예수가 유대인뿐 아니라 이방인에게도 그의 구원을 베풀어 주신다는 진리를 확고히 천명하기 위해 예수의 범우주적 주권에 호소하고 있다. 바울은 예수가 모든 민족과 모든 영적 존재가 더불어 그에게 복종해야 하는 범우주적 주님이라는 사실을 알고 있었다(롬 1:5; 15:16, 18; 고전 15:24; 엡 1:20f.; 빌 2:9-11; 골 1:15ff., 등). 민족들이 그리스도의 이름을 부르며 그 발 앞에 복종할 때 그들은 구원받게 될 것이다. 바울은 다메섹 도상에서 그리스도가 높임 받은 범우주적 주임을 보았고 그곳에서 그는 하나님으로부터 이방인에게 복음을 선포하도록 부름을 받았다. 이제 우리는 바울의 복음과 그의 이방인을 향한 사도권 사이에 내적인 일관성을 보게 되는데, 그것은 바울이 그 양쪽 모두를 다메섹 도상에서 받았다는 것이다. 한편으로 하나님께서 예수 그리스도를 그 능력으로 하나님의 아들로 인정하시고 범우주적 주님으로 높이셨다고 선언하는 복음을 깨달은 바울은 곧 자신을 향한 하나님의 명령, 즉 이방인에게 가서 그들에게 복음을 전하여 그들 중에 믿어서 순종케 하도록 하는 부르심을 인식하게 되었다(롬 1:5; 15:16-18). 다른 한편으로 모든 믿는 자, 즉 먼저는 유대인에게 그리고 헬라인에게 구원을 주시는 하나님의 능력이 되는 복음은 현재 바울의 이방인 선교를 정당화하는 근거가 된다. 바울이 이렇게 그리스도의 죽음과 부활을 '우리를 은혜로만(sola gratia), 믿음으로만(sola fide) 의롭다 하시기 위한 하나님의 구원 행위'로 보았기 때문에, 유대 그리스도인들이 '솔라 피데'(sola fide)의 원리에 대해 분명한 이해가 없음으로 인하여 바울의 '율법에서 자유한' 이방인 선교에 대하여 비판하면서 이방인 선교에 주저하고 있었던 반면에, 그는 자유함을 가지고 이방인에게로 가서 그들에게 하나님의 은혜의 복음을 전할 수 있었던 것이다. 갈라디아 교회에 보낸 서신은 이러한 갈등과 바울 자신의 복음과 사도권 사이의 일치(unity)를 감동 있게 써 내려간 변증서이다.[139]

## 2. 화목(Reconciliation)

그리스도의 죽음이 우리 죄를 위한 속죄의 제물이었다는 인식은 바울 이전에 존재하였다(고전 11:25ff.; 15:3; 아마도, 롬 3:25f. 역시). 그러나 우리는 이 책의 1장과 5장에서 바울이 신학용어 '카탈라세인'($\kappa\alpha\tau\alpha\lambda\lambda\acute{\alpha}\sigma\epsilon\iota\nu$)/'카탈라게'($\kappa\alpha\tau\alpha\lambda\lambda\alpha\gamma\acute{\eta}$)를 매우 독특하게 사용하고 있다는 점을 지적하면서, 바울이 이 화목의 의미를, 하나님의 진

---

[139] 이 마지막 문단에 관하여는 Bornkamm, *Paulus*, pp.74ff.; Grundmann, 'Paulus', pp.274, 277; Hengel, 'Ursprünge', pp.22f.를 창조하라. 이제까지의 우리의 연구 내용은 스텐달(Stendahl)의 추론 – 바울의 칭의 교리는 하나님의 나라에서의 이방인의 위상을 어떻게 변증하는가 하는 문제(그것을 위해 그가 부르심을 받은)에 관한 논쟁으로부터 나온 그의 신학적 사고에서 비롯되었다고 하는 – 과는 대조된다(op. cit., p.27).

노에 대한 인간 편의 화해(요청)가 아니라 오히려 패역한 인간을 향한 하나님의 화해(요구)라고, 종교사적 입장에서 해석한 최초의 인물임을 제시하였다. 바울 이전의 기독교 전통에서 바로 하나님께서 그리스도를 우리 죄를 위한 속죄 제물로 내어 주셨다고 가르칠 때, 분명히 그 전통도 바울의 화목에 대한 교리와 마찬가지로 그리스도의 속죄의 죽음이 가져다 준 하나님과 인간 사이의 화목(=관계 회복)의 의미를 이해하고 있었다.[140] 그럼에도 신약에서 바울의 글을 제외하고는 이 개념에 대한 언급이 많지 않은데,[141] 이로 미루어 보아 '화목'(reconciliation)은 하나님께서 그리스도 안에서 이루신 속죄의 목적을 나타내기 위한 바울 특유의 신학용어라고 말할 수 있다.[142] 더 나아가 우리는 바울이 이 교리를 다메섹 도상의 경험에서 깨닫게 되어 발전시킨 것이라고 제안한 바 있는데, 이것은 이 교리가 가장 두드러지게 드러나 있는 고린도후서 5:16-21에서 바울 자신이 다메섹에서

---

[140] 바울 이전에 있었던 속죄 교리와 마찬가지로 바울의 속죄 교리도 그리스도의 속죄의 희생제물은 우리의 죄를 향한 하나님의 진노를 누그러뜨린다는 사상과 우리의 죄를 덮는다는 사고가 들어있다는 것과 그러므로 하나님 편의 변화는 바울의 화목 교리 안에 포함된다는 것이 전제되어 있다는 사실은 두말할 나위도 없다. Cf. Morris, *Preaching*, pp.214-250. 그러나 이 화목의 창시자는 인간이 아니라 하나님이며, 따라서 바울은 화목의 교리에서 모든 강조점을 하나님께서 선도하셨다는 데에 두고 있다.

[141] 바울 이전의 기독교에서는 아마도 그리스도의 속죄에 대하여 인식할 때 우선적으로 하나님께서 과거의 죄를 용서하셨다는 관점과 교회, 즉 새로운 하나님의 백성과 맺은 새 언약의 제정의 시각에서 보았다(cf. 히 9장). Cf. Stuhlmacher 'Zur neueren Exegese', pp.330ff.

[142] 본서 pp.52ff. So L. Goppelt, 'Versöhnung durch Christus', *Christologie und Ethik*(1969), pp.148-153. 동시에 그는 바울의 교리에는 예수의 속죄적 죽음에 대한 초대 교회의 전승 이외에도 예를 들어 방탕한 아들의 비유에 표현된 예수의 가르침이나 예수가 하나님을 대신하여 죄인들을 받아들였던 일등의 '내용석 시작'('sachliche Ansatz')이 있다는 것을 강조하는데 그것은 옳은 지적이다. 그의 *Theologie des NT*(1976), pp.467-470에 있는 "특별히 바울적 개념들로서의 칭의와 화해"라고 이름 붙인 단원도 참조하라: "바울 이전의 교회에서 그리스도를 통한 화해를 논했다는 것은 개연성이 희박하다"(p.469).

부름 받은 사건을 암시적으로 언급하는 것을 보아도 알 수 있다. 다메섹 도상에서 하나님께서 그에게 나사렛의 예수를 메시아로, 또한 높임 받은 하나님의 아들로 계시하셨을 때, 바울은 자신이 그리스도인들을 박해했던 것이 비단 그들을 적대한 것일 뿐 아니라 하나님을 적대하여 하나님의 원수로 행동하였던 것임을 알게 되었다. 그러나 하나님은 그를 받아 주시고 사도로 부르셔서 바울로 하여금 이방인에게 아들을 전할 수 있도록 하셨다. 바울은 하나님의 용서함, 의롭다 함, 화목케 함을 통해 그의 은혜를 체험했다. 이러한 완벽한 개인적 체험을 통하여 바울은 그리스도 안에 이루신 하나님의 속죄 행위는 과거의 죄의 용서(이것에 대해서는 바울은 좀 더 의미심장한 의미를 나타내는 '칭의'란 신학용어를 사용하여 표현한다)나 새 언약의 제정뿐 아니라 '화목케 하심'에 그 목적이 있다는 것을 알게 되었다.

상기의 사실들이 전제될 때, 비로소 우리는 고린도후서 5:16-21의 내용에 대해 전후 문맥에 맞는 바른 이해를 하게 된다. 앞에서[143] 우리는 이 본문이 예수를 유대인들의 민족주의적 메시아로 선포하고 예수와 자신들의 특별한 관계를 뽐내면서 바울이 예전에 예수와 그 추종자들을 박해하던 인물이었음을 빗대어 비난하는 적대자들과 바울이 논쟁하고 있는 본문이라는 것을 지적하였다. 처음에는 바울도 여기 적대자들과 마찬가지로 유대인들이 가지고 있던 메시아에 대한 기준에 비추어 그리스도를 판단하여 그리스도의 추종자들이 십자가에서 죽은 나사렛의 예수를 메시아라고 선포하는 것은 하나님의 뜻에 반하는 신성 모독에 해당한다고 생각하였기 때문에 그들을 박해하였다. 그러나 바울이 그리스도의 죽음의 중대한 의미를 깨닫게 된 지금은 더 이상 그리스도를 육체대로 판단하지 않는다. '하나님께서 그리스도 안에 이루신 구원의 사건'과 '하나님께서 그리스도 안에서 그

---

**143** 고린도후서 5:16-21에 대한 자세한 주석에 대하여는 본서 pp.43-53.

를 불러 주심'으로 말미암아 바울은 새로운 피조물이 되었다. 바울에게 있어서 그리스도 안에 있는 그의 존재가 하나님에 의한 새로운 피조물로서의 의미를 갖는다고 하는 정확한 이유는 그가 믿음과 세례를 통해 그리스도의 대표적 죽음과 부활에 참여하게 되었기 때문만이 아니라 하나님께서 바울을 그와 화목하게 하셨기 때문이다. 바울이 그리스도인들을 박해할 때, 즉 하나님과 그리스도의 원수로 행동할 때 하나님께서는 그의 은혜로 바울에게 그리스도를 나타내셨으며, 바울을 하나님께로 화목케 하셨다. 바울은 '죄의 속죄와 용서의 행위는 곧 새로운 창조의 행위와 같다'고 하는 유대교의 신학을 잘 알고 있었으므로, 바울 자신이 이사야가 하나님께로부터 부름을 받을 때 경험했던 속죄의 체험(사 6:6f.)과 같은, 하나님과 화목케 되는 체험을 하게 되었을 때 그는 이것을 표현하기 위해 '새로운 창조'라는 용어를 사용했던 것이다. 바울은 하나님과 화목케 되는 개인적 체험에서 십자가 상에서의 그리스도의 속죄적 죽음은 패역한 인간을 하나님과 화목케 하시는 하나님의 행위라고 하는 사실을 인식하게 되었다. 그래서 바울은 '그리스도 안에 하나님이 계시사 세상을 자기와 화목하게 하시어 저희의 죄를 저희에게 돌리지 아니하셨다'고 말한다. 이 세상을 자기와 화목하게 하신 하나님께서는 그와 같이 바울도 그리스도를 통해 자기와 화목하게 하셨으며, 또한 바울에게 화목하게 하는 직분을 주시고 화목하게 하는 말씀을 부탁하셨다. 그러므로 그리스도가 이루어 놓은 일에 근거한 바울의 호소는, 아니 사실상 바울의 입을 빌은 하나님의 호소는 '하나님과 화목되라'(Be reconciled to God)라는 말씀이다. 이 말씀이 수동태형으로 쓰인 것은 바울이 전하는 화목의 교리 중 가장 뚜렷하고 분명한 특징으로 나타난다. 하나님께서는 골고다에서 그리스도를 속죄제물로 제시함으로써 인류를 하나님과 화목케 하기 위한 객관적 사건을 이미 이루어 놓으셨다. 다시 말해 죄 없으신 그리스도는 우리의 입장에서, 우리의 유익을 위하여, 우리의 죄와 하나님의 진노를 대신 젊어지심으로 말미암아 그 안에서 우리가 하나님으로부터 의롭다 함을 받게 된 것이다. 하나님과 화목하게 되기 위하여 인간 편에서 해야 할 일은 아무것도 남아 있지 않다. 다만 하나님께서 제시하시는 '화목'을 받아들이기만 하면 된다. 그러나 이 화목이 진정으로 효력을 발생하기 위해서는 반드시 (받아들이는) 행위가 있어야 한다. 바울이 부여받은 사명은 하나님께서 그리스도 안에서 이루어 놓으신 화목하게 하신 이 일을 선포하여 이 선포를 들은 사람들로 하여금 이것을 받아들이도록 하는 일이었다. 그래서 바울은 고린도에 보내는 서신에서 자신이 그리스도에 대적하던 지난날의 행적을 비난하는 적대자들에게 적절한 응수를 가하면서, 또한 이 기회를 통해 패역한 인류를 하나님과 화목하게 하시기 위하여 그리스도 안에서 이루신 하나님의 속죄에 대한 그의 깨달음을 설명하고, 이 화목하게 하는 직분을 자신의 사도적 사명으로 제시하고 있다.

바울은 이 '화목케 함'(reconciliation)과 '의롭다 함'(Justification)의 관계에 대하여 고린도후서 5:16-21에서는 암시적 언급만 하고 있는데 반하여, 로마서 5:1-11에서는 명백하게 밝히고 있다. 어떤 학자들은 이 '의롭다 함'과 '화목케 함'은 한 가지 사실에 대한 서로 다른 비유적 표현일 뿐이라고 생각하기도 하고,[144] 다른 학자들은 '화목케 됨'은 '의롭다 함'의 결과라고 말하기도 한다.[145] 크랜필드는 하나님의 '의롭다 함'은 필연적으로 '화목케 함'을 포함한다고 주장한다.

> 하나님의 '의롭다 함'과 '화목케 함'은 서로 구분되어 있으나 분리하여 생각할 수는 없다. 인간으로서의 재판관과 그 앞에 심판받기 위해 있는 사람 사이에는 서로 진정한 인격적 만남은 전혀 필요 없을 수 있다. 심판받

---

[144] E.g., Barrett, *Romans*, p.108; Kuss, *Römer*, p.211; Käsemann, *Römer*, p.129.
[145] Cf. Bultmann, *Theology* i, p.286.

은 사람이 유죄라고 하여 그 사이에 개인적 악감정이 있을 필요가 없고, 그가 무죄 선고를 받는다고 하여 그것이 재판관과 그 개인 사이에 좋은 우정관계가 성립된 것을 의미하지는 않는다. 반면에 하나님과 죄인의 관계는 그렇지 않다. 그들 사이에는 인격적 관계가 존재한다. 하나님께서 의롭다 하신 죄인은 필연적으로 진정한 하나님 편에 들어서게 된다. 하나님께서는 자신을 우리에게 내어 주시는 일이 없이 우리를 의롭다 하지 않으신다.[146]

그렇기 때문에 '우리가 믿음으로 의롭다 하심을 얻었은즉 우리 주 예수 그리스도로 말미암아 하나님으로 더불어 화평을 누리자'(롬 5:1)라고 말할 때 바울은 한 가지의 사실을 두 가지의 표현법을 사용하여 반복하여 묘사한 것이라기보다는 '우리가 의롭다 하심을 얻었다는 것은 곧 우리가 하나님과 더불어 화목되었으며 화평을 누리게 된 것이라'는 의미를 나타내는 것이라 볼 수 있다.[147] 여기서 '화평'의 일차적 의미는 하나님과 더불어 화평을 누리는 자의 객관적 상태라고 볼 수 있다. 다시 말해 유대인들이 '샬롬'(שלום)이라고 부르는, 구원의 충만 한 상태를 말한다. 이러한 객관적 화평의 상태에서 비롯되는 주관적 감정의 평화로운 상태는 아마도 '화평'의 이차적 의미로 포함된다고 볼 수 있다. 이 평화는 하나님께서 우리를 그와 화목하게 하심으로 비롯된다. 이러한 하나님의 행위가 있기 전에 우리는 하나님의 '원수'요, 하나님께 대항하는 모반자였다. 그래서 우리는 그의 진노의 대상이었다.[148] 그럼에도 불구하고 하나님께서 그리스도의 속죄의 죽

---

**146** Cranfield, *Romans*, p.258.
**147** Ibid.
**148** 여기의 단어 ἐχθροί는 로마서 8:7의 ἔχθρα와 마찬가지로 우선적으로는 능동의 의미를 갖는다: 우리는 하나님께 적대하는 반역자였다. 그런데 동시에 그것은 수동의 의미도 지닌다: 하나님께 적대하는 우리의 불순종에 비추어 그는 우리를 원수로 본

음을 통해 우리를 자신과 화목하게 하셨다(v. 10f.). 이것은 하나님의 순전한 은혜이며 우리를 향하신 비교할 수 없는 사랑이 나타난 것이다. 이렇게 이미 하나님과 화목하게 된 우리는 또한 부활하신 그리스도로 말미암아 마지막 날에 우리의 구원의 완성을 얻게 될 것이다.

만일 고린도후서 5:18에서 바울이 하나님께서 '코스코스'($κόσμος$), 즉 전 인류를 자신과 화목하게 하신 것이라고 말한 것이라면 골로새서 1:20에서는 그 범위를 더 넓히고 있다. 거기서는 '화목케 됨'의 범주에 우주적 세력들을 합한 만물이 포함된다: '그의 십자가의 피로 화평을 이루사 만물 곧 땅에 있는 것이나 하늘에 있는 것들이' 그로 말미암아 하나님과 더불어 화목하게 하셨다($ἀποκαταλλάξαι$). 이 만물 중에 '전에 악한 행실로 멀리 떠나 마음으로 원수($ἐχθρούς$) 되었던' 골로새 교인들도 포함된다(v.21). 그들을 그리스도는 '그의 죽음으로 그의 육신의 몸 가운데 이제 화목하게 하셨다'($ἀποκατήλλαξεν$) (v.22). 그래서 그들은 계속 믿음을 굳건히 지킴으로써 이러한 상태를 보전해 나갈 터이었다(v. 23). 에베소서 2:13-18에 보면 이러한 화목하게 되는 역사는 하나님과 인간 사이에서 뿐만이 아니라 유대인과 이방인 사이에도 일어났다고 말한다.

최근에 슈툴마허도 분명하게 규명한 바와 같이,[149] 바울은 구약의 본문들 – 이사야 9:5f.; 52:7; 57;19 등을 올바르게 해석함으로써 이 사상을 제시한다. 에베소서 2:11f.에서 바울은 이방인들에게 그들은 과거에는 하나님의 언약에 대해 외인들이었으며 그러므로 이스라엘인들이 받아 누릴 복으로부터 제외되어 있었음을 상기시킨다. 그러나

---

다(cf. 로마서 11:28에서는 수동의 의미가 지배적이다). So Taylor, *Forgiveness and Reconciliation*(1941) pp.88f.; Morris, *Preaching*, p.226(see also pp.220-225); Cranfield, *Romans*, p.267; Bultmann, *Theology* i, p.286.

[149] Stuhlmacher, '"Er ist unser Friede"(Eph 2, 14)', *NT und Kirche*, Schnackenburg FS, pp.347 -357.

이제는 하나님께서 자신의 약속대로(사 57:19) 그리스도의 보혈의 죽음을 통해 대속을 이루시고 그리하여 한때는 '멀리' 있던 그들, 곧 이방인들을 그리스도 안에서 하나님께로 가까워지게 하셨다. 그리스도는 바로 이사야 9:5f.에 약속된 우리의 '화평'이시기 때문이다. 그리스도는 율법을 폐하여 이방인과 유대인을 서로 화목하게 하고 하나 되게 하며, 또한 그들 모두(이방인과 유대인)를 하나님과 화목하게 하셨으므로 우리의 '화평'이다. 유대인들은 율법을, 자신들을 둘러싼 벽 – 그리하여 이방인들로부터 자신들을 분별시키고 보호하는 벽이라고 생각하였다.[150] 그러나 율법은 하나님과 인간 사이의 벽이다. 그것은 유대인들로 하여금 자기의 의를 쌓아 그것으로 하나님 앞에서 자기주장을 하게 한다는 점에서 그러하다. 이제 그리스도가 십자가에서 죽으심으로 말미암아 율법은 폐해지고, 따라서 하나님과 인간, 유대인과 이방인을 가르던 '적대감의 벽'은 무너졌다. 그리스도께서는 두 무리의 인간을 하나로 만들어 이 모두를 그 안에서 '하나의 새로운 인간'으로 창조하기 위해(cf. 고후 5:17; 갈 3:28), 또한 이들을 하나님과 화목케 하기 위해 이 일을 하셨다. 이렇게 이사야 57:19의 약속의 말씀의 성취로 메시아가 오셔서 '먼 데 있는' 이방인과 '가까이 있는' 유대인에게 이 '화평(평안)'을 선포하셨다. 그러므로 이제 이방인들은 더 이상 외인이 아니라 유대인들과 동일한 시민이요 하나님의 권속들이다.

마지막 대목에서 우리는 바울의 '믿음으로만'(*sola fide*)의 칭의 교리가 어떻게 하여 그의 세계 선교에 신학적 정당성을 부여하는가를 보았다. 에베소서 2:11-22에서 바울은 이방인 선교의 놀라운 결과를 유대인과 이방인을 화목케 하고 종말의 새로운 하나님의 백성을 창조하는 일로 해석하고 있다. 바울은 바로 그런 위대한 이방인 선교를 위

---

[150] The Letter of Aristeas, 139 -142.

한 대표적 사도이다.¹⁵¹

## 3. 아들 됨, 변화됨, 그리고 새로운 창조
(Sonship, Transformation, and New Creation)

그리스도가 오시기 전에 우리는 초등교사인 율법 아래 갇혀 있는 미성년자로 이 세상의 초등 권세의 종노릇을 하고 있었다. 그러나 하나님께서 자신의 약속을 이루시고자 하는 때가 되자 그의 선재하시는 아들을 보내사 여자에게 나게 하시고 우리를 대신하여 율법 아래 나게 하셔서 우리로 율법으로부터 구속을 얻게 하셨다. 우리가 율법으로부터 속량되었다는 것을 좀 더 적극적 표현으로 말하면 우리가 하나님의 자녀, 곧 양자가 되었다는 의미이다. 하나님께서 그 아들을 이 세상에 보내신 것은 우리에게 아들 됨(sonship/υἱοθεσία)을 나누어 주어 우리로 하나님의 아들이 되게 하시기 위함이다. 우리는 그리스도 안에서 이루신 구원의 역사에 근거하여 하나님께서 나누어 주시는 이 하나님의 자녀 됨을 받게 되는데 이때에 하나님께서 그 아들의 영을 우리 마음 가운데 보내사 하나님을 아바 아버지라 부르게 하심으로 이것을 체험하게 된다.¹⁵² 그래서 이제 우리는 더 이상 종이 아니라 자녀이며, 또한 하나님의 자녀로서 우리는 그의 유업을 이을 자이다(갈 4:1-7). 이것은 바울이 갈라디아서 3:23-29에서 이미 진술

---

**151** 화목의 교리가 담겨 있는 나머지 한 곳의 성경구절은 로마서 11:15이다. 그 곳에 이 방인 선교 또는 그 결과는 하나님께서 이 세상을 그 자신에게 화목케 하신 것이라고 묘사되어 있다.

**152** Cf. Blank, *Paulus*, p.276: "갈라디아서 4:5은 그리스도의 구원의 행위에 근거하여 아들 됨을 얻는 것을 말하는 반면, V.6f.는 아들 됨을 성령을 통하여 체험함을 말하고 있다. 달리 표현하면: V.4f.에는 '외부'에서, 즉 하나님의 사람에 대한 행위의 객관적 측면에서 아들 됨이 발생함이 기술되어 있는 반면(그러기에 그것은 주로 법정적 언어로 기술되어 있음). V.6f.에는 그것이 그 내연의 실제 또는 삶에서의 실제가 어떤 것인가의 관점에서 기술되어 있다."

한 내용을 되풀이한 것이다. 갈라디아서 4:1-7이 하나님께서 우리에게 아들의 명분을 얻게 하기 위해 우리의 구원을 어떻게 이루셨는가, 또한 우리의 이 아들 됨이라는 실재가 어떠한 체험으로 나타나는가 등을 설명해 놓은 것이라면, 3:23-29은 우리가 이 하나님의 구원과 아들 됨을 실제로 어떻게 덧입을 수 있는가를 설명한 것이다. 우리는 믿음과 세례를 통해 그리스도로 옷 입고 그리스도와 연합하게 됨으로 말미암아 하나님의 자녀가 된다. 엄밀하게 말하자면 진정한 의미의 유일한 하나님의 아들은 그리스도이다. 그러나 그리스도는 '조상'(*Stammvater*), 즉 연합시키는 한 인물(a corporate personality)로서 그 안에 *Stamm*, 즉 구속받은 인류를 일체화시켜 포함한다. 그래서 우리는 믿음과 세례로 그와 연합하고 그 안에 내포되어서 그의 하나님의 아들 됨에 참여하게 된다.[153] 하나님께서는 우리 그리스도인들을 그 아들 예수 그리스도와 더불어 교제(κοινωνία)하도록 부르셨다. 그것은 하나님 아버지와 그리스도의 아들로서의 관계에 동참케 하기 위함이다(고전 1:9).[154] 그러므로 믿음과 세례를 통해 그리스도 예수 안에서 하나님의 자녀가 된 사람들 사이에는 이제 옛 사람의 구원사적(Heilsgeschichtlichen)인 구분-유대인과 이방인, 종이나 자유인, 남자와 여자의 차별은 사라졌다. 왜냐하면 이제 우리는 그리스도 예수 안에서 오직 한 종류의 인간, 그리스도인이기 때문이다(갈 3:28).[155] 갈라디아서 3:29에서 바울은 '너희가 그리스도의 것이면 곧 아브라함의 자손이요 약속대로 유업을 이을 자'라고 말한다. 다시 말해 엄밀한 의미에서 아브라함의 자손은 그리스도이시다(갈 3:16). 그러나 세례를 통해 예수를 우리의 주로 고백함으로 말미암아 우리는 그의 것이 되

---

**153** Cf. W. Thüsing, *Per Christum in Deum*(1965), pp.116f.; Mussner, Gal,p,.262.

**154** Cf. Barrett, *1Cor*., p.40.

**155** 갈라디아서 3:28$_b$의 πάντες γὰρ ὑμεῖς εἷς ἐστε에 관한 이러한 이해에 대하여는, Mussner, *Gal*., pp.264ff.를 보라.

어 아브라함의 자손이라는 그의 지위에 참여하고 아브라함을 향하신 하나님의 축복을 그와 더불어 받아 누리게 되었다.

갈라디아서 3:26f., 29; 4:4-7, 21-31 등의 병행구절을 살펴보면 이 구절들 안에서 아브라함의 자손과 하나님의 아들이 거의 동일한 의미로 쓰이고 있다는 사실을 알 수 있다. 이 사실은 바울이 하나님께서 이방인을 믿음과 구원으로 부르시는 것을 호세아 선지자가 했던 예언의 성취라고 인식하고 있는 데에서도 확인된다(호 2:23; 2:1; 1:10): '내가 "내 백성이 아닌 자"를 "내 백성"이라, "사랑하지 아니한 자"를 "사랑한 자"라 부르리라'; '너희는 "내 백성이 아니라" 한 그곳에서 그들이 "살아계신 하나님의 아들"이라 일컬음을 받으리라'(롬 9:25f.). 하나님의 양자됨은 아브라함, 이삭, 야곱의 후손인 이스라엘 백성에게 속한 권리이다(롬 9:4f.). 그러나 유대인들은 그들의 믿음 없음으로 인하여, 그들이 하나님의 약속에 따라 사라를 통해 난 아브라함의 후손이 아니라 육신을 좇아 여종 하갈에서 난 자손임을 스스로 증명하고 있다. 반면에 이방인들은 이전에는 하나님의 백성이 아니었으나 이제는 그리스도에 대한 믿음을 가지고, 믿음을 가진 유대인들과 함께, 약속을 따라 난 아브라함의 후손으로 받아들여지고 있다(롬 9:6ff., 24ff.; 갈 4:21-31). 그래서 바울은 자신의 선교 현장에서 호세아의 예언이 성취되고 있음을 보았던 것이다. 믿음을 가진 이방인들이 하나님의 아들, 하나님의 백성으로 불리게 되었다.[156] 이와 같은 사고 속에는 구약/유대교에서 이스라엘을 하나님의 아들(집단적 의미로) 혹은 아들들로 이해하여 왔던 전승과 그들 중에서 의인과 현자들을 하나님의 아들이라 칭해왔던 전통적 관념이 반영되어 있다.[157] 바울에게 있어서 그리스도 안에서 믿음으로 말미암아 의롭다 함을 받은

---

[156] Cf. Bruce, *Romans*, pp.195f.; Blank, *Paulus*, pp.259f.

[157] See G. Fohrer, E. Schweizer and E. Lohse, υἱός, *TDNT* viii, pp.351ff., 354ff., 359f.; Hengel, *Sohn*, pp.68ff.

자들은 하나님의 아들, 곧 종말에 있을 새로운 하나님의 백성이었다 (cf. also 고후 6:18). 믿는 자들은 유대인이나 이방인이나 모두 새 언약의 백성, 즉 하나님의 이스라엘이었다(갈 6:16; cf. 빌 3:3).

갈라디아서 4:1-7에서와 마찬가지로 로마서 8:14-23에서도 바울은 우리의 하나님의 아들 됨을 성령과 자유라는 주제와 연결시키고 있다. 갈라디아서 3:26-29과 같이 4:6에서도 바울은 우리는 믿음과 세례로 그리스도와 연합하고, 그리하여 하나님께서 우리의 마음에 그 아들의 영을 보내심으로 우리가 하나님의 양자 됨을 체험할 수 있게 된다고 말한다. 여기 로마서 8장에서도 우리는 그리스도와의 연합과 우리 안에 그리스도의 영이 거하심 혹은 성령 안에 우리가 거하게 됨에 근거하여 하나님의 아들이 된다고 말한다(롬 8:9-11). 하나님의 영인 그리스도의 영은 곧 '휘오데시아'($\upsilon\iota o\theta\epsilon\sigma\iota\alpha$, 아들 됨)의 영인데 그것은 그가 우리로 그리스도의 아들 됨에 참여케 하기 때문이다. 갈라디아서 4:6에서 바울은 우리 안에 있는 아들의 영으로 인해 우리가 '아바, 아버지'라 부르게 된다고 하는데 여기 로마서 8:15에서도 우리는 성령 안에서 '아바, 아버지'라고 부를 수 있게 된다고 말한다. 성령이 우리 안에 거한다는 것과 우리가 성령 안에 거한다는 것은 로마서 8:9-11에서 볼 수 있는 바와 같이 같은 현상을 표현하는 말이다. 그러므로 갈라디아서 4:6과 로마서 8:15은 같은 사실에 대한 묘사라고 볼 수 있다. 우리는 그리스도의 영 안에 거함으로 그리스도의 아들 됨에 참여할 수 있는 것이다. 왜냐하면 우리가 그리스도의 영 안에 거한다는 것은 하나님의 아들이신 그리스도 자신이 성령으로 (성령은 그리스도가 우리 안에 거하는 양태이다) 우리 안에 거하는 것을 의미하기 때문이다(갈 4:6; 롬 8:9-11). 그래서 '하나님의 영으로 인도함을 받는 사람은 곧 하나님의 아들'이다(롬 8:14). 또한 '성령이 친히 우리의 영과 더불어 우리가 하나님의 자녀인 것을 증언하신다'(롬 8:16).[158] 우리가 그리스도의 아들 됨에 참여한다는 말은 곧 우리가 하나님의 유업을 이을 자로서의 그의 지위에 참여하게 된다는 의미이다. 그래서 우리는 하나님의 자녀이며 하나님의 상속자, 곧 그리스도와 함께한 상속자이다(롬 8:17). 갈라디아서 4:1-7에서 바울은 우리가 이 세상의 초등 권세와 율법으로부터의 자유 안에서 하나님의 아들 됨을 얻게 됨으로써 생기는 결과를 고찰해 놓았는데, 여기 로마서 8:12-17에서도 이와 같이 우리가 육신으로부터 자유로워짐으로써 얻게 된 우리의 양자 됨의 결과를 논하고 있다. 그러나 우리의 양자 됨과 자유는 아직 완성 단계가 아니다. 그것은 다만 성령의 처음 익은 열매다. 그것은 우리가 그리스도와 더불어 영광을 받게 될 그리스도의 재림 때 우리 육신의 부활과 함께 완성될 것이다. 그때까지는 그리스도와 함께 영광을 얻기 위해 남몰래 탄식하며 그와 함께 고난을 받아야 한다. 전 피조물의 숙명은 이와 같이 하나님 자녀들의 숙명과 밀접한 연관을 가지고 있다(롬 8:17-25).

로마서 8:29을 보면 바울은 그리스도를 맏아들(first-born / πρωτότοκος)로서의 하나님의 아들로 보고, 믿는 자들은 하나님께서 그 아들의 형상을 본받도록 미리 정해 놓으신 그의 형제들로 인식하고 있음을 알 수 있다(cf. 히 2:10f.). 이것은 믿는 자들은 그리스도의 아들 됨에 참여하며, 그렇게 하여 그리스도와 함께하는 하나님의 상속자가 된다는 생각에 대한 또 다른 표현법이다. 우리는 하나님의 아들의 원형(Urbild)을 본받음으로 인하여 하나님의 아들이다. 믿는 자는 그리스도의 아들 됨에 참여한다. 그들은 하나님의 아들의 원형(Urbild)을 본받게 된다. 그들은 하나님을 '아바, 아버지'라 부를 수 있게 된다 - 이러한 생각들 안에 우리는 세 가지의 아이디어가 반영되어

---

[158] 이 같은 번역에 대하여는 Cranfield, *Romans*, p.403을 보라.

있음을 본다. 그 첫째는 '아바, 아버지'라는 부름에서 나타나는데 예수 자신의 하나님에 대한 아들로서의 독특한 관계의 표현이다.[159] 둘째는 그리스도를 새로운 인류의 원형(Urbild) 또는 전형(Vorbild)인 마지막 아담으로 인식하는 견해이다. 셋째는 그리스도를 이상적 이스라엘의 내포적 대표자(inclusive representative)인 하나님의 아들/"그 '사람의 아들'"(人子)로 보는 관점이다. 제6장에서 우리는 다메섹 도상에서 바울 앞에 높임 받은 그리스도가 하늘에서 나타났을 때, 바울은 그리스도를 하나님의 아들과 하나님의 형상으로 보았을 뿐 아니라, 신의 현현의 장면에서 사람과 같은 모습으로 나타나는 이는 야곱–이스라엘과 동일시되는 이상적 이스라엘의 내포적 대표자로 인식해 왔던 유대의 전통에 따라 아마 바울도 자신이 목격한 그리스도를 이상적 이스라엘의 내포적 대표자로 인식하였으리라는 제안을 했었다.[160] 그리스도에 대한 이와 같은 인식은 그리스도 안에 연합됨으로 말미암아 믿는 자가 그의 아들 됨에 참여하게 되고, '하나님의 이스라엘' 곧 하나님의 아들이 된다고 하는 바울의 사고 속에 반영되어 있다.[161]

그렇다면 예수가 자신의 하나님께 대한 독특한 아들로서의 관계를 가르치면서 그의 제자들에게 그 관계에 참여하도록 초청한 것이, 바울이 다메섹에서 그리스도가 하나님의 아들/'그 사람의 아들(人子)' 같은 모습으로 나타난 것을 보고 가지게 되었던 인식, 즉 그리스도는 이상적 이스라엘, 곧 하나님의 아들들의 내포적 대표자로서 하나님의 아들이라는 생각과 완전히 일치한다는 것은 주목할 만한 일이다. 이

---

**159** See Jeremias, *Abba*, esp. pp.58 –67.

**160** 본서 pp.433f.

**161** 필로의 로고스에 대한 개념 – 지혜로운 이스라엘 백성에게 아들 됨을 중보하는, 또는 그들을 하나님의 아들들로서 그 자신 안에 내포하는 하나님의 아들로서의(예를 들면, *Conf. Ling.* 62f., 145-148) – 은 이와 똑같은 신의 현현 환상 전승에 속하는 것으로 보인다(본서 p.444, 또 pp.186ff.).

사실은 예수가 자신은 바로 다니엘이 환상 중에 보았던 '한 사람의 아들(人子)' 같은 이이며, 그러므로 자신은 이상적 이스라엘의 내포적 대표인 하나님의 아들이라는 완전한 자기 이해로부터 자신을 '그 사람의 아들'(人子)이라고 호칭했었으며, 또한 바울은 예수를 '하나님의 아들'이라는 칭호로 부름으로써 예수가 '그 사람의 아들'(人子)이라는 자기 호칭으로 표명코자 했던 진정한 의도를 훌륭하게 나타내고 있다고 한 우리의 주장을 뒷받침해 주는 또 다른 증거라 할 수 있다.[162]

하나님께서 우리로 하여금 그 아들의 '형상'($\varepsilon i\kappa\acute{\omega}\nu$)을 본받게 하기 위해 미리 정하셨다(롬 8:29)고 말할 때 바울은 그가 다메섹 도상에서 목격했던 하나님의 아들의 형상을 잘 기억하고 있었을 것이다. 유대의 전통에 따라 바울도 아담의 타락 이래 하나님의 의에도, 하나님의 영광과 그 형상에도 이르지 못하고 있는 인간의 실존을[163] 잘 알고 있었다(롬 3:23). 사실 하나님의 형상과 하나님의 영광이 마치 동의어처럼 밀접한 연관을 가진 것과 마찬가지로,[164] 하나님의 영광은 또한 하나님의 의와 긴밀한 연관을 가지고 있다. Apoc. Mos.20:1f.를 보면 이브가 자신에게 금지된 과일을 먹자마자 그녀가 입고 있던 의(義)가 벗겨진 것을 알았다고 쓰여 있다. 그리고 그녀는 울면서 사탄에게 말한다: '너는 어찌하여 나에게 이러한 일을 행하였느냐? 너는 나에게서 내가 입고 있던 의를 빼앗아 갔구나!' 이러한 이브의 애통은 곧 아담의 통한으로 이어진다: "오, 악한 여인이여! 내가 그대에게 어찌하였기에 그대는 나에게서 하나님의 영광을 빼앗아 갔오?"(21:6) 여기서 '의'와 '하나님의 영광'은 거의 동의어로 쓰이고 있으며 이 둘은 모두 이브와 아담이 범죄의 결과로 잃어버리게 된 그 무엇을 가리키고

---

**162** 본서 pp.422ff.
**163** 본서 pp.440ff.
**164** 본서 pp.390f.

있다. 이와 같은 생각이 로마서 3:23에서 발견되는데, 여기서 바울은 유대인이나 이방인이나 모든 인간은 죄를 지어서 의의 바깥에 존재하고 있다는 사실을 밝힌 후(롬 1:18-3:20) 다음과 같이 천명한다: '모든 사람이 죄를 범하여서 하나님의 영광에 이르지 못하게 되었다. 그래서 모든 사람에게 하나님께서 값없이 은혜로 주시는 의가 필요하다.' 로마서 8:29f.에 의, 하나님의 영광, 하나님의 형상 이 세 가지 개념의 밀접한 관계가 나타난다. 바울이 29절 이하에 v.29bc의 문구($καὶ\ προώρισεν$)를 삽입함으로써 이곳의 연쇄식 논법을 깨뜨린 것은, 29절 하반부의 문장으로 하나님께서 하늘에서 우리(믿는 자)를 위하여 미리 정해 놓으신 구원의 완성된 상태를 보여 주기 위함이었다. 그리고 바울은 30절에 그의 논증을 다시 시작하면서, v.29bc에 언급된 하나님의 예정이 실행되는 과정, 곧 하나님의 구원의 행위의 역사적 과정을 바울은 v.30b-f에서 그리고 있다.[165] 그 과정은 하나님께서 정하신 자들을 그의 때에 믿음에로 부르심으로 시작되어, 이어 그들이 믿음으로 하나님의 부르심에 응답함으로 말미암아 의롭다 함을 받게 되고 그들을 영화롭게 할 종말에 완성된다.

바울이 믿는 자들의 (현재의) 영광을 한번 언급한 적이 있기는 하지만(고후 3:18) 그는 항상 영광을 우리의 구원이 완성될 종말에 나타날 것으로, 즉 소망의 범주 안에서 본다(롬 5:2; 8:17ff.; 고전 15:43; 빌 3:21). 고린도후서 3:18의 말씀에도 믿는 자들의 영광이 이미 완성된 것이 아니라 그 성취를 향해 가는 과정 중에 있다는 생각이 들어 있다. 그렇다면 바울은 왜 로마서 8:30에서는 '에독사센'($ἐδόξασεν$)이라는 과거형을 사용함으로써 우리의 영광 받음이 이미 이루어진 사건인 듯이 표현하고 있는가? 대부분의 주석가들은 여기 과거형(aorist)

---

[165] Cf. Sanday-headlam, *Romans*, p.218; Dodd, *Romans*, p.156; Barrett, *Romans*, pp.169f.; Michel, *Römer*, p.212; Murray, *Romans*, p.320.

을 '예언적 과거'로 해석하여 이것은 예언된 사건이지만 그것이 성취될 것이 너무도 확실하기 때문에 이미 이루어진 것처럼 과거형을 쓴 것이라고 한다.[166] 어떤 학자들은 바울이 여기서 '광적인 세례파의 전승'(enthusiastic baptismal tradition)에서 믿는 자들은 세례를 받음과 동시에 이미 천상의 존재로 완전한 변화를 입게 된다는 생각을 빌어서 인용하고 있는 것이라고 한다.[167] 그러나 바울은 우리의 영광 받음은 미래, 곧 그리스도의 재림 때에 있을 것이며 그러므로 우리는 구원의 완성에 대한 소망을 가지고 현재의 고난을 견디어야 한다고 항상 강조해 왔다는 사실에 비추어 볼 때 이 견해는 분명히 옳지 않다! 반면에 예언적 과거로 과거형을 썼다고 하는 대부분의 학자들의 주장이 바울의 의도와 일치된다고 본다. 바울은 믿는 자들에게 그들의 구원의 성취, 즉 영광 받음은 하나님의 결정이기 때문에 너무도 확실한 소망이라는 것을 확신시키려 하는 것이다.

로마서 8:29f.에서 믿는 자들이 영광받는다는 것과 그들이 하나님의 아들을 본받게 된다는 것은 동일한 개념임이 명백해졌다. 동일한 사상이 고린도전서 15:43-49; 빌립보서 3:21에도 나타난다. 로마서 8:30에서도 역시 영광 받는다는 것이 구원의 성취, 즉 의롭다 함을 받는다는 것과 동일하다는 사실이 분명해진다.[168] 그러므로 '하나님의 아들의 영광스러운 형상을 본받음'이나 '그 형상을 입음'이라는 것은 칭의의 완성된 상태를 말한다.

아담이 타락한 이후 인간의 존재는 하나님의 의, 하나님의 영광, 그의 형상에 이르지 못하게 되었다(롬 3:23). 대신 우리는 우리의 조상(*Stammvater*)인 아담과의 불가피한 연대관계로 인하여 아담의 타락

---

**166** Bruce, *Romans*, p.178; so, similarly, e.g., Sanday-Headlam, *Romans*, p.218; Barrett, *Romans*, p.170; Michel, *Römer*, p.212; Murray, *Romans*, p.312.

**167** Käsemann, *Römer*, p.234; Jervell, *Imago*, p.273; Hahn, 'Taufe' p.176.

**168** Cf. Thüsing, *Per Christum*, p.132; also Jervell, *Imago*, pp.182f.

한 형상 – 그의 땅에 속한 오욕의 형상과 약하고 죽을 수밖에 없는, 비천한 '육의 몸'($σῶμα\ ψυχικόν$)(고전 15:42-49; 빌 3:21)을 입게 되었다. 우리는 바로 이러한 처지에 빠져 있는 상태이며 그래서 우리에게는 구원이 필요하다. 다메섹 도상에서 높임 받은 그리스도가 하나님의 형상으로 바울에게 나타났을 때, 바울은 메시아 시대에 이루어질 소망, 하나님의 영광과 그 형상의 회복이라는 소망이 그리스도 안에서 실현되었음을 알게 되었다. 우리가 앞에서 살펴본 바와 같이,[169] 이러한 체험으로 인하여 바울은 그리스도를 첫 아담이 잃어버린 것을 다시 회복시켜 줄 마지막 아담이라 생각하게 되었다. 그리하여 그는 우리가 옛 타락한 인류의 조상인 첫째 아담과의 유대로부터 벗어나 새 인류의 조상인 마지막 아담과 연합하게 됨으로써 이루어질 우리 안에서의 하나님의 영광의 회복을 바라보게 되었다. 부활하신 그리스도는 새 인류의 조상(*Stammvater*)으로서 동시에 새 인류를 위한 전형(*Vorbild*)이었다. 그래서 바울은 다메섹 도상에서 그가 목격했던 부활하신 그리스도를 묘사하기 위해 사용하던 표현법을 그대로 빌어다 믿는 자들의 구원 상태를 묘사한다.[170] 아담이 '땅에 속한 자'($ὁ\ χοϊκός$)였듯, 우리는 그와의 유대로 인하여 '땅에 속한 자들'($οἱ\ χοϊκός$)이다; 그리스도가 '하늘에 속한 자'($ὁ\ ἐπουράνιος$)이듯 우리는 그와의 연합으로 인하여 '하늘에 속한 자들'($οἱ\ ἐπουράνιοι$)이 될 것이다. 아담이 죽을 수밖에 없는 숙명의 비천한 '육의 몸'($σῶμα\ ψυχικόν$)이었던 것처럼, 우리 또한 그와의 유대관계 안에서 그와 같은 육신을 가지고 있다; 그리스도가 썩어지지 않는 영광의 '신령한 몸'($σῶμα\ πνευματικόν$)을 가지고 있는 것같이 우리도 그와의 연합으로 그와 같은 몸을 가지게 될 것이다. 다시 말해 '우리는 흙에 속한 자의 형상을

---

**169** 본서 pp.436ff.
**170** 본서 pp.378ff.

입은 것같이 또한 하늘에 속한 자의 형상을 입을 것이다'(고전 15:42-49). 이러한 일은 그리스도가 우리의 구주로 다시 오실 종말에 이루어질 것인데, '그는 우리의 낮은 몸을 자기 영광의 몸의 형체와 같이 변하게 하실 것'이었다(빌 3:21; cf. also 고전 15:52; 골 3:4). 그때에야 우리가 하나님의 아들의 형상을 입게 되어 비로소 우리의 하나님의 아들 됨이 완성될 것이다(롬 8:29; cf. 요일 3:2). 이러한 변화는 하나님께서 그의 영원하신 섭리 안에서 미리 정해 놓으신 것으로써, 그것은 하나님께서 우리를 부르심과 우리를 의롭다 하심으로 이미 실현되기 시작하였다(롬 8:29f). 이렇게 우리를 부르심과 의롭다 하심[171] 안에서 우리가 종말에 영광 받을 것과 변화 받을 것의 처음 익은 열매를 보았던 바울은 우리의 영광 받음과 변화 받음은 종말에 성취될 것이지만 현재 그 실현 과정 중에 있는 것이라고 천명할 수 있었던 것이다; '우리가 다 수건을 벗은 얼굴로 거울을 보는 것같이 주의 영광을 보매 그와 같은 형상으로 변화하여 영광에서 영광으로 이르니'(고후 3:18).

사실은 바울이 이렇게 우리가 영광 받는 사건의 미래성을 확고히 하면서도(골 3:4), 동시에 그는 '우리는 이미 옛 사람($\pi\alpha\lambda\alpha\iota\grave{o}\varsigma$ $\ddot{\alpha}\nu\theta\rho\omega\pi o\varsigma$)과 그 행위를 벗어버리고($\dot{\alpha}\pi\epsilon\kappa\delta\upsilon\sigma\acute{\alpha}\mu\epsilon\nu o\iota$) 새 사람($\nu\acute{\epsilon}o\varsigma$ $\langle\ddot{\alpha}\nu\theta\rho\omega\pi o\varsigma\rangle$)을 입었으니 이는 자기를 창조하신 자의 형상을 따라 지식에까지 새롭게 하심을 입은 자'(골 3:9f.)라고 말한다.[172] '옛 사

---

**171** Cf. Jervell. *Imago*. p.281: Thüsing, *Per Christum*, p.130.

**172** $\kappa\alpha\tau$' $\epsilon\grave{\iota}\kappa\acute{o}\nu\alpha$ $\tau o\hat{\upsilon}$ $\kappa\tau\acute{\iota}\sigma\alpha\nu\tau o\varsigma$ $\alpha\grave{\upsilon}\tau\acute{o}\nu$은 하나님의 형상을 일컫는다(성경 주석가들 대다수가 그렇게 생각한다: 예를 들어, Moule, *Col*., p.120; Lohse, *Kol*., p.206; Jervell, *Imago*, pp.249f.; cf. 엡 4; 24). 그러나 우리가 앞에서 고찰하였듯이 바울에게 있어서 하나님의 형상은 그리스도의 형상과 동일한 것이다(본서 pp.394f.). 그러므로 비록 바울이 통상적으로는 그리스도인들이 그리스도의 형상으로 변화될 것이라고 말하고는 있지만(롬 8:29; 고전 15:49; 고후 3:18; 빌 3:21) 그는 또한 그리스도인들이 하나님의 형상으로 창조된 '새 사람'을 옷 입는다고 말할 수 있었던 것이다(contra Jervell, *Imago*, p.250). 후자가 구원받은 자는 아담이 잃어버렸던 하나님의 형상을 회

람'은 흙에 속한, 비천한 형상을 입고 있는 아담적 인류를 가리키며 '새 사람'은 마지막 아담의 영광스러운 형상을 본받아 하나님의 형상을 회복하게 된 새로운 인류를 말한다.[173] 그러나 그 다음 구절(골 3:11)에서 바울은 '그리스도는 만유시오, 교회의 모든 성도 안에 계시기'($πάντα\ καὶ\ ἐν\ πᾶσιν\ Χριστός$) 때문에[174] 종족이나 사회적 구별은 아무런 문제도 될 수 없다고 말하면서 '새 인간', 곧 '새 인류'란 그리스도가 성령으로 그 안에 거하는 자들이라고 한다.[175] 이러한 까닭에 바울은 '새 인간'이라는 말 대신에 '그리스도로 옷 입은 자'라는 말을 쓸 수 있는 것이다: '누구든지 그리스도와 합하기 위하여 세례를 받은 자는 그리스도로 옷 입었느니라'(갈 3:27). 갈라디아서의 본문은 또한 우리가 '옛 사람'을 벗어버리고 '새 사람'을 입는 사건은 우리가 믿음을 가지고 그리스도와 연합하여 세례를 받을 때 '옛 사람'은 죽고 '새 사람'으로 살아난다는 신앙, 곧 그리스도의 운명에 우리가 참여하게 된다는 믿음을 공적으로 극화하여 표명함으로써 이미 이루어졌음을 보여 준다(롬 6:1-11; 엡 2:5f.; 골 2:12ff.; 3:1-3). 이렇게 옛 아담적 자아가 새로운 자아에게 굴복한다는 사상은 갈라디아서 2:19에 또 다른 방식으로 표현되어 있다: '내가 그리스도와 함께 십자가에 못 박혔나니 그런즉 이제는 내가 사는 것이 아니요 오직 내 안에 그리스도께서 사는 것이다.' 이리하여 이제 그리스도의 형상을 본받는다거나 그의 형상을 입는다는 것은 우리 안에 그리스도가 거하게 되었다는 것과 동일한 의미임이 밝혀졌다. 이 동일한 의미를 지닌 두 가지의 표현

---

복한 '새 사람' 혹은 $καινὴ\ κτίσις$(새로운 피조물)이 된다는 것을 명백하게 해주는 반면, 전자는 구원받은 자가 하나님의 형상을 회복한다는 것은 바로 그들이 그리스도의 형상으로 변화 받는다는 것을 말함을 가리킨다.

**173** Cf. Jervell, *Imago*, pp.240-250.
**174** Cf. Moule, *Col.*, pp.121f.
**175** Cf. Jervell, *Imago*, pp.246ff.

법은 갈라디아 교인들이 곁길로 가는 것을 막기 위해 '너희 속에 그리스도의 형상을 이루기까지'(μέχρις οὗ μορφωθῇ Χριστὸς ἐν ὑμῖν) 해산의 수고를 아끼지 않는다고 말하는 바울의 감동적인 진술에 결합되어 들어 있다(갈 4:19).

바울은 이렇게 우리가 믿음을 가질 때 이미 우리는 '옛 사람'을 벗어버리고 '새 사람'을 입게 된다는 사실을 확언하면서도, 다른 한편 골로새서 3:9f.에서는 '새 사람'은 계속 새롭게 함을 받는 과정 중에 있다는 점 분명히 하고 있다. 고린도후서 3:18에서는 우리가 그리스도의 형상으로 변화 받음이나 영광 받음은 종말에 있을 완성을 향하여 나아가고 있는 중이라고 하면서, 골로새서 3:10에서는 하나님의 형상을 따라 창조된 '새 사람'은 믿는 자인 우리에게 이미 주어진 실재(reality)라고 한다. 그러나 우리는 그 '새 사람'을 확고하고 온전하게 소유한 것이 아니다. 그것은 우리 삶 속에서 끊임없이 실재화되고 새롭게 함을 받아가야 하며, 그리하여 종말에 그것은 완전한 실재로 드러나게 될 것이었다. 그러므로 골로새서 3:9f.에 들어 있는 사고는 근본적으로 고린도후서 3:18의 생각과 동일하다. '새 사람'은 삶 속에서 계속 새롭게 함을 받고, 실재화 되어야 할 그 무엇이었기 때문에 바울은 이미 '새 사람'된 자들 곧 그리스도를 옷 입은 자들에게 '너희는 유혹의 욕심을 따라 썩어져 가는 구습을 따르는 옛 사람을 벗어 버리고 오직 너희의 심령이 새롭게 되어 하나님을 따라 의와 진리의 거룩함으로 지으심을 받은 새 사람을 입으라'(엡 4:22-24), '주 예수 그리스도로 옷 입고 정욕을 위하여 육신의 일을 도모하지 말라'(롬 13:14)고 권고한다. 갈라디아 교회의 성도들이 복음의 진리를 저버렸을 때 바울은 그들을 위해 다시 해산의 수고를 해야 했다. 그것은 그리스도께서 그들의 '주'로 거하고 있는 '새 사람'들 속에 그리스도의 형상이 이루어져서 새롭게 함을 받는 역사가 일어나게 하기 위한 것이었다(갈 4:19). 이 본문은 다음과 같은 교훈을 담고 있다. 즉 복음의 진리를 확고히 붙들고 복음에 합당한 삶(cf. 빌 1:27), 곧 악한 세대에서 새 세대로, 흑암의 권세에서 그리스도/하나님의 아들의 왕국으로 옮겨진 자(골 1:13)로서의 변화된 삶을 살기 위해서는 우리 안에 있는 '새 사람'이 끊임없이 새롭게 함을 받아야 한다는 것이다. 하나님은 그리스도 안에서 구원을 이루시고 종말에 영화롭게 하실 계획 안에서 우리를 부르시고 의롭다 하신다. 이것이 바로 바울이 우리에게 호소하는 말씀의 근거이다: '너희 몸을 하나님이 기뻐하시는 거룩한 산 제물로 드리라. 이것이 너희가 마땅히 드려야 할 영적예배이다. 너희는 이 세대를 본받지($\sigma\nu\sigma\chi\eta\mu\alpha\tau\acute{\iota}\zeta\epsilon\sigma\theta\epsilon$) 말고 너희 마음을 새롭게 함으로 변화를 받아($\mu\epsilon\tau\alpha\mu\rho\rho\phi\circ\hat{\upsilon}\sigma\theta\epsilon$) 무엇이 하나님의 뜻인지 – 그것은 거룩하시고 기뻐하시고 온전하신 것이다 – 드러내도록 노력하라'(롬 12:1f.).[176]

바울은 '새 사람'을 우리가 그리스도의 형상을 본받음으로 그리스도가 그 안에 거하시게 된 새로운 인성으로 이해하고 또한 '새 사람'의 새롭게 됨의 가장 중요한 의미는 우리의 마음을 새롭게 하는 것(롬 12:2; 엡 4:23)이라고 생각하였으므로, 그는 '새 사람'을 '속사람'($\acute{o}$ $\check{\epsilon}\sigma\omega$ $\check{\alpha}\nu\theta\rho\omega\pi\sigma\varsigma$)이라고도 칭하였다(고후 4:16; cf. also. 롬 7:22; 엡 3:16).[177] '속사람'이 '새 사람'을 가리키고 '겉사람'($\acute{o}$ $\check{\epsilon}\xi\omega$ $\check{\alpha}\nu\theta\rho\omega\pi\sigma\varsigma$)은 '옛 사람'을 의미한다는 것은 고린도후서 4:16, 에베소서 4:22, 골로새서 3:1 사이의 병행을 고찰해 보아도 확실히 알 수 있다. 에베소서 4:22에서 '옛 사람'이 썩어져 가는 중($\phi\theta\epsilon\iota\rho\acute{o}\mu\epsilon\nu\sigma\nu$)에 있다고 말하는 것과 같이 고린도후서 4:16에서는 '겉사람'이 썩어져 간다($\delta\iota\alpha\phi\theta\epsilon\acute{\iota}\rho\epsilon\tau\alpha\iota$)고 한다; 또한 골로새서 3:10에 보면 '새 사람'이 계속 새롭다 함을 받는다($\acute{\alpha}\nu\alpha\kappa\alpha\iota\nu\sigma\acute{\upsilon}\mu\epsilon\nu\sigma\nu$)고 하고, 고린도후서 4:16에서

---

**176** 이 번역은 Barrett, *Romans*, p.230에 의한 것이다.
**177** Cf. Windisch, *2Kor.*, p.152.

는 '속사람'이 날로 새롭다(ἀνακαινοῦται)고 한다.[178] 바울은 아마도 '새 사람'이 이 세대의 권세에 지배받고 있는 '죄의 몸'(ψυχικὸν σῶμα) 안에 살고 있다고 이해하였던 것 같다.

고린도후서 4:17에서는 '겉사람' 혹은 '옛 사람'의 낡아짐은 고난 - 고난이나 '우리에게 크고 영원한 영광의 중한 것을 이루게 할' - 을 통해 일어난다고 말한다. 현재의 고난은 우리의 '겉사람' 또는 '옛 사람'을 벗어버리게 하고 영광스러운 우리의 '새 사람' 혹은 '속사람'을 새롭게 한다.[179] '새 사람'으로의 온전한 변화와 우리의 영화롭게 됨은 종말에 완성될 것이지만, '새 사람'은 이미 우리 안에 존재하여 날로 새로워지고 있으며 종말의 영광은 우리가 고난 받음으로 인하여 우리 안에서 이미 이루어지기 시작하였다. 또한 육신에 거하는 '옛 사람'은 고난을 통해 낡아지고 있다. 그러므로 고린도후서 4:16f.는 바울이 고린도후서 4:10f.에서 이미 말한 내용을 다시 한 번 되풀이한 것이라 볼 수 있다: 사도의 임무를 수행하는 중 바울은 말할 수 없는 환난을 당하였다(8절 이하; 고전 4:9-13; 고후 6:3-10; 11:23-33). 바울은 이 고난을 그의 몸에 예수의 '죽음'(νέκρωσις)을 지니고 다니는 것으로 여겼다. 다시 말해 고난은 예수의 죽음을 체험하는 일이었다(cf. 고후 1:5). 바울이 그의 고난을 통해 예수의 죽음에 참여하게 되므로 예수의 생명이 그의 몸 안에 나타나게 된다. 이 예수의 생명, 곧 부활의 생명은 종말(eschaton)에 우리의 몸 안에 나타날 것인데, 그때에는 우리의 이 썩어질 몸이 부활하신 예수의 몸과 같은, 죽지 않을 신령한 몸으로 변화 받을 것이다. 그러나 우리는 예수를 위한 고난을 받음으로 예수의 죽음을 나누고 있기 때문에 예수의 부활 생명은 우리의 썩어질 육신 안에 이미 나타나고 있다. 우리 몸 안에 나타나기 시

---

**178** Cf. Barrett, *2Cor.*, pp.146f.; Jevell, *Imago*, pp.240-248; Bruce, *Cor.*, p.189.
**179** Cf. Windisch, *2.Kor.*, p.153.

작한 예수의 생명이란 바로 우리 안에 있는 '새 사람', 곧 '속사람'의 생명을 말하는데, 이 '새 사람'의 생명은 날로 새로워지고 있다. 이 고린도후서 4:10-17과 같은 맥락의 사고가 빌립보서 3:10f.에도 나타난다.[180] 빌립보서 3:10f.에서 바울은 그리스도를 아는 것에 자기의 전 생애를 걸기 위하여 자신이 누릴 수 있는 유대인으로서의 기득권과 열심 있는 바리새인으로 성취하였던 모든 것을 포기하기로 하였던 다메섹의 결단에 대하여 언급한다. 그리스도를 아는 것은 그의 부활의 권세를 아는 것이다. 그러나 바울은 그리스도의 고난에 동참하고서야, 즉 그리스도의 죽음을 본받아($\sigma\upsilon\mu\mu o\rho\phi\iota\zeta\acute{o}\mu\epsilon\nu o\varsigma$) 그리스도의 고난을 나누어 가짐으로써 그리스도와 그 부활의 권세를 알 수 있었다. 십자가에서의 죽음으로 그 절정을 맞게 되는 그리스도의 고난에 참여함으로 말미암아 죽음으로부터의 부활이라는 소망을 가지게 된다. 우리는[181] 지금 이 시간 그리스도의 고난에 동참하여 그의 죽으심을 본받음으로 인하여 결국 그리스도의 재림 때에 우리의 천한 몸이 변화하여 그리스도의 영광의 몸을 본받게 될 것이다(빌 3:20f.). 고린도후서 4:10-17에서 바울은 부활하신 예수의 생명, 곧 우리 안에 있는 새 사람의 생명이 우리가 그리스도의 고난에 참여함으로 말미암아 이미 우리 몸에 나타나고 있다고 말하는 한편, 빌립보서 3:10f.에서 그는 현재는 그리스도의 고난에 동참하는 시간이고 영광스러운 부활의 생명을 위하여는 그리스도의 재림을 바라본다고 하여 미래의 시점을 가지고 있는 듯이 보인다. 왜냐하면 고린도후서 4:10-17에도 역시 바울은 우리 몸 안에 예수의 생명이 완전한 모습으로 나타나는 것은 재림

---

**180** Cf. Beare, *Phil.*, p.124; Gnilka, *Phil.*, p.196.

**181** 설사 고린도후서 4:10-17과 빌립보서 3:10f. 두 곳 모두에서 바울이 우선적으로는 그 자신에 관하여 말하는 것이라 할지라도, 바울이 그곳에서 그 자신을 그리스도인이라는 존재의 전형(paradigm)으로 그리고 있는 이상 그 성경 본문에서 바울이 말하고 있는 것은 모든 믿는 자에게 적용된다.

때라고 암시하면서, 빌립보서 3:10f에서는 믿는 자에게 새로운 생명은 하나님의 부르심과 의롭다 하심을 통해 이미 시작되었다고 말하고 있기 때문이다. 마지막으로 로마서 8:17에서도 역시 성령의 처음 익은 열매로 이미 하나님의 아들 됨을 얻은 믿는 자들은 그와 함께 영광을 받기 위해 그리스도의 고난에 참여해야 한다고 권고한다. 우리가 그리스도의 고난에 동참하는 것은 믿음 안에서 그리스도와 함께 죽는 우리의 삶 속에서 실현되는데, 이 '그리스도와 함께 죽는다'는 믿음은 세례 안에서 극화(dramatize)되어 표현된다.[182] 믿음과 세례 안에서 우리는 '그의 죽음의 형태에 동화된다'(롬 6:5; 그의 죽으심을 본받아 그와 연합한 자가 되었다〈σύμφυτοι γεγόναμεν τῷ ὁμοιώματι τοῦ θανάτου αὐτοῦ〉). 그것은 우리가 그리스도의 죽음을 본받는 자가 된다는 말이다.[183] 여기 로마서 6:5에서 '게고나멘'(γεγόναμεν)의 완료형(perfect)은 이 과거의 사건이 현재까지 계속하여 영향력을 가지고 있음을 시사하는 것이며 빌립보서 3:10은 이 영향력이 어떻게 나타나는가에 관한 말씀이다: 믿음과 세례로써 그리스도의 죽음을 본받은 믿는 자들은 그리스도의 고난에 동참함으로써 계속적으로 그리스도의 죽음을 본받고 있다(συμμορφιζόμενος τῷ θανάτῳ αὐτοῦ).[184] 믿음과 세례 안에서 우리의 '옛 사람'은 (그리스도와) 함께 못 박혔고(롬 6:6) 우리는 그리스도와 더불어 새 생명으로 일으킴을 받았다(롬 6:4, 11; 엡 2:5f.; 골 2:12ff.). 믿음과 세례 안에서 우리는 이미 '옛 사람'을 벗어버리고 새 사람', 그리스도로 옷 입었다(갈 3:27; 골 3:9f.). 그렇지만 믿음과 세례 안에서 일어난 것은 종말(eschaton)에 일어날 일의 첫 열매일 뿐이다. 종말에 가서야 우리 '옛 사람'의 죽음이나 '새 사

---

**182** 이 문단의 내용에 관하여는 Schweizer, "Mystik", pp.246-250; Tannehill, *Dying*, pp.80-129를 참조하라; contra P. Siber, *Mit Christus leben*(1971), pp.182-188.

**183** Cf. Cranfield, *Romans*, p.308.

**184** Cf. Ibid.; Thüsing, *Per Christum*, p.139; Beare, *Phil*., p.124; Gnilka, *Phil*., p.196.

람'의 성취가 완료될 것이다. 그때까지 우리는 믿음과 세례 안에 내포된 의미 - 그리스도와 함께 죽고 사는 일을 우리의 삶 속에서 실행해(actualize) 나가야 한다: 우리는 끊임없이 우리의 '옛 사람'을 벗고 '새 사람'을 '입어야 한다'(엡 4:22-24; 골 3:12ff.; 롬 12:1f.). 우리 안의 '새 사람', 곧 '속사람'은 지속적으로 새롭게 함을 받아야 한다. 이러한 일은 그리스도인들이 제자로서의 삶 안에서, 특히 고난 받음 속에서 계속하여 이루어진다. 그러므로 이같이 그리스도의 고난에 동참하고 그의 죽음을 본받는 제자의 삶은 역설적으로 그리스도의 형상으로 변화 받아 영광에서 영광으로 이르는 과정이며(고후 3:18), 또한 우리의 썩어질 몸 안에 예수의 부활 생명이 나타나게 되는 과정(고후 4:10f.; 빌 3:10)이다. 종말에 이 과정은 완료될 것이다(롬 6:5). 그리하여 종말에는 하나님의 아들이시며 마지막 아담이신 그리스도의 영광스러운 형상으로 온전히 변화될 것이다. 그럼에도 불구하고 우리가 믿음과 세례 받음으로 인하여 하나님의 형상으로 만들어진 '새 사람'을 옷 입었고, 그의 형상을 따라 끊임없이 새로워지고 있다는 사실은 (골 3:10; 엡 4:24) 우리가 현재 이미 '새로운 피조물'(καινὴ κτίσις)임을 뜻한다. 유대의 신학자들은 율법 안에 하나님의 형상과 영광이 회복되었다고 보고, 따라서 율법을 하나님의 새 창조라고 생각하였다. 그들은 그러나 이 율법 안에서 회복 된 하나님의 형상과 영광은 이스라엘 백성이 금송아지를 만드는 죄를 범함으로 말미암아 다시 잃어버리게 되고, 그래서 그들은 하나님의 형상과 영광이 완전히 회복될 메시아 시대를 기다리게 되었다고 가르쳤다.[185] 그러므로 바울이 다메섹 도상에서 그리스도 안에서 부활의 소망과 함께 하나님의 형상과 영광의 회복이 실제로 이루어졌음을 보았을 때, 그는 하나님께서 새 창조를 이루셨다는 것(고후 4:6)과 그리스도는 '종말'(Endzeit)의 아담,

---

**185** 본서 pp.400f.

곧 '마지막 아담'이라는 인식을 가지게 되었던 것이다(고전 15:45ff.). 첫째 아담이 잃어버렸던 하나님의 형상과 영광을 회복한, '마지막 아담' 그리스도는 새로운 인류의 조상(Stammvater)이요, '프로토토코스'($\pi\rho\omega\tau\acute{o}\tau o\kappa o\varsigma$)이다(롬 8:29; 골 1:18). 첫째 아담과의 유대로부터 벗어나 마지막 아담과 연합하여 변화 받음으로 말미암아 우리는 하나님의 형상과 영광을 회복 받은 새로운 피조물이다. 바울은 우리가 변화 받았다는 사실을 여러 가지 표현 방법을 사용하여 묘사한다: 그것은 그리스도와 함께 죽고 다시 살아남이요, '옛 사람'을 벗어버리고 '새 사람'을 옷 입는 것이다. 또는 그것은 그리스도가 우리 안에 성령으로 거하는 것이다. 고린도후서 5:16-21에서 바울은 자신처럼 의롭다 함을 받고 그리스도의 속죄로 인하여 하나님과 화목된 사람들을 가리켜 '새로운 피조물'($\kappa\alpha\iota\nu\grave{\eta}\ \kappa\tau\acute{\iota}\sigma\iota\varsigma$)이라고 한다.[186]

아담의 타락 이래 모든 사람이 죄를 범하여 옛 인류는 하나님의 형상과 영광에 이르지 못하고, 그의 의에 미치지 못하는 것으로 성격 지워져 왔다(롬 3:23). 따라서 하나님께서 우리에게 자신과 화목케 하시고 의롭다 하시는 것은 바로 하나님의 새 창조의 행위이다. 따라서 의롭다 함, 화목케 함을 받는다는 것은 새로운 창조, 즉 하나님의 형상이 회복된 '새 사람'을 입는다는 의미이다. 우리가 살펴본 바와 같이 하나님의 새 창조의 행위는 우리가 믿음과 세례로 그리스도와 연합하게 될 때 이루어진다. 바울에게 이 일은 하나님께서 그의 마음 깊은 곳에 창조의 빛을 비추어 주신 다메섹 도상에서 일어났으며, 다른 사람들에게 이 일은 사도 바울의 복음 선포를 통해 그리스도 안에 있는 하나님의 영광에 대한 지식의 눈이 뜨여 믿음으로 의롭다 함과 화목케 함을 받을 때 일어나게 된다(고후 4:6; 5:17-21).[187]

---

[186] 본서 pp.530ff.
[187] 본서 pp.36f., 46ff.

우리는 새로운 인류의 조상(*Stammvater*)인 그리스도와 연합함으로 말미암아 '새로운 피조물'(καινὴ κτίσις)이 되었으므로 옛 가치관 및 유대인과 이방인, 남자와 여자, 종과 자유인 사이의 차별이 사라졌다: 이제 우리는 모두 하나의 인류, 곧 그리스도 안의 새로운 인간, '새 사람'이다[188](갈 3:28; 6:15; 골 3:11; 고후 5:16f.; 고전 12:13). 그리스도는 십자가에서 죽으심으로 율법을 폐하시어, 유대인과 이방인 사이와 하나님과 인간(유대인이나, 이방인이나) 사이를 원수되게 하였던 중간에 막힌 벽을 헐어버렸다. 그리하여 유대인과 이방인 모두를 그 안에서 '하나의 새 사람'으로 만들어, 이 둘이 한 몸으로 하나님과 화목하게 하였다(엡 2:14f.). 이렇게 마지막 아담과 연합하여 하나님과 화목하게 된 믿는 자들(이방인이나 유대인이나), 즉 새로운 인류를 구원사적 용어를 빌어 표현하면 '하나님의 이스라엘'(갈 6:16), 곧 종말에 있을 하나님의 백성(빌 3:3)이다.[189] 이렇게 그리스도는 새로운 인류

---

**188** 본 장의 주 155).

**189** 본서 pp.435ff. 갈라디아서 6:16에 있는 ὁ Ἰσραὴλ τοῦ θεοῦ는 그리스도인 전부, 곧 교회를 말하는 것이다: so J. B. Lightfoot, *Saint Paul's Epistle to the Galatians*(1900), p.225; Oepke, *Gal.*, p.163; Schlier, *Gal.*, p.283; N. A. Dahl, *Das Volk Gottes*(1941), pp.209-217; 'Zur Auslegung von Gal.6, 16', *Judaica* 6(1950), pp.161-170; Stuhlmacher, 'καινὴ κτίσις', pp.6f. ἐπὶ τὸν Ἰσραὴλ τοῦ θεοῦ 앞에 붙어 있는 καί는 (epexegetic)(so Lightfoot)이거나, 또는 좀 더 가능성이 큰 해석으로는 연결사이다. 곧 그것은 연결사로서 바울이 αὐτος로는 이 규례 – 새 세대가 밝아왔음을 선포하는 바울의 복음의 규례 – 를 따라 행하는 갈라디아에 있는 자를 염두에 두는 반면에 '하나님의 이스라엘'로는 그리스도의 교회 전부를 지칭한다는 사실을 시사하는 것이다 (so Oepke; Schlier; Dahl, 'Auslegung', p.165. κανών에 대하여는 see Stuhlmacher, op. cit., pp.6f). ὁ Ἰσραὴλ τοῦ θεοῦ는 유대 그리스도인들을 일컫는다고 하는 견해는 수긍되지 않는다(so Dahl, Auslegung, pp.161-170; Oepke, *Gal.*, p.163; Mussner, *Gal.*, pp.416f.; against G. Schrenk, 'Was bedeutet "Israel Gottes"?' *Judaica* 5(1949), pp.81-94; 'Der Segenswunsch nach der Kampfepistel', *Judaica* 6(1950), pp.170-190). 그 칭호는 유대 민족을 가리키는 것이라는 무스너(Mussner)의 견해(*Gal*, p.417)도 지지할 수 없다. 왜냐하면 갈라디아서 3-4장에서 유대의 민족주의적 주장들과 맞서 그렇게도 격렬하게 투쟁하였으며, 유대인들이 아니라 바로 그리스도를 믿는 자들이 하나님의 자녀요, 아브라함의 자녀요, 아브라함의 약속의 자손이라고 주장하였던 바울

의 조상(*Stammvater*)이며, 이방인이나 유대인이나 모든 인간은 그리스도와의 연합을 통하여 '새로운 피조물'(καινὴ κτίσις)이 되는 것이므로, '육신에 따른'(κατὰ σάρκα) 옛 이스라엘을 기준으로 하는 특정론적(선민 의식적)인 구원사(고전 10:18)는 새로운 인류, 곧 '하나님의 이스라엘'의 보편론적(범세계적) 구원사에 그 자리를 넘겨주게 되었다. 바울의 사도권은 이러한 새로운 구원사 속에서 핵심적인 역할을 감당하는 것이었다. 즉, 하나님께서 다메섹 도상에서 바울을 부르신 것은 그로 하여금 이방인에게 화목의 말씀을 선포하게 하여 그들이 듣고 그리스도 안에 있는 하나님의 영광에 대한 지식에 눈을 뜸으로써 그리스도 안에서 '새로운 피조물'(καινὴ κτίσις)이 되게 하려 함

---

이 교회에 하나님의 평강이 함께하시길 기도하던 바로 그 호흡으로 유대 민족을 향하신 하나님의 은혜를 위해 기도함으로써 선택된 민족이라는 유대인의 특별한 위상을 인정하였으리라는 것은 상상하기가 어렵기 때문이다(cf. Dahl, 'Auslegung', pp.167f.; Oepke, *Gal*., p.163). 같은 이유로 리차드슨(P. Richardson)이 그 칭호는 결국에는 복음을 받아들여서 구원받게 될 유대 민족을 가리킨다고 주장하는 것(*Israel in the Apostolic Church*(1969), pp.74 -84)도 설득력이 없다. 갈라디아서 어디를 살펴보아도 갈라디아서 6:16에서 바울이 로마서 9-11장에서 그러하였던 것처럼 유대인들이 궁극적으로 믿음을 가져 구원에 이르게 되리라고 생각하는 듯한 내용은 보이지 않으며 또한 전 바울 서신 중에서도(심지어는 로마서 9-11장에서조차도) 유대 민족을 '하나님의 이스라엘'이라고 지칭하고 있는 곳은 보이지 않는다. 리차드슨이 (그의) 입장에 대한 강력한 확증은 단 한 번도 교회를 이스라엘과 동일시한 적이 없다는 사실에서 나온다고 주장하는데 그것도 옳지 않다. 바울은 ἡ περιομή라는 칭호(하나님의 언약 백성을 위한 칭호)를 빼어내다가 그것을 교회에 적용시키기 때문이다(빌 3:3; cf. 롬 2:28f.). 그것은 마치 갈라디아서 3-4장에서 아브라함의 아들 됨과 하나님의 아들 됨을 빼내어 그것들을 교회에 적용시킨 것과 같다. 하나님의 백성에 참여하기 위하여는 그리스도인들이라도 할례를 받아야 한다고 하여 문제를 일으키는 유대인들은 '개들'이며 ἡ κατατομή이고 그리스도인들은 ἡ περιτομή, 즉 하나님의 언약 백성이다(cf. 예, Beare, *phil*., p.104; Gnilka, *Phil*., pp.187f.). 리차드슨도 빌립보서 3:3에서 '교회와 유대 민족 사이에 하나님의 백성으로서의 위상이 바뀌어 가기 시작함'을 인정할 수밖에 없다(pp.111-117). 그러나 그는 많은 점에 있어서 미심쩍은 방식으로 전개되는 그의 논지의 필요에서 빌립보서 3:3의 중요성을 뒤로 감추고 있다.

이었다(고후 4:6; 5:17-21).[190]

그러나 '새로운 피조물'(καινὴ κτίσις)로서의 우리의 실존은 '이미'(already)와 '그러나 아직'(not yet)의 긴장 구조 속에 있다. 그러므로 믿음과 세례로 이미 '새 사람'을 옷 입게 된 우리는 종말(eschaton)까지 지속적으로 새로워져야 한다. 우리가 '새로운 피조물'(καινὴ κτίσις)로서의 완전함을 가지게 될 때 무생물까지도 포함된 전 피조물도 새롭게 창조될 것이다. 새로운 창조라고 하는 하나님의 행위는 인간뿐 아니라 전 피조물, 전 우주를 포함하기 때문이다. 전 피조물의 운명은 우리 인간의 숙명과 함께 묶여 있다. 피조물에 대한 대리 통치자였던 아담의 범죄로 인하여, 하나님께서는 아담과 함께 그 피조물까지도 허무하고 썩어질 것에 복종하도록 하셨다. 그러나 하나님께서는 그들을 소망 없이 버려두지는 않으셨으므로, 그들은 궁극적으로는 새롭게 되고, 재창조되어서 썩어질 것의 굴레로부터 벗어나 자유로워질 것을 바라고 있다. 우리의 아들 됨이 완성될 때, 곧 그리스도의 재림 때 온 피조물도 구속함을 받고 우리와 함께 더불어 새롭게 될 것이다(롬 8:19-22).

여기 제7장에서 토론한 내용을 간략하게 요약해 보면: 바울의 구원론은 그리스도의 현현을 목격한 다메섹의 체험에서 비롯되었다. '은혜로만'(sola gratia), '믿음으로만'(sola fide)로 특성지어지는 그의 구원론의 교리는 율법, 인간 존재 및 인간의 하나님과의 관계에 관한 바울의 깊은 묵상과 고찰에 기인하고 있는데, 이것은 그의 다메섹의 체험에서 나온 것이다. 바울이 그리스도 안에서 이루신 하나님의 구원의 행위를 해석함에 있어서 '화목'이라는 이미지를 사용하게 된 것도 다메섹 도상에서 하나님께서 그를 용서하시고 그를 하나님과 화목하

---

[190] 본서 pp.36f., 46ff.

게 하셨던 자신의 개인적 체험으로부터 나온 것이었다. 또한 바울이 가지고 있던 구원론적 개념들-믿는 자들은 하나님의 아들 됨을 얻는다. 그들은 그리스도의 영광스러운 형상으로 변화 받게 된다. 그들은 새로운 인류의 조상(*Stammvater*)인 그리스도와 연합함으로써 '새 사람' 혹은 '새로운 피조물'($καινὴ\ κτίσις$)로 지음을 받게 된다 등 - 은 그가 다메섹 도상에서 부활하고 높임 받은 그리스도를 하나님의 아들과 하나님의 형상으로 본 데서 발전되어 나온 것이다. 그리스도는 아담이 잃어버렸던 것, 즉 하나님의 형상과 영광을 지니고 있었던 것이다.

# 결론

이제 이 연구의 주요 결론들을 모아서 그것들이 의미하는 바를 간략하게 요약해 보기로 하겠다.

1. 바울은 다소에서 태어났으나 예루살렘에서 자랐으며, 그곳에서 교육도 받았다. 그는 랍비로서 탁월한 학식의 소유자였으며 바리새파, 아마 그 중에서도 가장 엄격한 계열이었던 샴마이 학파에 속해 있었다. 율법과 이스라엘 선조들의 유전에 지나치게 열심이었던 바울은 두 가지 중요한 이유 때문에 교회를 심하게 핍박하였다: 그 한 가지는 그리스도인들이, 율법에 의하면 하나님의 저주를 받아 십자가에 못 박힌 나사렛의 예수를 하나님에 의해 다시 살아나시고 부활하신 메시아라고 선포하였기 때문이었다; 다른 한 가지 이유는 그들, 특히 헬라파 유대 그리스도인들이 나사렛 예수의 이름으로 율법과 성전의 의식을 공격하였기 때문이었다. 이렇게 나사렛의 예수를 메시아로 선포하고 또한 율법과 성전의 의식을 비판하는 일은 율법과 조상들의 유전을 위협하고, 그것들로부터 배교하는 짓이라고 생각한 바울은 비느하스나 마타디아스 및 그 외의 하나님, 율법, 이스라엘의 순결에 '열정을 가진 자들'(Zealots)의 본을 따라 그리스도인들을 심하게 박해하였던

것이었다.

2. 바울은 그리스도인들을 추적하여 가고 있던 다메섹 도상에서 부활하신 그리스도를 목격하게 되었다. 이 만남에서 그는 '복음'과 함께 이방인에게로 가서 그 복음을 전파하라는 그리스도의 '위임'을 받았다. 말하자면 이방인의 사도로 부르심을 받은 것이다. 바울은 이 부르심에 즉각 응답하여 아라비아와 나바디아 왕국으로 가서, 그곳에 복음을 전파하였다.

3. 그리스도의 현현 – 그것은 구약에서 선지자들이 부름 받을 때에 보았던 이상이나 다른 묵시가들이 본 환상과 같은 종류의 것이었는데 – 에서 바울은 복음의 계시($\dot{\alpha}\pi o\kappa \dot{\alpha}\lambda v\psi\iota\varsigma$)를 받았다. 그것은 그리스도 안에 있는 구원에 관련된 복된 소식이었는데, 구원은 예수 그리스도의 부활로써 이미 실재화되었으며 그리스도의 파루시아 때에 이루어질 완성을 기다리고 있다고 하는 내용이었다. 또한 바울은 그 복음과 함께, 또는 그 복음의 일부로 '비밀'($\mu v\sigma\tau \dot{\eta}\rho\iota o\nu$)의 계시를 받았다. 그것은 유대인과 이방인 모두들 향한, 그리스도 안에 체현된 구원에 대한 하나님의 계획이었다.

4. 하나님께서 죽은 자로부터 일으키시고 높이신 나사렛의 예수가 바울에게 나타난 사건은 그 이전에 교회가 선포하던 말씀들이 옳았다는 것을 바울에게 확인해 주는 계기가 되었다. 그리하여 바울은 십자가에 달린 예수가 메시아요, 주요, 하나님의 아들이라는 그리스도인의 고백뿐 아니라 그 신앙 고백 안에 들어 있는 내용까지도 받아들이게 되었다. 이것은 바울이 (자신이 예전에 견지하던) 메시아에 관한 유대적 관념을 포기하고 나사렛 예수의 존재와 사역을 진정한 메시아로서의 특성으로 받아들이게 되었다는 의미이다. 예수는 하나님에 의해 높임 받아, 시편 110:1의 성취로 하나님 우편의 보좌 위에 앉으신 주이시며, 심판과 구원을 위해 지상에 다시 오실 주이시라는 것을 인식한 바울은 이제 구원은 '예수는 주이시다'라는 신앙 고백을 함

으로써 예수의 주권의 범주 안으로 들어가는 일에 달려 있다는 사실을 알게 되었다. 바울은 또한 그리스도의 현현에서 그 이전의 교회에서 예수를 하나님의 아들이라고 신앙 고백했던 것이 옳았음을 확인하였다. 그런데 그는 동시에 예수가 하나님의 아들이되 그 이전의 그리스도인들의 고백처럼 부활로써 하나님의 아들로 확인된 다윗 계열의 메시아라는 의미로서 그러할 뿐 아니라 좀 더 심오한 의미, 즉 태초부터 하나님과 밀접한 관계에 있었고, 창조 때 그 실행자로서 활동하였으며, 율법과 죄에서 우리를 구하려고 하나님에 의해 이 세상에 보냄을 받았다는 의미에서 그러하다는 사실을 깨달았다. 왜냐하면 십자가에 달린 나사렛의 예수가 하나님의 우편 보좌에 앉으신 분으로 계시된 사실은, 바울에게 예수 그리스도는 십자가를 통하여 하나님의 계시와 구원의 중보로서의 율법의 의미를 파기한 것이며, 그러므로 예수 그리스도는 이전에는 '지혜'라고 묘사되어 왔던 바로 그분이라는 사실을 입증해 주는 것이었기 때문이다. 따라서 바울이 초대 교회에서 최초로 자신의 다메섹 체험에 근거하여 (그리고 아마도 예수의 '지혜의 말씀'을 바탕으로 그 위에) 예수와 지혜를 동일시하기 시작하였다. '하나님의 아들'이라는 직함이 예수가 하나님이 구원과 계시의 완벽한 중보자로 율법을 파기하였다는 뜻이므로 바울은 이 칭호로 그의 복음을 정의하고 간략하게 진술한다.

5. 바울은 높임 받은 예수 그리스도를 '하나님의 형상'($\epsilon i \kappa \grave{\omega} \nu \ \tau o \hat{u} \ \theta \epsilon o \hat{u}$) 및 하나님의 아들로 보았다. 이와 같은 인식은 바울로 하여금 한편으로는 의인화(擬人化/ personified)되고 실체화된 하나님의 지혜의 관점에서, 다른 한편으로는 아담의 관점에서 그리스도를 이해하도록 하였다. 그러므로 바울의 지혜 기독론과 아담 기독론은 모두 다메섹의 그리스도의 현현에 근거하고 있는 것이다. 더욱이 전승사적이나 양식사적 입장에서 볼 때 다메섹의 그리스도의 현현은 우리로 하여금 바울이 그리스도의 현현에 근거하여 예수를 '하나님의 아들'이라

고 칭하는 것은 예수가 '그 사람의 아들'(人子)이라는 자기 칭호로 표명코자 하였던 의도와 정확하게 일치한다는 점과 그리스도를 그렇게 보았던 것이 바울이 교회를 그리스도의 몸 및 진정한 이스라엘이라고 인식하는 데 일조하였다는 점을 생각하게 한다.

6. 율법에 의하면 하나님의 저주를 받아 십자가에 달린 나사렛의 예수가 하나님에 의해 높임 받고 보좌에 앉게 된 것을 본 바울은 그리스도는 하나님의 계시와 구원의 중보자로서의 율법의 마침을 가져왔다는 것과 죄 없으신 그리스도가 자신의 죄 때문이 아니라 '우리를 위하여', 즉 '우리 죄를 위하여' 죽으셨다는 것을 알게 되었다. 동시에 율법이나 율법에 근거한 의에 대한 그의 열정은 단지 하나님과 그의 메시아를 대적하는 중대한 죄악으로 이끌었을 뿐임을 깨닫게 된 바울은 사람은 율법의 행위로는 의롭다 함을 받을 수 없다는 사실을 인식하게 되었다. 그러나 그럼에도 불구하고 하나님께서 '불경건한 자요, 하나님의 원수인 바울을 순전한 하나님의 은혜로 의롭다 하셨을 때, 바울은 칭의는 하나님의 은혜로만 가능하다는 것을 깨달았다. 따라서 은혜로만(sola gratia), 믿음으로만(sola fide)이라는 바울의 칭의 교리의 특성은 다메섹의 체험에서 바울이 이끌어 낸 – 율법, 인간 존재, 인간과 하나님과의 관계에 대한 문제에 관한 그의 통찰에 기인한 것이다. 바울이 그리스도 안에 이루신 하나님의 구원의 행위를 해석하기 위하여 '화목'이라는 비유를 만들어 낸 것도 역시 하나님의 용서와 화목케 됨을 개인적으로 체험한 다메섹의 사건으로부터 나온 것이었다. 마지막으로, 바울이 그의 구원론적인 개념들 – 믿는 자들은 하나님의 아들들이 된다. 그들은 그리스도의 영광스러운 형상으로 변화 받게 된다. 그들은 마지막 아담이요, 새로운 인류의 조상(Stammvater)인 그리스도 안에 내포됨으로 말미암아 '새로운 인간' 또는 '새로운 피조물'(καινὴ κτίσις)로 만들어진다는 – 을 발전시킨 것도 그가 다메섹 도상에서 부활하고 높임 받은 그리스도를, 아담이 잃어버렸던 하나님

의 형상과 영광을 회복한 아들과 하나님의 형상으로 본 것에서 비롯된 것이었다.

7. 바울의 다메섹 체험이 바울 신학을 이루는 구성 요소로서의 특성을 지닌다는 것, 그리고 근원적인 중요성을 가진다는 것은 바울이 직접, 간접으로 이 체험을 반복하여 언급하는 사실과도 부합된다. 이와 같은 사실로 미루어 보아 우리는 바울이 선교사로서 복음을 선포하면서 다메섹의 그리스도의 현현과 그 사건을 둘러싼 자신의 자전적 자료들을 그의 복음의 필수적인 부분으로 진술하였으리라는 것을 쉽게 추측할 수 있다.

그러므로 바울의 복음과 사도권은 다메섹 도상에서 있었던 그리스도의 현현에 그 뿌리를 두고 있다는 것은 분명하다. 다메섹 사건은 그의 신학과 사도로서의 그의 존재의 근거가 된다. 이것이, 바울이 자신은 '사람들에게서 난 것도 아니요 사람으로 말미암은 것도 아니요 오직 예수 그리스도와 그를 죽은 자 가운데서 살리신 하나님 아버지로 말미암아 사도가 되었다'(갈 1:1)라고 하는 주장과 자신이 전파하는 복음은 '인간의' 복음이 아니다. '그것은 내가 그것을 사람에게서 받은 것도 아니요 배운 것도 아니요; 오직 예수 그리스도의 계시로 말미암은 것이라($\delta\iota$' $\dot{\alpha}\pi o\kappa\alpha\lambda\acute{\upsilon}\psi\epsilon\omega\varsigma$ $\mathrm{'I\eta\sigma o\hat{\upsilon}}$ $X\rho\iota\sigma\tau o\hat{\upsilon}$), 말하자면 하나님께서 '나로 하여금 그 아들을 복음의 내용으로 이방인들에게 전하게 하기 위하여, 계시하여 주심으로 말미암은 것이다'(갈 1:11f., 16)라고 하는 주장에서 바울이 뜻하는 바인 것이다. 따라서 바울의 복음은 바로 다메섹 도상에서 있었던 하나님의 계시이다.

이와 같은 바울 자신의 원천적인 증언은 무시한 채 현대 신학자들은 너무도 오랫동안 오직 문체적 병행이나 종교사학적인 병행에만 비추어 바울 신학을 분석함으로써 그것을 설명하려 시도해 왔다. 그들은 바울 신학 중에서 어떤 요소는 팔레스틴의 유대교의 것으로 돌리고, 어떤 것은 헬라화된 유대교로, 어떤 것은 신비주의의 의식(儀式)으로, 어떤 것은 영지주의의 것으로, 그리고 어떤 것은 역사의 유적(遺跡)으로부터 언제든지 다시 소생할 수 있는 '성경 해석상의 문제에는 거의 신적인 능력을 가진 것으로 상상되는 고대 세계의 어떤 것(개념, 사상, 신화 등)'('any exegetical semi-divinity of the ancient world')[1]으로 돌리곤 한다. 어떤 성경 주석가들은 바울의 신학과 일부 유대교 및 이교도의 문학적 자료들 사이에서 유비가 되는 병행을 그려냄으로써, 그것들로 바울 신학이 해석된다는 착각 속에서 스스로 만족한다. 신학적으로 좀 더 깨어 있는 다른 학자들은 바울이 왜, 어떻게 하여 '성경 해석의 문제에는 신적 능력을 가진 것으로 상상되는 고대의 세계에 있었던 어떤 것'에서 이러한 요소들을 끌어오게 되었는가에 대해 좀 더 진전된 견해를 내어 놓는다. 그러나 그들은 그렇게도 커다란 목소리로 외치는 바울 자신의 증언은 제쳐두고 계속하여 바울이 나사렛의 예수를 하나님의 모습을 지녔다든지 하나님의 구원의 중보자라고 하게 된 것은 바울의 깊은 사색과 및 다른 종교의 대표자들이나 잘못된 개종자들 또는 다른 적대자들과의 논쟁에서 나온 것이라고 주장한다. 이러한 종류의 해석은 바울의 신학은 수많은 다양한 종류의 자료로부터 추출한 여러 가지 모자이크 조각들이 뒤범벅된 혼합주의라는 인상을 갖도록 한다. 즉, 그것은 역사적 예수로부터는 거리가 먼 - 주님이시요 하나님의 아들이신 '예수 그리스도'를 만들어내기 위하여 근거가 희박한 여러 그림 조각들을 맞추어 놓았다는 것이다.[2] 만일 현대의 바울 신학자들이 바울 신학을 해석함에 있어서 종교사학적으로 유사한 병행관계를 찾으려 하는 만큼만 진지하게 바울 자신

---

[1] K. Barth, *Romans*, p.8.

[2] Hengel, *Sohn*, p.17. 그도 역시 다른 많은 신학자들과 함께 이 문제를 감지한다.

의 증언과 나사렛의 예수가 주이시요 하나님의 아들이시요 메시아라고 하는 바울의 흔들리지 않는 확신을 받아들이기만 한다면, 그들은 바울 신학과 다른 사상들과의 유비관계를 가려냄으로써 바울 신학을 해석하려는 잘못된 생각에서 헤어나올 수 있을 것이다. 왜냐하면 그렇게 되면 그들은 왜, 어찌하여 십자가에 달린 나사렛의 예수를 그렇게도 열렬하게 반대하던 열정적 바리새인이, 바로 한두 해 전에 토라에 의하여 하나님의 엄중한 저주의 선고를 받고 십자가에 달려 죽은(바울이 그 형제를 개인적으로 잘 알고 있던)(갈 1:19; 2:9; cf. 고전 9:5) 예수가 메시아일 뿐만이 아니라 그의 성육신과 죽음과 부활을 통해 하나님께서 온 세상의 종말론적 구원을 이루신, 선재하신 하나님의 아들이었다는 분명한 확신을 가지게 되었는지 – 수수께끼에 부딪칠 것이기 때문이다.[3] 어떻게 바울같이 예수의 기막힌 원수가 예수의 종, 예수의 사도가 되어서 그처럼 엄청난 고난을 받으면서도 예수를 하나님의 구원의 행위를 체현하신 분으로 선포하며 온 세계(oecumene)를 돌아다녔겠는가? 바울이 과연 이런저런 배경으로부터 끌어 모은 모자이크 조각으로 끼워 맞춘 '예수 그리스도'라는 환영(幻影)을 위하여 육지와 바다를 여행하고 다녔을 것이라고 상상이나 할 수 있겠는가?

바울이 미쳤다고 생각하지 않는 사람은 자신의 복음을 다메섹 도상에서 '예수 그리스도의 계시를 통하여' 받았다는 바울 자신의 증언을 진지하게 받아들여야만 할 것이다. 우리가 이미 고찰해 본 바와 같이[4] 바울이 자신의 복음을 다메섹 도상에서 하나님께서 그의 아들을 계시하심을 통하여 받았다고 주장한다고 해서 그것이 곧 바울의 마음이 그 순간까지 신학적으로 완전히 백지 상태(tabula rasa)였다는 의미는 아

---

**3** Cf. Ibid., pp.30f., also 9ff.

**4** 본서 pp.179f.

니다. 바울은 메시아 신앙, 율법과 '지혜'의 개념 및 유대교와 원시 기독교의 케뤼그마의 사상과 개념들을 분명히 알고 있었다. 그리고 후에 그의 선교의 장에서 헬라적인 사상과 개념들과도 친숙해졌을 것이다. 그렇지만 이러한 종교사적(Religionsgeschichtlichen) 자료들이 바울을 기독교 신자로 만든 것도 아니요, 바울의 신학을 창출해 낸 것도 아니었다. 그것들이 바울의 신학 안으로 용해되어 들어가기 위해서는 촉매가 필요했다. 다메섹 도상에서 십자가에서 죽은 예수를 높임 받은 메시아로, 주로, 아들로, 하나님의 형상으로 보았던 산 체험이라는 촉매가 있을 때만이 이와 같은 자료들은 바울의 기독교 신학 속으로 녹아져 들어가게 되는 것이다.[5] 바꾸어 말하면 다메섹의 계시와 같은 진정한 체험이 있었기 때문에 바울은 기독교 신학을 위한 성경 해석상의 근본 개념과 사상들을 위하여 위의 모든 종교사적 자료들을 사용하였다. 말하자면 위의 자료들은 바울에게 약간의 근본 개념들과 관념들 - 그것을 가지고 바울의 다메섹 체험을 설명하여 그의 신학을 만들어낼 수 있는 - 만을 제공하였을 뿐이라는 것이다. 그러나 다메섹의 계시라는 참 체험이 없었다면 바울은 그의 복음에 대한 흔들림이

---

[5] 던이 *Jesus*, p.4.에서 여기 우리의 관심사를 잘 표현하고 있다: 금세기 초반 수십 년간 계속 이어진 바울의 삶과 신학에 관한 연구가 다소간에 정도의 차이는 있으나 바울의 회심 경험을 그 전체의 문제를 해결하는 위대한 설명의 열쇠로 삼는 것에 몰두해 있었다면, 오늘날의 활발한 연구는 바울의 신학과 언어를 설명한다고 판단되는 "오랜 요소들"(바울 이전의 문헌이나 전승들), 곧 문학적인 병행들을 찾는 데 집중하고 있다 - 그리하여 이와 같은 연구 결과 혹자는 바울의 신학은 단순히 문학적 자연도태의 과정 끝에 산출된 산물이라는 결론까지도 내리게 되었다. 그와 같은 결론은 확실히 어리석은 것이다…나는 바울이 그의 언어와 개념들 중 많은 부분을 유대와 헬라에 빚지고 있음을 인정한다. 그러나 바울의 글에는 그 자신의 종교적 체험 - 그 불꽃 안에 많은 개념들이 녹아들어 새로운 모습으로 빚어져 나오는 하나의 용광로와 같은 - 의 창조적인 능력에 대한 웅변적이고 정열적인 증언을 담고 있다. 아무것도 이 사실을 흐리게 해서는 안 될 것이다. 헤르만 궁켈(Hermann Gunkel)이 그 당대의 연구들에서 그 비슷한 강조를 하는 것에 반론을 제기하면서 언명한 것과 같이 "대사도의 신학은 그가 읽어서 습득 한 것을 기술한 것이 아니라 그의 체험을 표현한 것이다…바울은 신성의 성령을 믿는데 그것은 그가 그것을/그를 체험하였기 때문이었다."

없고 생생한 확신은 말할 것도 없이 그의 복음 자체를 가지지 못했을 것이다.

일찍이 우리가 살펴본 바와 같이[6] 바울이 그의 복음을 다메섹 도상에서 예수 그리스도의 계시를 통하여 받았다고 주장했다고 하여, 그것이 바로 그 순간 그곳에서 바울의 서신에서 보여 주고 있는 그의 모든 신학을 완벽하게 터득하였다는 의미는 아니다. 그런 것이 아니라, 그것은 그의 신학의 핵심적인 요소와 주류가 그 원천적인 계시에 기원을 두고 있다는 의미이다.

이 점에 관하여는 본 저서에서 충분히 설명이 되었기를 바란다. 다메섹의 체험 이후에 바울은 자신이 받은 계시를 구약성경에 비추어 깊이 묵상하고, 실제 선교의 장에서 여러 가지 체험을 했으며 그의 적대자들과 논쟁을 거쳤다. 그러는 동안 그가 다메섹에서 계시를 통해 받은 복음에 대한 이해는 점점 깊어지고 예리해져 갔다. 우리는 또한 바울이 성령을 통하여 계속 하나님의 계시를 받은 경험도 언급해야 할 것이다(예, 고후 12:1ff.). 성령을 통한 이 계시로 바울의 복음에 대한 이해는 더욱더 심오해졌다. 따라서 그의 신학은 발전되어 갔다. 그러나 그것이 긴 시간을 두고 천천히 발전되어 간 것은 아니었다. 바울 신학의 중요한 요소들이 다메섹의 그리스도의 현현에 뿌리를 두고 있다고 하는 우리의 입장에서 보면, 바울은 다메섹의 계시 때에 그 함축된 의미를 충분히 인식하였으며, 다메섹의 계시 이후 오래지 않아 적어도 사도회의 이전까지나, 혹은 그가 세계 선교를 떠나기 전날 밤까지는 그의 신학의 주류는 거의 완전히 형성되었다고 생각된다.

어쨌든 바울이 그의 복음을 예수 그리스도의 다메섹의 계시로부터 받았다는 점을 분명히 하는 것이 가장 중요하다. 우리가 바울의 이러한 주장을 진지하게 받아들일 때만이 바울과 그의 신학을 진정으로

---

[6] 본서 pp.176ff.

이해할 수 있을 것이라는 주장을 제기하는 바이다

　이제 앞으로 해내야 할 두 가지 과업이 남아 있다. 그 하나는 우리의 해석학적 고찰의 결과들로부터 바울의 신학에 대한 좀 더 체계적인 신학적 결론을 이끌어내는 일이다. 그 다른 하나는 바울의 복음과 그의 범세계적 선교의 사명(universal mission) 사이의 상호관계에 대한 설명과 구원사, 그의 사도직, 및 구원사 안에서의 그의 범세계적인 선교의 사명에 관한 바울의 이해에 대한 설명을 완결짓는 일이다. 우리는 이 연구에서 이러한 과업들을 다만 시작해 놓았을 뿐이다. 그러나 이와 같은 해석학적인 기초 작업을 완료하였다는 사실에 만족하면서 이제 이 연구는 여기에서 잠시 멈추어야 하겠다.

# 제2판의 부록

나의 첫 번째 저서가 국제적 신약 학계에서 널리 호응을 받아 제2판이 요청되게 된 것을 감사하게 생각한다. 압도적으로 긍정적인 서평들은 나로 하여금 겸허하게 하였다. 그러한 서평자들의 그리스도인적 관용에 대하여 감사함을 느끼고 있다. 왜냐하면 나는 나의 연구의 부족함을 예민하게 감지하고 있었기 때문이다. 나는 특히 책이 출판되기 전에 전체적으로 수정을 가하지 못한 것을 애석하게 생각한다.

1977년 초 논문이 완성된 때로부터 그것이 출간된 1981년 초까지의 예기치 않았던 기나긴 단절을 생각하면 논문이 완성된 이후에 출간되어 나온 바울에 관한 다른 저서들을 포함하여 충분한 검토와 전체적인 수정을 하였다면 이 책의 가치는 좀 더 높아졌을 것이다. 그러나 이 책의 서문에서도 밝혔듯이 당시에 그 일이 가능치가 않았다. 그러나 이제 와서 보니 문체상의 개선만 있었어도 이 책이 좀 더 나았으리라는 생각이 든다. 그러므로 여기 제2판에서도 바울에 관한 새로운 문헌들을 다룰 수 없고 문체상의 개선도 할 수 없음이 유감스럽다. 후자는 기술적인 이유로 못하는 것이다. 그러나 전자는 여기 부록에서 조차도 다룰 수가 없겠는데 그것은 1977년 이래 나에게는 바울 연구에 관한 남겨진 다른 과제가 있었기에 그 기간에 출간된 바울에 대한 수많은 최신의 서간들을 검토할 시간적 여유가 없었기 때문이었다.

그렇지만 최근에 출간된 바울에 관한 서적들 중 대표적 책들을 몇 권 읽어보았으나, 그것들 중에 나로 하여금 이 책에서 천명한 나의 주된 논지를 바꾸게 할 만큼 인상적인 것은 없었다는 점은 분명히 밝혀두고자 한다. 나는 아직도 나의 주장을 견지하고 있다. 이것이 여기 본서의 2판을 펴내면서 근본적으로는 아무런 변화를 주지 않고 내어놓는 이유이다.

이 책의 서평자들 중에는 본서의 내용을 요약하고 그 논지를 더욱 확고하게 입증해 주는 몇 가지 주석을 달아 조언까지 해 준 학자들도 상당수 있었지만, 개중에는 비평적 논조와 함께 비평적 질문을 제기한 사람들도 있었다. 전자에게는 그들의 동조에 대하여 감사를 보내면서 여기에서는 본서의 논지에 반대하여 비평과 의문을 제기한 몇몇의 서평자들에 유의하면서 토론하고자 한다.[1]

제일 첫 번째로 다루고자 하는 것은 내가 바울의 복음이 다메섹의 그리스도의 현현에서 도출된 것임을 입증하기 위해 사도행전 9장에 의존하고 있다고 하는 히클링(C. J. A. Hickling)의 비평이다.[2] 그의 서평은 전체적으로 풍성한 내용을 담고 있어서, 그가 다른 서평자들과는 달리 이 책을 처음부터 끝까지 읽어보았음을 알 수 있다. 하지만 그가 어떻게 이와 같은 비평을 할 수 있었는지 - 더욱이 그것을 세 번이나 되풀이하여 - 나로서는 이해되지 않는다. 왜냐하면 나는 본서

---

[1] 필자 본인의 언어상의 제한으로 인하여 여기서 스페인어, 이태리어, 스칸디나비아어를 사용하는 몇 명의 서평자들에게 답변할 수가 없다. 그들이 제기한 의문들은 넓은 의미에서 여기서 다룬 것들과 일치하는 것 같다. 그렇지만 나의 이 부족함에 대하여는 친애하는 서평자들께 양해를 구하는 바이다.

[2] *The Heythrop Journal* 24(1983), 63f.에 들어 있는 그의 서평 중에서

에서 앞부분의 서론적인 부분(제1장-제3장)을 제외하고는 사도행전을 거의 사용하지 않았기 때문이다. 게다가 그곳에서조차도 나는 주로 자신의 배경과 다메섹의 그리스도의 현현에 대한 바울 자신의 진술을 사용하였으며, 사도행전의 기사는 그것들이 바울 자신의 증거를 뒷받침하고 있다고 생각되거나 그것들을 조명해 준다고 여겨지는 한에 있어서만 나의 논증에 이끌어들였는데, 그것도 이차적으로 아주 가끔씩 사용하였다. 그 이후의 "신학적인" 논술(제4장~제7장)에서는 사도행전은 거의 인용하지 않았다. 그러므로 내가 다메섹의 그리스도의 현현에 대한 사도행전의 기사로부터 바울의 형상(eikon)-기독론을 도출하려 시도했다는(그에 의하면, 나의 이러한 시도는 성공적이지 못하였다) 히클링의 비평은 참으로 이해하기 어려운데, 제6장에는 사도행전이 도대체 등장하지도 않기 때문에 더욱 그러하다. 형상(eikon)이라는 단어가 사도행전의 기사 중에는 나타나지 않는 반면에 바울의 서신 중의 본문들에는 그 단어와 및 그의 동의어나 그와 연관되는 단어들이 많이 나온다. 내가 주장했던 것은 바로 그것들이 다메섹의 그리스도의 현현을 언급하는 것이거나 또는 예시하고 있다는 점이었다. 그러므로 그것을 설명하는 데 사도행전으로 눈을 돌릴 이유가 전혀 없었으며, 오히려 모든 이유는 바울 자신의 진술로 초점을 맞추게 하였다. 내가 "그리하여 바울이 부활하신 그리스도의 복음 선포의 일부로서 그의 다메섹의 부르심을 교회들에게 이야기할 때에 그는 누가의 기사 패턴을 따라서 하였음에 틀림없다…"(pp.163f.)고 말한 것은 내가 사도행전 기사의 우선권을 믿어서 그런 것이 아니고 바울이 다메섹의 그리스도의 현현을 묘사할 때 사용하였던 '아포칼륍테인'($ἀποκαλύπτειν$, 계시하다) / '아포칼륍시스'($ἀποκάλυψις$, 계시), '뮈스테리온'($μυστήριον$, 비밀) 및 '독사'($δόξα$, 영광) 등의 개념들과 고린도후서 4:6, 고린도전서 9:1; 15:8 등의 언어를 구약/ 유대교의 신의 현현의 전승에 비추어 검토해 본 결과 바울이 진술한 다메섹의 그리스도의 현현이 나에게는 사도행전의 기사의 패턴에 따라 형상화되어 마음에 그려졌다는 것이었다(pp.30ff., 161ff.). 이것이 내가 "사도행전에 들어있는 세 곳의 기사는 모두 바울에게로 거슬러 올라간다" 그리고 따라서 "그 기사들은 바울의 회심을 검토하는 데에 바울 서신 안에 들어 있는 바울 자신의 진술과 함께 사용될 수 있다"(p.57)고 말한 이유이다. 그러나 이렇게 말하면서도 나는 실제로 어떤 중요한 논증을 하는 곳에서는 그 사도행전의 기사들을 사용하지 않았다. 이것은 물론 지난 수십 년 동안 사도행전의 역사적인 신빙성에 대해 엄청난 비평적인 연구가 있어왔던 것을 알고 있었기 때문이었다. 히클링의 지적대로 나는 브루스의 제자로서 사도행전의 역사적 신빙성에 대한 강한 확신을 가지고 있다. 나의 또 다른 스승인 헹엘도 이 견해에 대하여 나에게 확증해 주었었다.[3] 그럼에도 나는 이 결론을 나의 연구에 끌어들이기에는 마음이 너무 약했다. 사도행전에 대한 작금의 연구의 추세가 급진적인 비평으로부터 좀 더 조화되고 긍정적인 방향으로 나아가고 있는 것으로 보아서는[4] 오히려 나는 후학들에게 이 책이 사도행전을 너무 적게 인용하였다는 비평을 받지나 않을까 염려된다!

  상당수의 서평자들은 내가 다메섹의 그리스도의 현현에서 바울 신학의 주류와 그의 사도권의 기원을 성공적으로 밝히고 있다는 점과 그리하여 그의 복음과 사도권의 통일된 그림을 제시하였다는 것에 대하여 찬사를 보내준 반면에, 몇몇 서평자들이 제기한 또 다른 일반적인 비평은 내가 너무 일방적으로 바울 신학의 주류를 다메섹의 그리스도의 현현에서만 도출해내려 애쓴 나머지 바울이 그의 기독교 내에서의 선진들, 선교의 상황에서 맞닥뜨렸던 체험, 그의 적대자들과의

---

3  Cf. M. Hengel, *Zur urchristlichen Geschichtsschreibung*(Stuttgart, 1979).

4  Cf. e.g., G. Schneider, *Die Apostelgeschichte 1 & 2*, Herder Theol. Komm.(Freiburg, etc., 1980, 1982); I. H. Marschall, *The Acts of the Apostles*, Tyn. NT Comm.(Leicester, 1980); J. Roloff, *Die Apostelgeschichte*, NTD(Göttingen 1981).

논쟁, 다메섹 이후의 그의 체험들에 빚지고 있는 부분에 대하여는 주목하지 않고 있다는 점이었다. 일방적이라는 바로 이 오해를 미리 방지하기 위하여 바울의 기독론과 구원론을 개론적으로 다룬 문단에서 (pp.174-180) 위에 언급된 요인들(지금 내가 무시했다고 비평을 받고 있는 바로 그 요인들)과 다메섹 체험과의 관련성을 설명하였고 그것을 결론 부분에서 다시 되풀이하였다(pp.565-569). 이 책의 전반에 걸쳐 나는 바울이 그의 그리스도인 선배들로부터 전수받은 요소와 구약-유대교의 전승으로부터 온 요소는 어떤 것이었으며, (그보다는 그 영향의 정도가 약하지만) 그의 헬라적 주위 환경으로부터는 어떤 사상들이나 기본 개념을 빌어서 그의 복음을 이해하고 선포하는 데 사용했는지, 그의 적대자들과의 논쟁은 그의 신학을 형성하는데 어떤 자극과 영향을 주었는지에 대하여 밝히는 것을 소홀히 하지 않았다. 그러나 나는 바울이 그의 배경과 체험들 안에 들어 있는 이 모든 요소들을 다메섹의 그리스도의 현현에 비추어서 보았고, 그 요소들이 그 다메섹의 체험과 부합하는 한에서 그것들을 사용하였으며, 그것들을 취하여 그 다메섹 사건을 해석하였다는 것을 누누이 강조하였다. 나는 아직도 바울이 그저 단순히 다메섹의 계시라는 자신의 체험과는 아무런 관련이 없이 그의 그리스도인 선배나 동료들로부터 받은 케뤼그마적 전승이나 예수의 전승을 취하여 그것들을 그 가 다메섹 도상에서 예수 그리스도의 계시를 통해 받았다고 선포하는 "복음"의 옆자리에 놓아둠으로 말미암아 '내가 전파한 그 복음'($\tau\grave{o}$ $\varepsilon\grave{v}\alpha\gamma\gamma\acute{\varepsilon}\lambda\iota\omicron\nu$ $\tau\grave{o}$ $\varepsilon\grave{v}\alpha\gamma\gamma\varepsilon\lambda\iota\sigma\theta\acute{\varepsilon}\nu$ $\acute{v}\pi$' $\acute{\varepsilon}\mu\omicron\upsilon$)(갈 1:11) 안에 다메섹의 계시에서 받은 요소와 초대 교회로부터 전수받은 요소가 나란히, 원상 그대로, 융합이 이루어지지 않은 채 들어 있으리라고는 상상할 수가 없다. 내가 믿기로 바울이 예루살렘을 처음 방문했을 때 베드로에게 전수받아 그의 서신서 많은 부분에 나타나고 있는 예수의 전승조차도 바울 복음의 "기원"은 아니며, 그것(예수의 전승)은 다메섹의 계시를 통하여 이미 받았던 그의 복음에 비추어서 바울에 의하여 재해석되어 복음 선포를 하는 데에 공헌을 하게 된 것이었다(cf. pp. 128ff.). 예수의 전승이 부활 체험 이후 초대 그리스도인들에 의해 재해석되고, 심지어는 재구성되었음을 규명하고자 하는 현대 신학자들에게는 이 말이 그리 놀라운 것은 아닐 것이다.

내가 바울 서신 안에 들어 있는 구절들 중에 일정한 형식을 갖춘 문형이나 찬양시적인 본문들 대부분이 바울 이전의 것이라고 하는 오늘날 대다수가 지지하는 견해에 도전하였으며, 그러한 본문 중에 많은 부분, 특히 '에이콘'($\epsilon i \kappa \omega \nu$)이나 '모르페'($\mu o \rho \phi \eta$) 또는 그들의 파생어나 동의어 등이 들어 있는 본문들은 바울의 것이라고 주장하였음은 사실이다. 나는 그것들(일정한 형식의 문형이나 찬양시)이 바울 이전의 것이라는 데 대한 내용 있는 논증에 관한 한 그 논증의 불충분함을 규명하려 하였다. 그것을 규명하면서 나는 '에이콘'($\epsilon i \kappa \omega \nu$)과 '모르페'($\mu o \rho \phi \eta$)의 개념 및 그에 관련된 개념들은 신약 중에서 특별히 바울 서신에만 분명하게 나타나고 있다는 두드러진 사실을 도저히 가볍게 보아 넘길 수가 없었다. 게다가 헹엘이 지적한 바, 잘 훈련받은 유대교의 신학자였던 그러나 이제는 그리스도께로 돌아선 바울이 예수의 부활 이후 거의 시작 초기부터 초대 교회 - 그 안에 있었다고 하는 역사의식을 가지고 보면, 우리가 많은 학자들이 그리하는 것처럼 이 전승 혹은 저 양식이 바울 이전의 것이라고 그렇게 가볍게 단언할 수가 없다는 것이다. 이것은 '에이콘'($\epsilon i \kappa \omega \nu$)이나 '모르페'($\mu o \rho \phi \eta$) 등을 담고 있는 본문에 있어서는 더욱 그러하다. 빌립보서 2장이나 골로새서 1장에 들어 있는 찬양시적인 본문을 바울의 것으로 취하는 나의 견해에 (몇 서평자들의 표현을 빌자면) 놀라는 대신에 나는 그것들이 바울 이전의 것이라는 주장에 대한 좀 더 설득력 있는 논리를 구하는 바이다. 나는 아직도 어떻게 하여 바울의 회심과 부르심 이래 20여 년간의 신학과 선교 활동을 한 이후에 바울이 자신의 서신에 기록한 찬양시적인 본문들이 그것도 뚜렷한 그의 사상을 적어도 한 가지 이상은 담고 있는 본문들이 바울 이전의 것이라고 판단되어야 하는지 이해할 수가 없다.[5] 또한 골로새서는 신 바울적(deutero-Pauline)인 것으로 보는 사람들이 어떻게 하여 골로새서 1:15-20은 바울 이전의 것으로 생각하는지는 더욱 납득되지 않는다. 바울 서신 중에서 통상적으로 형식화된 문형이나 찬양시적인 본문들 안에 신학적으로 가장 심오한 사상들이 담겨 있으므로 그러한 본문들 모두를 (또는 거의 대부분을) 바울 이전의 것으로 보거나 또는 바울의 것이 아니라고 하는 사람들은 바울을 고작 이차적인 전달자나 편집자로 격하시키는 것이며 그렇게 하여 그들은 바울을 부당하게 평가하는 것뿐만이 아니라 원시교회 안에서의 신학적인 발전 단계의 그림을 왜곡시켜 버리는 도박을 하고 있는 것이다. 그러나 바울은 분명 편집자 그 이상이다! 나는 바울이 다른 사람들에게서 그 개념들을 빌어와 일부를 개정하여 쓰고 있다고 추정되는 본문들을 검토하는 데 과도하게 많은 시간을 낭비하고 이렇게 추정하는 자들의 논리가 얼마나 불충분하며 때로는 독단적인가에 대해 실망하여 바울이 그의 선배들이나 동료에게 전수받은 자료와 그 자신이 직접 작성한 자료를 구분할 수 있는 좀 더 나은 객관적인 방법이 개발될 필요가 있음을 절실하게 느끼게 되었다.

사실상 바울의 전(全) 신학을 다메섹의 계시로부터 추적하려는 나의 시도를 무조건 거부하기 전에[6] 서평자들은 먼저 바울 신학 중의 어

---

[5] 마틴은 그의 저서 *Cannen Christi*의 개정판의 서문에서 내가 빌립보서 2:6-11이 바울의 것이라고 주장한 것을 "그리 설득력이 없는 시도"였다고 말한다. 그러나 그는 그가 처음에 불분명한 방식으로 내어놓은 그의 견해를 확증해 줄 새로운 논리를 제시하지 못한다. 만일 내가 지적한 사실, 즉 εἰκών / μορφή 는 바울의 용어임이 명백하다는 지적이 설득력이 있다면 어떤 꼴이 그러한가? 나는 마틴이 그의 견해의 원저자인 케제만이 영지주의적 가설을 포기해 버린 이후에도 어떻게 하여 영지주의적 가설에 근거한 케제만의 해석을 따른 빌립보서 2:6-11에 대한 자신의 해석을 아직도 견지하고 있는지 의아하다.

[6] Leander E. Keck, *Religious Studies Review* 9(1983), p.74; cf. also Hickling, op. cit., 63;

떤 요소가 다메섹의 계시로부터 완전하게 독립적인가, 또는 더 엄밀하게 말하자면 이 책에서 다메섹의 계시로부터 추적한 바울 신학 중 어떤 요소가 다메섹의 계시로부터 사실상 완전히 분리될 수 있는가 하는 점을 밝혔어야 할 것이다. 만일 그 서평자들이 뜻하는 것이 어떤 예수의 전승과 케뤼그마의 전승이 바울이 그리스도인 선배들로부터 전수받은 것인지, 또는 어떤 어떤 요소가 그의 선교 상황에서 그의 적대들과의 논쟁으로부터 이끌어낸 것인지, 또는 바울 이후의 종교적 체험으로부터 도출해낸 것인지 등을 내가 이 책 안에서 다루었던 것보다 좀 더 자세히 밝혔어야 했다면 그들은 한 권의 책에 너무 지나친 것을 요구하는 것이다. 그렇게 하기 위하여 한 권이 아니라 여러 권의 책이 필요하리라 생각한다. 내가 이 제한된 지면 내에서 시도한 것은 바울이 자신의 복음을 다메섹의 계시를 통하여 받았다고 주장하는 점을 진지하게 받아들여 다메섹의 체험으로부터 그의 신학이 형성되어 가는 과정을 추적해 보고자 하는 것이었다. 그렇게 하다 보니 실질적으로 바울 신학의 주류를 다메섹의 체험에서 찾게 되었고 바울 복음의 기원으로서 다메섹의 계시를 강조하게 된 것이었는데 불가피하게 (다소 고려가 부족한?) 오해를 가져오게 되었다.[7] 나는 혹자가 바울이 그의 선배와 동료들에게 빚지고 있고 그들로부터 전수받은 자료들이 그의 복음의 가장 핵심적 부분을 차지하는데 그럼에도 다메섹 계시는 바울이 그것들을 재해석하기 위한 빛으로 나타난다는 관점으로 바울

---

D. M. Stanley's review in *CBQ* 45(1983), 140f.

**7** 볼프(C. Wolff)가 *ThLZ* 108(1983), 597에 실린 본서에 대한 그의 서명에서 이 점에 관해 깊이 있고 긍정적으로 논평하였다: "다른 한편 부활하신 이의 계시를 바울 신학의 진정한 원천으로 자세히 그리고 강조하여 보여 준 것은 저자의 공로이다. 그가 바울이 초대 교회의 신학을 이어받아 그것을 다메섹 사건의 빛에 비추어 해석함을 줄곧 보여 주고 있으므로 우리는 저자의 일방성을 더욱 용인할 수 있을 것이다. 어떤 이는 초대 교회의 신학의 비중을 저자보다 좀 더 높이 볼지도 모른다. 그러나 전체적으로 저자는 그의 근본 논지를 아주 인상적으로 제시하였다…."

의 복음을 접근한다면 수긍하겠다. 그렇지만 아직도 그것이 "기원"에 관한 문제라면 나의 견해로는 내가 여기서 택한 접근 방법이 바로 바울 자신에 의해 요청된 그것이라고 확신한다. 더욱이 신약 내의 다른 저자들의 신학과 비교하여 바울 신학이 현저하게 다른 모든 특성들과 더불어 지금 있는 그대로의 바울 신학을 바울 신학 되게 하는 것은 그가 전수받은 예수의 전승이나 기독교 케뤼그마의 전승도 아니요, 그의 선교 상황도 그의 적대자들과의 논쟁도 아니며, 그것은 우선적으로 다메섹 계시라는 그의 근원적인 체험이다. 따라서 내가 믿기로는 다메섹 체험으로부터 끊임없이 관련을 찾지 않는다면 바울 신학의 뚜렷한 강조점을 정확하게 파악할 수 없게 된다. 더 나아가 다메섹의 그리스도의 현현에 비추어서 바울 자신의 세계 선교에 관한 표명과 그의 신학이 형성되어 가는 과정을 추적해 보는 것은 그의 신학뿐만이 아니라 그의 삶과 사역(즉 그의 삶, 사상과 사역)을 전체적으로 제시하게 되는 현저한 이점이었다. 따라서 이 방법이 바울, 즉 그의 삶과 사상과 사역에 접근하는 최상의 방법이라고 생각한다.

이제 나는 여러 서평자들이 제기한 몇몇의 특정 쟁점을 돌아보고자 한다. 서평자들의 의견 중에는 바울이 로마서 11:25f.에서 말하고 있는 "비밀"을 다메섹의 계시에서 받았다고 하는 나의 제안을 부인하는 견해도 있었다.[8] 나는 그러한 제안을 입증하기 위한 논증을 해가는 중에 그 반박의 근거를 미리 언급함으로써 예견되는 반대를 선제(先制)하려 하였다(pp.160-172). 지금도 나에게는 그것 외에 새로운 논리는 없다. 이제 나는 pp.166f.의 기본적인 주장을 다시 한 번 강조하기 위해 독자들에게 한 가지 질문을 던지고자 한다: 유대교의 신학자

---

[8] 그러나 O. Michel, "Christologische Überlegungen," *Theol. Beitr*. 21(1990), 32는 나의 논지를 받아들이고, H. Hübner, *Gottes Ich und Israel, Zum Schriftgebrauch des Paulus in Römer 9-11* (Göttingen, 1984), 127-129는 나의 논지를 "아주 고려해 볼 가치가 큰"(äusserst erwägenswert) 것이라고 한다.

였던 바울이 부활하신 주님으로부터 이방인을 향한 그리스도의 사도로 부르심을 받았을 때 그는 어떠한 하나님의 구원 계획(Heilsplan)을 감지한 것일까? 나는 상당수의 학자들이 eikon - 기독론에 관한 나의 포괄적인 논술을 바울 연구를 위한 독창적인 공헌이라고 인정해준 것을 기쁘게 생각한다. 그러나 극소수의 서평자들은 헹엘 교수가 이 책 서문의 논평 중에서 내가 "새로운 종교사적 자료를 소개한 것도 아니요 근본적으로 새로운 관점을 제시한 것도 아니다"라고 한 말을 인용하면서 나의 독창적인 공헌이라는 평가를 은연 중에 부인하고 있는데 이것은 헹엘 교수의 논평의 배경과 나의 논지를 정당화시켜 주기 위한 그의 긍정적인 의도를 알지 못하는 사람들이 만들어낸 편견이다. 왜냐하면 나는 아직까지는 바울이 그리스도를 하나님의 형상이라고 칭하는 것을 다메섹의 그리스도의 현현과 연관시키는 몇몇의 가벼운 논문을 제외하고는 나의 책에서와 같이 다메섹의 그리스도의 현현으로부터 내가 전체적으로 eikon - 기독론이라 칭하고 있는 것을 그리고 eikon - 기독론에서 아담 기독론과 (부분적으로) 지혜 기독론을 도출해 내려 하는 그와 같은 체계적인 시도는 어디에서도 찾아보지 못하였기 때문이다. 그러한 시도에서 그 결과가 성공적이었는지 아니었는지는 별개의 문제이다. 설사 이 책의 다른 부분은 독창성이 거의 없다고 취급된다 할지라도 나는 이 책의 제6장과 제7장의 그에 상응하는 부분은 바울 연구에 있어서 하나의 독창적인 공헌이라는 것을 인정받기 원한다.[9]

나는 볼프가 eikon - 기독론과 구원론에 관한 나의 견해에 대하여

---

[9] 이 점을 인정한 학자들의 대표로 뒤퐁(Jacques Dupont)을 꼽을 수 있을 것이다: "이 긴 장(즉 제6장) 안에 우리에게 이 작품 중 가장 독창적인 공헌으로 보이는 특히 광범위한 연구가 이루어져 있고 많은 것들을 시사해 주는 통찰들이 풍부히 들어 있다."(*Communautes et Liturgies* 63(1981), p.178에 실린 그의 서명 중에서). 뷔셸(L. Visschers)은 *Tijdschrift voor Theologie* 22( 1982)에 실린 그의 서평에서 본서를 "읽어 볼 만한 가치가 있는 새로운 관점을 여는 작품"이라고 말하고 있다.

광범위한 평가를 보여준 것을 기쁘게 생각한다.[10] 그리고 그가 고린도후서 3:1-4:6에 바울의 다메섹 체험이 반영되어 있다는 것, 바울이 아담 기독론은 다메섹 체험에 그 기원을 두고 있다는 것과 바울의 믿는 자들이 변화 받는다는 관념과 및 새로운 피조물이 된다는 사상도 (화목에 관한 그의 근본 개념과 마찬가지로) 다메섹의 체험에서 비롯되었다고 하는 나의 견해에 동의해 준 것을 대단히 기쁘게 생각한다. 더 나아가 그는 내가 형상 기독론을 위해 상당히 중요한 의미를 지니는 빌립보서 3장과 로마서 8:29 같은 본문들이 바울 자신의 것임을 성공적으로 논증하고 있다고 인정하였다.

그럼에도 불구하고 그는 바울의 eikon - 기독론이 다메섹의 그리스도의 현현에 그 기원을 두고 있다고 하는 나의 논지를 부정하는 것처럼 보인다. 나는 이러한 것처럼 보인다고 말하거니와 그것은 그가 고린도후서 3:18은 바울의 다메섹 체험에 비추어 이해될 수 없다고 말하는 것을 제외하고는 나의 논지에 대하여 찬·반의 견해를 명백하게 표명하고 있지 않기 때문이다. 그가 고린도후서 4:4-6에 관한 나의 해석을 드러나게 부정하지 않고 오히려 정반대로 고린도후서 3:1-4:6이 바울의 다메섹 체험을 반영하고 있다고 하는 나에게 동조함으로 그는 고린도후서 4:4-6은 바울이 다메섹 도상에서 부활하고 높임 받은 그리스도를 영광스러운 하나님의 형상으로 보았다고 하는 나의 논지에 대한 명백한 증거라는 나의 제안에 반대하지는 않는 것이라고 추정해도 괜찮을 듯하다. 그러나 그렇다면 어떻게 고린도후서 4:4-6과 같은 맥락 속에서 있을 뿐 아니라 '독사'($\delta\acute{o}\xi\alpha$), '에이콘'($\epsilon\dot{\iota}\kappa\acute{\omega}\nu$), '프로소폰'($\pi\rho\acute{o}\sigma\omega\pi\omega\nu$) 등의 일상 개념들과 더불어 그 본문과 그렇게도 밀접한 관계에 있는 고린도후서 3:18이 그 본문(고후 4: 4-6) 및 다메섹의 그리스도의 현현과 관련이 없을 수 있겠는가? 내가 고린도후서 3:18

---

[10] *ThLZ* 108(1983), 595-597.

의 분사 '카토프트리조메노이'(κατοπτριζόμενοι)로부터 그것은 바울이 높임 받은 그리스도를 보았으되 마치 그가 거울 속에 비친 것처럼, 곧 "간접적으로, 그리고 다소간 희미하게" 본 것을 말하는 것이라고 추론한 것에 대하여 볼프는 바울이 고린도의 교인들에게 그렇게 말할 수가 없었을 것이라는 점을 근거로 하여 반대 입장을 취한다. 그러나 여기서 그의 생각은 바울 서신의 본문을 접근함에 있어서 너무 지나치게 적대자에 대한 가설에 사로잡혀 있는 듯하다. 나는 그러한 추론을 단순히 고린도후서 3:16-4:6에서만이 아니고 신의 현현에 관한 구약-유대교의 전승에 비추어서도 이끌어낸 것이었다(pp.393ff.). 고린도후서 3:18에 대한 나의 해석을 부인하는 볼프의 근거가 옳다면 바울은 고린도전서 13:12 같은 말도 하지 못했을 것이다. 볼프는 고린도후서 3:18에서 바울이 말하는 것은 "성령으로 말미암아 모든 믿는 자에게 가능해진 현재 그 영광을 보는 것"이라는 자신의 해석과 함께 그 구절에 대한 나의 해석에 반대 의견을 내어 놓는다. 그러나 이것이 진정한 반대 의견이 되지 못한다는 사실은 pp.391f.과 몇몇 다른 곳에서도 이미 밝힌 바 있다. 왜냐하면 바울은 종종 자기 개인의 회심/부르심의 경험을 다른 그리스도인들이나 사도들의 전형으로 (핵심에 있어서는) 적용한다는 사실은 일반적으로 인정되고 있기 때문이다.

고린도후서 3:18이 고린도후서 4:4-6과 마찬가지로 바울의 다메섹 체험을 반영하고 있다는 나의 해석에 대한 이러한 기나긴 확증은 볼프가 믿는 자들이 그리스도의 형상으로 변화 받는다는 바울의 구원론적인 근본 개념-다메섹의 그리스도의 현현에 관한 그의 체험에서 발전되어 나온(이 점은 볼프도 동의한다) - 은 궁극적으로는 그들이 아담이 잃어버렸던 '하나님 형상(imago dei)을 회복한다는 의미라는 나의 의견을 반대하기 때문에 필요하였다. 왜냐하면 내가 논증하였듯이 만일 고린도후서 3:18과 4:4, 6 사이에 밀접한 관련이 있다면 pp.393ff.의 나의 결론은 정당한 것임에 틀림없을 것이다.

이 점이 명백한 이상 볼프의 반대 논리는 성립될 수가 없다. 설사 바울이 일상적으로는 믿는 자들이 그리스도의 형상을 본받는다, 또는 그 형상으로 변화 받는다고 말하고 있다 할지라도 그것으로 그가 궁극적으로 의미하는 것은 그들이 하나님의 형상을 입게 된다는 것이다. 이것이 골로새서 3:10(볼프는 외견상 골로새서를 바울의 것으로 여긴다)에서 바울이 우리들은 "새사람을 입었는데 이 새사람은 그 창조주의 형상을 따라 지식에 이르기 위하여 새롭게 하심을 받는다"(cf. also 엡 4:24)고 말할 수 있었던 이유이다.

이렇게 결정적인 본문인 고린도후서 3:16-4:6은 제쳐두고라도 나는 볼프의 반대는 이상하다고 생각한다. 왜냐하면 바울이 그리스도를 하나님의 형상이라 칭하는 것(고후 4:4; 골 1:15)과 믿는 자들이 그리스도의 형상을 본받는다, 또는 그 형상으로 변화 받는다는 그의 사고(롬 8:29; 고전 15:49)를 살펴보면 「하나님-하나님의 형상(=그리스도) - 그리스도의 형상 - 그리스도의 형상을 본받은 믿는 자의 형상」같은 영지주의적인 유출의 도식을 염두에 두고 있는 사람이 아니라도, 당연히 후자는 믿는 자들이 하나님의 형상을 회복한다는 의미를 함축하고 있다고 이해될 것이기 때문이다. 더 나아가 구약-유대교의 전승에서와 같이 바울도 영광과 형상을 동의어적으로 사용하는 것을 보면 (pp.389f.) 로마서 3:23의 바울의 진술은 적어도 유대의 전승 안에서와 같이 하나님의 형상을 잃어버린 것을 암시적으로 의미하는 것이며 믿는 자들의 영광 받음에 대한 바울의 진술(롬 8:30; 빌 3:21; cf. also 고전 15:43)은 믿는 자들이 하나님의 형상을 회복한다는 의미를 함축한 것으로 이해되어야 하지 않을까? 후자의 경우에 있어서 이와 같은 의미는 바로 뒤이어 나오는 본문 안에 다 '에이콘'($\epsilon\iota\kappa\omega\nu$, 형상) 개념과 그 동의어가 나온다는 사실로도 더욱더 명백하게 드러난다. 고린도후서 4:4-6로 돌아가서 - 여기서도 그리스도 안에 있는 하나님의 영광과 형상에 대하여 언급하면서 바울이 첫 창조와 새 창조 사이의 병행을 암시하고 있다는 사실을 주목해 보아야 한다. 여기에서 바울이 아담이 잃어버린 '하나님의 형상'(imago dei)과 그리스도를 통해 그것이 회복된 '카이네 크티시스'(καινὴ κτίσις)를 염두에 두고 있지 않다는 것을 납득할 수 있는가?

이와 같은 이유들만으로도 '아담 기독론 안에서 '하나님의 형상'(imago dei)은 아무런 역할도 하지 못한다"고 하는 볼프의 단언은 배격되어야 함이 마땅하다. 어떻게 그가 빌립보서 2:6ff.와 골로새서 1:15ff.를 목전에 놓고 그와 같은 단언을 할 수 있는지 이상하다. 나는 그의 "각각 다른 존재 양식들"(jeweils verschiedene Seinsweisen)의 관점에서의 고린도전서 15:49에 나타난 '흙에 속한 자의 형상'(εἰκόνα τοῦ χοϊκοῦ)과 '하늘에 속한 자의 형상'(εἰκόνα τοῦ ἐπουρανίου)에 대한 해석이 어째서 전자는 (타락한) 아담의 형상을, 후자는 높임 받은 그리스도의 형상 - 마지막 아담이며 동시에 하나님의 형상인-을 가리킨다고 하는 나의 견해와 상충되어야 하는지 이해되지 않는다. 왜냐하면 나는 수차례에 걸쳐서 "형상"은 그것이 (보이는) 형체와 (보이지 않는) 본질의 양쪽 의미 모두를 전체적으로 포함하는 존재로서의 포괄적인 개념이라고 제의했었기 때문이다. 고린도전서 15:42-49에서 높임 받은 그리스도와 그를 믿는 자들을 묘사하는 어휘들(δόξα, σῶμα πνευματικόν, ἐξ οὐρανοῦ, ὁ ἐπουράνιος 등)은 다메섹의 그리스도의 현현에 비추어 볼 때 적절하게 설명될 수 있는데(pp.382f., 444ff.). 49절의 '하늘에 속한 자의 형상'(τὴν εἰκόνα τοῦ ἐπουρανίου)은 다메섹의 그리스도의 현현과 아무런 연관도 없다고 보기는 어렵다. 또한 그것과 고린도후서 3:18, 로마서 8:29, 빌립보서 3:21f., 골로새서 3:9f. 등에 나타나는 유사한 어휘와 생각 사이에 존재하는 연관성도 부인하기가 쉽지 않다.

볼프는 아담 기독론이 바울의 다메섹 체험에 그 기원을 두고 있다고 하는 나의 견해에 동조하면서도 그것은 바울이 부활한 그리스도를 하나님의 형상으로 보았기 때문이 아니라 그를 신령한 몸으로 본 것에 기인한다고 설명하려 한다. 그러나 이것은 이상한 일이다. 우선 나는 그리스도의 현현에서 높임 받은 그리스도에 의해 계시된 '신령한 몸'($\sigma\hat{\omega}\mu\alpha$ $\pi\nu\epsilon\mu\alpha\tau\iota\kappa\acute{o}\nu$)과 '하나님의 형상'($\epsilon\iota\kappa\grave{\omega}\nu$ $\tau o\hat{\upsilon}$ $\theta\epsilon o\hat{\upsilon}$)과의 개념을 상호간에 분리하여 생각지 않는다(pp. 326f., 444ff.). 그러나 설사 볼프가 그랬던 것처럼 그 둘을 분리하여 생각한다 할지라도 바울이 곧 이어지는 문맥에서는 다메섹 도상에서 그에게 나타났던 높임 받은 그리스도의 '신령한 몸'($\sigma\hat{\omega}\mu\alpha$ $\pi\nu\epsilon\mu\alpha\tau\iota\kappa\acute{o}\nu$)을 언급하고 있으면서 고린도전서 15:49에서 '하나님의 형상'($\epsilon\iota\kappa\grave{\omega}\nu$ $\tau o\hat{\upsilon}$ $\theta\epsilon o\hat{\upsilon}$)은 그의 다메섹의 그리스도의 현현에 대한 체험과는 아무런 관련이 없는 말을 하고 있다고 하는 것이 납득되는가? 바울이 높임 받은 그리스도를 하나님의 형상으로, 신령한 몸을 지닌 것으로 보았다면 이 두 개념이 분리되어야 한다는 가정 하에서, 그렇다면 바울은 이 둘 중 어느 개념을 가지고 그리스도와 아담을 대조하여 생각하게 되었을까?

이 모든 고찰 결과 나는 볼프의 비평을 거부하고 바울은 그의 *eikon*-기독론과 구원론을 다메섹의 그리스도의 현현으로부터 개발시켰으며 그의 아담 기독론과 지혜 기독론의 일부는 *eikon*-기독론에서 나온 것이라고 하는 나의 논지를 재확인하게 되었다.[11] 예수가 자기

---

[11] 볼프는 고린도전서 8:6은 바울 이전의 것이라고 제안함으로써 그리스도의 선재 사상과 그의 창조시의 중보적 역할이라는 사고는 초기 기독교 안에 지혜 기독론이 형성되는 과정에 바울의 사상이 개입되어 들어간 것이라는 나의 견해에 반대한다. 그러나 고린도전서에 대한 그의 훌륭한 주석에서 그는 고린도전서 8:6이 바울 이전의 것이라는 주장에 단 하나의 논리를 내세우고 있는데 그것도 창조시의 그리스도의 '중보적 역할'이라는 주제는 바울에게 있어서는 그리 중요한 의미를 지니지 못하며 그 개념은 바울 서신 중 다른 곳에서는 단 한 군데 "전승자료"인 골로새서 1:15-17에만 나타난다는 것이다(*Der erste Brief des Paulus an die Korinther*, Theol. Handkomm.7/II(Berlin, 1982), p.7). 그러나 그렇다면 신약의 다른 어느 곳에 그 사상이 그렇게 자주 등장하고 있는가? 만일 *eikon*이라는 개념을 위하여 골로새서 1:15-17이 바울의 것이라고 증명되어야 한다면 신약의 다른 어느 곳보다 바울 서신에 더 자주 그 사상이 적어도 두 번 나타난다는 점을 내세울 것이다. 훌륭한 교육을 받은 유대교 신학자로서 기독교의 사

칭호인 "그 사람의 아들"로 의도했던 바와 바울의 하나님의 아들 - 우리를 하나님의 아들들 되게 하는 - 로서의 예수 그리스도에 대한 이해의 연속성에 관한 나의 견해(pp.406-428, 541f.) 및 바울의 그리스도의 몸과 참 이스라엘로서의 교회에 대한 개념에 관한 나의 의견 (pp.414-421. 볼프는 이것도 비평하고 있다)에 그 이상의 증거를 위해서는 나의 저서 *The Son of Man' as the Son of God* (Tubingen, 1983; 미국판 Eerdmans, Grand Rapids, 1984; 한국판《그 사람의 아들(人子) - 하나님의 아들》엠마오 초판, 1992; 두란노 개정판, 2012)을 권하고 싶다. 이 책에서 나는 그 견해들을 위한 좀 더 나은 기반을 수립하고자 했다.

이제 스탠리(D. M. Stanley)의 비평으로 눈을 돌려보기로 하겠다.[12] 그는 나의 주장에 반대하여, "바울에게 있어서 하나님의 사랑이 인간 구원의 독특하고 유일한 원천이라는 사실을 깨닫기만 하면, 십자가에 달린 자가 하나님의 진노의 대상이었다고 하는 개념"은 바울 안에서 그 근거를 찾을 수 없게 된다고 단언한다. 나는 전자를 깨닫고 있으며, 실제로 그것을 강조하기까지 하였다. 그러나 이 하나님의 사랑은 어떤 형식을 취하는가? 하나님의 사랑은 그의 아들을 우리를 위하여 그의 진노를 받게 함으로써 우리로 하여금 의롭다 함을 받고 그와 화목케 하는 형식을 취하였다. 나는 이 책 속에 바울에게 "십자가에 달린 자는 우리를 위하여 하나님의 진노의 대상이 되었다"는 사상이 있다는 것에 대한 여러 가지 증거를 제시하였다. 따라서 나는 오직 스탠리가 나의 성경 해석의 어느 부분이 잘못되었는가를 지적하여 제시할

---

[12] 도가 된 바울의 신앙 고백 형식 같은 문형을 형성하는 능력을 평가절하해서는 안 된다는 것이다. 그러나 고린도전서 8:6이 바울 이전의 것이라 할지라도 그것이 그리스도께서 창조 시에 중보적 역할을 하였다는 사상이 바울의 것이라는 나의 논지에 영향을 줄지언정 *eikon*-기독론과 그에서 파생된 지혜 기독론에 관한 나의 논지에는 어떤 영향도 줄 수 없다. 왜냐하면 신약 기자 중에서는 바울을 제외하고는 아무도 지혜 기독론을 *eikon*-기독론과 연결시킨 사람이 없기 때문이다.

때에야 그에게 답변할 필요성이 있음을 느낀다. 더 나아가 그는 내가 그리스도의 죽음에 대한 대신적 성격만을 일방적으로 강조한다고 비평하면서 말하기를 "분명히 예수가 우리를 위하여 죽었다는 선포에서 바울이 의미한 것이 우리가 그리스도와 함께 죽는다는 체험으로부터 면제하거나 배재한다는 것은 아니었다"고 말한다. 이러한 비평을 보면 나는 스탠리가 과연 나의 책을 처음부터 끝까지 읽어 보았는지 의아하다. 왜냐하면 나는 이 책 pp.510-523에서 예수 죽음의 대신적 성격을 "내포적 대신"의 관점으로 설명하고 우리가 이 그리스도의 대신적 죽음에 참여하는 수단으로서의 믿음과 세례의 의미를 해설해 놓았는데 나는 이것을 다소 강조하였다. 그것은 그러한 해석이 나의 독창적인 기여라 여겨지길 바랬지만(본서 서문에 나와 있는 나의 논평을 보라) 그렇지 않을지라도 적어도 그 의미 해석은 정확히 해둘 필요가 있는 개념이라 생각했기 때문이었다. 더욱이 나는 pp.551-555에서 우리가 믿음으로 그리스도와 함께 죽은 것이 실재화됨 – 그것은 우리의 제자됨으로 이루어지는데 – 이라는 논지를 강조하여 설명하였다. 그러므로 스탠리가 비평하고 있는 것은 그의 상상속의 인물이지 내가 아니다.

마지막으로 레이제넨(H. Raisanen)의 비평들을 살펴보겠다. 그가 그의 최근 저서인 *Paul and the Law*(Tubingen, 1983)에서 여러 차례 나에게 반론을 제기하였으므로 나는 그가 *Teologinen Aikakauskirja* 87(1982). 239f.에 실은 내 책에 대한 서평을 번역시켜 살펴보는 것을 포기하고 그의 저서에 나타나 있는 비평들만을 다루기로 생각하였다.

무엇보다 우선 레이제넨은 그의 저서 p.144에서 바울에 있어서 율법과 죄의 관련은 바울이 율법에 대한 열심으로 그리스도인들을 핍박하였으나 그것이 십자가에 달리고 부활하신 그리스도 안에 있는 하나님의 뜻에 대적하는 행위로 판명이 났었던 바울의 체험에 기반을 두고 있다고 하는 나의 견해를 부인한다. 레이제넨은 짤막하게 단언한

다: "바울은 결코 그와 같은 사실을 암시한 적도 없다." 그렇지만 그의 이러한 무조건적인 단언이 정당화되려면 먼저 로마서 4:5, 5:10, 10:2f., 고린도전서 9:16ff., 15:8ff., 고린도후서 3:4f., 5:16-21, 갈라디아서 1:13f., 빌립보서 3:6ff. 등 바울 서신의 본문에 대한 나의 해석에서 틀린 점을 밝히고 이 모든 본문들에 관한 좀 더 설득력 있고 대안이 될 수 있는 해석을 내어놓아야 할 것이다. 이 견해를 반대하기 위하여 "금령은 금지된 것을 하고 싶은 욕망을 자극한다"는 대단히 인간적인 체험을 바울이 의식하지 못했으리라고는 생각할 수 없다고 한 나의 또 다른 제안(pp.90f.)을 인용하면서 그는 내가 이 두 가지 모두를 함께 취할 수 없다고 말한다. 그러나 고백하거니와 나는 그 둘이 왜 상호간에 배제되어야 하는지 이해되지 않는다. 이미 전술한 바와 같이 내가 믿기에 바울은 만일 일단 율법에 대한 회의를 가지게 되면, 그것이 의를 얻는 수단이라고 하는 자신의 근본적인 믿음을 재확신하면서 더욱 더 큰 노력을 기울여 율법을 지키기로 결단할 사람이다 (p.93).[13] 바울은 하나님께서 다메섹 도상에서 그리스도 안에 있는 그의 뜻에 대적하는 자신의 죄를 심판하심으로 말미암아 비로소 율법은 그에게 있어서 "죄에 대한 촉진제"(적어도 이 특정한 경우에서는)였다는 것을 알게 되었으며 그리고 나서 율법의 그러한 특성을 지식적으로 받아들이게 된 것이었다. 이 견해에 대하여 레이제넨이 반대하고 있지만 바울의 핍박 행위의 동기에 대한 그 자신의 해석을 보면 필연적으로 같은 결론에 이르게 된다. 그에 의하면 바울은 율법에 대하여 특히 제식적인 제약에 대하여 (무의식적인) 회의를 가지고 있었는데 (pp.230-236) 그리하여 바울은 그리스도인들이 율법을 신실하게 지키지 아니함으로써 "그의 이러한 회의를 공공연하게 확증하며 실제적

---

[13] 레이제넨 자신도 율법에 관한 바울의 "튼튼한 양심"과 그것에 대한 감추어진 회의-양쪽 모두를 인정한다(pp.231, 233, 236, 251ff.).

인 결론을 이끌어내고 있다"고 생각하여, 그들을 심하게 핍박하였다 (pp.236, 251f.). 그렇다면 그로 하여금 그들을 그토록 핍박하도록 이 끈 것은 율법에 충실하고자 하는 그의 (의식적인) 욕망이었음에 틀림 없다. 그러면 여기서 우리가 바울이 그의 회심 때에 율법과 죄의 관련 을 체험하였으리라고 추측할 수는 없을까? 레이제넨은 바울의 "튼튼 한 양심"과 관련하여 "바울이 의식하고 있는 유일한 과거의 죄(분명 코 이렇게 명시적 단어로 분류된 적은 없다!$^{14}$)는 그가 교회를 핍박했 던 일이다"(p.231)라고 말한다. 레이제넨의 바울의 핍박 행위의 이유 에 대한 해석과 연관시켜서 볼 때 이 말에는 결국 그가 그렇게도 간단 하게 부인해 버린 그 견해가 담겨 있다고 이해한다면 틀린 생각일까?

내 생각에는 확실히 난해하며 변증적인 율법에 관한 바울의 신학 에서 레이제넨이 인식하고 있는 많은 문제점들은 사실상은 그 자신 의 마음속의 문제점들인 것으로 보인다. 그것들은 대부분이 그의 선 입견과 연구 방법에 관련된 요인들에 기인한 듯하다는 것이다. 그 중 에 세 가지만 언급해 보자면 첫째, 그는 바울이 자신의 회심/부르심을 언급하거나 또는 예시하고 있는 본문들을 무시하는데 그렇게 하여 그 는 율법에 대한 바울 신학의 논리를 이해하지 못하고 있다. 그러나 주 의를 기울여 바울 자신의 증언을 경청해 보라고 권고하는 것은 그에 게 지나친 요구가 될 것이다. 그는 "한 인간의 그 자신에 관한 증언에 고지식하게 의존하는 것"은 "비평적인 학자 정신 속에 남아 있는 근본 주의적 잔재"라고(p.232) 비난하고 있기 때문이다. 그는 이 같은 선입 견을 가지고 출발함으로써 바울의 많은 진술들을 바울 자신의 주장과 다르게(그에 의하면 "비평적으로") 이해하기 위하여 그것들을 심리적 으로 분석해야 할 뿐 아니라, 바울의 진술들 중에서 그의 이론을 확증

---

**14** 나로서는 왜 이와 같은 괄호 속의 말이 필요한지 이해할 수가 없다. 예를 들어 만일 고린도전서 15:9과 갈라디아서 1:13에서 바울이 그 자신이 "하나님의 교회"를 멸절시 키려 했던 시도를 죄라고 말하고 있는 것이 아니라면 그에게 무엇이 죄가 되겠는가?

해 주는 것들만을 골라 선택해야만 하게 된다. 바리새인으로서의 자신의 배경과 다메섹 체험에 관한 바울의 증언은 그의 이론을 확증해 주지 못하므로 그것들은 무시되어도 좋다. 왜 이것이 바울 자신의 증언에 좀 더 주의를 기울이는 것보다 더 "비평적"인 학자 정신인지 나는 알지 못하겠다. 내가 생각하기에 레이제넨은 자유주의 진영의 몇몇 학자들이 행하던 것, 곧 자기 생각으로는 '비평적'이지만 실상은 가장 비평적이지 못하고, 자의적이며 주관적인 바울에 관한 소설쓰기(*Romanschreibung*)로 복귀하고 있다. 둘째, 레이제넨은 바울의 확고한 논리를 이해하는 데 반드시 필요한 몇몇 결정적인 성경 본문에 대한 일관성 있는 해석은 내어놓지 않고, 그 본문들 중에 이 구절 저 구절을 집어내어 그것을 다양한 문맥 안에서 단편적으로 검토한다. 그러한 방식의 가장 두드러진 예가 갈라디아서 1장, 2장에 대한 그의 토론이다. 이런 방식의 토론은 자연히 바울이 강조하는 바를 다른 식으로 이해하게 하고 바울의 논리의 일관성 있는 흐름을 놓치게 만든다. 따라서 그가 자주 성경의 문맥에 호소하고 있으나 크게 도움은 되지 못한다. 셋째, 내가 믿기에, 바울 시대에 유대교는 이미 그 안에 율법에의 순종을 통해 의롭다 함을 받기를 추구하는 그러한 종교의 형태가 아니었다고 하는 레이제넨의 추론은 완전히 자만에서 나온 산물이다. 왜냐하면 이렇게 그의 선입견과 그것으로부터 추론한 결과를 되풀이함으로써, 다시 말해 바울이 유대교에 대해 묘사하고 있는 것은 유대교에 대한 "곡해"라고 거듭 비평함으로써 그는 실상 자신이 이전에 바리새인이었으며 율법의 생도였던 바울보다 바울 당시의 유대교에 관해 더 잘 알고 있다고 선언하는 것이며, 또는 레이제넨이 유대교에 관한 지식을 많이 의존하고 있는 샌더스(E. P. Sanders)와 그 외에 그와 비슷한 소수의 학자들 – 이들은 거의 대부분 A.D. 1세기보다 훨씬 이후의 문헌들을 가지고 연구한다 – 이 바울 자신보다도 1세기의

유대교를 더 잘 알고 있다고 주장하는 것이기 때문이다.[15] 그런데 바

---

**15** 샌더스의 인상적인 논문인 *Paul and Palestinian Judaism*(London, 1977)이 가지고 있는 근원적인 약점은 그것이 1세기의 유대교를 그려내는 데 있어서 신약의 증언을 전혀 참고하지 않고 대신에 그것보다 훨씬 후기의 자료에 광범위하게 의존한다는 사실이다. 신약은 분명히 그 대부분이 유대인들에 의하여 작성되었으며 당대의 유대교를 직접 반영하고 있는 몇 안 되는 1세기의 유대 문헌 중 하나이다! 신약에 실려 있는 당대 유대교에 관한 증언들 모두가 반 유대교적 논쟁만을 담고 있는 것은 아니다. 그리고 또한 설사 유대교에 반대하는 기독교적 논쟁의 맥락 속에 있는 증언들이라도 우리가 1세기의 유대교를 추측하여 재구성해 보는 데 전혀 쓸모없는 것이 아니다. 왜냐하면 그 증거들은 신약에서 당시 실제로 존재하였던 유대교의 경향에 대하여 강조하고 한 특정 부분을 꼬집어 내는 효과적 논쟁을 위한 필요에서 나온 것이기 때문이다. 더욱이 현대 비평적인 신학자들은 신약의 증언 - 당시에 유대교의 약점을 강조하고 그것을 풍자적으로 묘사하여 나타내었던 - 으로부터 당대 유대교의 진정한 모습을 분별해 내는 신빙성 있는 적절한 방법을 개발하였다. 1세기 유대교의 모습을 제시하려는 사람은 주로 유대적 배경에서 자라나 구약과 중간사의 유대교적 배경을 동일하게 공유하고 있는 유대의 문헌과 및 신약 같은 문헌들을 - 그 안에 그리스도인들이 유대교에 반대하는 그들의 믿음을 정의해 놓고 유대교와 일치하는 것은 무엇인지, 또한 불일치하는 것은 어떤 점인지를 보여 주고 있는 - 을 양쪽 다 살펴본 이후에야 그것에 대한 그럴싸한 그림을 그려낼 수 있을 것이다. 이렇게 양쪽의 문헌들을 모두 검토해 보지 않은 샌더스는(cf. 다음에 이어지는 내용) 1세기 유대교에 관하여 정확한 묘사를 보여주었다고 생각되지 않는다. 만일 샌더스가 베버(F. Weber), 부세트(W. Bousset), 빌러벡(P. Billerbeck)들을 비난한 것이 그들이 유대교를 너무도 뚜렷하게 드러내 보여주고 있는 유대 문헌의 진정한 의미로부터 의도적으로 눈을 돌려 버리고 그것들을 왜곡하여 유대교의 왜곡된 그림을 제시하고 있었다는 의미라면 그것은 너무 부당한 비난이다. 그들은 다만 그들이 그렇게 해석을 하도록 유도한 수많은 유대의 자료들을 발견하였던 것이었다. 어쩌면 이러한 해석 방식도 당시 유대교의 어떤 일부 흐름은 읽어낼 수 있는 한 가지의 방법이 아닐까 하는 것은 그 같은 방식을 취하는 단 한 명의 학자의 예를 들어 보아도 간단히 부인될 수 있다. 그 같은 부류의 학자 중 샌더스가 자신의 저서 pp.81-147에서 이 자료들을 검토하는 중에 때로는 (구원의) "교리", "체계적인 구원론" 등의 개념을 강조하기도 하고 때로는 랍비들의 "비체계적 사고"라는 것에 호소하면서 자신의 논지에 반대되는 (또는 그것을 손상시키는) 증거들을 회피하려는 시도는 차라리 당혹스럽다. 게다가 나는 샌더스가 왜 이스라엘의 이집트로부터의 구원에 관련된 랍비들의 문헌을 마치 그들이 구원에 관한 것이 아니라 선택에 관한 것인 양 상당이나 공녁의 사상들로 여기고 있는지 이해할 수 없다(pp.89ff. Cf. O. Betz, *Wie verstehen Wir das NT?*(Wuppertal, 1981), pp.85ff.). 샌더스가 유대의 문헌을 읽는 식 이외의 다른 방법이 없다고 확신하는 자는 레이제넨이 그러했듯(아래를 보라), 바울이 유대교에 관한 왜곡된 모습을 제시하였다는 결론을 내릴 수밖에 없을 것이다. 그러나 샌더스 자신은 이 결론을 부정하는 듯이 보인다. 그는 바울

이 유대교가 율법주의적인 행위로 말미암는 의의 종교라는 것을 비판하였다는 점을 부인하는 것이다. 샌더스에 의하면 바울이 유대교를 비판한 것은 단순히 그것이 기독교가 아니라는 이유에서였다(Ibid., pp.549ff.; see also his *Paul, the Law and the Jewish People*〈Philadelphia, 1983〉, esp. pp.154ff.). 그와 같은 주장이 성립되려면 바울의 진술을 이상한 식으로 해석하여(예를 들어, 이 아래에 있는 로마서 10:3f.에 대한 샌더스의 해석을 보라) 바울의 유대교에 대한 "기독론적 반대"는 구체적 내용이 없는 신학적인 추상적 개념으로 이루어진 것이라고 할 때에야 가능하다. 샌더스는 그의 저서 *paul, the Law and the Jewish people*, 특히 pp.45ff. 154ff.에서 바울의 유대교 비평에 관한 그의 견해를 분명히 밝히고 있다: 바울이 유대교에 대해 비판하는 것은 주로 유대인들의 선민 의식, 언약 사상과 특권 의식에 대한 것이며 또한 그리하여 온 세상의 사람들, 곧 유대인들과 함께 이방인들도 그리스도를 믿음으로 말미암아 구원하시고자 하는 하나님의 궁극적인 목적을 제시하지 못했다는 것에 관한 것이다. 샌더스는 이러한 그의 견해에 대한 증거로 로마서 9, 11장과 빌립보서 3장을 인용하는데(p.160). 그것은 다만 이 본문들에 들어 있는 "그들 (또는 나) 자신의 의"라는 문구를 그가 잘못 해석한 데(이 아래를 보라) 기인한다. 그는 이 견해를 위해 고린도후서 3장도 인용한다(p.160). 불행히도 바울이 고린도후서 3장에서 말하고 있는 것은 유대인들의 특권도 아니고 유대인들과 마찬가지로 이방인들도 구원하시고자 하는 하나님의 의도도 아니다. 만일 바울의 유대교를 향한 비판이 주로 유대인들의 언약 개념과 특권 의식을 반대하는 것이며 그리스도를 통하여 유대인들과 함께 이방인들도 구원하시려는 하나님의 의도를 위한 것이라면 바울이 옛 언약의 부족한 본질을 드러나게 설명하고 있는 고린도후서 3장보다 그러한 의도를 위해 더 좋은 본문이 어디에 있겠는가? 그러나 바울은 그 본문에서 유대인들이 그들의 특권을 주장하는 것에 반박하여 하나님의 범세계적인 구원의 의도를 암시하는 내용을 전혀 비치지도 아니하고 (우리를) 죽이는 문자로 된 율법의 옛 언약과 생명을 주는 성령의 새 언약을 대조하고 있다. 그리하여 레이제넨은 샌더스가 제시하는 유대교의 그림을 따라 바울이 보여 주는 유대교의 모습은 거의 왜곡된 것이라는 결론을 더욱 확고히 견지한다. 그러나 바울이 의도적으로 유대교를 왜곡하고 있다는 견해에는 동의할 수 없다(이 아래의 내용을 보라). 그러므로 바울 당시의 유대교가 율법을 행함으로 의롭다 함을 얻는다는 교리를 담고 있는(law-work-righteousness) 종교였다고 하는 바울의 증언을 진지하게 받아들여야 한다(cf. W. Horbury's review of *Paul and Palestinian Judaism in ExpT* 9(1979), 116-118). 나에게는 샌더스 자신도 보여주는 바, 1세기의 유대 문헌인 4Ezra에, 1세기의 유대교의 신학자, 이른바 바울보다도 오히려 율법의 행위로 의롭다 함을 받는 구원(law-righteousnesssalvation)의 핵심적인 교리가 반영되어 있다는 것이 상당히 의미가 있다고 생각된다! 1세기 유대교를 "왜곡하는 모든 독일의 신학자들은 적어도 바울을 자신의 편으로 하고 있다. 만일 샌더스가 제시하는 1세기 유대교의 모습이 실제의 모습이라면 샌더스와 레이제넨의 그 엄청난 양의 저서들이 쏟아져 나온 이후에도 어떻게 하여 혹은 왜 바울이 보여 주는 유대교의 그림은 그들이 유추해 내어 놓은 실제의 유대교의 모습과 그렇게도 다른가 하는 문제는 수수께끼로 남는다. 샌더스가 묘사한 것과울 자신의 증언에 대해서는 의심하기로 그렇게도 단단히 마음의 준비가 되어 있는 레이제넨이 훨씬 후기 자료들 안에서 발견되는 랍비들의 자신들에 대한 증언에는 그렇게 "고지식한" 신뢰를 보여줄 수 있는지는 신기한 일이다.[16]

레이제넨은 슈트레커를 따라 바울의 믿음으로만, 은혜로만 의롭게 된다고 하는 반(反)율법적인 교리가 갈라디아에 있는 유대주의화된 그의 적대자들과의 투쟁에서 비롯되었다고 하는 논지를 제시하면서 내가 "믿음으로만 의롭다 함을 얻는다고 하는 만발한 신학과 할례를 배제하는 율법으로부터 자유한 이방 선교를 혼동한 나머지 슈트레커의 비평의 요점을 놓치고 있다"고 말한다(R.p.236, n.145). 그리고 그는 슈트레커에 반대하여 던진 나의 질문을 인용한다: "자신의 전 생애를 통해 율법을 행함으로 말미암아 구원을 얻을 수 있다고 믿어온 바리새인인 바울이 어떻게 십자가에 못 박히고 죽음에서 일어난 예수 그리스도 안에 하나님의 역사가 이루어졌는가에, 혹은 이 그리스도 안에서 완성된 하나님의 구원의 사건이 어떻게 율법과 연관되는가에 관심을 가지지 않을 수 있었을까?"(본서. p.458f.). 레이제넨에 의하면 "만일 바울의 삶이 그 자체로는 구원의 길이 아닌 그저 계시된 하나

---

같이 바울이 유대교 모습을 가상하고, 그 유대교에 대응한 것이라고 하는 던의 "바울에 관한 새로운 관점"이 이 수수께끼를 풀어줄는지는 아직 두고 보아야 할 것이다(이에 대한 나의 평가는 그렇게 열광적이지 않다). 이상의 기나긴 고찰을 한 것은 레이제넨이 샌더스의 주장에 대한 지나친 신뢰는 그렇게 분별이 있는 것이 아니라는 것을 보여 주려는 의미에서였다.

16 레이제넨은 그의 책 p.233의 n.23에서 이 문제를 명백하게 인식하고 다음과 같이 말한다: "바울에게 공평하기 위해서는 율법의 기쁨을 말할 때의 랍비들 편의 '이차적인 이유'의 개연성(사실은 상당한 가망성)을 반드시 논의에 포함시켜야 한다!" 그러나 그렇다면 레이제넨은 왜 그의 저서를 통하여 내내 확신을 가시고 진제하고 있는 유대교의 모습 안에 이것을 사실상 한 번도 고려하지 않는 것인가? 랍비에 관한 연구의 좀 더 비평적 학자들에 대하여는 see J. Neusner's review of Sanders, *Paul and Palestinian Judaism*, in *History of Religion* 18(1978), pp.177-191; also P. Alexander, "Rabbinic Judaism and the New Testament", *ZNW* 74(1983), pp.237-246.

님의 뜻으로서의 율법을 따라왔던 것이었다면 이 문제점은 사라진다. 이렇게 생각하면 바울이 그리스도 안에 이루신 하나님의 역사와 율법의 관계를 심도 있게 고찰하였으리라는 것, 그러나 그가 후에 제시한 그러한 결론보다는 온건한 결론을 이끌어 내었으리라는 것도 이해하게 된다"(R.p.236, n.145 이 위에 "만일"을 강조한 것은 내가 한 것이다). 그러나 레이제넨의 견해의 문제점은 그가 이것을 입증할 수 없다는 것과, 뿐만 아니라 더욱 나쁜 것은 이것이 바울의 회심/부르심 이전의 유대교 안에서의 삶의 본질이었는가를 입증하려 하지도 않는다는 것이다. 레이제넨이 바울 자신의 증언으로부터 다메섹 사건 이전의 바울의 신학적 입장을 확인해 보려 시도한다면, 그는 정반대로 바울의 전(全)생애는 내가 밝힌 대로(본서 제2장) 구원과 의롭다 함을 얻기 위하여 율법을 지키는 것으로 방향 지어져 있었음을 알게 될 것이다. 레이제넨이 바울의 유대교 신학적 입장에 관한 나의 서술에 대하여 틀린 점을 밝히고 위의 "만일" 문장에 관한 어떤 증거를 제시하지 못하는 한 내가 슈트레커에게 제기한 문제점은 사라진 것이 아니라 남아 있으며, 그것은 레이제넨에게 있어서도 마찬가지로 남아 있다! 그렇다면 이제 질문은 누가 누구의 요점을 놓쳤는가이다.

레이제넨이 구원, 율법, 믿음 등에 관한 바울의 생각의 객관적인 표현에 진정으로 관심이 있었다면, 그는 바울이 예전의 유대인으로서의 삶에 관하여 무엇을 말하는가 또한 그것을 현재의 그리스도인으로서의 그의 삶과 어떻게 대조하고 있는가에 좀 더 유의하여 귀를 기울였을 것이다. 그랬다면 레이제넨은 바울이 바로 그의 회심/부르심을 언급하거나 예시하고 있는 성경 본문 안에 자신의 율법주의적이었던 바리새인으로서의 입장과 믿음으로 의롭다 함을 받는다고 하는 그의 현재의 복음을 나란히 놓고 말하고 있으며 (그리고/또는; and/or) 율법과 옛 언약의 마침을 설명하고 있다는(갈 1:11ff.; 빌 3:4-15; 고후 3:4-4:6; 롬 10:2-4) 사실의 중요성도 바울이 그의 율법으로부터 자유한 복음을 분명히 다메섹의 계시 위에 세우고 있다는(갈

1:11ff.; 빌 3:4ff.) 사실의 의미도 놓치지 않았을 것이다.

갈라디아서 2:11-21에 대한 분명한 해석도 없이, 안디옥 사건에 대한 바울의 진술도 유의하여 보지도 않고, 레이제넨은 그 본문 중에서 소수의 몇 구절만을 택하여 그 사건의 실제 상황을 추론하여 만들어 낸 후 자신이 광범위하게 재구성한 원시 교회의 역사 속에 끼워 맞추고는 또한 그것들에게 적절하게 심리학적 분석을 가한 후 바울과 그의 적대자들의 "진정한" 동기와 태도를 논한다. 그리하여 마지막에는 "바울은 안디옥의 갈등 속에서 그리스도에의 믿음과 율법의 행위간의 대조를 처음으로 내세우게 되었"으며 그 대조는 안디옥의 갈등에서 나온 것이라고 단언한다(R. pp.255-263. p.260에서 인용). 레이제넨에 의하면 안디옥에서의 베드로는 다만 야고보로부터 온 사람들에 대한 목회적 배려에서 유대의 생활 방식대로 행동하려 했을 뿐이며, 그것은 바로 바울 자신의 주의 주장대로 "율법 아래 있는 사람들에게 내가 율법 아래 있는 것처럼"(고전 9:20) 행동한 것이었다. 그런데 바울이 이것을 구원론의 문제로, 즉 "율법을 통하여 의롭다 함"을 얻으려는 시도로 바꾸어 버린 것이다. 레이제넨은 논증을 계속한다.

> 율법이 유대인들 (또는 이단적인 유대 그리스도인들)의 "구원 얻는 길"이 "된 것"은 그와 같은 갈등의 과정에서였다. 그러나 실제 진정한 유대교의 가르침 속에는 그와 같은 사상이 없었다. 만일 이 사람들(즉, 베드로와 안디옥에 있었던 유대 그리스도인들)에게 있어서 율법을 따르는 문제가 이방인 형제들의 안녕이라는 대가를 치를 만큼 그렇게도 중요한 것이었다면, 그 이론이야 어떠하든 실제로는 율법이 구원을 위한 초석으로 놓여 있어야 하지 않았을까? 만일 그들이 할례 받지 않은 이방인들을 그들의 식탁 교제에서 배제시키기 원했다면 사실상(다시 이론은 별도로 하고라도 실제로는) 그리스도 안에서의 구원에서도 그들을 배제시켰어야 하지 않겠는가? 또는 적어도 그들의 행동은 이방인 그리스도인들에게 그들도

역시 실제로 할례를 받아야 한다고 권고하는 것이 마땅하지 않겠는가? 바울도 (분명히 무의식적으로) 다소간은 이러한 식으로 논리를 전개해 나갔을 것이다(R.p.260. 여기서 강조는 저자 자신의 강조임).

바울이 "무의식적으로" 이렇게 논리를 전개하였는지는 나는 알지 못하겠거니와, 그러나 분명히 의식적으로는 레이제넨의 논리와 같지 않다. 의식적으로 그는 '은혜로만'(sola gratia)과 '믿음으로만'(sola fide) 받는, 율법으로부터 자유한 복음 – 이전에 이미 그가 갈라디아인들에게 전파했었고, 지금 현재 갈라디아에서 비난을 받고 있는 – 은 하나님의 아들로서의 예수 그리스도의 다메섹 계시로 말미암아 받은 것이라고 말한다(갈 1:11f.). 더 나아가 바울은 (다시 의식적으로는) 후에 이 복음은 야고보, 베드로, 요한으로부터 인정을 받은 것이었다고 말하며(갈 2:6-10), 그가 안디옥에서 베드로의 행위를 책망한 것은 베드로가 이전에 이미 승인하였던 그 복음의 진리, 이른바 율법의 행위로가 아니라 예수 그리스도를 믿는 믿음으로만 의롭다 함을 받는다는 진리를 떠난 행동을 하였기 때문이었다고 한다(갈 2:11-18).

"우리는 날 때부터 유대인이지 이방 죄인들이 아니다. 그러나 우리는 사람이 율법을 지켜서 의롭게 되는 것이 아니라 예수 그리스도를 믿음으로 의롭게 된다는 것을 알기 때문에 우리도 그리스도를 믿음으로 의롭게 되기 위하여 예수 그리스도를 믿고 있다. 율법의 행위로는 아무도 '의롭게 될 사람이 없다'"(갈 2:15f.). 바울이 안디옥에서 그 시간에 이런 식으로 말했든 또는 그가 안디옥 사건이 갈라디아의 상황과 유사하기 때문에 그것을 기억하면서 위와 같은 대조의 양식을 만들어내었든(R.p.260), 바울에 따르면 율법이 유대교의 '구원의 길'이 된 것이 그러한 갈등 속에서 있었던 일이 아니라, 바울이 베드로에게 "그들은(바울과 베드로) 모두 함께 사람이 율법을 지켜서 의롭게 되는 것이 아니라 예수 그리스도를 믿음으로 의롭게 된다는 것을 알아". "율법의 행위로가 아니라 그리스도를 믿음으로 의롭게 되기 위하여 예수 그리스도 믿는다"(갈 2:16)는 사실을 상기시킨 일이 그 사건의 과정 중에 있던 일이었다.[17] 나는 아무리 해도 바울 자신의 의식이 있는 진술보다 레이제넨이 제시한 바울의 "무의식적인" 논리 전개에 대한 해설을 더 낫다고 생각할 이유를 찾을 수가 없다. 또한 바울이 "무의식으로"라도 레이제넨이 제안한 것 같은 "무의식적"인 방식의 논증을 했으리라는 것을 믿을 이유를 발견할 수가 없다. 원시 교회의 이방인 선교의 역사와 율법의 문제에 관한 바울의 확신 - 율법이 이전에는 "하나님의 뜻의 표현"이었으나 지금은 하나의 "adiaphoron"이라는 - 이 안디옥의 사건 중에서 생겼다고 하는 레이제넨의 추정이 옳다면, 바울이 왜 안디옥에서 그와 같은 방식의 논증을 했겠는가? 즉, 만일 유대인들도 바울도 모두 율법을 의롭다 함을 받는 수단이나 구원의 방법으로 여기지 않았다면, 기껏해야 이방인 그리스도인들과의 식탁 교제에서 베드로와 다른 유대 그리스도인들이 물러났던 사건이 어째서 바울로 하여금 율법과 그리스도는 구원에 있어서 상호간에 상반되는 두 가지의 길이라는 사실을 생각나게 하였겠는가? 레이제넨이 거듭하여 호소하는 성경 본문인 고린도전서 9: 20ff.에 나타난 바울 자신의 교훈에 비추어 보면, 바울도 안디옥에서는 베드로와 함께 그 식탁에서 우선 물러나고, 그리고 그 이후에 안디옥에 있는 이방인 그리스도인들과 갈라디아의 성도들에게 율법을 하나의 "adiaphoron"으로 여기도록 권면하는 것이 더 타당한 행동이 아닐까? 만일 갈라디아에 있던 유대주의자들에게 할례와 율법에 있는 다른 요구 사항들을

---

[17] Cf. F. F. Bruce, The Epistle to the Galatians (Exeter & Grand Rapids, 1982), p.139: "15-21절의 논증은 만일 그것이 근거하고 있는 그 전제(15절 이하에 진술되어 있는)가 양쪽 편 모두에게 인식되어 있지 않았다면 전혀 요점이 없는 이야기가 되고 말 것이다." H. D. Betz, Galatians (Philadelphia, 1979), pp.115의 분명한 해석도 참조하라.

준수 하는 것이 구원의 핵심적 요소가 아니었다면[18] 바울이 왜 이것들을 불필요한 부가 조항(unnecessary appendix)이라 하지 않고 구원을 위한 틀린 수단(wrong means)(사실상 그리스도와 대립되는 의미로서)이라고 거부해야 했을까? 안디옥의 갈등이나 갈라디아의 유대주의자들과의 갈등에서 일깨워진 바울의 "무의식적인" 논리 전개라고 하는 레이제넨의 해석은 왜 바울이 이방인 그리스도인들에게 '불필요한 부가 조항'(adiaphoron의 문제)을 짐 지우려 하는 유대 그리스도인들의 시도를 비난하는 데에서 그치지 않고 유대교를 "왜곡"하는 데까지 이르렀는가에 대한 설명으로는 전혀 설득력이 없다. 바울이 유대교를 "왜곡함"으로써, 또 그렇게 "왜곡"된 유대교는 그의 유대인 적대자들이나 유대 그리스도인 적대자들에게는 다만 허상일 뿐일 텐데 그런 유의 유대교를 비판함으로써 그의 적대자들에 대항하여 무슨 이점을 얻겠다고 생각했겠는가? 물론 나의 이제까지의 주장은 바울이 합리적인 사람이었다는 것을 전제로 한다. 만일 레이제넨이 바울은 너무 자기중심적이며, 제멋대로의 사람이었다고 하면서 이 전제를 부인한다면, 앞으로 더 이상의 바울에 관한 '학술적인'(wissenschaftich) 해석은 나올 수 없다.

더욱이 레이제넨의 전제에서는 바울이 유대주의자들과의 갈등 속에서 최초로 일깨워진 그리스도에 대한 믿음과 율법의 행위를 대조함에 있어서 왜 그것을 다메섹 도상에서 예수 그리스도의 계시로 말미암아 받은 복음으로까지 거슬러 올라가는지(갈 1:11ff.; 빌 3:2ff.) 그

---

[18] 이방인 성인 남자들에게 할례를 행하는 일이 상당히 어려운 일이라는 것으로 볼 때 갈라디아 성도들에게 그것이 어떤 구원론적인 의미를 담고 있지도 않은데 단순한 "하나님의 계시된 말씀에 순종해야 한다는 뜻에서 이방인들에게 할례 받을 것을 요구했다면, 그들이 그것을 선뜻 받아들였으리라고는 믿기지 않는다. 그래서 레이제넨은 다음과 같이 말한다. "갈라디아 성도들이 외견상 할례를 선뜻 받아들인 것은 상당히 예외적인 것으로 보인다. 우리는 아마도 이것을 '제례와 의식에 관한 한 소박한 사람들'의 미신적인 경외심과 연관시킬 수 있을 것이다"(p.261, n.163). 얼마나 대단한 발견인가!

이유가 이해되지 않는다. 이 대조가 실제로 그의 회심/부르심의 체험 안에 내포되어 있던 요소가 아니었다면 갈라디아서에서 그의 입장을 변호하는데 어째서 바울은 단순히 안디옥의 사건에서 시작하지 않고 그의 유대적 배경과 그의 계시 받은 체험을 언급하며 그 변증을 시작하였겠는가?[19] 왜 바울이 갈라디아서 1:17ff.에서 그의 회심과 안디옥 사건 사이에 있었던 예루살렘 교회의 지도자들과의 관계에 관한 자세한 이야기를 할 필요가 있었겠는가?

레이제넨이 바울의 반(反) 율법적 복음의 "기원들"을 설명하기 위하여 그토록 노력을 기울였던 것을 보면 그가 어떻게 하여 바울이 율법의 행위로가 아니라 '은혜로만'(sola gratia). '믿음으로만'(sola fide) 의롭다 함을 받는다는 자신의 복음은(지금 현재 갈라디아에서 공격을 받고 있는) 하나님의 아들로서의 예수 그리스도를 통한 다메섹의 계시로 받았다고 분명하게 말하고 있는 갈라디아서 1:11ff.를 단 한 번도 언급하지 않았을까 하는 점은 참으로 납득하기 어렵다. 그는 이 계시를 그의 회심/부르심 전 "나의 조상들의 유전"에 대한 그의 열심 및 그 안에서의 성공과 대비하여 말한다. 빌립보서 3:6에서 바울은 이 열

---

**19** 이 질문에 대한 그리 만족스럽지 못한 답변이 아마도 슈트레커의 다음의 논증 안에 담겨 있다: 즉, 그 대조는 바울의 회심 체험 속에 감추어 있었으나 바울이 그것을 명백하게 말하기 시작한 것이 바로 갈라디아에서 유대 그리스도인들이 이방 그리스도인들에게 할례를 요구했던 그때였다는 것이다(본서의 p.458, n.5을 보라). 그러나 레이제넨 자신에게도 이와 같은 논증은 무익하다. 바울 시대의 유대교에 관한 그의 입장과 따라서 회심 이전의 바울의 유대교적 신학으로는 바울의 회심 체험 속에 그러한 대조가 숨어 있었다는 견해조차도 받아들이기 곤란하기 때문이다. 나의 노르웨이인 친구 마크네스(Halvor Moxnes)는 본서에 대한 그의 호의적인 서평에서 내가 갈라디아서 1장에 나타나 있는 바울 복음의 기원과 사도직에 관한 바울 자신의 증언을 진지하게 취하여 논의함으로써 갈라디아서 1장의 변증적 특성을 고려하지 않았다는 비평을 하였다(Norsk Teologisk Tidsskrift 84(1983), pp.122-124). 그러나 내가 이 책의 pp.99f., 449ff.에서 진술한 이유들 때문에 바로 그 논쟁적인 문맥과 변증적 특성이 우리로 하여금 더욱더 갈라디아서 1장에 들어 있는 증언을 진지하게 여기게 한다고 믿는다.

심과 이 성공에 관하여 그것은 율법에 대한 열심이며 율법이 가르치는 의에 있어서의 성공이라고 말한다. 그리고 그는(그의 회심/부르심 이후에는 - 7절의 과거완료형 '헤게마이'⟨ἥγημαι, 여기다⟩와 8절의 부정 과거형 '에제미오덴'⟨ἐζημιώθην, 잃어버리다⟩에 유의하라) 유대교의 가르침대로 하여 얻은 다른 것들과 함께 이 "흠이 없는" 의를 "그리스도를 위하여 잃는 것"으로 여기게 되었다고 한다. 이 문맥 속에서 그는 "율법으로 얻은 그 자신의 의"와 "그리스도를 믿음으로 얻게 되는 하나님의 의"를 대조한다(빌 3:9). 그러므로 여기서 바울은 너무나도 분명한 언어로 율법의 행위로 이루어지는 칭의와 그리스도를 믿음으로 말미암는 칭의의 대조가 그의 회심 경험에 뿌리를 두고 있음을 말하고 있는 것이다.[20]

나의 소견으로는 빌립보서 3:2-9은 A.D. 1세기의 유대교에 관한 지

---

[20] 샌더스(E. P. Sanders)는 Paul, the Law and the Jewish people(Philadelphia, 1983). pp.151f.에서 빌립보서 3:4-11을 고찰하면서 그 대조는 바울의 회심 체험에서 비롯되었다고 하는 점을 인정한다. 더욱이 그는 적어도 바울이 그의 이방인을 향한 사도로의 부르심에서 율법의 문제에 관하여 명백한 입장을 가지게 되었다는 점과 이방인을 향하여 선교를 하기 이전에 바울이 율법에 관하여 틀림없이 어떤 결단을 내렸으리라는 점에서 나의 견해에 동의한다. 그럼에도 불구하고 샌더스는 "율법에 의해서가 아니라 믿음으로 말미암아 의롭다 함을 받는다"는 이 특정한 형식은 갈라디아에서의 갈등에서 비롯되었다고 보려 한다(pp.164, n.31). 나는 샌더스가 말하는 것이 바울의 율법으로가 아니라 믿음으로 말미암는 칭의 교리는 그 핵심에 관련되는 한에서는 바울의 회심 체험에 그 기원을 두고 있으나 그 문형이 이루어진 것은 갈라디아의 갈등 속에서였다는 의미라고 생각한다. 그러나 나는 그 교리의 본질로 비추어 볼 때, 그 교리의 핵심 내용과 함께 그 문형도 다메섹 계시에서 깨우칠 때 이미 존재하게 되었다고 생각한다. 그러나 여기서 이 이상의 논의는 필요치 않다. 왜냐하면 실제로 문제가 되는 것은 그 교리의 핵심 내용이기 때문이다. 그래서 나는 이 책에서 샌더스는 레이제넨보다 좀 더 균형 있고 완곡한 방식으로 그의 견해를 제시하고 있다고 하였다. 그러나 율법의 행위로가 아니라 sola fide(믿음으로만) 의롭게 된다고 하는 바울의 교리 문제에 관한 그의 견해는 레이제넨의 견해와 전적으로 유사한 이상에는 나의 레이제넨에 대한 비평은 샌더스의 견해에 대하여도 필요한 변경을 가하여(mutatis mutandis) 적용된다.

식에 중요한 자료를 제공한다고 생각된다.[21] 그리고 샌더스 및 레이제넨 등과 더불어 A.D. 1세기의 유대교에서는 율법의 행위를 통하여 의롭다 함을 받는다는 교리를 가르치지 않았다고 주장하는 학자들에게 그 본문을 주의 깊게 읽어보라고 충고하고 싶다. 그러나 불행히도 레이제넨은 그렇게 하지 않았다. 그러나 그가 이 본문을 갈라디아서 1:11ff.의 경우처럼 무조건 무시해버린 것은 아니었다. 그런데 그는 이 본문이 바울의 회심/부르심의 체험을 반영하고 있다고 하는 거의 보편적인 견해를 용감하게 부인함으로써 그 본문의 가치를 축소한다. 레이제넨에 의하면 "빌립보서 3:4-11에서 바울은 전혀 자신의 부르심의 체험을 이야기하고 있는 것이 아니다. 그는 몇몇의 '행악하는 자들'(v.2)에 의하여 야기된 빌립보 교회 내의 위기에 비추어 자신의 그리스도를 믿는 자로서의 현재 상황과 율법을 따르던 바리새인이었던 예전의 입장을 비교하고 있는 것이다"(R. p.176,n. 75). 바울이 빌립보의 그리스도인들이 직면한 위기에 비추어 이 비교를 만들어 보여주고 있는 것은 사실이다. 그러나 바울도 이 비교(더 나은 표현으로는 대조)를 하는 데 있어서 그의 회심의 체험 위에 그것을 세우고 있으며 그의 그리스도를 믿는 자로서의 현재 상황은 다메섹 체험에 의해 결정된 것으로서 반영되어 있는 것이다(8절의 부정 과거형 '에제미오덴'⟨ἐζημιώθην, 잃어버리다⟩과 7절의 과거완료형 '헤게마이'⟨ἥγημαι, 여기다⟩를 주의해 보라). 레이제넨은 그 자신에게 다음과 같은 질문을 던져 보아야 할 것이다: 빌립보 교회의 위기에 직면하여 바울은 왜 그리스도를 믿는 믿음으로 말미암는 하나님의 의를 얻고자 하는 자신의 현재의 바람과 율법의 행위로 그 자신의 의를 얻고자 하던 자신의 과거 행동을 대조하고 있는 것일까?

빌립보서 3:4-11에 바울의 회심 체험이 반영되어 있음을 믿지 않

---

**21** Cf. p.445 주 8)에 인용된 베츠와 하아커의 논문들

는 이는 당연히 로마서 10:2-4에 그것이 반영되어 있다는 것도 부인할 것이다. 그래서 레이제넨은(p.175, n.73) "이 본문에서 바울은 이스라엘의 비극을 그의 회심의 체험에 비추어 이해하고 있다"(본서 p.28)고 한 나의 제안을 배격한다. 늘 하던 대로 레이제넨은 여기에서도 이 주장을 위하여 내가 제시한 근거에 관하여는 한마디의 논평도 없이 그저 한마디로 부인해 버린다. 나의 제안의 근거는 다음과 같다: 1) 언어의 매우 밀접한 유사성($\zeta\hat{\eta}\lambda o\varsigma$, $\nu\acute{o}\mu o\varsigma$, $\grave{\epsilon}\mu\grave{\eta}$ (or $\acute{\eta}$ $\grave{\iota}\delta\acute{\iota}\alpha$) $\delta\iota\kappa\alpha\iota o\sigma\acute{\upsilon}\nu\acute{\eta}$ $\acute{\eta}$ $\delta\iota\kappa\alpha\iota o\sigma\acute{\upsilon}\nu\eta$ $\tau o\hat{\upsilon}$ $\theta\epsilon o\hat{\upsilon}$, $\gamma\nu\hat{\omega}\sigma\iota\varsigma$ (or $\grave{\epsilon}\pi\acute{\iota}\gamma\nu\omega\sigma\iota\varsigma$), $\pi\acute{\iota}\sigma\tau\iota\varsigma$ 등) 2) 바울의 과거와 이스라엘 현재와의 유사성; 3) 바울의 현재(또는 그의 회심에 의하여 결정지어진 그의 실재)와 이스라엘의 아직도 깨달음이 없는 율법에 의한 의만을 고집하는 열정 사이의 대조, 외견상 레이제넨은 로마서 10:3의 "그들 자신의 의"란 "유대인만이 얻을 수 있는 특권이 있는 그 의"를 말한다고 하는 샌더스의 해석[22]을 따르는 것만으로 내가 제시한 근거들을 무시할 수 있다고 확신하는 것 같다. 그러나 설사 그 구절에 대한 샌더스의 이상한 해석이 옳다고 할지라도 그것이 나의 견해에 어떤 문제점도 제시하지 못한다: "그 자신의 의"(레이제넨의 주장에 근거하여 논증하자면 로마서 10:3의 "그들 자신의 의"에 맞추어 볼 때 의는 유대인으로서의 바울이 얻을 수 있도록 특권이 주어진 그 의로 해석되어야 한다)에 대한 그의 열심이 잘못되었다는 것을 깨달은 바울이 그리스도를 믿음으로 "하나님의 의"을 얻기 위하여 그것을 포기하였다. 그리고 이 체험에 비추어 볼 때 그는 "유대인들만이 얻을 수 있는 특권을 가진 그 의에 대한 깨달음 없는 열정과 그 때문에 "하나님의 의"를 얻지 못하게 되는 이스라엘의 고집을 비극으로 이해하였다. 그러나 로마서 10:3의 "그들 자신의 의"에 대한 샌더스의 해석 자체가 명백하게 잘못된 해석이다. 그것을 전제

---

[22] Sanders, *Paul, the Law and the Jewish people*, p.38.

한다면 로마서 9:30ff.에서 바울이 유대인을 비난하는 이유를 이해할 수 없기 때문이다: 바울이 왜 그 자신도 받아들인 바 유대인만이 얻을 수 있는 특권을 가진 그 의를 추구한 것을 비판하는가? 더욱이 이 문구가 샌더스가 주장한 그러한 의미라면 이스라엘에게 그러한 "특전"을 베푸신 분이 하나님이시며 그것을 얻는 것은 율법(즉, 하나님의 의지)을 지킴으로 말미암는 것이므로 바울은 로마서 10:3이나 빌립보서 3:9에서 그것을 "하나님의 의"와 대조시키기보다는 오히려 그 둘을 조화시키려 하였을 것이다.[23] 어쨌든 레이제넨은 이와 같은 샌더스의 해석을 포기하고 좀 더 일반적인 이해를 좇아 빌립보서 3:9을 해석함에 있어서 곧이어 다음과 같은 말을 덧붙인다: "진정한 의는 오직 그리스도를 통해서만 얻을 수 있다(v.9); 할례를 받음으로써…자신의 구원을 확신하려는 시도는 그리스도 안에 계시된 하나님의 뜻에 대적하는 것이며 따라서 결국 그것은 자기 '자신의' 의가 되고 만다." 분명히 여기서 레이제넨이 "자기 '자신의' 의"라는 말로 의미 하는 것이 "유대인들만이 얻을 수 있는 특권이 부여된 그 의"가 아니라(만일 그가 일관성이 있다면 말이다) "자기 의"를 말한다. 왜냐하면 여기에서 할례를 받도록 고려되고 있는 사람들은 유대인이 아니라 이방인 그리스도인들이기 때문이다. 그럼에도 불구하고 레이제넨은 어떻게 계속하여 "따라서 (빌립보서 3:9의) 요점은 로마서 10:3의 요점과 꼭 같다"라고 말할 수 있는지 당혹스럽다. 빌립보서 3:9의 "내 자신의 의"와 로마서

---

[23] 더욱이 바울이 왜 유대인들이 그들의 의를 획득하기 위해 하나님에 의해 부여 받은 특권이 바로 율법을 통하여 얻는 것이라면 그리스도는 율법의 마침(롬 10:4)이라고 선언하고 있는 것인가? 만일 바울의 관심이 이방인의(구원에의) 참여에 있는 것이라면 왜 그는 그저 이방인들의 의톱나 함을 빌는 것이 그리스도를 믿음으로 말미암는다고 선포하는 것에 만족하고 유대인들은 그들의 특권에 그대로 남겨두지 않았을까? 왜 바울은 유대인들과 유대 그리스도인들의 입장과 정반대의 위치에서 유대인과 이방인들 모두가 동일한 근거에 의하여 의롭다 함을 받는다는 주장을 하여 말썽을 자초하였을까?

10:3의 "그들 자신의 의"를 해석함에 있어서 샌더스의 해석을 좇든지 또는 대다수의 성경 주석가들의 해석을 따르든지 간에 그 둘의 의미를 동일하게 해석할 때라야 빌립보서 3:9와 로마서 10:3의 요점이 동일할 것이다. 레이제넨은 빌립보서 3:9과 로마서 10:3 사이의 유사성을 그려냄으로써 그가 로마서 10:2-4에 바울이 회심 체험이 반영되어 있음을 부인하는 것은 다만 그가 빌립보서 3:4-11의 경우에 있어서 그것을 부인하였기 때문임을 은연중 드러낸 것이다.

불트만에 반대하여 레이제넨은 빌립보서 3:4-11에서 바울은 자신이 예전에 율법에 대한 열심이 있었던 것이나 율법을 성취한 것을 비판하는 것이 아니라 다만 그것을 "육신적인 것"으로 낙인찍는 것이라고 주장한다(R. p.176). 그러나 바울의 "육신"의 의미에 대한 부정적 사고를 생각해보면 왜 레이제넨의 주장이 불트만의 견해와 대립되는 것인지 이해가 되지 않는다. 그것은 어찌되었든 빌립보서 3:2-11에서 시사하는 것은 바로 율법에 의한 구원을 얻으려 하여 그리스도를 믿지 못함(레이제넨의 표현 형식으로 "기독론적 실패"⟨the Christological failure⟩)과 그것의 인간론적 결과(anthropological conseguences) – 육신으로 영광받음과 확신 – 사이의 불가분의 연결관계이다. 그러므로 레이제넨이 어떻게 빌립보서 3:4ff.에 관한 논술을 막 끝내면서 "요약하자면 바울은 유대인들이 그리스도를 믿음으로가 아니라 율법을 준수함으로써 구원받을 수 있다고 망상하는 오류를 범하고 있었다. 악의 뿌리는 인간론적 실패가 아니라 기독론적 실패에 놓여 있다"(R. p.176)라고 결론을 내릴 수 있는지 납득하기가 어렵다. 그는 이 두 번째의 문장을 하나의 고정된 문형과 같이 재삼재사 되풀이하는데[24] 그는 바울에게 있어 분명히 연결되어 있는 기독론적 신앙/불신앙과 그것의 인간론적 결과를 자의적으로 분리시키

---

**24** 샌더스 역시 이 비슷한 형식문을 거듭 사용한다(Ibid., *passim*).

고, 빌 3:2ff 등에서 볼 수 있는 그들의 연결에 대한 증거를 무시해 버리거나 그가 정작 다루기는 하는 다른 본문들(특히, 롬 3:27; 4:2-5; 고전 1:29)에 있는 연결의 증거들을 적당히 해설해 치워버림으로써만 그렇게 할 수 있는 것이다.

바울 자신이 *sola gratia, sola fide*의 복음의 기원은 그의 회심 체험에 있다고 증언하는 모든 중요한 본문들을 거의 무시하면서도(갈 1:11ff.와 빌 3:4ff. 이외에도 고전 15:8ff.과 고후 3:4-4:6의 성경 본문과 이 책에 있는 주해 pp.487-504과 pp.388-406도 보라), 레이제넨은 "바울의 회심과 함께 기본적으로 '준비가 된' 율법에 관한 신학이라는 이론을 가지고는 바울의 율법에 관한 신학의 자기 모순적인 성격을 '적절하게 설명할 수가 없다'"고 주장한다(R. p.256). 레이제넨은 계속 다음과 같이 논증한다:

> 만일 '그리스도가 율법의 마침이 되었다'는 교리를 처음부터 바울이 분명하게 확신하고 있었다면… 그의 후기 서신에는 훨씬 더 일관성 있는 방식으로 이 확신이 표현되어 있어야 할 것이다 그러나 실제로는 그가 선포하는 율법에 관한 교리 중 일관성 있는 요인은 놀라울 정도로 율법의 부정적인 측면에 치우쳐 있다 … 이와 같은 일관성 없음은 바울이 50년대 후반까지는 아직도 율법에 대한 그의 독특한 견해를 위한 논리를 찾고 있었음을 시사한다. 그리고 적어도 이 논증들이 부분적으로는 확실히 불분명한 상태였다 … 바울이 이 문제에 관하여 20여 년간 숙고하였다면 다소간의 확고한 근거를 발견하였으리라는 추론은 할 수 있을 것이다(R.pp.255f. 레이제넨 자신의 강조).

그러므로 레이제넨의 견해는 "바울은 그의 서신에서 최근에 일어난 사건들을 해결하려 하는 것인데 그것들 중에서 '유대주의자' 적대자들과의 갈등이 가장 큰 문제였다는 것이다(R. p.256). 레이제넨의 핵심적인 주장에서 바울이 율법과 그리스도를 상호간에 서로 배제되는 구원에의 길로서 대조를 만들게 된 결정적 사건이 안디옥의 갈등인지, 갈라디아의 논쟁인지는 분명하지 않다. 그러나 후자의 경우라 할지라도 우리는 적어도 갈라디아서와 로마서에서는 율법에 대한 바울의 부정적인 평가만을 기대하게 될 것이다. 만일 레이제넨이 옳다면 왜 바울은 유대주의자들과의 갈등 속에서 그리스도와 대립되는 율법의 개념과 그리스도는 율법의 마침이라는 개념을 만들어내면서 이 서신 안에서 율법에 관한 부정적인 측면에 대한 단언만큼이나 긍정적인 측면을 천명하고 있는 것일까? 바울이 갈라디아에 있는 유대주의자들과의 논쟁의 와중에 서 있는 것이므로 적어도 갈라디아서에서는 율법에 관한 부정적인 측면만 천명했으리라는 것은 당연한 추론이 아닐까? 바울은 너무도 어리석어서 바로 그 논쟁에서 직접 자기를 향해 휘두를 수 있는 검을 그 적대자들의 손에 쥐어 준 것일까? 내가 바울을 이해하는 한에 있어서는 그는 충동적으로 한 순간에는 율법에 대한 부정적인 말을 하여 그 유대주의자 적대자들에게 반대하다가 바로 같은 그 서신 안에서 그 다음 순간에 율법에 관한 "보수적"인 입장을 내세우며 자신의 말을 뒤집는 그러한 사람이 아니다. 내가 믿기에 바울은 그의 서신들 안에 율법에 관하여 부정적, 긍정적 천명을 동시에 하고 있는 것은 바울의 생각에 그들이 상호간에 모순되기 때문(레이제넨이 계속 주장하듯)이 아니라 그것들은 필연적인 변증적 논리로 충분히 설명될 수 있는 것이기 때문이다(레이제넨은 부인하고 있지만 (R. p.4).²⁵ 바울의 율법에 대한 비판이 유대주의자들과의 갈등에서 비롯되었다는 그의 견해를 위하여 레이제넨은 그 견해를 지지하는 학자들이 통상 내어놓은 주장대로 데살로니가전서에는 율법에 관한 바울의 관심이 전혀 나타나 있지 않다는 데에 호소한다. 내가 생각하기에

---

**25** 이를 위하여는 앞으로 출간될 NTD 시리즈의 슈툴마허의 로마서 주석을 보라.

데살로니가전서에 율법에 관한 언급이 전혀 없는 사실은 단순히 데살로니가 교회(아마도 이방인들이 대부분이었을) 내의 문제들은 바울로 하여금 율법에 관한 논평이나 율법의 행위 없이 의롭다 함을 얻는다는 그의 교리를 개진할 필요를 느끼지 못했기 때문이라는 것을 시사할 뿐이다. "율법의 문제는 선교적인 선포의 요약 속에는 들어있지 않다(1:9f)"(R. p.254)는 사실은 데살로니가전서를 쓸 당시 바울에게 율법은 아디아포론(adiaphoron: 지키거나 안 지키거나 차이 없는 것)이었다는 레이제넨의 견해를 지지해 주는 것이 아니라 도리어 '하나님의 아들로서 토라를 능가하신 그리스도 예수를 믿음으로 의롭다 함을 받는 복음'의 내용이 여기 함축되어 있다는 견해를 지지해 준다(본서에 있는 나의 해석을 보라. pp.221-226). 레이제넨은 더 나아가 구원의 길로서의 율법의 개념에 반대하는 바울의 논리는 이방인들도 하나님의 백성으로 받아들여져야 한다는 그의 배려에서 개발되어 나온 것이라고 주장한다. 그러므로 레이제넨은 그와 같은 "논쟁들은 … 이방인의 구원에의 포함이라는 문제가 가장 중요한 쟁점이 되는 맥락 안에서 주로 발견된다(갈 2-3장, 롬 3-4장, 9-10장)"고 주장한다(R. p.176. 레이제넨의 강조). 본서에서 나는 이미 바울이 그의 칭의의 교리를 개진할 기회가 있을 때마다 유대인과 마찬가지로 이방인들도 믿음을 근거로 하여 의롭다 함을 받는다고 주장하였음과, 그리고 이것은 다메섹의 계시를 통해 그가 받았던 복음과 사도권의 일치성의 표징이라는 것을 지적하였다(pp.525-529). 그러나 레이제넨이 바울이 이방인의 구원을 위하여 율법에 반대하는 논쟁을 개발하였다고 말하는 것이라면 그것은 지나친 비약이다. 갈라디아서 2-3장, 로마서 3-4장, 9-10장에서 바울의 가장 중요한 관심은 이방인의 구원에의 포함에 있는 것이 아니라, 은혜로 믿음으로 말미암아 예수 그리스도 안에서 구원을 받는다는 복음을 설명하려는 데에 있다. 바울은 다만 이 복음의 결과로서 유대인의 구원의 근거와 동일한 근거로 이루어지는 이방인의 구원과 유대인들이 이 구원을 덧입기를 거부하는 문제점을 언급하고 있는 것이다.[26] 나는 레이제넨이 로마서 4:5에 이어져 나오는 문맥 안에는 바울이 하나님께서 불경건한 자를 의롭다 하신다는 사상을 그의 다메섹 체험에서 얻었다는 암시가 없다고 하는 것에는 수긍한다(R. p.171, n.57, 본서의 pp.485ff.에 반대하여). 그러나 나는 이 견해를 증명하기 위하여 로마서 4:5에 이어지는 문맥이 아니라, 바울의 다메섹 체험에서 비롯되어 나온 그의 칭의의 교리가 들어있는 전(全) 본문에 호소하고 있다. 그것은 로마서 4:5에 이어지는 문맥에는 그 사상의 기원에 대한 암시가 전혀 들어있지 않기 때문이었다. 레이제넨이 이 사상이 어디에 기원하고 있는가에 관한 질문을 제기하지 않았다는 것은 유감스러운 일이다. 나에게 있어서 그 기원은 이방인 선교에 대한 그의 경험일 수도 없고 유대주의자들과의 논쟁일 수도 없으며 심지어는 순수한 "그리스도 사건"만일 수도 없다. 바울로 하여금 혁명적인 방식으로 하나님을 이해하도록 하고 그 새로운 빛으로 아브라함의 경우를 보도록 한 - 그 사상의 기원은 바울이 그리스도 사건의 진정성을 체험했던 어떤 특별한 환경이었다. 마지막으로 레이제넨은 다메섹의 그리스도의 현현에서 바울은 하나님께서 그리스도 위에 내린 율법의 저주(신 21:23)를 취소하셨다는 사실을 깨달았으며 이와 같은 깨달음이 바울이 "그리스도 율법의 마침이 되셨다"(롬 10:4)라는 명제를 형성하는 데 요인이 되었다고 하는 견해에 대하여 그 저주의 유효성이 바로 갈라디아서 3:13의 요점이라는 사실을 지적하면서 반대한다(R. p.249). 그러나 나의 생각으로는 본 저서에서 이미 시사한 바와 같이 (pp.464ff., 474ff.) 그 두 가지 입장은 바울의 율법에 대한 변증법적 이해를 보여주는 것이다.

---

[26] 샌더스조차도 이 문제와 관련하여 로마서 3-4장, 9-10장에 대해 레이제넨 정도의 주장을 하지 않는다(Ibid., pp.42f.).

이상과 같이 레이제넨에 대한 상당히 길고 자세한 검토는 그와 샌더스가 바울 학자들에게 제시한 강력한 도전 때문에 필요하였다. 그들의 도전으로 인하여 우리는 유대교와 바울에 관하여 완전히 새롭게 생각하게 되었다. 그러나 이번의 토의는 주로 레이제넨이 분명하게 나에 대해 비평하였거나 반대되는 주장을 폈던 쟁점들로 국한될 수밖에 없었다. 이 검토의 결과는 본서에 있는 나의 견해에 대한 레이제넨의 비평은 근거가 없다는 것과 나의 주장과 대립되는 그의 견해는 수긍할 수 없다는 것이다. 적어도 이 범위 내에서는 레이제넨의 저서에 수정이 필요함을 느낀다. 그러나 여기서의 그의 저서에 대한 나의 논평의 부족함을 유감으로 생각하면서 나는 바울 신학자들 중에서 누군가가 샌더스와 레이제넨에 의해 제시된 도발적인 논지를 전체적으로 검토하여 내어놓은 더 발전된 논평을 대하게 되기를 기대한다.

# 참고문헌

## I. Sources

### i. The Bible

Η ΚΑΙΝΗ ΔΙΑΘΗΚΗ, ed. E.Nestle & G.D.Kilpatrick (London, ²1965)

Biblia Hebraica, ed. R.Kittel et al. (Stuttgart, ³1973)

Septuaginta, ed. A.Rahlfs, 2 vols. (Stuttgart, 1935)

The Holy Bible, Revised Version (Oxford and Cambridge, 1885) (RV)

The Holy Bible, Revised Standard Version: OT (New York, 1952); NT (New York, 1946) (RSV)

The New English Bible with the Apocrypha (Oxford and Cambridge, 1970) (NEB)

### ii. Jewish Sources

The Apocrypha and Pseudepigrapha of the Old Testament, ed. R.H.Charles, 2 vols. (Oxford, 1913)    (Apoc. & Pseud.)

Die Apokryphen und Pseudepigraphen des Alten Testaments, ed. E.Kautzsch, 2 Vols.

(Tübingen, 1900)  (*Apok. u. Pseud.*)

*Altjüdisches Schrifttum außerhalb der Bibel*, ed. P.Riessler (Heidelberg, ²1966)

*The Apocalypse of Abraham*, ed. G.H.Box & J.I.Landsman, TED 1, Palestinian Jewish Texts (Pre-Rabbinic) (London, 1919)

*The Testament of Abraham: the Greek Recensions*, ed. M.E.Stone, SBLTT 2 Pseudepigrapha Series 2 (Missoula, 1972)

*The Book of Enoch*, ed. R.H.Charles (Oxford, ²1912)

*3 Enoch, or the Hebrew Book of Enoch*, ed. H.Odeberg (Cambridge, 1928)

*Die Esra-Apokalypse*, ed. B.Violet, 2 vols. GCS18, 32 (Leipzig, 1910, 1924)

*The Ezra-Apocalypse*, ed. G.H.Box (London, 1912)

*The Fourth Book of Ezra: the Latin Version*, ed. R.L.Bensly, Texts S III. 2 (Cambridge, 1895)

*Die Oracula Sibyllina*, ed. J.Geffcken, GCS 8 (Leipzig, 1902)

*The Greek Versions of the Testaments of the Twelve Patriarchs*, ed. R. H.Charles (Oxford, 1908)

*Testament XII Patriarcharum*, ed. M.de Jonge, PVTG 1 (Leiden, 1964)

*The Lost Apocrypha of the Old Testament*, ed. M.R.James, TED I, Palestinian Jewish Texts (Pre-Rabbinic) (London, 1920)

*Messias Judaeorum*, ed. A.Hilgenfeld (Leipzig, 1869)

*Die Texte aus Qumran*, Hebräisch und Deutsch, ed. E.Lohse (München, 1964)

11Q Melchizedek in: M.de Jonge & A.S.v.d.Woude, '11Q Melchizedek and the New Testament', *NTS* 12 (1965/66), pp. 302f.

*Das Fragmententhargum (Thargum jeruschalami zum Pentateuch)*, ed. M.Ginsburger (Berlin, 1899)

*Pseudo-Jonathan (Thargum Jonathan ben Usiël zum Pentateuch)*, ed. M. Ginsburger (Berlin, 1903)

*The Targums of Onkelos and Jonathan ben Uzziel on the Pentateuch with the*

*Fragments of the Jerusalem Targum from the Chaldee*, tr. J. W.Etheridge (New York, 1968)

*Targum Neophyti*, ed. A.D.Macho, E.T.McNamara & M.Maher, 4 vols. (Madrid, 1968-1974)

*The Targum of Isaiah*, ed. & tr. J. F. Stenning (Oxford, 1953)

*A Rabbinic Anthology*, ed. C.G.Montefiore & H.Loewe (London, 1938)

*Mekilta de Rabbi Ishmael*, ed. & tr. J.Z.Lauterbach, 3 vols. (Philadelphia, 1933, 1976)

*Midrash on Psalms*, tr. W.G. Braude, 2 vols, Yale Judaica Series 13 (New Haven, 1959)

*Midrash Rabbah*, tr. H. Freedman & M.Simon, 10 vols (London, 1939)

*The Mishnah*, tr. H. Danby (Oxford, 1933)

*Pesikta Rabbati*, tr. W.G. Braude, 2 vols., Yale Judaica Series 18 (New Haven, 1968)

*The Babylonian Talmud*, ed. I.Epstein, 18 vols. (London, 1935-1952)

*Le Talmud Jerusalem*, tr. M. Schwab, 6 vols. (Paris, 1960)

Josephus, *Works*, ed. H.St.Thackeray, R.Marcus, A.Wikgren, & L.H. Feldman, 9 vols., Loeb (London, 1926-1965)

Philo, *Works*, ed. L.Colson & G.H.Whitaker, 10 vols., Loeb (London, 1929-1962), with Supplementary vols. I&II, ed. R .Marcus(London, 1953)

*Service of the Synagogue: Day of Atonement*, Part II (London, $^{10}$1904)


*iii. Early Christian Sources*

*New Testament Apocrypha*, ed. E.Hennecke & W.Schneemelcher, English edition by R.McL. Wilson, 2 vols. (London, 1965)

*Die ältesten Apologeten*, ed. E.J.Goodspeed (Göttingen, 1914)

*The Writings of Justin Martyr and Athenagoras*, ed. & tr. A.Roberts & J. Donaldson,

Ante-Nicene Christian Library II (Edinburgh, 1967)

Hippolytus, *Refutatio Omnium Haeresium*, ed. P.Wendland, GCS 26 (Leipzig, 1916)

Jerome, *Liber Viris illustribus*, in: *Opera* II, ed. J.P.Migne, *PI* 23 (Paris, 1845)

*The Odes of Solomon*, ed. & tr. J.H.Charlesworth (Oxford, 1973)

*Die Schatzhöhle, syrisch und deutsch*, ed. Bezold, 2 vols.(Leipzig, 1883-1889)

*iv. Greek & Hellenistic Sources*

*Corpus Hermeticum*, ed. A.D.Nock, tr. A-J.Festugière, 4 vols. (Paris, 1945-1954)

*Epigrammatum Anthologia Palatina* II, ed. F.Dübner(Paris, 1872)

*Papyri Graecae Magicae* I, ed. K.Preisendanz (Stuttgart, $^2$1973)

Plato, *Phaedrus*, in: *Platonis Opera* II, ed. J.Bumet (Oxford, 1901)

*The Geography of Strabo* VI, ed. H.L.Jones, Loeb (London, 1960)

*v. Gnostic Sources*

*Koptisch-gnostische Apokalypse aus Codex V von Nag-Hammadi im koptischen Museum zu Alt-Kairo*, ed. A.Böhlig & P. Labib (Halle-Wittenberg, 1963)

*Die gnostischen Schriften des koptischen Papyrus Berolinensis 8502*, ed. W.C.Till, TU 60 (Berlin, 1955)

*Ginza: der Schatz oder das große Buch der Mandäer*, ed. M.Lidzbarski(Göttingen, 1925)

*The Canonical Prayerbook of the Mandaeans*, ed. E.S.Drower (Leiden, 1959)

'Vom Ursprung der Welt: eine titellose gnostische Abhandlung aus dem Funde von Nag-Hammadi', ed. & tr. H.-M.Schenke, *ThLZ* 84 (1959), cols. 243-256.

*The Hypostasis of the Archons*, ed. & tr. R.A.Bullard (Berlin, 1970)

## II. Reference Works used but not cited in this book

E.Hatch & H.A.Redpath, *A Concordance to the Septuagint and the Other Greek Versions of the Old Testament*, 3 vols. (reprint: Graz, 1954)

G.Lisowsky, *Konkordanz zum Hebräischen Alten Testament* (Stuttgart,. ²1958)

G.Mayer, *Index Philoneus* (Berlin, 1974)

W.F.Moulton & A.S.Geden, *A Concordance to the Greek Testament*, 4th ed. revised by H.K.Moulton (Edinburgh, 1974)


## III. Secondary Literature

The following volumes of collected essays are abbreviated in this section of Bibliography as:

*Apostolic History*  *Apostolic History and the Gospel*, F.F.Bruce FS, ed. W.W.Gasque & R .P.Martin (Exeter, 1970)

*Geschichte*  *Neues Testament und Geschichte*, O. Cullmann Fs, ed. H. Baltensweiler & B. Reicke (Zürich, 1972)

*Kirche*  *Neues Testament und Kirche*, R.Schnackenburg FS, ed. J.Gnilka (Freiburg, 1974)

*Menschensohn*  *Jesus und der Menschensohn*, A.Vögtle FS, ed. R. Pesch & R.Schnackenburg (Freiburg, 1975)

*Paul and Qumran*  *Paul and Qumran*, ed. J.Murphy-O' Connor (London, 1968)

*Reconciliation*  *Reconciliation and Hope*, L.L.Morris FS, ed. R.

| | Banks (Exeter, 1974) |
|---|---|
| Rechtfertigung | Rechtfertigung, E.Käsemann FS, ed. J.Friedrich, W.Pöhlmann & P.Stuhlmacher (Tübingen, 1976) |
| Religions | Religions in Antiquity, Essays in Memory of E.R. Goodenough, ed. J.Neusner (Leiden, 1968) |
| T.K.Abbott, | The Epistles to the Ephesians and to the Colossians, ICC (Edinburgh, 1897) |
| P.Althaus, | Paulus und Luther über den Menschen (Güttersloh, ⁴1963) |
| A.A.Anderson, | The Book of Psalms I, NCB (London, 1972) |
| L.Baeck, | 'The Faith of Paul', JJS 3 (1952), pp.93-110 |
| W.Baird, | 'What is the Kerygma?', JBL 76 (1957), pp.181-191 |
| H.R.Balz, | Methodische Probleme der neutestamentlichen Christologie, WMANT 25 (Neukirchen, 1967) |
| E.Bammel, | 'Judenverfolgung und Naherwartung', ZThK 56(1959), pp.294-315 |
| | 'Versuch zu Col. 1. 15-20', ZNW 52 (1961), pp.88-95 |
| R. Banks, | Jesus and the Law in the Synoptic Gospels, SNTSMS 28 (Cambridge, 1975) |
| E. Barnikol, | Die vorchristliche und frühchristliche Zeit des Paulus (Kiel, 1929) |
| J. Barr, | 'Theophany and Anthropomorphism in the Old Testament', VT Supplement 7 (1960), pp.31-38 |
| | 'The Image of God in the Book of Genesis-A Study of Terminology', BJRL 51 (1968/69), pp.11-26 |

| | |
|---|---|
| C.K. Barrett, | *A Commentary on the Epistle to the Romans*, BNTC (London, 1957) |
| | *A Commentary on the First Epistle to the Corinthians* BNTC (London, 1968) |
| | *A Commentary on the Second Epistle to the Corinthians*, BNTC (London, 1973) |
| | *From First Adam to Last* (London, 1962) |
| | 'Paul's Opponents in II Corinthians', *NTS* 17 (1970/71), pp.233-254 |
| | |
| K.Barth, | *The Epistle to the Romans*, E.T. from the 6th edition of Der Römerbrief (1928) (London, 1968) |
| | *A Shorter Commentary on Romans* (E.T.London, 1959) |
| | *The Epistle to the Philippians* (E.T.London, 1962) |
| | *Rudolf Bultmann, ein Versuch, ihn zu verstehen / Christus und Adam nach Röm 5*, zwei theologische Studien (Zürich, 1964) |
| M.Barth, | *Ephesians*, AB, 2 vols. (Garden City, N.Y., 1974) |
| F.Baumgärtel, | $\kappa\alpha\rho\delta\iota\alpha$, *TDNT* iii, pp.606-607 |
| | $\pi\nu\epsilon\hat{\upsilon}\mu\alpha$, *TDNT* iv, pp.359-368 |
| | |
| F.W.Beare, | *A Commentary on the Epistle to the Philippians*, BNTC (London, 1958) |
| G.R.Beasley-Murray, | *A Commentary on Mark Thirteen* (London, 1957) |
| | *Baptism in the New Testament* (London, 1962) |
| J.Becker, | 'Erwägungen zu Phil. 3, 20-21', *ThZ* 27(1971), |

| | |
|---|---|
| | pp.16-29 |
| J.Behm, | καπδία, *TDNT* iii, pp.606-607 |
| | μορφή, κτλ, *TDNT* iv, pp.742-759 |
| | νοῦς, *TDNT* iv, pp.951-960 |
| H.Bellen, | 'Συναγωγή τῶν 'Ιουδαίων καί θεοσεβῶν': Die Aussage einer bosporanischen Freilassungsinschrift (CIRB 71) zum Problem der "Gottesfürchtigen"', *Jahrbuch für Antike und Christentum* 8/9 (Münster, 1965/66), pp.171-176 |
| P.Benoit, | 'Qumran and the New Testament', *Paul and Qumran*, pp.1-30 |
| K.Berger, | 'Zum Problem der Messianität Jesu', *ZThk* 71 (1974), pp.1-30 |
| R.Bergmeier, | 'Quellen vorchristlicher Gnosis', *Tradition und Glaube*, K.G.Kuhn FS, ed. G.Jeremias, H.-W. Kuhn & H.Stegemann (Göttingen, 1971), pp.200-220 |
| G.Bertram, | ἐπιστρέφω, *TDNT* vii, pp.722-729 |
| E.Best, | *One Body in Christ* (London, 1955) |
| | *A Commentary on the First and Second Epistles to the Thessalonians*, BNTC (London, 1972) |
| H.D.Betz, | 'Das Verständnis der Apokalyptik in der Theologie der Pannenberg-Gruppe', *ZThK* 65 (1968), pp.257-270 |
| O.Betz, | *Offenbarung und Schriftforschung in der Qumransekte*, WUNT 6 (Tübingen, 1960) |

| | *What Do We Know about Jesus?* (E.T. London, 1968) |
| --- | --- |
| | 'Die Vision des Paulus im Tempel. Apg. 22, 17-21 als Beitrag zur Deutung des Damaskuserlebnisses', *Verborum Veritas*, G.Stählin FS, ed. O.Böcher & K.Haacker (Wuppertal, 1970) |
| | 'Paulus als Pharisäer nach dem Gesetz: Phil. 3, 5-6 als Beitrag zur Frage des frühen Pharisäismus', *Treue zur Thora*, G.Harder FS, ed. P.v.d. Osten-Sacken (Berlin, 1977), pp.54-64 |
| K.Beyschlag, | 'Zur Simon-Magus-Frage', *ZThk* 68 (1971), pp.395-426 |
| W.Bieder, | πνεῦμα, *TDNT* vi, pp.359-375 |
| M.Black, | *Romans*, NCB (London, 1973) |
| | 'The Pauline Doctrine of the Second Adam', *SJT* 7 (1954), pp.170-179 |
| | 'The Christological Use of the Old Testament in the New Testament', *NTS* 18 (1971/72), pp.1-14 |
| | 'Die Apotheose Israels: eine neue Interpretation des danielischen "Menschensohns"', *Menschensohn*, pp.92-99 |
| | 'The Throne-Theophany Prophetic Commission and the "Son of Man"':A Study in Tradition History', *Jews, Greeks and Christians*, W.D. Davies FS, ed. R.Hamerton-Kelly & R.Scroggs(Leiden, 1976), pp.56-73 |
| E.P.Blair, | 'Paul's call to the Gentile Mission', *Biblical* |

| | |
|---|---|
| | *Research* 10 (1965), pp.19-33 |
| J.Blank, | *Paulus und Jesus*, SANT 18 (München, 1968) |
| | 'Warum sagt Paulus: "Aus Werken des Gesetzes wird niemand gerecht"?', *Evangelisch-Katholischer Kommentar Vorarbeiten* Heft 1 (Neukirchen, 1969), pp.79-95 |
| H.Boers, | 'The Form Critical Study of Paul's Letters, 1 Thessalonians as a Case Study', *NTS* 22 (1976), pp.140-158 |
| P.Borgen, | 'From Paul to Luke', *CBQ* 31 (1969), pp.168-182 |
| G.Bomkamm, | *Paulus* (Stuttgart, ²1969) |
| | μυστήριον *TDNT* iv, pp.802-827 |
| | 'Paulus', *RGG*³ v, cols. 166-190 |
| | 'Taufe und neues Leben bei Paulus', *Das Ende des Gesetzes*, Gesammelte Aufsätze i, BEvT 16 (München, ⁵1966), pp.34-50 |
| | 'Sünde, Gesetz und Tod', *ibid.*, pp.51-69 |
| | 'Paulinische Anakoluthe im Römerbrief', *ibid.*, pp.76-92 |
| | 'Glaube und Vernunft bei Paulus', *Studien zu Antike und Urchristentum*, Ges. Aufsätze ii, BEvT 28 (München, 1970), pp.119-137 |
| | 'Das Bekenntnis im Hebräerbrief', *ibid.*, pp.188-203 |
| | 'The Missionary Stance of Paul in 1Corinthians 9 and in Acts', *Studies in Luke-Acts*, P.Schubert FS, ed. L.E.Keck & J.L.Martyn (London, 1968), pp.194-207 |

| | 'Revelation of Christ to Paul on the Damascus Road and Paul's Doctrine of Justification and Reconciliation. A Study in Galatians 1', *Reconciliation*, pp.90-103 |
|---|---|
| F.H.Borsch, | *The Son of Man in Myth and History* (London, 1967) |
| | *The Christian and Gnostic Son of Man*, SBT 14 (London, 1970) |
| W.Bousset, | *Kyrios Christos* (Göttingen, ²1921) |
| W.Bousset and H. Greßmann, | *Die Religion des Judentums im späthellenistischen Zeitalter*, HNT 21 (Tübingen, ⁴1966) |
| J.W.Bowker, | '"Merkabah" Visions and the Visions of Paul', *JSS* 16(1971), pp.157-173 |
| J.Bowman, | 'The Background of the Term "Son of Man"', *ExpT* 59(1948), pp.283-288 |
| G.H.Box, | '4 Ezra', *Apoc. & Pseud.* ii, ed. Charles, pp.542-624 |
| E.Brandenburger, | *Adam und Christus*, WMANT 7 (Neukirchen, 1962) |
| C.H.W.Brekelmans, | 'The Saints of the Most High and Their Kingdom', *Oudtestamentische Studien* 14 (1965), pp.305-329 |
| R.Bring, | *Commentary on Galatians* Philadelphia, 1961) |
| | 'The Message to the Gentiles', *StTh* 19 (1965), pp.30-46 |
| L.H.Brockington, | 'The Septuagintal Backgound to the New Testament Use of $\Delta\acute{o}\xi\alpha$, *Studies in the Gospels*, Essays in Memory of R.H.Lightfoot, ed. D.E. Nineham (Oxford, 1955), pp.1-8 |

| | |
|---|---|
| R.E.Brown, | 'The Semitic Background of the New Testament Mysterion', *Biblica* 39 (1958), pp.426-448; 40 (1959), pp.70-87 |
| F.F.Bruce, | *The Acts of the Apostles* (London, ²1970) |
| | *The Book of Acts*, NLC (London, 1970) |
| | *The Epistle to the Colossians*, NLC (London, 1957) |
| | *The Epistle to the Hebrews*, NLC (London, ³1971) |
| | *Romans*, Tyndale New Testament Commentaries (London, 1969) |
| | *1 and 2 Corinthians*, NCB (London, 1971) |
| | *This is That* (Exeter, 1968) |
| | *New Testament History* (London, ²1971) |
| | *Paul and Jesus* (Grand Rapids, 1974) |
| | *Paul: Apostle of the Heart Set Free* (Exeter. 1977) |
| | "Jesus is Lord", *Soli Deo Gloria*, W.C.Robinson FS, ed. J.M.Richards (Richmond, 1968), pp.23-36 |
| | 'Galatian Problems: 1. Autobiographical Data', *BJRL* 51 (1968/69), pp.292-309 |
| | 'Galatian Problems: 4. The Date of the Epistle', *BJRL* 54 (1971/72), pp.250-267 |
| | 'Paul and the Law of Moses', *BJRL* 57 (1974/75), pp.259-279 |
| | 'Christ and Spirit in Paul', *BJRL* 59 (1976/77), pp.259-285 |
| | 'Paul and Immortality', *SJT* 24 (1971), pp.457-472 |
| F.Buchsel, | $\kappa\alpha\tau\alpha\lambda\lambda\acute{\alpha}\sigma\sigma\acute{\omega}$ $\kappa\tau\alpha$, *TDNT* i, pp.254-259 |
| R.Bultmann, | *Das Evangelium des Johannes*, Meyerk 6 |

(Göttingen, ¹⁹1968)

*Theology of the New Testament*, 2 vols. (E.T. London, 1968)

*Der zweite Brief an die Korinther*, Meyerk 2 (Göttingen, 1976)

'Paulus', *RGG*² iv, cols. 1020-1045

πιστεύω, *TDNT* vi, pp.197-228

'Die Christologie des Neuen Testaments', *Glauben und Verstehen* i (Tübingen, ⁷1972), pp.245-267

'Das christologische Bekenntnis des ökumenischen Rates', *Glauben und Verstehen* ii (Tübingen, 1952), pp.246-261

'Römer 7 und die Anthropologie des Paulus', *Exegetica* (Tübingen, 1967), pp.198-209

'Jesus und Paulus', *ibid.*, pp.210-229

'Exegetische Probleme des zweiten Korintherbriefes', *ibid.*, pp.298-322

'Ursprung und Sinn der Typologie als hermeneutischer Methode', *ibid.*, pp.369-380

'ΔΙΚΑΙΟ ΣΥΝΗ ΘΕΟΥ', *ibid.*, pp.470-475

C.Burchard,   *Der dreizehnte Zeuge*, FRLANT 103 (Göttingen, 1970)

F.C.Burney,   *The Aramaic Origin of the Fourth Gospel* (Oxford, 1922)

'Christ as the ΑΡΧΗ of Creation', *JTS* 27 (1926), pp.160-177

E.de Witt Burton   *The Epistle to the Galatians*, ICC (Edinburgh, 1921)

| | |
|---|---|
| H.J.Cadbury, | 'The Hellenists', *Beginnings* v, pp.59-74 |
| H.Frh.von Campenhausen, | 'Der urchristliche Apostelbegriff', *StTh* 1 (1948), pp.96-130 |
| | 'Das Bekenntnis im Urchristentum', *ZNW* 63(1972), pp.210-253 |
| L.Cerfaux, | *Christ in the Theology of St.Paul* (E.T.London, 1959) |
| | *The Church in the Theology of St.Paul* (E.T. London, 1959) |
| | 'La vocation de S.Paul', *Euntes Docete* (Rome, 1961) |
| F.Christ, | *Jesus Sophia*, ATANT 57 (Zürich, 1970) |
| D.J.A.Clines, | 'The Image of God in Man', *TynB* 19 (1968), pp.53-103 |
| C.Colpe, | *Die religionsgeschichtliche Schule*, FRLANT 87 (Göttingen, 1961) |
| | ὁ υἱός τοῦ ἀνθρώπου *TDNT* viiii, pp.400-477 |
| | 'Gnosis', *RGG*³ ii, cols. 1648-1652 |
| | 'Zur Leib-Christi-Vorstellung im Epheserbrief', *Judentum-Urchristentum-Kirche*, J.Jeremias FS, BZNW 26 (Berlin, ²1964), pp.172-187 |
| | 'New Testament and Gnostic Christology', *Religions*, pp. 227-243 |
| H Conzelmann, | *An Outline of the Theology of the New Testament* (E.T.London, 1969) |
| | *Der erste Brief an die Korinther*, MeyerK 5 (Göttingen, ¹¹1969) |

|  |  |
|---|---|
| | *Die Apostelgeschichte*, HNT 7 (Tübingen, ²1972) |
| | *Geschichte des Urchristentums*, NTD Erganzungsreihe 5 (Göttingen, ²1971) |
| | φῶς, *TDNT* ix, pp.310-358 |
| | χάρις κτλ, *TDNT* ix, pp.372-376, 387-402 |
| | χάρισμα, *TDNT* ix, pp.402-406 |
| | 'Paulus und die Weisheit', *NTS* 12 (1965/66), pp.231-244 |
| J.Coppens, | '"Mystery" in the Theology of Saint Paul and its Parallels at Qumran', *Paul and Qumran*, pp.132-158 |
| C.E.B.Cranfield, | *The Epistle to the Romans* I, ICC (Edinburgh, ⁶1975) |
| | 'St. Paul and the Law', *SJT* 17 (1964), pp.43-68 |
| O.Cullmann, | *The Christology of the New Testament* (E.T. London, 1959) |
| | *Die Tradition als exegetisches, historisches, und theologisches Problem* (Zürich, 1966) |
| | *Petrus: Jünger-Apostel-Märtyrer*(Zürich, ²1960) |
| | *The Iohannine Circle* (E.T.London, 1976) |
| | Πέτρος, *TDNT* vi, pp.100-112 |
| | 'Der eschatologische Charakter des Missionsauftrags und des apostolischen Selbtsbewußtseins bei Paulus', *Vorträge und Aufsätze 1925-1962* (Tübingen, 1966), pp.305-336 |
| N.A. Dahl, | *Das Volk Gottes* (Oslo, 1941) |
| | 'Zur Auslegung von Gal. 6, 16', *Judaica* 6 (1950), pp.101-170 |

'Die Messianität Jesu bei Paulus', *Studia Paulina*, J.de Zwaan FS, ed. J.N.Sevenster & W.van Unnik (Haarlem, 1953), pp.83-95

'Formgeschichtliche Beobachtungen zur Christusverkündigung in der Gemeindepredigt', *Neutestamentliche Studien für R.Bultmann*, BZNW 21 (Berlin, ²1957), pp.1-9

'Christ, Creation and the Church', *The Background of the New Testament and Its Eschatology*, C.H.Dodd FS, ed. D.Daube & W.D.Davies (Cambridge, 1956), pp.422-443

'The Atonement-an Adequate Reward for the Akedah? (Ro 8:32)', *Neotestamentica et Semitica*, M.Black FS, ed. E.E.Ellis & M.Wilcox (Edinburgh, 1969), pp.15-29

| | |
|---|---|
| J.Daniélou, | *Theology of Jewish Christianity* (E.T.London, 1964) |
| W.D.Davies, | *Paul and Rabbinic Judaism* (London, ³1970) |
| | *Christian Origins and Judaism* (London, 1972) |
| | 'The Apostolic Age and the Life of Paul'. *Peake's Commentary on the Bible*, ed. H.H. Rowley & M.Black (London, 1967), pp.870-881 |
| R.Deichgräber, | *Gotteshymnus und Christushymnus in der frühen Christenheit*, SUNT 5 (Göttingen, 1967) |
| A.Deissler, | 'Der "Menschensohn" und "das Volk der Heiligen des Höchsten" in Dan 7', *Menschensohn*, pp.81-91 |
| G.Delling, | $ἀνεξερεύνητος$, *TDNT* i, p.357 |
| A.M.Denis, | *Introduction aux pseudepigraphes grecs d'Ancien* |

| | |
|---|---|
| | *Testament* (Leiden, 1970) |
| J.D.M.Derrett, | 'Cursing Jesus (1 Cor XII. 3): the Jews as Religious "Persecutors"', *NTS* 21 (1975), pp.244-254 |
| M.Dibelius, | *An die Thessalonicher I/II. An die Philipper*, HNT 11 (Tübingen, ³1937) |
| M.Dibelius and H. Greeven, | *An die Kolosser, Epheser, An Philemon*, HNT 12 (Tübingen, ³1953) |
| M.Dibelius and W.G.Kummel, | *Paulus* (Berlin, ³1964) |
| K.Dick, | *Der schriftstellerische Plural bei Paulus* (Halle, 1900) |
| E.Dinkler, | 'Tradition im Urchristentum', *RGG*³ vi, cols. 970-974 |
| C.H.Dodd, | *The Parables of the Kingdom*, Fontana ed. (London, 1969) |
| | *The Bible and the Greeks* (London, 1935) |
| | *The Epistle of Paul to the Romans*, NMNTC, Fontana ed. (London, 1970) |
| | *According to the Scriptures* (London, 1952) |
| | *The Interpretation of the Fourth. Gospel* (Cambridge, 1970) |
| J.W.Doeve, | *Jewish Hermeneutics in the Synoptic Gospels and Acts* (Assen, 1954) |
| J.W.Drane, | *Paul: Libertine or Legalist?* (London, 1975) |
| D.C.Duling, | 'The Promises to David and Their Entrance into Christianity-Nailing Down a Likely Hypothesis', *NTS* 19 (1974), pp.55-57 |
| A.v.Dülmen, | *Die Theologie des Gesetzes bei Paulus*, SBM5 |

| | |
|---|---|
| | (Stuttgart, 1968) |
| G.S.Duncan, | *The Epistle of Paul to the Galatians*, MNTC (London, 1934) |
| J.D.G.Dunn, | *Baptism in the Holy Spirit*, SBT 15 (London, 1970) |
| | *Jesus and the Spirit* (London, 1975) |
| | '2 Corinthians III. 17- "The Lord is the Spirit"', *JTS* 21 (1970), pp.309-320 |
| | '1Cor. 15:45 - Last Adam, Life-giving Spirit', *Christ and the Spirit*, C.F.D.Moule FS, ed. B. Lindars and S, S.Smalley (Cambridge, 1973), pp.127-141 |
| | 'Rom. 7, 14-25 in the Theology of Paul', *ThZ* 31 (1975), pp.257-273 |
| | 'Paul's Understanding of the Death of Jesus', *Reconciliation*, pp.123-141 |
| J.Dupont, | 'The Conversion of Paul and Its Influence on His Understanding of Salvation by Faith', *Apostolic History*, pp.176-194 |
| G.Eichholz, | *Tradition und Interpretation*, TBü 29 (München, 1965) |
| | *Die Theologie des Paulus im Umriβ* (Neukirchen, 1972) |
| O.Eissfeldt, | *The Old Testament:An Introduction* (E.T.Oxford, 1965) |
| E.E.Ellis, | *Paul's Use of the Old Testament* (Edinburgh, 1957) |
| | "Christ Crucified", *Reconciliation*, pp.69-75 |
| | '"Wisdom" and "Knowledge" in 1Corinthians', *TynB* |

|  |  |
|---|---|
| | 25 (1974), pp.82-98 |
| | 'The Role of the Christian Prophets in Acts', *Apostolic History*, pp.50-67 |
| | 'Paul and his Opponents", *Prophecy and Hermeneutic* (Tübingen, 1977), pp.78-113 |
| F.W.Eltester, | *Eikon im Neuen Testament*, BZNW 23 (Berlin, 1958) |
| J.A.Emerton, | 'The Origin of the Son of Man Imagery', *JTS* 9(1958), pp.225-242 |
| W.R.Farmer, | *Maccabees, Zealots and Josephus* (New York, 1956) |
| E. Fascher | *Jesaja 53 in christlicher und jüdischer Sicht* (Berlin, 1958) |
| P.Feine, | *Das gesetzesfreie Evangelium des Paulus* (Leipzig, 1899) |
| | *Theologie des Neuen Testaments* (Leipzig, ³1919) |
| F.Feuillet, | *Le Christ Sagesse de Dieu* (Paris, 1966) |
| | 'Le Fils de l'homme de Daniel et la Tradition biblique', *RB* 60 (1953), pp.170-202, 321-346 |
| K.M.Fischer, | *Tendenz und Absicht des Epheserbriefes*, FRLANT 111 (Göttingen, 1973) |
| A.Flanagan, | 'A Note on Philippians iii, 20-21', *CBQ* 18(1956), pp.8-9 |
| G.Fohrer, | υἱός, *TDNT* viii , pp.340-354 |
| A.Fridrichsen, | 'The Apostle and his Message', *Uppsala Universitets Årsskrift* 3 (1947), pp.3-23 |
| G.Friedrich, | *Der Brief an die Philipper*, NTD 8 (Göttingen, 1962) |

|  | εὐαγγελίζομαι, *TDNT* ii , pp.707-721 |
|---|---|
|  | κηρύσσω, *TDNT* iii , pp.697-714 |
|  | προφήτης κτλ, *TDNT* vi, pp.828-856 |
|  | 'Die Gegner des Paulus im 2. Korintherbrief', *Abraham unser Vater*, O.Michel FS, ed. O.Betz, M.Hengel, & P.Schmidt, AGSU 5 (Leiden, 1963), pp.181-215 |
|  | 'Ein Tauflied hellenistischer Judenchristen', *ThZ* 21 (1965), pp.502-516 |
| R.H.Fuller, | *The Foundations of New Testament Christology*, Fontana ed. (London, ³1974) |
| H.J.Gabathuler, | *Jesus Christus, Haupt der Kirche-Haupt der Welt*, ATANT 45 (Zürich, 1965) |
| P.Gaechter, | *Petrus und seine Zeit* (Innsbruck, 1958) |
| D.Georgi, | *Die Gegner des Paulus im 2. Korintherbrief*, WMANT 11 (Neukirchen, 1964) |
|  | *Die Geschichte der Kollekte des Paulus für Jerusalem* (Hamburg-Bergstedt, 1965) |
| B.Gerhardsson, | *Memory and Manuscript*, ASNU 22 (Uppsala, 1961) |
| H.Gese, | 'Natus ex virgine', *Probleme biblischer Theologie*, G.von Rad FS, ed. H.W.Wolff (München, 1971), pp.73-89 |
| L.Ginzberg, | *Legends of the Jews* v (E.T.Philadelphia, 1925) |
| J.Gnilka, | *Der Philipperbrief*, HTKNT x. 3 (Freiburg, 1968) |
|  | *Der Epheserbrief*, HTKNT x. 2 (Freiburg, 1971) |
| D.Goldsmith, | 'Acts 13.33-37: *A Pesher* on II Samuel 7' *JBL* 87 |

|  |  |
|---|---|
| | (1968), pp.321-324 |
| L.Goppelt, | *Christologie und Ethik* (Göttingen, 1969) |
| | *Theologie des NT* (Göttingen, 1976) |
| E.Grafe, | 'Das Verhältnis der Paulinischen Schriften zur Sapientia Salomonis', *Theologische Abhandlungen*, C.v.Weizsäcker FS (Freiburg, 1892), pp.251-286 |
| H.Grass, | *Ostergeschehen und Osterberichte* (Göttingen, ²1962) |
| K.Grayston, | 'The Doctrine of Election in Romans 8, 28-30', *StEv* ii , TU 87 (1964), pp.574-583 |
| F.W.Grosheide, | *Commentary on the First Epistle to the Corinthians*, NLC (London, ²1954) |
| W.Grundmann, | *Das Evangelium nach Matthaus*, THKNT 1 (Berlin, 1972) |
| | ἀνάγκη, *TDNT* i, pp.344-347 |
| | δύναμις, *TDNT* ii, pp.284-317 |
| | 'Paulus, aus dem Volke Israel, Apostel der Volker', *NovT* 4 (1960), pp.267-291 |
| G.Gutbrod, | Ἑβραῖος κτλ, *TDNT* iii, pp.369-391 |
| E.Güttgemanns, | *Der leidende Apostel und sein Herr*, FRLANT 90 Göttingen, 1966) |
| K.Haacker, | 'War Paulus Hillelit?', *Das Institutum Judaicum der Universität Tübingen* 1971 -72, pp.106-120 |
| | Die Bekehrung des Verfolgers und die Rechtfertigung des Gottlosen', *Theologische Beiträge* 6 (1975), pp.1-19 |
| O.Haas, | *Paulus der Missionar* (Münsterschwarzach, 1971) |

| | |
|---|---|
| E.Haenchen, | *Die Apostelgeschichte*, MeyerK 3 (Göttingen, $^{15}$1968) |
| F.Hahn, | *Christologische Hoheitstitel*, FRLANT 83 (Göttingen, $^{3}$1974) |
| | *Das Verständnis der Mission im Neuen Testament*, WMANT 13 (Neukirchen, 1963) |
| | *Der urchristliche Gottesdienst*, SBS 41 (Stuttgart, 1970) |
| | 'Das Gesetzesverständnis im Römer-und Galaterbrief', G.Bornkamm FS, *ZNW* 67 (1976), pp.29-63 |
| | 'Taufe und Rechtfertigung. Ein Beitrag zur paulinischen Theologie in ihrer Vor-und Nachgeschichte', *Rechtfertigung*, pp.95-124 |
| R.G.Hamerton-Kelly, | *Pre-existence, Wisdom and the Son of Man*, SNTSMS 21 (Cambridge, 1973) |
| A.v.Harnack, | κόποσ(κοπιᾶν οἱ κοπιῶντες) im frühchristlichen Sprachgebrauch', *ZNW* 27 (1928), pp.1-10 |
| F.Hauck, | ὀφείλω κτλ, *TDNT* v, pp.559-566 |
| H.Hegermann, | *Die Vorstellung vom Schöpfungsmittler im hellenistischen Judentum und Christentum*, TU 82 (Berlin, 1961) |
| H.W.Heidland, | λορίζομαι, *TDNT* iv, pp.284-292 |
| M.Hengel, | *Die Zeloten*, AGSU 1 (Leiden, 1961) |
| | *Judentum und Hellenismus*, WUNT 10 (Tübingen, $^{2}$1973) |
| | *Der Sohn Gottes* (Tübingen, 1975) |
| | 'Die Synagogeninschrift von Stobi', *ZNW* 57(1966), |

|  |  |
|---|---|
|  | pp.145-183 |
|  | 'Die Ursprünge der christlichen Mission', *NTS* 18 (1971/72), pp.15-38 |
|  | 'Christologie und neutestamentliche Chronologie', *Geschichte*, pp.43-67 |
|  | 'Zwischen Jesus und Paulus. Die "Hellenisten", die "Sieben" und Stephanus (Apg 6, 1-15; 7, 54-8, 3)', *ZThK* 72 (1975), pp.151-206 |
|  | 'Mors turpissima crucis', *Rechtfertigung*, pp.125-184 |
| J.Héring, | *The First Epistle of Saint Paul to the Corinthians* (E.T.London, 1966) |
|  | *Le Royaume de Dieu et sa venue* (Paris, 1959) |
| I.Hermann, | *Kyrios und Pneuma*, SANT 2 (Munchen, 1961) |
| D.Hill, | *Greek words and Hebrew Meanings*, SNTSMS 5 (Cambridge, 1967) |
|  | 'Prophecy and Prophets in the Revelation of St. John', *NTS* 18 (1971/72), pp.401-418 |
|  | 'On the Evidence for the Creative Role of Christian Prophets', *NTS* 20 (1974), pp.262-274 |
| E.Hirsch, | 'Die drei Berichte der Apostelgeschichte über die Bekehrung des Paulus', *ZNW* 28 (1929), pp.205-312 |
| O.Hofius, | *Der Christushymnus Phil 2, 6-11*, WUNT 17 (Tübingen, 1976) |
| T.Holtz, | 'Zum Selbstverständnis des Apostels Paulus', *ThLZ* 91 (1966), cols. 321-330 |
| M.D.Hooker, | *The Son of Man in Mark* (London, 1967) |

| | |
|---|---|
| | 'Interchange in Christ', *JTS* 22 (1971), pp.349-361 |
| H.Hübner, | 'Gal 3, 10 und die Herkunft des Paulus', *KD* 19(1973), pp.215-231 |
| P.E.Hughes, | *Paul's Second Epistle to the Corinthians*, NLC (London, 1961) |
| A.M.Hunter, | *Paul and His Predecessors* (London, ²1961) |
| E.Jenni, | דמה, *ThHAT* i, cols. 451-456 |
| | הוה, *ThHAT* i, cols. 474-477 |
| | מחר, *ThHAT* i, cols. 933-936 |
| G.Jeremias, | *Der Lehrer der Gerechtigkeit*, SUNT 2 (Göttingen, 1963) |
| J.Jeremias, | *Jerusalem in the Time of Jesus* (E.T.London, ³1976) |
| | *Jesus' Promise to the Nations* (E.T.London, 1958) |
| | *The Parables of Jesus* (E.T.London, ³1976) |
| | *Der Opfertod Jesu Christi*, Calwer Hefte 62 (Stuttgart, 1963) |
| | *Der Schlüssel zur Theologie des Apostels Paulus*, Calwer Hefte 115 (Stuttgart, 1971) |
| | Ἀδάμ, *TDNT* i , pp.141-143 |
| | Μωυσῆς, *TDNT* iv, pp.848-873 |
| | παῖς θεοῦ, *TDNT* v, pp.677-717 |
| | 'Abba', *Abba* (Göttingen, 1966), pp.15-80 |
| | 'Chiasmus in den Paulusbriefen', *Abba*, pp.276-290 |
| | 'Paulus als Hillelit', *Neotestamentica et Semitica*, M.Black FS, ed. E.E.Ellis & M.Wilcox, (Edinburgh, 1969), pp.88-94 |
| J.Jervell, | *Imago Dei*, FRLANT 76 (Göttingen, 1960) |

| | |
|---|---|
| | *Luke and the People of God* (Minneapolis, 1972) |
| R.Jewett, | *Paul's Anthropological Terms*, AGJU 10 (Leiden 1971) |
| H.Jonas, | *Gnosis und spätantiker Geist I*, FRLANT 33 (Göttingen, ²1954) |
| M.de Jonge, | *The Testaments of the Twelve Patriarchs* (Assen, 1953) |
| E. Käsemann, | *Leib und Leib Christi*. BHT 9 (Tübingen, 1933) |
| | *Das wandernde Gottesvolk*, FRLANT 37 (Göttingen, ⁴1961) |
| | *An die Römer*, HNT 8a (Tübingen, ²1974) |
| | 'Eine urchristliche Taufliturgie', *EVB* i, pp.34-51 |
| | 'Kritische Analyse von Phil. 2, 5-11', *ibid.*, pp.51-95 |
| | 'Zum Verständnis von Röm. 3, 24-26', *ibid.*, pp.96-100 |
| | 'Amt und Gemeinde im Neuen Testament', *ibid.*, pp.109-134 |
| | 'Zum Thema der urchristlichen Apokalyptik', EVB ii, pp.105-131 |
| | 'Gottesgerechtigkeit bei Paulus', *ibid.*, pp.181-193 |
| | 'Paulus und Israel', *ibid.*, pp.194-197 |
| | Eine paulinische Variation des "amor fati"', *ibid.*, pp.223-239 |
| | 'Paulus und der Frühkatholizismus', *ibid.*, pp.239-252 |
| | 'Zur paulinischen Anthropologie', *Paulinisch* |

|  |  |
|---|---|
| | *Perspektiven* (Tübingen), pp.9-60 |
| | 'Die Heilsbedeutung des Todes Jesu bei Paulus', *ibid.*, pp.61-107 |
| | 'Der Glaube Abrahams in Röm. 4', *ibid.*, pp.140-177 |
| | 'Die Legitimität des Apostels. Eine Untersuchung zu II. Korinther 10-13', *ZNW* 41 (1942), pp.33-71 |
| | 'Erwägungen zum Stichwort "Versöhnungslehre im Neuen Testament"', *Zeit und Geschichte*, R. Bultmann FS, ed. E.Dinkler (Tübingen, 1964), pp.47-59 |
| H.Kasting, | *Die Anfänge der urchristlichen Mission*, BEvT 55 (München, 1969) |
| N.Kehl, | *Der Christushymnus im Kolosserbrief*, SBM 1(Stuttgart, 1967) |
| H.A.A.Kennedy, | *St.Paul's Conceptions of the Last Things* (London, 1904) |
| K.Kertelge, | *"Rechtfertigung" bei Paulus*, NT Abh 3 (Münster, ²1971) |
| | 'Apokalypsis Jesou Christou (Gal. 1, 12)', *Kirche*, pp.266-281 |
| G.Kittel, | ἀκούω, *TDNT* i, pp.216-225 |
| | ἀπαύγασμα, *TDNT* i, p.508 |
| | δόξα, *TDNT* ii, pp.233-237, 242-253 |
| | εἰκών, *TDNT* ii, pp.392-397 |
| J.Klausner, | *From Jesus to Paul* (London, 1946) |
| G.Klein, | *Die Zwölf Apostel*, FRLANT 77 (Göttingen, 1961) |

| | |
|---|---|
| | 'Gottes Gerechtigkeit als Thema der neuesten Paulus-For-schung', *Verkündigung und Forschung* 12/2 (1967), pp.1-11 |
| H.Kleinknecht, | εἰκών, *TDNT* ii , pp.388-390 |
| w.L.Knox, | *St. Paul and the Church of the Gentiles* (Cambridge, 1939) |
| L.Koehler, | 'Die Grundstelle der Imago-Dei-Lehre', *ThZ* 4 (1948), pp.16-22 |
| H.Köster, | Review of U.Wilckens, *Weisheit und Torheit*, in *Gnomon* 33 (1961), pp.590-595 |
| | 'The Structure and Criteria of Early Christian Beliefs', *Trajectories through Early Christianity* by J. M.Robinson & H. Köster (Philadelphia, 1971), pp.205-231 |
| W.Kramer, | *Christ, Lord, Son of God*, SBT 50 (E.T.London, 1966) |
| H.J.Kraus, | *Psalmen I*, BKAT IX/1 (Neukirchen, 1961) |
| K.G.Kuhn, | Ἑβραῖος καλ, *TDNT* iii, pp.359-369 |
| | προσήλυτος, *TDNT* vi, pp.727-744 |
| | 'Der Epheserbrief im Lichte der Qumrantexte', *NTS* 7 (1960/61), pp.334-346 |
| W.G.Kümmel, | *Römer 7 und das Bild des Menschen im Neuen Testament*, TBü53 (München, 1974) |
| | *Introduction to the New Testament* (E.T.London, ²1977) |
| | *Die Theologie des Neuen Testaments*, NTD Ergänzungsreihe 3 (Göttingen, ²1972) |

|  |  |
|---|---|
| | *Promise and Fulfilment*, SBT 23 (E.T.London, ²1966) |
| | 'Jesus und Paulus', *Heilsgeschehen und Geschichte* (Marburg, 1965) |
| W.Künneth, | *Die Theologie der Auferstehung* (Munchen, ⁵1968) |
| O.Kuss, | *Der Römerbrief*, 1. & 2. Lieferungen (Regensburg, ²1963) |
| | *Paulus/Die Rolle des Apostels in der theologischen Entwicklung der Urkirche*, Auslegung und Verkundigung III (Regensburg, 1971) |
| | 'Nomos bei Paulus', *Münchener Theologische Zeitschrift* 17 (1966), pp.173-227 |
| G.E.Ladd, | *Jesus and the Kingdom* (London, 1966) |
| K.Lake, | 'Proselytes and God-fearers', *Beginnings* v, pp. 74-96 |
| | 'The Conversion of Paul and the Events immediately following it', *ibid.*, pp.188-191 |
| W.R.Lane, | 'A New Commentary Structure in 4Q Florilegium', *JBL* 78 (1959), pp.343-346 |
| E.Larsson, | *Christus als Vorbild*, ASNU 23 (Uppsala, 1962) |
| F.J.Leenhardt, | *The Epistle to the Romans* (E.T.London, 1961) |
| R.Leivestad, | 'Exit the Apocalyptic Son of Man', *NTS* 18(1971/72), pp.243-267 |
| II.J.Lcon, | *The Jews of Ancient Rome* (Philadelphia, 1960) |
| R.Liechtenhan, | *Die urchristliche Mission* (Zürich, 1946) |
| H.Lietzmann & W.G.Kummel, | *An die Korinther* I/II, HNT 9 (Tübingen, ⁵1969) |
| J.B.Lightfloot, | *Saint Paul's Epistle to the Galatians* (London, 1900) |

| | |
|---|---|
| | *Saint Paul's Epistle to the Philippians* (London, 1927) |
| | *Saint Paul's Epistle to the Colossians and to Philemon* (London, 1904) |
| B.Lindars, | *New Testament Apologetic* (London, 1961) |
| | 'Re-Enter the Apocalyptic son of Man', *NTS* 22(1976), pp.52-72 |
| J.Lindblom, | *Gesichte und offenbarungen* (Lund, 1968) |
| G.Lohtiuk, | *Paulus vor Damaskus*, SBS 4 (Stuttgart, 1966) |
| E.Lohmeyer, | *Kyrios Jesus* (Heidelberg, ²1961) |
| | *Die Briefe an die Philipper, an die Kolosser und an Philemon*, MeyerK 9 (Göttingen, ⁸1930, ¹³1964) |
| | Der Brief an die Philipper, MeyerK 9 (Göttingen, 131964) |
| E.Lohse, | *Märtyrer und Gottesknecht*, FRLANT 64 (Göttingen, ²1963) |
| | *Die Briefe an die Kolosser und an Philemon*, MeyerK 9 (Göttingen, ¹⁴ 1968) |
| | υἱός, *TDNT* viii, pp.357-362 |
| | 'Die Gerechtigkeit Gottes in der paulinischen-Theologie', D*ie Einheit des Neuen Testaments* (Göttingen, 1973), pp.210-227 |
| | 'Taufe und Rechtfertigung bei Paulus', *ibid.*, pp.228-244 |
| | 'Der Menschensohn in der Johannesapokalypse', *Menschensohn*, pp.415-420 |
| R.N.Longenecker, | *The Christology of Early Jewish Christianity* SBT |

| | |
|---|---|
| | 17 (London, 1970) |
| D.Lührmann, | *Das Offenbarungsverstandnis bei Paulus und in paulinshen Gemeinden* WMANT 16 (Neukirchen, 1965) |
| U.Luz, | *Das Geschichtsverstandnis des Paulus*, BEvT 49 (München, 1968) |
| S.Lyonnet, | *Les étapes du mystère du salut selon l'epître aux Romains* (Paris, 1969) |
| J.Macdonald, | *The Theology of the Samaritans* (London, 1964) |
| J.Maier, | *Vom Kultus zur Gnosis*, Kairos 1 (Salzburg, 1964) |
| T.W.Manson, | *The Sayings of Jesus* (London, 1949) |
| | *The Teaching of Jesus* (Cambridge, ²1963) |
| | *Studies in the Gospels and Epistles* (Manchester, 1962) |
| | *On Paul and John*, SBT 38 (London, ²1967) |
| | 'The Problem of the Epistle to the Hebrews', *BJRL*, 32 (1949), pp.1-17 |
| W.Manson, | *Jesus the Messiah* (London, 1943) |
| | *The Epistle to the Hebrews* (London, 1951) |
| I.H.Marshall, | *Luke: Historian and Theologian* (Exeter, 1970) |
| | *The Origins of New Testament Christology* (Downers Grove. Ill., 1976) |
| | 'The Divine Sonship of Jesus, *Interpretation* 21(1967), pp.87-103 |
| | 'The Christ-Hymn in Philippians 2:5 11. A Review Article', *TynB* 19 (1968), pp.104-127 |
| | 'Palestinian and Hellenistic Christianity: Some |

| | |
|---|---|
| | Critical Comments', *NTS* 19 (1972/73), pp.271-287 |
| R.P.Martin, | *Carmen Christi: Phil. ii. 5-11*, SNTSMS 4 (Cambridge, 1967) |
| W.Marxsen, | *The Resurrection of Jesus of Nazareth* (E.T.London, 1970) |
| C.Masson, | *L'épître de Saint Paul aux Collossiens*, CNT 10 (Neuchatel, 1950) |
| C.Maurer, | 'Die Begründung der Herrschaft Christi über die Mächte nach Col. 1, 15-20', *Wissenschaft und Dienst* NF 4 (1955), pp.79-93 |
| M.McNamara, | *The New Testament and the Palestinian Targum to the Pentateuch*, AnBib 27 (Rome, 1966) |
| P.H.Menoud, | 'Revelation and Tradition', *Interpretation* 7(1953), pp.131-141 |
| H.Merklein, | *Das krichliche Amt nach dem Epheserbrief*, SANT 33 (München, 1973) |
| B.M.Metzger, | *A Textual Commentary on the Greek New Testament* (London, 1971) |
| J.H.Michael, | *The Epistle of Paul to the Philippians*, MNTC (London, 1939) |
| W.Michaelis, | *Der Brief des Paulus an die Philipper*, THKNT (Leipzig, 1935) ὁράω, *TDNT* v, pp.315-367 πρωτότοκος, *TDNT* vi, pp.871-881 |
| O.Michel, | *Der Brief an die Hebräer*, MeyerK 13(Gottingen, $^{12}$1966) |

|  |  |
|---|---|
|  | *Der Briefan die Römer*, MeyerK 4 (Göttingen, $^{13}$1966) |
|  | ὁ υἱός τοῦ ἀνθρώπου *Begriffslexikon* II/2, pp.1153-1166 |
|  | 'Die Entstehung der paulinischen Christologie', *ZNW* 28 (1929), pp.324-333 |
|  | '"Erkennen dem Fleisch nach" (2.Kor. 5, 16)', *EvTh* 14 (1954), pp.22-29 |
|  | 'Fragen zu 1 Thessalonicher 2, 14-16: Antijudische Polemik bei Paulus', *Antijudaismus im Neuen Testament?*, ed. W.Eckert, N.P.Levinson & M.Stöhr (München, 1969), pp.50-59 |
| P.S.Minear, | *The Obedience of Faith*, SBT 19 (London, 1971) |
| L.Mitton, | *The Epistle to the Ephesians* (Oxford, 1951) |
| O.Moe, | 'Der Menschensohn und der Urmensch', *StTh* 14(1960), pp.121-129 |
| C.G.Montefiore, | *Judaism and St.Paul* (London, 1914) |
| H.W.Montefiore, | *The Epistle to the Hebrews*, BNTC (London, 1964) |
| L.Morris, | *The Apostolic Preaching of the Cross* (London, $^{3}$1965) |
|  | 'The Meaning of 'ΙΛΑΣΤΗΡΙΟΝ in Romans III. 25', *NTS* 2 (1955/56), pp.33-43 |
| C.F.D.Moule, | *The Epistles of Paul the Apostle to the Colossians and to Philemon* (Cambridge, 1957) |
|  | *Origin of Christology* (Cambridge, 1977) |
|  | 'Once More, Who Were the Hellenists?', *ExpT* 70 (1958/59), pp.100-102 |

'Obligation in the Ethic of Paul', *Christian History and Interpretation*, J.Knox FS, ed. W.R. Farmer, C.F.D.Moule & R.R.Niebuhr (Cambridge, 1967), pp.389-406

'Jesus in New Testament Kerygma', *Verborum Veritas*, G.Stählin FS, ed. O.Böcher & K.Haacker (Wuppertall, 970), pp.15-26

'2 Cor 3. 18b, καθάπερ ἀπὸ κυρίου πνεύματος', *Geschichte*, pp.413-428

'Neglected Features in the Problem of the "Son of Man"', *Kirche*, pp.413-428

| | |
|---|---|
| S.Mowinckel, | *He That Cometh* (E.T.Oxford, 1956) |
| J.Muilenburg, | 'The son of Man in Daniel and the Ethiopic Apocalypse of Enoch', *JBL* 79 (1960), pp.197-209 |
| C.Müller, | *Gottes Gerechtigkeit und Gottes Volk*, FRLANT 86 (Göttingen, 1964) |
| U.B.Müller, | *Messias und Menschensohn in jüdischen Apokalypsen und in der offenbarung des Johannes*, SNT 6 (Gütersloh, 1972) |
| J.Munck, | *Paul and the Salvation of Mankind* (E.T.London, 1959) |
| | *Christ and Israel* (Philadelphia, 1967) |
| W.Mundle, | *Der Glaubensbegriff bei Paulus* (Leipzig, 1932) |
| B.Murmelstein, | 'Adam, ein Beitrag zur Messiaslehre', *WZKM* 35 (1928), pp.242-275; 36 (1929), pp.51-86 |
| J.Murray, | *The Epistle to the Romans*, 2 vols., NLC (London, ²1970) |

| | |
|---|---|
| F.Mussner, | *Der Galaterbrif*, HTKNT 4 (Freiburg, 1974) |
| | 'Contributions made by Qumran to the Understanding of the Epistle to the Ephesians', *Paul and Qumran*, pp.159-178 |
| F.Neugebauer, | *In Christus* (Göttingen, 1961) |
| | 'Das Paulinische "In Christus"', *NTS* 4 (1957/58), pp.124-138 |
| J.Neusner, | *The Rabbinic Traditions about the Pharisees before 70, Part I The Masters* (Leiden, 1971) |
| K.Niederwimmer, | 'Erkennen und Lieben', *KD* 11 (1965), pp.75-102 |
| A.Nissen, | 'Tora und Geschichte im Spatjudentum', *NovT* 9 (1967), pp.241-277 |
| A.D.Nock, | *Arthur Darby Nock: Essays on Religions and the Ancient World* ii, ed. Z.Stewart (Oxford, 1972) |
| M.Noth, | "Die Heiligen des Höchsten", *Gesammelte Studien Zum Alten Testament*, TBü 6 (München, 1957), pp.274-290 |
| F.Nygren, | *Commentary on Romans* (E.T.London, 1952) |
| H.Odeberg, | *The Fourth Gospel* (Amsterdam, 1968) |
| A.Oepke, | *Der Brief des Paulus an die Galater*, THKNT 9 (Berlin, ²1957) |
| | καλύπτω κτλ, *TDNT* iii, pp.556-592 |
| | 'Probleme der vorchristlichen Zeit des Paulus', *Das Paulusbild in der neueren deutschen Forschung*, ed. K.H.Rengstorf (Darmstadt, 1964), pp.410-446 |
| P.v.d.Osten-Sacken, | *Römer 8 als Beispiel paulinischer Soteriologie*, FRLANT 112 (Göttingen, 1975) |

| | |
|---|---|
| A.Pallis, | *To the Romans* (Liverpool, 1920) |
| W.Pannenberg, | *Jesus-God and Man* (E.T.London, 1968) |
| | 'Dogmatische Thesen zur Lehre von der Offenbarung', *Offenbarung als Geschichte*, ed. W. Pannenberg (Göttingen, ²1963) |
| H.Paulsen, | *Überlieferung und Auslegung in Römer 8*, WMANT 43 (Neukirchen, 1974) |
| B.A.Pearson, | *The Pneumatikos-Psychikos Terminology in 1 Corinthians*, SBLDS 12 (Missoula, 1973) |
| | '1 Thessalonians 2:13-16: a Deutero-Pauline Interpolation', HTR 64 (1971), pp.79-94 |
| E.Percy, | 'Zu den Problemen des Kolosser-und Epheserbriefes', *ZNW* 43 (1950/51), pp.178-194 |
| E.Pfaff, | *Die Bekehrung des H.Paulus in der Exegese des 20. Jahrhunderts* (Rome, 1942) |
| V.C.Pfitzner, | *Paul and the Agon Motif*, NovTSup 16 (Leiden 1967) |
| C.Plag, | *Israels Wege zum Heil* (Stuttgart, 1969) |
| A.Plummer, | *The Second Epistle of St.Paul to the Corinthians*, ICC (Edinburgh, ²1925) |
| Preuss, | εἰκών *ThWAT* ii, cols. 266-277 |
| O.Procksch, | *Theologie des Alten Testaments* (Güttersloh, 1950) |
| | 'Die Berufungsvision Hesekiels', *BZAW* 34, K. Budde FS (1920), pp.141-149 |
| | 'Der Menschensohn als Gottessohn', *Christentum und Wissenschaft* 3 (1927), pp.425-443, 473-481. |
| G.Quispel, | 'Der gnostische Anthropos und die jüdische |

| | |
|---|---|
| C.C.Rowland, | *The Influence of First Chapter of Ezekiel on Jewish and Early Christian Literature*, unpublished Ph.D.Thesis (Cambridge, 1974) |
| K.Rudolph, | *Die Mandäer, I. Prolegomena*, FRLANT 56 (Göttingen, 1960) |
| D.S.Russell, | *The Method and Message of Jewish Apocalyptic*, (London, 1964) |
| W.Sanday & A.C.Headlam, | *The Epistle to the Romans*, ICC (Edinburgh, ⁵1905) |
| J.T.Sanders, | 'Hymnic Elements in Eph.1-3', *ZNW* 56(1965), pp.214-232 |
| | 'Paul's Autobiographical Statements in Galatians 1-2', *JBL* 85 (1966), pp.335-343 |
| A.Satake, | 'Apostolat und Gnade bei paulus', *NTS* 15(1968/69), pp.96-107 |
| H.M.Schenke, | *Der Gott "Mensch" in der Gnosis* (Göttingen, 1962) |
| G.Schille, | *Frühchristliche Hymnen* (Berlin, 1965) |
| A.Schlatter, | *Die Theologie der Apostel* (Stuttgart, 1922) |
| | *Gottes Gerechtigkeit* (Stuttgart, ⁴1965) |
| | *Paulus der Bote Jesu* (Stuttgart, ³1962) |
| H.Schlier, | *Der Brief an die Galater*, MeyerK 7 (Göttingen, ¹⁴1971) |
| | *Der Brief an die Epheser* (Düsseldorf, ⁷1971) |
| | ἀνατολή, *TDNT* i, pp.351-353 |
| | 'Kerygma und Sophia', *Die Zeit der Kirche* (Freiburg, ⁵1972) |
| | 'Zu Röm 1, 3f', *Geschichte*, pp.207-218 |
| K.L.Schmidt, | κλητός, *TDNT* iii, pp.494-496 |

'HOMO Imago Dei im Alten und Neuen Testament',
*Eranos-Jahrbuch* 15 (1948), pp.149-195

W.Schmithals, *Die Gnosis in Korinth*, FRLANT 66 (Göttingen, 31969)

*Paulus und Jakobus*, FRLANT 85 (Göttingen, 1963)

*Paulus und die Gnostiker* (Hamburg-Bergstedt, 1965)

R.Schnackenburg, *Baptism in the Thought of St.Paul* (E.T.Oxford, 1964)

'Römer 7 im Zusammenhang des Römerbriefes', *Jesus und Paulus*, W.G.Kümmel FS, ed. E.E.Ellis & E.Grässer, (Göttingen, 1975), pp.283-300

J.Schneider, ὁμοίωσις;ὁμοίωμα, *TDNT* v, pp.190-198

H.J.Schoeps, *Urgemeinde, Judenchristentum, Gnosis* (Tübingen, 1956)

*Paul: the Theology of the Apostle in the Light of Jewish Religious History* (E.T.London, 1961)

G.Scholem, *Major Trends in Jewish Mysticism* (New York, 1941, ³1954) *Jewish Gnosticism, Merkabah Mysticism and Talmudic Tradition* (New York, 1960)

L.Schottroff, *Der Glaubende und die feindliche Welt*, WMANT 37 (Neukirchen, 1970)

W.Schrage, συναγωγή, *TDNT* vii, pp.798-841 '"Ekklesia" und "Synagoge"', *ZThK* 60 (1963), pp.178-202

G.Schrenk, δικαιοσύνη, *TDNT* ii, pp.192-210

S.Schulz, 'Die Decke des Moses: Untersuchungen zu einer

| | vorpaulinischen Überlieferung in II. Cor. 3, 7-18', ZNW 49 (1958), pp.1-30 |
|---|---|
| E.Schürer, | Geschichte des jüdischen Volkes im Zeitalter Jesu Christi, 3 vols., (Leipzig, ³1901-09, reprinted: Hildesheim, 1964) |
| J.H.Schutz, | Paul and the Anatomy of Apostolic Authority, SNTSMS 26 (Cambridge, 1975) |
| P.Schwanz, | Imago Dei (Halle, 1970) |
| A.Schweitzer, | The Mysticism of Paul the Apostle (E.T.London, ²1956) |
| E.Schweizer, | Erniedrigung und Erhöhung, ATANT 28 (Zürich, 1955) |
| | =Lordship and Discipleship, SBT 28 (E.T. London, 1960) πνεῦμα, TDNT vi, pp.389-451 |
| | υἱός, TDNT viii, pp.354-357, 363-392 |
| | 'Zur Herkunft der Präexistenzvorstellung bei Paulus', Neotestamentica (Zürich, 1963), pp.105-109 |
| | 'Aufnabme und Korrektur jüdischer Sophiatheologie im Neuen Testament', ibid., pp.110-121 |
| | 'Röm. 1, 3f. und der Gegensatz von Fleisch und Geist vor und bei Paulus', ibid., p.180-189 |
| | 'Kirche als Leib Christi in den paulinischen Homolegomena', ibid., pp.272-292 |
| | 'Kirche als Leib Christi in den paulinischen Antilegomena', ibid., pp.292-316 |
| | 'The Church as the Missionary Body of Christ', ibid., pp.317-329 |

'Die "Mystik" des Sterbens und Auferstehens mit Christus bei Paulus', *EvTh* 26 (1966), pp.239-257

'Zum religionsgeschichtlichen Hintergrund der "Sendungsformel"Gal. 4, 4f., Ro. 8, 3f., Jn3, 16f., 1Jn4, 9', *ZNW* 57 (1966), pp.199-210

'Menschensohn und eschatologischer Mensch im Frühjudentum', *Menschensohn*, pp.100-116

| | |
|---|---|
| E.F.Scott, | *The Epistles of Paul to the Colossians, to Philemon and to the Ephesians*, MNTC (London, ⁹1958) |
| R.B.Y.Scott, | "Behold, He Cometh with Clouds", *NTS* 5 (1958/59), pp.127-132 |
| R.Scroggs, | *The Last Adam* (Oxford, 1966) |
| | 'Paul:$ΣΟΦΟΣ$ and $ΠΝΕΥΜΑΤΙΚΟΣ$', *NTS* 14 (1967/68), pp.33-55 |
| J.N.Sevenster, | *Do You Know Greek?*, NovTSup 19 (Leiden, 1968) |
| R.P.Shedd, | *Man in Community* (London, 1958) |
| P.Siber, | *Mit Christus leben*, ATANT 61 (Zürich, 1971) |
| M.Simon, | *St.Stephen and the Hellenists* (London, 1958) |
| E.Sjoberg, | *Der Menschensohn im äthiopischen Henochbuch* (Lund, 1946) |
| | 'Wiedergeburt und Neuschöpfung im palästinischen Judentum', *StTh* 3 (1950/51), pp.44-85 |
| | 'Neuschöpfung in den Toten-Meer-Rollen', *StTh* 9 (1956), pp.131-136 |
| J.Z.Smith, | 'The Prayer of Joseph', *Religions*, pp.254-294 |
| M.Smith, | 'The Image of God: Notes on the Hellenization of Judaism', *BJRL* 40 (1958), pp.473-512 |

|  |  |
|---|---|
|  | 'On the Shape of God and the Humanity of the Gentiles', *Religions*, pp.315-326 |
| K.Smyth, | 'Heavenly Man and Son of Man in St.Paul', *AnBib* 17 (1963), pp.219-230 |
| C.Spicq, | Note sur ΜΟΠΦΗ dans les papyrus et quelques inscriptions', *RB* 80 (1973), pp.37-45 |
| G.Stahlin | *Die Apostelgeschichte*, NTD 5 (Göttingen, ¹⁰1962) |
| O.H.Steck, | 'Formgeschichtliche Bemerkungen zur Darstellung des Damaskusgeschehens in der Apostelgeschichte', *ZNW* 67, Bornkamm FS(1976), pp.20-28 |
| K.Stendahl, | *Paul among Jews and Gentiles* (London, 1973) |
| H.J.Stoebe, | *Das erste Buch Samuelis*, KAT VIII/I (Gutersloh, 1973) |
| R.H.Strachan, | *The Second Epistle to the Corinthians*, MNTC (London, ⁵1948) |
| G.Strecker, | 'Redaktion und Tradition im Christushymnus Phil. 2, 6-11', *ZNW* 55 (1964), pp.63-78 |
|  | 'Befreiung und Rechtfertigung. Zur Stellung der Rechtfertigungslehre in der Theologie des Paulus', *Rechtfertigung*, pp.479-508 |
| A.Strucker, | *Die Gottebenbildlichkeit des Menschen in der christlichen Literatur der ersten zwei Jahrhunderte* (München, 1913) |
| P.Stuhlmacher, | *Gerechtigkeit Gottes bei Paulus*, FRLANT 87(Göttingen, 1966) |
|  | *Das Paulinische Evangelium: I.Vorgeschichte*, FRLANT 95 (Göttingen 1968) |

'Erwägungen zum ontologischen Charakter der καωή κτίσις bei Paulus', EvTh 27 (1967), pp.1-35

'Erwägungen zum Problem von Gegenwart und Zukunft in der paulinischen Eschatologie', ZThK 64 (1967), pp.423-450

'Theologische Probleme des Romerbrief-präskripts', EvTh 27 (1967), pp.374-389

'Christliche Verantwortung bei Paulus und seinen Schülem', EvTh 28 (1968), pp.165-186

'"Das Ende des Gesetzes", über Ursprung und Ansatz der paulinischen Theologie', ZThK 67 (1970), pp.14-39

'Zur Interpretation von Romer 11, 25-32', Probleme biblischer Theologie, G.von Rad FS, ed. H.W.Wolff (München, 1971), pp.555-570

'"Er ist unser Friede" (Eph 2, 14)', Kirche, pp.337-357

'Zur neueren Exegese von Rom 3, 24-26', Jesus und Paulus, W.G.Kümmel FS, ed. E.E.Ellis & E.Grässer (Gottingen, 1975)

'Achtzehn Thesen zur paulinischen Kreuzestheologie', Rechtfertigung, pp.509-525

M.J.Suggs, *Wisdom, Christology and Law in Matthew's Gospel* (Cambridge, Mass., 1970)

C.H.Talbert, 'The Myth of a Descending-Ascending Redeemer in Mediterranean Antiquity', NTS 22 (1976), pp.418-440

| | |
|---|---|
| R.C.Tannehill, | *Dying and Rising with Christ*, BZNW 32 (Berlin, 1967) |
| R.V.G.Tasker, | *The Second Epistle of Paul to the Corinthians*, Tyndale NT Comm. (London, 1958) |
| V.Taylor, | *Forgiveness and Reconciliation* (London, 1941) |
| | *The Names of Jesus* (London, 1953) |
| | *The Person of Christ* (London, 1958) |
| | *The Atonement in New Testament Teaching* (London, ³1963) |
| M.E.Thrall, | 'The Origin of Pauline Christology', *Apostolic History*, pp.304-316 |
| W.Thüsing, | *Per Christum in Deum*, NTAbh I (Münster, 1965) |
| | *Erhöhungsvorstellung und Parusieerwartung in der ältesten nachösterlichen Christologie*, SBS 42 (Stuttgart, 1969) |
| W.C.van Unnik, | 'Aramaisms in Paul', *Sparsa Collecta*, Part One, NovTSup 29 (Leiden, 1973), pp.129-143 |
| | 'Reiseplane und Amen-Sagen, Zusammenhang und Gedankenfolge in 2. Korinther i, 15-24', *ibid.*, pp.144-159 |
| | "'With Unveiled Face" (2Cor iv, 12-18)', *ibid.*, pp.194-210 |
| | 'Tarsus or Jerusalem. The City of Paul's Youth', *ibid*, pp.259-320 |
| G.Vermes, | *Jesus the Jew* (London, 1973) |
| | *Scripture and Tradition in Judaism*, SPB 4(Leiden, 1961) |

| | |
|---|---|
| A.Vögtle, | 'Der Menschensohn" und die paulinische Christologie', *AnBib* 17 (1963), pp.199-218 |
| H.Vorlander, | 'Versohnung', *Begriffslexikon* II/2, pp.1307-1309 |
| G.Wanke, | 'אוֹי und הוֹי', *ZAW* 78 (1966), pp.215-218 |
| A.J.M.Wedderbum, | *Adam and Christ: An Investigation into the Background of 1 Corinthians XV and Romans V 12-21*, unpublished Ph.D. Thesis (Cambridge, 1970) |
| | 'The Body of Christ and Related Concepts in 1Corinthians', *SJT* 24 (1971), pp.74-96 |
| | 'Theological Structure of Romans v. 12', *NTS* 19 (1972/73), pp.339-354 |
| | 'Philo's "Heavenly Man"', *NovT* 15 (1973), pp.301-326 |
| K.Wegenast, | *Das Verständnis der Tradition bei Paulus und in den Deuteropaulinen*, WMANT 8 (Neukirchen, 1962) |
| J.Weiss, | *Das Urchristentum* (Göttingen, 1917) |
| | *Der erste Korintherbrief*, MeyerK 5 (Göttingen, ⁹1970) |
| H.D.Wendland, | *Die Brief an die Korinther*, NTD 7 (Göttingen, ¹²1968) |
| K.Wengst, | *Christologische Formeln und Lieder des Urchristentums* (Gütersloh, 1972) |
| M.Wemer, | *Die Entstehung des christlichen Dogmas* (Bem, ²1954) |
| C.Westermann, | *Genesis* 1, BKAT I/i (Neukirchen, 1974) |
| D.E.H.Whiteley, | *The Theology of St.Paul* (Oxford, 1963) |

R.N.Whybray, *The Heavenly Counsellor in Isaiah xl* 13-14, SOTSMS 1(Cambridge, 1971)

U.Wilckens, *Weisheit und Torheit*, BHT 26 (Tübingen, 1959)

*Die Missionsreden der Apostelgeschichte*, WMANT 5 (Neukirchen, ³1974)

σοφία, *TDNT* vii, pp.496-526

χαρακτήρ, *TDNT* ix, pp.418-423

'Die Bekehrung des Paulus als religionsgeschichtliches Problem', *Rechtfertigung als Freiheit* (Neukirchen, 1974), pp.11-32

'Was heißt bei Paulus: "Aus Werken des Gesetzes wird kein Mensch gerecht?"', *ibid.*, pp.77-109

'Der Ursprung der Überlieferung der Erscheinung des Auferstandenen', *Dogma und Denkstrukturen*, E.Schlink FS, ed. W.Joest & W.Pannenberg (Göttingen, 1963), pp.56-95

'Christus, der "letzte Adam", und der Menschensohn', *Menschensohn*, pp.387-403

'Christologie und Anthropologie im Zusammenhang der paulinischen Rechtfertigungslehre', *ZNW* 67, G.Bomkamm FS (1976), pp.64-82

M.Wilcox, '"Upon the Tree"-Deut. 21:22-23', *JBL* 96(1977), pp.85-99

H.Wildberger, *Jesaja* 1, BKAT X /1 (Neukirchen, 1972)

צלם, *ThHAT* ii, cols. 556-563

'Das Abbild Gottes's *ThZ* 21 (1965), pp.245-259, 481-501

| | |
|---|---|
| R.McL.Wilson, | *The Gnostic Problem* (London, 1958) |
| | 'Gnostics-in Galatia?', *StEv* 4 (1968), pp.358-367 |
| | 'How Gnostic Were the Corinthians?', *NTS* 19(1972/73), pp.65/74 |
| S.G.Wilson, | *The Gentiles and the Gentile Mission in Luke-Acts*, SNTSMS 23 (Cambridge, 1973) |
| H.Windisch, | *Der zweite Korintherbrief*, MeyerK 6 (Göttingen, ⁹1970) |
| | *Paulus und Christus* (Leipzig, 1934) |
| | 'Ἑλληνιστής', *TDNT* ii, pp.504-516 |
| | 'Die göttliche Weisheit der Juden und die paulinische Christologie', *Neutestamentliche Studien*, G.Heinrici FS, ed. H.Windisoh (Leipzig, 1914), pp.220-234 |
| | 'Die Sprüche von Eingehen in das Reich Gottes', *ZNW* 27 (1928), pp.163-192 |
| H.G.Wood, | 'The Conversion of St.Paul: Its Nature, Antecedents. and Con sequences', *NTS* 1 (1954/55), pp.276-282 |
| W.Wrede, | *Paulus* (1904), reprinted in: *Das Paulusbild der neueren deutschen Forschung*, ed. K.H.Rengstorf(Darmstadt, 1964), pp.1-97 |
| Y.Yadin, | 'Pesher Nahum (4Q pNahum) Reconsidered', *IEJ* 21(1971), pp.1-12 |
| E.Yamauchi, | *Pre-Christian Gnosticism* (London, 1973) |
| T.Zahn, | *Der Brief des Paulus an die Romer* (Leipzig, ³1925) |
| D.Zeller, | *Juden und Heiden in der Mission des Paulus* (Stuttgart, 1973) |

| | |
|---|---|
| J.A.Ziesler, | *The Meaning of Righteousness in Paul*, SNTSMS 20 (Cambridge, 1972) |
| W.Zimmerli, | *Ezechiel* 1, BKAT XIII/1 (Neukirchen, 1969) |
| Zobel H.J., | הוי, *ThWAT* ii, cols. 382-387 |

# 성구 색인

## I. 구약

**창세기**

1-3 ································ 294, 297
1:3 ···································· 36
1:4 ··································· 206
1:26 ···················· 232, 271, 318,
　　　　340-341, 343-344, 369, 381, 454
1:26f. ······················ 273, 291, 313,
　　　　329, 337, 339, 350, 360, 370, 378,
　　　　407-408, 412, 416, 439, 441, 450
1:27 ········ 243, 229, 291, 292, 305, 318, 350
1:27f. ································ 314
1:28f. ································ 232
2:7 ·········· 278, 287-288, 290-294, 447-448
2:24 ································· 140
3:15 ································· 314
5:1 ···················· 339, 342, 340, 345
5:3 ··································· 340
9:6 ··································· 340
12:3 ·································· 526

15:6 ·································· 506
16:13 ································· 376
18:1-19:1 ···························· 368
18:2 ·································· 367
18:18 ································· 526
19:1f. ································· 367
22 ······························· 203, 466
22:12 ································· 203
22:16 ································· 203
28:10-22 ····························· 376
28:12 ········ 345, 412, 415, 425, 431-433
28:12ff. ······························· 416
28:13 ································· 367
31:13 ························· 373, 375-376
32:23-33 ····························· 367
32:30 ································· 367
32:34ff. ······························· 416
41:38 ································· 142

**출애굽기**

3:1-22 ································ 162

| | |
|---|---|
| 4:1-17 | 162 |
| 6:2-12 | 162 |
| 7:1-7 | 162 |
| 15:17f. | 187 |
| 19:16ff. | 398 |
| 23:7 | 485 |
| 24:9f. | 400 |
| 24:15ff. | 398 |
| 24:16 | 401 |
| 24:17 | 394 |
| 31:2 | 494 |
| 31:18 | 398 |
| 33 | 368 |
| 33~34 | 43, 400 |
| 33:18ff. | 398, 400 |
| 33:20 | 349 |
| 34 | 41, 42, 335 |
| 34:1ff. | 398 |
| 34:10 | 398 |
| 34:27 | 398 |
| 34:27f. | 399 |
| 34:29 | 399, 402 |
| 34:30ff. | 399, 406 |
| 34:34 | 41-42, 392, 399 |
| 35:30 | 494 |

레위기

| | |
|---|---|
| 16:21f. | 51 |

민수기

| | |
|---|---|
| 12:8 | 400 |
| 23:9 | 375 |
| 24:2 | 142 |
| 25:1-18 | 88, 475 |
| 25:13 | 89 |

신명기

| | |
|---|---|
| 8:5 | 375 |
| 8:15 | 198 |
| 21:23 | 94-96, 99, 180, 212, 464-466, 475, 608 |
| 21:22-23 | 94 |
| 23:9 | 375 |
| 29:3 | 170 |
| 30:11f. | 218 |
| 30:11ff. | 218-219 |
| 30:12ff. | 218-219 |
| 30:12-14 | 198 |
| 30:23 | 218 |
| 33:3 | 419 |

사사기

| | |
|---|---|
| 6:11-18 | 162 |

13:22 ·················· 350

사무엘상

6:5 ················ 340, 343

6:11 ··················· 340

9:21 ··················· 162

28:13f. ············· 358, 363

사무엘하

7:10-14 ··············· 187

7:12-14 ········· 187-189, 214

7:12ff. ·········· 187-188, 381

22:29 ··················· 36

23:1 ··················· 323

23:2 ··················· 142

열왕기상

22:19-22 ··········· 162, 408

22:24 ·················· 142

역대하

4:3 ··················· 340

욥기

13:16 ·················· 497

28:23-27 ··············· 196

37:15 ··················· 36

시편

2:7 ············· 189, 269, 270,
2 ··················· 381

8 ················· 313, 381

8:4 ··················· 313

8:4-6 ············· 232, 270

8:4ff. ············· 269-270

8:6 ··········· 260, 306, 310, 313

8:6ff. ·················· 314

8:7 ··················· 294

14:7 ·················· 158

18:28 ··················· 36

19:8 ··················· 215

34:10 ·················· 419

45:6f. ············· 269, 270

53:7 ··················· 158

69:23f. ············· 170-171

74:10 ·················· 168

79:5 ··················· 168

88:28 ·················· 188

89:28 ·················· 188

90:13 ·················· 168

94:3 ··················· 168

106:28-31 ··············· 475

106:30f. ················ 486

110 ··················· 381

110:1 ············ 185, 205, 269,

*660*

     270, 294, 306, 313, 562

110:3 ································ 205, 210

112:4 ········································ 36

119:130 ····································· 215

**잠언**

3:19 ······································· 196

6:23 ······································· 215

8:22 ······································· 205

8:22f. ································· 204, 416

8:22ff. ···································· 206

8:22-31 ··································· 195

8:24f. ····································· 205

8:30 ······································ 204

17:15 ····································· 485

**이사야**

4:2 ······································· 188

4:3ff. ····································· 171

5:23 ······································ 485

6 ············ 51, 161, 162, 165, 166, 168,

    170, 172, 368, 408, 420

6:1 ·································· 142, 164, 165

6:1-13 ································· 110,

6:1-3:15 ································· 162

6:5 ······································· 350

6:6f. ································· 51, 533

6:7 ······································· 164

6:8 ··································· 164-165

6:8f. ······································ 163

6:8ff. ····································· 165

6:9f. ······································ 163

6:10 ································· 167, 170

6:11 ······································ 168

6:11-13 ··································· 171

6:12 ······································ 323

6:13 ································· 169, 170

8:18 ······································ 171

9:2 ········································ 36

9:5f. ································· 536-537

10:20f. ···································· 171

27:9 ···························· 149, 155, 157, 158

29:10 ····································· 170

40:13 ····································· 153

41:6 ······································ 494

42:6 ······································ 494

42:6f. ······································ 39

42:7 ······································· 39

42:9 ······································· 51

43:18f. ····································· 51

48:6 ······································· 51

49:1 ······································ 494

49:1-6 ···························· 164, 166, 170, 172

49:5f. ····································· 169

| | | | |
|---|---|---|---|
| 49:6 | 39 | 1:1-3:15 | 162 |
| 52:7 | 536 | 1:2 | 346 |
| 57:19 | 536-537 | 1:4 | 347, 349 |
| 59:20 | 149, 157-158 | 1:4f. | 347 |
| 59:20f. | 149, 151, 155, 158 | 1:10 | 347 |
| 61:1 | 142 | 1:13 | 347 |
| 65:17 | 51 | 1:16 | 347 |
| 66:7 | 323 | 1:22 | 347 |
| 66:22 | 51 | 1:26 | 308, 347, 349, 363, 369, 379, 383, 407, 410, 415, 430, 432 |

예레미야

| | | | |
|---|---|---|---|
| 1 | 380 | 1:26f. | 348, 353, 357, 360, 363, 370, 410-411, 412, 416 |
| 1:4-10 | 110, 161, | 1:26ff. | 408, 411, 413, 418, 432 |
| 1:5 | 116 | 1:27 | 347 |
| 1:7 | 163 | 1:28 | 347, 363, 369 |
| 1:7f. | 163 | 2:2 | 142 |
| 1:10 | 163 | 2:3ff. | 163 |
| 9:23 | 144 | 3:12 | 348 |
| 23:5f. | 188 | 3:23 | 348 |
| 31:21 | 323 | 8:2 | 410-411 |
| 31:33 | 397 | 8:2f. | 348 |
| 33:15f. | 188 | 8:2ff. | 418 |
| | | 8:3 | 142, 387 |

에스겔

| | | | |
|---|---|---|---|
| 1 | 407-410, 413-415, 417, 420 | 8:4 | 348 |
| 1~3 | 387 | 8~11 | 409 |
| 1:1 | 346 | 9:3 | 348 |
| | | 10 | 408 |

*662*

| | |
|---|---|
| 10:1 | 348 |
| 10:4 | 348 |
| 10:8 | 348 |
| 10:9f. | 349 |
| 10:18f. | 348 |
| 10:20ff | 349 |
| 11:5 | 142 |
| 11:19 | 397 |
| 11:22f. | 348 |
| 11:24 | 387 |
| 23 | 340, 348 |
| 28 | 269, 270 |
| 36:26 | 397 |
| 40 | 409 |
| 40:2f. | 349 |
| 43 | 349, 409 |
| 43:1-5 | 349 |
| 43:2-5 | 348 |
| 44:4 | 348 |

다니엘

| | |
|---|---|
| 2:19 | 131 |
| 2:22 | 131 |
| 2:28 | 131-132 |
| 2:30 | 131 |
| 2:47 | 131 |
| 3:25 | 353, 363, 424 |

| | |
|---|---|
| 7 | 281, 323, 354, 409, 420, 432 |
| 7:9 | 355, 411 |
| 7:9-13 | 408 |
| 7:13 | 308, 353, 356, 363, 368, 407, 410-411, 418, 420, 423-424, 427 |
| 7:13ff. | 427, 433 |
| 7:17 | 419 |
| 7:18 | 419 |
| 8:13 | 168 |
| 8:15 | 352, 354, 363, 368 |
| 9:21 | 352, 354, 368 |
| 9:24-27 | 155 |
| 9:25ff. | 168 |
| 10:5f. | 352, 368 |
| 10:16 | 186, 353, 363 |
| 10:16ff. | 363, 368 |
| 10:18 | 363 |
| 12:6 | 168 |

호세아

| | |
|---|---|
| 1:10 | 540 |
| 2:1 | 540 |
| 2:23 | 540 |

아모스

| | |
|---|---|
| 3:7 | 165 |
| 7:7 | 367 |

| | |
|---|---|
| 7:14f. | 163 |
| 9:1 | 367 |
| 9:11 | 187 |

미가

| | |
|---|---|
| 5:1 | 204-206 |
| 5:2 | 204-205 |

스가랴

| | |
|---|---|
| 1:12 | 168 |
| 3:8 | 188 |
| 6:12 | 188, 323 |
| 6:12f. | 188 |
| 7:12 | 142 |
| 12:3 | 155 |
| 13:7 | 323 |
| 14:1-11 | 155 |

## II. 신약

마태복음

| | |
|---|---|
| 4:21 | 494 |
| 5:17f. | 213 |
| 7:13 | 156 |
| 10:32 | 356 |
| 10:40 | 200 |
| 11:10 | 200 |
| 11:11f. | 157 |
| 11:13 | 213 |
| 11:16-19 | 209 |
| 11:25-27 | 209 |
| 11:27 | 183 |
| 11:28-30 | 208 |
| 12:38-45 | 160 |
| 13:11-16 | 160 |
| 15:24 | 200 |
| 18:4 | 257 |
| 21:31 | 157 |
| 21:33-34 | 200 |
| 22:7ff. | 160 |
| 23:12 | 257 |
| 23:13 | 157 |
| 23:29-36 | 160 |
| 23:34 | 200 |
| 23:34-36 | 208 |
| 23:37-39 | 208 |
| 23:39 | 160 |
| 24:14 | 160 |
| 28:16-20 | 110 |

마가복음

| | |
|---|---|
| 1:2 | 200 |
| 1:20 | 494 |
| 2:1-12 | 253 |
| 4:12 | 93 |

| | | | |
|---|---|---|---|
| 7:1-23 | 93 | 10:21f. | 208-209 |
| 8:38 | 424 | 10:22 | 183 |
| 9:37 | 200 | 11:46-52 | 171 |
| 11:15-18 | 93 | 11:49 | 200 |
| 12:1-11 | 200, 203 | 11:49-51 | 208 |
| 12:6 | 183 | 11:52 | 157 |
| 12:28-34 | 93 | 12:8 | 356 |
| 12:34 | 157 | 13:34 | 200 |
| 13:10 | 160-161 | 13:35 | 160 |
| 13:32 | 183 | 16:16 | 157, 213 |
| 14:58 | 93 | 20:9-18 | 200 |
| 14:61 | 381 | 20:13 | 183 |
| 14:62 | 313 | 21:24 | 155, 168 |
| 16:14-18 | 110-111 | 24:24 | 150 |
| | | 24:36-43 | 111 |

누가복음

| | | | |
|---|---|---|---|
| 1:19 | 200 | 요한복음 | |
| 1:26 | 200 | 1:1-3 | 235 |
| 3:22 | 384 | 1:1-18 | 234 |
| 4:18 | 200 | 1:47-49 | 433 |
| 4:43 | 200 | 1:51 | 218, 424, 432-433 |
| 6:1-5 | 424 | 3:13 | 218 |
| 7:27 | 200 | 3:16 | 191, 203 |
| 7:31-35 | 208-209 | 3:16f. | 206 |
| 8:10 | 167 | 3:17 | 191, 202 |
| 9:48 | 200 | 9:39-41 | 160 |
| 10:16 | 200 | 12:37-43 | 160 |

| | |
|---|---|
| 12:40 ································· 167 | 8:26ff. ································· 119 |
| 12:45 ································· 234 | 8:40 ································· 119 |
| 14:9 ································· 234 | 9:1ff. ································· 91 |
| 16:2 ····························· 89, 486 | 9:1-18 ································· 69 |
| 20:19-23 ································· 111 | 9:1-19 ························ 27, 67, 69 |
| 21:1-23 ································· 110 | 9:3 ······················ 34, 109, 120, 238 |
| 21:15-19 ································· 111 | 9:3ff. ································· 162 |
| | 9:4f. ································· 430 |
| 사도행전 | 9:4ff. ································· 144 |
| 1:3-9 ································· 110 | 9:5 ······························ 185, 380 |
| 1:8 ································· 111 | 9:15 ····················· 70, 116, 121, 163 |
| 1:22 ································· 165 | 9:15f. ································· 121 |
| 3:20 ································· 200 | 9:16 ································· 70 |
| 5:30 ································· 94 | 9:17 ································· 107 |
| 5:30f. ································· 96 | 9:19-22 ···························· 117, 119 |
| 6:1 ····························· 77, 80 | 9:19-25 ································· 120 |
| 6:8-15 ···························· 379, 387 | 9:20 ································· 121 |
| 6:9 ································· 81 | 9:24f. ································· 119 |
| 6:11 ································· 91 | 9:26-30 ································· 122 |
| 6:13f. ································· 91 | 9:29 ································· 81 |
| 6:14 ································· 92 | 9:30 ································· 120 |
| 7:55 ································· 327 | 9:32 ································· 83 |
| 7:56 ···························· 383, 426 | 10:4 ································· 186 |
| 7:58 ································· 81 | 10:14 ································· 186 |
| 8:3 ································· 98 | 10:39 ································· 94 |
| 8:4ff. ································· 119 | 10:39f. ································· 96 |
| 8:33 ································· 257 | 11:19ff. ································· 119 |

| | |
|---|---|
| 11:20ff. | 119 |
| 11:22-26 | 120 |
| 11:25 | 83 |
| 11:27ff. | 178 |
| 12:17 | 97 |
| 13:5-14 | 117 |
| 13:9 | 73 |
| 13:14ff. | 117 |
| 13:16 | 118 |
| 13:29 | 94 |
| 13:29f. | 96 |
| 13:33-37 | 187 |
| 13:46 | 148 |
| 14:1 | 117-118 |
| 14:15ff | 224 |
| 15 | 461 |
| 15:21 | 41 |
| 16:3 | 84 |
| 16:37 | 83 |
| 17:1f. | 117 |
| 17:1-9 | 171 |
| 17:4 | 118 |
| 17:10 | 117 |
| 17:12 | 118 |
| 17:17 | 117 |
| 17:27 | 118 |
| 17:30 | 473 |
| 18:4 | 117-118 |
| 18:6 | 148 |
| 18:19 | 117 |
| 19:8 | 117-118 |
| 19:8ff. | 118 |
| 21:39 | 83 |
| 22:3 | 73-76, 80-81, 88-90, 99 |
| 22:3f. | 87, 91, 94 |
| 22:3-16 | 27, 67, 69, 71 |
| 22:6 | 34, 109, 144, 200, 238 |
| 22:6ff. | 91, 162 |
| 22:7f. | 430 |
| 22:8 | 185, 380 |
| 22:11 | 144, 238 |
| 22:15 | 121 |
| 22:17-21 | 112, 122-123 |
| 22:18ff. | 148 |
| 22:21 | 122 |
| 22:25 | 121 |
| 22:25-28 | 83 |
| 23:6 | 74, 77, 86 |
| 26:1ff. | 121 |
| 26:4f. | 75, 77 |
| 26:4-18 | 27, 67, 69-71 |
| 26:5 | 86 |
| 26:9 | 102 |
| 26:9ff. | 91 |

26:9-11 ·················································· 99
26:11-18 ············································· 110
26:12ff. ················································ 162
26:12-18 ·············································· 69
26:13 ····························· 34, 109, 144, 238
26:14 ········································· 102, 430
26:14f. ················································ 430
26:15 ············································ 185, 380
26:16 ················································· 107
26:16ff. ··············································· 121
26:16-18 ································· 39, 70, 116
26:17f. ················································ 162
26:17-20 ············································ 123
26:19f. ················································ 123
28:26f. ················································ 167
28:28 ·················································· 148

로마서
1:1 ················ 60, 65, 111, 124, 165, 186, 489
1:2 ············································· 163, 221
1:2ff. ································ 221, 224-225, 228
1:2-4 ··························· 173, 187, 222, 240
1:3 ·········································· 189, 202, 222
1:3f. ········ 38, 45, 108, 128, 186-187, 189,
　　　　191, 194, 206, 214, 221, 364, 381, 437
1:3ff. ················································· 465
1:4 ····················································· 109

1:5 ······························ 40, 56, 62, 111,
　　　　　　　　　　　252, 488, 529-530
1:6 ····················································· 252
1:6f. ································· 128, 222, 482
1:8 ······················································ 510
1:14 ········· 124, 249, 492, 494, 501, 502, 505
1:15 ············································ 150, 249
1:16 ·································· 118, 174, 526
1:16f. ·································· 128, 222, 482
1:16ff. ··············································· 505
1:16~5:21 ········································· 519
1:17 ··········································· 484, 525
1:18~3:20 ·························· 475, 528, 545
1:20 ············································ 242-243
1:23 ············································ 379, 390
2:4 ····················································· 473
2:5 ······················································ 134
2:7-13 ·············································· 476
2:16 ··················································· 484
2:19 ····················································· 36
2:25-29 ·············································· 45
2:28f. ················································ 558
3:5 ····················································· 480
3:8f. ·················································· 526
3:9 ····················································· 476
3:13f. ················································ 526
3:20 ········································ 474, 476, 479

| | |
|---|---|
| 3:21 ·············· 224, 479-481, 484, 525 | 5:5-11 ······························ 504 |
| 3:21ff. ································ 133, 185 | 5:5ff. ·································· 504 |
| 3:21-24 ································· 504 | 5:6ff. ·································· 185 |
| 3:21-26 ····························· 471, 504 | 5:6-10 ································ 466 |
| 3:21-31 ····························· 505, 528 | 5:7 ···································· 504 |
| 3:22 ····································· 509 | 5:8 ···································· 504 |
| 3:23 ························· 444, 447, 476, 544-546, 556, 583 | 5:9 ················ 242, 244, 484, 485, 504 |
| 3:23ff. ··································· 224 | 5:10 ························· 50, 53, 203 |
| 3:24 ······························ 488, 504 | 5:11 ···································· 224 |
| 3:24ff. ·························· 50, 53, 504 | 5:12 ······················ 150, 312, 444, 447 |
| 3:24-26 ····························· 50, 53 | 5:12ff. ································· 283 |
| 3:26 ····································· 509 | 5:12-21 ····················· 277, 294-295, 306, 448, 451, 454 |
| 3:27 ····································· 605 | 5:13f. ·································· 477 |
| 3:27ff. ··································· 511 | 5:14 ···································· 305 |
| 3:28 ····································· 525 | 5:15 ······························ 310, 312 |
| 3:28f. ···································· 480 | 5:15ff. ································· 504 |
| 4:1ff. ···································· 45 | 5:15-17 ································ 449 |
| 4:2-5 ···································· 605 | 5:16 ···································· 54 |
| 4:4 ······································ 505 | 5:16ff. ································· 504 |
| 4:24f ····································· 128 | 5:20 ···································· 475 |
| 4:25 ····································· 466 | 5:20f. ·································· 150 |
| 4:25-5:11 ································ 50 | 6:1-11 ······················· 512, 514, 549 |
| 5 ···························· 283, 284, 448, 452 | 6:2 ···································· 514 |
| 5:1 ······························ 500, 506, 535 | 6:3 ···································· 515 |
| 5:1-11 ······························ 244, 534 | 6:3f. ·································· 185 |
| 5:2 ······················· 488, 500, 501, 504 | 6:4 ······························ 523, 554 |

| | |
|---|---|
| 6:5 | 231, 554-555 |
| 6:6 | 258, 514, 554 |
| 6:8f. | 185 |
| 6:10f. | 515 |
| 6:11 | 554 |
| 6:14 | 488 |
| 6:14f. | 505 |
| 6:14ff | 504 |
| 7 | 102, 103-107 |
| 7:4 | 185, 499, 515, 524 |
| 7:5 | 475 |
| 7:7ff. | 477 |
| 7:7-13 | 103 |
| 7:7-25 | 102, 105, 220 |
| 7:9-11 | 103 |
| 7:10 | 477 |
| 7:10ff. | 476 |
| 7:14 | 104 |
| 7:14ff. | 103-104 |
| 7:22 | 551 |
| 7:24 | 258 |
| 8:3 | 185, 190, 202, 240, 437, 440, 454, 465, 466, 467, 468, 469, 471, 475, 480, 488, 583 |
| 8:3f | 206, 220, 232, 522 |
| 8:4 | 478 |
| 8:7 | 535 |
| 8:9-11 | 541 |
| 8:11 | 258, 259 |
| 8:12 | 492 |
| 8:12-17 | 542 |
| 8:14 | 541 |
| 8:14ff. | 268 |
| 8:14-23 | 541 |
| 8:15 | 541 |
| 8:16 | 158 |
| 8:17 | 542, 554 |
| 8:17ff. | 545 |
| 8:17-25 | 542 |
| 8:18ff. | 134 |
| 8:19ff. | 447 |
| 8:19-22 | 559 |
| 8:23 | 259 |
| 8:24 | 485 |
| 8:28 | 489 |
| 8:29 | 42, 230, 232, 240, 259, 264-265, 268-269, 330, 332, 337, 386, 387, 395, 434, 435, 447, 454, 542, 544, 548, 556, 581, 583-584 |
| 8:29f. | 266, 379, 545-546 |
| 8:30 | 265, 268, 545, 546, 583 |
| 8:32 | 203 |
| 8:34 | 185 |
| 9-11 | 529, 558, 579 |

| | |
|---|---|
| 9:1ff. | 118 |
| 9:3ff. | 45 |
| 9:4f. | 540 |
| 9:6ff. | 540 |
| 9:11 | 252 |
| 9:24 | 501, 540 |
| 9:25f. | 540 |
| 9:30 | 120, 484, 517 |
| 9:30ff. | 603 |
| 9:30-10:4 | 507 |
| 10:1-13 | 216, 524 |
| 10:2f. | 219, 588 |
| 10:2-4 | 28, 508, 594, 602, 604 |
| 10:2-10 | 28 |
| 10:3 | 480, 510, 602, 603 |
| 10:3f. | 592 |
| 10:4 | 87, 92, 211, 214, 217, 219, 465, 524-526, 529, 603, 608 |
| 10:4ff. | 225 |
| 10:4-11 | 248 |
| 10:5 | 476 |
| 10:6f. | 198, 218 |
| 10:6ff. | 218, 247-248 |
| 10:6-13 | 508 |
| 10:9 | 186, 256, 509 |
| 10:9f. | 518-519 |
| 10:12 | 529 |
| 10:14 | 509 |
| 10:14-17 | 509 |
| 10:16 | 510 |
| 11:1 | 73 |
| 11:2 | 265 |
| 11:5 | 252 |
| 11:5f. | 505 |
| 11:7 | 170 |
| 11:11 | 148, 149 |
| 11:11f. | 169 |
| 11:12 | 148 |
| 11:13f. | 118, 169 |
| 11:15 | 148, 158, 169, 538 |
| 11:16-24 | 170 |
| 11:25 | 141, 156, 168 |
| 11:25f. | 154-155, 157, 158, 160, 166-167, 169, 170-172, 528, 579 |
| 11:25ff. | 149, 152, 160, 530 |
| 11:26 | 150, 157, 158 |
| 11:26f. | 155 |
| 11:28 | 169, 536 |
| 11:28-30 | 148 |
| 11:30-32 | 510 |
| 11:32 | 504 |
| 11:33ff. | 153, 160 |
| 11:33-36 | 152 |
| 11:34 | 152 |

12:1f. · 264
12:2 · 230, 332, 551
12:3 · 56, 62, 488
12:6 · 252, 496
12:16 · 258
13:9f. · 478
13:11 · 224
13:11-14 · 264
13:14 · 256, 429, 550
14-15 · 529
14:9 · 185
14:10 · 484
14:11 · 158
14:14 · 256
15:8f. · 529
15:15 · 56, 62, 488
15:15f. · 40, 62, 112
15:16 · 529
15:16-18 · 530
15:18 · 510, 529
15:19 · 169
15:27 · 492
16:25 · 141
16:25f. · 146

고린도전서
1~2 · 227, 463

1~3 · 289
1~4 · 139
1:1 · 65, 489
1:2 · 489
1:5 · 137
1:7 · 109, 134
1:7-9 · 252
1:9 · 488, 539
1:17 · 64, 112, 144, 163, 165
1:17-30 · 225
1:18~2:5 · 140
1:18~2:16 · 136
1:21 · 139
1:23 · 45, 86, 95, 137,
    139, 141, 144, 158, 173, 185, 424
1:24 · 138, 139, 140, 199, 227, 326
1:30 · 199, 227, 463, 482, 507, 516
1:31 · 144
2 · 147
2:1 · 137, 141, 146, 165
2:1ff ·
2:2 · 137, 144
2:6 · 133, 140
2:6f. · 140
2:6ff. · 140, 143, 145, 146
2:6-10 · 146
2:6-16 · 139, 143, 153

| | |
|---|---|
| 2:6~3:4 | 287 |
| 2:7 | 137, 139, 265 |
| 2:7-9 | 140 |
| 2:8 | 133, 142, 143, 144, 145, 326, 386 |
| 2:9 | 139 |
| 2:10~3:1 | 140 |
| 2:12 | 153 |
| 2:12-15 | 289 |
| 2:16 | 152, 153 |
| 2:24ff. | 466 |
| 3:1f. | 140 |
| 3:1ff. | 139 |
| 3:10 | 56, 62, 252, 488 |
| 3:10-15 | 501, 503 |
| 3:13 | 134 |
| 3:13ff. | 485 |
| 3:15 | 502, 503 |
| 3:18 | 43, 237 |
| 4:1 | 140, 141, 146 |
| 4:1-5 | 501 |
| 4:4ff. | 485 |
| 4:5 | 180, 252, 310, 503 |
| 4:9-13 | 552 |
| 6:11 | 463, 484, 511, 516 |
| 7:18f. | 84 |
| 7:25 | 40, 63 |
| 7:31 | 332 |
| 7:40 | 153 |
| 8:1f. | 287 |
| 8:6 | 202, 256, 585, 586 |
| 8:11 | 185 |
| 8:12 | 430 |
| 9:1 | 27, 34, 35, 68, 71, 107, 110, 132, 142, 163, 164, 165, 174, 180, 464, 573 |
| 9:1-27 | 186 |
| 9:1. | 127 |
| 9:5 | 567 |
| 9:15ff. | 502 |
| 9:16 | 490, 492, 494, 501, 502 |
| 9:16-17 | 29 |
| 9:16f. | 124, 135 |
| 9:16ff. | 398, 588 |
| 9:17 | 65 |
| 9:20ff. | 117, 597 |
| 9:23 | 489, 492, 501, 502, 503 |
| 9:27 | 489, 498 |
| 9:32f. | 117 |
| 10:1-4 | 198 |
| 10:4 | 202 |
| 10:16 | 242 |
| 10:18 | 45, 558 |
| 11:7 | 379, 390, 439, 444 |
| 11:13ff. | 332 |
| 11:24ff. | 466 |

11:25 · · · · · · · · · · · · · · · · · · · · · · · · · · · · · · 242
11:25ff. · · · · · · · · · · · · · · · · · · · · · · · · · 53, 530
11:27 · · · · · · · · · · · · · · · · · · · · · · · · · · · · · · 242
12:3 · · · · · · · · · · · · · · · · · · · 99, 255, 256, 257
12:13 · · · · · · · · · · · · · · · · · · · · · · · · · · · · · · 557
12:28 · · · · · · · · · · · · · · · · · · · · · · · · 494, 496
13:2 · · · · · · · · · · · · · · · · · · · · · · · 140, 141, 154
13:11-13 · · · · · · · · · · · · · · · · · · · · · · · · · · 264
14:2 · · · · · · · · · · · · · · · · · · · · · · · 140, 141, 154
15 · · · · · · · · · · · · · · · · · · · · · 31, 277, 282, 283,
293, 294, 295, 310, 448
15:1 · · · · · · · · · · · · · · · · · · · · · · · · · · · · · · · 67
15:1-11 · · · · · · · · · · · · · · · · · · · · · · · · · · 127
15:1f. · · · · · · · · · · · · · · · · · · · · · · · · · · · · · 129
15:1ff. · · · · · · · · · · · · · · · · · · · · · · · · 128, 130
15:2 · · · · · · · · · · · · · · · · · · · · · · · · · · · 68, 284
15:3 · · · · · · · · · · · 53, 93, 174, 185, 466, 530
15:3ff. · · · · · · · · · · · · · · · · · · · · · · 129, 130, 185
15:3-5 · · · · · · · · · · · · · · · · · 67, 108, 129, 173
15:3-7 · · · · · · · · · · · · · · · · · · · · · · · · · · · · · 67
15:3-8 · · · · · · · · · · · · · · · · · · · · · · 66, 67, 224
15:3-11 · · · · · · · · · · · · · · · · · · · · · · · · · · · 174
15:5ff. · · · · · · · · · · · · · · · · · · · · · · · · · 134, 165
15:5-10 · · · · · · · · · · · · · · · · · · · · · · · · · · · · · 71
15:5-11 · · · · · · · · · · · · · · · · · · · · · · · · · · · 108
15:6-8 · · · · · · · · · · · · · · · · · · · · · · · · · · · · · 130
15:8 · · · · · · · · · · · · · · · 32, 34, 68, 107, 573

15:8ff. · · · · · · · · 110, 132, 164, 463, 588, 605
15:8-10 · · · · · · · · · · · · · · · · · · · · · · · · · · · · · 27
15:9 · · · · · · · · · · · · · · · · · · · · · · · 40, 60, 91, 589
15:9f. · · · · · · · · · · · · · · · · · · · · · · · · · · · 40, 112
15:9ff. · · · · · · · · · · · · · · · · · · · · · · · · · · · · · 488
15:9-11 · · · · · · · · · · · · · · · · · · · · · · · · · · · 127
15:10 · · · · · · · · · · · · · · · · · · · · · · · · · · · · · 490
15:11 · · · · · · · · · · · · · · · · · · · · · · · · · · · · · 130
15:12 · · · · · · · · · · · · · · · · · · · · · · · · · · · · · 173
15:20 · · · · · · · · · · · · · · · · · · · · 134, 242, 284
15:21 · · · · · · · · · · · · · · · · · 283, 295, 310, 312
15:21f. · · · · · · 278, 282, 294, 295, 447, 448
15:21ff. · · · · · · · · · · · · · · · · · · · · · · · · · · · 284
15:22 · · · · · · · · · · · · · · · · · · · · · · · · · · 285, 447
15:23 · · · · · · · · · · · · · · · · · · · · · · · · · · 134, 310
15:24 · · · · · · · · · · · · · · · · · · · · · · · · · · · · · 529
15:24-28 · · · · · · · · · · · · · · · · · · · · · · · · · · · 260
15:24f. · · · · · · · · · · · · · · · · · · · · · · · · · · · · 133
15:24ff. · · · · · · · · · · · · · · · · · · · · · · · · · · · 306
15:25 · · · · · · · · · · · · · · · · · · · · · · · · · · 185, 294
15:25-28 · · · · · · · · · · · · · · · · · · · · · · · · · · · 260
15:25ff. · · · · · · · · · · · · · · · · · · · · · · · · · · · 270
15:27 · · · · · · · · · · · · · · · · · · · · · · · · · · · · · 294
15:35-49 · · · · · · · · · · · · · · · · · 278, 287, 289
15:42f. · · · · · · · · · · · · · · · · · · · · · · · · · 259, 447
15:42ff. · · · · · · · · · · · · · · · · · · · · · · · · · · · 279
15:42-49 · · · · · · · · · · · · · · 445, 547, 548, 584

15:43 · · · · · · · · · · · · · · · · · 34, 386, 545, 583
15:43ff. · · · · · · · · · · · · · · · · · 386, 387, 428
15:43-49 · · · · · · · · · · · · · · · · · · · · · · · · · 546
15:44 · · · · · · · · · · · · · · · · · · · · · · · · · · · · · 259
15:44-49 · · · · · · · · · · · · · · · · · · · · · · · · · 447
15:44f. · · · · · · · · · · · · · · · · · · · · · · · · · · · · 261
15:44ff. · · · · · · · · · · · · · · · · · 290, 327, 387
15:45 · · · · · · · · · · · · 261, 271, 305, 387, 451
15:45ff. · · · · · · · · · · 240, 280, 298, 299, 556
15:46 · · · · · · · · · · · · 283, 290, 293, 294, 306
15:47 · · · · · · · · · · · · · · · · · · · · · 283, 312, 451
15:47-49 · · · · · · · · · · · · · · · · · · · · · · · · · 382
15:48f. · · · · · · · · · · · · · · · · · · · · · · · · · · · · 282
15:49 · · · · · · · · · · · · · · · · · 42, 230, 260, 265,
268, 371, 382, 386, 387, 395, 434, 435,
454, 548, 583, 584, 585
15:51 · · · · · · · · · · · · · · · · · · · · · · · · · 141, 262
15:51ff. · · · · · · · · · · · · · · · · · · · · · · · · · · · 262
15:52 · · · · · · · · · · · · · · · · · · · · · 230, 235, 548
15:53f. · · · · · · · · · · · · · · · · · · · · · · · · · · · · 264
15:54ff. · · · · · · · · · · · · · · · · · · · · · · · · · · · 158
16:23 · · · · · · · · · · · · · · · · · · · · · · · · · · · · · 256

고린도후서
1:1 · · · · · · · · · · · · · · · · · · · · · · · · · · · · · · · · · 65
1:5 · · · · · · · · · · · · · · · · · · · · · · · · · · · · · · · · 552
1:12 · · · · · · · · · · · · · · · · · · · · · · · · · 485, 490

1:14 · · · · · · · · · · · · · · · · · · · · · · · · · 499, 502
1:18ff. · · · · · · · · · · · · · · · · · · · · · · · · · · · · 221
1:19 · · · · · · · · · · · · · · · · · · · · · · · · · · · · · · · · 38
1:19f. · · · · · · · · · · · · · · · · · · · · · · · · · · · · · 228
1:20 · · · · · · · · · · · · · · · · · · · · · · · · · · · · · · · 524
1:22 · · · · · · · · · · · · · · · · · · · · · · · · · 136, 485
3~4 · · · · · · · · · · · · · · · · · · · · · · · · · · · · · · · 463
3:1ff. · · · · · · · · · · · · · · · · · · · · · · · · · 127, 139
3:1-6 · · · · · · · · · · · · · · · · · · · · · · · · · · · · · · · 31
3:1-17 · · · · · · · · · · · · · · · · · · · · · · · · · · · · 236
3:1~4:6 · · · · · · · · · 43, 388, 395, 397, 399, 581
3:4 · · · · · · · · · · · · · · · · · · · · · · · · · · · · · · · · 403
3:4f. · · · · · · · · · · · · · · · · · · · · · · · · · · · · · · 588
3:4ff. · · · · · · · · · · · · · · · · · · · · · · · · · · · · · 219
3:4~4:6 · · · · · 30, 71, 215, 216, 524, 594, 605
3:5 · · · · · · · · · · · · · · · · · · · · · · · · · · · · · · · · · 40
3:6 · · · · · · · · · · · · · · · · · · · · 63, 288, 399, 403
3:6f · · · · · · · · · · · · · · · · · · · · · · · · · · · · · · · 403
3:7ff. · · · · · · · · · · · · · · · · · · · · · · · · · · 35, 399
3:7-11 · · · · · · · · · · · · · · · · · · · · · · · · 397, 403
3:7-12 · · · · · · · · · · · · · · · · · · · · · · · · · · · · 399
3:7-18 · · · · · · · · · · · · · · · · · · · · · · · · · · · · 397
3:7-4:6 · · · · · · · · · · · · · · · · · · 238, 239, 445
3:8 · · · · · · · · · · · · · · · · · · · · · · · · · · · · · · · · 403
3:9 · · · · · · · · · · · · · · · · · · · · · · · · · · · · · · · · 403
3:11 · · · · · · · · · · · · · · · · · · · · · · · · · · · · · · · 403
3:12 · · · · · · · · · · · · · · · · · · · · · · · · · · · · · · · 403

3:12-4:6 ·················· 397
3:13 ······················· 406
3:13ff. ····················· 406
3:14 ················ 215, 403, 404, 405
3:14f. ······················ 406
3:16 ···················· 40, 41, 42
3:16ff. ················· 164, 335, 446
3:16-18 ············ 42, 180, 237, 391, 392, 399, 403
3:16-4:6 ············ 229, 438, 582, 583
3:17f. ················· 185, 387, 388
3:18 ······ 30, 31, 43, 131, 142, 143, 144, 230, 235, 236, 237, 239, 241, 259, 261, 265, 266, 268, 330, 332, 337, 379, 383, 386, 387, 390, 391, 393, 402, 434, 446, 452, 454, 545, 548, 550, 555, 581, 582, 584
3:18~4:6 ············ 236, 241, 398, 452
4:1 ············· 31, 40, 63, 218, 399, 504
4:1-6 ················ 30, 31, 174, 406
4:1ff. ······················ 403
4:2 ···················· 396, 406
4:2-5 ······················ 397
4:3f. ··················· 136, 403
4:3-6 ······················ 39
4:4 ············ 39, 133, 144, 173, 199, 216, 217, 229, 234, 237, 238, 239, 240, 242, 243, 326, 327, 330, 335, 336,

370, 371, 379, 388, 390, 391, 392, 394, 399, 402, 403, 406, 407, 454, 582, 583
4:4ff. ·················· 241, 335
4:4-6 ········ 42, 180, 237, 336, 399, 402, 403, 435, 436, 452, 464, 581, 582, 583
4:5 ············ 31, 86, 173, 180, 186, 217
4:6 ······· 30, 31, 33, 34, 43, 47, 70, 109, 131, 137, 142, 163, 164, 216, 237, 332, 388, 390, 391, 392, 394, 401, 402, 403, 444, 445, 452, 501, 541, 555, 556, 559, 573, 582
4:7-5:5 ···················· 263
4:10f. ·················· 552, 555
4:10-17 ····················· 553
4:11 ······················ 258
4:14 ···················· 224, 256
4:16 ······················ 551
4:16f. ······················ 552
4:17 ······················ 552
5:1 ······················· 254
5:1ff. ······················ 254
5:5 ···················· 136, 485
5:11-20 ····················· 47
5:12 ······················ 397
5:14 ······················ 521
5:14-21 ····················· 469
5:16 ············· 43, 45, 109, 110, 437
5:16f. ·················· 45, 557

| | |
|---|---|
| 5:16ff. | 50, 51, 164, 180 |
| 5:16-21 | 71, 174, 531, 532, 534, 556, 588 |
| 5:17 | 36, 47, 48, 50, 51, 110, 266, 434, 445, 454, 537 |
| 5:17ff. | 50, 439 |
| 5:17-21 | 556, 559 |
| 5:18 | 50, 63, 536 |
| 5:18ff. | 49 |
| 5:19 | 50 |
| 5:19-21 | 53 |
| 5:19ff. | 185 |
| 5:21 | 185, 463, 465, 466, 467, 468, 469, 522 |
| 6:2 | 133, 224, 465, 484 |
| 6.3-10 | 552 |
| 6:18 | 541 |
| 7:6 | 258 |
| 8:9 | 202 |
| 9:13 | 510 |
| 10-13 | 31, 127 |
| 10:1 | 258 |
| 10:8 | 63, 180 |
| 10:17 | 144 |
| 11 | 72 |
| 11:5 | 31 |
| 11:7 | 258 |
| 11:13 | 31, 256 |
| 11:21 | 54, 79 |
| 11:22 | 73, 77, 78, 80 |
| 11:23 | 119 |
| 11:23-33 | 552 |
| 11:24 | 117 |
| 11:24f. | 99 |
| 12 | 72, 380 |
| 12:1 | 109, 132, 142, 429 |
| 12:1ff. | 141-142, 154, 569 |
| 12:2 | 254 |
| 12:2-4 | 429 |
| 13:3 | 252 |
| 13:3f. | 144 |
| 13:10 | 63, 180, 252 |
| 13:13 | 256 |

갈라디아서

| | |
|---|---|
| 1 | 60, 112, 113, 115, 125, 129, 175, 565, 599 |
| 1~2 | 70, 113, 115, 125, 460, 461, 462, 590 |
| 1:1 | 66, 113 |
| 1:4 | 87, 129, 133, 252, 466 |
| 1:6 | 489 |
| 1:10 | 124, 186 |
| 1:10-12 | 125 |
| 1:11 | 115, 125, 128, 575 |

1:11f. ·········· 66, 113, 115, 463, 565, 596
1:11ff. ············ 594, 598, 599, 601, 605
1:11-16 ···························· 174, 459
1:12 ···················· 26, 108, 111, 125,
　　　128, 131, 132, 133, 142, 163, 165, 173,
　　　174, 175, 180, 396
1:12f. ································· 460
1:12ff. ·························· 130, 142
1:12-16 ······························· 429
1:12-17 ······························· 135
1:13 ······················· 68, 94, 99, 589
1:13f. ··························· 76, 91, 588
1:13-17 ························ 28, 68, 71
1:14 ································· 99, 106
1:14f. ································· 86
1:15 ································ 39, 489
1:15f. ········ 59, 115, 116, 142, 161, 163,
　　　174, 175, 220, 221, 228
1:15ff. ································ 162
1:15-24 ································ 119
1:16 ········ 26, 32, 38, 108, 109, 110, 111,
　　　112, 113, 114, 121, 125, 132, 133, 143,
　　　147, 163, 165, 173, 175, 180, 381, 382,
　　　391, 426, 427, 435, 436, 464, 503
1:16f. ································· 26
1:17 ························ 12, 26, 119
1:17ff. ································ 599

1:18 ································ 120
1:18f. ································· 97
1:19 ································ 567
1:21 ························ 82, 83, 120
1:22 ································· 97
1:23 ···························· 97, 120
1:23f. ································ 120
2 ···························· 112, 113, 115, 125
2~3 ································· 607
2:1 ························ 82, 120, 178
2:1ff. ································ 178
2:1-10 ······························· 461
2:2 ·························· 127, 461
2:4 ································ 120
2:6-10 ······························ 596
2:7 ································ 111
2:7f. ································ 127
2:7-9 ·························· 77, 140
2:8 ································ 247
2:8ff. ································ 248
2:9 ············· 56, 62, 97, 127, 488
2:11 ································ 81
2:11-18 ······························ 596
2:11-21 ······························ 595
2:15f. ························ 506, 596
2:16 ········ 125, 225, 474, 479, 509, 511, 597
2:16ff. ······························ 517

| | |
|---|---|
| 2:16-21 | 523 |
| 2:18 | 524 |
| 2:19 | 524, 549 |
| 2:19f. | 514 |
| 2:19ff. | 475 |
| 2:19-21 | 499, 501 |
| 2:20 | 203, 481 |
| 2:20f. | 504 |
| 2:21 | 203, 505 |
| 3~4 | 506, 526, 557, 558 |
| 3:1 | 144, 185, 396 |
| 3:2 | 125 |
| 3:6-4:31 | 524 |
| 3:7 | 512 |
| 3:8 | 512 |
| 3:10 | 90, 91 |
| 3:10-12 | 508 |
| 3:10-13 | 466 |
| 3:11 | 474, 479 |
| 3:12 | 476 |
| 3:12f. | 499 |
| 3:13 | 94, 95, 109, 141, 80, 185, 464, 466, 467, 468, 469, 470, 522, 524, 608 |
| 3:14 | 524 |
| 3:16 | 539 |
| 3:19f. | 477 |
| 3:19ff. | 475 |
| 3:21 | 125 |
| 3:22 | 90 |
| 3:23ff. | 220 |
| 3:23-25 | 511 |
| 3:23-27 | 527 |
| 3:23-29 | 538 |
| 3:26f. | 540 |
| 3:26ff. | 523 |
| 3:26-29 | 541 |
| 3:26-4:7 | 268 |
| 3:27 | 549, 554 |
| 3:28 | 527, 537, 539 |
| 3:28f. | 527 |
| 3:29 | 540 |
| 4:1-7 | 538, 539, 541, 542 |
| 4:4 | 133, 190, 191, 201, 202, 221, 222, 224, 240, 437, 440, 454, 465, 471, 484 |
| 4:4f. | 206, 220, 466, 470 |
| 4:4ff. | 232 |
| 4:4-6 | 201 |
| 4:4-7 | 540 |
| 4:21-31 | 540 |
| 4:5 | 396, 538 |
| 4:5f. | 526 |
| 4:6 | 541 |
| 4:9 | 133 |
| 4:19 | 230, 268, 550 |

4:21 ·································· 125
4:21ff. ································· 45
4:21-31 ························· 527, 540
4:24ff. ······························· 254
4:26 ·································· 158
5:3 ···························· 90, 91, 492
5:4 ······························ 125, 505
5:5 ··································· 484
5:6 ······························· 84, 478
5:11 ················ 83, 86, 91, 95, 144, 462
5:12 ·································· 396
5:16-6:1 ······························ 289
5:24 ·································· 515
6:1 ··································· 289
6:12 ······························ 144, 185
6:12-16 ································ 45
6:14 ·························· 48, 144, 145
6:15 ························· 83, 445, 557
6:15f ································· 454
6:16 ····················· 434, 541, 557, 558
6:18 ·································· 256

에베소서

1:1 ··································· 485
1:5 ······························ 252, 265
1:7 ······························ 242, 252
1:9 ······························· 55, 252

1:11 ····························· 252, 265
1:14 ·································· 485
1:18 ·································· 238
1:19 ························· 141, 252, 260
1:20f. ································· 529
1:20-22 ······························· 313
1:21 ·································· 242
2:5f. ························· 515, 549, 554
2:11-22 ······························· 537
2:11f. ································· 536
2:13-18 ······························· 536
2:14 ·································· 136
2:14f. ···························· 470, 557
2:16 ·································· 242
3 ·································· 58, 62, 147
3:1ff. ····························· 146, 147
3:1-3 ································· 147
3:1-7 ·································· 61
3:1-13 ·························· 54, 146, 180
3:2 ·························· 55, 56, 68, 488
3:3 ······························ 131, 146, 165
3:3f. ·································· 141
3:3-6 ·································· 56
3:4 ······························· 58, 147
3:4ff. ································· 165
3:5 ······························ 141, 146, 154
3:6 ····························· 58, 59, 147

| | |
|---|---|
| 3:7 | 252, 488 |
| 3:7ff. | 57 |
| 3:8 | 60, 173, 488 |
| 3:9 | 55, 141, 238 |
| 3:12 | 509 |
| 3:16 | 551 |
| 3:17 | 242 |
| 4:8 | 218 |
| 4:16 | 252, 260 |
| 4:22 | 551 |
| 4:22-24 | 550, 555 |
| 4:23 | 551 |
| 4:24 | 230, 294, 337, 446, 548, 583 |
| 5:2 | 203 |
| 5:8 | 36 |
| 5:23 | 254 |
| 5:25 | 203 |
| 5:32 | 140, 154 |
| 6:19 | 141 |

빌립보서

| | |
|---|---|
| 1:1 | 124, 186 |
| 1:7 | 488 |
| 1:12-18 | 497 |
| 1:15 | 86 |
| 1:18 | 497 |
| 1:19 | 489, 497 |
| 1:21ff. | 254 |
| 1:26 | 499 |
| 1:27 | 551 |
| 1:29 | 509 |
| 2 | 576 |
| 2:1-12 | 253 |
| 2:16 | 502 |
| 2:3 | 258 |
| 2:6 | 202, 229, 239, 254, 309, 326, 330, 332, 333, 440, 454 |
| 2:6f. | 331, 333 |
| 2:6ff. | 338, 584 |
| 2:6-11 | 232, 233, 241, 246, 253, 254, 255, 257, 335, 449, 577 |
| 2:7 | 199 |
| 2:8 | 247, 258, 332 |
| 2:8ff. | 248 |
| 2:9 | 185 |
| 2:9ff. | 164 |
| 2:9-11 | 529 |
| 2:11 | 256 |
| 2:12ff. | 503 |
| 2:15 | 489 |
| 2:15f. | 498 |
| 2:16 | 501 |
| 2:16ff. | 253 |
| 3 | 175, 581, 592 |

3:10 ················ 231, 268, 554, 555
3:10f. ···················· 145, 553, 554
3:12 ···················· 33, 124, 186, 481
3:12ff. ···························· 503
3:14 ···························· 254, 262
3:17 ································ 150
3:17-21 ···························· 145
3:17-4:1 ···························· 253
3:18 ································ 144
3:18-21 ···························· 145
3:19 ································ 254
3:2 ································· 124
3:2ff. ·························· 598, 605
3:2-9 ······························· 600
3:2-11 ······························ 604
3:2-14 ······························ 518
3:2-15 ······························ 263
3:2-16 ······························ 145
3:20 ·············· 134, 254, 255, 256, 263
3:20f. ······· 134, 158, 251, 252, 253, 254,
255, 257, 260, 262, 263, 264, 265, 267,
386, 446, 447, 553
3:20-21 ···························· 251
3:21 ············ 144, 230, 235, 258, 259, 260,
261, 262, 310, 327, 332, 386, 387, 395, 428,
429, 435, 454, 545, 546, 547, 548, 583
3:21f. ······························ 584

3:3 ·························· 434, 557, 558
3:3ff. ···························· 174, 180
3:3-14 ···························· 175, 541
3:4ff. ········ 28, 68, 463, 508, 595, 604, 605
3:4-11 ··········· 28, 38, 71, 600, 601, 604
3:4-14 ···························· 501, 506
3:4-15 ································ 594
3:5 ············· 73, 74, 77, 78, 86, 87, 458
3:5f. ························ 76, 87, 94, 106
3:6 ············· 86, 91, 99, 105, 463, 599
3:6ff. ···························· 219, 588
3:6-9 ································ 475
3:7ff. ···························· 174, 252
3:7-9 ································ 109
3:8 ························ 110, 180, 186, 499
3:8ff. ································ 185
3:9 ·············· 486, 509, 600, 603, 604
4:1 ································· 502
4:5 ································· 224
4:12 ································ 258
4:19 ································ 252
4:23 ································ 256

골로새서

1 ·································· 146, 576
1:1 ··································· 65
1:11 ································· 252

1:13 ································ 551
1:13ff. ···················· 190, 202, 231
1:13-20 ····························· 268
1:13-15 ····························· 435
1:15 ········ 199, 229, 234, 239, 240, 241,
243, 330, 335, 370, 371, 383, 407, 414,
415, 437, 450, 454, 583
1:15f. ·························· 384, 385
1:15ff. ········ 335, 338, 438, 454, 529, 584
1:15-17 ····························· 585
1:15-20 ···················· 241, 242, 245,
246, 335, 439, 577
1:16 ································ 415
1:18 ······················· 414, 447, 556
1:20 ··························· 437, 536
1:23-27 ····························· 61
1:23-29 ···················· 61, 146, 147
1:24 ································ 502
1:24ff. ························ 146, 147
1:24~2:5 ···························· 61
1:25 ·························· 54, 55, 64
1:25f. ······························ 131
1:25ff. ······························ 60
1:26f. ·························· 58, 59, 141
1:26ff. ····························· 165
1:27 ··························· 57, 180
1:29 ·························· 252, 260

1:3-20 ······························ 267
2:12 ··························· 513, 514
2:12f. ······························ 515
2:12ff. ························ 549, 554
2:13f. ······························ 470
2:17 ································ 384
2:2 ································· 141
2:20 ································ 133
2:3 ···························· 199, 211
2:5 ································· 509
2:9 ········ 242, 384, 385, 414, 428, 438, 440
3:1-3 ······························· 549
3:10 ···················· 550, 551, 555, 583
3:11 ··························· 549, 557
3:12ff. ······························ 555
3:4 ·························· 134, 447, 548
3:9 ································· 454
3:9f. ······················ 230, 294, 337,
446, 548, 550, 554, 584
4:3 ································· 141

데살로니가전서
1:5 ································· 225
1:7 ································· 109
1:9f. ······················ 223, 224, 225
1:10 ············ 157, 158, 223, 224, 225, 228,
254, 255, 263, 310, 383, 427, 428, 435, 484

| | |
|---|---|
| 2:2ff. | 225 |
| 2:4 | 111 |
| 2:13-16 | 171 |
| 2:14ff. | 171, 172 |
| 2:15f. | 117 |
| 2:19 | 134, 498, 502 |
| 2:19f. | 489 |
| 3:13 | 134 |
| 4:1 | 257 |
| 4:2 | 257 |
| 4:13ff. | 286 |
| 4:14 | 509 |
| 4:15 | 134 |
| 4:15ff. | 158 |
| 4:16 | 383 |
| 4:17 | 305 |
| 4:7 | 500, 501 |
| 5:4f. | 36 |
| 5:23 | 134 |

### 데살로니가후서

| | |
|---|---|
| 1:7 | 134 |
| 2:1 | 134 |
| 2:7 | 141 |
| 2:8f. | 134 |
| 2:8-10 | 158 |
| 2:9 | 260 |
| 2:31 | 260 |

### 디모데전서

| | |
|---|---|
| 1:10 | 238 |
| 1:11 | 65 |
| 1:11-14 | 69 |
| 1:12f. | 40 |
| 1:13 | 40, 99 |
| 1:16 | 40 |
| 1:17 | 242 |
| 3:9 | 141 |
| 3:16 | 141 |
| 4:8 | 384 |

### 디모데후서

| | |
|---|---|
| 1:9-11 | 146 |
| 2:11-13 | 252, 253 |
| 2:18 | 278 |

### 디도서

| | |
|---|---|
| 1:2f. | 146 |
| 1:3 | 65 |

### 빌레몬서

| | |
|---|---|
| 5 | 257 |

히브리서

1 · · · · · · · · · · · · · · · · · · · · · · · · · · · 227
1-2 · · · · · · · · · · · · · · · · · · · · · · · · 233, 412
1:2f. · · · · · · · · · · · · · · · · · · · · · · · · · · · 231
1:3 · · · · · · · · · · · · · · · · · 231, 234, 239, 240
1:6 · · · · · · · · · · · · · · · · · · · · · · · · · · · 232
1:13-2:9 · · · · · · · · · · · · · · · · · · · · · · · 313
2:4 · · · · · · · · · · · · · · · · · · · · · · · · · · · 505
2:5ff. · · · · · · · · · · · · · · · · · · · · · · · · · · 232
2:5-18 · · · · · · · · · · · · · · · · · · · · · · · · 232
2:6-9 · · · · · · · · · · · · · · · · · · · · · · · · · 232
2:10f. · · · · · · · · · · · · · · · · · · · · · · 232, 542
2:10ff. · · · · · · · · · · · · · · · · · · · · · · · · · 268
2:11ff. · · · · · · · · · · · · · · · · · · · · · · · · · 232
2:14ff. · · · · · · · · · · · · · · · · · · · · · · · · · 232
2:17 · · · · · · · · · · · · · · · · · · · · · · · · · · 234
4:14ff. · · · · · · · · · · · · · · · · · · · · · · · · · 234
5:5ff. · · · · · · · · · · · · · · · · · · · · · · 232, 234
5:9 · · · · · · · · · · · · · · · · · · · · · · · · · · · 232
6:1f. · · · · · · · · · · · · · · · · · · · · · · · · · · 224
6:10 · · · · · · · · · · · · · · · · · · · · · · · · · · 224
6:4 · · · · · · · · · · · · · · · · · · · · · · · · · · · 238
6:20 · · · · · · · · · · · · · · · · · · · · · · · · · · 232
9 · · · · · · · · · · · · · · · · · · · · · · · · · · · · 531
10:1 · · · · · · · · · · · · · · · · · · · · · · · · · · 384
10:14 · · · · · · · · · · · · · · · · · · · · · · · · · 232
10:32 · · · · · · · · · · · · · · · · · · · · · · · · · 238

11:9ff. · · · · · · · · · · · · · · · · · · · · · · · · · 105
11:13ff. · · · · · · · · · · · · · · · · · · · · · · · · 254
11:27 · · · · · · · · · · · · · · · · · · · · · · · · · 242
12:2 · · · · · · · · · · · · · · · · · · · · · · · · · · 232
13:11 · · · · · · · · · · · · · · · · · · · · · · · · · 467
13:14 · · · · · · · · · · · · · · · · · · · · · · · · · 254

야고보서

1:10 · · · · · · · · · · · · · · · · · · · · · · · · · · 257
2:1 · · · · · · · · · · · · · · · · · · · · · · · · · · · 143
3:13-15 · · · · · · · · · · · · · · · · · · · · · · · 138
3:15f. · · · · · · · · · · · · · · · · · · · · · · · · · 289
3:17 · · · · · · · · · · · · · · · · · · · · · · · · · · 138

베드로전서

1:7 · · · · · · · · · · · · · · · · · · · · · · · · · · · 109
1:10-12 · · · · · · · · · · · · · · · · · · · · · · · 146
1:12 · · · · · · · · · · · · · · · · · · · · · · · · · · · 32
1:13 · · · · · · · · · · · · · · · · · · · · · · · · · · 109
1:19-21 · · · · · · · · · · · · · · · · · · · · · · · 146
2:9 · · · · · · · · · · · · · · · · · · · · · · · · · · · · 36
2:24 · · · · · · · · · · · · · · · · · · · · · · · 94, 466
3:19 · · · · · · · · · · · · · · · · · · · · · · · · · · 218
3:22 · · · · · · · · · · · · · · · · · · · · · · · · · · 313

요한일서

1:1-3 · · · · · · · · · · · · · · · · · · · · · · · · · 146

3:2 ········· 548
4:7 ········· 206
4:9 ········· 191, 202
4:10 ········· 202, 203
4:14 ········· 202

요한계시록

1:10 ········· 142
1:13f. ········· 363
1:13ff. ········· 355, 414
1:14f. ········· 355, 364
1:5 ········· 414
2:1 ········· 364
2:8 ········· 364
2:12 ········· 364
2:18 ········· 355, 364, 428
3:1 ········· 364
3:14 ········· 364, 414
3:4 ········· 227
3:5 ········· 356
3:7 ········· 364
4 ········· 410, 415
4:11 ········· 414
6:10f. ········· 168
7:14 ········· 186
11 ········· 155
14:14 ········· 363
19:13 ········· 407, 417, 407

## III. JEWISH APOCRYPHA AND PSEUDEPIGRAPHA

Tobit

14:4-7 ········· 168

Wisdom of Solomon (지혜서)

1:6 ········· 387
2:27 ········· 327
7 ········· 387
7:7 ········· 387
7:10 ········· 216
7:21 ········· 198
7:22 ········· 387
7:25f. ········· 199
7:26 ········· 216, 231, 272, 371, 373, 387, 393
7:25ff. ········· 199, 271
7:25-30 ········· 215
7:26 ········· 229, 231, 371, 373, 393, 438
7:27 ········· 316
8:3 ········· 204
9:1f. ········· 197
9:4 ········· 205
9:9 ········· 197
9:10 ········· 205, 416

9:10-17 · · · 201
10:1f. · · · 281, 372
10:6f. · · · 372
10:10 · · · 372
10:11 · · · 316
10:17 · · · 201
10:17f. · · · 198
11:4 · · · 198
18:4 · · · 215
18:15 · · · 416

Ecclesiasticu

1:4ff. · · · 197
24 · · · 206
24:3 · · · 196, 205
24:3ff. · · · 196, 206
24:3-12 · · · 197, 205
24:8-12 · · · 205
24:9 · · · 205
24:23 · · · 205, 214
42:21 · · · 197
45:23 · · · 88
48:12f. · · · 142
48:24 · · · 142

Baruch (바룩서)

3:9 · · · 218

3:12 · · · 218
3:23 · · · 218
3:29ff. · · · 198, 218
3:37f. · · · 214
4:1 · · · 218

1 Maccabees (제1마카베서)

2:23ff. · · · 88
2:26 · · · 88
2:54 · · · 88

3 Maccabees (제3마카베서)

3:18 · · · 383

4 Maccabees (제4마카베서)

1:17 · · · 214
7:21-23 · · · 214
8:7 · · · 214
18:12 · · · 88

Jubilees

2:20 · · · 316
2:23f. · · · 321
19:23ff. · · · 321
19:24-29 · · · 316
22:13 · · · 316, 321

Testaments of the
Twelve Patriarchs Levi

2:6 ······383
5:1 ······383
16:5 ······168
18:6 ······383
18:10f. ······319

Judah

22:5 ······168
23:5 ······168

Zebuln

9 ······155
9:4 ······321

Naphtali

4:5 ······168

Asher

7:2f. ······168

Benjamin

10 ······155
10:11 ······361

1Enoch (제1에녹서)

13 ······353
14 ······357, 410
14:18-22 ······420
14:21 ······412
16:3 ······131
22:14 ······143
25:3f. ······143
27:3f. ······143
30:3 ······131
37~71 ······418, 420
37:4 ······387
42 ······204
46ff. ······432
46:1 ······353, 363, 423
46:1ff. ······308
46:1-3 ······420
46:2 ······353, 423
48:1-7 ······207
48:2 ······204
48:3 ······210
48:6 ······204, 210
49:2-4 ······204
49:3 ······204
49:4 ······204
60:1ff. ······420
61:5 ······131

| | |
|---|---|
| 62:7 | 210, 354 |
| 63 | 143 |
| 63:2 | 143 |
| 69:26 | 210 |
| 70 | 317 |
| 71 | 281 |
| 71:5-14 | 420 |
| 75:3 | 143 |
| 85-90 | 322 |
| 90:20-23 | 420 |
| 90:31-33 | 420 |
| 90:37f. | 420 |
| 90:37ff. | 322 |
| 91:1 | 142 |
| 92:1 | 204 |
| 106:19 | 131 |

2 Enoch (제2에녹서)

| | |
|---|---|
| 21f. | 281 |
| 44:1 | 389 |
| 64:3-5 | 317 |

3 Enoch (제3에녹서)

| | |
|---|---|
| 12:4f. | 416 |

2 Baruch (제2바룩서)

| | |
|---|---|
| 17f. | 215 |
| 17:18 | 318 |
| 22:1 | 383 |
| 48:3 | 131 |
| 50:1-51:10 | 34 |
| 56:1 | 131 |
| 76:1 | 131 |

3 Baruch (제3바룩서)

| | |
|---|---|
| 3-6 | 186 |

4 Ezra(2 Esdras) (제4에스라서)

| | |
|---|---|
| 3:4-36 | 316 |
| 5 | 186 |
| 5:23ff. | 155 |
| 5:37 | 359, 361 |
| 6 | 186 |
| 7 | 186 |
| 7:28 | 354 |
| 7:65ff. | 104 |
| 7:116ff. | 104 |
| 8:35 | 104 |
| 8:44 | 344 |
| 9:26~10:58 | 155 |
| 9:36 | 104 |
| 10:38 | 131 |
| 13 | 281, 308, 317, 323, 353-354, 409, 418, 422 |

13:2ff. ............... 308
13:3 ............... 360, 363
13:32 ............... 364
13:37 ............... 364
13:52 ............... 364
14:9 ............... 354
14:22 ............... 142

The Sibylline Oracles
III. 8 ............... 330
III. 286 ............... 200
iii. 652 ............... 200
v. 108 ............... 200
v. 256 ............... 200
v. 414f. ............... 200

Vita Adae et Eva
13:2 ............... 375

Assumption of. Moses
12 ............... 155

Apocalypse of Moses
20:1f. ............... 544
21:6 ............... 544

Apocalypse of Abraham
17f. ............... 410

Testament of Abraham
Rec. A.
XI ............... 356
XIff ............... 356, 421
XII ............... 363, 356–357
XIII ............... 356
XV ............... 356
XVI ............... 356

# IV. QUMRAN LITERATURE

lQS
4:23 ............... 280, 442
9:18 ............... 142
9:26–11:22 ............... 105
11:9ff. ............... 105
11:13f. ............... 49

lQH
1:21ff. ............... 105
3:9f. ............... 323
3:19–22 ............... 49, 50
3:23ff. ............... 105
4:29ff. ............... 105

| | |
|---|---|
| 8:4-14a | 315 |
| 11:10-14 | 49, 50 |
| 12:11ff. | 142 |
| 17:15 | 281, 315, 442 |

**1QpHab**

| | |
|---|---|
| 7:4f. | 154 |

**4QS**

| | |
|---|---|
| 1 | 410 |

**4QpPs 37**

| | |
|---|---|
| 3:1f. | 315 |

**4QpNah 3-4**

| | |
|---|---|
| 1:7f. | 94 |

**4QFlor**

| | |
|---|---|
| 1:1-13 | 187 |

**11lQ Melch**

| | |
|---|---|
| 10ff. | 421 |

**Temple Scroll of Qumran**

| | |
|---|---|
| 64:6-13 | 94 |

**CD**

| | |
|---|---|
| 1:19 | 486 |
| 3:20 | 281, 315, 442 |

## V. THE TARGUMS AND RABBINIC LITERATURE

### A. The Targums

Onkelos

| | |
|---|---|
| Num 12:8 | 400 |

Jonathan

| | |
|---|---|
| Gen 1:26f. | 344 |
| 4:5 | 345 |
| 5:1 | 344 |
| 5:3 | 344 |
| 9:6 | 344 |
| 28:12 | 412, 431 |
| Ex 34:29 | 402 |

Neofiti

| | |
|---|---|
| Gen 28:12 | 431 |

Fragment Targum

| | |
|---|---|
| Gen 28:12 | 431 |

Targum of Isaiah

| | |
|---|---|
| 43:10 | 164 |

### B. Mishanh

Pirqe Aboth

| | |
|---|---|
| 1:12 | 90, 93 |

3:23 .................................. 214
5:21 .................................. 78

## C. Jerusalem Talmud

Yoma

iv. 41 .................................. 104
iv. 43d ................................. 104

## D. Babylonian Talmud

Baba Bathra

58a .............................. 345, 442

Hullin

91b .............................. 345, 432

Mo'ed katan

15b .............................. 345, 442

Nedarim

39b .................................... 214

Pesahim

54a .................................... 214
148a ................................... 222

Sanhedrin

98a .................................... 157

Shabbath

31a ................................. 90, 91
88b–89a ............................... 214

Sotah

36b .................................... 359
49b ..................................... 82

Yoma

69a .................................... 359

## E. Midrashim

Genesis R.

1:4 .................................... 214
2:4 .................................... 206
8:12 ................................... 521
11:2 ................................... 521
12:6 ................................... 441
14:6 ................................... 318
19:7 ................................... 318
21:5 ................................... 319
24:4 ................................... 319
24:7 ................................... 521
68:12 .................................. 432

Exodus R.

23:15 .................................. 400

30:3 · · · 319
32:1 · · · 401, 442

Leviticus R.
1:1 · · · 379, 387
14:1 · · · 206
20:10 · · · 400
27:4 · · · 319
30:3 · · · 49
33:4 · · · 344
34:3 · · · 442

Numbers R.
10:5 · · · 387
13:12 · · · 319
16:24 · · · 401, 442
21:3 · · · 89, 486

Deuteronomy R.
11:3 · · · 442, 443

Ecclesiastes R.
3:15 · · · 319

Hekhaloth R.
9 · · · 432

Pesiktha R.
33:6 · · · 206
36:1 · · · 206

Midrash Psalms
18:6 · · · 49
102:3 · · · 49

Mekilta Exodus
15:13 · · · 222
18:1 · · · 222
20:16 · · · 344, 442
20:19 · · · 402
22:20 · · · 91
23:4 · · · 91

Sifre Numbers
6:25 · · · 216

# VI. JOSEPHUS AND PHILO

A Josephus
Antiquities
vi 332f. · · · 359
xx. 34-48 · · · 85
xx. 264 · · · 82

B.Philo

De Opficio Mundi

24 ·········································· 272

25 ·········································· 291

69 ·········································· 291

134 ································· 290, 291

139 ········································· 291

140 ········································· 289

146 ········································· 231

148 ········································· 289

Legum Allegoriae

I. 31 ······································· 290

I. 31f. ····································· 281

I. 43 ································· 272, 373

I. 92-94 ··································· 290

ii. 4 ······································· 290

ii. 86 ······································ 198

iii. 96 ································ 272, 291

iii. 101f. ·································· 393

Quod Deterius Potiori Insidiari Soleat

83 ·········································· 231

115ff. ······································ 198

De Posteritatate Caini

63 ·········································· 321

De Agricultura

51 ·········································· 201

De Plantione

18 ·········································· 231

18-20 ····································· 272

19f. ········································ 291

Confusione Linguarum

41 ·········································· 292

62 ·································· 323, 377

62f. ························ 188, 189, 292, 378

63 ·········································· 188

95 ·········································· 321

97 ·································· 235, 272

134-148 ··································· 378

145-148 ··································· 543

146 ······················· 189, 321, 416, 432

146f. ······························· 292, 377

147 ·································· 235, 272

Quis Rerum Divinarum heres sit

56 ·········································· 291

230f. ······································ 291

De fuga et Inventione

50ff. ······································ 204

101 ·············· 235, 272

De Somniis
i. 157 ·············· 186, 416
i. 215 ·············· 201
i. 227 ·············· 373
i. 227-241 ·············· 373, 378
i. 228 ·············· 373
i. 229 ·············· 374
i. 232f. ·············· 376
i. 234-236 ·············· 374-375
i. 238f. ·············· 375
i.239 ·············· 235
i. 241 ·············· 378
ii.15 ·············· 235

De Abrahamo
7-10 ·············· 320
46 ·············· 317
56 ·············· 289, 317

De Vita Mosis
ii. 60 ·············· 317
ii. 65 ·············· 317

De Virtitubus
62 ··············

De Praemiss et Poenis
14 ·············· 320
23 ·············· 317
43ff. ·············· 321

Quaestiones in Genesim
i. 4 ·············· 291, 292
i. 92 ·············· 377
i. 93 ·············· 292
i. 96 ·············· 317
ii. 17 ·············· 317
ii. 56 ·············· 290, 291, 317
ii. 62 ·············· 291, 378
ii. 66 ·············· 318
iii. 34 ·············· 376
iv. 97 ·············· 204
iv. 164 ·············· 321

Quaestiones in Exodum
ii. 13 ·············· 201, 377
ii. 46 ·············· 318

# VII. EARLY CHRISTIAN LITERATURE

Didache
16:8 ·············· 428

Barnabas (바나바서)

6:13 · · · · · · · · · · · · · · · · · · · · · · · · · · · · · 210

Justin Martyr,
Apology

I. 61.12 · · · · · · · · · · · · · · · · · · · · · · · · · · · 238

Dialogue with Trypho

39:7 · · · · · · · · · · · · · · · · · · · · · · · · · · · · · · · 94
56-63 · · · · · · · · · · · · · · · · · · · · · · · · · · · · · 378
61 · · · · · · · · · · · · · · · · · · · · · · · · · · · · · · · · 378
89:1-90:1 · · · · · · · · · · · · · · · · · · · · · · · · · 94
122:5 · · · · · · · · · · · · · · · · · · · · · · · · · · · · · 238
126:1-2 · · · · · · · · · · · · · · · · · · · · · · · · · · 425

Irenaeus,
Against Heresies

I. 12:4 · · · · · · · · · · · · · · · · · · · · · · · · · · · · 301

Jerome,
De viris illustribus

5 · · · · · · · · · · · · · · · · · · · · · · · · · · · · · · · · · · 78

The Gospel of Nichodemus

16:7 · · · · · · · · · · · · · · · · · · · · · · · · · · · · · · · 94

Odes of Solomon

7:4 · · · · · · · · · · · · · · · · · · · · · · · · · · · · · · · 343
8:22 · · · · · · · · · · · · · · · · · · · · · · · · · · · · · · 300
17:2 · · · · · · · · · · · · · · · · · · · · · · · · · · · · · · 389
17:4 · · · · · · · · · · · · · · · · · · · · · · · · · · · · · · 343
17:4f. · · · · · · · · · · · · · · · · · · · · · · · · · · · · · 300
17:13ff. · · · · · · · · · · · · · · · · · · · · · · · · · · · 300
34:4 · · · · · · · · · · · · · · · · · · · · · · · · · · · · · · 343

Hermas

iv. 11 · · · · · · · · · · · · · · · · · · · · · · · · · · · · · 237
v. 6 · · · · · · · · · · · · · · · · · · · · · · · · · · · · · · · 237
xiii. 3 · · · · · · · · · · · · · · · · · · · · · · · · · · · · · 237

## VIII. GREEK, LATIN AND GNOSTIC LITERATURE

Apuleius,
Metamorphoses

xi. 23f. · · · · · · · · · · · · · · · · · · · · · · · · · · · 237

Plato,
Phaedrvs

250b · · · · · · · · · · · · · · · · · · · · · · · · · · · · · 342

Strabo,
Geographica

iv. 50 · · · · · · · · · · · · · · · · · · · · · · · · · · · · · 360

Papyri Graecae Magicae

(ed. K. Preisendanz, Stuttgart, ²1973)

I. 195-222 ········· 280

XIII, 581ff. ········· 334


Epigrammatum Anthologia Palatina

(ed. F. Dübner, Paris, 1872)

XVI. 81 ········· 334


Corpus Hermeticum

I. ········· 281

I:12 ········· 329

XIII ········· 281


Apocryphon of John ········· 290

Hypostasis of the Archons ········· 280

Justin's Book of Baruch ········· 290

Naassene Sermon ········· 290

Mithrasliturgy ········· 281

On the Origin of the World ········· 280

Sophia Hesu Christi ········· 290, 301

Zosimus ········· 280

# 인명 색인

Abbott, T. K. ················· 56, 57, 60
Althaus, P. ············· 103-104, 106, 148
Anderson, A. A. ······················ 270
Baeck, L. ···························· 156
Baird, W. ························ 128, 130
Balz, H. R. ············· 351, 362, 409, 425
Bammel, E. ······················ 171, 244
Banks, R. ········· 93, 132, 208, 213-214
Barnikol, E. ·························· 84
Barr, ················· J. 339, 341, 346, 350
Barrett, C. K. ····· 29-31, 35, 37-38, 42-45, 47, 52, 79-81, 106, 137, 139, 148, 178, 226, 229, 286, 290, 383, 396, 405, 467, 468, 472, 480, 483, 486, 489, 492, 496, 523, 525, 534, 539, 545-546, 551, 552
Barth, K. ··········· 25, 451, 497, 525, 566
Barth, M. ················· 54, 56-58, 60
Baumgärtel, F. ····················· 33, 142
Beare, F. W. ············· 78, 553-554, 558
Beasley-Murray, G.R. ····· 512-514, 518, 523

Becker, J. ········· 251-252, 254, 257-258
Behm, J. ··· 33, 153, 237, 328, 330, 331, 334,
Bellen, H. ···························· 118
Bensley, R. L. ························ 360
Berger, K. ···························· 209
Bertram, G. ··························· 41
Best, E. ················ 171, 223, 312, 451,
Betz, H. D. ···················· 87, 381, 597
Betz, O. ········ 15, 43, 85-86, 110, 123, 132, 136, 142, 154, 161, 164, 186, 396, 458, 591
Bieder, W. ···························· 398
Billerbeck, P. ························ 591
Black, M. ··· 272, 306, 309, 313, 408, 420, 422, 525
Blair, E. P. ·········· 112-113, 117, 120, 123
Blank, J. ········ 39, 95, 98, 101, 108, 123, 174, 176, 186, 190-191, 226, 457, 465, 478, 471, 538
Böcher, O. ························ 44, 111
Boers, H. ···························· 171
Borgen, P. ························ 155, 168

*698*

Bornkamm, G. ········ 27, 28, 58, 66, 74, 76, 83-84, 96-97, 101-103, 117, 119, 127, 131, 137, 140, 154, 175, 185, 223, 231, 274, 287, 530
Borsch, F. H. ············· 270, 290, 294, 301, 303, 306
Bousset, W. ················ 105, 181, 182, 226, 274, 591
Bowker, J. W. ·························· 380
Bowman, J. ···························· 408
Box, G. H. ············· 105, 321, 360, 361
Brandenburger, E. ·········· 277, 280, 286, 291, 292, 300
Bring, R. ······························· 525
Brockington, L.H. ····················· 235
Brown, R. E. ····················· 136, 141

Dunn, J. D. G. ········· 105, 109, 111, 123, 176, 180, 183, 309, 469, 523
Dupont, J. ······ 29, 88-99, 109, 176, 327, 457, 580

Eichholz, G. ··························· 72
Ellis, E. E. ············· 15, 79, 81-82, 103, 137-138, 154, 201, 313, 396, 398
Emerton, J. A. ············· 307, 351-352

Farmer, W. R. ················ 88-89, 526
Fascher, E. ···························· 94
Feine, P. ················ 95, 143, 326, 386
Festugiere, A. J. ······················ 329
Feuillet, f. ·· 214, 241, 329, 348, 351, 408, 416
Fischer, K. M. ····················· 59-60
Flanagan, A. ····················· 249, 253
Foakes-Jackson F. ······················ 69
Foester, W. ···························· 51
Fohrer, G. ······················· 425, 540
Fridrichsen, A. ········· 112, 128, 396-397
Friedrich, G. ··········· 43, 46, 78-79, 92, 94, 154, 173, 224, 267, 396, 398, 457
Fuller, R. H. ················ 181-182, 189, 195, 313-314

Gabathuler, H. J. ················ 241, 245
Gaechter ········· 112-113, 116-117, 120
Georgi, D. ············· 79, 83, 85, 396, 398
Gerhardsson, B. ···················· 66, 67
Gese, H. ····························· 206
Ginzberg, L. ·························· 443
Gnika, J. ····························· 264
Goldsmith, D. ·························· 187
Goppelt, L. ··························· 531
Grass, H. ····························· 109

Grayston, K. ............ 265, 266-267, 269
Greeven, H. ........................ 55, 241
Grosheide, F. W. ........................ 29
Grundmann, W. ............ 28, 30, 70, 222,
　　　　　　　　　　　　457, 475, 512, 530
Gunkel, H. ........................ 361, 568
Gutbrod, G. ........................ 77, 78, 79
Güttgemanns, E. ......... 44-45, 47, 52, 251

Haacker, K. ................. 44, 87-90, 99,
　　　　　　　　　111, 176, 457, 458, 486, 503
Haas, O. ................................. 115
Haenchen, E. ............ 69, 70, 75-77, 97,
　　　　　　　　　　　　　　　102, 119, 122
Hahn, F. ... 83, 85, 92, 119, 123, 160, 171,
　　　　　181-182, 191, 200, 267, 381, 476, 477,
　　　　　　　　　　　　　　　478, 516, 546,
Harnack, A. V. ........................ 502
Hauck, F. ............................. 492
Hegermann, H. ............. 292, 372, 378,
　　　　　　　　　　　　　　386, 401, 416, 417
Heidland, H.W. ......................... 54
Hengel, M. ................. 76-78, 80-81,
　　　83-84, 88-90, 92-94, 97-99, 116-117,
　　　123, 178, 181, 183-184, 186, 189-190,
　　　192-194, 199, 201-202, 206, 209-211,
　　　214, 226-227, 268, 273, 292, 353, 381,

　　　　　　　425, 440, 530, 540, 566, 574
Hering, J. ........................ 290, 328
Hermann, I. ............ 41, 42, 388, 405, 568
Hilgenfeld, A. ..................... 360-361
Hill, D. ......... 48, 90, 154, 482-483, 521
Hirsch, E. ............................. 69
Hofius, O. ......... 231, 233, 248-249, 333
Holtz, T. ........................... 39, 161
Hooker, M. D. ............. 307, 424, 468
Hübner, H. ................. 75, 84, 90, 579
Hughes, P. E. ............. 30, 35, 40-43,
　　　　　　　　　　　　　　387, 396-397, 468
Hunter, A. M. ..................... 309, 328
James, M. R. ........................... 379
Jenni, E. ................. 168, 340, 491
Jeremias, G. ............ 94-95, 99, 425, 429
Jeremias, J. ............ 15, 69, 83, 85, 90,
　　　　　　95, 99, 155-157, 209, 306, 354, 503
Jervell, J. ... 123, 235-236, 239-240, 245,
　　　　　　267, 269, 329, 335-336, 292, 343, 406,
　　　　　　　　　　　　　　428, 522, 541, 546, 548
Jewett, R. ................. 149, 175, 289
Jonas, H. ............................. 290

Käsemann ............. 29, 53, 62, 79, 94,
　　　　　103, 107, 152-153, 155, 158-159, 174,
　　　　　191, 217-218, 233, 241, 245, 248, 267,

274, 276, 294, 299, 307, 325, 331, 335, 417, 472-473, 480-481, 487, 491, 511, 522-523, 534, 546, 577
Kasting, H. ················ 29, 54, 85, 101, 112, 118-119, 123
Keck, L. E. ······················· 117, 577
Kehl, N. ································ 241
Kennedy, H. A. A ····················· 327
Kertelge, K. ················ 133, 327, 472, 482-483, 485, 511, 519-520
Kittel, G. K. ············· 34, 110, 131, 231, 328, 442
Klausner, J. ························ 76, 86
Klein, G. ························· 70, 481
Kleinknecht ····················· 328, 336
Knox, W. L. ················ 205, 216, 526
Köhler, L. ·························· 339
Köster, H. ·························· 138
Kramer, W. ················ 181, 182, 184-185, 191, 224, 257
Kraus, H. J. ····················· 270, 344
Kuhn, K. G. ············ 77, 83, 118, 136, 276
Kümmel, W. G ········ 37, 50, 54, 58, 79, 86-87, 95, 97, 102-104, 110, 157, 229, 237, 241, 245, 314, 327, 396, 406, 457, 472
Künneth, W ························ 479

Kuss, O. ······· 30, 71, 105-106, 176-177, 476, 510, 523, 534
Ladd, G. E. ··························· 157
Lake, K. ····················· 69, 118-119,
Lane, W. R. ···························· 187
Larsson, E. ·········· 269-270, 371, 383, 443
Leenhardt, F. J. ···················· 149, 492
Liddell, H. G. ···················· 150, 328
Liechtenhan, R. ························ 112
Lietzmann, H. ··········· 29, 37, 41, 44, 48, 52, 66, 79, 237, 387, 396, 406
Lightfoot, J. B. ··············· 328, 497, 557
Lightfoot, R. H. ······················· 235
Lindars, B. ···················· 95, 307, 421
Lindblom, J. ······················· 108, 154
Loewe, H. ··························· 104
Lohfink, G. ····················· 27, 66, 69
Lohmeyer, E. ·············· 55, 78, 88, 241, 251, 497
Lohse, E. ··· 50, 54, 57, 61, 242, 245, 481, 519, 548
Longenecker, R. ·················· 181, 425
Lührmann, D. ············· 131-132, 146, 154, 484,
Luz, U. ····· 149, 152, 155, 157, 171, 265-267
Lyonnet, S. ·························· 103

Macdonald, J. · · · · · · · · · · · · · · · · · · · · · · · 389
Manson, T. W. · · · · · · · · · 97, 156, 176, 234, 383
Manson, W. · · · · · · · · · · · · · 92, 206, 308-309
Marshall, I.H. · · · · · · · · · · 81, 117, 181-182, 247, 249
Martin, R.P. · · · · · · 230, 246-248, 333, 449
Martyn, J.L. · · · · · · · · · · · · · · · · · · · · · · · · · · 117
Marxsen, W. · · · · · · · · · · · · · · · · · · · · · · · · · 107
McNamara, M. · · · · · · · · · · · · · · · · · · · · · · · 430
Menoud, P. H. · · · · · · · · · · · · · · · · · · 95, 129
Merklein, H. · · · · · · · · · · · · · · · · · · 58-59, 61
Metzger, B. · · · · · · · · · · · · · · · · · · · · · · M. 137
Michaelis, W. · · · · · · · · · · · · · · · 107-108, 110
Michel, O. · · · · 15, 45, 55, 62, 148, 171, 176, 233, 234, 313, 422, 487, 579
Milik, J. T. · · · · · · · · · · · · · · · · · · · · · · · · · · 420
Minear, P. S. · · · · · · · · · · · · · · · · · · · · · · · · · 493
Mitton, C. L. · · · · · · · · · · · · · · · · · · · 54-55, 57
Montefiore, C. G. · · · · · · · · · · · · · · · · 86, 104
Montefiore, H. W. · · · · · · · · · · · · · · · · · · · · 234
Moore, G. F. · · · · · · 49, 74, 85, 90, 117, 206, 214
Morris, L. · · · · · · · · · 50, 53, 132, 138, 469, 531
Moule, C. F. D. · · · · · · · · · · · · 42, 58, 77, 81, 241, 246, 418, 422, 548
Mowinckel, S. · · · · · · · · · · · · · · · · · · · · · · · · 307
Muilenburg, J. · · · · · · · · · · · · · · · · · · · · · · · · 207
Müller, C. · · · · · · · · 149, 155, 168, 354, 418

Müller, U.B. · · · · · · · · · · · · · · 352, 355, 362
Moulton, J.H · · · · · · · · · · · · · · · · · · · · · 52, 168
Munck, J. · · · · · · · · · · · · · 70-71, 161, 400, 528
Mundle, W. · · · · · · · · · · · · · · · · · · · · · · · · · · · 519
Murmelstein, B. · · · · · · · · · · · · · · · · · 303, 319
Murphy-O'Connor, J. · · · · · · · · · · · · · · · · · 136
Murray, J. · · · · · · · · · · · · · 62, 65, 513-514, 523,
Mussner, F. · · · · · · · · · · · · · 64-65, 120, 539, 557

Neugebauer, F. · · · · · · · · · · · · · · · · · · · · · · · 522
Neusner, J. · · · · · · · · · · · · · · · · · · · · · · · · 90, 276
Niederwimmer, K. · · · · · · · · · · · · · · · · · · · · · 138
Nineham, D. E. · · · · · · · · · · · · · · · · · · · · · · · 235
Nissen, A. · · · · · · · · · · · · · · · · · · · · · · · · · · · · · 87
Noth, M. · · · · · · · · · · · · · · · · · · · · · · · · · · · · · 419

Odeberg, H. · · · · · · · · · · · · · · · · · · · · · · · · · · 432
Oepke, A. · · · · · · · · · · · · · · · 85, 97, 108, 557

Pallis, A. · · · · · · · · · · · · · · · · · · · · · · · · · · · · · 155
Pannenberg, W. · · · · · · · · · · · · · 131, 468, 521
Pearson. B. A. · · · · · · · · · 171, 287, 290, 293
Percy, E · · · · · · · · · · · · · · · · · · · · · · · · · · · · · · 243
Pfitzner, V. C. · · · · · · · · · · · · · · · · · · · · 492, 502
Plummer, A. · · · · · · · · · · · 29-31, 35, 37, 40, 46, 52, 229, 396
Preisendanz, K. · · · · · · · · · · · · · · · · · · 280, 334

*702*

Procksch, O. ···· 312, 349-350, 393, 407, 423
Rad, G.V. ················· 131, 149, 270
Rawlinson, A. E. J. ············· 271, 309
Reicke, B. ························· 69
Reitzenstein, R. ················ 274, 309
Rengstorf, K. H. ············ 85, 108, 110
Reumann, J. ················· 29, 55, 320
Richardson, A. ················· 195, 313
Richardson, P. ······················ 558
Ridderbos, H. ········· 106, 174, 469, 496
Riesenfeld, H. ······················ 468
Rigaux, B. ················· 83, 106, 112
Robertson, A. ···················· 29, 140
Robinson, J. M. ········· 208, 209, 227, 244
Robinson, J. A. T. ················ 69, 430
Robinson, W. C. ······················ 42
Roloff, J. ···· 67, 71, 111, 116, 130, 158, 163
Romaniuk, K. ···················· 118, 201
Roon, A. V. ························· 54
Rössler, D. ························· 87
Rowland, C. C. ···· 345, 350, 383-384, 386,
        393, 410, 412-413, 417, 425, 432
Rowley, H. H. ······················· 83
Russell, D. S ··············· 87, 154, 362

Sanday, W. ················ 156-157, 201,

        525, 545-546
Sanders, J. T ·········· 55, 128, 590, 600, 602
Satake, A. ···· 48, 488, 490, 495-496, 498
Schenke, H. M. ···················· 297, 338
Schille, G. ······················ 265-267
Schlatter, A. ······ 44, 50, 52, 453, 492-493
Schlier, H. ·················· 32-33, 55-57,
        130, 134, 188-189, 471, 526
Schlink, E. ························ 131
Schmidt, K. L. ·········· 65, 188, 341-342
Schmithals, W. ·········· 45, 92, 117, 291, 293
Schnackenburg, R. ········· 103, 499, 512-
        513, 518, 520
Schneider, J. ················ 342, 343, 574
Schoeps, H. J. ·················· 34, 86, 320
Scholem, G. ············ 348, 365, 386, 429, 431
Schottroff, L. ··············· 290, 293-294,
        301, 302
Schrage, W. ····················· 74, 92, 117
Schrenk, G. ················· 104, 480, 557
Schubert, P. ······················· 117
Schulz, S. ······················ 268, 398
Schürer, E. ························ 83, 85
Schütz, J. H. ···················· 130, 497
Schwanz, P. ························ 235
Schweitzer, A. ············ 171, 457, 471, 515
Schweizer, E. ············ 58, 186, 247, 293,

| | |
|---|---|
| | 320, 333, 398, 524, 554 |
| Scott, E. F. | 57 |
| Scott, R. B. Y. | 408 |
| Scroggs, R. | 444–445, 453 |
| Sevenster, J. N. | 81 |
| Shedd, R. P. | 320 |
| Siber, P. | 554 |
| Simon, M. | 276 |
| Sjöberg, E. | 49, 142, 307 |
| Smith, M. | 344, 370–371, 442–443, |
| Spicq, C. | 333, 334 |
| Stählin, G. | 69, 97, 122 |
| Staerk, W. | 303 |
| Steck, O. H. | 162 |
| Stendahl, K. | 530 |
| Stenning, J. E. | 164, 169 |
| Stoebe, H. J. | 358 |
| Stone, E. | 357 |
| Strachan, R. H. | 31, 396 |
| Strecker, G. | 251, 457 |
| Stuhlmacher, P. | 50–51, 53–54, 67, 135–136, 149, 157–160, 174–175, 176, 190, 219, 223, 461, 463, 465–468, 475–479, 480–481, 486, 496, 503, 536, 557 |
| Suggs, M.T. | 208–209, 226–227 |
| Tannehill, R. C. | 48, 110, 554 |
| Taylor, V. | 181, 209, 536 |
| Talbert, C. H. | 202 |
| Thrall, M. E. | 34, 204, |
| Thusing, W. | 181, 539, 546 |
| Unnik, W. C. V. | 40, 42, 74–75, 81–83, 268, 398, 402, 404–405 |
| Visschers, L. | 580 |
| Vorländer, H. | 53 |
| Wanke, G. | 491 |
| Weber, F. | 591 |
| Wilckens, U. | 27–28, 87, 123, 131–132, 137–138, 208, 223–224, 226, 231, 277, 287, 289–290, 302, 426, 459, 461, 476, 478 |
| Windisch, H. | 30–33, 35–48, 52, 54, 77, 119, 156–157, 195, 198–199, 204–206, 229, 237, 272, 389, 393, 396, 467–468, 551–552 |
| Wilcox, M. | 94, 203, 466 |
| Zeller, D. | 150–151, 155–157, 159, 168 |
| Ziesler, J. A. | 482 |
| Zimmerli, W. | 161–162, 348, 350, 487 |